レジーヌ・アズリア／ダニエル・エルヴュー＝レジェ編

宗教事象事典

増田一夫・伊達聖伸
鶴岡賀雄・杉村靖彦・長井伸仁
編訳

みすず書房

DICTIONNAIRE DES FAITS RELIGIEUX

edited by

Régine Azria and Danièle Hervieu-Léger

目　次

編訳者まえがき

本書は，Régine Azria et Danièle Hervieu-Léger (sous la direction de), *Dictionnaire des faits religieux*, Paris, PUF, 2010. を抄訳した日本語版である．原書の事典の見出し項目は約 360 あるので，日本語に訳出したのは全体の 5 分の 1 程度の分量ということになる．なぜ全訳ではなくダイジェスト版の編訳なのか，説明が必要だろう．編訳者としては，原書そのものがユニークで，翻訳版にもオリジナリティがあると見得を切ってみたい．巻末の索引は日本語版独自のものであるが，本書の深みと広がりを如実に反映しているのでごらんいただければと思う．

I. 原書の概要と特色

原書は，フランス国立社会科学高等研究院（EHESS）に設けられた宗教事象学際研究センター（CEIFR）を拠点として編纂されたものである．ただし，同センターは 2015 年に改組され，現在は宗教的なものを対象とする社会科学研究センター（CéSor）として活動している．

編者の一人レジーヌ・アズリアは，ユダヤ人社会を専門とする社会学者．パリ・カトリック学院やローザンヌ大学で教鞭を執り，CEIFR でゼミやワークショップを運営．代表作に『ユダヤ教』（*Le judaïsme*, Paris, La Découverte, 3e éd., 2010）などがある．2016 年 9 月に 68 歳で死去．

もう一人の編者ダニエル・エルヴュー＝レジェは，1947 年生まれで，フランスの宗教社会学を牽引してきた代表格の一人．2004 年から 09 年まで EHESS 院長．代表作に『宗教の現在――巡礼者と改宗者』（*Le pèlerin et le converti : la religion en mouvement*, Paris, Flammarion, 1999），『カトリシズム――ある世界の終わり』（*Catholicisme, la fin d'un monde*, Paris, Bayard, 2003）などがある．

原書の概要と特色は，訳出した原書「まえがき」にも述べられているが，多少の重複をいとわず，編訳者の観点から 3 点指摘しておきたい．

(1) 宗教事典ではなく，宗教事象事典であること．これは，「宗教」という対象を自明視せず，「宗教事象」という研究対象を研究者自身が構築しているメカニズムに注意を向けつつ対象を叙述しようとする問題意識の表われである．「宗教」という概念が西洋（とりわけ西洋近代）によって発明され，さまざまな問題点が付随していることが研究者のあいだで常識として共有されて久しいが，どうやって語り直すのかという課題はまさに言うは易く行うは難しで厄介なもの．原書の野心のひとつは，さまざまな手段を駆使して，これに正面から挑みかかることにあったと言えるだろう．フランス（語圏）や世界の第一線で活躍する研究者約 200 人を集め，複合的な人文社会科学のアプローチを用いて，宗教事象を構成しつつ論じること．約 360 の見出し項目がアルファベット順に配列され，2 段組で 1340 頁を越えてくるのが原著である．

⑵ 物理的には厚くて重いのに，内容的にはどこか軽さがあること．浩瀚な事典なのに，荘厳な大建造物としての知の殿堂というよりは，ポップで風通しのよいたたずまいをしているところがある．それは，既成事実を客観的な知として固定化するのではなく，対象にどうアプローチすればよいのかという問題意識を折り込み，争点を押さえながらひとまず語ってみた風情の項目が多いことに関係しているだろう．普通人は事典に定義など確実なものを求めるが，この事典はむしろそのような態度でいるからこそ陥穽にはまるのだと言わんばかりに，期待を裏切って読者を啓発するのである．体系性を備えて軽く，そして挑発的な書物．いかにも「フランスらしい」という，あまり安易に持ち出すべきではない言葉を，やはり使いたくなる事典である．

⑶ 見出し項目は多様で，整然というよりは凹凸のある印象を与える．立項する基準の難しさは，原書「まえがき」にも述べられているが，「仏教」や「ヒンドゥ教」は独立項目があるのに対し，「キリスト教」を総括する項目はない．時間的にも地理的にも古今東西の宗教事象が扱われているが，均質的に万遍なく項目を並べようというのではない．雑多な見出し項目の分類を多少なりとも強引に行うならば，ひとまず次のような分け方が可能であろう．

A）宗教事象研究のためのアプローチ（「宗教人類学」「宗教社会学」「哲学と神学」など）

B）宗教研究の基礎用語，宗教事象研究のための概念的枠組み（「祈り」「タブー」「植民地」「グローバル化」など）

C）世界の諸宗教（「ユダヤ教」「中国の宗教」「フリーメイソン」「ペンテコステ派／ネオペンテコステ派」など）

D）宗教研究の理論家などの人名項目（「デュルケーム」「ギアツ」「リクール」など）．

E）その他

II. 訳すべき項目を選定し，実際に翻訳するということ

原書の特色は，翻訳の魅力と困難を同時に突きつけてくる性質のものである．研ぎ澄まされた問題意識に裏打ちされ，体系的ながらも軽快で，フランスらしさを備えた事典ともなれば，おのずと別の言語への翻訳を駆り立てる．翻訳作業を通じて，訳者の側は豊かな発見ができる．そして，その発見が原著者たちにフィードバックされれば，原著の性格が別の観点から把握し直され，オリジナルが〈動く〉ことが起こりうる．それは原著者たちにとっても，国際的な研究交流の発展のうえでも，有意義なことである．

そのようなことを，実は原書の編者と出版社の側も大いに望んでいた．このフランス語の事典が他の言語に翻訳されて出版されるよう，複数の国の研究者にはたらきかけて，シンポジウムや会合の機会を設けていたのである．日本語版の編訳者の一人も，それに参加したことがある．そこでは，いかなる翻訳が望ましく，また現実的なのかが論じられていた．どの言語にとっても，原書の全訳は非現実的であった．翻訳にかかる時間と労力を考えても，いまどき大部の翻訳出版を進んで引き受けてくれる出版社があるかということを考えても．議論は盛りあがるが，具体的な翻訳プロジェクトはなかなか前に動かない．そんな状況だった．

日本語版の翻訳出版を考えるにあたっても，このような物理的な制約があった．当然ながら，訳者側にも出版社側にも事情があって，原書に忠実な全訳の出版は夢物語にすぎなかった．現実的な計画に落とし込むには，まずは訳すべき項目を意識的に選定する必要があった．

日本語版の編訳者 5 人は，学問的ディシプリンで言えば，フランス語圏をフィールドに含む宗教学，宗教哲学，宗教社会学，またフランス史，フランス地域研究をそれぞれ専門領域としてカバーしている．5 人で会合を重ね，どれを訳し，訳さないかを決めていった．

数を絞る必要から，宗教事象事典であることの本質的な意味を重視し，いわゆる世界の諸宗教に関する項目（上記の C）はあえて排除した．また，人名（上記の D）のリストのなかに分け入って取捨選択するのは難しく，すべて除外することにした．要するに，方法論（上記の A）と宗教事象を記述するための概念（上記の B）に関する項目を重視した．この時点で，約 150 項目まで絞り込んだ．

そこからさらに，翻訳すべき優先度が高いと判断されるものを決めていった．選択の際に特に考慮に入れたのは，現代性とフランスらしさである．現代性というのは，現代を生きる私たちが，いかなる宗教的信念を持っていようと，持っていなか

ろうと，世界を理解するのに役立つと思われたものということである．フランスらしさというのは，うまく言い表すのは難しいが，日本に紹介するに値するフランスらしさであって，日本において既知でありすぎることも未知でありすぎることもなく，理解の地平を広げる意義があると編訳者に思われたものということである．

フランス語は英語と並ぶ世界言語だが，日本はフランス語圏の社会ではない．学問的にも英米圏の研究が有力である．宗教学や宗教研究においてもその傾向は強い．日本ならではの学問を考えるに当たっても，対比される欧米の研究と言ったときには多くの場合は英語による研究であって，フランス語で営まれている学問の視点が抜け落ちていることが珍しくない．このような状況において，「フランスらしさ」を認識することは，日本において営まれている宗教学や宗教研究，ひいては人文社会科学の性格を相対化して問い直すことにもつながるのではないか．フランスで営まれている学問の場を背景に編まれた事典の翻訳は，これまで日本で刊行されてきた宗教事典や宗教学事典とは一味違った意義を有すると思われる．

ともあれ，編訳者はそれぞれ，A）とB）に属する約150項目に「◎＝ぜひ訳すべき，○＝訳すべき，△＝訳してもよい，×＝訳す必要はない」の印をつけ，それらを集計して訳出優先順位の格付けを行った．その結果に基づき，編者が各項目にふさわしいと思われる訳者を選定し，翻訳を依頼していった．当初は原書の3分の1に相当する120項目程度を訳したいと思っていたが，現実的には原書全体の約5分の1の67項目に落ち着くことになった．

いざ翻訳をはじめると，軽さと見えたもののなかには，書き急ぎではないかと思われたものもあり，それもまたフランスらしさと言えるのかもしれないが，訳者や編訳者が訂正を加える必要があるものもあった．正直に言えば，こちらよりもあちらを訳すべきだった，できればあれも盛り込みたかったという類のことも，なかったわけではない．

フランスらしさを意識しながら項目を選び出して日本語に訳出することは，訳語の選択や統一に迷う経験をすることでもある．「翻訳不可能なものの事典」の副題を持つ『ヨーロッパ哲学の語彙』（*Vocabulaire européen des philosophies : Dictionnaire des intraduisibles*, Paris, Le Seuil/Le Robert, 2004）の編者として知られるバルバラ・カッサンは，『諸言語で哲学すること――翻訳における翻訳不可能なもの』（*Philosopher en langues : Les intraduisibles en traduction*, Paris, Rue d'Ulm, 2014）という本も編んでいるが，この宗教事象事典もしばしば翻訳の可能性と不可能性とに引き裂かれている．これは数えていけば切りがないが，いくつかの具体例に簡単に言及しておこう．

⑴ « fait religieux »：そもそも事典のタイトルに用いられている用語で，「宗教事象」と訳出した．ただ，これはフランス社会学の創始者エミール・デュルケームが創出した概念 « fait social » を連想させる言葉で，これは「社会的事実」が定訳になっている．観念的な思弁ではなく，実証的な研究を意識した用語と訳語である．これに倣えば「宗教的事実」と訳すのが妥当にも思えるが，「事実」は客観的なニュアンスが強いとすれば，「事象」には象徴的言動も含む構成的なものという含みを持たせることができるだろう．

⑵ « intégrisme »：仏和辞典を引くと「保守十全主義」などの言葉が出てくるが，具体的なイメージの湧く日本語ではない．メディア報道などでこの語が使われるときには「原理主義」のニュアンスがぴったりくるのだが，« fondamentalisme » との区別が問題となるほか，20 世紀初頭の米国のプロテスタントの一部に対して用いられていた「原理主義」という言葉を学術用語として用いるのは不適切とされている．日本語ではまだ一般的とは言えないが「アンテグリスム」のカタカナ表記が次善の策だと思われた．

⑶ « laïcité / laïcisation »：« laïcité » は，既存の日本語に対応する語がなく，「政教分離」，「世俗主義」，「非宗教性」，「脱宗教性」などの訳語が当てられることもあったが，「ライシテ」のカタカナ表記も用いられるようになってきた．一方，« laïcisation » を「ライシテ化」と訳すのは，「ライシテ」と並んで使うのならまだしも，「世俗化」の定訳がある « sécularisation » と対になっているときには漢字を当てたい．古野清人は「平俗化」と訳したこともあるが，現象をうまくとらえた訳語とは言いがたい．「脱宗教化」は一案だが，問題含みの「宗教」(religion) 概念を訳語に導入するのが妥当かという問題もある．

⑷ « civil » は，主に « militaire »〔軍事的〕，« religieux »〔宗教的〕に対置される語であり，「民事」と翻訳されることが多い．しかし語の主要な意味は，政治的権利を有し，かつ義務を負う国家の構成員である「« citoyens »〔市民〕の総体に関する」である．革命前のフランスでは，結婚は基本的にカトリックの秘蹟として位置づけられ，カトリックの聖職者によって執り行われる必要があった (宗教婚)．他宗派の人びと，および役者のように破門された人びとはその結婚制度の対象とはならず，生まれた子どもも公的な認知を受けられなかった．フランス革命は « mariage civil »〔市民婚〕のみを公的な結婚と位置づけ，市民全員に対して公認された結婚と親子関係を持つ可能性を開いた．このような経緯と不可分であると考え，« civil » は可能な限り「市民 (的)」と訳してある．

⑸ « acculturation » と « inculturation » は似た言葉で，ともに異なる文化・宗教伝

統の接触による文化変容を指す言葉だが，後者はキリスト教（とくにカトリック）での宣教方針を意味する神学用語として作られ，キリスト教系の事典でも「インカルチュレーション」が用いられているので，カナ表記を見出し語とし，キリスト教界で用いられることもある訳語（文化内開花，文化内受肉）を補った．一方，「アカルチュレーション」は，文化人類学の術語として用いられてきた経緯から，カナ書きの見出し語にはせず，すでに行われている「文化触変」を採用した．原語の類似を見出し語に反映することは断念せざるをえなかったが，各項目内では，二つの言葉の近さがわかるよう注記を加えるなどしている．

問題となる訳語については，編訳者間で議論を尽くしたつもりだが，それでも統一的な訳語を採択するための合意に達することができないものもあった．訳語の定まらなさや流動性は，不十分な翻訳と受け取る向きもあるかもしれないが，むしろそこにこそ，言語と言語，文化と文化の〈あいだ〉で事象をどう理解するかのヒントがあるとも言える．

原書の事典は出版以来すでに一定の反響を呼んで注目を集めていたが，日本語版の翻訳プロジェクトが動き出した最初のきっかけは，当時フランス国立高等研究実習院（EPHE）のポスト・ドクターとして CEIFR の研究者たちと交流していた稲永祐介氏――本書の訳者の一人でもある――が，編訳者の一人に話を持ちかけたことにある．それを受けて，日本側で編訳者のチームが作られ，『フランス革命事典』などの実績のあるみすず書房に打診し出版を引き受けていただけることになった．先述の通り，CEIFR の研究者や版元の PUF も翻訳プロジェクトには熱心で，フランス国立国書センター（CNL）からの出版助成金を得ることができた．

翻訳の経緯を振り返ってみると，5 人の編訳者の初会合が 2012 年，訳者に翻訳依頼をしたのが 2014 年の年末，最初の訳稿の締め切りが 2015 年の年末であった．思えばずいぶん長い時間がかかってしまったものである．早くに訳稿を提出してくださっていた訳者の方々には，編訳者の怠慢をお詫びしなければならない．翻訳を担当してくださったのは，石川学，稲永祐介，上山益己，梅野宏樹，越後圭一，岡本亮輔，熊谷友里，小島慎司，坂野正則，佐藤朋子，杉本隆司，鈴木順子，髙山裕二，田中浩喜，寺戸淳子，渡名喜庸哲，長坂真澄，藤岡俊博，前田更子，松村一男，森元庸介，八幡恵一，山﨑亮，山田智正，山中聡，渡辺優，以上の方々である．

これだけの規模の事典の編集をうまく捌いて，統一感を持たせながら多声的な特色をうまく再現してくださったのは，みすず書房の成相雅子さんの手腕によるものである．巻末の索引は成相さんの作品と言っても過言ではない．編訳者一同より深く感謝をささげたい．また，私たち編訳者が必ずしも明るくない分野の訳語の選定には，さまざまな方からのご協力を得た．なかでも上山益己氏には，イスラーム関係の人名，用語（アラビア語およびトルコ語）について相当数のチェックをしていただいた．もちろん最終的な責任は編訳者にある．

それにしても，私たちの翻訳の進行中に，日本語版の出版を楽しみにしていた原著の編者の一人レジーヌ・アズリア氏が帰らぬ人となってしまったのは，何とも形容のしがたい痛恨事であった．フランスにおける宗教事象をめぐる研究の活況を伝えるこの事典の翻訳が，原書に新しい息吹を吹き込むことになればと願ってやまない．

2019 年 4 月 25 日

増田一夫
伊達聖伸
鶴岡賀雄
杉村靖彦
長井伸仁

凡　例

・原文の大文字で始まる語は《　》で，イタリック（書名・外国語以外）には傍点を付す．

・訳者による強調や言葉のまとまりを示す場合は〈　〉で括る．

・訳者による補いは〔　〕で括る．脚注は訳者による．

・引用文中の補いや省略を示す［　］は，原書執筆者による．

・人名を除き，原語を示す場合は，フランス語は〔　〕で，それ以外の言葉は（　）で示す．

まえがき

宗教の社会科学はその起源以来，対象の「定義」の問題を関心の中心に据えてきた．実際，対象を定義することは，あらゆる科学的な手続きの第一歩であり，あらゆる批判的アプローチの可能性の前提条件をなしている．この要請は，特に社会科学にとって不可欠である．というのも，社会科学は定義の要請を満たすことによってのみ，月並みで素朴な定義や，意味の制度の規範的な定義から身を守ることができるからである．

この点から言うなら，宗教は社会のなかにあるがままのかたちで存在しているような「宗教」だけを指すと考えてはならない．それは，諸制度の機能分化によってもたらされた，特殊な活動領域における「宗教」にすぎないからである．その一方で，宗教を人間に付随する不変のものという側面に還元してしまってもいけない．そうすると，社会科学の批判的な企てを逃れることが正当化されてしまうからである．

定義の試みは，この両極のあいだでたゆむことなく続けられている．多様な形態をとる対象は，変貌を遂げたり，刷新されたり，消滅したり，再び現れたりと予測がつかず，議論は繰り返し巻き起こって決着がつかない．研究者たちはそれを捉えようと努力している．この状況は，事典の企てを非常にやりにくくする．人が事典に期待をかけるのは，まさにそこに定義があると思うからだ――だが，逆にこう認めてしまったらどうだろうか．一見不確実なようだが，議論を突き合わせることから視点の多様性そのものが浮かび上がってくるのであって，それがこの「定義不可能」な対象の複雑性を明らかにしてくれるのだ，と．そのような議論のダイナミズムを再構成することを選んだ点に，この事典の特色がある．

この選択は，専門家が対象を語るときに用いる語――「宗教」(単数形および複数形)，「宗教的なもの」，「宗教事象」(単数形および複数形)――のすべてに場所を与えるべきだという考えとも関係している．どの語を用いるか，はっきりと決着をつけるよりも，この多様性そのものを注意深く観察するほうがよいと私たちは考えた．対象を提示するのに使われる用語と表現について，それぞれ別個の項目を設けたのはそのためである．一連の用語を関連づけることによって，最終的に『宗教事象事典』という表題の選択が正当化されるだろうと見込んだのである．

実際にやってみてわかったのは，多様で重層的な定義が存在するだけの場所と素材が確かにあるということで，それらの定義は互いに補いあったり入り組んだりしている．単数形の宗教をめぐる哲学的・歴史的アプローチもあれば，複数の宗教を類型論的に分析するやり方もある．アナロジーやメタファーの用法を並べて提示するだけの場所や素材がある．フィールドや文化圏の多様性のための場所もある．

この『宗教事象事典』は，批判的で，対象から距離を置くアプローチを意識的に提唱する．すなわち，あらゆる宗派の影響から自由で，社会科学——社会学，歴史学，人類学，政治学，精神分析，哲学など——の方法と思考の道具立てを用いる．分野横断性を選び取ることにより，すでに一定数存在する宗教史の事典との差異化がはかれるだろうと考えている．

この事典の立案者と項目執筆者が読者として想定しているのは，教養はあるが専門家ではなく，宗教的なものや宗教事象についてもっと知りたいと興味を抱き，社会科学が生み出す概念や分析に親しみたいと考えている人たちである．このような読者層に向けて，簡略にすぎる要約を避け，単純化しすぎることなく平易に叙述することを心がけた．学問分野には，それぞれに特有の研究領域や，他の学問分野と共通の領域を把握する概念があるが，特にそうした概念を具体的な事例を用いて描写することにより，誰もが理解できる言葉に言い換えるよう努力した．このようにして，社会科学で用いられる概念や基本用語についての見出し語（「権威」「理念型」「媒介者」「近代性」「**世俗化**」「社会化」）と，宗教の領域から直接的に出ているテーマや問題系を扱う見出し語（「背教」「カリスマ」「悪魔祓い」）が代わる代わる現れる格好になっている．大きな問題を扱っている記事もあれば（「世界化／グローバル化」），比較的特殊な問題や（「天使」「対象」「祈り」「タブー」「真理」），非常に限定された領域を扱っているものもあるが（「秘教」「宗教制度」），そちらはあまり関心を引かないとか，射程が小さいということではない*．

この事典は，全体の計画においても，それぞれの見出し語の内容においても，網羅し，徹底することを目指すものではない．結集された学識を提供するというより，宗教的なものと関係していたり，宗教的な側面を含んでいたりする（民族や政治など）今日の諸問題に向き合い，考察を深めるのに適した概念の道具，アプローチ，

---

* 「編訳者まえがき」で述べたように，日本語版『宗教事象事典』は原書の抄訳なので，この原書「まえがき」で言及されている項目をすべて訳出したわけではない．実際に訳出した項目はゴチックで目立たせてある．

分析，情報，事例研究を使えるようにすることを目的としている．したがって各項目は，ある領域やテーマについての知の状況を示し，ある概念の発生を文脈化し，その歴史をたどり，代替アプローチや対抗理論を提示することで，その概念の内容を解明しようとするものである．宗教や宗教的なものの位置と役割を，時間的・空間的な多様性において分析すること．場所，当事者，争点を同定すること．伝統，宗教的記憶，伝達様式，儀礼，テクスト，信仰について検討すること．宗教的権威と制度の基盤を問い直すこと．日常用語のなかにある宗教的語彙は，暗黙の先入観や表象を伝えるものであり，社会科学の批判的な作業がまさにそれを解体し解読しようとしている点を示すこと．現在進行中あるいは過去の議論を評価し，社会科学を通してものを見ることが，いかなる意味において私たちの生きている世界を理解するのに役立つのか，歴史や哲学や精神分析を経由することが，いかに現在の事象に意味と深みと理解を与えるのかを示すこと．新しい研究動向を跡づけまたは指摘し，場合によっては未来を見通す論点を提示すること．この事典が目指しているいくつかの目的は，以上のようなものである．

この事典が素朴な問いや関心事から離れることがないように，学問的な見出し語の隣には，誰もが疑問に思うような問いに答えようとする項目が並んでいる．「**セクト**」とは何か，「象徴」という言葉が指すものは何か，どのように「**イスラーム主義**」を理解すればよいのか，といった問いである．読者の期待に応え，まっとうな興味関心を満たすという同様の配慮から，項目にはなっていなくても，巻末のアルファベット順の一覧表には多くの言葉を取り入れている．このような措置をとったのは，宗教事象を扱う事典でありながら，愛，金銭，芸術，冒瀆，告白といった見出し項目がないことに首をかしげる読者がいるかもしれないと思われたからだ．これらの言葉を一覧表で引くと，別の関連項目を参照するよう指示してある．愛であれば「**神秘主義**」「敬虔と信心」「**性，セクシュアリティ**」の項目を，金銭なら「**資本主義**」を参照するようにし，芸術であれば「建築」「**聖像／イコン**」「音楽／歌／舞踊」を，冒瀆なら「罪／償い」を参照するよう促すといった具合である.**

このような語彙の異種混淆性は必然である．読者の期待に応えるにはそうするのが望ましいというのが，私たちの比較的早い段階からの考えであった．日常言語を排除すべきでないことは明らかだった．というのも，人が使用し，広く流通し，私たちの大部分にとって意味をなすのはそのような言葉であり，現実を描写し言い当てるのも，そのような言葉であるからだ．このような言葉こそが，社会科学の細心

** このような言葉のネットワークの構築が原書の特色のひとつである．日本語版では項目が参照できる五十音順の索引を作成した．

の注意を必要とする．

学問の世界の抽象的な語彙に属する言葉と日常的な言語の言葉を並べるという選択に加えて，この事典は，宗教的な概念であれ（「解放」「信仰」「救済」など），もともと宗教や地方または国を単位とする現地の言葉だった呼称が，学問のカテゴリーや宗教的な概念の地位を獲得したものであれ（「ダール・アル＝イスラーム」「タリーカ」など），それらを社会科学の用語として用いることについての問題を提起する．

これらの言葉を社会科学の言葉とすることについては，多くの学問的な議論がなされてきた．たとえば，「シャーマニズム」はもはや必ずしもシベリアに由来する呼称のみではない．今日ではインドさらにはアフリカのシャーマニズムについても語られており，ニューエイジにおけるシャーマニズムを語ってよいかが問われている．「トーテミズム」という言葉が過去に同じような運命をたどっている．「ペンテコステ派」は，社会科学の批判的なカテゴリーになったように思われる（「新ペンテコステ派」について議論され，「ペンテコステ化」の過程が語られている）．「ディアスポラ」という言葉の歴史もまた，この種の意味の変質によって特徴づけられている．

このような言葉の適用範囲の拡大と，それによってもたらされるさまざまな学問分野や当該文化圏の専門家のあいだでの議論の拡大は，それ自身において批判的なアプローチをよく示すものである．この点はすでに喚起しておいたことだが，ここであらためてはっきりさせておきたい．この手続きをさらに前に推し進めることにより，項目執筆者の何人かは，事象の歴史性と，それらの事象を説明する概念の歴史性という二重の歴史性の領域を掘り下げることに努めている．

このように異質な語彙を混交させる一方で，計画の一貫性を保持することも必要であった．アルファベット順――事典というジャンルの原則そのものでもある――は一見恣意的にみえ，事典が完成するまでの長く入念な手入れの過程を説明してはくれない***．「ブルデュー」と「ブリコラージュ」が順に並ぶ一覧表はでたらめな印象を与えるかもしれないが，実際には，熟慮の末に構成された全体像が隠れており，一貫性の要求に応えている．それはさまざまな水準と，さまざまな方向性においてのことである．実際問題として，全体像がなければ，いかに言葉の選択を正当化することができるだろうか．この種の事典の編集の任に当たる者は誰でも，次のような問題にたえず不可避的に直面することになる．どの言葉を選び，どの言葉を除外

*** 原書の見出し語はアルファベット順に並んでいるが，日本語版では五十音順に配列した．

すべきか．選択を決定づける基準は何か．どの水準の一般性を強調すべきか．これらの困難を乗り越えうるには，単に言葉の一覧表を作るような計画であってはならなかった．全体を構成する部分を連動的かつ補完的に相互に関係づけ，それらの部分を構成する下位の部分とのあいだに上下関係を築き，そして各項目が別の項目との関係において自然とその位置を見いだすことができるよう，構造化された全体像を構築する必要があった．そして，各記事の末尾において関連語を指示し，巻末には索引を設け，知識を補完することができるようにした．これによって読者は，探索の領域を広げたり，ある概念や主題や問題系を深めたりすることができるだろう．この事典を系統立てて用いるならば，読者はいわばガイドツアーに参加するように，一つまたはいくつかのコースを自由に選び，知の道を散策することができるだろう．

いかにして，宗教事象という限界も境界もない領域を，徹底的に網羅するのではなく，意味をなすかたちで組織立てて，取り扱うことができるだろうか．確かにかなりの厚みがあるとはいえ，それでも限りのある分量のなかにすべてを収めなければならない．いかにすれば，できるかぎり広く包摂しながら緻密な分析を加えるという，二重の要請を両立させることができるだろうか．一般性の妥当な水準を，いかに見つけるべきだろうか．その答えは，ひとまず目次を作ってみるということだ．それは，教科書やある主題についての総論となるような著作の目次と似ているが，ひとたび建物ができあがったら外すことになる梯子のようなものだ．この暫定的な目次をもとに，言葉の（吟味と評価，選択と選別が行われ，ついで章や節に分けられ，それらが最終的に再配置されて，アルファベット順に並べられた．この手続きによって，漏れを防ぎ，重複を避け，空欄を埋め，余分な言葉を削ろうとした．このように慎重を期したつもりではあるが，抜け落ちてしまった用語もある．それは，ある段階まで漏れに気づくことができなかったことによるものもあれば，最終的に原稿を提出していただけなかったことによるものもある．それからまた，一般性の高い言葉に繰り上げるという原則を適用したため，特殊な性格を持つ言葉がより包括的な項目に吸収されるかたちで取り除かれる結果となった場合もある．たとえば，反ユダヤ主義，反セム主義，イスラーム嫌悪，ユダヤ嫌悪といった概念は，別々の項目で扱う代わりに，それらが発生する元となるような「**民族的・宗教的憎悪**」という項目を設け，あえてまとめて扱うことにした．

ひとたび方法が見つかっても，根本的な問題の解決が残っていた．それぞれの宗教ごとに見出し語を設けて，際限なく広がりかねない一覧表を作るべきなのか，それとも仏教，キリスト教，儒教，イスラーム教，ユダヤ教，道教といった歴史的な《大宗教》に限定すべきなのか．この問いは，大宗教とは何かという，もう一つの問いを呼び起こすことになる．たとえば，キリスト教とカトリックの区別を設けるにはどうすればよいのか．先述のように，一般性の高い言葉に繰り上げる原理に委ねるしかないのではないか．包括的なアプローチを採用することにした私たちは，あまりに専門的な項目を増やして個別主義と特殊性の迷路にはまり込んでしまう事態を避けようとしたが，それでも次の二重の問題が浮かんできた．それは，過度の一般性と抽象性により対象がぼやけてしまわないか，そして先端的な主題に関する独創的な項目をわきに追いやる結果にならないか，ということである．二つの選択肢の一方だけを選ぶことが不可能なら，いっそいかなる宗教も含めないという判断をすべきだろうか．それとも，妥協策として，「ヒンドゥ教」は残すが「キリスト教」は退けて（その代わりに別のアプローチによる「キリスト教圏」を設ける），「カトリック」と「宗教改革」という二つの別の項目を設けるべきだろうか．明らかに，いかなる宗教も含めない原則を採用することはありえない．というのも，このように分けることには意味があるからで，宗教の社会科学そのものの歴史からみても，その一部は宗派の領域において生まれているのである．

この最後の点は，当然ながらもう一つの問題を引き起こす．読者のなかには，キリスト教の表象過剰，ひいては一種の西洋中心主義を嘆く向きもあるかもしれない．それにはそれなりの理由があるのである．社会科学は啓蒙主義の系譜に連なり，西洋において生まれている．確かにそれは世俗化の途上にあるヨーロッパであったが，その背景をなすキリスト教が言語体系および個々の言葉にまでその刻印を残していた．第一世代の研究者は西洋人で，西洋的であることが避けられなかった．彼らが考えを整理するのに用い，彼らが観察する世界を言語化するのに使うことができる言葉は，西洋の言葉であるほかなかった．このような文化的・言語的土台こそが，事物の表象と理解を形成することになった．たとえば「教会」という言葉があるが，この言葉がどれだけ「宗教」という言葉の代用語として，宗教の規範的モデルにまでなるような総称語として用いられてきたかを考えてもみてもらいたい．

さまざまな事象，過程，体系――そこには別の文化に属すものも含まれる――を描写したり指示したりする，○○教または○○主義〔-isme〕，○○化〔-tion〕，○○学〔-logie〕といった概念化の言葉もまた，西洋において発明されたものである．西洋はその政治的，経済的，科学的覇権を誇り，その思考枠組の普遍性を信じることによって，政治的，宗教的，文化的な境界を踏み越えて，そのような概念化の言葉の使用範囲を広げることができた．そして研究者たちは，彼らに固有の世界の切り分け方と表象をもとに，彼らが鍛え上げてきた概念道具を用いて，遠い世界（文化的環境）を解釈できると自負してきた．一例を挙げれば，「ヒンドゥ教」という言葉は，植民地主義の枠組において西洋の東洋学者が発明した語である．したがって，このような西洋的な言葉と概念が，長いあいだエキゾチックとみなされてきた地域を研究している新しい世代の研究者——洋の東西を問わない——によって繰り返し批判されることになるのは，当然の理であり有益なことでもある．

自民族中心主義とキリスト教中心主義の罠にできるかぎり陥らないよう特に心がけたのは，主題別のアプローチや分野横断的さらには文化横断的な問題系を扱うようにすることだった．この配慮はアルファベット順の一覧表にもみられるが，それがいっそうよく表れているのは，異なる文化圏や宗教を研究対象とする専門家を組み合わせたり，異なる学問分野に属する専門家を組み合わせたりした共同執筆の項目においてである．

文化圏ごとに切り分けることは，さまざまな留保をつけることが必要になってくるが，それでも地理的・文化的に区別される空間における近代の対照的な効果を測定できる点において，妥当性を示すことができよう．世俗化をはじめ，世界化，人口移動，ディアスポラ化現象，情報通信技術による接触と交換の増大が，地理的に隔離されている状態を終わらせることになった．したがって，宗教別の説明と同様に，文化圏ごとに説明を設けることにも利点がある．それによって，個々の状況に応じた宗教的な問題系を指摘し，近代化の効果のもとにみられた変化の特殊な様態を指し示すことができる．人口移動の際には宗教を脱文脈化する者たちがいるが，そこに歴史的な側面を導入すれば（宗教事象の歴史性），宗教と文化圏の一致を適切に脱構築することになるはずである．

この事典には二つのアプローチが共存している．

一つは，社会科学のプリズムを通して宗教的なものにアプローチすること．それによって，さまざまな立場の分岐や錯綜，原因や理由の複数性を明らかにすることができる．言葉や概念，または総称語から出発しながら，それが多様な社会的表現をとるに至るさまを示すことができる．

もう一つは，宗教的なもののプリズムを通して社会科学にアプローチすること．宗教的な世界を記述するのに用いられる宗教的な語彙が豊富にあることから出発しつつ，総合を試み，どのような横断が可能かを見極め，多義的な現実を一つの統合的な概念にまとめあげることである．

ところで，この二つのアプローチを組み合わせることは，社会科学の統一性を揺るがさずにおかない．二つの言葉を例として挙げてみよう．

第一に，「不死」という宗教的概念．この言葉を事典に取り入れているのは，宗教的なものとその思考枠組，またその信仰対象を通して，社会科学の起源に遡ろうとしているためである．

第二に，「祈り」という総称語．この言葉を事典に取り入れているのは，「祈り」という対象が，社会科学のエピステモロジー空間が構築されるモメントにおいて，発見的に研究を進める上で効果的かつ豊かなものであることを示すためである．次の三つの点を強調しておこう．第一に，祈りという対象が，どのように異なる要素——身体，息吹，文言——を結びつけるのかということ．第二に，個人と集団の関係が浮き彫りにされること．即興の祈りは，個人的な言明の発明の例だが，それは規則の試練にかけられる．「彼は自分の魂の救済のために祈った」という叙述は，制度によって有効とみなされている実践を確証することになっているが，実のところその言明の正確さはわからず，間接話法を用いることになる．第三に，歴史を比較することは，変わらないものを同定するとともに，その限界をはかることになる．祈りが永久不変のものだということは，宗教の内側からみれば所与のことかもしれないが，その自明性は社会科学の迂回路をたどるときには揺らぐことになる．さまざまな祈りの類型が存在するとしても，「祈り」という言葉がすべての場所に存在するわけではない．

読者がさまざまな学問分野の歴史と発展の様子について知ることができると考え，「宗教の人類学」「宗教史」「宗教哲学」「哲学と神学」「精神分析」「宗教学」「宗教社会学」といった学問分野ごとの項目を設けるのは，有益かつ望ましいと判断した．

最後に，用語，概念，主題，文化圏，日常語に関する項目と並んで，人名項目がある****．この事典では，モーセ，イエス，ムハンマド，ブッダといった宗教者の名前を選ぶのではなく，宗教の社会科学の領域と関係する著作を書き，この領域における貢献を示している研究者の名前を選ぶことにした．人名項目の狙いは，生涯の簡潔な提示ではなく，各人が宗教事象の批判的な知識にどのような貢献をもたらしたかを明らかにすることである．見出し語として設けたのは，すでに没している著作家だけだが，存命あるいは現役の研究者の名前は，項目のなかの文章や参考文献において言及され，索引で示されている．

ご想像いただけるように，この事典を形にするには，集団での事業を企てるよりほかには考えられなかった．実際，制度の垣根を越えた国際的なネットワークを駆使して，大御所から新進気鋭の研究者までが集められた．これらの研究者は，フランス国内の大学や高等教育研究機関（社会科学高等研究院 EHESS，高等研究実習院 EPHE，国立科学センター CNRS，シアンスポ）や，ヨーロッパ，アメリカ，アフリ

**** 「編訳者まえがき」にもあるように，日本語版では人名項目は省くことにした．

カなど外国の機関に属している．このように国境を跨ぐことのほかに，もう一つの壁があって，この企画においては異なる学問領域の垣根を乗り越えなければならなかった．この点については，私たちは果敢に困難に立ち向かったと胸を張ることができると信じている．この事典は，社会学者，人類学者，歴史家，哲学者，政治学のエキスパートを結集している．この事典を作ることは，知的背景を異にするさまざまな学問分野の地平からやってきた人びとが出会い，協力する機会となった．専門家同士の質の高い関係が構築されると同時に，友情関係もできた．ここで関係者各位の熱意，協力，能力，忍耐，理解に謝意を表したい．

最後に，私たちが心よりお礼を申しあげたい人物は，編集事務局長としてこの事典の中核を担ったアンヌ・リュシアーニである．彼女の愛情に満ちた粘り強さと執拗さ，そして毅然たる態度がなければ，この事典はこのようによい条件のもとで日の目を見ることはなかっただろう．どうか私たちの心からの感謝を受け取っていただきたい．

宗教事象についての私たちの理解を深め，研究領域の刷新をもたらした偉大な学者のなかには，死神が活動を中断してくれないため，この事典を作っているあいだに私たちのもとを去り，この事典のページに迎え入れられることになった者たちがいる．ポール・リクール，クリフォード・ギアツ，ジャン＝ピエール・ヴェルナン，クロード・レヴィ＝ストロースの諸氏である．この事典はおのずと彼らに捧げられるものである．

レジーヌ・アズリア Régine Azria

〔伊達聖伸訳〕

アンテグリスム〔保守十全主義〕
INTÉGRISME

アンテグリスム〔intégrisme〕の語は今日あまりにも多用され,「ある体系全体を保持すること」を目指す教義の意味で用いられるようになった（『プティ・ロベール辞典』）. そのため, エコロジー的アンテグリスム, 精神分析的アンテグリスムなどの用法までみられる. しかし, 上記の辞書は, この現象は「特にある宗教についていわれる」と限定し,「あらゆる変化を拒否するカトリックの態度」と括弧書きで補足している. これは『キリスト教文化事典 *Dictionnaire culturel du christianisme*』（Paris, Cerf et Nathan, 1994, p. 156）における「伝統の全体を保持することを目指す一部信者の態度」という定義とほぼ同じである. 語の使用があまりに広範囲に及ぶのを避け, 世界各地でみられるイデオロギー的, 宗教的アイデンティティの硬直化を含んだ混乱状況のなかでその語義が雲散霧消しないよう, この語の語源と歴史に立ち戻らねばない. その歴史は比較的浅いにもかかわらず, 20 世紀を通じて対立を生じ続け, 一致を生み出すにはほど遠い状態にある.

定　義

「保守十全主義的な」という形容詞であれ,「保守十全主義者」という名詞であれ, intégriste の起源はカトリックである. すなわちこの語は, 19 世紀の最後の 10 年間に, 国家内で営まれる生活全体にカトリシズムを浸透させることを目指し, 聖なるものと世俗のもののあいだのあらゆる分離を拒否しつつ, 教会の下に国家を置くことを主張する政治的活動を指す語として, スペインで生まれた.

「保守十全主義」〔intégrisme〕という名詞の受容に限ってみると, 1910 年頃大きな前進があったが, 辞書に載るのはようやく 1950 年頃になってからであった. この 20 世紀前半のあいだ, この単語はカトリックの領域に安定してとどまっていたが, 近年になって拡散し, 宗教的か否かを問わず, ある特定の社会を影響下に置こうとする実践や理論の意図を形容するために用いられている. このような混乱を避けるために,「アンテグリスム」はそれが生まれたところであるカトリックの領域に限定し, そして, 似ていたり同等であったりする, 他の宗教における傾向に対しては,よりふさわしい語で言い表すほうが好ましく思われる．たとえば，プロテスタントならば「原理主義」〔fondamentalisme〕，ユダヤ教ならば「超正統派」，イスラーム世界ならば「イスラーム主義」などである．

カトリシズムの内部では，「保守十全主義（アンテグリスム）」と「保守十全主義者（アンテグリスト）」は両方とも，すぐに論争を呼ぶ語となり，それらに客観的な意味づけを与えるのは困難である．実際，最初の敵対者であった近代主義〔modernisme〕とは異なり，結局，アンテグリスムは，教皇ピウス 10 世〔Pius X〕によって「すべての異端の合流点」（1907 年 9 月 8 日の回勅）と定義され，教会の公式的な語彙としては基本的に認められていない．ベネディクトゥス 15 世〔Benedictus XV〕の最初の回勅は，アンテグリストに対するその抑圧を少し緩めるものであったが，実際には教会内部で分派が結集することを禁止している．「カトリシズムの信仰を表明するための形容語は必要ない」（1914 年 11 月 1 日回勅『アド・ベアティッシミ・アポストロルム』）．教会の現代史をみても，教皇文書の重みには到底匹敵しない一例しか見いだすことができない．1947 年四旬節の有名な手紙「教会の飛躍もしくは没落」のなかで，パリ大司教シュアール枢機卿〔Emmanuel Suhard〕は，望ましい発展を遅らせる二つの選択肢として，「近代主義」と「アンテグリスム」をともに鍵括弧つきで名指すかたちで排斥している．この大司教枢機卿は，標的とする個人名や団体名を詳細に提示こそしなかったが，教義としての「アンテグリスム」は「戦略的」で「道徳的教訓を垂れるもの」と付け加えた．

このような状況において，その時もしくは後になってからでもアンテグリストと疑われた者たちはみな，全力で批判を跳ね返そうとした．彼らによれば，アンテグリスムは，厳しく糾弾された近代主義者たちとその後継者である「進歩主義者」たちによる，自らの過ちを忘れ去るための，そして真正のカトリシズムの最良の擁護者の信用を失わせるための，でっち上げである．それは教会内部の敵対者による悪意あるでっち上げであり，アンテグリスムははるかに効果的で危険な破壊工作を覆い隠すため世論に対して敵対者たちが言い立てる，根も葉もない神話だということになるだろう．とりわけ第二ヴァチカン公会議〔1962–1965〕以後，彼らはこの不名誉に終わった戦いのための用語よりも「伝統主義」〔traditionalisme〕という語を好んでいる．この語を用いることで彼らは，第二ヴァチカン公会議文書によって多かれ少なかれ破壊されてしまったと彼らが言うところの「永遠の教会」とともにある連続性を，自分たちの利益に沿って主張することができるからである．

しかし歴史家であれば，彼らが標榜する伝統が，最も早くても 16 世紀の反プロテスタンティズムに，本質的な部分は 19 世紀の反自由主義，あるいは 20 世紀初頭の反近代主義にしか遡らない点に注目しなければならない．ピウス5世〔Pius V〕とピウス10世が，彼らの二大聖人である．しかしながら，アンテグリスムの最も辛辣な批判も，ものごとを明瞭にするのには貢献しない．なぜなら，そうした批判はしばしば，第二ヴァチカン公会議後の教会内部における復興の試みをアンテグリスムと混同して非難してしまうからである．このような領域において前に進むときには，あらゆる場所に罠が仕掛けられていることを知らなければならない．反近代主義の標的になった者たちが，最も激しい敵対者に立ち向かおうと応酬した結果，第二ヴァチカン公会議の「現代化」（アジョルナメント aggiornamento）の後には，彼らのほうが勝者となり，アンテグリスムにレッテルを貼ることが主流の見解となった．しかしこのような状況の逆転があっても，学問的観点からこの観念をより操作的に用いることができるようになったわけではない．

どのようにしてこの合わせ鏡のなかの駆け引きから抜け出すか．アンテグリスムは，トレント公会議〔1545-1563〕と第二ヴァチカン公会議のあいだのカトリシズムを支配した先鋭部隊にすぎない，とエミール・プーラ〔Émile Poulat〕が述べていることが参考になる．16世紀の宗教改革，そしてとりわけ18世紀末のフランス革命によって進展した世俗化または脱宗教化（ライシテ化）の動向に対し，ローマ教会は全面的〔intégral〕かつ非妥協的なカトリシズムのモデルの構築によって反論した．全面的というのは，このモデルは公と私を分離し，宗教を私的な領域に追いやることを目指すあらゆる形態の自由主義を拒絶したからである．このモデルは反対に，宗教には，その語の最も強い意味で，ありとあらゆる人間的活動を informer する〔かたちを与える〕権限があると主張した．

ところでそのモデルにはそうするための発展的戦略をとるすべがあった．上からの戦略としては，キリスト教的国家の維持もしくは再建により，臣民もしくは市民に教会法を敬うよう義務づけることができた．19世紀のガルシア・モレノ〔Garcia Moreno〕のエクアドル共和国が典型だが，20世紀のイグナーツ・ザイペル〔Mgr Ignaz Seipel〕のオーストリア，アントニオ・サラザール〔Antonio Salazar〕のポルトガル，エイモン・デ・ヴァレラ〔Éamon De Valera〕の下のアイルランドもまた，このモデルを実現した例である．下からの戦略としては，1920年代以降，広義または狭義のアクティオ・カトリカが「生活全体を包括するキリスト教」を再導入する動きを示した．

非妥協的というのは，このカトリシズムは近代性とのいかなる妥協も拒否するものだからで，1864年にピウス9世〔Pius IX〕が出した『誤謬表 *Syllabus errorum*』の80命題「ローマ教皇が進歩や自由主義，近代文明（ラテン語オリジナルでは「最近の文明」）と和解し妥協することは可能であり義務である」という「誤謬」に対応している．こうして近代社会に抗するカトリック社会が形成され，信徒の生活全体に結束をもたらし，迫害者とみなされた国家や不敬虔とみなされた社会と信徒との接触をできるかぎり制限しようとした．オランダのように宗教改革の影響も受けたネイションにおいてカトリックの「柱状社会」（verzuiling）〔宗派別あるいはイデオロギー別に分離した社会〕が形成されたということは，カトリックが近代社会に抗する社会を形成していたことのよい見本である．この状態は少なくとも第二次世界大戦まで続いた．このような構図においては，形容詞なしのただのカトリシズムで，カトリシズムは十分だった．付加形容詞は，規範と照らし合わせたときの逸脱を批判するためにのみ用いられた（自由カトリック，近代主義的カトリック，進歩的カトリック等）．しかし，もし全面的な——もしくは全面主義的な——目的を持続的に保持することは可能だとするならば，それはその目的が啓示宗教の観念と重なりあうからだが，非妥協性をつねにいたるところで保つことは不可能である．非妥協的カトリシズムは，鉄道や電気やテレビなどの手段に対して表向きは消極的な態度を示したが，妥協を強いられたのち，これらを大いに活用することになった．だがこれらの手段は中立なものではない．手段は目的を巻き込むこともある．

こうして，非妥協的カトリシズムは，いくつかの主義主張との妥協に導かれることとなった．この観点から最もわかりやすい例は，信教に関する自由である．いささかアクロバティックな解釈ではあるけれども，第二ヴァチカン公会議の宣言「信教の自由に関する宣言」は，もちろん1789年の「人間と市民の権利の宣言」第10条と同じものではないが，それは1864年の回勅『クアンタ・クラ』〔「注意深く」〕とも，付属の『誤謬表 *Syllabus errorum*』とも異なっている．そもそも，自由の原則を誤りであると力強く非難し，そして寛容からのみ自由を許容することに妥協したこれまでの文書との連続性が明白であったとしたら，この文書をめぐってこれほどまでに多くの論争がなされただろうか．

具体的な和解がなされ，その数が増えていくにつれ，非妥協性を最も熱心に擁護する者たちは，彼らの最も深く信じるものが，もはや外からの攻撃ではなく内からであるだけに，より耐えがたい攻撃によって迫害され，さらには裏切られたと感じた．カトリシズムの一部は，敵と和解し，さらには敵の側に寝返ろうとしているようにみえたのだ．19世紀の末，「ゼランティ」〔zelanti〕と呼ばれていた人びとは，そのような破壊行為に抗して戦うための圧力団体を作ることが必要だと考えた．かつては彼らのような熱心な者たちが教会権力を掌握していたためその必要はなかったが，いまや教会権力の一部が彼らから離反しつつあるようにみえた．

ここに至って初めて——その時期は1900-1910年の近代主義による危機の時期である——アンテグリスムが登場し，以後それは二つの前線での戦いを強いられた．第一の戦線は，完全保存的で非妥協的なカトリシズムの全体に共通する主要な戦線で，そこには外部の敵がいた．自由主義者，反教権主義者，社会主義者たちである．第二の戦線は，教会が和解を進めていくにつれて重要性が増してきた戦線で，そこには近代主義者，進歩主義者という内部の敵がいた．やがて制度全体が腐敗していると思えるようになり，アンテグリストたちは最終的に教皇をも敵視した．ヨハネ23世〔Jean XXIII〕が第二ヴァチカン公会議というパンドラの箱を開け，パウロ6世〔Paul VI〕が恥ずべき典礼改革〔「新しいミサ」〕を公認したとみえたのである．

このような批判的検討を経た上で，論争から距離を保ち学問的な性格を持つ，アンテグリスムの定義を試みることが可能になる．アンテグリスムとは，もともとは全面的で非妥協的なカトリシズムの先陣部隊であったが，自らの意に反して少数派さらには反対派の圧力団体という状況に陥った．それは教会が従来のありかたを維持できなくなり，部分的な撤退を余儀なくされたことが原因である．アンテグリスムは一つの圧力団体として，教会をかつての非妥協性のもとに連れ戻すべく戦っている．アンテグリスムによれば，教会はこの戦いを放棄すべきではなかった．現代世界はかつてないほど信仰に無縁で危険だからである．

ある意味では，このように定義されたアンテグリスムは正しいともいえる．アンテグリスムは変わることがなかった．それは，とりわけジャーナリストのルイ・ヴィヨ〔Louis Veuillot〕やピウス枢機卿〔Louis-Édouard Pie〕のような偉大な父祖たちがたえず参照されていることからもわかる．変わってしまったのは，カトリック教会全体のほうである．究極の逆説ながら，教導権の保持者から教導権の機能を守り，何人かの教皇の逸脱も教皇が体現すべき無謬性に結びつけられた．このような観点からみると，〔アンテグリスムの〕第一の非難の対象は，妥協を最も早く大胆に遂行した国々である．そのような国では，少数派ながら一定数の信者が，外部の脅威に対応する最善の策は正面衝突ではなく協議と対話であると考えるようになった．フランスのカトリシズムは，20世紀の教会の三つの大きな危機の中心部にあったため，アンテグリスムの実験室であり，それが展開を繰り広げる重要な場でもあった．

諸形態

20世紀の最初の10年間に近代主義への反動が起きたことで，アンテグリスムが生まれた．当時，非妥協的なカトリシズムは，自分たちは脅かされていると感じていた．聖書釈義の領域では歴史批評の方法が確立したが，これは聖書の字義通りの読解の脆弱な部分に異議を申し立てるものだった．また，神の認識において主体を再導入する内在性の哲学の方法が確立したが，これはトミズム〔トマス・アクィナス派学説〕によってローマ教会に復元されたばかりの，信仰を外在的要因から考える立場の説明と対立することになった．〔これらの脅威に対して〕二重の反撃が起きた．

非公式の反撃としては，ゼランティの一組織「ピオ同志会」(Sodalitium Pianum) またの名を「サピニエール」が，ローマの高位聖職者ベニーニ猊下〔Umberto Benigni〕によって1909年に創設された．これは長いあいだ謎に包まれていた組織で，魔女狩りに乗り出し，公的な告発を受けてのスパイ行為が効果的に行われた．こうして広範な秘密網が教会に張り巡らされて風紀を引き締めた．その脅威は，ピウス10世の在位期間のあいだカトリックの知識人たちを圧迫した．その現実は，さら不穏なものであると同時により控え目なものでもある．なぜ不穏なのかといえば，「サピニエール」の活動に関して，教皇が完全に責任がないということはできないからである．なぜ控え目なのかといえば，「サピニエール」はカトリック全体を見渡しても50名程度の活動員しか持ったためしはなく，デラ・キエーザ枢機卿〔Giacomo Giambattista Della Chiesa〕の教皇〔ベネディクトゥス15世〕選出を阻むことができなかったからである．彼が1914年にピウス10世の後継者として選出されるとは，彼らは予想していなかった．それに「サピニエール」は，この新しい教皇によって1921年に解散させられている．過大評価は禁物だが，「サピニエール」は歴史上初めてアンテグリスムが形態をまとったものである点は変わらない．

公的な反撃とは，ローマ教皇庁によるもので，「サピニエール」の手法に引けをとらない外科手術の方法で傷口を広げた．近代主義に反対する宣誓を聖職者に強制し，司教区には監視委員会を設け，何度も《禁書目録》を出し，アルフレッド・ロワジー〔Alfred Loisy〕に対するような端的な破門を行い，オラトリオ修道会修道士リュシアン・ラベルトニエール〔Lucien Laberthonnière〕に対して課したような沈黙を強制した．ピウス10世時代のローマにおいては，「サピニエール」の範囲を大きく超えてアンテグリスムが蔓延した．

第二次世界大戦直後，非妥協的なカトリシズムは，語の厳密な意味どおり，進歩主義の浸透に脅かされた．レジスタンス活動中にさまざまな絆で結ばれたこともあり，多くの聖職者とカトリックの闘士が共産主義に魅せられた．ただし，共産主義は1937年にピウス11世〔Pius XI〕が本質的に邪道であると宣言し〔『ディヴィニ・レデンプトーリス』(聖なる贖い主)〕，1949年には教理聖省が共産主義との協力を全面的に禁じた．そのうえ，非妥協的なカトリシズムは，宗教の領域において進歩主義と結びついた思想の浸透にも脅かされた．教会権力は，共産主義の危険を前にした際には微塵も弱さの兆候を見せなかったが，他の二つの局面においては弛緩の傾向を見せた．

まず，植民地戦争の危険である．教会権力は，現地のナショナリストが共産主義の操り人形にすぎないことを見抜けず，彼らに対する弾圧の手法への批判が高まるのを放置し，さらに現地の教会は独立後も存続するはずだという観念にすがった．ヴァチカンさえもがこのような仮定にほだされた節があり，フランスが〔ベトナムの〕稲作地帯や北アフリカの山岳地帯においてキリスト教を防衛しているという理解を妨げた．

同じ教会権力は，近代主義の回帰への対抗については，宗教を全方位に開き，教会を時代に適合させなければならないという口実を設け，十分に積極的ではなかった．

外部の敵と内部のスパイが一緒になって陰謀を企んでいるのではないかとの思いを抱きながら，アンテグリスムは「冷戦」構造のなかで第二世代を迎えた．新しい「サピニエール」が生まれることはなかったが，混沌のなかから集団や出版物が生まれた．フランスにおいて特筆すべきは，ジャン・ウッセ〔Jean Ousset〕の「シテ・カトリック」とジャン・マディラン〔Jean Madiran〕の『イティネレール *Itinéraires*』の二つである．前者は，共産主義と第三世界のナショナリズムに特有の手法を反転しながら用いることで，それらに対抗することを目指した．支部，地下組織，潜伏工作，プロパガンダなどの言葉が用いられ，それらが実践されたほか，心理作戦も行われたが，その目的は地上におけるイエス・キリストの治世の基盤確立に向けて密かに働くことだった．一方，マディランの雑誌は，教会内部に巣食う「進歩主義者」の正体を暴くことに専念していた．密告，告発，意図的な混同など，「サピニエール」の手法が再評価され，内部に対して使用されるようになった．アンテグリストはローマにも支部を持っていたので，とりわけピウス12世〔Pius XII〕の在任期間の終わり頃には，それらの手法は疑わしい者に対して用いられ，教会による制裁を引き起こす可能性があった．このアンテグリスムの第二版が，外部に対して使用されたのは，植民地帝国を維持するためにキリスト教世界の名においてなされた戦争である．それは1956–1962年のアルジェリア戦争で頂点に達し，拷問の正当化やド・ゴール将軍に対する殺害の呼びかけまでをも行った．

アンテグリスムは，第二ヴァチカン公会議を機に三番煎じがなされ，伝統主義と名を変えた．実際，同じ人間と同じ組織が，脱植民地化に反対する闘争から「公会議がもたらした革命」に反対する闘争へと一気に鞍替えした．公会議は「現代化」の名のもとに教会に深刻な危機をもたらしたばかりか，トレント公会議で決定されその後4世紀にわたって教皇の教導権が培ってきたカトリックの教義の放棄をも引き起こしたというのである．最も攻撃された文書は，教会に関する教書である．その理由は，司教合議指導制，キリスト教以外の宗教に関する宣言，信仰の自由に関する宣言を定めているからである．これらの適用を阻止しようとする反対勢力が形成されたが，その立場はかつての反妥協の先鋭部隊からローマ教皇庁において嫌疑のまなざしを注がれる少数勢力へと変化するにつれ，いっそう辛辣なものになる．したがって，彼らが行う批判はますます上位の人びとを標的とするようになり，ついには高位聖職者の統治に敬意を払わないところまで行き着いた．「教皇に反対する教皇絶対主義」のパラドクスである．対立は激化し，1988年にはルフェーヴル大司教〔Marcel-François Lefebvre〕によるシスマ〔分裂〕を引き起こした．

確かに，アンテグリスムの第三版の始祖となった人物はフランス人であり，彼の一派の半数もフランス人である．しかし，1910年時点と1950年時点にも増して，危機は世界的な規模を持っていた．そしてこの危機は，かつては同様に非妥協的であったアルゼンチンやブラジルのようなカトリックの内部に，「シウダード・カトリカ」(Ciudad católica) や「伝統・家族・所有」のようなアンテグリスムの運動を引き起こした．伝統主義は，現在のところ限定的な現象だが世界中にみられ，それは第二ヴァチカン公会議の改革を受け入れることが教会の一体性の指標にとどまる限り，存続するおそれがある．

ところで，ローマの立場は，この点からみると，40年前ほど断固としたものではない．パウロ6世の在位期間〔1963-1978〕が終わると，そしてさらに彼の後継者たちのもと，危機の大きさを前にして，ヴァチカンは再び断固とした態度をとった．確かに，異議を申し立てられたからといって公会議の教説を見直し，伝統主義者たちを満足させることは問題外である．それどころか，1986年にはアッシジで宗教間対話があり，キリスト教以外の宗教に関する宣言に具体的な内容が与えられ，伝統主義者ルフェーヴル大司教の堪忍袋の緒が切れた．それでも他の分野においては，一定の「秩序への回帰」がみられる．公会議がすべてであって，公会議のほかは何もない，とローマは繰り返している．このため，多くの伝統主義者がシスマを引き起こした高位聖職者への合流を躊躇し，やがてヴァチカンの譲歩もあって，信奉者たちが〔伝統主義から〕離脱する動きがいくつも起きた．したがって，伝統主義の小さな世界は以前よりも今日のほうが分裂している．ローマのもとに立ち戻るという可能性を前にした伝統主義者のなかには，ピウス12世の死以降の教皇座は空席であると考える者から，初期に，あるいはごく最近になってシスマに参加した者まで，そこには多様な人びとがいるのである．

参考文献　AUBERT R., « Intégrisme», *Dictionnaire d'histoire et de géographie ecclésiastiques*, tome 25, 1997, colonnes 1352–1367. – FOUILLOUX É., « Intégrisme catholique et droits de l'homme », *Fondamentalismes, intégrismes. Une menace pour les droits de l'homme*, Paris, Bayard Éditions/Centurion, 1997, pp. 11–27. – MADIRAN J., *L'intégrisme. Histoire d'une histoire*, Paris, Nouvelles Éditions latines, 1964. – PERRIN L., *L'affaire Lefebvre*, Paris, Cerf-Fides, 1989. – POULAT É., *Intégrisme et catholicisme intégral. Un réseau international anti-moderniste: la "Sapinière" (1909–1921)*, Tournai-Paris, Casterman, 1969; « Intégrisme religieux. Essai comparatif », *Social Compass*, 1985, pp. 337–448. – SICCARDO F., *«Intégriste» et «Intégrisme». Stratigrafia di due vocaboli francesi*, Université de Gênes, 1979.

エティエンヌ・フイルー Étienne Fouilloux
〔鈴木順子訳〕

イスラーム主義
ISLAMISME

「イスラーム主義」とは，19 世紀のフランスでムスリムの宗教を表わすために使われていた用語であるが，その意味は廃れてしまっていた．この語が再び使われるようになったのは，1970 年代末のフランスの研究者によってであり，政治的なイスラームの運動家を意味するものであった．そうした運動家たちは，一つは，社会学的・文化的にムスリムであるという意味での「ムスリム的」〔muslman〕（アラビア語ではムスリム muslim，ペルシア語ではモサルマーン mosalmān）社会と，政治・社会・経済のシステムにおいてイスラームを明示的な規範とするという正統な意味での「イスラーム的」〔islamique〕社会（アラビア語ではイスラーミー islāmī，ペルシア語ではエスラーミー eslāmī）を区別していた．9・11 の後，このイスラーム主義という用語は，メディアで広範に使われるようになり，テロリズムを含むすべてのイスラームの闘争形態を示すようになった．だが，その意味はあまりにも曖昧で論争的すぎる．トルコの首相であるタイップ・エルドアン〔Recep Tayyip Erdoğan〕とウサーマ・ビン・ラーディン〔Usāma Bin Lādin〕を同じカテゴリーに置くことは適切でないし，啓発的でもない．それゆえわれわれは，イスラーム主義を，暴力やジハード（jihād）の問題とは別に，イスラームのうちに政治的イデオロギーを見出す思想家および運動として規定することにしよう．暴力やジハードの問題については，それらの運動の間でも大きな違いがありうるのである．実際のところ，1990年代にジハードを称賛していた闘士たちの多くは，もはや厳密な意味でのイスラーム主義者の範囲には収まらない（ビン・ラーディンの場合がそうである）．彼らは国家や社会に無関心だからである．

イスラーム主義者にとって，社会のイスラーム化は，固有の制度と政策（経済や文化など）をもったイスラーム国家の建設によって成立するのであり，シャリーア（sharī'a）の実践のみによるのではない．ムスリムの政治法学の伝統では，君主が権力の合法的な実行者（カリフ（khalīfa）あるいはスルターン（sultān））として必要な資格をもっているかどうかが問われるが，イスラーム主義者たちはこの伝統とは距離を置く．イスラームをイデオロギーとして考える立場は，アブー・アル＝アアラー・マウドゥーディー〔Abū al-A'lā Maudūdī〕（英語のideologyを用いる）やルーホッラー・ホメイニー〔Rūḥollāh Khomeynī〕（フランス語の用語を借用したペルシア語の造語，イーデオロジーideolojiを用いる）のような著述家たちに明らかである．ハサン・アル＝バンナー〔Ḥasan al-Bannā〕のようなアラブの著述家は，アラビア語の造語であるマフクーラ（mafkura）（世界観）を用いている．

起源と発展

1924年にケマル・アタテュルク〔Kemal Atatürk〕がカリフ制を廃止した．カリフ制の消滅は，それが現実的な機能というよりも栄誉の称号となっていたとしても，ムスリムの著述家のある者たちにイスラームと政治の関係の再検討を促した．彼らは，近代国家を基点として，全面的にイスラームに拠りつつも，軍事的な次元だけでなく政治思想においても，西洋の支配に代わりうる統括的なシステムを構築しようと考えた．彼らは，（シャリーアを適用すれば十分と考える）ウラマー〔'ulamā'〕の法学的な原理主義を拒否すると同時に，近代化を西洋の模倣としか思わない19世紀のムスリム君主の啓蒙専制をも拒否するのである．イスラーム主義は，地理的にいくつもの拠点を軸として発展したのであった．

アラブ世界でイスラーム主義を体現したのはムスリム同胞団，ジャマーア・アル＝イフワーン・アル＝ムスリミーン（Jamā'a al-Ikhwān al-Muslimīn）であった．1928年にエジプトの小学校教師，ハサン・アル＝バンナー〔Ḥasan al-Bannā〕（1906–1949）によって設立されたこの団体は，宗教結社であると同時に政治運動でもあった．細胞として組織化された構成員は，アミール〔支配者〕への忠誠を誓い，社会や職場で闘争しながらも個人としての霊的完成を目指して行為しなければならない．結社は「民主的な中央集権主義」に基づいて構成され，評議会（シューラー Shūrā）

により選ばれた終身アミールが，専門委員会（財政，宣伝，初期には軍事組織もあった）を通じて集権的でピラミッド型の組織を指導する．社会活動（婦人部，慈善団体，図書館，無料診療所など）に従事すると同時に，政治（イギリス人に対する闘争）にも関わっていた．この団体は 1948 年に解散し，1949 年にハサン・アル＝バンナーは暗殺された．

ナセル大統領〔Jamāl ‘Abd al-Nāṣir〕の時代（1952–1970）の弾圧により一部の団員は急進化したが，そのなかで最もよく知られているのが，サイイド・クトゥブ〔Sayyid Quṭb〕（1906 年生，1966 年処刑）である．彼はきわめて悲観主義的な世界観をもち，ハサン・アル＝バンナーよりもはるかに急進的であった．とくにクトゥブは，周囲の政治システムや社会との全面的な絶縁を宣言した．彼にとって，周囲の政治システムや社会は，ジャーヒリーヤ（jāhilīya）の状態，つまりクルアーンの啓示以前のアラブ社会がそうであったような無知と不信仰（クフル kufr）の状態に戻っているのだった．だから彼には，名ばかりのムスリムでしかない者たちを「不信仰者」と宣告するのは正当なことであった．この破門（タクフィール takfīr）宣告は，13 世紀の急進的な思想家イブン・タイミーヤ〔Ibn Taymīya〕から借りてきたものであったが，急進派において大きな成功を収め，他のムスリムに対する暗殺やテロリズムの正当化を可能にした．だが，タクフィールはイスラーム主義の主流では認められることではない．

このエジプトの宗教結社〔ムスリム同胞団〕は，政党に変わることはけっして認可されず，容認された宗教活動と地下運動の間を揺れ動いた．中東の他のアラブ諸国に支部を設けたが，そのうちのいくつかは政党になり（ヨルダン，クウェート），その際に分裂することもあった（ヨルダンのヒズブ・アッ＝タハリール（Ḥizb al-Taḥrīr）すなわち解放党，スーダンのハサン・アッ＝トゥラービー〔Ḥasan ‘Abd Allāh al-Turābī〕の〔国民〕イスラーム戦線）．エジプトでの同胞団は，ナショナリストや民主主義者と同盟し，政党への変容を推し進めるリベラルな傾向と，敬虔と個人の実践に回帰して社会の再イスラーム化を図る，より保守的な傾向とを行き来した．非公認のため，さまざまな名称で議会に進出しても現実の影響力ほどには勢力を占められなかったが，それでもエジプトの政治の一つの柱となった．同胞団は，とりわけ教育を受けた中間層から団員を集めた．亡命や移住した多くのムスリム同胞団員（たとえば，サイード・ラマダーン〔Sa‘īd Ramaḍān〕，スイスに亡命したアル＝バンナーの婿）は結社の理念を伝達し，組織化に貢献した．各地の組織は，はじめは似たようなものだったが，特にヨーロッパや非ムスリム諸国では，きわめて異なったコンテクストで活動するようになった（フランス・イスラーム組織連合〔Union des

Organisations Islamiques de France〕の設立者たちはムスリム同胞団員であった)．また，同胞団から独立した組織や機関，たとえばイスラーム世界連盟（ラービタ・アル＝アーラム・アル＝イスラーミー（Rābiṭa al-ʻĀlam al-Islāmī)，1962年にサウディアラビア王国の支援によって設立）や，1970年代から中東で発展するさまざまなイスラーム銀行にも，幹部を送り込んでいった．同胞団の発展は，マグレブでは比較的遅れて始まり（1980年代末のアルジェリアでは，マフフーズ・ナフナーフ師〔Maḥfūẓ Naḥnāḥ〕が指導)，何よりもアラブ諸国の範囲に留まっている．指導部には非アラブ人はいない．しかし，その知的影響は根拠地であるアラブ地域を越えて広がっている．

イギリス領インドでは，ジャーナリストでエッセイストのマウドゥーディー（1903-1979）が，ハサン・アル＝バンナーと類似した思想を発展させ，1940年にジャマーアテ・イスラーミー（Jamāʻat-e Islāmī)〔イスラーム協会〕を設立した．ジャマーアテはエリート的党派であり，大衆運動よりもむしろ幹部の養成機関として活動したが，あくまで遵法的な集団であった．1947年のイギリス領インドの分割後には，国別に分割され（パキスタンとインド，1972年にはバングラデシュ)，政党として選挙に参加した．ジャマーアテの栄光の時は，1977年にパキスタンでズィヤーウル・ハック将軍〔Muḥammad Zia-ul-Haq〕が権力を掌握し，この党派出身の文民幹部を頼りにイスラーム化政策を実施した時であった．また，アフガニスタンのイスラーム主義諸党派（グルブッディーン・ヘクマティヤール〔Gulbuddīn Hekmatyār〕のイスラーム党（Hezbē Eslāmī Afgānestān)，ブルハーヌッディーン・ラッバーニー〔Burhānuddīn Rabbānī〕のイスラーム協会（Jamiat-i islami))の誕生において，大きな影響力をもった．

トルコでは，現地発祥のイスラーム主義運動が，ネジメッティン・エルバカン〔Necmettin Erbakan〕(技師，1926年生）の指導下で発展した．エルバカンは，1970年に国民秩序党（Millî Nizam Partisi）を設立したが，ナクシュバンディー教団（Nakşibendilik）に属するスーフィーの出身であり，1983年までこの教団の支持を受けていた．彼は筋金入りのイスラーム主義者であったが，憲法が肯定し軍が擁護するライクリキ[1]を尊重せざるをえなかった．この政党は，解体と再建を繰りかえし，幾度も党名を変えた．党首のエルバカンは，1974年の初入閣の後，ようやく1996年から1997年まで首相を務めたが，その時の党名は福祉党（Refah Partisi, 1983年に採用）であった．しかし，1999年の新たな禁止令の後，党は，エルバカンを支持する至福党（Saadet Partisi）と多数派の公正発展党（Adalet ve Kalkınma Partisi, AK)

1　フランスのライシテ（世俗主義）から着想を得たトルコ特有の政治用語．トルコ共和国の公式イデオロギーの一つ．通常の世俗主義よりも宗教統制的な側面が強い．

の二つに分裂した．タイップ・エルドアンが率いる公正発展党は，2002年と2007年の選挙で勝利するが，一切のイスラーム主義的基準を放棄した．

最後にマレーシアでは，1955年に設立されたイスラーム主義政党である汎マレーシア・イスラーム党（Parti Islam Se-Malaya, PAS）が，結党以来，主要な野党の役割を担ってきた．この党も，他のすべてのイスラーム主義政党と同様に，学者や大学人から党員を集めている．

以上で言及してきた運動は，伝統的な法学派やイスラーム内の宗派の違いを超えたイデオロギーを持つと主張しているが，実際にはすべてスンナ派（Ahl al-Sunna wa al-Jamāʻa）に属している．

シーア派のイスラーム主義は，スンナ派世界よりも遅れて発展し，スンナ派にはなかったこととして，聖職者の領域に関わってくる．シーア派は独自の論理に従っており，次の二つの点で根本的にスンナ派とは異なる．一つは，少数の大アーヤトッラー（āyatollāh）を中心に構成された聖職者集団の存在であり，もう一つは特殊な政治神学である．前者は非宗教的世界からの思想家の進出を阻み，後者は「隠れイマーム」の再臨を主張する（939年に逝去した大預言者の12代目の末裔が，再臨し地上に正義をもたらすと信じられる）．中東のシーア派の特徴は，国を超えた聖職者集団によって組織されている点にある．イラクではナジャフとカルバラー，イランではゴムが基盤となる．シーア派の急進化はこうした聖職者集団の内部で起こったことであり，これはムスリムの世界では例外的なことである．

1960年代に，イラクではバーキル・アッ＝サドル〔Bāqir al-Ṣadr〕，イランではホメイニー師，そしてより若いイランの宗教者であるモルタザー・モタッハリー〔Morteẕā Moṭahharī〕といったアーヤトッラーたちがイスラーム国家の概念を理論化する一方で，レバノンでは，ムーサー・アッ＝サドル師〔Mūsā al-Ṣadr〕とムハンマド・フサイン・ファドルッラー〔Muḥammad Ḥusayn Faḍl Allāh〕がシーア派の共同体を政治的に組織した．シーア派のもつ至福千年的な次元は，それまではむしろ宗教的な正統性なき君主の気まぐれにゆだねられた政治生活からの撤退を正当化していたが，1960年代を通して，革命的なダイナミズムへと一変した．こうした戦闘的なシーア派は，イランの思想家アリー・シャリーアティー〔ʻAlī Sharīʻatī〕（1933–1975）が体現したような，イスラームとマルクス主義の総合のような体を成すこともあった．

1970年代には，「イスラーム革命」が中心的な概念となった．シーア派の二つのイスラーム主義政党が，イラク（ダアワ党 Ḥizb al-Daʻwa al-Islāmīya）とレバノン（アマル（レバノン抵抗運動）（Afwāj al-Muqāwama al-Lubnānīya, Amal））に登場した．

イランでは真のイスラーム主義政党がまったく発展できなかったが，おそらくそれは，〔イスラーム主義の〕運動の運動家に宗教者の比重が高く，宗教者でない運動家たちよりもはるかに構造化され組織化された聖職者集団を利用できたためであろう．ホメイニー師の政治的な急進主義が上級聖職者の全員から賛同を得なかったとしても，聖職者たちが，部分的にはこの運動の組織基盤となったのである．同時にイランは，（シャー（Shāh）〔ペルシア国王〕時代も含めて）ムスリム世界でシーア派の教義を国教とする唯一の国である．また，1979年2月にイスラーム革命が勝利し，次いでイラン・イスラーム共和国を樹立した唯一の国でもある．だからこの革命は，ムスリム世界におけるシーア派の影響力とは不釣合いな帰結をもたらした．この革命は，政治的革命によるはじめてのイスラーム国家を樹立したのである．憲法によって，革命の〔最高〕指導者という職務が作られた．一人の法学者（ファキーフ faqīh）が，宗教的正統性と政治的正統性を兼ね備えることになった．シーア派に特有の「法学者の統治」（ヴェラーヤテ・ファキーフ velāyat-e faqīh）という理念は，大預言者ムハンマドの時代の後に絶えていた，政治的権力と宗教的権力の融合の再創設とみなされたのである．

しかし，以上のような数々の相違にもかかわらず，イスラーム主義者の運動には次のような多くの共通点がある．著しく集権化した前衛的で戦闘的な組織形成，政治的イデオロギーとしてのイスラームへの準拠，必要ならば革命によって国家権力を奪取するという戦略，特定の使命を帯びた運動体（女性，学生など）を介した大衆動員，国家レベルの戦略と超国家的な展望との連結，最後に戦闘的な反帝国主義と反植民地主義，これらが共通点である．イスラーム主義者の運動は，自身の母体をムスリムの遺産に関連づけているが，組織と政治的見解は当時の共産主義から多くを借りてきている（ムスリム同胞団は，前衛的共産党とスーフィー教団を同時に継承している．多くのイスラーム主義の創設者は，ハサン・アル＝バンナーからモロッコのアブドゥッサラーム・ヤースィーン師〔‘Abd al-Salām Yāsīn〕を経てトルコのエルバカンに至るまで，元はスーフィーであった）．どの国でも，イスラーム主義の運動家が同志を募るのは，教育があり近代的な都市住民層であり，その多くは科学的な教育を受けた者たち（技師や医師）である．イランを除いては，イスラーム主義の運動が宗教学校に関わることはほとんどない．

だが，〔イスラーム主義の〕こうした普遍主義的なヴィジョンは，すぐに局地的な事情と衝突することになる．イスラーム主義政党は，単一の政治的共同体の枠組みにムスリム諸国を統一しようという意思を表明しながら，実際には国家的な基盤に組み込まれるのである．1970年代ごろから，イスラーム主義の活動範囲は，エジプトやパキスタン，シーア派といった起源の地から枝分かれして広がっていった．そうして幅広い運動体が現われ，その軌道もますます多様になっていった．イスラーム主義の正統派と呼びうる運動には，イランのイスラーム革命とそのエピゴーネンたち――アフガニスタンではイスラーム統一党ヘズベ・ワフダト（Ḥezb-e Waḥdat-e Islāmī），レバノンではヒズブ・アッラー（Ḥizb Allāh），イラクでは〔イラク・〕イスラーム革命最高評議会（al-Majlis al-A‘lā li-l-Thawra al-Islāmīya fī al-‘Irāq）がある．さらにトルコでは福祉党（1999年からは美徳党（Fazilet Partisi）に再編），パキスタンの政党ではイスラーム協会（ジャマーアテ・イスラーミー Jamā‘at-e Islāmī），インドや特にバングラデシュにも同じ名の党があり，アフガニスタンにもそのエピゴーネンがいる．最後に，ムスリム同胞団はエジプト，ヨルダン，クウェート，シリア，レバノンに支部をもち，アルジェリアにはイスラーム救済戦線〔Front Islamique du Salut, FIS〕（al-Jabha al-Islāmīya li-l-Inqādh），モロッコにはシャイフ・ヤースィーン〔が指導する〕ジャマーア・アル＝アドル・ワ・アル＝イフサーン（Jamā‘a al-‘Adl wa al-Iḥsān）〔公正と慈善の団体運動〕（最近より穏健な公正発展党），パレスチナにはハマース（イスラーム抵抗運動）（Ḥaraka al-Muqāwama al-Islāmīya, Ḥamās），イエメンには改革党イスラーハ（al-Tajammu‘ al-Yamanī li-l-Iṣlāḥ），スーダンにはハサン・アッ＝トゥラービーが指導する国民イスラーム戦線（al-Jabha al-Islāmīya al-Qawmīya），チュニジアにはナフダ党（Ḥizb al-Nahḍa），中央アジアにはイスラーム復興党（Hizbi Nahzati Islomii Tojikiston），マレーシアには〔汎マレーシア〕イスラーム党（PAS）がある．

絶頂と変容

イスラーム主義は1970年代に台頭し，1979年2月のイランのイスラーム革命で頂点に達した．1980年代に絶頂を迎えたのは，戦闘的で軍事化したイスラーム主義である．シリアのイスラーム主義者たちの蜂起と鎮圧（1983），レバノンでのヒズブ・アッラーの登場とパレスチナでのハマースの設立（1987），スーダンでのハサン・アッ＝トゥラービーによる権力の掌握（1989）があり，最後にイスラーム主義諸政党が支配するアフガニスタンの抵抗によるソ連の軍事介入失敗（1989）があった．おそらく，1991年のアルジェリアの選挙でのイスラーム救済戦線〔FIS〕の勝利――ただちに軍事政権に潰されたが――は，イスラーム主義の絶頂であり，その急上昇の終わりだったのだろう．1990年代からは，イスラーム主義の運動は，イデオロギー的基準の危機と運動の過激化に直面していく．その後は状況がさらに複雑になる．イスラーム主義の大きな諸運動は，インターナショナルで急進的な側面を失い，国家の枠内に固まっていく．そうして政治交渉に入っていき，民主主義を演じながら，国内ではきわめて保守的な政策，外交では国家主義的な政策を擁護したのである（エジプト，イエメン，ヨルダン，クウェート，パキスタン，トルコ）．そうした運動は，多かれ少なかれ過酷な弾圧の対象となった（シリア，アルジェリア，イラク，チュニジア）．イスラーム主義運動のこうした重心移動によって，その一翼に急進的な異議申し立ての新しい領域が開かれた．以後この領域を占めたのは，サイイド・クトゥブのような著述家のさらに急進的な思想に魅了されて分裂したイスラーム主義者たち――エジプトのイスラーム団（al-Jamā'a al-Islāmīya）やジハード団（Jamā'a al-Jihād），アルジェリアの GIA〔Groupe Islamique Armé〕（al-Jamā'a al-Islāmīya al-Musallaḥa）〔武装イスラーム集団〕，「奉仕事務所」〔bureau des services〕と呼ばれるマクタブ・アル＝ヒドマート（Maktab al-Khidmāt）の組織．ちなみに最後の組織は，アブドゥッラー・アッザーム〔'Abd Allāh Yūsuf 'Azzām〕（1941-1989）に率いられて志願兵をアフガニスタンに送り，そこからアル＝カーイダ（al-Qā'ida）が出てきた――あるいは伝統的な宗教界の急進勢力――アフガニスタンのターリバーン（Ṭālibān），パキスタンのスンナ派の諸党派，サウディアラビアの「サラフィー主義者（サラフィスト）」と称するワッハーブ派（al-Wahhābīya）のウラマーたち――であった．こうした運動は，ますます国際的になって国家レベルの争点から離れ，サウディアラビアのワッハーブ派に似たイスラームの新原理主義的な世界観を支えにしている．テロリスト集団のアル＝カーイダはこの急進化の最も極端なかたちだろう．

イスラーム主義の最初の挫折は，イスラーム国家樹立の失敗であった．イランのイスラーム革命，アフガニスタンからのソヴィエト連邦軍の撤退，より小規模のものでは，パキスタン（1977）とスーダン（1989）の軍事クーデター――前者は〔政党〕ジャマーアテ・イスラーミー〔イスラーム協会〕のイスラーム主義者，後者は国民イスラーム戦線を権力に結びつけた――こうした数々の勝利によっても，イスラーム主義のイデオローグたちの願いを叶えるようなイスラーム国家の樹立には至らなかった．どの場所でも，汚職や権力闘争，ナショナリズムがユートピアのイデオロギーへの幻滅を引き起こした．さらに，厳しい弾圧（シリア，チュニジア，アルジェリア，イラク，そして控えめではあるがエジプト）のため，内戦でも起こさない限り，権力奪取の希望はまったく閉ざされてしまったが，運動の指導者たちはもはや戦いを望んでいなかった（1996年にアルジェリアでイスラーム救済戦線〔FIS〕は停戦を受け入れた）．イスラーム主義者が議会に参与する国々――クウェートやヨルダンのような君主制の国では本質的にそうだが，イエメンもそうである――では，イスラーム主義者たちは，きわめて保守的な社会的・文化的施策を推進するのみで，真に現体制に代わりうる選択肢を提供することはなかった．唯一持続的な成功を収めたのは，トルコの公正発展党（AK）の国会議員選挙での二度の勝利である（タイップ・エルドアンは2003年と2007年に首相になった）．とはいえこの勝利は，イスラーム主義だけでなく，一切のイスラーム的なものへの準拠を全面的に放棄することと引き換えに得たものであった．

スンナ派の世界では，こうしたイスラーム主義運動の「国内化」は，政治的開放，選挙での同盟，国家の政治活動への参入と重なることが多い．政治活動が多かれ少なかれ開放的になると（ヨルダン，トルコ，クウェート，モロッコ），イスラーム主義者は中道右派の立場を取り，対外政策では国家主義的に，内政（とりわけ女性の権利について）では反動的になる．1996年以降のアルジェリアのイスラーム救済戦線〔FIS〕は，多元主義的アプローチを擁護したがうまくいかなかった．レバノンのヒズブ・アッラーは，自身のイスラエルとの戦いを国民解放の戦いに組み込み，イランと密な同盟関係を発展させることで，共同体主義に基づくレバノンの政治システムのなかに入り，シーア派の政党に変容した．1994年には，イエメンの改革党イスラーハが，サウディアラビアの助言者の意向に反してイエメン統一に貢献した．スーダンでは，1989年にトゥラービーがやはり国家主義的な政策を展開したものの，軍部に転覆されてしまった．だが，ここに「イスラーム的全体主義」に対するライシテの勝利をみるのは，おそらく少し早すぎるだろう．というのも，バシール将軍〔ʻUmar Ḥasan Aḥmad al-Bashīr〕には古典的な独裁者の姿が見てとれるからである．ソマリアでは，2007年に「イスラーム法廷会議」に対するエチオピアの軍事介入があったため，イスラーム主義者たちにそれまで持たなかった国家主義的な正統性を与えた．タジキスタンでは，イスラーム復興党がひとたび権力に結びつくと（1997）完全に国家主義的になり，（1996年から2001年にかけてアフマド・シャー・マスウード〔Aḥmad Shāh Masʻūd〕を支持して）アフガニスタンのターリバーンと中央アジアのウズベキスタン人に対抗してタジキスタンのアイデンティティを守った．マスウードの党であるアフガニスタンのイスラーム協会（Jamiat-i Islami）は，アフガニスタンの北部同盟の構築の中心にいた．この政党は，もはやいかなるイスラーム主義にも準拠せず，強い民族的な特徴を土台とする国民政党として登場した．イスラーム主義の国内化を例証するのはパレスチナである．イスラーム主義政党（イスラーム・ジハード運動（Ḥaraka al-Jihād al-Islāmī fī Filasṭīn）やハマース）によるヤースィル・アラファート〔Yāsir ʻArafāt〕やパレスチナ解放機構〔Palestine Liberation Organization, PLO〕（Munaẓẓama al-Taḥrīr al-Filasṭīnīya）への批判は，イスラームに基づいてではなく，イスラエルとの妥協や汚職をめぐってなされるのである．最後に，トルコで公正発展党（AK）が勝利し，アブドゥッラー・ギュル〔Abdullah Gül〕が大統領に選ばれることができた（2007）のは，ひとえにイスラーム主義のイデオロギーを放棄しつつも，ケマル主義を引き継ぐ党との取引に応じなかったからであった.

こうしたイスラーム主義政党の規格化は，経済，金融，法の領域でのイスラームの代替モデルの失敗と軌を一にしている．イスラーム銀行は，しばしばムスリム同胞団によって経営され，1980 年代から発展してきたが，もはや発展の手段にはならず，投資よりも投機に従事している．イスラーム銀行の宗教的な保証人であったユースフ・アル＝カラダーウィー師〔Yūsuf al-Qaraḍāwī〕は，イスラーム銀行にはもはやイスラーム的なものは何もないと言って，2005 年に監査評議会を辞任した．イスラーム主義的なフェミニズムの主張とは逆に，ほぼすべての場所で，シャリーアの実践はもっぱら女性の権利を制限するものとなっている．最後に，国家の枠組みを乗り越えようとする〔イスラーム主義の〕意図は中東の紛争の論理に抗しえず，イスラーム主義政党の大半は，イスラーム・ナショナリズムへと急速に転じていった．1980 年にサッダーム・フサイン〔Ṣaddām Ḥusayn〕のイラクがイランに侵攻したとき，ムスリム同胞団は，沈黙するか，あるいはイラクの非宗教的な独裁者を支持した．アラブとスンナ派の連帯がイスラームの同胞愛に勝ったのである．また逆に，イランに支えられて，シーア派の枢軸は根を下ろしている．この意味において，政治的なイスラームは挫折したといえるのである.

このようにイスラーム主義がイスラーム・ナショナリズムや純粋に政治屋的な意味での権力行使へと移行した例として，最も強い印象を与えるのはイランの事例であろう．イスラーム革命を制度化した結果として，政治的な論理が厳格に宗教的な論理に対して優位を占めることになった．憲法では，法は議会で議決されるが，シャリーアと合致していなければならないとされる．監督者評議会という特別な制度が，その合致を確認する責務を負う．そうなると議会と評議会との紛争が避けられなくなるが，それに対して，1987 年にホメイニー師は，「〔公益〕判別」評議会という新たな評議会を設立し，二つの権力の間の対立の調整に当たらせた．しかし，この機関は，体制のすべての高官を含んでおり，まったく政治的なものである．他方で，1989 年にアーヤトッラーのアリー・ハーメネイー〔‘Alī Ḥoseynī Khāmene’ī〕が〔最高〕指導者に選出されたことにより，上位の宗教的機関と上位の政治的機関の一体性が失われてしまった．なぜならハーメネイーは，大アーヤトッラーとみなされてはいなかったからである．むしろ彼の地位は，政治的に任命されたものであった．一部の宗教者は，ホメイニー師の以前の後継者であったアーヤトッラーのモンタゼリー〔Ḥoseyn ‘Alī Montaẓerī〕に導かれ，聖職者の自律性を失わせる卑屈な国家管理化（イスラームの税は大アーヤトッラーたちに直接支払われず国家が主となって配分する，「金曜礼拝の導師」は〔最高〕指導者が指名するなど）に少しずつ抵抗していく．イスラーム革命は，政治をイスラーム化するよりもむしろ宗教の国家化に帰着したのである．

この国家化は，シーア派を「イラン化」するという対外的な構想に裏打ちされていた．革命の〔最高〕指導者は，イラン人だけで構成される専門家会議によって任命される．確かにイランは外国のシーア派を支持したが（イラクのイスラーム革命評議会，レバノンのヒズブ・アッラー，アフガニスタンのイスラーム統一党ヘズベ・ワフダト），彼らをイスラームというよりも国家主義的な外交政策の道具とした．そのために非イラン人のシーア派教徒は孤立し，シーア派とスンナ派の亀裂が増大することになった（アフガニスタンのターリバーンの台頭，パキスタンの宗派間の紛争，2003年のアメリカの軍事介入後のイラクにおける準内戦状態）．〔イラン・〕イスラーム共和国の長い年月の間に，社会は大きく世俗化した．もはや革命的イデオロギーは体制支持者の中核にしかない．それは，2005年6月の大統領選の第1回投票で，アフマディーネジャード〔Maḥmūd Aḥmadīnezhād〕候補に投じられた20%の票に相当する．

しかし，すべてのムスリム世界において，イスラーム主義政党は，唯一の代替勢力であり，唯一の信頼できる野党である．イスラーム主義政党が出現したのは，イスラーム主義者が提案した社会モデルのためではなく，むしろ非宗教的で民主的な野党が欠けていた上に，2003年にイラクでアメリカの新保守主義勢力がしばらく手掛けた，ほとんど何の結果ももたらさなかった民主主義の設立の試みを別にすれば，西洋がいたるところ（パキスタン，エジプト，チュニジア，アルジェリア）で権威主義体制を支持したためである．

以上のすべてのことが原因となって，イスラーム主義の運動や政治的軌道は多様に分岐し，そのイデオロギー的な特性は希薄になっていく．イスラーム主義の遺産は，次の三つの流れへと展開していく．

(1) 近代的な中道右派政党への変容．イスラーム主義は，民主主義を受け入れ，市場経済を推奨しながらも，保守的な道徳的・文化的価値を擁護する．そして，ドイツ型のキリスト教的民主主義モデルとアメリカのキリスト教右派モデルの間を行き来することになる．このタイプの政党の支持基盤は，イスラーム主義者や熱心な信仰者の範囲を大きく超えていく．選挙がうまくいくかどうかは統治能力によって決まる．トルコの公正発展党（AK）がこのような発展をたどったモデルとなる．反対にマレーシアの〔汎マレーシア〕イスラーム党（PAS）は，法を遵守し議会に参加しつつもシャリーアを推奨する．ただし，マレーシアのイスラーム主義の重要人物であるアヌワール・イブラヒム〔Anwar Ibrahim〕は，2004年に出獄した後，民主主義とリベラリズムを公然と推奨している．トルコとマレーシアの中間モデルとしては，モロッコの公正発展党〔Parti de la Justice et du Développement〕（Ḥizb al-ʻAdāla wa al-Tanmiya）がある．また，エジプトの（新）ワサト党（Ḥizb al-Wasaṭ al-Jadīd）のように，ムスリム同胞団に由来しつつもより脱宗教的なアプローチをとる政党もある．他の運動や政党にとってしばしば問題となるのは，開かれた政治の場がないため，どこまで通常の組織になれるのかが検証できないこと（エジプト），あるいは紛争状態にあるため，軍の路線が文民指導者に押しつけられること（パレスチナのハマースやイラクの多くのグループ）である．実際，イスラーム主義政党がどのように発展するかは，各運動体の内奥の特性よりも，国家や地域のコンテクストによって決まるのである．

(2) 宗教結社の次元への撤退．運動が社会の深いところでの活動と心性の変容を重視して，とくにエリートに狙いを絞る場合，純粋な意味での政治的な権利の要求を抑えることになる．この場合，イスラーム主義者は，ムスリム世界にみられる社会的・文化的な再イスラーム化の潮流を生じさせるのではなく，むしろそれに随行することになる．こうしたかたちのイスラーム化はイスラームを脱政治化させ，イスラーム主義者同士を競争させようとする政府によってしばしば促されているものであり，今日，イスラーム主義の運動からも政府からも離れている．なぜならそこでは，国家権力の運営という展望には組み込まれない新しいアクター（有力者，説教師，テロリスト）が現われてくるからである．したがって，再イスラーム化は権力掌握という展望の埒外でなされるのであり，ポスト・イスラーム主義とも呼べるものである．そのアクターたちは，西洋へのルサンチマンに働きかけて，西洋化に対して文化的な真正性を守るためにシャリーアを促進すべしと訴える．そこで彼らは，文明の「衝突」や「市民社会」の擁護という言説を反復することになるのである．だが，この信仰や文化の擁護の裏側にあるのは，宗教的なものについてのきわめて近代的で西洋的な形態である（エジプトのアムル・ハーリド〔ʻAmr Khālid〕のようにテレビ出演する福音主義者，教育を受けた女性たち——労働市場ではヴェールを身にまとう——の闖入，とても近代的な消費——ハラール（ḥalāl）のファーストフード——の様式，宗教的実践の個人化など）．そしてそこには，社会学的に注目すべき発展過程（出生率の低下，教育の機会や地理的移動の増加，女性の労働）が伴っているのである．

(3) トランスナショナルで暴力的な急進化．この急進化は，サイイド・クトゥブの流れを汲み，ビン・ラーディンに指揮されたアル＝カーイダによって体現された事象である．そうした傾向は，1970年代に主なイスラーム主義運動の周縁部に現われたものである．一部のムスリム同胞団のメンバーは，ジハードという概念を重視することを決意した（ここでいうジハードは，永続的で個人的な義務と定義される．それは，中道派のイスラーム主義者が従う，ジハードを集団的で一時的な義務とみるウラマーの伝統的な路線とは対照的である）．ジハードの呼びかけは，イスラーム国家の建設という問題設定が消滅したことに結びついており，個人的な行動と殉教者を特権視する．1970年代に，ムスリム同胞団の生ぬるさとナショナリズムや議会路線への逸脱に失望した団員たちは，同胞団を離れてアフガニスタンでの戦争に集結した．1980年代には，アブドゥッラー・アッザームの指導の下，ビン・ラーディン（ムスリム同胞団の一員であったことは一度もない）とアイマン・アッ＝ザワーヒリー〔Ayman al-Ẓawāhirī〕（アル＝カーイダに参加した唯一のムスリム同胞団幹部）が合流し，多数の志願兵がアフガニスタンでジハードに加わった．その中には，自国に帰ってから急進的なジハード主義者（ジハーディスト）の集団を作った者もいた．こうした集団は，イスラーム主義運動の分派ではなく，その周縁部で独自に発展してきたのである．今日ジハードを試みる多くのエジプトの活動家が結社〔同胞団〕の出身ではないように，武装イスラーム集団〔GIA〕もイスラーム救済戦線〔FIS〕の分派ではない．トルコの小規模なヒズブッラー（Hizbullah）は福祉党に由来せず，ターリバーンの構成員も，イスラーム主義政党の旧メンバーではなく聖職者集団の出身である．アル＝カーイダは，もはや厳密な意味でのイスラーム主義組織ではない．この集団はまったくの活動家であり，事実によってプロパガンダを行っていくのであり，政治運動を築き上げたり，統治計画を作ったりすることにはまったく関心がないのである．

ムスリム同胞団の遺産は，現代のイスラームの進展に深く痕跡を残し続けるだろうが，それでもこれからは，ポスト・イスラーム主義の時代だといえるのである．

参考文献　BAYAT A., *Making Islam Democratic : Social Mouvements and the Post-Islamist Turn*, Stanford, Stanford University Press, 2007. – BRYNJAR L., *The society of the Muslim Brothers in Egypt*, Reading, Ithaca Press, 1998.. – BURGAT Fr., *L'islamisme en face*, Paris, La Découverte, 2002. – HAENNI P., *L'islam de marché : l'autre révolution conservatrice*, Paris, Seuil, 2005. – KEPEL G., *Le Prophète et le Pharaon : Les mouvements islamistes dans l'Égypte contemporaine*, Paris, La Découverte, 1984; *Jihad : ascension et déclin de l'islamisme*, Paris, Gallimard, 2001（ジル・ケペル『ジハード――イスラム主義の発展と衰退』丸岡高弘訳，産業図書，2006年）– KHOSROKHAVAR F. et ROY O., *Iran, comment sortir d'une révolution religieuse*, Paris, Seuil, 1999. – ROY O., *L'échec de l'islam politique*, Paris, Seuil, 1992 ; *L'Islam Mondialisé*, Paris, Seuil, 2002.

オリヴィエ・ロワ Olivier Roy

〔稲永祐介訳〕

→ 民族的・宗教的憎悪

イデオロギー
IDÉOLOGIE

イデオロギーという語の発明は，哲学者アントワーヌ＝ルイ＝クロード・デステュット・ド・トラシー伯爵〔Antoine-Louis-Claude Destutt de Tracy〕(1754-1856) によるものである．彼は，フランス革命のいわゆる恐怖政治期に収監されたことがあったが，そのときに書いた短い文章にてイデオロギーという語を作り，その文章を最も重要な文芸サロンの一つを主宰していたことで名高いエルヴェシウス夫人〔Madame Helvétius〕に送ることに成功した．当時デステュットは，まもなく「イデオローグ学会」を名乗ることになる，オートゥイユ・サークルの一員であった．そのサークルには，イリュミニスム〔神による照明 (illumination) に基づいた神秘主義の一潮流〕から 1789 年の革命に至る時期を生きてきた世代が集っていた．デステュットのほかに，医師にして哲学者であるピエール＝ジャン＝ジョルジュ・カバニス〔Pierre-Jean-Georges Cabanis〕(1757-1808)，『イタリア文学史 *Histoire littéraire d'Italie*』(1811) を著して有名になった文人，ピエール＝ルイ・ジャングネ〔Pierre Louis Ginguené〕(1748-1816)，公教育に関心を持っていたピエール・ドヌー〔Pierre Daunou〕(1761-1840)，東洋学の哲学者であるコンスタンタン＝フランソワ・ド・シャスブフ，ヴォルネー伯爵〔Constantin-François de Chassebœuf, comte de Volney〕(1757-1820) が頻繁に参加していた．その集団は，コント〔Auguste Comte〕やサン＝シモン〔Claude Henri de Rouvroy, Comte de Saint-Simon〕の実証主義的な計画に共鳴しており，啓蒙の時代が適切な答えを与えることができないでいた認識論的および哲学的諸問題を解決しうる新たな科学を，実験の上に基礎づけることができると固く信じていた．

彼らがイデオロギー〔観念学〕と呼んでいたその科学は，人間意識の状態とみなされる観念を研究対象としており，それゆえ観念は，病理学者が人体の生理を研究したり，植物学者が植物の生態を研究したりするのと同じように，分析されうるとされていた．ナポレオンは，彼らのことを軽蔑的にドクトリネール〔doctrinaires〕〔空論家〕と呼んでおり，彼らが行っているのは抽象化であって，観念の発生をめぐるその研究は，人びとの心の動きも歴史の教訓も考慮していない無菌処理を施したものであるとして非難した．しかしデステュットにとって，観念学は精密科学と精神科学の分離を修復することを可能にする新たな人間科学となるべきものであった．その著作『イデオロギー原論 *Éléments d'idéologie*』の最初の何ページかにおいて，彼は次のように若者たちに呼びかけている．「君たちの仲間の一人が，他の人びとには明白に不条理に思われるような仕方でなんらかの観念に執着しはじめるようなことがあったら，注意深く彼を観察したまえ．すると，君たちにはこのうえなく明晰に思われる理由の数々が彼には理解することができないということがわかるだろう．というのも，同じ諸観念があらかじめ彼の頭のなかで諸君の頭のなかとはまったく別の秩序の仕方で整理されていたからだ……．観念を持つ，それらを表現する，それらを組み合わせるというのは三つの異なった事柄だが，相互に密接に結びついてもいる．それらは深く絡み合っており，あまりにもすばやく実行され，一日，一時間，一つの瞬間のうちであまりにも何度も刷新されるので，それがわれわれのうちでどのように起こるのかを解きほぐすのは，当初きわめて難しく思われるのである」(Destutt, 1977, pp.18-19)．このように，イデオロギーとは彼にとって観念の科学であり，その目的は，いかに観念がわれわれの精神のうちで固定されて伝達されるようになるかということばかりでなく，いかに社会的行動を方向づけることを可能にする装置となるかを理解することであった．

イデオロギー——その一つの定義

デステュットや同時代の他の研究者の直感から発して，イデオロギーとは社会的に共有された世界観である，と解釈することができるだろう．一定数の観念を共有する人びとの集団は，それらの観念の力を信じるばかりでなく，その信念が保証する社会的アイデンティティの力を信じながら，同じように考え，語り，行動する傾向がある．別の言い方をするならば，イデオロギーは世界を解釈する一つの，そして唯一の仕方がいささかの疑いもなく存在すると信じさせ，その帰結として，社会的に行動する首尾一貫した一つの仕方が存在することを信じるよう仕向けるのである．イデオロギーとはしたがって，「天上と地上の」事物の秩序をめぐる懐疑を解消するものである．近代的な認知科学（社会心理学，社会構築主義，言語学，神経科学，生物学および情報科学）は，次のような現象についてイデオロギーという語を用いている．すなわち，一人または複数の人びとが，説得力があり確実だとみなす信念を形成し，それらの信念が知覚や観念の世界においてのみではなく，社会行動においても直接のインパクトを持つようになる認知プロセスの現象についてである．

たとえば，レイモン・ブードン〔Raymond Boudon〕をして個人の行動にイデオロギー的な信念がどのような役割を果たすか調べるよう促したのは認知心理学であった（Boudon, 1986）．人は何かを知っていると信じていながら実際は知らないこと，あるいはその問題の複雑さを把握していないことがある．たとえば，公務員が市場の調整メカニズムを知らず，消費者としての経済経験しか持っていない場合，「経済はカオスであり，国家が介入すべきである」というたぐいの，誤ったもしくは疑わしい憶測に執着することになる．その意味で，なぜ，上に述べたように定義づけられたイデオロギーが学際的な研究対象となり，人文科学から社会科学，さらには自然科学に至る幅広い分野の，異なった学術的能力を必要とするかが理解できるだろう．研究者たちの注意は，往々にして，社会的に重要な信念とみなされる思想や観念が形成されるプロセスの分析に向けられるが，そのアプローチはまた，宗教的諸現象の分野でも発見的機能を発揮し，有効であると思われる．したがって，宗教がしばしばイデオロギーの特殊な形態として分類されたのは，まったくの偶然ではない．

マルクス主義におけるイデオロギーと宗教

イデオロギーとしての宗教をめぐる最初の，そして最も有名な定義はマルクスとエンゲルスに遡る．この二人の著者にとって，宗教とは，社会のなかに現に存在する力関係を変形して表象する虚偽意識である．支配階級は，宗教を用いて自分たちの力の永続化をはかる一方で，従属する諸階級は資本主義タイプの生産関係において自分たちに指定された下位の秩序を受け入れるという．実際のところ，マルクスは彼の考察において虚偽意識をめぐる多様な定義や説明を提案している．イデオロギーは，何よりも，資本主義社会が，自らの労働力を売る必要に迫られる者とそれを我有化する者とのあいだに作り出す構造的な疎外によって生み出される．労働の価値は，単なる商品へと還元され，自らの労働力を売る人間も商品として扱われる．このプロセスを意識しないと，現実について神秘化した見方しかできないことになる．

マルクスによって上部構造と定義されたイデオロギーは，支配的な経済構造の真の姿を隠蔽する．他方で，革命や力関係の変化は，プロレタリアートが自己意識を獲得し，権力の論理を転覆したときに始まったとされる．芸術，道徳，宗教，文化がそれぞれ固有の自律性を持つと信じる人びとは，それらが経済状況と階級闘争の産物であることに気づいていない．よって，人間の思考のこれらの分野となんらかのつながりを持つ精神の構築物も精神状態も，すべて現実の幻想的な表象なのである．これこそ，「人民のアヘンとしての宗教」（『ヘーゲル法哲学批判』1843）というマルクスの有名な表現の起源にほかならない．

イデオロギーの役割をめぐる，マルクスのもっぱら否定的な判断に対して，次の時代のマルクス主義はより分節化された仕方でイデオロギー概念を練り上げることになる．すでにレーニンは，（史的－弁証法的唯物論のように）現実を客観的に解釈できる科学的イデオロギーを，ブルジョワ社会を性格づける疑似科学的イデオロギーから区別していた．

その後，イタリアの思想家グラムシ〔Antonio Gramsci〕が，イデオロギー概念の再評価を行う．彼は，恣意的なイデオロギーに対立させるかたちで，歴史的に有機的なイデオロギーについて語っている．後者は固有の自律性や妥当性を有しているという．事実それは，大規模な群衆の行動を方向づけることを可能にする思想の体系を構成している．その体系は，支配的な世界観（グラムシが文化的ヘゲモニーと呼ぶもの）であることもあれば，従属した諸階級がそれらの観念体系を通じて，解放の欲求や，暗黙の階級間対立を表現する手段であることもある．この点をめぐっては，グラムシが宗教に関するマルクスの否定的な判断から遠ざかり，エンゲルスが宗教改革期のドイツ農民戦争に関して行った分析に近づいていることを喚起しなければならない．事実，1929年から1936年にかけて書かれた『獄中ノート』において，グラムシは農民階級と従属階級における民間宗教の役割への関心を示している．彼によれば，非公式な宗教性の諸形態は，それらの階級が被っている苦しみや社会的不公正，そして反乱と復讐の意志を表現する，素朴かつ直接的な言語の現れなのである（Portelli, 1972, 1974）．

パレートの思想における派生とイデオロギー

マルクス主義とは非常に異なる前提から出発したヴィルフレド・パレート〔Vilfredo Pareto〕（1848-1923）の分析は，イデオロギーを現実の表象が変形したものであるとみなす思潮に近い．実のところ，パレートはイデオロギーよりも派生〔dérivation〕という語を好んで用いている．この用語のもとに，彼は所与の状況を隠蔽し，変形し，正当化するために人びとが頼る精神的な再構築のすべてをまとめている．宗教を含めた文化的，象徴的な諸形態は，たいていの場合，まったく真理の根拠を持っていない．それらは，個人集団の，具体的で限定された利害を正統化もしくは正当化するシステムとして誕生し，機能する．新古典主義経済学の代表者であるパレートは，イデオロギー的言説のなかで繰り返し回帰する論法に従って，三つの主要な派生のタイプを同定している．⑴ 断定的派生（息子に「言うことは聞くものよ」という母親），⑵ 権威的派生（「かく語れり ipse dixit」に基づく，すなわち神聖と目された，ということは疑わしいからといって無効化することができない文書に書かれたか，語られた事柄），⑶ 超越論的派生（たとえば，富の不平等な配分を宇宙的もしくは神的な秩序の反映として正当化する主張を含むもの）がそれである．人間の行動の基礎にある具体的現実と抽象的な表象の王国のあいだに，パレートはイデオロギーあるいは派生を位置づける．人間は，自ら定めた目的に到達するために最も有効な手段を計算しながら行動するのであり，根底から利害と有用なものの絶えざる探求に導かれている．人間が，功利主義を超えた，高貴で気高い説明に訴えて手段としての行動を正統化しようとするのは，その次の段階においてにすぎない．その説明は利害を昇華し，それを上品な仕草や芸術や天国の美しさに高めるのである．

パレートは，宗教現象について継続した考察を行った．このイタリアの社会学者にして経済学者は，大著『社会学大綱』において宗教を，社会的な諸効果を作り出すことのできる現実の幻想的な表象として考察している．宗教は何かを信じさせるだけでなく，行動を起こさせるのである．したがって，批判的かつ実験的ないかなる社会学も宗教を考慮せずにすませることはできない．その意味でパレートは，非論理的行為と彼が呼ぶものの分野，すなわち科学的には誤っているが，人間の行動において中心的であるような行為の分野に，宗教を位置づけている．彼はとりわけ，宗教の社会的効果が経済行動に結びついている点を取り上げる．有用なものの探求は異なった途をたどりうるが，最終的にその選択は，手段－目的／コスト－利益といったタイプの合理的計算のみではなく，社会的文脈とその文脈がいかに倫理的－宗教的諸価値や諸理念に浸透されているかによっても決まるのである．このようにして，パレートは，プロテスタンティズムの倫理と資本主義の精神，そしてより広くは大宗教の経済エートスに関する，ウェーバーによるあのみごとな議論をさらに展開しているのである．

カール・マンハイムにおけるイデオロギーとユートピア

社会学者のカール・マンハイム〔Karl Mannheim〕(1893-1947) も，イデオロギーをめぐる考察に多大なエネルギーを注いだ．ハンガリーに生まれ，ドイツで教育を受けて，ヒトラーによる政権掌握までそこで教壇に立っていた彼は，その後イギリスに亡命し，その地で没した．『イデオロギーとユートピア』(1929) という意味深長なタイトルを冠した彼の最も有名な著作において，マンハイムはフランシス・ベーコン〔Francis Bacon〕の考えのいくつか，なかでも偶像の理論を取り上げている．

偶像は，現実の表象をさまざまなかたちで変形しつつわれわれの思考や行動を導くとされる．それは，ものごとの真の性質を見ることを妨げ，われわれを取り巻く一切について単純化された表象を提示する，先入観の楯として定義づけることができる．タジフェル〔Henri Tajfel〕〔1919–1982〕であれば述べるであろうように，それは内集団（in-group）と外集団（out-group），われわれと彼らとのあいだに確実な象徴的境界線を引く役割を演じるものである．

マンハイムは，ベーコンだけでなくマルクスも参照しているが，だからといってイデオロギーの観念についてさらに複雑な観点を練り上げていないわけではない．このハンガリー人社会学者の原初的かつ独創的な直感は，実証主義およびマルクス主義の伝統が何よりも執着する神秘化作用としてのイデオロギーから，イデオロギーを生み出す精神的で主観的な次元へと視点を移したことにあった．こうして彼は，部分的イデオロギーと全体的イデオロギーという区別を導入することになる．前者は，個人が現実をめぐって形成する観念や信念に関わっている．それは，多かれ少なかれ意識的な変形作用を持つ判断に基づいており，（「すべてのロマは泥棒だ」といったたぐいの）明らかに誤った言説もしくはステレオタイプを通じて現れる．全体的イデオロギーは，ある集団もしくは社会階級によって共有される世界観である．その場合イデオロギーは，利害を共有する同じサークルへの帰属意識によって結ばれた複数の個人が参照する観念や信念の全体となり，かつ／もしくは，ある社会階級が自分のものと認め，その階級を他の階級から区別するための信任を与える観念や信念の全体となる．

こうして，かつてマルクスの場合もそうであったように，マンハイムにおいても地主階級やブルジョワジーの全体的イデオロギーが語られる．いずれにおいても問題になっているのは，「社会的および歴史的構造から派生した思考の形態もしくは配置，あるいは方向性」である．イデオロギーは歴史的かつ社会的に条件づけられ人びとに共有された，保守的な傾向を持った表象である．それに対してユートピアは，マンハイムにとって反イデオロギーの典型であり，特定の社会において優勢な諸々のイデオロギーによって表現された支配的な図式の批判として位置づけられている．

イデオロギー研究における新たな展望

宗教のイデオロギー的役割をめぐる研究は，今日の人文科学および社会科学においてさまざまな方向で展開された．最初の道筋は，ルイ・アルチュセール〔Louis Althusser〕の著作『イデオロギーと国家のイデオロギー諸装置』（1970）によって引かれた．このフランス人哲学者は，精神分析や構造主義の貢献を考慮に入れることによってマルクス主義的アプローチを刷新しようとした．そのなかで彼は，アングロ＝サクソン圏においてスチュアート・ホール〔Stuart Hall〕が行っていたのと似たような仕方で，文化という観念をその深層に至るまで再考した．文化も宗教も，第一義的には，人間の創造性と主体性の産物としてではなく，社会における支配的な主要制度によって緊密に統御された諸装置の表現として考察されていた．これらの制度は，（文化的，宗教的といった）象徴的な財を生産し，それらは消費されるべき商品として人びとに提供される．イデオロギーとは，アルチュセールが国家の諸装置および社会を統制する他の——家族，学校，メディアのシステム，宗教組織などの——オペレーターによる活動に与える名である．それらは，個人の行動を大まかに方向づけ，人びとの生活を誘導し，そこに規律をもたらす．とはいえ，イデオロギーは行動を決定するわけではない．生活スタイルや思考形態の均質化に対する抵抗の諸形態もまた，イデオロギーの別の側面である．（文化的，宗教的，あるいはそれらに類するような）象徴的産物は，実のところ，それらの産物にどのような意味を与えるかを規定すべく，社会を構成する諸集団が敵対し，対決する戦場なのである．ピエール・ブルデュー〔Pierre Bourdieu〕は，宗教的領野に関する彼の理論において，象徴的な財をここで述べた二重の視点から考察することになる（Bourdieu, 1971）．

研究の第二の方向性は，ネイションもしくはエスニシティのアイデンティティを構築するプロセスにおいて，宗教と政治的イデオロギーとの絆を理解しようとした研究者たちによって採用されたものである（Smith, 1988）．宗教社会学者たちとともに，人類学者や科学者たちは，多様な研究のなかで，ナショナルな集団意識に創設神話を提供する宗教のイデオロギー機能を分析した．また彼らは，（武力的なものも含めた）紛争の力学において民族やエスニック集団を相互に対立させる宗教の間接的な影響力の理由を探究した．いずれの場合においても，宗教が——起源の純粋さと栄光に満ちた歴史を想像することを一つの民族に対して可能にする——集団的象徴を作り出す生成文法となるという考えは十分に立証されることになった．

とりわけアンソニー・スミス〔Anthony Smith〕による，ナショナリズム・イデオロギーの神話創造的な力，そしてより一般的にはナショナルな感情をめぐる彼のテーゼがその立証に貢献している．このナショナルな感情は，集団的アイデンティティの起源にまつわり，神聖もしくは宗教的で，不可侵な諸要素を高揚させるナラティヴと記憶に培われているときに効果を発揮する．同様にして，ピエール・ノラ〔Pierre Nora〕は，いかにして国境が神聖かつ不可侵な境界線，すなわち記憶をめぐる正真正銘の地理学となるのかを示した．それは，言語の神秘的な顕揚としばしば結びついており，きわめて重要な宗教的説教によって，あるいはネイションの自由を守った殉教者とされる（Nora, 1984）祖国の英雄をめぐる叙事詩によって生み出されたものである．

参考文献　ALTHUSSER, L., « Idéologie et appareils idéologiques d'État », *La Pensée*, Juin, 1970, n°51（repr. in *Positions*, Paris, Ed. Sociales, 1976）.（ルイ・アルチュセール『再生産について——イデオロギーと国家のイデオロギー諸装置』西川長夫他訳，平凡社ライブラリー，2010 年）– BOCOCK R. et THOMPSON K., *Religion and Ideology*, Manchester, Manchester University Press, 1985. – BOUDON R., *L'Idéologie ou l'origine des idées reçues*, Paris, Fayard, 1986. – BOURDIEU P., « Genèse et structure du champ religieux », *Revue française de sociologie*, 1971, n°3, pp. 295–334. – DESTUTT DE TRACY A.-L.-C., *Éléments d'Idéologie*, Stuttgart, Frommann-Holzboog, 1977. – DUPRAT G.（dir.）, *Analyse de l'idéologie*, Paris, Éditions Galilée, 1990. – GRAMSCI A., *Cahiers de prison*, Paris, Gallimard, 1983.（アントニオ・グラムシ「獄中ノート」〈『グラムシ・セレクション』所収〉片桐薫訳，平凡社ライブラリー，2001 年）– MANNHEIM K., *Idéologie et utopie*, Paris, Librairie Marcel Rivière, 1956.（カール・マンハイム『イデオロギーとユートピア』高橋徹・徳永恂訳，中公クラシックス，2006 年）– MARX K., *Critique de la philosophie du droit de Hegel*, 1843, traduction J. Molitor, Éd. Alfred Costes, 1927.（カール・マルクス『ユダヤ人問題によせて——ヘーゲル法哲学批判序説』城塚登訳，岩波文庫，1974 年）– NORA P., *Les Lieux de mémoire*, Paris, Gallimard, 1984–1992, t. I–IV.（ピエール・ノラ編『記憶の場——フランス国民意識の文化＝社会史』1・2・3，谷川稔監訳（抄訳），岩波書店，2002–2003 年）– PARETO V., *Traité de sociologie générale*, Paris-Genève, Droz, 1917.（ヴィルフレド・パレート『社会学大綱』北川竜吉・板倉達文・広田明訳，青木書店，1987 年）– PORTELLI H., *Gramsci et le bloc historique*, Paris, PUF, 1972; *Gramsci et la question religieuse*, Paris, Anthropos, 1974. – SMITH A., *The Ethnic Origins of Nations*, Oxford, Basil Blackwell, 1988.（アンソニー・D・スミス『ネイションとエスニシティ——歴史社会学的考察』巣山靖司・高城和義他訳，名古屋大学出版会，1999 年）– VAN DIJK T.A., *Ideologia y discurso*, Barcelona, Ariel, 2003. – THOMPSON K., *Beliefs and Ideology*, Londres, Tavistock, 1986.

エンツォ・パーチェ Enzo Pace

〔増田一夫訳〕

→ ナショナリズム

インカルチュレーション〔文化内開花，文化内受肉〕
INCULTURATION

インカルチュレーションは，フランス語と英語にみられる造語である．各文化に固有の表現でキリスト教をかたちにすることによって，その文化にキリスト教を「受肉する」〔incarner〕ことを意味する．宣教学のこの鍵概念は，50年代の末にカトリック宣教の世界に登場して膨大な文書を生み出し，いまなおかなりの混乱を引き起こしている．そのおもな理由は，この概念が，共通点があるとはいえ区別されるべき三つの異なる使われ方をしている点にある．インカルチュレーションの本来の意味は，現代社会における宣教活動の意義をめぐるカトリック教会内の論争と切り離すことのできない新しい福音宣教の方法に関係している．しかし宣教の神学者はこの言葉を，プロテスタントによって採用された類似の現代的宣教方法（文脈化〔contextualisation〕，受肉〔incarnation〕）に対しても用いると同時に，よく似た特徴を持つ歴史的先行現象を記述するのにも用いている．とはいえ，インカルチュレーションの概念はこの二つの意味においてもキリスト教の宣教学と結びついており，福音伝道という枠のなかでしか意味を持っていない．それはあくまでも神学的な事柄なのである．

だが，この概念が適用されている文化を横断する移転のプロセスは，社会科学の領域に属すものであり，そこでは異なる概念（アカルチュレーション〔acculturation〕〔「文化触変」の訳もある．異文化の接触による相互的文化変容〕，シンクレティズム〔syncrétisme〕〔習合〕，交配〔métissage〕）が用いられている．ここから，インカルチュレーションという言葉が，社会・文化人類学において三つ目の意味で用いられるわけが理解される．そこではインカルチュレーションはしばしば，アカルチュレーションという，ある人間集団が異文化集団との相互作用という状況のもとで，外来文化の特徴に全体的あるいは部分的に同化することを指す，英米語由来の言葉と一緒にされているのである．

インカルチュレーションという言葉を生んだ宣教学の外部でこの言葉が用いられる場合，ある種の単純化は免れない．だが，それが人類学的性格を備えた神学用語であるという特性を忘れず，また，しばしば誤って混同される適応（アコモダチオ accomodatio）の概念同様，それが特定の文化的背景と歴史上の日付を持った宣教方法を意味するのだということを，心に留めておく必要がある．

神学的観点からも人類学的観点からも受け入れられるかたちで，福音と世界の諸文化の関係を定義することは，単にカトリックの取り組みであるにとどまらず，世界中の多くの教会にとっても優先課題である．かくして，この問題はすべてのキリスト教徒のあいだに多くの論争を巻き起こし，さまざまな評議会や宣教評価委員会で定期的に取り上げられてきた．それでもやはり，教会の確固たる政策目標としてのインカルチュレーションが典型的なカトリックの概念であること，またその実施が，権威の行使に関わるカトリックの方向性と結びついた，制度上の独特の結果をもたらすことに変わりはない．

インカルチュレーションという言葉の登場と定義

インカルチュレーションという言葉の初出は，「諸文化と向き合う教会」をテーマに1959年に開催されたルーヴァン宣教学週間であった．1962年には，その形容詞形「インカルチュレーションされた」〔inculturé〕が現れた（Roest-Crollius, 1978, p. 722）．1974年（『イエズス会第32総会第5教令』）以降，イエズス会士がインカルチュレーション政策に参加し，誰よりもその考察に貢献することによって，またこの4年後に，広範な影響を与えることになる二つの文書（『インカルチュレーションについての書簡』と『活動資料』）を出版することによって，その理論は宣教の世界で少しずつかたちをとっていった．そこでは，インカルチュレーションの試みの成功は宣教者の「個人的・内面的インカルチュレーション」にかかっていると強調されている．「イエズス会士は派遣された先の人びととの一致のうちに生き，彼らとコミュニケーションがとれなければならない．また，その土地の庶民の考え方や価値観，歴史，経験や切望に寄与できなければならない」（『活動資料』60節）というのである．このように定義された宣教方法は古典的なものとは異なっている．というのもここでは宣教者は，受け入れ先の人びとの文化的感受性を，その宗教的側面も無視することなく自分のものにすることによって自ら変化するべく，その文化に身を投じるよう求められているからである．イエズス会士がインカルチュレーションの概念に最も重要な貢献をしたのは偶然ではない．彼らこそ，宗教と文化の関係について最も多くの経験と省察を積み上げ，その創設時から，〔現地の〕改宗者を彼ら自身の社会から切り離すことなく福音を伝える方法を模索する，カトリック宣教団を形成してきたのではなかったか？

だがインカルチュレーションの観念の萌芽そのものは，たとえその記述がないにせよ，すでに第二ヴァチカン公会議（1962-1965）にあった．公会議は，信仰と文化の関係についての『ガウディウム・エト・スペス』〔喜びと希望〕〔現代世界憲章〕と，宗教の多元性についての『ノストラ・アエタテ』〔我らの時代に〕という二つの文書を採択することで，アジア，アフリカ，ラテン・アメリカの個別教会〔個々の地方教会〕にとってまぎれもない最重要課題についての，教会の立場の徹底的な見直しに道を開いた．

その後の10年間，インカルチュレーションの実践において重要なステップとなる一連の文書（1975年のパウロ6世による『エヴァンゲリイ・ヌンティアンディ』

〔福音宣教〕など）を通して，聖座（ヴァチカンのローマ教皇庁）は文化についての定義を練り上げていった．聖座は，教会はどのような特定文化にもアイデンティティを持たないという事実と，それが根付いた非ヨーロッパ圏の文化を考慮する必要性にますます多く言及するようになっており，状況に適応し地域に根差した神学を練り上げるよう励ましている．

準備万端だったアジアの諸教会は，彼らの社会の宗教的多元性と経済的後進性の問題に細心の注意を払いながら，第二ヴァチカン公会議に続くこの自由化をすばやく活用することとなった．「インカルチュレーションされた」〔inculturé〕という言葉を最初に公式に用いたのはアジアの司教たちで，1974年に次のように宣言した――「地方教会とは，一つの民族に受肉した教会，その地に固有のインカルチュレーションした教会である．それは具体的には，生き続けている伝統，文化，そして宗教と，謙虚かつ不断に対話する教会を意味している」(Roest-Crolllius, 1978, p. 728).

インカルチュレーションという言葉が，全世界に向けた教会文書に現れるには1977年の世界代表司教会議を，そしてそれが全教会にとって重要なものとなるにはヨハネ・パウロ2世の教皇書簡『カテケジ・トラデンデ』〔要理教育に関する使徒的勧告〕(1979) を待たなければならなかった．だが，聖座がインカルチュレーションに明確な役割を与えたのは，1990年12月に発布された，第二ヴァチカン公会議後の教会の宣教に関する指針の総括である，回勅『レデンプトリス・ミッシオ』〔救い主の使命〕によってであった．引用する――「諸民族の文化に教会を根付かせるプロセスは多くの時間を要する．それは単なる適応の問題ではない，というのもインカルチュレーションは，キリスト教への統合によって諸文化の真の価値が本質的に変容することと，キリスト教が人類の諸文化に根をおろすことを，意味するからである」

このような経緯から，インカルチュレーションという言葉の初出をいつとするかは，知的論争や宣教の実体験を伝える神学者の著作に重きを置くのか，あるいは公式文書に置くのかによって変わってくる．後者の公式文書は，たとえ文化についての学術的な人類学的枠組に依拠していたとしても，文化の多様性の問題に直面している個別教会の責任者たちの勧告に比べても神学者のそれと比べても，かなり遅れをとっている．

カトリック教会機構の内部におけるこの〔認識の〕ズレについては，二つの解釈が可能である．それはまず，ローマ教会の厳しい監督の下に組織を指揮する中心人物たちと，踏みならされた道を外れたところで神学を切り開くことに専念する者たちとで，果たすべき役割が異なることからくる．問題となっているズレはまた，脱植民地化した非ヨーロッパ社会の発展を理解し，彼らの教会の要求事項が持つ重要性を認識し，現地人聖職者——第二ヴァチカン公会議の際，祖国を代表するあらゆる民族的出自の司教がローマに集まったことで，その参加者の多くが驚きをもって発見した——の影響力を見極めることに関して，ローマ教会上層部に特有の困難があったことを伝えてもいる．

だがそれとは対照的に，宣教現場について深く考えている，あるいは非ヨーロッパ社会の出身者である教会の担い手にとって，カトリック教会内での〔北側先進国に対する〕南の諸教会の力の獲得という前代未聞の状況の意味は一目瞭然である．インカルチュレーションについての考察は，第二次世界大戦終結後のアジアやアフリカにおける脱植民地化の巨大なうねりがもたらした政治・行政システムの変化によって特徴づけられる世界状況のもとで生まれた．その考察は，南側諸国における新たな社会論理の確立と歩を合わせていた．それは部分的には第二ヴァチカン公会議の遺産だが，同時に，公会議後の教会のパースペクティブの変化とそこに生まれた不安定なムードがもたらした新たな要請から生じたものでもある．

それらの要求はしばしば，システマティックに推し進められた聖職者の現地人化の方針の恩恵を受けた第三世界の教会の新たなエリート聖職者からもたらされた．神学を学んだこれらのエリートたちには，西洋の神学者と同じ概念を使いこなす力が備わっていた．ローマ教会の最上層部も次第に理解を深めるなか，これら現地のエリートは彼らと同じパースペクティブではインカルチュレーションの問題に取り組まなかった．人類学的知識を身につけていたからであれ，その文化を内在的に理解していたからであれ，彼らはそこにあった「文化」と「宗教」の暗黙裏の区別を認めなかった．逆に，非ヨーロッパ（非キリスト教）文化の宗教性を強調し，それらを理解するためには宗教間対話が必要だと力説した．この態度は多様性を認め他性を評価するものであり，それゆえ改宗・洗礼や信徒共同体の拡大を目指す伝統的宣教活動への異議申し立てに至るものであった．また，非ヨーロッパ圏の教会が持ち続けていた西洋との協力関係の多くの痕跡が，彼らにはもはや過ぎ去った時代の遺物に思われた．アジア，特に1947年に独立を勝ち取ったインドでは，キリスト教徒（2.4%）がほんの一握りであったため，その痕跡を受け入れるのはなおさら厄介であった——何人かのインドの神学者がインカルチュレーションについての最もラディカルな考察の先頭に立っていたことも，このことから納得がいく．だが概して南側の教会の責任者たち，とりわけ教会の聖職者よりも神学者たちがインカルチュレーションを構想し実践するやり方は，聖座の公式の宣教方針とは一致していない．宣教は教会の要であると力説する回勅『レデンプトリス・ミッシオ』では，幾人かの神学者に対する厳重注意と「相対主義」の否定によって，この不一致が明らかになっている．この回勅は，インカルチュレーション政策にオフィシャルな性格を与え，世界的広がりを持つ他宗教との対話を宣教の一環としながらも，その方向性が内に秘める，教会の一体性を分断しかねない力に対して，警戒を呼びかけている．ローマ教会の最新の諸決定も，同様の曖昧さを見せている．たとえば，典礼のインカルチュレーションを強く勧め，「多様な文化的背景に適した改良」（2007 年世界代表司教会議後の使徒的勧告『サクラメントゥム・カリタティス』〔愛の秘跡〕54 節）を求める一方で，ローマ典礼の統一性を脅かす危険があるとして，個別教会の大胆すぎるイニシアチブには水を差してもいる．

問題を抱えた実践

インカルチュレーションという言葉は一見，目新しいが，キリスト教がその発祥の地から遠く離れて伝播するのを可能にした歴史的経緯を考えるなら，その意味するものはキリスト教そのものと同じくらい古いようにも見えてくる．この認識は誤りではないが，単純化しすぎている．インカルチュレーションは，教皇庁とヨーロッパ諸国が，宣教修道会を介してキリスト教と宣教地の拡大をはかった時代よりも以前の宣教には関わらない．実際のところそれは，「宣教の時代」を過去のものにする宣教方法なのである，というのもインカルチュレーションは個別教会，すなわち，原則として各々の発展を主導し，そのために必要な権威を与えられている諸教会に関わるものだからである．

いずれにせよそれは，西洋文化の優越性の名のもとに人間と物質的・精神的資源を他所の土地へ移植するという，植民地世界で支配的だったヨーロッパ中心主義的アプローチとは正反対の道をとった，宣教活動の他の選択肢に類似している．インカルチュレーションは受け入れ先の文化の要素を取り入れ，標準的・画一的とはいえないキリスト教化策によってキリスト教の啓示をもたらすという「適応」の試みを引き継いでおり，ある意味では適応によって軌道に乗ったプロセスの極みを示しているのである．他方でインカルチュレーションは，宣教師が強い覚悟で受け入れ先の社会の言語，衣服，生活様式を身につけ，当地では不躾とされる習慣を改め，「非宗教的」と判断したいくつかの風習を守る権利を改宗者に認める，などからなる歴史上の先行事例に比べて，多くの点で革新的である．

インカルチュレーションのキーワードは「受肉」である．イエスの受肉そのものがインカルチュレーションの一つのかたちと捉えられ，同時代のユダヤ教徒の文化を引き受けたことで「イエスは神の啓示をインカルチュレーションした」とされる．教会は福音を個々の文化に受肉させることで，その歩みを繰り返すよう呼びかけられているのである．イエス・キリストをインカルチュレーションのパラダイムとするこの概念は，この方法の実践にとって本質的な二つの理論的帰結をもたらす．第一に，キリストは人間となることで自らの神性が制限されるのを受け入れた（神学概念の「ケノーシス」）と強調することによって，キリスト教と文化の出会いは両者のいずれをもそのままにすることはなく，それぞれにその一部の断念を余儀なくさせるものとなる．第二に，イスラエルの中心性を神学的に基礎づけることによって，文化的特殊性を持つ様式〔ユダヤ文化〕の普遍的意義という，解決不能かつ決定的な問題を提起することになる．

インカルチュレーションの目的は，以下の互いに結びついた二つの方法に則って福音を受肉することにある．第一に，受け取る側の文化を啓示の媒体とする．第二に，それと不可分なこととして，宣教によってその文化を変化させる．すべての宣教方法と同じく，インカルチュレーションには伝達者と受容者がいるが，その特徴は，福音に適合するものを後者の文化から借りながら，その固有の言葉遣いとインスピレーションに従って福音のメッセージを表現する点にある．したがってそれは，発信だけでなく，福音のメッセージを受容する働きをも強調するのである．

インカルチュレーションは厳密には宣教の問題だが，信者への司牧にも関係している．それはカトリック共同体の文化的背景と教会の営みのさまざまな領域，すなわち神学や典礼，建築や美術，宗教生活のスタイルや神秘主義的探求などに関わっている．インカルチュレーションの目標は広範に及ぶ，なぜならそれは文化全体に関わるからである．宣教学者もみな，文化について可能な限り包括的な人類学的定義から始める必要を訴えている．

神学と社会科学――インカルチュレーションという方法の核心には，相容れない要素が取り除かれさえすれば，キリスト教はどのような文化においても表現しうるという確信が認められる．だがこうした考えは理論的に多くの難問を抱えているし，その実践に関しては，プロセスの対象そのものが曖昧にしか定義されていないために，さらに多くの――この方法の実行可能性に疑念が出るほどの――方法論上の困難が山積している．

理論的には，インカルチュレーションされるべきものは普遍的で時間を超越した真理の総体である．しかし「福音のメッセージ」を，何世紀にもわたってそれを伝える役割を果たしてきた言語から切り離すのは困難である．何人かの神学者は，すべての神学的言表は特殊な社会・文化的現実に基づき，それを表明しているのだと力説して，〔「特殊・個別性」を超越した〕普遍神学という幻想を糾弾している．この批判は，人類学から公然と借りられたものである．実際，インカルチュレーションされるべきは教会制度そのものだと彼らは主張する．しかじかの国に教会を根付かせるのに必要な文化的適応と調和のメカニズムの分析を通して，彼らは人類学の本質的な問いを投げかけているのである．彼らはまた，言語的・儀礼的・美的な形式そのものが意味を持つことを明らかにした．それらを単なる表現の次元に還元することはできないのである．

宣教をめぐる歴史研究もみな，キリスト教化された民族が，既存の自文化の型を使ってキリスト教を適応させ変化させたことや，キリスト教を自分たちの目的のために利用したり，ときには教会による規制を踏み越えて，西洋の宣教師が示す用い方や目的をねじ曲げたりしていたことを，思い起こさせている．聖座は第二ヴァチカン公会議以降，文化の意味と役割を省察し，宣教について再考するのに適した方法を探しながら，教会への社会科学の導入を奨励してきた．しかしその知的な展開は，カトリシズムそのものの文化的ルーツの強調と，西洋的な基本的概念の批判的検討へと至った．アジア，アフリカ，ラテン・アメリカの神学はその例であり，そこではインカルチュレーションの名のもとに，いまや哲学だけでなく社会科学もまた糧とされている．社会科学を，哲学に代わる神学の婢（はしため）にしようというのではないにせよである．神学校で教えられてきた，唯一の論拠をアリストテレス哲学の諸カテゴリーに求める古典的な神学とは一線を画する動きと，現場の経験，すなわち，ローカルなコンテクストへの同化の過程もまた神学の対象にするという新たな神学の構築とが，同時に進行している．

ここにおいて，最もラディカルな「インカルチュレーション主義者」の思索は，解放の神学〔貧困・抑圧に苦しむ人びとの解放を教会の義務とする〕と出会う．1970年代の初頭には，解放の神学はインカルチュレーションとは異なるパースペクティブを持つと思われていた．だがその後，数人の神学者によって，解放の神学は，同じプロセスのもう片方の面であるインカルチュレーションと，弁証法的な関係にあるという考えが広まっていった．教会の地域社会への同化は，不当な社会・経済状況，女性の搾取や，宗教的なものも含めたあらゆるかたちの抑圧と排除に対する闘い抜きには，進まないというのである．

普遍性と個別主義：インドの事例——多様性の承認と受容を前提とするインカルチュレーションは，普遍性と個別性を統合するシステムを必要とする．そこでの考察は，ローマ教会という中心と〔個別教会という〕周縁のあいだや，個別教会の内部における平信徒と聖職者のあいだなど，さまざまなレベルでカトリック教会共同体を悩ませている緊張状態を明るみに出している．インドの事例は，すべての緊張関係が同時に働いたときに噴出する問題を明らかにしているが，アフリカやラテン・アメリカに事例を求めることも可能である．実際のところ，そのようなローカルな現象を通してしか，インカルチュレーション政策が抱える複雑さのなにがしかを全般的に理解することはできないのである．

インドでは教会が，その普遍性と地域に根付く必要という，二つの対立する要請のあいだで引き裂かれているだけでなく，同時に，巨大な亜大陸のなかに多くの文化が共存するところで国としてのまとまりを保つ必要と，根をおろした多様な地域の文化的特性を尊重するという配慮のあいだで，混乱してもいる．教会はまた，かつての外国人植民地支配者と結びついた宗教が掻き立てる敵意にさらされている．キリスト教は，外国による支配の一端と受け取られているため，植民地問題，すなわち国家的課題に結びついたままなのである．このきわめて複雑な状況によってインカルチュレーションは解決不能にみえる問題と化しており，それは言語の問題に顕著である．

英語はインドのカトリック教会の公式言語であり，地域間および国際レベルでのコミュニケーションを可能にする唯一の言語であるため，神学的概念の形成と神学校における教育の，唯一ではないにせよ，主要な媒体となっている．他方で，第二ヴァチカン公会議による改革以降のカトリック世界全体がそうであるように，典礼に関しては現地の言語で執り行われている．だが用いられる典礼文は，ラテン語原文のほぼ逐語訳にとどまっている．当初，司教委員会を含むさまざまな委員会は，インカルチュレーション政策を根拠に，現地のものの見方を生かした，より自由な翻訳を提案していたが，今に至るまでローマ〔教皇庁〕に認められていない．一方，このようなインカルチュレーションの試みは，いつも信徒の発案でなされるわけではない．「インカルチュレーション主義者」の熱意に，信徒たちはときに困惑さえしている．彼らは自分たちの共同体の宗教生活における伝統を大切にしてはいるが，教会に導入されたヒンドゥ教的装飾，服装，祭具や身振りを目にして，典礼のインド化の試みにおおむね戸惑っている．

「インカルチュレーション主義者」はまた，外国の思想の刻印を帯びていない独自の神学用語を創り出そうとしてきた．ヒンドゥ教の伝播にともないインド全土に広まったバラモン教が伝承する聖なる言語であるサンスクリットの語彙を活用しようとする神学者も現れた．だがこの選択は，次のような重大な議論を巻き起こした．サンスクリットを特権化することは，それが伝えてきたバラモン教の価値体系に与することになるのではないか？　だとしたら，その価値の名のもとに社会的・宗教的ヒエラルキーの最下層に追いやられたカースト出身の多くの信徒の声を，どうやって聞き取ることができるのか？　そのうえ，17世紀に〔イエズス会の〕ロベルト・デ・ノビリ〔Roberto de Nobili〕が華々しく打ち出したこの方法は，宣教者のあいだではつねに支持を得てきたものの，ヒンドゥ教の原典に熱中する聖職者のグループの外ではほとんど理解されない神学用語しか生み出してこなかった．

それゆえ，そのようなエリート主義を批判し，インカルチュレーションは村落文化に糧を求めるべきだと考える者もいる．彼らは，キリスト教の神学的考察にふさわしい用語を，話し言葉とそれによって表される宗教的経験のなかに求めるよう提言する．だがこの方法は，インドのカトリック教徒を他のカトリック教徒（彼らの誰がヒンディー語で神学を読むだろうか？）から，またインドの各キリスト教共同体をその地域の内部で，孤立させかねないのではないだろうか？　すなわち，このようなタイプの移植すべてに文化的な認証がついているのだとすれば，どうやって普遍性を持ちえるというのだろうか？　インドのキリスト教徒は，他のインド人とまったく同じように自分たちにも英語が必要だとわかっている．それは「国語」ではないとしても，少なくとも唯一の全インド共通の言語なのである．

問われる西洋の教会

インカルチュレーションを歴史的文脈に位置づけてその意義を理解しようとするのは，おそらく時期尚早である．だが次のような見方はできるであろう．

まず，明らかに，それは公会議後の教会内部の問題である．他の諸領域同様，宣教に関しても，公会議は一つの明快な指針をはっきりとは示さず，多様な方向への道筋を開いた．真にアフリカ的，インド的，アメリカ的，等々なキリスト教のありかたの探求は，西洋カトリック神学や過去から受け継がれた教会組織やヨーロッパから持ち込まれた組織のスタイルを，問題化せずにはおかなかった．そして，教会においてみなが文化の多様性を認めていたとしても，実際にそれにどのような位置づけを与えるかについては，深刻な対立があった．

根本的な問題は，自国に固有の歴史と文化にインカルチュレーションのプロセスを導入するに当たって，各教会にどの程度の自立性を認めるかという点にある．一方の，普遍教会に自分たちの教会の特性を認めてもらおうとする渇望と，他方の，地方教会の個別性をないがしろにすることなく組織の一体性を維持しようとする揺るがぬ姿勢とは，対決を免れない．前者の，教会におけるさらなる民主主義を要求する，ときに辛辣な言葉に，後者の，それに劣らず激しい秩序を求める勧告が応える．すなわち，問われているのは権威の問題なのである．教会において，誰が改革の許容範囲を決定し，誰がインカルチュレーションのさまざまなかたちを受け入れ，あるいは退けるのか？　インカルチュレーションはその実践をめぐって，制度内の序列という教会論の古い問題，すなわち，理論的には一なる普遍教会にあって，各地方教会の自主独立性のどこまでを正当とするのかを見極める困難に突き当たるのである．そこには，さまざまな監督機関のあいだの権限をめぐる争いが表面化している．とりわけ，教会の指導者層と，ある種の知的権威を教会内で有する人びととのあいだの緊張を高めている．またその過程で，教会に組み込まれていつつも制度の末端にいる聖職者たちの，矛盾をはらんだ立場も明らかになってきている．彼らの権限を賭けたこれらの論争が非常に理論的なかたちをとっているということは，実際にはごくわずかの信徒しかそれに関わっていないことを物語っている．

〔だが〕インカルチュレーションは教会の内部，さらには聖職者だけの問題ではない．それは教会と教会外の世界との関係に関わっている．それゆえインカルチュレーションは，社会におけるカトリック教会の発展という観点からも見極められなければならない．

インカルチュレーションの名のもとに推進されてきた試みは，あらゆる面で再検討を迫られている世界的宗教としてのキリスト教の発展段階に対応している．そこには，革新的な方法でローカルな文化と結合し続けてきたキリスト教の力がよく表れている．ある意味で，非ヨーロッパ圏の社会に適合した宣教政策作りを牽引してきた要因は，1950 年代に教会と西洋近代社会の関係の再考を推し進め，1962 年の第二ヴァチカン公会議開催へと導いたものに比すことができる．そもそも多くの西洋の神学者が，福音のインカルチュレーションは同時代の西洋社会にも関係すると力説している．

インカルチュレーションは植民地主義の崩壊という時代背景のなかで誕生したため，その後の地域教会の文化的ルーツと遺産の再発見の過程には，その痕跡が刻まれている．すなわち西洋への反発が，その考察と経験の本質をなしているようにみえるのである．インカルチュレーションについての多くの神学的文書は，キリスト教を西洋の文化的支配の体現者とみなしている．そこには，西洋の産物としての教会組織に対する辛辣な調子が際立っている．それは過去の植民地時代を問題にし，教会への帰属と国家への帰属のあいだには弱い結びつきしかないことを暴き，かつての宣教師たちにみられたローカルな社会構造や組織制度への無関心と，その象徴的表現体系の破壊にまで至った自民族中心主義を，痛烈に批判している．その見地からは，インカルチュレーションは神学・典礼・教会論の現地発のモデルを探求しつつ，西洋を想起させるすべてのものをキリスト教から取り除くとされる．たとえばカメルーン人のイエズス会士マンラド・P・ヘブガ〔Meinrad P. Hebga〕によれば,「神から全人類に対して呈示されたこの宗教が,たとえユダヤ－キリスト教世界に生まれ,西洋で法的・神学的に構造化されたという歴史を負っていたとしても,特許権や製造ライセンスの保護の下に輸出されるプレタポルテ〔prêt-à-porter〕〔高級既製服.文字通りの意味は「持っていく(身につける)準備ができている」〕,「フランス製」や「イタリア製」の製品などではないことを,明らかにする」(1978)ことが重要なのである.

この点でインカルチュレーションは二つの重大な歴史的プロセス——西洋と結びついた,あるいは西洋に帰せられる文化的特徴の拒絶と,現地のものと認知された特徴の採用——の際だった事例の一つとなっている.非西洋世界で同時進行中のこれらのプロセスは,ただカトリック共同体のみに関わるものではない.それは,キリスト教的西洋世界による普遍性の主張の効力や覇権的意志があいかわらず感じられるなかで,西洋世界と自らの歴史的関係を問うものすべてに関わっている.カトリック教会の新しい宣教方法であるインカルチュレーションは,基本的には宣教学,神学一般,そして宣教の人類学の領域の問題だが,ポスト・コロニアル状況を理解するためには宗教的な要素を考慮に入れる必要があることを明らかにすることによって,それらの専門分野の狭い枠を超えているのである.

参考文献　BOSCH D.J., *Transforming Mission. Paradigm Shifts in Theology of Mission*, New York, Orbis Books, 1994 (1re éd. 1991).(デイヴィッド・ボッシュ『宣教のパラダイム転換』上・下,東京ミッション研究所訳,新教出版社,1999年・2001年) – DUPUIS J., *Vers une théologie chrétienne du pluralism religieux*, Paris, Cerf, 1997. – EGBA M.P., *Dépassements*, Paris, Présence africaine, 1978. – Lettre sur l'inculturation et document de travail sur l'inculturation, *Acta Romana Societatis Iesu*, 1978, Vol. XVII, II. – LUZBETAK L.J., *The Church and Cultures. New Perspectives in Missiological Anthropology*, New York, Orbis Books, 1993 (1re éd. 1988). – MBEMBE A., *Afriques indociles: Christianisme, pouvoir et État en société post-coloniale*, Paris, Karthala, 1988. – NDI-OKALIA J., *Inculturation et Conversion. Africains et Européens face au Synode des Églises d'Afrique*, Paris, Karthala, 1994. – PELLMAN A., *L'Inculturation. L'Église et les cultures*, Paris-Ottawa, Desclée-Novalis, 1988. – PIERIS A., *Une théologie asiatique de la libération*, Paris, Centurion, 1990 (1re éd. 1988). – ROEST-CROLLIUS A. A., « What is not new about Inculturation? », *Gregorianum*, 59/4, 1978, pp. 721–738. – SCHREITER R. J., *Local Theologies*, New York, Orbis Books, 1985. – SHORTER A., *Towards a Theology of Inculturation*, New York, Orbis Books, 1988.

カトリーヌ・クレモンタン＝オジャ Catherine Clémentin-Ojha
〔寺戸淳子訳〕

→ 植民地化,文化触変,文化(としての宗教)

オリエンタリズム
ORIENTALISME

ここでは，芸術的な産物としてよりもむしろ学問的な産物としてのオリエンタリズム〔orientalisme〕を取り扱う．まず取り上げるのは，オリエンタリズムの歴史を特徴づけるいくつかの事実，とりわけ比較言語，比較宗教の研究に由来するデータの文化主義的な利用である．次に，オリエンタリズムが知と権力とのあいだに共犯関係を保っているという理由からそれに対してなされた訴訟にいかなる理由があったかに言及したい．

学問的なオリエンタリズムはさまざまな逆説に基づいて働いている．それは，二つのパラダイムの組み合わせとみなすことができる．一つは言語学的な類縁性のパラダイムで，さまざまな言語のあいだに，さらにそれだけでなくこの言語が結びついている宗教のあいだに系統を見いだし，言語や宗教を二つの世界，すなわち東洋〔Orient〕と西洋〔Occident〕に配分するものである．もう一つは存在論的な区別のパラダイムである．これは，西洋と東洋のあいだに根底的な還元不可能性を見てとり，両者を分かつヒエラルキーを見てとるものである．さらに，オリエンタリズムは，認識操作とみなすこともできる．すなわち，自らの対象について，それには固有の理由があるとしてそれを表面的に検討したり，あるいはその理由がそれ自身から明らかにならないときには理由づけを行ったりといった認識操作である．

聖書の言語，さまざまな起源の言語

「オリエンタリズム」という言葉は，フランス語では1820年代に確認することができるが，定義上の問題を惹起するように思われる．一般にそこに理解されるのは「東洋研究，東洋への関心，東洋を対象とする学問分野」であるが，しかし東洋という対象は，不安定な，ときには境界の定めがたい場所として現れる．つまり，なぜ東洋なのか，どの東洋なのか，という問いが出てくる．これに対する答えは二重である．キリスト教西洋はそこにまず起源の言語を，ついで言語の起源を見いだすことができると考えた．聖アウグスティヌス以来，アダムとイヴの言語について，彼らはヘブライ語を話していたのか，シリア語を話していたのかと問われてきた．

起源の言語は，旧約聖書の言語なのか，とりわけ人びとの言語はすべてこの旧約聖書の言語に由来するのかという問いもかなり自然な問いであろう．最初の人間の言語，聖書の言語……しかし，多くのヨーロッパ言語の類縁性が（中世以来）認められるようになると，（ルネサンスを通じて）これらの言語に共通の発生源，最初の言語の場がどこかに存在したという考えが生じたのである．

18世紀末になると，新世界の探検や言語学における比較方法によって，事態をいっそう明晰にすることができるようになる．最初の言語はサンスクリット語で，起源の地はインドないしペルシアだと思われるようになった．フランス人のイエズス会士ガストン=ローラン・クールドゥー〔Gaston-Laurent Cœurdoux〕（1691–1779）は，碑文・文芸アカデミーにサンスクリット語とラテン語およびギリシア語との類似性についての論文を寄せた（1767）．この類似をできるだけ説明するために，彼は一連の借用現象や所与のものとしての共通の起源などを提示した．彼が取り上げたのはこの所与の言語である．ただし，彼はメタ宗教史のなかにこの所与の根源的な言語を組み入れたため，彼がそこに読み取った意味は，厳密な言語史からはほど遠いものであった．すなわち，こうした類似は，バベルおよびその散逸に先立つ，一体をなしていた人類から残存しているものだとしたのである．

イギリス人のウィリアム・ジョーンズ〔William Jones〕（1746–1794）の重要性はまったく別のところにある．ベンガル・アジア協会（コルカタ，1784設立）の初代会長でアラビア語，ペルシア語，サンスクリット語の専門家であった彼は，インド=ヨーロッパ語族が元来一つのものであったとはっきりと述べ，サンスクリット語，アヴェスター語，ギリシア語，ラテン語，ゴート語等々の比較研究を実施した．重要な点は，ジョーンズが諸言語の生成と宗教的な公準と結びつけていた古くからの解釈学的な紐帯から解放された点にある．他の学者――フランスのアブラハム=ヤサント・アンクティル=デュペロン〔Abraham-Hyacinthe Anquetil-Duperron〕（1731–1805），イギリスのチャールズ・ウィルキンス〔Charles Wilkins〕（1749–1836），ドイツのフランツ・ボップ〔Franz Bopp〕（1791–1867）など――はジョーンズと同じ道を歩み，まもなくインド=ヨーロッパ語族と呼ばれることになる語族についての比較研究を対象とする学問領域をなすこととなった．

ヨーロッパ北部のいくつかの大学（ライデン，ゲッティンゲン，ハレ，ライプツィヒ，ケンブリッジ，オックスフォード等々）は，ヨーロッパ諸語と縁続きのこれらの東洋語（サンスクリット語，ペルシア語）の教育を展開した．パリでは，現代東洋語学校が国民公会によって1795年に設立された（その初代管理者はペルシア語の教授のルイ=マチュー・ラングレス〔Louis-Mathieu Langlès〕（1763–1824）である）．もちろん，セム語系の言語もそこで忘れられていたわけではなく，同様にして，すなわち類縁関係や構造比較の観点から研究された．ただし，これらの言語は明白に聖書のコーパスに結びついていた．これらが探求に値するとされたのはそれゆえであり，このコーパスにはクルアーンも付け加えられるべきとされていた．「セム的」という用語（この語はドイツの文献学者・歴史家であるアウグスト・ルートヴィヒ・フォン・シュレーツァー〔August Ludwig von Schlözer〕（1735–1809）によるものである）が『創世記』のノアとその息子たちの物語を典拠としているのは意義深いことである．

つまり，これ以降，二つの把握様式が利用可能となり，さまざまな学問分野（とりわけ言語史，宗教史，東洋考古学等々）において組織化されるオリエンタリスト〔東洋研究者〕らの知の土台をなすことになったわけである．すなわち，キリスト教西洋は，インド＝ヨーロッパ的東洋とセム的東洋という二つの根を同時に有することになったのである．キリスト教西洋はこれら二つの東洋を相続するものであり，19世紀の学問的なオリエンタリズムは，方法論と，しかし同時に情熱をともなって，これら二つの東洋の各々が遺産として残したのはどのような資本であるかを見定めようと専心することになったのである．古代インドのほうは深く多神教的であることが明らかとなってきただけに，一神教は本質上セム的なものであるとみなされた．そのうえ，インド＝ヨーロッパ的な「文化」〔culture〕という考えが前面に出てきはじめた．共通の一つの文化，すなわち，類縁関係を持ち系譜学的に組織化される諸言語，われわれのヨーロッパ文化に見定めることのできるのと同じような古代神話，類似した権力形態等々に共通する一つの文化があるという考えである．

同じ19世紀には，この「東洋」の遺産とギリシアの遺産との接合のようなものがあったことを付け加えるべきだろう．このギリシアの遺産は，ペリクレスとソクラテスの国に自らの土台を見いだした西洋的価値の地平となった．われわれは哲学も，都市国家の統治も，芸術も，その他も，古代ギリシアに負っているではないかというわけだ．とりわけ，古代ギリシアはその後他地域へと広まってゆく合理性を有した場であり，その果実をキリスト教西洋へと伝達することになった．こうして，知と文化とを循環させる合理性の伝達という点で，起源のインド，ギリシア，西洋のあいだに一つの紐帯が構成されることとなり，他方で，セム的中東と西洋とのあいだに，一神教がせり出してくるもう一つの紐帯が構成されることとなった．この点を確認することで，宗教と合理性のあいだには，地層を分かつ断面のようなものとしての分有関係があることが理解されたのである．

とはいうものの，「われわれの」起源について，東洋の遺産についてのオリエンタリストの議論は，豊富な発見があったとはいえ東洋についての研究を完全に吸収したわけではない．現場の人びと，とりわけ考古学者や文献学者たちは，インド＝ヨーロッパ的な文化とセム的な文化の比較研究の利点よりも，自分たちの競争関係（フランス，イギリス，ドイツのあいだの）にいっそうの関心を払っていたように思われる．さらに，都市国家や法権利は理性の側に，つまりインドやギリシアの側にあるとの主張が流布した一方で，メソポタミアでの発掘によって，アッカド語，バビロニア語やアッシリア語を――つまりセム語系の言語を――話す人びとが住む青銅器時代の印象的な都市国家の存在が明らかにされ，きわめて洗練された法律が施行されていたことを示す多くの粘土板が掘り起こされた．いわば，東洋についての研究の大部分でオリエンタリズムは欺かれていたということだ――とはいえ，それによってオリエンタリズムが弱体化することはなかったのだが．

喫緊の知

オリエンタリズムは，したがって，「われわれの世界」ともう一つの世界である東洋とをつなぐ喫緊の通路であった．それにより，東洋とは言語および宗教という二重の類縁性があると語られてきたのだった．しかし，この東洋は，政治的な欲望の対象となると，われわれの世界とはほとんど似ていないことが露わになる．だからこそ認識しなければならず，解読しなければならないとされたのである．われわれの学問的な主権性が東洋にあてがわれることになる．東洋の異質性について，その境界を定めることが必要になる．それは，エキゾティズムの場をなすと同時に，区別の規則とヒエラルキーの意味とを保持する主権的な力を適用する場となったのである．

体系的な認識操作としての学問的なオリエンタリズムの創設は，エジプト遠征（1798-1799）およびアラビア学者のアントワーヌ＝イザーク・シルヴェストル・ド・サシ〔Antoine-Isaac Silvestre de Sacy〕（1758-1838）の著作によって設立されたとしばしば語られる．まずはエジプト遠征である．実際，被従属国でない場合であっても，軍事侵攻に学者や技師を連れていき，あらゆるものを見つけさせ，筆記させ，記録させるという企てはきわめて範例的なことであった．そこでは知は，権力のいっそう粗暴な部分と内密に結びついていた．『エジプト誌 *Description de l'Égypte*』〔ナポレオンの遠征後，1809-1822年に出版〕を可能にした企図は，次のような学術的な旅行の対極にある．すなわち，とある地方に行って情報をあさり，指摘をしたり，忘却したり，あるいはある寺院に行っても，また別の寺院の気品にあまりに恍惚となってしまい当の寺院のことを無視してしまったりするのではまったくない．そこで問題となっていたのは，あらゆることを測量し，碁盤の目状に線を引き，あらゆることについて地図を作成し，測定し，素描し，各々の場や各々の建造物の位置を報告することであった．その企ては，さまざまな種類の植物，動物，さらに人間についても同様にして，あらゆるものを見つけ，分類し，類型を立てることであった．エジプトについてすべて知ること，それは距離をとって，学問的に支配することであった．エジプト遠征は，この国についての軍事的であると同時に学問的な，主権の行使であろうとしたのだ．知と権力は同じ一つの運動のなかで互いを生み出した．一方が他方の源泉だということではなく，両者が結びついて生じたのである．

威厳ある『エジプト誌』からは二つの教訓を引き出すことができる．これを示すためには，「古代」と「近代国家」の区別が助けとなる．古代エジプトの建造物は，しかるべく記述され表現されており，建築技術および自然の模倣における完成を表すものとみなされている．とはいえさまざまな注釈（とりわけ，長年にわたり芸術アカデミーの書記長であったアントワーヌ・クリゾストーム・カトルメール・ド・カンシー〔Antoine Chrysostome Quatremère de Quincy〕（1755-1849）等による注釈）によって，この熱狂は冷まさせられる．彼は，芸術の完成は，自然の模倣にではなくその規則性の理解にあり，もちろんエジプトの建築は原初のものであるが，とはいえ――ギリシアとは異なり――芸術の幼年期，未完成の状態にとどまっていると主張した．近代エジプトについては，たとえそれが長い歴史を有していたとしても――遠征の学者たちがとりわけ示したところによれば――この国はこの歴史を否定するようにもみえる不変性のうちにとどまっている．手工業や農業の実践は，ファラオの時代のエジプトの王家の墓に描かれていたものと類似しており，ほとんどその注釈に役立ちうるほどですらあった．原初の，不動のエジプトが全体として物語っているのは，過ぎ去った時代なのである．他方で，遠征に参加した学者たちは，われわれの西洋とは対極にあるものを描き出した．特異で，とても異国情緒にあふれ，西洋がほとんど何も負うところのないようなエジプトである．もちろん，そこに聖書や古代キリスト教を見いだすことは可能であった（ヨセフの牢獄，モーセのファラオ，コプト人等々）．とはいえ，本質的にエジプトは，還元的な分析を施さずにそれ自身として説明してみると（奇異な多神教，新奇な動物，未知の植物など），一つの外部性なのであった．

ここでシルヴェストル・ド・サシの出番である．東洋語学校で，サシは，自分自身の仕事から着想を得た方法論を実施した．その後，何世代ものアラブ学の生徒の教育に資することになるものである．これは，ヨーロッパの大学を支配していた比較研究や，イスラーム的東洋とキリスト教的西洋がアブラハムを祖とする従兄弟関係にあるとする考えからすると異質な方法論であった．彼のオリエンタリズムが立脚していたのは，博学を旨とする古典的な理解である．すなわち，あらゆるものを，十分かつ共有しうる認識へともたらすというものである．その際に彼が拠り所にしたのは，ポール＝ロワイヤルから受け継いだ，言語と思考の関係は表象であるという理論である．彼がこの理論を適用したのが自著『アラビア語文法 *Grammaire arabe*』（1810）であるが，わけてもその歴史記述に関わる仕事がそうである．アラブ的東洋についての歴史物語の集成が直接的に説明しているのは，アラブ的理性であり，それゆえこうした物語を単に開陳するだけで十分だとシルヴェストル・ド・サシは述べたのである．

サシは，こうして翻訳し，注釈を付け，抜粋を集め，名文選を編むことに取り組んだ．彼は古銭学は行わなかったが，アル＝マクリーズィー〔Aḥmad al-Maqrīzī〕の貨幣論の敷衍は行った．13 世紀初頭のエジプトを描くことはしなかったが，アブドゥッラティーフ・アル＝バグダーディ〔‘Abd al-Laṭīf al-Baghdādī〕の旅行記の翻訳はした．一貫した物語を生み出すものとしての歴史を打ち立てるような分析はまったく必要なかったのである．とはいえ，こうした手続き（アラブの資料を，それが現地の理性を表しているものとして単純に配置すること）には一つの例外が認められていた．

シルヴェストル・ド・サシは，彼の豊かな業績のなかで，イスラームについては一度も書かなかったのだが，とはいえ 30 年をかけて入念に準備した著作『ドゥルーズ派の宗教紹介 *Exposé de la religion des Druzes*』（1838）を書いている．シルヴェストル・ド・サシは，聖書世界とアラブ世界のあいだに意味のある連関をまったく認めず，イスラームにおける聖書への——そして，イスラーム全般への——関心が自らにないことを示したのだった．ドゥルーズ派についての著作は，原資料，環境，時代，信仰形態等々についての本格的な分析として提示されているだけに，独特なものである．全体としては，この著作は，批判的な（とはいえ注目すべき）作業の成果であり，単に資料編纂によってデータを開陳しただけのものではない．彼の説明によれば，ドゥルーズ派の宗教は純粋な他性にほかならない．それは，スンナ派でも，シーア派でもなく，精神が錯乱した冷酷な一人のカリフ（アル＝ハーキム〔al-Ḥākim bi-Amr Allāh〕(985–1021)）への崇拝を中心とした秘儀伝授的な宗教で，イスラームからあらゆる倫理性を取り払った異様な分派として現れる．そのテクストには，感嘆符や，憤慨した調子の判断がいくつもみられるほどだ！　したがって，この仕事を通じて，諸々の事実について論理を構成し，理由を据えたり，あるいはそうしたものがまったくない場合には，一貫した物語叙述を構成したりすることが適切だったわけである．普遍的理性は，他所では自明のものとされていたが，シルヴェストル・ド・サシのみるところ，この宗教的資料には不在だったのだ．

結局のところ，『エジプト誌』とシルヴェストル・ド・サシの著作に共通しているのは，あらゆることを把握せんとする配慮であり，事実の開陳がそれ自身として意味があり資料がそれ自体として語るのだという公準であり，さらに，自然，芸術，宗教思想の領域では，他性とみなされたものとのあいだに距離が保たれていることである．とはいえ，これらは隔絶したものだった．というのも，言語的な（ということは宗教的な）類縁性のモデルの影響力がまもなく東洋についての学問的な探索の争点を修正することになったからだ．オリエンタリストの主たる趨勢は，西洋が東洋と保っている類縁性および絶対的な距離という二つの関係に同時に取り組むというものになっていった．この文脈においては，東洋の領土や文献は，言語やその語り手，宗教やその信徒に比べ論証的な価値を持っていなかった．19 世紀を通じて，考古学や古代の記録資料の研究が，インド＝ヨーロッパ的なものとセム的なものとのあいだに打ち立てられた大きな分有線に対して，一種の経験的な自律性を獲得するようになるのである．

文化，民（ピープル），人種

オリエンタリズムの言説は，言語学的な類縁性と存在論的な区別というパラダイムによって鍛え上げられてきた．その学が描く世界はあまりにも平べったく，厚みを欠いていたため少しの分析にも堪えられないほどだったのだが，19 世紀の後半には，支配的な言説は東洋の「民（ピープル）」に向けられるようになる．「セム的」という語はそれ自身，神話的な源泉を喚起するものであった．セム語系の諸言語の研究は，この点にこそその最初の目的があるとされたのであった．「インド＝ヨーロッパ的」なもののほうは，これとは別の語によって裏打ちされるようになる．すなわち「アーリア」(ārya) である．これは「高貴な」という意味であるが，この名は，（紀元前 3000 年代に）イラン高原を，ついで（紀元前 2000 年代に）パンジャブ地方を拠点にした「インド語族」の言語を用いる人びとによってもたらされた．この語はアンクティル＝デュペロンによって導入され，さらに文献学者で神話学者のフリードリヒ・マックス・ミュラー〔Friedrich Max Müller〕(1823–1900) やジュネーヴの雑文家であるアドルフ・ピクテ〔Adolphe Pictet〕(1799–1875) によって一般に広まった．

ピクテにとって，アーリアという語は，最も古いインド＝ヨーロッパ語族を形容するものだ．彼らは牧者および征服者である民（ピープル）であり，支配者や高度な知能を持った人びとからなる高等階層だとされたのだ．彼らの古さは，インド＝ヨーロッパ主義の台座を固めるものであったため，上のような特性が本質的なものとみなされることで，そうした源泉に基づき，アーリア族とインド＝ヨーロッパ語族とのあいだの換喩的な言い換えが容易になった．

こうして，（アーリア族やセム族といった）民（ピープル）には，安定的で，彼らの性格を高い精度で表わし，偽ることのできないと信じられたさまざまな文化的な特徴が好んで考案され，両者のあいだに中心的な二分法が作られることになった．オリエンタリストの知がステレオタイプを作り出したのだ．セム族のほうには，宗教的なものが最も完成されたかたちで表されたもの，すなわち一神教（一神教の平明さは，セム語系の言語の平明さと同質だとされた！）があり，アーリア族のほうには，世界への関心，世界を支配しようとする意志，文明化への使命があるという具合である（文明化という企ての複雑さは，インド＝ヨーロッパ語族の複雑さと同質だとされた！）．実のところ，こうした言説は，言語および宗教的な事象でもって人間の類型を作り上げていたわけである．これらの事象が自然を表す事象，さらには人間の営為を表す事象だとされた．言い換えると実在する自然や不変の営為のなかにある事象だとされたのである．こうしてわれわれは，〔言語および宗教から〕文化および人種へと移行することになったのである．

エルネスト・ルナン〔Ernest Renan〕（1823-1892）は，セム語研究者にしてコレージュ・ド・フランス教授で，『イエスの生涯』（1863）の有名な著者であるが，人種という概念を取り上げ，かつ仔細に検討した．彼は，中国人，タタール人，黒人，セム族，インド＝ヨーロッパ語族ないしシャリーア族等々と，たえず人種について語っていた．そして彼は率直に「下等な人種」や「偉大な人種」があり，両者の混交は「人間という種に毒を盛ることにしか」ならないだろうと主張していたのだった．こうした総称的な言葉遣いは，倫理的なヒエラルキーをともなっていた．というのも，高等だとされた人種の，人間は価値があるとされていたからだ（「フランス人の死は道徳世界における一事件であるが，コサック人の死は生理学的な一事象にすぎない」）．

だが，この「偉大な人種」，すなわちインド＝ヨーロッパ語族とセム族に関して，ルナンは，彼らとて純粋ではなく，またわれわれのネイション（イギリス，フランス，イタリア等々）も混血によってできたことを認めていた．他方で，ルナンはセム族とインド＝ヨーロッパ語族の区別が文献学的な事柄にすぎないことも認めていた．ただ，文献学的な差異化は抽象的なものではなく，きわめて本質的な文化事象を明らかにするという点に関しては別であった．ルナンは，セム語系の言語の明晰さと一神教の完全なる読解可能性との重なりを彼自身としても考慮に入れつつ，長く有名なものとなる次のような表現を残している.「砂漠は一神教的である」. 砂漠とは, 無限性と一様性, 自己への絶対的な合致の場なのである. つまり, こうした文化事象こそ, 語ることと信じることを分節化しているものだったということである.

ルナンにとって, セム主義の地平の行き詰まりをなすのが, あらゆる思想, あらゆる複雑さ, あらゆる進展を否定するようなイスラームであった.「イスラームは科学を軽視し, 市民社会を消去している. それは, セム族の精神の恐るべき単純さである. それは, 人間の頭脳を狭小なものにし, あらゆる優美な観念や, あらゆる繊細な感情や, あらゆる合理的な探求に対し閉ざしてしまい, 神は神であるという永遠の同語反復に直面させるものだ……」(Renan, 1862). 彼はコレージュ・ド・フランスの就任講義でこう述べていたのだった. その対極には, もちろん混血ではあるが, インド=ヨーロッパ語族の価値, 優美な観念や, 繊細な感情や, 合理的な探求等々に満ちたキリスト教的かつ自由なヨーロッパがあった. セム族の側には, 極端というより最良の部分として, 垂直性, 崇高, 観照があり, アーリア族の側には, 水平性, 美, 分析があった.

しかし, どのように仮定するにせよ, ルナンの言葉に身を委ねては誤ることになるだろう. 彼の姿勢は複雑なものであり, 一方では, 硬直し凝固した特徴を基盤とし, 人間存在のあいだの比較や識別的区別の限界をつねに更新するオリエンタリズムの総括者のようにみえるが, 他方では, 厳密に比較されているもの, 荒々しく区別されているものは, 結局のところ, 人間のある種の形象の持つ二重の傾向にすぎないと示唆することで, こうしたオリエンタリズムを乗り越える者としても現れる——というのも, アーリア的なもののなかにもセム的なものがまさしくあるということを彼は認めていたからだ.

オリエンタリズムはその後も長いあいだ生き残ることとなった.「東洋」という土壌が人文学 (考古学, 歴史学等々) や社会科学 (民俗学, 人類学等々) のさまざまな自立化の試みを与え, またルナンを含めて何人かがすでに告げていたように, そこには発見的な乗り越えもあったのだが, とはいえ, 20 世紀の最初の数十年, オリエンタリズムは植民地行政の忠実かつ狭小な従者となる術を心得ていたのであった.

多くの例のなかから, この生き残ったオリエンタリズムの一例を挙げよう.「マグレブの暗黒の世紀」(1927) についてのエミール=フェリックス・ゴーティエ〔Émile-Félix Gautier〕(1864–1940) の研究がそれである. 地理学者にして歴史学者であったゴーティエは, フランスの地位をいっそう実効的なものにするために, マダガスカルおよびアルジェリアに対するよりよい認識に貢献することをよしとしていた. この研究において, 彼は, マグレブのあまり知られていない過去 (7 世紀から11世紀まで）についての知を解明することが，現在の植民地アルジェリアの管理にどの点で役立つかを把握すると述べていた．ゴーティエがわれわれに提示している歴史は，進歩に向かう直線的な歴史ではなく，断絶のある，カオス的で，粗雑なものである．それは，ローマの，ついでビザンツの保護統治から解放されて以降，アラブ人の言語に従わせられる前の，スーフィーの運動によって実際にイスラーム化させられる前のベルベル人の自治の歴史である．ベルベル人は，マグレブの痩せこけた――明らかに，ほとんど肥沃ではない――遺産である．この不毛さの（この歴史的停滞の）理由は明らかであって，この点をゴーティエは著作全体で主題として追跡しているのである．「ベルベル人」は祖国を持たず，自分たちの家族や氏族にしか結びついていない．こうした特性ゆえに「ベルベル人」は定住すること，建造物を建てることをしなかったのだが，この点で彼らは3000年にわたり都市を建て，これを祖国とみなしてきた「ヨーロッパ人」と対立している．「ベルベル人」は，祖国を持たずとも，もちろん勇敢で，誇り高い戦士であるが，自分たちよりも強力な者たちには進んで服従する．ローマ人，アラブ人ときて，今はフランス人であるが，フランス人こそがベルベル人の主人として，彼らの言語を変え（ラテン語，アラブ語，ついでフランス語に），最終的に彼らを文明化するというのである．

ゴーティエは研究対象の意味深長で特徴的な点を確定することから始めている．彼はまず，それとは逆の特徴を持つ者（具体的には，ローマ人，遊牧生活を離れ都市に移ったアラブ人，ヨーロッパ人などの都市型の人間）から峻別する比較を行い，一つの歴史を作り上げる．そして，ベルベリア〔古くからベルベル人が住みついていた北アフリカの地域．現在のマグレブの一部〕の「暗黒の世紀」が暗黒なのは単に歴史記述のための資料が乏しいからだけではなく，都市型の文明によって照らされていなかったからでもある，というのである．もちろん，すべてのオリエンタリストがルナンに匹敵するわけではない．ルナンはベルベル「人種」についてこう書いていたのだった．「その驚くべき活力は，最も研究するに値する歴史現象である．ローマの時代，ベルベル人の世界は，文明の全般的な運動にいくつかの本質的な要素を導入し，キリスト教の形成にもかなり関与したのである」(Gautier, 1873).

知と権力

アメリカ合衆国のコロンビア大学の比較文学のパレスチナ系アメリカ人の教授，エドワード・サイード〔Edward Said〕は，1979年に『オリエンタリズム』を公刊した．この著作の影響は，中近東研究にとってだけでなく，インド亜大陸についての研究などその他の地理環境に関わる研究にとっても決定的なものとなった．その影響はまた，文学，歴史，人類学，さらにカルチュラル・スタディーズなど，さまざまな学問分野にも及んでいる．『オリエンタリズム』は，1980年代にアングロ＝サクソン諸国において「ポスト・コロニアル」という研究領域を打ち立てた一連の仕事の一部をなしている．「ポスト・コロニアル」研究は，時系列的には，脱植民地化に後続するものと定義されるが，それればかりでなく植民地支配以降の段階が植民地支配の時期と連続しているという政治的批判や社会参画的な批判としても定義される．

サイードの説は，フランスおよびイギリスのオリエンタリストたちのテクストについての文献研究に基づいており，東洋とは西洋の構築物だというものだ．彼によれば，オリエンタリズムは単に，文献学，宗教研究ないし歴史学，地理学ないし文学で展開されるような，学問的な知の一部門をなしているだけではない．それはまた，とりわけ「東洋を扱いそれについての解釈を構築し，これを伝達し，権威づけ，記述し，教育し，植民地化し，統治するという共同の制度的枠組である．端的にいえば，オリエンタリズムは東洋に対する支配，再構築，権威の西洋的な様式のことである」．西洋の想像力と植民地主義的な力が対になって構築された東洋という考えは，サイード自身の反植民地主義的な社会参画や文学的な仕事に負っているが，同時にまた，ミシェル・フーコー〔Michel Foucault〕の著作の影響もある．とりわけ『知の考古学』（1969）や『監獄の誕生』（1975）がそうである．一つ目の著作からは，サイードは「考古学の任務は，もはや，言説を記号の集まり（あれこれの内容や表象を指示する能記（シニフィアン）的な要素）として扱うのではなく，それが語っている対象を体系的にまとめあげるような実践として扱うことに存する」という考えを取り上げている．二つ目の著作からは，オリエンタリズムの制度や言説によって東洋の対象化や従属化の機能がどのように働いているかを分析している．サイードにとって，オリエンタリズムは，「他者」を記述し飼い慣らす企てであり，権力／知という対に則って分析しうる政治的な機構として機能しているのである．サイードはこうして，オリエンタリズムを学術的な伝統とする定義を拡張し，「西洋と（……）東洋との存在論的および認識論的な区別に基づく思考様式」とする．サイードにとって，オリエンタリズムは，18世紀末に真に西洋的な制度となり，ミシェル・フーコーの表現を繰り返すならば，支配を権威づける「エクリチュールの網の目」となるのである．

逆に，サイードは，オリエンタリズムの想像力を基礎づけている東洋そのものや東洋の現実について注意を払っているようにはほとんど見えない．西洋の大衆についても，東洋の大衆についても，それをどう受容したかについての解釈も認められない．宗教，芸術，習俗は同等に扱われている．というのも，オリエンタリストによるそれらについての表象は支配の道具にすぎないとされているからである．ある意味では，サイードの著作は，西洋の支配から解放された東洋を擁護しようとしているとしても，それは西洋的な想像力のなかにしか存在しないのであるから，東洋を希釈してもいるのである．『オリエンタリズム』は，東洋それ自体についての仕事というよりも，西洋についての，西洋の知の生み出し方についての，とりわけ西洋がイスラーム研究の領域で生み出しうる文化主義についての試論なのである．この点で，サイードは，イスラームを政治文化の説明的な変数として用いることを忌避するバーナード・ルイス〔Bernard Lewis〕のイスラーム研究に対する徹底的な批判を行っている．こうした批判はとりわけ現代イスラームについての研究において今日もかなりみられるものであるが，それを普及させたのがエドワード・サイードだとしても，オリエンタリズムの拒絶は，イスラームの文化的な表出についての研究を抑制させることにもなっただろう．

逆向きのオリエンタリズム

さらに，サイードの書物は，1981年にアラビア語に翻訳されたが，それに対する最初の反応は著者を落胆させることとなった．彼のオリエンタリズム批判についての読解は，イスラームの原理主義的な解釈によって奪取されることになったからだ．ただしこの解釈は，厳密に宗教的な理由によって，また他の宗教に嫌疑を向けることで，彼らもまたオリエンタリズム〔イスティシュラーク istishrāq〕と呼んでいるものをただちに拒絶するものである．すでに，1964年に，歴史家のアブドゥッラティーフ・アッ＝ティバーウィー〔‘Abd al-Laṭīf al-Ṭībāwī〕は，イスラームに対するキリスト教世界の深い敵対心を記述し，これを批判していたのだった．エドワード・サイードがティバーウィーを引用することはその後もない．しかし，1990年代以降，サイードの著作はいっそうバランスのとれたかたちでアラブ世界でも取り上げられ，議論されるようになる．とりわけ，エジプトの文芸雑誌『フュズール *Fusîl*』は，オリエンタリストがイスラームをどう取り扱うかよりもむしろ知と権力のあいだの関係に注意を払っている．アングロ＝サクソンの文献に現れる議論からきわめて多くの数の公刊物が生み出され，しばしばピエール・ライクマン〔Pierre Ryckmans〕やロバート・アーウィン〔Robert Irwin〕のような政治的・科学的な告発に批判が向けられることもある．サーディク・アル＝アズム〔Ṣādiq Jalāl al-‘Aẓm〕やアイジャーズ・アーマッド〔Aijaz Ahmad〕は，サイードの著作の強みであると同時にその弱さであるところのもの，すなわち「逆向きのオリエンタリズム」について，いっそう仔細な指摘を行っている．

サイードの影響のうち最も注目すべきものの一つは，サバルタン・スタディーズの進展にある．これは，1970年代から，インド亜大陸に関する研究領域で発展してきたものである．そこでは，ナショナリズム的な歴史記述に対抗して，周縁に置かれた当事者，沈黙させられた被従属階級（サバルタン）に声を与え直すことが肝要となる．ラナジット・グハ〔Ranajit Guha〕が示したように，農村世界にはさまざまな宗教の信者がいたにせよ，こうした農村史はインド史，その近代政治史の一部をなしていたのである．のちになると，オリエンタリズム批判と歩調を合わせつつ，それよりも先を行くようなかたちで，もはや単に「他者」についての西洋的な言説を分析し批判するだけではなく，内的なレベルで歴史から忘却されたものを取り上げるという先住民史が構築されるようになる．つまり，ここで問題になっていたのは，サイードの著作には不在であったこの「他者」に声を与え直すことであり，ディペーシュ・チャクラバーティ〔Dipesh Chakrabarty〕が提案したように，「ヨーロッパを」，歴史の中心や主役にするのではなく「一地方にする」ことであった．しばしば，文書館を起点に――だが，植民地主義的な文書館以外のものがわれわれには与えられているだろうか――あるいは口承史を起点にして，農民の運動，女性ないしマイノリティについての研究がなされるが，こうした対象の新たな構築には，宗教も含まれる．これらの研究は，E. サイードの主張に対して，植民地主義の言説や戦略の両面性や曖昧さを強調してもいる．

オリエンタリズムは帝国主義の産物だとする批判の影響はさらに及んでいる．それはしばしば，ロナルド・インデン〔Ronald Inden〕のようなネイティヴィスムな見地とも合流するし，あるいはまた――ポスト・コロニアル文学の作家たちや植民地主義に対する熱烈な批判者たちがつねに受容するわけではないが――宗教原理主義的な解釈とも合流する．たとえば，サルマン・ラシュディ〔Salman Rushdie〕がそうだ．ラシュディは，植民地主義的な言語を問いただすためには英語を脱植民地化する必要があると言い，それを自らの作品で実践したのだが，1989年以降，ラシュディ事件と一般に呼ばれるものを通じてイスラーム主義からの批判にさらされ，激しい告発を受けることとなった．

オリエンタリズム批判は，こうして世俗主義的な反オリエンタリズムの作家たちがサイードやラシュディに倣って告発してきた宗教的な当事者たちに我有化されることにもなる．たとえば，エジプトの哲学者であるハサン・ハナフィー〔Ḥasan Ḥanafī〕は，1991年に『西洋主義（オキシデンタリズム）入門 *Introduction to Occidentalism*』と題された著作を公刊し，古いオリエンタリズムを合わせ鏡とした西洋文化の批判的な研究を行い，部分的には宗教的な対立に基づいたかたちで東洋と西洋の対立を作り上げた．

今日では，中東や極東といった非西洋社会について研究する研究者で，自らの仕事をオリエンタリズムだと公言する者はいない．こうした標章は否定的なものとなったためである．とりわけイスラームの問題については，1980年代以降，歴史学者，政治学者，人類学者らによってなされる研究では，事例研究の数が増え，イスラームを多様な複数の文化に差異化して捉え，東洋の宗教についても時間的・空間的に同質な閉じた体系として分析するのではなく，さまざまな歴史的・社会的構造に根差し，政治的・制度的な戦略との関係で展開していく表象として分析するようになってきている．文献学を研究する，オリエンタリズムに最も近い研究者は，概して「イスラーム学者」と呼ばれている．とはいえ，アイデンティティを構築されたもの，想像されたものとみなさないオリエンタリズムの精神は，東洋，とりわけイスラームを取り扱う社会科学の領域で書かれたもののいくつかにおいて完全に消え去っているわけではない．

参考文献　AHMAD A., « Between Orientalism and Historicism: Anthropological Knowledge of India », *Studies in History*, 1991, 7, 1. – *Description de l'Égypte ou Recueil des observations et des recherches qui ont été faites en Égypte pendant l'expédition de l'armée française, publié par les ordres de Sa majesté l'Empereur Napoléon le Grand*, 9 vol. textes, 10 vol. planches, atlas, Paris, 1809–1828. – JALAL AL-'AZM S., « Orientalism and Orientalism in Reverse », *Khamsin*, 1981, 8. – BOURGUET M.-N., LEPETIT B., NORDMAN D. et SIRINELLIS M.（dir.）, *L'invention scientifique de la Méditerranée. Égypte, Morée, Algérie*, Paris, Édtions de l'EHESS, 1998. – CHAKRABARTY D., *Provincializing Europe*, Princeton, Princeton University Press, 2000. – GAUTIER É.-F., *L'islamisation de l'Afrique du Nord. Les Siècles obscurs du Maghreb*, Paris, Payot, 1927; 2e éd. refondue: *Le Passé de l'Afrique du Nord. Les Siècles obscurs*, Paris, Payot, 1936. – GUHA R., *Elementary Aspects of Peasant Insurgency in Colonial India*, Delhi, Oxford University Press India, 1984. – INDEN R., *Imagining India*, Bloomington（IN）, Indiana University Press, 1990 . – OLENDER M., *Les Langues du Paradis. Aryens et Sémites : un couple providentiel*, Paris, Éditions de l'EHESS, 1989. – PSICHARI H.（éd.）. *Œuvres complètes de Ernest Renan*, 10 vols., Paris, Calmann-Lévy, 1947–1961. – SAID E., *Orientalism*, 1979 ; traduction franç. *L'Orientalisme. L'Orient créé par l'Occident*（traduit par Catherine Malamoud et préfacé par Tzvetan Todorov）, Paris, Seuil, 1980 [réédition augmentée d'une préface de l'auteur（2003）aux éditions du Seuil, 2005]. – SAID E., « Orientalism Reconsidered » in BARKER F. *et al.*, *Literature, Politics and Theory*, 1986.（エドワード・W・サイード『オリエンタリズム』上・下，今沢紀子訳，平凡社ライブラリー，1993年）– SERGENT B., *Les Indo-Européens, histoire, langues, mythes*, Paris, Payot, 1995. – SIMON-NAHUM P., « Renan et l'histoire des langues sémitiques », *Histoire, Épistémologie, Langage*, 2001, 23, pp. 59–75. – TIBAWI A., « Critique of English Speaking Orientalists », *Islamic Quarterly*, 1964, 8, 1–4.

クリスチアン・デコベール Christian Décobert，マリカ・ゼガル Malika Zegal

〔渡名喜庸哲訳〕

→ 宗教学，多神教と一神教

回心・改宗
CONVERSION

歴史叙述

なぜ今日，多岐を極める歴史叙述のなかで，宗教的回心・改宗の問題が，あたかも混雑した交差点のように，そしてまた，取り憑いて離れない謎のように——要するに一箇の重要テーマとして——立ち現れてきているのか．さらには，なぜこのテーマが，複数の専門的学知の束をなす社会科学と，宗教研究とのあいだの特権的な交錯領域となってきているのか．

回心・改宗概念の現況

簡潔に四つの指摘をしておく．

(1) まず，回心・改宗が，他の多くの宗教史上の論題と同じく，独立した研究に開かれたものとなったのはそう古いことではない．ここではとりわけ，もはや（少なくとも制度的な）信仰の告白によって入信するというかたちで帰属するのではない諸々の文化的領域，それら複数の文化的領域がクロスするところに回心・改宗を探る試み——今日なお冒険的で緊張をはらむ試み——に開かれたものとなったことをいう．

(2) 第二に，回心・改宗という問題系の近年の展開においては，今日的な領域が潜在的に参照されているように思われる．それは，ポール＝アンリ・スタール〔Paul-Henri Stahl〕が『歴史研究の領域と問題 *Dimensioni e problemi della ricerca storica*』誌において提起した問題のなかで，おそらくはごく付随的にだが，このように記しているところに看て取れる．「オスマン帝国の隠れキリスト教徒たちの状況は（……），興味深いことに，一党独裁政党の政治的教条が公的「宗教」と化している現代の共産主義諸国に生きる人びと［のそれ］に似ている」．回心・改宗の研究は，ここでは古来の神学的思考とも交差しつつ，強制的改宗とその強制内容の内面化の問題へと開かれている．この開かれはおそらく，現代世界の二つの盲点に関係している．すなわち，中欧および東欧における「公的宗教」の急速な消滅の謎．そして，より根本的なことだが，中欧や東欧の諸個人ないし諸国民がそのドグマをどのように，どの程度受け容れていたのか，ドグマ受容の形態や程度が解明されていないという点である.

(3) 第三に，これは多くの研究において繰り返し問われている問題だが，回心・改宗という行為を規定する政治的，経済的，社会的な諸々の要因が複合するなか，とりわけ「宗教的」な動機はどのような部分を占めているかという問題である．この問題は，もう一つ別の問題，すなわち，現代世界のさまざまな紛争において，複数の宗教を区分する境界や宗教的アイデンティティが再び鮮明化しているという問題に呼応している．こうした再鮮明化は，埋没していた意味の地平が露出してきたということなのか，それとも，定かでなくなってしまった帰属意識の模索なのだろうか．この再鮮明化はそれ自体すでに何ごとかの意味であるのか，それとも，それとは別の何かに意味を付与しようとするものなのか．そもそもこの再鮮明化は，紛争の当事者たち自身にそう自覚されているのか，それとも，当面は外部の観察者たちにそう見えるものなのか．言い換えれば，宗教的なものは，回帰してきている何ものかなのか，それとも，すでに忘却されてしまった何ものかなのか．ここで思い返されるのは，旧ユーゴスラヴィアを引き裂いた幾度かの戦争について近年なされた，同様の問題提起をめぐる議論の激しさである.

(4) 最後に——第四の指摘である——回心・改宗は，とりわけ同一の文化的伝統のなかで理解され分析される場合（あるいは，回心・改宗という現象について宗教－間と宗教－内という二つの次元を連関させて考えるというのは，後にみるように，現在の歴史叙述の出発点となる基本前提の一つである)，当該社会における宗教的帰依の多様なかたちを包括的に組み合わせる媒体となる．このことは最近，リチャード・キークヘーファー〔Richard Kieckhefer〕により，中世キリスト教世界について，エルンスト・トレルチ〔Ernst Troeltsch〕による三類型——「教会」「セクト」「神秘主義」という三つの領域——に関する緻密な議論を通じて鮮やかに示された．キークヘーファーによれば，回心・改宗は，教会組織の「伝統的慣習」を放棄することでも，そうした慣習の個々に異なる内面化を断念することでもなく，「信心の外的形態の内向」（たとえば「イエスの御名の祈り」におけるそれが挙げられる）と定義される．かくして，回心・改宗という問題はおそらく，さまざまな信のありかたに関する社会－人類学的研究にとって，最も挑戦的な問題なのだ.

新しい対象

二つの対象が同時に前景化してくる．一方では，回心者・改宗者（これについてはダニエル・エルヴュー＝レジェ〔Danièle Hervieu-Léger〕が本項目の pp. 60–65 の担当箇所で直接的に論じている）という対象が現れる．回心者・改宗者は，回心・改宗という事象の証人ないし証明として定義しうるのと同時に，回心・改宗という事象の不安定さの兆しとして，つまり，回心・改宗前後における移行期が刻み込まれたもの，強調されたものとして定義しうる．

他方では，回心・改宗の物語という対象が浮上してくる．この対象が放つ魅力は確かに，少なくともその一部は，歴史「資料」への修辞学的アプローチ，あるいは一般に物語論的アプローチの隆盛に結びついたのだった．しかしそのような場合，修辞学的・物語論的アプローチは現象に回帰することとなる．というのも，回心・改宗の物語は，回心・改宗という事象そのもののうちに，回心・改宗のプロセスに含まれるいくつかの段階の一つとして組み込まれているからであり，それゆえ歴史研究に「言語論的転回」を組み入れ，乗り越える場となるからである．それとして証された回心・改宗とは，語られた回心・改宗であり，必然的に一定の時間のなかに広がりを持つ瞬間であり，ある筋立てのなかに織り込まれたできごとである．この筋立てにおいて物語それ自体が最後の場所を占めにくるのであり，結果的に回心・改宗の一つの要素となるのである．かくしてまたこの物語は，その本質からして，過去の回心・改宗，現在進行中の回心・改宗，さらにはいまだなされざる回心・改宗を，同時に証言するよう仕向けられている．かくしてこの物語は，おのれ自身がする宣言に混乱をもたらすことがあるのだ．

回心・改宗の物語は，それが語っている内容を参照させるばかりではなく，回心・改宗という現象のまったき混淆性に目を向けさせる．というのも，物語によって証言されるプロセス，まさにそのプロセスのなかに組み込まれている物語，という両義性は，ある回心・改宗の物語を自発的なもの，個人的なものとして理解することを可能にするのと同様，強制された回心・改宗が自分自身のものとして受け入れられていく過程として理解することも可能にするのだから．回心・改宗の物語は，回心者・改宗者という形象が占めている特異な場所に気づかせる．それは，できごとをそれとして言明するのが不可能な場所であり，あるいは，できごとの成就がたえず先延ばしにされる場所である．この場合，物語の修辞は，弱さの問題だったり，狡猾さの問題だったりする．物語は，いかにして回心・改宗が，経験の主役として，つまりは時の変遷にさらされているものとして現れうるかということと同時に，次のことを理解させてくれる．すなわち，回心・改宗は，回心・改宗を物語ってみせるというまさにその行為のうちに，回心・改宗以前以後の断絶の絶対性や境界の固定性とみえるものに対する疑義を差し挟むことで，自らの根拠となっているようにみえたものを越えて存続しうるのだということを．

つまるところ回心・改宗の証言は，より一般的な問題を提起するのだ．それは以下のような記号論的問題であるかもしれない．すなわち，いかにして真正な回心・改宗の記号(しるし)を見分けるのか，という問題である．回心・改宗を特徴づけるのは，記号系(シーニュ)そのものの変化（ふるまいの，身なりの，名前の，さらには言葉の変化）なのか，それとも，それぞれの記号系のなかでの変化なのか．それは意味するもの(シニフィアン)に関わるのか，それとも，それによって意味されるものに関わるのか．意味するものと意味されるものの連関に，それは関わるのではないのか．すなわち，内的に押しつけられた（そして外的に表明された）記号から，自らによって積極的に生きられる記号への移行に関わるのではないか．そしてこのように考えるとき，われわれは，二つの異なる宗教的記号系の世界間に起こる改宗と，それ以後「内的なやり方で」生きられることになる一つの世界への回心とのあいだの，共通領域にいるのではないか．

このように，ある宗教から別の宗教への移行と定義される改宗と，同一の文化や同一の伝統内における状態の変化（あるいは生の転換）と定義される回心との境界が不明瞭になっているわけだが，ここには重要な論点が認められる．それは，以上二つの定義の否定性として示されるもの，排除された第三の回心・改宗というべきものである．それは，非－宗教から宗教への移行と定義される回心・改宗であり，要するにかつて無神論の亡霊といわれたものである．

宗教思想において回心・改宗という問題が強調されること，また，この問題にまつわるさまざまな躓きの原因は，次のことに起因しているのではないか．すなわち，言葉にすることができず，かつ際限なく（時間のなかで）語られ続ける回心・改宗の瞬間に，無神論の亡霊を召喚しておきながら，それでいてたちまち祓いのけるというような何かに．以上のことはおそらく，回心・改宗という現象をめぐる実際的な対処法の歴史や，神学的解釈の歴史についてのみいえることではない．以上はまた，「歴史的」無神論の可能性を概念的に把握するという，今日なお解消されずに残っている恐るべき難問についてもいえることである．

宗教的回心・改宗について，その多様なコンテクストや形象を表面的になぞるだけにとどまってしまうリスクを冒すよりも，ここではシャルル・ド・ミラモン〔Charles de Miramon〕の研究を想起することにしよう．ミラモンの研究は中世史における歴史叙述の動向を典型的に表すものだ．この歴史家は，キリスト教社会の歴史に認められる，齢を重ねてからの回心の展開についての考察を，死に瀕した一人の男が語り出した回心をめぐるある皮肉な物語の紹介から始めている．死に瀕したこの男によってついに語られた回心．ところがこの男は，彼の命を奪うに違いないと思われた死の試練を生き延びてしまう．その結果，彼は自らの回心を生き延びてしまう．かくして彼の回心は巧妙な偽りとして非難されてしまうのだ．

皮肉だが厄介な話である．それはすべて物語というものに当てはまりうる話なのだから．回心者・改宗者にとってみれば，自分自身のアイデンティティの骨組に根本的な断絶をもたらすようなできごとについての物語を一人称の私に帰属させることは，当のできごとを必然的に歪曲し，自分自身の人生の筋書きに再び連続性を持たせることになってしまうのではないか．これはアウグスティヌスの『告白』の根本問題であり，必然的に「非同質的自叙伝」という特徴を持つ『告白』の根本問題である．しかし，この皮肉な話が非常に特別な種類の回心，つまり，（幼少期から修道院に入れられた者たちとは異なり）齢を重ねてから修道生活に献身した俗人信徒たちの回心を対象にしているのはけっして故なきことではない．この現象は実に，広くキリスト教社会全体と修道院の領域との関係に生じた深い変化を示している．この変化によって宗教的回心は，真にキリスト教的な生活の可能条件ではなく，キリスト教的諸原理に適った生の到達点となったのだ．結果として，齢を重ねてからの回心は，回心という現象全般が持つ構造的特徴をくっきりと浮き出させている．それは，ある「状態」に通じているのだが，しかしこの状態は——とりわけ（極端な場合として）「死の間際の」回心に関わる場合は——まさしく一つのプロセスの終点に位置づけられる．その終点に向けて回心は徐々に進んでいったというわけだ．状態の一変を意味する究極的な犠牲に至るまで，自己を段階的に与えてゆくがごとくにして．

必然的に多種多様であるはずのこの項目への導入部を締めくくるにあたり，「回心・改宗」の概念をめぐるさまざまなカテゴリーが激しく揺らいでいるということを確認しておこう．実際，一連の対概念，あるいは関連する概念の組み合わせは，現在の研究によって，多かれ少なかれ唐突なやり方でその自明性を失っている．強いられた回心・改宗／自発的な回心・改宗という分け方をめぐる議論が，集団的な回心・改宗／個人的な回心・改宗という分け方をめぐる議論の一面に反響している．個人的な回心・改宗が，必ずしも自発的なものというわけでもなければ，強制されたものというわけでもない．というのも，強いられたもの／自発的なものという先行する二つのカテゴリーもまた，明確な区分ではないからなのだ．したがって，概して先行する二項対立に連なる対概念，すなわち，（ある宗教から別の宗教への）外的な改宗／（同じ伝統のなかでの）内的な回心という対概念もその基盤を失う．両者の境界線は曖昧になり，それぞれの一貫性も揺らがずにはいない．

これらさまざまな対概念の揺らぎは，われわれが先にその原理を明確化しようと試みた，新たな解釈と分かちがたく結びついている．新たな解釈とは，公的に宣言され，内的に押しつけられる回心・改宗に対して，物語られ，外的に説明される回心・改宗の解釈であり，したがって，集合的に表象される回心・改宗に対して，個々に実現され，そのつど事実として認められる回心・改宗の解釈であり，あるいはもっと乱暴にいうならば，質的な面が注目される回心・改宗に対して，量的な面に注目した回心・改宗の解釈である．

今日，回心・改宗の研究の可能性は，強制された回心・改宗を質的に理解すること，また，「霊的な」できごとを再び社会に組み込んで考えることに開かれているといえるかもしれない．宗教的回心・改宗とは，社会や家族や経済などの論理からなる全体的枠組に外から付け加わるものではないだろう．宗教的回心・改宗という事態のうちにはそうした諸々の論理が働いていることがありうる．しかし宗教的回心・改宗とは，むしろそうした諸々の論理がそこを通じて具現化してくるところのものなのだ．諸々の論理に内在して，そこから強制的に排除されることから身を守るのであれ，あるいは反対に，多様な論理を唯一の意味にまとめる――あるいは，二つの態度を組み合わせる――のであれ．

参考文献 « Les conversions religieuses. Histoires et récits », *Annales ESC*, 1999 /4. – AUBIN P., *Le Problème de la conversion*, Paris, Aubier, 1963. – « Conversioni nel Mediterraneo », *Dimensioni e problemi de la ricerca storica*, 1996 /2. – GARCIA-ARENAL M.（éd.）, *Conversions islamiques. Identités religieuses dans le monde méditerranéen*, Paris, Maisonneuve et Larose, 2003. – GUGELOT F., *La Conversion des intellectuels au catholicisme en France 1885-1935*, Paris, CNRS Éditions, 1998. – KIECKHEFER R., « Convention and conversion: Patterns in Late Medieval Piety », *Church History*, 1998, 67/1, pp. 32-51. – MIRAMONT C. DE, *Les Donnés au Moyen Âge. Une forme de vie religieuse laïque*, Paris, Cerf, 1999. – SCHMITT J.-C, *La Conversion d'Hermann le Juif : autobiographie, histoire et fiction*, Paris, Seuil, 2003.

ピエール＝アントワーヌ・ファーブル Pierre-Antoine FABRE
〔渡辺優訳〕

→ 不寛容／寛容

社 会 学

回心者・改宗者．グローバル化した宗教の舞台における典型的形象

回心・改宗という事象の規模の大きさは，21 世紀の宗教の舞台にみられる主要な

現象の一つである．確かに，どの時代においても，回心・改宗と，それに対する反応・反動は，ある時代がはらむ緊張を特権的なやり方で表面化させる．回心・改宗が歴史家たちの関心を喚起するのは，自ら望んで，または他から強制されて，一つの宗教から他の宗教へと移った個人や集団全体の事例に対してである．これら回心・改宗という現象から生じてくる，社会的，経済的，法律的，政治的，また宗教的な論争や対立の痕跡が，宗教的帰属に関わる多様な問題点を分析するための格好の材料をいたるところで提供するのは，次のような社会においてである．すなわち，宗教が社会的アイデンティティ，性的アイデンティティ，文化的アイデンティティを構成していた社会，また同時に，宗教がそのまま政治的・経済的な価値を具体化し，法的な局面を支配していた社会．今日注意を引くのは，さまざまな潮流となって地球規模で起こっている回心・改宗の展開であり，また同時に，そうした展開に対応している回心・改宗の典型的な形態をどのように評価するかという問題である．

回心・改宗について現在の潮流は，自ら進んで宗教的戒律に完全に合致した生活を選び取る者として定義される「回心者・改宗者」が，（この境遇につきもののあらゆる象徴的，実際的恩恵に浴しつつ）神権政治によって社会生活を統治することを目指す政治－宗教的運動の先鋒としてみなされる，そのような世界の地域にのみ関わる話ではない．それは，回心・改宗運動の強力な伝統が今日かつてない勢いを見せているアメリカ合衆国に限られた兆候ではないのである．回心者・改宗者という存在は，非常に世俗化された社会，すなわち，代々伝えられてきた宗教的アイデンティティの継承者たる修道士という存在が，徐々に周縁的存在と化した社会（第一には西ヨーロッパ社会）においても，あるいは，旧ソ連の諸国家のように，政治的理由から修道士という存在が徹底的に追い散らされた社会においても，劣らず重要なのだ．

これら回心・改宗の現代的事象は三つのまとまりに分類することができる．

第一の分類は，「所属する宗教を変える」個人たちのそれである．彼らは，それまで受け継がれ容認されてきた宗教的アイデンティティを明確に拒絶して，新しい宗教的アイデンティティを獲得する．あるいは，強いられたものであり，けっして自分から引き受けたものではない宗教的アイデンティティを放棄して，新しい信仰を選ぶのである．おそらく，他宗教の信徒である配偶者との結婚を原因とする改宗を除けば，新しい信仰を選択することがそれ以前の宗教の経験を拒絶するふるまいをともなわないことは稀である．自らが歩んできた霊的な道のりについて語るとき，当事者たちは，自分たちがどのような状況で元の宗教的伝統から離れたかに言及するのを常とする．そうした伝統は，期待外れのもの，自分たちの苦悩に答えを与えることができないもの，共同体にとって有効な支えをもたらすことができないものと判断される．おのれの過去の情景を悪しざまに描き出すことで現在の入信を正当化するというこのやり方が，回心物語の古典的なレトリックの一つであることは明らかだ．

しかしだからといって，現代の改宗に認められる異議申し立てを過小評価すべきではない．この場合問題となるのは，伝統的宗教社会に生まれ育ちながらも，歴史と伝統を誇る諸教会や宗派が与えてくれないような霊的な強さや共同体への統合を求める人びとの改宗である．アジア，アフリカ，あるいはラテン・アメリカに急速に広まっている福音主義プロテスタントおよびネオ・ペンテコステ派プロテスタントの潮流（当該諸国においては，宗教的・政治的局面においてこれまで支配的であったカトリック教会に対して，そうした潮流が優位に立とうとしている）にみられる回心・改宗運動の目覚ましい成功，その原因は，大部分次の事実に求められる．すなわち，そうした潮流は――経済や都市生活の急速な変化によって激しく揺るがされている個人や共同体に対して――差し迫った実存的問題に答えを与える，秩序と治癒の力を備えた単純素朴な言説をもたらすと同時に，その内部の個人に喫緊の物質的必要を保証しもする親密な共同体の枠組をもたらす．概して，選択された共同体のなかで一人の人間として承認されたいという切なる願いが，宗教を「選択する権利」の主張を支えている．そしてこの主張の強さは，代々受け継がれてきた伝統を信じなければならないという義務が持つ拘束力に勝りうるのである．

第二の分類は，なんらかの宗教伝統に帰属したことはないが，一定の時間をかけて歩まれた個々の道行きの果てに，自ら選んだ信仰の系統を見いだす個人たちのそれである．これら「宗教なき者」の回心は，世俗化した社会において増加する傾向にある．世俗化した社会では，社会の流動性の大きさや生活様式の急速な変化，また本来なら信仰を伝達する役割を担うべき世代の宗教的関心の欠如が原因で，家族を通じた信仰の伝達が非常に不安定なものになっている．これら新たな信仰者たちにとって，回心とは，それまで自分たちにはほとんど異世界であった宗教的宇宙への参入を意味する．これは，イスラーム移民の第二，第三世代の子どもたちほとんど全般にみられる現象である．

彼らについて「再イスラーム化」を語ることがあまり意味をなさないのは，彼らはけっして本当には，彼らの両親や祖父母の宗教であったイスラームに入信したわけではないからだ．彼らの親たちが，たいていは民族的，地理的，宗教的紐帯に基づく共同体のアイデンティティを守り，また伝えようとしてきたにせよ，彼ら自身が自発的で個人的な選択の結果入ってゆく新しい共同体の宗教は，しばしばそうした紐帯の存在そのものを根本から問い直す．宗教の世界に対して当初存在した外在性は，多かれ少なかれ時間をかけて歩まれる錯綜した道のりの果てに回心によって終止符が打たれるわけだが，これはフランスにおけるカトリックへの回心者の特徴でもある．1993年以降，その数は毎年12-13%増加している．今では，毎年洗礼を受ける大人の80%は元来「宗教なき者」であったような者なのだ．この第二の形態において，回心・改宗者はしばしば「霊性の探究者」の形象を持つ．その歩みは，少なくとも一時のあいだ，自ら選んだ共同体への参入に足を止め，それによって個人的，社会的，そして宗教的アイデンティティの同定がもたらされる．

第三の分類は，「再入信者」「内面の回心・改宗者」のそれである．彼らは――自分たちの家族のものである宗教的伝統に，生まれたときから組み込まれているのだが――それまではずっと形式的なものにすぎなかった，あるいはひたすら因習的に踏襲されてきた宗教的アイデンティティを発見する者，または再発見する者である．西洋のキリスト教は今日，こうした再入信の力学の，多様な事例を提供している．キリスト教への再入信は，とりわけ（しかしそれがすべてというわけではない）さまざまな――カリスマ的な――刷新運動によって生じてきている．この運動は，個人の感情に強く訴えるような宗教的経験を生じさせるような共同体的環境を，その成員に提供するのである．いずれにせよ，回心・改宗は，明確に宗教的である「強固な枠組」への参入を意味している．それは，一貫性のない，さらには存在すらしない個人的宗教経験によって個人がそこに組み込まれていた「弱い宗教的枠組」に対置される枠組である．

しかし「内面の回心・改宗」の現象は，カトリック，プロテスタント，正教会といったキリスト教圏にのみ認められるわけではない．この現象は，現代におけるユダヤ教やイスラームへの自己同一化が描き出すさまざまな道程のうち，最も重要なものの一つでもあるのだ．ユダヤ教においてもイスラームにおいても，「伝統への回帰」といわれるのは，実際のところしばしば，宗教的アイデンティティを初めて自覚的に自分のものにすることに相当する．そうやって見いだされたアイデンティティは，最良の場合，そこに至るまで家族的，社会的，そして／あるいは民族的アイデンティティとして生きられてきたアイデンティティである．同時に，このアイデンティティの獲得はしばしば，自らに固有の伝統の「創造」でもある．ユダヤ教やイスラームのコンテクストにおいては，再入信の経験は，まずは宗教的実践の発見のうちにある．宗教的実践の具体的な要求は，完全な宗教的生活への欲求を捉えて離さないのであるが，伝統への回帰という選択にはそうした欲求が表れているのである．だが，こうした回心・改宗者は，伝統の遵守と「新しい生」の選択とのあいだにほとんど区別を設けない．すなわち，実践は自らの共同体への統合を意味するのであるが，それはまた，自らの生の倫理的・霊的な再編成を示している．そしてこの再編成のなかに，彼個人の歩みの特異性はしるされているのだ．

「内面の回心・改宗」が，それまで「中途半端」あるいは「おぼろげ」であった宗教的アイデンティティの単なる強化や堅固化であるのは例外的な場合にすぎない．それは宗教的帰属の「通常の枠組」〔弱い宗教的枠組〕をなんらかのかたちで問い直さずにはおかない，宗教的アイデンティティ構築の特殊な形態として理解されなければならない．

以上すべての場合において，回心・改宗者は，宗教的近代性を基礎づけるかの根本的前提を明らかにし，体現している．すなわち，「真正なる」宗教的アイデンティティは選択されるアイデンティティでしかありえない，という前提を．回心・改宗という行為が具体化しているのは，個人の私的な宗教的参与に認められる価値である．かくして宗教に私的に参与する個人は，信仰主体の自律性をこのうえないかたちで立証している．宗教的回心・改宗は，新しい規範に応じて当事者の生を包括的に再編成すること，そして同時に，当事者を一つの共同体に統合することに関わっている．そのため宗教的回心・改宗は，複数的なアイデンティティの流動性が顕著となり，意味を保証する制度が不安定化し，もはや個人的・社会的経験を組織するいかなる中心的原理もないような世界において，自我を構築するのにとりわけ有効なやり方となる．

以上に提起されたすべての形態において，回心・改宗は，秩序づけられた個人の生を求める願望を具現している．この願望のうちに，多かれ少なかれ明示的なかたちでしばしば表れているのは，世界の無秩序に対する異議申し立てである．この異議申し立ては，「完全な信仰者たち」からなる理想的共同体の到来への焦がれを培うことにもなりうる．このような理想的共同体への希望は，今日でも他の時代でも，回心・改宗者の集団の規模に応じて，従来の社会的・個人的関係を代替する体制の先駆けとみなされるような共同体を創造することにおいて現実化しうる．

しかし，超近代的社会の世俗化された世界においては，世界の総体的現実の上に投影されるこうした宗教的代替策は，その文化的・社会的な信憑性の核を失ってしまっている．である以上，宗教的メッセージが示してみせるユートピアに，個人化され主観化されたやり方によって信憑性を付与するのは，回心・改宗という事象そのものである．宗教は世界を変えると主張することも，社会を正すと主張することもできないが，諸個人を変容させることはできる．宗教的制度が持つ組織としての力，規範としての力がひどく揺らいでいる現代世界では，回心・改宗は，まさにその予見不可能性と非蓋然性ゆえに，それを補う次のような観念を信じるに足るものとする．すなわち，神的なものの力に無関心な世界にあって，目に見えず耳にも聞こえないその存在と活動の観念を．その意味では，回心者・改宗者とは宗教的ユートピアの最終的な逃げ場であるのかもしれない．宗教的ユートピアの真正性が立証されるのは，もはや「宗教に捉えられた」諸個人にみられる人格的変容においてのみなのだ．

この仮説は，世俗化の進行した現代社会における宗教的制度の社会的影響力の後退と，回心・改宗の台頭とのあいだに観念される，逆説的な場所を浮かび上がらせる．宗教的メッセージが社会的・政治的領域において成就する見通しが立たなくなればなるほど，また，聖典に記された宗教的な約束が歴史において実現する可能性が遠ざかって見えれば見えるほど，生まれ変わった個人の姿が，それを補うように前景化してくる．そうした個人は，当の宗教的メッセージに備わっている変化を呼び起こす力を，個々のやり方で証言しているのだ．「回心者・改宗者の形象」は，社会的次元においてはもはや意味をなさず，まして規範とはならない人間の経験，その人間の経験の全体を宗教化するという理想を凝縮して示している．その意味では，この回心者・改宗者の形象は，社会的変化を引き起こす潜在的可能性を失ってしまった宗教的ユートピアが，個人の次元に転換されたものとして機能している．この転換は，個人の選択という超近代的理想と，もっぱら「純粋な」信仰者たちのあいだでのみ共有される真理を戴く完全な政体という夢との結びつき——両者の結びつきは，政治的・社会的・文化的に爆発的な事象となりうる——を可能にするのである．

参考文献　BUCKSER A. et GLAZIER S.-D.（éd.）, *The Anthropology of Religious Conversion*, Lanham（Md）, Rowman and Littlefield, 2003. – HERVIEU-LÉGER D., *Le Pèlerin et le converti: La Religion en mouvement*, Paris, Flammarion, 1999. – LUCKMANN T., « The Religious Situation in Europe: the Background to Contemporary Conversions », *Social Compass*, 1999, vol. 46, pp. 251–258. – MARY A. et PIAULT M. H., « Parcours de conversion », *Journal des Africanistes*, 1998, n° 68, pp. 1–2. – MARY A., « L'anthropologie au risque des religions mondiales », *Anthropologie et sociétés*, 2000, vol. 24, pp. 117–135. – RICHARDSON J.-T., *Conversion Careers: In and Out of the New religions*, Berverly Hill, Sage, 1978. – THOMAS G. et CASANOVA J., « Religions in Global Civil Society; Religion in Globalization at the Turn of the Millenium », *Sociology of Religion*, 2001, vol. 62, pp. 515–533. – VAN DER VEER P.-P., *Conversion to Modernities: the Globalization of Christianity*, New York, Routledge, 1996.

ダニエル・エルヴュー＝レジェ Danièle HERVIEU-LÉGER

〔渡辺優訳〕

→ 宗教的近代，セクト

イスラームへの改宗

宗教を変えること？　中世イスラームにおける回心・改宗の場合

イスラーム支配体制下の国々におけるイスラームへの改宗を探ろうとする歴史的研究は，解釈するに足る確かな価値を持っている．この歴史的研究によって理解することが可能になるのは，改宗という行為それ自体——歴史家にとっていまなお謎であるもの——のみならず，そのような行為を取り巻いているもの，すなわち，積極的な動機や，強制された同化や，共同の表象という言葉で捉えられるものである．イスラームへの改宗についての歴史的研究は，宗教を変えるという行為が社会的にどのような意味を持ちえていたかを問うことにつながっている．

宗教的改宗のメカニズムが，一連の状態と行為の漸次的継起からなることは広く理解されている．すなわちそれは，「不遇」の境涯に始まり，生まれ育った宗教的環境からの解放，改宗という明確な行為へと進み，ついには新しく改宗者を迎える宗教的環境への参与へと至るのである．

最後の段階，参与のプロセスから考察しよう．アラビア語では，動詞 salima の派生第四型「アスラマ」(aslama)（この行為の名詞形がイスラーム（islām））は「ムスリムになった」を意味する．しかし，この動詞の意味をよく理解したいなら，イスラームの歴史に二つの大きな時期を区分しなければならない．少なくともムスリムの歴史叙述はそのように区分してみせているのだ．第一の時期は，同化としての改宗の時期といえるかもしれない．アスラマという行為の第一の意味は「同意すること」——ある個人，あるカリスマ的指導者，直接的な関係を持つ誰かに同意することであった．誰々はアラブ人で，預言者ムハンマドに出会い，ワ・アスラマ（wa aslama）〔wa はアラビア語で接続詞「と」〕といえば，「そして彼は改宗した」という意味である．だが，かくして彼はどのような世界に入っていったのか．

イスラームは血族と部族の世界に生まれた．つまり，親から子への直系血族の系譜と，傍系血族（一族）の緊密なまとまりという二つの原理の上に動く世界に生まれたのである．ところが，征服した国々にイスラームの王権が成立する（7 世紀以後）につれて，また，諸々の政治的・宗教的な制度が発展し増加するにつれて，元来の血族と部族の世界は，消滅するどころか，硬直化し，さらには物象化して，自己認識の言説の対象と化していった．

直系・傍系血族の原理は，改宗者をイスラームに統合する方法となった．改宗は，共同体への帰属に外から付け加わって際限なくつねに増殖しうる瘤のようなものだったが，共同体への帰属は血族原理に基づいているゆえに，改宗による共同体への帰属も結局のところ自然なもの〔生まれながらのもの〕とみなされたのだった．

当該信仰共同体の境界は——つまるところシーア派においてもスンナ派においても——もっぱら血族原理に照らして認識されていた．結婚が女性の譲渡である（妻は夫の一族の一員となる）とすれば，ムスリムの女性がムスリム以外の宗教の一族に譲渡されてしまえば，信仰共同体の境界は消失してしまっただろう——だが，キリスト教徒やユダヤ教徒である夫も，ムスリム女性と結婚する前には〔血族原理によって〕イスラームに改宗することとなり，夫婦のあいだに儲けられる子どもたちはムスリムの世界に生まれることになる．このような結婚戦略は，数世紀のあいだ，イスラームへの同化をはかるとりわけ重要な方法の一つだった．

ムスリマーニー（muslimāni），すなわち改宗ムスリムとは，ある血族に加わり，同胞の団結を基軸とする政体に加入する者の謂であった．元来，改宗者はムスリム風の名前（しばしば名乗られたのは「神の下僕」を意味するアブドゥッラー（‘Abd Allāh））を名乗った．だがとりわけ，改宗者は一族全体の血統図のなかに位置を占めることになっていた．この血の系譜は，古くからあるアラブの諸部族（アドナーン族，カフターン族……）にまで一筋に遡り，さらにはアブラハムの時代にまで遡るものであった．

改宗のメカニズムをたどってみよう．最初の段階には不遇な境涯があった．イスラームが支配者の宗教であった国々のキリスト教徒やユダヤ教徒は，なぜイスラームに改宗したのか．前近代においては，イスラームに改宗の物語は存在しないか，ほとんど存在しなかった．文献にいくつか確認できる例外的な言及は，預言者の時代の英雄たち，ムハンマドの取り巻きたちに関わる，神話的なものである．歴史叙述はいくつかの量的なデータを明らかにしているが，そうしたデータが示しているのは，改宗者の正確な数字というより，増大してゆくその規模の大きさである（300，7000，40000 の改宗者……）．時代背景に関する資料は，断片的で局地的なものであっても，より多くを物語っている．

一例を挙げよう．9 世紀の初め，エジプトにおけるキリスト教徒たちの反乱〔アッバース朝，マームーンの時代，バシュムール地方のコプト反乱〕が鎮圧された後，激しい改宗運動が国中を席巻した．こうした反乱の原因はよく知られているところである．過重な税負担，キリスト教の諸制度に対する攻撃（修道院の破壊，総大司教区の凋落……），法的不平等．反乱の後に改宗が起こったのは，改宗を志願した者たちが自らの社会的地位や経済的状況から逃れることを意図していたためであると容易に推察できる．彼らの動機はもっぱら世俗的なものだったのだろうか．宗教を変えることによって社会的地位を変えるということ．それはまさに，キリスト教の論争書が非難していたことだったのだが．たとえば，同じ9世紀に著された，カラムーンの聖サミュエル（コプト派）〔Samū'īl al-Mu'tarif〕による『黙示録』は，キリスト教徒たちの改宗のプロセスを驚くべき詳細さでもって描写している．エジプトのキリスト教徒たちは，迫害を逃れるため，アラブ人に倣おうとし，アラブ人の装束，住居，一夫多妻制，言語，祈り方を採用し，挙句の果てにはサタンの宗教に向かっていってしまう…….

しかし，イスラームの教えの本質は，クルアーンから預言者ムハンマドの言行録，あるいはエルサレムの岩のドームの銘文に至るまで，概して次のことを認めることにあった．すなわち，イスラームという真の信仰に参与する者は，自らの死と生とに意味を与える，ということだ．救済を説く宗教としてイスラームが認めていたのは，「信仰に心から参与する」者は，自らの信仰参与において，よりよい生を見いだすだろうということである．イスラームはまた，現世で見いだされるこのよりよい生を，来世でのよりよい生の前兆として提示した．より精確にいえば，イスラームは，現世において信仰への参与者の生にもたらされる利益を，真の信仰への参与が果たされた証拠としたのである．イスラームに征服された者たち，服従する者たちにものをいったのは，現世におけるイスラームの栄華だった．キリスト教について聖アウグスティヌス〔Aurelius Augustinus〕(364-430) が言ったのもこれと同じことだった．聖アウグスティヌスは，自らが撃退しようとしていたドナトゥス派に対する手紙のなかで，彼らが正しい道につくのは迫害されることによってではないと明言した上，キリスト教の共同体を覆っている至上の幸福をよくよく考えてから改宗するよう促している――真の宗教とは勝ち誇る宗教なのだから．一部の改宗者が自己の宗教的帰属（キリスト教やユダヤ教への）を隠し偽ることに対して，イスラームの統治体制が相対的に無関心であったことは，改宗が信仰の問題上の重要事項として考えられてはいなかったことの証拠である．イスラームの世界にあっては他のムスリムたちと完全な連帯を示し，自らもムスリムとして認められるのと同時に，自分たちの先祖から受け継いだキリスト教を密かに信仰することが可能だったのだ．

イスラームの歴史を画する第二の時期においては，改宗は，社会集団への同化以上のもの，すなわちムスリムとしてのアイデンティティの確認となったとみられる．神との合一を体験した人間のカリスマによって宗教的権威を基礎づけるイスラーム神秘主義は，当初は疎外され，貶められ，放逐されていたが，ついにイスラームにおいて重要な位置を占めるに至る．それは明確な形態と理論的な言語を備えるようになり（10世紀から），ついで同胞団を形成するようになる（13世紀以降）．スーフィズム（同胞団による神秘主義）は，イスラームの居住領域のありかたを根本的に変容させた．学校，モスク，聖人たちの墓など，現れつつあった新しい宗教的風景の多くは，諸々の神秘主義的団体の産物だった．同時に，スーフィズムは，それが最初に広がった知識層を離れて一般化し，都市部にも地方にも進出して，以後イスラーム世界に共通の文化となっていった．

スーフィズムの急激な伝播は，一つの基本的認識を確立し，大衆化した．内的経験の称揚である．ムスリムの真理は内面に見いだされたのだった．ムスリムである者は，自らのイニシエーションの過程——非常に多様かつ非常に民衆的な形態（踊り，歌，繰り返し唱えられる祈りなど）をとっていた——において，自己の真理を，神的なものの個人への接近に，神との融合を求める深い願望に見いだすようになった．こうして，内的経験がイスラーム世界において共通の文化的事象となり，それゆえムスリムのアイデンティティそのものが再構成されていったのである．ムスリムとしてのアイデンティティは，共同体への帰属によって定まるアイデンティティとしてみなされるばかりでなく，二つの境域が複合したものとしてみなされるようになった．つまりそれは，自己の内面に見いだされる真理と，共同体への帰属という二つの境域に，同時に関わるものになったのである．ここに，個人のアイデンティティを明確に語ることを旨とする言語活動が成立してくる．

以後，ムスリム個人のアイデンティティは，もっぱら内面性と共同性の重なりによることになった．そのため，まさにこの存在論的な必然性から，内面性と共同性との重なりがない場合もありうる，という結論が導き出されることになったのである．内面性と共同性との重なりがない場合，当のムスリムは真のムスリムではないことになる．これによりイスラームにおける改宗の理解は一変し，改宗は，自己の内面においても共同体への帰属においてもムスリムになる行為となった．つまり，イスラームへの内面的な帰依は明言されなければならず，また，すべて以前の宗教への帰依は公然と破棄されなければならなくなった．改宗者はしばしばその誠意を疑われた．ムスリマーニー〔改宗ムスリム〕が置かれた境涯はより疑わしいものとなり，当時のムスリムたちがその撲滅に躍起になっていた，隠れキリスト教徒や隠れユダヤ教徒の態度と同一視されることもあった．爾来，ムスリマーニーという言葉は，いまだその出自を忘れさせることができていない者，疑わしく，しばしば危険な境涯に生きている者を指すようになった．それは，ムスリムの共同体に同化してはいるものの，いまだよそ者とみなされている者が置かれた境涯であり，共同体の団結を作る絆の，弱点箇所に当たりうる者が置かれた境涯である．この宙吊りの状態は，彼らの子孫たちがそれを忘れさせてくれるまで続く…….

ムスリムのアイデンティティの——それゆえイスラームへの改宗の——こうした定義の中心には，個人の確信というものがあるが，それはもともとはけっして個人的アイデンティティと共同体への帰属のあいだに分断を引き起こすものではなかったことがわかる．それどころか，個人的アイデンティティと共同体への帰属は，一方から他方へと向かってゆくのである．スーフィーたちは，改宗のこうしたプロセスの特権的な担い手だった．彼らは，共同体の原理に正確に適合するように，同胞のネットワークを築き上げていった．神秘的イニシエーションは，師弟の人格的関係を通じて進められるものであり，親から子への系統，すなわち縦のつながりの構築というかたちをとる．同時に，神秘的経験の生じてくる場所は，強固な連帯の——横のつながりの——ネットワークのなかに定められるのである．

結局のところ，イスラームへの改宗の歴史を単線的な道筋で描き出そうとするならば，それは誤りとなろう．共同体への統合としての改宗から個人的確信としての改宗への移行，社会的な動機から宗教的動機への移行などと，単純に整理することはできない．10 世紀から 13 世紀のあいだに，良心の裁きの登場や個性の発見がなかったのも確かだ——新たに登場したものがあったとすれば，それは自己の内面性を語る，定型化された言語活動にほかならなかった．宗教的な供給物について，二種類の言説の継起があったにすぎない．第一の言説は，基本的に宗教的帰属を社会的自己同定に包含するものであり，第二の言説は，宗教的帰属が社会的自己同定によって包含される必要性を前提とした上で，両者が分離しうることを認めていた．が，いずれにせよ改宗という事象は，あらかじめ準備された供給物と，改宗することになる者の個人的需要と見えうるものの一致にすぎなかったのである．

参考文献　BULLIET R., *Conversion to Islam in the Medieval Period. An Essay in Quantitative History*, Cambridge, Mss, Harvard University Press, 1979. – LEVTZION N.（éd.）, *Conversion to Islam*, New York, Holmes et Meier, 1979. – GARCIA-ARENAL M.（éd.）, *Conversions islamiques. Identités religieuses en Islam méditerranéen*, Paris, Maisonneuve et Larose, 2001.

クリスチアン・デコベール Christian DÉCOBERT

〔渡辺優訳〕

記憶と伝達
MÉMOIRE ET TRANSMISSION

記憶とは，個人が情報や感情や知識を蓄積し，それによってアイデンティティを作り上げる能力である．この能力によって，言葉を獲得し，時間のなかで自らが知りえたことを伝達することができる．記憶とは，まずは生物学的な実在であり，それゆえ心理学や諸々の新しい認知科学の興味の対象となる．伝統的には，記憶は人間を動物から分かつ能力（ニーチェ）とみなされてきた．これによって，人間は愛や憎しみを覚え，辛さや恨みを感じ，復讐を思い描いたり，幸せなできごとの到来を期待したりできるのである．心理学者は記憶を三つのタイプに分類する．生活のなかで起こるできごとの思い出を保存するのに役立つエピソード記憶，一般的な知識を担う意味的記憶，反復される情報を記録する手続き記憶，以上の三つである．したがって，記憶というのは，現実世界であれ想像世界であれ，世界に対する人間の関わりを形づくる認知上の骨組であり，人間に信じ同意する能力をもたらすものである．この意味で，記憶は実存の宗教的，象徴的次元の基礎となるのである．

記憶の持つおもな人間的特徴は，脳のうちに器官的基盤を持つだけでなく，さまざまな場所，書物，対象，慣習や実践へと外在化されていることである．この外在化によって，記憶は生物学的次元から社会的次元へと移される．もちろん，この二つの次元は切り離せないものではあるが．記憶の個人的次元が心理学や認知科学に訴えるのに対して，記憶の集合的次元は諸々の社会科学に関係する．こうした社会的生の本質構造へと最初に関心を向けたのが，モーリス・アルヴァックス〔Maurice Halbwachs〕（1877-1945）である．『記憶の社会的枠組』（1925）と『集合的記憶』（1950）という二つの基本著作のなかで，アルヴァックスは，個人を超える現象の存在を明らかにし，集団も個人と同じく，知識や想い出を蓄積する能力を用いることができると主張した．アルヴァックスにとって，個人が自分の体験しなかった事実やできごとを「思い出す」ことは，社会学者の仕事によって明らかにされるべき伝達媒体が存在することの証拠である．このように，ある集団が自らの過去を社会的に活用する仕方の総体によって構成されるのが集合的記憶であり，それはこの集団の現在からは偶然的であるような目的性へと向かう．

集合的記憶とはけっしてメタファーではなく，触知できる実在であり，ある集団の意識的な努力によって支えられているものである．社会教育にはさまざまな手段が用いられるが，それは社会教育の性質，宗教，国家，階層，マイノリティ，家族等との関係で異なる．そしてそれらの手段は，過去を表象するいろいろな仕方を生み出し，流通させる．

集合的記憶の機能は二重である．すなわち，一方では集団の凝集と統合を可能にし，他方では現在における過去の永続性や恒常性を保証する．それゆえ集合的記憶は，社会的アイデンティティの構築において不可欠な手段となる．集合的記憶は，共同体と共同体を構成する個々人に過去の表象をもたらし，それによって現在の課題に向き合えるようにする．集合的記憶の作業について考察する者にとっての大きな困難は，〔その記憶が〕つねに現在から出発し，操作や発明，忘却や抑圧のプロセスを通して，集団を益するイメージや実践が形づくられるさまを理解することである．

集合的記憶はこの記憶によって生かされている集団から生じるので，この集団の生と結びついたありかたをしている．それは集団が形成し確立するさまざまな媒体によって伝えられていき，それを下支えする集団が消失すると，それと同時に消失する定めにある．一般的には，家族は過去の思い出を三世代にわたって伝えるとみなされている．「家族の物語（ファミリー・ロマン）」は年長者の記憶に支えられ，彼らがいなくなると消えていくことが多い．このように，記憶は「想起する集団」の具体的経験に結びついているのだということが，アルヴァックスが初めて記憶の問題に取り組んだ際の前提であった（『記憶の社会的枠組』）．

しかし，徐々にアルヴァックスは，「社会的潮流」というデュルケームの概念と同時期に，集合的記憶は諸々の「記憶の潮流」へと拡大していく（その代償として一定の希釈化は避けられないが），と考えるようになっていった．記憶の潮流は，生きている世代の記憶を超えて「文化的記憶」の糧となりうるのである．アルヴァックスは，キリスト教信仰が何世紀もかけてさまざまな場所を徐々に聖地としていく様子を研究しているが，この研究は，文化的記憶が時を経て伝播することを模範的に証明している．同じようにして，歴史学者のチーム（ピエール・ノラ〔Pierre Nora〕，エティエンヌ・フランソワ〔Etienne François〕，ハーゲン・シュルツ〔Hagen Schulze〕）が近年さまざまな文脈で厳密に研究しているのは，場所や象徴，儀礼を設立することによって想起する世代の短期記憶を近代の国民国家が超えていく過程である．近代国家は，国民の記憶を統制し伝達していく上で主たる役割を果たすのである．国により背景は異なるとしても，そこには制度化への配慮，記憶を管理しその伝達を永続化することへの配慮が見てとれる.

19世紀以来, 教育システムは, 構築された過去への一体化としての歴史的知識の普及において不可欠な媒体となった. ヨーロッパのどこでも, 過去に対する同種の配慮が観察できる. 国家と国の偉人たちの栄光を讃える記念物の建造, 国家の祝祭の設置, 過去を上演しそれに敬意を表する場としての記念館の設立は, こうした配慮の表れである. 国民の自らの集合的記憶に対する関心は, かつては宗教的な意味が充填されていた儀礼や表徴, 場所を捉え直したり, 意味を変えて捉えたりすることによって表されることもしばしばある. たとえば, パリのサント＝ジュヌヴィエーヴの丘にあるパンテオン教会は, フランスが国家の英雄たちを讃える寺院となっている.

また, 近代国家は古文書学者, 歴史家, 博物館学者といった記憶の専門家たちに, 人間の歩みが残した物質的な痕跡を保存し, 整理し, 意味づけるという責務を託した. 国民国家の時代には, 学問であれ小説であれ, 歴史に関わる言説は, 意味の生産において神学的言説と競合し, さらにはそれに取って代わっていく. 聖性が崇拝から文化へと大々的に移動することによって, 参照枠組としても, 社会生活の構造化の要素としても, 国家が宗教に取って代わることになった. しかしながら, 社会集団の記憶がそうであるように, 国家の記憶も時間の影響を受けずにはいない. 現代の観察者たちが一致して同意するのは, ヨーロッパの国家的記憶は, 後期近代という文脈において, いわゆるグローバル化の過程により強い侵食を被ってきたということである.

長いあいだ, 歴史学者たちは, 少数者の記憶はその他の記憶よりも脆いと信じてきた. フィリップ・ジュタール〔Philippe Joutard〕は, カミザール, すなわち宗教戦争のあいだにセヴェンヌ地方で迫害されたユグノーたちについての調査のなかで, 彼らのアイデンティティが古い迫害の物語を軸にどうやって作られてきたかを示した. この迫害の物語は, 何世紀ものあいだ生き生きと保たれ, 強固な社会的アイデンティティへと結晶するに至った. ジュタールの観察によれば, その残滓は現代においてもなお保持されているのである. ユダヤ的記憶は2000年の追放状態にも抗いえた驚くべき永続性を特徴とするが, ヨセフ＝ハイーム・イェルシャルミ〔Yosef Hayim Yerushalmi〕は, 野心的で独創的な著作において, このユダヤ的記憶の働き方を正面から問題にした.

宗教は, 長期持続の技法, すなわち不変と考えられる記憶を確定するわざにおいて, 主導的な地位を占めている. それは, 同じく永続的とみなされる神話や絶対的な教義と結びついているために, 不変とみなされる記憶である. 宗教を最も長続きする社会的構築物とみなした点で，初期の社会学者たち（デュルケーム，モース，ウェーバー）は間違っていなかった．アルヴァックスは，同時に宗教的記憶がすぐれて対立的なダイナミズムを持つことを強調した．宗教的記憶は，自らの要求する不変性と連結した同質性と支配権とを保持するために，いつもあらゆるかたちの信徒分裂と闘わねばならないのである．

エジプト学者のヤン・アスマン〔Jan Assman〕は文化的記憶を集合的記憶から区別することを提案した．集合的記憶が能動的な政治権力の意志に基づくのに対して，文化的記憶は集団や文化が長期にわたって被るものである．集合的記憶はその源泉となりそれを固める集団に内在しているが，文化的記憶は上から押しつけられてくるものである．文化的記憶はきわめて長期の持続を持つことを特徴とし，神話や創始物語によって伝えられていくが，それらの物語はコンテクストの変化に応じてたえず解釈し直されていく．この記憶は堕罪，洪水，磔刑といった物語によって形づくられるが，これらの物語は特異なコンテクストで生まれ，それから他の場所や他の環境で再利用，再解釈されていく．それらは際限なく変容し，ついには本性を変化させて，集団のさまざまな信仰や想像が混じりあうようになる．

過去の諸要素を生き生きと保っておこうという記憶の配慮は，その起源をアスマンが「モーセ的特性」と名づけるもの，すなわち一神教のうちに有している．さまざまな宇宙神論は，神々が現前し，つねに神々と交わりうることを特徴としていた．そこでは，自然に内在する異教的宗教の神々が自由に自らを表現し，自らの意向のしるしを人間たちにたえず与えていた．それゆえ，神々の言葉の記憶を無事に保っていくということは，宗教的にまったく必要ではなかった．この点において，一神教は決定的な文化的断絶をもたらしたのであり，このことがユダヤ‐キリスト教的西洋とイスラーム世界の文化形成に与えた影響の大きさを認識しておく必要がある．記憶の過剰ということがヨーロッパ諸国の目立った特徴であるが，その起源の少なくとも一部はそこにあるのだろう．古代ユダヤ教の神が新しいのは，唯一のものだからというよりも，むしろ不可視であり，分離され，表象できないからである．これ以降は，もはや神のメッセージには自由に近づけなくなり，超越神が接近を許すのはごく稀な啓示の瞬間のみとなる．この断絶から生まれた宗教の特徴は，神性が啓示され人間に命令を下す創始の瞬間の記憶を生き生きと保持することが絶対に必要だという点である．この想起の作業を行わなければ消滅の危機にさらされるので，一神教的宗教は，この記憶の永続性を確たるものとするべく，ほかに類のない創意工夫を示す．このように，消滅にも等しい忘却への不安が，ほかに類のない大きな文化変動の動因となっているのである．

モーセ五書の最後の書である「申命記」では，契約を伝える預言者が，イスラエル人に忘却しないように命令している．この書の全体は，過去のできごとと神によって啓示された律法の記憶を生き生きと保持せよという命令の繰り返しとして理解できる．現在の世代にも将来の世代にも，たえず伝え教えよという命令が繰り返されている．またそれ以上に，「申命記」が目的としたのは，エジプトの伝統や古代中東の宗教的・政治的諸伝統とは大きく異なるまったく新たな記憶の技術を打ち立て，後代に伝えることであった．固定し伝達することへの配慮は新たな命令を形づくり，その命令は多様な姿をとって現れる．身体への刻印は，そうした記憶の技術のなかでも最も特異なものであった．割礼を通して表現されるのは，この記憶の伝統への絆を肉体へと刻むべしという命令である．「申命記」ではまた，想起を喚起する文書やしるしを扉の柱（メズザー）や衣服（テフィリーン）に刻むよう命じている．こうして目に見える空間を聖化し，記憶せよという命法を日常へと浸透させようとするのである．モーセ五書では，啓示の保存と永続性を保証するために，律法の暗記，教育，公の場での暗唱といった別の方法も提案されている．

キリスト教も過去へのこうした関係を土台として構築された．福音書とは，キリストの生の諸段階，その教えや苦しみを複数の声で伝える物語である．これを教会で読むのは，キリストの想い出をそのままのかたちで保持するためである．キリスト教から霊感を受けた芸術は，それが生み出される美学的文脈を組み入れつつ，イエスの生涯で最も重要ないくつかの場面を軸に形成される．主題の永続性は様式の変化を超えており，聖なる芸術は社会においてそれ自体の場所を占めている．キリスト教の儀礼の暦は2000年近く前から宗教的時間と社会的時間の両方に区切りをつけており，そこには救世主がこの地上を通り過ぎていった数々の瞬間が組み込まれているのである．

このように多様な記憶の様態があるのは，一神教において忘却の不安が中心的な位置を占めていることの現れである．ヨセフ＝ハイーム・イェルシャルミとアルナルド・モミリアーノ〔Arnoldo Momigliano〕が示したように，一神教とは記憶の宗教であり，歴史を儀礼化し，過去を聖化するシステムなのである．〔一神教という〕この特殊な構築体においては，集団に属することはその集団の記憶に従属することに等しい．さまざまな記憶儀礼が，一種の宗教として形づくられていく．律法を週3回シナゴーグで公に読み上げることは，ユダヤ教の実践の核となり，〔ユダヤ教徒の〕集団の境界画定の核となる．同様に，キリスト教の聖餐式は，行いと言葉を通してイエスの最後の意志を永続化し，信徒共同体をそれに結びつけるのである．

以上のような記憶への新たな関係は，聖書という書物への比類ない結びつきに集約されるものであるが，宗教の領域を大きく超えて，まったく新たな社会的・政治的な形態を生み出させる．この関係に基づいて生成する政治的次元とは，まさに聖書において啓示された神的次元の真理である．聖なる物語と諸々の倫理的命令を記した創始的テクストと関わるというのは，ひとたび確定された指標をたえず変化する世界のうちに制定する試みである．さらに記憶は〔神の〕正義とも結びついている．聖書のアマレク人の逸話〔「申命記」第25章第17-19節〕が思い起こさせるように，なされた害悪は贖いの条件となるのである．

文化的記憶のもう一つの起源は人間学的なものであり，死者を崇めることへの普遍的な配慮，葬儀への気づかい，より一般的には喪の作業に見てとられる．葬送儀礼は歴史的文脈によってさまざまだが，故人の遺骸に対しては同じ配慮を示している．

文化的記憶を集合的記憶から区別するのは長期持続と安定性という要素である．文化的記憶において伝達が重要な役割を果たすのはそのためである．肝心なのは，最も重要な要素を保持し，それを記録しておいて，継続的に再利用できるようにしておくことである．文化的記憶の特徴は，時間に抗いさまざまな主題を変容させつつ捉え直すことである．こうした進展において重要な要因となったのは一神教だけではなかった．書記法の発明もまた，情報を長期間にわたって蓄積する能力を無際限に拡大することで，文化的記憶の性格を根底から変化させた．一神教の運命は書くことと深く絡み合っている．唯一の超越神を崇拝する宗教が現実に存在するためには，書かれたものが絶対に必要なのである．

文字を持たない文化では，記憶の媒体となるのは，おもに〔ケルト社会における〕バード，ドルイド，シャーマンなどであった，これらは霊感を受けて超自然的な力を持つ人びとであり，口承の伝統を体現する．世俗の知識や記憶についても，彼らが生きた媒体となって，後の世代へと伝えていく責任を担っている．口承文化は書かれたものに不信の目を向けるが，普通それは，ごく少数の秘儀参入者に限定された知識が俗人たちの手に渡り悪用されることを恐れるからだとされる．口承文化は，独創的で有効な記憶伝達の様式と反復により形づくられる記憶術の手段を編み出し，それらを完成させてきた．だが，このような文化が脆弱なのは明らかであり，それを体現する人びとが姿を消していくのは，多くの場合宿命的なことである．

文字を持つ文化では，伝統や世代間の伝達という問題は新たなかたちで立てられる．大量の文書が生み出されるようになると，それらを階層づけて，保存すべきものと忘れてもよいものとを区別することが重要になる．こうした役割を果たすのが正典化のプロセスである．一連の文書を選別し聖化することによって，それらの文書により高い地位が与えられる．書かれたものの総体は真理性と真正性のアウラをまとうのであり，このアウラによって，それらが一つの伝統の核となり，今後も読まれ解釈され続けることが保証されるのである．このように正典化とは，記憶が時間の影響を受けず，忘却されないように，文字文化が編み出した手続きである．文書が持続することによって，変化する世界のなかでも意味を確実に保持することができる．

文書という新たなメディアと結びついて，もう一つラディカルな発展を遂げた事柄がある．すなわち，書かれたものは潜在的には万人がアクセスできるがゆえに，誰もが知識と神的なものに接することができるようになった．これを現実化したのは印刷機の発明である．聖典にアクセスできるのは自分たちだけだと信じ込んでいた聖職者たちは，書かれたものの普及には既成秩序を転倒させる強力な可能性が内属していると考え，長いあいだ不信の目を向けることになる．プロテスタンティズムの形成は，聖典へと間接的にではなく直接的にアクセスしたいという意志によるところが大きかったが，それを可能にしたのが印刷術だったのである．

正典化は順に二つの異なる姿をとる．まずは資料文書の正典化があり，その解釈の正典化が続く．文書の正典化はその不変性を確保し，以後一文字たりとも追加や削除がなされることはない．たとえばユダヤ教では，文書の不変性への配慮は，聖典の転写にともなう多くの規則として定式化されている．シナゴーグの礼拝で用いるモーセ五書のテクストは，ソフェル（聖典の転写のために養成された書記者）の手で書写されねばならず，書写に間違いが一つでもあれば儀式で用いるには不適切とされた．さらに，使い古された文書はそのために定められた場所（ゲニザー）に保管され，破棄されることは絶対にない．このことからも，書かれたものが聖なる次元をもつことがわかる．

正典化の第二の契機は解釈学に関係し，文書の解釈の永続性を保証することを目指す．文書の意味は失われることはないし，異端的で敵対的な解釈のために歪められ，転倒させられることもない．この二つのことを同時に確保しなければならないのである．ユダヤ教では，つねに口伝律法が成文律法の研究と解釈にともなっており，信者が口伝律法なしに成文律法を研究し解釈することは許されていない．口伝律法の正当性を基礎づけるためにミドラシュ〔ユダヤ教の聖書解釈法〕が伝えるところでは，トーラー（成文律法）とその解釈たるミシュナ，そしてタルムード（口伝律法）は，すべて一緒にシナイ山でモーセに授けられたとされている．

実際には，正典の固定化のプロセスに入ったのは，神殿破壊とともに，それまでユダヤ教を下支えしていた政治神学的構造が破壊されたことと関係している．このできごとは逆説的な結果をもたらした．すなわち，そこから律法博士という新たな権威が現れ，これ以降共同体は文書を中核とすることになるので，共同体の境界を厳密に画定すべく配慮しなければならなくなったのである．

キリスト教のほうは，その誕生後，正典を確定する作業を急いで進めていった．正典には，権威を認定し，解釈規範を共有した上で，それらの安定性を保証する役割が課せられていたのである．正典をめぐるさまざまな議論や異論のなかで，キリスト教のさまざまな分派ができていった．この意味で，書物という媒体は，ただ単に宗教的権威の構築とその中央集権化を可能にしただけでなく，抗争する数々の記憶からの異議申し立てをも可能にしたといえる．しかし，まさしく正典を手に入れたときから，キリスト教は普遍化へのさまざまな展望を実行し，福音化の冒険へと乗り出すことができたのである．

以上われわれは，記憶の歴史において重要な二つの段階を概略的に素描してきた．そして，それぞれの段階が伝達の媒体の発展と結びついていることを確認した．西洋における記憶への関係は宗教的な横糸で編まれており，それは文字の発明と強く結びついている．書かれたものは潜在的に転倒の可能性を持ち，そのためそれを統制する権威が生まれたが，この権威は，自らの権力の由来が，保持すべきものを忘れてよいものや忘れるべきものから分かつという特権にあることを知っていた．印刷術の発明によって，深いところで大衆化の動きが始まり，伝統的な統制的権威の壁に風穴が空けられていく．この近代的な技術は文書の量を大きく増加させたが，それによって文書の生産を統御することが非常に難しくなった．旧来の権威への異議申し立てはさらに容易になり，この新たな状況から各地の言語や国民文化が生まれた．だが，国家や国民という枠組が，今度は記憶の新たな政治を現出させる．それは，記憶を管理運営する集権化された監督体制を持ち，社会的で文化的な権威，異論の余地なき同一性を持つ権威を保証する記憶を支配する政治である．

ジャック・エレンフロインド Jacques EHRENFREUND

〔山田智正訳〕

宗教・記憶・伝達・近代性

記憶と宗教の結びつきは，近代的とされる社会といわゆる伝統的ないしは前近代的な社会との区別との関連で考察されることが多かった．前者の社会，すなわちヨーロッパ的で西洋的な社会は，直線的な時間認識を軸に構造化されており，歴史に貫かれ，変化せよという命令に導かれている．後者の社会は「歴史のない」社会であり，口承的であることが多い．この種の社会は，伝統と連続性の優位を特徴としており，儀礼の時間のような静的で不動の時間によって形づくられている．そこで儀礼は，特殊な文化的次元が凝縮された象徴的表現として解されるのである．

近代的とされる社会では，記憶はもっぱら現在になお残る過去の痕跡とみなされることが多い．こうした社会では，経験の多様化や「脱魔術化した」モダニティのなかでの現代世界の分裂に直面して，さまざまな社会的関係に刻まれ再生産される「十全な」記憶が長期にわたって失われてきた．こうして，社会的枠組を支えとする「全体的記憶」から，集合的指標と社会再生産の機能から切り離された記憶へと移ることになる．全体的記憶における社会再生産の機能は，過去を想起せよという命令へと変容し，政治的行為の一様態と化すであろう．

こうしたかたちでの〔記憶の〕喪失という観念が，宗教的なものの問いを横断している．宗教的なものとは，世界を連続性において考える仕方を指す．それゆえ，近代の特徴として次の事柄が指摘されてきた．すなわち，宗教を社会集団の組織原理として参照しなくなること，世俗化のプロセスが文化と宗教の乖離の原因かつ結果となること，基礎となる宗教経験が制度化されルーティーンとなって，宗教経験の情動的実質を貧困化させること，そういった事柄である．

コンテクストを持つ諸々の宗教現象から吟味すれば，安定と変化，伝統社会と近代社会という対立軸，すなわち，一方に伝統／記憶／宗教を置き，他方に近代／歴史／世俗化を置くという対立だけでさまざまな社会を二分するのは，ほとんど根拠のないことであるのがわかる．ジャン・プイヨン〔Jean Pouillon〕の仕事（Pouillon, 1977）は，こうした区別が「構築された」ものであることを思い起こさせてくれた．伝統的な社会に当てはまるのは円環的時間だけだという考えは，儀礼が担う恒常性と安定性の次元を過大評価し，普段の実践に属する事柄を脇に置いてしまっている（Maurice Bloch, 1989）．宗教が生み出すのが連続性の観念を重視する集合的意味の世界だとしても，だからといって，宗教が展開される社会が変化せず動きのないものだということにはならない．反対に，近代社会には直線的で動的な時間イメージが付され，儀礼による円環的な時間形成は妥当性を失ったとされるが，このイメージからは，そうした社会の只中で生まれる多様なかたちの宗教的なものの存在が理解できない．また，それらを動かす連続と変化，生産と再生産のプロセスも理解できなくなる（Davie et Hervieu-Léger, 1996）．

記憶と宗教を考察するにあたって，観察される実践や現象を形づくる諸々の変化，「混淆性」，「ブリコラージュ」にどのような地位を与えればよいのか．空間移動が頻繁になり，社会関係が多様化する現代の状況において，それらが示しているのは，記憶と宗教のありかた自体に起こる真の意味での変容と断絶なのだろうか．

M・アルヴァックスの先駆的な仕事（Halbwachs, 1925, 1950）を引き継いでこの分野に重要な貢献を果たしたのが，ロジェ・バスティード〔Roger Bastide〕の分析（1960, 1970）である．バスティードが提案したのは，事実を選別する記憶の働きと過去の痕跡や残滓を保存する記憶の働きとのあいだに，矛盾よりもむしろ分節化された連続性を見てとることである．バスティードは，集合的記憶を社会集団の只中で生まれる諸々の社会関係の組織体へと関連づける．社会集団は，相補性の種々のネットワークの上での一連の交流へと入ることで，もはや本質体ではなく主体とみなされる．バスティードは，ブラジルのアフロ＝アメリカンの宗教の分析に依拠しつつ，集合的記憶の構造は時間の流れのなかで変容を被りうることを指摘する．すなわち，そこにいくつかの空所が現れ，新たなイメージがそれらに意味を与えるのだが，この意味は記憶構造の諸要素の構造的組織化と連動したものである．こうしてバスティードは，集合的記憶により可能になる文化的革新力を際立たせるのだが，この革新力はとりわけ社会的・宗教的な諸実践の構造のうちに，そして空間と身体のうちに保存されている．宗教集団の場合，記憶の支えとなるのは，まずは空間化された集団の形態論であり，ついで身体の内で作動するさまざまなメカニズムの有機的全体である．

こうして空間は，記憶と宗教の連結を経験的かつ理論的に把握するための特別な入口となるのだが，まさしくこの空間概念において，R・バスティードとM・アルヴァックスの仕事は引き継がれ展開されることになる．記憶，伝説，聖域，領域のあいだの結びつきをめぐる1941年のアルヴァックスの研究（『聖地における福音書の伝説的地誌 *La topographie légendaire des évangiles en terre sainte*』）は，いかにして空間的な枠組が変化にさらされながらも記憶の産出と保存の条件となり，集合的記憶に枠組を提供するかを示した．それは，社会的関係の物理的な位置を表象すると同時に，その表象に内属する空間，すなわち数々の集合的イメージに一貫する構造や体系をも表象することによってである．

P・ノラは，今日では誰もが言及する「記憶の場」（Nora, 1984-1993）とともに，もう一つのアプローチを提示している．1970年から1980年のフランスを見渡し，さまざまな転変が刻まれた当時の状況に立って，ノラは培われると同時に拒絶されるものとしての同時代の記憶の諸条件を問い尋ねる．この歴史の特殊な契機をノラは確定するのだが，それは，記憶のさまざまな環境——生きた記憶，過去への共通の関係，連続性の保持を特徴とする——が記憶の場へと移行していく期間となるものである．記憶の場とは，残余の場所，埋め合わせの場所であり，過去に対しても喪失に対しても閉じている．そして同時に自己言及的であり，それ自身から複数の意味を生み出すものである．こうした場に活力を供給するのは記憶である．というのも，記憶する生きた共同体の存在は，主体同士，もしくは主体以前の関係的で身体的な実践によって支えられていたのだが，そのような実践はもはや存在しないからである．こうして記憶は場の補完物となり，記憶の場は共同体をその厚みにおいて映し出す．この場合は，徐々に消滅していく共同体を映し出す，ということである．

こうしたノラの〔集合的記憶への〕アプローチは，アルヴァックスのアプローチと大きく隔たっていることがわかる．アルヴァックスは，記憶と場所の関係に「社会的空間」という第三項を導入した（Marie Jaisson, 1999）．この第三の道を追求することで，彼の多くの仕事は，巡礼が跡づける集団的空間，公私が交差する聖域の空間，郷土の親密な空間を例として，記憶，宗教，空間の連節を際立たせた．それによって，きわめて多様であり，スケールもさまざまな現代の宗教現象のダイナミズムと意味を把握しようとしたのである．こうしてジョエル・バルール〔Joëlle Bahloul〕は，アルジェリアの亡命ユダヤ家庭の料理法に関心を抱き，それが根本的にヘブライ的な配列法と同時にさまざまな歴史社会的文脈とどのように結びついているのかを示す（Bahloul, 1983）．ここで料理法は，社会的再生産の過程，想起の目印として，起源を示し家族の絆を強化することを可能にすると同時に，空間と時間における相違の目印にもなる．カトリーヌ・ショロン＝ベ〔Cathrine Choron-Baix〕は，ラオ族の仏教のフランスへの移植を研究して，教区の再構築から始まる宗教的礼拝の再組織化がいかにして帰属としての記憶を培う資源となるかを明らかにした（Choron-Baix, 1986）．

こうした記憶は，共同体的な社会結合を構造化し，社会的記憶と強く結びつく社会関係を統制する．このように聖性を移動し再構築するという例は，さまざまな場所や宗教システムに見いだされる（Alex Weingrod, 1990；Michèle Baussant, 2002）．そこから促されるのは，他の場所を想起させる場所の再創造，いまや失われた場所や過去を指示するユートピア的領域といった現象へと問いを向け，社会的時間と記憶の構造化における儀式のパフォーマティブな役割を問題にすることである．こうして空間は，社会的なものの次元として，宗教的なものの変容過程において――それが政治化されているかどうかを問わず――中心的な地位を占める．エマ・オバン＝ボルタンスキ〔Emma Aubin-Boltanski〕は，現在における過去の価値低下という文脈において，パレスチナの地元の巡礼が遺産化のプロセスを経験している様子を示した（Aubin-Boltanski, 2007）．その理由は，とりわけそれらの巡礼が「伝統」への理想化された関係を体現していることにある．そうした伝統の記憶が再活性化することで，国民としての感情の構築が促進されうるのである．

以上，現代のさまざまな宗教現象，特に，近代内部での伝統の宗教に対する基礎づけ的関係，ユートピアのダイナミズムにおける記憶の位置（Hervieu-Léger, 1993）といった現象について，経験的な仕方で再検討してきた．こうした作業のすべてを通して把握できるのは，文化が安定と変化，過去と現在の総合として作動し，記憶と宗教の連節を新たな光で照らす際のさまざまな形態である．それらは多様で複雑ではあるが，そこには一定の形態が把握できるのである．

参考文献　ASSMAN J., *Le Prix du monothéisme*. Paris, Aubier 2007. – AUBIN-BOLTABSKI E., *Pèlerinages et Nationalisme en Palestine : prophètes, héros et ancêtres*. Paris, ÉHESS, 2007. – BAHLOUL L, *Le Culte de la table, dressée, rites, et traditions de la table juive algérienne*, Paris, Éditions Métalié, 1983. – BASTIDE R., *Les Religions africaines au Brésil*, Paris, PUF, 1960, 1995 ; « Mémoire collective et sociologie du bricolage », *L'Année Sociologique*, 1970, 21, pp. 65–108. – BAUSSANT M., *Pieds-noirs. Mémoires d'exils*, Paris, Stock, 2002. – BLOCH M., *Ritual History and Power*, London, The Athlone Press, 1989. – CHORON-BAIX C., « Bouddhisme et migration. La reconstitution de lao en banlieue parisienne », *Ministère de la culture, conseil du patrimoine ethnologique*, 1986. – CONNERTON P., *How Societies Remember*, Cambridge, Cambridge University Press 1989. – DAVIE G. et HERVIEU-LÉGER D.（dir.）, *Identités Religieuses en Europe*, Paris, La Découverte, 1996. – FRANÇOIS É. et SCHULZE H., *Deutsche Erinnerungsorte*, München, C. H. Beck, 2002. – HALBWACHS M., *La Mémoire collective*. Paris, Albin Michel, 1997〔1950 ouvrage posthume〕.（モーリス・アルヴァックス『集合的記憶』小関藤一郎訳，行路社，1989年）; *Les Cadres sociaux de la mémoire*. Paris, Albin Michel, 1994〔1925〕; *Topographie légendaire des Évangiles en terre sainte*. Paris, PUF, 2008. – HARTOG F., *Régime d'historicité, Présentisme et expériences du temps*, Paris, Seuil, 2003.（フランソワ・アルトーグ『「歴史」の体制――現在主義と時間経験』伊藤綾訳，藤原書店，2008年）– HERVIEU-LÉGER D., *La Religion pour mémoire*, Paris, Cerf, 1993. – JAISSON M., «Temps et espace chez Maurice Halbwachs（1925–1945）», *Revue d'histoire des sciences humaines*, 1999, 1. pp. 163–178. – JOUTARD Ph., *La Légende des camisards : une sensibilité au passé*. Paris, Gallimard, 1977. – MARGALIT A., *History and Theory*, Cambridge, Cambridge University Press, 2002. – MOMIGLIANO A., « Time in Ancient Historiography », *History and Theory*, 1996, 6, pp. 1–23. – NIETZSCHE F., « Von Nützen und Nachteil der Historie für das Leben », in *Unzeitgemässe Überlegungen, Werke in Drei Bänden*, Darmstadt, Erster, Band, 1964, pp. 210–285.（フリードリッヒ・ニーチェ『反時代的考察』小倉志祥訳，理想社，1964年）– NORA P., *Les Lieux de mémoire*. Paris, Gallimard, 1984–1993.（ピエール・ノラ『記憶の場――フランス国民意識の文化＝社会史』1・2・3，谷川稔監訳，岩波書店，2002–2003年）– POUILLON, J, « Plus ça change, plus c'est la même chose », *Nouvelle Revue de Psychanalyse*, 1977, 15 pp. 203–211. – YERUSHALMI Y.H., *Zakhor. Histoire juive et mémoire juive*. Paris, La Découverte, 1984.（ヨセフ・ハイーム・イェルシャルミ『ユダヤ人の記憶　ユダヤ人の歴史』木村光二訳，晶文社，1996年）– WEINGROD, A., *The Saint of Beersheba*, New York, New York University Press, 1990.

ミシェル・ボサン Michèle Baussant

〔山田智正訳〕

→ 儀礼（儀式, 儀式性）, 宗教的近代, 精神分析, 世界化／グローバル化／トランスナシ

ョナル化，世俗化，葬式（の実践）

共同体主義
COMMUNAUTARISME

多義的かつ論争的な用語，論争の対象

一般的な用法において，「共同体主義」という語は，社会的関係の特殊な型を記述するよりもむしろ，そのような態度をとる行為者に烙印を押す使命を担っている．人は自ら共同体主義を主張するのではなく，他者によって共同体主義と決めつけられるのである．この主観的かつ論争的な次元にのみ注目する限りでは，共同体主義は，マックス・ウェーバー〔Max Weber〕やフェルディナント・テンニース〔Ferdinand Tönnies〕が分析した「共同体」の，いささか逸脱した派生物でしかないことになるだろう．なお，〔ウェーバーとテンニースが〕共同体をGemeinschaft〔共同社会〕／Gesellschaft〔利益社会〕に区別したことは社会学にとって創設的な役割を持つ行為であった．とはいえ，共同体とは違って，共同体主義を操作的観念とみなしえないことも事実である．この語は，「相手を非正当化する操作子」（Taguieff, 2004）として作用し，社会科学系研究者の学問的語彙のなかでよりもむしろイデオロギー的論争，社会についての議論，政治的言説のなかに，よりしばしば所を得る．いくつかの特徴を共有する「ナショナリズム」と同様，「－イズム〔－主義〕」という接尾辞が示唆するように，共同体主義は，概念もしくは観念である以上に，国家の形成または変化に対する反動として発展したイデオロギーだといえるだろう．この否定的な含意と論争的使用は，フランスに特有のものではなく，他の地域，たとえばインドにおいてもみられるものである．

フランスでは，共同体主義という語を使用する際に，烙印を押すような，いずれにせよ貶めるような意図が認められるが，その姿勢は，人間主義的かつ普遍主義的な理想に魅せられた，啓蒙とフランス革命に由来する政治思想にその源を持っている．その理想は，（公共空間と同一視された）一般的利害が（私的領域に追いやられた）特殊利害に対して優位にあることを主張し，国家と市民としての個人とが，中間団体の制度的仲介なしに直接向き合うことを奨励していた．

この意味に沿ってゆくと，以下のような場合に共同体主義が語られることになる．

すなわち，国民的，地方的，文化的，エスニック的，宗教的出自の特殊性によって規定された集団が，その特殊主義や価値や固有の利益を，社会の価値や利益より優先する意図を持つとされるとき，そしてある特殊集団の主張が，市民性の原則の基礎そのものである政治的なものと宗教的なもの，エスニックなものと市民的なものという二重の分離と両立不可能であるように見えるときである（Schnapper, 2005）．世俗的な近代国民国家の信奉者たちにとって，共同体主義は国家の統一性と領土保全の面でも（バスクの分離独立主義者，コルシカ・ナショナリストなど），文化的アイデンティティの永続性とライシテの尊重の面でも（言語的統一性，地方分権主義的もしくは宗教的主張）脅威となっている．クリストフ・ジャフルロ〔Christophe Jaffrelot〕は次のように述べている．「共同体主義は，まず，市民的関係と，それに優先する別の団体への忠誠とを対立させることに特徴がある．それによって，共同体主義は，公的空間の構築を，そして文化的特殊性を超越する政治社会の原理そのものを問い直そうとするのである」（Jaffrelot, 1994）．

インドの場合，現代インド社会の亀裂は，二つの民族主義的傾向，すなわちインド・ナショナリズムとヒンドゥ・ナショナリズムとのあいだに走っている．1920 年代にはっきりとした政治イデオロギーとして出現したヒンドゥ・ナショナリズムは，ヒンドゥ教のシンボルを用いた，政治的結集の形態として台頭した．それは，インド国民会議派のようなライックな政治集団が具現化するナショナリズムの類型と対立している．歴史記述の一つの潮流では，ヒンドゥ・ナショナリズムは，「真の」ナショナリズム，すなわちインド・ナショナリズムのアンチテーゼだとされている．それは，プロパガンダ目的のためにナショナリズムの用語をわがものにし，しかし実際には一種の共同体主義（コミュナリズム communalism）にすぎない反国家的イデオロギーであり，それはインド・ネイションという観念からみれば最も大きな脅威だというのである（たとえば，Pandey, 1990）．近代的世俗国家に反対しているという理由で，戦闘的宗教グループの主張は伝統主義的，反国家主義的であるとして非難されているわけである．

近代的で世俗的なものと伝統的で宗教的なものを対立させ，それゆえナショナリズムは近代的で世俗的な分野にのみ存在すると考える，社会科学における支配的テーゼとは逆に，ペーター・ファン・デル・フェール〔Peter van der Veer〕は，宗教的同一化の上に構築されるナショナリズムの形態が存在することを認識するよう促している．彼は，したがって「宗教的ナショナリズム」という用語が好ましいとし，「共同体主義」という用語の使用を批判している．彼によれば，宗教的ナショナリズムと「世俗的ナショナリズム」は，二つのナショナリズムのイデオロギー的傾向を体現するのであり，前者は「ラディカル」，後者は「穏健」と形容しうるとする．「穏健」なナショナリズムは，ネイションのなかに文化的多元性や異なる宗教的共同体間の平等があることを受け入れる．「ラディカル」なナショナリズムは，ネイションを同一宗教の信者共同体とみなしている．世俗的ナショナリズムは集団的アイデンティティを「共通のエスニック文化」に置いているが，宗教的ナショナリズムはそれを「共通の宗教」に置く（van der Veer, 1994）．他方で，クリストフ・ジャフルロは，ヒンドゥ・ナショナリズムを形容するのに，共同体主義という用語よりもむしろ「エスニック・ナショナリズム」という用語のほうを好む．ジャフルロは，エスニシティこそ，ヒンドゥ・ナショナリズムをインド・ナショナリズムの普遍主義から区別するものであると言う（Jaffrelot, 2006）．

アメリカの統合モデルは，エスニックな，宗派的な，性的な特殊集団を，個々の集団がその社会の法や憲法の原則と相容れる限りにおいて認めている．それにもかかわらず，共同体主義の問題は，アメリカ合衆国でも議論になっている．特殊集団を認めるのと同様に，アメリカの統合モデルは，ハイフンで連結された複数的アイデンティティという，複数的な帰属も受け入れている――それぞれの帰属に対する特殊な忠誠がネイションの共通価値という土台を疑問に付すことがない限りにおいて，ではあるが．このシステムは，各人に求められる公民精神と，ネイションを形成する個人や集団が持つエスニック的，文化的，宗教的感受性とを両立させようとしているのである．

本項目においては二つのモデル（フランス／アメリカ合衆国）でもって描写された西洋型民主主義においてと同様，インド型民主主義においても社会的紐帯をめぐる考え方が議論と論争の対象となっているわけだが，容易に見てとれるように，それらは少なからず対照的である．その対照性は，ネイション建設の特異な歴史および特殊な様態の産物にほかならない．とはいえ，国民的合意を支える土台である価値の共有が，インドにおける二つのモデルを互いに近づけてもいる．その価値とは，個人主義，普遍主義，特殊な帰属を超える公的空間の存在である．

（民族的，宗教的，領土的）共同体が制度化され，それらが社会的かつ政治的な組織の基礎を構成するようなマルチエスニック国家も存在する．そこにおいて共同体主義がまとう形態は，ここまで述べてきたものとは大きく異なっている．そこにおいて，共同体主義は，論争的な語彙である以前に，強固に定着した法的－政治的，および文化的現実として現れる．オスマン帝国から受け継がれたミッレト（millet）（内部に幅広い自治を享受していた宗教的共同体）の伝統的システム，〔ともにモザイク国家である〕旧ユーゴスラヴィアの連邦制，レバノンにおける代議選挙制システム

〔国民議会の議席配分が宗教・宗派ごとに定められ，宗教的権力の均衡を保っている〕がその例である．

そこにおいて，市民としての個人は，自分が所属する集団の背後に消え，法のありかた同様，伝統の重さや社会的抑圧のために，所属集団から自由になることはほぼ不可能であった．共同体間での日常的関係において良好な隣人関係のルールが奨励される一方で，帰属，共同体的規範，集団の優越が，たえず再確認されていた（Bougarel, 1994）．政治の主導権を握り続け，そのための権威と手段を有し続けている限り，国家は中央権力に対する人びとの忠誠を確保すべく努めなければならない．よって国家は，共同体間の対立関係と競争を利用し，それを自らの利益のための道具とする（旧ユーゴスラヴィア，〔フセインの〕旧イラク）．逆に，弱体化の兆候が示されるや否や，国家は共同体間の力関係の虜となり，機能麻痺の危険に瀕するのである（レバノン）．

そうした力関係における優先的な課題の一つがまさに国家装置の支配であるのは偶然ではない．レバノンの事例は，共同体の抵抗という観点からすると典型的であるように思われる．経済成長，都市化，社会変化に応じて，多方面で西洋モデルが採用された．〔宗派を超えた〕混合結婚の増加と混合的な居住区の拡大によって，宗派的に中立な公共空間が形成され，共同体間の緊張を鎮めてゆく可能性が予測された．ところが，戦争，外的な圧力，治安の悪化，および社会的・政治的不安定の復活によって，その論理は打ち負かされてしまい，国内における緊張の復活は，「アイデンティティの究極的な指標としての宗教的共同体」の復活をもたらしたのである（Picard, 1994）．このタイプの反応は他の場所でも確認される．それは，世俗化や，不適切に適用された西洋モデルの失敗（社会的不平等の存続ひいては拡大，実質的な民主主義の不在）が生んだ失望感に結びついている．

多文化主義に関する議論

大西洋の対岸において，共同体主義をめぐる議論は，ジョン・ロールズ〔John Rawls〕の『正義論』〔1971〕の出版以後，政治哲学の領域に入ってきた．「共同体主義者たち」――アラスデア・マッキンタイア〔Alasdaire MacIntyre〕，チャールズ・テイラー〔Charles Taylor〕，マイケル・ウォルツァー〔Michael Walzer〕など――は，互いの相違点を超えて次の点で一致しており，ロールズと対立している．すなわち，抽象的な個人は存在しないこと，政治的主体はその主体固有の社会的，文化的規定を捨象しては理解できないこと，個人的アイデンティティは――家族，都市，部族，国家，教会などへの――帰属の組み合わせによって，また――政治的，スポーツ的，慈善的——なつながりによってできているため，個人はそれぞれの社会化という具体的な形態のもとでしか自己主張できないこと，である．

（エスニシティ，宗教，性に基づく）特定の集団，そして移民に関してであるが，市民権が数々の特殊性に対して超越する力を失い，市民意識も数々の特殊帰属を排除できないような社会では，人びとを個人として社会に統合することは不可能に近い．よって共同体主義者たちは，共同体として社会に組み入れるモデルを重視する．その理由は，共同体が「庇護的であり，共同体が近代社会における不確実性と無関心からメンバーを救い出すものなのでなおさら庇護的である」から，また，共同体は「全体としての政治社会のなかで自己表現できない市民が個人的な主張をする手段である」からだと言う．そして最後に，不十分な価値しか示さない社会において，共同体は「構成員に対し，道徳的秩序を示し，彼らの最も親密な生に個人的な規律をもたらす」ことができるからというのである（Tenzer, 1995）．

現代社会は複数的，マルチエスニック的，多文化的，多宗教的である．この現実，そしてゲットー化，競合，共同体間の対立といった事態に直面して，共同体主義者たちは，一方では差異の認知と尊重を，他方では人びとの平等な尊厳とを組み合わせた共生の新しい形態を作り出すことに貢献しようとしている．不正義や人種的，性的差別に敏感である彼らは，「ポリティカル・コレクトネス」や「アファーマティブ・アクション」（肯定的差別）に影響を与えた．正義，平等，差異の諸観念を統合することを可能にした「複合的平等」の政策もまた，彼らに負っている．すなわち，唯一の正義があるのではなく，各グループ特有の配分原則によって規定されたいくつかの「正義の領分」があるというわけである（Walzer, 1983）．最後に，共同体主義者たちは，社会的・法的・政治的秩序から断絶し，排他的な帰属に個人を閉じ込めるような，権威主義的，自由侵害的な共同体を分析から排除する．そして，集団の専制に対して個人を守るのは国の責任であると主張するのである．

フランスで提起されているような共同体主義をめぐる議論は，ときに過度の単純化ゆえにカリカチュアとなってしまい，過度の一般化のあまり抽象的に見えてしまう．その議論は，しばしば，複雑でかつ読み解くのが難しい具体的状況から遊離している．歴史的にみると，アイデンティティの要求はいわゆる「危機」の深刻化と一致している．その危機とは，失業の増加と貧困の蔓延というかたちで現れる社会的危機でもあり，統合のフランス的モデルの危機でもあるが，後者は，学業不振者が高率で存在すること，社会的昇進の破綻，流刑地か無法地帯のような地域の出現によって示されている．それらの災禍はすべて，しばしばマグレブやサハラ以南の出身で，都市の周縁に集住している移民もしくは移民系という，最も脆弱な立場にある人びとに正面から降りかかっている．こうした「共和国の失われた領土」においてこそ，排除という客観的状況に対して，また国家と公権力によって放棄されたという感情に対して，共同体主義は開花する動機を見いだすわけである．しかし，「共同体主義」が，明らかに社会問題と結びついているにせよ，植民地的過去とヴィシー政権の過去の重みも過小評価されてはならない．国際情勢についても同様であり，それぞれの（国家，出身国，政党，反体制運動，宗教的派閥をめぐる）ディアスポラに作用しうる圧力や介入についても，またディアスポラがこれらの政治的，宗教的目的のための中継地か後方基地として利用されることについても同様である．

他方で，慣習の推移にともなって新しい連帯が出現している．それらは出自や継承を永続化する意志よりも，社会問題（エイズ，PACS〔連帯市民協約．376頁の訳注4を参照〕）をめぐって結ばれた，ジェンダーや性的指向などのアイデンティティをめぐる親近性に基づいている．フェミニスト運動，ホモセクシュアル団体もそのような連帯であるが，一部の，アクターかつ／あるいは観察者たちは，そのような連帯を共同体主義の問題系のなかに含めている．

他の地域以上に，もしかするとフランスでは，共同体主義をめぐって，公共空間におけるライシテと宗教の位置づけの問題が提起されているかもしれない．イスラームは，自己主張し，自らの集団的権利（モスクの建設，ヴェール着用，給食におけるムスリム食〔ハラールフード〕の提供）を主張している．ますます多様化し世界に向けて開かれてゆく社会において，イスラームの存在は，フランス型ライシテ・モデルの有効性をめぐる問いを提起する．より広い視野に立ってみると，それぞれのアイデンティティへの引きこもりに対して，〔悲惨な歴史の被害者として認知されたいという〕記憶の競合に対して，民主的な共生のための象徴的かつ制度的基礎の脆弱化に対して，共和国モデル自体が，適切な解答を与えることの限界や無能力さを示しているように見えるのである．

最後に，ドミニク・シュナペール〔Dominique Schnapper〕が喚起する点で，強調に値すると思われることを以下に引いておきたい．「(……) 最も確固たる民主主義社会の内部にも，アイデンティティ志向への執拗な要求を確認することができる．理想の市民権がけっして実現されていないのは明らかである．具体的なネイションは，一つの特殊主義である．ナショナルな社会への参加は，具体的にはエスニックと形容することができるありとあらゆる種類の特殊な，かつ特殊化作用を持つ要素に基づいている．それらの要素とは，(例外的な場合を除き) 同一言語の使用であり，全員による同じ文化と特殊な一つの歴史的記憶の共有であり，同じ制度（学校であれ，企業であれ，より厳密な意味での政治的実践一般であれ）への参加である．民主主義社会は単に市民的ではありえない，それは――現実なものであろうと作られたものであろうと，一つの歴史を，一つの文化を，そして共通のプロジェクトを共有している限りにおいて――エスニックであり，同時に市民的なのである．他の政治組織のありかたと比べたとき，市民権の原則，価値と制度によって組織された社会の特異性は，市民的観念と市民権の原則が，最終的には，エスニックな，もしくは宗教的な特殊主義に対して，国内的もしくは種族的連帯に対して優位を持たなばならないという点に存する」(Schnapper, 2005).

本項目の目的は，網羅的なリストを作成することではない．この項目は，今日の社会が文化的な非均質性をはらむこと，そしてその社会が有する状況が多様であることに注意を喚起しようとしている．その多様性は，共同体主義の問題系において宗教的なものが相対的な位置を占めるにすぎないという確認へと導くばかりではない．それ以上に，次のことを示すよう導くのである．すなわち，文化，規範的で全体的な帰属，宗派的なつながり，アイデンティティ要求など，宗教的なものがこれらの語彙のいずれで定義されるかによって，個人やグループに対して行使する支配の様態も異なり，社会的紐帯の形成への影響も異なるということである．そして，その紐帯の共同体主義的性格は，そのつど問い直されなければならないのである．

参考文献　BOUGAREL X., « État et communautarisme en Bosnie-Herzégovine », *Cultures et Conflits*, n° 15-16, 1994, pp.7-47. – JAFFRELOT Ch., « L'État face aux communautés », *Cultures et Conflits*, n° 15-16, 1994, pp. 3-6. – JAFFRELOT Ch. (éd.), *L'Inde contemporaine. De 1950 à nos jours*, Paris, Fayard-CERI. 2006. – LANGFRIED J., *Contre le communautarisme*. Paris, Armand Colin, 2007. – « *Le Communautarisme : vrai concept et faux problèmes* », colloque Géode (université de Paris-X-Nanterre) et Sciences po (Cevipof), sous la direction de DELANNOI G., TAGUIEFF P.-A. et TRIGANO S., 5 février 2004. – PANDEY G., *The Construction of Communalism in Colonial North India*, New York, Oxford University Press, 1990. – PICARD E., « Les habits neufs du communautarisme libanais », *Cultures et Conflits*, n° 15-16, 1994, pp. 49-70. – RAWLS J., *A. Theory of Justice*, Cambridge, MA, Harvard University Press, 1971, traduction fr., *Théorie de la justice*, Le Seuil, 1987.（ジョン・ロールズ『正義論』川本隆史・福間聡・神島裕子訳，紀伊國屋書店，2010 年）– SCHNAPPER D., *La Relation à l'autre. Au cœur de la pensée sociologique*, Gallimard « Essais », 1998 : « Renouveau ethnique et renouveau religieux dans les "démocraties providentielles" ». *Archives de sciences sociales des religions*, n° 131-132, 2005, pp. 9-26. – TENZER N., « Le communautarisme contre la communauté ? », *Le Banquet*, n° 7, 1995/2. – VAN DER VEER P., *Religious Nationalism : Hindus and Muslims in India*, Berkeley, University of California Press, 1994, – WALZER M., *Spheres of Justice. A Defence of Pluralism and Equality*, Oxford, Basil Blackwell, 1983.（マイケル・ウォルツァー『正義の領分――多元性と平等の擁護』山口晃訳，而立書房，1999 年）– WIEVIORKA M. (éd.), *Une société fragmentée ? Le multiculturalisme en débat*, Paris, La Découverte, 1997.

レジーヌ・アズリア Régine Azria

〔鈴木順子訳〕

→ 国家，宗教的マイノリティ，宗教の民族化・人種化，多元主義，ディアスポラ，文化（としての宗教）

儀礼（儀式，儀式性）
RITE（RITUEL, RITUALITÉ）

人間科学の用語法の外部では，儀礼の概念は，宗教的なものと関わって，われわれの文化に土着のカテゴリーである．ロベールの『フランス語歴史辞典』によれば，この語は，フランス語におけるその登場以来，式典，祭祀，宗教の典礼によって定められた身振りを意味してきた．後代になってからの比喩的な意味としては，「規則的な，変わらない実践のすべて」を指すこともあった．最後に，民族学に結びつけられた専門的な意味にも触れておく．「聖なる，あるいは象徴的な性格を持つ，規則的な実践」．実際のところは，儀礼ないしは儀式という語には，動物行動学の用法（コミュニケーションとして重要な一連のステレオタイプの行動，たとえば「求愛行動」といった意味で），精神病理学の用法（強迫的かつ反復的な行為という意味で．フロイト〔Sigmund Freud〕「強迫行為と宗教儀礼」を参照のこと），社会学の用法（相互作用の調整を可能にする慣習的な行動という意味で．ゴッフマン〔Erving Goffman〕『儀礼としての相互行為』を参照のこと）もある．

このようにさまざまな学問分野が，儀礼というこの同じ共通の概念を記述的なカテゴリーとしているのであるが，それは，行為者，行動，状況の性質に応じて，異なるタイプの条件，意味，機能を想起させる．ここでは，社会科学におけるこの概念の用法のみを取り上げることにしよう．この領域においては儀礼という語の本来の意味（「象徴的なもの」と「聖なるもの」への準拠が必須である）と，際限なく拡張された比喩的な意味とのあいだの緊張が，多くの曖昧さを引き起こす元となっている．

定義の試み

儀礼の遂行は，これを行う者の観点からすれば，あらゆる種類の目的を目指しうる．それはたとえば，情報を手に入れること（占い）であったり，自然（治癒，気候変動）や人格（社会的，道徳的ないしは形而上学的な地位の変化）や超自然的な実体に対して働きかけること（祭祀）であったりする．

これらの目的のいくつかは，同一の文化内でも，あるいはまた異なる文化においても，他の手段によって同様に達成することができる．儀礼に頼ることへの表面上の動機は，その遂行が副次的な効果――集団の構成員間に特別な相互作用を創出するとか，感動を呼び起こすとか，社会的役割を周知のものにするといった――を持つという事実と混同されてはならない．要するに，儀礼は一般に，それらが目指すものではなく，それ以外の，社会的ないしは心理的に大きな利益のある何ものかを獲得するのである．たとえば，たとえ雨が降らなくても，〔雨乞いのための〕行列は，政治的な（権威への信頼を補強するという）あるいは心理的な（希望を取り戻させるという）効果を持つだろう．

このような効果（望むと望まざるとにかかわらず，行為者が自分で意識しているか否かにかかわらず）はまさに現実のものであって，社会科学が儀礼の機能を問題にするとき関心を寄せるのも，このような効果に対してなのである．これらの効果を機能という観点から考察することは，個人的ないしは集合的な行為が，一般に儀礼に付与されている役割を果たしている場合には，しばしば，それらの行為に不当に儀礼という名称を与えることにもなりかねない．こうして，法的ないしは事務的な行為にすぎない学校の試験を，新たな地位への到達を保証するというだけの理由で，「通過儀礼」と呼ぶようにもなったのである．

このタイプの行為の表現的ないしは「象徴的」な価値を考慮に入れて，より厳密な意味を儀礼というこの概念に与えることも可能である．こうして，儀礼はしばしば神話に関連づけられて，多少とも様式化されたその演劇的再現の一種とされたのである．しかし，すべての儀礼が神話に対応しているわけではない．儀礼が意味論的な価値を持つということは，たいていの場合はそうであるとしても，それはこの行為様式だけの特徴ではない．それに，儀礼の意味が再現される場合においてさえ，この意味が当事者たちによって認知され，この儀礼を遂行しようとする動機ないしはその効力についての彼らの表象に介在しているかどうかは定かではない．

それゆえ，儀礼の定義をめぐる問題が由来するのは，研究を意図した観察者が，当事者たちの持つカテゴリーを考慮せずに行為を定義すべくこの概念を用いがちだという事実であるように思われる．このことは，ゴッフマンの場合のように，意図的な「カテゴリー・エラー」の領域に属しており，それは，われわれ自身の実践に対して「はるかなる視線」を導入することに向けられている．こうして，トランプの勝負，法廷の審問，歯を磨く行為といった多様な事柄を，儀礼的と呼ぶことができたのである．これらは，行為者の意識のなかでは，ゲームや，訴訟手続きや，あるいは衛生的な活動の領域に属する状況であろう．この同じ行為者が，他方で，キリスト教の洗礼，墓碑の下に花束を捧げること，誕生日のケーキの蠟燭を吹き消すことのなかに，儀礼を見いだすのである．

科学者は，このような常識的な基準とは異なる基準を持っているのだろうか．それは疑わしい．双方の場合において，同一のものとみなせる「儀礼性の指標」に基づいて判断が下されている．さて，儀礼的であるとみなされている状況や行動に特有のものは，ごくわずかしかない．われわれは儀礼的に語り，食べ，歩き，殺すことができるのだが，これらの行為それ自体においては，儀礼的ではない同様の行為とのあいだで目に見える相違を示しているものは何もない．その一方で，行為の儀礼性は，文脈ならびに遂行手順〔séquence〕の独特の構成から引き出すことができる．これらの情報は，まずもって行為者が接近しやすいものであり，彼らがなす行為の理由のなかに含まれている．それゆえ，行為者が知識なしに儀礼を遂行するという仮説は，まったくありそうにもない．行為者は一般に，自分が為すこと（祈る，聖体拝領，巡礼や供犠をする等）を語るための特殊な用語を持ち，自らの行動をより大きなカテゴリー（儀式，祭祀等）に結びつけ，独特のタイプの「脚本」を実践するのである．

手持ちの文献をみると，是非はともかくとしても，ある状況ないしは行為が，以下の特徴のうちの少なくとも一つを示しているときには，それは儀礼的と呼ばれている．すなわち，ある程度のステレオタイプないしは反復があること，修練を要すること，行為とその結果のあいだには曖昧な関係しか示されていないこと（こうして「象徴的行為」について好んで語られることになる），がそれである．別々に捉えられたこれら三つの特徴のうちの一つだけでは，ある行為が儀礼的であると明確に定義するには不十分であるとしても，その反面，ある行為の儀礼性が直感的に察知される場合にはいつでも，これらの特徴が結びついて見いだされるように思われる．しかし，形態論的観点から儀礼の遂行手順の定義を試みることによって，さらに先に進むことができる．

われわれの熟慮された行為様式は，たいていの場合，いわば「目的合理性」の領域に属しているのであり，われわれは目標の実現への寄与に応じて行為を調整する．この結果，ある複雑な目的への照準は，行為が遂行される順序を多かれ少なかれ決定することになり，われわれはこのような遂行手順のなかに余分な要素を含めないようにするのである．

儀礼は，二つの点でこのモデルに反している．儀礼的行為は，物質的な成功に寄与しなくても実際の遂行手順に組み込まれている（たとえば，パンを食べる前にナイフの先端で十字の印をつける）か，さもなければ遂行手順の流れ全体が恣意的かのいずれかである．実際，儀礼とはみなされない一連の有効な行為の順序と内容とは，目指される目標と因果的に両立可能な調整ならば受け入れることができるのだが，この調整が失敗した場合には，その行為は省かれ，あるいはうまく位置づけられないとみなされるのである．逆に，儀礼の成功は一般に，厳格な順序の尊重に結びついているのであり，各々の要素をなす行為の遂行を，最終的な結果（もしも結果があるのなら）の諸局面に，はっきりと分析的に結びつけることはできない．

ある実践の儀礼的性格は，文脈とのつながりが実質的には理由づけられていないということでも見分けられる．儀礼的なものを何も持たない行為（たとえば，クレープを作って食べる）でも，文脈の結果次第では儀礼的となる．《聖燭祭》〔Chandeleur〕のためにクレープを食べることは，この摂取が《聖燭祭》の「プログラム」の一部をなすことが知られている限りでは，儀礼的な実践なのである．クレープが，《聖母の清め》〔Purification de la Vierge〕や冬のまっただなかであることと意味論的な関係にあると想定する必要はない．この種の実践は，行為者が「慣習」によって正当化するものの典型であり，彼らは義務感情を抱きはするが，自分たちの通常の能力（あるいは目的合理性）を用いないので，その証明は回避されたままなのである．

それゆえ，慣習的に規定されたすべての一時的な遂行手順——儀礼的な性質を持つ，少なくとも一つの行為の要素を含んだ——を，儀礼，儀礼的な状況，ないしは儀式という語で呼ぶことができる．行為のこの要素は，文脈との実質的な整合性を持たないままに修得され，ステレオタイプにされたもの（あるいは実質的な内的整合性を持たない行為のプログラム）であって，それは手段として，目指される目的に対して経験的には証明できない作用を持つ，と想定されているのである．

この定義の複数の要素は，儀礼が実効性の観点からは正当化できない行為の遂行手順であるという事実に由来している．ステレオタイプ（身振りの些細な点へのこだわりにまで及ぶ）の存在は，実質的な整合性も検証可能な因果的効果も存在しないということによって説明されるのであり，自分が本当のところ何をしているのかを理解していなければ，人は教えられたことを繰り返す（あるいは繰り返していると信じる）しかない．目に見えるかたちでの修練は，この種のプログラムを手に入れる唯一の方法なのであり，いかなる実質的な合理性もそれ自体では，この局面を再現することはできない．最後に，儀礼の意味論的な価値も，それが存在するときには，同じ理由から説明される．効力の基準がない場合には，この価値が行為選択の動機づけをもたらすのである．

ここまで述べてきたことは十分解明の試みに値するのだが，しかしそれは儀礼が何であるかについて完全な定義を提供しようとするものではないし，儀礼的行為ないしは儀礼の効力についての理論を即断するものでもけっしてない．この理論はさらに展開することもできる．何よりもまず，儀礼的状況の特殊性へと関心の方向性を向けることができるのであり，かくして人物に対するのと同様，条件に対しても，儀礼的状況はきわめて特異なかたちで作用するのである．このようなアプローチは，ミカエル・オズマン〔Michael Houseman〕とカルロ・セヴェーリ〔Carlo Severi〕の分析——グレゴリー・ベイトソン〔Gregory Bateson〕の著作『ナーヴェンの儀式 *Naven*』〔1958〕に関する論評（1994）における——に近づく．実際のところ，彼らによれば，個別の行為様式——行為者間の「原則として相互に相容れない関係様式の組み合わせ」(1994, p.205)——こそが，儀礼を，それが別の面で持ちうる機能的，意味論的，実質的な属性以前に，本質的に定義づけるのである．

儀礼において何が起きているのか

儀礼——ここで問題となるのは，宗教的な祝典，政治的な儀式，サッカーの試合，民間の祝祭〔fête〕といったものであるが——において何が起きているのかを，アルベール・ピエット〔Albert Piette〕の議論（2003）を援用して検討することを通じ，儀礼的行為の性質を明らかにしてみよう．それによれば，儀礼は，日常生活の流れのなかで独特の時空を構成しており，二重のプロセスを含んでいる．なんらかのメッセージや日常的な社会的相互作用全体の脱文脈化と，これら同じメッセージや相互作用の，儀礼的な枠組に固有の論理による再文脈化とである．儀礼的なるもののこの中間的な位置取りは，儀礼的な行動の中心的な，しかしまた両義的でもある地位——というのもそれらの行動はこれを取り巻く二つのクラスの行動の性格を分かち持つことになるから——を含意しており，さらにそれは日常的な行動と儀礼的な行動のあいだの（対立や切断ではない）弁証法的な関係を含意し，そして最後に，儀礼的な行動の構造を決定するのに不可欠な制限と規則——それらの行動に割り当てられた時空の限界を超えないようにする——をも含意している．

儀礼的な枠組はつねに，二重のメタ・メッセージに結びつけられているのであり，これに基づいて儀礼的活動の遂行手順の構造化と行為者の主体的な参与とが説明される．第一のメタ・メッセージは「これは重要な何ものかである」というものであり，これは，儀礼において伝えられたメッセージないしは遂行された行為が，重要な，ひいては聖なる焦点に結びつけられていることを前提としている．それはまた，承認のメタ・メッセージに直接結びつくということもありうる．儀礼の次元はこうして，行為遂行的動詞——その発話行為が同時に，ある作用の実現を意味するような――にも匹敵する．行為と定式化された言葉の総体として，儀礼の次元は，これらの行為が遂行され，これらの言葉が発音されるならば，そしてそうされた場合にのみ，実現される．このときには，宗教的ないしは聖なる力，究極的関心が問題となっているのである．

第二のメタ・メッセージは「これはゲームである」というものであり，日常的な文脈におけるものとは異なるメッセージの明示的意味〔dénotation〕が根底にある限りにおいて，現実に対して否定的な性格を持ち込むことになる．ベイトソンによれば，ゲームは，否認によって規定された行動の総体を構成するのであり，しかしだからといってそれは，この否認によって否定された行動の等価物なのではない．この周縁領域においては，ゲームの領域をはみ出て続いて行われる日常的な行動というクラスに踏み入ることなく，またこのゲームの領域での行動のクラスに固有な成果を失うことなしに，儀礼の行動を極限まで追求することができる．

困難は，儀礼的表出におけるこれら二つの構図化の相互浸透――たとえその一方が他方に対して支配的な地位に立つことがありうるとしても――をよく理解することにある．この観点からすれば，儀礼の枠組が何よりもまず構成するのは，祝典なり象徴的な行為なりを有効化するプロセスではなく，むしろ，シニフィエの次元とシニフィアンの次元の不一致によって特徴づけられた記号論的なゲームなのである．そこに不一致があるのは，一方では儀礼行為が持つシニフィエの要素が，さまざまなシニフィアンが生み出す剰余領域――これはシニフィアンを，一つの自律したシニフィアン体系のなかに位置づけるものだが，この体系が，通常の意味のシニフィエの要素を否定する，あるいは括弧に入れるのである――に結びつけられるからであり，他方でシニフィアンの要素のほうは，こちらはこちらで，儀礼行為のシニフィアンが持つ暗示的意味〔connotation〕や連想されるさまざまな意味が織りなすプロセスのせいで，シニフィエの剰余領域へと結びつけられるからである．

この仮説に従えば，儀礼の二重の体系は絶え間ない弁証法的な関係において存在することになる．第一のメタメッセージの総体は，儀礼的なるものの純粋な形式に対応する理念的儀礼を構成する．これは，修辞的言語や，実践の際の実際のやり方などから抽出された，儀礼的なものの純粋な形式を指すが，儀礼を行う人びとの個人的および社会的経験に応じて，儀礼の意味が多義的となることは免れない．第二のメタメッセージの総体は，二次的儀礼ともいうべきものからなり，上記の理念的儀礼が示す一連の遂行手順に対して，ズレが出てくることもありうる．二次的な儀礼のレトリックの構造化は，列挙，反復，増幅，対抗によって特徴づけられる．カーニヴァル，儀礼としてみられたサッカーの試合，ミサの，歴然と異なる形態を説明するためには，枝分かれの仮説，すなわち複雑に絡み合った複数のゲームの下位区分――それらは，「メタ・コミュニケーション」という形式でそれぞれを表している――の仮説に助けを求めねばならない．「これは見世物である」と述べることは，まさに，見るべき何ものか――本来の意味における行為者と，彼らと相互作用を交わす観客の総体に対して，ある種の美ないしは荘厳さを示すが，しかしまた見世物的な雰囲気によって，ある種のいかがわしさを引き起こしもする――がそこにあるということを前提としている．「これは祝祭である」というメタ・コミュニケーションは，この枠組に組み込まれた身振りと態度とが，歓びと上機嫌から生じていることを前提としている．「これは競争のゲームである」というメタ・コミュニケーションは，結局のところ，自由で任意の行動空間を設定するための，特定のルール，役割，目標の総体を含意している．もとより，これらすべての構図化（公式機関によってルール化され，あるいは直接参加者によって有効なものとされた）が，すべての行為者にとって適切なわけではないが，しかしこれらの組み合わせは，儀礼化された表象の現代的形態を代表するものなのである．

このような構図化に特有の絡み合いは，どのようにして儀礼の内的な論理を構造化するのだろうか．ローマ教皇の歴訪とサッカーの試合という二つの例を取り上げてみよう．一方で，「儀礼的なもの」が，重要な，あるいは疑問の余地のないものとみなすこの真理とは何なのか．他方で，この儀礼化された真理を「ゲーム」はどうやって，またどのようなかたちで修正するのだろうか．

教皇の歴訪の祝祭的側面を意識しながら，われわれが強調するのはただ，「見世物化」の構図化のみである．そのような儀礼においては，儀礼化された真理は教会の教義である．壮麗な衣装，教皇だけが用いるさまざまな表徴，自らのうちに保持している歴史の重みが，教皇を諸他の人間から区別するのであり，その教皇によって宣言されることで，教会の教義は超越的な表明として提示される．しかしそれと同時に，教会の教義のこの構図化は，それ自体で見世物の演出に挿入されている．いくつかの最低限の言葉に限定された発言内容はあまり重要ではなく，それらの言葉への同意ないしは内面化の度合いは，この人物の特権的な姿――最高度のマスメディア技術に裏打ちされた演出による――に比べれば，ものの数ではない．

ここでは壮大な見世物の危険が生じうるのであり，確固とした超越的な真理に関してある種の疑惑が持ち込まれるおそれがある．このことによって，儀礼的なものに対するゲーム（この場合は見世物）の乖離に気づき，一部の人は「これは見世物にすぎない」と言うだろう．しかし同時に，この見世物のゲームは厳密にプログラムされており，群集のなかから選ばれた人物――たいていの場合は子ども，障害者，高齢者……——とのあいだに教皇が示す普通の人間としての関係によって，なんらかの思いがけないできごとが導き入れられるのである．見世物のゲームへの，このような亀裂の導入は，儀礼化された真理へと波及して儀礼と見世物の乖離を防ぎ，極端な場合には，見世物が儀礼の代用となるのであるが，しかしそれはむしろ，超越的な人物としての教皇の特権的な姿と，この世における救済の可能性の限界に関する主張とのあいだを揺れ動くゲームを生み出しているのではないだろうか．このとき教皇は，疲労も感じ，感情を持ち，あくびまでするかもしれない普通の人間として現れはしないだろうか．信仰の肯定と救済の可能性に関する懐疑とのあいだのこの揺れ動きは，否定的な反応が予想される疑問のモード（「儀礼化された真理などまだ存在するのだろうか」）よりもむしろ，儀礼の遂行が持つ独特の条件つきモード（「超越的な真理が存在するのかもしれない」）を導くのである．情緒的なインパクトが集合的な儀礼の成功を保証するのだが，それはこの条件つきモードを作動させた結果なのである．儀礼の実施は，このような二極間の揺れ動きを，両者を混同することなく，根本的に変化させるという結末をもたらすこともなく，可能にするのである．

サッカーの試合についていえば，そこに宗教的な形態（情緒の沸騰，身振りと声の明確なコード化）を求めすぎるならば，これらの集合的表示の特殊性を覆い隠してしまうおそれがある．ここでは，儀礼化された真理とはどのようなものなのだろうか．それはまた，共同体，町，地域，あるいは国にも帰属するのではないだろうか．ときとして情熱的な動機が染み込んだエンブレム，旗，叫び，歌は，チームへの同一化をサポーターに刻み込むことを可能にする．チームのスタイルも同様に，共同体とその存在のモードとを象徴することができる．しかしこの儀礼化された同一化は，ゲームという形式——そこでは，見世物的なものと祝祭的なものとがないわけではないが，「競争のゲーム」の側面が優位を占めている——を通じての新たな再構図化なしには理解することができない．この遊びの枠組こそが，最高のやり方でこの同一化を共同体に明示することを可能にするのであるが，そこに，社会や個人のありかた自体に変化や影響を及ぼす危険はない．こうしてサッカーの試合は，ほとんど供犠的な状況（挑発的なエンブレム，叫び，敵に対する死の約束，ライバルのクラブのユニフォームを収める棺を作ること……），成功の可能性を保証するためのある種の宗教的な態度（呪術的実践，偶像崇拝の仕掛け……）に近づいていくことになるのだが，そこでは，超越的な信念への関与や，そのようなものと宣言された儀礼への関与は受け入れられておらず，またスポーツの試合を離れた場所にまで，そうした応援の行為が影響を及ぼす危険はない．この「現実のはざまをなす」

〔interstitiel〕ような枠組は，こうして一種の社会的な力量を創出するのであり，それによって行為者は，特殊な規則と組織の体系に従って，接近することはできるが越えることのできない限界を知るのである．このように錯綜した構図化は，儀礼の遂行を，その本質そのものである二重の性格に従って構成する――半ばパロディ風で半ば悲劇風なやり方で，この混成に真に調整的な意味を与えるという条件で．この「現実のはざまをなす」ような時空においても，情熱の爆発と批判的な距離とのあいだの特徴ある揺れ動きという，教皇の歴訪と同様の事態が見いだされるのである．

こうしてアルベール・ピエットの議論によれば，集合的な儀礼は，「現実のはざまをなす」，一種の本物の社会契約として立ち現れる．それに基づいて，儀礼のなかの行為者は，それぞれの規則に応じて，二つのタイプの役割のあいだで揺れ動くことになる．儀礼的なものは，時空を「ダブルバインド」の場に変える．ここから，儀礼の諸行為の遂行手順と参加者の主体的参加意識がはらむ逆説的な性格が説明される．すなわち，ひとたび儀礼の場に入れば，ある態度をとることは必ずそれと逆方向の態度をとることにもなるのである．このダブルバインドの解決策は，たいていの場合どちらの方向にも極端まで赴かないことにある．しかし，そうではなく，この矛盾を激化させるという場合もありうる．たとえばイニシエーションの儀礼は，とりわけ恐怖とゲームの意識とのあいだの揺れ動きによって特徴づけられる強度の情緒的状態において，試練を受けている主体に対して，手がかりがまったく見失われるほどに相反する命令を次々に加えてくる．認知的であると同時に感情的なこの困難が，イニシエーションの忘れがたい性格の起源にあるのであり，またそれが，イニシエーションを受ける者のアイデンティティを揺るがせてしまい，そうすることで，参加者を変形させる力を持つのである．

なぜ儀礼なのか

それゆえ，儀礼的な行為の形式は，ここまでのところで明らかにされた特質からみるならば，儀礼が人びとに及ぼす特別な効力の源泉をなしているように思われるのである．儀礼の持つこの力の，また儀礼の諸他の属性の直感的な認識は，いまや，儀礼の社会的ないしは心理的な諸機能についての古典的問題と関連づけることができる．

『宗教生活の基本形態』（1912）のなかで，デュルケーム〔Émile Durkheim〕は，集合的な儀礼に対して，個々の実存の経験と共同体の力への接近を可能にする能力を認めている．歴史諸宗教の使命は何よりもまずここにあるのだが，しかしデュルケームは同様に，儀礼の世俗化〔sécularisation〕の可能性をも理解していた．彼によれば，宗教的なもののなかには「永遠なるもの」が存在しており，それはまさに世論に訴えかける能力を秘めている．社会の凝集への儀礼の寄与は，行為者の意識や意志の外部において有効となろう．しかしながら何人かの社会学者は，儀礼化が，とりわけ権力の演出とその結果としての人びとに対する情緒的な影響力によって，政治的な正当化のための完全に意識的な戦略になりうるという事実を強調する（Bell, 1992）．この種の社会的機能は，ピエール・ブルデュー〔Pierre Bourdieu〕によっても同様に，「制定の儀礼」〔rite d'institution〕の概念を通じて主張されている（Bourdieu, 1982）．にもかかわらず，儀礼の効力を実のところは十分説明せず，儀礼を実施する上での戦略的な焦点を確保するだけのためにこの効力を前提とするような説明に直面して，不満に感じる向きもあるかもしれない．

デュルケームのそれにも匹敵する心理学的ないしは社会学的な解釈によれば，儀礼は，よりよく統合し，秩序づけて，社会的凝集を保証すべく，絆を締め直し，規律づけ，活気づけ，あるいは誘導するのである．人類学者ヴィクター・ターナー〔Victor Turner〕の著作は，儀礼を秩序，伝統，意味へと結びつけるこのような分析の典型である．その「社会劇」（social dramas）の図式（以前の役割からの分離の局面，不確定の局面，ついで新たな役割への再統合の最後の局面を含む通過儀礼の図式に着想を得た）において，V・ターナーは，「再定着」の局面（規則に対する破棄の局面ならびに社会的凝集の危機の局面の後の）が持つ社会安定化の重要性を強調している．こうして儀礼的なものは，その劇化と象徴化の能力によって社会秩序を復元し，文化ないしはコスモスにおける個人の位置を回復させうる現象となるのである．

実際のところ，首尾一貫した新たな形式で儀礼それ自体を回復させるよう仕向けるのは，矛盾し対立するコンテクストの並置によってもたらされる儀礼上の人物像の両義性なのである．ターナーは同様に，儀礼――その身振りと対象とは，最終的には「社会的」なものへと立ち返らせる意味の総体に結びつけられている――の象徴的次元をも強調している．彼は，その多義性によって特徴づけられる象徴の意味論的構造，すなわち複数の指向対象と意味――文化体系のさまざまな局面についての効果的な表象を可能にする――の総体に立ち返らせる象徴に言及している．象徴的対象の，情緒的かつ集合的な性質は，社会システムにとっての機能的な影響力の根底にあるものであり，それは，個々人にとって義務であるものを，当人が望むものに変えていくのに役立つ．それゆえ，この種の理論は，儀礼の効力と一貫性――社会構造の維持に役立つ全体性，日常生活に対立する未分化の全体性，意味の総体に立ち返らせる象徴的な全体性，行為を実現させる変換力としての全体性――にアクセントを置くものなのである．

このような視角から理解されるのは，儀礼（たとえば治療のための）は，ある人物に対して，それが，彼に起きたことを象徴的に理解させる，あるいは彼のアイデンティティを再構成する手段を供給する限りにおいて，現実の効果を持ちうるということである．そのようなものが，本質的な点で，クロード・レヴィ＝ストロース〔Claude Lévi-Strauss〕がその論文「象徴的効果」において発展させた観点なのであり，たとえばシャーマンによる神話の儀礼化された朗唱は，出産を容易にすることを効果としており，朗唱される物語の諸局面は生理的プロセスの一種のメタファーを構成するのである．

いずれにせよ儀礼の効力への確信は，まずは先住民全体にとっての確信であって，稀には，民族学者もこれを信ずることもあるが，それでも学者は，副次的効果という観点でしかこの効力を理解することができない．多数の場合において，儀礼は自然の現実（天候，豊かな収穫等）への作用に役立ったとみなされるのであるが，われわれの目からすればそれは不可能である．言い換えるならば，儀礼は，「反直感的な」（cf. Boyer, 1997）プロセス――たとえば，敵の軍隊から守るのに，この目的に実際に適した手段をまったく用いないといったような――への信念を前提としている．このような呪術の世界や宗教との近しさは，祖先や神々といった超経験的な実体に働きかけることに向けられた儀礼においては，明白である．したがって，儀礼と宗教とのあいだの関係という問題について，若干の説明が必要となる．

宗教的な思考は，諸実在の異なる次元（われわれの文化では超自然的なもの）を世界のなかに導き入れるのだが，それはある意味ではわれわれの通常の知識の諸原理に反している．ところで，これらの実在はまさしく，儀礼すなわち「非日常的な」行為様式によって多少とも独占的に取り扱われることが想定されている――たとえば祈りは，メッセージの受け手がまったくいないなかで遂行されるコミュニケーション的行為である．行為者にとって，彼自身の儀礼的行為に合理性を付与する唯一の方法は，自らの行為を正当化する反直感的な実体が存在している世界を仮定することであり，それ以外は不適切である．こうして，耳を傾けてくれると想定される神に向けられたときから，祈りには不条理なものはまったくなくなるのである．

しかし通常の聞き手とは異なるこの存在はいかなる空間的な制約にも縛られず，その記述は必然的に反直感的な言表を含むだろう．それゆえ宗教的な儀礼は，「超自然的な」実体への信念を前提としているのであるが，それはまた，これらの実体の想起を容易にすることによって，この信念を形成することにも寄与しているのである．したがって，宗教的実践が，儀礼的な定型表現に大きく依存するものだ，ということも理解される．われわれの日常経験に適用される法則に背く存在との相互作用のために，これらの法則に違反する行為それ自体が遂行されるのである．こうして儀礼は，半ば機械的な，それゆえ倫理的ないしは霊的次元からは独立した——その反面宗教的態度には結びついているのだが——，固有の効力に依拠しているとみなされることになる．

より「霊的」であることが望まれる宗教側からは，「慣習化された」諸実践に反対して，儀礼主義や呪術主義との非難が繰り返されることになるが，これは宗教と呪術とのこの隔たりを力説するものである．宗教のこの純化作業は，イザンベール〔François-André Isambert〕(1979, p. 61）によれば，ユダヤ教，キリスト教，イスラームにおける宗教的な領域の構造それ自体の本質をなすものとして，指定されている．彼は次のように述べている．「われわれは，宗教体系の只中で，以前は受け容れられていた行為様式と思考様式の一部を不確かなものとして排除するという欲求を発展させるダイナミズムのことを，〔宗教〕改革と呼ぶのである」．儀礼的行為は，宗教の実践におけるその中心的な位置にもかかわらず，改革者たち——ユダヤの預言者や16世紀のキリスト教の宗教改革の指導者——によって真っ先に槍玉に挙げられたのであった．

空虚な形式主義に対する同様の懐疑は，おそらく今日でも，多くの「俗なる」〔非宗教的な〕儀礼に，それらが宗教的な儀礼と同一視された瞬間から，襲いかかる．兵舎の中庭に掲げられた旗に敬礼すること，誕生日のケーキの蠟燭を吹き消すこと，二つの例を取り上げたにすぎないが，それらは間違いなく儀礼的な行為なのであり，国家の象徴に対して尊敬を表すことに，また人が一定の年齢に達したことを公に示すことに向けられている．これらの行為はそれ自体で，「なにがしかの国家に属している」あるいは「何歳かになった」という意味を容易に想起させる．たとえこれら二つの呼称が実質的な（特定の職業の資格がある）あるいは法的な（市民権，年齢に結びつけられた地位）含意を持ちうるとしても，これを儀礼的に喚起することは，権利ないしは能力という観点からなされたあらゆる定義を超える意味を暗示しているのであり，これに存在論的次元を付与するのである．しかしこの次元は，そうした形式的規律に対する政治的告発（旗への敬礼の場合）の後では消え去ることもありうるのであり，あるいは誕生の儀礼に対しては，実践が単なる遊びの局面だけに還元されてしまうこともある．

いずれにせよ，儀礼に対する告発あるいはそのゲームへの参加の拒否は，この種の行為が，その特殊な性格ゆえに受けることもありうる帰結の一つであることに変わりはない．儀礼というものの逆説的性格，その不透明さこそが，実践者に対する儀礼の効力，象徴の世界や宗教の領域内で儀礼が占める位置，生のありかたを合理化していく趨勢に対する儀礼の脆弱さ，これらを同時に説明する理由なのである．

参考文献　BELL C., *Ritual Theory, Ritual Practice*, New York-Oxford, Oxford University Press, 1992. – BOURDIEU P., "Les rites d'institution", in *Ce que parler veut dire*, Paris, Fayard, 1982, pp. 121–134.（ピエール・ブルデュー「制定の儀礼」〈『話すということ――言語的交換のエコノミー』所収〉稲賀繁美訳，藤原書店，1993 年）– BOYER P., *La religion comme phénomène naturel*（*The Naturalness of Religious Ideas*, 1994）, Paris, Bayard, 1997. – DURKHEIM É., *Les Formes élémentaires de la vie religieuse*, Paris, Alcan, 1912.（エミール・デュルケーム『宗教生活の基本形態――オーストラリアにおけるトーテム体系』上・下，山﨑亮訳，ちくま学芸文庫，2014 年）– FREUD S., "Actes obsédants et exercices religieux"（Zwangshandlungen und Religionsübungen）[1907], in *L'avenir d'une illusion*, Paris, PUF, 1971（ジークムント・フロイト「強迫行為と宗教儀礼」〈『フロイト全集 9』所収〉籏泰三訳，岩波書店，2007 年）– GOFFMAN E., *Interaction Ritual. Essays on Face-To-Face Behavior*, New York, Harcourt, Brace and Company, 1967, traduction fr. d'A. Kihm, *Les Rites d'interaction*, Paris, Éditions de Minuit, 1974.（アーヴィング・ゴッフマン『儀礼としての相互行為――対面行動の社会学』[新訳版] 浅野敏夫訳，法政大学出版局，2002 年）– HOUSEMAN M. et SEVERI C., *Naven, ou le donner à voir*, Paris, CNRS/MSH, 1994. – ISAMBERT F.-A., *Rite et efficacité symbolique*, Paris, Cerf, 1979. – LÉVI-STRAUSS C., "L'efficacité symbolique" [1949], in *Anthropologie Structurale*, Paris, Plon 1958.（クロード・レヴィ＝ストロース「象徴的効果」〈『構造人類学』所収〉田島節夫訳，みすず書房，1972 年）– PIETTE A., *Le Fait religieux*, Paris, Economia, 2003. – TURNER V., *The Ritual Process. Structure and Anti-Structure*, Chicago (Ill.), Aldine Publishing Company, 1969, traduction fr. G. Guillet, *Le Phénomène rituel. Structure et contre-structure*, Paris, PUF, 1990.（ヴィクター・W・ターナー『儀礼の過程』冨倉光雄訳，思索社，1976 年，[新装版] 新思索社，1996 年）

ジャン＝ピエール・アルベール Jean-Pierre ALBERT,
アルベール・ピエット Albert PIETTE
〔山﨑 亮訳〕

→ 供犠, 犠牲，ジェンダー，宗教の人類学

供犠，犠牲
SACRIFICE

供犠という儀礼的実践は，多くの人間社会に共通している．だが，実践の形態はきわめて多様で，実践の基盤にある信仰も非常に多様である．それでも，それらをいくつかの共通の特徴にまとめてみることができよう．まず，一般に儀礼行為が刻

み込まれるのは，（人間あるいは動物の）身体である．次に，実践の形態や信仰は，聖と俗のあいだにどのような関係を打ち立てるのかに対応している．そして，それらは社会的，政治的，宗教的，倫理的，形而上学的などのさまざまな要請に応えるもので，そうした要請はより広範な表象体系（コスモス／全体論）における人間の地位に関係している．

供犠の研究は，人類学の問題系において初期から重要な位置を占めてきた．それはこの儀礼的実践が，われわれが「太古の」〔archaïque〕と形容してしまう社会と，われわれ西洋の表象の双方に共通のものだからであろう．2000 年にわたって西洋の表象を組織してきた軸は，人びとの罪を償うための贖いに供されたキリストという犠牲の観念にほかならない．

供犠についての初期の理論

このような比較の関心は，人類学者たちの研究の初期段階から認められる．エドワード・バーネット・タイラー〔Edward Burnett Tylor〕は，進化論的なモデルを作り上げ，供犠の起源を，宗教的表象の最初の形態であるアニミズムにまで遡らせた．それは人間的な性質が認められる神々に対して供される贈与と奉献という段階を経て，自己を犠牲にする観念の出現にまでたどり着き，キリストの犠牲が宗教的観念の究極的表現であるとされた．ユダヤ社会とイスラーム社会の専門家ウィリアム・ロバートソン・スミス〔William Robertson Smith〕は，トーテミズムを宗教生活の基本形態とする別の観点から一神教の実践を捉えた．そして，供犠の儀礼は人間と神々とを結合するトーテムを食することから生じたのだと論じた．

このような供犠の儀礼の解釈と手を切って真の比較研究の道筋をつけたのは，アンリ・ユベール〔Henri Hubert〕とマルセル・モース〔Marcel Mauss〕の功績である．彼らは，おもにヴェーダのインドを取り上げながら，一連の事実を関連づけ，（償いや贖罪など）多様なケースを統合する供犠のプロセスの普遍的な図式を定義し，それらに共通の形態を見定めようとした．「供犠とは，俗なるものが，犠牲者を媒介にして，聖なるものと交流するための手段である」(Hubert et Mauss, 1968, p. 16).

供犠の儀礼は，供犠執行者を聖化し，聖なるものとの融即の状態をもたらす犠牲者を破壊して奉献し，俗なる状態に戻る，という三重の運動に基づいている．この基本型は，別の用語で再解釈されることもあったが――リュック・ド・ウーシュ〔Luc de Heusch〕の用語でいえばむしろ人間的空間と非人間的空間の結合と分離の運動（1986）ということになる――供犠の儀礼に関する発見的価値の高いアプローチを可能にした．けれどもそれは，数多くの批判も巻き起こした．強調されたのは，人類学者が供犠という言葉で一括りにする実践は，実際には多様だということである．

供犠を定義する

そうした批判が互いに矛盾する場合もあることを，認識しておく必要がある．エドワード・エヴァン・エヴァンズ=プリチャード〔Edward Evan Evans-Pritchard〕は，ユベールとモースの本の最初の英語版に序文を書き，南スーダンのヌアー族における牛の供犠について多くの紙幅を割いて論じている（1956）．詳細な民族誌学的観察をもとに，彼は多くの点でユベールとモースの分析を補っている．ヌアー族において，供犠とは牛を飼育する根本的かつ最終的な目的である．よく知られている他の事例と同じく，動物を殺す（そしてその肉を食べる）ことが許されるのは，供犠の文脈においてのみである．神話によって超自然な起源を持つとされているこの家畜は，婚時贈与ないしはその他の機会において，人から人の手に渡り，社会関係を基礎づけるだけでなく，人間と超自然的なものとの関係をも基礎づけている．この家畜を獲得することによって，最初に築かれたコスモス的秩序も再建されるのである．「この家畜は，人間が神的なものとの交流に入るための手段である（……）．（……）知覚可能なものと超越的なものをつなぐ絆である．こうした役割を果たしながら，この家畜は一人の人間とその家族の身を不幸から守る．この家畜は世の始まり以来，困難にあった祖先たちを助け，各世代において同様の犠牲の奉仕をしてきた全体的な一群と理解されている」（Evans-Pritchard, 1956, p. 27）．

このように，単系出自で環節型のヌアー族の社会組織は，単線的な系譜によって規定されているのと同じく，社会集団の性質を規定するこれらの集団的供犠を実行する必要性によっても支えられている．しかしながら，エヴァンズ=プリチャードは，脱神聖化の瞬間においては個人的な供犠が存在すると述べて，ユベールとモースのモデルとは一線を画している．それは個人を浄化する儀式で，チュオル（cuol）〔損害を補償する〕の概念と結びついているが，エヴァンズ=プリチャードはこれをキリスト教的な罪の概念に近づける．

古代ギリシアの供犠に関してマルセル・ドゥティエンヌ〔Marcel Detienne〕とジャン=ピエール・ヴェルナン〔Jean-Pierre Vernant〕が著したテクストは，供犠をめぐる省察がもう一つの重要な発展を遂げたことを示している．古代ギリシアにおける「供物的料理」は，聖と俗の観念というより，儀礼の肉を分かち合う考えに基づいている．この分有の観念は，人間と神々を区別し，人間には肉を食べる者たちの共同体としてのポリスという認識のモデルを提供する（1979）．この観念の対応物は，人間の活動のさまざまな領域において見いだされることになるだろう．政治的生活はもちろん，法や修辞学などに関してもそうである．供犠の拒否は，供犠を行っていない生肉を食べるのと同じように，非社会性のしるしであり，ポリスの周縁に自らを位置づける意志の表明を意味している．

ドゥティエンヌは強調する．ユベールとモースはヴェーダにおける最高神の供犠を特権化しつつ，それを多かれ少なかれ意識的にキリスト教における神の犠牲と同一視し，自民族中心主義をさらけ出している．それだけではない．ユベールとモースは，クロード・レヴィ＝ストロース〔Claude Lévi-Strauss〕によって脱構築される以前の「トーテミズム」さながら，一つの人類学理論に収まり切らない雑多な事象を十把一絡げにする「昨日の」思考カテゴリーに囚われている．レヴィ＝ストロース自身も，『野生の思考』（1962, p. 302）においては，この方向をさらに突き進んだ場所にはまり込んでいた．現にレヴィ＝ストロースは，供犠の思考を「特殊で良識を欠いた言説」であるとし――その理由は代理の原則に基づいているからだと言う（レヴィ＝ストロースは家畜が手に入らないときにはキュウリを供犠に用いるヌアー族の事例を〔エヴァンズ＝プリチャードから〕引いている）――それを分類の思考の厳密さに対置している．分類の思考が厳密なのは，象徴的なものと社会的なもののあいだにはさまざまな系列の不連続があることを前提としているからで，それが「具体の科学」であるところの「野生の思考」の固有性だというのである〔以上，ユベール，モース，レヴィ＝ストロースに対するドゥティエンヌの批判である〕．

このような厳しい評価を，後の研究が追認したわけではない．それどころか，インド学者たちは，ヴェーダにおける供犠の研究が提起した問いを再び取り上げ，ヴェーダの供犠は，複雑なコスモス的また超越的な次元というより，「現世の調理」（Malamoud, 1979）の範疇に属す事柄なのだと論じた．確かに，神的なものの原初の身体を解体することを通じてコスモスを樹立することは重要だ．だが，コスモスの樹立とは，創設と破壊の絶妙な弁証法のうちに供犠の行為を捉えることでもあり，そこでは最も日常的で，超越的な媒介物からは最も隔絶した実践がなされている．ミクロコスモスないしマクロコスモスとしての動物的，人間的，神的な生きた身体という「インド＝ヨーロッパ的な思考」においては，一般に供犠の儀礼の中核に位置しているのは観念である．

供犠の儀礼は，古代ギリシアではプロメテウスの散文的な神話において再び現れた．この神話においては，ドゥーロス（doulos）〔奴隷〕の状態に置かれながら，神々と人間たちとが騙しあい，相争うさまがみられる．ここには，神々と新たな空間との隔たりが示されている．新たな空間を与えられた人間の活動は，「政治的なものと法」対「儀礼」,「哲学」対「神話」という形態で発展していくが，そうした活動の儀礼的な枠組が再検討に付されることはない．ローマの供犠的儀礼に関する近年の研究は，ウルプス（urbs）〔都市〕の諸事を取り仕切り続ける儀礼と，その根拠を正当化しているコスモス的表象とのあいだの深い断絶を，いっそう強調するものとなっている．「行うときには，信じている」と，ジョン・シェード〔John Scheid〕は，ローマ人の供犠の儀礼に関する研究において正当にも結論づけているが（2003），これらの儀礼は，都市が永続するために，緻密で責任のある配慮とともに遂行され，反復されるということのほかには，正当化の術を持たないのである．

アフリカは，供犠研究のもう一つの特権的領域をなしている．それはフランス社会学派の伝統に位置づけられるものだが，ドゴン族に関するマルセル・グリオール〔Marcel Griaule〕の業績にも多くを負っている．ここ数十年に公刊されている研究は，これらの影響について報告している（Heusch, 1986 ; Cartry, 1987）．それは確固とした理論的選択によるものだが，著者たちの新しい民族誌学的アプローチに基づくものでもある．民族誌学的観察は機能主義学派に負うところが大きいが，そこにはアフリカ的な「思考体系」を復元しようとする意志もある．それがグリオールを参照するアフリカ学派の研究の根底に横たわっている．このような研究態度を特徴づけているのは，人類学理論に対する一種の警戒心と，民族誌学的事象を文化的および認識的な文脈に位置づけ直そうとする配慮である．このことに実際に成功したのだろうか？

ヌアー族に関するエヴァンズ＝プリチャードの研究について，「個人的な供犠」という概念にはキリスト教から着想を得ている節が認められるとリュック・ド・ウーシュが批判したのは正しい．そしてウーシュは，この枠組のなかで進められた研究を最も大胆な仕方で綜合することを試みた．だが，彼がイギリスの人類学者〔エヴァンズ＝プリチャード〕に向けた非難を，彼自身が免れているとは思えない．ウーシュに帰すべき功績は，レヴィ＝ストロースがいささか冷淡にすぎるやり方で主張していたことに抗して，「供犠の思考」には世界の秩序を組織する能力があると示した点にある．ドゴン族の事例こそが彼をそのように駆り立てたのである．「供犠の思考」は，それに依拠する社会がコスモスとのあいだに保つ認識的および象徴的な関係を，さまざまな様態において切り盛りすることができるとウーシュは論じた．彼はアフリカ学のデータを総体的に解釈するにあたって，幅広い展開を見せる供犠の儀礼を二つの極を設けて区別した．〔一方の極にある〕「家庭内の供犠」には多様な形態があるが，代表的なのは「供物の料理」で，犠牲に供される身体のミクロコスモス的次元に説明の焦点が当たる．もう一方の極にあるのは，聖なる王やドゴン族の重要な神オゴの供犠である．それはヴェーダやキリストの供犠や犠牲の場合と同じように，供犠の儀礼を世界の秩序全体を表象する体系へと開くもので，無限に新しく繰り返される「供犠の負債」の基礎となる．

動物は考察し禁止するのに適している

キリストの犠牲という進化論的な見方における到達点との関係からもっぱら定義される供犠の図式ではなく，それでいてキリストの犠牲の本性をも説明できるような供犠の図式のモデルを考えることは可能だろうか．1世紀以上も前にユベールとモースのテクストが提起した問題は，丸ごと残ったままである．それでも「供犠の思考」は，「分類の思考」のさまざまな形態と同じように，象徴的なものと社会的なものを豊かに媒介し，社会生活を組織し運営することができるようなものだとは指摘できる．「供犠の思考」は，十分に普遍的なやり方で，生きている動物の身体的および生物学的な特徴に基づいている．生きている動物の定義は，人間の身体のみならず，神的なものやそれに代わる者（聖なる王など）の崇高化された身体をも含む．動物は人間的なものに近づくさまざまな特性を持っているので，「考察し禁止するのに適した」存在として姿を現すことになった．とりわけ「家庭内の」動物〔家畜〕の場合がそうである．そこから一般的な教訓を引き出そうとするならば，その道筋は豊かな可能性に満ちているが，矛盾する問いをも引き起こす．

供犠の儀礼は，動物を家畜にしている社会においてしか発展しないのだろうか．アンドラース・ゼンプレーニ〔András Zempléni〕は，この観点から狩猟採集民の社会のシャーマン的な思考と，多くの農業畜産社会に見いだされる供犠の図式とを対置している（Cartry (ed.), 1987, pp. 267-317）．ただしこの供犠の図式は，ウーシュがアフリカの「供犠的狩猟」（1986）に言及しているときなど，野生動物にまで拡張されることがある．では，意図が認められる供犠と，動物に死をもたらすことに断じて無頓着ではないことを強調する儀礼的な畜殺とは，コスモス的な次元に鑑みて，区別すべきなのか．これが同著におけるカルトリ〔Michel Cartry〕の立場である．古代ギリシアの専門家ウィリアム・バーカート〔William Burkert〕が採用するのもこの立場である．バーカートは供犠の普遍性を，狩猟採集民の社会における「儀礼的殺害」（ritual killing）の実践に基礎づける．人間であれ動物であれ，生きものに死をもたらす場面において遂行されなければならない殺害の儀礼は，こうしてカタルシスの文脈を表象することになるだろう．そこから供犠の思考が生まれてくる．

供犠の普遍的なモデルの観念が再び登場し，それをキリストの犠牲と関連づけようとする誘惑もまた生じてくる．この方向を最も先まで突き進んだのがルネ・ジラール〔René Girard〕で，彼は人間が生まれつき持つミメーシス的欲望と，心理学的および認知的な前提をもとに，始源の暴力が「贖罪の山羊」に転換すると論じた(1972).「贖罪の山羊」とは，人類が思い描くことになる最初の生け贄であり，それはキリストの犠牲に関する近代的な思考の樹立に先立ち，キリストの犠牲はこの創設的な暴力の最終的な乗り越えなのだとジラールは言う．このように考えると，近代的な思考についても，供犠の理論についても理解が深まるが，供犠の実践をめぐる省察の領域の枠づけが広いかたちでなされているのである．

生け贄の身体

キリストの犠牲と近代におけるその数々の変成についての問いに立ち戻る前に，人間であれ，動物であれ，神的な存在であれ，生きている生け贄の身体に供犠の実践が普遍的に刻み込む痕跡について考察するのは有用だろう．確かに，ほかにもたどるべき道はあるだろう．人身供犠の意味，とりわけそれとカニバリズムとの関係は，人類学の理論ではあまりきちんと扱われてこなかった．あるいは供犠を，より広範な奉納の体系のなかに位置づけることもできるだろう．奉納は，植物の生産物にも「太古」および近代の貨幣にも関係がある．だが,「考察し禁止するのに適した」生きている身体を参照することでこそ，私たちは最も発見的な仕方で，地域に応じた供犠理論の多様性とそれにともなう信仰の多様性を理解していくことができる．

「供物の料理」から「現世の調理」まで，文化的な形態は多様だが，生け贄の身体は世界のコスモス的な表象である．それは儀礼のなかで打ち立てられる類似性の作用を通じて表現される．東アフリカの「畜牛の民族」(cattle people) として知られるマーサイ族においては，この動物の身体はイコンのように機能しており，肉体の諸要素——血，脂肪（肉が変化し「精錬された」形態とみなされている)，胆汁，糜汁——には，自然と社会の秩序に対応する明確な機能が与えられている．畜牛そのものは草と水からできていて，これらの二つのアポロン的な要素は天上の側にある．これと対置されるのが火と岩で，この冥界の要素は鍛冶屋の恐るべき権力の源となる．供犠の儀礼においては，食卓をともにすること〔共餐〕が本質的な役割を果たしている．それによってコスモス的な目的を持つ同一実体性に基づく一体化がもたらされる．これは古代ギリシアにおける供犠，マグレブのベルベル人による饗宴，そして部分的にはキリスト教の犠牲にも見てとることができる．つまりキリストの肉と血を信者たちが分け合うのである．

キリスト教の犠牲が持つ意味は複雑で，一体化〔communion〕〔聖体拝領〕と分有の原理によっては汲み尽くすことができない．別の重要な原理に基づく意味もあって，それは人間と動物の身体の隣接関係と置換，そしてこの置換から生じる取り決めを強調する．このようなキリスト教の犠牲の側面は，一神教を規定している儀礼の図式と関連づけるとより明確になる．そこでモデルとなっているのは，アブラハム／イブラーヒーム（イスラームでの呼称）に求められた息子の供犠である．これが供犠の行為の祖型であり，先行する多神教のうちにその対応物を見いだすことができる．この主題に関しては，目下継続中の研究が新しい視点を提出している（Bonte et al., 1999）．

長男の供犠は，より一般的な初子の供犠（たとえばユダヤ教）に組み入れられることがある．だが東洋の壮大な神話は，男女の差異を還元不可能とみなすのが支配的な思考体系を打ち立てたとされる（Leach et Aycock, 1983）．そのような思考体系の枠組においては，長男の供犠は次のような本質的な問いに答えるものである．それは，どうやったら男（長男）が女から出てくることができるのか，そんなことをしたら原初のときに定められた男女の区別を前提とするコスモス的秩序が崩れるのではないか，という問いである．この本質的な問いのコスモス的な次元は，偶像よりも献身に関わるもので，一つの形而上学に通じている．長男の奉献は，かつては実際に人身供犠でありえたものだが，アブラハム的な主題においては，長男を代替するものの奉献となる．この主題は，関連のヴァリエーションと合わせて，われわれの関心を引きつけてやまない．人類創世の時代に位置づけられて，この主題は供犠の儀礼に「歴史的な」次元を与え，そこにおいて信者たちと彼らの神との協定つまり契約が結ばれた．それは預言者たちを媒介として更新され，ユダヤ教にあっては選ばれし民，キリスト教やイスラームでは神の啓示に浴した信徒たちの共同体とのあいだに結ばれた．

このような歴史性を持つ供犠の体制は，そのコスモス的な枠組を規定している預言の宗教に結びつけられている．それは，〔同じ〕アブラハム的な図式の異なる取り扱いに対応している．ユダヤ教の聖書の物語は，イサクを供犠に定められた息子としている．イサクは長男だが，それはアブラハムにとってではなく，母サラにとってである．アブラハムの異母妹であるサラは，いわば「女性」のアブラハムで，サラの息子イサクがイスラエルの共同体を建設するべく定められている．その後イスラームの伝統は，イブラーヒームと「女奴隷」とのあいだに生まれた長男イスマーイールを，供犠に付され，神との契約の更新に供される定めの生け贄として位置づけた．この供犠は毎年メッカへの巡礼とアル＝イード・アル＝カビール（al-ʻĪd al-Kabīr）の祭のときに象徴的に再現され，ウンマ（umma）の形成に役立っている．

ウンマ〔母の意味がある〕とは，信者たちの共同体で，「男性的な」価値に基づいている（父と息子の関係は自明ではなく，誕生の供犠〔子どもが生まれて7日目に羊か山羊の喉を切って供犠に付す〕の折に再確認し直さなければならない．このもう一つの供犠の形式は，預言の証である預言者ムハンマドの言行を再現するスンナ（sunna）の義務に則っている）．ウンマはまた，神への服従（イスラームという語の意味である）に基づいているが，この服従は最初から確立されている（人間はみなイスラーム教徒として生まれ，人間が異なった信仰を持つのは教育と文化によるものとされる）．キリスト教の犠牲にもこの基本的な図式の特徴が認められるが，キリスト教においては男性の（父なる）神の息子が供犠の実際の生け贄となる．キリスト教の犠牲は，共餐的，同一実体的，一体化的な全体性の表象をあらためて供犠の思考のうちに組み入れながらも，その全体論的な次元を超える新たな表象へと通じており，共通の図式を複雑化している．

以上，身体の供犠の位相をさしあたり描き出してみたが，供犠の実践を組織することができる象徴的な表象の豊かさを，これで汲み尽くすことができたわけではない．たとえば，憑依やトランスも，供犠の儀礼化と聖なるものとの交流の一形式であると論じることができる（Zempléni in Cartry, 1987）．憑依やトランスは，世界各地にある憑霊信仰に特有のもので，しばしば流血の供犠と結びついている．一神教的な供犠の概念の周辺にあって，その概念には収まらないところがある．それは個人を，つまり特殊な技術（トランス，音楽と香料による知覚神経への刺激，供犠の血の使用）によって「憑依され」，「訪れを受けた」人間の身体を，神的なものと部分的に同一視することに基づいている．「生きている存在を典礼によって変質させることは，動物供犠と憑依儀礼とに共通する作用である」（Zempléni, 1987, p. 268）とゼンプレーニが結論づけているように，この二つの儀礼の側面は密接に結びついていることが多い．

ピエール・ボント Pierre Bonte

〔石川学訳〕

儀礼の彼岸――供犠に関するキリスト教的な表象と実践のいくつか

今日，「供犠の理論」を構築するのは困難であると思われる．これまで指摘されてきたように，従来の試みはとりわけキリスト教という参照の負荷に苦しんできた．キリスト教において考えられてきたキリストの犠牲は，供犠のモデルの最終到達点とはいえないにしても，事実上は一つのモデルの完成形態であり，それは儀礼とその基盤をなす表象の特別な発展形態と捉えなければならない．実際，キリスト教はユダヤ教の供犠に関する素材をさまざまな仕方で取り上げ直しては入れ替えており，それは置換の一般原則がキリスト教を特徴づけているのではないかと思えるほどである．キリスト教は，儀礼から血を流す場面を遠ざけつつ，供犠の外在的な表出であることが自明ではない現実を供犠的＝犠牲的なものと呼び続けている．

解釈上の力技の筆頭は，イエスの磔刑という懲罰を犠牲であるとする読解である．イエスの死に贖罪の射程を認めることは，負債の論理のなかに位置づけられる．原罪を刻み込まれているために死後の（post mortem）救済を得られぬ人類は，神であり人間でもあるという二重の性質によって求められる和解にふさわしい存在となった一人の犠牲者によって贖われるわけである．しかし，文字通り血が流れた供犠（この種の最後のもの）によって得られるこの贖罪には，条件がついている．贖罪の救済効果は洗礼を経てはじめて有効になるのであり，聖パウロは洗礼をキリストとともに死ぬことであると解釈した．換言すれば，象徴的なかたちで自分の生を犠牲にし，よりはっきりとわかる仕方で肉体の価値をある程度まで断念する者にしか救済はないのである．もちろん，このような断念（特に性的な含意がある）の実践の度合いは信者によってまちまちだが，禁欲，なかでも修道院生活において行われているような禁欲が，救済の最も確かな保証であるとされ続けてきた．

このような構築が行われた文脈とは，ユダヤ教の継承と排斥という二重の関係であって――これはしばしば非常に論争的なものである――そのことは草創期の文書にすでにうかがえる．この措置の核心部分にあるのが聖パウロの弁証論であり，彼は殺す文字と生かす精神を区別し，「肉体的な」ユダヤ教徒に「霊的な」キリスト教徒を対置した〔「コリントの信徒への手紙2」第3章第6節〕．かくして「魂の割礼」が身体の割礼を引き継ぎ，それは供犠そのものが「霊的な」ものになるのと同じだとされる．預言者たちが儀礼主義を批判し，神との契約への忠誠を表現するのに倫理の領域を選択したことで，動物を殺害する古来の儀礼の全面的な棄却が正当化されたのである．だが，文字通りの供犠の終焉は，供犠の義務の終焉であるわけではない．聖アウグスティヌスが登場すると，礼拝全体（いかなる性質の実践であれ）が供犠＝犠牲の観点から解釈される．詩篇第50篇のある一節――「もしもあなたが犠牲を望まれたなら，もちろん私はそれをあなたに捧げたでしょう．神がお望みになる犠牲とは，打ち砕かれた魂なのです」――に注釈を施しながら，聖アウグスティヌスは『神の国』のなかで次のように書いている．「彼（詩篇作者）は，神は犠牲を望んでおられないと言いながら，同時に，神は犠牲を望んでおられることを示している．どうしてそうなるのか．それは，神は喉を切られた獣の犠牲を望んでおられないが，痛悔の心の犠牲は望んでおられるからなのだ」（第10巻第6章）．そして続けて述べる．「神の御名に捧げられ，神に献じられる人間．現世において死に，神のもとで生きる限り，人間そのものが犠牲なのである．（……）というのも，真の犠牲とは，われわれや隣人に対する慈悲の業であり，それらは神に帰されるものなのだから（……），その結果，すべてが贖われた国，つまり聖人たちの集まり，共同体とは，神に捧げられた万物の犠牲なのである」

「ミサ聖祭」〔ミサにおける犠牲〕は，この幅広い奉献の行動の一要素にすぎない．だが，それもまたキリストの贖罪の死を記念し反復するものであり，ミサにおいて第一義的に重要なのもそのことである．犠牲の「霊化」の定式と調和するようにして，創設の原点に位置するできごとの暴力は，パンとワインという代わりの物質を用いることで拭い去られる．同時に，食べものの使用は，非常に広くみられる供犠の儀礼のもう一つの側面を活性化することになる．すなわち食べものの一体化的な分有であり，それはキリスト教の場合では，隣人愛の実践（フラクチオ・パニス fractio panis――パンを分かつこと）であると同時に神的なものとの実体的融即であるとも考えられている――ホスチア〔聖体パン〕は人たる神であるキリストの身体そのものなのである．このような聖体の秘跡〔エウカリスチア〕についての実在論的で犠牲的な理解を，カルヴァン主義は退ける．カルヴァン主義が聖体の秘跡に認めているのは，象徴と記憶に関わる側面だけである．救済をもたらすのは信仰であって行いではないとされるため，犠牲のコノテーションを持つ実践（修道院生活における身体の抑制，まさしく慈善の心に満ちた奉献）と「呪術的な」次元における聖体拝領の儀式そのものが意味を喪失し，有効と思われていた前提が崩れる．「供犠の思考」から何かが残るとすれば，それは労働に対して与えられる意味においてである．労働の倫理は，キリストの犠牲を自分自身の犠牲と捉える概念の変容を考慮に入れつつ人間活動の領域を組織し，「節制という犠牲」のかたちで資本の蓄積と利益の獲得を正当化する．そして経済の分野に力を傾けて，近代的な労働の概念を定義するのに貢献する（Becquemont et Bonte, 2004, p. 24）．

旧教会そして宗教改革以降のカトリックの側も，犠牲の解釈についてまた別の領域を開拓した．その出発点となったのが，埋め合わせることのできない無限の負債という考えである．トマス・アクィナスはこう書いている．「人間が神に返すことができるのは，すべて神に負っているものである．だが，人間はけっしてその負債と同じ分を返すことはできない」〔『神学大全』〕．それでもやはり，世界のよき歩みのためには，この方向で最大の努力がなされることが必要である．けれども，キリスト教徒一人ひとりがこれに十分に取り組むことはありえないから，犠牲の責務はそれを引き受ける少数の者たちに委ねられなければならない．

一つ目の委任方法は，中世における三身分の制度である．聖職者たちの言説においては，オラトーレス（oratores），つまり祈る者が，戦う者や生産する者よりもはるかに社会に欠くべからざる存在であった．最重要の役割が聖職者全般に与えられており，それは在俗聖職者か修道会聖職者かを問わなかったが，社会の表象においても実践においても，オラトーレスといえばまずもって修道士のことであった．在俗聖職者が秘跡や集団礼拝の組織を通じて各人に自分の救済に役立つ手段を与えるのに対し，修道士たちはすべての人間の恩恵のために自分の生を神に捧げる．実際，中世の意識においては，修道院生活とは一種の殉教であった．また，修道士がただ存在しているだけでも（それにともなう物質的な意味も含めて）社会はその支払いに同意し，神に対する負債を弁済しようとしていた．修道士を養うことは，俗人による犠牲的な寄与を表していた．

二つ目の委任方法は，聖人の犠牲的な（あるいは贖罪の）使命に対応するものである．実をいえば聖人の多くは女性，つまり聖女だった．13 世紀以来，不思議な病気やキリストの傷（聖痕）そっくりの傷に苦しむ女性の神秘家たちが，自分は社会の贖罪のための生け贄なのだと称し，周りもそのように認知してきた．いわばこの「生け贄の」霊性は，とりわけ 19 世紀に前景化された．すべての信者がこの霊性を理解することができるよう，日頃から苦行を求める，人生の大小の不幸を霊的に読み解くなどの試みがなされた．たとえば病気になるのも，共通の救いのための「贈り物」なのかもしれない．この種の献身においては，聖心への信心が中心的な役割を果たした．実のところ問題となっていたのは，ますます個人主義化し脱キリスト教化しつつある社会のなかで，近代性に敢然と立ち向かって全体論的な価値に回帰することであった．犠牲のモデルは，当時の社会経済的な文脈のなかで有効性を失いつつあった連帯の形態を象徴化するのに適していた．罪の氾濫に怒った神がまもなくこの世を終わらせようとしている．その終焉を遅らせる手段として犠牲が必要なのだとしばしば説かれた．

この霊性の絶頂期の到来は遅かったが，それから数十年もすると，カトリック内部でほとんど全面的に忘れ去られてしまう．その原因はおそらく，1 世紀来の西洋社会の世俗化プロセスというより，西洋社会の内部で個人主義的な価値がますます顕著に主張されるようになったことにある．ナショナリズムの言説は依然として全体論的な調子を帯びていたが，国家はこの時代，戦争やネイションの英雄主義の犠牲を称揚することが危機に陥る事態も目の当たりにした．要するに，キリスト教は文字通りの供犠の儀礼形態を撤廃することによって，ある時期までは自己犠牲の倫理的・宗教的なモデルを発展させることに貢献したが，現代のわれわれの社会においては犠牲のエートスはまぎれもなく枯渇しているようである．この二重の喪失——外的な実践も内的な態度も失われている——は，おそらく逆説的なかたちで次のような事態を説明している．それは，スペインの闘牛，臓器提供，慈善活動などの多様な実践に，犠牲の意味を見いだそうとした人類学者や社会学者もいる，ということである．あたかも，社会が存続するためには，ある象徴装置を実際に構成するものが必要なのだと主張するかのように．その象徴装置が歴史的に重要であることは証明するまでもない，ただしそれを別のもので置き換えることもたぶん不可能ではない——まるでそう訴えているが如くなのである．

参考文献 BECQUEMONT D. et BONTE P., *Mythologies du travail. Le travail nommé*, Paris, L'Harmattan, 2004. – BONTE P., BRISEBARRE A.-M. et GOKALP A., *Sacrifices en islam. Espaces et temps d'un rituel*, Paris, CNRS Éditions, 1999. – BURKERT W., *Homo Necans. The Anthropology of Ancient Greek Sacrificial Ritual and Myth*, Berkeley, Los Angeles, University of California Press, 1983 (éd. allemande, 1972), traduction fr. par H. Feydy, *Homo Necans. Rites sacrificiels et mythes de la Grèce ancienne*, Paris, Les Belles Lettres, 2005.（ヴァルター・ブルケルト『ホモ・ネカーンス——古代ギリシアの犠牲儀礼と神話』前野佳彦訳，法政大学出版局，2008 年）– CARTRY M. (éd.), *Sous le masque de l'animal. Essais sur le sacrifice en Afrique noire*, Paris, PUF, 1987. – DETIENNE M. et VERNANT J.-P., *La Cuisine du sacrifice en pays grec*, Paris, Gallimard, 1979. – EVANS-PRITCHARD E. E., *Nuer religion*, Oxford, Oxford at the Clarendon Press, 1956.（エドワード・エヴァン・エヴァンズ＝プリチャード『ヌアー族の宗教』向井元子訳，岩波書店，1982 年）– GIRARD R., *La Violence et le sacré*, Paris, Grasset, 1972.（ルネ・ジラール『暴力と聖なるもの』古田幸男訳，法政大学出版局，1982 年）– HEUSCH L. DE, *Le Sacrifice dans les religions africaines*, Paris, Gallimard, 1986.（リュック・ド・ウーシュ『アフリカの供犠』浜本満・浜本まり子訳，みすず書房，1998 年）– HUBERT H. et MAUSS M. « Essai sur la nature et la fonction du sacrifice » (*L'Année sociologique*, 1899, 2), *Œuvres I. Les fonctions sociales du sacré*, Paris, Éditions de Minuit, 1968, pp. 193-354.（マルセル・モース／アンリ・ユベール「供犠の本質と機能についての試論」〈『供犠』所収〉小関藤一郎訳，法政大学出版局，1983 年）– LEACH E. et AYCOCK D. A., *Structuralist Interpretations of Biblical Myth*, Cambridge, Cambridge University Press, 1983.（エドマンド・リーチ『聖書の構造分析』鈴木聡訳，紀伊國屋書店，1984 年）– MALAMOUD C., *Cuire le monde. Rite et pensée dans l'Inde ancienne*, Paris, La Découverte, 1979. – *Revue du MAUSS*, « À quoi bon (se) sacrifier ? Sacrifice, don et intérêt » n° 5, Paris, La Découverte, 1995. – SCHEID J., *Quand faire, c'est croire. Les rites sacrificiels des Romains*, Paris, Aubier, 2005.

ジャン＝ピエール・アルベール Jean-Pierre ALBERT

〔石川学訳〕

→ 儀礼（儀式, 儀式性），聖／俗

国際調査
ENQUÊTES INTERNATIONALES

さまざまな時代のあいだで，あるいはさまざまな地理的単位のあいだで，同種の現象を比較することは社会事象の説明に不可欠であり，これはすでに19世紀末にデュルケーム〔Émile Durkheim〕が示していたとおりである．この点からして国際レベルでの数量調査は，社会学的比較のためのきわめて重要なツールである．数量化されたデータはその単純さという事実そのもののために，おそらく観察や面接といった質的調査よりも国際比較に利用しやすい．

実際，宗教的なるものは国際調査に取り上げられた最初のテーマの一つである．1947年11月，10ヵ国において，「はい」／「いいえ」の回答方式で三つの項目（神を信じるか，魂の不滅を信じるか，直近の二度の日曜日のどちらかにミサに出席したか）に関する調査がなされた．この調査はきわめて基礎的な性質のものだったが，社会間での違いは明白に現れた．フランスは当時，ミサへの定期出席率は比較的高い（37%）が，神への信仰に関しては最も低い国であった（アメリカ合衆国の94%に対してフランスは66%）．

国際調査は1960年代末までほとんど実施されてこなかった．体系的な試みが始まったのは1970年代初めである．ブリュッセルに本部を置く欧州委員会が，欧州における意識や態度を調査する「ユーロバロメーター」を作成したのである．それ以降，年に2回，欧州連合加盟各国で調査が行われてきた．1990年代末までは，ユーロバロメーターに宗教性を測る項目が一つか二つ用意されることが多く，たとえば所属する宗派，ミサへの出席，自分は信心深いと感じるか否か，生活のなかで宗教に重きを置いているかなどが問われていた．残念ながら，今日，こうした項目がユーロバロメーターに設けられることはめったにない．これは世俗化の結果だと考えられる．つまり，ある宗教への統合の度合いを測ることはもはや，ヨーロッパの人びとの意見を理解するのに本質的なものとはみなされなくなったのである．

しかし近年，欧州社会調査（European Social Survey, ESS）――欧州連合のほとんどの国で2年に1度実施――が開始されたことで，宗教に関するいくつかの基本的データを集められるようになった．欧州社会調査は，所属する宗派や宗教を持たないと答える人に対しては場合によってはかつて所属していた宗派を問い，「まったく信仰心がない」から「非常に敬虔な」までの，0から10までの11段階のなかに自らを位置づけさせ，またミサへの出席の頻度や祈りの実践の頻度を問う．

その他，特に次の二つの国際調査が，宗教性を社会学的に測定するものとして重要である．一つ目は，欧州価値観調査（European Values Survey, EVS）と称する，9年に1度だけ実施されるものである（1981年，1990年，1999年，2008年に実施）．これは，いわゆる世界価値観調査（World Values Survey, WVS）として，ほとんど同じ質問項目を用いて他の国々でも実施されてきた．これらの調査には宗教に関して重要な一揃いの質問（約30項目）が含まれている．所属する宗教は何か，宗教実践および祈りの頻度はどのくらいか，主要な通過儀礼（誕生，結婚，死）を祝うことに重要性を見いだすか，神を信じるかといった内容が中心であるが，それだけではなく，死後の世界を信じるか，地獄，天国，宗教上の罪，テレパシー，生まれ変わり，お守りを信じるかという質問もなされる．これらの調査では家族のありかたに関する諸価値，経済・政治に関する諸価値，人との関わり，労働の意味なども問われるので，宗教的アイデンティティの構築が生活の他の領域へもたらす影響を見積もることも可能である．

EVSとWVSの調査は全ヨーロッパ（カトリック文化を母胎とする，もしくはプロテスタント文化や正教文化を母胎とする地域）とほとんどの先進大国で実施されてきた．中国やインドをはじめとする多くの新興国，また一定数のイスラームの国でも行われた．80以上の国が少なくとも一度はこの調査を受けているため，この調査を用いると，世界で地域ごとにみられる宗教性の一定の違いについて知ることができる．また，（その国の最大宗教がおもな枠組を与える）文化圏ごとに，〔そこで暮らす人びとの〕セクシュアリティや民主主義に関する態度に大きな違いがあるのかどうかも，私たちは考察することができる．これは文明の衝突という有名なテーゼに対して一つもしくは複数の回答を経験に基づいて用意することにつながるだろう．

二つ目の国際調査は，国際社会調査プログラム（International Social Survey Programme, ISSP）であり，宗教社会学に直接関わるものである．1985年にスタートしたこの調査は，毎年約40の国で実施され，そこには欧州連合の約半数の国，アメリカ合衆国，カナダ，メキシコ，ブラジル，日本，ロシア，南アフリカなどが含まれる．毎年作成される質問表は比較的短く（約25分のインタビュー），ある特定のテーマが設定され，そのテーマは周期的に取り上げられる．宗教に関する一連の質問項目が用意されたのは1991年，1998年，2008年であった．数多くの国を対象に，一定期間を空けて繰り返しなされたこれらの調査からは，多くのデータが得られた．

その他，ISSP 調査は特定テーマが何であれ，毎年，所属する宗派と宗教実践の頻度という古典的な二つの質問を設定している．それにより，この二項目を，各年の調査テーマが扱う諸側面（2003 年のナショナル・アイデンティティ，2004 年の市民権，2005 年の労働，2006 年の国家と政治の役割，2007 年のスポーツと余暇）と交差させて検討することも可能である．

最近の国際調査に言及しておこう．21 世紀への世紀転換期に，ヨーロッパの 11ヵ国で実施された「宗教と道徳の多元主義」(Religious and Moral Pluralism) である．調査項目は膨大で，信仰の全体（つまり，教会制度が規定する世界にとどまらず，信仰の複雑さを測ろうという意思をもって調査されたので），および精神性のさまざまな表現形態が調査対象となった．ここで得られたすべてのデータについては倫理・政治の諸問題と突き合わせて検討することができる．

当然ながら，国際調査の質問項目作成には難しさがともなう．とりわけそれは宗教の領域において顕著である．二つの矛盾する要求が対立しあっているからである．一方では，取り上げる質問がすべての調査実施国で容易に理解される必要がある．すなわち質問は広く一般的で，特定の文脈から切り離されたものでなければならず，ある特定の国の宗教的争点に基づいて設定されてはならない．他方では，宗教性の諸形態や神性の諸概念は文明ごとに大きく異なっているため，私たちはある宗教の特殊性を考慮せずに，宗教的世界を適切に測ることに困難を覚える．実際，特定の文脈に縛られるべきではないという理由で，各宗教の最も特徴的な信仰は問われない（三位一体，イエスの神性，聖母マリア，聖人崇敬に関する質問はほとんどない）が，とはいえ，質問はしばしばキリスト教文化に基づいて作成され，他の伝統を有する国やヨーロッパの宗教的マイノリティには見合っていない．祖先崇拝，寺社や巡礼地への定期的参詣はアジアでは重要な地位を占めるだろうが，国際的にはほぼ一度も調査されたことがない．

ほかにもさまざまな批判が可能であるし，サンプルは十分な数ではなく全体を十分に代表していないとみなすこともできる．取り上げる質問の選定についても，その質問の仕方についても（それは複雑すぎるとか，十分に明確ではないとか），議論の余地はある．さらには翻訳の仕方について検討し，データの比較可能性について疑ってみることもできる．英語で作成された質問表をどんなにうまく翻訳したとしても，私たちははたして，異なる言語でも同じことを調査しているのだろうか，と．こうした方法論に関する批判はすべて当たっている．また方法論的にみて，より確かな調査とそうでないものがあるのも事実である．

しかし，実際の方法論の問題のせいで，調査の結果として得られたかけがえのない情報や特徴が覆い隠されてはならない．それが相対的で脆弱なものであるとわかっていても，数量的な結果を得ることは何も得られないことに比べればはるかによいだろう．というのも，〔質問の内容，質問する順番があらかじめ決められていない〕非指示的面接法はとても実り多く，類型を引き出すことには適しているが，これでは対象国における各型の広がりについては何もわからないし，さらにこのような質的な面接調査というのは，その実施と解釈において，個々の研究者の主観に大いに委ねられてしまっている．あらゆる方法には限界があるが，うまく用いられたときには利点もある．数値はそれが持つ脆弱さにもかかわらず，諸理論の生成を方向づける一つの現実原則である．量化されたデータは，共通の測定ツールを用いてさまざまな社会の比較を可能にする．私たちはデータの測定方法を更新し，変化を把握し，変数間の統計上の関係を確認し，これらの関係があらゆる国に存在するか，いくつかの国に固有のものかどうかを調べることができる．

確かに，数からは絶対的な説明は得られないが，数は少なくとも宗教上の違いの重要性を理解させ，特定の理論をより強固なものにすることができる．宗教に関してヨーロッパ的例外，あるいはアメリカ合衆国的例外は存在するのだろうか．なぜポーランドや，アイルランド，アメリカ合衆国では宗教性がきわめて高いのに対して，オランダ，イギリス，旧東ドイツは最も世俗化された国の部類に入るのだろうか．世俗化や宗教的なるものの再構成に関するあらゆる理論，また宗教と近代性のつながりに関するあらゆる理論は，宗教性に関する調査から得られた数値と多かれ少なかれ明示的に突き合わせる必要がある．調査はある国の文化的活力を理解する上でも非常に重要であり，また私たちは，国の文化と個々人の宗教的アイデンティティのそれぞれが，道徳的・社会的・政治的諸態度の決定にどれほどの影響を与えているのかを突き止めようとすることもできるだろう．

参考文献　BRÉCHON P., « Les grandes enquêtes internationales (Eurobaromètres, Valeurs, ISSP) : apports et limites », *L'Année sociologique*, 2002, vol. 52, n° 1, pp. 105–130. – « Mesurer les croyances religieuses », dans Textes en hommage à Guy Michelat, *Aux frontières des attitudes : entre le politique et le religieux*, L'Harmattan, 2002, pp. 153–172. – DOBBELAERE K. et RIIS O., « Religious and Moral Pluralism : Theories, Research Questions and Design », *Research in the Social and Scientific Study of Religion*, vol. 13, Brill, 2003, pp. 159–171. – LAMBERT Y., « Vers une ère post-chrétienne ? », *Futuribles*, n° 200, 1995 ; « Religion, l'Europe à un tournant », in P. Bréchon et J.-F. Thernia (dir.), « Les Valeurs des Européens », *Futuribles*, numéro spécial 277, 2002, pp. 129–159. – NORRIS P., INGLEHART R., *Sacred and Secular. Religion and Politics Worldwide*, Cambridge University Press, 2004. – STOETZEL J., *Les Valeurs du temps présent : une enquête européenne*, Paris, PUF, 1983.

ピエール・ブレション Pierre BRÉCHON

〔前田更子訳〕

→ 世俗化

国　家
ÉTAT

国家の問題は，空間や領土や文化などの分野にも及ぶし，政治や制度の分野にも及ぶ．ここではおもに政治と制度の観点から国家の問題を考察したい．本項目はナショナリズムの項目と補完関係にあり，そのようなものとして読まれたい．

国家なる概念の内実を考える際，国家という語をその政治的な意味で定着させた近代国民国家を参照することもできようし，より古い政治機構を参照することもできよう．いずれにせよ，宗教はこのような機構の形成や構造，さらにはその最深部での働きに関係づけられてきたし，その形態の移行一つ一つを保証する変化のありかたにも関連づけられてきた．

かくして今日，国家については四つの本質的な問題を立てることができる．第一に，近代国家の形成における宗教の役割．第二に，宗教と政治との関係．第三に，「近代（モデルニテ）」の問題．第四に，この「国家」なる形態の移植可能性，とりわけ国家が諸宗教と取り結んできた関係のありかたを移植できる可能性，である．

国家形成における宗教

聖なるものと政治的権威――「聖性とは具現化された社会体である」と主張したのはデュルケーム〔Émile Durkheim〕である．社会学はかくして，超越的な秩序に言及することで社会集団がいかに自身の外部に根拠を獲得し，一つにまとまった存在として永続すると信じるのかを明らかにした．統治する権力は，宗教か，少なくとも聖性，儀礼，信仰などと頻繁に結びつくものである．マックス・ウェーバー〔Max Weber〕は，権威の形成において伝統やカリスマがどのような位置を占めるのかを明らかにした．この権威は，しばしば《天》ないし超自然の名において行使され，君主はそこに参加するか，そことのとりなしの役割を果たすと考えられた．

「国家」なる語は，最も広い意味では，「政治体制の中央」という概念と重なりあうものだった．中央の持つ権力は，制度化される際に官僚制を備えることが多い．紀元前 3000 年頃のエジプトや中国の大行政機構が，まさにそうであった．ただ，官僚制だけでは国家はできない．これを国家と呼ぶのは現在を過去に投影した見方であり，マルセル・ゴーシェ〔Marcel Gauchet〕に言わせれば「時代錯誤」でさえある．

キリスト教は，ローマの政治機構の周縁で発展したところに特徴がある．イエスがユダヤ人の生まれであることは，それを神の思し召しの表れとみなすにしても，あるいは歴史の運命にすぎないとみなすにしても，その帰結の一つとして，事実上の周縁化をもたらした．ユダヤ人が皇帝崇拝を拒む限り，それはやむをえないことであった．イエスが言ったとされる「皇帝のものは皇帝に」〔「マタイによる福音書」第 22 章第 21 節〕との言葉は，信徒には命令として作用するであろうが，それ以上に初期キリスト教の置かれた状況を示してもいる．

しかしながら，〔キリスト教という〕新たな信仰がかくも効率的に，また未曾有のかたちで広がった様態もまた，帝国という政治体や，特にローマ市民という身分に大いに拠っている．この身分があることで，使徒をはじめ信徒たちには広大な空間が開けたからである．皇帝さらには帝国全体がキリスト教化されたときには，キリスト教にとっては一つの革命であった．この革命はまもなく，「コンスタンティヌス・モデル」というかたちの，きわめて特徴的な帰結をもたらした．皇帝は，帝国の一体性を強化するべくキリスト教を利用した〔ミラノ勅令，313〕が，その一方で，公会議を召集〔325〕することでキリスト教の命運を担おうともしたのである．これに対し，ミラノ司教アンブロシウス〔Ambrosius〕は「皇帝は教会の上位にいるのではなく，内部にいる」と主張して反論し，アウグスティヌス〔Aurelius Augustinus〕も『神の国』で，〔神の国と地の国という〕二つの国家〔cités〕が併存していると主張した．

二つのいずれが優越するかという問題はつねに議論の的であるが，両者の対立が解消されることはなかった．対立はあらゆる領域で感知されるが，最も顕著なのは，皇帝が決定的な役割を果たしていた空間と時間という二領域を，キリスト教が占有したという点である．一方，慈善に関しても，キリスト教は当然のごとく国家の現実においてしかるべき位置を占めた．

周知のように，西ローマ帝国が衰退するなか，帝国の連続性をどうにか維持する上で，司教たちは重要な役割を果たした．また，〔帝国に代わって建設される〕新たな諸君主国がローマの伝統（それは実際には終わりを迎えていた帝国の伝統であるが）の継承者だと宣言する上で，ローマのキリスト教が大きな役割を果たしてもいた．

その際，王権の側は，聖別戴冠式によって神に選ばれたことと信仰の擁護者の役割を持つことを示し，比類なき正統性を得た．教会の側も，「世俗の腕」の力が得られたし，政治を脱脚し超越したところで展開される宗教という空間において，信徒の生活を細かく統制してゆくことができたのである．

「近代」国家——誰もが参照するマックス・ウェーバーの表現によれば，「近代」国家は，「ある領域の内部で，支配の手段として正統な物理的暴力を独占することに成功した」〔『職業としての政治』〕．ほとんどの論者は「国家」という語を，この「近代」国家に適用する点で一致している．

この国家は，はっきりと特定された時点と地域で誕生したのち，14–15世紀以降，可視化し，大文字で始まるÉtatという語も国家の意味で定着するようになった．この過程について歴史家リュシアン・フェーヴル〔Lucien Febvre〕は，新たな名詞を必要としたほどに根本的に斬新なものであったこと，大慌てで，またいっせいに「当時の人びとがそれを相互に広めていった」ことを強調している．

一般に，近代国家には大きく三つの特徴があると考えられている．すなわち，国民国家（当初のかたちは君主制であった）であること，「機能分化」の過程にしたがって変化・変容すること，やがては法治国家になること，である．法学者カレ・ド・マルベール〔Carré de Malberg〕は国家を「最高の行為権力」と定義したが，この権力は統治者の人格とは切り離されている．権力によって生まれる服従関係は，首長と臣下のあいだの人的関係を次第に脱して，あらかじめ定められ誰にも当てはまる規則に従うようになる．

国家なるこの未曾有の政治機関がいかにして誕生したのかについて，およそ社会科学に属する学問分野は個々に考察を行ってきた．その際にさまざまなアプローチがとられてきたが，そこから明らかになったのは，いくつかの「原因」が不可避に結びついているのではなく，決定的な時期がいくつかあること，また，きわめて多数の要因が作用しており，それぞれがどれほどの意味を持つのかは解釈によって大きく異なること，である．ただ，要因のなかには横断的な性格と特別な動員力とを持つものがある．とりわけ宗教がそうである．それは，宗教が世界観を規定しうること，此岸での行為を導きうること，さらには，他の要因を解き放つ力を持つことなどに起因する．この過程においてキリスト教がいかなる位置を占めているのかは，近代政治哲学の主たる問題の一つであったし，今もそうである．

ピエール・マナン〔Pierre Manent〕は1987年に次のように述べていた．「ヨーロッパの政治的な発展を理解するには，それをカトリック教会が問うてきた諸問題に対する答えの歴史として理解するほかない」．ごく最近のこと，マルセル・ゴーシェは，1985年の著作『世界の脱呪術化 *Le Désenchantement du monde*』で切り開いた方向をさらに推し進めつつ，こう述べた．この「テーゼ」によれば，「自律的な社会がいかなる構造を持つのかを明らかにするには，かつて，宗教が〔社会を〕構造化していたときと対比させるよりほかない」

もっとも，宗教的なもの，特に教会の構造や理念が他の要素（それ自体きわめて多様な性格を持つ）を凌駕すると主張しても，そこからは相当に異なった仮説をいくつも導き出せるし，それらの仮説は互いに矛盾するわけでもない．他方で，宗教という要素自体がいくつもの部分に分割される．それらは重なりあうこともあれば，矛盾したり，相反する方向に結果を積み重ねたりすることもある．

中世史家たちは，領土という意味での「国家」が姿を現したのは13世紀で，フランスとイングランドという二つの国民的君主制がその嚆矢であったとみている．歴史家エルンスト・カントロヴィッチ〔Ernst Kantorowicz〕は権力委譲のありかたに注目し，治世の始まりが次第に狭義の聖別戴冠式の時点から切り離されていくことを根拠にして，政治的な正統性の意味合いが超越性から永続性へとずれてゆくことを指摘した．法，裁判，行政，神学などは相互に交流するなかでものごとを練り上げてゆくものであるし，実践と理論も然りで，たいていは実践が理論に先行するが，進行中の革新を実践が素描する際，それに比類ない力を与えるのは理論である．このような交流がどれほど豊かなものであるのかを知る上で，カントロヴィッチはたぐいまれな案内人であった．

実際に国家形成が進行するのは，紛争すなわち「教会と帝国の」争いを通してであった．教皇庁とヨーロッパの皇帝や国王たちとの対立はやむことはなかったが，そのなかでカトリック教会が負の極となり，それに対抗するかたちで，政治学がいうところの「政治的なるものの自律」が形成された．だが，政治的な転機として決定的だったのはルネサンスであった．この転機は，当時，キリスト教の装いをとっていた宗教的なものと，つねに関連しつつ立ち現れたのである．

ピエール・マナンによれば，この転機がみられるのはイタリアの都市国家であり，また，マキャヴェリ〔Niccolò Machiavelli〕が発展させた政治の観念のなかのことであった．マキャヴェリこそは断絶の偉大なる立役者であり，国民的君主制こそカトリック教会が提示した「問題」の「解」であるとしたのである．カトリック教会は，《最高善》を対象とし，目的とし，さらにはそれによって生み出された．それだけに，カトリック教会は種々の自然共同体に対する一つの超自然共同体を形成する．この共同体の威厳は比較にならないくらい上位にあるため，自然共同体には二つの選択肢しか残らない．すなわち，超自然共同体に一切の権力を委譲するか，それとも超自然共同体を世俗権力から排除するかである．後者を主張したのがパドヴァのマルシリウス〔Marsilo da Padova〕であり，ダンテ〔Dante Alighieri〕であった．だが，彼らはまたアリストテレスのよき学徒でもあって，善と目的にはヒエラルキーがあるということを忘れてはいなかった．この領域では教会は「常なる勝者」であった．善の追求というアリストテレス的な観念から国家〔cité〕を切り離し，そうすることで近代人の政治の幕を切って落としたのはマキャヴェリであった．

マルセル・ゴーシェが注目したのは，むしろ宗教改革であり，特にそれが信仰の内実をいかに曲げ，変容させたのかということであった．なぜなら，ルター〔Martin Luther〕は「マキャヴェリとまったくの同時代人」であるが，その説教は「媒介の原則の核心を射貫き」，それによって「人間たちの社会に神が不在であるという事実」を突きつけたのである．

機能分化——宗教改革がもたらした断絶は，状況（その偶然的な部分も考慮せねばならないが）によって長期化し伝播するにしたがい，複数の層に分かれるようになった．「縫い目のない祭服」のごときであった西方キリスト教世界を，宗教改革は引き裂いたが，それは，事態を安定させようとする試みが次から次へと行われるという，段階的な過程を経てのことであった．

最初の和平は 1555 年のアウクスブルクの和議である．「領主の宗教が領邦の宗教とされる」（Cujus regio, ejus religio）を原則とするこの和議は，国民国家の形成に道を開くものであった．国民国家とは政治と宗教の両面で一体性を持つことが特徴であり，歴史家たちはこの形成の過程を「宗派化」と呼び習わしてきた．だが，国民国家形成の試みは完全な成功には至らず，国民国家はけっして均質なものにはならず，安定もしなかった．「三十年」に及ぶ戦争の果て，1648 年に結ばれたウェストファリア条約は多様性が存続することを承認したが，その一方で不寛容の影響は深刻になっていた．

諸々の「状況」に加えて，救済に至る道を一本化できないことが明らかになり，また，そうしようという試みそのものも犠牲を要したことが相俟った結果，思想が練り上げられた．マキャヴェリにしろ，スピノザ〔Baruch Spinoza〕，ホッブズ〔Thomas Hobbes〕，ロック〔John Locke〕にしろ，思想家一人ひとりが自らの方法で，また自らの領域で行おうとしたのは，成員を救済に導くという任務から国家を解放し，まったく別の使命に向かわせることであった．この使命によって，《政治》は，その目的においても介入の手段においても，自律性を得たのである．自律性は実に多くの層に関連してくる．たとえば，住民同士や隣人間に「宗教の平和」をもたらす方法を獲得しようと腐心する地方や都市がそうである．オリヴィエ・クリスタン〔Olivier Christin〕によれば，このような事例は〔16世紀の〕西ヨーロッパのほとんどの地域で見受けられる．

これこそ，1600年から1650年にかけて絶対主義の基礎をなした原理であった．臣民に共存を強いることで平和を保障できるのは君主をおいてほかになく，そのため君主は宗教紛争を超越して仲裁者の位置に立つことになった．この点で，フランス史において最も重大な帰結をもたらした逆説がある．それはナントの王令をめぐるものである．フランス王権は王令によって宗教平和を最も大胆かつ斬新なかたちで表現したのに，その後，王権はこの役割を放棄し，信仰の統一へと急激に回帰することで，ガリカン教会〔フランスのカトリック教会〕への支持を強めた．その根底には，王権の支配を王国に及ばせるには信仰を統一するしかないという考えがあった．

確かに，「ガリカン」とも呼ばれたフランスの教会は，神授権なる概念をきわめて効果的に表明することで，王権を支えた．そこにあらためて主張されていたのは，パウロ神学の原理である「神に由来しない権威はない」(Non est Potestas nisi a Deo)〔「ローマの信徒への手紙」第13章第1節〕，つまり王の力を最終的に与えるのはつねに神であるということに加え，王は一切の仲介，何より教皇による仲介を経ずに，力を受け取るということでもあった．それによって，ボシュエ〔Jacques-Bénigne Bossuet〕に言わせれば，王は神の「使節」ないし「代理人」〔『世界史叙説』〕になるのであり，王は神に対し，そして神だけに対し，自らの行為の責任を負うのであった．

マルセル・ゴーシェは神授権なる概念の曖昧さを指摘した．一見すると，神授権を持つ君主は，地上と天のあいだの仲介の機能を横領しているようである．だが，実際には逆であり，「君主は神聖なる王とは正反対の存在として機能している」．というのも，神授権に基づく君主は「人間の秩序と神の秩序を結びつけるどころか」「両者を分離しようとし」，その結果，「人間の領域をそれだけで完結させようとしているのである」

君主制国家は，教会権力との対抗関係のなかで形成されていたにもかかわらず，自らを堅固にするために必要となる最も効果的な助力は，キリスト教に固有の制度から援用していた．領域的な意味での国家は，今ではその段階を経ていることがほとんどだが，形成の際にまず統一の原理としたのは宗教であった．蛮族の君主国がローマ・カトリックに改宗したのもこの原理が動因になっていた．また，マックス・ウェーバーが指摘したように，近代国家が最終的にその特徴的な形態を獲得した際，つまり君主の人格とは別に行政が形成された際，官僚制の形成に積極的に貢献したのは聖職者たちであった．さらに，教会が言語の均質さや実用性に関心を持っていたのと同じように，国家もそれらに関心を寄せた．国家はまた，教会が文字文化を支配していることを利用し，教会から正統化の力を得たのに加えて，数多の身振りや象徴を借用した．とりわけ，フィリップ・ゴルスキ〔Philippe Gorski〕が明らかにしたように，国家はカルヴィニズムに固有の「規律化」から統治や社会統制を効率的に行うすべを学び，それがいたるところで模倣されることになった．

「国教」〔religions d'État〕の最初のものは，イングランド王制が制定したイングランド国教会と考えて間違いないが，大陸ヨーロッパで「国教」の時代が本格的に始まるのはウェストファリア条約がきっかけであり，18世紀，啓蒙専制君主の豪腕によって広まった．国教会は庇護を獲得したが，それはまず，国家機構における公職への就任が国教徒に限定されるというかたちをとった．こうすれば，国家業務の権限が増大するなか，信徒たちはその矛先が自分たちに向けられることはけっしてないと安心できたのである．国教の教会はまた，社会行為を統制し，それを自分たちが確立した規範に沿わせることもできた．一方で，教会は国家に対してある程度は服従せねばならなかった．

国家は自ら改革に取りかかる権利を保有し，その改革は根本的なものになるかもしれなかった．オーストリアで皇帝ヨーゼフ2世が行った改革は「ヨーゼフ主義」なる名で呼ばれるようになった．この改革が後世に及ぼした影響は「内的世俗化」〔sécularisation interne〕の観点から説明することもできるが，その影響が何であれ，皇帝ヨーゼフ2世の意図は自身が支配する国家の枠内でカトリック改革を行うことであった．

近代国家はまた，法治国家（この語が指し示す現実は実に多様でありうるが）になろうともした．この法治国家では，個人は少なくとも形式的には平等であった．そこで宗教的なものがかなり重要な位置を占めたことは，宗教改革が良心の自律を主張したこと，また，すべての社会の根源には契約があるとの考えが登場したことなどからうかがえる．

しかし，宗教的なものだけではなく，他の要素も存在したことを考えねばならない．たとえば，戦争にともなうさまざまな要請，ローマ帝国末期に構想された公法の再出現，王権を論じる法学者たちの関心と論理，さらには，啓蒙思想家たちの仕事などである．アリストテレスの概念〔第一原因としての神〕を放棄し，さらには世界の認識に関して神から距離をとれば，そこからいかなる結果が生まれるのか，述べれば際限がない．世界は科学により解読される，つまりは人間により働きかけられるようになったのである．

18世紀，啓蒙思想は反教権的，さらには反宗教的な傾向を持ったが，これはとりわけフランスに特徴的であった．とはいえ，啓蒙思想はもともと国家への考察を主たる関心事とし，有用性と幸福という二つの里程標のあいだに国家を位置づけようとしていた．そのため，政治の議論は宗教的な関心から離れていった．一方，国家は，長らく教会が果たしていた一連の機能（学校，医療，扶助）を自らの行動領域に取り込むことで，発展していった．

最後に確認しておきたいのだが，公民としての権利の平等は，帰属する宗教による制限や排除（国家の最高位の官職を宗教によって制限することは，その最後の砦だった）を否定することによって実現した．今日，カトリック教会は，権利という観念はキリスト教に起源を持つと声高に主張している．だが，フランス革命が始まった瞬間から19世紀をほぼ通じて，権利という観念がカトリック教会によってどれほど激しく攻撃されたのかは，忘れてはならない．

権利という概念は確かに，キリスト教が持つ潜在力のなにがしかが発展したものである．だが，その流れはけっして不可避なものではなかった．この点を最初に強調したのが，国家の社会学についてフランス語で最も包括的な総論を試みたベルトラン・バディ〔Bertrand Badie〕とピエール・ビルンボーム〔Pierre Birnbaum〕であることは，注目すべきである．彼らが証明し，間違いないものとして確認されたことの一つが，ヨーロッパ内の西と東での差異である．彼らによれば，東方正教会は，「聖職者と教会制度を世俗権力の庇護の――実際には支配の――もとに置き」，そうすることで政教分離という思想そのものを「事実上，拒否した」のである．

国家の歴史をたどると宗教の政治史に至る．だが，けっして自動的にそうなるわけではないし，あたかも同じ絵が複製されるかのように考えるわけにもいかない．

政教分離とそのありかた

ベルトラン・バディとピエール・ビルンボームによれば，西欧で生じた「分化過程」が最も先鋭的に現れる「場」は，「教会」（デュルケームの用語に倣って，あらゆる形態の宗教に適用される）と国家のあいだ，あるいは，程度はともあれ，宗教と政治のあいだである．ある国で，制度としての宗教と国家とのあいだに分離がなされているかどうかは，大変重要な差異であると考えうるのである．

ただ，このように分割線を引くにしても，実際には現実的・機能的な差異やニュアンスがさまざまにあって，それが市民や住民たちの生活に大きく影響している．国家と教会というこの二つの機関のあいだの同盟関係や協力関係は，正式にはどのように表明されたにせよ，現実にはありとあらゆる要請に適応するようにされてきた．とりわけ，さまざまな程度に開放的ないし制限的な「寛容」の要請や，国家の内部における公民としての平等の要請などがそうである．かくして，市民社会を特徴づける他の要素にしたがって，政教協約も国教制度も実に多様な形態をとりうる．イギリスのように国教を維持してきた国も，多様性の事例とみなして間違いない．

反対に，分離の程度はまちまちにしても明確に異なるとみなされる二領域が想定されている体制は，互いに近縁関係があるといってよい．このように二領域を区別する構造はキリスト教の潜在力の一つであって，西欧というその中心において歴史を通して発展してきた．ユダヤ教という西欧における異質な存在さえも，この二領域の区分を取り入れている．このことは，最初に流浪を経験したとき，バビロンのユダヤ人に対してエレミヤが行った命令にみられた（「エレミヤ書」第29章）が，ユダヤ人が長く西欧に居住するなかで，より明確かつ詳細にみられるようになった．

西欧の歴史は，政治と宗教の分離が一般化してゆくさまを示しているが，この分離は実にさまざまなかたちで行われ，今ではさまざまな形態をとって現れる．国家と宗教組織の役割分担は，国家の構造，その中央集権の度合い，統制の要求の内容などによって強く規定されるが，そこから新たな紛争の領域が開かれ，フランスの学校問題のように何度も紛争が繰り返されるのである．

ともあれ，政教分離が水も漏らさぬほど完全であるとか，微動だにしないほど安定するということはありえず，つねに緊張にさらされている．アメリカの〔政教分離の〕「壁」にはいくつかの「窓」があるし，これまでもつねにあった．しかしながら，ある国の文脈では考えられないことが，別の国では必ずしもそうではない．その一例がフランスで1959年12月31日に成立したドゥブレ法である．この法によって，宗教的な性格を持つ私立学校に公的資金が支出されるようになったが，これはアメリカ合衆国の政教分離制度ではおよそ考えられないことであった．フランスもアメリカ合衆国も政教分離の先駆者であるが，そのありかたはまったく対照的であり，依拠する原理は大きく異なっているのである．

フランスのライシテについて，綱領は大変野心的なのに，それが完全に実現されたことは一度としてないという批判はできよう．ライシテが人びとを孤立化させる結果になり，そこを生き抜くには〔体制への〕強い政治的愛着が必要になるというおそれもある（フランス市民の多数は，そのようにして政治的愛着を持っているようだ）．変化の最中という文脈のなかで法を適用するには「手直し」が必要であり，エミール・プーラ〔Emile Poulat〕がいみじくも指摘したように，手直しは幾度も行われてきた．だが，そのような手直しと，政教分離の条件の変更とを混同してはならない．条件の変更は政教分離の意味そのものを曲げてしまうことになるからである．

「ライシテ」という語は国を越えて使用されるようになった．ただ，その成功の影にあって，語は実にさまざまな事態を指すべく用いられていることを忘れてはならない．少なくともフランスの場合，ライシテは，他国でよくみられるように宗教の体制を定義するだけでなく，政治をも定義する（フランスの憲法が脱宗教的〔laïque〕と定義しているのは，共和制である）．歴史的にみれば，「教会」と国家の分離に先立って，社会の脱宗教化〔laïcisation〕が生じている．政治という公共圏の中立化が意味するところは，さまざまな宗教の表出に対して中立であるということだけではない．信仰や帰属の如何，有無にかかわらず，また，それらを変更する意志の有無にかかわらず，すべての市民に共通の市民道徳がありうるということでもある．

西欧の国家モデルを広めることの問題点

普遍化の曖昧さ――ピエール・マナンが指摘するとおり，民主制は，ヘーゲル哲学を半ば無意識に援用するかのように，歴史の終わりの体制をしばしば自認し，その普遍的な召命を，自身を実現した国家の形態にまで広げてきた．

いまや，西洋列強の経済的・技術的な覇権は決定的なものではないし，世界の数多の地域はこれら列強の政治制度や価値を取り入れなかったし，この先，取り入れることもないであろう．西欧がたどった道のりはあまりに特殊なため，同じようなことはもうないであろうし，自律した個人が権利を担うという西欧流の考え方に，西欧とは異なる道をたどって至ることもないであろう．ただ，権利以外の，社会的なものの構成をめぐる概念が存続し再び表現されることは，ありえる．その概念において本質的な役割を果たすのが宗教である．

その原因はおそらく，ある本質的な歴史段階がどのようにたどられたかにある．西欧モデルが最も決定的に広まったのは，間違いなく 19 世紀の植民地化の時代である．理想的とされた計画のもと，植民地大国は，彼ら言うところの「文明化」の所業を個人の平等よりも上位に置いた．さらに皮肉なことに，植民地の対象になった地域で国家業務を真に発展させるという義務は，植民地制度そのものが持つ原理によって，免除された．確かに植民地大国は行政を創り，公的業務を創りはしたが，それらは本国とその利益とに厳しく従わされていた．さらに，これら大国は本国の宗教の組織や人員やネットワークを躊躇なく利用し，また，現地での宗教的差異を巧みに操って植民地の秩序維持に役立てようとした．この点ではフランス共和国も他の列強とほとんど変わるところはない．

現在への影響：ポスト植民地時代の普遍性——ところで，ピエール・ビルンボームとベルトラン・バディは現在の世界を次のような言葉で描写している．「世界の政治秩序においては，国際法と支配的な価値観によって，国家が唯一の形態となっている．個々の社会は，周辺社会から承認され，自身の発展能力を示すためには，この形態に合致するよう努めねばならないのである」．国際的な機構や組織はすべて国家を構成単位とし，それらが普遍的と考える規範は国家を対象にしている．

西洋列強の世界的覇権は，未完のスケッチの段階にとどまっているにしても，国家なる形態を世界の大半の地域に強制したことは確かである．その影響は，とりわけ宗教をめぐる問題に関しては，甚大であった．

ライシテが今声高に主張されている地域，あるいは過去のある時点で主張された地域のなかには，特に「イスラーム地域」がそうであるように，「権威主義的なライシテ」がみられる場合があることは，ピエール＝ジャン・リュイザール〔Pierre-Jean Luizard〕が指摘するとおりである．権威主義的なライシテとは自家撞着以外の何ものでもない．そこでは，脱宗教化（ライシテ化）の過程が「教会」と国家の分離に行き着くことはけっしてなく，反対に国家が教会を厳しく統制することを狙ってきた．体制は，「それまでほとんど世俗化されていなかった社会に上から押しつけられ」て，たちどころに権威主義的な性格を表した．このことは，トルコに続きイランでも他のアラブ諸国でもみられた．体制は，軍の広範な支持を受けた一党独裁の政治制度を形成し，住民を服従させつつ，「市民社会がわずかでも出現しようものなら，それを押さえ込んだ」のである．

植民地支配を脱した体制や「人民民主主義」体制など，多くの権威主義的体制では，宗教は「避難所と，（しばしば唯一の）静寂な異議申し立ての場とを兼ねる」ようになった．もっとも，異議申し立ては次第に静寂ではなくなっている．この傾向は特に，東ヨーロッパではソヴィエト陣営が解体されるにつれ，またアラブ世界では1967年に第三次中東戦争でイスラエルに敗れた後，ライシテを掲げるイデオロギーが衰えるにつれ，みられる．

これらの地域では国家装置と宗教との関係はさまざまで，不安定でもある．たとえば，ワッハーブ派のサウディアラビアのように，政治権力が宗教を利用する方向で政教関係が結ばれ，それにともない，宗教を国際的に広める活動が熱心に展開される例もある．あるいは，市民による宗教運動が「社会と国家を服属させようとする」（コンスタン・アメス〔Constant Hamès〕）こともある．聖職者支配に向かったイランはそれに新たな展開をもたらし，また重要な支えにもなった．さらには，「再イスラーム化」のかたちをとることもある．リュイザールによれば，脱宗教的と称する段階を経てきた国家において，「国家が社会との関係をうまく結べなくなり，弱った専制君主を支えるアイデンティティの杖のように，イスラームを利用せざるをえなくなる」例である．

西欧モデルが一般化したという仮説には，相当の難点がある．そもそも，このモデルが実際に採用されたことはないし，むしろ，それを拒むなかで，植民地支配への恨みが宗教問題に煽られて憎悪にまで転化してきたからである．西欧流の世俗化は，商品が支配し退廃が広まる，根本的な物質主義とみなされている．今日，中国が儒教の伝統を強調し，自国での人権のありかたに一切異議を挟むことを認めず，逆に西欧諸国でのありかたを厳しく批判していることも，このような観点から理解できる．

現在，伝統宗教のなかでは急進的な潮流が活力を持っている．これら急進派は，さまざまな社会的行為を統制しようと目論み，そのために国家やその業務を用いようとする．例は枚挙にいとまがないが，たとえば，マレーシアでキリスト教に改宗しようとしたムスリム女性が民事裁判で有罪になったことが挙げられる．あるいは，アメリカ合衆国の政界で宗教集団が影響力を持っていることも例になろう．2007年の大統領選挙の際，対立する両陣営の候補のいずれもが，宗教による影響を受けていると公然と主張していたが，このようなことは，多元性を旨とする建国以来の伝統から逸脱しているとして，非難を浴びた．

公共政策と宗教

宗教的なるものの規制——どの国家もそうであるし，政教分離を定めている国家もほぼ例に漏れないが，国家は宗教的なるものを管理し規制することを業務としている．最も厳格な政教分離に基づく世俗国家フランスの場合，驚くべきことに，国家が宗教生活に関心を寄せずにすんだことはなかった．1905年の法は，その第一条で「共和国は良心の自由を保障する」と定めているが，この法によって政教分離が宣言されると同時に，国家は重要な義務を負うことになった．政教分離を保障するのは内務省であるが，それは内務省が宗教省を兼ねているからではなく，公共の自由を所掌する省庁だからである．このような自由を実現するのに実際に必要になる事柄は，実に多様かつ広範にわたるため，厚生，国民教育，法務など，行政の多くの部門が介入せざるをえない．したがって，問題は各省庁のあいだのことでもある．しかしながら，公共の行為がどのようなものになるかはまちまちで，国によって，また各国の政治の伝統によって異なり，立法，行政あるいは（アングロ＝サクソン国家のように）司法のいずれが優先されるかで違ってくる．

いずれにせよ，多元的状況が現実にさらに進行すれば，宗教的なるものの管理や規制は困難になる一方である．加えて，要請や需要が本質から変化しており，さらには，宗教の領域に関しては特に公共の安寧の観点から新たな社会的関心が主張されるようになったため，それら社会的関心は「政治アジェンダ」に記載されるようになった．その関心をどのように引き受けるかには一連の過程があり，その各段階には固有の問題がある．その筆頭は，関心がどのように認識され表現されるかであり，そこにはメディアが積極的に関わっている．

このような公共政策は行き過ぎることもありうる．とりわけ，「宗教」を統制し型にはめようとする意志を増大させるおそれがある．たとえば，国家が宗教を，自身が最もよく知るかたちにしようとする．あるいは，さまざまな思惑から国家が強調する懸念に，宗教を最もよく応えるかたちにしようとする．だが，国家の万能性を誇張してはならない．国家の行為の限界を示す例は，歴史のなかに欠くことはない．国家が最も粗暴な行為手段をほとんどためらいもなく用いていたような時代においても，そうである．政治学も，かつてのように国家を一枚岩で自律した存在と考えてはおらず，むしろ「複雑な問題を担うべく（政治や行政の）さまざまな主体が集まってできた不均質な総体」であり，不確かな文脈のなか，他の政治勢力や社会勢力と「相互に作用する」ものとして，国家を想定している．それゆえ問題は，国家の諸部門がどのような情報と権限を与えられているか，また国家が専門家や研究者からどのような助力，さらには評価手続きを得られるか，である．

異議申し立てと国家の退場――国家も市民も，国家という枠組を超えて作られた諸構造や諸規範に関わる機会が増えている．この過程の最も先進的な姿の一つは，ヨーロッパ共同体（EC）にみられるであろう．というのも，ヨーロッパ共同体が制定した規範はどの国にも等しく適用されることが求められるし，共同体を構成する国々の市民はヨーロッパ人権裁判所〔CEDH〕に訴訟を起こすことができるからである．この裁判所の存在はさまざまな結果をもたらした．たとえば，ギリシア国民の身分証明書から宗教の記載がなくなったこともそうであるし，あるいは，宗教機関が同裁判所のような国際的なレベルに訴えかけて，国家レベルではなしえないことを実現しようとすることもそうである．たとえば，議論を呼ぶ問題ではあるのだが，産児制限に関わる権利など特定の権利を規制するべく複数の勢力が協力することがあり，そのことは繰り返し非難を受けている．

他方で，国家がかつて勝ち取った機能を次第に手放し，他の社会的アクターに委ねようとする傾向も確かにみられる．委ねられるアクターのなかには，宗教的なものも含まれている．

変化は国際社会でみればきわめて明白である．非政府組織（NGO）の多くが過去において宗教と関わる存在であったことを想起すればよい．シルヴィ・ブリュネル〔Sylvie Brunel〕によれば，1960年代に第三世界の貧困者に与えられた非政府系の扶助のうち，「宗教系」とみなされるNGOによるものの割合は，実に90%に上るという．ここでいう「宗教系」とは，宗教的な言説に明白に言及するか，宗教組織に起源を持つものを指す．宗教系NGOは，相対的に低調な時期を経たのち，「1990年代の初頭以来まさしく刷新されているが，そこには，自由主義的なグローバル化や国家の危機」，さらには1992年のリオデジャネイロ地球サミット以来の「もう一つのグローバリズム」の隆盛などが関係している．

これらNGOはいくつかの有利な点を持っている．教会ネットワークを通じて資金がもたらされること，政府に関連する諸領域から支持が得られるケースがあること（とりわけ，アメリカ合衆国では連邦政府の予算から助成金が出る場合さえあるし，ムスリム世界連盟に加盟する国々の多くでも支持が与えられる），そして，活動家が数多く動員できることである．紛争や災害の現場では，彼らの存在や活動はますます重要になっている．本来は公的業務に属する役割をこれらの民間組織が担うこと自体も不都合を生み出すが，それに加えて，組織が宗教的性格を持つことに起因する問題もある．これら組織には扶助の対象を「信徒」に限定するか，宗教や倫理を扶助の基準にするものも多いため，複数の共同体のあいだで局地的に緊張が高まり，場所によっては，争って布教を行うようなことも起こる．特にアフリカ大陸では，ポスト植民地時代の国家が崩壊した結果，状況は深刻である．内戦にさらされているスーダンでは，北部のイスラーム系のNGOと，南部の福音主義のNGOとで分割されているかのようになっている．

これに類する傾向は，西欧でも，旧社会主義共和国においてもみられる．福祉国家は後退し，社会政策に関する責任は放棄されて市民団体（アソシアシオン）に委ねられ，（「郊外」のような）特定の地域では治安回復や社会統制の役目は宗教当局に移管されているが，これらをみると「脱世俗化」が進行しているようにも思える．さらに，そのような変化のなかで明らかになるのだが，宗教に関わる潮流や組織は精神的・社会的な枠組づくりを自ら買って出ることが多く，それが個人の幸福につながると考えられている．結果として，経済や社会や人種に関する問題が宗教の観点から理解されてしまい，その診断や対処を誤って，硬直化したアイデンティティのなかに個人を閉じ込めるおそれがある．

宗教に関する限り，国家はあらゆる抑圧者のなかで最も強力なものになりうるし，そうなるだけの手段を欠いてはいない．国家には欠点も限界もあるが，それでも，法治国家の役割がどれほど大きいのかは理解できるであろう．法は個々人によって担われると認める国家こそが，社会の安寧を保障し，さまざまな要求を現場で認めさせ，多元主義が力の関係に取って代わる条件を整えられるのである．この分野では国家の効率性に匹敵するものはなく，国家に取って代わりうる制度はいまのところほとんど見つかっていない．

参考文献　BADIE B. et BIRNBAUM P., *Sociologie de l'État*, 2e éd., Paris, Grasset et Fasquelle, 1982（バディ／ビルンボーム『国家の歴史社会学』小山勉訳，日本経済評論社，1990 年）– BRUNEL S., « Religion et humanitaire », in *Religion et politique : les Rendez-vous de l'Histoire, Blois, 2005*, Blois, Pleins Feux, 2006. – CHRISTIN O., *La Paix de religion. L'autonomisation de la raison politique au XVIe siècle*, Paris, Seuil, 1997. – GAUCHET M., *Le Désenchantement du Monde*, Paris, Gallimard, 1985 ; *L'avènement de la démocratie*, Paris, Gallimard, 2007. – GURAU A., « Pour une analyse des politiques publiques portant sur la religion », in P. Cote et J. Gunn（eds.）, *La Nouvelle question religieuse. Régulation ou ingérence de l'État ?*, Bruxelles, Dieux, Hommes et Religions, n° 9, 2006, pp. 13–32. – HAMBURGER Ph., *Separation of Church and State*, Harvard, Harvard University Press, 2002. – KANTOROWICZ E., *Les Deux corps du roi*, in *Œuvres complètes*, postface A. Boureau, Paris, Quarto Gallimard, 2000（エルンスト・カントロヴィッチ『王の二つの身体——中世政治神学研究』小林公訳，平凡社，1992 年）– LUIZARD P.-J., *Laïcités autoritaires en terre d'islam*, Paris, Fayard, 2008. – MANENT P., *Histoire intellectuelle du Libéralisme*, Paris, Calmann-Lévy, 1987（ピエール・マナン『自由主義の政治思想』高橋誠・藤田勝次郎訳，新評論，1995 年）; *Enquête sur la démocratie*, Paris, Gallimard, 2007. – WALZER M., LORBERBAUM M., ZOHAR N. et LOBERBAUM Y., *The Jewish Political Tradition*, vol. 1, « Authority », Yale, Yale University Press, 2000. – WEBER M., *Le Savant et le politique*, préface, traduction et notes C. Colliot-Thélène, Paris, La Découverte, 2003（マックス・ヴェーバー『職業としての政治』脇圭平訳，岩波書店，1980 年）.

リタ・エルモン＝ブロ Rita HERMON-BELOT

〔長井伸仁訳〕

→ **植民地化，世俗化，多元主義，ナショナリズム，不寛容／寛容，法と宗教（間規範性），ライシテ／ライシテ化＝脱宗教化**

死
MORT

常識にしたがえば，死への恐怖は，宗教の本質的な原動力の一つだという．現在の生とは別の生が約束されることは，それが現世のものであろうと，余所のものであろうと，今日の人びとにおいても感じることができる，気を静める力を持つというわけである．制度化された宗教に対し，儀礼を行うことを最も強く要求する所以となるのは，まさしく死であるし，個人がその場その場で作り出す移り気な信仰の大部分も，死によって育まれている．人間の死すべき運命と，人間の持つ宗教的信仰とが，ありとあらゆる多様な文化的コンテクストのなかで，不可分であるようにみえることは間違いない．とはいえ，それらのつながりは，こうした心理学的な原因に帰されるばかりではない．上記の心理学的原因には，そもそも議論の余地があるのだ．エピクロス派によれば，むしろ宗教的信仰こそが，死を不安なものにしているのだという！　それゆえ問いは，歴史学，人類学，社会学の観点を包含する，より幅広い用語を用いて提起されなければならない．

ヒトへの進化を研究する専門家たちは，埋葬の最初の痕跡と，宗教的表象を指示しうる象徴的機能の他の形跡とが，時系列的に一致していることを広く認めている．もっとも，その考古学的な証拠はまだきわめて間接的にしか得られていない．この一致がより確からしいのは，死者たちの扱いの儀礼化（その性質がどのようなものであれ）が，実用関心事とは別の関心事の表れである以上，死体が単なる事物とは考えられていないこと，あるいは，生きていた者の死が確認されると，その生命が見えない仕方で続いているという考えが呼び起こされることを前提としているためである．というのも，直観的には，生者に特徴的な諸能力の喪失であると捉えられている死は，死体として物質的に実在し続ける肉体と，生気と意識の支えをなすもう一つの実在との分裂として容易に解釈されており，後者の純然たる消滅を明示するものは何もないからである．それとは逆に，いわば故人の代わりに生まれ来るような新たな存在の誕生もまた，転生あるいは輪廻の仮説を生じさせるきっかけとなる．

他者たちの死は，生者たちにとって，感情的で社会的なできごとであると感じられるがゆえに，もう一つ別の問い，すなわち死者たちの形而上学的な運命，ないし記憶にまつわる運命についての問いを提起することになる．これら二つの次元は，同時に，個人自身のものとしても引き受けられることになる．他の人びとの死は，自分自身の死について唯一可能な表象を提供する．死者一般の運命は，自分自身の死後の運命をめぐる疑問と不可分なのである．だが，これらの所与は，死と死をめぐる諸問題をめぐって生じうる一切の表象を構成するものであり，多様な文化的形象へと発展してゆく．歴史学と人類学は，長きにわたってそうした形象の仔細な調査を試みてきた．

死と死者たち

ダニエル・ファーブル〔Daniel Fabre〕が指摘したように（1987），死者たちをめぐる問いは，他のものに先駆けて，人類学の特権的な主題となった．実のところ，この問いが人類学のディシプリンの伝統的な担当項目に組み込まれたのは，葬儀と宗教的信仰の分野を通じてである．彼岸の表象，祖先崇拝，妊娠周期，等々といったものがそれに当たる．とはいえ，それ以上に，死後の生に対する信仰と，死者たちに対する礼拝こそが，宗教の原初的な形態とみなされたのである．

死が社会科学の関心を，より端的には，歴史学者たちの関心を惹起したのは，もっと最近になってからのことでしかない．実際，死が歴史学者たちのディシプリンの正当な主題となるためには，肉体や病，狂気といった，当初は不変で非歴史的だと考えられていた現象が歴史化されていく幅広い運動のうちに，死についての研究が組み込まれる必要があった．そのようなわけで，西洋における死の経験の，いまや古典的となった時代区分を作り上げたのは，フィリップ・アリエス〔Philippe Ariès〕の業績（1975, 1977）である．飼い慣らされた死，己の死，汝の死，そして今日の，禁止された死，あるいは〔死にゆく者がもはや死の主体となりえない〕「倒立した」〔renversée〕死，というのがその分類である．ミシェル・ヴォヴェル〔Michel Vovelle〕もわずかに遅れて，年代学と類型学を交叉させた，大筋において同様の試みを進めた（Vovelle, 1983）．いずれの事例においても，死をめぐって社会的に共有される経験の，文化的ないし歴史的な特殊性が強調されている．その経験は，死それ自体がどのような意味を持つものとして生きられるか，ということを条件づけると目されたからである．

これらの研究は明らかに，次々と現れる形象の類型化にあたって，宗教的表象がどのような役割を持つかを考慮に入れており，とりわけヴォヴェルは，ローマ・カトリック世界に広まった死と死者たちをめぐる思想のうちで，煉獄という存在が持った影響力の大きさを，他に先駆けて強調した．実際，ジャック・ル・ゴフ〔Jacques Le Goff〕が示したように，12世紀以来の「第三の場所」の形成にともない，キリスト教終末論は，時間についての新たな理解や，最後の審判に先立つ「私審判」〔jugement particulier〕といった個人に対する関心の増大によって，深い文化変動に応じる仕方で，再整備されるに至った（Le Goff, 1981）．

煉獄の発明は，同時に，死者たちの運命に関する定まらない信仰を規格化するのに貢献した．それまではより異端的なものであった「幽霊」を，とりなしの祈りを渇望する，罰を受けた煉獄の魂としたことなどが，その一例である（Schmitt, 1994）．

かくして，死者たちと生者たちとの和解の空間が開かれ，文化的な創造性が生み出された．この創造性の産物は，中世末期の数世紀には，いたるところにみられるまでになったのである（Fournié, 1997）．このように，生と死の近さが維持されたことは，「飼い慣らされた死」の経験と共鳴しているが，それはまた，「己の死」の不安にも通じており，この不安こそ，ジャン・ドリュモー〔Jean Delumeau〕がその遍在と行き過ぎとをみごとに示した（1983），恐れと罪をめぐる司牧神学が，18 世紀に至るまで煽っていたものである．その意味で，キリスト教の事例は，ルクレティウスの懸念〔『事物の本性について』〕を完全に例証するものである．まさしく宗教こそが死の意味を象っている．しかも，あまり人を安心させることのないやり方で！

確かに，自分自身の死や近親者の死に対する評価が，楽天主義的な宗教的確信のおかげで，恐れや哀悼の領域から逃れることはありうる――実際には，キリスト教徒たちが，煉獄が発明される以前ですら，あるいは煉獄などないと考える場合ですら，人間の大多数が地獄に落ちるなどと本当に信じていたということは疑わしい．問題となるのはむしろ，一方では，ある人物の生に対する評価と，その人物の死後の運命の性質とのあいだに定められるつながりの意味であり，他方では，死者たちと生者たちとのあいだに定められるつながりの意味である．どちらのケースにおいても，広い意味での宗教的表象が作用しているが，そうした表象が基づく論理については，価値論的かつ社会的な射程を明確にする必要がある．

死と諸価値

人はみな，自分自身の死を，多かれ少なかれ明確な「以後」との関連で考える傾向があり，最も宗教的ではない人間も，みなと同じように，自分が主体として純粋に消え去るとは考えられない．おそらくはそこから，意識以外のすべての能力を失った主体が生き残る陰鬱な彼岸――古代ユダヤ教のシェオールやホメロスの冥府――といったものが生み出されたのである．

このタイプの終末論においては，死後の運命は誰にとっても同じである．未開といわれる社会についての民族誌学が取り上げる死者の表象の大半においても事情は同様である．ただし，これらの社会においてはむしろ，死後の行程が二段階で考えられていて，儀礼を通じて正式に取り扱われた新しい死者は，例外を除き，祖先としての地位を獲得する定めとなっている．それゆえ，死者たちの表象はおもに，生者たちのつながりを織りなそうとするものであって，生者たちは，共同体のさまざまな序列に応じて礼拝の義務を担い，それと引き換えに，故人たちの超自然的な力の恩恵を受け，あるいは彼らの怒りを被る．死者たちの死後の行程は，このように，おもに生者たちの彼らに対する態度に依るのであり，十分に敬意を払われなかった死者は，悲惨な死に見舞われた者たちとともに，不穏な幽霊の役回りを演じる第一候補となる.

生者の寄与によって幸福にも不幸にもなる死後の行程のこうしたモデルは，キリスト教世界にも無縁なものではない．煉獄の魂への礼拝は，それとそう異なるものではないし，東方正教会の世界には同様の位置づけを持つ表象がみられ，死後の世界で故人がより快適に暮らせるよう，跡取りたちが贈り物――調度品や食べもの，紙巻き煙草――を故人の周囲に供えにくる，といったことがある（Andreesco et Bacou, 1986).

ある人物の実存の道徳的な質と，その人物の彼岸における運命とのあいだに築かれる関係は，主として，救済の宗教ないしは哲学と関わりを持っており，それらはこの〔第一の生から第二の生への〕入れ替わりを関心事の中心に据えている．そこでは，各々の地上における生は，それに割り当てられる第二の生に対して，ほとんど因果律的な効果を及ぼすものとして考えられている．これが，プラトンによって提起された形而上学的な視座である．すなわち，人間の魂は，認識と徳とによって，感覚的な世界から脱するのでなければ，肉体から完全に分離し，転生の不幸な循環から逃れるには至らない．「哲学すること，それは死ぬ術を学ぶことである」〔『パイドン』〕という定式は，まさにこの意味において理解しなくてはならない．完全なる哲学者とは，死について考え，その準備を整える者のことではなく，その生がすでに，肉体と物質の秩序からの分離をなしている者のことなのである.

事実，古代の諸々の英知は，時としてその存在論が相互に矛盾するにもかかわらず，死の恐怖を乗り越えるという実践的な要請において一致をみる．哲人が彼岸での滞在に関して恐れを持たない場合にせよ（プラトン主義)，死はわれわれにとって何ものでもなく，死の後には何もないとされる場合にせよ（エピクロス主義)，そして最後に，死を実存のあらゆる契機と同様に，「運命を愛しながら」受け入れなければならないとされる場合にせよ（ストア主義)，その点については一致している．無知，さらには宗教的な幻想を糧とする，根拠のない恐れに抗う術を与えることが，いずれの場合においても真なるものの認識の役割である．かくして，真なる価値に適う生のみがただ一つの理想であり続け，自分自身の死に対する視座がこれを乱すようなことはあってはならない．死は基本的に受け入れ可能であり，ストア主義者たちは，もはや自分の居場所がなくなった世界の秩序に従うために必要だと思われるとき，自殺を正当なこととみなしさえする.

このような姿勢は，本質的な価値が危機に陥っているときに死をものともしなかったり，命の危険を受け入れたりすることを評価するという，よりありきたりな態度を思い起こさせる．こうした図式は，宗教的なものか無神論的なものかを問わず，非常に多様な形而上学的体系と両立するものだが，それは実のところ，殉難者〔martyre〕の図式にほかならない．通常の価値秩序に則るなら，生命よりも貴重なものは何もなく，死に対する恐れは，賢者たちの戒めにもかかわらず，依然として最もありがちな態度である．信念のために死を受け入れることは，そのこと自体によって，生命よりも高次の価値秩序を打ち立てることであり，この秩序は，殉難者の死にある種の決定的証拠を見いだす．高次の価値への忠実さを保ちえたことで，殉難者は，社会に広く認められた尊厳を獲得する．

そのようにして，死の受け入れは，あらゆる真正な態度決定の試金石となる．その動機が宗教的なものであるならば，受け入れられた死は論理的に救済の次元での功績と認められる（キリスト教において，イスラームにおいて）．純粋に世俗的な見地からは，共同体のための死（戦争における死，救出作業に加わっての死）は，単なる社会的義務ないし規約上の義務とはみなされないため，英雄的な次元を付与されうる．「名誉の戦死」が劇的な性格を獲得するためには，各人が共同体に従属すべきだとする全体論の地平のなかに，政治制度は個人の幸福のために尽くすべきだとする，それとは逆の個人主義の倫理の場がなければならない．このことは同時に，〔次にみるように〕肉体の存在に由来する脆弱性の極致としての死こそ，何よりも，政治的なものが人間に対して支配を及ぼす場であることを明かしている．

死と権力

自分が死すべき存在であることを知っているからこそ，人間は「政治的動物」という立場を定められているのだろうか？　これこそが，ホッブズ〔Thomas Hobbes〕の思想の根底である．人間が自然状態から脱して社会のうちに入らなければならないのは，自らの安全を保障し，最初の環境，つまり，万人の万人に対する絶え間なき闘争という環境が突きつける致命的なリスクから逃れるためである．こうした理論的虚構は，社会契約という一テーマ系を超えて，政治的なものの土台を雄弁に物語っている．国家制度とは，その本質において，生き死にの問題なのである．そして，人を殺す潜在性を持つ葛藤をできるかぎり食い止めるのが社会の使命だとした場合，あらゆる犯罪は，公的な力の信頼性を侵害する以上，社会平和を間接的に脅かし，その結果，共同体の構成員の生命を間接的に脅かしていることになる．この論理においては，ただ死刑のみが，法への違反の究極的な帰結に見合ったものとなる．

事実，ホッブズの思想は，その徹底性ゆえに長きにわたって大変な悪評にさらされたが，国家を構成する特性のうちの二つについて正当化を展開している．その二つとは，正当な物理的暴力を排他的に振るうことと，司法権である．事実，国家は，死刑が廃止されない限り，「生死に関わる権力〔生殺与奪権〕」をある種の犯罪の実行者たちに対して保持している．そして，今では職業軍人の軍隊しか有していないにせよ，国家はまた，戦争に際して致命的なリスクを命ずることのできる唯一の存在である．政治的なもののこうした次元は，普通，断罪すべき権力乱用（人権侵害，戦争犯罪，ジェノサイド）を通してしか把捉されないが，実際には，近代国家の働きのなかで，少なくとも陰画としてますます顕在化してきている．近代国家が，自らの決定によって自国民の生死に関わりを持つケースは，それ以前の国家と比べてはるかに多くなってきているのである（Thomas, 1978）．

個人の安全に関して国家に期待される保障は，今日では実際，治安維持機能と領土保全という域を大きく超えており，市民の安全，公衆衛生，食品安全といった事柄にも関わっている．死に対する防護に関して無際限の責任を国家に負わせようとするこうした傾向を表しているのが，フランスでは，「HIV 感染血液事件」や「狂牛病」や 2003 年夏の熱波といった「事件」にほかならない．そのような期待が「生政治」〔フーコー〕を承認することに帰着することは，おそらく十分に見極められていないが，「生政治」が非人間化と自由の破壊をもたらすことは，誰もが好んで強調するところである．

他方で，政治的なものの持つ生殺与奪の権力と他の審級の権力との重なりあいが確認されている．後者の権力は，政治的なものほどには（あるいは，それと同じくらいわずかにしか）その権力を行使する根拠があると今日みなされていない．フランスでは，宗教がこうした事柄に関する信頼をすっかり失ってしまってから長い年月が経つ．ヴォルテール〔Voltaire〕は，シュヴァリエ・ド・ラ・バール〔Chevalier de la Barre〕の死刑判決（1766 年に処刑）を公然と司法の恥に仕立て上げ，瀆神への処罰，さらにはより広く，国家が宗教的法制の「世俗の腕」〔bras séculier〕を自認する権利を不当だと断じた．

だが，このように管轄領域を分離する姿勢は，普遍的であるにはほど遠い．ほかならぬ宗教こそが，シャリーア（shari'a）を適用する国家の法の土台にあるわけであり，宗教こそがシャリーアが聖戦を呼びかけるにあたって個人の生死を意のままにする力を潜在的に持つのである．もう少し程度は低いが，生命倫理の分野（人工妊娠中絶や安楽死）における宗教の権威を認め，国家の管轄に属する「生死に関わる権利〔生殺与奪権〕」の法的定義の鑑定を宗教に認めることは，もっと明確に引かれていると思われていた境界線をかき乱すことにつながる．だが，注視すべきは，アプリオリには宗教よりも正当でありながら，宗教と同じくらい問題含みのもう一つの権威が，これらの問いに関わっていることである．すなわち，医学の権威，また，より広く，科学的知見の権威である．

「生に関わる権力」は，実のところ，「死に関わる権力」と分離しがたい．両者をはっきりと切り離すことこそ，「ヒッポクラテースの誓い[2]」の狙いである．フランスでは，医師が博士論文の口頭審査を受けるときに現在でもその宣誓をしている．それでもやはり，医学が「死を与えること」(病人の生命維持装置を止めること，安楽死，アメリカのいくつかの州で執行されている致死剤〔薬物〕注射による処刑)，あるいはより広く，死そのものを定義する責任を帰せられるか，帰せられると思われるたびごとに，不安を感じることができる．「脳死」の観念が提起した問題と，臓器摘出の要請時に，治療者の側にさえ引き起こす無理解を参照されたい (Boileau, 2002)．生きている者を治療するにあたり，治療が純粋に技術的な方向へと逸脱するおそれを前にして，宗教が不可侵なる規範の最良の供給者として現れうる，というのは理解できる．しかし，それらの規範の合理性と，とられた立場の不変性とを保証するものは何もない．カトリックのみから例をとってみると，1864年のシラブス〔ローマ教皇ピウス9世による『近代主義者の誤謬表 *Syllabus errorum*』〕が「人権」の観念に対する強烈な告発を含んでいたことを，忘れてはならないのだ！

現実には，死をめぐる問題——死を与える権利，間接的な方法で死をもたらすような決定——は，政治的なものの核心にある一つの逆説を明らかにする．厳格な規範性の要請は，諸価値の葛藤という背景のもとで，現実に即した「運営」から完全に切り離されてあることはできない．その結果生じる，不可避的な妥協に直面して，宗教は倫理的なエージェントのごとく介入してくるのであり，その特殊性は，制度や教義に関する認知が崩れていくにつれて，ますますあやふやになっていく．実をいえば，人間の尊厳と生命の価値に関する，本質的には宗教と無関係な表象こそが，第一の役割を果たすのである．まだ残されている死と死者たちの神聖性について，宗教の占める部分が何なのかを問うてみることさえ可能である．その神聖性は，昔も今も，人間の経験のうちで，彼岸の観念とのあいだに定められた絆とは別のリソースを持っているのではないだろうか．

2 「医学の父」ヒッポクラテース〔Hippocrate〕によるものと長らく信じられてきた，医師の職業倫理に関するギリシアの神々への宣誓文．現代でいう安楽死の実施を禁止する文言がある．

魅惑と反発

アリストテレスの『詩学』は，不幸と死とが悲劇的な物語の核心にあり，観客の登場人物への自己同一化を通じて哀れみと恐れとが掻き立てられ，そうした感情が情念のカタルシスに格好なものであることを，自明であるかのように仮定する．そこには次のような逆説があることが知られている．劇場で涙を流すことに，どのような快が見いだせるというのか？　死の表象はつねに自分自身の死を指し示すというのに，それに親しむことに何の意味があるのか？　死についての美学的経験の存在は，新たな問題群へと通じているが，ここでは簡単に触れるにとどめる．

死の観念が恐怖を引き起こすだけではなく，えも言われぬ魅力を及ぼすことがあるという事実は，心理学が解決を試みることになる一つの問いを提起する．これが，なかんずく，フロイトが「死の欲動」〔pulsion de mort〕を理論化した目的である．曰く，ある種のエントロピーが，生に行きわたっている緊張の終わりを望むように仕向けるのであり，こうした傾向は，他者たちに対する攻撃性へと変容することもありうる．暴力に対する魅惑とそのエロス化もまた，このことから説明される．ジョルジュ・バタイユ〔Georges Bataille〕は，独創的な仕方でフロイトの仮説を取り上げ，延長させた．彼はエロティシズムと死とのつながりに，人間の条件を作りなす特性を見た．そこには同時に，聖なるものの意味の最も根底的なリソースの一つがあり，それはこの場合，侵犯と混沌，破壊によって特徴づけられる，「左の聖なるもの[3]」となるという．こうした見方においては，死が提起する問題は，悪が提起する問題と切り離しがたいのであり，これら二つの観念を結びつけるつながりと，人間の条件の有限性に根差していることの共通性について，考えを深める必要が生じるだろう．

これら人類学的な仮説を横目に，20世紀の哲学もまた，死の位置づけを自己の経験のうちで検討し直すことに意を注いだ．それは時間性の経験を参照することによって行われた．これが，「死への存在」というハイデガー〔Martin Heidegger〕の観念の意味である．ジャン＝ポール・サルトル〔Jean-Paul Sartre〕にあっては，一切の人間的経験の形態である投企〔projet〕の形態に対する限界，という地位を死が占める限りにおいて，死は不条理〔absurde〕と形容される．いずれの場合においても，それは古典古代の哲学の，平穏をもたらす主意主義をあらためて問いに付すことに帰着する．古典古代の哲学は，実存に対する死の重みを軽減するために，時間につ

3　清浄で吉祥的な「右」の聖性と，不浄で不吉な「左」の聖性との区別は，ロベール・エルツ『右手の優越 *La prééminence de la main droite*』（1909）以来，社会学と人類学の主題を構成しているが，バタイユはこの区別を取り入れている．

いての思索を瞬間もしくは永遠についての思索へと還元しなければならなかったのである．同時に，実存的経験の組成それ自体における，死のこうした隠然たる現前は，有限性をめぐる悲劇的な思索へと通じるものでもある．

つまるところ，死の倫理的あるいは宗教的な整形——すなわち美しい死あるいは良き死のテーマ系——が，ストア主義者たちの表現を借りるなら「死は不幸ではない」ことを人に納得させるに足るものだったかどうかは，議論の余地がある．われわれ自身はそのような魂の平穏には到達できないため，死を好んで時間的な他所に投影したり（「飼い慣らされた死」），空間的な他所に投影したりする——チャドの「サラ族の死」や，日本の切腹——ということには，おそらく意味があるのだろう．あるいはまた，死を不幸や苦しみの極限的な形態と天秤にかけることによって，死は耐えられるものになる．こうした，消去法によって残った受け入れ可能性は，宗教への希望も殉難者への全体論的な価値づけも受けつけない意識にとって，唯一意味をなすものである．そして，おそらくはこうした受け入れ可能性こそが，今日，厳密に個人主義的な論理を持った，安楽死や尊厳死の権利に賛同するグループの活動に動機を与えているのである．

参考文献　ALBERT J.-P., « Du martyr à la star. Les métamorphoses des héros nationaux », in P. Centlivres, D. Fable et F. Zonabend（dir.）, *La Fabrique des héros*, Paris, MSH, 1998, pp. 11-32. – ANDREESCO I. et BACOU M., *Mourir à l'ombre des Carpathes*, Paris, Payot, 1986. – ARIÈS P., *Essais sur l'histoire de la mort en Occident*, Paris, Seuil, 1975（フィリップ・アリエス『死と歴史——西洋中世から現代へ』［新装版］伊藤晃・成瀬駒男訳，みすず書房，2006 年）; *L'Homme devant la mort*, Paris, Seuil, 1977.（『死を前にした人間』成瀬駒男訳，みすず書房，1990 年）– BATAILLE G., *L'érotisme*, Paris, Éditions de Minuit, 1957.（ジョルジュ・バタイユ『エロティシズム』酒井健訳，ちくま学芸文庫，2004 年）– BOILEAU C., *Dans le dédale du don d'organes. Le cheminement de l'ethnologue*, Paris, Éditions des archives contemporaines, 2002. – DELUMEAU J., *Le Péché et la peur. La culpabilisation en Occident. XIIIe-XVIIIe siècles*, Paris, Fayard, 1983.（ジャン・ドリュモー『罪と恐れ——西欧における罪責意識の歴史——13 世紀から 18 世紀』佐野泰雄・江花輝昭・久保田勝一・江口修・寺迫正廣訳，新評論，2004 年）– FABRE D., « Le retour des morts », *Études rurales*, 1987, n° 105/106, pp. 9-34. – FOURNIÉ M. *Le Ciel peut-il attendre? Le culte du Purgatoire dans le Midi de la France*（*1320 environ-1520 environ*）, Paris, Cerf, 1997. – JAULIN R., *La Mort sara*, Paris, Pocket, 1992［1967］– LE GOFF J., *La Naissance du Purgatoire*, Paris, Gallimard, 1981.（ジャック・ル・ゴッフ『煉獄の誕生』渡辺香根夫・内田洋訳，法政大学出版局，1988 年）– PINGUET M., *La Mort volontaire au Japon*, Paris, Gallimard, 1984.（モーリス・パンゲ『自死の日本史』竹内信夫訳，講談社学術文庫，2011 年）– SCHMITT J.-C, *Les Revenants. Les vivants et les morts dans la société médiévale*, Paris, Gallimard, 1994.（ジャン＝クロード・シュミット『中世の幽霊——西欧社会における生者と死者』小林宜子訳，みすず書房，2010 年）– THOMAS L.-V., *Mort et pouvoir*, Paris, Payot, 1978. – VOVELLE M., *La Mort et l'Occident de 1300 à nos jours*, Paris, Gallimard, 1983.

ジャン＝ピエール・アルベール Jean-Pierre ALBERT

〔石川学訳〕

→ 供犠，犠牲，生命倫理，葬式（の実践），魂／身体

ジェンダー
GENRE

1970 年代に社会科学に導入された「ジェンダー」という観念は，（社会的地位，行動規範，身体への関係，人格などにおいて）「男」または「女」であることが，社会集団や時代に応じて，社会的に変わりうる内容や帰結をもたらすことを意味している．

ジェンダー研究は，二重のコンセンサスの上に成り立っている．すなわち，一方で性差は社会的な構築物であるということ，他方で男性的，女性的という範疇は象徴の次元でも実践の次元でも体系的に階層化されているということである．そこに方法論的な性格を持った第三の柱を付け加えることもできる．ジェンダーは単なる研究対象にはとどまらず，社会的現象の分析を豊かにしてくれる読解格子だという柱である．そのようにみると，アイデンティティと宗教的実践は男と女にとって同じ意味を持つのではないことがわかる．宗教社会学が関心を寄せる（世俗化，改宗，宗教への「回帰」，宗教の脱制度化といった）諸現象は，つねに「ジェンダー化」されているのである．

ここで行おうとしているのは，それぞれの宗教において，男そして女が占める地位を網羅的に記述することではない．そうではなく，ジェンダー概念によって宗教事象をめぐり提起された数々の問いかけを示唆することである．ジェンダーと宗教に関する研究は，今日でもまだ大部分が北米で行われているが，それらの研究が登場したのは比較的最近になってからのことである．その理由は，一方では宗教研究において男性研究者の割合がとても多かったこと，他方では西洋のフェミニズム研究における脱宗教的ひいては反宗教的なバイアスが強かったことに求められる．

フェミニズム研究は，初めのうち，宗教的諸制度は女性を（とりわけセクシュアリティと生殖という面で）抑圧するもの，もしくは排除するものとして捉えていた．しかし今日では，宗教に対する見方もジェンダーに対する見方もより複雑になっている．現在の研究は，諸宗教のありかたの多様性と変わりやすさ，宗教をめぐって

個人が採用する多様な戦略を強調し，ジェンダー規範の内部にみられる——「保守的」か否かにかかわらず——緊張関係や移り変わりを問うようになっている．

フェミニズム研究と宗教

そのような研究の最初のものは1970年代に遡る．それらは，自分が信じる宗教を研究していた女性たち（たとえば神学部で研究する女性パイオニアといった女性たち）によるものであり，二重の意味で活動家としての展望に特徴づけられたものであった．そこで問題となっていたのは，宗教研究における男性中心主義的なバイアスを批判するだけではなく，研究対象となっていた宗教における女性の位置づけを——ときにはラディカルな改革を目指しながら——告発することであった．1970年代と1980年代，とりわけアメリカとカナダの学際的な宗教研究の諸学科において，これらの研究はフェミニスト人類学者の研究と出会うことになる（後者の研究は，しばしば文化横断的なパースペクティブを持ちながら西洋以外の宗教を対象としていた）．人類学者たちは，宗教研究の分野から来た女性研究者以上に，研究を（聖典，解釈，表象といった）言説研究に限定すべきではないという点を強調していた．それは，言説研究がしばしば男性的な視点を特権化することに帰結したからである．彼女たちは，日常的な実践や具体的な権力関係に注目する「生きられた宗教」の民族誌を主張したのだった．

〈宗教的なもの〉は，特異な仕方で〈男性的なもの〉と〈女性的なもの〉を生み出すのだろうか．1970年代以来，ジェンダーについてどのような理論的アプローチを採用するかで，どのように宗教事象を位置づけるかが変化している．宗教社会学における儀式と信条，実践と表象という二分法はその図式的性格ゆえに批判されることもあるが，フェミニズム理論にもそれに対応する二分法を見いだすことができる．図式的にいうならば，ジェンダーへの「唯物論的」アプローチに対して，宗教がより中心に据えられる，より「文化主義的」もしくは「象徴的」なアプローチが対立している（後者は〈宗教的なもの〉を〈社会的なもの〉や〈文化的なもの〉と分離するのが難しい社会にしばしば関わっている）．

唯物論的なアプローチは，何よりも性による分業が男と女のあいだの権力関係を作り出すとみなす．男と女が差異化され平等でないのは，男と女が同じことをしておらず，女による諸活動（とりわけ家事）は一貫して価値が低いとされているからだという．これは，性の社会関係あるいは唯物論的フェミニズムをめぐるフランス女性理論家のパースペクティブでもあるが，アメリカ女性人類学者たちのパースペクティブでもあった．その人類学者たちは，（女性の労働をみえなくしてしまう）

家族圏と（男性によって支配された社会的認知の場である）公共圏との分割のなかに，両性間の不平等の起源をみたわけである．世俗化された文脈で考え，マルクス主義の相続人であるこれらの人びとにとって，両性のあいだの権力関係は労働によって決まるのであって，（彼女らの分析のなかに稀にしか登場しない）宗教は，不平等を正統化するとはいえ，それを直接に作り出すことはしない「イデオロギー」の役割しか持っていないとされる．

この唯物論的なアプローチは，性による労働の分業という視角から宗教事象を分析するよう促す．もっぱら女性が担う（カトリック教会における世俗の無償奉仕者といった）「宗教的労働」の一部の形態は，男性に割り当てられた，（司祭職のように）有償でより威信のある諸活動の見えざる裏側である．時間をかけて宗教的祭祀を準備するのはしばしば女性であるが，祭祀で――祈りを唱え，動物を生け贄にし，行列で聖人像を掲げ――公式の地位を占めるのは男性なのである．家族あるいは宗教団体の尺度で宗教的労働の性的分業を詳しく分析してみると，そこに起こっている変化を間近から調べることができる．

それに対して，人類学やカルチュラル・スタディーズにおいて，性差は労働における社会関係よりも，（宗教的神話からマスメディアに至る）文化と象徴に結びつけられてきた．また，場合によっては，親族関係が強調されたり（レヴィ＝ストロース〔Claude Lévi-Strauss〕の遺産），政治が強調されたり（フーコー〔Michel Foucault〕の遺産）することもあった．そこにおいて宗教は，文化の体系（コスモス秩序と諸儀式）のなかにあって相対的な特殊性を持った現実の秩序として知覚され，ジェンダーの生産に直接に寄与するとされている．すなわち，一方ではいくつもの社会において中心的な表象体系として，すなわち世界と性差の起源，象徴的諸形象，（たとえば生殖をめぐる問題などの）公共の議論における制度的言説として，ジェンダーの生産に寄与するというわけである．他方で，諸々の儀式によって，すなわち通過儀礼や（浄め，食べものといった）日常的な儀式によっても宗教はその生産に寄与するのである．

宗教は両性を階層化する文化的根拠なのか？

〈宗教的なもの〉の定義そのものが性別化されていることもある．数多くの宗教において聖なるものへのアクセス――司祭職，聖具製造法の秘密，聖典――は男に割り当てられている．デュルケーム〔Émile Durkheim〕は，聖と俗の区別こそ宗教事象の創設的なメカニズムの一つだとみなしていたが，ジェンダーの視点は，その区別を男女の社会的区分を正統化するものとして分析する．女は世俗の側に，集団の境界に結びつけられ，女性のセクシュアリティは不純もしくは儀礼上危険なものとして解釈されたのである．西洋の研究者はときに，高貴で男性的とされる「宗教」と女性的でより正統性が低いとされる「魔術」という規範化された区別を魔術と宗教との区別一般に投影していたため，魔術と宗教の区別自体が批判の対象となったこともあった．

より一般的に，フェミニスト的読解は二分法に基づく分析を警戒するよう促す．そうした分析は，社会にみられる，しばしば規範を課す二項対立的な分類を再現し，中間的な諸範疇をみることを妨げるからである．ジェンダーは，「男」と「女」という，それぞれが均質な二つの範疇の構築に還元されるのではない．制度や儀式は，〈男性的なもの〉と〈女性的なもの〉を作ると同時に，つねに男たちのなか，女たちのなかにも差異を作り出す．母性として女性性を讃える儀式は，既婚女性と独身女性とのあいだ，もしくは不妊の女性と子どもを産める女性とのあいだに地位の階層を作り出す．また，たとえば年長者など一部の男の宗教的権威を正統化する言説は，他の男たちを権力の座から閉めだすのである．

宗教的体験は，しばしば男同士，女同士のありかたの学習ともなっている（たとえ，大部分の研究者にとって「女同士」の場合よりも自明であるため，「男同士」の宗教がジェンダーの視点からあまり研究されていないとしてもそうである）．男と女は，必ずしも同じ宗教を実践していない．アフリカにおいて，イスラームはより男のものであり，（イスラームに結びついているか否かにかかわらず）憑依に関係する信仰はより女のものである．宗教制度は，政治的文脈に応じて多かれ少なかれ両性の分離を正統化する．メアリー・ダグラス〔Mary Douglas〕が『汚穢と禁忌』で示したように，自らが脅威（移民の流入，植民地化，社会的退廃）に直面していると認識する集団は，他の集団からの分離と同族内での結婚を求めるより厳格な規則（さらには会食のより厳格な規則）を課す傾向がある．

宗教は儀礼によってジェンダー規範の体内化を促す．通過儀礼（教団の青年組織などもそうである）は，色濃く性別化されている．かくして，婚姻をめぐる儀礼の下地をなす諸価値は，一般に男と女で異なった内容を持つ．割礼は単にユダヤ教徒やイスラーム教徒を作り出すだけでなく，女を排除して男を作り出す．いくつもの文化における供犠を扱った研究のなかで，ナンシー・ジェイ〔Nancy Jay〕は，相続権を長男に限定した農耕社会の文脈において，供犠が女を家系から排除する役割を演じていることを示した．儀礼で男が流す血を，女が月経で受動的に失う血に対置することによって，供犠の象徴系は，男が儀礼によって息子の分娩を我有化することを可能にするのである（供犠の執行者はつねに男であるか，たとえば閉経を迎えた女といった,「女性」から外れた女性である).

これらの研究は，儀式によって承認されるという意味で，宗教集団へのまったき帰属が男性の視点で規定されていることを示している．しばしば女は，文化的に「他者」として構築され，集団の境界部分と同一視され，矛盾に満ちたかたちで集団への脅威であると同時にその守護者だとされている（それは，女が被る社会的拘束ゆえであり, 彼女自身によってもその身体に対して行使される統制ゆえでもある).女たちは，とりわけ母系的な系譜において，家族的絆の構築に参加してはいるが，若干の例外（葬儀への女性の参加など）を除いて，儀式の面ではしばしば不可視な「親族の作業」(kin work) を通じてその構築を行っているにすぎない．しばしば女性の帰属は，出産によってのみ定められている．出産を通じて女は，自分自身は統御していない地位と伝統を息子に伝達するが，その伝達が儀式のかたちをとることはない（母親は，自分の子の誕生を祝うセレモニーにおいてしばしば周縁的な場に置かれている)．女が担う文化的価値（料理の伝統など）が顕揚されるのは，（世俗化の進行や移民という環境によって）伝統の伝達が難しくなったときである．

それぞれの性において，同じ実践が異なった意味を持つことがある．キャロライン・バイナム〔Caroline Bynum〕は，（ときには極端な）断食が中世の女性にとって特殊な響きを持っていたことを示した．食べものは女が意のままにできる唯一の手段だったので，断食は母親や妻の役割を拒否する抵抗であり，結婚や性的関係を拒絶することよりも実行に移すのが容易であった．一般的に，食べものに関する儀式はしばしば女に関わっている．会食をめぐる一部の儀式（古代ギリシアにおける供犠，スペインの巡礼 (romeria)）は料理する男たちを登場させるが，それは宗教儀式が日常を反転するという論理によるものである．

宗教的帰属がどのようにして性的に差異化された主体を生み出すかについて，一部のステレオタイプを超えるような研究はまだあまり多くない．それらのステレオタイプは，カトリック的な社会化は，女性に特殊な自己贈与のハビトゥス (habitus)〔慣習によって蓄積される無自覚的な性向〕を奨励する，ユダヤ神学は〈学習〉における技量という男性的理想を広めた……といったものである．主体性に対するこうした作用は，イスラーム教徒の鬚にせよ，ユダヤ既婚女性のヴェールに覆われた髪にせよ，身体的次元を経由している．それは，マリー＝クロード・マチュー〔Marie-Claude Mathieu〕の「支配された意識」に関する試論が切り拓いた，フェミニズム研究の重要な作業現場であるが，そこでマチューは男性的儀式から排除されることの心理的諸効果を考察している．

以上のような意味で，宗教による社会化は〈宗教的なもの〉をどう定義するかということ自体によって，さらに権力の配分，象徴的諸表象，儀式，身体と主体性の構築によって，ジェンダーを「作る」ことに貢献している．だがそれは，宗教が「その本質からして」男性支配の砦であることを含意するのではない．というのも，性差もしくはいかなる社会現象についても唯一かつ普遍的な根拠が存在するという考え方は，今日，社会科学によって却下されているからである．

男性支配への抵抗をもたらす余白としての宗教空間

他の制度と同じように宗教制度が男性支配に貢献することがひとたび確認された上で，しばしばより民族誌的な性質を持った研究は，宗教空間内部における女性側の行動の余地，抵抗および異議申し立てを調べた．そして，女に対してアプリオリに抑圧的な制度を，彼女たちがどの程度我有化できるかを理解しようとした．ナタリー・ゼーモン＝デーヴィス〔Natalie Zemon Davis〕は，17 世紀を生きた 3 人の女性の伝記を通じて，宗教的な使命を帯びた彼女たちがその時代における女性の典型的な条件から抜け出し，移動を許されることになったかを記述し，宗教的使命が女性解放の仲介となりうることを示した．さまざまな時代における修道女や女性伝道師をめぐる研究は，女性によるこれらの活動が農村社会から，結婚と母性から，そして貧困から逃れることを可能にしたことを，そしてより裕福で教育を受けた女性にとっては，宗教的および政治的権威の獲得を可能にしえたかを強調している．

宗教制度が抑圧的な性格を有するという点については，科学的な問いかけによっても，活動家の問いかけによっても，含みを持たされるようになってきた．すなわち，男性支配は〈宗教的なもの〉の内部から異議申し立てを受け，その位置を変更されることは可能なのだろうか．もしくは，〈政治的なもの〉と〈社会的なもの〉から影響されて，いわば外部からの〈感染〉によってそれが可能となるにすぎないのだろうか，というわけである．歴史研究は，同じ時代でも宗教的言説が変わりやすいこと，さらには宗教的な規範が社会の変化を表象しうることを強調している．ジェルメーヌ・ティリオン〔Germaine Tillion〕は，イスラームが遺産の一部を女子に相続させるという制度を創設したことについて，それが父系家族の系譜を壊しうるという意味で，クルアーンの時代にはまさに「爆弾」のような効果を持ったことを喚起している．それとは逆に，境界が家族による選択を阻むことができるという考えのもとに，〔当事者同士の合意が必要であるとした〕キリスト教的結婚が登場するのは，12 世紀になってからにすぎない．歴史学と活動的フェミニズムは，宗教的オーソドクシーが忘れてしまった女性たちの研究においても出会うことになる．そして，歴史的文脈の重視は，女性蔑視を「外部の」文化的影響に帰すことによって，宗教的な女性蔑視を相対化することを可能にしてくれるのである.

女が権力の他の圏域から排除されているような文脈において，宗教は避難場所となっているのではないだろうか．比較的自律した女性組織が存在する場合，確かに宗教は連帯のネットワーク，物理的リソース，（宗教的責任といった）社会的地位へのアクセスを可能し，それゆえ（男性もしくは社会による）支配に対する防護となることがある．こうして，陰核切除，清めの儀式，病気や怪我の治癒や多産を祈願する実践といった，女性の身体を宗教的に管理する女性による儀式は，女性を社会化する支えともなりうる．それらは，（セクシュアリティをめぐるアドバイスなどの）互助行為，女性の宗教的知識，ひいては相対的に自律した女性によるカウンターカルチャーの源泉でもありうるのである．

より女性的だとされている神秘主義の諸伝統に対しては，特別の注意が向けられた．マグレブのマラブー〔marabout：イスラームにおける指導者〕の伝統は，一部の女性が聖女の地位に登ることを可能にした．その地位はしばしば，配偶者のいない女性という社会的には標準的ではない地位を持った女性によって占められている．また巡礼は，女性が公共空間を移動してはならないとする制限を侵犯する一つの仕方となっている．憑依に関係する信仰とシャーマニズムもまた，特権的な扱いを受けた．そこにおいては女性が大勢いてときに宗教的権威を有しているばかりでなく，トランスはジェンダーもしくは性の規範を（変装などによって）逆転させる儀式の機会だからである．「エクスタシーの宗教」は支配に対する「斜めの異議申し立て」の場であると提案していたヨアン・M・ルイス〔Ioan Myrddin Lewis〕に続き，ジャニス・ボディー〔Janice Boddy〕はスーダンのザール（zar）について，カレン・ブラウン〔Karen Brown〕はニューヨークのブードゥー教の女司祭について，トランスが具体的な抑圧状況を舞台に載せ，それらを告発し，あざ笑い，わずかながら抑圧状況の償いもすることをいかに可能にしているかを示した．ここにおいて宗教は，認識的，治療的，象徴的リソースを解放（empowerment）に向けて意識化する源泉となっている．加えて，女たちが所属するグループ自体が周縁に位置づけられていることに注目しつつ，それらの研究はジェンダーに結びついた支配と，他の（人種主義的，経済的といった）権力関係との交差点を示している．

これらの儀式は，支配された女たちが完全には男たちの表象を共有していないことを示している．とはいえ，この価値の転覆はどのような射程を持っているのだろうか．これらの「女性的権力」は，男性支配と対称形をなしているのだろうか．これは古典的な認識論的問題である．すなわち，「女性文化」をめぐる研究は，女性的空間の自律性をしばしば過大評価する傾向があり，極限において両性間の権力関係を免れてさえいるものとしてそれを提示しがちなのである．強制と自律との分割は，まさにそのつど歴史的文脈や個人の経歴との関連で位置づけなければならない．

この議論は，より恵まれた女性についても持ち上がった．ライックな女性研究者の視点に立ったとき，「世俗化された」，「近代的な」文脈に身を置くこれほど多くの女たちが，父権的といわれる宗教に身を投じるのをいかに説明すべきなのか，というわけである．このパラドクスは，現在，数多くの研究を動機づけている．1970年代から1990年代にかけて，研究の文脈は変化した．研究の主体はもはやパイオニア世代ではなく，つまり宗教を実践していたが自分たちの宗教に対して批判的な視線を持っていた女たちではなくなっていた．むしろ，しばしばフェミニストであり，ライックな人びとであり，保守的な数々の宗教的潮流（アメリカにおける信仰を新たにした（born-again）プロテスタント，ヨーロッパと中東におけるイスラーム）が新たな政治的可視性を獲得していく現象に直面した女たちであった．彼女たちは，反フェミニズムもしくは「ポスト－フェミニズム」の言説が，社会的かつ政治的に自分たちに近い――ときにフェミニストであり，しばしば高等教育を受けていた――女たちに対して持つ魅力を理解しようとしたのである．

イスラームに関する研究が，とりわけそのようなケースに当てはまる．女性研究者たちは，オリエンタリズムから相続され，男性研究者によって引き継がれた，一貫して女性を抑圧するイスラームというステレオタイプを脱構築しようとした．男性研究者たちは，女性を政治戦略の「対象」としか見ずにもっぱら男性指導者に関心を示していたが，保守的な諸宗教における女性を研究してみると，女たちの個人的な参加と，彼女たちによって規範的な言説が日常的な現実のなかで巧みに解釈され，和らげられることが浮かびあがってくる．さまざまな配置において，それらの運動に最初に入ってゆくのは最も活動的で学歴の高い女たちであり，そこではヴェール着用が――他の伝統的な女性の装いが放棄されるなかで――公共圏への参加と連動している．トルコでニリュフェール・ゲール〔Nilüfer Göle〕によって研究された，庶民階級出身の，ヴェールをまとう女子学生たちは，同時にライックな研究に接し，政治意識を持ち，新たな宗教的知識を獲得するという特殊性を示していたのである．

より最近のことだが，いかにして宗教に帰依することが伝統的なジェンダー規範を強化するか，あるいは逆にずらすかという研究の対象として，より本格的に男たちが含まれるようになった．コロンビアの福音主義運動について，エリザベス・ブラスコ〔Elizabeth Brusco〕は，男がその――女の労働に否定的な側面も有する――運動へと改宗した場合，そこでは男尊女卑，暴力，アルコール依存症が追放すべきものとされていたため，また家族への関わりを強め，家族の繁栄を利する禁欲的な家計戦略が奨励されていたため，男たちが「家庭化する」こともあることを示唆している．フェミニズム研究の全体においてと同じように，これらの研究は権力が問いかけの中心にあり続けていること，また権力が――支配者側であれ，被支配者側であれ――男の視点からは依然としてあまり扱われていないことを証言している．

しかしながら，父系的宗教のステレオタイプ化された見方を和らげることは重要だとはいえ，その逆の暗礁，すなわち宗教への参加がもつ「解放」の側面ばかりを強調するという暗礁も避けなければならない．研究に求められているのは，女性の視点と戦略を報告することであり，「疎外」の語彙（女性は自分たちの宗教が父系的だと理解できない）と同時に認識論的な適応の語彙（女性は，性差別的な諸側面を肯定的なものとして「解釈し直している」）による分析は避けなければならない．個人的な「駆け引き」の複雑さをめぐる議論は，さまざまな集団的な論理のありかた，ならびに宗教組織が駆け引きの諸形態と内容に枠をはめる仕方を見失わせてしまうのである．

しばしば根本的に対立する配置において，この――父系制の強化，それとの駆け引き，そしてその転覆をめぐる――同じような議論は，「新宗教運動」についてみられることもある．ジャネット・ジェイコブス〔Janet Jacobs〕によれば，それらはたっぷりと女性の家庭労働という搾取，ときには性的な搾取の上に機能する一方で，ジェンダー規範を転覆させることもある．それは，メアリー＝ジョー・ネイツ〔Mary-Jo Neitz〕が，ネオ・ペイガニズム集団ウィッカ（Wicca）をめぐって示唆することでもある（ウィッカでは女性が角をつけて登場するが，角はウィッカの世界では男性性に結びつけられた象徴である）．スーザン・パーマー〔Susan Palmer〕は，こうした現象の多様性を強調している．一部ではジェンダー規範の逆転もしくは中性化（両性具有性）を奨励するにせよ，むしろ多数は，ステレオタイプ化され，ときにはきわめて父系的なジェンダー・アイデンティティを奨励しているという．この最後のケースにおいてメンバーの参加は，人が不安定となる成人への移行期に当たる，きわめて短い期間にとどまる．儀式化の度合いは低いものの，パルマーはそれらの運動を「通過儀礼」とみなすことを提案している．

女は男よりも宗教を「実践」するのか？

フランス国立統計経済研究所〔INSEE〕によれば，2004年では男性の30％に対して女性の40％が何らかの宗教を実践している．なぜ女性が宗教を実践するかという点は，フェミニズムとはあまり関係なしに社会学者および歴史学者のあいだで次第に一つの研究対象となり，ほとんど謎とさえなっていった．しばしば世俗化によって刻印された理論的枠組において，見たところ女性の側により大きな宗教性が保たれていることは不思議に思われたのである（クロード・ラングロワ〔Claude Langlois〕は，フランスのカトリック教徒において，1 世紀のあいだに男女の差はほとんど減少していないことを示している）．とはいえ，この確認はもっぱらキリスト教について行われたものであり，そこで用いられた（神を信じるか，ミサに行くかといった）指標は，数量的研究があまり進んでいない他の宗教へとそのまま適用することはできない．

キリスト教について，この男女間差をめぐる説明は二通り存在する．第一の説明は，女性におけるより強い宗教性は，「異なった社会的状況」（“structural location theory”）の反映だというものである．事実，年齢，家庭状況，職業が同じ場合，男女の宗教的実践は接近している．しかし，確認する変数を多くしても，説明すべき要素があいかわらず残ってしまう．こうして，年齢にかかわらず，専業主婦よりも職業を持った女性のほうが宗教的実践が少ないが，職業を持つ同じ年齢の男性の実践度と一致することはない．このテーマをめぐっては数多くの統計的研究があり，男性と女性では宗教的態度を決定する要因が異なっていることを示唆しているが，その要因が何であるかについて現段階で一般的な結論を導き出すことは難しい．

以上の下地となっている，社会的地位が上がるにつれて宗教的実践が減少するという仮説は，グレース・デイヴィ〔Grace Davie〕とトニー・ウォルター〔Tony Walter〕によって批判された．教会に通うのは，おもに中産階級の女性たちであり，最も恵まれない女性たちではないというのである．彼らはさらに広い説明を提案する．すなわち，西洋社会において女性のほうが死や病に近いところに身を置いており，それが彼女たちのより強い宗教性を説明するというのである．

こうして彼らは，二つ目のグループの説明に合流することになる．すなわち，とりわけ公的なものに対して私的なものを，外向性すなわち他者関係よりも親密なものを特権化する女性の社会化は，宗教的態度を促進するという説明である．こうして何人もの研究者が，（集団的な礼拝に対する個人的な祈りのように）私的であればあるほど宗教的実践は女性的であると指摘している．しかし，社会化による説明は，宗教的実践の比率をめぐる歴史的，社会的変動を説明するのには，十分とはいえない．

ジェンダーと〈宗教的なもの〉の再編成

歴史学は，世俗化が性別化された過程であることを示すことによって，男女間にみられる実践の相違についてもう一つの照明をもたらしてくれる．19世紀ヨーロッパにおいて，世俗化はまず（ブルジョワジーであれ労働者階級であれ）男性に関するものであった．そして男性における世俗化は，女性に宗教的権威となる道を開くことはせずに女性の宗教的責任を増大させた．したがって今日の女性にみられる宗教性は，少し前の19世紀という時代の遺産であり，それは少し前に家族圏より自律した公共空間（市民権，労働）から彼女たちが排除されていたことと相関的な現象だというのである．よって宗教圏に力を注ぐことは，女性にとって，他の空間や他の正統性を補償するための手段であった．彼女たちがこうして力を注いだことは，当時構築されようとしていた私的領域と公的領域との境界線に対する実践的な異議申し立てだったという分析さえできる．すなわち，プロテスタントの慈善団体，保守的なカトリックの組織に力を注ぐことは，宗教という回り道をして教育や職業を，または公的責任を獲得する手段であり，ひいては政治的な議論に参加する手段であった．数多くの研究が，女性のキリスト教団体が社会事業や福祉国家の生成に貢献し，より時代が下ってからはそれらをさらに充実させていったかを示している．かくして，それらの研究は，宗教の「女性化」は「私事化」に等しいという考えを強く修正するものである．

マイノリティに属する女性の場合，世俗化は，女性が社会に統合されるかそこから排除されるかという問題とも関連するので，その分析は統合や文化触変の過程に関する分析とも交叉させなければならない．イスラームの場合もユダヤ教の場合も，世俗化された西洋モデルへと文化触変してしまうことの恐れは，女子を宗教学校に通わせるという現象を発展させた．ホスト社会における支配的な文化への追随は，民衆的な「慣習」であるとして女性による宗教的な諸実践の価値を貶め，男性の宗教にいっそう規範的な地位を与えることもある．さらに男女混合の規範は女性自律の伝統を廃止へと導くことがある．しかし，ポーラ・ハイマン〔Paula Hyman〕が19世紀末ヨーロッパのユダヤ教について示したように，さまざまな配置が存在する．19世紀のドイツやフランスにおいて，キリスト教への改宗は中産階級への社会的昇進に結びついており，特に男性にみられるものであった．しかしポーランドやリトアニアでは，キリスト教への改宗は男よりも女に関わっていたという．男がトーラーを学習し，女が働くカップルという文化的モデルは，女が公的領域に参加し，とりわけ世俗教育と政治活動に参加することを正当化したのである．

今日みられる宗教的帰属の個人化もまた，おそらく性別化されたプロセスであるだろう．改宗を取り上げた研究は，しばしば，社会的プロフィールと改宗の様態において，（女性のほうがユダヤ教に改宗する人数が多いなど）性別による違いを示している.「新しい宗教運動や「属することなしに信じること」」(G・デイヴィ) においても事態は同じである. 女性のほうが宗教を実践しているかもしれないが, 彼女たちはまた, 宗教的近代を最も特徴づける運動のなかで男性よりも多い. この点からも, それらの運動の意味を問わねばならないだろう.

女性は, 異なった仕方で宗教的権威を行使するのか? 牧師職の場合

宗教的権威の座に女性が就くことの是非が議論されたのは, 19 世紀末以降のことであり, それはまず西洋のキリスト教において行われた. その頃, 司祭職や牧師職への就任は厳格な規則で定められていた. そのなかで, 19 世紀末に起こったフェミニズムの「第一波」は, 権力の座に女性が就くという問題を提起したのである. そこには, 世俗化した男性と専業主婦モデルを背景に,〈宗教的なもの〉が女性化するという文脈が存在した. 制度化された宗教的潮流において, 1890 年代のアメリカで最初のパイオニアとなった女性たちは神学研究をするようになるが, 女性が (弁護士や医師といった) 知的職業を勝ち取った時代だったにもかかわらず, 公式に牧師として彼女たちが叙任されることはなかった. 大部分の宗派において女性の叙任が提起されるのは, 1970 年代のフェミニズムの「第二波」を待ってのことになる. 今日, 大勢の女性が高等教育を受けるという状況が存在し,「メインストリーム」(mainstream) のプロテスタントおよびユダヤ教の非正統派を含めて, 叙任を準備する神学校において, 女性のほうが多数を占めている.

歴史家や社会学者は, これらの議論において数多くの組織論的および政治的要因が作用していたことを示している. それらの要因とは, (多かれ少なかれ――秘跡, 治癒能力などの――カリスマを中心としているか, それとも宗教的な知を中心としているかといった) 宗教的権威の定義, 宗教的潮流同士のライバル関係, グローバル社会に対する宗教的潮流もしくはエスニック・グループの態度, (脱中央集権化, 自律した女性組織の存在といった) 宗教組織である. 女性の叙任が増加したことについて一般的法則を導き出すのは容易ではないが, 男性聖職者が客観的に不足しているということ, さらには女性の地位をめぐる宗教の立場が変化したということよりも, これらの要因のほうが重要だという見方が共有されている.

教員という職についていわれたことだが, 牧師職の女性化はその職業の価値低下と相関しているのだろうか. ジャン＝ポール・ヴィレーム〔Jean-Paul Willaime〕は, フランスの場合, 女性化は, いずれにせよ, 牧師職の職業化と内的世俗化と符合していることを示した (つまり, 高学歴化, 職業生活と私生活との分離の増大, 説教に代えて心理的に寄り添う機能の発展などである).

フランスとアメリカにおけるさまざまな宗派における牧師集団の調査は，他の多くの職業と同じように，パイオニアとなった女性たちは，相対的にみるとその社会的地位に比べて「過度に精選」されていることを示している（彼女たちは，男性同僚よりも学歴が高く，より恵まれた社会階層の出身である）．こうしてフランスでは，牧師の妻がしばしば専業主婦，教員，看護師だったのに対して，女性牧師の配偶者はしばしば管理職に就いている．それにもかかわらず，女性はより小さな，農村地帯の，より高齢者の多い，より庶民的な共同体にポストを得るか，（教育，施設付き牧師といった）より特殊化された地位に就くことが多くみられる．彼女たちはまた，より低い給与を支払われており，（同じ勤続年数でみると）キャリアの展望もあまり持っていない．そこには，企業においても観察される「ガラスの天井現象」がみられるだろう．

権力を行使する仕方において（何かを決定する際に女性のほうが信徒の意見を聞くというふうに）いくつかの差異が存在するが，その差異は体系的なものではなく，女性の「本性」というよりも男性による抵抗をかわす必要性によって説明することができる．他方で，かなりのケースにおいて，変化に対する抵抗は，信者側よりも男性同僚側のほうが強いようである．男性に比べると，牧師職に就いた女性は――政治家の女性や企業幹部の女性，あるいは権力の座に就いた他のマイノリティの人びとと同じように――自己演出をめぐり，（衣服，態度，言葉遣いについて）きわめて戦略的な観点を採用するよう仕向けられる．彼女たちは，あるいは自分の姿を中性化しようとし，あるいは女性性を演出しようとする．いずれを選択するかは，宗教的文脈と個人的な道のりによることになる．

宗教における変化を証言する〈ジェンダーの政治化〉

歴史家ジョーン・スコット〔Joan Scott〕による定義は，ジェンダーの政治化を社会的な争点を明らかにする指標として用いることを促している．「ジェンダーは，両性間に認められた差異に根拠づけられた諸関係を構成する要素であり，かつジェンダーは権力関係を意味する第一義的な仕方である」．宗教的領野において，ジェンダーや性をめぐる問いはしばしば政治的な争点をその周りに結晶させている．男女の空間的な分離，ヴェール，妊娠中絶は，ユダヤ教，イスラーム，キリスト教の内部に意見の相違を生み出している．現場において，これらの問題をめぐるそれぞれの男女の態度は，男女平等に関する視点を意味する以前に，宗教的な立ち位置を意味している．ジェンダーに関するこの宗教的な政治化は，宗教的フェミニズムの研究において重要な所与であり，そこにおいてフェミニズムや平等主義は，場合に応じて，近代的態度の保証ともなれば否定的な価値ともなる．なぜ一部の宗教団体は，自らへの帰属を定義する際に「女性の地位」を中心的な争点とするのか．この問いを提起することは，しばしば複雑な歴史的経緯に光を当てることを可能にしてくれる．宗教団体と競合関係にある国家は（たとえば社会全体の就学率の上昇と医療化の進展によって）身体の統制を強めるが，それに対して宗教団体が異議申し立てを行うとき，「女性の地位」が引き合いに出されるのである．

宗教分野においても政治分野においても，実証的ないくつもの研究が，ジェンダーレベルで一定の平等が獲得されたとき，（同性愛，妊娠中絶といった）セクシュアリティと生殖をめぐる問いが強力な境界線であり続けることを示している．それらの問いは「自然秩序」の象徴となり，宗教組織はその新たな番人の地位を獲得するのである．しかし，この現象は恒常的でも不変のものでもない．性差を正当化する宗教的神話の大部分は，だからといって性差を「自然なもの」としてではなく，歴史的に制度化されたものとして提示しているからである．

参考文献　« La religion, frein à l'égalité hommes/femmes? », *Archives de sciences sociales des religions*, n° 95, 1996. – BERENI L., CHAUVIN S., JAUNAIT A., REVILLARD A., *Introduction aux Gender Studies. Manuel des études sur le genre*, Bruxelles, De Boeck, 2008. – BODDY J., *Wombs and Alien Spirits: Women and the Zār Cult in Northern Sudan*, Madison, University of Wisconsin Press, 1989. – BOYARIN D., *Unheroic Conduct: The Rise of Heterosexuality and the Invention of the Jewish Man*, Berkeley, University of California Press, 1997. – « Femmes et Religions », *CLIO Histoire, Femmes et Sociétés*, n° 2, 1995. – DAVIE G., WALTER T., « The Religiosity of Women in the Modern West », *The British Journal of Sociology*, vol. 49, n° 4, décembre 1998, pp. 640–660. – DAVIS N. Z., *Juive, catholique, protestante: trois femmes en marge du XVII*^{e} *siècle*, Paris, Seuil, 1997.（ナタリー・ゼーモン・デーヴィス『境界を生きた女たち――ユダヤ商人グリックル，修道女受肉のマリ，博物画家メーリアン』長谷川まゆ帆・坂本宏他訳，平凡社，2001 年）– GÖLE N., *Musulmanes et modernes. Voile et civilisation en Turquie*, Paris, La Découverte, 1993. – HYMAN, P., *Gender and Assimilation in Modern Jewish History: The Roles and Representations of Women*, Seattle, University of Washington Press, 1995. – JAY N., *Throughout your Generations Forever: Sacrifice, Religion, and Paternity*, Chicago, University of Chicago Press, 1992. – LAUTMAN F.（éd.）, *Ni Ève ni Marie. Luttes et incertitudes des héritières de la Bible*, Genève, Labor & Fides, 1997. – NESBITT P., *Feminization of the Clergy in America: Occupational and Organizational Perspectives*, New York, Oxford University Press, 1997. – ROCHEFORT F.（éd.）, *Le Pouvoir du genre. Laïcité et religion. 1905–2005*, Toulouse, Presses universitaires du Mirail, 2008. – « Feminist Narratives and the Sociology of Religion », *Sociology of Religion*, vol. 61, n° 4, 2000. – TORAB A., *Performing Islam: Gender and Ritual in Iran*, Leyde, Brill, 2007.

ベアトリス・ド・ガスケ Béatrice de GASQUET

〔増田一夫訳〕

→ 回心・改宗，国際調査，性・セクシュアリティ，世俗化，文化触変

自然宗教
RELIGION NATURELLE

自然宗教という用語と概念は，宗教改革で起こった分裂の結果，キリスト教諸宗派のあいだで最小の共通分母を模索する平和的路線を指すものとして16世紀末に初めて登場した（1593年に出たジャン・ボダン〔Jean Bodin〕『七賢人の対話』とピエール・シャロン〔Pierre Charron〕『三つの真理』，ついで1611年のフーゴー・グロティウス〔Hugo Grotius〕『メレティウス，あるいはキリスト教徒のあいだで一致する事柄についての文書』のなかで）．当初はキリスト教諸宗派だけに用いられていたが，最終的には宗教戦争を終わらせるためにあらゆる宗教に対しても適用された（異教からイスラームまで）．その思想は「われわれにとって穏健な神学が一つあればそれで十分である」というグロティウスの言葉に示されている．

由　来

とはいえこの概念の起源は，宗教に対する大きな哲学的立場（懐疑主義，エピクロス派，ストア派）のあいだに共通した諸要素を見いだそうとした『神々の本性について』のキケロ〔Cicero〕の仕事まで遡ることができる．この思想は，理神論の父といわれるイギリス人著述家チャーベリーのハーバート〔Edward Herbert of Cherbury〕〔1582-1648〕によって17世紀初頭に復活を遂げたのち，スピノザの思想にも現れた．その後こうした思想は姿を見せなくなるとはいえ，それを足場として啓蒙哲学者たちの理神論や政治家たちの市民宗教が登場することになる．それゆえこの思想の最盛期は――あいかわらずジュール・シモン〔Jules Simon〕は同じ着想からその名も「自然宗教」というタイトルの著作を1856年にまだ出していたとはいえ――1580年から1670年（『神学・政治論』の出版年）までのあいだとなる．

古代の源泉――自然宗教はあらゆる宗教と哲学学派の共有する宗教的共通観念が定まるにつれて徐々にその姿を現すことになるが，その最初の輪郭はキケロ，ついでセネカ〔Seneca〕のうちに見いだすことができる．その共通観念とは，神々の存在，摂理，魂の不滅性や死後の応報と復讐の可能性，徳の実践を介した内的崇拝の，いわゆる宗教的礼拝に対する優越である．これらの共通観念は万人が一致して同意する対象であり，真理の基準に値するものである．ストア派，とりわけセネカはこの点で合理化の動きを加速させた．彼は最高神以外の諸々の神格は最高神の持つ多様な役割と側面の単なる顕現にすぎないと考え，偉大な異教神話を合理化するアレゴリー解釈を打ち出したからである．たとえばゼウスの頭頂部から生まれた女神アテナの誕生は知恵の誕生である．

古典時代の源泉――もうすぐ17世紀という時代にストア派の自然宗教思想が復活を遂げた要因は二つある．

第一に，信仰至上主義に対するモンテーニュ〔Montaigne〕流の懐疑主義的反発，つまり博学な自由思想である．それは，しばしば論争の的になりがちな啓示によってではなく，理性の道を通って見いだされる真理――とりわけ宗教上の真理――というものがあることを力説する．第二に，神学的憎悪を放棄してキリスト教徒が共有できる基本的信仰のもとに彼らを集めようとした点にある．すでにエラスムス〔Erasmus〕は「単純だが知的，簡潔だが明快なかたちでキリストの哲学を要約したもの」に彼らを結集させようとした．「信仰にかかわることはすべて，できるだけ少数の信仰箇条で表明されよう．また道徳にかかわる条項も少ない言葉で表現されよう．ただそうした説明は，自分たちの見つけたのは慈父であって暴君ではなく，導き手であって盗賊ではないということを人びとに理解してもらうために，キリストの支配は心地よく適切で，嫌なものは何もないことをわかってもらえるように表現されるだろう」（1518年8月14日，パウル・ヴォルツ〔Paul Volz〕宛書簡）．

この動きは，護教論を目指したグロティウスにおいて再び焼き直され，明確な姿を現すことになった．つまり自然宗教は，その当初は段階的に啓示宗教と「キリスト教の真理」（1627年の著作のタイトル）に至るために開始されたのであり，後になってからチャーベリーのハーバートによって平和的な政治と聖職権威の否定（『俗人の宗教』1645）が目指されるようになったのである．最小限の信仰箇条や正統教義に対する正統実践の優越といった本質的テーゼは，スピノザの『神学・政治論』（1670）へと受け継がれた．また『キリスト教の合理性』（1695）のロック〔John Locke〕，「サヴォワの助任司祭の信仰告白」（『エミール』1762）のルソー〔Jean-Jacques Rousseau〕も思い起こすことができよう．

変遷――自然宗教のテーゼが18世紀に消えていったのは，ヴォルテール〔Voltaire〕流の有神論や理神論，さらには宗教の自然史（ヒューム〔David Hume〕）に道を譲ったからである．革命期の敬神博愛教や19世紀のジュール・シモンは，確かに共和国や学校を擁護する際に多少なりとも自然宗教に再び脚光を集めようと試みたが，やはりその時代はすでに過ぎ去ったようにみえる．ただし，イギリスのフリーメイソンの創始者たちがかつて行ったように（1720年のアンダーソン憲章〔牧師J・アンダーソンが編纂したメイソンの基本綱領〕），世俗の知識人がイスラーム諸国でこの種のテクストを利用して現代の自然宗教がそこで再び現れる可能性もないとはいえない．

内　容

理性的や合理的というより自然的といわれる宗教の特徴は何か？「自然的」は人間本性およびその理知的能力に割り当てられたものを表現するために，まずは伝統的，超自然的と対立する．続いて「自然的」はあらゆる宗教の合理的支柱――既存の歴史的な〔宗教〕形態に対する普遍的，それゆえ規範的な支柱――を表している点で（実定法に対する自然法がそうであるように）歴史的と区別される．最後に自然宗教は，それが信仰箇条（要綱），実践規則（黄金律），礼拝の仕方（徳），普遍的《教会》（善意ある人間の共同体），そして来たるべき救済と永遠の生の希望をともなっている点で，確かに（一つの哲学でも神学でもなく）一つの宗教の姿をしている．だがこの宗教は儀礼も司牧も制度組織も持つことはない．

最小限の信仰箇条――最も重要な点は最小限の信仰箇条，つまりいくつかの項目にまとめられた万人の認める全体的な基本ポイントの表明である．試しにチャーベリーのハーバートが『俗人の宗教』（1989, p. 182）で挙げているものを取り上げてみよう．⑴ 至高の神格が存在すること．⑵ それに礼拝を捧げること．⑶ 徳と信心の結合が神を讃える最良の方法であること．⑷ 自分の罪を悔いること．⑸ 死後の報いと罰があること．

こうした信仰箇条は思想家ごとに複数のヴァリアントがある．たとえば，贖いの規則の場合もまったく同様なのだが，神の摂理が強調されることもあれば，省かれることもある．神は世界の自然的かつ合理的，不変的かつ必然的な秩序の保証人である．神は唯一にして完璧であり，その力点は神の権能や善意というよりもその知恵に置かれる．

実践――ここ〔自然宗教〕においては道徳性や礼拝も実践に一括される．内的礼拝と外的礼拝というセネカ流の区別に依拠して前者を優越させる自然宗教論者は一様に，必要な真の礼拝は徳の実践にあり，その徳は黄金律――「自分が嫌なことは，ほかの誰にもしてはならない」（「トビト記」第4章第15節）――のうちにすべて含まれていると主張する．この規則から，あらゆる徳は相互の普遍的で形式的かつ超文化的な面では一つであることが説明される．

この規則はそれ自体のうちに宗教的寛容の要請を含んでいる．というのも他人からされて自分では耐えられないこと，つまり自分の信仰や礼拝を棄てて異教の一形態を奉じるように誰かを強制するのは，キリストの言葉自体に倣って《律法》と《預言者》を要約したこの規則と明らかに相容れないからである．推奨される祈りは歎願よりも賛美であり，ハーバート卿が屋敷で暗唱していた祈りがそうであったように（ラグレ〔Jacqueline Lagrée〕『俗人の救済 *Le salut du laïc*』2002，p. 205），いかなる宗教の信者でも引き受けられるような形式をとる．実際，自然宗教に訴えるとしても既存の一宗教への帰属を排除しないし，強制もしない．最後に指摘しておくべきは，この「宗教」は必ずしも司牧をともなうものではなく，そうであっても彼らは出産，成人，結婚，死といった人生の大事な時に一緒に立ち会ったり，信徒の瞑想や祈りをサポートする礼拝の仕切り役にとどまるのである．

批判――これに対する正統派神学からの批判は事欠かない．彼らは17世紀から20世紀までチャーベリーを理神論者として，スピノザを無神論者として糾弾した．〔長老派の〕ジョン・リーランド〔John Leland〕（1754）やファン・マンスフェルト〔Regnier van Mansveldt〕（『神学・政治論匿名論駁』1674）から，アンリ・デュメリ〔Henry Dumery〕（『宗教哲学』1957）はもちろん，マリオ・ロッシ〔Mario Rossi〕（『理神論の起源と近代唯物論』フィレンツェ，1942）に至るまで，自然宗教は魂の欲求に応えることのできない「机上の哲学者たちの教科書じみた代物」（Dumery, t. II, p. 36）であり，夢想として非難を浴びた．彼らにとって，この宗教はルーツも由緒も持たないために，自然主義と唯物論への途を拓くものだからである．

しかし自然宗教が提示したいのは，宗教間対話を促すための理論的モデル，あるいは方向を見失い，自分の自由に溺れる俗人が救済と至福への途を助けてくれる自分に見合った宗教を自由に手にするためのいくつかの理論的なモデルにすぎない．それ以上のものを自然宗教に求めるべきではないということなのである．

争点と成果

制度宗教よりもシンプルかつ寛容な自然宗教の起こりは，通常の意味での宗教的な預言者や教祖の手になるものではない．実際にはそれは知的な構築物であり，いくつかの明確な目的に対応したものである．すなわち喧嘩腰の教条主義からの離脱，信ずべき教義の数の制限，そして儀礼の氾濫に反対する宗教的実践の簡素化である．それゆえ自然宗教は三つの役割を果たすことになった．つまり論争的・批判的役割，市民的平和を創設する役割，そしてキリスト教を擁護する合理的な土台としての護教論的役割がそれである．

論争と批判の役割――あらゆる信徒に共通する最小限の信仰箇条を打ち出すことは，恩寵と予定説をめぐる血みどろの神学論争を回避することや，また教会の帰属とは無関係に有徳な古代異教徒やアメリカの野生人を含む善意ある万人に救済を拓くことを可能にする．また，神事に関する権利（Jus circa sacra）〔礼拝権〕が政治権力に委ねられ，司祭の権力は制限される．既存の儀礼に対するこうした態度は実定法に対する合理的な自然法に倣って一つの批判的役割を果す．つまり互換性の原理を理由とした人身供犠や主体の自由に反する「信条の強制」を禁じ，迷信と無神論を追放するのである．またこの態度は宗教的排他主義の一切を黄金律によって締め出す．締め出すことでそれは平和をもたらすのである．

平和と寛容の役割――自然宗教は宗教戦争の醜態に対する一つの知的回答である．重要なことは，非権威的な礎の上に平和を打ち立て，市民同士や貿易参加国同士の融和を保証するために尽力すること，すなわち良心の自由（およびその帰結である表現・言論・出版の自由）によって許容空間――つまり各人が国法を犯すことなく公共秩序を乱さない範囲で自らの信仰をそれにふさわしいかたちで自由に生きることのできる領域――の礎を築くことである．

自然宗教は，自分の正しい人生をよりよく送れるように各自で意味づけできるごく少数の信仰箇条に必要な教義の内容を絞るという点で，寛容を構成する要素の一つである．だがそれはさまざまな宗教が真理の価値――少なくともある程度の正当性――を互いに認めあうことを前提とした教会的寛容ではもちろんなく，各宗教が国内で平和的に共存でき，破壊や騒乱のおそれなく礼拝を行えると司法官に思わせるような市民的寛容である．「《宗教》の土台にあるのは《自然》なり．むしろ宗教のために自然の法を犯す者は，まるで城壁や屋敷を増強しようとして土台を掘り崩し，それを支える杭と柱を引き抜く者にさも似たり」（モイーズ・アミロー〔Moïse Amyraut〕『キリスト教道徳 *La Morale Chrestienne*』 t. VI, p. 395）．

『戦争と平和の法』（1625）でグロティウスは非実定法――他国と同様，自国でも異端者を君主が罰さない法，訴追しない法――に正当性を与えるために自然宗教に訴えた．それゆえ自然宗教は，唯一の内的宗教を際立たせるために聖戦と称する戦争や異端の追及に異議を申し立てる．この宗教は司牧の霊的な剣（破門）と君主の鋼の剣（投獄・死罪）に明確な区別をつけるだけでなく，どちらの剣に与することもしない．その理由は弁舌の剣しか認めないため，すなわち公私を問わずどんな形態の表現の自由も，それが反乱への呼びかけに変わらない限りで断固として擁護するがゆえである．

護教の役割——また自然宗教の狙いの一つに救済がある．それは一定の信仰の認可というより，スピノザが言うように「正義と愛の普遍の法に従うことによって」得られるものである．しかしいくつかの護教論はまた，伝統宗教よりも開明的な穏健キリスト教を擁護するための一つの支柱ないし足場としてこの救済を利用する．

まさにグロティウスの場合（『キリスト教の真理』1627）がこれに当たる．彼のキリスト教護教論は次のような段階を踏んで成り立っている．まず第1部では，自然宗教の真理（摂理の神の存在，人間の自由，魂の不滅，有徳な実践の優位）が打ち出される．次に第2部と第3部で聖書の権威に正当性が与えられ，その結果第4部ではユダヤ教，第5部では異教，第6部ではイスラームがそれぞれ退けられる．もう一つ『キリスト教真理論』(1683) のジャック・アバディ〔Jacques Abbadie〕のケースをみよう．彼によれば，自然宗教を承認することがまずキリスト教の真理を打ち立てる礎石となる．それゆえキリスト教はこの土台の上部構造に当たり，この高みから振り返って，土台〔自然宗教〕だけで満足するのは不十分かつ貧しきことが明らかにされるのである．

意味と真理性の区別——自然宗教にとって宗教の本質は実践，正確にいえば高潔な生き方であり，それは儀礼や典礼のことではない．特にそれがはっきり表れているのがスピノザの思想である．彼は，真理の問題から救済の問題を（正義と愛の普遍的な規則に従うことによって）切り離し，正統教義をめぐる闘争から宗教を解放して，それを完全に正統実践へと転換させた．すなわち彼は魂と神の議論の真理性——それは哲学に属する——を犠牲にしてまで，人生の意味と善き生き方の条件の問いに宗教の中心を絞る道筋に先鞭をつけたのである．1670年から現在まで，最低限の信仰箇条しか持たないこうした宗教の擁護者たちは，神と自己の認識やその根拠の真理性というよりも生，愛，死のそれぞれの意味や他者との関係といった問いにやはり重点を置くだろう．

その後の影響

自然宗教の議論は多くの点で啓蒙思想の先駆けであるようにみえる．それは二つの主要な領域ではっきりとわかる．つまり政治的・宗教的制度の越権に対する主体的自由の絶対的擁護と，熱心な信仰は締め出さないが制度的な枠組は退ける——したがって近代人の個人主義にも通ずる——一種の「宗教の自由選択」への権利である．

主体の自由——自然宗教に訴えることは，良心と表現の自由，つまり救済への道は自分で自分のために決めるという個人的主体の権利要求とつねに不可分の関係にある．それはスピノザの『神学・政治論』の最終章ではっきり述べられている．この章では「自由な国家では自分の考えたいことを考え，考えていることを口にするのは各人の自由であることが示される」．物書きが間違った考えを述べるなら，それを正せるのは言葉だけである．あるいは彼の言うことが正しいなら，彼の社会的身分や知的身分は問題ではない．逆に，ある種の書物を著述し，印刷し，販売し，所持したり，それを読むことを禁じたフィリップ２世〔尊厳王〕のお触れが例示しているように，思想の自由に対する侵害は異端を一掃するどころか殉教者を生み出し，民衆のあいだに反乱と不満を生み出すことで，さらにこの自由を強靭にすることもある．

それゆえ真の宗教的共同体はコスモポリタン的であり，司祭と俗人のあいだにも良識家と碩学のあいだにもいかなるヒエラルキーも持ち込まない．人びとは有徳ならそこに加わり，罪を犯せばそこから抜け，罰と赦しを受ければ再びそこに戻るのである．

啓蒙の精神，合理主義と篤信のあいだ——自然宗教の擁護者たちは，しばしば人間的，精神的，そして政治的に耐えがたい状況に憤慨する，信仰に篤い人びとだった．その状況とは，たとえば愛に基づく宗教が「激しい妬み」〔クザーヌス『信仰の平和』第１章〕を生み出し，重大な危機（トルコの脅威）が迫っているのに文化的に結ばれた共同体同士が仲間内の戦争で分裂しているような場合である．彼らが模索したのは，各人の融和と信仰の自由を保障する堅牢な合意の土台を形成するとともに，啓示に依拠するその他の宗教組織の基盤も作るという理性的かつ公平な解決である．

ここで問われているのは，神の本性にあまり一貫性はないが，実践規則だけは互換的な形式で述べられ，礼拝は——たとえ若干の儀礼はおのずと咎められるにせよ——積極的に空白のままにしておく，そういった一つの堅固な構造である．ただユダヤ教と手を切ったスピノザを別にすれば，大半の擁護者たちはいずれかの既存の宗教に属していた．たとえばチャーベリーのハーバートはイングランド国教徒，グロティウスはアルミニウス派，ウィショバトゥ〔Andrej Wissowaty〕はソッツィーニ派であったし，イザーク・デュソー〔Isaac d'Huisseau〕とロードウィク・マイヤー〔Lodeweijk Meyer〕はカルヴァン派であった．

顰蹙ものだろうか？　そうではない．ここでの宗教的主体は主観的な自然法の法的主体とちょうど同じ境遇にある．つまり与件として歴史的宗教を背負った任意の主体を例にとれば，宗教的主体の本質は彼からこの宗教に固有なあらゆる信仰，儀礼，文化的拘束等をはぎ取ったときに，それでもその信仰，責務，願望の面で残るものから構成される．自然法の法的主体のありかたもそう違いはない．法的主体には年齢も性別も教育も社会的・政治的身分も歴史的・地理的付着物も一切ないからである．それでも人びとが認めたことは，歴史的・地理的に形成された政治的共同体にいる実定法の主体の譲渡不可能な権利と法的義務を正しく判断するには，この抽象的な合理的主体に関する正確で正しい観念を作り出す必要があるということであった．同じように自然宗教の宗教的主体も理性を備えた何ものにも囚われない一つの良心であり，次のような基本的な宗教的・政治的要請に根拠を与えることができるのもこの良心の理論上の態度に由来している．すなわち別様にものを考える権利，この考えを自由に表明する権利，それを他人の判断に委ねる権利，その意見を理由に訴追されない権利，礼拝に従うか否かの権利，そして各人にとって最も適切だと考えるやり方で神に訴える権利がそれである．

17 世紀の自然宗教は，その信仰に生きる一つの排他的な生活態度であったことはまずなかった．それはむしろ神学的・政治的闘争のなかで宗教的寛容とその後の共和主義的自由の擁護に役立つ一つの手段だったからである．宗教と政治の関係がますます複雑かつ流動的に分節化していくなかで，自然宗教は平和，協調，自由のそれぞれに資する独自の道を開拓した．われわれがこの道を忘れてしまったとすれば，それはわれわれがすでにその果実を収穫し終え，信仰者・非信仰者を問わずもはやこの〔収穫の〕足場を必要としなくなったからである．ただわれわれの文化で間違いなく正しいことがわれわれと同時代のすべての文化でそうかといえば，おそらくそうではないのである．

参考文献　CICÉRON, *De natura deorum. De la nature des dieux.*（キケロー『キケロー選集 11　哲学 IV ——神々の本性について』山下太郎訳，岩波書店，2000 年）– GROTIUS H. *De veritate religionis christinanae*, Leyde, 1627 ; traduction fr. par l'abbé Goujet, Paris, *De la vérité de la religion chrétienne*, 1724. – HERBERT DE CHERBURY E., *De religione laici*, Londres, 1645; traduction fr. J. Lagrée in *Le salut du laïc*,

Paris, Vrin « Philologie et Mercure », 1989. – LAGRÉE J., *La Religion naturelle*, Paris, PUF « Philosophies », 1991, traduction arabe, Beyrouth, 1993; *La Raison ardente, Religion naturelle et raison au XVIIe siècle*, Paris, Vrin « Philologie et Mercure », 1991. – ROY O. DU, *La Règle d'or. Le retour d'une maxime oubliée*, Paris, Cerf, 2009. – SIMON J., *La Religion naturelle*, Paris 1856. – SPINOZA B., *Tractatus thealagico-politicus*. 1670, traduction fr. Lagrée J. et Moreau P.-F., *Traité théologico-politique*, Paris, PUF « Épiméthée ». 1999.（スピノザ『神学・政治論』吉田量彦訳，光文社，2014 年）

ジャクリーヌ・ラグレ Jacqueline LAGRÉE
〔杉本隆司訳〕

→ 宗教哲学，多神教と一神教，不寛容／寛容

資本主義
CAPITALISME

ウェーバーのテーゼによって，プロテスタント倫理の特定の形態と資本主義の精神とのあいだに親和性があるとされてからというもの，経済システムと宗教事象全体の関係が問われてきており，それはキリスト教ヨーロッパにおける「資本主義」の勃興という，それ自体として興味深い問題にとどまらない．とはいえ「宗教事象」が問われるようになったのがこのヨーロッパなる空間においてだったこともあり，資本主義という特殊な事象を軸に据えつつ，経済と宗教の相互作用を理解するのが妥当といえるであろう．

はじめに，この問いの諸側面を全体的に検討する．続いて，資本主義と宗教との関係に特化して検討し，その際，宗教社会学に足跡を残した著述家たちも紹介する．最後に最近の研究と現在の研究動向をもって論を締めくくる．

宗教と経済

宗教と経済の関係には二種類の障害が立ちはだかっている．一方では，19 世紀以来，経済は技術性や科学的合理性を掲げ（レオン・ヴァルラス〔Léon Walras〕やヴィルフレド・パレート〔Vilfredo Pareto〕などがその例である），倫理的な判断を排除するようになった．このような姿勢は，政治経済学の創始者たちの視角とは明らかに異なっている．すなわちアダム・スミス〔Adam Smith〕，ジャン＝バティスト・セ

イ〔Jean-Baptiste Say〕，ジョン・リカードゥ〔John Ricardo〕らは，人間社会にいかなる倫理や統治をもたらすかに心を砕いていたのであった．他方，多くの（神学的な）宗教制度が信者のまなざしを「あの世」に向けている限り，数えられるものや此岸の将来をしか扱わない経済事象と重なりあうことはできない．宗教は「見えないもの」を，経済は「物質的なもの」を受け持つという，ある種の役割分担が存在すると考えることもできよう．

とはいえ，経済と宗教のあいだにどのような関係が成立しうるかという問題は，現象がどの程度重なるかという問題に矮小化されるものではない．

個々の信仰を制度化することは経済効果を生み出すが，それには直接と間接の二つがある．直接的効果とは，宗教集団に費やされていた物質的資源を別の方向に向けることであり，間接的効果とは，倫理規範を制定すること，ユートピアを考え出すこと，世界をさまざまなかたちで表象することなどである．

直接的効果の表れ方は多様であり，宗教と公共空間の関係を形づくる法・経済・政治がどのような制度をとるかにより異なる．高度に貨幣化された経済は，その程度が低い経済とは異なる．後者の場合，宗教制度による資本蓄積は地代制度に近いものとなるが，前者の国々では，金融活動としての性格を強める（通貨の循環に組み込まれた金融フローになっている）．社会活動への融資は，既存の金融制度に影響されるものであるが，社会のなかで宗教制度がどのように位置づけられているかにも左右される（ドイツやアメリカ合衆国の事例がそれを示している）．このように，経済と宗教制度とがどの程度まで相互に浸透しているかを測るには，個別の社会的・文化的条件を考慮に入れなければならないのである．

間接的効果は，宗教集団において継承される倫理的与件を指標として測ることができる．たとえば，有利子での融資の禁止は金融市場に直接のインパクトを生み出してきた（〔シャリーアの禁じるところに触れない〕イスラーム金融がそれに当たる）．この点で，ヨーロッパの歴史はユダヤ教とのあいだに複雑な記憶を有している．

経済領域と宗教活動との相互作用が，およそ事実により証明できるたぐいのものではないことは，多くの歴史研究が示すところである．資本主義型の経済の拡大は，キリスト教によるヨーロッパ地域の構造化と軌を一にしてきたが，それを対象とした学術研究からは，ウェーバーのテーゼを肯定もしくは否定するような，決定的な結論は出てきていない（後述）．したがって，確実な相関関係を示すよりも，問題群を示すほうが容易である．

三種類の問題設定——宗教事象の研究が経済事象と照らし合わせてなされること

はほとんどなかったので，ここでは，三種類の問題設定を想定してみたい．

第一の問題設定として機能主義的な視点がある．すなわち，経済制度（税制，銀行制度，商業団体の規制，等々）と宗教制度（所有制度，聖職者，社会的金融）との相互作用をみるのである．たとえば，西ヨーロッパの大規模修道院において，死手財産の蓄積がもたらす影響（土地資産や地代の不胎化）が挙げられるし，イスラーム文化圏にも，中東やマグレブやインドネシアのワクフ（waqf）〔寄進地〕のように，それに対応するものが見いだされる．もう一つのテーマとして，教皇庁の出現により，ローマ・カトリック体制における税制が世俗の税制と対抗関係に入ったことが挙げられる（これは 12 世紀から 15 世紀に生じた）．時代を下って 20 世紀では，金融市場に上場している企業の資本のなかに，倫理的もしくは宗教的な金融資本がみられるようになっていることも挙げられよう．

第二の問題設定として教義，特に大宗教の教義がある．共有，苦行，諦念などの倫理的な行為，あるいは反対に，天の祝福のしるしとみなされる富の蓄積や追求，さらには，高利貸の禁止（キリスト教，イスラーム）などの倫理的な行為は，神学により定義することも文化人類学レベルで理解することもできる．高利貸しの場合，信用制度（銀行，金融市場）がいかなる影響を被るのかも問題となる．より微妙なこととして，税収（アラン・ブーロー〔Alain Boureau〕が言うところの，不当な利益の問題），11 世紀に導入される全贖宥などは，未来とのかかわりを根底から変えたが，それが貯蓄の正当化や金融市場の機能にどれほど影響したのかは，今後の研究に委ねられている．最後の例として，救済に与る際に，俗権と教権の各々がどのような機能を果たすのか，またどのような法的帰結をもたらすのかを見定める必要もある．すなわち，経済の領域における国家介入主義は，よって立つ立場により，どのように正当化されるのか，という問題である．

第三の問題設定として政治的な視点がある．宗教の領域には，宗教における大規模な変動，教派や教団同士の競合関係，多元化や世俗化など，いくつもの紛争や均衡の崩壊がみられる．経済資源が特定の党派のために用いられることもあれば，反対に，宗教政党が自らの影響範囲のなかで，特定のアクターや経済機関を支持したり糾弾したりすることもある．一例を挙げると，中世における托鉢修道会の出現は，都市や商業の状況が新たになったことへの反応でもあった．また 20 世紀に中央アメリカがカトリシズムから福音派プロテスタンティズムに移行したことも，政治的動機に基づいている．宗教集団を統治する政治構造は，特定の社会制度のガバナンスのかたちに類似していることもある．あるいは反対に，その政治構造が社会制度から直接に影響を受けることもある（新たな宗教企業家たちのこと．後述）．

かくして，特に資本主義システムが世界で影響力を拡大するようになって以来，宗教的なものと経済的なものとは重なりあうようになったが，そこから生まれる問題を見通すためのツールを，宗教事象の歴史学と社会学とは与えてくれるのである．

資本主義，経済システム，宗教事象

「資本主義」という語は，経済活動を組織する包括的な体制の一つを意味するが，より控えめな言い方をすれば，生産活動の発達をもたらす技法（資本の蓄積）をも意味する．第一の定義は，もはや有効性を失っている．というのも，カール・マルクスの著作に従えば，この体制は「社会化された」経済の対極として定義されるのだが，かつてそれを体現していた，共産主義体制のもとにあったソヴィエト圏が1989年に消滅したことで，経済を組織する体制としては「資本主義」が唯一のものになったからである．「資本主義」は「自由主義」や「市場経済」とも形容できる．市場とは，財やサービスや貨幣の流通を構造づける制度である．しかし，一見して均質に思える市場にも，全体にかかわる構造上の差異が存在している．その機能は，国や文化によって大きく異なっているのである．

したがって，宗教事象は自由主義経済圏全体との関わりのなかで把握することが望ましいといえる．

理論的著作——資本主義と宗教事象の関係を考察し，またその考察を分析した古典的著述家としては，カール・マルクス〔Karl Marx〕，マックス・ウェーバー，ゲオルク・ジンメル〔Georg Simmel〕の三者が挙げられる．

カール・マルクスにおいては，宗教分析は社会分析を司る視点と密接に結びつけられている．つまるところ物質の生産と現実生活の継続こそが歴史における決定要因であって，「宗教という強迫観念」は，社会階級に組み込まれたアクターたちの意識を覆い隠す働きを持ち，労働者たちを，生産手段を所有する資本家に従属させ続けるというのである．

実際，資本主義の発展はブルジョワジーの支配をもたらしたが，この支配を維持するための格好の道具はキリスト教のなかに見いだされる．16世紀イングランドでは，プロテスタンティズムは民衆を経済的に排除することを正当化するに至った．他所でも，プロテスタンティズムは予定説の教義に基づき労働の徳を称揚し，労働者の休日を減少させた．このように「アヘン」としての宗教（すでにカントがこの表現を用いていた）は，ブルジョワジーによって道具として利用された．プロレタリアートや労働者たちが，資本による労働の成果の搾取に対して闘うなかで，宗教は彼らを疎外する方向で機能したのである．したがって，宗教は闘う相手にならざるをえなかった．

「反映」とは，経済領域で展開される階級闘争が，政治理論，法制理論，宗教概念など思想の次元に反映されるとみなすことだが，この「反映」の視点から分析すれば，宗教の教義や宗教集団の実際の組織が，政治制度や経済制度にどのように影響しているのかを，批判的に研究できるようになる．

一方，マックス・ウェーバーが練り上げた宗教概念によれば，宗教は信仰の体系であり，また「生活態度を規定する体系」でもある．宗教は，人間が超自然的な力と取り結ぶ関係を規定するものとみなされるが，その一方で，必然的に現世にも関係するため，社会組織のなかに位置づけられることにもなる．

宗教の領域には固有の論理があって，その本質は信徒に対して「救済財」を与えることにある．「およそ宗教が提示する救済財は，健康，長寿，富など，まずもって現世にきわめて深く関わるものである」(『宗教社会学』)．このように，宗教が提供するサービスを「財」とみなす考え方から，経済的な財を扱う際に用いられる思想ツールによって，宗教的な財をも考えようとする研究者も出てくる．ウェーバーの概念から多少とも着想を得ているこうした見方に従えば，たとえば「救済財の市場」を論じることもできよう．

ウェーバー社会学による支配の理論には，以上のような第一のアプローチに加えて，もう一つの観点が存在する．すなわち，救済財を宗教集団が管理することで，特有の支配形態が生まれるとするものである．「通常，教権制は経済の領域に対してとてつもなく深い作用を及ぼす．それは，支配の構造としてであり，また，固有の倫理規制によるものでもある」(『宗教社会学』)．したがって，宗教は社会的紐帯を生み出す事象であり，また社会における権力の一形態でもある．

このように，経済と宗教という社会活動の二領域は相互に作用しあうようになる．それが顕著なのは倫理の領域であり，この点を検討したものとしてとりわけ挙げるべきが，プロテスタンティズムの倫理と資本主義の精神の**選ばれた親和性**についてウェーバーが示した決定的な試論であった．創始者のカリスマが形式として定着し，また救済財の配分を組織する必要が出てくるなかで，宗教実践の合理化が進む．そのことと，経済の合理化とのあいだに軋轢と協調のゲームが生じるというのである．ウェーバーに言わせれば，カルヴァン派諸集団のメンタリティにみられるいくつかの特徴と，市場経済を司る諸価値とのあいだに，一致を見いだすことができるのである．ウェーバーの生きた時代には，ピューリタン的なプロテスタンティズムと資本主義の発展とがなぜ同時に生起したのか，その理由を状況に求めるのが一般的であった．そのようななかでウェーバーは，「プロテスタントの精神」（特に労働との関わり方）が「資本主義の精神」（資本主義の構造から取り出された精神）に対して，教養として影響を及ぼしたとするテーゼを表明したのである．そうすることで彼は，宗教思想は経済思想を刷新することさえできるのだと示唆したのであった．ウェーバーは，このような影響があったとする仮説を立てたが，宗教と経済との非両立性や争いについても，十分に意識していた．

ウェーバーが明らかにしたこの争いについて，ロバート・ウスノウ〔Robert Wuthnow〕は四つの類型を立てて詳細に分析している．第一に，目的をめぐる争い（倫理と経済は目的を同じくするわけではない）．第二に，倫理的な決定の基礎をめぐる争い（その決定は現世的な合理性に起因するとは限らない）．第三に，社会関係の類型をめぐる争い（経済は社会関係を道具とみなすが，倫理は社会関係の象徴的な意味を重視する）．そして第四に，経済が諸関係を非人格化するのに対して，宗教の倫理はその人格化を提唱すること．このような複雑な枠組のなかで，経済的成功をもって神による救済を確認したいとするカルヴァン派の現世禁欲と，富の増大を目指す実利的な経済合理性とのあいだに，関連（その関連は機械的なものではまったくない）が打ち立てられうるのである．

ゲオルク・ジンメルについて述べると，彼の研究のありかたは，その純粋社会学の構築計画から理解されるべきであろう．純粋社会学とはさまざまな社会形態の研究を目指すもの，すなわち，相互性という観点から考察される人間関係に対し，最も一般的な抽象度において接近することを試みるものである．ジンメルによれば，個人にはいくつかの具体的な決定要因が影響を及ぼしており，彼はその決定要因に形を与え，それをもとに同類と相互関係に入る．このような社会関係は，社会の網の目にもともと組み込まれている社会化の諸形態を構成する．これら社会化の形態は，個人に先行するものであるが，形態を選び取る自由を個人から奪うわけではない．「社会化の純粋形態」は，多岐にわたる関係のありかたを含みうるものであり，そのありかたは，社会化のさまざまな形態に起因するのである．通常，宗教は「宗教的な需要」（Gläubigkeit）を社会化するが，それができるのは宗教のみではない．

抽象化の最たるものである金銭は，多くの社会関係にアクセスする手段にすぎないが，宗教に取って代わるのにとりわけ適してもいる．金銭によって，社会関係は極限まで多様化，複雑化しうる．そして個々人は，すべてを手に入れることを可能にする金銭を，究極の願望とするのである．したがって，宗教と商業社会（貨幣社会）との関係における根本的な争点は，人間の行いの目標に関わる．金銭は，純粋な手段としての絶対性のなかに立ち現れることで，究極を追求することを貶めるかたちになる．そのため，宗教が奨励しうる超越に対して，金銭は異議を唱えるのである．

ジンメルは，キリスト教が社会の金銭化と大変親和的なものであると考えた．キリスト教は，魂の個別の救済を称揚する点で，貨幣経済が個人の価値を目的化し個人の自律を促すのと，軌を一にするからである．しかしながら，個人が礼賛され集団的連帯が解体されるなかで，金銭化された空間は，宗教による社会化と正面から対立している．近代という状況において，金銭は，社会化の形態として，宗教に取って代わりうるのである．

宗教と自由主義経済の空間——ウェーバーの研究は，宗教により手に入れられる利点を「救済財」の概念のもとに統合し，そのことによって経済思想（とりわけ新古典派の思想）に基づく考察に道を開いた．《市場》は，資本主義の本質をなす制度であり，そこで財とサービスが交換されるとすれば，宗教集団によって提供される給付も商業型の交換の対象になってしかるべきである．だとすれば，消費者は宗教的サービスの消費者にもなる．消費者は，サービスを提供するもの（ここでは教会）を競わせた上で，最良の「救済財」を提供するものに向かうはずである．

アメリカでは，宗教と経済の関連はこのような方向で研究が進められてきたが，その際に基本となった新古典派的アプローチは合理的選択理論〔TCR〕と呼ばれるものである．宗教の事例に関心を寄せた経済学者としてはローレンス・R・アイアナコン〔Laurence R. Iannaccone〕,〔宗教社会学からは〕スティーヴン・R・ワーナー〔Stephen R. Warner〕, ロドニー・スターク〔Rodney Stark〕などが挙げられるが，彼らは信者としての信仰を，財やサービスの消費を研究するのと同じツールで説明できると考えた．その説明によれば，信徒は，コスト（教会の一員となることにともなうもの）とベネフィットの関係が最良となるよう教会を選ぶとみなされる．宗教実践の変動や宗教制度の発展がこうして読み解かれた．すなわち，諸教派がマーケティングの努力をすれば，信者の選択を左右できるというのである．合理的選択理論は供給と需要の論理を用いて信者を研究するのであり，比喩ではなく厳密な意味で「宗教市場」を語っていることになる．しかしながら，経済と宗教事象の関係をこのように経済至上主義者よろしく解釈することは，はたして適切なのだろうか．

宗教アクターの行為において，経済や民主制などの環境が普遍的な基準になっていると考えるのであれば，この問いには肯定で答えられよう．しかしそれには，以下のような機能を備えた，一貫した社会組織が前提になる．すなわち，正統な宗教空間を統一する（それは市場空間を範囲づけもする）「市民宗教」と，宗教の職務を有し，これら財の分配の資格を持つ者（イマーム imām〔導師〕，牧師，神父）にとっての「企業の自由」とである．このような限界があるため，このアプローチの発見的な価値は，無効にならないまでも，減じられる．

一方，宗教事象は固有の探究分野であり，社会生活の他の領域で有効性を持つ論理からは自立した論理を持っているとみなすならば（たとえそれらの論理が組み合わされることはあるにしても），上記の問いの答えはたちどころに否となる．もっとも，そのような分析も貨幣や金銭の流通という問題は脇に置いている．というのも，古典派もしくは新古典派のミクロ経済学の分野では，金銭はそれ自体，自立した決定的な現実とはみなされていないからである．

これもアメリカでのことだが，信者が金銭とどのような関係を取り結んでいたのかを理解しようと，より実践的な研究も数多くなされてきた．それらは，機能主義的な観点からの解釈を提唱している．教会への寄進，説教者による金銭の使途，人道的組織への支援，新たな教会の設立（「アメリカの宗教への融資」と銘打った，〔民間慈善団体である〕リリー・エンダウメント〔Lilly Endowment〕の取り組みは，1993年から2000年のあいだに数多くの支援を付与した）などについては，データは豊富にある．とはいえ，それらの研究は，経済システムにおける宗教的要因の影響は決定的なものだとする，ウェーバーの試みを延長したような解釈を提示しているわけではない．

しかしながら，経済のグローバル化にも開かれた観点からみれば，「新たな宗教企業家」の出現は，合理的選択理論の仮説を少なくとも部分的に立証しているように思える．市場分析やマーケティング分析の技法，さらには（インターネットのような）近代的な情報テクノロジーを利用しつつ，（ウェーバー的な意味での）教会設立者たちが世界のいたるところにまさしく出現している．彼らは，インドネシア，サウディアラビア，エジプトのイスラームにつながる場合もあれば，福音主義キリスト教につながる場合もあり，まったく独立して宗教の領域に現れる場合もある．いずれにせよ，これら教会の設立者の登場は，宗教の領域が「市場」という点でいまや多元化しつつあるという解釈を裏付けているように思える．

研究の方向

自由主義経済システムの世界的な展開（いわゆる「グローバル化」）は，新たな研究の方向を切り開いてもいる．それは，人類学，社会学，認識論という三領域で展開している．

第一の方向〔人類学〕は，神性なるものとの関係の象徴化に関わっている．貨幣の役割は拡大の一途をたどり，それゆえに諸関係が匿名的になるということを強調したのは，ジンメルであった．彼の述べるとおりだとすれば，この関係の新たな象徴的内実がどのようなものかを問うこともできる．貨幣が価値を測る普遍的な基準である場合，神性は社会空間とどのようなかたちで折り合いをつければよいのだろうか．事物や関係性は，個別性を失うなかで，どのようにして象徴性を帯びるのだろうか．場合によっては，このような疑問は占いと密接な関係にある犠牲の実践にまで及ぶ．すなわち，貯めた金銭（貯金）が贖罪という犠牲の代わりになるとすれば，〔犠牲によって〕未来を保証していた神性は，いったいどのようになるのか，という疑問である．

〔第二の方向である〕社会学の領域では，たとえば，新たな宗教企業家のプロフィールについて考えることが挙げられよう．イスラームでもキリスト教でもそのような企業家が出現し，そのふるまいや手段は宗派の境界を超越している．彼らはおしなべて，資本家としての成功と宗教の遵守を等しくみなす言説をとり，自己成就する預言と千年王国的なユートピアをこぞって伝える．彼らが参照する神性は，はたして制度的な宗教の定義を超越しているのだろうか．その対極に，オルタナティヴ・グローバリゼーション運動やフェアトレード運動など前述とは正反対のユートピアを指向する運動を，宗教集団が熱心に支えることもある．その場合，所得の再分配の倫理が正当なものとなるのは，どのような神性のもとにおいてなのだろうか．

だが，最も広大かつ有望な領域は，〔第三の方向である〕資本主義の認識論である．イギリスのフィリップ・グッドチャイルド〔Philip Goodchild〕は，経済的な関心と倫理的な問いの相互作用を西洋キリスト教の枠組のなかで考えるべく，新たな方向を切り開いた．彼は，世俗化の問題を考える際には，真実，理性，倫理，神など超越論的に確実とされていたものが崩れ去ったという認識から出発せねばならないと考える．市場は，自らを律する力を持つため，超越的だったものが残らず脆弱化した状態に容易に適合しうる．すべてが相対的であれば，金銭は専制君主のごときになる．ロックに続いてニーチェもこのことを告げていた．すなわち，金銭欲は神に取って代わりうると．

「敬虔さ」はつねに存在するため，それが生み出す超越的効果は構造に宿り，結果として構造が信仰に取って代わるのである．そこから，近代の敬虔さは，超越的なものにのみ向けられていた旧来の敬虔さとは異なり，反復や交換と相通じるものを持つようになる．キリスト教〔の変質〕は，価値の相対化を可能にすることで，この転換に貢献してきた．したがって，倫理の問題は市場の問題系に含まれることになる．すなわち，もし金銭が価値の普遍的な指標になれば，金銭は実際の時間を組織することになり，その結果，時間にも価値を付与せねばならなくなったため自由が制限されてしまうはずである．しかし実際には，近代思想と並んで死への恐怖が，市場を方向づけている．超越的な倫理は内在的な倫理に取って代わられる．思考の論理を理解するには，その思考が持つ理念だけでなく，それが組み込まれている物質的関係も等しく重要である．だからこそ，近代の敬虔さは経験と不可分である，すなわち真実の可能性の具体的条件と不可分であるため，経済的なものと衝突し，また協力もするのである．

フランスでは，クリスチャン・ヴァルター〔Christian Walter〕が有望な分野を開拓している．彼は，宗教的（もしくは社会的）倫理と金融活動とのあいだには完全な分離が存在することを認める．金融活動は外部の影響を受けることなく展開し，いかなる宗教の信徒の論理によっても到達できない．ところが，金融理論がどれほど有効なのかを問う場合，すなわち，その論理が言明することを概念的に分解してゆく場合，倫理的な問いと人類学的な分析とに立ち戻る．金融理論という建造物に至る道を妨げる技術的な障害になっているのは，数式化への過度の依拠である．確率論的な計算と不確実性の推測の両方を行えば，あらゆる事物やできごとに価値を設定できる．ジンメルは，現代社会に特徴的でもある社会生活の貨幣化を強調したが，彼の論は高度に理論的，抽象的な水準において有効であることが確認されたのである．かくしてヴァルターは新しい道を開き，金銭と宗教に互換性があるというジンメルの洞察をさらに推し進めた．

このような認識論的な追究を補完しうるものとして，学問分野の自立化の系譜について，さらには，そこから派生するかたちで，経済空間と宗教空間の区別について，調査を行うことができよう．実際，歴史研究が示すところによれば，近代的なツール（為替手形，貨幣，銀行など）に近い貨幣システムが存在するからといって，それが自由主義的な経済システムの始まりを意味するわけではない（ジャン・アンドロー〔Jean Andreau〕）．スコラ哲学が13世紀にもたらした転換は，経済や都市の発達と軌を一にしていたが，とりわけ時間に関連して（全贖宥，徴利（ウスラ usura）），救済との関わりに新たな管理をもたらした．経済システムにおいて時間性がどのように機能しているのかを研究することで，（神学的，実践的両面において）宗教による世界の表象の転換が，長期的な経済実践にどのように影響を及ぼしているのか——その影響は相互でもある——を垣間見ることができるだろう．

参考文献　ANDREAU J., *Banque et affaires dans le monde romain*, Paris, Seuil, 2001. – BOUREAU A., *La Religion de l'État*, Paris, Les Belles Lettres, 2006. – CHAVES M., « On the Rational Choice Approach to Religion », *Journal for the Scientific Study of Religion*, 1995, 34, pp. 98–104. – DISSELKAMP A., *L'éthique pro-*

testante de Max Weber, Paris, PUF, 1994. – GOODCHILD P., *Capitalism and Religion*, Londres, Routledge, 2002. – IANNACCONE L. R., « Voodoo economics? Reviewing the rational approach to religion », *Journal for the Scientific Study of Religion*, 1995, 34, pp. 76–89. – MARX K. *Œuvres*, Paris, Gallimard, Bibliothèque de « La Pléiade », 1963–1994. – SIMMEL G., *Philosophie de l'argent*, Paris, PUF, 1986（ゲオルク・ジンメル『貨幣の哲学』［新訳版］居安正訳，白水社，1999 年）– VINER J., MELITZ J. et WINCH D.（eds.）, *Religious Thought and Economic Society. Four Chapters of an Unfinished Work*, Durham（NC）, Duke Univ. Press, 1978（J・ヴァイナー／J・メリッツ／D・ウィンチ『キリスト教思想と経済社会』久保芳和ほか訳，嵯峨野書院，1981 年）– WEBER M., *Sociologie des religions*（SR）, Paris, Gallimard, 1996（マックス・ウェーバー『宗教社会学』武藤一雄・薗田宗人・薗田坦訳，創文社，1976 年）– *L'éthique protestante et l'esprit du capitalisme*, Paris, Gallimard, 2003（マックス・ウェーバー『プロテスタンティズムの倫理と資本主義の精神』大塚久雄訳，岩波書店，1989 年）– WALTER C. et BRIAN E.（dir.）, *Critique de la valeur fondamentale*, Springer-Verlag France, 2007. – WUTHNOW R., « Religion and Economic Life », in N. J. Smelser et R. Swedberg（eds.）, *The Handbook of Economic Sociology*, New York, Russel Sage Foundation / Princeton, Princeton University Press, 1994, pp. 620–646. ; *God and Mammon in America*, New York, The Free Press, 1998.

ニコラ・ド・ブルモン＝ダルス Nicolas de Bremond D'Ars
〔長井伸仁訳〕

→ **世界化／グローバル化／トランスナショナル化，倫理／エートス**

市民宗教
RELIGION CIVILE

政治的なものと宗教的なものが交わる面に位置する市民宗教の概念は，ジャン＝ジャック・ルソー〔Jean-Jacques Rousseau〕（1712–1778）に遡る．このジュネーヴの哲学者は，民主的実践について論じた『社会契約論』（1762）第 4 部の第 8 章で，統一を目的とする合意に基づいた宗教がどういったものでありえるかを構想している．その市民宗教の教義は単純でなければならないとされる．すなわち，「強く，賢く，慈愛に満ち，予見し配慮する」神の存在，死後の生への信仰，徳ある者や正しい者の幸福，悪人への懲罰がその基盤をなし，狂信と分裂の源である不寛容の拒否という消極的な教義によって補われる．ルソーにおいては，宗教的なものと社会的なものが特に強く混じりあっている．ルソーはこう考える．理想の国でこの市民宗教を信じぬ者は，「不信心な人間としてではなく，非社会的な人間として，法と正義とを誠実に愛することができず，また必要の際に自己の生命を義務のために捧げることのできない人間として」追放されうる．彼にとって市民宗教は，このように社会的絆をまさに保証するもの，市民共同体での人びとの共生を実現可能にする保証ないし基盤として現れる．

この宗教は必要不可欠なものであるが，だからといって排他的ではありえず，他の信念や宗教と共存しうる．「その他の点では，各人は自分の好むままに信念を抱いてよいのであり，それは主権者の関知すべきところではない．なぜなら，主権者は彼岸の世界においては何の権限も持たないから，臣民たちがこの世においてよい市民でありさえすれば，来世において彼らの運命がどうであろうと，それは主権者には関わりのないことだからである」

こうして統合を目的とする単純化された宗教を総称する市民宗教の概念は，エミリオ・ジェンティーレ〔Emilio Gentile〕のような著者が「政治宗教」と呼ぶものと混同されてはならない．政治宗教の特性は，むしろファシズムやナチズム，スターリニズムがもたらした全体主義体制のうちにみられるだろう．それは，独裁国家が「上から」生み出すものとして現れる．それは，この世を超えた神性の理念を退け，全体主義国家が担う政治的計画の極端な理想化に利用されるもので，もっぱら国家権力を強化することを目的にした一種の世俗的宗教として構想される．これに対して市民宗教は，民主的社会のなかでさまざまなアクターが取り結ぶ妥協や緊張の成果であって，たえず変化しうるものである（国家は唯一の影響力のある存在ではない）．市民宗教は政治的機能も含むけれども，この世を超えた超越性という観念を退けない．その超越性はメタ政治的で，国家の政治的計画とは区別されるものである．

このようにルソーの仮説を起点に理解され修正されてきた市民宗教は，特にフランスでは同国のさまざまな文脈のなかで変形してきた．ジャン＝ポール・ヴィレーム〔Jean-Paul Willaime〕は，市民宗教について次のような一般的定義を与えている．すなわち，市民宗教とは，「集合的な信仰心という現象，ある特定の集合体の共生を神聖化する多様な仕方」を包含するものである．何よりそれは国民（ネイション），すなわちベネディクト・アンダーソン〔Benedict Anderson〕の言った意味での「想像の共同体」（Anderson, 1983）を正当化するという役割を持ち，起源の神話（Bulman, 1991）や建国の物語，共通の価値観や公共の儀式を通じて困難な時代に国民を統合するものであるという．

何人かの専門家は，そのような市民宗教の特徴が近現代フランスの歴史のなかにみられるという点で一致している．ヴィレームは，暗黙のカトリック－ライック的な市民宗教の形式が今日のフランスでも機能しているという前提に立っているが，ジャン・ボベロ〔Jean Baubérot〕はむしろ，フランス的な市民宗教の道は1905年には退けられ，明確にライックな路線に向かったと考える．だが，二人の著者はそれ以前に，フランス革命において市民宗教の壮大な実験がなされたとみている点でおおもとでは一致している．それは，生まれたばかりの革命の理想と定義のはっきりしない最高存在に基づく共通の儀礼的行為のうちに，差異を超えて市民を結集させる市民的な——あるいはむしろ公民的な——宗教を根付かせる実験だったという．

しかし，市民宗教について最も豊かで継続的な考察が進められてきたのは，大西洋の向こう側においてである．国教も宗派の統一性もない国，アメリカ合衆国は，ヨーロッパのように国教会という正統化の重みを当てにすることができなかった．移民の国，千変万化する人種の坩堝の国であるアメリカは，古来受け継がれてきたような国民の特性，血と起源の二重の神話に頼ることができなかったのである．

では，どのようにすれば言語的・宗教的・文化的統一性のない移民からなる多民族集団を結びつけられるのか．そこで，ルソーによって構想された市民宗教の社会的機能が不可欠であることが明らかになったのである．今日，合衆国のどの大統領候補も，この合意で成り立つ政治的・宗教的な枠組のなかで活動する適性が自分にあることを証明できなければ，〔大統領選で〕わずかでも優位に立つチャンスがあるなどと期待することはできない．

このアメリカ合衆国の文脈のなかで，市民宗教は社会学者のロバート・ベラー〔Robert Bellah〕によって1967年以来再検討され，発展させられてきた（このことは，市民宗教がそれ以前，特に19世紀のプロテスタンティズム全般のうちに確認できないことを意味しない）．ベラーは，雑誌『ダイダロス』に発表され嚆矢となった論文のなかで，合衆国の文脈はルソーによって構想された宗教性の実験に早くから適していたと考察している．彼は自身の仮説の証拠として，ベンジャミン・フランクリン（1706-1790）の自伝の次の箇所を引用する．「私が宗教上の主義主張をまったく持たないということは一度もなかった．私は，神が存在するということ，その神がこの世界を創造し，自らの摂理に従って世界を治めておられること，神のみ心に最も適う奉仕は，人に善を施すことであること，人間の霊魂は永遠不滅であること，そして現世ないしは来世で，あらゆる罪は罰せられ，あらゆる徳行は報いられるということ，そうした点に関しては一度も疑問を抱いたことはなかったのである．私はこういった点をあらゆる宗教の本質であると考えていたが，それがわが国のすべての宗派の宗教にも見いだされるので，私はすべての宗派に敬意を払っていた．しかし同時に，それぞれの宗派には，この本質的なもののほかに，人間の道徳性を鼓舞したり，助成したり，強化したりする働きを持たず，逆に私たちを分裂させたり，互いに憎みあったりさせるだけの信仰箇条が，多かれ少なかれ混在しているので，私はその程度に応じてそれぞれの宗派を尊敬することにしていた」．ベラーはフランクリンのこの言葉のなかに，ルソーによって理論化された市民宗教の主要な特徴が表れていると考える．すなわち，社会の凝集性を損なう衝突を起こすような教義上の微妙な点に手を焼くことなく，道徳性と市民性を維持する統合の単純な教義への関心である．この宗教の功利主義的な考え方は，ジョージ・ワシントン（1732–1799）にもみられるもので，ベラーはそこにアメリカ社会を理解する不可欠な鍵を見いだしたのである．

彼に続いて宗教社会学者の多くが，この市民宗教の概念を取り入れ，おもにアメリカ合衆国の地にそれを適用した．フランクリンやワシントンから2世紀以上のちの米国大統領ジョージ・W・ブッシュの発言は，宗教に対するこの功利主義的で連邦主義的な観点が根強く残っていることを裏付けるものであるように思われる．2001年9月11日の5ヶ月後，ブッシュは次のように宣言した．「わが国は，公式の信仰を一度も持ったことがありません．それでも，私たち全員が，事件から21週間経過するあいだ，信じる力の証人となり，わが国に痕跡が残る苦痛と破滅を乗り越えてきました．信仰は，私たちの生活や歴史が道徳的な設計図を持つことを保証するものなのです．個人として，私たちは苦痛が一時的で希望は永遠であることを知っています．国民（ネイション）として，私たちは無慈悲が地を受け継ぐことはないことを知っています．信仰は，謙遜と同時に寛容の心を教えます．自らのうちに神の似姿を認めたときから，私たちはそれを全人類のうちに認めなければならないのです」（G・W・ブッシュ「2002年2月7日の演説」）．

まず何より，今日ではG・W・ブッシュであれビル・クリントンであれ，はたまたジョージ・ワシントンであれ，彼らから発せられる宗教的暗示を市民宗教という色眼鏡を通じて読んだり読み返したりするのが習慣になっている．アイゼンハワーからカーターに至る前任者たちと同様，これらの大統領は，文化的に位置づけられるが宗派上はほとんど定義できない「神」を引き合いに出す．彼らはシンボルや聖書の引用を操作するが，それらは個別の宗教的結合を超えてアメリカ人を最大限結集させることを目指し，微妙なバランスで計画的に選別されたものである．「教会の魂を持つ国民」の指導者である彼らは――ただしジャン・ボードリヤール〔Jean Baudrillard〕が示唆するように，それはある宗派（セクト）の魂であってはならない（Baudrillard, 1986, p. 89）――きわめて特殊な司祭であることを余儀なくされる．すなわち，国民のアイデンティティに明確なかたちを与える不明瞭であると同時に強力な青写真を用いて，このうえなく多様な信仰を一つも損なうことなくまとめあげることを強いられるのだ．この稀な合意(コンセンサス)を神聖化するものこそ，市民宗教の役割である．それは，宗派のラベルを超えて市民を結集させるような宗教をいわば総称するものである．

理論的枠組

しかし，どの内容が優先されるのか．どういった選択が行われるのか．市民宗教の理論的枠組を再検討することは，このデリケートな象徴的作業に固有の緊張を，より仔細に調べることを可能にする．議論の主導者にして概念の推進者であるロバート・ベラーは，アメリカの市民宗教の核心は，「道徳共同体」を結びつける一連の信仰や儀式を通して，この世で神の委任を果たす関心に集約されると考えていた．この共同委任の信念は，あたかもテストを受けるかのように歴史的な試練を通して築かれてきた．それは二つの時期に区分される．すなわち，地上のあらゆる国民を啓蒙するよう運命づけられた神のみ業として描かれる独立を獲得した時期と，ロバート・ベラーがアメリカの市民宗教の普遍化の試練として描く冷戦期（1945 年以後）とである．合衆国が共産主義の圧力に象徴されるカオスの脅威に打ち勝つならば，アンクル・サム〔すなわちアメリカ人〕の市民宗教は，摂理によって世界の新秩序を生み出す運命にあるという．われわれは，ある意味では明白なる運命，すなわち神の加護を受けているがゆえに不可避的と描かれる帝国主義的拡張の正当化といったテーマ群に出会うことになる．

早くも 1845 年にそれを初めて有名にしたのは，ジョン・オサリヴァンというニューヨークのジャーナリストだった．「国民の明白なる運命とは，われわれに託された自由と自己統治からなるこの偉大な実験を進展させるため，神が与え給うたこの大陸全体を覆い尽くし，所有することにある」．ベラーはそこまで述べるわけではないが，それでもアメリカの市民宗教の普遍化は可能だとみなしている．神の像については，包括的で「中立的」，単一の形姿で彼岸に遠ざけられたままだ．無神論者だけがアプリオリに，まったくそうした人格のない神の周縁にいると感じうる．

ロバート・ベラーは，その市民宗教は帝国主義を正当化する可能性が十分にあると考えながらも，彼自身の仮説においてはその肯定的な機能を優先する．ベラーによれば本質的に多元主義的なその信念体系は，「想像の共同体」に実質を与え，漠然とした超越性を土台にアメリカ的エートス〔ethos〕を作り上げることを可能にする．と同時に，人びとを動員させるユートピアの効果によって公民の〔civique〕エネルギーを活性化させる．それは，道徳の側面からショーヴィニズムを和らげもするのである．

他の著者たちはより批判的だった．たとえば，ロバート・ジュウェット〔Robert Jewett〕は，アメリカの市民宗教は傲慢なナショナリズムの一形態以外の何ものでもありえないだろうと評している（Jewett, *The Captain America Complex* 1973）．それはほとんど偶像崇拝的な様相を帯び，人を強制する意志と結びつくだろう．すなわち，神がそう望むがゆえにわれわれのようにしなさい，と．明白なる運命を帝国主義と同一視する著作のタイトルは枚挙に暇がない（Sanford, *Manifest Destiny and the imperialism question*, 1974；Hietala, *Manifest design*, 1985；Baritz, *Backfire*, 1985；Stephanson, *Manifest destiny*, 1995...）．

市民宗教の，ときに攻撃的で，ときに平和的な暗示的意味（コノテーション）に関する議論においては，歴史的文脈に応じて変化し再構成される内容に焦点を合わせることが重要である．ロベルタ・コールス〔Roberta Coles〕がみごとに指摘しているように（Coles, 2002），二つの大きな類型論が浮かび上がってくる．一つは，自由主義的なアプローチと保守主義的なアプローチを区別する対照表を用いたものである（Marty, ‘Two Kinds of Civil Religion’, 1974；Wuthnow, *The Restructuring of American Religion,* 1988）．

市民宗教の自由主義的な定義は，神の加護というテーマを重視する．アメリカは自らの形成に寄与した幸運な環境のために特別に加護を受けるとされるが，あらゆる国が同じような加護を約束されている，というのである．この市民宗教の自由主義的な意味は，平和，正義，自由といった普遍的なテーマを強調し，偶像崇拝の烙印を押されるあらゆる自国中心主義を退けるところにある．その主唱者たちは，司祭というより預言者として登場し，しばしば異議申し立てをするマイノリティの出身である（マーティン・ルーサー・キング，ジェシー・ジャクソン）．それゆえ，政治家は潜在的に自分たちの地位を脅かすこうしたスタイルを演じる最初の人ではない．むしろ民衆のなか，利益団体のなかにおいてこそ，こうした市民宗教の自由主義的な傾向がみられるのである（Williams et Alexander, ‘Religious Rhetoric in American Populism’, 1994）．

それとは異なる保守主義的なヴァージョンは，主要な強調点を移動させる．それはもはや加護ではなく，神の選択がその核心をなしている．つまり，アメリカは神に選ばれた国，というものである．この考え方は，建国者の憲法典を神聖化する傾向があり，合衆国政府に対して明らかに宗教的な――教会の（優越した）正統性とは混同されないとはいえ――正統性を与える．ロバート・ウスノウ〔Robert Wuthnow〕が強調するように，「神の国と地の国の形式的な分離にもかかわらず，二つの国の教義が，市民宗教の保守主義的な定義においては既存の統治形態にきわめて強い神の権威を付与している」．選ばれた国として，アメリカが自らの価値を称揚するのは，「預言者」より「司祭」の様式においてである．

もう一つのありうる類型論は，明白なる運命というテーマの具体的な含意に焦点を合わせたものである．少なくとも市民宗教の二つの定義は緊張関係にある．ロベルタ・コールスは，「模範による使命」と「干渉による使命」を識別している．第一の意味において，合衆国は自由，信仰，啓蒙の道徳に基づく文明のたぐいまれな成功を世界に対して示すよう促されている．アメリカ的生（American Way of Life）が，成功した生のパラダイムとして提示されるのである．合衆国の第一の責任はこの文明，ジャン・ボードリヤールの言う「現実化したユートピア」（Baudrillard, *Amérique*, 1986）を守り育てることにほかならない．

そのアメリカ的例外主義（Lipset, *American Exceptionalism*, 1996）は，遠い過去にまで遡る．ローレン・バリッツ（Baritz, *City on a Hill*, 1964）以来，著者の大部分は，丘の上の町のテーマ群にそれを結びつけている．そのテーマは，ジョン・ウィンスロップ総督〔John Winthrop〕（1588–1649）が，新世界への大航海の際に「ピルグリム・ファーザーズ」（Pilgrim fathers）の前で行った説教で展開したピューリタンの古いテーマである．「すべての人びとの目」が自分たちに注がれていると主張しながら，カルヴァン主義者のウィンスロップは，神に見捨てられたくなければ神の思し召しを裏切ることのないよう聴衆に説いたのである．

この「模範となる」という意志は，明白なる運命の一つのありうる傾向を表しているにすぎない．この運命を思い描くもう一つの仕方は，外部へ宣教を行う関心を通してなされるものである．ここで問題となるのは，集団的な禁欲を通じて理想都市を建設し，「現実化したユートピア」を具体化するよう努めることよりも，アメリカ自身がその受託者と考える諸価値を断固として海外に広めていくことである．この「干渉による使命」は，膨張的にもなりうるダイナミックな様相を帯びる．それは正しくも，「世俗的千年王国説」〔millénarisme civil〕と名づけられた．〔長老派教会牧師〕ライマン・ビーチャー〔Lyman Beecher〕（1775–1863）はすでに「千年王国はアメリカで始まるだろう」と宣言していたと，イザベル・リシェ〔Isabelle Richet〕が言及している（Richet, 2001）．アメリカ合衆国は，神が自らの国を建設する際の特権的な代理人であると自認する．合衆国は受動的なままで，「全能の神」（Lord Almighty）の加護に恵まれることに満足することはありえないだろう．アメリカ合衆国は，よりよい世界の前衛として宣教師でなければならないのだ．

合衆国の市民宗教に関するこの熱心な宣教の構想は，多様な形態に変化した．明らかにキリスト教によって公認された形態もあれば，より世俗化された形態もある．19世紀初頭以降，それはアメリカの政治および指導者たちのレトリックにたえず影響を及ぼしてきたのである.

アクチュアルなテーマ群

緊張の生じる場である市民宗教は，多種多様な「敬虔さの表明」(Gutwirth, 1998) のテーマや実践をめぐる経験に基づいて変形する．それらは，自由を枢要な徳と位置づけ，多元主義と主義主張の自由な選択を必死に擁護するアメリカ的民主主義のエートスのなかに根をおろしている．この土台に立脚しながら，市民宗教を構成する装置は 1945 年以降，五つの主要な軸を中心に発展してきた.

アングロ＝サクソン系プロテスタンティズムを表す WASP (White, Anglo-Saxon and Protestant) の宗教文化の基本原理が神話化され，呪文のように繰り返し想起されるのは，何度も甦る現代アメリカの市民宗教の第一の特徴をなしている．それは 1960 年代以降やや衰退したとはいえ, アメリカ合衆国の「想像の共同体」(Anderson, 1983) の本質的な構成要素になおとどまっている．感謝祭の祝日は，その儀礼の核心をなす．11 月の第 4 木曜日を祝うその祝日は，1621 年にイギリスから来たピューリタンのピルグリム・ファーザーズたちが，先住民族ワンパノアグ族と収穫後にご馳走をともにしたとされる日を記念しているのである．多くのアメリカ人にとって，感謝祭は依然としてクリスマス自体にも増して「ザ」家族の祝日であり，神の加護に「感謝する」祝祭の集いのために経済活動を停止する木曜日を祝うその祝日は，1621 年に設定された建国の日である．多くのアメリカ人の頭のなかで，現在の合衆国の繁栄は最初の入植者の宗教的原理への不可欠な忠誠に漠然となお結びつけられている．感謝祭はアメリカの市民宗教の「基礎」の神話を想起させる重大な機会であるが，それは同種の価値基準を動員する国旗への忠誠（忠誠の誓い）のような他の〔敬虔さの〕表明によって完全なものになる.

信仰と祈りの強調は，アメリカの市民宗教の第二の重大なテーマをなしている．それは一つのテーマであるが実践でもある．アメリカ社会の基礎が，その是非はともかく，敵によって脅かされているようにみえるとき，すべてのアメリカ市民は大統領に倣って「祈って戦う」義務がある．アイゼンハワー大統領は，有名な警句において，こう強調した.「われわれの統治システムは，深い信仰に基礎を置く場合のみ意味をなすが，その信仰が何であるかは私には問題ではない」．よい市民であるためには，信仰を持た**なければならない**のだ.

「神に誓って」．合衆国大統領の就任時，ユダヤ教のラビやプロテスタントの牧師，カトリックの司教の前で聖書にかけて宣言される誓いは，儀礼の形式のなかに信仰と祈りを凝縮している．このアメリカ的政治生活の「伝統的な様式（クラシック）」は，象徴的にも政治的権威を超越性と関連づける．信じること（to believe）やその他諸々のことは変化しうる．大統領祈祷朝食会（1953 年以降）〔現在は「全米祈禱朝食会」という〕と全米祈禱の日（1952 年以降）は別の特権的な枠組をなすようになり，公共の式典での祈りの表明はその一環として行われうる．公立学校での祈りは禁じられたが（1963 年の「アビントン学校区対シェンプ」最高裁判決），それに対して，祈りが政治の舞台から退くことはけっしてなかった．2001 年 9 月 11 日のテロは，公共の場での祈りの重要性を際立たせる一方だった．「大統領祈禱のチーム」（Presidential Prayer Team）〔大統領に祈りをささげる組織〕のような自主的行動をかき立て，（祈りのなかでの）神へのとりなしの主題やアメリカ兵による「帰依」の申し出が広められていったのである．

祈りは，集団的実践として共同を強調するものではあるとはいえ，同時に現代アメリカの市民宗教の第三の主要な変数をなす個人主義と結びついている．政治家や企業のトップと同じく説教師も自らの責任に向き合ってはいるが，誰であれ人の代わりに信じることなどできない．つまり，繁栄や貧困，永遠の生と死は，何より個人の選択次第であり，それに不可欠な徳がアメリカ的生の本質的な土台の一つをなすのである．今日，合衆国の市民宗教は個人の決定を教義に仕立て上げており，それはカルヴァン主義者である最初のピューリタンの予定説の厳格な信念とはほど遠い．

これらの特徴は，神による普遍救済論〔universalisme providentiel〕に結びつくものであって，この救済説は古くからある移り変わることのない明白なる運命に遡るものである（上記参照）．自由でキリスト教的なアメリカは，預言者的使命，特殊な救世主（メシア）的使命の使者となるだろう．それは世界にとっての炎であり，闇のなかで消えることはありえないとされる．なんと多くの諸国の民が，自由なアメリカが希望の道を開いてくれることを待ち望んでいることか！　アンリ・デロッシュ〔Henri Desroche〕が（ハンス・コーン〔Hans Kohn〕を踏襲して）与えたメシアニズムの定義によれば，「正義と幸福」はそれ〔アメリカを信じること〕が対価となる．つまり，メシアニズムとは，「普遍的な仕方であれ，単独の集団に対してであれ，現在の事物の秩序を終わらせて正義と幸福からなる新しい秩序を樹立する，贖い主の到来への宗教的信仰」（Desroche, 1969）のことである．多くのアメリカ人の目からみれば，彼らの国が神の「贖い主」の側に立って果たしうる積極的な役割は疑いのないところである．たとえば，ロバート・ベラーは，次のようなケネディ大統領の意味深長な嘆声を引き合いに出している．「この地上で，神のみわざは本当にわれわれの手を通してなされるのだ……」

「われらは神を信ずる」（In God we Trust）という〔合衆国の〕標語の選択は，この救世主的信念の一環をなしている．アイゼンハワー大統領のもとで1952年に採用されたこの標語は，彼らからすればそのとき世界の均衡を脅かしていた共産主義や無神論者の脅威に対して，アンクル・サム〔アメリカ人〕の敬虔な信頼を声高に肯定しようとするものだった．感謝祭のほかに，アメリカのために命を落とした人びとを記念した5月最終月曜日の戦没者追悼記念日（Memorial Day）の国民の休日や，7月4日（独立記念）の国民の祝日が，アメリカの救世主的理想が失われないために犠牲となった人びとを記念する公民の〔civique〕儀礼の機会となっている．

最終的に，楽観主義が現代アメリカの市民宗教の最後の重大な構成要素をなす．神がアメリカに託す使命が成功の保証それ自体となるのは，神が「全能」だからだ．海を二つに切り裂き選ばれた民に道を開いた神が，同様に現代の敵を打ち負かさないことなどあるだろうか．アメリカ，それは楽園である．9月11日の後に続いた不幸な日々でさえ，この筋金入りの楽観主義を放棄させることはなかった．ニューヨークとワシントンの巨大なテロの後，説教師ビリー・グラハム〔Billy Graham〕は2001年9月14日に行われた劇的な式典の際に希望を表明して説教を締めくくった．アメリカが神に近づく機会をつかむならば，人びとは9月11日を「勝利の日として」記憶することになるだろう，と．

1918年から2001年9月11日まで――市民宗教の立役者たち

ここまでわれわれは市民宗教の輪郭を素描してきた．それは，アメリカ合衆国という国の宗派の多様性を超えて存在し，WASPという起源を参照することによって特徴づけられる総称的宗教である．そして，共同体のアイデンティティの神聖化を行い，信仰と祈りを実践し，個人主義を推し進め，メシアニズムを促進するもので，これらすべてが楽観主義の調子を帯びている．市民宗教は，宗教感情とアメリカン・ドリームの力への希望に彩られた共通の信念を中心にして，人種の坩堝を強固にしようとする．それは合意（コンセンサス）を意味するがゆえに，当然，力の均衡の場をなす．合意は，現実には多かれ少なかれおおよその理想でしかなく，静的な状態ではけっしてない．結果として，集団的儀礼を取り仕切る立役者，「祭司」たちが白熱した競争に従事するなか，市民宗教の主要な構成要素はたえず再構成されるのである．

国内の宗教勢力は，自分たちが市民宗教の占有者たりえないことを非常によく認識している．いかなる個別の教派（デノミネーション）も，その方向性を完全に決めるようなことはありえなかった．そのような主導権の奪取は，アメリカの市民宗教を破壊することになるだろう．その宗教は何より，党派の結合を超えて国民を正当化し，さまざまなときに国民を統合する役目を担うものだからだ．宗教的に多元的な国家においては，時の大統領の個人的な好みがどうであれ，市民宗教が個別の宗派の体現であるようなことは問題外である．人びとは，できるだけ合意のとれるような道徳的価値と神の摂理（「われらは神を信ずる」）を想起させることをさまざまな宗教に対して期待するとしても，諸教会を概して仲違いさせるような現行政策の決定を求めるようなことはまずない．

しかしながら，この合意という狙い，アメリカの教会や教派に対して課せられる限界は，特定の方向性が優先されることを妨げない．それは，直接には権力の座にいる集団と関連するが，宗教集団のロビー活動の（かつてはきわめて不安定だった）有効性にも関係している．第一次世界大戦後から大雑把に時代を区分すれば，ウッドロウ・ウィルソン〔Woodrow Wilson〕(1865-1924）からドワイト・アイゼンハワー〔Dweight Eisenhower〕(1890-1969）までがまとまりのよい第一期をなしているのがわかる．1950年代の終わりまでは，市民宗教は主流派プロテスタント（mainline Protestant）教会，すなわち古くに設立された（長老派，監督派，ユニテリアンなどの）多元主義的な教会によっておもに影響を受けていた．多量の歴史的・神学的な堆積によって特徴づけられるこれらのプロテスタント諸教派は，社会学的にみれば，特に東海岸にあってアメリカ人の経済的に裕福な階層のなかで最も定着しているものである．

1950年代の終わりには，それまで追いやられてきたカトリシズムが，この影響力の中心に加わることになった．ジョン・フィッツジェラルド・ケネディ〔John Fitz-gelard Kennedy〕(1917-1963）の大統領時代以降，枢機卿フランシス・ジョセフ・スペルマン〔Francis Spellman〕(1889-1967)——一貫して反共産主義者だった——や，ケネディ家の親しい友人だった枢機卿リチャード・カッシング〔Richard Cushing〕(1895-1970）が，ワシントン〔連邦政府〕に対して重大な影響を及ぼした．ウィルソン大統領からアイゼンハワー大統領の時代まで半世紀のあいだに，市民宗教の個別の強調点は，超越した神に根拠を置いた自己規制の原理をともなった，よりよい世界や筋金入りのヒューマニズムへの楽観主義に置かれたのである．

その趨勢は，〔自己〕批判的であると同時に肯定的なものだった．長老派の神学者ラインホルド・ニーバー〔Reinhold Niebuhr〕(1892-1971）と，同じく長老派で保守政治家にして全米教会協議会（National Council of Churches）の責任者でもあったジョン・フォスター・ダレス〔John Foster Dulles〕(1888-1959）は，公共の場で有限性のテーマを権力のテーマと結びつけることを得意とした．脆い存在であるアメリカ合衆国が，国家を神格化する共産主義者のように神に取って代わったり，それを無きものにしたりすることなどありえないだろう．だが，それ以降，こうした脆弱さを受け入れることで，かえってアメリカ国民にとって新たな加護の源泉である神の行為の場が開かれることになる．この神の仲介は，ほとんど違いのない特徴のなかで変化していく．それは，好意や感謝を求めてくるようなアメリカ社会モデルの活力や進歩のイデオロギーと密接に結びついたものである．

1960年代以降，アメリカの市民宗教のテーマにおいて非常にはっきりとした変化が認められる．まさに福音主義的なタイプのプロテスタンティズムが，それ以後主導しているようにみえるのである．回心のプロテスタンティズム（Fath, 2004），すなわち戦闘的な聖書主義と選ばれた友愛組合により高い価値を与える教会モデルによって特徴づけられるプロテスタンティズムは，18世紀以降のアメリカ宗教史の特徴を際立たせる信仰復興運動（revivals）（大覚醒 awakenings）に由来するものだ．主流派プロテスタンティズムに対して，このプロテスタンティズムは古くからある既成宗教から離れた潮流を継承しており，制度よりは個人，基盤施設よりは地方集団，神学よりは具体的な行動を優先する．それは「フロンティア」の伝統によって特徴づけられ，同じく伝統的な「生まれ変わり」により高い価値を与える．キリスト教徒というアイデンティティは，継承されるものではない，回心によって獲得されるものなのだ．生まれ変わったキリスト教徒はそれに続いて，新しい禁欲（アルコールや婚前の性行為を断つことなど）によって体験した変化を証言できなければならない．

こうした宗教的感覚に基づき，並外れた人気を博する説教師のビリー・グラハムは，半世紀のあいだアメリカ政界にたえず影響を及ぼしてきた．人物のカリスマ性，福音主義的な「中産階級のアメリカ人」の信念との他にない近さ，そして政治に対して好意的な彼の和協〔異なる教派間の和協を目指す〕神学〔irénisme〕は，その並外れた影響力を部分的に説明するものである．グラハムはそれまでニーバーが担っていた役割を凌駕し，アイゼンハワーが大統領のときからホワイトハウスのすべての間借人〔歴代大統領〕の「不可欠の友人」，そして市民宗教の「大司祭」（Gutwrith, 1998）と目されるようになったのである．

このプロテスタンティズムの回心と品行方正に対する典型的な強調は，アメリカの市民宗教をより道徳的な方向に向かわせる結果をもたらした．つまり，アメリカの徳を信頼した楽観主義とともに，ある理念が加えられたのである．すなわち，アメリカ人は道徳的堕落に陥って神の審判を受けたくなければ素行を改め祖父の宗教に回帰しなければならない，という理念である．この趨勢がジョンソンとニクソンの大統領時代に明らかに支配的となり，「福音主義的なタイプの市民宗教がホワイトハウスに根をおろしている」とジャック・グットウィルト〔Jacques Gutwirth〕が書くことをためらわなかったほどになった．より最近では，ビル・クリントン自身がその保証人になっているようにみえる．クリントンは，シカゴ郊外のメガ・チャーチ，ウィロークリーク・コミュニティ教会の責任者であるビル・ハイベルズ〔Bill Hybels〕牧師や第三世界主義者のバプティストの神学者トニー・キャンポロ〔Tony Campolo〕のような，福音主義の潮流で最も「聡明な」人物を売り込むよう気を配ったのである．自らを福音主義的な信者と自称するジョージ・W・ブッシュ・ジュニアの登場で，この路線に変わりはなかったようにみえる．

それにもかかわらず，われわれはこう自問することが可能である．G・W・ブッシュ大統領のネオコンの側近たちによって展開される救世主（メシア）到来への新たな強調がアメリカの市民宗教の新段階への急転換を描くことはないのか，と．それは，救世主的・神的な人物像，すなわち救世主の属性を詐称するアンクル・トムの顕著な世俗化によって特徴づけられる市民宗教である．それでもなお，こういった方向性によって，ブッシュ大統領やその後継者が，どんな霊的な感覚も退けないような合意（コンセンサス）を目指し続けることを妨げられることはなかった．アメリカの市民宗教は，動揺させられ修正され異議を申し立てられても，市民に「自らの義務を愛させる宗教」（ルソー）を与えることを目的にした儀式と信仰をわかりやすく理解するためのかけがえのない基盤であり続けるのである．

参考文献　BELLAH R. N., « Civil Religion in America », *Daedalus*, 1967, 1996（1）, pp. 1-18.（ロバート・N・ベラー「アメリカの市民宗教」〈『社会変革と宗教倫理』所収〉河合秀和訳，未來社，1973 年）; *Beyond Belief Essays on Religion in a Post-Traditional Society*, New York, Harper et Row, 1970. – BELLAH R. N. et HAMMOND P., *Varieties of Civil Religion*, San Francisco, Harper et Row, 1980. – FATH S., *Dieu bénisse l'Amérique. La religion de la Maison Blanche*, Paris, Seuil, 2004. – GENTILE E., *Les Religions de la politique, entre démocratie el totalitarisme*, Paris, Seuil, 2005. – GUTWIRTH J., *L'Eglise électronique. La saga des télévangélistes*, Paris Bayard, 1998. – RICHET L, *La Religion aux États-Unis*, Paris, PUF, 2001. – RICHEY R. et JONES D., *American Civil Religion*, New York, Harper et Row, 1974. – WILLAIME J.-P., « La religion civile à la française et ses métamorphoses », *Social Compass*, 1993, Vol. 40, N° 4, pp. 571-580. – WUTHNOW R., *The Restructuring o f American Religion*, Princeton（NJ）, Princeton University Press, 1988.

セバスチアン・ファト Sébastien FATH
〔髙山裕二訳〕

→ 多元主義

宗教（歴史文献学的アプローチ）
RELIGION（APPROCHE HISTORICO - PHILOLOGIQUE）

近代西洋の個人主義が出現するまで，人間は権勢と権威の源泉として見えない実在の存在を認め，そこから世界と人生の意味を引き出していたのではないかと思われる．この見えない審級（先祖，英雄，聖人，神々）は，できごとを通して現れたものを人間が読み解くこともあれば，衝撃的なかたちで出現することもある．「始める」のはいつも神であり，人間は自分たちに現れた意志の表現に応じて礼拝を行い，この見えない実在に従うことを示す．それにしても，このような実践を何と名づけるべきだろうか．エミール・バンヴェニスト〔Émile Benveniste〕の指摘によれば，実在は遍在していたが，インド＝ヨーロッパ語族はそれを指示する語を持っていなかったとされる．「宗教」という言葉を持ち出すと，その本質をつねに捉え損なう危険を冒すことになるのではないか．むしろ「宗教事象」という言葉を用いて，社会的な意義を持つ「現象」や「事象」に焦点を合わせるべきだろうか．この問いに対する答えとして想定されるのは，古代ローマにおける言葉の歴史を概観し，「宗教」の近代的な定義を検討することである．それは啓蒙主義が創造したものであり，その後19世紀に科学の対象となる．

「集めること」と「結びつけること」

「宗教」〔religion〕という語には二重の起源がある．集めることを意味する「レレゲレ」（relegere）と，結びつけることを意味する「レリガーレ」（religare）であり，「宗教事象」という言葉には，この二つの意味が含まれている．一方では，宗教は，例外的な存在を介して集められたとされる神的なものに起源を持つ掟の総体に基づいている（《啓典》の宗教の場合）．他方では，神聖なコーパス（corpus）を代々受け継いでいくことが，起源の時間との絆を永続化し，信者の共同体における現在の絆を保証し続ける．確かに宗教は，民族宗教（慣習の宗教）におけるように父祖伝来の慣習の道を通るか，それとも宣教の宗教（《啓典》の宗教）におけるように普遍主義的な使命を持つ教義の布教の道を通るかという，伝達の仕方に応じて区別される．しかし，「民族宗教が存在するのも，絶対的に普遍主義的な宗教事象があってのことである．それは，このような慣習の宗教があらゆるところに存在してきたからだけでなく，それが持つ民衆の活力によって宣教の大宗教（キリスト教，ユダヤ教，イスラーム，仏教）を養い続けているからである．慣習の宗教がなければ，大宗教は長いあいだ存続しえなかっただろう．宗教なき民衆はないが，それは宗教が生者と死者を唯一にして同一の民衆において結びつけるものだからである」（Ortigues, 1981）

『聖俗故実考』において，ウァロ〔Varro〕（前116–27）は「レレゲレ」（relegere）／「レリゲーレ」（religere）の語源を提案し，それに注意し丁寧に守ることによってよき礼拝――「よき」とは「迷信」の疑いがないということである――の実践が保証されるようなしるしを「収集すること」，「集中すること」が「レリギオー」（religio）であるとした．この意味においては，「レリギオー」とは注意深い配慮のことだが，その意味の適用の仕方は二重化される．4世紀より，キリスト教ラテン語は，語の受容，使用条件，意味の領域において，重要な変化を実行した．「レリギオー」はいまや，「真の神の宗教」（religio ueri Dei）という属格の使用によって特徴づけられる，信念とつながりの問題となったのである．こうして，ルクレティウスとキケロ以来お馴染みの「宗教」（religio）と「迷信」（superstitio）の従来の対立項に代えて，キリスト教徒は，ユダヤ教の一神教の論理のなかで，真の宗教と偽の宗教というモーセ流の区別を設けた――これは真の神との絆を「反宗教」にすることに固有の「差異の解釈学」である（Assmann, 2007）．ラクタンティウス〔Lactantius〕によれば（『神聖教理』），神との絆を設け，神との関係に置くものが宗教的なものであり，「レリギオー」はいまや，唯一神とその民および信徒という同じく特別な者たちのあいだの契約によって打ち立てられる，強制的な関係（uinculum〔絆〕, constringere〔縛る，軛をつける〕）の意味の領域において使われるようになる．

中世ラテン語世界は，「レリギオー」の意味を，おもに三つの方向に屈折させる．第一にそれは，語の本来の意味の論理において，神の掟を配慮をもって尊重する敬虔の一形式である．それは勤行の信心であって，神のために断念をする「修道士たち」〔religieux〕が身を捧げる真の生活様式になりうる．それから第二に，キリスト教は受肉の宗教としてこの語に実態を与え，「レリギオー」は「神に対してなすべき礼拝を行う意志に存する超自然的な美徳」（A. Blaise），またこの礼拝が担うところの真理と義務の総体を指すようになる．そこから第三に，教会色のある語の使用法が出てくる．というのも，宗教的なものとは，まずは教会のものごと，とりわけ秩序の権力を与えられた「神の分け前」であるところの聖職者のことであって，そのため「レリギオー」は名誉上の称号にまでなった．つまり，皇帝や高位聖職者のことを「あなたのキリスト教国」〔votre chrétienté〕と呼ぶ意味において「あなたの宗教」という言葉が使われる——これは提喩法〔全体で部分を，部分で全体を表す手法〕によって首座にいる者または教会組織全体に相当する成員の一部を指すやり方である．

宗教的なものからの脱出の時代における宗教概念

宗教概念は西洋が比較的最近になって創造したもので，ほぼ近代の入口にまで遡ることができる．教会のものと社会的なものの区別がつかなかった中世ヨーロッパにおいては，「宗教的なもの」というカテゴリーは，「政治的なもの」や「経済的なもの」といったカテゴリーと同じように，適切ではない．人は自分の生の意味を求めると，終末論の展望のもとにある共同体の生の絆を見いだすことになっていた．この意味において，社会的なものはすべて宗教的なものであった．というのも，結びつきを作るものはすべて，あの世と建設中の《神の国》に根差していたからである．西洋社会が自律に到達するに至ってはじめて，神的なものとの関係に固有なカテゴリーがおもむろに浮かび上がってくるのである．最初の段階が踏み越えられたのは 1300 年代である．人文主義者たちは，啓示以前と啓示以後の人類を「古代神学」(prisca theologia) と「永遠の哲学」(philosophia perennis) において結合する普遍的な知恵の存在を想定することによって，真の神の宗教という観念を暗に疑問に付した．このように教義の真実から脱出することによって，神的なものとの関係を自由に考えることが可能になる．このことは，社会のよき運行のために必要な宗教の外面的な礼拝と，良心に従って神に捧げる内面的な礼拝を区別したスピノザを思わせる．このような外的礼拝と内的礼拝のあいだの断層ないし葛藤が，宗教の真実の名のもとになされるあらゆる専制と狂信に対する啓蒙主義の痛烈な皮肉を可能にした．ゾロアスター，アブラハム，プラトン，イエス，ムハンマドを同列に置く歴史相対主義が，18 世紀末から 19 世紀初頭にかけての古典的な大哲学者たちによる宗教の《歴史》のなかの位置と理性の段階的到来の体系的探求の試みの中核にある．たとえばカントにとっての問題は，フェティシズムから法規による法則まで，歴史的な宗教の系譜学を打ち立てることであって，理性を用いることで，教会の強制力や「普遍的な倫理的原理に基づかない宗教」(Bouretz) とは一線を画し，いかにして神の意に適うかを知ることが可能となる．同様に，ヘーゲルにとって，宗教は前座のようなものである．それは人類の発展の一時代であって，《精神》が宗教的形式を通してしか現れなかった時期を経て，神を理性で直接的に知ることができるようになり，《精神》が「絶対知において実現される」(Bouretz) ことが可能になる．

宗教が総称語となったのは，1820年から1830年にかけて，すなわち王政復古の時期になってからのことにすぎない．当時は，フランス革命の衝撃の後で，社会の再建が進められようとしていた．旧来の秩序（アンシャン・レジーム）を説明することによって，近代のアクチュアリティをよりよく理解しようとした文人，哲学者，文筆家にとって，宗教は社会における生活の基盤を考える際に――あの世を意識するのかしないのか，他律性において考えるのか自律性において考えるのか――避けては通れない道となった．

ギゾーは，公人かつ信仰者として，「宗教的社会」を唱えている．ユートピア主義者のプルードンは，「生まれつつある社会が普遍的な秩序についての意見を表明するところの本能的，象徴的，全体的な表現」を宗教と呼んだ．この条件において，共同体生活の基盤とそれを規制する法則についての省察から生まれた科学――この「社会物理学」をオーギュスト・コント〔Auguste Comte〕は初めて「社会学」と名づけた（1841）――が宗教を重視しえたことが理解できる．たとえばデュルケームは，宗教を社会生活と同一視したが，それは神が長いあいだ他律性の世界において，社会の代わりに介入していたためである．したがって，総称語としての宗教の登場と，人文社会科学の枠組における宗教的なものと聖なるものをめぐる言説領域の構築は，西洋の「思考の世俗化」の逆説的な効果として検討されなければならない．というのも，理性と内的礼拝の名において，自律社会の地平から教会的なものと宗教的なものを排除する傾向のある近代が，まさにそのことによって，宗教と聖なるものについての固有の考察を生み出したからである（Carrier, 2005）．

参考文献　ASSMANN J., *Le Prix du monothéisme*, Paris, Aubier, 2007（Vienne/Munich, Hanser Verlag, 2003）. – CARRIER M., *Penser le sacré. Les sciences humaines et l'invention du sacré*, Montréal, Liber, 2005. – DESPLAND M., *L'émergence des sciences de la religion. La monarchie de Juillet: un moment fondateur*, Paris / Montréal, L'Harmattan, 1999. – DURKHEIM E., *De la division du travail social*（1893）, Paris, PUF « Quadrige », 1990.（エミール・デュルケム『社会分業論』井伊玄太郎訳，講談社学術文庫，1989年）; *Les Formes élémentaires de la vie religieuse*（1912）, Paris, PUF, 1968.（エミール・デュルケーム『宗教生活の基本形態――オーストラリアにおけるトーテム体系』上・下，山崎亮訳，ちくま学芸文庫，2014年）– HEGEL G. W F., *Foi et savoir*, traduction A. Philonenko, C. Lecouteux, Paris, Vrin, 1988.（G・W・F・ヘーゲル『信仰と知』［改訂版］久保陽一訳，公論社，1976年；上妻精訳，岩波書店，1993年）– KANT E., *La Religion dans les limites de la simple raison*, traduction A. Philonenko, in *Œuvres philosophiques* III, Paris, Gallimard « Bibliothèque de la Pléiade », 1986.（イマヌエル・カント『たんなる理性の限界内の宗教』〈『カント全集 10』所収〉北岡武司訳，岩波書店，2000年）– ORTIGUES E., *Religions du livre, religions de la coutume*, Paris, Le Sycomore, 1981. – SPINOZA B., *Traité théologico-politique*, texte latin, traduction et notes 1. Lagrée, P.-F. Moreau, Paris, PUF, 1999.（スピノザ『神学・政治論』吉田量彦訳，光文社古典新訳文庫，2014年）

アンヌ・ルヴァロワ Anne Levallois,

ドミニク・イオニャ＝プラ Dominique IOGNA-PRAT
〔伊達聖伸訳〕

→ 宗教事象，伝統，伝統主義，新・伝統主義

宗教学
SCIENCES RELIGIEUSES

「宗教学」〔sciences religieuses〕という表現を理解するのに最も異論が少ないやり方は，ヨーロッパとりわけフランスで起きたことを参照するという断り書きがつくが，1886年という創設期に立ち返ることである．1886年1月30日の政令により，高等研究実習院に「宗教学という名の第五部門」が創設された．周知のとおり，社会科学のための第六部門が作られるのは，第二次世界大戦後を待たなければならない．こちらがのちに（1975）社会科学高等研究院〔EHESS〕となる．量と質〔数字と内容〕のあいだの躊躇を含む表現だが，部門内でもこの表現が追認される．というのも，逆説的なことに，順番を表す名前（「第五部門」）のほうが，長いあいだ正式名称（「宗教学」）よりも馴染みのある呼び名であったからだ．

制度の起源に立ち返ってみよう．1868年に高等研究実習院〔EPHE〕が設立されたときには，数学，物理・化学，自然史・生理学，歴史学・文献学の四つの部門が設けられた．この機関が新設されたのは，ドイツ・モデルの自然科学の発展を促すためであった．ある逆説を強調しておかなければならない．「科学」〔sciences〕——複数形——という呼称が使用されたのは，歴史学と文献学という学問分野が，科学的な学問分野としての認知を求めていたからだ．やがて，古代文明の宗教の知識も，この二つの科学〔歴史学と文献学〕に基づくことになるだろう．1869年の段階では，第五部門として「経済学」が作られる予定であった．政治の難局から計画は実現されなかったが，その可能性があったことは，のちに宗教学部門創設への対抗軸の議論として持ち出されることになるだろう．

いずれにせよ，1886年に新しい部門ができる．採用された呼称からうかがえるのは，宗教学〔sciences religieuses〕は新興学問分野の科学性を保障しようとした第四部門のようなものとしてではなく，逆説的な経済学〔sciences économiques〕のモデ

ルに則って定義されていることである.「経済的な」という形容詞は人間活動の分野を規定しており，その分野に科学的な手続きを適用するに当たって，政治経済学，財政学，公法・行政法，統計学といった複数のアプローチを収斂させることが目指されていた．宗教学としては，この複数性にどのような意味を与えるかが課題となる．これはペギー〔Charles Péguy〕が提起した問いである．彼はこの学問がソルボンヌで教えられることをあまりよいとは思っていなかった.「高等研究（実習 ?!）院．第四部門．あるいは第五部門．それとも第三部門だったか．とにかく宗教学〔SCIENCES religieuses〕部門．ソルボンヌの科学の回廊の突き当たり，E 階段を上って2 階」(『我らの青春 *Notre Jeunesse*』1933, p. 76).

したがって，宗教を科学的に研究するという要求の意味を理解するよう努めなければならない．先述のように，新しい部門に名前をつける際には，方法（学問分野）と対象（宗教）のあいだで躊躇のようなものがあった．しかし，最終的に後者のほうに傾いたとしても，やはり経済学と宗教学の違いは強調しておいたほうがよい．経済学に特化した一部門を創設しようとすることは，政治学や医学と同じように，厳格な観察の対象を作り出すこと，そして一般的な知識さらにはあらゆる社会の分析に適用可能な法則に至ることだったはずである．啓示をもとにしていると主張する宗教――キリスト教，ユダヤ教，イスラーム――についても事態は同様であったと言うだけでは不十分である．この点において，宗教の科学的研究は，聖典――聖というのは神の息吹が吹き込まれているため――が持つ還元不可能なものに直面する．それにカトリックにとっては，位階制の頂点に教皇の権威があって，それが不可謬のものと定義されて間もない時期であった（1870 年の第一ヴァチカン公会議).

実をいえば，1886 年に宗教学部門が創設され，それがライシテの機関であろうとしたことは，国の主要な宗教的な構成体であるカトリシズムには，二重の意味で侵略であると受け止められる．まず，この宗派が唯一の真の宗教と主張しているところに持ち込まれた複数形が，そもそも相対主義的な告発をはらんでいる．そしてとりわけ，歴史学的・文献学的な学問に即した仕事が，古代のテクストや考古学によって新しく明らかになった資料を理解するための手続きと同じように厳格で科学的な扱いを，聖典に適用することになる．別の言い方をすると，このような学問的な手続きは，次のようなおそろしく単純な問いを提起する．神の霊感を受けたとされる宗教的テクストの独自性とは何か．そのテクストと関係している宗教事象は何か．まさにここから，問いに対する回答を始めなければならない．

何が争点であるかをより明確にするために，宗教学が取って代わったもの（カトリック神学）と世俗的な代替物としてありえたもう一つのもの（宗教史）について検討する必要がある．新興学問の宗教学に対置されるのは，まずはカトリック神学である．ミーニュ出版は1850年代から70年代にかけて膨大な『神学百科事典』〔『ギリシア・ラテン教父全集』〕を刊行し，カトリック神学に明白な可視性を与えようとした．その出版規模は巨大で，教父やギリシア＝ローマに関する情報量は途方もなく，現在でもこれに代わる参考資料はない．しかし，ミーニュから事典が刊行された時点でおもに期待されていたのは，〔古代教父という，この時代に〕再発見された伝統を支えるほとんど神聖な土台を再建することであった．そして，より新しいこととしては，ラムネーの伝統主義の基準に従ってできたカトリック学〔science catholique〕を，より最近の研究成果に依拠しながら，目に見えるかたちで表現することであった．

より卑俗的な観点から検討すると，宗教学部門の予算には，カトリック神学部――特にソルボンヌの神学部――の予算が充当された．共和派の代議士は，1886年度の予算の審議の際に，カトリック神学部の廃止を決定したのである．フランス革命の後，カトリック神学部はナポレオンのユニヴェルシテ体制〔中央集権的な教育支配体制〕の枠組において再建されたが，そこでの教育にはガリカニスムの傾向が非常に強く，その運営は国家への依存度が高かったため，ナポレオン3世の治世下で最後の交渉が試みられたにもかかわらず，ローマ〔教皇庁〕がこの神学部を公認することはなかった．

高等教育を刷新しようとしていた共和派にとって，このように行き詰まっていたカトリック神学部は，切り捨てなければならなかった．また，1880年以来，カトリックの予算を「礼拝」に関わる聖職者と教会への拠出のみに限定する闘争を毎年繰り広げていた共和派にとって，これは新たな闘いの前線を設けることであった――この闘いは，政教分離法によって1905に礼拝に対する予算が廃止されることで完結する．実のところ，1885年の時点において，カトリック神学部が取りつけていた支持はもはやほとんどなかった．司教団は完全に関心を失っていた．というのも，1875年の高等教育の自由に関する法律により，五つのカトリック大学ができたからである――これらは共和派が国家による大学の独占を再び主張すると，学院と改称された．この学院には，すぐに世俗の学問の学部が作られたが，それと並んで神学部を開設して監督下に置き，ローマの認可を受けることが検討された．パリ・カトリック学院は1889年にそのようなものになるだろう．最終的に，ジュール・フェリー〔Jules Ferry〕に近い日和見主義者たちだけが，ソルボンヌにカトリック神学部を維持することを望んでいた．古株の教授たちは，第二帝政において，よきガリカンの司教たちを育てていたのである．しかしそのような時代は終わってしまった．

宗教学部門の創設は，1880年から1886年にかけて行われた教育の「ライシテ化」

という大きな政策の流れのなかに位置づけられるものであったことは間違いない．この政策はおもに初等教育に関わるものだったが——1882年に公教要理（カテキスム）が廃止されて教育プログラムがライシテ化され，1886年には修道会員が公立学校の教員になることが禁じられた——その影響は中等教育や高等教育にも及び，女子のリセが開設され，宗教学部門が創設された．さらに付言しておくべきなのは，ライシテ化によってカトリックの管轄下にあった教育部門の私事化の傾向が強まったこと，そして1833年から1875年まで教育体系のあらゆる段階において，ほとんどこの支配的な宗教にのみ認められてきた教育の自由を〔共和派が〕奪回したことである．

しかしながら，フランスの事例は——宗教学部門についていうならば——他のヨーロッパの国々で起こったことに照らして完全に孤立していたわけではない．同様の現象は，1873年にジュネーヴで，1877年にオランダでと，もっと早い段階で起きていた．フランスの特殊性は，政治的・宗教的な文脈に求められる．自由主義的なプロテスタントは，いわゆる「1880年代」を通じて，とりわけ教育という戦略的な部門において，共和派の新しい権力と非常に近い位置にいた．そしてこのことは，宗教学部門ですぐに明るみに出たわけで，設立時の同部門はプロテスタントの影響力が支配的であった．

注目に値するこの系譜をたどるには，少々時間を遡り，1877年から1882年にかけてパリで13巻に及ぶ重要な『宗教学百科事典』が出版されたことを述べておく必要がある．この著作の中心人物は，フレデリック＝オーギュスト・リシュタンベルジェ〔Frédéric-Auguste Lichtenberger〕である．彼は元ストラスブール大学のプロテスタント神学部教授で，同神学部は〔普仏戦争の敗北とアルザス＝ロレーヌの割譲により〕パリに移転されたところであった．1880年の時点で，リシュタンベルジェはそのパリに新しくできたプロテスタント神学部の学部長である．『宗教学百科事典』——宗教学という表現がフランス語の意味の領域において最初に適切なかたちで現れたのは1877年ということになる——は，宗教に関する科学的手続きのエッセンスを一般化しようとしたものだが，その際に，フランスのプロテスタント系の科学は，参照軸になっていたドイツの科学に対抗できる力があることを示そうとした．この事典は同時に，神学のみにはとどまらない宗教へのアプローチを樹立しようとした．ユニヴェルシテ〔体制〕においてカトリック神学部を廃止したこと，そして宗教学部門を創設したことは，カトリックに不満を引き起こしたが，それは同じ時期に国家がプロテスタント神学部に公金を拠出していた事実からいっそうよく理解できよう．プロテスタント神学部はユニヴェルシテを支える学部とみなされていたわけではないが，牧師を養成することで，カトリックにとっての大神学校と同等の役割を果たしていた．これまで述べてきたことから，1886年に宗教学が制度化されたことは，「1880年代」に行われた（カトリック）教会と（共和国の）学校の分離の過程という，より大きな文脈のなかに位置づけられることを確認しておこう．

しかし，宗教研究に従事する研究者を首都に集中させ，一つの新しい存在（宗教学部門）を打ち立てることが，世俗的な文脈における宗教の科学を発達させるための唯一の選択肢だったわけではない．別の解決策を検討することはできたし，それは実際に探求され，部分的には実現されたが，全体としてみれば，フランスでは周辺的な位置にとどまった．実際，宗教学のオルタナティヴとして，宗教史が存在していた．カルヴァンの設立したアカデミーが正真正銘の大学となり，神学の管轄を離れたことを受けて，ジュネーヴには1873年よりヨーロッパで最初の宗教史講座が作られていた．オランダはすぐにこの例に倣い，1876年には国立大学の四つのプロテスタント学部が「ライック」な学部を宣言した．教義を教えたり司牧教育をしたりするのをやめ，そのために1877年より宗教史のほうへ向かった．1884年にはベルギーが同じ道をたどった．ルーヴァン・カトリック大学に対抗したライシテ陣営のブリュッセル自由大学に，宗教史講座が開設された．

このような潮流が何よりもまずヨーロッパのフランス語圏に関わるものだっただけに，フランスとしては蚊帳の外にとどまっているわけにはいかなかった．実際，1880年にジュール・フェリーは，コレージュ・ド・フランスに宗教史の講座を新設することを決めた．この新興学問分野には当時絶頂期を迎え「教皇」のような存在であったマックス・ミュラー〔Max Muller〕がおり，オックスフォードで教鞭を執っていたこのドイツ人の比較の手法は多くの人びとを引きつけていたが，科学的な同業者の関心はもはや引いていなかった．この事情を踏まえてこそ，内閣が主導するコレージュ・ド・フランスの役員エドゥアール・ド・ラブレーユ〔Edouard de la Boulaye〕の逆説的なためらいが理解できよう．彼は次のように反論している．「宗教についての講座はすでにいくつかあり，特殊で妥当な方法，いわば微視的なやり方でそれ（宗教）は研究されている．諸宗教の一般史を教えるような教授に（……）いったい何をしてもらおうというのか」．彼は要求を勝ち取ることはできず，講座は創られた．しかし，当時引き起こされた論争の火種から明らかになるのは，宗教史という，魅力的な体系化ではあるものの，早急にすたれつつあった理論に基づいたものと，厳密な学問の方法から出発し，多様な領域において観察に基づいてなされていた多元主義的な探求とのあいだに境界線が引かれていたということである．1886年に宗教学部門を創設するという選択がなされたことは，結局のところは権力の決定がどちらの方向に向かおうとしていたのかを示している．

そのことを裏付けるように，この宗教史は学者の世界にとどまろうとはしなかった．たとえば英国では，百科事典の出版（『エンサイクロペディア・ブリタニカ』第9版）や博物館（オックスフォード・ピットリヴァース博物館），また一般向けの講義（ヒバート講義およびギフォード講義）を通して，宗教史の理論の紹介がはかられた．知識を一般に広めようとしたことについても，イデオロギーの選択に関しても，ことはフランスでも同様であった．実際，ライシテ陣営とカトリック陣営の闘争において，宗教の複数性を打ち出すことは一つの伝統的な議論であって，覇権を握ろうとするカトリシズムの意志を挫くのに有効であった．

ここで，リヨンの化学技師から企業主になったエミール・ギメ〔Émile Guimet〕が，ちょうどこの時期に演じた役割について指摘しておきたい．それはこの領域における複数の豊かな主導性の嚆矢となった．1865年から翌年にかけて彼はエジプトを訪れ，古代の美術品や文化財を持ち帰った．10年を経て，今度は1876年から翌年にかけて，外交旅券を携えて日本，中国，インドを周遊し，大量の写本，絵画，彫像を手に入れた．1879年にはリヨンに美術館を開き，『ギメ美術館年報』と『宗教史雑誌』という学者向けの二つの雑誌を刊行するとともに，一般向けの図書館も作った．リヨンは彼の事業に十分な関心を示さず，反教権主義的な態度も評価していないと思われたので，ギメはコレクションをパリに移し，その後国家に寄贈した．国家は1889年に美術館を開設し，それは今日でもギメの名をとどめている．パリ市からは強い支持を得ることができた．ギメ自身，同じ年に〔唯物論・無神論の傾向を持つ〕自由思想の国際会議に参加している．

同じ頃，より正確には1881年，すなわち初等教育のライシテ化の時点で，自由主義的なプロテスタントのモーリス・ヴェルヌ〔Maurice Vernes〕は，小学校の科目としての公教要理（カテキスム）が廃止されるのを受けて，それをライシテのアプローチでイスラエルの歴史を扱うことを含む宗教史の教育に置き換えることを提案している．1886年，ヴェルヌは『宗教史——その精神，方法，諸分野——フランスおよび外国における教育 *L'histoire des religions. Son esprit, sa méthode et ses divisions. Son enseignement en France et à l'étranger*』を出版し，自分の立場と準拠枠を明らかにしている．1889年には『ユダヤ史概論 *Précis d'histoire juive*』の執筆に乗り出したが，その極端な批判精神は，初等教育向けの著作に必要な通俗化とは相性がよくなかった．彼は同様の提案を1894年と政教分離後の1906年にもしているが，公権力は争いの激しい領域で無理をする気がなく，三度失敗に帰した．

宗教史を大学の新しい学問分野にするという，同時期になされたもう一つの提案は別の運命をたどった．1879 年，共和主義者たちがフランスの大学を再建しようとしていた頃，ポール・ベール〔Paul Bert〕は，やはりモーリス・ヴェルヌの支持を得て，文学部に宗教史の講座を創設することを提案していた．これは日の目を見なかった．1885 年，今度はパリに宗教学部門を創設することが検討されていた頃，ルナン〔Ernest Renan〕はこの分野の研究を一か所に集中させることに反対し，議論を再燃させた．結果的には，この後 2，30 年かけて大学が発展するなかで，多かれ少なかれ宗教史に関係のある講座がエクス，ボルドー，リール，モンペリエに作られていく．ソルボンヌの場合は事情が異なる．というのも，ここには古代・中世・近世のキリスト教史の五つの講座が，20 世紀の初頭にはあったからだ．

大学に宗教史を設置する意志が遅まきながら結実したのは，逆説的なことに，第一次世界大戦後にアルザスを回復したことによる．実際，1919 年にストラスブールの文学部に宗教史講座が作られた．担当したのは，モデルニスムの危機の際にカトリシズムから離れた元聖職者プロスペル・アルファリック〔Prosper Alfaric〕であった．これは，取り戻した地方においてコンコルダートを維持することを埋め合わせる手段でもあった．ストラスブール大学には，プロテスタント神学部（1818 年創設）とカトリック神学部（1903 年にドイツにより創設）の二つの神学部が存在していた．

ただし，実際に宗教学の中身を理解するためには，1886 年に産声をあげた制度がいかなる教育を提案していたのかを考慮に入れなければならない．新部門は当時，およそ 10 の講座に題目を擁していた．ものごとは一見単純である，というのも，講座名称の二つの基準は，地理別または時代別であったからだ．地理別の基準のほうが優勢で，当初の講座の過半数（六つ）がそうであった．それは，オリエンタリズム（エジプト，インドを経て極東まで），古典学の伝統（ギリシア＝ローマ），ユダヤ的（ヘブライ人と西洋のセム族）およびイスラーム的（イスラームとアラブ人の宗教）一神教の起源を混ぜ合わせたものであった．

時代別なのはキリスト教で――キリスト教の起源の歴史，キリスト教文学の歴史，教会法の歴史，教義の歴史――このことは西洋のみが系譜的に考えられていたことをよく示している．そしてまた，これは歴史学が神学に代わる主要なパラダイムとして提示されていたということでもある．

修正は早い時期から（1887-1890），複数の方向においてなされた．第一に，地理的な拡大があった．1887 年より，ラテン・アメリカが視野に収められた．もっともそれは，講座数を切り詰めるために，最初は極東にぶら下がる格好になっていた．第二に，翌 1888 年，「哲学と神学の関係」という講座が新設され，キリスト教研究が増強された．その講座の初代担当者フランソワ・ピカヴェ〔François Picavet〕はイデオローグの専門家で，中世の哲学と神学の歴史を扱うことになるだろう．教皇レオ13世〔Léon XIII〕が，カトリック教会に新トマス主義を押しつけようとしていた時期に，この講座では哲学と神学という二つの関連領域にまたがる思想史のありかたがみられたのである．それは，新カント主義の旗の下にあった大学の哲学においては誰も見向きもしない領域でもあった．第三に，1890年には，「非文明人の宗教」という新しい講座ができた．この創設は，植民地主義の勝利と同時期のもので，最初の二分法——非キリスト教的な世界空間／キリスト教——を打破するものであった．第二代の講座担当者であるマルセル・モース〔Marcel Mauss〕が，1901年より近代的な宗教人類学を展開すると，この講座の豊かさが明らかになってくる．

のちに——1891年から1914年にかけて——宗教学部門に新しい講座が創設されると，特にそれまで十分には認知されていなかった分野の自立が促された．たとえば1896年には，古代ユダヤ教とは区別される「タルムードおよびラビ・ユダヤ教」を研究する講座が新しくできた．政治的には困難な時期に作られていることを考えると——1894年にはドレフュス将校に有罪判決が下されている——学問制度は独自のリズムで歴史を刻んでいたことがわかる．この講座の新設は，当時絶頂にあったフランスのユダヤ学の存在を承認する意味合いがあった．1901年には，「ヨーロッパの未開宗教」の研究が，非文明人の宗教と対をなすことになった．1906年には，「アッシリア・バビロニアの宗教」が，もはや古代ユダヤ教の価値を高めるためのものとしてではなく，それ自身において教えられることになった．同様に1907年には，「ビザンティン帝国のキリスト教およびキリスト教考古学」ができ，東方キリスト教の歴史に十分な位置が与えられた．そして1908年には，「コロンブス以前のアメリカ大陸の宗教」が名実ともに承認を獲得した．後半三つ〔1906，1907，1908〕の講座の設置は，考古学の重要性を認めたものでもある．特筆しておきたいのは，ビザンティン帝国のキリスト教講座を担当したガブリエル・ミレ〔Gabriel Millet〕が果たした役割についてである．20世紀初頭に行われた一連の写真調査活動は時宜を得たもので，第一次世界大戦に先立つバルカン戦争によって一部破壊されてしまった古代教会の保存に役立つことになったのである．

フランスの文脈における宗教学の発展を理解するには，カトリック側における「1880年代」の知的刷新の試みについても触れないわけにはいかない．もっとも，それはローマの反対を招いたため——その頂点がモデルニスムの危機（1903-1908）である——失敗に終わったものである．そのため，重要な試みがあった時代に立ち戻らなければならない．

パリ・カトリック学院の学長ユルスト〔Maurice Le Sage d'Hauteroche d'Hulst〕猊

下は，「キリスト教科学」の存在感を高めようとし，1888 年にパリで最初の「カトリック国際科学大会」を開催した．ヨーロッパのカトリックの学者を集めたこの最初の会合に続き，別の四つの同様の大会がパリ，フライブルク，ブリュッセル，ミュンヘンで開かれた．いずれにせよ，ユルスト猊下の基本的な狙いは，パリ・カトリック学院をカトリックの学者に開かれた権威ある制度にし，国立大学に比肩できる科学の水準にすることであった．この試みは大成功を収めた．カトリック学院の学長は，宗教学という新しい学問のほか，物理学のエドゥアール・ブランリ〔Édouard Branly〕や地質学のアルベール＝オーギュスト・ドラパラン〔Albert-Auguste de Lapparent〕を迎え，自然科学でも成功した．確かに彼は，デュシェーヌ神父とロワジー神父という，高等研究実習院の歴史学・文献学部門で教育を受けた二人の若くて優秀な聖職者をカトリック学院に迎えることに成功したが，その斬新な教育がカトリック教会内部に混乱を招くと，二人を守ることはできなかった．

しかしながら，二人の運命はまったく同じものではなかった．キリスト教の起源を専門とする歴史家ルイ・デュシェーヌ神父〔Louis Duschesne〕（1843-1922）は，1876 年よりカトリック学院で教鞭を執っていた．1885 年，その批判的アプローチは重大な危機を招いた．サンスの大司教が，これはガリアの諸教会の使徒承伝性に異議を唱えるものであると糾弾したのである．最初の司教たちはイエスの弟子であったという伝統的な紹介の仕方は，18 世紀にはうまい具合にいかなくなっていたが，19 世紀前半になると伝説の伝統を支持する者たち——教皇権至上主義者（ウルトラモンタン）たちのあいだで非常に支配的だった——によって復権した．デュシェーヌ神父は暇を願い出ることを余儀なくされ，高等研究実習院第四部門（歴史学および文献学）の準教授職に就いた．これ以降の彼の学者としてのキャリアはこの場所で積まれることになる．1892 年，第四部門は彼のために，キリスト教を中心とする古代に関する新たな講座を設けた．1895 年には，ローマ・フランス学院の院長に任じられた．これは，教会史家が公的な高等教育の場に少しずつ進出していったことを完成するものである．

アルフレッド・ロワジー神父〔Alfred Loisy〕（1857-1940）がたどった道は，これとは大きく異なっている．1881 年，デュシェーヌからパリ・カトリック学院に呼ばれ，まずはそこで輝かしいキャリアを積んだ．1882 年にはヘブライ語を，1884 年には聖書を，1886 年にはアッシリア学を講じた．伝統的な聖書釈義と手を切って，聖書の批判的歴史という広大な計画を立てたが，それを自分で最後まで仕上げることはないだろう．ユルスト猊下はロワジーを支持したが，その姿勢は頼りなかった．彼は教皇が唱えた共和国に対するラリマン（和解）の政策にも批判的だった．すると教皇レオ 13 世は回勅『プロヴィデンティッシムス・デウス』〔最も深い摂理の神〕

(1893) を発し，聖書批評の展開に非常に厳しい限界を設けた．ロワジーは，この年にパリ・カトリック学院を去らなければならなかった．彼は学術研究の出版とりわけ『宗教史・文献雑誌』(1896) の主宰を通して聖書批判の研究を続けたが，彼を迎え入れてくれる機関を見つけることはなかなかできなかった．宗教学部門 (1900-1904) は，微妙な政局のなか，まだカトリックの聖職者であったロワジーを任命することを拒んでいた．

ロワジーの聖書釈義の糾弾は，モデルニスムの危機のハイライトをなすもので，ローマの神学と碩学の聖書釈義に求められる資質の断絶は20世紀半ばに至るまで続く．《モデルニスム》に先立つこれらの最初の「危機」は，カトリシズムの知的刷新という困難な企ての限界を示すものであった．宗教学部門は創立以来年々中身を充実させ，ソルボンヌがキリスト教史に開かれていたのに対し，パリ・カトリック学院は神学の方法と科学的な手続きの両立には到達しなかった．それでは第一次世界大戦前夜において，ライシテ化された宗教学が決定的な勝利を収めたということになるだろうか．この問いに答えるには，当時起こったいくつかのできごとを考慮に入れる必要があるだろう．

最初のできごとは，1880年にコレージュ・ド・フランスに創設された宗教史講座に，ロワジーが1909年に選出されたことである．これは，教会と断絶した学者を権威ある制度が受け入れるという，ライシテの名にふさわしい承認である．この講座によってロワジーは，(1908年に) ローマに禁じられたばかりの教育を，公に行うことができた．しかし，講座の名称に合致するよう，ロワジーは比較の道を進み，神話学の手法と心理学の観点を取り入れた．これは方法論的には袋小路となるものである．

コレージュ・ド・フランスにロワジーの対抗馬として出馬して敗れたマルセル・モースは同じ年，アンリ・ユベール〔Henri Hubert〕とともに綱領となる論集『宗教史論叢』――とりわけ『供儀の本質と機能についての試論 *Essai sur la nature et la fonciton du sacrifice*』(1898) を再録――を出版した．この出版により，宗教史研究は長いあいだデュルケーム流の社会学の方向に向かうことになる．そして翌1910年には，2年前から雑誌『エチュード』の編集長をしていたイエズス会士レオンス・ド・グランメゾン〔Léonce de Grandmaison〕が，『宗教学研究』という表題の学術雑誌を創刊する．グランメゾンは，ユルストのように教育を受けた学者ではない．しかし，同時代の問題には開かれていて，どちらかというと宗教心理学に関心を向けていた．これは護教論的に使われることから，モースが距離を置こうとしていたものである．グランメゾンが特に意識していたのは，モデルニスムの危機からは科学的に抜け出す必要があるということであった．いずれにせよ，彼にとって「宗教学」という語はもはや問題とはならなかった．それだけこの語の使用が一般化されていたからである．宗教史についても同じことがいえる．1907年以来パリ・カトリック学院の学長を務めていたボードリヤール〔Baudrillart〕猊下は，モデルニスムを乗り越えるためにこの職に任命され，特に困難なく「宗教史」講座を新設した．

「1880年代」には争いの種であったコンセプトがイデオロギー的な意味合いを失い，用語は一般化して互換可能になる．「宗教学」は，知的明快さと制度的創造性において，1880年代の一大再編を喚起する言葉である．20年後に起こった再編は，また別の展望に関わっている．それでも，紛争に満ちた起源の名残をとどめるものとして，二つの異なる方向に分かれる分割線が見てとれる．一方の宗教史は，比較主義と護教学，理論化と集積のあいだで引き裂かれている．もう一方の宗教学は，学問領域や歴史の現場の複数性，文明の多様性によって分裂している．一方では，正当化がつねに困難でありながらも不可能な総合が企てられ，他方では，複数の学問的性格を持つものが再構成を模索し続けている．

参考文献　BAUBÉROT J. *et al., Cent ans de sciences religieuses en France*, Paris, Cerf 1987. – ERETTA F, *Monseigneur d'Hulst et la science chrétienne. Portrait d'un intellectuel*, Paris, Beauchesne, 1997. – BORGEAUD P., *Aux origines de l'histoire des religions*, Paris, Seuil, 2004. – CABANEL P., « L'institutionnalisation des "Sciences religieuses" en France, 1879–1908. Une entreprise protestante », *Bulletin de la Société d'Histoire du Protestantisme français*, janvier-mars 1994, pp. 33–80. – DESPLAND M., *L'émergence des sciences de la religion. La Monarchie de Juillet un moment fondateur*, Paris, L'Harmattan, 1999. – KIPPENBERG H. G., *À la découverte de l'histoire des religions. Les sciences religieuses et la modernité*, Salvator, 1999.（ハンス・G・キッペンベルク『宗教史の発見――宗教学と近代』月本昭男・渡辺学・久保田浩訳，岩波書店，2005年）– LANGLOIS C., « La naissance de l'histoire des religions en Europe et la laïcisation des sciences religieuses en France », in BOME D. et WILLAIME J.P., *Enseigner les faits religieux. Quels enjeux?*, Paris, A. Colin, 2007, pp. 17–36. – LANGLOIS C. et LAPLANCHE F., *La science catholique. L'« Encyclopédie théologique » de Migne（1844–1873）entre apologétique et vulgarisation*, Paris, Cerf, 1992; *Les Sciences religieuses. Le XIXe siècle, 1800–1914*, Paris, Beauchesne, 1996; *La Crise de l'origine. La science catholique des Évangiles et l'histoire au XXe siècle*, Paris, Albin Michel, 2006. – SIMON-NAHUM P., *La Cité investie. La science du judaïsme français et la République*, Paris, Cerf, 1991.

クロード・ラングロワ Claude Langlois
〔伊達聖伸訳〕

→ オリエンタリズム，宗教史，宗教の社会学，宗教哲学，哲学と神学

宗教教育機関
INSTITUTIONS D'ENSEIGNEMENT RELIGIEUX

諸機関

伝達すること——文書，教義，信仰，生活様式を伝達すること——は，宗教的伝統の継承にとってきわめて重要なことである．伝達の方法は，多かれ少なかれ制度化されてきたが，それはその宗教的伝統が置かれた状況を特徴づける社会的・歴史的文脈に応じて変化する．つまり，社会でその宗教的伝統が独占的地位を占めているのか，あるいは複数の宗教的伝統が競合している状況なのか，その宗教的伝統は承認されたマイノリティの位置にあるのか，それとも社会の周辺に追いやられているのかに左右されるのである．

子どもはたとえば確かに，集団的儀礼への参加によってであれ，家庭内の教育によってであれ，正式に組織され目的別に分化した教育機関がなくても宗教的に社会集団に順化されうる．しかし，それが，特定の社会的文脈において，宗教的伝統の特徴や状況に応じて，多かれ少なかれ整備された教育機関の枠内において，場合によっては読み書きの基礎学習をともないながら完遂されるものであることもまた事実である．ここで重要になってくるのが，子どもそして大人に対して，ある程度専門化された宗教教育を伝達もしくは普及する機関がどのような様態なのかという点である．

宗教教育機関を分析するには，そこで行われる教育内容や教育方法へ目を向ける必要があるが，それと同時に，当該教育機関が社会的・歴史的に形成された特定の環境のなかでどのような位置を占めているのかにも注意を払う必要がある．ここでは，二つの国——両国はあらゆる予想に反して比較可能である——の事例をもとに問題を設定するが，これがすべての状況とすべての宗教をカバーするものだと主張するつもりはない．しかしフランスとエジプトの状況から得られる事例は，一つの社会学的・歴史学的問題の総体をわかりやすく説明してくれるものであり，それは制度化の過程を明らかにするのに適しているだろう．

教育内容の確定と教育機関の管理（管理が宗教的か非宗教的かは問わない）は，近代の到来とともにすぐれて政治的な問題となったが，それはとりわけ批判的議論が確立し，公教育や公民精神，道徳に関する公共政策が実施され，ついである一つの国民教育の形成に関わる公共政策が実施されたことによっている．教育の領域は，他の社会的領域から次第に機能分化を遂げ，諸教育機関の管理（および自治）と教育内容の確定をめぐる闘争の場となっていった．このような闘争および社会的・政治的力学の関係の歴史は，宗教系教育機関に関する状況を理解するのに不可欠である．というのも，国家が構築する学校システムと宗教系施設（個人経営であれ，ネットワークに基づくものであれ）は多かれ少なかれ根本的に分離され，両者のあいだでは対立がみられ，あるいは妥協がなされてきたからである．したがって，宗教教育機関を分析する際には，教育機関の一般的な変遷に加えて，教育の様態（教育内容，教授法，教育目的），さらには多様な宗教それ自体が持ち合わせる教育の伝統や教育に関する考え方を総合的に捉えることが適切である．

何をもって宗教教育とみなすのか

「宗教教育」というものを定義することは可能だろうか．どうしたらある教育を「宗教的」と形容できるのだろうか．それは教育内容の問題なのか，教授法の問題なのか，制度的枠組の問題なのか，伝統に連なっているかが問題なのか，教育目的の問題なのか，教育の受け手の問題なのか．また，異なる宗教においても同じことがいえるのだろうか．

分析の上では，宗教教育の内容を四つの領域に区分することができる．規範，儀礼，文書，信仰である．これらの四つの領域は，時代や宗教に応じて，さらには一つの宗教のなかの諸潮流に応じて，部分的には重なるものの，異なる諸要素に対応している．いずれにせよ第一には，法，規則，禁止事項の遵守，法解釈もしくは決疑論を強調する人たちがいて，第二に，儀礼，慣習，個人的ないしは集合的な行動を重視する人たちがいる．第三には，聖典，カテキスム，祈禱，歌，ある程度練り上げられた神学，一連の教義，釈義，注解，歴史といったものを強調する人たちがおり，そして最後には，個人道徳，集合道徳，信仰，信念に重きを置く人たちがいる．こうしたさまざまな教育内容がどのように結びつくかは，時代や場所によって異なり，また何を継承すべきかを決める際の争点にもなる問題である．

宗教教育機関で，「宗教とは無関係の」学科が教えられることもある．それらの学科は通常，宗教関連科目より下位に置かれるが，科目としての自律性を獲得することもある．たとえば，初等教育では読み書き教育が行われる．教育がもう少し進んだ段階になると，宗教の領域にある程度関係する学科（文法，語彙，言語，論理学．または哲学，歴史学，医学，天文学，数学）が地位を得る．

問題にすべきは，それぞれの学科や教科が相対的にどのような地位を占めてきたかという歴史を示すことでもある．それは学科間の絡み合いや序列関係，学科としての自律性の要求や〔他の学科より分野としての成立が先であることを主張する〕先行性の要求，内容や関係性の定義における力学を分析しながらなされる．学問分野の一覧表は，ヨーロッパにおいてと同様にイスラーム世界においてもさまざまな時代において作成されてきたが，時代とともに変化する序列化の原理に従って，ある学問を他の学問との関係において位置づけてきた（「啓示」以前の学問か，それ以後の学問か．伝統的な学問か，合理的な学問か．権威にものをいわせる学問か，批判的な学問か）．こうした問題は，中世以来，教育機関の歴史のなかで大きな問題であり続けたが，きわめて現代的なものでもある．たとえば，アメリカ合衆国では歴史教育をめぐって，ダーウィンの進化論に基づく歴史と聖書に基づく歴史のどちらを採用するのかという議論（と闘争）がある．エジプトやイランのような国では，学問の「イスラーム化」をめぐるアイデンティティに関する問題がある．

結局のところ，教育の内容は，教育の受け手が誰なのかによっても規定されてくる．教育は必然的に，教育を受ける人の年齢（子どもなのか，青年なのか，大人なのか）によっても，教育の目的（熱心な勧誘のためなのか，一般信者を宗教的に社会化するためなのか，聖職者を養成するためなのか，多様な専門研究のためなのか）によっても異なるし，ジェンダーや社会階級によって異なる場合もある．現実問題として，宗教教育機関は一般的に生徒，教育内容，教育目的，歴史的・社会的争点などに関して，きわめて多様である．したがって，三類型に分けることにしよう．第一は，子どもや一般的な信者へ宗教的なるものを広め，伝えることを請け負う機関．第二は，司祭やラビ，牧師，イマームといった宗教家を養成する機関．第三は，専門家向けに宗教に関する高等教育を施す機関であって，そこで養成された専門家は自分たちが受けた教育を再生産し発展させ，社会に還元する任を負う．以下ではまず，この三つの機関が歴史的に組み込まれていた一般的な枠組を提示することから始めるのが適切だろう．

周辺化への一般的な動き

宗教教育機関は，自らが完全な指導権を握っているわけではない社会のなかである地位を占め，ある形態をなす．つまり宗教教育機関は他のあらゆる機関と同じように，自らが活動を展開する社会の社会的，政治的，文化的，経済的変化の影響を受けずにはいられないということである．その機関が，その社会内部において創設されたものであれ，外部から，たとえば植民地政策や宣教により移植されたものであれ，同様である．宗教教育機関が歴史的変化に対して示した抵抗の形態それ自体も，それらの変化によって条件づけられてきた．とりわけ教授法に関して，宗教教育機関は，彼らの対抗相手がすでに実践してきたものを取り込んでいったのである（13世紀の神学者が哲学的論証方法を採用し，イエズス会コレージュがギリシア・ラテンの古典を教育に利用したように）．宗教教育機関の歴史研究は，ヨーロッパの大学や中等学校，イスラーム世界におけるモスクやマドラサ〔学院〕の研究のように，高等教育と中等教育に関しては資料による裏付けがよく進んでいる．その一方で，初等教育についての研究は明らかに少ない．その理由の一つは初等教育の形跡が文書に残りづらかったという点にある（Grosperrin, 1984）．

宗教と学校が存在するようになって以来，両者の制度形態は多かれ少なかれ関連づけられてきた．宗教と教育の分離に関して，人類史の規模で見たとき，一様で単線的なプロセスというものはない．小学校は，古代末期のローマから中世まで独立していたが，その後聖職者によって設立されるようになり，さらに再び独立して宗教改革を迎えることになる．

宗教と学校の序列もしくは分離は，社会政治的秩序のなかで宗教的なものが占めている位置に依存していた．たとえば，ヨーロッパにおいて，当初宗教的権威が絶対的影響力を及ぼしていた教育機関は，各国によって時期は多少異なるものの，この2-3世紀のあいだに相対的に周辺へ追いやられていった．この周辺化の動きのはじまりは宗教改革と啓蒙思想に求められる．この現象はヨーロッパ外部へ広がっていったが，それは，植民地支配関係だけに起因するのではなく，これらの国と「西洋」との相互の作用から生じたものであった．両者のずれ，たとえばフランスとエジプトのあいだのずれを誇張してはならない．両国では数十年の差をともないながらも，中央から近代性が次第に押しつけられる状況において同種のメカニズムが作用したのである．フランスでもエジプトでも，こうした宗教教育機関の周辺化の動きに対する抵抗が起こっている．ただし植民地支配は状況をますます複雑にする．関係する行為主体が一つもしくは複数，増えるからだが，それらの行為主体自身も論争の対象になる（たとえば，フランスは，教育の脱宗教化および諸教会と国家の分離政策を展開するさなかに，植民地とフランスの影響下にある地域においては，〔フランス（政府）が〕本国から追放した修道会を優遇したという具合に）．現地の宗教教育機関は多様ではあったが，一方では，国家が整備する多かれ少なかれ脱宗教化された教育と対決することになり，他方では，非宗教系であれ宗教系（他の宗教であることが多い）であれ，外国由来の教育機関との競争にさらされることになった．

今日において，宗教教育機関は消滅するにはほど遠いが，いわゆる普通の教育機関と比べると，大半の社会で周辺化している．この2世紀のあいだに歴史的プロセスとして広く展開した政治・経済・文化・科学・宗教などの活動領域の機能分化と自律化の影響を，宗教教育機関も免れなかったのである．近代国家が形成され，国家が社会へと介入を強めるにつれて，多くの社会では，宗教的な状態からの脱出や諸機関の世俗化が，多様なかたちで進んでいった．宗教事象は消滅することなく，信仰の領域が〔公権力から離れて〕私事化され，宗教的多元主義が進むという方向に大きく再編されたが，社会に枠組を与えていた宗教的諸制度は弱まっていった．こうして教育も含めいくつかの分野は一団となって，宗教権限の及ぶ範囲から離れていったのである．

一般的には，宗教的権威のもとにある教育機関が世俗化し，非宗教系教育機関が発展するという二重の動きが生じる．教育はもはや宗教的方向のみに特化していてはならないもの，さらには絶対に宗教的であってはならないものとして考えられるようになった．ここにおいて，ほとんどあるいは完全に宗教とは無関係な教育を施す宗教系機関と，まさしく宗教教育を提供する宗教系機関との区別が必要となる．この両者の分離の過程は，社会における宗教教育機関の位置づけおよびその制度的形態，さらには教育内容や教育方法に根本的な変化をもたらした．こうして，先に述べた機関の三類型の検討が問題になってくるのである．

宗教的知識の伝播

宗教教育機関のなかで最も数が多いのは，特に宗教的な任務を持たない人びとからなる社会集団や小集団の全体に対して，宗教的知識を伝え広めるための機関である．これらの教育機関の形態は，授業の集中度と生徒の受け入れの度合に関して，きわめて多様である．たとえば，今日まで続くエジプト農村部のクルアーン学校のように，ある社会集団の全構成員に対して一定の学齢期のあいだ，数年にわたって一日中教育が施される学校もあれば，送り込まれてくる子どもあるいは自発的に参加する大人のみを短期間受け入れる機関（たとえば，カテキスム教育を週に一時間もしくはある日の夕方に行うなど）もある．またこれらの教育機関のなかには，性別や社会階層で子どもを選別するところも（しないところも）存在する．施される教育内容と教授法，教育機関の形態，教育を受ける人の層は部分的には相互依存関係にある．というのも，これらの要素はその宗教教育の目的，また社会のなかでの宗教的なものが占める位置，さらには他の教育機関の存在といったものの影響を避けることはできないからである．その他，宗教的伝統に応じてどの要素を生徒へ伝達すべき優先事項とするのかは現在でも違うし，過去においてもまた違っていた．こうしたすべてのことそれらの歴史的変化をここで詳説することは不可能であるので，二,三の事例を通していくつかの要素の関連性について論じてみよう．

宗教が競合する状況にあった17世紀のフランスでは，数千もの「小さな学校」が農村部および都市部に出現した．だが，フランス全土に学校が均質に広がっていたわけではない．学校は一種の地方税や贈与によって，もしくは特に都市ではデミア〔Charles Démia〕やラ・サール〔Jean-Baptiste de La Salle〕が創設した宗教結社によって運営されていた．すでにそれ以前，プロテスタントの宗教改革が広まるにつれ，学校の開設が進み，そこでの識字教育は人びとが書かれたものにアクセスすることを可能にし，カテキスムの普及を促していた．カトリック改革は小さな学校の創設に有利に働く．学校の主要目的は〔トレント公会議が重視したカテキスムによって〕基本的な教義を教え込むことにあり，読み書きの訓練は往々にして子どもを学校に引きつけるための補足的なものにすぎなかった．カテキスムは，宗教改革の結果として，またプロテスタントとカトリックの対立の結果として生み出されたものである．というのも，宗教的所属が自明でなくなったからには，自分がどの宗派に属しているかを述べるための言葉を子どもに教えることが問題になったのである．宗教教育は，選別された文章と子どもたちが暗唱する問答からなるカテキスムとして次第に形式化されていき，これにより子どもたちはたとえばカトリック神学上の，いくつかの複雑な式文を理解しなくてもよくなった．これらの学校の目的は，子どもの知的発達ではなく，宗教的権威が認める共通の教義に基づき集団を統一することに置かれていた．上位の社会階層にのみ開かれた都市部のコレージュ，たとえばイエズス会のコレージュでは「古典」人文学が教育に導入されたが，これは宗教的観点からして生徒の規律訓練に役立つとともに，教師たちが良心を教導するのに有用であるとされたのである．

19世紀を通じて，宗教系教育機関は修道会の保護下で増加し，やがて非宗教系の学校とのあいだでの高まっていく競争にさらされることになる．そこで教えられていた科目と教授法はさまざまに変化し，宗教系機関に限っても多様化していった．初等教育は脱宗教化され，国家は次第に教育を独占していく過程のなかで，カリキュラムの決定にますます介入して，教育機関の管理を強めていった．そして公教育の観念，市民形成の観念が重きをなすようになっていく．第三共和政は義務教育を確立しつつ，公教育から修道会を排除しながら，国家による教育の独占の過程を有効と認め一般化した．市民の道徳教育がカトリックの宗教教育と競合するようになる．カトリックの宗教教育に関しても教義的な部分を弱めて道徳的な部分を強めるという，変化と順応を余儀なくされるのだが．こうして事実上の世俗化に帰着する．とりわけ，教育内容そのものが，宗教的要素をほとんど全面的に排除して，急激に脱宗教化された．

このような文脈のなかで宗教教育は公立校から取り除かれ，施設付き司祭〔学校付き司祭〕のもとへと追い込まれた．施設付き司祭のところへ通う子どもの数は長期的にみて減少している．施設付き司祭による授業は，〔1959年のドゥブレ法に基づき〕国家と契約を結んで〔公的出資を受けて〕いるカトリック系学校においてさえ，授業時間外に実施されている（つまり宗教・道徳の授業が時間割に組み込まれているドイツなどとは異なっている）．教授法は根本的に変化した．かつては教義の文献を丸暗記していたのが，今では文献を研究したり解釈したり，非聖職者の信徒に指導されながらグループで考えたり，ある主題や教義をめぐって議論するようになった．

今日，問題となるのは，大きく世俗化した社会に暮らしながら教育を受ける個々人に，宗教的主題に関する熟考を促し，宗教文化を浸透させて，彼らのうちに「霊性」の一形態を発展させることである．この宗教教育の達成度は，信者共同体へ加わるための一連の集団儀礼，すなわち洗礼（幼児期に洗礼を受けなかった人びとにとって），初聖体拝領，信仰告白によって確認される．この三つはそれぞれが，宗教的道程の段階であり，信仰の基盤についての教育の機会となっている．しかしながらこの宗教教育それ自体が，「真理」をめぐる二つの体制の信奉者たちのあいだで起きている，フランスのカトリック教会を分断する論争に関わっている．すなわち一方は，宗教教育を，制度が規定する宗教的・道徳的確実性の伝達と考え，他方はキリスト教を構成するできごとの意味や影響についてさえ批判的に考えることが少なからずできる自由な人間に対する提案と考えているのである．現在のカテキスム教育では，権威はもはや「自然に由来する自明のもの」ではなく，異議申し立てを受け，再構成されるものである．

公教育の普及は，フランスにおける宗教系学校の消滅を引き起こしはしなかった．特にカトリックがそうであるが，プロテスタント，ユダヤ教，最近ではイスラームの学校についても同様である．宗教系の学校の活動は，多かれ少なかれ拘束力を持つさまざまな種類の〔国家との〕「契約」によって規定されているが，それと引き換えに，それなりに大きな額の公的出資を受けている．今日，これらの学校はその方針により，または義務により（国家との非営利社団契約を結ぶ学校の場合），同宗派の子どものみを排他的なやり方で受け入れているわけでは必ずしもない．加えて，両親も生徒も，宗教上の理由よりも非宗教的な理由（教育の質，道徳面，結束力）で「宗派の」教育機関を選ぶこともある（de Longeaux, 2005）．したがって，教育施設の宗教的性格と子どもの宗派の尊重（あるいは宗派を持たないことの尊重）とを両立させるために，制度的にどう折り合いをつけるかが模索されている．

この種の問題がいっそう深い意味を持つのは，学校の掲げる宗教が国の支配的宗教と異なる場合である．たとえば，エジプトでは19世紀以降に設立された多くのカトリック系の学校が，イスラーム教徒の子どもを次第に広く受け入れるようになっていった．このことは，国民のエリート養成に貢献した一方で，これらの学校が持つ宣教目的の側面，強制的な勧誘活動に関わる問題を生み出しもした．圧力を受けて，そこでの宗教教育は任意科目となった．これらの学校のほとんどは，今日までその特殊性を保持してはいるとはいえ，最終的にはエジプトの独立後に国有化されている．アルジェリアやレバノンについても同種の問題を論じることができる．

イスラームの教育では，教義に特化せず，クルアーンを用いた聖典教育により力点が置かれる．大半のムスリムにとって，クルアーンは神の言葉を直接書き留めたものとみなされている．クルアーンは被造物ではないという教義があるため，クルアーンの文章に与えられた地位は旧約・新約聖書に与えられた地位と同じ性質のものではない．何世紀ものあいだ，クルアーンは暗記することによって伝えられ広まった．子音だけで表記するアラビア語の形態とも関係して，この暗記の実践は，師から弟子へ伝達する際に不可欠なものとして理論化された．師も弟子も，予言者の随伴者に遡るとされる系譜のなかに位置づけられる．書かれたものは書き写しと読み（あるいはそのどちらか）を誤るおそれがあるので，それよりも体の一部に取り込み，口頭で伝えることに信頼が置かれている．クルアーンの暗記は，アラビア語を使用する多くのイスラーム諸国ではもちろんのこと，アラビア語を使用しないところでも今日まで継続して実践されている．クルアーンの文章は多種多様なメディア媒体に広く流通しているにもかかわらず，やはり暗記が中心なのである．パキスタンやインドネシアの子どもたちは，自分たちの言葉ではない，理解不能な複雑で古い言葉で文章を徹底的に暗記する．

エジプトの子どもたちについては，これとは事情が異なる．19世紀までクルアーン学校（中東におけるクッターブ〔クルアーンを中心とした読み書きと，計算などを教える〕）は無視できない割合の子どもたちを，とりわけ男子を受け入れており，子どもたちはそこでクルアーンを，まずは繰り返し音読し，次に教師の口述の書き取りをして，暗記していた．書かれた文章は稀であったためである．イギリスの保護下でエジプト国家は，農村部・都市部に存在したこれらの小さな学校の一部を国有化し組織化し，それらを初等学校に変えていった．読み書き算術を学ぶ割合は増し，暗記の時間は削減された．1940-1960年代から，エジプトでは公立学校が一般的になるが，それらの学校では，もはやクルアーンのいくつかの章を暗記する，最低限の宗教道徳教育だけが残った．

1961年のアル＝アズハル大学〔アル＝アズハル学院〕の改革（宗教専門学部の分離と「近代的」学部の創設）の結果，アル＝アズハルの権威下にアル＝アズハル大学をはじめ，初等学校，準備学校（〔フランスの〕コレージュに相当），中等学校といった独自の学校網が1970年代以降整備された（アル＝アズハルの権威は国家に依存しつつも，教育省に対して一定の自律性を保つ）．これらの学校では，公式教育プログラムに加えて，週に何時間もの宗教教育すなわちクルアーンの復唱，宗教史，預言者の言行録（ハディース）などが教えられる．この学校網の発展により，村の自律的クッターブには新しい役割が与えられた．つまり，4–7歳の児童にクルアーンを暗記させながら，学院進学への準備をさせるのである．アル＝アズハル大学における女子学生の割合の増加にともない，近年ではクルアーン学校にも大勢の女子が押し寄せるようになった．クルアーン学校では性の分離は厳格ではなく，共学がトラブルを引き起こすこともない．その点では，子どもを性で区別するイスラームの「近代的」託児所とは異なっている．その他，簡略化されたタイプのクルアーン学校が，義務教育の外部において（夜間や金曜日，もしくは長期休暇に）モスクや家庭において開かれており，拡大化の傾向にある．そこでは，クルアーン末尾の比較的短い章を，集団で声に出して暗記することに力が入れられ，ついで子どもが学校で書くことを学んだら，別の章を同じように暗記する．

しかしながら，注意しなければならないのは，これらのさまざまな宗教教育機関（アル＝アズハル大学とクルアーン学校）で教育を受けているのは，エジプトのごく一部の子どもだけであり（2006年時点で10–20％，教育機関の種類によって割合は異なる），またその教え方も「伝統的」クッターブほど集中的なものではないということである．教育のなかで宗教に割かれる時間は，必修の非宗教教科に押されて，限られている．これらの機関の目的は，宗教を本職とする者の養成ではなく，高い宗教文化を身につけ，一般社会をイスラーム的なものにし，それを永続させるために一定の役割をきちんと果たせる社会人の養成にある．宗教関係の職へ向かうのは，これらの施設で養成された者のさらにごく一部である．

宗教の専門家の養成

宗教を職務とする者を養成する機関は，別の目的指向性を持った教育を施す．その職から派生するさまざまな任務を果たせるよう，彼らを養成するのである．信者の指導，集団儀礼の組織化，礼拝の場の管理といった任務の内容は，宗教的伝統ごとに違うし，さらには伝統内部の分派によっても違う．したがって教育は，これらの任務の性質に左右され，さらには各伝統・各宗派のなかで聖職者の置かれている立場，そして聖職の実践と世俗生活との分離の度合いによっても変化してくる．たとえばイスラームにも聖職者は存在するが，カトリック教会のように制度化も階層化もされていない．イスラームの聖職者は，儀礼に関していえば，ミサの執行や秘跡の授与ほどには複雑でない任務（つまり共同祈禱の指導，祈禱の呼び声，金曜日の説教）を果たすために養成される．

そのうえ，エジプトでは，確かにアル＝アズハル大学の宗教系学部の発展によって専門職業化が進み，イマーム〔宗教指導者〕の公務員化が進む傾向があるとはいえ，イマームは週日には手工業や商業などの他の仕事に就いていることが多い．理論上，ある人が説教をするには彼の宗教的知識が信者たちによって認められればよいだけであり，「開扉章」（クルアーンの第一の章）（アル・ファーティハ）とそれを導く祈りの所作を知っていれば十分なのである．イマームの養成はエジプトではようやく1960年代に形式化され，国家（ワクフ省，すなわち宗務省とアル＝アズハル大学）により制度化された．これは，イマームと説教師（ハティーブ）を監視するためになされたもので，同時に彼らは公務員化された．つまり，宗教を職務とする者を養成する学院の創設は，治安維持の観点から宗教的言説を監視する公共政策に結びついているのである．とはいえそれでも，国家による規制が及ばない宗教的言説は，エジプト社会において急速に広まっているが．実際に，多くの説教師はこれらの専門化された養成ルートを経ていない．彼らはアル＝アズハル大学で非宗教的な科目が中心の教育課程で学んだり，イスラームの非政府組織が施す教育を受けている．さらには独学で学ぶことも，あるグループ内で師に従い養成されることもあった．

カトリック一般の状況は，これとは非常に異なっている．カトリックでは，司祭になるには叙階前に神学校に通うことが，次第に必要不可欠な条件になっていった．16世紀に登場した神学校は，トレント公会議によって推奨されたカトリック教会の改革の結果としてとりわけ17世紀以降に拡大した．20世紀半ばにはフランスの各司教区に神学校が存在していた．その後，「召命の危機」に続き，定員は削減され，神学校は合併された．勉学面で力が入れられたのは聖職遂行のための実践の領域であり，神学教育は次第に今日の神学部で行われている教育に類似する方向で発展した．かつては，未来の司祭たちがミサの一連の進行をラテン語で暗記し，司教から送られる日曜説教のシナリオを読ませられていた時代があった．今日では神学生は，神学部の責任において神学に関する大学の学位を取得することもできる．

フランスのプロテスタントについていえば，神学校は存在しない．未来の牧師は2校の私立神学部（19世紀に創設されたパリとモンペリエの神学部）で学ぶ．一般教育を学ぶ学士課程（聖書，歴史，教義，倫理，実践に関する各分野，ヘブライ語とギリシア語）の後，彼らは牧師になるために職業修士号（聖職のもしくは専門分野の）を取得しなければならない．また，研究修士号を得れば，博士課程へ進学できる．いわゆる「信仰告白」をより重視する，福音主義の牧師の養成においては，神学や古典言語を学ぶ機会の割合ははるかに少ない．

宗教系大学教育

この教育が聖職者を養成することも，部分的にその養成に携わることもあるが，ここで養成されるのはまずなによりも宗教学の専門家，すなわち聖職者や宗教教師を育て，大学教育の再生産と継承に携わり，研究に従事することを仕事とする専門家である．また，宗教指導者が法に関する任務の一部を担っているようなところでは（シャリーア〔イスラーム法〕の適用において意見を述べる，エジプトのムフティー〔宗教指導者〕のように），この教育によって法の専門家が養成されることもある．したがって，ここで教えられる学問は伝統的であると同時に近代的であり，同時代的な問題意識に貫かれている．一般には，神学，護教学，聖典釈義などの学科があり，特にイスラームに関しては，法と法源学（シャリーアとウスール・アル＝フィクフ），宗教の基本理論（ウスール・アッ＝ディーン）〔神学〕，預言者の言行録（ハディース）などがある．また，この種の教育機関では，古典的なやり方で，語学（ギリシア語，ヘブライ語，クルアーンのアラビア語／アラム語など），文献学，碑銘学，歴史学の訓練も行う．人文科学の導入の具合は，改革の意志の度合いや保守的あるいは原理主義的な抵抗の度合いに応じており，プロテスタントにおいては早かったが，カトリックとアル＝アズハルではより最近のことである．教授法とカリキュラムに関しては，世俗の大学教育のものに次第に同調していった．スコラ学的訓練はフランスでは19世紀に，エジプトでは20世紀のあいだに消滅した．

宗教系の大学は，フランスのように国家から独立した大学であれ，エジプトのように国家による大学であれ，世俗の教育課程を多様化してきた．フランスでは，1875年の法律〔ラブレ法〕を受けて，5校のカトリック機関がまずは伝統的な諸学部（法学部，理学部，文学部）を再編した．1880年代に国立神学部が閉鎖されて以降，これらのカトリック機関は，神学，哲学，教会法，社会科学の諸学部（教会法による諸学部）を統合した．そして何よりも新たに，商学，地質学，農学，化学，電子工学，教育学，ジャーナリズムなどきわめて多彩な領域で専門的高等教育機関のネットワークを構築して，徐々に教育課程を多様なものにしていったのである．これらのカトリック〔高等〕教育機関は，当初は，キリスト教信仰に敵対的であると思われた公教育へ反撃することを目論んでいたが，今では国家の教育機関と多かれ少なかれ協力的な関係を保っている．

エジプトにおいては，アル＝アズハル大学は消滅しなかったが，行政や教育（カリキュラム，教授法，学科）が形式化されていくあいだに，次第に国家の管理下に置かれていった．1961年の改革により，アル＝アズハル内部には，宗教学の三学部に加えて，世俗の学部（医学，工学，言語学，薬学，商学，人文科学など）が創設された．世俗の学部の学生は全員，必修で宗教学の教育を受けねばならない．言語学部と人文科学部のなかには，研究および宗教関係者の養成のために，イスラーム学の諸学科も設置された．宗教学の学部は，イスラーム学の学部を除けば，男子学生しか受け入れない．その他のすべての学部は男女別学であり，男女別にそれぞれある．ここでの教育の目的は，近代的学問に開かれた宗教関係者を養成すると同時に，社会のなかで宗教的手本となる専門家（医者やエンジニアなど）を養成することである．

宗教教育機関は，宗教史，子どもの歴史，教育社会学，宗教事象研究の交差点にあって，ヨーロッパを除けば，いまだ十分な研究がなされていない分析対象，観察対象である．大学については概してよく考証されているのに対し，宗教的知識を普及させる教育機関と宗教専門家を養成する教育機関については特に研究が不十分である．また，比較の視座をとれば，ここで分類した3タイプの教育機関（大衆への普及，聖職者の養成，高等教育）において，宗教を伝達・継承する様式が過去および現在の社会のなかでどのように変容したのかを社会的・歴史的文脈から明らかにできる．宗教教育は，それを行う教育機関の枠内でも研究されなければならないし，また非宗教的な教育との問題や対立をはらんだ関係においても研究されなければならない．宗教教育機関は，いくつかの主要な宗教的事象（伝達，伝統，社会化，イニシエーションなど）を分析し観察するための優れた研究対象であり，このことは当然ながらフランスやエジプトを超えて，ラビ養成学校やチベット仏教の僧院，マドラサなどにも当てはまる．

参考文献　ARIÈS Ph., *L'enfant et la vie familiale sous l'ancien régime*, Paris, Seuil, 1973.（フィリップ・アリエス『《子供》の誕生――アンシァン・レジーム期の子供と家族生活』杉山光信・杉山恵美子訳，みすず書房，1980年）– BECCHI E. et JULIA D.（dirs）, *Histoire de l'enfance en Occident*, 2 t., Paris, Seuil, 1998. – COLIN P. et al.（dirs）, *Aux origines du catéchisme en France*, Paris, Desclée de Brouwer, 1989. – DURKHEIM É., *Éducation et sociologie*, 1922.（エミール・デュルケム『教育と社会学』田辺寿利訳，冨山房，1938年；日光書院，1946年；石泉社，1954年；デュルケーム『教育と社会学』佐々木交賢訳，誠信書房，1976年）– *L'évolution pédagogique en France*, 1938.（エミール・デュルケーム『フランス教育思想史』上・下，小関藤一郎訳，普遍社，1966年；行路社，1981年）– ESTIVALEZES M., *Les Religions dans l'enseignement laïque*, Paris, PUF, 2005. – GRANDIN N. et GABORIEAU M.（dirs.）, *Madrasa. La transmission du savoir dans le monde musulman*, Paris, Arguments, 1997. – GROSPERRIN B., *Les Petites écoles* *sous l'Ancien Régime*, Éditions Ouest-France, 1984. – LAVERGNE N. DE, « Le Kuttâb, une institution singulière dans le système éducatif égyptien », *Journal des Anthropologues*, mars 2005, n° 100–101. – LONGEAUX G. DE, *Christianisme et laïcité, défi pour l'école catholique*, Paris, L'Harmattan, 2005. – MESSNER F. (dir.), *La culture religieuse à l'école*, Paris, Cerf, 1995. – MILOT M. et OUELLET F. (dirs.), *Religion, éducation, démocratie*, Paris, L'Harmattan, 1997. – SORREL Ch. (dir.), *Éducation et religion. XVIIIe–XXe siècles*, Chambéry, Université de Savoie, 2006. – DE VIGUERIE J., *L'institution des enfants. L'éducation en France. 16e–18e siècles*, Paris, Calmann-Lévy, 1978. – WILLAIME J.-P. (dir.), *Univers scolaires et religions. Etats-Unis, France, Iran, Québec, URSS*, Paris, Cerf, 1990. – ZEGHAL M., *Gardiens de l'Islam. Les oulémas d'al-Azhar dans l'Égypte contemporaine*, Paris, Presses de Sciences Po, 1996.

ニコラ・ド＝ラヴェルニュ Nicolas de LAVERGNE，ジャン・ジョンスレ Jean JONCHERAY

〔前田更子訳〕

→ 宗教学，ライシテ／ライシテ化＝脱宗教化，若者の宗教的な社会化

宗教史
HISTOIRE DES RELIGIONS

宗教史は西洋の発明品であり，それはギリシア＝ローマの伝統だけでなく，もっと本質的にはその最初の形成においてユダヤ教とキリスト教に出自を持つ．とはいえこれは人文社会諸科学全般にもいえることであり，宗教史の構想はこうした諸科学の存在があって初めて可能となり，またつねにそれに依拠してきた．〔ユダヤ教とキリスト教に由来する〕この宗派的な側面は，宗教史の当初の役割が護教論的な性格を持っていたことを意味している．宗教の比較主義アプローチが当初は宗教的な企てだったのは明白であり，それゆえ歴史的知識と批判的知識を身につけるには，そうした試みが依拠してきた信仰と神話の枠組からまずは抜け出す必要があったことがわかる．とりわけ互いに隔絶した文化に属する現象間の類似や相違を分析するためには，地上の楽園でアダムとイヴが受けた普遍的啓示の神話，あるいはノアの箱舟伝説やモーセ剽窃説〔異教の教えは律法書の模倣とする説〕，ダイモンの模倣説〔その模倣に悪魔が介在したとする説〕などを根拠に議論を立てることを，宗教史は断念せざるをえなかったのである．

以下では最初に「起源」と題して，学問的なディシプリンへと至ったその歩みについてたどってみることにしたい．次に「問いと方法」と題して，この学問の歴史

のなかに現れたいくつかの大きなテーマを拾い上げ，比較主義アプローチの近年の革新的展望のなかにこれらのテーマ群を位置づけることにしよう．

起　源

宗教史とは一つの解放の帰結である．歴史的・人類学的分野として確立するには，自然の光と悪魔の闇の戯れから身を離す必要があった．宗教史がそれをなし遂げたのは，17 世紀から始まった脱宗派化の膨大かつ複雑な長い論争——特にリシャール・シモン〔Richard Simon〕に端を発する聖書の歴史的・哲学的考証——を経ていくなかでのことであった．

問われているのは宗教学（人文諸科学）全体に対する宗教史の位置づけである．実際，専門が多様になれば，宗教史が自分の分野だと考える対象，つまり他のどの人間科学も専業としない対象のほうに関心は傾いていきやすい．学際的で比較主義的なこの学問は，おのずと心理学，社会学，哲学，神学と合流する境界点に位置づけられる．宗教史は文献学，考古学，そして（あるいは）民族学から得られたデータの批判的検討に依拠し，それが要求する歴史学的・人類学的な態度からして一つの観察科学として定義される．だが宗教史はそれらと同等の権利を持つ学問であり，自身の調査方法とは別にすでに確立していたいくつかの科学との奇跡的な出会いから生まれたわけではない．宗教史の特徴はその対象（「宗教」の定義問題はなお残るとはいえ）にあるというよりも，むしろ経験主義的・比較主義的なその態度にある．それは学際的な交流から生まれた副産物であるどころか，きわめて古い時代からある，非常に独創的な問いから生じたものであり，そうした問いを宗教史の支持者あるいは批判者の物差しで測ろうとするのは軽率であろう．

比較の適用——比較が用いられた最初の証言は地中海の東部地域周辺にみることができる．この登場の文脈は多文化的であると同時に同質的でもあり，アーリア族かセム族か，あるいは西洋か東洋かといったイデオロギー的・人種主義的な二者択一に収まるものではない．それはギリシア＝ローマの遺産，ユダヤ教，キリスト教，イスラーム，さらには古代中近東の古い文明（エジプト，メソポタミア，シリア・パレスチナ，フェニキア，アナトリア地方，イラン，およびインドまで広がる地域）にまで遡る遺産の絶え間ない交流と接触から形成されている．こうした出会いや衝突，混淆は宗教現象に関する最初の比較調査を積み上げていく上で好都合な諸条件をもたらし，基本的な概念ツールを生み出した．このような比較の実験を経験的に積み重ねるなかで，宗教，信仰，迷信，神話，儀礼等の概念に関する最初の考察がおのずとまた手探りの状態で始まったのである．

紀元前5世紀，ギリシアのヘロドトス〔Herodotus〕はエジプトと中近東を旅行した．このような旅をしたのは彼が最初ではなかったが，ペルシア人に支配された地方全体の世俗的・宗教的習俗に関する彼の記述〔『歴史』〕は現代のわれわれの手元まで残されることになった．そのなかでヘロドトスがこれらの習俗をギリシア人のそれと比較したその瞬間から，この視野はたえず拡大されていくことになる．特にアレクサンドリア期以降，ユダヤ教とヘレニズムの出会いやその後のキリスト教の登場などによって，その視点は変容を被ることになった．教会の教父たちは，ユダヤ教や帝国内の諸宗教，およびグノーシスやマニ教などと争うようになったからである．のちにゾロアスター教徒や中世のイスラーム教徒との関係でも同じことが繰り返されるだろう．

続いて古代護教論のいくつかの大テーマをあらためて取り上げ直し，批判的な検討を加えたヨーロッパの潮流，およびラス・カサス〔Bartolome de Las Casas〕やモンテーニュ〔Montaigne〕から啓蒙思想を介して19世紀末の四半世紀に探検と植民地化が大部分生み出した勢いのなかで最初の宗教学講座が創設されるまでの流れを検討してみても，つねに発展の途上にある一学問の生み出すものがやはりあいかわらず比較の形式をとっていることがわかる．ネイティヴ・アメリカンの世界は年代記作家と宣教師たちに考察の材料を提供し，極東でもイエズス会士たちが中国と日本の宗教慣行（儒教，道教，神道）を分析した．そして仏教も再発見された．再発見というのは紀元前3世紀にバクトリアのギリシア人がすでにインドの仏教との出会いを果たし，紀元後3世紀にはマニ〔Mani〕が企てた，壮大だがすぐに消え去った宗教的綜合〔ゾロアスター教，グノーシス派，仏教，キリスト教〕のなかにそれがすでに組み込まれていたからである．こうした接触からやがてヴェーダサンスクリットの発見がもたらした基本文書の解読や，さらには〔19世紀の〕ヒエログリフやメソポタミアの楔形文字の解読が続き，その後は死海文書とグノーシス派のナグ・ハマディ文書の新発見がもたらされることになる．以上の実地の経験から生まれた民族学的ないし歴史文献学的な動き——歴史研究の新たな様式を呼び起こしながら抵抗する他者の脱植民地化と管理のプロセスとして今日まで続いている動き——のなかで成長してきた学問にとって，観察と記述，つまり「差異の調査目録」がその本質的性格となっていったのである．宗教史はその当初，一つの特殊な文化領域から他者の領域が段階的に拡大してきた結果として誕生したのであり，アジア，オーストラリア，アフリカ，あるいはネイティヴ・アメリカンのいずれの発明品でもなかった．宗教史はいまや視点の脱地域化を考慮に入れなければならないのである．

科学的な学問分野の創生

1870年にマックス・ミュラー〔Max Müller〕の有名な宗教学講義がイギリスで開かれると，その直後から宗教史の非宗派的な大学教育が開始されることになった．

ジュネーヴとパリ——世界初の宗教史講座は1874年，ジュネーヴでカルヴァンの創設したアカデミーに代わって新設された大学の文学部社会科学部門に設置された（正教授はテオフィル・ドロズ〔Théophile Droz〕）．この講座の創設は，自由主義神学者オーギュスト・ブーヴィエ〔Auguste Bouvier〕が1865年から神学部で講じていた弁証論と比較宗教哲学が元になっている．彼は，アルベール・レヴィユ〔Albert Réville〕（1880年創設のコレージュ・ド・フランスの宗教史講座の初代教授）の息子ジャン・レヴィユ〔Jean Réville〕の指導教授であった．ジャン・レヴィユは，モーリス・ヴェルヌ〔Maurice Vernes〕の跡を継いで『宗教史評論』（これも1880年創刊）の第二代編集長となり，高等研究実習院の宗教学部門（1886年創設）の事務局長にもなっている．

オランダとベルギー——フランスやスイスと同様，オランダでも宗教史は当初は自由主義プロテスタント神学の管轄下にあった．1876年，オランダ議会は（教会と結びついた）宗派的性格を持つ講座と，本来の意味での学術教育を施す講座を神学部内で区別する法律を公布した．以降，説教師や牧師の教授は教会から給金を受け取り，より「科学的」な学問の教授は国王から受け取ることとなった．いわゆるダブル・スタンダード（duplex ordo）と呼ばれるものであり，この文脈で1877年にライデン大学でアルミニウス派牧師コルネリス・ペトルス〔Cornelis Petrus Tiele〕がオランダ初の宗教史講座を担当することになった．この碩学は「天文学が占星術と，化学が錬金術と違うように，宗教学も教派神学とは別物である」とのちに力説している．彼は神学部を宗教学部に改変することを要望したが，ただそれと同時に実践神学はキリスト教を内部から改革してその宣教支援を任務とする「応用宗教学」として宗教学部の主要科目の一つになるべきだとする考えを主張した．この科目の目的はその他の宗教の根絶ではなく，その「改革と改善」にあるとされた．

コルネリス・ペトルスの要望は聞き入れられなかった．むしろこの科目の発展は〔20世紀前半に〕，特にフローニンゲン大学のファン・デル・レーウ〔Gerard Van der Leeuw〕に代表される，現象学的原理のきわめて強力な主張によって再聖化〔re-sacralisation〕の方向でなされることになった．この原理によれば，宗教に関する非宗教的な説明は一種独特な（sui generis）対象を認識できていないものとしてすべて排除されねばならない．こうして宗教学は宗教史から離れていき，それは自然神学の現代版となった．

ファン・デル・レーウの後ほどなくして，C・J・ブレーカー〔C. J. Bleeker〕の教えははっきりとフリードリヒ・シュライアマハー〔Friedrich Schleiermacher〕へと回帰していった．その中心的な関心が人間と神的な実在との関係の分析に集まり，諸宗教の神学への途が拓かれたのである．しかしこうした宗教回帰の動きに目を奪われて忘れてしまいがちだが，宗教史はたとえそうであっても歴史学的・人類学的な非宗派的学問として，他の地域と同様オランダでもたえず発展し続けたのである．

『宗教史概論』（ブリュッセル，パリ，1887）の著者でフリーメイソン会員の碩学フェリックス・ゴブレ・ダルヴィエラ〔Félix Goblet d'Alviella〕がブリュッセル自由大学でこの科目の講座を1884年に最初に担当している．

イタリアとドイツ——フランス，イギリス，ベルギー，オランダといった他国に比べて，ドイツは大学に宗教史の講座を設置するのにかなり長い時間を要した．この遅れの原因は，当時批判的な聖書研究を展開していた学者たちのためらいにある．古代キリスト教史の大家アドルフ・フォン・ハルナック〔Adolph von Harnack〕は，キリスト教を理解することはある意味でその他の宗教を理解することにもつながると考えた．こうして彼はマックス・ミュラーの有名な箴言——言語も宗教も一つしか知らない者はそれについて何も知らない——を反転させた．こうした前提から出発するなら，20世紀前半に発展した「宗教史学派」（Religiongeschichtliche Schule）と形容されるドイツの学問潮流が，聖書とキリスト教の出現を周辺の多神教的な宗教状況の文脈のなかに位置づけようとする研究になぜ傾倒したのかが理解できよう．

もう一つの「遅れ」はイタリアにみられるが，その理由はドイツとは異なる．最大の障害は教会と脱宗教的（ライック）教養の両方に由来するものであり，いくつかの異なった理由から両者とも近代主義者たちと対立していた．つまり一方ではカトリシズムと教会史，他方ではベネデット・クローチェ〔Benedetto Croce〕の歴史主義を前に，ラッファエーレ・ペッタッツォーニ〔Raffaelle Pettazzoni〕によって整備されたこの学問は自らの特徴を明確にする必要があったのである．

古代と先史時代の学術研究を修めたのちペッタッツォーニは，かなり早い段階からイタリアのキリスト教史家たちと接触している．1914年に，彼は「キリスト教と宗教の歴史」という論文を出版した．そこで彼は，キリスト教が占めている地位は，宗教事象の全体的な枠組でいえば，数ある事例のなかの一例にすぎぬと主張した．こうしてキリスト教史は宗教史の一幕にならざるをえなくなった．

1914 年からペッタッツォーニは，キリスト教史はもちろん宗教史研究も同様に受け入れられる宗派色のない雑誌の創刊を構想した．多くの紆余曲折を経たのち，1925 年になってようやく雑誌『宗教史学の研究と資料』が創刊され，これによりヴァチカンから完全に独立した研究誌が登場した．これは 1924 年にイタリア最初の講座がローマ大学に新設されたことと連動している．ライシテの立場に立つ歴史学者にして社会主義者だったペッタッツォーニは，ファン・デル・レーウの知遇を得て，彼と共同で国際宗教学宗教史会議（IAHR）と『ヌーメン *Numen*』（各国組織の全体を取りまとめるこの母体組織の公式機関誌）の創設に尽力すると，今度は彼も半ば現象学者になっていた．実際，彼の思考法は本質的に二つのアプローチから成り立っている．一つは現象学的なアプローチであり，比較を使って個々の宗教現象をその特性ごとに振り分けて直観的に把握しようとする．もう一つは歴史的なアプローチであり，それは先述の現象が現れるさまざまな文化的状況を詳細に検討しようとするものである．

問いと方法

中等教育に宗教史を導入（この計画は古く，19 世紀まで遡る）することがヨーロッパ全土で再び語られはじめたある時期から，宗教史はとりわけ根強い二つの大きな伝統的障壁に挟まれた一本の道を自分で切り開いていかざるをえなくなった——そして現在もなおそれは続いている．一つ目の障壁は，宗教の非宗派的で比較主義的，歴史的，そして批判的な，要するに不信心，よく言えば無宗教的なアプローチが信仰者たちに呼び起こす不信の念（あるいは敵意）である．もう一つは逆に，この同じ対象——つまり宗教——を護教目的でないやり方で扱うことができるという〔宗教学者たちの〕主張に対して，厳格なライシテの賛同者たちが抱く，信仰者にも劣らぬ大きな疑惑の念である．信仰者の考えでは，宗教史は宗教をお払い箱にしようとしているのに対して，ライシテの賛同者によればそれは宗教を裏口から再び招き入れようとしていることになる．

1990 年に開かれた第 16 回国際宗教史会議のローマ大会は 34 ヵ国から 331 人の参加者を集めた．2005 年の東京大会では 1000 名以上の参加者が集まった．とはいえ数字以上に説得力があると思われるのは，この学問に生涯を捧げた記憶すべき複数の大学者を思い返してみることだ．たとえば，フリードリヒ・マクシミリアン（通称マックス）・ミューラーと並んで，『金枝篇』の著者ジェームズ・フレイザー卿〔James George Frazer〕の仕事は回顧されてしかるべきである．イタリアではペッタッツォーニの薫陶を受けた「ローマ学派」が，彼の後もアンジェロ・ブレリチ〔Angelo Brelich〕，ダーリオ・サッバトゥッチ〔Dario Sabbattucci〕，そして忘れてはならないウーゴ・ビアンキ〔Ugo Bianchi〕らによって牽引されてきた．彼らは三人とも古典古代を専門領域として学究を開始した，比較主義に依拠する碩学たちである．その他の流れの代表としては，たとえば民族学者エルネスト・デ・マルティーノ〔Ernesto di Martino〕とマルクス主義者ヴィットーリオ・ランテルナーリ〔Vittorio Lanternari〕が著名だが，彼らもまたいくつかの学派を形成している．一方フランスに目を向ければ，きら星のごとく居並ぶわれわれの大師匠たち，すなわちジョルジュ・デュメジル〔Georges Dumézil〕，クロード・レヴィ＝ストロース〔Claude Lévi-Strauss〕，ジャン＝ピエール・ヴェルナン〔Jean-Pierre Vernant〕の名を忘れるわけにはいかないだろう．

古典的アプローチ――ここで問われているのは，確かにほとんどまとまりのない，しばしば互いに相容れない矛盾を呈している一つの奇妙な光景である．だがヨーロッパ，アメリカ，日本，オーストラリア，アフリカ，そしてラテン・アメリカではこの現実の御しがたい光景をアカデミックなレベルで着実に描いてきた．神話と儀礼を時間と至上権の呪術的刷新のシナリオへと還元するジェームズ・フレイザー卿（1854-1941）の解釈も同様だが，印欧語の比較文法の登場と切り離せないマックス・ミュラー（1823-1900）の古い太陽神話学がたとえ今日では遠い昔話のように映るとしても，宗教史はかつて手に入れ，周期的に脱構築・再構築されてきた諸観念――供犠，聖，神話，儀礼，神秘，聖職，占術，慈善，伝統，穢れ，清め，巡礼等々――と今もなお格闘しているのがわかる．

フリードリヒ・シュライアマハー（1768-1834）によって先鞭がつけられた宗教感情と聖なるものの体験の研究は，イラン学者の聖職者ナータン・ゼーデルブロム〔Nathan Söderblom〕（1866-1931）と，新カント主義者でルター派の牧師ルドルフ・オットー〔Rudolph Otto〕（1869-1937）によって引き継がれ，哲学的ないし神秘主義的な関心を抑えた研究のほうへと向かっていった．そこで認められる傾向は，根本的反省を高みにまで上昇させることもあれば，観察データを緻密に分析する場合もある．歴史学と現象学の微妙な取り合わせ（ペッタッツォーニ）は，つい最近まで聖と俗の弁証法（ミルチャ・エリアーデ〔Mircea Éliade〕）と対立してきた．そしてインド＝ヨーロッパ語族の三機能イデオロギーは，まずは文献学の視座から手がつけられ（デュメジル），最終的には神話と儀礼を社会人類学の見地から検討する構造主義研究（レヴィ＝ストロース）と（特にジャン＝ピエール・ヴェルナンによって）

出会うことになる．

近年の展開——強調しておいてよいことは，宗教史に取り組むにはこの学問の形成過程とその試行錯誤を考慮する必要があるという点である．歴史の語り（ヒストリオグラフィー）が宗教史を構成する要素となったのである．この複合的遺産の延長上で今日の方法論はそれぞれ鍛えられてきたのであり，その宗教史家のリストは長大なものとなるだろう．シカゴ学派以来，アメリカでの展開は，エリアーデの——エリアーデ主義ではない——継承者たち，ジョナサン・スミス〔Jonathan Smith〕とブルース・リンカーン〔Bruce Lincoln〕の仕事が中心的な役割となって，「宗教」に関するいろいろな学科が増やされてきた．オーストラリア，日本，中国，メキシコ，ロシアでもこの分野は大きな発展を遂げている．ドイツのエアフルト大学では，宗教史の一つの大きな学科が専門家たちを全体的に取りまとめている．フランスでも，宗教学欧州研究所が高等研究院の宗教学部門の協力を得て開設され，イタリアでもこの分野の講座は増やされてきた．2000 年には宗教研究のためのヨーロッパ学会（ヨーロッパ宗教学会，EASR）が創設され，（東欧を含む）全ヨーロッパの専門家たちがそこに集っている．

強調されてしかるべきは無尽蔵の理論的領域の豊かさとその複雑さである．宗教史家はそれぞれ専門領域の内部で——文献学的にも歴史学的にも——努めて専門性を保とうとする．彼らは確かに比較主義を放棄することはないが，そうかといってもはや考えも及ばなくなった百科全書主義を真面目に実践することを唱えるわけでもない．今日では（現実感覚のある）理想をいえば次のように定式化できよう．すなわち宗教史家とは比較主義に精通し，教育環境に恵まれてしかるべき教養を身につけた博識家であると同時に，一つの専門領域が有する文献学的・人類学的・歴史学的なさまざまな側面を全体的に掌握する専門家である，と．一つないし複数の領域（インドや古代ギリシアの宗教，キリスト教，イスラームや仏教，シャーマニズムあるいは民族学者の研究する民族宗教）に必要な言語学的・歴史学的・人類学的見識以上に，宗教史家を特徴づけているものこそ，信じることと実践することが意味しているものへの不断の問いである．

信仰と儀礼の意味の探究はフィールドワークと歴史研究を介して初めて可能であり，さもなければまったく無意味な循環論法に陥るおそれがある．この領域で比較研究の研究部会を立ち上げることは，「目新しい」一般理論を創るよりもおそらく有益であろう．ただ正式な分類（つまり IAHR の分類項目）はあいかわらず「宗教史」であるとしても，やはり局地的な呼び名や制度上の呼称は，たとえば宗教学，宗教の科学，宗教の歴史と科学，宗教の研究，宗教研究，比較宗教等々のように数多く増えていることに変わりはない．こうした呼称の増加はそれ自体興味深いものである．というのも，それは学問的アイデンティティに対するほとんど強迫的な不安に類するものであるように思われるからである．

伝統的な意味では，宗教史とはその学名からして幅広い意味で理解されるべき一つの学問分野である．「史」に関しては，それの意味する働きが，われわれが「宗教」だと了解しているものがどのように時間的・空間的に展開していくのかを説明すればそれですむものではないと言っておけば十分であろう．むしろこうした説明は一面的にすぎず，おそらくは副次的なものでしかない．宗教史の目的は，当然にも歴史上で出会う宗教とみなしうる諸現象の分析にあるのだが，しかし単純に系譜学的ないし年代学的な図式のなかに諸現象を配列するのとはまた別の目的に貢献する面もある．事実，それは観察と同時に解釈もこなす一科学なのである．この二つの契機をあまり厳密に区別しないほうがよいだろう．理論的ないし基本的アプローチは記述的アプローチと簡単に切り離すことはできない．なるほどドイツで打ち立てられた伝統は「宗教史」(Religionsgeschichte) を「宗教学」(Religionswissenschaft) から区別する．この場合，宗教史はモノグラフィーのレベルで一段と専門性が高い一方で，宗教学は横断する領域が多様であるために，一段と哲学的ないし思弁的——たいていの場合，現象学的——なレベルで比較の思考に材料を提供する役割を有している点で，宗教史は宗教学に従うことになる．ただフランスやイタリアあるいはイギリスの文脈で「宗教史」の主流の見方を占める人類学的観点からすると，この学問は記述から離れないように心がけている．

宗教史の対象——〔以上では宗教史の「史」についてみてきた．次に〕もう一つの言葉「宗教」が指しているものを理解するためには，固定化と画一化を施されたその枠組のなかで，すでに成熟と制度化を遂げた——あるいは遂げようとしている——「宗教」(ユダヤ教，キリスト教，イスラーム，仏教，ヒンドゥ教，道教など) よりも，むしろ宗教全般を構成している諸要素のほうに目を向けるほうがよいだろう．つまり人間の最も壮大な記憶に属する儀礼・神話・像（イマージュ）・信仰・情動である．宗教史本来の対象は大小さまざまな「世界宗教」の系統ではなく，古今東西で宗教的であると認められる諸信念が立ち上がる際に依拠する，きわめて古くから存続しているいろいろな要素と構造である．

文献学と歴史学の要求を尊重する宗教史は学際的な一つの共同事業となった．そこでは，歴史学者，文献学者，人類学者といった互いに分野の異なる専門家たちが別の専門家たちと精力的に意見交換を行い，比較研究の部会ではアフリカ研究者がギリシア研究者や聖書学者，中国研究者と会合を持っている．

このように宗教史はますます実験室の営みの様相を呈している．それは領域間を往来して，異質で多様な象徴形態を突き合わせたときに何が生じるかを観察しようとする一つの調査である．この観点に立つなら，われわれはラフィトゥ神父〔Joseph-François Lafitau〕にみられるような起源の探究（『原初時代と比較したアメリカ野生人の習俗』パリ，1724）という18世紀のパラダイムからはだいぶ離れたところにいる．この神父にとって，比較主義とは人類最初の普遍宗教，つまり失楽園の結果，楽園の門前でアダムとイヴに啓示された神秘の宗教まで時間を巻き戻してくれる一つの道具であった．同様に（民族的）起源は本質的に相対主義的で比較不可能だと唱えるロマン主義というまた別の大きなパラダイムからもわれわれは遠いところにいる．その後も，民族精神は比較対象の境界をひっきりなしに往来しているからである．

18世紀末から第二次世界大戦（しばしばさらにそれを超えて）までの宗教史は，次の二つのモデルの競合によって特徴づけられてきた．一つは，普遍的モデルでこちらはより神学的である．ゲオルク・フリードリヒ・クロイツァー〔Georg Friedrich Creuzer〕の『象徴学』（『古代民族の象徴学と神話学』ライプツィヒ，ダルムシュタット，1810-1812）はその証言の一つである．もう一つは，相対主義モデルでこちらはよりイデオロギー的である．とりわけカール・オトフリート・ミュラー〔Karl Otfried Müller〕（1824年の『ドーリア人』の著者）がその代表といえよう．この二者択一を回避するために，過去から受け継いできたテーマに価値を見いだすことや，それぞれの特殊な文脈から検討した場合にこれらのテーマが有する具体的な効用を——言い換えれば地層と遺産を超えた独自の象徴体系の不断の形成を——強調しつつも，ますます歴史学と人類学を考慮せねばならなかったのである．

実際，ルドルフ・オットーの衣鉢を継ぐファン・デル・レーウやミルチャ・エリアーデの現象学的アプローチに対抗して，歴史学や人類学に敏感な宗教史家たちもいた．彼らは，普遍的な本質や原型に対する誘惑に抗して，むしろ象徴構造の多様性を強調したり，差異の検討を重視したりすることに力を入れたのである．

参考文献　BORGEAUD Ph., *Aux origines de l'histoire des religions*, Paris, Seuil, 2004. – BRELICH A., « Prolégomènes à une histoire des religions », in H.-Ch. Puech (dir.), *Histoire des religions*, Paris, Gallimard « Bibliothèque de la Pléïade », t. 1, 1970, pp. 1-59. – DETIENNE M., *Comparer l'incomparable*, Paris, Seuil, 2000. – GROTTANELLI C. et LINCOLN B., « A brief note on (future) research in the history of religions », University of Minnesota, Center for Humanities Studies, *Occasional Papers* 4 (1984-1985), pp. 2-15, republié dans Method and Theory in the Study of Religion 1998, 10, pp. 311–325. – KIPPENBERG H. G., *À la découverte de l'histoire des religions. Les sciences religieuses et la modernité*, Paris, Éditions Salvator, 1999.（ハンス・G・キッペンベルク『宗教史の発見——宗教学と近代』月本昭男・渡辺学・久保田浩訳，岩波書店，2005 年）– SFAMENI GASPARRO G., *Themes and Problems of the History of Religions in Contemporay Europe. Proceedings of the International Seminar. Messina, March 30–31, 2001*, Cosenza, Lionello Giordano, 2002. – SMITH J. Z., *Relating Religion. Essays in the Study of Religion*, Chicago-Londres, The University of Chicago Press, 2004. – SPINETO N., « L'histoire des religions en Italie entre la fin du XIXe siècle et le début du XXe siècle », *Italie et Méditerranée, Mélanges de l'École Française de Rome*, 1999, 111, n° 2, pp. 599–609. – WAARDENBURG J., *Classical Approaches to the Study of Religion. Aims, Methods and Theories of Research. Introduction and Anthology*, New York-Berlin, de Gruyter, 1999.

フィリップ・ボルジョー Philippe BORGEAUD
〔杉本隆司訳〕

→ 供犠，犠牲，儀礼（儀式，儀式性），神話，宗教学，宗教の人類学，聖／俗，哲学と神学，伝統，伝統主義，新・伝統主義

宗教事象
FAITS RELIGIEUX

ジャン＝マルク・テタズ〔Jean-Marc Tétaz〕とピエール・ジゼル〔Pierre Gisel〕が，「宗教や宗教的なものについての問いは西洋近代に結びついている」と主張しているのは正しい．近代は宗教概念を問うとき，実は自分自身を問題にしている．この問題提起は，通時態（過去）と共時態（他文化）の双方における〈他者〉への関係に注意を向け，正統性と合理化の機関の機能分化を問い直す．近代化の過程そのものが，さまざまな活動の領域分化を進め，まさにそのことによって，「何が宗教的なものに属し，何が宗教的なものに属さないのか」という問いを立てたのである．こうして，宗教という言葉が，ある固有の現象を指し示すようになった．そして「宗教的領域」や「宗教的機関」について語ること，また宗教的なものと経済的なもの，政治的なもの，文化的なもの，社会的なものとの関係について語ることができるようになった．

ところで，エミール・バンヴェニスト〔Émile Benveniste〕が指摘するように，「インド＝ヨーロッパ人は，宗教という偏在する実在を，分離された制度としては捉えなかったため，それを指し示す言葉を持たなかった」．インドや中国の専門家は，宗教的なものと非宗教的なものの区別自体が，彼らの研究対象である〔これらの地域の〕文化においては問題をはらむことを強調している．とはいえ，これらの社会は結局のところ，それぞれの仕方で，西洋的な「宗教」のカテゴリーを採用しながら今日に至っている．

宗教概念が西洋近代のなかで社会的・歴史的に生成してきたことにともない，徐々に洗練されていったのが研究対象としての宗教である．宗教的なものの科学と宗教概念は，歴史的には相互に密接な関係にある．宗教学の発達にともない，他の科学と同様，また科学の名にたがわず，その対象の定義は必然的に複雑化した．ミシェル・デプラン〔Michel Despland〕は，西洋の宗教概念について堂々たる歴史的研究を遂行し，18 世紀末においてギリシア語とラテン語に起源を持つ 40 の宗教の定義をリストにした．ブライアン・J・ジンバウアー〔Brian J. Zinnbauer〕らは，この 1 世紀のあいだに刊行された社会科学の出版物における 31 の宗教性の定義と 40 のスピリチュアリティの定義を調べた．研究者全員が一致する宗教の定義は存在せず，宗教の定義が「バベルの塔」をなしていると述べる研究者もいる（Lambert, 1991）．実際，宗教的なものの定義をそれについての分析から切り離すことは難しく，ある著者が提出する定義は必然的にその著者の研究の方向性を反映する．

宗教的なものに対する科学的アプローチは，国によってそれぞれの特徴を有してきた．しばしば指摘されることだが，テクストによって宗教にアプローチするドイツでは，宗教史は文献学の影響を強く受けたのに対し，儀礼と慣習の面から宗教にアプローチするイギリスでは，人類学が発達した．テクストに注目するか，人のふるまいに注目するかで，対象としての宗教の定義は当然ながら異なってくる．それに，宗教的なものを扱う科学的アプローチの発達が今度は宗教のほうに影響を与え，宗教の変化を促していることも考慮に入れる必要がある．

宗教の現れ方は非常に多様だが（ジョヴァンニ・フィローラモ〔Giovanni Filoramo〕の言葉を借りるなら「変幻自在の文化的実在」），ある定義は必然的に，宗教的なものの現象の多様性を一つの概念のもとに集約的に包摂しなければならないのだろうか．このように個別性から一般性に高まろうとする認識論的な態度は，必ずしも妥当であるとは限らないし，手続きとして有益であるとも限らない．ヴィトゲンシュタイン〔Ludvig Wittgenstein〕が言う，「家族的類似」〔airs de famille〕という認識の仕方のほうが適切だと思われる．これは，古典的な概念の理論である深さと延長の図式と意識的に手を切り，言葉の社会的使用に目を向けて，言語の用いられ方そのものから輪郭が描き出されてくるような，類似の網の目を取り出すアプローチを積極的に採用しようとするものである．

このような認識論的な態度の利点は，宗教の社会的定義を考慮に入れながら，宗教という対象を認識する作業を行うことができる点にある．もちろん，ある時代のある社会における社会的当事者が宗教的と言っているから宗教的と定義できるというような，怠惰な解決策に陥ってはなるまい．ただ，アカデミックなアプローチで宗教を捉えようとするのであれば，言葉の社会的使用を無視することはできず，社会的当事者がまったく宗教的とは感じていない現実を宗教的と定義することはできない．この認識論的な態度は，法学者が用いる「基準群」〔faisceau de critères〕という専門用語に近い．ここには，基準群のなかのいかなる基準もそれ一つだけでは決定できないという認識があり，対象についての広い評価の余地が残されている．このような考え方によって，法学者は宗教概念の適用範囲を画定するが，その範囲と余白の関係はたえず問い直される．法学者に言わせれば，このような概念の不確定性は「さまざまな宗教の価値について判定をしない国家の中立性に内在している」．法学者の関心を引くのは，法学者として考察や実践を行う際に，「いくつかの概念（礼拝の場所，信徒団体など）の適用を的確に行う」ための妥当な基準を持つことである．

宗教の定義の範囲をいわゆる世界の大宗教（ユダヤ教，キリスト教，イスラーム，仏教，ヒンドゥ教，シャーマニズムなど）に限定してみたところで，ここにある大宗教の一覧表を描き出すことができるなどという前提はまったく自明のことではないし，たちまちのうちに次の二つの点に突き当たるだろう．第一に，異なる宗教的伝統は「何が宗教的なものであるかについて必ずしも同じ理解をしているわけではない」ということ．第二に，そうした宗教的伝統はそれ自身「歴史的に変化するもので，異文化との接触による継続的な文化触変によってできている」ということ，別の言い方をすれば〔歴史のある時点から〕「宗教的なものについての異なる理解をするようになった可能性がある」ということである（Gisel et Tétaz, 2002）．暗黙のうちであれ明示的であれ，自分に最も馴染みのある宗教を出発点に宗教を定義してしまうおそれがあるだけでなく，宗教そのものの変化に富むダイナミズムを無視してしまうおそれがある．宗教というのは，それぞれに特有である象徴的な論理に従って，ある伝統の連続性のうちにとどまりつつも，社会文化的な環境との相互作用や緊張関係によって大きく変わるものである．

いうまでもなく，宗教的なものは宗教よりも範囲が広い．宗教という名詞は宗教的制度や，イスラーム，キリスト教，仏教などと規格化され目録化された宗教のことを指す．マルセル・モース〔Marcel Mauss〕が 1904 年の時点で指摘したことは，現在でも有効である.「実をいえば,「宗教」と呼ばれているものの実体や本質はない.あるのはさまざまな宗教現象だけで,それらは宗教と呼ばれるシステムのなかに多かれ少なかれ凝集している.それらはまた,歴史的に規定される存在であって,具体的な人間集団と特定の時間のなかにある」.ではなぜ「事象」〔fait〕について語るのか.しかも「さまざまな事象」という複数形のほうをよしとするのはなぜか.宗教現象をいかに名づければ,宗教現象の多様な側面を出発点において損なうことなく正当に評価することができるだろうか.

宗教的なものについて反論の余地がない科学的な定義を下すことは,芸術の定義と同様にできないが,多様な側面を持つある現象について,異なる学問分野の観点やさまざまな社会文化の見方を組み合わせて捉えようとすることはできる.通時的ならびに共時的なあらゆる場合の現象に適用可能な一つの宗教概念を見つけることができると想像することは,夢物語にすぎない.ここにもまた,自分が生きている社会や時代において支配的な宗教的なもののモデルを通して,宗教を思い描いてしまうおそれがある.

さらに忘れてはならないのは,宗教とは何かという定義自体が,宗教的な争点であると同時に社会政治的な争点を表していて,その争いのなかに歴史学的・社会学的アプローチが直接的に入っていく必要はないということである.というのも,現象の画定をめぐる社会的な議論があらゆる時代において繰り返されていることを示しているのがこのアプローチなのだから,慎重になるに越したことはない.宗教と迷信,宗教と呪術,教会とセクトなどの区別には歴史があり,宗教現象の専門家なら誰でも,正統と異端,宗教者の正統性と非正統性,制度と逸脱などが研究分野の一部をなしていることを知っている.重要なのは,宗教現象として現れているものは生きていて変化するものであると評価することで,それはあらゆる社会現象と同様に,たえず議論と争議にさらされている.「宗教事象」〔faits religieux〕という表現が翻訳の問題を引き起こすことは考慮に入れなければならないが,何よりも注意を促しておきたいのは,この表現は宗教現象を一方で「歴史事象」として,他方で「社会事象」として把握することを目指している点である.ここで強調されているのは,宗教現象が歴史学・社会学・人類学など,さまざまな学問分野のアプローチを通して「事象」〔faits〕として構成されているということだ.これは定義ではなく,宗教現象の科学的アプローチを規定する一つのやり方なのである.

宗教事象〔fait religieux〕について問う歴史家は(参考までに,1993年にジャン・ドリュモー〔Jean Delumeau〕が編んだ著作のタイトルが『宗教事象』だった),三つの異なる方向において考察を進めていくことになる.歴史家がまず直面することになるのは，そもそもの前提となる「歴史事象／歴史的事実」〔fait historique〕という概念である．この概念は批判主義的な歴史叙述の見方のなかで作られたもので，ランケ〔Leopold v. Ranke〕の定式によれば，歴史とは現実と伝説（あるいは記憶）を区別すべく，正確な史料に依拠して「誤り」を退け，「実際に起こったこと」を明らかにすることである．歴史を書くとは，まずは実証と虚偽の証明という所定の手続きを踏むことであって，これがいつでも大前提となるが，とりわけ「起源」が関係してくるときには，この手続きは必須であると同時に微妙なものとなる．宗教的なものが対象となるときもこの要請を免れない．聖書釈義が経験した「歴史批評」の段階は，しばしばキリスト教教会，とりわけカトリシズムにとって厳しいものだった（モデルニスムの危機）．歴史批評がもたらす危機は，すべての宗教に当てはまる．

それから，やや異なった観点から言うと，「宗教事象」という言葉は次のような理解を促すことがある．それは，さまざまな人間の活動のうち，政治的・経済的・社会的なかたちで現れるものと並列するかたちで特殊宗教的な活動があり，それ自体に焦点を合わせて研究する価値があるということである．フランスでは1960年代より新しい宗教史が出てきたといえるが，当時は歴史学の領域が拡大した時代でもあった．このような宗教史が歴史学者たちに「受容」されたのは，製作方法の「検証」が可能であり，またこのような宗教史をより広範な歴史に包摂することが可能だと思われたことによる．宗教史は歴史学の周辺にあって，とりわけ信仰という堅牢な砦に対する視線の世俗化を促してきた．

第三の観点として，歴史家は「宗教事象」として与えられるものについて問う権利がある．何が事実で，何が自明で即座に評価できるものとして自分の手元にあるのか．宗教の信者や実践者がしかるべきかたちで歴史のなかに置き直されるのは，歴史家が信仰の発達の諸条件，実践の具体的な様態について問いを立てるときである（ヒエラルキーによって課される実践なのか，参照テクストに規定されている実践なのか，社会的拘束が働いている実践なのか，根強い民衆の実践なのか，女性のあいだに広がる実践なのか，など）．このような空間と時間における可変性を評価すること自体が歴史叙述のプロセスなのである．

巡礼を例に挙げてみよう．誰がするのか．費用はいくらか．年齢は．誰と行くのか．いかなるリスクがあるのか．いかなる利点があるのか．その様態は昔と今でどう変わっているのか．このような問いは，ルルドに行くカトリック教徒にも，メッカを訪れるイスラーム教徒にも該当するが，たとえばエジプトでキリスト教徒とイスラーム教徒が同じ巡礼地にやって来たり，同じ聖人に祈りを捧げたりする場合にも当てはまる．というのも，巡礼の歴史は他の事象と同様，前提となる問いと「現場」の答えのあいだで書かれるからで，その歴史は検証されることのなかだけでなく，むしろ「変化」していることのなかにこそあるからである．

集合的，物質的，象徴的，感覚的事象としての宗教事象

「宗教事象」という言葉が現れる前には，「社会事象／社会的事象〔事実〕」〔faits sociaux〕という言葉があった．これはエミール・デュルケーム〔Émile Durkheim〕に由来する表現で，彼は社会学という誕生期の学問分野の認識論的・方法論的特徴を明確にしようと，社会的なものの客観性を主張し，社会的なものはそれが具体的な個々人を通して表現されるのとは独立した固有の存在であるとした（たとえば自殺は，社会環境による自殺率の違いを研究することで，客観化された社会事象として捉えられる）．マルセル・モースは1923年から1924年にかけて「全体的社会事象〔事実〕」〔fait social total〕という言葉を用いて，いくつかの社会事象は社会とその制度全体を揺さぶることがあると主張し，そのような社会事象は性質上「法的かつ経済的かつ宗教的なものであり，さらには美的，形態論的でさえある」とした．「宗教事象」という言葉は，個々人を拘束するものというデュルケームの「社会事象」の概念や，モースの著作のなかでもさまざまな意味で使われている「全体的社会事象」の概念を必ずしも忠実に継承しているわけではないが，社会学的アプローチが持つ客観化の関心に連なるものではある．

1993年にはダニエル・エルヴュー＝レジェ〔Danièle Hervieu-Léger〕によって，社会科学高等研究院〔EHESS〕と国立科学研究センター〔CNRS〕に宗教の社会科学の研究所が設けられたが，興味深いことに「宗教事象の学際研究センター」〔Centre d’études interdisciplinaires des faits religieux, CEIFR〕と名づけられている．社会科学のアプローチに依拠し，歴史家も受け入れるようになった「宗教事象」という表現は，「宗教的」というラベルを貼られた社会現象に科学的なアプローチで迫るという客観化の側面を強調するものである．フランスでは，この表現はライシテに基づく公立校における宗教教育についても用いられるようになり，宗教へと導く教育（teaching into religion）でも，宗教から出発する教育（teaching from religion）でもなく，宗教についての歴史的・社会学的・文化的教育（teaching about religion）を指そうとしている．欧州連合と欧州評議会は，この主題に関する文書のフランス語版で「宗教事象」という表現を選択しており，この教育へのアプローチがライック（世俗的）な性質のものであることを強調しようとした．この国際機関は，「宗教事象」だけでなく「信念に関する事象」〔faits convictionnels〕という表現も用いており，非宗教

的な人間観や世界観（世俗的ヒューマニズム）をも考慮に入れている．このようにしてフランスでは，歴史学的・社会学的な方法という認識論のレベルと，宗教現象に関するいくつかの公共政策というレベルの双方で，「宗教事象」という表現が用いられるようになった．この表現は，宗教的なものについてのなんらかの理論を示しているというよりは，教育の領域において実践的に理解されるものであって，各人の立場がいかなるものであれ，宗教現象は少なくとも以下の四つの観点において「事実／事象」を構成するものであることを強調できる．

(1) 集合的事象〔fait collectif〕であること（行為者に関するもの）．すなわち，何か共通のものを共有し，同じ世界に属していると感じ，多かれ少なかれ一定の期間を置いて集まる人びとがいる．やり方は千差万別だが，儀礼を実践したり，テクストを読んだり，洗礼を受けに集まったり，あれこれのふるまいをしたりすることで，見えない存在に働きかける人びとがいる．このような宗教事象の集合的な性格は，宗教の分業，つまり役割や権威の分担とも関係する．宗教の権威の担い手，宗教「指導者」にはさまざまなものがあり，ある指導者は別の指導者よりも能力があると当該宗教の信者から認められている．宗教的なものは人びとを結びつけ（「宗教」〔religion〕という言葉の語源の一つは〔ラテン語の〕「レリガーレ」(religare)〔再び結びつける〕であるとされる），集合的感情や共同体，運動や制度を生み出す．「宗教の社会的側面」から出発し，「あらゆる宗教現象は，ある人間集団に共通の属性を帯びさせる」とするマルセル・モースは，1900年にこう述べている．「事象の系譜をたどって，最も外的に現れているものから，より深遠で内的な宗教生活の諸条件に向かうことは可能である．しかし，単なる内観によっていきなり後者に到達しようとするならば，ものの代わりに個人的で主観的な偏見と印象を置くことになってしまう」．宗教現象から距離をとり，熟慮と情報に基づく研究をするには，このように事象によって迂回することが一番である．

(2) 物質的事象〔fait matériel〕であること（痕跡や作品に関するもの）．宗教的なものは，人間そのものだけではなく，テクスト，イメージ，音楽，実践，建造物など，考古学的，文学的，芸術的，文化的な事物にも関係している．これらの痕跡や作品を研究することもまた，宗教事象を学際的に把握するためには根本的なことである．

(3) 象徴的事象〔fait symbolique〕であること（表象とその意味に関するもの）．すなわち，世界，自己，他者，神性や見えない力，神学や教義，道徳的体系についての表象であるということ．宗教のもう一つの語源とされる〔ラテン語の〕「レレゲレ」(relegere)〔再読する，反復吟味する〕に対応するように，ここでは宗教的なものは，さまざまな表徴やテクストの伝統をたえず繰り返し読むことと理解され，それらは解釈の対象として議論され，反論され，刷新される．この側面はすでに述べた二つの側面と同じくらい重要である．このことは，人によっては「宗教事象」という表現に実証主義のにおいを嗅ぎ取るかもしれないだけに，強調しておいてよい．「宗教事象」という言葉は，宗教現象の研究を物質的で可視的な側面のみに切り詰めることを意味するのではない．社会に現れているものや作品から，意味にまで遡ることが重要である．集合的事象としての宗教的なものの研究，痕跡や作品を通しての宗教的なものの分析は，当然のことながら意味の探求や，宗教的な世界が構成する意味の体系の解明を含んでいる．テクストの注解や教義の歴史に沈潜し，神学論争やその争点を深く分析することがなければ，宗教の社会的・文化的な表現は理解できない．換言すれば，宗教的表現を知的合理化の対象としても捉えておく必要があるということで，神学の歴史はとりわけ哲学思想の歴史との関係が深い．宗教事象はまた，記述され分析を加えられる知の対象でもあって，宗教の教えについて学ぶことは，研究と教育の領域に入ってくる（必要な教育方法のありかたも含めて）．

(4) 経験的・感覚的事象〔fait expérientiel et sensible〕であること（個人的および集合的レベル）．最後に述べることになったが，この点はけっして重要度が低いというわけではなく，すでに挙げたものと同じくらい重要で不可欠なものである．宗教的な表象と実践は実に多くの人びとが生きてきたもので，彼らはさまざまな度合いにおいて，そこに実存の本質的な部分をみてきた．このことを忘れたとしたら，認識論的に重大な誤りを犯すことになるだろう．経験的・感覚的な宗教的なものとは単に，人間の条件に象徴的な形式をとらせる宗教現象が感覚を構成しているということである．言語，文化，ナショナリティ，エスニシティにおけるアイデンティティと同じように，宗教的なアイデンティティの獲得は，情念を荒れ狂わせ，多くの狂信を生み出しうる一方で，利他主義的な活動に従事したり，注目すべき平和の仲介役を務めたりすることもある．しかしながら，宗教的なものの感覚的な側面は，肯定的であれ否定的であれ，このような例外的な場合にのみ現れるのではなく，日常において生きられる平凡な宗教的なものにも関係している．さまざまな形態の礼拝，精神集中，祈り，神への賛辞のなかで，人びとは個人的または集合的なレベルで，強いスピリチュアリティの契機を生きてきたのであり，宗教現象の社会学的・歴史学的アプローチはこのことについても説明ができなければならない．したがって，宗教事象の研究とは神秘主義やスピリチュアリティの研究でもあり，宗教的感情の探求でもある（一例としてアンリ・ブレモン〔Henri Bremond〕の『フランスにおける宗教的感情の文学史』）．経験的・感覚的事象として，宗教的なものは，ある一定の意味や方向において行動することを動機づける．宗教的なものは，多かれ少なかれ強度をともなう行動や態度を導き出し，生活のふるまいを構造化するのであって，そこにはマックス・ウェーバーが示したように，経済的領域における行為も含まれる．人間と見えない存在の関係を表象するやり方は，生活における具体的なふるまい方と結びついていて，その影響は食事や衣服に関する実践だけでなく，政治や労働や余暇におけるふるまい方にまで及ぶ．宗教事象を語るには，宗教的アイデンティティの獲得に関係する付随領域の研究にも注意を向ける必要があり，それは生活のすべての領域に及ぶものである．

しかし，ここまで論じてきたことからも了解されるように，宗教事象の研究は，宗教と社会の相関関係の研究には還元されない．宗教と経済，宗教と政治，宗教と教育，宗教と保健衛生，といった組み合わせについても同様である．宗教的なものと他の活動領域の相関関係の研究が，取り組むべき課題の一部をなしていることは言を俟たないが，宗教事象の研究はそのようなものには還元されないのである．確かに，宗教事象を研究することは，宗教的表現と他の社会活動の領域のあいだの数々の相互干渉を分析し，また宗教的表象や実践の検討を歴史化し文脈化することに存するが，それはまた宗教的表現の核心そのものを記述し分析するものでもある．すなわち，信仰心の諸形態，さまざまな神的存在の表象，種々の儀礼活動，テクストとの関係，歴史一般との関係，またその宗教に固有な歴史との関係などを研究対象としている．したがってそこには，さまざまな宗教それ自身と，そうした宗教を対象とする社会学的・歴史学的な客観化との関係も含まれる．

要するに，宗教事象についての学際的でライックなアプローチは，宗教的なもののうちの非宗教的なものの研究には還元されず，宗教的なもののあらゆる側面に関係するものである．人文科学の観点からの研究を免れるような領域というものは存在しない．ただし，客観性の義務があって，対象を科学的に有効なやり方で把握しなければならない．この職業倫理は，対象をその複雑性と特異性において尊重することを前提としている．したがって，研究の対象になる人間たちは，当時を十全に生きながら，あれこれの宗教的なアイデンティティの獲得に意味を見いだしていたことを尊重しなければならない．確かに，社会科学のアプローチで宗教事象に迫り，社会的・歴史的に客観的なものとして対象を構築することは，宗教は歴史を超越していると見なす態度に対して批判的な効果を持つことは明らかである．しかしながら，宗教事象研究のアプローチは宗教を批判するものではない．つまり，存在を象徴的な形式のもとに表現する宗教のやり方は，哲学的に価値がなく，社会的・文化的に信用できないといった批判はしない．

以上のように，互いに区別される諸側面が交わる地点に，宗教的なものは位置しいる．宗教事象〔faits religieux〕という言葉を複数形で記すのは，（単数形の宗教事象という表現が暗示するような）ある一つの定義をあえて試みないことであり，学際的な展望のもとにさまざまな様態のアプローチを収めて，対象の客観化と脱イデオロギー化をはかることである．また，複数形で語ると，宗教的なものが現象として実にさまざまな現れ方をすること，集合的，物質的，象徴的，感覚的といった諸側面の多様性を強調することができる．宗教的なものをあらゆる状態において把握することとは，対象が内実を備えていることを認識しながら（つまり宗教的なものを別のものには還元することなく），宗教的なものを非宗教的なやり方で語るという計画のことだといえるかもしれない．

社会学は，その草創期である19世紀と20世紀の転換点より，西洋近代社会における宗教的なものの行く末について問いを立ててきた．ヨーロッパ社会が政治的革命，経済的革命（産業化），科学的・社会的・文化的革命（啓蒙主義運動）を受け，深いところで変化していたからこそ，社会の機能と展開の体系的な研究が要請されたのである．これらの変化によって，社会における新しい生き方がもたらされたが，その輪郭を把握しようとするときに，宗教的なものの行く末についての問いは，中核的なものだった．宗教社会学は，社会学の古典的著作家の周辺的な関心事だったのではなく，彼らの著作のまさに本質的な部分をなしていた．このことは，とりわけエミール・デュルケームとマックス・ウェーバーにおいて確かめられる．従来の社会生活における宗教的表象と宗教的実践が果たしていた中心的な役割に照らしたとき，近代社会の誕生は宗教的なものの位置と役割が深いところで再編されることを意味するのだろうか，その影響力の喪失は避けがたいのだろうか．

社会学的なアプローチは，やがて宗教現象を扱う特別な方法を確立していく．その方法とは，宗教現象を社会事象として構成し，観察と分析の対象にすることである．デュルケームやウェーバーのような古典的な社会学者は，西洋近代社会の誕生を分析することで，宗教現象の社会学的アプローチを提案したのである．宗教事象という言葉を用いるには，研究対象を入念に構築していくことが必要である．研究対象はけっして単なる所与のものではなく，多様な研究と分析の視点にさらされるもので，その元になっている素材は集合的事象，文化的痕跡，象徴的で感覚的な実在などから構成されており，宗教現象はそのような素材を通して現れる．古典的社会学がもたらしたもう一つの大きな教訓は，宗教事象の研究は社会全体の分析に重要な貢献をなす，ということである．

戦後の《栄光の三十年》の時期には，宗教は消滅の過程にある社会現象で，あたかも近代性の度合いが高くなれば必然的に宗教の度合いが低くなるかのように思い込むことができたかもしれない．だが，今日ではこの評価は大幅に修正されている．確かに，とりわけ西洋社会で起こった世俗化は，宗教制度の社会的な組織力と影響力が大幅に低下するというかたちで現れたし，この世俗化が多様な宗教的実践（とりわけ礼拝の実践）を同じくらい顕著に低下させたことは疑いようもない．だが，現代を特徴づけているのは宗教的なものの減少ではなく，宗教的なものが別の仕方であるということなのである．宗教的なありかた，宗教的な真実と関わりを持ち，それを社会的に生きるやり方が，一般社会の変化にともなって変化する．宗教事象を研究することはまた，宗教的なものの運命についてなんらかの予言を下すような単線的な歴史哲学から脱け出し，宗教的なものも変化していて，他の現象と同じく社会の一般的な変化のなかにある点に注意を向けることである．

宗教事象という概念について，素朴で一義的な定義をすることはできないが，それはかえって研究および教育にとっての豊かさを示すものである．研究や教育にとっては，「宗教」という名詞より「宗教的」という形容詞を選ぶほうが望ましいし，またこの概念によって，宗教現象の集合的事象や物質的事象の側面，象徴的事象や感覚的事象の側面に注意を払いながら，宗教現象の理解を進めていくことができる．繰り返しになるが，宗教事象という表現を用いることは，宗教現象の象徴的な深みや感覚的な性格を捉え損なうような実証主義的アプローチを採用することではない．宗教的なものの象徴的な深みを認識するとは，宗教的表現の核心部分にある「解釈学的空隙」〔béance herméneutique〕（ポール・リクール〔Paul Ricœur〕）を考慮に入れることにほかならない．たとえ誰がなんと言おうと，宗教的表現が渇望する真理への関係においては，つねに解釈の余地が残されている．宗教的表現が伝える意味は，単にシニフィアンとシニフィエ，言葉と意味を結びつけるだけでなく，通時態（解釈の伝統との関係）と共時態（さまざまな社会的・文化的文脈との関係）を踏まえて理解すべき，かなり複雑な関係づけである．大文字の「他者」（祖先や神的な存在や精霊など）の現前や不在と関わりを持つ人間の条件を，象徴的な形式に置いたものとして，宗教とは言語であり，歴史を持つ．多くの人びとにおいて，この象徴的な形式が，自己との関係，他者との関係，世界との関係の構築に関与し，人びとに影響や動機づけを与え，さまざまな実践やふるまいを生み出している．宗教事象の研究の試金石となるのは，象徴体系をいかに把握するかであり，その把握が社会と社会の変化を理解するのに本質的な貢献をなすのである．

参考文献　BECKFORD J. A., « Construction et analyse de la religion / The construction and analysis of religion », *Social Compass* 48, 2001（3）, pp. 439–441. – BENVENISTE E., *Le Vocabulaire des institutons indo-*

européennes. 2. Pouvoir, droit, religion, Paris, Éditions de Minuit, 1969. – DESPLAND M., *L'Émergence des sciences de la religion. La monarchie de Juillet : un moment fondateur*, Paris, L'Harmattan, 1999. – DESPLAND M. et VALLEE G., *Religion in History. The Word, the Idea, the Reality / La Religion dans l'histoire. Le mot, l'idée, la realité* (ouvrage collectif), Waterloo, Ont., Wilfred Laurier University Press, 1992. – FILORAMO G., *Qu'est-ce que la Religion? Thèmes, Méthodes, Problèmes*, Paris, Cerf, 2007. – LAMBERT Y., « La "tour de Babel" des definitions de la religion », *Social Compass*, 38, 1991 (1), pp. 73–85. – TÉTAZ J.-M. et GISEL P., « Statut et forme d'une théorie de la religion », in J.-M. Tezaz et P. Gisel (dir.), *Théories de la religion. Diversité des pratiques de recherche, changements des contextes socioculturels, requêtes réflexives*, Genève, Labor et Fides, 2002, pp. 7–32. – ZINNBAUER B.J., PARGAMENT K. I. et SCOTT A. B., « The emerging meanings of religiousness and spirituality : Problems and prospects », *Journal of Personnality*, 67, 1999 (6), pp. 889–919.

ジャン＝ポール・ヴィレーム Jean-Paul Willaime
〔伊達聖伸訳〕

→ 宗教（歴史文献学的アプローチ），宗教社会学

宗教社会学
SOCIOLOGIE DES RELIGIONS

社会学的にみれば，宗教は社会的現象であり，その輪郭と役割は，社会自体が変化するにつれて変わっていく．この観点からすれば，宗教という対象の定義自体についてさまざまな社会的論争があり，学問的な議論があるというのは，当然であるだけでなく，健全なことである．実際，社会学的な分析が，宗教という現象の歴史性を考慮せず，この現象が世界各地でとる表現の特殊性を考慮しないとしたら，それは少なくとも奇妙なことであろう．

宗教という概念自体が歴史を持っており，この概念の系譜を描くことができる．タラル・アサド〔Talal Asad〕が示したように，宗教という概念の系譜は，西洋近代が出現し，それが（特に宗教と国家のあいだのさまざまな結びつきを通して）世界中に拡散していったことと密接に結びついている．それゆえ宗教とは，ヴァンサン・ゴーサール〔Vincent Goossaert〕が想起させるように，「宗教的生と社会組織が不可分に結びついている中国社会には異質な」概念であって，1901 年になって初めて，「「宗教」という西洋の概念を翻訳するための中国語「ゾンジャオ」(zongjiao)

が現れた」のである．アサドによると，政治的なものと宗教的なものとは普通考えられている以上に絡み合っており，宗教的なものの概念と世俗的なものの概念をともに問い直す必要がある．さらに，ヨーロッパだけに限定した場合でも，「世俗的なもの」と「宗教的なもの」の関係が歴史的に経てきた道程は国によって大きく異なっている（イギリス，ドイツ，スカンジナヴィア諸国，フランス，ギリシア等々）.

社会学的にみれば，宗教的なものや個別の宗教を特定の表現形態に固定して考えてはならないのは当然である．いずれかの形態が傾けば，必然的に宗教という現象自体が傾くかのように考えてはならない．だが，社会学の言説もまた西洋近代のプロジェクト自体の一部分であるため，宗教から離れ，宗教から脱出していく過程を通して社会の近代性を分析することによって，社会学は，近代性と宗教を対立させ，近代が前進すれば宗教が後退するかのように考えがちであった.

J・A・ベックフォードが指摘するように，宗教社会学の主たる特徴は，教育社会学や健康社会学といった他の領域とは反対に，自らの対象である宗教の衰退，侵食，消滅を繰り返し考察してきたことである．あたかも，宗教という社会的活動の学問的な研究とは，近代の前進に対する抵抗の残滓として宗教の存続を研究する場合も含め，宗教の衰退を問うことだとでもいわんばかりである．社会学的な思考自体，その始まりから，近代諸社会での宗教的なものの変遷についての問いを担ってきたのであり，個人と社会に対する宗教の社会的影響力の喪失が，伝統的社会から近代的社会への移行の指標とみなされがちであった．宗教社会学が，西洋近代を社会学的に問うなかから生まれてきたのは確かである．事実，社会学の創始者たちにあっては，近代の分析と宗教の分析が強く結びついていたのである.

社会学が始まったのは 19 世紀から 20 世紀の変わり目であるが，すでにそのときから，社会学は西洋近代のさまざまな社会における宗教の変遷を問題にしてきた．政治，経済（産業化），科学，社会，文化（啓蒙運動）の各方面での革新を通して，ヨーロッパの社会は根本的な変化を遂げた．だからこそ，社会の機能と発展を組織的に研究することが必要になったのである．こうした変化が意味する社会生活の新たな様式の輪郭を描こうとする際に，宗教の変遷は中心的な問いになった．宗教社会学は，社会学の古典的な思想家たちの周縁的な側面ではなく，彼らの仕事の本質的な次元であった．このことは，特にエミール・デュルケームとマックス・ウェーバーにおいて確証できる．近代以前の社会生活では宗教的な表象や実践が中心的な役割を演じてきたのに対して，近代社会の出現によって，宗教的なものの地位と役割は根本的に配置し直され，影響力を失わざるをえなくなったのだろうか．社会学の先駆者たちと〔それに続く〕古典的な社会学者たちは，さまざまな仕方で，近代社会の重要な次元のいずれかと結びつけて宗教を考察した．カール・マルクスやマックス・ウェーバーは経済と，トクヴィルは民主主義と，デュルケームは社会的紐帯や個人主義と，ウェーバーは合理化と結びつけたのである．彼らは西洋近代社会の出現を分析することを通して，宗教現象への社会学的アプローチを提示したのである．

宗教現象を社会的事実として分析できるということは，社会に関する知の世俗化を前提とする．すなわち，諸宗教の学問的分析が登場したことは，宗教の包括的な機能の喪失を特徴とする社会全体の進展と不可分なのである．西洋近代における宗教概念の社会歴史的な生成は，研究対象としての宗教が徐々に形成されていくのと軌を一にしていたのであり，宗教的なものの諸学と宗教概念とは歴史的に依存しあっているのである．そうした研究全体のなかで，社会学的な分析は，宗教現象に接近する特有のやり方，宗教現象を観察と分析の対象として構成する独自の方法を少しずつ作り上げてきた．社会学の創始期から 1 世紀が経ち，この学問分野はさまざまな領域（労働，家族，教育，政治など）で大きく発展した．そのなかで，1960 年から 1970 年には少々周縁に追いやられていた宗教社会学が，再び特別な地位を占めるようになっている．そのことは，学生向けの教科書が増え，大規模な比較研究の計画（ファンダメンタリズム，諸価値，学校での宗教事象の教育，国家と宗教の関係など）が進行していることからもわかる．

古典的宗教学と宗教現象

カール・マルクス（1818-1883）にとって，宗教とは「民衆のアヘン」であり，権力を正当化するためのイデオロギーであり，社会的世界の認識，なかでもそれを特徴づける支配関係の認識を曇らせるものである．宗教とは，資本主義社会における人間疎外の現れなのである．マルクス主義のアプローチは，研究にとって興味深い三つの問題設定を作動させる．すなわち，〔宗教による〕認識の錯誤，政治による宗教の道具化，社会階級という三つの問題である．

第一の問題設定からは，社会的な世界観において，宗教的な人間観と世界観による認識と誤認はいかなる効果をもたらすのか，という問いが出てくる．第二の問題設定は，権力の支配関係と正当化において象徴体系がどのように活用されているかを問う．第三の問題設定は，宗教的な実践と教えが社会環境に応じてどのように分かれていくかを吟味する．資本家階級の宗教，中産階級の宗教，抑圧された者たちの宗教というように，階級対立は宗教世界をも貫いており，個々の宗教的伝統に異なる相貌を与えている．ウェーバーは，宗教性のタイプと社会環境のあいだに選択的親和性があることを示して，この問題をより繊細な仕方で取り上げ直した．マルクスから継承されるのは，マクロ社会学的な見方に優位を置く立場であろう．このことが宗教現象の分析に対して意味するのは，少数派であれ非順応的な集団であれ，宗教集団はみな，一つの社会を特徴づける社会関係の一般経済に組み込まれているということである．マルクスとマルクス主義者たちの功績は，宗教にも他のすべての社会的現実と同じく階級対立が入り込んでおり，権力の正当化に与していることを示したことだといえよう．

アレクシス・ド・トクヴィル（1805-1859）は，宗教のさまざまな徳を強調した．アメリカ社会の観察を通して（『アメリカのデモクラシー』1835，1840），トクヴィルはそこに大きな宗教的活力を見いだして驚いた．近代社会が到来すれば宗教が後退し，宗教的な熱狂は「啓蒙と自由の進展が拡大するにつれて」鎮められるはずだと考えられてきたが，これはそういった見解とは矛盾していたからである．それどころか，トクヴィルの言明によれば，「アメリカでは宗教が啓蒙へと導くのであり，神の法を遵守することによって人間は自由へと至る」のである．これは，宗教を社会的・政治的な大衆支配や疎外と同一視するマルクス主義のアプローチとは正反対であり，近代と宗教を対立させる古典的な立場をも反転させるものである．トクヴィルは，アメリカの創始者であるピューリタンにおいて，宗教が民主主義の理想形成のために果たしてきた役割を際立たせる．ある種の宗教的活力がアメリカの特徴だというだけでなく，アメリカでは「宗教の精神」と「自由の精神」が一体となって進むのである．そこでは，宗教は近代民主主義の障害ではなく，むしろ近代民主主義に貢献するものであった．個人主義と社会的条件の平等を特徴とするアメリカの近代社会は，その凝集力が脅かされる危険があるなかで，宗教的な共有資源のうちに自らの一貫性を見いだした．宗教資源は道徳的な規律を与えることで，個々人の「公共精神」を発展させたのである．宗教が社会的責任へと教え導き，個人主義の埋め合わせとなるのだとすれば，宗教は社会的に必要なものである．トクヴィルはそう考えた．トクヴィルとは異なる見地から，別の前提とまったく異なるフィールドを起点として，デュルケームもまた，宗教の社会的効用とその中心的な統合機能を強調することになる．

エミール・デュルケーム（1858-1917）にとって，近代社会の危機は，宗教に基づく伝統的な道徳が取り替えのきかないものであることと結びついていた．デュルケームの見地では，社会学は，学問的精神の要求に応えられるような道徳を構成し直すために役立たねばならない．デュルケームが脱宗教的な道徳に注意を向け，共和国の教育活動に関与したのはそのためである．『社会学的方法の規準』（1895）での自らの主張に従い，デュルケームは宗教の定義を提示することによって，宗教現象の学問的研究を画定しようとする．デュルケームは弟子たちとともに聖なるものの概念を徐々に作り上げていった．その結果，宗教の定義は聖と俗の区別と連結されることになる．

「宗教とは，聖なる事物，すなわち分離され禁止された事物に関わる信念と実践とが連動している体系であり，それらの信念と実践とは，これに従うすべての人びとを，教会と呼ばれる同一の道徳的共同体に結びつけている」

（『宗教生活の基本形態』）

デュルケームのアプローチは，聖なるものを集合的感情が超越論化されたものとみなす理論に属する．宗教とは実体化された集合的感情であり，社会はその成員に依存の感情と尊敬の感情を引き起こす．社会が宗教を生むのである．宗教的なものを社会の本質的な次元とし（「社会の観念は宗教の魂である」），宗教的なものが社会の結合を表現し強固にする力を持つことを強調することで，デュルケームは宗教的なものが持つ一つの機能を異論の余地のない仕方で際立たせた．すなわち，社会を統合し社会的次元を証示するという機能である．

デュルケームの分析に限界があるのは，社会集団（氏族）と宗教集団（トーテム宗教）とが混然一体となっているような社会を分析の出発点としたためである．だが，宗教的感情の力動的な側面を際立たせたことは，この分析の大きな利点であった．実際，デュルケームにとって，宗教とは一つの力，行為を可能にするような力であった．

「神と合一した信徒は，単に無信心者の知らない新たな真理を見た人間なのではない．彼はそれ以上に**なし能う**人間である．彼は自らのうちに，生存の困難に耐えるための，あるいはそれを克服するための多くの力を感じている．彼は人間の悲惨さを超えて高められているかのようである．というのも彼は，自らの人間としての条件を超えて〔現に〕高められているからである．彼は，そもそも悪をどのようなかたちで理解していようとも，自らが悪から救われていると信じている．あらゆる信仰の第一箇条は，信仰による救済への信念である」

（『宗教生活の基本形態』）

「宗教とは行為である」のだとすれば，信仰とは何よりもまず「行為への躍動」

なのだとすれば，デュルケームが科学は宗教を消失させることができないと考えた理由をよりよく理解できる．科学は宗教の持つ認識機能を縮小させ，認識の企図を指図しようという宗教の要求に反駁する．だが科学はリアリティを否定することはできず，人間が宗教的信仰の躍動に支えられて行為し続けるのを妨げることはできない．これがデュルケームによる宗教へのアプローチが持つ逆説である．このアプローチは，一方では宗教を社会的なものに還元するようにみえるが，他方では，社会は集合的感情の聖化によらねば保持できないと考えることで，社会的なものを宗教的なものへと引き戻すようにみえるのである．

マックス・ウェーバー（1864-1920）の宗教社会学には，特に『プロテスタンティズムの倫理と資本主義の精神 *Die protestantisch Ethikand der 'Geist' des Kapitalismus*』（1905）に関する有名な研究によって知られる側面もあるが，これもまたデュルケームと同じくらい重要である．ウェーバーで中心的な地位を占めるのは，社会生活が徐々に合理化していくこと（官僚化）によって「世界の脱魔術化」が起こるという有名な主題である．だが，脱魔術化した世界でも，カリスマ的人物の役割はなお重要であり続ける．道具的で機能的な合理性の冷たい世界からも，カリスマの担い手の社会的影響が除去されることはないのである．

ウェーバーにとって，宗教とは「特別な種類の共同行為の仕方」であり，そのさまざまな条件と効果を研究すべきものであった．ウェーバーは一気に二つの重要な指摘を行う．(1) なんらかのかたちで彼岸に言及するとしても，宗教が関わるのは此岸であり，この地上でのふるまい方である．(2)「宗教や魔術に動機づけられた行為は，少なくとも相対的には合理的な行為である」．道具的合理性と価値論的合理性のように，さまざまなタイプの合理性があることを示したこと，宗教の合理化ということが近代性の台頭において不可欠な役割を演じたこと，これこそがウェーバーの貢献の一つだということになるだろう．

ウェーバーは宗教権力の行使の諸様式の研究にも多大な注意を向けた．社会生活における権力の正当化のさまざまな形態に目を留め，そこから宗教的権威のさまざまなタイプを練り上げた．ウェーバーによれば，権力の正当化には，合理的－合法的な仕方，伝統的な仕方，カリスマ的な仕方がありうる．権力の合理的－合法的な正当化は，管理的な権威，すなわち規則や機能の有効性への信頼に基づく非人格的な権威に対応する．伝統に基礎づけられた権威は，慣習の有効性，伝統による機能の伝達（たとえば世襲のような）の正当性に基づいている．カリスマ的な権威は，個人に認められたオーラに基づいており，それゆえ人格的な権力の典型である．宗教の分野では，権力の正当化の上の三つの様式は，**聖職者**，**呪術師**，**預言者**という理念型を規定している．聖職者とは，官僚化された救済の企図において機能する宗教的権威である．呪術師とは，伝統を真に担う者の技量を認める信徒たちにおいて機能する宗教的権威である．預言者とは，啓示を受けた者として語り（「だが，私はあなたがたに言っておく」），この啓示により承認されて機能する宗教的権威である．聖職者型の制度的権威が，定義上宗教的なものの日常的な運営を司り，その持続する連続性を確保するのに対して，預言者型のカリスマ的権威は，そうした日常的な運営に断絶を導き入れるものである．ウェーバーが特に考究したのは，預言者的な権威たるこの人格的権力が継承される際に起こる問題である．カリスマは継承されるとルーティーンと化し，預言者的集団の第二・第三世代からは制度化の過程が始まるのである．

ウェーバーの宗教社会学は，「宗教的共同体化」（religiöse Vergemeinschaftung）のタイプ分けにも力を注ぎ，特に教会とセクトを宗教の二つの社会的存在様式とした．教会とは官僚制化した救済制度であり，万人に開かれ，聖職者の機能的な権威が働いている．教会はそれを包む社会と密接に結びついている．セクトは信者たちの自発的な結社であり，社会環境とは多少なりとも分離している．こうした結社では，カリスマ的なタイプの宗教的権威が優位を占める．教会の成員になるのは生まれによってであるのに対し，セクトの成員になるのは自発的な行程による．ウェーバーのアプローチでは，教会とセクトは理念型，すなわち研究の参照項として用いる二つの極であって，現実に純粋なかたちで存在することはないものである．

エルンスト・トレルチ（1865–1923）は，友人であったウェーバーの類型を補足して，神秘家というタイプを付け加えるであろう．このタイプは，客観化したかたちの信仰や礼拝からは距離を置き，直接的な人格的経験とゆるやかな結びつき（トレルチの言う「浮遊した集団」）を特徴とする．それは，霊的な親和性による人格的な結びつきを重視するのである．

宗教的なものの固有性を尊重しつつ，宗教を社会学的に研究するにはどうすればよいか？

社会史的にみれば，宗教をいわゆる宗教的なものへと閉じ込めてはならない．むしろ宗教を社会的・文化的な事実と考え，社会生活のさまざまな領域でなんらかの影響を行使してきたものとみなすべきである．労働，経済，家族生活，教育，政治等，どんな領域でも，そこでのふるまい方は人間と世界に関する表象と結びついている．それらの活動を階層化し意味づけることによって，そうした表象は，人間を肯定的にであれ否定的にであれ動機づけるのである．

あれこれの活動領域で人間を一定の仕方で行動すべく動機づける表象体系として，宗教文化は心性を作り上げ，人間のさまざまなタイプを形づくるうえで貢献してきた．人間を一定の方向へと行為するように仕向け，個人の生を導くもの（Lebensführung）〔生活態度〕は何であるのか．このような問いによって，ウェーバーは社会学的探究の根本問題をきわめてうまく提起した．そして，まさにこうした探究において，ウェーバーは諸宗教の世界に出会ったのである．宗教の世界とは，単に表象の総体ではなく――ウェーバーは神学の細かい議論もとても注意深く見ていた――とりわけ日常生活での人びとの実際の行動でもある．そこから出てくるのがエートスの概念である．この概念が際立たせるのは，ウェーバーがさまざまな倫理，特に経済倫理に関心を持った理由である．とりわけそれは，これらの倫理が人間の生を個別に導き，政治，芸術，性，経済，労働といった分野で一定の行動をとらせる仕方を検討するためであった．規則的，方法的で効果的な労働へと全身全霊を捧げるというのは，けっして自然なことではなかった．それを確認したウェーバーは，個人を計算なしに仕事に打ち込ませる特別な動機を探求する．そうして書かれたのが有名な『プロテスタントの倫理と資本主義の精神』（1905）である．プロテスタントのある種の考え方と企業精神のあいだには親縁性があるというのが，この著のテーゼであった．労働を宗教的義務とみなして世俗内禁欲を実行し，合理的に行動するというのが，ピューリタンのエートスたる要素であり，それが他の諸要因と相俟って，西洋資本主義の発展を促したのである．こうしてウェーバーは，一定のタイプの経済的行動の出現にあたって，文化的，特に宗教的な要因が持つ重要性をみごとに示したのである．ただし，物質的な要因を否定したわけではない．単一の原因による説明はウェーバーの嫌悪するところであった．

もう一つ古典的な例となる領域は，宗教的な帰属と政治的な方向，ある宗教集団の信仰と実践への統合度と政治行動との相互関係についての研究である．宗教的権威から指示されたのではなくても，また同じ宗教世界のなかでも実際にはさまざまな政治的方向があるとはいえ，宗教的な見地と政治的な見地のあいだには一定の親縁性がある．これは，神への関わり方は必ず人間とその社会生活への関わり方でもあることを示している．あらゆる神学は，明示的であれ暗示的であれ，社会的世界に関するなんらかの見方を携えているのである．宗教的伝統がもたらす社会的・政治的な効果は，経済的な効果の場合と同じく，一気に定まるのではなく，状況によって大きく変わることもありうる．政治的な聖性と宗教的な聖性とのあいだの結びつきは複雑であり，エミリオ・ジェンティーレ〔Emilio Gentile〕が示したように，ある種の現象は「政治宗教」や「市民宗教」として分析できる．だが，宗教的なものと他の活動領域との相互干渉の研究が宗教社会学の課題の一つであることには異論はないとしても，宗教社会学を宗教と社会の相互関係の研究に還元することはできない．すなわち，宗教と経済，宗教と政治，宗教と教育，宗教と健康，宗教と民族性というような，「と」の社会学に還元することはできないのである．宗教を社会学的に扱うというのは，宗教経験，回心，宗教紛争の多様な形態を研究することでもあり，社会学者は，それらが媒介されて社会的に構築されていく仕方に特に注意を向けるのである．

実際，宗教は時間と空間の内で社会的な絆を作り出すのであり，宗教的な伝承と協働のすべての形態を研究しなければならない．宗教的な社会性と他のかたちの社会性（音楽的，芸術的，政治的，闘争的，協働的，等々）とのあいだには数々の相互関係があり，それらを無視するわけではないが，宗教社会学が特に力を注ぐのは，宗教的な社会性をその固有のありかたにおいて説明することである．

宗教とは時間における社会的結合であり，系譜や伝承の過程に属するすべてのものをともなっている．また，宗教とは空間における社会的結合でもあり，自らが生み出すさまざまなかたちの社会性や帰属性を携えている．宗教的な社会性がとる諸形態は，宗教ごとの特別な伝承様式と無関係ではないからである．制度レベルでも共同体レベルでも，宗教はそれぞれ異なった仕方で社会を形成するのであり，各宗教が示す社会性の形態は同じではない．それは少し民族誌的な観察をしてみるだけで理解できる．ウェーバーが言うように，宗教とは「共同行為の特別な仕方」だとすれば，この共同行為は宗教によって異なり，たとえばキリスト教世界での教派間の差異に注目すると，同じ宗教の内部でも異なっている．宗教はそれぞれどのように社会を形成し，どのようなタイプの社会的結合を作り出すのだろうか．仏教，イスラーム，キリスト教，ユダヤ教での社会的・宗教的結合は，同じ性質と形態をとるのだろうか．また，各々の宗教世界のうちでも大きな多様性があるのだろうか．宗教的社会性の多様な形態に注意を向けると，次のような問いが出てくる．すなわち，それらの形態は，いかなる点で，またいかにして，当該の宗教的環境の象徴的固有性と関係づけられるのか，という問いである．

宗教事象への宗教社会学的なアプローチは，宗教への実質的なアプローチからも機能的なアプローチからも距離を置いて，不可視の存在を参照して編成される社会的関係へと特に注意を向けるだろう．不可視の存在がいかなる本性を持ち（神々，精霊，祖先)，人間がそれといかなるタイプの関係を結ぶかは度外視するのである．「超経験的実在」や「超越的実在」のような概念は持ち出さない．そうした概念はすべての宗教世界に適用することが難しく，社会学的には繊細な扱いを要するからである．むしろ「不可視の存在」は，イニシエーション，儀礼，集会，礼拝，祈り，供犠，巡礼等，それを表示する社会的実践や，そうした実践が求める社会的役割から把握できる．社会的役割というのは，シャーマンや呪術師，聖職者や僧，その他の従事者，同伴者，宗教的なものの証人だけではない．そうした人びとの活動を求め促す者たち，すなわち信徒，「平信徒」，あらゆるタイプの信仰者たちも含まれる．

実際，社会学的にみれば，宗教とは社会のある種の操作性に対応するものである．宗教という活動は，さまざまな伝統や名高い人びとと関わり，きわめて多様なかたちをとって，不可視の存在との特別な関係を保持し，恒常的に象徴的な交流を果たしていく．そうして，なんらかのかたちで伝承されていく諸要素を通して一つの文化を規定し，系譜を打ち立てていく．アンリ・ハッツフェルト〔Henri Hatzfeld〕がきちんと見てとったように，宗教とは「伝承的な象徴的活動」であり，すでにあるものをたえず捉え直す．「「レ＝レゲレ」(re-legere)〔ラテン語で宗教（religio）の語源と目される．文字通りの意味は「再び－集める」〕という語がわれわれに示しているのは，止揚される数々の象徴的要素はつねに捉え直されたものだということである．これらの要素は，シャーマンや呪術師の道具のように物質的なかたちであれ，聖書のような姿であれ，使えるものとしてそこにある」．この「すでにある」という性格から解釈の葛藤が無数に生じるのであり，それゆえアルベール・ピエット〔Albert Piette〕は，正当にも「宗教（とそれが繰り広げる諸活動）は本質的に紛争的である」と言ったのである．言い換えれば，宗教的世界というのは，そこから導出される数々の社会的な参与に還元されるものではない．宗教社会学がもっぱら宗教組織とその成員だけを研究し，宗教研究を文明と文化に関する研究へと包含することを怠るとしたら，それはきわめて貧しいものになってしまうだろう．不可視の存在に対する人間の関係は，さまざまな人物，制度，テクスト，共同体に媒介されるが，単に組織を生み出すだけでなく，さまざまな文化（ユダヤ的，キリスト教的，イスラーム的，仏教的等々）を堆積させもする．これらの文化は，時間においても空間においてもきわめて多様に分かれるのである．

通常，社会学では，行為主（アクター），組織，イデオロギー（中立的な意味での）の三つを区別する．宗教社会学は，宗教世界とその社会的効果をこの三つのレベルで把握する．行為主のレベルで強調されるのは，個人同士を関係づける社会活動としての宗教的活動である．象徴的な言語や実践によって，個々の人びとは，生と死，幸福と不幸，善と悪，必然と自由といった問いに立ち向かうのである．組織のレベルが問題になるのは，宗教とは持続のなかで打ち立てられる装置であり，機能と権力の行程をさまざまに配置するからである．イデオロギーのレベルが問われるのは，宗教とは表象と行為の総体であり，それらはさまざまなテクストのなかで語られ，蓄えられ，たえず注釈されるからである．ウェーバーは，認識できるのは国家を動かす行為主たちだけだと言い，国家を実体化しないようにと言う．それと同様に，宗教社会学者も宗教を実体化しない．実をいえば，宗教社会学者が認識するのは，時空を通して一定の関係を結ぶ行為主たちだけである．行為主たちが象徴的な言語や実践と結びついて，系譜や伝承，共同体の形成を規定するのである．

宗教とは社会的な結合であり，そこには系譜や伝承という縦の次元と，社会性や連帯という横の次元がある．どちらの次元もそれぞれ固有の姿で分析しなければならない．それは，いわば宗教的なものの宗教的な性格を説明しようと努めること，すなわち宗教的なものの固有性を社会学的に扱う仕方を導入することによってなされる．宗教的なものの固有性とは，人びとを特別な仕方で（不可視の存在を参照する媒介や仲介へと関わることで）系譜や伝承に組み入れ，また特別な仕方で社会を形づくることである（宗教的社会性は，さまざまな世俗的社会性を参照するが，他のタイプの社会性には還元できないものである）．宗教的体系はなんらかの社会的紐帯を生み出すが，それは特別なネットワークや集団（制度や共同体）を作るだけではなく，精神世界を規定することにもよる．この精神世界とは，個人と集団が所与の社会のうちで一定の人間観・世界観を表現し，それを生きる手立てとなるものである．ここから宗教社会学の大きな課題が出てくる．個人，集団，その組織化に関するミクロ社会学的な尺度（個人の態度と個人相互の関係），中間社会学的な尺度（組織とその構造），マクロ社会学的な尺度（社会および社会の宗教的なものへの関係）のいずれにおいても，宗教的活動と宗教集団について独自な説明を行う，ということである．

21 世紀が始まると，極度に世俗化した近代とグローバリゼーションに組み込まれた国民社会は，ある種の宗教的なものへの回帰をともなうようになる．これは特に国家を超えた諸次元で生じた動きである．極端なかたちで表現される場合を除いては，こうした回帰は近代社会の宗教的権威からの自律の過程を問い直すものではない．この現象がグローバリゼーションの文脈で表しているのは，宗教的なもの，政治的なもの，文化的なものをめぐる全体的な再配置である．この再配置は，宗教社会学者たちに対して，世俗化の諸理論を特徴づけていた隠れた歴史哲学と狭すぎる合理性概念を手放すように促す．ユルゲン・ハーバーマスは「ポスト世俗的社会における世俗化」を論じているが，ハーバーマスにしたがって，宗教社会学は，「ポストキリスト教的」社会においていかなる宗教的なものが到来し，「ポスト世俗的」社会においていかなる世俗化が到来するのかを問うことができる．宗教的なものと同じく世俗的なものも動いているのであり，この二つの領域が截然と分かたれるという幻想を断ち切ることが，これまでにも増して必要になっているのである．

参考文献　ASAD, T. *Genealogies of Religion : Discipline and Reasons of Power in Christianity and Islam*, Baltimore（Md）, John Hopkins University Press, 1993.（『宗教の系譜――キリスト教とイスラムにおける権力の根拠と訓練』中村圭志訳，岩波書店，2004 年）– BECKFORD J.A., *Social Theory and Religion*, Cambridge, Cambridge University Press, 2003. – BECKFORD J.A et DEMERATH N. J.（eds.）, *The Sage Handbook of the Sociology of Religion*, London, Sage Publications, 2007. – DIANTEILL E. et LÖWY M., *Sociologies et religions. Approches dissidents*, Paris, PUF, 2009. – DURKHEIM E., *Les Formes élémentaires de la vie religieuse. Le système totémique en Australie*（1912）, Paris, PUF, 2008.（エミール・デュルケーム『宗教生活の基本形態――オーストラリアにおけるトーテム体系』上・下，山崎亮訳，ちくま学芸文庫，2014 年）– HATZFELD H. *Les Racines de la religion. Tradition, rituel, valeurs*, Paris, Seuil, 1993. – HERVIEU-LÉGER D. et Willaime J.-P., *Sociologie et religion. Approches classiques*, Paris, PUF, 2002. – PIETTE A., *La Religion de près. L'activité religieuse en train de se faire*, Paris, Métailié, 1999.（マックス・ウェーバー『宗教社会学』武藤一雄・薗田宗人・薗田坦訳，創文社，1976 年）– WEBER M., *Sociologie des Religions*. Textes réunis et traduits par J. P. Grossein. Introduction de J.-C. Passeron, Paris, Gallimard, 1996. – Willaime J.-P., *Sociologie des religions*, Paris, PUF, 3e éd., 2004.（ジャン＝ポール・ヴィレーム『宗教社会学入門』林伸一郎訳，白水社，2007 年）

ジャン＝ポール・ヴィレーム Jean-Paul WILLAIME
〔杉村靖彦訳〕

→ 国際調査，宗教学，宗教的近代，世俗化，フランスの調査

宗 教 性
RELIGIOSITÉ

フランス語において「宗教性」という言葉は，宗教に非常に熱心であることを指す場合もあるし，形式の定まっていないある力がなんらかの宗教的表現へと向かう様子を指し示す場合もある．このような語義的な曖昧さを乗り越えるための一つのやり方は，宗教性を以下に挙げるような日常生活にみられる存在のありかたと結びつけて考えることである．まずは，死の限界を乗り越えようとすること．一般にはこれが宗教的世界の出発点を構成している．また，宗教的活動の実践に必要な二つの条件があるということ．それは宗教的活動を構造化する原則でもある．一方にあるのは，超越的なものを地上の経験の外部に位置づける超越と内在の関係で，それ

はさまざまな表現をとりうる（超自然的なものと自然的なもの，彼岸と此岸など）．他方にあるのは，聖と俗の関係で，両者は根本的に分離された二つの領域に峻別される．さらにまた，日常世界の相対性に向き合うなかでの《絶対》の探究と個別的な手段の総体，たとえば祈り，礼拝，宗教的祭典の行列，儀式などがある．

転用と再利用

三つ例を挙げよう．一つ目の例は，ある量子物理学の本が来世の存在を証明しようとしているというものだ．詳しく分析していけばわかるはずだが，要点は，厳密に数学的な証明を行って最終的に神または来世の存在を唯一無二の証拠として突きつけることにあるのではなく，超自然的原則の存在についての著者固有の信念と量子学の原則とが混在してしまっていることのほうにある．こうして厳密な物理学の結論からどんどん意味がずれていき，「電子には魂がある」とか「われわれは不死である」といった証明がなされるのである．この種の研究の結論に関する宗教的な説明にはいくつかのヴァリエーションがあって，キリスト教的伝統の神の存在に言及されることもある．

二つ目の例は，あるサッカーチームの勝利を報じる地元新聞の見出しである．下位リーグに落ちるのを免れたのは，決勝点を決めた選手のおかげだ．その選手は「救世主」と書かれている．記事には，神，救い主，恵み，天国など，宗教的領域に属するとすぐにわかるような言葉があふれている．読者はもちろんこれができごとのすばらしさを文章で倍増させようとするジャーナリズムのレトリックであることを理解している．かつてのローマ人は，神格化された皇帝と自分たちが願いごとをする神々とを区別していた．それと同じように，サポーターと選手たちは，彼らが宗教と認識しているものに対し，はっきりと一時的な救いを求めている．彼らは祈り，十字を切り，〔試合という筋書きのないドラマのためにスタジアムを〕「巡礼」し，呪いをかけ，神の慈悲を乞うのである．

三つ目の例は，絶頂期に急死した歌手（エルヴィス・プレスリー，ジム・モリソン，クロード・フランソワなど）に捧げられる礼拝である．ファンの実践には，新たな要素が加わっており，違いもあるが，サポーターのそれと比較可能である．その死は拒絶される（スターはまだ生きている，天国で安らかに暮らしている，肉体を離れた魂となって交流することができる，などと考えられる）一方で，墓の前では歌手に対する祈り，供え物，儀礼などが捧げられ，ほぼカトリックをモデルとした呪術的・宗教的な実践が行われている．ここには明らかに宗教的なものが入り込んでいる．ファンはこれらを手がかりとして，歌手は実際には神でも聖人でもないと口にしていても，神や聖人を参照しながら歌手のことを思い描く．なるほど，クロード・フランソワのファンクラブ Claude François for Ever に入会した新しい世代に，かの歌手の記憶を伝えることの難しさは容易に想像がつく．しかし，J・モリソンの記憶の保存を目的とする団体にみられるように，すでに第二世代に移っている団体もある．この場合，歌詞や CD を広めたり，作品への忠誠を促進したりすることによって，文学的，音楽的人生のモデルの伝承がなされることになるが，明らかな宗教的次元があるわけではない．他方，墓の周りで行われる儀式を通して，歌手の聖性がファンによって広められることには，カトリックの万聖殿〔panthéon〕への組み込みのようなものがある．

これらの例からわかるように，もともと歴史的大宗教の内側にあった宗教性の形象を，その外側において見いだすことは可能である．たとえば，死という解決すべき限界についての問いは，科学的活動の内側に取り込まれている．科学的宗教性は，まさに科学の境界のところで，死に対する新たな解決策を探究している．同様に，宗教的なもののデータを手に入れて満足するのではなく，現世を越えた経験としてあの世を同定する．超科学的な経験，とりわけ超心理的な経験，臨死体験（昏睡状態の主体）などはみな，精神は物質を超越し，死の虚無を乗り越えることができるはずだという結論に向かって収斂しているようにみえる．他方，科学的なタイプの経験は，不死よりも死の延期〔amortalité〕を求め，たえず進歩する医学的技術（細胞治療学から輸血による若返りや臓器移植などまで）の恩恵のもと，際限なく生を延ばすことを目指している．新しい種類の典型としては，まだ開発途上だが生体を冷凍保存する技術がある．これは再生という新たな希望を保持しながら，来世を「非神秘化された不死」の世界に変えようとするものだ．これらの経験は，超越という原理を突き詰めることに関わっている．もともと信仰の対象だったものが，今では知識と（疑似）科学研究の対象となっている．この移行と連動して，関連原理としての「聖」の中立化も潜在的に進行している．つまり，この超越的領域は，恐れや神秘の感情が入り交ざる「分離された」領域を，もはや構成していないかもしれないのである．以上の事例の全体には，これまで死を管轄してきた宗教を，模倣し再所有化しようとするミメーシスの宗教性が認められる．

代用と類比

絶対を追い求めるとき，政治活動は一つの回答となりうる．政治活動は，人間の運命を，《民族（ネイション）》《人種》《歴史》《革命》のような主題に関わる世俗化した終末論に結びつけることがある．政治的価値の絶対化は，比類なき唯一のもの，他と相容れないものとして，こうした理想を提示する．そこから（たとえば）全面的で決定的で普遍的な救済をもたらすことができる，抗いがたい力としての《革命》の魅惑も生じてくる．もしくは，それなしでは活動家が自らの存在を認識することができないような《政党》への絶対服従も生じてくる．このような政治的理想の絶対化は，聖なるものの原理の存在と宗教的手段の利用によって性格づけられる．

実際，触れたり批判したりできないようなある一定の領域を作ることにより，聖なるものの原理は，政治運動を構造化する決定的な要素となる．（たとえば）スターリンの教条は，批判から守られ，分離された領域を構成した．また，組織に加入した事情通の「同志」と，潜在的な敵で闇をさまよう「俗なる者たち」の二つに分けられた．聖なるものの原理には，禁忌（タブー）のメカニズムが介入してくることがある．たとえばピカソの描いたスターリンの肖像画を前にして，エルザ・トリオレ〔Elsa Triolet〕は「見ていて気分が悪い」と叫び，ピエール・デックス〔Pierre Daix〕に反論した．「ピカソはスターリンの顔をデフォルメしてはいません，〔彼はそれに敬意を払ってすらいます.〕しかしあえてそれに触れたのです」と．

聖なるものの原理はまた，信仰とは，ある教条やある人物への全面的な傾倒であるとの前提に立っている．ここで問題となるのは，聖なるものの原理の存在と維持に貢献するべく設置されたメカニズムとしての類比的宗教性である．「類比的」〔analogique〕という語は，同じ宗教性の原理の存在から似通った機能が生じるという関係を意味している．聖なるものの宗教性とそこに暗示されている「類比」は，スポーツからバラエティ番組，さらには政治的なものに至るまで，広範に及んでいる．それらが特に認められるのは，禁忌，汚穢，浄化，畏敬，神秘などのメカニズムの類比的存在（直接的関係にはよらない）のなかにおいてである．しかし，政治的宗教性は真の宗教にはなりえない．かつて「政治宗教」〔世俗宗教〕と呼ばれたものにおいては，死の問題は解決されるどころか隠蔽された．実際，最終目標を実現する終末論的な体制をこの世に移転することは，死の問題を回避しつついっそう先鋭化してしまう．この世での幸福が一部の人間に限られていることをひとまず措くなら，至福はもはや地上の生の向こう側に投影されず，この世ですでに獲得されたものとされ，死の問題とは切り離されるからである．

借　用

宗教性は，宗教的活動に特有の手段の借用によっても特徴づけられる．例には事欠かない．亡くなった歌手や国家元首への祈りや政治的儀礼がある（フランス革命後の革命暦，呪術的加護を求めてなされた総統〔ヒトラー〕への祈り，スターリン崇拝など）．なお，この借用は，意識的で意志的な決定の産物でもありうるが，多くの場合はそれに対してなんらかの抵抗をすることが困難な文化的伝統によって規定されている．宗教的態度を世俗的領域に投影し置き換える模倣――荘厳さ，コード化，真面目さなど――は，ソヴィエト連邦における政治的儀式にみられるように，借用の過程をともなうことがある．ただし，借用された宗教的儀式がさほど形式化されていない雰囲気のなかに移転された西洋の民主主義においては，そのような借用の過程は相対的には目を引かない．

最後に，宗教的活動から直接借用した要素（スターリンの祭壇，《神》や《贖い主》とされたヒトラーなど）に貼られた宗教的なレッテルにも注意を促しておこう．この最後の例において問題となっているのはメタファーとしての宗教性である．というのも，活動に従事する当事者は宗教的語彙を字義通りに再所有化しているわけではないからである．彼らはその比較が狙う効果には囚われていない．

参考文献　CHAMPION F. et HERVIEU-LÉGER D.（dir.）, *De l'émotion en religion*, Paris, Centurion. 1990. – PIETTE A., *Les Religiosiltés séculières*, Paris, PUF, 1993. - RIVIÈRE C. et PIETTE A.（dir.）, *Nouvelles idoles, nouveaux cultes*, Paris, L'Harmattan, 1990.

アルベール・ピエット Albert PIETTE
〔鈴木順子訳〕

→ 宗教的近代，聖／俗，世俗化，世俗宗教

宗教的近代
MODERNITÉ RELIGIEUSE

宗教的近代という観念は，それを構成する二つの語〔「宗教的」と「近代」〕自体が不明確で多義的であり，しかも修辞学で「形容矛盾」と呼ばれるもの，すなわち相反する意味論的広がりを持った語同士の結びつきのように直感的にはみえてしまうため，なおさら問題があるとされている．

事実，宗教と近代との関係をめぐる分析は，長いあいだ双方の観念に排他的な関係があるという考え方に支配されてきた．社会科学の主要な創設者たちは宗教の終

焉に関する理論を，一人として本当の意味では生み出していない．だが彼らすべてが，多かれ少なかれ明示的な仕方で，〈近代と宗教の伝統的な世界との対立〉という考えを展開している．かくしてデュルケーム〔Émile Durkheim〕は，諸制度が機能分化していくという（近代化の過程に特有な）プロセスと宗教の凋落とを結びつけていた．「歴史によって疑いなきものとされた事柄があるとすれば，それは社会生活において宗教の支配する部分がますます小さくなっているということである」と，彼は『社会分業論』で述べている．ウェーバー〔Max Weber〕は，目的と手段において合理性が普及するプロセスとして近代を把握している．彼は，たとえそのプロセス自体が直接に宗教的圏域に由来するにせよ，それは最終的に宗教的な思考や行動の諸形態への信用を失墜させることになると言う．

宗教と近代とのあいだに根本的な対立が存在するというテーゼは，いわゆる世俗化の諸理論によって体系化され，宗教と近代とのあいだの関係を理解するための主要なパラダイムを形成するに至った（Tschannen, 1992）．諸々の表象と実践の合理化，個人の自律をめぐる主張の増大，社会的諸機能の分化という三重のプロセスの効果のもとで，宗教的な制度と実践ならびに宗教的意識は社会的な射程を失っていった．他方で，社会と文化の分野のいくつもがそっくり，宗教制度およびその象徴の影響下を次第に離れることになった（Wilson, 1982）．

社会が進むと宗教が後退するゼロサムゲームという考えをめぐっては，1970 年代末以降，すなわち最も近代的な社会のなかでさえ宗教の再活性化がみられた時期以降，盛んに議論が行われた．こうした宗教的もしくは準宗教的な「新しい」現象はきわめて多様な形を持っていたため，なおさら多くの問いが惹起された．それらは，（フランソワーズ・シャンピオン〔Françoise Champion〕が研究した神秘主義的－秘教的集群のように）きわめて統合の度合いが弱く流動的な社交性しか持たない宗教的ネットワークであることもあれば，セクト・タイプのアンテグリスム（保守十全主義）的な集団であることもあった．さらにそこには，もっぱら私的あるいは個人的な論理の範囲にとどまる，個人の自己達成や癒しを中心にした集団もみられた一方で，明確に政治使命を標榜する運動もみられた．急速な近代化プロセスを歩みつつあったイランで起こったイスラーム革命，そして教会や諸宗派がそれまでは〈政治的なもの〉とつねに距離を置いてきたアメリカでみられた「保守革命」において福音派教会が果たした無視できぬ役割，これらは近代性の根拠――すなわち宗教からの政治の解放，そしてより広くは宗教からの公共圏の解放――までも問いの俎上に載せることを余儀なくしたのである．

宗教の回帰か？

これらの問題をめぐって行われた経験的な観察に対する理論的回答の一つは，「神の復讐」，「聖なるものの回帰」，そしてより広くは宗教の回帰のテーマ系に直面した世俗化パラダイムの再検討であった．この再検討の頂点をなすのが，ピーター・バーガー〔Peter Berger〕が編者となって1999年に刊行した論集，『世界の脱世俗化 *The Desecularization of the World*』である．バーガーはかつて自分自身が唱えた理論に反対する主張を展開し，宗教的な信仰と実践の再活性化，それらの「再魔術化」〔remagification〕，さらには宗教組織による公共圏への影響力行使に特徴づけられる反世俗化の広範な動きという仮説を立てた．バーガーほどラディカルではないにせよ同様の論理に従って，ホセ・カサノヴァ〔José Casanova〕は宗教の脱私事化〔déprivatisation〕の運動を語っている．政治的近代は，宗教が私的圏域内にとどまることを強いるが，宗教はそれを拒んでいるというのである．

とはいえ，「脱世俗化」もしくは「脱私事化」のテーゼにはいくつかの反論が寄せられている．第一に，そうした宗教の「回帰」は世俗化の運動が続くことを排除していないという点である．一部の人びとが宗教に（とどまるか）戻るにせよ，宗教から遠ざかる人の数は増え続けている．この事態は，一般に宗教の回帰というテーゼが当てはまらぬ例外として分析されているヨーロッパ諸国のみにみられるのではなく，アメリカ合衆国，ラテン・アメリカ，アジア，そして「神の復讐」のテーマの範例として広く引き合いに出されるイスラーム諸国にも当てはまる．イスラーム諸国において宗教が公共的な可視性を有していること，（またイランやサウディアラビアのような国が今日神権政治の法によって治められていること）には異論の余地がないが，だからといってそれらの社会が伝統的な古い秩序に回帰しているわけではない．人口動態的な研究によると，イスラーム教徒が多数派を占める国々においても，出生率が西洋諸国のレベルに近づきつつある．しかるに，ヨーロッパとアジアの歴史をひもとくと，出生率の低下に先立ってつねに全般的な教育水準の上昇と宗教的実践の低下がみられたことがわかる．出生率が低下しつつあるイスラーム諸国もまた，現在の，宗教の回帰という見かけを超えたところで伝統的な信仰が深く動揺する状態を経験しているという仮説，その諸国においても，矛盾に満ちた宗教の再主張を背景としながらも脱イスラーム化が進行しつつあるという仮説を立てることができる（Courbage et Todd, 2007, p. 26）．

もちろんこれは，数ある要素の一つにすぎない．しかし，過大な解釈は避けるべきだという条件がつくとはいえ，上記の要素を考慮に入れることは重要であろう．それはイスラームの消滅をもたらすのではなく，宗教的アイデンティティと宗教的掟の遵守とのあいだの分離――それは一部の人びとが十全な宗教的アイデンティティや宗教実践を主張するのを妨げるものではないが――をもたらしている．より正確には，イスラーム諸国にみられるのは，脱宗教的陣営と宗教的陣営へと二極化するせめぎ合いに満ちたプロセス（宗教的実践が自明の与件であるような世界からの脱出を徴づける二極化のプロセス）なのである．アメリカ合衆国やイスラエルについても同様のことがいえるだろう．

第二の異論．これらの新しい宗教現象は，必ずしも近代化から排除された人びとにおいてみられるのではなく，むしろ情報科学者や医療関係者のように技術的合理性の飛躍に最も深く関わっている人びとにおいて多くみられる．このような条件のもとでは，今日の宗教的風景を近代以前の宗教的風景に引きつけることはできない．その限りにおいて，以前の状況への回帰という考えを支持するのは難しい．〈宗教的なもの〉が近代において消滅せずにしっかりと存続しているにせよ，それは変化を被っているのである．

宗教的近代のパラドクス

もう一つの理論的定式化がダニエル・エルヴュー＝レジェ〔Danièle Hervieu-Léger〕によって提案されている．歴史的に見た場合，近代とは漸進的な合理化として記述されうるプロセスである．しかし同時に近代は，よりよき世界の約束をちらつかせるユートピアとしても機能する．この二つのプロセスは，競合しながら生起する．より正確にいうならば，二つ目のプロセスは，最初のプロセスによって破壊されたものをたえず作り直していく．「近代は，意味の体系としての宗教，人間の努力の動因としての宗教を廃棄するが，同時に，ユートピアの時空，その構造自体が成就と救済という宗教的問題系と深い親和関係にあり続けるユートピアの時空を作り直す．(……) このユートピア空間は (……)，合理主義が解体する「宗教的諸表象」をたえず展開し直す空間を構成している．(……) 世俗化とは，合理性に直面した宗教が消滅することではない．社会を維持するためには期待を充足させることが不可欠であるが，社会はその力を構造的に欠いている．世俗化とは，そのような社会において宗教の作用がたえず再組織化されるプロセスなのである」(Hervieu-Léger, 1986, pp. 224–227)．

こうして近代そのものが両義的でせめぎ合う性格，自分の発明力に自信を持つと同時に自分に対する不安と批判をはらむという性格を有しているのだが，宗教的近代という観念のパラドクスに満ちた性格は，近代そのもののこうした性格に由来する．ジャン・セギ〔Jean Séguy〕が宗教的近代に関するほぼ唯一の明示的な定義を提案したのは，このような概念的枠組においてであった.「私にとって宗教的近代という語彙は，理念型として，宗教の諸価値もその正統性も求めていない社会，かつ社会的な行為に関するさまざまな圏域の自律が既成事実となっている社会，そうした近代社会において宗教組織が占める固有の位置を示すものである．他方でそれは，そのような状況において，宗教組織のメッセージや実践がまとう諸形態を示している．(……) このようにして捉えられた宗教的近代は，絶え間ないプロセスのなかで社会的近代と宗教とが互いに対して遂行する作業も示している．(……) それは，必然的に競合とせめぎ合いというかたちでもって表現されるプロセスである」(Séguy, 1989, p. 192)．別の言葉でいうならば，宗教的近代は，理念型としては宗教から脱出した社会における，諸宗教の解体 - 再構成のプロセスを示すといえるだろう．それは，せめぎ合う複数の極性から生まれ，緊張関係にあって互いに作用しあう複数の力の対決から生まれたプロセスである．数々の矛盾を内在させる宗教的近代という観念は，固定された概念である以上に，何よりも一つの研究領野，宗教に絶え間なく作用する近代という研究領野を指示しているのである．

宗教的近代——自律と他律の緊張関係

学校，家族ひいては軍隊といった他の社会制度にも浸透したように，個人主義は宗教の世界にも浸透し，その解体と再構成の力として作用した．個人主義は，そのものとしての〈宗教的なもの〉とではなく，エルンスト・トレルチ〔Ernst Troeltsch〕が教団類型と呼んだものとせめぎ合う関係に入ることになる．さらにいうならば，個人の自律は，《教会》によって具体化される権威的な文化との対立，純粋に外形的でそれ自体が神的だとされる諸規範との対立において根拠づけられる．トレルチのアプローチは，権威そのものの終焉よりも（《教会》によって具現された制度という）特殊な権威の体制の終焉を意味していたので，なおさら実り豊かなものであった．「より古い宗教的確信が維持されるとき，その真理と強制力は（……）まず個人的かつ内的な信念に基づくのであって，支配的な権威に基づくのではない」(Troeltsch, 1991, p. 31)．

こうして個人化は，《教会》の権威を侵食し，義務の意識を蝕む．その効果はとりわけ，宗教を専門とする人びとの地位が低下した点に，さらに個人の自己実現に対して犠牲，規律，義務といった価値の影が薄くなっていった点に観察される．これは，〈宗教的なもの〉の脱制度化もしくは制度的な規制緩和と形容されるプロセスとして現れた．したがって，個人の自律がより強く主張されることにともなう変化とは，制度的権威をめぐる装置の数々が問題視されるようになったこと，そして，主体性と個人的誠実さを旨とする近代文化といっそう強い親和性を持つような仕方でそれらが再編成されるよう求められたこと，である．

脱制度化された今日の宗教的領野は，同様に「不安定化」してもいる．それは運動のなかにある世界であり，以前は安定し，過去から相続されていたアイデンティティが，個人によって選択され，それを変更する交渉がたえず可能であり，きわめて不安定なものとなったアイデンティティに場を譲ったような世界である（Hervieu-Léger, 1999）．

実地での調査は，特に改宗の現象が世界中で著しい増加を見せていることを通じて，現代の信者がたえず宗教間を渡り歩くさまを明らかにしている．たとえばアメリカ合衆国に関する最近の研究は，28％のアメリカ人が自分たちがそのなかで育ってきた宗教を棄て，別の宗教集団に加わった，あるいはいかなる宗教集団にも加わらなかったということを示している．さらに，プロテスタントという大家族の内部における所属の変更を含めるならば，一生のうちに所属を変更したアメリカ人は44％にさえ上る（http://religion.info）．

とはいえ，改宗の問題は両義的である．改宗者は，過去からの遺産に対して自分の選択の力を優先しているという意味で，近代的な信者の理想を実現している．その一方で改宗者は，明確なかたちで構成され，社会的に有効性を認められたアイデンティティを探し求める者でもある．改宗者とは，構造的に可動的なものとなった宗教世界のなかで安定を求める旅人にほかならない．改宗なるものが提起する問題は，その視点からすると，ある個人がなぜ宗教を変えるのかということではなく（というのも，宗教的近代において可動性はいわば常態となっているため），〈なぜ〉，そしてとりわけ〈いかにすれば〉その行程が安定するのかということである．これは，宗教の制度性の問題を提起するようわれわれを促す．その問題とは，制度の信用が失墜した環境のなかで，安定した集団的装置によっていかに宗教的な信念と行動を練り上げ，管理し，制御するのかという問題である（Bobineau et Tank-Storper, 1997, p. 114）．

伝統的な権威の諸形象が（これまでの規範を変更するための交渉は可能だと表示しているにもかかわらず）失効していくまさにその時点で，極度に権威主義的なセクト・タイプの宗教集団が発展するという状況は，一見パラドクスに満ちている．しかしその発展は，いましがた述べた問題系の領域に含まれている．セクトを《教会》から根本的に分かつもの，それは，自らの意志で所属を決めるという性格（人がある《教会》のなかで生まれるのとは逆に，セクトのメンバーとなるのは改宗によって，すなわち個人の選択によってである），およびメンバー間に形式上のヒエラルキーが存在しないという点，である．すでにマックス・ウェーバーが強調していたように，セクトに固有なものである個人の主体的な参加の優先と平等の重視は，民主主義の構造および文化的近代の諸価値と深い選択的親和性を持っている（Weber, 1996, p. 324）.

この最後の例は，宗教的近代と信仰の脱制度化をめぐる最初のパラドクスの一つを指し示しているが，このパラドクスは近代全般にも妥当する．すなわち，近代は個人の自律から発して支配を作り出し，宗教的規範を作り出すという点である．

宗教的近代――合理化と情動の緊張関係

近代において信者の行程と宗教的権威のいずれにも安定性を与えることがむずかしいという問題は，いささかずれながらも，カリスマの日常化および情動の制度化という創設的な問題の延長線上にある．

ウェーバー的伝統によれば，近代は手段と目的の合理性が拡張されるプロセスに該当するが，その拡張は〈宗教的なもの〉自体が合理化されるプロセスに起源を持っている．一神教の歴史，より正確にはキリスト教の歴史は，宗教の脱魔術化のプロセス――それはもっぱら倫理の合理化というかたちをとった――を通じた合理性の増大の歴史としてみることができる．このように，近代の歩みは，宗教の合理化，倫理化，象徴化のプロセスと不可分であり，そのプロセスは情動との距離の増大をもたらしている．

あいかわらずウェーバーによればだが，合理化と「脱情動化」のプロセスが最も達成されたのは，カルヴァン派のプロテスタンティズムにおいてであった．とはいえそのプロセスは，フランソワ＝アンドレ・イザンベール〔François-André Isambert〕が〈宗教的なもの〉の「内的世俗化」という語で概念化した現象を通じて，ユダヤ教やカトリックにも及び，より少ない度合いとはいえ，イスラームにも及んだ．「内的世俗化」とは，世俗圏の行動や思考の諸様態に対して，宗教圏が文化触変〔acculturation〕することである．その最も印象的な例として記憶されているのが，第二ヴァチカン公会議にほかならない．

しかし，世俗的な合理性に対して宗教圏が文化触変するというプロセスは，宗教の情動的な諸形態への回帰をともなっていた．そしてその回帰を，いかなる宗教的伝統も免れることはなかった．カトリックではカリスマ運動，イスラームではスーフィー教団，プロテスタントではペンテコステ派，仏教的伝統では創価学会のような集団，ユダヤ教ではハシティズムがその例として挙げられる．

ここに，二つの古典的な解釈モデルが対立している．まずデュルケームにおいて一切の宗教経験の前文化的で最初の核心とされる，聖なるものの情動的な経験としての宗教と，アンリ・ユベール〔Henri Hubert〕の定式化によれば「聖なるものの管理」としての宗教，という対立が見いだされる．この枠組において，〈宗教的なもの〉の制度化は，端緒となった創設的な情動的経験の色あせた形態にすぎない．よって，情動への「回帰」のなかに，〈聖なるものの基本〉への回帰，したがって（情動の制度化さえも〈宗教的なもの〉の凋落を促す動因として分析される限りにおいて）脱制度化のプロセスのうちにこそ真正な〈聖なるものへの回帰〉をみることができるという．

しかし，カリスマの日常化というウェーバー的なアプローチから発して，別の読解も可能である．カリスマから宗教へというウェーバーのアプローチは，一見，デュルケームが聖なるものについて提案する分析からさほどかけ離れていない．基礎として存在するのは，カリスマという驚異的で非日常的な経験であるが，それは合理化された諸形態のうちに永続化されなければならない．ただしウェーバーにおいて，カリスマはとりわけ不安定で一時的なものとして記述されている．カリスマ的権力は群衆に対して束の間の動員力を発揮できるが，それが社会に対するインパクトを実際に持つのは，日常的な現実のなかに定着してからのことである．

こうして，情動への「回帰」は，見たところ矛盾する二つの観点から解釈することができる．すなわち一つは，聖なるものの基本への回帰として，すなわちデュルケーム的な展望からするとその再活性化のしるしとして．そしてそれとは逆に，他の一つは，一切の理解可能で分節化された宗教的言説に対して近代的合理性が突きつけた信用の低下として．この二つの解釈が可能だということになる（Hervieu-Léger, 1990）．

しかし，より弁証法的な読み方も可能である．すなわち，〈宗教的なもの〉の脱制度化は，熱く情動的で直接の宗教性に場を譲るということである．そのような宗教性の非合理的な主張は，近代の「脱魔術化」された世界への対立を鮮明にするゆえにその妥当性を強化し，なおさら宗教経験の再活性化を意味するという読み方である．しかしそれは，厳密に言うと，〈宗教的なもの〉が力を増して回帰したことを意味するのではない．情動をもたらす直接の経験という条件に縛られ，日常性に移行する手段を欠いた〈宗教的なもの〉にとって，社会における永続的な表現を見いだすことは容易ではない．情動的なタイプの〈宗教的なもの〉は，単発的には大きな力を発揮することができるが，持続的な力はあまり持っていない．それは，その語の元々の意味〔祈りによって与えられた〕で précaire〔不安定〕なのである．

したがって，近代における宗教団体にとって第一の課題は個人の自律が中心的な地位にあるのを認めることであるが，それに次ぐ課題はカリスマの情動的経験を，それを遠ざけないようなかたちで，安定した形態のうちに永続化させることである．情動的タイプのペンテコステ派教団の一部には，階層化され，中央集権化された構造を持ったユニバーサル・キリスト教会〔438 頁を参照〕のように，合理化され，官僚的な仕方で情動とカリスマを生産するという興味深いケースがある．その世界的な成功は，信仰の合理化と宗教的活力との緊張関係が均衡を見いだすこともあるという証しとなっている．

宗教的近代――複数化と画一化の緊張関係

宗教的領野の複数化は脱制度化の論理的帰結であるが，それは諸々の緊張や矛盾を妨げるものではない．宗教の供給形態は多様化し，互いに競合関係に入っている．18 世紀末に始まる政治的近代の開始は，ユダヤ教の広範な再構成のプロセスを起動させ，その帰結として，宗教，伝統，近代をめぐる考え方が異なる，明確に区別され，しばしば競合するユダヤ教の流れをもたらした．一方で，自由主義的ユダヤ教のような「近代主義的な」流れは，ユダヤの伝統と「近代」とを両立させることを目指した，宗教内での世俗化の作業を行っている．他方で超正統派の諸派は，たいていは上記の流れへの反動として，反近代としての伝統という観念を再発明――ひいては端的に発明――した．すなわち，〈変わってはならぬもの〉というかたちで伝統を定義し直したのである．

ユダヤ教の場合のように，宗教をめぐる今日の風景は，相異なるさまざまな供給形態に分裂しているようにみえる．すでに述べたようにその供給形態は，一方では合理化と情動とのあいだを揺れ動き，他方では（たとえば，近代的諸価値の「真正なる」担い手として多分に幻想をともなって西洋が受容した仏教のように）近代という今の時代への文化触変と，「変化という至上命令」のもとに置かれ，堕落したものとみなされた世界に抗して過去からの遺産を最大限保とうとする態度のあいだを揺れ動いている（後者は，「伝統」を十全な状態で維持することを主要な課題とするアンテグリストもしくはファンダメンタリストな宗教集団全体を通じてみられるものである）．

しかし複数化は，さまざまな宗教的供給形態が競合状態に入るという論理を通じて，宗教性の画一化をもたらす（Berger, 1967）．この観点からは，「神秘主義的－秘教的集群」と福音主義的プロテスタントが，限界例を構成している．双方とも規制緩和を経て複数化した領野という像を提供しているが，その領野には，多かれ少なかれ自律的な信者が渡り歩く無数の宗教サービスや信徒集団があるものの，宗教性レベルでそのサービスや集団に実質的な差異があるとは言いがたい．

一般に，今日の宗教性の諸形態は，現世的関心の満足を中心に据える傾向がある．事実，宗教的信仰ならびに救済が前提とする地平の全体が変化し，その信条や救済が来世にまつわる諸問題から離れて〈いま・ここ〉に集中するという現象を観察することができる（Lambert, 1985, 2007）．提示されるのはもはや死後の救済ではなく（もしくは死後の救済が減少し），むしろ人生を成功させるための支援である．こうして癒しをめぐる信仰，個人的向上のための研修などが増加する一方で，僧侶，預言者，魔術師の形象にコーチやトレーナーの形象が取って代わるのがみられる．

より根底的には，宗教的真理を認証する様態が直接の経験と直接の社会的効力という論理に自らを適合させるようになったということになる．しかしこの傾向は，長期的には神学という観念自体を無効にし，教義の言説をその最も単純な表現へと還元していく．繁栄の神学から想を得た今日の福音派の諸潮流は，この「実効性の神学」の消失点を形成している．そこでは宗教的言説そのものも「イエスは救い給う」に還元されているが，その救済ははるか彼方の抽象的な原罪からの救済ではなく，アルコール依存症，貧困，不安定な生活，病気などからの救済である．また，その真理を保証するのは，新生（born again）の，すなわち神的な力によって生まれ変わり，自分の人生を組織し直す者の救済という直接的な自明性なのである．

経済的・文化的グローバル化に続く，宗教のグローバル化とトランスナショナル化によって，宗教性の諸形態をめぐる画一化は強まっている．近代に文化触変した仏教は，すべての西洋民主主義国で広まり，20 世紀初めにアメリカで現れたペンテコステ派は，次第にラテン・アメリカ，アフリカ，アジアに根を張るようになった．ペンテコステ派は，部分的にそれぞれの国の特殊性へと文化触変し，その国々の移民たちとともにアメリカ諸都市へと舞い戻ってきている．このようにペンテコステ派集群は，複数的でありながら，同時に極度に単純化され，画一化され，グローバル化したという，宗教的近代の前衛ともいうべき例を形づくっている．

宗教的近代——私事化と再公共化の緊張関係

宗教的信仰の現世的性格と，その中心がもっぱら個人的で親密圏に属する諸問題となったということは，宗教が私的なものになったプロセスと相乗的な関係にある．他律的領域から自律的で現世的な領域への移行は，〈宗教的なもの〉と行動との関係を根本的に変えることになる．〈宗教的なもの〉はもはや行動の源泉〔source〕ではなく，行動へ資源〔ressource〕を提供するにすぎない．フランスの公共空間でスカーフをまとうイスラーム教徒の少女たちを対象に行われたアンケート調査からは，多数派のドレスコードへの異議申し立てを通じて，いかに〔少女たちが単独で外出することを容易にする〕スカーフが家族圏から自律するための戦略として用いられているか，あるいは特異化とアイデンティティ主張の手段として用いられているかを強く感じることができる．

宗教的アイデンティティが（とりわけ，社会的少数派とみなされる宗教の場合）個人にとって特異なアイデンティティの構成要素となりうるのは，宗教的アイデンティティが本質的に個人的かつ私的なものとなり，またそうした意味で，公共圏において自己表現を行うことができるようになったからである．それは，宗教的秩序が社会を構造化する状態（宗教的支配の論理）への回帰を目指す世俗社会への攻撃であるというよりも，内密で私的なアイデンティティを公にしたいという意志なのであり，〈宗教的なもの〉がその意志の構成要素の一つとなっているということにすぎない（Gauchet, 1998）．

さらに，公共空間における〈宗教的なもの〉の新たな可視性は，政治領域にみられるプロセスによって助長されているといわれる．そのプロセスとは，国家が善悪の判断といった諸権限を，自ら放棄するプロセスである――これは，フランソワ＝アンドレ・イザンベールによって展開された〈宗教的なもの〉の内部における世俗化のプロセスと関連づけることもできるだろう．たとえばフランスでは，国がほぼ一貫しておもな宗教の代表者を招き，「有識者」と同席させて，公共道徳を定める倫理委員会や専門家による議論――とりわけ安楽死やクローン技術の人間への適用をめぐる議論――に参加させている．

しかしこれは，〈宗教的なもの〉がもはや支配勢力として，もしくは民主主義に対する危険として知覚されなくなった――あるいは知覚されることが少なくなった――という条件のもとでのみ可能である．種々のせめぎ合いを通じてではあるが，民主主義空間で展開するおもな宗教組織は，最終的に自分たちに割り当てられた地位を受け入れ，たいていの場合（結婚，性道徳，自己啓発，胎児の位置づけ，中絶などの）もっぱら私的で個人的な問題系を中心的に扱うようになり，社会が宗教の管轄から除外する（医療・健康，非宗教教育，科学などの）諸問題を放棄するに至った．そして，宗教組織が再び政治の駆け引きに参与し，法律の脱宗教化へと向かう流れを変えようとするやいなや，（アメリカ合衆国を含む）西洋民主主義国家のたいていの市民たちは，かの宗教の正統性に異議を唱えるのである．

非民主主義国家においては状況が異なる．国家が覇権的な支配を行使しようとするところでは，〈宗教的なもの〉はときに，唯一の複数性の空間となって政治的な異議申し立てを具現することもある．カトリック教会が共産主義政権の崩壊に大きな役割を果たしたポーランドの場合がそうであった．今日の例でいうと，社会の近代化プロセスが民主化プロセスをともなわなかったイスラーム的伝統の国の大部分の場合がそうである．その国々においてイスラームは，腐敗した政治エリートに対抗して市民社会の願いを代表する，ほぼ唯一の力として現れる．とはいえ，〈宗教的なもの〉が権威主義的な権力を補佐しうることも付け加えなければならない（たとえば，ロシアにおける正教会を参照していただきたい）．

〈宗教的なもの〉と〈政治的なもの〉の協力関係を舞台に載せることによって，またはエキュメニズムの集会における宗教間対話を公にすることによって，公権力も宗教組織も民主的で複数主義的な価値の顕揚のためにともに働いている．こうして宗教は，民主主義のゲームに自分の影響を与えるために動くというよりも，そのゲームに統合されているといえるだろう．そしてその見返りとして，民主主義への参加という「ゲームのルールを守る」宗教は，権威の面で失ったものを正統性の面で取り戻そうとする．しかし，その成果は確かではない．他の宗派や宗教関係者以外の人びとととともに「倫理問題顧問」という役割に甘んじた宗教組織は，数ある声のなかの一つにすぎなくなり，絶対性の次元を一切喪失することになる．こうして，宗教が公的な性格を取り戻すことは，逆説的にも宗教の相対化に貢献することにもなりかねない．それは逆に，政治カードを用いない宗教集団，すなわち民主主義ゲームに参加するよう招かれない（セクト，新興宗教，保全十全主義〔intégralisme〕などの）集団を強化するのにも貢献しかねないのである．

結論に代えて

宗教的近代という観念に向けられた批判は，おもに，それは新しいのか，普遍的なのかという点に集中している．

〈近代〉という語彙の使用は，伝統世界と近代とのあいだに根底的な断絶が存在するかのような推測を促す．近代概念は，連続性として規定された伝統世界に対する非連続性と新しさを意味する（Obadia, 2007）．ところが，宗教的近代に属すると一般にされている実践は，必ずしも宗教的近代に特殊なものばかりではない．多分に現世的な利益を追求する宗教的供給形態のあいだを信者が渡り歩くという現象は，ブラジルにおいて国の社会的・政治的近代化が起こる前から存在したし，教義や儀式に対して批判的な距離を置くという関係も伝統世界には縁がなかったとはいえず，むしろその逆だという事例も存在する．教義や儀式への伝統的な関係は，距離をとった「冗談関係」であることもあったし，「近代人」の〈宗教的なもの〉への関係が，それが直接的で自明な性格を喪失した限りにおいて，反省的で真面目な関係だということもある．こうして，分析からは連続性しか見いだされないのに「新しい」と宣言してしまうと，あらぬ錯覚を引き起こすことにもなりかねない．それに，〈宗教的なもの〉のなかに包み込まれた伝統社会という非時間的なモデルは，多分に理想化されたヨーロッパ中世の〈宗教的なもの〉という歴史的状況が，不当に普遍化された結果得られたものにすぎないのかもしれない．

そもそも，今日の世界で観察される宗教的変化の全体を，近代化というレンズで説明できるかどうかは自明ではない．南アメリカないしアフリカの近代は，近代をめぐる諸理論の包括的母型となっているヨーロッパ近代と同じ読解格子で分析されうるのだろうか．南アメリカないしアフリカの近代は，輸入された近代なのか，それとも宗教世界に対して固有の論理を持つ――ということは宗教世界と固有の調整を行っている――内発的な近代なのだろうか．

そのような条件にあって，その語（ターム）が多分に未決定であり，論争のもとともなっている観念を用いるべきなのだろうか．「宗教的近代」を特徴づけている数々の緊張は，宗教世界そのものを構成する緊張関係ではないのだろうか．それらは，教義や実践の合理化と情動の表現，特異性や個人の自律の考慮と共通の真理を表現する必要性，私事化やメッセージの内面化とそれを政治的に表現したいという意志のいずれの方向にも引っ張られる宗教世界そのものを構成するものではないだろうか．

全体として見たとき，これらの指摘は近代の特殊性（ということは伝統の特殊性）に関わるものであり，その特殊性をより広く問うようわれわれを導く．しかし，近代と宗教の対立，もしくは近代と伝統の対立という語（ターム）で宗教の変化に関する問いを提起することは，〈近代〉や〈伝統〉という語（ターム）を，普遍的な社会現象を記述する範疇としてではなく動的な概念的範疇として理解するという条件を守れば，まったく妥当性を失ってはいない．宗教と近代とのあいだの対立が多分に架空のものであるにせよ，対立を語る言語から発してこそ，初めて宗教的領野に内在する矛盾の数々がいくつかの極に集まっていくのがみえることに変わりはないからである．

参考文献　BERGER P., *The Sacred Canopy: Elements of a Sociological Theory of Religion*, New York, Macmillan, 1967.（ピーター・バーガー『聖なる天蓋――神聖世界の社会学』薗田稔訳，新曜社，1979 年；ちくま学芸文庫，2018 年）– BOBINEAU O. et TANK-STORPER S., *Sociologie des religions*, Paris, Armand Colin, 1997. – CASANOVA J., *Public Religions in the Modern World*, Chicago. University Chicago Press, 1994.（ホセ・カサノヴァ『近代世界の公共宗教』津城寛文訳，玉川大学出版部，1997 年）– COURBAGE Y. et TODD E., *Le Rendez-vous des civilisations*, Paris, Seuil, 2007. – GAUCHET M., *Le Religieux dans la démocratie. Parcours de la laïcité*, Paris Gallimard, 1998.（マルセル・ゴーシェ『民主主義と宗教』伊達聖伸・藤田尚志訳，トランスビュー，2010 年）– HERVIEU-LÉGER D., *Vers un nouveau christianisme*, Paris, Cerf, 1986. – « Renouveaux émotionnels contemporains. Fin de la sécularisation ou fin de la religion ? », in F. Champion et D. Hervieu-Léger, *De l'émotion en religion*, Paris, Centurion, 1990, pp. 217–284. – *Le Pèlerin et* *le converti. La religion en mouvement*, Paris, Flammarion, 1999. – ISAMBERT F. -A., *De la religion à l'éthique*, Paris, Cerf, 1992. – LAMBERT Y., *Dieu change en Bretagne*, Paris, Cerf, 1985, rééd. poche 2007. – OBADIA L., *L'Anthropologie des religions*, Paris, La Découverte, 2007. – SÉGUY J., « Modernité religieuse, religion métaphorique et rationalité », *Archives de sciences sociales des religions*, 1989 vol. 67, n° 2, pp. 191–210. – TROELTSCH E., *Protestantisme et modernité*, Paris, Gallimard, 1991.（エルンスト・トレルチ『近代世界とプロテスタンティズム』西村貞二訳，新教新書，1962 年）– TSCHANNEN O., *Le paradigme de la sécularisation*, Genève, Droz, 1992. – WEBER M., *Sociologie des religions*, Paris, Gallimard, 1996.（マックス・ウェーバー『宗教社会学』武藤一雄・薗田宗人・薗田坦訳，創文社，1976 年）– WILSON B., *Religion in Sociological Perspective*, Oxford, Oxford. University Press, 1982.（ブライアン・R・ウィルソン『宗教の社会学——東洋と西洋を比較して』中野毅・栗原淑江訳，法政大学出版局，2002 年）

セバスチアン・タンク＝ストルペール Sébastien TANK-STORPER

〔増田一夫訳〕

→ 回心・改宗，宗教性，世界化／グローバル化／トランスナショナル化，セクト，世俗化

宗教的マイノリティ
MINORITÉ RELIGIEUSE

フランスで単語としての存在が確認されるのは 1437 年以来のことだが，マイノリティの概念が，一般に土地との関係で規定されるさまざまな構造の内部における特定のグループを種別化する法的 - 政治的な構築物として作り上げられてゆくのは 18 世紀から 19 世紀，ヨーロッパにおけるネイション形成の一環としてのことである．その登場は主権の性質についての概念的な進展，そして，人民——もはや神ではなく——が正統性の究極的な源泉なのだという認識と密接に結びついている．「マイノリティ問題」の起源には，人民というものをそれが包含するものと排除するものの境界において定義してゆくプロセスがある．したがって厳密な歴史的意味において，この言葉は同時代の法的 - 政治的な語彙に属するものなのであって，宗教的な次元というのは，マイノリティとして構成されたものの性格規定の一つにすぎないのだ．

マイノリティという概念は歴史的に精密に定義されているわけだから，語義の上で数の問題を基点に作り上げられたのだとはいえ，それにはとどまらない意味内容

を含んでいる．実際，そこには次のことが含意されている．(1) 社会的かつ／ないし政治的なマジョリティとマイノリティのあいだで権力と従属の関係が存在していること．(2) これらの関係について定義，さらには制度化が存在していること．抗争的な状況のもとになる緊張が現れてくるのは，一般的に，こうした関係を定義すること，あるいは再定義しようと試みることからである．その内実を以上のように確定してみると，マイノリティは宗教的共同体や儀礼，宗派――これらはみな宗教の領域における差異化の力学と差異化の管理の力学を映し出すものだ――といった観念との関わりにおいて，特殊な性質をさまざまに備えた分析概念だということになる．

それゆえ，複数的だと称される社会にあっては，宗教的な多様性があるからといってマイノリティという構図が作り出されるわけでは必ずしもないことになる．たとえば，17 世紀以降アメリカに移民したプロテスタントが教義上の断絶から多数の教会や宗派を形成したからといって，そのことはマイノリティという形容にはそぐわない．

以下の解説では，まずマイノリティ状況について単純化したタイプ分けを行い，ついで，宗教的なマイノリティとマジョリティの関係の歴史的な多様性を，抗争的か平和的かということに即して検討する．最終節では「マイノリティのアイデンティティ」というより社会学的な次元を検証し，それら個別の社会集団の存続戦略を扱う．

宗教的マイノリティ――文脈と構図

マイノリティの構図には大幅なバラエティがある．多様性はそれら構図の歴史的な形成に特有の性格にも由来してはいるのだが，それよりはるかに宗教的なマジョリティとマイノリティの関係，いっそう正確に言えば権力関係に相関したものである．タイプ分けによるアプローチはまずもって宗教的マイノリティという地位が承認されているか否かという状況の区別へ向かう．マイノリティが承認されている場合，関係の編成はヒエラルキー的な原理に基づくこともあるし，それとは反対に，さまざまなありかたで平等性を探ってゆくこともある．つまるところ，宗教的なマジョリティと単数ないし複数のマイノリティの関係は必ずしも排除的な関係にあるとは限らず，力関係の画定にあたって介入してくるさまざまな外的媒介，とりわけマイノリティの保護を目的とした法的コーパスに依拠しながら活動する国際機関の総体と関連した多くの文脈を考察せねばならない．

生成——マイノリティの歴史的・社会学的生成は主として三つの力学から生じる．マイノリティは侵入や征服から生み出されることがある．7世紀以降のイスラームの拡張はアラブ勢力による征服行動に乗じたものであり，旧ビザンティン帝国のキリスト教徒は改宗を拒否した場合にはマイノリティ状況に置かれることになった．反対に，16世紀のムガル勢力の侵入によって，9世紀以来インド亜大陸に浸透していたムスリムは，ヒンドゥ教という全体のなかでのマイノリティとなった．これらマイノリティは数の上でのものだったが，イギリスによる植民地化に対して政治的支配権を譲り渡したことによって先に定義した意味におけるマイノリティとなった．

宗教的マイノリティの形成はまた〔宗教集団の〕内部分裂から結果することもある．実際，マイノリティ状況を生み出しながら，内的な差異化という力学は，一般に宗教的な道筋をたどるものであった．これらの力学が政治的な内実をともなっている場合，結果として作り出されたマイノリティは，挑戦を受ける全体からするならば異端という性質を帯びることになった．たとえば初期イスラームの共同体的な指導体制による正統化のありかたに対立して形成されたハワーリジュ派，イスマーイール派〔七イマーム派〕，シーア派がもたらした分裂や，またブルガリアにおけるボゴミル派の運動，後期中世の南フランスにおけるカタリ派の運動などがこれに該当する．ただ，確立された宗教集団の内部分裂が一貫して抗争的な状況を作り出すわけでないことは，インドにおけるヒンドゥ教由来の諸宗教（ジャイナ教，仏教，シク教）の形成が示しているとおりであり．これらさまざまな分派は，伝統的な宗教思想にあってはヒンドゥ教と同じレベルに位置づけられており，そこに所属するマイノリティは，今日のインド法においても，キリスト教やイスラームといった外部の「不純な」宗教に由来するマイノリティとは扱いが異なっている．

最後に，強制されたにせよ内発的であるにせよ，あるいは今日的な意味での移民によるにせよ，移住のプロセスというものが多くのマイノリティ文脈の起源となっている．

ヒエラルキー——ヒエラルキーは宗教的な他者性の承認を当該グループの法的かつ／ないし心理的な従属に結びつける最もありふれた編成形態である．キリスト教ヨーロッパにおいて中世を通じて存続してゆく編成のありかたはキリスト教をマジョリティとする定義（ニカイア信条〔325〕とローマの首位権の承認）とユスティニアヌス法典〔534〕に基礎づけられている．この共同体の外部にとどまる者が被る不名誉はしたがってもっぱら法的なもの，すなわち相続権の喪失，証言行為の禁止と，公的業務，つまり法・教育業務からの排除などである．ユスティニアヌス法典は

1215年の第4回ラテラノ公会議で修正されることになるが，この公会議は教令によってヨーロッパの住民に対してキリスト教共同体に所属するための本質要件を定め，非キリスト教徒には他と区別された服装上の標識を身につけるよう義務づけて法的な不名誉を強化した．

ヒエラルキーの設定はイスラーム諸国の社会的・法的な編成においても同じく優勢である．クルアーンは宗教上の多様性という原則を認めており，そこで用いられる「ディーン」（dīn）という言葉は宗教というよりも法として理解すべきである．イスラームの規則は，その信徒をキリスト教会のような異端から分け隔てているばかりでなくて，非ムスリムのあいだでも「啓典の民」（アフル・アル・キターブ Ahl al-Kitāb）と異教徒（クファール kuffār）という区別を行っている．啓典の民，すなわちユダヤ人とキリスト教徒だけが法的な承認を契約のかたちで受けるのであり，これは預言者ムハンマドが，イスラームによる征服初期に服属したカイバル〔ハイバル〕のユダヤ人とナジュド〔アラビア半島〕のキリスト教徒に庇護民（ズィンミー dhimmī）という身分を付与したからである．従属はおよそのところ人頭税（ジズヤ jizyah）と地租（ハラージュ kharāj）を二重の納税として具体化される．当初の庇護（ズィンマ dhimma）のありかたはカリフ，ウマル1世（'Umar ibn al-Khattāb〕（在位634-644）の時代に，恥辱と不名誉に関する諸規則（武器の携行や宗教的帰属の表示行為，相続，あるいは法廷でのムスリムに対する証言やムスリム女性との結婚の禁止など）を通じて厳格化された．

オスマン帝国の法的－政治的な編成は部分的には上の原理に基づくものであった．ユダヤ人・キリスト教徒集団内部の宗教共同体はそれぞれミッレト（millet）——これはアラビア語で宗教一般を指すミラール（milal）から作られた言葉である——として組織された．この構造は差異と法的な劣位を形式化しつつも，宗教上の差異を保証し，ならびに宗教上の事案や，帰属者の人格身分に関する各ミッレトの内的自律を承認するものであった．こうした編成は1856年にオスマン朝がヨーロッパ的な概念の影響下に宗教上の帰属と無関係な帝国全市民の平等を宣言するまで存続した．

平等性をベースとした承認——宗教上の差異が非ヒエラルキー的な枠組で承認されるには，アイデンティティの概念が生まれ，それが内属的な可能性，固有の存在論的次元の現実化として理解されるということが必要だった．哲学者チャールズ・テイラー〔Charles M. Taylor〕は現代におけるこうした真正性〔authenticité〕への要求は，存在が向かうべき腐敗なき内的道徳というジャン＝ジャック・ルソー〔Jean-

Jacques Rousseau〕の考えにおいて生まれたものだとしている．また，ヨハン・ゴットフリート・フォン・ヘルダー〔Johan Gottfried von Herder〕とともに，各々の人間存在，しかしまた固有の文化を持つ各々の国民は，自身の力量，「本性」を現実化せねばならないという思想が人間の実存の目的として打ち立てられることになった．真正性という理想は，いうまでもなく自己自身のうちから発生するものではなく対話的なプロセスによるのであり，そのプロセスは自分に独自のものであるはずのこの次元を，それでもなお他者によって承認されねばならないものとする．まさしくここにおいて，人間の普遍的な尊厳という概念が，身分社会において優位であった名誉の概念に代わってその位置を占めることになったのである．

ヨーロッパにおいて（宗教改革に由来する）宗教的マイノリティがそれ自体として正統なものと承認されるようになるのは，17 世紀，すなわちさまざまな寛容令とは別の枠組においてのことである．それ以前は一般的に「領主の宗教がその領地の宗教」(cujus regio ejus religio)，すなわち臣民は君主と同じ宗教に従う義務を負っているとする原理が適用されていた．1555 年のアウクスブルクの和議はこの原則に基づき，とりわけて，居住地域に即して宗教的な帰属を決定することを定め，神聖ローマ帝国におけるカトリックとプロテスタントのあいだで多数の住民の移動を命じた．所与の地域の住民が君主と異なる宗教に所属する権利を持つことが初めて文言化されたのは 1648 年のウェストファリア条約においてである．

平等性を基礎として宗教的マイノリティの実効的な承認を編成するにあたっては歴史的に二つのモデルがあった．両者の違いは国家のうちで宗教に与えられる位置に関するものである．寛容を掲げるモデルと厳格な分離を掲げるモデルがあるわけだ．

アメリカ型のモデルは 1791 年に採択され「合衆国議会は国教を樹立する，また宗教上の自由な活動を禁止するいかなる法律も制定しない」ことを定める権利章典〔アメリカ合衆国憲法〕修正第一条に基づきながら，この関係を二つの原理に即して編成した．一つは宗教上の多元主義，もう一つは「公的」宗教に対する拒絶，あるいは公的機関がなんらかの宗教を他の不利益となるかたちで優先的に指定することに対する拒絶である．このモデルはアメリカという若い国家の一体性を実現し，小さなコロニーそれぞれの排外主義を乗り越えるための条件であった．とはいえ，その基礎となったのは政治の領域から宗教を全面的に排除することではなく，アメリカ国民に神の使命を割り当てる「市民宗教」を推進することであった．アメリカ的な見方からするなら，ネイションは教会と同一視されるのだが，その教会では各人のオピニオンは承認されねばならないのである．

フランス型のモデルは革命期のさまざまな緊張から生み出されたものである．憲法制定議会の多数派は「憲法の基盤となる平等の原則の名のもと」，憲法のなかでカトリックが支配的な宗教であると言及することを拒む点では一致していたのだが，信教上の多元主義を推すアメリカの選択に近い自由主義者と，宗教を公共業務として国家に統合しようとするジャコバン派に分裂していた．ジャコバン派は1790年の聖職者市民化基本法によって優位に立ったが，これはマイノリティによる分派組織の形成を禁止する規定とともに宗教関係者をすべて国家に統合するという内容の法律である．1801年，ナポレオンと教皇ピウス7世のあいだで交わされ，ガリカニズム教会を解消し，その内的編成に関する特権をローマ教会に返還することを定めたコンコルダートは，革命期から生じた対立的な立場を調停させるべく世俗宗教を編成しようとするこうした試みを終わらせるものだった．フランス国内においては宗教上の自由が再確認されたわけだが，以降，基準として用いられることになったのは宗教的なオピニオンではなく礼拝〔culte〕という表現である．とりわけ，国家が宗教上の権益に対する自由なアクセスを編成する中心的アクターとなるわけで，言い換えるなら，個々の宗教的マイノリティはネイション・レベルにおける代表機関を編成せねばならなくなるわけだ．

マイノリティの保護——宗教的な差異を承認するという原則は，このように19世紀になってネイションの管轄ならびにネイション間の取り決めのレベルで徐々に確立されてきたのである．こうした管轄がとりわけ適用されたのはオスマン帝国に対する各地域の独立獲得の一環としてのことであった．1830年2月にフランスとイギリス，ロシアのあいだで締結されたロンドン議定書は，ギリシアの独立を承認する代わりにムスリムとカトリックに対する安全の保証と礼拝の自由を保証するように求めた．同様の原則は1878年のベルリン会議において，セルビアとルーマニア，ブルガリアの独立を承認する際にも適用された．マイノリティの尊重と保護は，1993年に定められたEU加盟基準〔コペンハーゲン基準〕になお記載されている．

20世紀を通じて確立されてきた法の全体は，差異を政治的秩序にとっての危険として考えることを拒絶する哲学の所産である．マイノリティの保護は1919年の国際連盟創設とともにネイション間の原則として認められた．国際連合が宗教的マイノリティの問題を扱ったのは1981年の宣言（「宗教または信念に基づくあらゆる形態の不寛容および差別の撤廃に関する宣言」）においてのことであり，この宣言によって提訴を受理し，仲介を行う機関が制定された．宗教上の差異の保護は，マイノリティに属する人びとの権利に関する1992年の国連宣言〔「民族的または種族的，宗教的および言語的少数者に属する人々の権利に関する宣言」〕でもあらためて確認されている．

非承認のかたち——現代における宗教的マイノリティに対する保護の主たるありかたが，一つにはその差異を承認することであるのは確かである．しかしここまでに定義してきた近代的な意味での承認は，ある種の文脈においては実施困難なものとなるのであって，とりわけ対立的な原理を調停することが前提されるときがそれに該当する．共産主義社会は宗教の次元を考慮することを拒絶しているわけで，宗教的な差異に基づくマイノリティの集合を明示的に承認することを自らに禁じている．中国におけるムスリムが承認されるのは，人民共和国が列挙する56の民族の一つである回族〔ホイ族〕としてである．また別の文脈では，宗教的な分裂の可能性そのものが考えようのないこととされる．パフラヴィー体制下のイランにおいて，1844年に創始された宗教運動であるバハーイー教は新たな宗教的分派ではなく政党としてのみ承認されていた．

宗教的マイノリティとその自律への権利を承認することの難しさは，マジョリティの宗教的な伝統に基礎づけられていることもある．たとえば，インドでは仏教とジャイナ教，シク教がヒンドゥ教と暗黙裡に同一視されており，ヒンドゥ教は一様な宗教的全体と考えられ，キリスト教徒やムスリムなどのマイノリティからは区別されている．シク教徒はすでに1950年代から支配的な教派への暗黙裡の同一視に反対して別個の宗教としての完全な承認を求めて活動を行っており，パンジャブ地方でのシキスタン樹立を訴えている．

マジョリティとマイノリティの関係形態

社会学的かつ／ないし政治的マジョリティと宗教的マイノリティとの関係は，部分的には，ここまで記述してきた歴史と編成についての考慮要件に応じて変化する．それはまた，支配的な秩序の観点から差異がどのように認識されているか——危険視されているか否か——そして，当該の社会が差異をどのように扱っているのか——受容しているのか，縮小させているのか，編成しているのか，消去しているのか——といったことに関係している．それは，さらにしかし，宗教的マイノリティがとっている姿勢——引きこもっているのか統合を目指しているのか，攻勢的な改宗を行っているのか異議を申し立てているのか——によっても変わってくる．

寛容——差異を承認し，それを認容することは，ヨーロッパ社会がマジョリティとマイノリティの関係の編成を試みる上での二つの原理となってきた．マックス・ウェーバー〔Max Weber〕は近代人にとって寛容は世俗的・宗教的な平和の条件であり，教会組織に対する世俗権力の優位の証明であることを明らかにした．それよりも以前，フーゴー・グロティウス〔Hugo Grotius〕は寛容の可能性それ自体を国家の形成に帰属させ，教会型の構造は，その基礎に普遍主義的な公準を持つ以上，寛容なものではありえないことを暗に述べていた．ジョン・ロールズ〔John B. Rawls〕はこうした見方を受け継いで，寛容——そして差別の拒絶——とはマイノリティという観念の形式化なのだと考えている．

したがって，西洋における宗教的なマジョリティとマイノリティの平和的な形態における関係の歴史は，寛容の観念とその実施の歴史といったものに近づく．この観念はキリスト教徒とユダヤ人やムスリムの構成するマイノリティとの関係からではなく，16 世紀，宗教改革以降の教会内部の分裂から生まれたのであって，とりわけ，抗争の時期を経て世俗的な平和に立ち戻るべく妥協を見いだすことの必要性として登場したものである．かくして，1598 年のナント王令発布はプロテスタントとカトリックの血みどろの対立の時代を終わらせた．1689 年にイギリスで採択された寛容法はローマ・カトリックとプロテスタントに公然礼拝の権利〔イングランド国教会の外に独自の集会を持っても罪に問われない〕を認めたが，土地所有と王権への資格は禁じた——なお，土地所有への制限は 1829 年に廃止されたが，王権への資格制限はなお有効である．

共存の編成，つまり位置を割り当てること——この特殊な歴史は，マイノリティに対するマジョリティの事実上の寛容がとる多様な形態とは区別されるべきものであって，というのも，こうした共存が編成されるのは，マイノリティが社会秩序にとって危険の源であるとは認識されぬのに十分なほど安定した法的，政治的あるいは儀礼的な枠組を俟ってのことだからである．たとえばアウグスティヌス〔Augustinus〕はユダヤ人に，キリスト教の真理と勝利の証言者〔「証人の民」〕という本質的な役割を割り当てることで彼らに対する特殊な寛容の観念を定義した．このような態度はユダヤ人に対する公的差別の源となっており，そうした差別は中世を通じて復活祭の儀礼のうちに演出されてゆく（教会広場でのユダヤ人に対する平手打ちや，アンダルシアにおけるユダヤ人居住区での投石などは聖週間の祝祭の始まりを画するものであった）．こうした儀礼はユダヤ人とキリスト教徒の関係の創設にまつわる歴史をあらためて上演しながら，宗教的マイノリティに社会における位置と意味を割り当てて，それを統合するのである．

平和的な共存はまた，マイノリティに対して，宗教やそこから帰結する掟，またときにはそうして定義された共同体の内部における政治的・身分的な組織に関係する一切のために必要な自律を認めるという枠組のうちで編成されることもある．こうした関係のありかたはオスマン帝国で主流を占めた．とはいえ，さまざまな宗教的共同体のトップとなる長や幹部を任命する権限はカリフに属していたのであり，そのようにして各々の共同体は象徴的に従属させられていたわけである．

時として宗教的マイノリティは，それを特定の目的のために利用する権力と特別なかたちで結びついてもいる．ユダヤ人がシャルルマーニュ〔カール大帝〕から帝国による庇護を承認されたのは，王の管財人という資格においてのことだった．このようにしてユダヤ人を王権の領域に属するものとして承認するやり方をフランスで踏襲したのはフィリップ尊厳王〔Philippe II Auguste〕であり，彼は 1179 年，ユダヤ人は王の奴隷であるとするドクトリンを公にした．

統合——今日の西洋社会において，平和的な共存の問題が具体的に提起されるのは，最も多くの場合，市民の全体として理解されたマジョリティへの宗教的マイノリティの統合あるいは同化との関連においてのことである．こうして寛容という原理は，ある種の宗教的戒律と公共領域を統御する法的な枠組，あるいは集団の象徴的表象とのあいだを調停することが不可能と思われるとき，限界に突き当たる．

1943 年，アメリカ最高裁は，エホバの証人が国家の権威を侮辱したり，国旗への敬礼という日常的な儀式への参加を拒絶したりするにあたって，みずからの権利をオピニオンの自由に対立させているとはいえないと判断した．イスラームやシク教に関する特定の儀礼的な掟を認容するかどうかは，しばしば激烈な公的議論の対象となってきた（フランスにおけるムスリムのヴェール問題，あるいは騎馬警官がシク教のターバンを着用することはカナダのアイデンティティに対する「象徴的な侵害」に当たるかどうかという問題）．

反対に特定の規定を修正することは，宗教的マイノリティを尊重した統合への意志として示されることもある．たとえば英国ブラッドフォードのムスリムは同胞を埋葬するにあたって，棺の使用を命じた条例を侵して自分たちの儀礼的な掟に従ってよいとする権利を獲得した．フランスの文脈では，統合は徐々に社会的レッテルとして，宗教的マイノリティと公権力の関係の正常化を意味するようになりつつある．ムスリムの代表を統一し，フランスにおけるイスラームを国家と各宗教の関係を統整する諸機関に参加させようとする執拗な政治的努力がそれをよく示している．

意志的であるかどうかは別にして，宗教的マイノリティがマジョリティ側の社会への統合を選択することもある．この選択を行うのが集団ということもあれば特定の個人ということもあるし，それが特定の文化的ないし組織的な活動の採用をともなうこともあれば，反対にある種の掟の放棄をともなうこともある．この場合，宗教的マイノリティに対してはオーソプラクシー〔orthopraxie〕の問題〔信徒の行動や儀礼のありかたが宗教的に正しいものであるかどうかということ〕が提起されることになる．

分離の論理：差別，排除――宗教的マイノリティがマジョリティの社会秩序，あるいは支配的な社会秩序にとって潜在的な危険を含むものと認識されるとき，あるいは宗教的マイノリティがこの社会秩序と自身の関係のありかたの枠組やありかたを修正しようと企てるとき，両者の関係は抗争的なものとなる傾向にある．ここで採用している関係の類型化に従うならば，無関心による反応は，関係を消去しようとする特殊な平和的共存のかたちだということになる．距離をとることはマイノリティの側からすればアイデンティティへの撤退，そしてマジョリティの側からすれば差別として理解することができる．分離は司法的かつ／ないし（ゲットーや移動の制限，墓地の分離といったように）空間的な領域で展開される．

排除の論理が最も徹底化されると，好ましくないと判断された宗教的マイノリティの追放へとつながる．1492 年のスペインにおけるユダヤ人追放はその代表例であるが，1182 年にフィリップ 2 世尊厳王が定めた王令もやはりフランス王国の領土からユダヤ人を決定的に追放することを目指したものである．マジョリティはさらにまた改宗の強制によって排除を行おうとすることもある．分離の論理が極限にまで至り，差異を公的空間で再確認するのではなくむしろ消去しようとするとき，事態は迫害の論理に入ることになる．

迫害――差別の論理と迫害のシステムはともに宗教的な差異を決定的に消去しようとする点では一致しているが，両者のあいだには程度の差だけではなく性質の差がある．迫害〔persécution〕は語源的に宗教の次元と関係していて，それというのもこの言葉はラテン語（persecutio）では，ローマ帝国におけるキリスト教徒の弾圧という枠組において現れたものだからである．迫害とは，危険と認識され，かつそのように構築された宗教的差異を理由として，個人や集団に対して為される象徴的かつ／ないし身体的な暴力の反復的な行使のことである．

象徴的な暴力には，宗教的な書物に対する攻撃（1240 年のパリでは公開討論の末にタルムードが裁かれ，焼かれた）や焚書がある．しかし同時に，特定の儀礼的行為を容認しがたいものと申し立てる裁判もある（たとえばユダヤ人が儀礼的な殺人を行っているとした糾弾がそうで，復活祭のパンを作るにあたって，若いキリスト教徒の血が混ぜられているなどとされた）．瀆聖行為というのも別のかたちによる迫害であり，礼拝の場や宗教者，あるいは墓地など，そのターゲットはさまざまである．

身体的な暴力にはさまざまなかたちがあるが，そのすべてが公的勢力の示唆によって引き起こされるわけではなく，マジョリティと特定の宗教的マイノリティのあいだに緊張が生じている時期には，暴力の噴出という状況は，暴動，あるいは特定の地区や礼拝の場への襲撃といったかたちで頻発するものである．今日の代表的な事例として，1992年インドのアヨーディヤーにおけるモスク襲撃，またインドネシアにおけるキリスト教会への襲撃などがある．

マイノリティのアクティヴィズム——距離を置くこと，また差異を再強調することへの意志が暴力にまで至るというのはマジョリティに限った事柄ではない．ある種の文脈においては，緊張を作り出すのは宗教的マイノリティの側なのだ．19-20世紀におけるナショナリズム・イデオロギーは，政治的な自律を国家というかたちで獲得しようとした宗教的マイノリティによる多くの要求運動の出発点となった（バルカン諸国のムスリム，レバノンのマロン派，パンジャブ地方のシク教徒など）．歴史的には，イスラエルやパキスタンがそうであるように，宗教的マイノリティの存在を保証するために建設された国家もある．

ある種の文脈においては，宗教的マイノリティが，現に異邦の住民がその宗教に改宗していたり異邦の勢力に仲介されたりして，実際上は征服の道具となることもある．19世紀から20世紀にかけて，植民地帝国主義の時代のキリスト教宣教師の活動は，とりわけキリスト教徒居留条約のような法的システムと連動した場合には，攻撃の一形態になっていると考えられる．1740年にフランスとトルコのあいだで〔新たに〕結ばれたカピチュレーションが配置したこうしたシステムにおいて，オスマン帝国は東方のカトリック聖職者に対するフランスの保護，何よりも保護された居留民についての治外法権を承認した．この場合，マイノリティ側の住民はいっそう強力な，あるいはいっそう多くの手段を有する同宗者との特殊な関係を利用し，自身の状況を集合的に再定義することを試みているわけだが，反対に裏切り者やスパイ，陰謀家といった非難を受けるリスクもある．

マイノリティのアイデンティティ保存

マイノリティとマジョリティの関係をめぐる文脈と形態を考察するだけでは，マイノリティであるという事実のいっそう社会学的な次元，言い換えれば，ある宗教的マイノリティへの所属がそのように定義された人間共同体の再生産のありかたについて示す特殊性が脇に措かれてしまう．

ときとしてマイノリティの戦略と呼ばれるかもしれない態度としてどのようなものがありうるかというその多様性は，文脈だけではなく，当該のマイノリティに固有の内的構造化のかたちにも応じて変化する．宗教的共同体を枠づける組織された聖職者層が存在するかどうか．その聖職者層は宗教的な伝統と周囲の世界との交渉を推奨しているのか，あるいは逆に伝統への回帰を推奨しているのか．宗教的マイノリティの内部に改宗への攻勢的な動きがあるかどうか．また，改宗の基準はローカライズされたものであるか，それともマイノリティはいっそう大きな運動，もっといえばディアスポラ的な編成のうちに位置づけられているのか．また，その多様性は，宗教的マイノリティに属する信徒の態度に応じても変化するのであり，彼らは (1) マジョリティ側の社会に全面的に同化することを目指して背教を選ぶこともあるし，(2) 宗教的なドクトリンとの妥協，あるいは (3) 原理主義的な刷新といった選択をすることもある．

宗教的マイノリティが存続するにあたって前提となるのは，宗教的伝統の伝承というメカニズム，そして支配的な社会との関係においてペナルティとなったり危険であったりするかもしれない状況を抜け出そうとする個人に対するコントロールのメカニズムである．

伝統の継承――伝統，またその継承のために必要な構造を発展させるよう推奨している宗教的マイノリティは多い．そのための方法は宗教的な学校組織，アソシエーション的なネットワークを設立することであったり，（シリアにおけるキリスト教共同体がそうであるように）修道院を刷新することであったりする．こうしたタイプの活動はしばしば非政治的なものとみなされて権威から抑圧されることがないため，ある種のマイノリティは知的伝統に力を注いで立派なコーパスを作り出したりもする（エジプトのコプト正教会信徒やユダヤ人）．ときには伝統がマイノリティ内部の攻勢的改宗の運動によって再確認されることもあって，ヤズィーディー教徒の場合がそれに当たるのだが，彼らのあいだでは一種の聖職者が小さな像を持って巡回しながら，信徒に対して宗教的な義務を果たすよう説き勧めている．

宗教的な伝統はまた，その構成員たちが差別や迫害にもかかわらず帰属していることを正当化するためのモデルや価値を備えていることもある．多くの宗教的マイノリティにおいて苦難と受忍が強調されることはそのようにして理解される．たとえばコプト正教会の信仰において殉教者は信仰の究極的なモデルであるし，シーア派におけるムハッラム（Muḥarram）の儀礼は不公正きわまりない権力によって殉教させられる義人の姿を演出している．また，ドルーズ派教徒は，迫害に耐える力（mihna）をその宗教システムの中心に据えている．反対に宗教的な伝統が終末論的な見方や千年説的な考え方を掲げ，現実を別の次元に置くことで結果としてそれを耐えうるものとすることもある．

閉鎖と内的なコントロール――宗教的マイノリティの観点からするなら，世界内と世界外というウェーバー的な区別は，ここで，宗教的マイノリティが周囲の社会の政治的な問題に巻き込まれるのを避けようとする状況を記述するのに適切なものである．宗教的マイノリティにはさまざまな閉鎖のありかたが存在しており，それらは物質的なものであったり（砂漠や山間部などの人里離れた場所に居住することや，〔チュニジアの〕ジェルバ島のユダヤ人街を囲う糸（エローヴ erouv）〔想像上の壁〕のように物理的に閉ざすことなど），社会的なものであったり（内部婚，食事や儀礼についての掟，独自の暦など），または宗教的なものであったり（背教の禁止，マラーノ主義，本当に信じている宗教について隠したり偽ったりすること，修道院のように世俗を離れた宗教性の形式に力を入れることなど）する．こうした装置が大なり小なり強制的に制度化されることもあるが，それはマイノリティが存続する上での必要条件というわけではない．これらのシステムとともに，マイノリティは内部の視点を特権化し，マジョリティ側の社会や権力との力関係に反駁したりそれを修正したりするよりは差異を維持しようとするのである．

こうした装置に加えていっそう強制的なコントロールのシステムもあって，それらは掟や禁止，罰則といったかたちでマイノリティ集団の一体性を保証しようとする．宗教的な枠づけは食事のコントロール（ハラールやカシェルといった認証）や読書のコントロール（コプト正教会信徒は総主教の許可を受けない書物は読まない），また婚姻のコントロールを介したりする．

破門は，破門された人物の社会的な追放とともに，マイノリティへの帰属について個人レベルで交渉しようとする構成員に対する最もありふれた罰則である．

ディアスポラ的な編成――最後に，今日ではディアスポラ的な編成のありかたがマイノリティの態度の構築における主要な革新となっていて，というのもとりわけ，ローカライズされたマイノリティはそれによってマジョリティに対する日常的な関係を超え，さらには，同じマジョリティによって課された支配関係に挑戦することを可能にする集合のうちに自身を位置づけられるようになるからである．ディアスポラは多くの場合，アイデンティティ要求の運動における本質的な源泉であり，ときには動因である．シク教徒の政治的アクティヴィズムはとりわけディアスポラを通じて再開・促進された．同様にマロン派教会はレバノン内戦の期間を通じて，レバノンを東方キリスト教徒のホームとする計画を経済的に支援しようと動いた．いっそうリベラルな体制の恩恵に浴しているディアスポラも，差別や迫害といった状況を媒介し，場合によっては国際機関からの支持を獲得するための中継点となっている．

参考文献　ALLES E., *Musulmans de Chine. Une anthropologie des Hui du Henan*, Paris, Éditions de l'EHESS, 2000. – BORDES-BENAYOUN C. et SCHNAPPER D., *Diasporas et nations*, Paris, Odile Jacob, 2006. – BRAUDE B. et LEWIS B., *Christians and Jews in the Ottoman Empire. The Functionning of a Plural Society*, New York-Londres, Homes et Meier publisher, 1982. – LÉMENTIN-OHJA C., *Les Chrétiens de l'Inde. Entre caste et Églises*, Paris, Fayard, 2008. – JACKSON-PREECE C., *Minority Rights. Between Diversity and Community*, Cambridge, Polity Press, 2005. – JAFFRELOT C.（dir.）, *L'Inde contemporaine de 1950 à nos jours*, Paris, Fayard, 1997. – MOORE R. I., *La Persécution. Sa formation en Europe, Xe–XIIIe siècles*, Paris, Les Belles Lettres, 1991. – NIRENBERG D., *Violences et minorités au Moyen Âge*, Paris, PUF, 2001. – PLANHOL X. DE, *Minorités en Islam. Géographie politique et sociale*, Paris, Flammarion, 1997. – TAYLOR C., « The Politics of Recognition », in A. Gutman（ed.）, *Multiculturalism: Examining the Politics of Recognition*, Princeton, Princeton University Press, 1994.

イサベル・リヴォアル Isabelle Rivoal
〔森本庸介訳〕

→ 宗教教育機関，世俗宗教，多元主義，ディアスポラ，不寛容／寛容，法と宗教

宗教哲学
PHILOSOPHIE DE LA RELIGION

宗教哲学の固有の定義に出会うには，18 世紀ヨーロッパを待たねばなるまい．それによると，宗教哲学は，神学からも，宗教の単なる哲学的な批判からも，また神概念に関する形而上学的な問いからもきっぱりと区別される．ジャン・グレーシュ〔Jean Greisch〕は，宗教哲学という語の発明をイエズス会士ジギスムント・フォン・

シュトルヒェナウ〔Sigismund von Storchenau〕(1731-1797) にまで遡らせる．もちろん，それまでも宗教についての哲学的な省察には事欠かなかったし，そのなかには深く掘り下げられたものもあった．だが，道徳哲学や政治哲学，美学などと同じくらい明確に，固有の対象や方法によって規定される特別な学科としての宗教哲学を，哲学の只中に築きえた者は誰もいなかった．これには歴史的かつ概念的な理由がある．なかでも最初に挙がる理由は，そうした統合に必要な諸条件を提供したのが哲学の世紀たる 18 世紀だったということだろう．ただしこれは，哲学の宗教そのものからの解放，誰の目にも明らかな指標を目の前に見いだせるような解放までには至っていない．むしろそれは，人間の文化的所産についての思考がそこへと向けて深まっていく方向だったのであり，そうして宗教的現象が哲学的な問いに固有の対象となっていったのだろう．

以上のことが宗教哲学の定義という点で本質的に含意するのは，宗教哲学というのものが，それ自身の発生源になりうるような一定数の近似した哲学的方向性や伝統から独自の仕方で区別されたということである．しかし，ここには同時に，哲学が歴史的に宗教自体に対して持っている競争関係を考慮に入れるという意味もある．宗教哲学の発展とその方向性はこの競合関係によって規定される．宗教哲学を啓蒙時代の産物とみなすならばなおさらのことである．

もちろん，エピクロス（および特にルクレティウス）からスピノザまで，宗教についての批判的省察は行われてきた．だが，実際には，こうした省察を多少なりとも込み入った仕方で手掛ける哲学者はわずかであった．とりわけスピノザの『神学・政治論』は，この分野では正真正銘の先駆者であり，創始者とさえみなせるものだろうが，特に神学と哲学の確たる区別と真に批判的な分析法の開発を起点として，宗教一般の概念のみならず，諸宗教の歴史的実在性とその意味にも注目するような考察を行っている．しかし，専門的にみると，スピノザの諸考察は，単純に自然神学の範囲内にとどまるのではないとしても，いまだ神々や神の本性をめぐるより広い形而上学的問いに結びつけられている．宗教的現象が視野に入れられるのは，神々や神の本性を合理的に基礎づけたり無効化したりする際に，宗教的現象がそれを多少なりとも適切な仕方で表現できるとみなされる場合のみである．宗教ないしは諸宗教の内容の研究に焦点を絞る場合でも，こうした省察が任務とするのは，それに関して哲学的理性が生み出すものとの適合性を評価し，場合によっては，諸学と哲学それ自身の観点から宗教の一般概念を根拠づけることなのである．

一般に，哲学の全歴史は，始まり以来，存在の学（存在 - 神論）を根本課題とし，最高存在者の本性についての省察と同じだとは言わないまでも，それによって裏付けられてきたように思われる．それゆえ，宗教の本性についての省察は，実際には哲学の歴史から切り離せないものである．この意味で，哲学と神学とがつねに結びついていながら，互いに対して批判的な反応が増し，哲学が神学から解放されていくという状況は，中世になって初めてみられるものではない．また，多少とも形式化された哲学的言説と詩的－宗教的な言葉を分離し，宗教的現象を哲学的に問うという営みは，一神教が出現して初めて出てきたわけでもない．

とはいえ，容易に理解できることだが，宗教の内容（神々の存在），さらには宗教的現象（祭祀，霊感，占い）についての問いかけは，当然いつも同じ方向をとるとは限らない．たとえば，都市国家の〔公的な〕タイプの宗教では，〔個人の〕信仰についての問いは何の意味も持たないのである．とはいえ，近代の宗教哲学は，自らの由来の一部である自然神学を拒絶し，この自然神学のユダヤ－キリスト教中心性を突如自覚したことにより成立したのだ，というように考えるならば，それもまた早計であろう．あらゆる形態の護教論を放棄するだけでは十分ではない．逆に，今日のわれわれにはどれだけ衝撃的にみえようとも，宗教哲学という学問分野の創設者の一人であるシュライアマハー〔Friedrich Schleiermacher〕のように，護教的願望から出発して一つの宗教哲学を作り上げることもできるのである．

ある意味では，哲学的省察が神の（あるいは神々の）問い以上に進まず，宗教の内容だけを理性の篩にかける場合は，まだ宗教哲学以前にとどまっているといえる．逆からいえば，宗教哲学とは，信仰告白や宗教の内容（神学）の理性的正当化に必要な中立性のみによって成立するものではなく，実際に考察すべき対象をその固有の性格において手に入れて初めて成立するのである．このようにみれば，カントやシュライアマハーの考察は，議論すべき点はあるとしても先駆的なものである．カントは理性の要求のエコノミーのなかで宗教に割り当てられる固有の任務を（「私は何を希望してもよいのか」という問いから）考察し，シュライアマハーは「宗教的感情」を「他から自立した精神領域」に属するものと考えることに精力を注いだ．このように，宗教哲学の発展は，宗教の純化という理性の進歩に関わる哲学的企図に――言い換えれば，純粋に理性的な宗教という地平へと本質的に結びついているのである．

それゆえ，もし宗教哲学が，一方では自然神学から，他方では宗教的哲学（アンリ・デュメリ〔Henri Duméry〕を参照）からはっきりと区別されるべきだとすれば，最高存在者の学に極まるとされる形而上学からも区別されねばならない．要するに，宗教哲学は神的なものの哲学たろうとする野心を持つべきではないのである．その理由は，そうした哲学の内容や推断が特定の宗教の諸前提から影響を受けているおそれがあるというだけのことではなく，そもそもそうしたことは宗教哲学の対象とはならないからである．宗教哲学が「神の学」という野心に至る場合があるとすれば，それは，宗教的現象をそれとして問うことによって，すなわち，この現象を客観的，実証的，歴史的，文化的，人類学的な実在性において問うことによってのみである．それゆえ，宗教哲学という学科は，宗教的諸事実（以上より宗教哲学は当然これを複数形で考えるはずである）へと向けられた注意の管轄下にある．この学科が，これらの諸事実を解釈する際，人間学的にして普遍的であると想定される諸根源へと遡ろうとするとしても，このことに変わりはないのである．

このような観点から，宗教哲学のそうした方向性を証する形式的特徴を少なくとも三つ挙げることができる．まずは宗教的現象の経験性に向けられる哲学的省察である．18 世紀には，この種の考察は自然宗教の概念と〔歴史のなかに現れてきた〕諸々の実定宗教との関係をめぐる議論というかたちをとるようになった．次に人間学的な基礎の探求であり，最後は，宗教的現象は他のどんな精神的・文化的な所産にも還元できず，内的に説明しなければならないという前提である．言い換えれば，宗教哲学は，その本性からして，それ自身の方法論的道具立てを整備する前から，通時的には宗教ないし諸宗教の歴史に対して，共時的には宗教的なものを表現する諸々の経験的な現れに対して鋭敏でなければならない．つまり，宗教哲学は，単に宗教的信念の内容やこの信念の構造や条件に関係するだけでなく，宗教的なものを作り出し，表現する諸々の行為にも関係するのである．

このような見地に立てば，宗教を，哲学がその合理的妥当性をテストせねばならないような命題系に還元することはもはやできない．そうではなく，宗教は諸々の態度，意識の持ち方，儀式，社会組織が複雑に絡み合った総体とみなされる．それゆえ，宗教哲学と歴史学的・人間学的・社会学的諸学との対話は，宗教的なものの諸学が躍進し，有益な発展を遂げたことから生まれた歴史の偶然なのではない．この対話は，それが実現するかどうかは幸運によるという面が多少あるにせよ，歴史の偶然というわけではない．こうした対話をなしですますと主張する哲学はすべて，事実的には宗教哲学であることをやめるだろう．

とはいえ，固有の対象を手に入れたからといって，宗教哲学はその成り立ちと目論見から発する諸問題を解決したわけではない．宗教の本質を規定することが宗教哲学の当初からの課題であるが，この課題からは一定数の困難が生じてくる．宗教哲学の歴史は，そうした困難の発生と解決への試みによって区切られてきたのである．

第一の困難は，最初にこの想定上の本質に到達するために適切な型のアプローチを定めることであろう．数々の企てがあるが，いずれもさまざまな困難に突き当たる．宗教の本質を宗教的意識の分析から輪郭づけようとする限り，まずは宗教経験自身が持つとされる不透明な基底に直面する．宗教経験は理性による明瞭化の企てには還元できないように思われるからである．〔宗教的〕信念の諸様相を研究するだけにとどめるならば，まだしも困難は克服できよう．もっとも，信念の評価にまで至りたいという欲求が大きい場合には，そうした研究で前提されるべき科学的中立性があらためて問いに付されるだろうが．けれども，外的な観点（宗教的意識の客観的表現）からであれ，内的な観点（宗教的意識の動機や意図，構造）からであれ，哲学が宗教経験を解明できるという根拠はないのである．

しかしまた，哲学はこの課題に取り組むなかで，当然ながら宗教経験とその表現の複数性にも突き当たることになる．こうして哲学は，けっして達成されることのない（疑わしい類似や相同性に基づく）比較研究と，単に民族中心主義を隠しそこねたり，広すぎる定義を生み出したりしかねない還元主義とのあいだに身を置くことになる．これは，うまく調整できれば実り豊かだが，危うい位置である．けれども，還元主義だという——しばしば哲学に浴びせられてきた——非難に対しては，歴史的かつ文化的に規定されたものだという性格を表立って引き受けることで応答できる．宗教哲学自体が，一定の諸宗教の発展から出てきた歴史的所産であり，最初から自然神学の計画に結びついていることはまったく疑いない．宗教哲学の歴史は明らかに世俗化の過程と連動しているが，それでも宗教哲学がもともと西洋の主要な諸宗教と類縁性を持っていることが否定されるわけではない．こうした類縁性のゆえに，宗教哲学の数々の発見的な主張が損なわれることもあるかもしれない．だからといって，こうした起源の重みのせいで，哲学が宗教への有益で，とりわけ自律的な接近手段を生み出すことは禁じられるだろうか．そうは思えない．もちろん，宗教哲学は自らが力を注ぐ領域の限界を認め，自らの生み出す諸手段が及ぶ射程の限界を吟味すべきである．だが，自らの足取りをつねに批判的に省察している限り，宗教哲学が有効性を示せず，その点では宗教的なものを扱う他の諸学と何も違わないなどという理由は，権利上どこにもないのである．たとえば，ポール・リクール〔Paul Ricœur〕がするように，最も身近な対象から出発し，近さの度合いに沿って足取りを検討していくこともできよう．こうした謙虚な企てをとり，宗教的に規定されたパラダイムの密輸入を避けることが，最も有効な解決策の一つだと思われる．

こうして，月並みではあるが，問題は宗教哲学が提示する定義上の諸特徴の有効性と妥当性だということになる．それらの特徴はあらゆる宗教を正当化できるだろうか．また，宗教そのものを思考するのだという哲学の自負のうちには，それ自身宗教的に規定されたパラダイムのもとで，諸宗教の持つ固有性を押し潰してしまうという明白な危険がありはしないだろうか．宗教概念の拡張という問いは，宗教哲学が宗教をどう理解しているのかという問いへと立ち戻らせる．それは単に，これらの特徴に想定された普遍性に対して，事実上つねに疑義を呈することができるからではない．それだけでなく，最終的には，それらの〔宗教哲学が提出する〕定義がどこから出発して作り上げられるのかが問われてくるからである．

この概念構築上の主軸は，当然宗教的信念の主体の分析に属している．それゆえ宗教哲学は，この信念の諸様相の範囲を定める（そして評価する）ことに打ち込んできただけでなく，宗教的主体それ自身を思考することにも専念してきた．こうして宗教哲学は，最近の現象学的展開に至るまで，宗教的意識の諸様相について，ということは，この意識の世界への関係と対象性の構築の宗教的諸様相についてもまた，一定数の実り多い分析を提供できたのである．だが，この宗教的意識が，一定数の（信念の）認識作用にも，人間精神の只中にあってその独自性を規定すべき「宗教的感官」〔sens religieux〕の行使にも，そうした作用の心理学的，倫理的，人間学的な動機にも還元されないことは明らかである．宗教哲学は個別の意識から出発して宗教的現象の本質をつかもうとするが，宗教を形づくるこれらの作用は明らかに社会的次元を持ち，個別の意識のほうが宗教の社会的次元に規定されていることを確認せざるをえない．それゆえ，宗教哲学のアプローチは，見た目に反して単純な方法論的個別主義を拒むことになる．宗教的意識の諸作用の独自性を何とかつかもうとしたからこそ，宗教哲学は可能な限り宗教の主体を孤立状態へと還元しないように努めたのである．

以上のことから，宗教哲学は，こうした見方を諸宗教の歴史の本性へと連関づけずにすますわけにはいかない．宗教哲学は，その始まり以来，自らが生み出すのだと主張するような宗教概念と，その表現となるような実際の諸宗教との関係をめぐる問いを提起してきた．だが，実際の宗教における現れのうちに，宗教そのものの純粋概念の「翻訳」やなんらかの偶然的な変質を見たいという誘惑は大きかった．それによって，たとえば祭祀や儀式，そして諸宗教の複数性さえも〔宗教そのものの〕歴史上の残滓とみなすように促されたのだった．こうした見地からは，哲学が自らを歴史上の諸宗教を純化する任務を負うものと考えることさえありえた．その結果として，自然宗教という概念が評価的で先見的な機能を獲得したのである．もっとも，すでにヒューム（『自然宗教に関する対話』と『宗教の自然史』）において，この概念への批判的なアプローチがみられる．そこでは，自然宗教の人間学的かつ社会的な基礎が明示される一方で，この概念の地位自体が問いただされる．自然宗教とは単に「哲学者たちの宗教」なのではないか．哲学者たちの宗教は，純粋に理性的で，祭祀も実践も真の意味の共同体も持たず，対象が不確定になりがちであるが，それでもなお宗教と呼べるのだろうか，と．

ここでもまた，シュライアマハーに教えられることがある．特に『宗教について――宗教を侮蔑する教養人のための講話』の最後の二つの講話は，まさに宗教という概念の名において，宗教哲学を宗教の社会的性格の研究へと向かわせる一方で，哲学者を促して，まさに諸宗教の歴史性のうちに，抽象的でも不適切でもない宗教の定義を探究させたのである．『宗教について』の構成自体が示しているように，シュライアマハーは，主体を起点とした宗教へのアプローチ（宗教の本質を「宗教感情」に結びつけることによる）と，宗教の本質的に社会的で歴史的な性格を連関づけることができた．後者の性格のゆえに，宗教の歴史的な複数性が宗教自体の本質による必然的な特徴となるのである．

19 世紀の歴史意識の発展によって宗教概念も歴史化され，歴史的で実定的な現出が宗教の本質であることが強調されるようになったが，それでも困難が解消されたとはいえない．なぜなら，たとえばヘーゲルのように，諸宗教の歴史を一つの思弁的な歴史とみなし，宗教概念が諸々の実定宗教の成立と発展のなかで徐々に実現していくさまをそこに見てとることも可能だからである．この立場は，ある一つの宗教がこの〔宗教〕概念をまさしく完全に実現しうると考え，そのように評価する立場（「絶対宗教」ないしは「啓示された宗教」）へと至らざるをえないように思われる．このようにみれば，ヘーゲルの企ては，諸宗教の歴史から出発してまさしく宗教の本質を把握するのだと主張したが，同時に歴史自体の思弁的な見方を諸宗教の歴史に適用することの危険を告げもしたのであり，そうした点で根本的な転回点となったといえる．つまり，ヘーゲルの宗教哲学は，理性の歴史，あるいはむしろ《精神》の歴史というより広い体系のうちに捉えられていたのである．この《精神》は，宗教がそれ自身《絶対精神》の形象であり，《絶対知》が《絶対精神》の成就を表す限りにおいて，歴史上の諸宗教の発展のうちに宗教の理念（現実化した概念）の構成契機を見てとる．このようなアプローチは，結局は《絶対精神》の学たる《神》学へと吸収されてしまうことになった．

にもかかわらず，逆説的にも，ヘーゲルのこうしたアプローチは，宗教の人間学的解釈の促進に貢献することができた．人間学的解釈は，宗教哲学をあらゆる神学的な企図から徐々に切り離していくことを目指し，人間が宗教を「作り上げる」仕方や条件に敏感になった．そうしてこの解釈は，ヒュームが切り開いた探求の線を再びたどり，宗教の機能，宗教が応答すると主張する人間の諸欲求へと目を向ける．そして，宗教の諸形態を規定する諸条件，もはや形而上学的にすぎないものではなく，物質的，社会的，歴史的な諸条件を探求したのである．

これに対して，けっして失われることなく，宗教的なものについての他の諸学に対して宗教哲学が持つ独自性をなすはずのものは，あくまで宗教の真理を思考する（そして批判する）ことに執心する姿勢である．だが，まさにこの方向性が大きく問い直されていった．すなわち，宗教哲学に関して，宗教的現象を適切な仕方で思考し記述する能力ではなく，そもそも評価を下しにかかるその見地が問い直されたのである．こうした見地が，科学的で実証的なアプローチによる批判を受けるのは当然である．そうしたアプローチからすれば，真理の問いは立てられないし，立てられてもならないのである．

20世紀には，宗教的なものの諸学，特に宗教的なものの社会科学が目覚ましく発展したが，この動きが，宗教哲学とその企て，方法の正当性の再検討を通して，宗教哲学の実行を大きく方向づけ直すことに貢献したのは間違いない．これは，宗教哲学が諸宗教についてのより展開され，より厳密で複雑な認識に直面させられ，これまで形づくってきた定義的特徴の多くを再検討しなければならなくなったというだけのことではない．根源的に問いただされたのは，宗教の本質を思考するのだという宗教哲学の主張，普遍化を志向するその主張自体であり，つまりは評価を下しにかかるその見地である．こうした見地に立てば，諸宗教を多少なりとも明白な仕方で序列化するか，あるいは理性（および西洋的合理性の諸原理）の名の下で宗教を根源的に批判するか，どちらかにならざるをえないように思われた．

確かに，早くから宗教哲学は，自分自身もその犠牲になりかねない合理主義的「偏見」に対して敏感であった．その成り立ちからして，宗教哲学は，諸宗教のうちに迷信やばかげた儀式の単なる寄せ集めとは別のものを見，宗教的意識のうちに理性の幼年期とは別のものを見ようとしてきた．それでもやはり，真理の問いを立てることによって，宗教哲学は，宗教的なものの諸学が方法論的かつ原則的に離れるように訴えた領野へと導かれていったのである．

だがこれは，宗教的なものの諸学が原理とする諸宗教の多数性，その形態の多様さが，今後は一つの共通概念に包摂できないことがおそらくついに露わになり，もはや普遍的とされる本質のうちに吸収できなくなった，というだけの話ではない．より一般的にみれば，これはまた，諸宗教自身の歴史的な進展であり，それらが近代（および超近代（モダン））にとった諸形態でもある．それは単なる世俗化ではなく，諸宗教の前代未聞の形態への再編であって，これによって第二の大きな変動がもたらされたのである．

こうした変動を踏まえたとき，宗教哲学が歴史のなかで形づくり，それゆえ諸宗教のある状態に結びついている諸概念によって，なお現代の宗教的事実を理解することができるのだろうか．宗教の本質とは，歴史的に規定された（そしてその歴史的規定があまりに早く忘れ去られた）構築物にすぎず，現代的な形態の宗教は，もはやこの構築物のもとでは整理できないのではないか．宗教哲学の分析手段そのもの，宗教哲学もそこに登記されている合理主義のパラダイムそのものが，それを生み出した伝統による刻印を強く受けすぎているのではないか．この変動がもたらした第一の結果として，宗教哲学は，当然自らの歴史と起源の重さについて，すなわちそれが誕生した《啓蒙期》に由来する思考図式が含み持つものについて，批判的に自問することを余儀なくされた．だが，この問い直しは，宗教哲学の諸前提を修正するというかたちの批判だけではすまず，宗教哲学という企図自体に関わるものであった．

結局，本質を探求するというのは本当に妥当なことだったのだろうか．それによって，おのれの名を明かそうとはしない形而上学の段階にまで退行せざるをえなかったのではないか．こうしてみれば，現代の宗教哲学はこのような立場から離れようと心がけたのだといえようが，それは，哲学一般の歴史に内在する必然性によると同時に，宗教的なものの社会諸科学との永続的な対話を確立しようとする配慮によることでもあった．宗教哲学は，宗教や宗教的なものについての自らの諸定義の内容だけを批判することにとどまらず，定義するという活動そのものを再考できるようになってきたのである．その結果，宗教を実体視したり普遍的とされる本質を構築したりする立場へと無反省にたどり着くようなことはなくなった．

一方で，宗教的現象学は宗教的意識の諸行為（単なる宗教経験ではなく儀式的・社会的な行為）の志向的意味を分析することに専念することによって，実体論的アプローチを放棄した．他方で，宗教哲学はその諸定義の構築に努めることはできたが，それは「家族的類似」に基づいてであって，伝統的な定義の持つ外延／内包という対を基礎にしてではなかった．こうして宗教哲学は，宗教的事実へとより柔軟にアプローチできるようになったのである．最後に宗教哲学は，宗教的なものの他の諸学の探求する領域との連関において，自らに固有の探求領域を規定しようと努めた．この最後の観点からいえば，宗教哲学は次の二つのタイプのアプローチを採用することができた．すなわち，真理についての新たな問いかけと，意味についての解釈学的な見方である．

諸宗教の真理内容についての問いが宗教哲学と切り離せないことに変わりはない．

だが，諸宗教の真理内容を，科学や哲学が何を真とするかという観点からの批判的評価によるのとは別の仕方で理解することは可能である．また，典型的に認識論的なアプローチ（宗教的信念は正当化されているか，それは基礎づけられているか，といった問い）や人間学的なアプローチ（宗教は一定の原因に応答する錯覚でしかないのではないか，という問い）の枠組によるのとは別の仕方で理解することも可能である．

ウィーン学団から生じた論理実証主義が宗教哲学に与えた影響は，まずは宗教的諸命題の根源的批判の企てというかたちをとり，これらの命題が真であり認識上の意義を持つものだという要求に吟味を加えた．その帰結は，これらの命題を誤謬とみなすことはできない，ということだった．それらは分析的命題でも経験的命題（あるいは経験的命題の土台へと還元できる命題）でもなく，端的に何も言っておらず，意味を欠いているのである．ところが，論理実証主義自体が再検討される一方で，プラグマティズムの影響もあり，これらの影響で，宗教哲学の現代的な企ても方向づけ直されることになった．一方で，分析哲学の伝統では，「認識論的転回」に続いて「言語論的転回」が起こり，それ以後は宗教的信念の正当化された（あるいはそうではない）性格が問題とされることになる．

そうして宗教哲学が再発見したのは，実は合理主義神学の伝統的な問いであった．このことは特に，分析哲学の伝統において，神の存在証明や悪の問題を検討する文献が数多くみられることからもわかる．宗教哲学が専心するのは主として有神論の正当化の問題である．そのなかで，基礎づけ主義の要求（信念をそれを正当化する揺るぎない基盤の上に基礎づけようとする要求）は徹底的でありすぎるし（そこではどんな信念も生き延びられない），そもそも当の要求自体，それ自身の原理によって正当化することは難しいことがわかってきたのである．

他方で，哲学は，（もはや宗教の真理ではなく）宗教的真理という概念の本性そのものの問い直しへと導かれる．宗教的真理という概念は，さまざまな状況で持ち出され言及されるのであり，またさまざまな宗教形態において役割を果たすのである．この概念の検討は，宗教の可能性を疑問視するものではなく，さまざまな真理体制の区別を前提としている．それは，逆に「宗教を救う」ことを目指すのでさえなければ，実り多き探査の道を拓きうるものである．加えて，こうした見方をとることによって，哲学全体の領野において宗教哲学に大きな役割を演じさせることが可能になる．哲学とは，真理概念が持ち出されるさまざまな言説空間を問うことによって，この概念を思考しようとするものだからである．

分析哲学のアプローチは，宗教を諸々の宣言的命題の総体（有神論）へと還元してしまうことでさまざまな困難に突き当たったが，そのことによって，宗教哲学は宗教的な産出物の意味を問う方向へと進むことができた．解釈学的な見地の使命は，おそらく分析哲学的な見地に連接しうるものであろう．この見地をとることで，単に宗教的な産出物の意味が構成される仕方だけでなく，それが人間の経験へともたらす，あるいはもたらすと主張しているものを説明することができるのである．このことから，宗教的生産が応答する諸欲求を分析することよりも，人間が自らを生み出し行為する場としての記号世界において宗教が持ちうる構成的部分を説明することが重要になる．ゆえに，新カント派のアプローチのように，宗教的意識がいかにして固有な仕方で対象性自体を構造化するのかを観察する（カッシーラー〔Ernst Cassirer〕を参照）ことではなく，むしろ宗教経験が構築する意味を分析し評価することが重要なのである．

したがって，探査は二重の方向でなされることになる．すなわち，いかにして，また何によって，宗教的なものは解釈のうちで構成されるのかという方向と，宗教的なものが世界の人間に対する意味の一般的構成に貢献することがあるとしたら，それはいかにしてかという方向である．第一の方向では，解釈学的アプローチは，《テクスト》への関係というパラダイムを起点として意味の構成作用を思考していく．とはいえ，すべての宗教がこのパラダイムに包括できると言い張るのではなく，最初に示したように，一つの宗教的形態から他の形態へと慎重に進み，その発見的主張を制限しようと努める．そのようにして，解釈学的アプローチは自らの諸起源との類縁性を受け入れていくのである．第二の方向では，このアプローチは，宗教を世界の意味を構成する一定の根本経験へと結びつけようとする．こうした観点から，悪の経験（悪がわれわれに対して持つ意味，われわれの行為を形づくる意味）を悪の象徴系へと結びつけることで道を切り拓いたのがポール・リクールであろう．リクールによれば，悪の象徴系を構成するのは，まずはさまざまな大神話であり，ついで宗教だということになる．このように，リクールはある意味で宗教哲学のカント的起源に忠実であろうとしつつ——実際，『単なる理性の限界内の宗教』は根源悪の問いから宗教哲学を創設した——同時にそれを全面的に刷新して提示したのであった．

参考文献（ここでは宗教哲学の現状を知ることのできる一般的かつ全集的な著作のみを示す）
BOURGEOIS-GIRONDE S., GNASSOUNOU B. et POUIVET R.（de.）, *Analyse et théologie*, Paris, Vrin, 2002. – FLEW A. et MACINTYRE A.（eds.）, *New Essays in Philosophical Theology*, Londres, SCM Press, 1972. – GISEL P. et TÉTAZ J.-M.（ed.）, *Théories de la religion*, Genève, Labor et Fides, 2002. – GREISCH J. *Le Buisson ardent et les lumières de la Raison*, T. I–III, Paris, Cerf, 2002–2004 ; –（ed.）, *Penser la religion. Recherches en philosophie de la religion*, Paris, Beauchesne, 1991. – MANN W. E.（ed.）, *The Blackwell Guide to the Phi-*

losophy of Religion, Oxford, Malden, Victoria, Blackwell Publishing, 2005. – VIEILLARD-BARON J.-L. (ed.), *Introduction à la philosophie de la religion*, Paris, Cerf, 1997.

ヴァンサン・ドゥルクロワ Vincent DELECROIX
〔越後圭一訳〕

→ 宗教学，宗教の人類学，哲学と神学

宗教の人類学
ANTHROPOLOGIE DES RELIGIONS

宗教の民族誌，宗教の民族学，宗教の人類学

宗教へのこのアプローチのありかたについて最初に取り除いておくべき曖昧さがあって，それは「宗教人類学」〔anthropologie religieuse〕という〔「宗教的な人類学」とも解されかねない〕呼称に関するものなのだが，今日では大多数の人類学者がこれを忌避している．デュルケーム学派，そしてとりわけマルセル・モース〔Marcel Mauss〕は「宗教社会学」〔sociologie religieuse〕という言葉をなんら問題を感じることなく使って，フォークロアや民衆宗教の研究（アンリ・ユベール〔Henri Hubert〕，ロベール・エルツ〔Robert Hertz〕，あるいはアルノルト・ファン・ヘネップ〔Arnold van Gennep〕）からエドワード・タイラー〔Edward B. Tylor〕やジェームズ・フレイザー〔James G. Frazer〕による人類学的な大規模の宗教理論，そして宗教や呪術の民族学に至るまでをそこにひっくるめていた．

政治人類学や経済人類学といった呼称はなんら疑念を呼ばないことだろうが，「宗教」人類学という表現には，学問的な配慮と宗教的な利害関係のあいだでジャンルの混同を生じさせるものがある．同様の留保は「宗教学」〔sciences religieuses〕一般，また，宗教学に近い理解の仕方を要請すると前提される学問にも当てはまる．こうした文脈にあって「人類学」という用語は，人間科学と呼ばれるすべての学問の対象となる人間と宗教の関係へ拡大されることになるけれども，ここでの人間科学には神学も含まれるのであり，なぜなら神学もまた人間に関する何らかの哲学なしにはありえないからだ．宗教への「人類学的な」アプローチは大半の百科事典にとっ

ての糧であり，また領域を超えた綜合を実践していて，その根底では宗教的なものは人間にとって永遠だということ，つまり宗教的人間（Homo religiosus）はそれぞれの社会や文化を超えて普遍的なものだということが準拠になっているのだが，そうした人間像は，しかし実際上，西洋の霊性と宗教性の形式に強くインスパイアされている．

それゆえに「人類学」という語のアカデミックな定義に立ち戻るのが有益なのだけれども，これを英米的な伝統に由来する精神とともに，かつフランスとヨーロッパの民族学との連続性においてフランスで認知させたのはレヴィ＝ストロース〔Claude Lévi-Strauss〕である（1974, pp. 412-413）．そこで宗教現象へのアプローチの第一レベルとされているのは民族誌であり，民族誌的な細部への感覚が換えがたいものとしてどれほど高く評価されているかは周知のとおりである．祈禱から呪詛，そして巡礼に至るまで，民族誌の作業は常に，調査者と関係主体の対話という状況のうちで，さまざまな営為――それは行動様態であったり言語行為であったりする――の直接的な観察と解釈的な記述を通じて進められる．データ制作は民族誌の作成者とインフォーマントの相互交渉が同時的に行われることを支えとしており，その点でアーカイヴに依拠する歴史人類学や質問表に基づく社会人類学とは異なっている．民族誌的な経験は，主体が何を生きているのかということの「全体的な」理解の中心に「現地の」宗教経験を組み入れねばならない．研究者の対象への入れ込み，思い入れの度合いはさまざまでありうるが，イニシエーションや憑依，妖術といったものを内と外からともに理解し，しかしなお，認識への企図ということを放棄しないためには，観察者という姿勢が障害であることが明らかになることもある（Favret-Saada, 1977）．

「宗教事象」の民族誌は，何が宗教的で何が宗教的でないのかについて，現地の視点を考慮するということを超えたアプリオリな顧慮を含むものではない．さまざまな営為の観察と発言の記録にできるのは，ただそれらに基礎を与えたり付随したりしているはずの信憑を想定させることだけである．宗教の民族学はそうした枠組みを変える．というのもこのレベルにあっては，〔アフリカの〕ヌアー族〔ヌエル族〕の宗教，バンバラ族の宗教といったように，一つの集団や民族，社会における宗教のありかたを考察することが課題となるからである．こうした特定集団における社会生活の次元は，古典的な専門研究にあってはたいてい経済や親族関係と並ぶ（あるいはそれより上位の）見出し項目の一部となっていて，教義体系についてのデータは説明の都合のために別個に提示されたりする．

これについて生じる古典的な問いが二つある．まず，そうした信憑や営為を共有するとされた集合的な主体はどの程度まで実体化されるのだろうか．たとえばドゴン族やボロロ族，あるいはボカン族といった呼称はどの程度まで同じもの，あるいは異なるものを指しているのか．民族概念の脱構築をめぐる議論の結果，とりわけ歴史家たちは，民族学者が発明した民族宗教・部族宗教，あるいは「ローカル」宗教といったものの存在を問題とみなすようになった．よりグローバルには，すべての社会は一つの宗教を持つとする考えが真剣に再考すべきものとされ，民族学の言説はあれこれの集団がどの程度まで宗教的であったりなかったりするのかということを考慮するようになっている．フィールドにおいて伝統宗教や民衆宗教を民族学の観点から研究する者は，ばらばらな神話的参照項の寄せ集めや粉々になった信憑，それぞれの状況に固有の営為に向き合っている．そこにシステムとしての一貫性はなく，「礼拝の管轄者」や公に承認された制度に管理される特有の活動圏が参照できるわけでもない．これに対して，最良の専門研究が明らかにしているのは，独特な儀礼や地域的な礼拝（クラ交易〔パプアニューギニア〕や聖ベス巡礼〔アルプス〕）といったものが「全体的社会事象」として機能する有り様である．

宗教の人類学が目標とするのは文化的単独性といった感覚を乗り越えることなのだが，この感覚は，民族学がとりわけ宗教をユニークで還元不能な霊的パーソナリティの発現であると考えるよう促すことで育んでいるものだ．しかし，人類学の作業は類似を重んじて差異を消去し，宗教一般の共通特徴をいっそう強調しようとするものではない．レヴィ＝ストロースの構造主義人類学は，民族学がさまざまな変化作用の総覧を担当するのに対して，人類学はそれら作用を成り立たせている不変の要素を研究するのだという定義によって，人びとが抱いていたであろう人類学についての通念に強い影響を与えた．形式と素材を結びつける図式や構造は，起源を問う人類学がいうところの本質や原型ではないのであり，宗教の人類学は自身を学問として確立するにあたってそうした人類学とは手を切ったのである．神話コーパスや供犠システムの変容規則は進化法則のようにして読解されるものなのではない．こうしたアプローチのうちには，派生形式の生成を解く鍵をもたらすとされている原始ヴァージョンや初期ヴァージョンといったものはないからだ．神話も供犠も，その文化圏のうちでそれらにどのような変容が可能であるかということの総体によって規定されている．そのようにして複雑な図式や供犠のメカニズムが明らかとなるについては，すでにモースが，共時的なヴァリアントから考察したヒンドゥ教と聖書に関連する事実を出発点として明快に例証していた（Mauss, 1968）．

構造主義というパラダイムを超えて，人類学は何よりも比較というアプローチによって定義づけられるのであり，結果として，いつでもデュメジル的な比較宗教史と近しいものであってきた．こうした比較研究はエドマンド・リーチ〔Edmund R. Leach〕が「蝶を追うがごとし」と呼んだもの，つまり類比による推論を導きとしながら離れた文化圏に属する異質なデータを印象批評風に概観するという，フレイザーがそうであるような19世紀の書斎派の人類学者のやり方とは区別される．

人類学はフィールドや対象の上で近いもの，比較できるものを比較する，つまりは孤立した要素ではなくて関係や配置のシステムを比較するのだ．エドワード・エヴァンズ＝プリチャード〔Edward Evans-Pritchard〕にとってヌアー族の精霊のシステムが有意義であるのはアザンデ族の呪術とのコントラストにおいてである．クリフォード・ギアツ〔Clifford Geertz〕にとって，モロッコ・イスラーム社会のエートスが有意なヴァリアントを提供しているのは，インドネシア・イスラーム社会における態度の体系，また人格の分類の対比においてのことだ（Geertz, 1992)．

人類学的方法のこれら三つの契機は切り離せないものであり，互いを補いあっているのだが，特に宗教研究という領域ではそのみごとな多層的相補性が深く乱されることもある．民族誌という土台なしに人類学はない．しかし，民族誌的な研究は社会誌的と呼んでも十分にふさわしいはずで，宗教事象の固有性といったことを守ろうとする縄張り根性に染まったことは一度もなかったし，たとえばアルベール・ピエット〔Albert Piette〕の仕事のように，「身近な宗教」の観察が日常的な宗教性の現象学へと転換を遂げ，人類学文化の偏見を覆すことさえある（Piette, 2003)．宗教の民族学は専門研究的な精神のうちにあってすらいつでも多領域的だったのであり，言語学や美術史，考古学や教義研究を動員してさまざまな社会のアイデンティティを解明してきた．ヨーロッパにおける宗教の民族学は異郷趣味的な，または民話採集的な民族学の伝統から解放され，ミクロ社会学から（プラグマティズムや相互行為論，エスノメソドロジーといった）パラダイムを借りることで古典的な対象（巡礼や民衆宗教，妖術）への取り組み方を刷新している．

最後に，人類学は，すでに構造主義を通じて言語学のモデルと密接に結びついてきたわけだが，今日では認知心理学の実験プロトコルや文化主義者の研究フィールドと仮説，モデル構築によるシミュレーションなどと接触している．宗教の「基本」形態への関心，民衆宗教あるいは実践宗教への取り組みは，日常的な宗教性や「自然現象」としての宗教といったものへ延長され，これらは認知人類学の好個の対象となっている（Boyer, 1997)．

モースからこのかた，宗教装置の思考メカニズムを探究することは人類学による比較研究の基礎となっている．その理論的関心の偏差は，各宗教タイプの固有性，また個人化を背景とする合理化の過程の歴史性に関する感覚に支えられた，ウェーバー的な比較社会学との関連で計測される．ユダヤの預言主義やプロテスタントの禁欲主義といった構図に示された模範的な個人主義は，宗教性の形態上の進展（魔術的な形態から神秘主義的な形態，禁欲主義的な形態へ）というかたちをとるプロセス，また，それが観念や価値の手前で社会における行動傾向にもたらす影響を問うことへとつながっている．

アジア宗教（仏教やヒンドゥ教，儒教）への比較論的なアプローチは，ウェーバー的な問いかけに，西洋文明に由来する私たちの宗教との比較参照点に依拠した，明白に人類学的な次元を付与してはいるが，しかし，民族誌の蓄積をいっそう系統的に活用することはできずにいる．「文化宗教」（Kultur religionen）（Weber, 1996, p. 504）は，ある純粋タイプへ向かって進化する段階的な系列といったもののうちに位置づけられるわけでなく，無数の枝分かれがあるのだが，しかしそれは「他者」，つまり自然人や原始的な人びと，そしてまた「カフィール人〔アフリカ黒人への差別的呼称のひとつ〕の宗教」における魔術化された世界，呪術からは截然と区別されている．

こうした比較社会論の目的はいまなお，西洋の近代合理主義の歴史的かつ文化的な特殊性，ならびにそれと結びついた特異な宗教性がいかにして「普遍的な意味作用と妥当性」を獲得しえたのかを理解することであって，〔ウェーバーの翻訳者〕ジャン＝ピエール・グロサン〔Jean-Pierre Grossein〕はそこに「方法におけるヨーロッパ中心主義」を指摘している（Weber, 1996, p. 114）．それでもなお，ギアツの著作（Geertz, 1992）が示すとおり，エートスの概念によって，宗教的な営為についての認知スキーマを扱う人類学と宗教行動に方向を与えるさまざまな配置と生活様式を扱う社会学を架橋することはできる．

他者の宗教，あるいは「宗教」にとっての他者――自民族中心主義という課題

エヴァンズ＝プリチャードは，初期の人類学者が宗教現象の説明に取り組む際，アプリオリに自分たちより近い社会の宗教に関する十分に積み上げられた知識ではなく，むしろ原始宗教の民族学を動員することから始めたのはなぜだったのかを問うた．このように他者と他所を対象とする探索作業は人類学的迂回の構成与件であって，人類学は他者（未開人，原始的な人びと，農民）を理解するという試練が自分自身を知る上での鍵の一つになってくれればよいと考えているわけだ．そうした探索作業は人類学が担っている他性とアイデンティティという一般的な問題構成への入口になっている．他者の宗教と宗教感覚についての問いは，自民族中心主義と西洋中心主義をめぐる議論にとってすぐれて真理の試しである．

未開であったり植民化されていたりとさまざまではあれ，そうした他者との遭遇を物語るシナリオは「宗教」ということで互いが何を理解しているのかについて深い誤解のあることを持ち出すのが常だ．ことは習慣や儀礼の役割，あるいはまた死者の霊や災いをもたらす力といったものを通じて言及されるのだが，西洋社会が積み上げてきた意味での「真の」宗教という観念は具体的なかたちをとることがなかなかない．神や死，彼岸，あるいは悪の意味についての民族学者の問いかけは，白人をイニシエーションすることを受け容れた開明的な首長や占い師の興味を引くことはあっても，現地住民の無理解や無関心，笑いを引き起こすという場合がほとんどである．福音を待ち望む人びとを探し求める多くの宣教師も同じことを確認し，他者の宗教は宗教とはまったく別のもの，つまり呪術や迷信，物神崇拝や偶像崇拝なのだと結論づけるはずだ．

西洋の宗教的な自民族中心主義に対する古典的な糾弾は，以下のような，人類学にとっての真のジレンマにつながっている．

——一方で，（場合によっては宣教師である）民族学者は，他者の信仰や崇拝には原初の神の観念が確固としてあり，原始的な魂が「霊性」を備えていることを証言していて，それらは「大」宗教の霊性より優れている，ないし同等であるのは明白だということを示そうとするのだが，しかしそれによって「大」宗教が自ら完遂形態を体現していると主張し，原始宗教はその退化形態を示すにすぎないとする宗教性についての特定の観念を容認してしまうことになる．

——他方で，人類学者は他者にとっての神という対象，また彼らの唯物論やプラグマティズムを復権させる方向へ身を投じ，偏差の意味と価値を逆転させようとするのだが，それによって「パガニズム」あるいは物神崇拝をして，一種の反宗教ないし逆さまになった啓典宗教を作り出してしまうリスクを負うことになる．

原始一神教に関するヴィルヘルム・シュミット〔Wilhelm Schmidt〕のテーゼは，最も純潔な種族であるピグミーが神についてのきわめて高度な観念と真正な敬虔を有していることを証明しようとしたものだが，エヴァンズ＝プリチャードのような人類学者にとってヌアー族の宗教性が発揮した魅惑に反響せずにはいなかったのであり，彼はナイル川流域に住むこの民に，同胞たるイギリス人に勝る霊性を見てとった（Pritchard, 1956）．〔ニューカレドニアの〕カナクの人格の分類にモーリス・レーナルト〔Maurice Leenhardt〕が向けた関心を特徴づける研究のありかた（Leenhardt,

1947）はグリオール学派の企図全体の基点と同様なのだが，後者は，ドゴン族の宇宙観がギリシアやローマといった最高度の文明のそれに匹敵し，大宗教と同じだけの霊的関心を，少なくともある種の形態において示しているのだと証明しようとした．

自民族中心主義のジレンマは宗教の観念ないし概念に影響を与えるだけではなくて，エミール・デュルケーム〔Émile Durkheim〕からギアツに至る宗教一般の定義がおしなべて救済宗教あるいは啓典宗教が発明した宗教観念にインスパイアされていることを証明（Isambert, 1982）するのはやはり簡単なはずだ．この問題は，宗教体験を扱う人類学が向き合う思考と実践のカテゴリーすべてに関して提起されるものだが，その人類学の知見によれば，自民族主義の特質とは，宗教にしてもそれ以外の領域にしても，自分自身についての意識がないというそのことである．デュルケーム学派は進化論的な図式に反対するありとあらゆる信仰告白に囲まれて，自民族中心主義的な偏見を白紙撤回させるという原理を，呪術や祈禱，また供犠や罪障を「方法論的に」定義する上で適用しようと執着した．

それでも，レヴィ＝ストロースは，マナを聖なる力，ハウを贈与の義務といったように，現地のカテゴリーを変換しただけの概念を説明原理に用いているとして，この学派の全体を非難している．今日のトーテミズムを再読解する作業が例証しているように宗教的概念を実体化する一切の定義と絶縁することはしかし，「現地の理論」の白紙撤回へと至ったりするわけではなく，そうなったなら人類学的な理解のありかたは，それもまた考慮の対象となるべき，ものごとについての常識と一切のつながりを失ってしまうはずだ．実際，マナを「ゼロ・シニフィアン」と捉えるレヴィ＝ストロースの言語学的な理論にしても，私たちの社会に固有の言葉による翻訳にやはり助けを求めているのであって，マナというのは「あれ」〔truc〕とか「それ」〔machin〕，「なんだかわからないもの」〔je ne sais quoi〕といった，意味の欠落を埋めるための言葉に相当するというのだ．

さまざまな宗教現象のあいだの関係構造にとって土台となる偏差のシステムには，トーテミズムと宗教の対置にせよ，呪術と妖術，神話と儀礼の対置にせよ，あるいはまたシャーマニズムと憑依の対置にせよ，それ自体として意味と価値のヒエラルキーを帯びていて，これが自民族中心主義にとっての土壌となる．レーナルトは宣教師たちが持ち込んだのは魂の観念ではなく，私たちには「身体」があるという考えであったと示唆するカナクのインフォーマントの言葉を引いているが，しかしそこで本質的なのは，明らかに魂と身体，精神的なものと身体的なものといった区分の原理だ．交換される項よりも重要なのは区別を作り出す二者択一のシステム，そしてまたそのシステムが定める意味形成的な価値のヒエラルキー，さらには強制と内化の帰結であって，パガニズムの復活を主導している反転のロジックは，独自のありかたでこのことをなお示している．

象徴的なもの，宗教的なもの，儀礼的なもの

レヴィ＝ストロースは『今日のトーテミズム』のなかで，偉大な創始者たち（タイラーやフレイザー，デュルケーム）の著作では宗教事象の研究が中心を占めていたのに，人類学がそこから離れていったということについて考察をした（Lévi-Strauss, 1962）．彼にとってのジレンマは次のようなものである．「宗教を自律的な，そのための特別な研究の対象に属する領域として構成すると主張するのなら，宗教は先に述べた学問対象の共通の運命［明確な概念について作業をすること，さもなくば概念を明確なものとするよう努めること］から置いていかれることになるはずだ．（……）逆に，宗教的な観念に，どんなものであれ他の概念システムと同じように，思考メカニズムへの通路を与えるという価値を認めるのなら，宗教の人類学は方法の上で妥当性を認められるだろうが，しかし自らの自律性は失うことになるはずだ」（idem., pp. 148-149）．ここで彼の念頭にあったのは，それこそが説明の対象であるべき混然とした観念を説明原理としてしまっている宗教現象学の袋小路のことだが，提起された問題は宗教現象を社会科学のパラダイムに還元することは不可能だとする公準に拠って立つアプローチすべてに関わっている．

レヴィ＝ストロースが作り上げた象徴システムの概念と「象徴機能」の理論は，信憑や神話，儀礼といった宗教現象一般の分析に汎く適用されてきた．だが「象徴機能なるものは，宗教的なものの固有性と考えられてきたものに対して盲目なままである」（Izard et Smith, 1979, p. 12）．象徴機能が宗教的なものを「偶発的なものとローカルなものの領域に送り返し」たことはその研究の断片化につながるわけだが，「象徴的なものは，それとは逆に，必然的なものと普遍的なものによって特徴づけられている」からだ（idem., p. 13）．マナについての典型的な分析に倣っていえば，構造主義的な分析にとって，宗教的なものとは人類学者が自分の本来の対象である神話や儀礼，親族関係といったものを構築しおおせた時点で残余するもののことだ．宗教的なものは構造のうちに解消されてしまうか，さもなければ構造的に周縁へ投げ出されてしまうかのどちらかなのである．

だが，宗教的なものを象徴的なものへ還元するということが，あたかも象徴的なものが実体として現実性を備えているかのようにいわれるとすれば，ことはひどくあべこべになる．レヴィ＝ストロースからすれば，現実のある一つのレベルを別の

レベルに（象徴的なものを社会的なもの，あるいは欲動的なものや性的なものに）移して言い換えることが説明の支えになりうるとするような考えは純然たる錯誤なのだから．これらのレベル（レヴィ＝ストロースはそれをコードと呼んでいる）は相同的（ホモロジー）な関係を示す単一の論理，図式システムなのだと考えない限り，何かしらの還元的な因果関係を探したところで益するものはない．とはいえなお，「最終審級における」決定，ものごとの理解ということの源泉は人間の精神，心理的な能力というよりも「超越論的な」象徴機能としての知性のうちにしっかりと宿っている．

レヴィ＝ストロースにとって，トーテミズムは突き詰めるなら現実の存在のあいだのフィクション的，さらにいえば隠喩的な関係に基づいており，これに対して宗教はフィクション的な存在との現実的な結びつきという錯誤の上に成り立っている．供犠，そしておそらく宗教一般の言説はこうして文字通り「良識を欠いた」ものとなる．宗教的思考は連続性の思考が陥る錯誤と袋小路を例証しているわけだが，しかし宗教という領域の内部でこの連続性の錯誤を具現しているのは儀礼，すなわち神話にとっての他者である．『裸の人』の有名な末尾で，儀礼秩序が示すどこまでも断片化されながら同時に深く反復的であるという特質は，レヴィ＝ストロースが別の観点から「宗教的思考の貧困」と呼んでいるものを思わせずにはいない．「神話による思弁がそれを図式性によって置き換え，そのために破壊された生の経験を回復しようとする狂おしい，またつねに失敗するほかない企てが儀礼的なものの本質となっている」(Lévi-Strauss, 1971, p. 603)．象徴機能は神話論理と結合しているわけだが，その神話論理こそは野生の思考の卓越した表現であって，原初的な隣接性を破棄することを引き受け，自身の最良の部分を人間精神の規則に与えるものだ．

フィリップ・デスコラ〔Philippe Descola〕は，アニミズムやトーテミズムといった宗教的思考における旧いカテゴリーを今日あらためて検討しつつ，認知科学的な相対論の重要な教えを踏まえ，かつ人間と自然の連関——身体性における偏差の認知とさまざまに結びつきながら人間と人間でないものの内面性が示す類似関係——に関する現地の存在論の観点からそれらを考察すべきであるとしている (Descola, 2005)．

レヴィ＝ストロースにとって儀礼的なものとは「考察するにふさわしい」対象ではないわけだが，幸いにもそれがこの主題についての彼の最終判断なのではない．シャーマニズム複合体の象徴的な実効性に関するその分析は，周知のように儀礼的営為の論理や操作的メタファー，言語行為，それだけでなく宗教行為の継起的なありかたについての考察を豊かなものとするのに大きく貢献した．儀礼的なものとは，実のところ人類学者にとって宗教的なものの土台なのであり，認知論，相互行為論，プラグマティズム，そしてまた釈義的，解釈学的な人類学を含めたアプローチすべての刷新の交叉地点に位置している．ギアツがポール・リクール〔Paul Ricœur〕から借りた行為としてのテクストという記号論的なモデルを，宗教事象をそのテクスト的な現実に還元しようとするものだなどと勘違いしてはならない．そこで示唆されているのは，人間のアクション，とりわけ儀式的なアクションが何かを「告げている」のだとすれば，それらが「意味作用の構造」と「形式」，「テクスチャー」を持ち，自身を「言説」として分節し，しかるのち，民族誌や歴史の書かれたテクストへの「書き込み」を通じて自律化するものだからである，ということなのだ．宗教は，ギアツが「文化表象」(Geertz, 1972, pp. 48–49) と呼ぶもの，つまり劇的な強度を帯びながら感情の掻き立てとトランスの技術を動員し，信のうちの「リアルにリアルなもの」を存在せしめる集団的な契機を演出する．これについてギアツは「象徴的融合」ということを言うのだが，彼の考えによれば，宗教的な見方と常識的な見方のあいだの往還こそ，人類学者が配慮せねばならない主たるはずのものだ．

ロベール・エルツからジャンヌ・ファヴレ＝サーダ〔Jeanne Favret-Saada〕に至るまで，儀礼装置という観念，人びとに割り振られる地位のシステム，行為の連鎖，象徴メカニズムは贖いと赦しのさまざまな形態，そしてまた悪魔祓いと暴力の連結プロセスを考えるための助けとなっている．同様に，マルク・オジェ〔Marc Augé〕の著作は「儀礼装置」という概念を拡大して，憑依や幻視，逆転の儀礼と予言的な中間状態のブリコラージュの橋渡しとしている (Augé, 1994).

他なる「信仰者」の人類学

日常を生きることの機械的な理由を基礎づけている人類学的土台と観念における神学的超越の非対称な関係は，人類学者にとって，すべての歴史的断絶，そして個人的な回心という幻想に抗うものである．しかしながら，パガニズムという概念は，その「類比的な」ヴァージョンにおいてさえ，この時代のさまざまな信仰の構図が突きつける課題に見合ったものではない．現在の宗教を対象とする人類学におけるこうした課題を，以下のように少なくとも三点にわたって押さえることができるだろう．

――「個人」宗教という課題．すなわち，個人主義的なパラダイムの勝利によって，古典的な宗教の人類学による全体論的な読解というものが終わるのではないかということ．

――「文化なき」宗教という課題．すなわち，人類学の文化主義の終わりが明白になるのではないかということ．

——「身近な宗教」という民族誌的な課題．すなわち，社会的な相互行為，行為シークエンスやさまざまな形態の活動に溶け込んでいる宗教的なものという課題．

宗教的近代における第一の人類学的な課題は，従来の信仰者とは他なる信仰者，すなわち何かしらの信仰の主体ではあるのだが機械的に奉じている宗教や儀礼の実践信徒ではなく，またキリスト教やイスラーム，あるいはその他の確立された信仰を対象としているのでもない者のことである．「信仰」〔croyance〕は人類学者が長く看過してきた問題であり，そのことは，常識の一部となっているがゆえに「信仰され」ていないことになっている信仰にどのような地位を与えるのかというレベルだけではなく，信仰する個人の日常生活における信仰と不信仰の共存，あるいは揺れ動きというレベルについてもいえる（Geertz, 1972, pp. 56–57）．信仰するか否かという問題，あるいは信仰しているとは思わずに信仰するという問題，約言すれば，信仰に対する自身の関係における主体の位置取りは，あまりにも安直に心理学の領分へ送られてきたわけだが，いまや人類学による問いかけの中心に位置している（Piette, 2003）．

神への内密な関係という経験に拠った「個人的な」信仰による宗教というものが思考の対象とならずにきた反面で，儀礼や神話の抜け落ちた宗教，さらには文化を離脱した，ないしは文化を欠いた宗教というものもまた思考の対象とはなってこなかった．しかしながら，個人的な信仰の文化的標準化，自己への配慮をめぐるさまざまなコントロールの様態，内密さの専横支配といったものは，信仰にまつわる制度に管理されつつ共有されていたドグマや信仰を，個人社会において継承したものである．ミシェル・ド・セルトー〔Michel de Certeau〕が考えた意味での信仰と信仰のモダリティ，つまり行為，そして他者と差異に関係する社会的な営為としての信仰を扱う人類学は，自己のエクリチュール，告解に関係するさまざまな装置，改宗についての証言営為，約言するならばミシェル・フーコーが開いた「自己についての技術」という作業領域にこれまでになく力を注いでいる．

最後に，宗教の人類学は批判面での自民族中心主義ないし方法面でのヨーロッパ中心主義の限界をあらためて問い直す別の課題に対峙せねばならない．それは，大宗教の重心が「始まりの土地」，つまり南側諸国に移っているということ，啓典宗教（イスラーム，キリスト教，ユダヤ教）が新興諸国において同一化と集団的動員の力を発揮しているということである．

宗教的なグローバリゼーションの逆説の一つは，ネイションというものの謎めいた力が再発見されたということであり，これはトランスナショナルな宗教を扱う人類学の中心的な対象となっている．非ヨーロッパ社会にアプローチする上で政治というカテゴリーに与えられてきた特権性と自明性は少しばかり拙速に「宗教的なものとはすなわち政治的なものである」という結論を導いている．しかしながら，宗教的なものへのアプローチにおける政治の優位，あるいは政治的なものを恃みとすることがこのように自明化された結果，社会的な全体性を個人，個人利益の最大化，ないしは個人の解放の条件といったものからしか考察できずにいる個人主義パラダイムを普遍化する態度，つまるところ，人類学的な迂回に期待されるリスクを引き受け，思考のカテゴリーを危機にさらすことを受け容れたがらない知識人の安逸なポジション，あるいは形而上学的な安楽椅子が覆い隠されていないかどうか，それを問うてよいはずである．

参考文献 AUGÉ M., *Pour une anthropologie des mondes contemporains*, Paris, Aubier, 1994.（マルク・オジェ『同時代世界の人類学』森山工訳，藤原書店，2002 年）– BOYER P., *La Religion comme phénomène naturel*, Paris, Bayard, 1997. – DESCOLA, Ph., *Par delà nature et culture*, Paris, Gallimard, 2005. – EVANS-PRITCHARD E.E., *Nuer Religion*, Oxford Clarendon Press, 1956.（エドワード・E・エヴァンズ＝プリチャード『ヌアー族の宗教』向井元子訳，岩波書店，1982 年）– FAVRET-SAADA J., *Les Mots, la mort, les sorts*, Pans, Gallimard, 1977. – GEERTZ C , « Religion as a Cultural System », in M. Banton（éd.）. *Anthropological Approaches to the Study of Religion*, Tavistock Publications, 1966（traduction fr. *Essais d'Anthropologie religieuse*. Paris, Gallimard, 1972, pp. 19-66）.（クリフォード・ギアツ「文化体系としての宗教」〈『文化の解釈学 1』所収〉吉田禎吾ほか訳，岩波書店，1987 年）; *Observer l'islam, changements religieux au Maroc et en Indonésie*, Paris, La Découverte / textes à l'appui, 1992. – ISAMBERT F.-A., *Le Sens du sacré*, Paris, Éd. de Minuit, 1982. – IZARD M. et SMITH P.（éd.）, *La Fonction symbolique. Essais d'anthropologie*, Paris, Gallimard. 1979. – LEENHARDT M., *Do Kamo. la personne et le mythe dans le monde mélanésien*. Paris, Gallimard, 1947.（モーリス・レーナルト『ド・カモ――メラネシア世界の人格と神話』坂井信三訳，せりか書房，1990 年）– LÉVI-STRAUSS C., *Le Totémisme aujourd'hui*, Paris, PUF. 1962.（クロード・レヴィ＝ストロース『今日のトーテミスム』仲澤紀雄訳，みすず書房，1970 年）; *L'Homme nu*, Paris. Pion. 1971.（『裸の人』吉田禎吾ほか訳，みすず書房，2008 年）; « La notion de structure en ethnologie », *Anthropologie structural*, Paris, Plon, 1974.（「民族学における構造の概念」〈『構造人類学』所収〉荒川幾男ほか訳，みすず書房，1972 年）– MAUSS M., *Œuvres I. Les Fonctions sociales du sacré*, Paris, Éd. de Minuit, 1968. – PIETTE A., *Le Fait religieux. Une théorie de la religion ordinaire*, Pans, Economica, 2003. – WEBER M., *Sociologie des religions*（traduction fr. J.-P. Grossein）, Paris, Gallimard, 1996.（マックス・ウェーバー『宗教社会学』武藤一雄・薗田宗人・薗田坦訳，創文社，1976 年）

アンドレ・マリ André MARY
〔森元庸介訳〕

→ 儀礼（儀式, 儀式性），神話

宗教の民族化・人種化
ÉTHNICISATION, RACIALISATION DE LA RELIGION

民族化とは，文化により差異がつくられ，それを通じて集団が形成され，再生産され，さらには一つのカテゴリーにまとめられる過程を意味する（Robert Miles, 2002）．人種化とは，そのようにして「異なる」と定義された集団が持つ文化的特性を，本質的かつ差異形成的な特性に転化させることを意味する．コレット・ギヨマン〔Colette Guillaumin〕に従えば，「文化的な特徴は生物学的に決定されると無意識に信じる」という点では，民族も人種も変わりはない．したがって，民族化は人種化に相当するものとして機能すると考えてよい．

フランス語圏の社会科学では，社会関係については「民族化」概念のほうが人種化よりも頻繁に用いられる．この概念が示すのは，社会関係が何よりも文化的な特性に付与された意味にしたがって構成され，そのことによって社会的に異なる集団がつくり出されている状況である．ヴェロニク・ド・リュデール〔Véronique de Rudder〕が「民族間関係を表す語彙の歴史と批判」（1995）で述べるように，民族化なる新語の利点は，民族間関係をダイナミックに分析できるところにある．この語は，民族〔ethnie〕と民族性〔ethnicité〕が相互関係のなかで生み出される過程を指し示す．したがって宗教の民族化とは，宗教的アイデンティティが構築され，それが「民族」ないし文化集団と同一視される（そのアイデンティティ構築が他から与えられるにしろ，自ら要求するにしろ）過程を指すと理解すべきである．

宗教の人種化や民族化には，一つの分類システムがあることが前提になる．すなわち，集団の特定の成員が「異なる」文明を代表しているとみなされた場合，集団の多数派がそのような成員に対し，帰属する宗教によって成員資格を付与したり拒んだりすることである（その際，帰属する宗教を体系的に実践し信仰しているかどうかは問題にならない）．

ユダヤの人種化が生じたのは19–20世紀転換期のことであり，それまでユダヤ人は西方キリスト教世界において迫害を受ける宗教集団であったが，このときを境に人種差別の対象になった．ムスリムも同様である．ポスト・コロニアル期になると，アラブやパキスタンなどさまざまなナショナリティや，ファンダメンタリズム，過激主義，テロリズムなどさまざまな政治的立場が宗教に混ぜ合わされるなど，いくつかの雑多な識別子が融合されることで，ムスリムもまた人種化された集団に仕立て上げられた．ロバート・マイルズ〔Robert Miles〕のように，西洋にはイスラーム嫌いが存在するとみなす論者によれば，イスラーム嫌いはサラセン人やムーア人などのカテゴリーが中世に形成されたのと軌を一にして出現した．このようなカテゴリーは，ムスリム人種化の先駆的なかたちだったというのである．

宗教が民族化するのは，社会がナショナル・アイデンティティから宗教を排除してきたことの帰結である．それはちょうど，民族が，ネイションからなる国家〔nations-Etat〕の産物であるのと同じである．宗教集団と民族集団が同一視される際に，分類がどのような明らかな狙いをもって行われるのかは，いくつかの歴史的事例が示している．ソヴィエト連邦の人びとの世界認識では，宗教は社会支配の道具としてしか考えられておらず，宗教共同体への帰属は，それ自体としては否定され，ある人間集団への帰属に読み替えられていた．そして，この人間集団こそが，領域区分や政治区分の基礎をなすことになっていた．

このようなモデルに基づき，ソヴィエト連邦でユダヤ・ナショナリティが作り上げられた．ソ連では行政区分は言語と領域の二重の基準にしたがってなされていたが，イディッシュ語話者のユダヤ人にはビロビジャン〔ユダヤ自治州の州都〕なる，根拠のない領域が付与され，この領域以外には，ソ連のユダヤ人が持つ文化的・言語的な多様性も，ユダヤ人としての唯一の絆であった宗教も，一切が捨象された．カフカース〔コーカサス〕，〔ウズベキスタンの〕ブハラ，ダゲスタン，ジョージアなどのユダヤ人は，特別な言語や文学を有するという基準は満たしているにもかかわらず，ナショナリティの地位は認められなかった．その一方で，イディッシュ語話者ユダヤ人という公認のナショナリティを収容するべく創り出された前述の領域〔ビロビジャン〕は，空疎なままであり，これらユダヤ人は分散して暮らしていた．タタール人に至ってはさらに深刻な疎外を受けていた．彼らは，かつての侵略者の生き残りであるという否定的な印づけを受けているため，移送の対象になった．彼らタタール人はまた，ムスリムでもあった．この二例は，いかにして国家の思想がユダヤやムスリムの人びとの宗教的アイデンティティを真っ先に否定し，民族に基づき「布告された帰属」(Charachidzé, 1989) に閉じ込めてきたのかを示している．

このような《他者》の定義は，記号表現（シニフィアン）の歪曲によって意図的に生み出されるものであるが，その本質は，宗教や文化のアイデンティティをネイションへの帰属の背後に隠蔽するところにある．ネイションという単位は，政治計画にしたがって人工的に作り上げられるが，その際，宗教はネイションの基準から完全に排除されるし，公定の土着性や，社会の内在的発展としての歴史の動向が重視され，それに矛盾するような固有の歴史の痕跡は残らず抹消される．均質化された宗教集団をネイションへの帰属の枠内に取り込もうとすれば，宗教を行政により民族化することになる．

ソ連におけるユダヤ人やムスリムの処遇は，ユーゴスラヴィアや中国など他の共産圏諸国におけるムスリムの処遇と似たところがある．中華人民共和国では，ムスリムは仏教徒やキリスト教徒と異なり民族（minzu）の地位を付与されている．この民族とは，共通の先祖を持つ人間集団に属することとその子孫であることへの言及を凝縮した，新語である．このような特別の扱いによって，もともと宗教共同体とみなされていたムスリムの人びとは，民族集団とみなされ，さらにはそのような自己意識を持つようになったのである（Allès, 2000）．

ユーゴスラヴィアでは1945年以後，社会主義政府の政策は反宗教闘争を特徴としてきた．ただ，政権は宗教的権威と関係を結ぶ必要があり，宗教の側も自分たち共同体の利益を得ようとしたため，政策は緩和された．このような協力関係が具体化したのが，1968年，ムスリムの人びとの一部を「ムスリム・ネイション」に属すると承認したことであった．この「ムスリム・ネイション」なる下位集団は，ボスニア＝ヘルツェゴヴィナに居住していたため，同地域には，従来のムスリムのセルビア人，ムスリムのクロアチア人と並んで，ムスリム・ナショナリティのムスリム人なるカテゴリーが形成されたのである．かくして，一つの地域集団が独立した民族の地位を獲得し，ムスリムのネイションと称したわけだが，同一国内の他のムスリムはそこから排除されていた．たとえば，セルビアに居住するムスリムのアルバニア人がそうであったし，また，大半がムスリムでありながら宗教を承認しない制度のもとで暮らすコソヴォ自治州の人びともそうであった．

ここまでに挙げた事例が示すように，宗教を民族や民族性と同一視すれば，宗教そのものを見えなくしてしまうことになる．ただ，宗教の民族化や人種化のメカニズムは，民族現象や宗教現象の復興と関連している可能性もある．もっとも，ここでいう復興は，存続理論が主張するような，前近代の民族価値・宗教価値が再活性化することを意味するわけではない．

宗教の刷新については，衰退ではなく，社会や象徴が形づくるものの再構成という観点から議論する必要がある．このような，宗教的なるものの新たな諸形態，さらには，それと民族性の発展との関係を問うには，宗教における近代を社会学の観点から研究することが欠かせない．宗教的なるものの定義は民族性の定義と重なりうるのであり，そうなると宗教的なるものの輪郭は移動する．ダニエル・エルヴュー＝レジェ〔Danièle Hervieu-Léger〕が1993年に述べているところによれば，近代世界において，宗教的なるものは聖なるものと分離するかたちで存在しているが，他方で，その近代世界の合理性は，意味の探求に対して一貫した答えを出すことがもはやできなくなっている．今日，人びとが宗教的なるものを経験するにあたり最も希求するのは，情動という側面である．したがって，宗教的なものがこのようなかたちで回帰しているのは，制度としての宗教が実存の答えの合理的なかたちではもはやなくなっているということを示しているのかもしれない．

宗教の民族化を明らかにするアプローチとしては，複数のものが考えられる．

補償の理論

民族と宗教をめぐるさまざまなかたちの再構成は，近代の危機を前にアイデンティティの側が補償を試みた結果として理解することもできる．帰属や基準の伝統的な様態が存続しているということではなく，むしろ，近代世界が抱えるさまざまな矛盾に付随して生じているということである．近代が失敗したといってもよい．そうだとすれば，近代は，世俗化の進展によって失われた意味や救済の道に代わるような，新たな意味や救済の道を用意できなかったことになる．世界が脱呪術化したことで，信仰を説明するには非合理的なかたちをとるしかなくなったが，しかし，信仰に意味を見いだす必要はなくなってはいない．進歩に対する幻想から覚めるというかたちで，近代は失敗し，そこには埋めるべき空隙が生じた．民族的なものや宗教的なものの復興は，科学のモデルが観念的になってしまっていること，政治的ユートピアが失われてしまっていることへの補償として生じているともいえる．

宗教的なものが倫理－政治的な価値の装いをまとうとき，民族的なものと宗教的なものとが重なりあいさえする．人格を持った《神》への言及がなされなくなるにつれ，宗教は超越性を失うが，広がりを得る．宗教は象徴や倫理に関わる一つの価値体系を提供し，それを特定の集団よりも広い範囲に向けて提示する．この価値体系に蓄えられた象徴は，民族が動員される際に利用される．「歴史的なコミュニティ――それは，歴史を超越してきた存在であり，『ユダヤの民』を考えれば最もわかりやすいであろう――に属していれば，自らを超越する歴史のなかに位置し，自分という存在に意味を付与できるし，超越性を準拠枠とすることもできる」(Schnapper, 1993)．

民族的なものと宗教的なものが一体化しているのは，伝統的な宗教が解体され，それと同時に，連続性という想像がまったく新たに生み出されている地点であろう．アメリカ合衆国におけるアルメニア人やアイルランド人の事例は，宗教的なものによって共同体が強化されていることをよく示している．あるいはポーランド人の事例では，宗教的なものが政治的なものへと移行し，両者が相俟って多数派集団に対する抵抗力をなしている．

補償とみなしうる諸現象は，集団での誓約が弱まり社会がアノミーに陥る危険があるなかで，社会的紐帯を生み出すものとして分析することもできる．宗教実践と民族的実践は，表現される際に同様の形態をとる．すなわち，社会化の制度が個人の自己実現に十分な場所を与えられなくなったとき，それから距離をとることである．あるいは，自己の存在に意味を見いだしにくくなったり，自己を超越するよう社会から命じられたりするなかで，選択した結果にせよ情動によるにせよ，親密な集団に参加することである．このようにみれば，宗教運動の増殖と細分化は，民族集団の増殖と細分化と軌を一にしているのかもしれない．どちらも神性や集団性との関係に基づいているが，その関係には媒介がなく，マックス・ウェーバーが「共同体的集団」（ゲマインデ Gemeinde）と呼ぶところのものに近い．

民族と宗教を結びつけるアイデンティティ形成の理論

ダニエル・エルヴュー＝レジェは，アイデンティティの構築は，本質と象徴という二重の系譜に依拠しつつ行われることを理論化した．この二重の系譜に連なると主張する集団は，自らの歴史を描き出す際，一方では生物学的な系統を参照し，他方では，なんらかの神話ないし創設の物語に対する共通の信仰を参照する．宗教的なものは，アイデンティティ集団に対して，強力な象徴を与え，また，実践者としての誓約に基づく加入モデルを提供する．これら集団の動因になっているのは民族としての要求であり，それは差異化の過程への反応として，あるいはネイションの同定のありかたからの断絶として，表れる．したがって，宗教の民族化は社会関係を作り出す作業として分析されねばならない．そこには，民族間やネイション間の対立のなかで宗教的なものが利用されている場合もあろうし，宗教的な象徴がアイデンティティのために再占有されている場合もあろう．

前者の例を最もよく示すのは，ユーゴスラヴィア解体にともなう紛争である．すでに述べたように，ユーゴスラヴィア体制のもと，ボスニア住民の一部が自分たちはセルビア人でもクロアチア人でもなくムスリムだと主張し，彼らに特定の地位が与えられることになった．この地位を承認するに際して，体制が政治分割の基礎に採用したのがミッレトの原理であった．この原理はオスマン帝国に由来し，民族－宗教的に住民を分類するものであった．戦争によってナショナルな紛争に民族－宗教的な紛争が接木され，その結果，実際には文化的ないし社会的な対立であったところに，宗教的な次元が道具として利用されることになったのである．ジャン＝フランソワ・ゴシオ〔Jean-François Gossiaux〕が 2002 年に述べているように，「この場合，宗教は民族間の境界の本質的な素材になっていた」．境界は，内部では紛争当事者によって作り出され，外部では西欧の人びとによって再現されたのであった．ムスリム自身も，彼らと戦ったり彼らを守ろうとしたりする人びとも，イスラームという宗教に言及したが，ここでいう宗教は，ひとまとまりの信仰や共有された価値ではなく，一つの民族分類の方法であった．

民族による要求を貫き通すために利用されたという点では，教会も同じであった．たとえば東方帰一教会はウクライナ・ネイションの教会になっている．聖母信仰が持つ神秘主義を特徴とするポーランドのカトリシズムは，ポーランド・ネイションが自らの権利を主張する際の代表的な場である．ブルガリア正教会はブルガリア人を，聖なる語を話す聖化された集団の位置に高めている．宗教の系譜がアイデンティティのラベルとして機能するのは，このような旧東欧諸国だけでなく，西欧に存在するいくつかの下位集団でも同様である．

民族化とは，支配集団が特定の被支配集団に対して行うカテゴリー化であると定義することもできる．このとき民族化は，二重の動きに従う．ある社会集団を全体的に脅かすような諸問題（政治参加の減退，社会の断片化，貧困化など）があれば，そのすべてがある他者に担わされ，その他者の民族的もしくは宗教的な特性が顕在化される．宗教的もしくは民族的なアイデンティティの押しつけが強い力を発揮するのは，そうすることで，労働や住居に深く根を下ろしている人びとが自分たちは「排除されたマイノリティ」の対極であると認識できるからである．一方，差別される集団は，労働市場や住宅市場のなかでは，高く評価される部分に到達できないように運命づけられている．そのような集団は，アイデンティティの押しつけを前にして，自らの文化実践，けっして消し去ることのできない差異だとして指弾されてきた文化実践を，公共空間で表現する権利を要求するのである．

かかる民族－宗教的な要求の表現が行われる場はますます広がっているが，それがどこよりも顕在化しているのは困難地区〔quartiers difficiles〕である．そこでは，社会問題を解決するべくとられる公共政策は，本来「飛び地」を解消するはずであったが，領域化を行うことでむしろ「飛び地」を堅固にしてしまうことが多々ある．そのような困難地区では民族－宗教的な協会の設立が盛んでもある．このような協会の設立は，地域レベルでは社会闘争の再表現として立ち現れるが，その一方で，国際的な宗教ネットワークの力を重視する思想にも依拠している（Benveniste, 2002）．自分たちが帰属する宗教が民族化・人種化する方向で意味づけられる際，それを逆手にとって政治闘争に昇華させる集団は，公共空間と私的空間の境界について異議申し立てを行う．「スカーフ」をめぐる事件をみればわかるのだが，少女たちがスカーフ規定にかみつくのは，家族の伝統に従っているからではなく，スカーフにマイノリティとマジョリティを分ける役割があることを示したいからである．マイノリティ，マジョリティというこの語彙は，英語圏の著述にみられるものという性格が今でも強いが，この語彙が示す状況とは，本質化された文化特性（それが宗教的なものであれ，民族的なものであれ）に対し分類や差異化がなされ，その意味づけによって社会関係が構造づけられている状況である．

宗教的なもののグローバル化とアイデンティティの断片化

大多数の研究は，民族－宗教的アイデンティティはグローバル化のなかで構築されるという，ポスト近代主義的な見方をとっている．アイデンティティ構築の過程ではいくつかの文化資源が個別に，もしくは組み合わせて用いられ，そのためアイデンティティには可鍛性があるというのも，大方の研究が強調するところである．主体は自らのアイデンティティを誇示しようとするが，その際，主体は単なる押しつけの犠牲者でもなければ，被差別集団の代弁者でもない．彼ら自身，戦略を持ったアクターであり，その戦略を用いることで，さまざまなアイデンティティ形成が交錯するなか，宗教において少しでも優位な位置取りを狙うのである．

グローバル現象に対する人類学からのアプローチは，ローカルなものを強調する．すなわち，伝統が復活する力を持っていることの一例として救済の提供がなされているという状況が頻出し，その際に民族－宗教的なアイデンティティの構築が争点になるのである．他地域から移住してきた状況で，宗教的アイデンティティと民族性とが結びつくとき，それは，制度化された宗教の周縁で，その宗教のヘゲモニーを再定義するものとして作用するかもしれないし，あるいは，その宗教を貫き通し再構成する光として作用するかもしれない．

宗教なる空間の周縁は，ある種の閉鎖性によって特徴づけられる．たとえば，移住に基づく社会関係の枠内で「彼ら」と「われわれ」を分けるべく行われる差異化が，それを示している．ただ，宗教なる空間の周縁には混合性もみられる．すなわち，宗教実践の多様化や個人化を示すような活動がそこで展開されているからである．共同体が形成されたり断片化されたりする過程をみれば，成員が親密さに基づいて集められていること，アイデンティティや連帯意識が競いあって作り出されていることがわかる．この過程は，物質・象徴両面でさまざまな影響をもたらしている．たとえば，協会や宗教的な起業家たちの隆盛，祝祭空間の展開，移植された巡礼の展開などに，それが見てとれる．これらの行事では文化の諸要素が動員されるが，それは新たな社会関係に先立つ神話ないし儀礼とみなされている．

このような空間には，個人が濃密な宗教性を実践し，多様な集団が帰属や忠誠を演出するさまが凝縮されている．それを分析すれば，アイデンティティの境界は変化するものであり，透過性を持つものであることが明らかになる．

宗教とアイデンティティの変化を取り上げたある論集（Coleman et Collins, 2003）の導入部では，2001 年にロンドン北東部の公園で 15,000 名以上の人びとを集めて行われたヒンドゥの祭が取り上げられている．この祭では，カンタベリー大主教とチャールズ皇太子が祝意を述べ，また首相がスピーチで宗教的なものとナショナルなものの補完性を称賛するなど，アイデンティティをめぐるさまざまな過程が複雑に絡み合っているさまがうかがえる．その過程には，宗教的な層があるのはもちろんだが，世代，民族，ナショナル，グローバルなどの層もみられる．そこでは，特定の信仰を表明しても，それがより複雑な帰属のネットワーク（グジャラート人もベンガル人も，ヒンドゥ教徒もキリスト教徒も，英国の指導者もアジアの指導者も，すべてがそこに組み入れられている）を宣言する機会にもなっているのである．この祭典の主導者の一人でもあるヒンドゥの僧侶は，アイルランドのカトリックに出自を持つが，彼がスピーチで自身の出自に言及したのは，新たな自己意識，新たな他者関係に特徴的なことである．彼はまた，現在の英国で帰属が多様化し，宗教人としての存在を取り巻く状況が変わっていることを，体現してもいる．

この例をあえて取り上げたのは，民族化された宗教がいかに複雑なかたちで表出するのかを如実に示しているからなのだが，この例は同時に，宗教的なるものをアイデンティティに関わる事象に矮小化するという誘惑を追い払ってくれもする．祝祭の空間でアイデンティティがいかに演出されるのかをみれば，アイデンティティが宗教についての決定的な説明にならないことは明らかなのである．

参考文献　ALLÈS E., *Musulmans de Chine*, Paris, Éditions de l'EHESS, 2000. – BARTH F., *Ethnic Groups and Boundaries. The Social Organization of Culture Difference*, Bergen, Oslo, Universitetsforlaget, 1969. – BENVENISTE A., *Figure politique de l'identité juive à Sarcelles*, Paris, L'Harmattan, 2002. – CHARACHIDZÉ G., « L'Empire et Babel. Les minorités dans la perestroïka », *Le Genre humain*, 1989, 20, pp. 9–35. – COLEMAN S. et COLLINS P.（eds.）, *Religion, Identity and Change. Perspectives on Global Transformations*, Aldershot, Ashgate, 2003. – GOSSIAUX J.-F., *Pouvoirs ethniques dans les Balkans*, Paris, PUF, 2002. – HERVIEU-LÉGER D., *La Religion pour mémoire*, Paris, Cerf, 1993. – MILES R., *Racism*, Londres, Routledge, 2002. – RUDDER V. DE, « Vocabulaire historique et critique des relations inter-ethniques : Ethnicisation », *Pluriel*, 1995, 3, pp.42–44. – SCHNAPPER D., « Le sens de l'ethnico-religieux », *Archives de sciences sociales des religions*, 1993, 81, pp. 149–163. – WEBER M., *Sociologie des religions*, Textes réunis et traduits par J.-P. Grossein, introd. J.-C. Passeron, Paris, Gallimard, 1996（ed. or. *Wirtschaft und Gesellschaft*, 1921）.（マックス・ウェーバー『宗教社会学』武藤一雄・薗田宗人・薗田坦訳，創文社，1976 年）

アニー・バンヴェニスト Annie Benveniste
〔長井伸仁訳〕

→ 共同体主義，宗教的マイノリティ，世界化／グローバル化／トランスナショナル化，ディアスポラ，ナショナリズム，民族的・宗教的憎悪

植民地化
COLONISATION

植民地化は，（インド，マレー諸島，セネガルなどの）より遠隔の地については重商主義的段階，すなわち東インド会社や植民地商館の時代に始められたが，イスラーム諸国の大部分が対象とされたのは帝国主義的段階の時代においてであった．その段階のはじめから1世紀も経たぬうちに，（1830年のフランスによるアルジェリアの占領から1911年のイタリアによるトリポリタニアの占領など）大西洋から太平洋の群島に至るまで，イスラーム世界のほぼ全域が（イギリス，フランス，ロシア，オランダ，イタリア，スペインといった）ヨーロッパ列強の支配下に入った．イスラーム権力は消滅し，新しい国家や植民地統治がそれに取って代わった．

それまで西洋の衝撃は，何よりも経済的かつ文化的なもの（リファーア・ラーフィウ・アッ＝タフターウィー〔Rifā‘a Rāfi‘ al-Ṭahṭāwī〕）であったが，植民地化以降，その衝撃は植民地帝国の形成をともなう，軍事的な直接統治というかたちで具体化されることになる．植民地化は，植民地（インドネシア，フランス領西アフリカなど）から，併合（アルジェリア，中央アジア，コーカサス〔カフカース〕），「イギリス王国への合併」（インド），保護国・保護領（エジプト，チュニジア，モロッコ），複数の勢力圏への分割（イラン）という形態，さらには委任統治（シリア，レバノン，イラク，パレスチナ）に至る多様な形態をとった．これらの形態に対応する現地人の扱いも，「先住民」の同化から彼らに対する「寛大な」態度までと多様であった．

帝国主義的な植民地化に正統性を与えようとする試みは，多様なレベルで展開された．ダーヴィン理論が適用され，拡張主義が「自然の事象」とされたこともあった．そうした観念に想を得たジュール・フェリー〔Jules Ferry〕は，「優越人種は劣

等人種に対する〔義務があるのだから〕権利も有する」とみなした．彼の目には，「植民地政策は，競争という永遠の法則の国際的な発現」にほかならなかったのである．J・フェリーは帝国主義的植民地主義が持つ根底的に新しい性格をみごとに照らし出している．「過去何世紀かにわたる歴史において，これらの義務はしばしば看過されてきました．そして，スペインの兵士や探検家が中央アメリカに奴隷制を導入したとき，彼らはおそらく優越人種の義務を果たしてはいませんでした．しかし今日，ヨーロッパ列強は寛大さ，偉大さ，そして誠実さをもってその義務を果たしていると私は主張したいのです」(1885 年 7 月 28 日の議会演説).

一方，イギリス人は，帝国主義的な政策を弁明するための明確なイデオロギー体系を構築してはいない．とはいえ，人種的なヴィジョンが植民地建設者と植民地被支配者との関係の中心となり，征服の弁明ひいては正統化の役割を果たしていた．このヴィジョンは，19 世紀の初めのインドにおいて，リチャード・ウェルズリー〔Richard Wellesley〕総督を中心としたサークルで公然と語られていた．ウェルズリーはワーテルロー〔ウォータールー〕でナポレオンに勝利したウェリントン公アーサー・ウェルズリー〔Arthur Wellesley〕の長兄である．他方で，人種的優越の観念は，しばしば宗教的メシアニズムの色彩を帯びていた．ヴィクトリア女王在位 60 周年記念を迎えた 1897 年，イギリス全土が帝国への新たな信仰のもとで心を一つにしたが，インドで行われた同様の祭典でそのメシアニズムは頂点に達したのである．いまや植民地は国家威信に不可欠な構成要素となった．そして，かつてはまずヨーロッパ大陸における政策を優先すべきだとして植民地主義を忌避していた列国のナショナリズムは，植民地獲得の野心によって培われるようになったのである．1914 年以前に展開されたこれらのテーマは，両大戦間に展開された植民地主義をめぐる教義の基礎を構成することになった．

言説の次元を超えたところでは，この帝国主義にいかなる原因を見いだすことができるのだろうか．原因は何よりも経済的なものだと思われる．当時のヨーロッパは過剰に工業化され，過剰に投資が行われていた．かつてないほど，ヨーロッパは廉価な原料とエネルギー資源を必要とし，余剰生産物のための市場を必要としていた．ジュール・フェリーもポール・ルロワ＝ボーリュー〔Paul Leroy-Beaulieu〕も経済的論拠をはっきりと，こう強調している．植民地は，「われわれの社会に廉価な原料を提供し，ヨーロッパの製品を売りさばくための新たな市場となっている」．人的資源もまた無視できぬ利益となっていた．たとえばインドの人的資源は，植民地企業の収益を高めるのに貢献した．兵士も商人もイギリスに比べるとはるかに安いコストで働いたからである．最後に，植民地の拡張は宗主国内の社会的騒擾を防ぐための保証でもあった．フェリーは次のように述べている．植民地獲得を通じて新たな消費者を見つけなければならない．さもないと「近代社会の破産」に直面することになる．

1914 年に世界の分割は既成事実となっていた．分割の立役者となっていた国は，植民地支配の長い伝統を持ち，長い経験を誇ることができた二つの大国であったが，それは第一に大英帝国（人口 4 億人）であり，ついでフランス植民地帝国（人口 4800 万人）であった．当時，フランスは協同〔association〕と同化〔assimilation〕のあいだで迷っていた．セネガルでは，ジャコバン的伝統の同化がまず優位に立った．原則として現地の諸制度の一部を温存する協同には，総督を置いての直接統治か，間接統治（保護領）かの二つの姿がある．後者にはさらに 1920 年になって委任統治という発展形態もみられた．国ごとの状況はきわめて多様であった．

《文明化》の言説

《文明化》！　19 世紀から 20 世紀にかけてイスラーム諸国の大部分が征服されたのはこの《文明化》という名においてであった．だが，その名は何を意味するのだろうか．それを「近代性」によって置き換えることはできないだろうか．というのも，ジュール・フェリーが「劣等人種」を「文明化する」と言うとき，彼が考えているのは単に技術的進歩，経済的発展，軍事力の増強だけではないからである．彼は，啓蒙に由来し，「世俗化された」政治が〈宗教的なもの〉への特殊な関係を強いるような価値体系を念頭に置いている．それぞれの宗主国の歴史に応じて，またそれぞれの植民地の文脈に応じてさまざまな仕方で形成されたとはいえ，この価値体系はある共通の下地を持っていた．《文明》のもう一つの側面とは，それがネイションに基礎づけられていたという点である．というのも，それぞれの宗主国（ネイション）は，他のネイション以上に近代性の頂点を極めていると主張していたからである．

ナポレオン・ボナパルトによるエジプト遠征〔1798-1801〕以来，近代における植民地化はつねに，解放を謳い，同じ鋳型で作られた理念の名において行われた．フランス革命後の，エジプトやアルジェリアにおけるサン＝シモン主義的なユートピアは，そのよい例である．植民地化という企ての正当化は，「解放すること」，「文明化すること」，実際のところ〈近代化すること〉への欲望を公言しつつ遂行された．そこには一種体系的な性格が見いだされるが，それは偶然の一致によるものなのか，それともその体系性を説明する結びつきが存在するのだろうか．後者の場合，そこにあるのは単なる正統化の論理ではなく，その時代の「近代性」に特有の論理だということになるだろう．

正統化の言説と植民地支配の文脈とを関連づけると，より明確に事態が見えてくる．というのも，近代性とは単に時間との新たな関係ではなく，力の源泉でもあるからである．最も近代的な者が先進性という価値によって，自分よりも近代的でない者を支配する．こうして最も近代的な者は，他の者が自律的な仕方で近代性に到達する一切の可能性を取り上げてしまう．この事実によって，その意図がどのようなものであれ，最も近代的な者は，自分よりも近代的でない者の主権の大部分を簒奪することになる．こうして，近代性は帝国主義的な本質を持っていることになる．より近代的な者が優位を占めるのは，単に軍事力もしくは経済力ゆえ，あるいは技術的な先進性ゆえではない．より近代的な者は，とりわけ宗教的思考のように全体化する思考の正統性を否定し，近代的ではない社会が近代性へと向かおうとする歩みを抑制しながら，それらの社会を脱構造化してしまう．こうして最も近代的な国家は，具体的な技術や支配と同様，自分が持つ価値も押しつけることになるため，万人にとって近代性の唯一の地平となる．19 世紀には，その頂点がイギリスとフランスによって争われた，近代性をめぐる一つのヒエラルキーが成立する．しばしば前面に押し出される「パラドクス」，すなわち解放の理念が植民地支配もしくはポスト植民地支配の正当化へと姿を変えるという「パラドクス」は，19 世紀を通じて，さらには 20 世紀の初めに表明される近代性の本質そのもののなかに起源が見いだされるように思われる．

近代性は，それが通った後に何も以前のままにはしておかないロードローラーのように作用する．それは，政治システム，権力のありかたのみでなく，さまざまな社会関係も時代遅れなものとしてしまう．人と人の関係は，そこにアイデンティティが身を潜めにくる，まさしく最後の避難所であった．そしてそれは，イスラーム法に基づいた個人の身分をめぐる防衛とともに，植民地化による「文明化」の攻撃に抵抗するための最後の防波堤となった．それに対し入植者たちは，植民地化した地域におけるマイノリティの人びとの身分をエスニック・コミュニティとして画定し，（レヴァント，アルジェリア，インドにおけるように）支配のための道具にすることもあったのである．

オスマン帝国のカトリック・マイノリティをフランスの庇護下に置いた外国人特権付与条約〔カピチュレーション〕（1536 年，フランスはトルコにおける商業的特権〔Capitulations〕を獲得した最初のヨーロッパ国家であった）に続いたのは，改革を要求する執拗な勧告の数々であった．ヨーロッパ諸国は，守りの態勢を余儀なくされたオスマン帝国に対して一連の改革を求め，それはオスマン帝国市民間の平等を認める宣言，憲法と議会制度の採択，さらには国家機構の近代化をもたらすことになった．これらの（タンズィマート（Tanzimāt）（1839-1876）と呼ばれる）改革の推進者たちが目指したのは，第一に帝国に対するヨーロッパの支配を食い止めることであって，憲法の必要性ならびに自由主義の必要性をめぐる意識は支配への抵抗という意識に比べるとはるかに優先順位が低かった．何よりも目指されていたのは，ヨーロッパに抵抗するために，ヨーロッパを強大にした魔法の方程式を手にすることだったのである．力のための近代性である．すべきことは，ヨーロッパの圧力に譲歩しながら，ヨーロッパを模倣することであった．その結果，オスマン帝国の臣下を皇帝へと結びつけていた宗教的絆は断たれ，領土内に台頭した諸々のナショナリズムがわずかのあいだに帝国をばらばらにしてしまった．改革は，ヨーロッパに抵抗する手段を与えるどころか帝国の衰退を加速し，ついには改革を押しつけた国々による分割と解体へと導いたのである．同様に，フランスとイギリスによってチュニスの総督に押しつけられた1861年の初めての憲法制定の20年後，チュニジアは保護領となっている．このいずれの場合も，改革は当時最も近代的であった国々によって乗っ取られてしまい，主権の喪失へと導く論理の道具となった．人権，宗教の自由，マイノリティ擁護の主張は，それ以来，最も近代的な勢力による干渉のための王道となったのである．

したがって，植民地化された者はジレンマの前に立たされることになった．近代化の拒否は自分が消滅する運命を受け入れることである一方で，近代化の受け入れは急速に主権を失い，内発的な近代化のプロセスにおける自律の能力を失うことを意味した．というのも，植民地化された者のよちよち歩きの近代性と宗主国の勝ち誇る近代性のあいだにはつねに格差が残っていたからである．

その構図のなかでアイデンティティ，とりわけ宗教的アイデンティティは，主権を主張するために他の手段を持たなかった社会にとって特権的な武器となった．宗教的アイデンティティがそのものとして神聖なものとされたのは，それが植民地支配と闘う際のありとあらゆる（軍事的，政治的，経済的，文化的）課題を結びつけることができ，それのみが〈普遍的なもの〉へのアクセスを提供していたからにほかならなかった．

他方で，ヨーロッパ的な普遍主義の数々もまた，他のあらゆる普遍主義と同じく弱点を持っていた．それは，まさしく〈宗教的なもの〉の自律を考えることが苦手であったという点である（むしろ，〈宗教的なもの〉は潜在的な危険であるとし，それを統御しなければならないと考えがちであった）．フランスのライシテ理念および共和制理念に，そしてとりわけソヴィエトの無神論にその究極のかたちがみられる．以上のようなわけで，植民地化の過程でみられたのは，世俗化された豊かな《北》と，宗教的で貧しい《南》との対決であった．しかしこの宗教的な《南》も近代化によって姿を変え，（ヒンドゥ・ナショナリズム，イスラーム・ナショナリズムのように）宗教は次第に主権侵害に反対するイデオロギーという姿をまとうことになるのである．

キリスト教の名においてでもなく，ライシテの名においてでもなく

以上で確認できるのは，宗主国の社会で支配的であった諸理念の名において植民地化が行われたということである．しかし，それはなんら驚くべきことではない．これらの理念は，宗主国ごとに異なっており，時代とともに推移していった（アルジェリアにおけるフランスの政策はそのよい例である）．植民地化の形態はその推移を明確に示す一方で，宗主国の状態を反映しているとは必ずしも限らない．とはいえ，入植者たちは共通の参照を有し，大づかみにいえば同じ文化を有していた．とりわけ，彼らはすべて一種の布教（ミッション）計画，すなわち普遍的なメッセージを伝播するという使命を帯びた者たちであった．カトリックに由来するこのモデルは，18 世紀末にはプロテスタントに，19 世紀には東方正教会にも伝わった．

布教モデルはまた，（地理的，外交的，科学的，商業的ミッションといったように）大幅に世俗化されることになった．それが，《文明化》の言説である．各国が自分こそその言説を具現しており，それを広める使命があると主張するあまり，《文明化》の言説は「ライシテ・ミッション」，そして「人道ミッション」を生み出すに至った．近代性がキリスト教起源を有するという説（Laurens, 2004）はまずプロテスタントによって提示されたものであったが，フランスのカトリック教会も《文明》を取り上げ，近代性の起源をキリスト教によって説明しようとした．しかしながら，以上のことは，キリスト教の相続や参照や価値といった尺度を超えてまで，《文明化》の言説がキリスト教的な宗教言説の変化したものであることを意味するものではなかった．

植民地の文脈において，イスラーム的環境におけるミッションの効果はほぼ無に等しかった．改宗は稀であり，啓蒙の忠実な代表者としてのサン・シモン主義者たちは揶揄の対象となったり顰蹙を買ったりし，フリーメイソンへのいくつかの入会があったのみであった（もっとも，オスマン帝国にケマル・アタテュルク的なライシテを登場させたという意味でこの入会は決定的なものであった）．その半面，社会的，文化的観点からの効果は著しかった．カトリックとプロテスタントの宣教活動は，（ベイルート・アメリカン大学とカイロ・アメリカン大学，レバノン〔ベイル

ート〕のサン・ジョゼフ大学等々）中東地域における最も名高い高等教育機関の起源となった．それとは対照的に，インドにおいては植民地時代に，現地の宗教的理念の名のもとにアリーガル・ムスリム大学やベナレス・ヒンドゥ大学がインド人によって創設された．この失敗にもかかわらず，ライシテはキリスト教の宣教計画に対する潜在的な対抗計画であり続けた．キリスト教の宣教計画が，イスラーム諸国では宗教に中心的な地位を認める教育のみが成功しうると主張したのに対して，ライシテ・ミッションはその中立性ゆえにすべての信教を容認する教育が適しているというテーゼを主張したのである．

宗主国はすべてキリスト教国家であった．しかし，宗教的ミッションやライシテ・ミッションといった戦略は存在したものの，近代におけるイスラーム諸国の植民地化はキリスト教の名のもとに行われたのではなかったし，フランス固有のライシテや，イギリス，オランダ，ロシア——ロシアはロシア正教を前面に押し出していたが，アジアではヨーロッパ文明の代理人として行動していた——のそれぞれに固有な世俗化の名のもとに行われたのでもなかった．もっともそれは，（アルジェリアなど）局地的にライシテ輸出の問題が提起されたこと，あるいは，宗主国がカトリックの旗印のもとでふるまったこと（レヴァント），あるいはさらに，〔カトリックと共和主義という〕〈二つのフランス〉のあいだの争いが結局は輸出されたこと（これは，20 世紀初頭のパレスチナにおいてフランスの影響力を弱体化するのに貢献した）を妨げるものではなかった．ある地にはライシテを輸出しない，別の地ではカトリックまたはイスラームの旗を掲げて進むといった選択がなされたのは，植民地支配の至上命題と一体となった《文明化》というさらに上位の利害関心からであった．こうして，地域に応じて宗教の扱いに大きな多様性が存在したという事実，それこそが，一定の地域内での体験のみから植民地政策を判断するイスラーム教徒たちが，宗主国に対して多様な知覚を持っていたことを説明しうるのである．

しかしながら，暗黙の事柄，無意識の事柄，状況的な事柄といった意味で語られなかったこと，時としてそれら三つを合わせた意味で語られなかったことも存在する．宗主国が政治と宗教との関係について世俗化されたヴィジョンで武装してやってくるとき，そのヴィジョンは暗黙の次元に属している．よって，ある宗教が公共空間において「大きすぎる」位置を占めていると，それは後進性の印とみなされることになる．

とはいえ，レオン・ガンベッタ〔Léon Gambetta〕が「反教権主義は輸出品ではない」と主張するとき，その言葉は，植民地化においてフランスのライシテおよび共和国理念をそのまま適用すべきだという考えがないことを確認するものである．あるいはまた，エミール・コンブ〔Émile Combes〕を筆頭に，同じ共和主義者たちがアルジェリアのイスラーム教徒に対して政教分離法の適用を拒むときも同じである．暗黙の了解として，アルジェリア人はフランス人と同じ権利を享受するには十分に文明化されておらず，あまりにも宗教に執着しており，よって統御されるべき人びとである，ということになる．他の何ものにも優先するのは植民地支配という至上命題なのであって，植民地化された社会はあまりにも宗教的であり，フランスが苦痛のなかで，幾多の対立の末に生み落とした法の数々を，その社会は受け入れることはできないと判断されたのである．ライシテを主張する共和主義者たちが「アルジェリア的例外」にぶつかり，彼らがアルジェリアのイスラーム教徒を彼らの宗教的アイデンティティに固定し，イスラーム教徒に対してフランスの市民権を拒否し，政教分離法の適用から外したとき，その行為は無意識の次元に属している．

さらに，共和制を主張しようとしまいと，フランス人が西アフリカにおいてイスラーム教徒のネットワークを利用し，レヴァントやトルコにおいてカトリックの布教団を利用するとき，その選択は状況的な次元に属している．中東において，事実カトリックはフランスのプレゼンスの単なる手段にすぎず，カトリック自体の価値を認めて受け入れられた選択肢ではなかった．いくつものコミュニティからなるレヴァントの現実が，カトリックを影響力行使のための道具であるとみなすよう共和主義者たちを導いたのである．当初は王国であり，ついで帝国となり，ついには共和国となりライシテを旨とするようになったフランスにとって，海外は本土にとって望ましからぬ人びとを流刑に処する地となっていた．その人びととは，前科者であり，政治犯であったが，まもなく1901年以降に国外脱出を余儀なくされたカトリック修道会がそこに合流することになる（Cabanel et Durand, 2005）．これらのカトリック教団をめぐる論理は，あいかわらず前述したようなものであった．フランスが到達した文明水準に鑑みてもはやフランスに役に立たないものであっても，「より進歩していない」社会ではまだ役に立てることができる，という論理である．オスマン帝国のカトリック・マイノリティを保護するような仕草には，もちろんフランスのカトリック的過去の遺産，そして何世紀も前からフランスが緊密な文化的および政治的絆を持っていたネットワークとの共謀関係を部分的にみることができる．このような場では，〈二つのフランス〉のあいだの争いは，神聖なる同盟〔union sacrée〕に場を譲ることになったのである．

象徴的な失敗――アルジェリアをめぐるフランス共和国の計画

この大失敗の歴史をたどったときに覚えるのは目がくらむような感覚である．そこにみられるのは，共和主義的でライシテを旨とするフランスが，模範的な植民地を建設しようとして罠に落ちてゆく光景だからである．フランス本国において，パリ，リヨン，マルセイユで暮らすイスラーム教徒のアルジェリア人がみじめな例外状況を生きることを強いられるなかで，〈フランスのイスラーム〉は外交のためのショーウィンドウあるいは道具となっていた．アルジェリアにおけるフランスの失敗をもたらしたのは，アルジェリア・ナショナリズムでもイスラームでも入植者たちでもなく，フランスがそこから抜け出せなかった植民地的関係にほかならない．アルジェリアにおけるフランス共和国の計画を失敗という運命へと導いたのは，フランスによる文明化の使命以外にアルジェリア人の救済はありえないとする，広く伝播されたヴィジョンであった．それにより，フランスのプレゼンスの歴史は，一連のまやかしと不可分になってゆく．それらのまやかしは，むしろ現地人に対する「例外」や「特例」が規則と化しているにもかかわらず，フランスがアルジェリアを同化し，文明化を進めていると信じさせることを目指すものであった．そうした例外のなかに，1870 年のユダヤ人の帰化（クレミュー政令）と 1889 年の国籍法改正による，その大部分がカトリック教徒であったヨーロッパ系外国人の帰化が挙げられる．それらは，イスラーム教徒だけをフランス市民権の外にとどめることになった．

イスラーム教徒の何が責められるべきだったのだろうか．なるほど彼らが宗教的な身分を放棄したがらなかったことは責めに値したに違いない（だが，ユダヤ人が彼ら以上にそれを放棄したわけではなかった．それにもかかわらず彼らはいっせいにフランス市民権を取得している）．そうではない．彼らをしてフランス市民権を得るのを妨げていたのは，彼らの人数であった．他のフランス人と同じ権利をアルジェリアのイスラーム教徒に与えることは，数の法則ゆえに植民地支配の関係を放棄することに帰着する．ところが，当時の共和主義者たちは，植民地支配関係こそが彼らがイスラーム教徒のみによって構成されるとみなす「原住民」を「文明化」するための唯一の方法であると考えていた．他のいずれの場所でもそうであるが，フランス領アルジェリアにおいても，いったん手にした特権を容易に捨てることは行われなかった．そして，フランス領アルジェリアを持ち続けることが一切の進歩にとっての前提条件であるならば，間違いなく植民地支配を拒否するために権利を行使するはずの人びと，その人びとに権利を与えることは，確かに好ましくないということになる．

アルジェリアを失うという，植民地の観点からすると根拠がないわけではない懸念によって，もう一つの例外を説明することができる．アルジェリアのイスラーム教徒に対しては，政教分離法を適用しないという例外である．ここでもまたフランスは，宗教的アイデンティティへと人びとを割り当てることを自分がしたという事実は認知せず，その責任を認めることもなかった．特別に設けられた委員会において40年ものあいだ，その「例外」は定期的に再検討されたが，実際には例外が規範と化していたことはけっして認められることはなかったのである．権利を付与した側にその権利を用いて異議申し立てをするかもしれぬ「隷民」〔sujet〕に対してなど，権利を与えることはできないというわけである．

フランスの市民権を取得することによって，ユダヤ人とヨーロッパ系外国人は入植者の側に移った．こうしてアルジェリアのユダヤ人にとっての「救助」として提示されたことは，ユダヤ人がマイノリティであったために可能であったが，植民地化された人びとという地位からいっせいに逃れるためには人数が多すぎたイスラーム教徒には適用することはできなかったのである．フランスはアルジェリア社会のなかに支点を求めていた．さらに，アルジェリアのユダヤ人たちには「手引き役」がいた．それは，たいていはプロヴァンス地方在住の，フランス革命によって解放されたフランス・ユダヤ人の有力者たちであった．アルジェリアのユダヤ人たちはこの「救助」を自分たちのフランス化によって，すなわち「西洋へと向かう歩み」によって支払わなければならなかったが，それを残念に思うものはあまりいなかったようである．植民地化された人びとの宗教となることによって，イスラームは植民地秩序に対する異議申し立ての潜在的な拠り所として重きをなすことになった．だが，イスラームが，自分たちが求めていたものとは反対のものへと至る論理の拠り所となることに，共和主義者たちが気づいていたかどうか．それについては知るよしもない．

数々の宗教的現実との対決

19世紀にミッレトによってオスマン帝国が近東および中東の地域ごとに制度化した宗教的現実は，委任統治の宗主国（フランスとイギリス）にも引き継がれ，宗主国は宗教的相違を自分たちの都合に合わせて利用した．それが，共同体化の政策であった．フランスが，シャーム地方（歴史的シリア）を，キリスト教徒が多数派である地域（レバノン）とアラウィー派とドゥルーズ派が多数派である地域へ分割する政策をとったのは，この政策に導かれてのことであった．そのために，（シリアのアラウィー派という）それまでは存在しなかったアイデンティティが作り出されさえした．委任統治の宗主国として，フランスは個人の権利の認知と共同体の権利の認知という二重の要請に直面していた．

フランスは，レバノンとシリアにおける宗派による個人の身分を認めることによって，近代的な政治的宗派主義となるものの基礎を築いた．制度化された宗派主義は，社会を，避難所であると同時に牢獄でもあるさまざまなアイデンティティの虜にしてしまう．それはレバノンで〔宗教的ではなく民法に基づいた〕市民婚の創設に失敗したことにも示されている．かくして，レバノンのキリスト教徒は相続や親族の財産の管理を民法上の規定に基づいて行っているが，なんと今日でも依然として，その規定はキリスト教徒にしか適応されていない．宗教的多数派（レヴァントにおけるスンナ派）であることが委任統治に対する抵抗の拠り所となったのに対して，宗教的な少数派は委任統治の道具として用いられたのである．

イラクやパレスチナにおけるイギリスもけっしてフランスに引けを取ってはいなかった．チグリスとユーフラテスの岸辺において，イギリスはその地では少数派であったスンナ派出身のエリートと提携関係を結び，ヨーロッパ・モデルに基づいて構想された近代的国民国家というアラブ主義を唱えつつ，多数派であったシーア派，そしてクルド人の排除を行った．パレスチナの地では，イギリスもまた〔アラブ人とユダヤ人に対する〕「調停不可能な義務」をともなう委任統治がはらむ，自ら作り出した罠に落ちている．シオニズムを庇護したいとの欲望のもとに，そして（イギリス人がアラブ人の本来の姿だと信じていた）「純粋なアラブのベドウィン族」とはあまりにもかけ離れたレヴァントのパレスチナ人に対する一種の軽蔑から，イギリスはユダヤ人には民族の資格を認める一方で，パレスチナ人に対してはそれを否認した．しかし，最終的には，パレスチナ分割とイスラエル建国の前兆であるシオニストたちの圧力を受けて，パレスチナを去ることを余儀なくされるのである．フランスはといえば，エルサレムに駐在する領事たちの視野はヨーロッパ諸国が影響力の拡大をめぐって展開する競争に限定されていたようであり，パレスチナにおいて発展の最中にあった〈ユダヤ人の祖国〉の意味についてはまったく知ろうともしていなかった．

カトリックと共和主義という二つのフランスのあいだの神聖同盟は，いたるところで見られたわけではなかった．それは，パレスチナにおけるフランスの影響力という面では好ましくない効果を及ぼしたが，植民地でその同盟が観察されたのはとりわけ西アフリカにおいてであった．レヴァントとは逆に，フランスはその地域でイスラーム教徒のネットワークに支えを見いだしていた．というのも，植民地行政を司る人びとに特有の文明観からすると，イスラームはいわゆる「アニミズム」信仰よりも一段上の地位を占めていたからである．啓典の宗教という輝かしい文明を相続しているという理由で，彼らにとってイスラームは文明の一つの段階を表していた．というわけで，西アフリカにおいてイスラームが大いに広まったのはフランスの後援を受けてのことである．

現地の観察者の目には，フランスの植民地政策がイスラームに好意的だと映ったことだろう．だが，近代性と文明化への階梯における一段階ではあっても，長期的にはイスラームが植民地化にとって危険な存在となることはないのか，という問いが生まれることになる．汎イスラーム主義に対する恐れ，反植民地主義を基盤としてアラブ世界とアフリカ世界とが結びつくことに対する恐れこそ，フランスが政策転換を行った理由である．こうして，アラブ・イスラームによって脅かされる「アフリカの本来性」の防衛が，1910年以降，フランスによる植民地政策の発想源となった．それは，それまで施行された政策と矛盾していたが，以前の政策も一部の地域で，そして現地に赴任した行政官の判断に応じて，並行して実践され続けたのである．

インドについてはというと，イギリスが直面していたのは，何世紀にもわたってイスラーム教徒が支配した一方で人口の多数派はヒンドゥ教徒であり，イスラーム教徒が少数派（かろうじて20%）を構成するという国情であった．したがって，イギリスが来る前に法律として適用されていたのは理論上はシャリーア（sharīʻa）であったにもかかわらず，国家機構においてイスラームが占める地位は比較的軽いものであった．そのうえ，非イスラーム教徒は自分たち固有の法体系に属しており，一定の信仰の自由を享受していた．

インドにやってきたイギリス人は，徐々に諸制度に対する統制を強めた．しかし，（宗教的案件に対する）非干渉の原則が〔インド初代総督の〕ウォーレン・ヘースティングス〔Warren Hastings〕によって1772年に施行され，ヴィクトリア女王の1858年の演説のなかで追認されている．こうしてイギリス人は，宗教的コミュニティが自分たちの宗規による法律を持ち続けること，そして〔婚姻，親子関係，相続などの〕家族問題を解決することを許した．1772年から，区別された，しかし同列に置かれた「個人的身分」が，イスラーム教徒にだけでなくヒンドゥ教徒にも認められ，それに基づいて結婚，離婚，遺産相続，贈与，宗教財団に関する諸問題を解決するよう求められた．別の言い方をすれば，法は徐々に世俗化され，宗教は家族法の分野に限定されることになったのである．具体的な適用に際して，シャリーアを熟知しているわけではないイギリス人裁判官は，一方では住民の極端な多様性に，他方では権威とされるアラブのテクストに基づいてイスラーム法の語彙を明晰に定義する困難さに直面することになった．そこで彼らは，自分たちの法体系の運用を下敷きにしてシャリーアのコード化と画一化を行うという政策によって難問を迂回しようとした．その論理の帰結として，法の施行を担う植民地の裁判所は，もっぱら制限されたコーパスに依拠することになる．それらのテクストは，確かにインドのイスラーム教徒にとっても重要性を帯びたものであった．しかしイギリス人は，それらのテクストに，他の文書の準拠は許さないという，以前はなかった不動の権威を付与したことになる．

この手当たり次第のコード化は，イスラーム教徒がシャリーアを理解する仕方に，そして彼らが自分自身について持つ知覚に一定の結果をもたらさずにはいなかった．イギリス人がきわめて限られた数のテクストに依拠したことによって，ムガル帝国の歴史からも，大陸横断的なイスラームの歴史からも明らかに複数の解釈が共存しうるのに，シャリーアは不動の規則集へと変えられた．輪郭が曖昧な伝承の体系である〈慣習〉でさえ，古く，固定されたものとして知覚されていた（そして，その慣習に従う社会自体も静止したものと捉えられていた）．イギリス人によって行われたコード化は，主だった宗教的権威と，その権威たちによるシャリーアの読解にも効果を及ぼした．聖典の解釈者たちの一部にイギリス人が権威を付与するのを見て，ウラマー（ʻulamāʼ）〔イスラームにおける知識人〕たちはタクリード（taqlīd：「模倣」）の実践を強化し，それに一定の価値を付与する一方で，タクリードが以前持っていたような柔軟性を奪ってしまった．こうして，ウラマーたちによって新たな字義主義が採用されることになった．イギリス人がイスラーム法を恣意的であるとみなしたこと（それは，自分たちによるコード化を正当化するために持ち出された論法であった），そしてその適用を任されているイスラーム当局を十分に信頼できないとしていたことは，他方でウラマーたちをして，イギリス人に対して，自分たちの法はまったく予測可能，確実，かつ不動であることを証明するよう仕向けた．一種の反動によって，不動の法というレトリックは，ますます柔軟性を欠いたシャリーアの解釈へとウラマーたちを駆り立てたのである．

より一般的に言うならば，一部の法的分野に西洋の世俗的な法律を導入したことは，まだシャリーアの影響下にとどまっていた事柄に対してシャリーアの地位を強化する方向に作用した．非イスラーム的な植民地権力によるイスラーム法の管理は，最終的に，シャリーアと個人的身分を大きな政治的争点へと変化させる効果を持つことになる．19 世紀の終わり，インド独立の動きがみられるようになると，いくつもの集団がイスラームのいっそう字義的なアプローチを採用し，イスラーム的な言い回しを自分たちの語彙とし，一方では植民地権力に対し，他方では一部の地方でとても活発に活動していたキリスト教宣教師たちに対して，イスラーム・アイデンティティを主張しつつ立ち上がった．こうしてシャリーアは，次第にイスラーム的アイデンティティの維持ひいては存続のための中心的な要素として知覚されるようになった．その象徴的な力はウラマーたちによって利用されたばかりではなく，それを政治目的の道具とすることをためらわなかった近代主義的かつ／または脱宗教主義的な指導者たちによっても利用され，同時にその利用によって，独立運動に宗教色を与えることになる．このような歴史の皮肉によって，最終的にシャリーアは，イスラーム教徒がイギリス人たちに向ける武器となっていったのである．

しかし，この宗教的な競り上げにおいて，ヒンドゥ教徒もけっして後れをとってはいなかった．ガンディーを筆頭に，ヒンドゥ教のエリートは，植民地当局に対する動員を促すものとして宗教を用いた．したがって，独立への戦いにおいて宗教への訴えは（その団結や動員を促す力ゆえに）有効であったと認めなければならないだろう．しかしそれは，ヒンドゥ教徒とイスラーム教徒とのあいだの抗争を深刻化させ，1947年の独立に際してはインド亜大陸を一方はヒンドゥ教徒が多数派を占める国家，他方はイスラーム教徒が多数派を占める国家という二つの国家に分裂させるという結果をもたらした．特に，イギリス人によって制定された宗教別の個人的身分は，独立以後もインド亜大陸のヒンドゥ教徒とイスラーム教徒に対して影響を及ぼし続けた．事実，双方とも今日に至るまでその身分によって規制されている．パキスタンにおいては，個人と家族に関する身分規定が1961年に部分的に見直されたが，インドではヒンドゥ教徒の身分規定について法典化の始まりがみられるにすぎず，宗教別の規定というありかたはほとんど変わっていない．インドのイスラーム教徒にとって，彼らが少数派の立場に置かれていたので，なおさらシャリーアはイスラーム的アイデンティティの象徴を具現するものであり続けている．

イスラームの地において，はっきりと宗教政策と呼べるものが宗主国によって施行されたとはいえない．しかし，アプリオリに対イスラーム政策と銘打たれた政策ではないにせよ，端的に支配を成立させ，永続させようとする政策は存在した．その政策は明確にイスラームを対象としていたのではなく，せいぜいイスラームに関する表象のストックを持っていたにすぎない．そして，施行の段階で，その表象にさまざまな変形を加えて用いていたのである．それぞれの植民地主義国家は，そうした政策を，自分たちの歴史的経験に照らし合わせて転調しつつ施行した．すなわち，現地人に権限を委任するイギリス的な慎重さ，すべてを統制したがるフランスとロシアの中央集権的伝統などがその例である．長期的な対イスラーム政策を練り上げるための場がなかったため，特定の人びとが専門家として特殊な権威を持つことになり，彼らの分析に応じて政策が方向づけられていった（アラブ的なイスラームに対するアフリカ的本来性と黒人のイスラームに関するアンリ・ラメンス〔Henri

Lammens〕，ジャック・ヴーレルス〔Jacques Weulersse〕といった民族学者たち，そしてレヴァントについては，ルイ・マシニョン〔Louis Massignon〕ほか大勢の人びとがいた）．宗教政策は，自分の見方に基づいて合理的にイスラーム諸社会を組織することができなかった宗主国の無力さを確認している．場当たり的に作られたシナリオは，遠からず宗主国の制御から離れてゆくことになる．

植民地化，イスラーム，ライシテ，世俗化

植民地化が行われたのは，宗教の名においてでも，ライシテや世俗化の名においてでもなかった．また，イスラーム諸国においては，宗主国による宗教政策と厳密に呼べるものは存在しなかった．にもかかわらず，いったいなぜ宗教，ライシテ，世俗化を通して植民地化を問おうというのだろうか．それは宗教こそ，《文明化》という洗礼名を授けられた近代性の輸出が，最も明らかなかたちで植民地支配の矛盾を暴露する領域だと思われるからである．そしてそれこそが，イスラーム地域の旧植民地に由来する今日の〈宗教の回帰〉を説明しうるからである．

植民地化の状況には大きな多様性がみられた．しかし，大勢のイスラーム教徒の目に，植民地化はイスラーム権力の終焉と一致していた．（アルジェリア，イラン，イラク，コーカサス〔カフカース〕，中央アジア，インドなど）イスラームによって結びついていた人びとの目的は大きく異なっていたが，彼らはみな植民地化されたという事態によって結びつけられていた．そして，脱植民地化の時代が到来する．脱植民地化は，いたるところで，その地域では少数派のエリート――あるときは（軍事的改革主義者として）世俗化された，かつ／または，宗教的なエリート――が，植民地期から相続された国家または政治システムにおいて優位を占めることを可能にした．しかしまもなく，ポスト植民地システムは，たいていの場合，イスラーム諸国を旧宗主国への依存関係のなかにとどめるということが明らかとなった．民族解放の戦いのように，独立もまた，解放への不可逆的なプロセスを歩みはじめた社会の希望に応えることができないように思われたのである．

普遍主義に固有な性格とは，互いに排除しあう傾向を持つということではないだろうか．自分たちの問題を管理するにあたって民法を参照する市民と，神に由来する諸原理を優先する市民とが同じ社会で平和的に共存することなど想像できるのだろうか．フランスが構想したさまざまな計画は，その難しさをよく示している．おそらく，ナポレオン３世が構想したアラブ王国――そこではイスラーム教徒がその個人的身分を温存することができることになっていた――が，共和国への同化よりも成功する可能性が高かったかどうかは疑わしい．個人の宗教的身分はウラマーた

ちが防衛しようとした最後の勢力圏であり，そこから現在の再イスラーム化とイスラーム・アイデンティティを中心に据えた理論的な再武装が行われたのである．

イスラームの名において展開される現在のさまざまな行動は，植民地化にその起源を持つのだろうか．イスラーム諸国の植民地化には宗教的な側面があったのだろうか．植民地化の歴史と植民地化が持った宗教的な含意を回顧すると，どのようにして「イスラーム教徒」という語がただ他者性を示す語へと還元されたのかがよりよく理解できる．また，その回顧によって，諸地域のイスラームの推移に結びついた諸問題を，より正確に評価することが可能となるのである．

参考文献　CABANEL P. et DURAND J.-D.（dirs.）, *Le Grand Exil des congrégations religieuses françaises, 1901-1914*, Paris, Cerf « Histoire », 2005. – GABORIEAU M., « Identités musulmanes, orientalisme, ethnographie : Faut-il réhabiliter les auteurs coloniaux? », in J.-L. Racine（éd.）, *La Question identitaire en Asie du Sud*, Paris, Éditions de l'EHESS « Purusartha, n° 22 », 2001, pp.71-89. – HARDY P., *The Muslims of British India*, Cambridge, Cambridge University Press, 1972. – LAURENS H., Orientales II, *La IIIe République et l'Islam*, Paris, CNRS Éditions, 2004. – LUIZARD P.-J.（dir.）, *Le Choc colonial et l'islam, les politiques religieuses des puissances coloniales en terres d'islam*, Paris, La Découverte, 2006. – MARKOVITS C.（dir.）, *Histoire de l'Inde moderne, 1480-1950*, Paris, Fayard, 1994. – METCALF T., *Ideologies of the Raj*, Cambridge, Cambridge University Press, 1995. – TAHTAWI R., *Takhlîs al-ibrîz fî talkhîs Bârîz*（Le Raffinement de l'or - Abrégé de Paris）［récit de voyage publié en 1834 de Rifâ'a Tahtâwi, membre d'Al-Azhar, dans une première mission pédagogique envoyée à Paris par le pacha d'*Égypte* Muhammad Alî（Mehmet Ali）］.

ピエール＝ジャン・リュイザール Pierre-Jean LUIZARD,
アミナ・モハンマド＝アリフ Aminah MOHAMMAD-ARIF
〔増田一夫訳〕

→ 共同体主義，世俗化，文化触変

神秘主義
MYSTIQUE / MYSTICISME

「神秘的（ミスティック）」という形容詞は，「隠されてあること」を意味するギリシア語，ミュスティコス（mystikos）に由来する．パスカルが『パンセ』で，聖書の「神秘的意味」について語っているのはこの意味においてである．したがって，宗教「事象」ということで宗教における観察可能なもの，実定的なものを指すとすれば，神秘主義はこれと正反対のことを意味しているようにみえる．だから，実際に神秘主義なるものを解消してしまいたい誘惑も大きい．たとえば，これをなんらかの秘教的伝統に帰着させて，そこで隠されてきたものの正体を暴露し，秘密を解明して，明示的な教説に翻訳することがありうる（この場合には，続いて，ではなぜこの秘匿が起こったのかが問われることとなろう．イニシエーションの正式なやり方を保全するためか，あるいは逆に，公共的には許容できないような逸脱的な実態をカムフラージュするためだろうか）．あるいはまた，神秘主義を，漠然とした，捉えどころのない，表現しようもない――したがってたいていの場合，教義的理性にとっても批判的理性にとってもいかがわしい――宗教性一般のようなものに回収してみることもありえよう．だがそれでも，人文科学には，自然科学から研究方法を借りてくることはあるにせよ，自然科学に還元し尽くせない固有の研究対象があって，それは物質的ではない何かを必ず想定するものだと主張しても逆説を弄することにはならないだろう．この意味での神秘主義が，たとえば社会学にとって重要で不可欠な研究テーマとなっているからである．さらに，社会学が科学として成立してくる段階で，宗教（ほとんど定義されていない広い意味でだが）が大きな関心対象となっていたことも驚くに値しない．一方，制度教会側の言説においては――本項では，歴史的対象としては，もっぱらカトリックに限って論じるが，「神秘〔主義〕的（ミスティック）」という言葉が，対抗宗教改革の時代に形容詞〔「神秘的」〕から発して名詞〔「神秘主義」〕としても用いられるようになったのがカトリック世界においてだったという事情がある――神秘主義は，諸教会が奉じる信仰の持つ文化的で外的な次元と，霊的で内的な次元とのあいだの一種の弁証法を導入することになる．

社会学者の神秘主義論

成立期の社会学が「神秘主義」に対して抱いた関心の例として最も目につくもの，つまり最も明瞭にそれを述べているのは，当然ながら独自の意味に解された神秘主義だが，リュシアン・レヴィ＝ブリュール〔Lucien Lévy-Bruhl〕の著作である．『未開社会の思惟』（1910）で著者は，「集合表象」という概念について論じている．これは，当時の心理学では「知性的事象」に類するものとされていたものだが，いわゆる未開社会を観察することで，著者はこれを「情動的事象」と不可分なものとするのである．

「未開人にとって集合表象とは，彼らがなんらかの対象のイメージを持っていて，それが実在すると信じている，というだけのことではない．彼らはその何かになにごとかを期待したり，恐れたりする．その何かが具体的に働いて，自分たちに力を及ぼすと信じているのである．その働きは，何かの流体だったり，力能だったり，秘密の力だったりと，その何かの性質によって，また状況によってさまざまだが，未開人にとってはどれも現実であり，そのものの表象と不可分の一部をなしている．下等社会の人びとの心的生活においてかくも大きな位置を占めているこの集合表象が持つ一般的性格をひとことで示すために，私はこの心的活動を神秘的と言ってみたい．私がこの言葉を，もっとよい言葉がないので採用するのは，われわれの社会における宗教的神秘主義と関係づけるためではない．両者は相当に異なった何かである．そうではなくて，ここで言う「神秘的」とは，感覚はされないけれども実在するなんらかの力，流体，働きといったものへの信仰という，厳密に定義された意味においてのことである．言い換えるなら，未開人たちが生きている現実とは，それ自体が神秘的なのである」

レヴィ＝ブリュールがこの神秘的という言葉を，たとえばわれわれにはよりふさわしいとも見えよう呪術的という言葉より「もっとよい」と判断したという事実は，当時宗教の本質をめぐって熱心に行われていた論争のなかでの彼の位置取りを示唆している．彼にとって未開人の「神秘主義」として最初に挙げられるのは，トーテミズム――まさに，デュルケームが『宗教生活の基本形態』（刊行されたのはようやく1912年になってからだが，そこで示されている諸テーゼは何年も前から広く知られていて，デュルケーム学派の社会学者たちのあいだで議論の的となっていた）で考察の中心に据えていたもの――なのである．

そこでのデュルケームの方法は，知られているように，諸説を退けながら論を進めていくものである．まず，宗教を「超自然的なもの」に結びつけるハーバート・スペンサー〔Herbert Spencer〕やマックス・ミュラー〔Friedrich Max Müller〕の定義を退ける．したがってまた，特にキリスト教において重要な意義が与えられる「神秘（ミステリー）の感情」に宗教の本質を結びつける考えも受け入れないことが付言される（このミュステリオン（mysterion）〔「ミステリー」の元となったギリシア語〕という語については後述するが，この言葉は語源的にはミュスティコス（mystikos）〔「神秘的（ミスティック）」に対応するギリシア語〕と関係が深く，当時の宗教史家や神学者の強い関心を引いていた）．デュルケームは，「未開人」との比較宗教論によって（これはさらに古代宗教との比較宗教論によって補強される），「超自然的なもの」との関わりや「神秘なるものの感情」に宗教の本質をみる見方を拒否するのである．未開人にとっては，諸々の「力能」に訴えることは，反対に「まったく自然」なことだからである．「宗教一般」は，したがって，自然／超自然という区分――これならば神学者たちもおそらく異を唱えずに受け入れるだろうが（彼らにとって大切な分かれ目は，超自然であることこそが「真の宗教」を性格づけるという点に置かれる）――によって定義づけることはできない．また宗教一般は，「神的なものの観念」（これはフレイザーの主張である）によっても定義づけられない．なぜなら神々を持たない宗教が現に存在するし（19 世紀の「宗教学」にとって，そのようなものとして発見された仏教が大きな関心の的となっていた），神を持つ諸宗教にあっても，なんらかの神なり「超自然的存在」なりにまったく関わらないさまざまな儀礼が観察されるからである（ユダヤ教における女性に関するさまざまな禁忌はその例となる）．求められるべきは，純粋に分類に資する概念である．俗なるものと聖なるものの峻別こそがそれであり，これこそ真に普遍的なものとされたのだった．

知られているように，デュルケームがこの段階で登場する．マルセル・モース〔Marcel Mauss〕とアンリ・ユベール〔Henri Hubert〕の供儀に関する研究（1899），とりわけ彼らの『呪術の一般理論素描』（『社会学年報』1902–1903 に掲載）に基づいて，デュルケームは宗教的なものを，呪術的なもの（これはもっぱら呪術師と「顧客」とのあいだでの，いわば私的な関係性のなかでなされると解される）との対比によって定義する立場を打ち出した．宗教であるためには，彼が《教会》と名づける第二の要件が加わらなければならない．言い換えれば，「〔宗教とは〕聖なる事象，すなわち分離され，禁止された諸事象に関する信仰と実践に結びついた体系であり，その信仰と実践が，それを奉ずる人びと全員を一つの同じ精神的共同体へと，つまり《教会》へと統合するのである」．「オーストラリアにおけるトーテム体系」（デュルケームの著作〔『宗教生活の基本形態』〕の副題）を観察することで，現代の研究者も，ある社会がどのようにして聖なるものを生み出していくのかをいわばリアルタイムで捉えることができる，この一事例に基づいて宗教の原初の相が捉えられる，というのである．デュルケームは，呪術師の個人的トーテミズムと呼ばれているものは，集団的トーテミズムからの派生でしかありえないと主張する．宗教が呪術に先行するのである．呪術師にとってトーテムは，ある種の精神的だが非人格的な（レヴィ＝ブリュールの言う意味での神秘的な）力が「物質的形態」をとったものであって，デュルケームはこれを，民族学の文献から採ったマナという語で呼んでいる．宗教のこの原初的で単純化された形態においては，宗教の社会的な性格がくっきりと見てとれる．マナとは，集団を構成している個々人の上に及ぼされる，当の集団の支配力を実体化したものにほかならない．

宗教学の歴史を，習俗の学にとって不可欠なこの「非物体的な何か」に関する最良の定式化を求める歩みとして描いてみることもできよう．たとえば構造人類学は，神話による思考〔神話‐論理〕を，呪術と宗教の区別にはあまり拘泥せずに，象徴的有効性という観点から分析している．「マルセル・モースの著作への序文」(1950) でクロード・レヴィ＝ストロース〔Claude Lévi-Strauss〕は，マナを一種の「浮遊するシニフィアン」とみなしている．それをなんらかの「秘密の力能」なり「神秘的力」なりを指示する語と解する必要はない．この種の観念の機能は（モースの『贈与論』で論じられたハウも同様である），「意味作用の不在を埋め合わせることなのであって，それ自身が何か特定の意味作用を持つものではない」

一方，宗教社会学の流れは，社会研究を専門とする以上，《教会》についてのデュルケームの理解をさらに延長していくこととなるが，その結果，「聖なるもの」というカテゴリー自体が不整合なのではないかと真剣に問い直すこととなった．レヴィ＝ブリュールが指摘した「われわれの社会の宗教的神秘主義」という限定された意味での神秘主義が，制度論的な観点から，ひるがえって研究の対象とされたのである．モーリス・アルヴァックス〔Maurice Halbwachs〕は『記憶の社会的枠組み』(1925) で，「教義形成者」と「神秘家」の対置を，歴史のダイナミズムを説明するファクターとして提起している．すなわち，伝統の保護者を自認する《教会》(この場合は，この宗教史家には馴染みのローマ・カトリック教会を指す）と，つねに新たに生かされなければならない根源に教会の只中で立ち返りその意義を訴えようとする人びととのあいだの，長い時代を通じての緊張関係である．「ある人びとは，原始キリスト教団の共同的生を〔今日において〕再現しようと試み，ある人びとは，時の経過を超えてキリストとの直接的接触を果たそうとする．目指されるのは，キリストを見て触れることができた使徒たち，キリストがその死の後にも顕現した使徒たちと同じ直接性である」．こうした霊的な人びとを欠いては，《教会》という大いなる団体も硬直化してしまう危険があろう．教会制度によって承認され権威づけられた記憶は，生き生きした記憶と共存するのでなければならない．後者は，前者を排除しようとするものではいささかもなく，むしろ同時代人にそれを信仰可能なものにするものだからである．危機の時代には，聖職者組織は硬直化して，これに抗議の声を上げる者たちを反逆者とみなす反応を示す．しかし社会学的観点からするなら，そうすること自体で自らの弱体化を暴露してしまっている．一方，拡大と成長の時代には，教会はマックス・ウェーバー〔Max Weber〕の用語を用いれば「達人」と呼べよう人びとを取り込んでいき，教会の聖人としていくことができる．

なお，これとさほど違いのない見方は，教会の内部からも生まれてきていた．アルヴァックスの著作とほとんど同時期に書かれた書物のなかで，カトリック哲学者モーリス・ブロンデル〔Maurice Blondel〕は，神秘家を「自由と権威との，すなわち，何ものにもまったく依存しない内的生と，徹底的に修練されこのうえなく実践的な社会的交わりとの，生き生きした稔り豊かな融和」と定義している．

この分野において，（プロテスタントの）神学者であるとともに社会学者でもあったエルンスト・トレルチ〔Ernst Troeltsch〕が決定的な寄与をなしたことは，驚くには当たらない．友人だったマックス・ウェーバーを引き継いで，トレルチは宗教組織の「類型」論を展開した．制度化された「教会」，結社的な「セクト」〔ゼクテ〕に，「神秘主義」と彼が呼ぶ類型を付け加えたのである．神秘主義は，（どのようなものであれ）集団との関係ではなく，個々人の神との直接的関係をこそ重視するという点で最もラディカルな類型だが，しかし教会への対抗を類型上の特徴とするセクトよりも，教会のほうにより親和的である．神秘家は，本来この世の事柄には無関心なのだが，一般信徒たちを枠づける教会の諸形式を受け入れることはでき，彼らに向けて神との最も徹底した，最も内的な関わりの実例を身をもって示す者たちだからである．トレルチは，しかしながら，集団と個々の信仰者との新たな融和のありかたの探求がこれからの神学の課題だと考えていた．集団と個人の折り合いのつけ方として，これまでの教会史のなかで行われてきたありかたは，どれも有効性を失ってきているからである．

宇宙的叡智，新霊性運動など，現代の，総じて「神秘主義的」と（この形容詞の使用は，うまい名付けが見つからないことを示している）性格づけられている諸現象は，「脱制度化」（ダニエル・エルヴュー＝レジェ）〔Danièle Hervieu-Léger〕という観点から論じられているが，これはアルヴァックスが打ち立てた記憶の社会学の視点をそのまま引き継ぐものである．これは，1960年代にトーマス・ルックマン〔Thomas Luckmann〕が提唱して流行した「見えない宗教」という概念を乗り越える観点でもある．信仰とは，つねになんらかの権威との関わりのなかに位置づけられるべきものであり，その権威が近代という枠組のなかでどのような多様な形態をとりつつあるのかをこそ研究しなければならない．制度化された教会であれば自らの内なる「潜在的異端」（カール・ラーナー）〔Karl Rahner〕として規定できようもの，すなわち，それとして明言されることの稀な輪郭の定まらない多様な信仰形態を，教会は，結局は排除することとなるにせよともかく制度内に取り込もうとして腐心するのだが，社会学者はこれを，制度化された教会の枠を超えて拡がり溢れ出ている「集群」〔ネビュラ〕として一括して捉えようとする（フランソワーズ・シャンピオン〔Françoise Champion〕の表現を使えば「秘教主義的－神秘主義的集群」）．社会学者がここで宗教の名のもとに考えているのは，もはや教会という集団のことではなく，伝統一般が人間社会において果たす役割のこととなっている．

哲学者と思想家の神秘主義論

こうした社会学の潮流に対して，とりあえず（漠然とした意味でだが）現象学的な視点と形容できよう方向が指摘できる．現象学的ということで最小限意味しているのは，対象に対する観察者の視点が，観察者が再構築し記述しようとしている実践者（行為の主体）たちに優越するべきものとは考えない，ということである．人文諸学のなかでは，こうした態度はまず，社会学とはときに公然たる対抗関係にあった心理学が標榜したものである．その代表的な著作として，ウィリアム・ジェイムズ〔William James〕の『宗教的経験の諸相 *The Varieties of Religious Experience*』が挙げられる（1901-1902年のギフォード講義．アメリカでただちに刊行され，仏訳は1906年，エミール・ブートルー〔Émile Boutroux〕の序文を付して，『宗教経験 *Expérience religieuse*』という題名で刊行）．この書の影響力は甚大なものがあり，アンリ・ベルクソン〔Henri Bergson〕の最後の大著『道徳と宗教の二源泉』（1932）にまで及んでいる．

W・ジェイムズは人間が持つ「宗教的性向」を，――社会学者がこれを社会的事実として研究するのと同じ意味で――「意識の事実」として研究することを提唱する．したがってジェイムズが扱おうとするのは，宗教の制度的次元ではなく，その主観的次元，宗教的感情および宗教的衝動（religious feeling and religious impulses）である．ただし，彼の言う衝動や感情は，当時の社会学で流行していた進化主義的アプローチが重視する傾向にあった，原初的なものと想定された基礎的感情としてではなく，現代のものをも含む文書化された証言群（特に自伝類）をもとに研究される．したがって高等な，ないしは完成された宗教性として認められた諸形態が研究の地平となるため，W・ジェイムズは，この本の段階では，これらについての価値判断は差し控えている．

宗教的人物に「エキセントリック」な性格を見てとることはしばしばあるが，それはつねに事実の名においてのことである．実際，彼が扱うのは「一般信者」ではない．一般信者にとっての宗教とは，定義上順応主義的なものであり，習慣と模倣から成っている．一方，伝統の創設者であり倣うべき手本である「天才」（聖人や預言者）にあっては，彼らのふるまいに「病的な」要素（pathological features）〔病理学的特徴〕を否定することはできない．ただし，唯物主義的医学は「逆転したドグマティズム」として否定される．これは事実上，説明するべき現象自体の持つ価値をはじめから認めていないからである．聖なる学〔神学〕は，啓示，権威，直観といった信仰の「源泉」にその価値の基礎を置いている．対して神経症患者の学は，同じくその原因を基準として，ただしこちらは病理学的な原因を基準として，その価値を破壊しようとするのである．だが，二つの次元を区別しなければならない．すなわち，「感覚的現実を超えた次元に，そこから宗教的霊感が溢れ出てくる上位の領域が存在すると想定するならば，そうした霊感を受け取る主要な条件の一つが神経症を患うことにあるとすることになんら不都合はないであろう」

唯物論的な還元主義の仮説をこうして排除した上で，W・ジェイムズは「見えないものの実在性」についての探求を正当なものとみなす．そうした実在性への信仰は，しかし宗教に固有のものではない．プラトンやカントといった哲学者にもそれは見いだされるし，日常の生活のなかでも，知覚されない何かの働きが想定されることは稀ではない．だからこそW・ジェイムズは，無意識の発見をきわめて重視するのである．ジェイムズはそれを1886年のこととして，その功績を「実験形而上学」の信奉者でロンドンの心霊科学協会（Society for Psychical Research）の創設者でもあるフレデリック・W・H・マイヤーズ〔Frederic W. H. Myers〕に帰している（フロイト〔Sigmund Freud〕，ビネ〔Alfred Binet〕，ジャネ〔Pierre Janet〕等にも好意的に言及している）．ジェイムズはしたがって，奇蹟とか，死後の生の報告とか，さらには，当時の少なからぬ学者がそうだったように，いわゆる超常現象の研究も排除しない．「心の識閾以下（サブリミナル）の領域（subliminal regions of the mind）で形成された諸要素が通常の意識中に突入してくること」と解することで，幻覚や自動行動（たとえば自動書記），さらには「回心」といった現象までもが，その性格を厳密に定義した上で，説明可能となる．しかしながらW・ジェイムズは，回心の，あるいはより広い意味での宗教的行動の原因を探求するよりも，そうした現象のもたらす「稔り」のほうにより大きな関心を寄せることとなる．

プラグマティズムの見地に立つW・ジェイムズは，『宗教的経験の諸相』の序論で，宗教が第一に持つ顕著な効果を指摘している．それは，われわれに避けがたいさだめを，安らかに耐えられる，さらには幸いなものとしてくれることである．自己犠牲までもがそうなる（ジークムント・フロイトもこの問題を取り上げることとなる）．この点に，克己，有徳，精神力，等々，聖者性において実現している事柄の功利的な価値がある．心理学者としてW・ジェイムズは，この聖者性を「内奥の宗教経験」と結びつけて理解し，そこに「意識の神秘的諸状態」を見いだしている（この経験そのものは間接的にしか語りえない，と明言している．けれども，そうした「神秘的諸状態」〔境地〕が実際にあることを彼は確信している）．この「神秘的」という形容は曖昧ではある．心理学的に理解された「識閾以下の事柄」と，通常の意味での「神的」なものとが，そこでは綯い交ぜになっている．さらに，この形容は蔑称としても用いられうる．「論理的な，あるいは実践上の基礎を持たず，感情的で明晰さを欠いた」思い込みといったものにも適用できる．この意味でなら，「テレパシーや死者との交霊を信じているような人」も神秘家といえてしまう…….

だがここでもなおW・ジェイムズは，（たとえば麻酔薬によって）人為的に引き起こされた意識状態と，（大自然の光景に恍惚とするウォルト・ホイットマン〔Walt Whitman〕のように）当人の意図にかかわらず得られるものとの同類性を認めている．後者の「自然発生的」な神秘主義から，「方法的に養成された」神秘主義へと移行していくこともあってしかるべきである．修行僧たち――ヨーガ行者，スーフィー，キリスト教神秘家，等――の神秘主義はこれである．この神秘主義の最後の諸形態は，それぞれの方法によって，ある成果を，すなわち脱我状態（エクスタシー）を目指している．W・ジェイムズはこれを，「個人と《絶対者》とのあいだのあらゆる障壁」の廃棄，と規定している．そしてジェイムズによれば，この点については神秘家たちの証言がみな一致している．だとすれば，ここにおいて，「個別の信仰内容」や制度化された宗教間の相違の彼方で，なんらか恒常的なもの，変わらないもの，普遍的なもの，に到達するのかもしれない．

この想定が意味するところは，予想されるとおり，宗教学にとって巨大なものだった．ホモ・レリギオースス（homo religiosus）〔宗教的人間〕を定義するものは，儀礼（宗教の社会的ないし文化的側面）や，神話なり教義（理論的ないし世界観的側面）である以上に，不可視なものとの交わりとして与えられるなんらか特殊な経験だ，ということになろうからである．こうした心理学的視点は，ある種の人間学としても展開していった．

ルドルフ・オットー〔Rudolf Otto〕は，刊行早々に古典となった著作『聖なるもの *Das Heilige*』（1917年初版．*Le sacré* として仏訳）において，宗教を，人を戦慄させると同時に魅惑する「神秘なるものの経験」として定義している．彼が引き続いて比較神秘主義研究（『西と東の神秘主義 *West-östliche Mystik*』1926．仏訳は *Mystique orientale et mystique occidentale*）に向かったのも当然のことだった．ミルチャ・エリアーデ〔Mircea Eliade〕は，両大戦間期から活動を始めていたが，アメリカ定住（1957）後はさらに幾倍もの影響力を発揮して，百科全書的な著作活動を通じて宗教についてのきわめて本質主義的な理解を推進したが，これもまた，ある種の経験の意義を中心に据えたものだった．それはたとえばヨーガ行者やシャーマンの経験であり，強度の段階に応じて序列化されて，偉大な秘儀参入者の体験を以て頂点となすものだった．こうした比較宗教論的かつ普遍主義的方向性は，カール・グスタフ・ユング〔Carl Gustav Jung〕とその弟子たちの手で，ある種の新たな秘教主義（ヘルメティシズム）

の宣揚につながっていったともみられる（たとえば，ジルベール・デュラン〔Gilbert Durand〕の『人間の学と伝統 *Science de l'homme et tradition*』1979を参照）．起源を異にするあらゆる神話や信仰の背後に秘儀として護られてきた同じ一つの意味が，この秘教的学知——ユング系の精神分析——によってこそ開示されるというのである．

しかるに，W・ジェイムズがこうした主張をしていないことは注目に値する．神秘家たちの証言の合致は，彼の考えでは，（「神秘的現実」が実在することの）客観性を示す一つの兆候にとどまるのであって，この現実を教義的主張にまでもたらすことはできない（神学がこの現実が何であるかを明確にしようとするやいなや，「それらのあいだでの相互対立が歴然としてくる」）．ジェイムズの立場は根本的に多元主義的である．すなわち，単一の真理要求を断念し，それに替えてさまざまな言論の共存を可能にする認識論を立てるのである（この態度を彼は，チャールズ・サンダース・パース〔Charles Sanders Peirce〕に帰している）．つまり，「実践上の有効性」を「理論」に優越させることで，真理ではなく信念に，ないし同意承認に，関心を向けるのである．

哲学者のあいだでもジェイムズの影響は大きかった．神秘主義が研究対象として登場したことで，経験ということが一つのカテゴリー，ないし原理へと昇格することとなった．ジャン・バリュジ〔Jean Baruzi〕の著作『十字架の聖ヨハネと神秘経験の問題 *Saint Jean de la Croix et le problème de l'expérience mystique*』（初版，1924）をパラフレーズしていえば，神秘なるものが，あるいは経験なるものが，問うべき問題となったのである．

早くも1902年の時点で，ベルクソン宛の手紙でW・ジェイムズは，ベルクソンが「知覚の主体と客体を分断する旧い考え方」の「決定的な解体」をなし遂げたことを言祝いでいる．『物質と記憶』（1896）の第1章では確かに，ベルクソンがイマージュと呼ぶもの（「「物体」とその「表象」との中間地帯に位置するある種の実在」），現象学の系統なら知覚存在〔知覚されてあること〕と，そしてジェイムズ自身は純粋経験と呼んでいるものの記述が試みられている．『道徳と宗教の二源泉』で問われているのも，なおこの「純粋経験」なのだろうか．そこではベルクソンは，長い思索と成熟した反省の果てに，神秘主義についてこう書いている．神秘主義は「神の実在と本性の問題に，ある意味で経験的に取り組むための手段を提供するに違いない」．厳密には，そうとは言えないかもしれない．ベルクソンは（ジェイムズ同様），この問題には間接的にしか，つまり宗教者の著述に拠ってしか取り組めないと明言しているのだから．しかし，彼のどの著作でもそうだったように，ここでも経験こそが哲学に求められる判定基準だとするなら，上の問いは肯定的に答えられる．というのも，ベルクソンはこう続けているのである．「しかも，われわれは哲学がこれ以外のやり方でどうやってこの問題に取り組めるのかがわからない．一般に，実在する対象とは，知覚される対象，あるいは知覚されうる対象であると考えるほかはない」

ここで言われているのは，神の「問題」を科学実験のモデルに従って考えるということではない．そうではなく，持続の直観，つまり実在の「絶対性」が認識の働きに対して示してくる抵抗を，神秘家たちがその証言者となっている限界にまで，あるいはむしろ，神秘家たちがその限界をさらに先へと推し進めているところにまで延長していく，ということである．というのも，ベルクソンにとって偉大な神秘家とは，観想の人ではなく行動者である（その列にはジャンヌ・ダルクやキリストも加えられている）．彼らは「エラン・ヴィタール」の動きに参与して，閉じた社会，すなわち自らの存続という強制命令のうちに閉じ込められた「静的」な社会の限界を超え出て行く人びとである．「動的宗教」――つまり神秘主義――とは，根源の衝迫力を保持しつつ，これを《人類史》のスケールで展開していくものである．

神秘主義と近代

『デカルト的省察』（1928）でエトムント・フッサール〔Edmund Husserl〕は，彼の哲学の企図を，これまでみてきた人びととよく似た言い方で明言している．「純粋で，言うなればまだ言葉を持たない経験について，それが持つ本来の意味を純粋な表現へともたらすことが課題なのだ」．その表現は，つねに，また本質的に，固定的なかたちをとることがない．現れる，ということがそのすべてであることを，なんらかの対象として固定してしまうことは避けねばならないからである．ここでは，フッサール哲学自身の展開について，また彼の企図を引き継ぐと称する人びとの試みとの異同について論ずることはできないが，彼の最初の弟子だった一人，マルティン・ハイデガー〔Martin Heidegger〕が，神秘主義的著述家たち（しばしば彼らの用語を公然と採用している）に向けている関心については，指摘しておかないわけにはいかない．

ハイデガーにあっては，神秘家たちは，西洋世界の哲学的運命を拒む者として，詩人と近いものとして扱われている．さらに，ミシェル・アンリ〔Michel Henry〕（マイスター・エックハルトを深く読み込んでいる），エマニュエル・レヴィナス〔Emmanuel Levinas〕，ジャン＝リュック・マリオン〔Jean-Luc Marion〕といった人びとは，はっきりと宗教的傾向を示している．ポール・リクール〔Paul Ricœur〕の著作にも解釈学ないし聖書釈義的な部分がある．あるいはまた，メルロー＝ポンティ

〔Maurice Merleau-Ponty〕の最晩年における「見えざるもの」や「深み」の重要性…….こうした人びとは，しかしながら，「神秘（主義）的」という言葉は必ずしも用いていない．たとえばユダヤ教の伝統に深く養われているレヴィナスは，この言葉自体にはっきり懐疑的である．

そこで，神秘主義なるものが――いわゆる「神秘主義」としてもてはやされる以前に――西欧でどのような懐疑のまなざしにさらされてきたかを再確認しておく必要がある．それは，合理主義者からの批判という観点からばかりでなく，宗教伝統の只中からもそうだったのである．実例はふんだんにある．ニコラ・ボワロー〔Nicolas Boileau〕の言う「無為な神秘家の怠惰」からジャネの「精神衰弱性譫妄」に至るまで，ライプニッツは「熱狂主義」の名で，カントは「狂信派」(Schwärmerei)の名でこれを告発した．ピエール・ニコル〔Pierre Nicole〕は「幻視家」として貶めているが，これはすでに「照明派」(1525年以来スペインの異端審問所が糾問してきたアルンブラドス（alumbrados）と同じ意味である）といわれてきた者たちのことである．ここには一つの逆説的事態が見てとれる．この言葉はある時期からフランス語として定着したのだが――つまり，以前には形容詞としてしか用いられていなかった「ミスティック」という言葉が，「神秘主義」〔ミスティックなるもの〕という実名詞となった――それは，この言葉でいわれる事柄が怪しげなものとなったのとほぼ同時なのである．それは17世紀のできごとだった．

「ミスティック」〔mystique〕という言葉は，ギリシア語の「ミュスティコス」(mystikos）に由来し，「ミュステリオン」(mysterion）すなわち「秘義・密儀・奥義」や「ミュエイン」(myein）すなわち「秘儀を伝授する」「教導する」，と同系統である．古典古代のいわゆる密儀宗教（エレウシスの密儀，ミトラ崇拝など）では，密閉円筒（circa mystica)，つまり蓋の閉じられた筺といったものを顕示して，秘密の教えの必要性を形象化していたのだった．「ミュステリア」(mysteria)〔ミュステリオンの複数形〕，「ミュエイン」，「ミュエシス」(myesis)〔密儀に入門させること〕といったギリシア語は，ラテン語では，「イニティア」(initia)，「イニティアーレ」(initiare)，「イニティアティオ」(initiatio）と翻訳された．それぞれ，秘儀伝授教団としての「密儀宗教」，「密儀教団に入会させること」，(現代の民族学でいう意味での）「イニシエーション」を意味する．初期キリスト教団でもこの言葉は用いられたが，このことが古代密儀宗教からの不純物の混入を示しているのかについては議論が分かれる．

いずれにせよ〔「ミステリー」という〕この言葉は，聖書，特に新約聖書では，キリスト教に固有の意味を持つに至っている．すなわち，パウロ書簡では，《〔真理の〕啓示》をさしてこの語が用いられているのである．諸々の民のあいだにキリストは現存しているが，それは真理を開示すると同時に秘匿してもいる．救いの道はキリストをキリストとして認めることができた人びとにのみ与えられる，ということである．教父たちは，イエスの生涯を秘義(ミステリー)として捉える考え方を練り上げていった（中世の神秘劇(ミステリー)では「キリストの秘義」はそれを彩るさまざまなエピソードへと平易化されていくのだが）．とりわけ聖週間のできごとが中心となる（復活祭の典礼で祝われる「過越の秘義」，最後の晩餐を再現する「祭壇の秘義」）．

キリスト教信仰はまた，意味の管理体制も作り上げた．聖書を読むことは，そこに，隠された意味（本項の冒頭で示しておいた「神秘的〔秘められた〕意味」）を読み出すことであり，旧約聖書の物語は新約聖書のできごとの形象化，つまり新約のできごとを予め示す〔予表する〕ものとされた．洗礼，聖体拝領といった秘跡は，イニシエーションであるとともに（パウロの説く「新しい人」のテーマ），キリストの「秘義」に近づくことでもあった．こうして真の宗教が，古代の儀礼を浄化し，解体して，新たなものに置き換えていく．「神秘の体〔神秘体〕」とは，聖体，すなわちパンという外見をまとったキリストの体のことを言うものとなり，それはさらに，13 世紀以降と思われるが，キリスト教会，すなわちキリストを頭(かしら)とする信徒団体（エクレシア ecclesia）自体のことを意味するようになる――ただし雅歌注解の伝統のなかで連綿と続いてきた婚姻の譬喩によれば，キリストは教会の花婿でもある．なお，中世ラテン語では，「ミステリウム」（mysterium）という言葉は，今日の意味での――現代フランス語の「ミステール」〔mystère〕に込められている――秘義〔神秘〕の意味となり，キリスト教固有の意味での「ミュステリオン」は「サクラメントゥム」（sacramentum），すなわち「秘跡」という語で語られている．

一方，「神秘的(ミスティック)」という形容詞はこれ〔ミステリー〕とは多少異なるニュアンスも有している．秘義の理解しがたさが強調される場合である．たとえば，長らくアレオパゴスのディオニュシオス〔Dionysios Areopagites〕（使徒パウロの直弟子）のものとされてきたが，実際は紀元後 500 年代以降の著作であることが近代になって判明した『神秘神学』という文献での用法である．そこでは，イニシエーションを受けた者〔秘儀参入者〕が目指すのは神との合一であり，イニシエーションの終極は至福直観に比せられる．しかるに，この「神秘の書である聖書の最高の頂点」は，「《聖なる沈黙》の，光明を超えた《聖闇》のうちにおいて」こそ到達できる．偽ディオニュシオスは，神的世界に迫るに際して，否定の（アポファティック）〔否定命題による〕道をたどるよう誘う．これだけが，通常の卓越性をさらに超えたこの目標にふさわしいものとみなされるからである．「外的感覚を捨て去れ．知性の働きを放棄せよ．感覚の対象も知性の対象もすべて拒絶せよ．存在するもの，また存在しないもの一切を脱ぎ捨てよ．こうして汝は，あらゆる本質とあらゆる知の彼方なる御方と無知のなかで合一するに至るまで，可能な限りの高みへと昇っていくのだ……」

この系譜は，これ以降，ライン・フランドル地方の思弁的神秘主義を経て，十字架のヨハネ〔Juan de la Cruz〕(16世紀末葉）の「夜」にまで跡づけることができる．この伝統をどう評価するかは，教会の権威が信仰主義と理性主義の双方の行き過ぎのあいだで均衡をとるべく定めた「秘義の知解」ということをどう考えるかによって変わりうる．ある人びとは，これは聖書の啓示の実定的な内容を——ひいては神と人との仲保者たるキリストを——無視するものだと非難するだろう．一種の蒙昧主義に堕するものとされたり，逆に本質的には異教の（すなわち新プラトン主義の）知性主義的で「自然的」な観想にキリスト教の衣装をまとわせたものとみなされることにもなる．

しかし近世におけるこの伝統の擁護者たちの見解では，神秘主義は何か特別な教義を説こうとするものではない．「秘密の伝統」を奉ずる輩という強力な批判に対して彼らは，キリスト教起源以来の，目に見える二重の伝統を提出する．聖書や博士たちの伝統と，聖人たちの証しという伝統である．後者は前者の魂であり（この意味でのみ，目に見えない)，それを欠いては文字が死んだものとなってしまう霊の息吹である．この伝統に基づいて神秘主義が自己主張してくるのは，「経験の学知」(イエズス会士スュラン〔Jean-Joseph Surin〕が1650年以前に用いていた表現）として，すなわち，経験ということを権威の源泉とする神学として，である．それは，理性的思惟に依拠する「教義」神学，および聖書の豊饒な意味を解明する「実証」神学と並んで，鼎立するものとされる．

すでに述べたように，神秘主義という実名詞は17世紀になって初めて現れた．これは，カトリック圏では対抗宗教改革の時代であり，神秘主義が類稀な開花を見た時代である．が，ほとんど間を置かずして，神秘主義史家ルイ・コニェ〔Louis Cognet〕の表現によれば神秘主義の「黄昏」，すなわち退潮の時期が続くことになる．神秘主義が自律したものと認められたことは，逆説的な勝利だった．というのも，神秘主義は，この自立によって教義の言葉から分離してしまい，同じ事柄を別様に，文体を異にして言うことを強いられるからである．神秘主義は，自らを弁護する営みを重ねるなかでその力を消耗していく．結局は語りえぬもの，伝達不能なものへと向けられた語り方を，次々に試みていくほかなかったからである．こうして神秘主義は消滅する——あるいは，この世紀〔17世紀〕の末年にローマ教皇庁の権威によって静寂主義の名で指弾された偽神秘主義と区別できなくなる．

近世に誕生した修道会である，跣足カルメル会，イエズス会，オラトリオ会，聖母御訪問会などは，当初はこの「神秘主義の侵入」（アンリ・ブレモン）〔Henri Bremond〕の列に正面から加わっていたが，司祭の育成やエリート層の教導といった方向に——そして，中世の修道院の理想とは異質の，女子修道院の閉域に閉じこもった神秘主義へと——撤退していく．禁欲苦行から神秘的合一にまで至る霊性の進歩の階梯を教える数多くの論考が著されるが，そこにみられる叙述方針は，1900年代の宗教心理学にある意味で引き継がれていった．そこでは，「神秘的諸現象」は，脱魂，聖痕，天使や聖者の霊魂の出現，空中浮揚といった異常なできごと，超常現象と同一視されていく．

ヨハン＝ヨーゼフ・ゲレス〔Johann-Joseph Görres〕の『神的，自然的，悪魔的神秘主義』（1836）〔ドイツ語原著の題名は『キリスト教神秘主義 *Die Christliche Mystik*』〕は，神秘主義が，宗教心理学につながるかたちで観察可能なものとして構成されていく過程のよい実例である．神秘主義は科学の対象となるのである．ただし，これは現象についての科学であり，現象の記述を理論的真理の言説へと接合していくためには多大な困難をともなうこととなる．ゲレスのこの著作の〔仏訳の〕題名自体が，同様の現象が三様の解釈を許容するものであることを示している．すなわち，その原因が自然的なものであるか超自然的なものか，そして後者の場合，神的なものか（これが厳密な意味で神秘的現象），あるいは悪魔によるもの（悪魔憑き）であるか，の三つの可能性がある．同様に，ピエール・ジャネの『苦悩から脱我へ *De l'angoisse à l'extase*』（全2巻，1926-1928）〔『症例マドレーヌ』（部分訳）〕によって広く知られることとなった「マドレーヌ・ルブック」のケースでは，神秘主義ははっきりと精神病理学の対象とされているが，その同じ時期にカトリック教会は，リジューのカルメル会修道女テレーズ・マルタン〔Thérèse Martin〕（1873-1897），修道名「幼きイエズスのテレジア」〔Thérèse de L'Enfant-Jésus〕を，聖女の列に加えていたのだった．

W・ジェイムズがこうした原因論を拒否していたことはすでに述べた．ジェイムズにとっては，主観的で経験的な価値づけのほうが大切だった．ただし，こうした宗教諸学の誕生は，（アルフレッド・ロワジー〔Alfred Loisy〕の評言に拠るなら）「不可知論的」であるにせよ，実際の教会にとって脅威となる挑戦であることに変わりはなかった．この宗教史家〔ロワジー〕の視点からすれば，静寂主義が提起した問題は，信条への信仰の危機という問題，すなわち〔信仰箇条の〕内容よりもむしろ（信仰を受け入れる）様態に関心ないし価値評価が移行していくことの問題なのだった．言い換えれば，経験（信じるということ自体）として記述される事柄と，真理（教義，教会の権威）として定式化される事柄の関係の問題である．

1900年代に，神秘主義に強い関心を持つ何人もの重要な著述家が，ウェーバー的な言い方をすれば個人ベースの宗教であるプロテスタント圏から現れたことは偶然ではない．そのうちのある人びとは，教会制度に対する信仰の優位性をきわめて明快なかたちで理論化している．さらにある者は概念的なものに対する「非合理的なもの」の優位を説く（Otto, 1917, 1948）．カトリック側では，同様の関心は「近代主義」の異端の嫌疑を容易に招くものとなった．これは，教皇庁が「感情」なり「経験」なりに過大な意義を与えるものとして非難したものである．その近代主義者の筆頭が（当人はこれを認めていないが）ロワジーであり，デュルケームやベルクソンとの論争のなかで，確かに神秘主義〔ミスティシズム〕という言葉を頻繁に用いている．両大戦間には，おそらく近代主義への応答として，神秘主義〔ミスティック〕がカトリック正統主義のあいだでも大いに論じられることとなった．1926年に十字架のヨハネがローマ教皇庁によって教会博士の地位に挙げられたこと（列聖は1726年）や，モーリス・ブロンデル，ジャック・マリタン〔Jacques Maritain〕（ルイ・マシニョン〔Louis Massignon〕の愛読者であり，ルイ・ギャルデ〔Louis Gardet〕やオリヴィエ・ラコンブ〔Olivier Lacombe〕の師でもある），あるいはガリグー＝ラグランジュ〔Réginald Garrigou-Lagrange〕神父といった人びとの著作群がこのことを証している．

神秘主義への関心は，「聖なる諸学」〔神学〕から宗教諸学への大きな移行，すなわち宗教という研究対象および研究方法の脱教会化という事実の一環をなしてもいる．つまり，キリスト教の只中にあって神秘主義と性格づけられたものは，神秘主義一般の歴史的な一特殊形態としてみられるようになるのであり，とすれば同様の意味でユダヤ教，ヒンドゥ教，イスラーム，新プラトン主義，等々の神秘主義についても語りうることとなる．

神秘主義へのこのようなかたちでの関心は，神秘主義の諸潮流についての研究水準の大きな革新と並行していた．1908年に，フリードリヒ・フォン・ヒューゲル男爵〔Friedrich von Hügel〕は二巻から成る『宗教における神秘主義的要素——ジェノヴァの聖カタリナとその友人たちの研究 *The Mystical Element of Religion as Studied in Saint Catherine of Genoa and Her Friends*』を刊行した．同じ年にアンリ・ドラクロワ〔Henri Delacroix〕の『神秘主義の心理学と歴史についての研究 *Études d'histoire et de psychologie du mysticisme*』も出版されている．ヒューゲルの弟子だったイーヴリン・アンダーヒル〔Evelyn Underhill〕は，1911年，浩瀚な総合的研究書『神秘主義——霊的意識の本性と成長 *Mysticism. The Nature and Development of Spiritual Conscious-*

ness』を刊行する．同著は英語圏では数多くの版を重ねている．（彼らは，ベルナール・グルトゥイゼン〔Bernard Groethuysen〕が1933年刊行のセリグマン〔E. R. A. Seligman〕の『社会科学百科事典 *Encyclopaedia of the Social Sciences*』に寄稿した「神秘主義」の項目記事に，オットーやベルクソンと並んで引用されている．ほかには，『中世の神秘主義 *Il misticismo medievale*』（1928）の著者で近代主義の支持者として知られたイタリアのエルネスト・ブオナイウティ〔Ernsto Bounaiuti〕が引かれている）．こうした動向のなかで，真の再評価が行われることも少なくなかった．キリスト教世界では，アンリ・ドラクロワの静寂主義（ギュイヨン夫人〔Jeanne Guyon〕）研究，ユダヤ教カバラについてはゲルショム・ショーレム〔Gershom Scholem〕の，イスラーム世界ではアンリ・コルバン〔Henri Corbin〕の仕事などである．

より広い観点からするなら，神秘主義研究は，宗教の最もありふれた形態とみなされてきた信心行や祈りといったものも含めて，個人レベルでの宗教に対して新たな意義を賦与するものだった．ただし祈りに関しては，フリードリヒ・ハイラー〔Friedrich Heiler〕が，祈りの「神秘主義的」様相（神のみに向けられた祈り）と「預言者的」様相（この世への関わりが目指された祈り）を区別している．リュシアン・フェーヴル〔Lucien Febvre〕はハイラーの著作（『祈り *Das Gebet*』（1928〔初版1919〕，仏訳1931）を評価しつつ，これからの宗教史家は，教義や制度よりも「宗教感情」（H・ブレモン），信心（ジュゼッペ・デ・ルカ）〔Giuseppe De Luca〕，霊性，といったものに関心を向けていくことになるだろうと説いていた．さらに，研究資料の言語上の性格に特に鋭敏な感性を持つ歴史家たちは，神秘主義の「ものがたり」（ミシェル・ド・セルトー）〔Michel de Certeau〕に，すなわち神秘家たちの書くという経験に，次第に関心を集中させていくことになる．

こうした動向と並行して，神秘主義自体の現代性が問われはじめてきた．それは，特定の場所に囲い込めず管理もできないものとして，社会学者のいう「ネビュラ〔星雲〕的」なものとして，まず人びとの関心を引きはじめた．事実，両大戦間という時期は，第一次大戦の大殺戮を引き起こすに至った「危機」（ポール・ヴァレリー〔Paul Valéry〕，E・フッサール）の，あるいは文明のなかの「不安」（S・フロイト）の衝撃のもとに，ヨーロッパの知識人たちが東洋に，とりわけインドに，本格的な関心を向けはじめた時代でもあった．ラービンドラナート・タゴール〔Rabindranath Tagore〕（1913年ノーベル文学賞受賞），ラーマクリシュナ〔Ramakrishna〕（ロマン・ロラン〔Romain Rolland〕が1931年に伝記〔『ラーマクリシュナの生涯』〕を刊行している），次の世代ではシュリ・オーロビンド〔Sri Aurobindo〕といった人が，導師として歓迎された．その素地は，アジア諸宗教への学問的研究によってすでに整えられていた（19 世紀後半には，啓典宗教の研究に大変革をもたらした象徴的人物たるエルネスト・ルナン〔Ernest Renan〕が，偉大なサンスクリット学者ユジェーヌ・ビュルヌフ〔Eugène Burnouf〕に『学問の将来 *L'Avenir de la science*』を献呈している）．この潮流にあっては，「神秘（ミスティック）」「神秘主義（ミスティシズム）」はいま一度，精神性の最も高い価値を指すものとなる．論ずる当人のありかたには概して関わることのない書物による学識ではなく，論者自身の経験に，個人的で内密なものと普遍的なものとの結合として，神秘主義は関わってくるのである．

第二次大戦後には，ヘルマン・ヘッセ〔Hermann Hesse〕（『ガラス玉遊戯』1943），オルダス・ハクスリー〔Aldous Huxley〕（『永遠の哲学』1945），ルネ・ドーマル〔René Daumal〕（『類推の山』1952）といった著作が，神秘主義的境地の新たな現象学を広めていった．そしてそれは，変成意識状態一般の探求，とりわけ向精神薬を用いた研究へもつながっていくものだったが，これについてはすでにトマス・デ・クインシー〔Thomas De Quincey〕が，「携帯可能なエクスタシー」として詳述している（『阿片常用者の告白』1822）．『内的経験』（1943）の著者ジョルジュ・バタイユ〔Georges Bataille〕は，神秘主義（ミスティック）をエロティシズムと接近させているが，あらゆる快楽主義とは無縁である．この接近が意図しているのは，救済を説く宗教に特有の「未来・来世への配慮」を一切排して，相反する両極端のある意味での一致を，今この瞬間の強度のなかで感受することであった（『エロスの涙』1964）．

R・ロランは，ある神秘的事象の存在をフロイトに認めさせようとしていた．彼はこれを「大洋感情」と名づけた．「永遠なるもの」を一つの感情の対象となしたのである．だが，このように返答してきた者に対しては，どう応じたらいいのか．「神秘主義（ミュスティーク）は私には音楽（ムジーク）と同じように閉ざされています」〔フロイトからロマン・ロラン宛の返信〕．先に示唆したように，レヴィナスであれば，こうした感性の欠如は枢要なこととは考えないだろう．近代の「神秘主義」の迷誤とみなしていたものよりも，タルムードの教えのほうがはるかに大切だと判断していたからである．したがってレヴィナスにとっては，文献批判による（神秘主義のではなく）タルムードの伝統の否定のほうがいっそう危険に思われていた．しかしフロイトの立場は，彼自身の言葉によれば，根本的に「非宗教的」なものである．これを聖なるテクストに適応するとすれば，それは釈義学〔聖典解釈学〕よりも文献学に近いものとなろう．神秘主義とはこうして，一方で哲学者や神学者（解釈者）の不安を掻き立て，他方では社会学者や歴史家（文献学者）の関心を掻き立てる，二面性を帯びた何かなのである．

参考文献　BARUZI, J., *Saint Jean de la Croix et le problème de l'expérience mystique*, Paris, Alcan, 2e éd., 1931. – BERGSON, H., *Les Deux sources de la morale et de la religion*, Paris, Alcan, 1932.（アンリ・ベルクソン『道徳と宗教の二源泉』1・2，森口美都男訳，中公クラシックス，2003年）– BOUYER, L., *Mysterion. Du mystère à la mystique*, Paris, O.E.I.L, 1986. – BURKERT, W., *Les Cultes à mystères dans l'Antiquité*（*Ancient Mystery Cults*, 1987）, traduction Alain-Philippe Segonds, Paris, Belles-Lettres, 2003. – DURKHEIM, É., *Les Formes élémentaires de la vie religieuse*, Paris, Alcan, 1912.（エミール・デュルケーム『宗教生活の基本形態――オーストラリアにおけるトーテム体系』上・下，山崎亮訳，ちくま学芸文庫，2014年）– HALBWACHS, M., *Les Cadres sociaux de la mémoire*, Paris, Alcan, 1925.（モーリス・アルヴァックス『記憶の社会的枠組み』鈴木智之訳，青弓社，2018年）– HULIN, M., *La Mystique sauvage*, Paris, PUF, 1993. – JAMES W., *L'expérience religieuse*（*The Varieties of Religious Experience*, 1902）, préface d'É. Boutroux, traduction F. Abouzit, Paris, Alcan, 1906.（ウィリアム・ジェイムズ『宗教的経験の諸相』上・下，舛田啓三郎訳，岩波文庫，1969–1970年）– OTTO, R., *Le Sacré. L'élément non rationnel dans l'idée du divin et sa relation avec le ratoinnel*（*Das Heilige*, 1er éd., 1917）traduction Andé Jundt, Paris, Payot, 1948.（ルドルフ・オットー『聖なるもの』華園聰麿訳，創元社，2005年；久松英二訳，岩波書店，2010年）– TROELTSCH, E., *Die Soziallehren der christlichen Kirchen und Gruppen*, 1912（エルンスト・トレルチ『古代キリスト教の社会教説』（部分訳）高野晃兆・帆苅猛訳，教文館，1999年）

フランソワ・トレモリエール François Trémolières

〔鶴岡賀雄訳〕

→ 宗教学，宗教的近代

神　　話
MYTHES

まず言うとすれば，神話とは語られる話，つまり物語の一種である．しかし神話的になるためには，物語は特定のタイプの話でなければならない．つまり伝統的かあるいはそうなったもので，個人の創作ではなくて共同体，団体，社会に属するものでなければならない．また神話を語る者とそれを聞く者とは，その神話をあるグループに帰属する主張のしるしとして認識している場合もあれば，していない場合もある．この意味において，神話はアイデンティティのしるしである．さらにそれはしばしば，集団の自己表現として他の集団とは異なる独自の出現の由来を伝えており，起源の物語ともなっている．それは特異性，固有の性格，ほかに置き換えられない性質などを肯定する手法である．あるいはその半面，自己と他者との血縁関係（できれば輝かしい）を認識する物語のこともある．その意味では，神話は非常にしばしば空間，領土の分配，そして時間や人間の活動や制度の組織化と結びついている．それは自己と他者との関係や，複数の他者すなわち外国人，隣人，野蛮人などとの関係において語り手と聞き手との同一性を整理し，表現するための手段である．

語りの文脈における神話

「その神話が蒐集された住民の言語や文化にどんなにわれわれが無知であっても，全世界で，神話はすべての読者によって神話として知覚される」〔「神話の構造」田島節夫訳 232 頁〕．ただしこのクロード・レヴィ＝ストロース〔Claude Lévi-Strauss〕の有名な言葉には限定をつけねばならない．なぜなら，この種の物語とは，土着的な口承伝承に由来するものである限り，さまざまなタイプの土着の語り物に由来しているのだから，必ず複数の異伝を持つので，つねにこのことは配慮しておかねばならないだろう．すなわち，文字文化が広まる以前の世界に見いだされる多かれ少なかれ「宗教的」，多かれ少なかれ「神聖」な多様な物語群のなかで，いったい何が，私たちが神話と呼んでいるものに多少とも対応し，あるいはまったく対応しないものなのか，という問いである．

われわれが神話と呼んでいるものとは，実際は土着的な言説のさまざまなカテゴリーのことである．ブロニスワフ・マリノフスキー〔Bronislaw Malinowski〕はトロブリアンド諸島について，「伝説」と「民話」と，そしてその発話がしばしば儀礼化されている多少とも重要な物語という三種を区別している．これらには現地語でそれぞれ固有の呼び名がつけられている．また特定の個人が，集団にとって必須の言説を語り伝える責任を帯びている場合もしばしばみられる．しかしだからといって，たとえばラドクリフ＝ブラウン〔Alfred Radcliffe-Brown〕が強調したように（『アンダマン諸島民 *The Andaman Islanders*』1922），言説に異伝が存在しないということにはならない．フランツ・ボアズ〔Franz Boas〕はブリティッシュ・コロンビア州の先住民のツィムシァン，クワキゥトル，チヌーク，トンプソンの諸部族について，彼らがわれわれの言う「神話」と「民話」とをはっきり区別していると述べている．北米南東部の先住民チェロキー族は，聖なる物語と動物の話と土地の伝説と歴史的伝承とを区別している．ハワイでは，娯楽的要素の強い話をカアオ（kaao）と呼び，歴史的事実に関する話をモオレロ（mo'olelo）と呼んでいる．神々についての言説は後者のカテゴリーに属する．

神話を文学的な形式に変換する作業（古代ギリシアのヘシオドスや，日本の『古事記』の編纂者〔太安万侶〕や，現代の民族学者の仕事のような）は，他者の言説と，これを対象としてわれわれ自身が作り上げる構成物との関係について考察するように迫る．そこでギリシアにおける神話の出現から始めて，学説史的に展望することが必要となってくる．

神話の発明――ギリシア語のミュートス（muthos）という言葉は，神話についてのあらゆるアプローチにおいて基準となる．

クロード・レヴィ＝ストロースによって研究された南北アメリカ先住民神話群と同様に，ギリシア神話は直接的な意味での行動規範の目録ではないし，ましてや信仰や尊敬の対象でもない．

古代のギリシアのミュートスとは，説得の演説であり，集会で発せられる力ある言葉であって，戦士の価値観に合致するものであった．アキレウスの師である老ポイニクスは，『イリアス』において〔第9巻，440–443〕，かつて自分がペレウスから委ねられた役目について自分の弟子に以下のような言葉で述べることができた．「あなたはまだ年もゆかず，戦いのことにも，また男たちがその名を挙げる場である集会のことにも通じておられなかった．さればこそ父親は，あなたが立派な論客〔「ミュートスの話し手」〕となり，武功をたてる戦士となられるよう，万般のことを教えてやってくれと，私を付き添わされたのであった」〔松平千秋訳〕．集会において権力を掌握する者となる知識として，ミュートスは戦士の価値を定める技量と相補完しあうものであった．『イリアス』では，これら二つの知の形態の獲得が，貴族の若者の教育において必須であるとされているのだ．

つまりミュートスという語はホメロスの言語では，われわれが神話と呼ぶものを指してはいない．そして紀元前6世紀以前にはこの機能を代わって示す単語が見当たらないとしても，最も古い時代のギリシア人が神話を持っていなかったということにはもちろんならない．ギリシア人自身が証言しているように，ホメロスの作品こそが，神々や英雄についての最も重要な記録であるということを忘れてはならない．われわれの言うところの神話という新しいカテゴリーがギリシアにおいてどのようにして出現したのかを見極めることが肝心なのである．

マルセル・ドゥティエンヌ〔Marcel Detienne〕が鮮やかに示したように，この出現はそれ以前から存在していた膨大な素材の内部での分化の過程の帰結である．それは記憶の一部の固定化と分離であった．批判的性質を帯びたこの探究は，神々についてのある種の物語，それまでは特に問題とされてこなかった伝承の総体のなかから見つけ出されて分離された言葉に対して，神話という呼び名を優先的に与えるように作用した．

この差別化の過程は，紀元前6世紀末から精緻化していく．ミュートスは奇妙あるいは嘘っぽい，惑わせる，謎めいた，破廉恥な言葉として，理に適ったものとして尊敬されるべき言葉としてのロゴスと徐々に分離して，これと対立するものとなっていく．この進化の諸段階は哲学者クセノパネスから以降，ピンダロス，プラトン，トゥキュディデースなどにおいて確認できる．そして最終段階が修辞学による切り分けである．こうして神話は歴史と，そして真実味のある作り話とも対立しつつ不可分な対照的な配置関係を持つこととなる．こうした区分は18世紀の末まである意味で継続していく（ラテン語ではそれぞれ，ファーブラ（fabula），ヒストリア（historia），アルグメントゥム（argumentum））．

神話・歴史・フィクション――アリストテレスの『詩学』〔第1章1447a〕においてミュートスは，悲劇の筋書の要約という意味で用いられている．神話は喜劇よりも本当らしさが重視されない部門としての悲劇と結びついたのである．アリストテレス以降，修辞学は「神話」を奇妙で古めかしいどうみても不可能なできごとの論述とみなした．これに対して「歴史」とは，実際に起こったことあるいは少なくともありえそうなできごとについての明確な論述を指した．この両者のあいだにあって，喜劇は優れて「現実的創作」の場となった．こうしたわけでクインティリアヌスは『弁論家の教育』において，ファーブラ（すなわちミュートス）を悲劇と詩の原理とし，「それは真理から遠いばかりでなく，見た目の真理からも遠い」と述べている．その結果，喜劇はアルグメントゥム（すなわち〔ギリシア語の〕プラスマ．梗概，プロットに相当）と分類されることになる．その筋書きは虚偽であるが，本当らしいと考えられたのだ．そしてヒストリアはかつて実際に起こったできごとの論述である．はっきりとした起源は定めがたいが，この言説の区分はキケロ，クインティリアヌス，セビリアのイシドールスと引き継がれて，啓蒙時代に至り，そこにおいても依然として神話（ファーブルの名のもと）についての思索を支配し続けた．

こうした思索は歴史という分野のなかで本当の歴史と虚偽の歴史を区別したいという願望から生まれた．そして虚偽の歴史というものが神話とされたのである．この対立から，本当の歴史に似た（あるいは似せようとした）架空の歴史という第三のカテゴリーが生まれた．そしてこれが喜劇あるいはミモス劇となったのである．

神話の生命力としての注釈――アリストテレス以降の三区分（神話，歴史，フィクション）が「神話体系（ミュトロギア）」を一括して否定していると考えるのは間違っている．史料からも明らかなように，神々と英雄たちの伝記は実在の人物の伝記と並んで作られ続けるばかりでなく，神話についてのかなり古い段階の哲学的思索と呼応して，文字通りその数を増していくのである．注釈は神話の最古の記録と時を同じくして出現しており，あたかも物語をたえず再起させるかのようにして進んでいく．そこにみられるのは，意味をつねに（再）発見し，（再）付与しようとする注釈者の喜びである．

合理化とフィクション——このような神話の合理的解釈への関心は，古典時代になるとすぐに，非現実的なすべての文学に対する「寓意的な」諸解釈を招くことになった．ソクラテスは，プラトン『パイドロス』（229 b–e）において，そうした還元論の代弁者となることを拒絶し，そうしたことは不信仰の専門家たちに委ねるとしているが，それがどのようなものであったかは，パライパトスなる人物に仮託されている小論『信じがたき事どもについて *Peri apiston, De incredibilibus*』に要約されて記されている．そこでの解釈は強引であるばかりでなく，失敗作なのだが，次々と新たな物語を生み出す結果となっている．合理化が物語化に通じているのだ．これによれば，スピンクスは一味の首領だし，ミノタウロスは不運な策略家である．そしてケンタウロスたちは，「雲」（ネペレー）と呼ばれる山中の村出身の馬に乗った者たちなのである．こうして新しい物語が誕生する．これと踵を接して作成されたと思われるエウヘメロスの『神聖なる記録 *Hiera anagraphe*』も同様の内容を持つ．〔シケリアのディオドロスの〕引用によってかなりの部分が知られている．マケドニア王カッサンドロス（前 330–260）の命令によって遂行された探検の航海についての空想的な物語であり，それによれば，エウヘメロスは遠く離れた想像上の島パンカイアに上陸するが，そこで神々自身によって彫られた石柱を発見する．そこには彼らの冒険と発明について書き留められており，オリュンポスの神々とはもともとは人間であったが，征服者また善行者として亡くなった後に感謝の記念として神格化されたということがわかったというのだ．

変身と自然科学——「神話学（ミュトグラフィア）」なる分野はかなり早くから現れた．物語を分類し，体系化して総覧とするのである．目録作りという分野は古くからあり，本来は土地の古伝，部族間の空間を調べて相互の関係を明らかにする系譜学的な分野に属していた．ローマ帝国の時代には，『ビブリオテーケー』〔『ギリシア神話』〕の名で知られている神話便覧がアポロドロスによって編まれ，ギリシア世界の「先史」を構成している神々の系譜について組織だった見取り図を提供している．

要するに神話学という分野は，詩的な枠組のなかで精緻化された「科学的」なタイプの探究と結びついたのだろう．こうして，支配と特権の由来を説明し，階層秩序を保証する政治的秩序の道具という，太古における神話の役割は失われ，神話は地理学，民族誌，天文学（「死んで星となった者」の目録を作成する〔エラストテネスに帰せられてきた〕「星伝説学（カタステリスモイ）」の文学を含む），植物学，動物学，そして儀礼などのために存在することになった．カリマコスに始まりオウィディウスに至る変身（変化）の蒐集から，起源学（エティオロギア，原因「アイティア」の研究）という分野が成立した．鳥，石，樹木，天体といった自然は解読されるべきテクスト，目録となった．人はそこに無数の異伝をともなう最古の記憶を読み取るのである．

これ以降の神話は，人が物理的あるいは社会的な世界に向けて，あるいはそうした世界について投げかける「なぜ」という質問に対する答えを提供することになる．しかしそれは，つねに多義的で暫定的で多次元的であり，けっして決定的ではない．神話は博識の対象とされるようになり，必要に応じて最古の記憶の層から受け継がれた膨大な言説が参照された．それはまた文化的記憶ともなり，ローマ帝国の多民族的喧騒と広大さのなかにあって，象徴として，あるいは究極のとはいわないまでも確かな知識として機能し続けた．

神話はこのように世界を解読する上で大いに貢献した．もっともそれは博物館の解説のようなものかもしれない．しかしこのまとまりを欠いた収蔵所は，やがて文学への道具を提供することになる．神話が提供する素材からは新しい物語，新しい詩，そして倦むことのない異伝が生み出された．神話の選集が明らかにこうした役割を演じた場合も知られている．伝統的あるいは詩的言説についての思索の出現，そして神話と歴史とフィクションとの修辞的区分の誕生とに並行して，ウェルギリウスから古代末期そしてルネサンスに至る新しい神話群の構築の前兆となるような新しい動機の出現も認められる．

新しい神話群が出現する一方で，古い神話群は完全に再解釈され書き改められる．たとえば，『24のラプソディアからなる聖なるロゴス』という帝政期の作品は，古いオルペウス教の宇宙創成伝承を書き直したもので，新プラトン派に注釈への霊感を与えた．またパノポリスのノンノス〔Nonnus〕の記念碑的な著作も忘れてはならない．彼は後5世紀に上エジプトにいた人物で，キリスト教徒にもなったが，48書からなる『ディオニュシアカ』を書き上げた．これは『イリアス』と『オデュッセイア』を合わせた分量である．幻を追って現実から目を逸らそうというのでないなら，きっぱりとニーチェのロマン主義的先駆者たちのペシミズムを放棄するのがよいだろう．エウリピデス以降も神話は死んではいない．先駆者たちの瓦礫の上に疲れを知らずに新たな神話が紡ぎ出されるのである．その存続とその「救済」は，再解釈というこの驚くべき，感嘆すべき能力に依拠しているのである．

近代の神話

マルセル・ドゥティエンヌとブルース・リンカーン〔Bruce Lincorn〕の分析が示すように，現代の学術的な神話研究史もまた，神話体系の分析総体の構成要素をなしている．

14 世紀から 17 世紀にかけて，〔フランス語で〕ファーブルといえば物語的モチーフ，寓意，冒険譚の総体のことであって，そこにはホメロスやウェルギリウスやオウィディウスばかりでなく，通俗化した手引きや選集も含まれていた．また，学問に無知な人が象徴的なモチーフを前にして意味がわからず途方にくれるのを避けるために携帯する小型の辞書も該当した．神話の呼び名であったファーブルは，霊感やイメージや主題や寓意の源泉であった．ファーブルは神々やキマエラで満ちた魔法の世界であった．しかし，ダランベール〔Jean Le Rond d’Alembert〕とディドロ〔Denis Diderot〕が編纂した『百科全書』の「神話 Fable」の項を執筆したジョクール〔Louis de Jaucourt〕はそれらについて，「あまりにも目が慣らされてしまったがために，容易に空想上の存在とみなせない」とも述べている．実体を失い，いわば骨抜き状態になった古典神話は，もはや活力を失い，飾りとか装飾的とか呼べる水準にまで堕落した．ファーブルは二重の役割を果たすイメージの倉庫となった．一つはある種の言説の体系への接近を許す比喩に富んだ言語（たとえば「トランペット」は，ギリシア神話の（噂，世論，名声の女神）「ペーメー」を意味する）であり，もう一つは，神話的フィクションの世界を解読するやり方を共有する人びと同士が互いに仲間と認める際の印となった．

とはいえファーブルは，ジャン・スタロバンスキー〔Jean Starobinski〕も指摘するように，表面的な存在でしかありえないのではない．ファーブルという仮面を着けて，人びとは事実上，愛欲と野心という二つの力を賞賛するのである．このため，ファーブルを用いて欲望と権力を操作しようとする輩も出現する．「確かに，想像の産物は危険であり，欲望の諸形象は人びとに対し重大な危険を犯させる．しかしこんなふうにして，いかなる真面目な信仰からももはや愛着をもたれようとしない神々というかたちで，カトリックの正統教義は，キリスト教的モラルが一方で排斥し押しのけたものに対し，うわべだけの生き残りを許す．その結果，ほぼそれと釣り合うような妥協をして，キリスト教（特に対抗宗教改革のカトリック）は自らの傍らに，根拠のないイメージや骨抜きにされた虚構というかたちで，部分的な欲動の，つまり多神教的欲動世界の全体を生存させる．歴史的にはキリスト教がそれに取って代わったのであり，真の信徒はそれを否定し超越するよう促される．この妥協によりある種の偽善が可能になる」（大野一道訳「神話と神話学——17-18世紀の文芸理論の場合」『世界神話大事典』版，836頁より引用）．このようにファーブルはたとえば権力といった，タブーとされる問題を批判する手段としても用いられたのである．

サロンの社交人に求められた神話の知識と，専門家としての書斎の知識人の仕事とは区別されねばならない．この博学の士には二種類ある．一つは「好古家」と呼ばれる一派で，各種の目録（彫刻，祭壇，メダル，碑文，古代の文学テクストなど）からファーブルを探す．もう一方は「神話学者（ミュトロジスト）」と呼ばれ，ファーブルの起源について仮説を述べる．

フォントネル〔Bernard de Fontenelle〕は「神話学者」として『ファーブルの起源 *De l'origine des fables*』（1724）という有名な小論考を著し，人間の精神が原始の状態から真理の方向へと進んでいくことを説明しようとした．「ファーブルのなかには人間精神の誤謬以外の何ものも探るべきではない．間違いを犯しやすいと知っているなら，より間違いを犯さずにすむ．フェニキア人やギリシア人が語ったあの途方もない話で頭を満たすことが学問ではない．フェニキア人やギリシア人がなぜこうした途方もない話をするに至ったかを明らかにするのが学問なのである．人間というのはみなとても似通っており，愚かなふるまいでわれわれを震え上がらせるような民族なぞけっして存在しない」〔結語〕．フォントネルは先駆的な進化論者であった．彼の意見では，未開人は子どものようで，誤った説明を好む性癖がある．そして大人の時代になってようやく，子ども時代の信仰を嘲笑するのである．つまり神話は，人間精神の揺籃期の最初の証言にすぎないというのである．

新しい感受性へ

フォントネルがその小論考を書いてから1世紀の後の18世紀の末，神話は名誉を回復した．起源，未開，野蛮を上から見下すような態度はもはや流行ではなくなっていた．人類の幼年期は突然，世界についての純粋で澄んだ視覚の場とみなされるようになった．世俗的な装飾にすぎなかった神話は突然，神聖な対象，真理の言葉，そして真剣な考察に値するものとなったのである．ナポリ生まれのジャンバッティスタ・ヴィーコ〔Giambattista Vico〕（1668-1744）は1725年に『新しい科学 *Scienza nuova*』を著し，ファーブルは集団の産物であり，未開の人間の真の道徳的歴史であると説いた．

神話か歴史か――啓蒙主義あるいはロマン主義以前，神話（ファーブル，ラテン語のファーブラ）は純粋に想像的なものとして歴史と対置させられていた．つまり実際にはなかった「虚偽の」話であって，本当に起こったできごとについての「真実の」話と対照的とされていた．しかし現在の私たちの直接の祖先であるロマン主義の時代になると，歴史，伝説，民話，そして神話というカテゴリーに分けて考えるようになってきた．伝承一般，およびそれに込められた記憶，またそれが要請する信頼性についての今日的思索は，神話から歴史に至るまで，まず18世紀以降のフランスで，ついで〔イギリスに〕（フレイザー〔James George Frazer〕を待ちながら）ドイツで行われてきた．ドイツでの中心は，一方ではクリスティアン・ゴットローブ・ハイネ〔Christian Gottlob Heyne〕やフリードリヒ・クロイツァー〔Friedrich Creuzer〕といったギリシア学者であり，もう一方はグリム兄弟〔Jacob Grimm, Wilhelm Grimm〕のような民間伝承研究者であった．今日私たちが一般にごく自然に行っている神話と歴史の区別は，グリム兄弟とそのライバルたちによって唱えられたものである．すなわち，神話という言説は，定義によりそのメッセージと真実さは超歴史的な射程を持つものであり，他方，歴史という言説は，特定の時代と状況とに関わるできごとの分析あるいは思索の体系であるとする区別である．

またこの時代以降，神話の研究はジレンマに直面することになった．それは，二つの可能な目標（たいていは対立しているが，ときに合流することもある）との関係において，そのどちらを取るかという選択である．一つは，神話の援けを借りて，時によって損なわれたあるいは失われた記憶を再建したいとか，最古の歴史の場合なら断片的な文書の援けを借りて忘却された過去を組み直したいという願望である．もう一つは，そうした歴史を超えたいという願望である．はっきりと歴史とは決別して，媒介なしに「意味」（さまざまな元型からなる「楽園」）に到達したり，始原的なもの，原初の姿，原始形態，歴史の無化あるいは歴史の外部といったものの探究に身を委ねたりするのである．これらの語彙はみな，ある想像的シーンを言おうとするもので，そこでこそ，「神話的」と宣揚される高次の言語が，光輝く十全な姿で展開されると想定されている．とはいえ，これを通常の言に語り直すことはできないのだが．

歴史に抗する神話――あらゆる発話に先行する無言の印，それがシンボルであるが，同様に神話も，本来は歴史に先行している．なぜならそれはすべてのできごとに先立ってすでにそこに存在している意味だからである．そしてできごと（語りのフィクションだけでなく）は真に存在するため，意味を帯びるためにはそれとつながらなければならない．こうした完全な神話やシンボルについての信条は，今日の研究においても存続しているが，その一方の立役者はミルチャ・エリアーデ〔Mircea Eliade〕である．しかし別の意味においてクロード・レヴィ＝ストロースももう一方の旗手といえるだろう．

エリアーデにとって重要なのは，神話がきわめて有効な説得力を持つ概念だという点である．この立場によれば，神話は伝統的言説であり，その意義と結果とは語り手個人の水準を超える．そしてその内容は，権威や規範と結びついた社会的慣習や集団的風習とつながっている．神話は社会の特定の型を称揚する．こうした見方では，神話は歴史に対する防御を象徴することになる．たとえば，神話は歴史上の人物を模範的な英雄に，また，偶発的なできごとを元型的な範疇に変容させるよう作用するというのだ．こうした概念は，文化に二つの対照的なタイプがあると想定している．一つは太古的〔アルカイック〕（未開的とは今では言わない）で，もう一つは近代的であり，一方は「歴史に抗する」もので，歴史社会と対立する．このヴィジョンは二元論に触発されたユダヤ－キリスト教的で同時にプラトン的なものだが，神々と世界とのあいだに本質的で始原的な堕落ないしは逸脱が起こったことを前提としている．これによるなら，かつては神々の言葉，「大いなる言葉」があったが，われわれはその地から追放され，その残存が神話ということになる．

この長いあいだ主流であったヴィジョンに秘められた前提は，ミルチャ・エリアーデの「起源へのノスタルジー」という有名な表現に認められるものだ．一方に歴史以前の「かの時に」（in illo tempore）があり，一方にわれわれがいる．両者のあいだに横たわるのは堕落，分離，欠如，そして喪失である．こうした定義からすれば歴史とは不幸でしかないだろう．それは偶然性と「うち棄てられてある」ものどもの王国であり，無意味，意味の剝奪の地平となることだろう．適切にも「歴史の恐怖」と題された『永遠回帰の神話』の第 4 章で，エリアーデは歴史的人間（現代社会とキリスト教の人間）と伝統的文明の人間を対比させている．前者は歴史を知り，歴史の創造者になろうとし，後者は歴史を否定的にみている．こうした拒絶から，伝統的社会の人間は，宇宙創造を再現する儀礼や時の定期的な再生を行う儀礼によって，歴史の定期的な廃棄を行うのである．あるいは，歴史的なできごとに超歴史的（神話的）な意義を与えることによって，それに望みの意味を付与するのである．

ジョルジュ・デュメジル〔Georges Dumézil〕はレヴィ＝ストロースに（そしてエリアーデにも）大きな影響を与えたが，1940 年代の終わり頃から，三機能的世界観という用語によって，神話と歴史に関する「構造的」な理論を展開させた．世界や社会は（インド＝ヨーロッパ語族においては），主権，戦争，生産という三つの階層化された機能に沿って思考されていたというのである．彼は比較の手法によって，神話とは思考の様式の一つであり，歴史に意味を与えることができるイデオロギーの構造体であると説いた．リウィウスの『ローマの歴史』に登場するローマの最初の四人の王たちはこの構造に従って描かれているというのである．すなわち，最初の二人は主権の代表者たちであり（ロムルスは乱暴な「縛る者」であり，ヌマは法律と諸制度の創設者である），それに純粋な戦士であるトゥッルス・ホスティリウスが続き，最後は純粋な経営者であるアンクス・マルキウスとなる．こうして神話は歴史に意味を与えている．

クロード・レヴィ＝ストロースによれば，神話は人間精神の活動の現れであり，コミュニケーションの体系である．もし神話に意味があるのなら，それは神話を形成している構成要素（イメージ，シンボル，語りの命題）のそれぞれにではなく，そうした諸要素間の関係性において探られねばならないと説いた．神話的言語を構成している統一性は日常的な言語表現の水準には属していない．それはもっと複雑なのだ．普通の発話は，連続する論理的な命題の限定の範囲内で語られるが，神話はそうした発話の限定から解放されている．神話が伝えるのは，より深い，より抽象的な水準の意味なのである．物語のメロディーの背後に潜んでいるハーモニー，論理の鎖から自由になった語りの諸命題のあいだにある対立と階音的繰り返しの戯れ（相同的で構造的な）のなかからそのハーモニーを探すべきだというのである．レヴィ＝ストロースは神話とは時間を征服する機械であると定義する．そしてそれは物語自体の持つ時間性さえ征服してしまう．神話のこの合目的性は，現実の生活のなかで神話を生きている人びとの一般的な関心とも重なる．レヴィ＝ストロースがその研究の素材を求めた人びとは文字を持たない人びとであり，彼らは歴史も有しないのだ．

レヴィ＝ストロースの弟子のピエール・クラストル〔Pierre Clastres〕によれば，神話的時間とは社会が成立する以前の時間であり，それは同時に眼前にあり，また無限に遠い．そしてそれは祖先や文化英雄や神々の空間である．国家の形成は「悲劇的なできごと」であり，まったく説明不可能である．それは「始まりの不幸」であり，「非合理なできごと」とされる．それはエリアーデが「歴史の恐怖」と呼んで発展させた考えを強く想起させるものだ．

歴史のなかの神話――マーシャル・サーリンズ〔Marshall Sahlins〕の著作群に目

を向けると，調子の変化が感じられる．もちろんサーリンズはそれぞれの社会が独自の意味の網を発展させてきたことを認識している．これは「文化的秩序」を主たる要素とする象徴的秩序の体系である．内部，外部いずれかからであれ，生じるできごとは，この文化秩序に由来する諸カテゴリーとの関連のなかで解釈される．この解釈の枠外にはできごと（と認知されるもの）は存在しないということにさえなろう．しかしその逆もまた真である．できごとは固有の存在理由を有しており，文化的なシステム秩序の法の介入に際しても必ずしもそれに従わないと考えられている．この結果，偶発的なできごとが既成の象徴的関係性による知覚に対して影響を与えてそれを変容させるとか，あるいは，慣習的な意味づけに対して再考察を迫るような場合が生ずる．そしてその結果が構造の再組織化となるのである．

これら二つの相互補完的な命題を総合するなら，歴史とは文化的モデルの偶発的な実現あるいは出現となるだろう．だとすれば，この文化的モデルの表現である神話は，歴史なしでは存在しえないことになる．サーリンズはこの意味において，「神話的現実」とか「歴史的メタファー」という表現を用いている．このようにして神話は，一連の古典的な区分（連続と変化，構造と歴史等）による固定化を否定する．こうした態度は，記憶そして文字化と口承それぞれの役割についての，特にジャック・グッディー〔Jack Goody〕が代表的な人類学的な思索に連なっている．こうしてわれわれの観測地点のフィールドに戻るなら，「神話」と「歴史」のあいだに間違って設けた理論的な対立の境界線は霞んでしまうだろう．これはデュメジルの教えとの関連でいうなら多少新しいものである．われわれは，神話が歴史の上に「上陸する」（神話が歴史に先行するという立場）と考えるより，両者の境界面の戯れを観察するのだ．

このように神話は思索の道具であると思われる．有効で驚くべき生命力を有している．しかし，ドグマとなるような特定の内容を押しつけてくるものではない．神話は，民族学者マリノフスキーが定義し，その後もしばしば唱えられているような意味において，ドグマ的な憲章であるとは必ずしもいえないし，実際そうであることはあまりない．神話は人間の行動や制度がそれに合致しなければならない理想形のモデルを必ず示すものでもない．神話は，現実との関わりにおいてはむしろ，思考の限界についての理論的探究（スリルに富んでおもしろい）を行うための表現様式である．それは外部からモデルとして与えられるものではない．それはむしろ内部から出現してくる，現実理解についてのさまざまな別の可能性についての思索のように思われる．神話は現実とのあいだに複雑な関係を構築する（レヴィ＝ストロースが言うところの相関的自由とか対位法）．神話を信じることはできない．神話は共同体に帰属し，その起源を表象する．しかしその物語は信条（クレド）の対象となるものではない．その物語は無数の異伝・別の形態を持つのだ．神話を語るということは，よく知られた主題についてのさまざまな異伝を作るという伝統的なゲームの実践の場に立ち戻ることなのである．

参考文献　BRISSON L., *Sauver les mythes*（*Introduction à la philosphie du mythe I*）, Paris, Vrin, 1996. – CALAME C., *Illusion de la mythologie*, Limoges, 1990（repris dans *Mythe et histoire dans l'Antiquité grecque. La création symbolique d'une colonie*, Lausanne, Payot, 1996, pp. 9-55）. – CLASTRES P., *La Société contre l'État. Recherches d'anthropologie politique*, Paris, Les Éditions du Minuit, 1974（ピエール・クラストル『国家に抗する社会――政治人類学研究』渡辺公三訳，書肆風の薔薇，1987年）; *La Grand parler. Mythes et chants sacrés des Indiens Guarani*, Paris, Seuil, 1974. – CASPO E., *Theories of Mythology*, Oxford, Blackwell Publishing, 2005. – DETIENNE M., *L'invention de la mythologie*, Paris, Gallimard, 1981. – DUMÉZIL G., *Mythe et épоée*, 3 vol., Paris, Gallimard, 1968-1973. – GOODY J., *La Raison graphique. La domestication de la pensée sauvage*（traduction Française）, Paris, Les Éditions de Minuit, 1979.（ジャック・グディ『未開と文明』吉田禎吾訳，岩波書店，1986年）– LÉVI-STRAUSS C., « La structure des mythes », dans *Anthropologie structural I*, Paris, Plon, 1958, pp. 227-255.（クロード・レヴィ＝ストロース「神話の構造」〈『構造人類学』所収〉田島節夫訳，みすず書房，1972年，228-256頁）; *Mythologiques*, 4 vol., Paris, Plon, 1964-1971（クロード・レヴィ＝ストロース『神話論理Ⅰ　生のものと火を通したもの』早水洋太郎訳，みすず書房，2006年；『神話論理Ⅰ　生のものと火を通したもの』早水洋太郎訳，みすず書房，2006年；『神話論理Ⅱ　蜜から灰へ』早水洋太郎訳，みすず書房，2007年；『神話論理Ⅲ　食卓作法の起原』渡辺公三他訳，みすず書房，2007年；『神話論理Ⅳ-1　裸の人 1』吉田禎吾他訳，みすず書房，2008年；『神話論理Ⅳ-2　裸の人 2』吉田禎吾他訳，みすず書房，2010年）. – LINCOLN B., *Theorizing Myth. Narrative, Ideology, and Scholarship*, Chicago-Londres, The University of Chicago Press, 1999. -MALINOWSKI B., *Mœurs et coutumes de Mélanéien*, Paris, Payot, 1933.（ブロニスラフ・マリノフスキー「未開心理における神話」〈『呪術・科学・宗教・神話』所収〉宮武公夫・高橋巌根訳，人文書院，1977年）– SAHLINS M., *Historical Metaphors and Mythical Realities: Structure in the Early History of the Sandwich Islands Kingdom*, Ann Arbor, University of Michigan Press, 1981. – STAROBINSKI J., « Le mythe au XVIIe s. », *Critique* 366, novembre 1977, pp. 975-977; repris sous le titre de « Fable et mythologie aux XVIIe et XVIIIe siècles », dans *Le remède dans le mal*, Paris, Gallimard, 1989, pp. 233-262.（ジャン・スタロバンスキー「17・18世紀における神話と神話学」〈『病のうちなる治療薬』所収〉法政大学出版局，1993年；「神話と神話学 17-18世紀の文芸理論の場合」〈イヴ・ボンヌフォワ編『世界神話大事典』所収，833-844頁〉大修館書店，2001年）

フィリップ・ボルジョー Philippe Borgeaud

〔松村一男訳〕

→ 記憶と伝達

精神分析
PSYCHANALYSE

精神分析と宗教――宗教の精神分析

宗教事象を批判的に考察する事典のなかで精神分析に場を与えることは，次の予備的な二つの問いによって正当化することができる．すなわち，精神分析は宗教理論の多様な次元についていかにして貢献をなしうるか，精神分析は宗教という対象の知的な理解にいかにして貢献しうるか――その対象は，ひるがえって精神分析を問いただすものなのだが――という問いである．

これらの問いは，精神分析と名づけられたディシプリンを性格づけて，それが宗教の問いにいかにして関わるかを示すことを前提としている．精神分析とは，「無意識的な心的過程の探究手法」，「神経症的障害の治療方法」，さらには「漸進的な成長を経て一つのディシプリンを形成するに至った一連の心理学的な見解」である(「「精神分析」と「リビドー理論」」)．「無意識の仮説」を導入する精神分析は，個人をめぐる問題系のディシプリンへと還元されるどころか，むしろ社会科学での適用へと道を切り拓いてゆくものなのである（Assoun, 1993, 2008)．「主体」は，二つの顔を持つヤヌスのように「個人的」と「集団的」という二つの顔において考察される．「宗教事象」が十全な仕方で浮き彫りになるのは，二つの顔の連結においてである．

精神分析が何を「宗教事象」にもたらすかを規定するには，次の二重の予備的な作業を引き受けねばならない．すなわち，精神分析の創始者フロイト〔Sigmund Freud〕が宗教の問いに取り組んだのはいかなる文脈から発してであったかについて見当をつけること，そして，フロイトの行程が宗教の問い（Religionsfrage）といかにして「交差する」のか，いかにして，無意識と「宗教的なもの」の双方を明らかにするような論理でもって，結局は必然的な接点によって「交差する」のかを把握することである．したがって，重要なのは，「応用精神分析」の対象として宗教を位置づけることよりも，いかにして無意識についての知の運動そのものが宗教という事実と対決し，その反動において，排他的ではないにしても代替不可能な，特殊な仕方で，要するに他の知が比肩しえない仕方で，その事実を解明するのかを示すことである．逆説的なことだが，宗教に対するフロイトのはっきりと批判的な態度と，ユダヤ教とキリスト教のあいだに違いを認める彼の立場とは，（諸）宗教の起源が精神分析にとって決定的に重要な問題の一つであることを示している．

しかし，宗教を精神分析的なテーマとして扱うこと——これは無視できない第一の側面であるが——だけが問題なのではない．宗教についての批判的科学というまさにその次元から精神分析それ自体を捉え直すことが問題なのである．結局のところ，精神分析と宗教の関係はきわめて緊密なのである．

宗教のフロイト理論の生成

何よりもまず，「宗教学」は，精神分析が明らかにしてきたさまざまな領域のなかでまったく正当に自らの場所を得ている．

「その結果，分析家たちは好事家として，しばしばにわか仕込みであるとはいえ装備を多少ともそれらしく整えて，神話学や文明史，民族学，宗教学といった知の領域に足を踏み入れることになった」（強調引用者）．『続・精神分析入門講義』（1933）によるこの説明は，精神分析と「精神科学」を結ぶ「掛け橋」を位置づけるために貴重である．また「精神分析」（1926）は，「文明史や文学史などの精神諸科学，宗教学，教育学に対して，医学的な土壌の上に生じた精神分析を応用することの重要度が日々増している」ことに言及している．

上に挙げた二つの参照箇所における「宗教学」という表現は，一群の問題のまさに中心をなすものとして注目に値する．

同じことが「宗教史」についていえる．フロイトはこう注意を促している．「精神分析は，医学の諸分野のなかで唯一，精神科学ときわめて広範にわたる関係を持っており，精神医学に対して持つ意味と同じ意味を，宗教史および文明史，神話学，文芸学に対して獲得しつつある分野である．そのことを記すのを怠るならば，精神分析の評価は不完全なものとなるであろう」（強調引用者）．

かくして，宗教に関するフロイトの立場は，彼の「宗教理論」の生成の描出において見えてくるダイナミクスに従っているのである．

「宗教」はフロイトの全行程を通じて彼の関心事であり続けたが，示唆的なことに，主体の臨床と文化の理論のあいだで，重要な論点が浮かぶたびに，異なる角度から光を当てられたのだった．後述するように，文化（Kultur）をめぐる考察を再導入したのは「宗教的錯覚」についての考察である．そのことを導きの糸として，行程全体の生成を図式的に描き出すことができる．

最初のうち，宗教は神経症症状の研究との関連において介入する．そこで考慮されるのは，「体験」（Erlebnis）としての〈宗教的なもの〉という，「心理学的事象」とも呼びうるものである．その原理は『日常生活の精神病理学に向けて』（1904）で立てられたのち，「宗教的な営み」と「強迫行為」の関連についての基礎研究（1907）を生み出すことになる．

「宗教の欲動的起源」という問いへ向かう決定的な転回は 1911 年頃に位置づけられる．『トーテムとタブー』とともに，宗教の精神分析理論は一段と大きな野心，すなわち文化的制度としての「宗教の形成」（Religionsbildung）の意味を説明するという野心を抱くようになる．かくして，禁止と欲動断念の関係をめぐる宗教の戦略の方向性についてのそれまでの洞察は，文化（Kultur）の「系譜学」ともみなしうるものの次元において（メタ心理学的な）一つの観点を，さらには説明を獲得することになる．

続いて，宗教は「心理学的利得」において，つまり，もはや起源においてのみならず，現働的かつ構造的な意味において問われることになる．『ある錯覚の未来』（1927）は，「錯覚」という演算子を用いつつ，宗教的主体の考慮に着手する．その結果，「文化の錯覚の数々」（Kulturillusionen）の全体的な再検討が余儀なしとされる（かくして，同テクストは『文化の中の居心地悪さ』といわば二幅対をなしている）．

そして最後に，宗教の理論は，長い生成の時を経た 10 年後（1937），『モーセという男と一神教』とともに最終的な「跳躍」を遂げる．ユダヤ民族の運命という特権的な例に拠りながらあらためて問われるのは，もはや心理学的利得だけでなく，歴史的現実――「伝統」や集合的記憶の構成――である．

メタ心理学の試練にかけられる〈宗教的なもの〉

フロイトは，「意識的事象を超えたところ（「メタ」）に通じている諸過程の心理学」を指し示すために 1896 年に創案した「メタ心理学」という語を『日常生活の精神病理学に向けて』（1904）の最終章で初めて〔公に〕用いた際に，宗教に言及している．彼はそこで「〔神話的な〕世界観」を取り上げて，「これはきわめて現代的な宗教にも及んでいる」と述べ，「外界に投射された心理」という言葉でその特徴を記述する．診断のかたちで述べられた推論は次のとおりである．「超感覚的な現実の構築」――〈神話的なもの〉と〈宗教的なもの〉の基礎――は，なんらかの「無意識の心的な〔諸要因や〕諸事実」についての漠とした認識」の反映である．換言するならば，主体は内部から，それら「諸要因」や「諸事実」の「心内知覚」という現象によって，形而上学的かつ宗教的な「世界観」のうちに投射されることになるものを知覚するのである．「メタ心理学」すなわち無意識過程の精神分析理論――要するに無意識の科学——の課題とは，その「形而上学」を「無意識の心理学」へと再変容させることである．

かくして，「楽園や原罪，神，善と悪，不死性に関する神話」の解体ないし脱構築のプログラムが描かれる．〈宗教的なもの〉は，根底において，無意識内容の投射による表現形式なのである．精神分析の責務とは，その内容を心（プシュケー）のうちに送り返すこと，つまり「形而上学（メタフィジックス）をメタ心理学に翻訳する」ことである．ここに宗教の精神分析のための基本的なプログラムが示されている．「心理学」だけでは不十分であり，メタ心理学が必要なのである．そのうえ，宗教的な内容において，同時に表現され秘匿されているのはまさに無意識的な真理の核であることもわかる．というのも，主体は，それら抽象的実体の主観的な起源が自らの欲望のうちにあることを認めそこねているからである．その核の「悪魔的な」部分は「サタン」の姿で見いだされる（「17 世紀のある悪魔神経症」1923）．

儀式——臨床と儀礼のあいだで

したがって，フロイトが神経症症状との類似や相同を通じて宗教の典礼に向き合うことになった最初の重要なテクストから再出発しなければならない．そのタイトルは二つの語を，すなわち，「強迫神経症」（Zwangsneurose）に特徴的な「数々の強迫行為」あるいは「数々の強制行為」（Zwangshandlungen）——見たところ不条理であるが，主体がその遂行への衝動を抑えがたく感じる行為——という一方の語と，数々の宗教実践（Religionsübungen：文字通りには「数々の宗教的な勤め」）という他方の語を接続している．最初のタイトルは「強迫行為と宗教実践（Religionsübung〔単数形〕）」であり，あたかも，症状性の行動に対してそのものとしての宗教行為を据えようとするかのようである．そのように題されたテクストは，つまり，精神病理的と宗教的という二つの現実の関係を規定することを目指しているのである．

1907 年 3 月にフロイトはウィーン精神分析協会で——ユング〔Carl Gustav Jung〕が初めて出席した機会であった——問いを喚起し，その後，ヨハネス・ブレスラー〔Johannes Bresler〕とグスタフ・フォアブロット〔Gustav Vorbrodt〕が責任編集者を務めていた『宗教心理学誌 *Zeitschrift für Religionspsychologie*』で論文を発表したのだった．その宗教事象の「心理学」への貢献は，「強迫神経症と宗教の比較」（4 月 21 日付ユング宛書簡）の体をなすことになった．

フロイトは手始めに「神経質者のいわゆる強迫行為と，信仰者が自らの信心深さを立証するために行う実践との類似」を指摘するが，その類似は双方に共通する「儀式」という語に要約される．「神経症的な儀式は，日常生活の行為の一部においてつねに同様の仕方で行われる――もしくは，なんらかの法則のおかげで修正される――細々した実践，付随義務，規制に存する」．それらは，観客の目にも行為者の目にも「まったく何の意味もない（……）形式的行為」と映るが，耐えがたい不安の出現を避けるためには省略しえないものなのである．したがって強迫神経症は「宗教形成の病理的な対応物」のごときものとして現れる．そのようにして，論文の末尾では，宗教の起源が「断念」にあることを強迫神経症が明らかにするかもしれないことが示唆される．とはいえ，強迫行為が「メリュジーヌ的な孤立」（melusinenhafte Abgeschiedenheit）において遂行されるのに対して，宗教の典礼では人目に立つかたちで集団的な礼拝式が行われるようになるのである．

比較は続く．類似点としては，不履行の際に生じる良心の不安，他の活動の一切からの完全な隔離，細部にまで気を配って実行する几帳面さが指摘される．相違点としては，儀礼がステレオタイプ的であるのに対して儀式行動が個人的多様性を持つこと，公的な性格に対する私的な性格，そしてとりわけ，儀礼の場合に「細々とした付随義務」が「意味を負い，象徴的である」とみなされるのに対して，儀式では付随義務が「ばかげていて無意味な」ものとして現れ，意味を欠くことが挙げられる．それは，「私的宗教」〔religion privée〕という悲喜劇的な戯画である．続いて，二人の患者から借りてきた強迫的な儀式の例五つが次々に提示される．その外見にもかかわらず「強迫行為のすべてが意味を持ち，解釈可能である」――「無意識的な動機や表象」を参照するという条件つきだが――ことがそこで明らかになる．儀式の実行者は，自らも知らない「罪責意識の支配下にあたかもあるかのようにふるまっている」．それは「防衛ないし保証行為，防御手段」として始まる．神経症は「欲動の蠢きの抑圧」に対応する．したがって症状は移動と妥協として形成されるのである．

罪責感の空間，神経症と宗教の界面が立ち現れる．とはいえ，精神分析はその宗教的なありかた（ハビトゥス）を病理に還元するのではなく，ただ症状のたぐいとして記録するのであり，そのことによって当の界面は葛藤の表現としての起伏を示すことになる．神経症と宗教は葛藤に対する二つの「解決」として互いに向かい合う．神経症者が，「欲動禁圧」の《文化》により課された課題の遂行に挫折することで文化の生きた症状になる（「「文化的」性道徳と現代の神経質症」1908）のと同様に，宗教は罪責感の集団的な整備事業として現れる．フロイトは折に触れて繰り返しこの考えを主張している．曰く，「普遍的な神経症の受容」によって「信者」は「個人的な神経症を作り上げるという課題」を免じられる（『ある錯覚の未来』）のであり，「私たちの時代にあって神経症は，人生に失望させられたり人生を耐え忍ぶにはあまりに弱すぎたりする人びとみなにとっての隠遁所であった修道院の代わりになっている」（「精神分析について」，同様に『文化の中の居心地悪さ』も参照）．

宗教と《文化》の系譜学

そこで，集団的罪責感の起源そのものに関する調査が求められることになる．『トーテムとタブー』はいかにして宗教に関わるのだろうか．フロイトは後年にそれを要約して，「宗教の形成を父コンプレクスの地盤の上に位置づけた」と述べている．宗教は，「社会組織」や「道徳的規制」とともに，《父の殺害》という《原始的行為》の結果として現れる．とはいえ，フロイトが「宗教のように複雑なものを唯一の起源から由来させ」ようとするわけではない．ただ単に，宗教は，禁止へのこの関係を――この関係に含まれる両義的で葛藤的なところも一切余さずに――きわだって徴候的な仕方で証言しているのである．〈宗教的なもの〉のトーテム的な根がまさにここに見いだされる．

したがって宗教との最初の本格的な対決は，「民族学者や言語学者，民俗学者，その他の分野の学者と精神分析家のあいだに連絡をつける」よう努めながら「集団心理のいまだ得体の知れないいくつかの現象に対して精神分析の視座と成果を応用する」という精神分析的人間学の一般計画の一環をなすべくしてなしたのである．つまり宗教は民俗社会学的かつ「心理学的」事象として関わってくるのだ．

宗教はまた，トーテムとタブーという元来の二つの観念に相異なる運命をもたらす．フロイトの主張によれば「タブーの問題は，ほぼ決定的で確実と私には思われる解決をここにおいて受け取る」のだが，他方，トーテミズムについては，「精神分析の現時点での成果」に基づいた説明がなされるものの，決定的なことは何も主張されえないのである．

聖なるものがそのタブーの問いに関わることはもっともと思われる．タブーを取り上げる第二論文は，最初の節で「タブー」の語――民族学における用法は，ヴィルヘルム・ヴント〔Wilhelm Wundt〕に準拠して決められている――を語彙的かつ概念的な分析にかける．それにより，「この語とこの語が指し示す体系は心的生活の一片を表現しているが，その意味は私たちの手中にないように思われる」ことが明らかになる．この問題への精神分析の「適用」にとって決定的に重要な関連づけ，ないし「アナロジー」が，第2節で再度現れるのも驚くべきことではない．「精神分析の成果で身支度して」タブーの問題に取り組む者は，当該の事象が何かを思い出させることに気づく．実際そこにおいて，「タブーの病」と呼ばれるにふさわしい「強迫神経症」が示されて，未開人のタブーは「強迫的禁令」とのアナロジーによって解明されることになる．第3節における首長や敵，死者に関するタブーについても同様である．タブー一般の理解へ通じているのは死者のタブーであるが——宗教における死の儀礼化の重要性は周知のとおりである——，そのことは，両価性（アンビヴァレンス）の考えが通知される第4節で示される．かくして〈宗教的なもの〉の「タブー」としての性格が明らかになる．

よって宗教の前史について調査を行わねばならない．第三論文は「アニミズム」，すなわち「精神的存在一般についての理論」の問いによって開始される．その問いによって，アニミズムと科学のあいだに宗教が位置づけられる三つの状態について法則のごときものが呼び出される．そこでは，アニミズムに相関的な「行動の規則」のシステム，すなわち魔術と呪術が検討される．呪術をさらに追究するならば，呪術を支配する原理，アニミズム的な思考様式の技術，すなわち「思考の万能」に行き着く．フロイトは，患者（「ねずみ男」）から借りたというその表現を契機として強迫神経症を再び持ち出し，精神分析の臨床へ調査を向かわせる．アニミズム的モデルから漸進的に引き出された宗教の進化図式は，元来の両価性（アンビヴァレンス）の次元を自らのうちに保持している．

だが，原始的な罪責感と社会的紐帯と宗教とを連節する「トーテム」と「トーテミズム」の次元がサロモン・レナック〔Salomon Reinach〕の参照とともに現れてくるのは第四論文においてである．トーテミズムの起源に関する「唯名論的」「社会学的」「心理学的」な諸理論を列挙して批判的な考察を加え，族外婚の起源の検討に行き着いたのちに，この「暗闇」のうちに「唯一の光」が射し込んでくる．それは「幼児恐怖症」という光である．ついでウィリアム・ロバートソン・スミス〔William Robertson Smith〕の「原始饗宴」の理論とともに道が拓かれる．その理論によって，トーテム的な飲食と，精神分析が示唆するトーテム観と，「人間社会の原始状態」に関するダーウィンの仮説とが接合される．そして「まったくの空想にみえるかもしれないが，しかし，これまでばらばらであった現象系列に思いもよらぬ統一をもたらすという利点を備えた仮説」が出現する．原始群族における支配関係と諸グループの平等主義的な組織化とのあいだの対照性を説明することが問題になる．では，はたして何が起きたというのか．「ある日，追放されていた兄弟たちが集い，父を殴り殺して食べ，群族に終焉をもたらした」——父との和解からキリスト教までという，それ以降の歴史が語られる．

かくして，一方においてトーテミズムが「人類史における宗教の最初の兆し」として現れ，他方において宗教が，集団的道徳（Sittlichkeit）や《法権利》とともに，父の殺害後の状況から出来した主要な「仕組み」の一つとして現れるのである．

この最初の前進は，宗教を《殺害》の事後性のうちに，また始源の罪責感の集団的使用法として位置づけるものであり，宗教の理解にとって決定的である．それにより〈宗教的なもの〉が「父コンプレクス」に連接される．「父は法を創り，息子は宗教を得る」という定式によってその運動を再現することができる．これは，ある講演の途中でフロイトがふと口にした瞠目すべき定式である．ここに現れたのは「神の観念」の系譜学である．神という観念が父的形象の力に養分を得ているという考えを，フロイトはこの先もけっして放棄することはない．彼は『レオナルド・ダ・ヴィンチの幼年期の想い出』で，「私たちは精神分析によって，父コンプレクスと神の信仰を結ぶ緊密な関連を見てとれるようになった」と要約し，「心理学的にみれば，人格神とは美化された父以外の何ものでもないことを精神分析は私たちに示したのだ」と付け加える．「宗教的欲求の根」を見いだすべきは「親コンプレクス」のうちなのである．実際，「正しく全能の神，慈悲深い自然は，父と母が壮大なかたちで昇華されたもの」，「幼年期の最初の印象が更新され復元されたもののように私たちの眼には映る」．彼はのちに「ある宗教体験」という短いテクストで，いかにしてエディプス的な情動が――そこで取り上げられた事例では，ある老婦人の苦しみの上に――投影されうるか，また，いかにしてその情動が信仰の喪失というかたちで昇華されるかを示すだろう．精神分析の知が取り除くのはそのような誤認である．論考「マゾヒズムの経済論的問題」でもその知が示されている．「森羅万象の導きを摂理，神，あるいは神と自然に帰する人はみな，そうした究極の深遠な力をいまだなお両親のように――神話的に――感じており，自分がリビドー的な拘束によってその力に結びついていると信じているのではないかと疑わせる」

以上のようにして，罪責感の承認による安らぎという宗教的誘惑が力を持つことになり，ついには宗教が，集団神経症として，個人の神経症に対する「保護」になることが明らかになる．「個人の罪責感も人類全体の罪責感も親コンプレクスにつながっており，宗教は信者にそのコンプレクスの荷を降ろさせ，彼らのためにそれを始末するが，他方，不信心者はその課題に一人で直面するのである」．またあるところでは，不信仰は一種の英雄的行為，あるいは宗教という「麻酔剤」への抵抗として呈示されている．

宗教という名の錯覚

『ある錯覚の未来』とともに「重心」は「父の憧憬」(Vatersehnsucht) から「人間の無力と寄る辺なさという要因」へと移動する．「大洋感情」の参照を論外とした上で，「父の保護への欲求」が宗教の根本的な「原動力」として再度主張されて，以降，寄る辺なさ（Hilflosigkeit）（字義通りには，「助け」を必要としている者の状態や状況）というこの感情を鎮める「対象」が強調されるようになる（なお『レオナルド・ダ・ヴィンチの幼年期の想い出』からすでに「窮乏」の次元は指摘されていた）．その結果，フロイトは宗教的な「錯覚」の機能を限定することになる．すなわち，それは，その種の「欲望」（Wunsch）を何としても，そして「偽りによって」満たすことに存するのだ．よって宗教は，「文化遺産」のなかでも，最も「当てにならない」「信仰」を要求する部分をなしていることが明らかになるのだが，しかし，欲望（Wunsch）を密かに「満足」させるものであるがゆえに問題にしてはならないのである．フロイトは自らの「神ロゴス」と科学へのひたすらな「信」をそこであらためて主張しているが，それでもなお，すばらしい未来の約束等々の錯覚が持つ性格を確認し，それらの錯覚を通して文化（Kultur）の「信仰」そのものを問い直すのである．

同テクストの表題は暗号化されている．つまり，表題を読んでも，何が論じられようとしているのか判断することができないのである．いかなる錯覚が問題なのか．現在において存在し作用しているものとして措定された「ある」錯覚が，いかにして「未来」を持つのか――しかも錯覚は「無時間的」だと思われるというのに．思い起こせば，このテクストは「われらのさまざまな錯覚の未来」と題されるところであったのだった．〔「われらの」という〕所有形容詞を〔「ある」という〕不定冠詞で，複数形を単数形で置き換えることによって，当初の表題が持つ，「道徳的」で，そこはかとなく哲学的な印象が回避されたのである．錯覚の構造そのものに関する考察の争点はそれでもなお示唆されており，フロイトは，文化共同体が利用する（宗教的）錯覚の役割について思索するのである．錯覚に関するテクストに繰り返し登場する所有詞〔が含意する〕「われら」にとって，その役割はいかなるものか．さらにこの表題は，フロイトを指して「錯覚の破壊者」と呼んだロマン・ロランに呼応してもいる．

同テクストは，遅くとも 1927 年の 5 月には着手され（1927 年 5 月 26 日付，アイティンゴン〔Max Eitingon〕宛書簡），9 月に脱稿された．清書されたテクストには 1927 年 9 月 15 日という日付が記され，1927 年 11 月に出版の運びとなった．プフィスター牧師〔Oskar Pfister〕に「小冊の刊行」を予告しながらフロイトはこう述べている．「実際，私はこれを書きたいと長年思っていたのですが，あなたに敬意を払ってたえず先延ばしにしてきました．ですが，ついにその思いがとても強くなったのです．たやすくお見通しのことでしょうが，この小冊は，宗教――堕落したものをも含む，あらゆる形態における宗教――に関して私がとる拒絶ばかりの態度を扱っています」(1927年10月16日付書簡). 同書が信仰の人にとっては不愉快な性格のものであることを牧師たる友人に親愛の情を込めて警告しているのである.『素人分析の問題』が「医者たちから」精神分析を守ろうとするのと同様に,『ある錯覚の未来』は「牧師たちから精神分析を守る」ためのものであることをフロイトが打ち明けた相手はまさにプフィスターであった(1928年11月26日付書簡).

「宗教的表象の心理学的な意義とはいかなるものか, そしてそれらの表象はいかように分類できるだろうか」. これは,〈宗教的なもの〉のフロイトによる問題化が以降どこに存するかを示す特有の問いである. 宗教的表象は「錯覚, 人類の最古にして最強の, そして最も差し迫った願望の成就」であり,「宗教的表象の強さの秘密は, そうした願望の強さにある」. それゆえそれらは本性からして錯覚なのであり,「実際の現実への関係を考慮の埒外に」置きつつ「願望成就を前景化」させた動機による信仰なのである. そのことにより, 小論「心的生起の二原理に関する定式」(1911) 以来保持されてきた考えがさらに堅固にされる. その考えによれば, 宗教は (断念を称揚するにもかかわらず) 快原理の満足の側に位置するのである.

同書の進行は三段階を踏む. 第1節と第2節は文化の未来を論じる. その趣旨は, 表題に示された「未来」という語を正当化し, 宗教が《文化》の主要な症状であることを確認することにある.「宗教的な**表象**」は第3節から考慮され, 第4節で錯覚という観点から診断を受けるに至る. 第三段階においてフロイトは調査の範囲を錯覚的構造にまで拡大し, 宗教的錯覚を超えて政治的方面へと広げる. そのことにより信憑性に関する争点が示されることになる.

展望の先にあるのは文化の未来という問いである. というのも,「この文化には今後, 多少とも長期わたってはいかなる運命が待ち受けているのか, いかなる曲折をくぐりぬけていく定めにあるのかという問いを立てる」ことが重要だからである. テクストで後述されるとおり,「手持ちの財および財を分配するための仕組みのうちに文化という資産を探すこと」──「経済的」問題──がそこで前提とされている. だがそのとき,「文化への敵愾心」を通して, 文化の「心理学的問題」をなす「労働の強制と欲動断念」が現れてくる. そのような状況を背景として次の特殊な問いが発せられる.「宗教的表象が持つ特別な価値はどこにあるのか」. 宗教的表象は,「自然の恐ろしさを追い払い」, 運命の (そして死の) 残酷さと折り合いをつけさせ,「文化における共同生活によって人間に課された苦しみや不自由の代償を払う」という役目を持つ.「心理学の観点からみて, それらの表象はいったい何なのか」と問い, それらの真の価値について思索するにあたって, フロイトは虚構の対話者を導入する. 思索はセルフ・インタビューの体をなすに至り, 彼はその対話者から,

『トーテムとタブー』以来のフロイトの宗教理論の「変容」，つまり「かつて父コンプレクスであったものすべてを寄る辺なさ（Hilflosigkeit）という見地に立って置き換える」に至ったことについて申し開きをするよう要求されるのである．それを機として，宗教のさまざまな「特徴」のうちに，父への幼児的依存の表現に近い特徴が見分けられることになる．

問いへの回答は第6節の冒頭で呈示される．曰く，宗教的な表象は「錯覚であり，人類の最古にして最強の，そして最も差し迫った願望の成就である」．それと相関的に，「宗教的表象の強さの秘密は，そうした願望の強さにある」．さてしかし，この折に，「錯覚」という表題中のもう一つの語を定義するのが適当である．「実際の現実への関係を考慮の埒外に」置きつつ，「動機において願望成就（Wunscherfüllung）が前景化されているとき，私たちは信仰を錯覚と呼ぶ」

調査範囲を拡大させる第三段階がここで始まる．「私たちが高く評価し，また自分の生活を律する上でよすがとしている他の文化資産もやはりそれと似た本性のものではないか」，たとえば「国家の諸々の仕組み」や「両性間の関係」などはそうではないか．いまや「文化と宗教の関係を根本的に見直す」ことが問題になる．諸々の理想に対して精神分析が及ぼす破滅的な効果について「非難」を呈するために対話者が発言するのは，まさにそのときである．精神分析は宗教に対する原理的な敵対を裏書きしているのではないか．フロイトは脱神秘化の必要に関して一歩も譲らず，宗教の「有毒」性と解毒の希望の儚さとを強調する．つまり，宗教的な錯覚には輝かしい未来がなおもあることを示唆しているのである．掉尾を飾るのは「神ロゴス」と科学への慎み深くも確固とした信仰告白であり，それは次の模範的な断言によって完結する．「いいえ，私たちの科学は錯覚ではありません．でも，科学が与えてくれないものをどこか他のところから受け取ることができると信じるなら，それは錯覚というものでしょう」

要するに，宗教は「父コンプレクス」（Vaterkomplex）と連接した「欲望充足」（Wunscherfüllung）の論理の管轄に属することが確認されるのである．宗教をとてつもなく強大な心的権勢にしているのは，そうした混合であるとさえいえる．しかしさらに，「寄る辺なさ」（Hilflosigkeit）の経験の参照によって父との紐帯が特定されることになる．フロイトは『制止，症状，不安』の第8節で不安における寄る辺なさの経験の役割について論じていたが，その記述から集団の次元での帰結を引き出していることが注目される．加えて，投影の射程が宗教的な錯覚生成の機制を通じて確認されている．

宗教が願望（Wunsch）の――集団的かつ人間学的な――権勢のほどを錯覚のかた

ちで示しており，症状が，抑圧された願望（Wunsch）の代理形成として現れるのであれば，宗教に関するこの調査はきわめて一般的な臨床の平面において多くを語っているといえる．錯覚は，幻想的形態における現実の支えをともなった宗教的「症状」である．それにより，無意識の主体の臨床における信憑の重要性という問いが提起される．

さらに特筆すべきことに，フロイトは同テクストで信仰に関して「第三者」との対話を開始する．結果として，劇仕立ての独り言という，はなはだ独創的な文体が採用されている．第三者および対(ディア)－話的(ロジック)〔すなわち「分離，区別」を意味するdiaと「論理（的）」を意味するlogiqueの組み合わせが表す性格の〕形式の参照が持つ客観的な重要性が明示されていることがわかる．「対話」は「優美かつ鋭敏に展開されており，その優美さと鋭敏さは，何年にもわたる個人的な交流を通じてフロイトと会話をするなかで私たちが彼のうちに認めるに至ったものと同じである」とテオドール・ライク〔Theodor Reik〕は同書の書評で記している．彼によると，舞台に上げられた「論敵」あるいは「対話者」は，「教養があり，いたって高尚な道徳感覚を備え，理知的で」，「強い感情にもよく堪える知識人」であり，フロイトから「ややぞんざいに」扱われている．しかしフロイトは真の敵，たとえば「鋭敏な感覚を持つカトリックの僧侶といった，楽しく議論できる相手のなかから誰か一人」（Reik, 1940, 1975, p. 55）を選ぶこともできただろうとライクはいたずらっぽく示唆している．手短に述べるならば，同テクストはフロイトの宗教観における一つの転回を標しており，ここで初めて宗教はそれ自体として検討されたのである．

文化の居心地の悪さから宗教という症状かつ治療薬へ

宗教は「文化の心理学的目録」の一部をなす．宗教は文化の抵抗の一片である．文化（Kultur）の構成要素である居心地の悪さについてのフロイトの診断が，ロマン・ロランの言う「大洋感情」の忌避から始まるのは偶然ではない．フロイトはそうした融合への欲求を認めず，宗教的欲望を父性軸の流れに帰着させるのである．

他方で彼はアッシジの聖フランチェスコ〔San Francesco d'Assisi〕の「隣人愛」を普遍的な愛の形式と位置づけ，同時にその「掟」を「実行不可能」なものとして呈示する．すべての人に差し向けられる愛は対象価値を減ずるし，すべての人間が愛されるに価するわけではない．

「聖なるもの」はフロイトにとってあくまでも「永続化させられた父の意志」である．彼はそれでも神秘神学に明確な場を指定する．それは，宗教に作用する融合幻想を表している，エスの王国の（自我による）自己知覚なのである．同様に小論

「偉大なるかな，エペソス人のディアナ」は，『トーテムとタブー』の時期に，《死せる父》への関係のいわば裏面をなす，エペソスに深く根付いた母なる女神の力をすでに示していたのであった．

宗教の心理学的真理から歴史的真理へ

しかしながら議論は以上で終わりではない．論じられ，位置づけられてきたのは宗教「なるもの」である．しかし諸宗教は特定の歴史的な形成物である．それこそが，モーセと一神教に関する著作の争点である．完全なタイトルでは，「人間モーセ」と「一神論的宗教」という二つの実体のあいだに接続詞が導入されている．「人間」という観念を省略したら弊害が生じるだろう．問題であるのはまさに人としてのモーセ（der Mann Moses）——そして「偉人」としてのモーセ——であることをこの観念は思い起こさせるし，実際，当初用意された序説が示唆するように，同書は「性格研究」（Charakterstudie）として着手されてさえいるのである．その争点は宗教の創設者である．他方で，問題になっているのは単にユダヤ教でも一神教でさえもなく「一神論的宗教」である．つまり，その特異性におけるモーセの人物像と，諸宗教の歴史上で起きた「一神論の宗教」という事件のあいだの関係が問われることになるのである．

フロイトがテクストの最終部冒頭で「私には，本研究のまったく尋常でない生成の痕跡を消去するだけの力が備わっていなかった」と強調しているように，その生成は煩悶と波乱に満ちたものであったが，それはその重要性の反映であった．注目すべきことに，「実のところ，テクストは2回に分けて書かれた」．実際，第1部はウィーンで，第2部はロンドンで書かれたために，その織地には亡命の大鋏が入ったのであった．宗教と亡命と歴史の関係がそこに象徴化されている．

それは，きわめて現実に密着した争点を持つ「歴史小説」である．「人間モーセ——ある歴史小説」と題された自伝的な資料から，フロイトが1934年8月9日に執筆を開始したことがわかっている．トーマス・マン〔Thomas Mann〕の長大な歴史小説〔『ヨセフとその兄弟』〕の第1巻『ヤコブ物語』が1933年に出版された際にフロイトになんらかの印象を与えたことや，自らの作品が「フロイト的世界に近い」と1936年にマン自身が述べていることに留意すべきである．最初のヴァージョンの「序説」の草稿はようやく1979年になって出版されて（Bori, 1979），誰もが参照できるようになった．当時のフロイトは，ある劇的な歴史的文脈において一つの総決算を行っていた．まず1934年9月30日付のアルノルト・ツヴァイク〔Arnold Zweig〕宛の手紙で彼はこう記している．「新たな迫害に直面して人びとは，いかにしてユダヤ人は今あるところのものになったのか，なにゆえユダヤ人はこの果てしない憎悪を身に引きつけたのかとあらためて自問しています．私はやがて，モーセがユダヤ人を創造したという定式を得て，私の仕事には「人間モーセ――ある歴史小説」という表題が与えられることになりました」

三局面からなるプランがそこで素描されている．「この代物（原文ママ）〔La chose (sic)〕は三部に分かれました．第 1 部は小説のようなおもしろみがあり，第 2 部は厄介でくだくだしく，第 3 部は濃密で野心的なものになりました」．フロイトはその当時にあってこう付け加えている．「第 3 部によってこの企図は挫折しました．というのも，この第 3 部は宗教についての理論をもたらすものとなったからです．確かに『トーテムとタブー』の後で新しく加わったものは私にとっては何もありませんが，それでも，これまでこうしたことに無縁だった人びとにとってはそれなりに新しく根本的な何かがもたらされたのです」．フロイトは「この試論を秘密にしておくよう」彼に命じる事態，すなわち，「私たちはカトリックの厳格主義の雰囲気のなかで生きている」ことに言及する．そしてとりわけ「教皇の腹心」，「精神分析に対する嫌悪を隠さない」シュミット神父〔Wilhelm Schmidt〕の名を挙げるのであった．1934 年 10 月 27 日付のアイティンゴン宛の手紙のなかにもプランが見つかる．「この建造物は（……）三つの部分に分解できます．(1) 人間モーセ，(2) イスラエルの人びと，(3) 宗教の真理，です」．「最後の部分は一つの反駁，あるいは，お望みであれば『ある錯覚の未来』の補遺とも言ってもよいものを含んでいます．『ある錯覚』で宗教は錯覚にすぎないと言いましたが，今度は譲歩して，宗教はある真理も有しており，宗教の大きな影響力はただその真理によってのみ説明されると述べています．しかしながらそれは，物的（あるいは理念的）真理ではなく，歴史的真理であり」，つまり「忘却されたものの回帰なのです」（強調原文）．彼はここで自らの「歴史的構成」について語っている．さらに別のヴァージョンが 1935 年 1 月 6 日付のルー・アンドレアス＝ザロメ〔Lou Andreas-Salomé〕宛の書簡のなかに見つかる．彼の「最後の試論」は，「原理的に言って何がユダヤ人の性格を作り上げたのかという問いに発し，そして，ユダヤ人はモーセという人間の創造物であるという結論に到達しました．モーセとは何者か，彼の行為とはどうであったのか．この問いに対し，一種の歴史的小説でもって応答しました」．成果の詳細な要約ののち，この「典型的な宗教形成過程」の分析がもたらした重要な結論が呈示される．すなわち，「宗教は自らの強制力を〈抑圧されたもの〉の回帰に負っています．つまり，人類史上の太古の，失われた，きわめて大きな効力を持つ事象が再想起されるのです．私は『トーテムとタブー』でそのことをすでに述べました．そして今日では,「宗教を強大にするのはその現実的真理ではなく,その歴史的真理である」という定式にそれを凝縮させます」(強調引用者). あたかもフロイトは,「ある歴史小説」という最初に付けられていた副題が示していたとおりの「虚構化」から出発して,「科学的な」野心,あるいは本来的に修史学的な野心へと――ただし当初の試みが持っていた思弁的ないし「虚構的」な側面をその野心から消し去ることなしに――移ったかのようである.

フロイトは,内心の困難を乗り越えた後,公表しないよう求める反対の声を押し切って同書を出版した.実際,1938年の10月半ばになってもなお,科学史家チャールズ・シンガー〔Charles Singer〕はフロイトの息子に会いに行き,モーセについての仕事を公にすることを控えるよう父親を説得してほしいと求めている.そのテーゼの反宗教的な性格が,反ユダヤ主義の砦でもあったイングランド国教会の気に障るかもしれないと考えたのである.1938年10月31日にフロイトはシンガーにこう書き送っている.「小著をまさに印刷に出すところです.タイトルは『モーセと一神教』です.この本は,諸宗教,特にユダヤ的一神教の起源に関する精神分析的な仮説に基づいた探究を含んでおり,25年前に『トーテムとタブー』というタイトルで出版した著作の続きと発展となっています.年寄りはもはや新たな考えを見つけられず,ただ繰り言を並べるばかりです」.彼はシンガーの心配に応えて,「どんなものであれ,宗教的信仰心の科学的検討はみな不信仰を前提にするのであって,その限りで」しか彼は宗教を攻撃しないし,そのうえ,「結論によって傷つけられたと感じる権利があるのはもっぱらユダヤ人だけで,キリスト教徒ではない」と断言する.彼は「科学的真理」の名において弁明し,「この長い生を(……)変節という行為によって終える」ことはできないと明言するのであった.

以上のような波乱に満ちた生成過程を経て,三つの試論を編んだ書が1939年に出版された.「もはや私は,来たる3月に出版される『モーセ』をただ待つのみです.その後は,次に生を享けるまで,自分のどの本にも興味を持つ必要はないでしょう」.第3部は実際1939年にアムステルダムのアルベルト・デ・ランゲ社から出版された.フロイトはまた同書の英訳ができるかぎり早く出版されることを強く望んだ.

テクストはきわめて暴力的な情勢を背景として執筆された.当時の状況を象徴的に表すできごとがある.1938年3月15日に自宅と国際精神分析出版社の事務室が賊徒と突撃隊のメンバーによって荒らされ,アンナ・フロイト〔Anna Freud〕はゲシュタポで1日を過ごした.それは「フロイトにとって最も暗鬱な日」であった.フロイトはそれまで大いにためらっていたが,この事件によってウィーンにとどまるのは不可能であることを悟り，同年6月4日，彼の言葉によれば「自由のうちで死ぬ」ために同都市を離れた．ロンドンへの到着は，最終的な出版に対する彼の抵抗を克服するものであったようにさえ思われる．

モーセと名づけられた人間とユダヤの一神論的な宗教のあいだにどのような関係があるのか．宗教の無意識的な意味作用について私たちはその関係から何を学べるのか．かつてのアトン崇拝，すなわちアメンホテプ4世〔Amenhotep VI〕（イクナートン）という名のファラオによって創設された太陽崇拝の僧侶であり，ファラオの死後もその信仰に忠実であり続けたモーセは，一神論の考えを伝えるために，エジプトで奴隷であったヘブライの人びとを選び，奴隷状態から解放したが，約された地という約束が実現することを待ちあぐねた身内の者たちによって殺害されたのであった．してみれば，伝統とは，潜伏期ののちに集団的トラウマに施された加工のように見えてくる．宗教の影響力は，宗教によって真理――ただし物質的ではなく歴史的な真理――が表出されることに，つまり忘却されたものの回帰に存するのである．

さっと概観するだけで，「三論文」（副題参照）の脈絡について見当をつけることができる．第一の試論「モーセ，一人のエジプト人」はのちにフロイトによって「全体の精神分析的序章」とされた．第二の試論「もしもモーセが一人のエジプト人であったとするならば……」は一つの「歴史的構築」として呈示される．なかでも，フロイトはモーセの殺害という二番目の仮説をそこで披露するのである．第三の試論は，先行する二つの試論で得られた成果の「要約」のように呈示されているが，しかしそこでは決定的な特定が二重に行われている．その一つは，潜在と健忘の局面を経たのちのトラウマの回帰として伝統を捉える考えに関連し，もう一つは「歴史的真理」という操作的概念を導入する．

フロイトは，一民族が「偉人」として特別視する人物のうちの一人についての調査に着手するにあたって一種の弁明から始める．彼は，「モーセという人間」を，「ユダヤ民族の解放者にして立法者」(Befreier und Gesetzgeber)」であり，紀元前13世紀ないし14世紀に生きたと推定される，実在を疑われる謂れのない人物として呈示する．そしてその固有名を検討し，ジェームズ・ヘンリー・ブレステッド〔James Henry Breasted〕（『エジプト史』）に続いて，エジプトという起源をそのうちに認める．彼はそこから，モーセはまさしくエジプト人であったという帰結を引き出す．オットー・ランク〔Otto Rank〕の『英雄誕生の神話』が引かれ，精神分析が初めて参照される．モーセの誕生を取り巻く状況――「遺棄神話」(Aussetzungsmythus)，すなわち，置き去りにされる（「遺棄される」）が拾われて，のち英雄としての使命を果たす子どもの神話――は，英雄としての彼の本性に呼応しており，またその本性は家族小説（ファミリー・ロマンス）の基調にもみられるものである（「神経症者たちの家族ロマン」参照）．フロイトは，固有名詞と「英雄的」属性の考慮を二重の基礎として，「モーセは，伝説によってユダヤ人とされた――おそらく高貴な生まれの（vornehm）――エジプト人であった」という仮説（Annahme）を打ち出す．

この仮説とともに第二の試論「もしもモーセが一人のエジプト人であったとするならば……」は前進してゆく．表題中の中断符は「そのときには……」と帰結を引き出すよう促すものである．仮説が逢着するいくつもの困難はセクション 1 で定式化されるが，その錬成のためにさらに前へ進まねばならなくなる．とりわけ，多神論的なエジプトの宗教と，「厳格な一神論」に支えられるユダヤの宗教のあいだにみられる際立った対照が障害となるのである．

セクション 2 は，その撞着からの脱出を可能にするものとして，「エジプトの宗教の歴史における注目すべき事実」を導入する．すなわち，イクナートンの提唱により創始された太陽信仰であり，ここで論じられているアトン教は，一神教もしくは単一神教（ヘノテイズム）の一形態であるだろうという事実である．セクション 3 はそこから結論（Schluss）を引き出す．「モーセが一人のエジプト人であり，彼自身の宗教をユダヤ人たちに伝えたのであれば，それはまさしくイクナートンの宗教，アトン教」――太陽崇拝――「であった」．神官団からアモン教を取り上げるという大改革があったことを「アトンの頌歌」が証している．力強い生命力に満ち溢れた太陽は，生きとし生けるものの原理であり，それまでの宗教の碑銘を「槌の雨」で破壊し，複数性を神的な単一性へと還元したのであった．そこに示唆されているのは，ある一神教から別の一神教へという系譜学である．セクション 4 はモーセという名の系譜学を再調査し，伝統や伝説に関して聖書外の宝庫を探索し，ミディアン起源へと遡る．その結果，モーセはエジプト人であるとするテーゼがあらためて問題化され，著者が「自らの仮説から紡ぎ出（spinnen）」そうとしていた「糸」（Faden）が断ち切られるように思われる．セクション 5 は「出口」ないし「抜け道」（Ausweg）を再度呈示する．その「出口」は，フロイトが主要な参考文献とする，ベルリンの歴史家エルンスト・ゼリン〔Ernst Sellin〕の著作『イスラエル＝ユダヤ宗教史にとってのモーセとその意味』（1922）が呈示したモーセ殺害の仮説によってもたらされる．ゼリンによれば，モーセ殺害は，預言者ホセアの言葉に示唆される伝承なのである．そこからフロイトが自らの仮説を「再び紡いで」（wiederspinnen）ゆくことが可能になる．セクション 6 は，聖書中の他の伝承を検討することを通じて「歪曲」の論理を示す．最後にセクション 7 は，ゼリンにあらためて依拠しながら，それまでに示したシナリオの全体を呈示して，議論の全体像を喚起する．

第二の試論は，四半世紀前の『トーテムとタブー』で得られた成果を参照しながら，また，伝統の問いを喚起しながら締めくくられるが，フロイトは，その二重の道筋をさらにたどっていく力が自分にないと述べる．論証が再開されるのは第三の試論によってであり，力の回復の勢いにのって爆発的ともいうべき発展がそこで起きる．この第三の試論「モーセ，彼の民，一神論的宗教」の第1部は，力を込めて歴史的かつ個人的な文脈を書き留める二つの「緒言」とともに始まる（しかも，この始原の時代に関する著作のうちに現代のできごとの闖入を書き留めるかのように，それらは1938年3月と6月という日付をも持っており，つまり著者の亡命の時期に記されている）．フロイトは，ヨーロッパ中に拡大し，カトリック教会の検閲を別のはるかに有害な力で置き換えた野蛮について強調する．また，82歳にして亡命し，自らのテクストを公開する決断をしたと記す．そして，『トーテムとタブー』とこの作品の連続性を思い出させた上で，何が最終部の本質的な作用素になるかについて暗示的に予告する．「宗教的現象は（……）歴史的真理という含有成分の力によって人間たちに働きかける」．「歴史的」というこの語は試論を通じて幾度も現れることになる．フロイトは「歴史的前提」（A節）から出発して，「潜在期と伝承」（B節）の関連を導入し，それにより，個人的次元でのトラウマの作業と集団的次元でのトラウマの作業のあいだの「類似」（C節）を措定する．そこで，早期のトラウマ－防衛－潜在－神経症性疾患の発生－〈抑圧されたもの〉の部分的な回帰という一連の配列の「応用」（D節）に取り組むが，その類似が示す「難点」〔E節〕も検討する．

以上のようにトラウマの臨床を参照することによって，同書冒頭における家族（ファミリー・）小説（ロマンス）の参照に続く，精神分析の経験および理論の決定的な第二の参照と，精神分析の人間学上の成果（『トーテムとタブー』で得られたそれ）の参照という第三の参照とが正当化されている．かくして伝承は，なんらかの連続体とはまったく異なるものとして，つまり抑圧された起源の秘密の回帰——文書や口承のかたちをとりつつ潜在性の影響下で生じる回帰——として現れる．モーセの殺害というゼリンから引き継がれた仮説は，口承の記憶と文書化された伝承を代わる代わる現れさせながら伝承のなかでたえず遡及的に作用する原トラウマという役割をフロイトの構築のなかで担っている．それがまさに宗教の「歴史的真理」の内実である．だからこそ，寄る辺なさと結びついた「心理学的」欲求が『ある錯覚の未来』で明るみに引き出されたとはいえ，〔宗教についての議論として〕それだけでは不十分なのである．

試論の第2部は「要約と反復」という題のもとでそれまでの要素をあらためて取

り上げる．要素とはすなわち「イスラエルの民」(a 節)，「偉大なる男」(b 節)，「精神性における進歩」(c 節) ——母のように感覚の上ではなく，まさに精神 (Geist) の上に打ち立てられた，つねに不確かな (semper incertus) 父の参照がここで行われる——，「欲動断念」(d 節)，「宗教における真理の内実 (Wahrheitsgehalt)」(e 節)，「《抑圧されたもの》の回帰」(f 節)，そして最終テーゼの紛うかたなき震央をなす「歴史的真理」(g 節) であり，この歴史的真理が「歴史的発展」(h 節) を説明するのである．

《宗教的なもの》，トラウマ，伝承

はたしてこの心揺さぶるテクストによって何が得られたのだろうか．

まず両価性（アンビヴァレンス）のきわめてみごとな定義が見いだされる．「両価性（アンビヴァレンス）は父子関係の本質に属している」．〈宗教的なもの〉が禁忌に対する両価性関係を規整していることが確認される．しかしそれと相関して，トラウマの理論が刷新されていることがわかる．「分析における構築」では，構築の観念と歴史的真理の観念が個人の次元においてともに明確にされたが，今回は集団におけるそれらの作働があらためて把握されるのである．そしてユングとの確執に最終決着をつけるべく，「無意識は総じて (überhaupt) 集団的である」ことが喚起され，集団的無意識という概念は冗語として退けられる．

「家族小説（ファミリー・ロマンス）」の理論が引き合いに出され，英雄神話の系譜学においてその正しさがみごと確認され，また，その英雄神話の特徴が宗教の創設者に関する理論のなかでくっきりと描き出されていることが注目される．精神分析の臨床，とりわけそのトラウマ学の次元は，書物を通じて喚起された「男性モーセの症例」とも呼べようものを超えて，議論全体を支えていることがわかる．集団的水準における伝承の成り立ちを検討するところでは，トラウマの臨床の知見とトラウマとの類比が援用されており，精神分析の臨床の射程がはっきり示されるに至っている．

さらに詳しくみるならば，このテクストは増幅されていったことがわかる．そのことはまず紙幅の漸増によって確認できる．短い第一試論の後，いわば幾何級数的な増大が起こり，第一試論の 2 倍の長さの第二試論，第二試論の 2 倍の長さの第三試論が続く．それは『トーテムとタブー』の構成との何かしらの類比を示すものである．

最後に，はたしてこの探究はいかなるジャンルに属するのかと問うことができる．この探究は諸宗教の歴史に関係しており，同領域においてフロイトは申し分なく精確な批判的考察を加えながらいくつかの理論を参照しているが，彼はそれらのうちにただある謎を解くための一手段を見てとるのみである．つまりこれは，精神分析の〈空想する〉(Phantasieren) を手段とした「歴史小説的」ジャンルに属す一探究なのである．

フロイトの言葉における宗教

宗教に対して精神分析が抱く関心の連続性と一貫性と力学が以上で明らかになった．フロイトは，宗教史という中心的な問いを通じ，またそれを超えて，宗教の理解のうちに究極的な変動を導き入れる．『ある錯覚の未来』では宗教的欲求の心的な根源を明るみに出そうとした．最晩年の著作で示すのは，宗教の意味作用についてはさらにその欲求の「歴史的真理」を明るみに出し，認識することが必要であるということである．それこそが，精神分析の後続世代（テオドール・ライクやオスカー・プフィスターからゲザ・ローハイム〔Géza Róheim〕の精神分析的人類学に至るまで）に受け継がれた遺産であり，《父の名》をめぐるジャック・ラカン〔Jacques Lacan〕の問題系にまで通じるものである．

なんらかの「心理学化」を超えて，フロイトの行程そのものによって一種の系譜学が明らかになる．すなわち，集団的錯覚形成と無意識の真理のあいだで，宗教の無意識的な諸機能の根源的かつ特異な系譜学とも呼ぶべきものがその固有の次元において現れるのである．

参考文献　ASSOUN P.-L., *Freud et les sciences sociales. Psychanalyse et théorie de la culture*, Paris, A. Colin « U », 1993 ; 2e éd. 2008. – BORI P. C., « Una pagina inedita di Freud : la premessa al romanzo storico su Mosè », *Rivista di storia contemporanea*, 7, (1979), 1–16, reproduite en 1991 in Y. H. Yerushalmi, *Le Moïse de Freud*, Paris, Gallimard, pp. 191–193.（ヨセフ・ハイーム・イェルシャルミ『フロイトのモーセ』小森謙一郎訳，岩波書店，2014 年，233–235 頁）– FREUD S., *Totem et tabou*, Paris, Payot « Petite Bibliothèque Payot », 2004 ; *L'Avenir d'une illusion*, Paris, PUF, 2004 ; *L'Homme Moïse et la religion monothéiste*; « Le Malaise dans la culture », in S. Freud, *Le Malaise dans la culture*, Paris, PUF, 2004 ; « Actions compulsionnelles et exercices religieux »（1907）, in S. Freud, *Névrose, psychose et perversion*, Paris, PUF, 1999.（ジークムント・フロイト「トーテムとタブー」〈『フロイト全集 12』所収〉門脇健訳，岩波書店，2009 年；「ある錯覚の未来」〈『全集 20』所収〉高田珠樹訳，2011 年；「モーセという男と一神教」〈『全集 22』所収〉渡辺哲夫訳，2007 年；「文化の中の居心地悪さ」〈『全集 20』所収〉嶺秀樹・高田珠樹訳；「強迫行為と宗教儀礼」〈『全集 9』所収〉道籏泰三訳，2007 年）– MANN T. *Joseph et ses frères*, t. 1, *Les Histoires de Jacob*, Paris. Gallimard, 2001.（トーマス・マン『ヨセフとその兄弟』1，望月市恵・小塩節訳，筑摩書房，1985 年）– RANK O., *Le Mythe de la naissance du héros*, suivi de « La Légende de Lohengrin », Paris, Payot, 2000.（オットー・ランク『英雄誕生の神話』野田倬訳，人文書院，1986 年）– REIK T., *Trente ans avec Freud*, traduction franç., Bruxelles, éd. Complexe,（1940）1975. – REINACH S., *L'Accusation du meurtre rituel*, Paris, Cerf, 1893. – SMITH W. R., *Lectures on the Religion of the Semites. The Fundamental Institutions*, New York, Ktav Publishing House, 1969,（1re éd. Londres, 1889）（ウィリアム・ロバートソン・スミス『セム族の宗教』永橋卓介訳，岩波書店，1941 年）

ポール＝ロラン・アスーン Paul-Laurent Assoun
〔佐藤朋子訳〕

→ 供犠, 犠牲, 性, セクシュアリティ, 多神教と一神教, 文化（としての宗教）

性，セクシュアリティ
SEXUALITÉ

セクシュアリティの宗教的規制と世俗化，社会科学

セクシュアリティが独自の自律的な研究領域となるのは19世紀のことである．セクシュアリティは，身体の諸器官や諸部位を使う行為の総体としてだけでなく，個人の真理に関する記述へ向かう道の入口としても解されるようになる．そして，その記述は神の企図への参照を，次第に（ついにはことごとく）失ったために，性活動が生殖へと不可分に結びつけられ，本来的に自律的な人間活動とはみなされていなかった世界，宗教機関が性行動をもっぱら生殖という合目的性の面で捉え，その規制において決定的な役割を演じていた世界と対照をなすようになった．

ユダヤ－キリスト教的世界では，結婚は長いあいだ渾然と法的かつ宗教的な行為であり，その結婚によって，性関係の享受だけでなく，結婚関係のなかで誕生する子どももまた合法化されてきた．総じて男性は女性よりも大きな自由を認められていた．その点に関して，セクシュアリティの規範が，性に応じて異なる規範でもあること，性（セックス）の問いがセクシュアリティの問い，かつジェンダーの問いであり，それらと不可分であることを強調してもよいだろう．

性行為それ自体は，象徴的に，社会秩序と男性による女性の「自然な」支配とを表す実践的表象とみなされてきた．ある行為は，神的な秩序として描き出された社会秩序を尊重する限りにおいて，正しいもの，あるいは，善いもの，自然なものと判断された．たとえば，いくつかの性交体位の正当化はその秩序に基づいており，別のいくつかは，自己制御や名誉，男らしさと相容れないものとみなされた．一般的に言って，性的規範は，宗教が行う意味生産の作業を特権的なかたちで結晶化させているのである．

宗教の専門家が介入することなしに，信徒自身が共同体の枠組においてそれらの

〔性的〕規範の管理を担うこともある．一例を挙げるならば，女性の純潔という規律について監視するといったケースがそれに当たる．しかし，同様の管理が専門家集団によって行われることもある．彼らは，決まりが遵守されているかどうかを確認するだけでは満足せず，当事者の意図を詮索，管理，規格化し，信徒の性生活全般を取り締まる．カトリック教会における耳聴告白制度の設立は，セクシュアリティに関する特殊な文学——聴罪司祭の手引きというそれ——を生み出し，セクシュアリティについて特有の措置を定義することに貢献した．その措置は，なかでも，自己を統治するための手段を信徒に与えることを狙っていた．

19世紀以降，自然科学および社会科学は，(神の法に結びつけられた) 性規範の超越的性格と，道徳の源泉としての自然という考え (自然が神の法を表現すると想定されるにせよ，人間に課された秩序の卓越した表現とみなされるにせよ) とを次第に問題にしてゆく．「自然に反する」と考えられた行為 (自慰，肛門性交（ソドミー），フェラチオ，獣姦など) が，道徳的な形容を受けることなしに，「自然のなかに」観察されうるようになる．それどころか，逆に，物理的な自然の非道徳性が称揚されることになる．

19世紀末，そして20世紀のあいだに，法が世俗化され，性規範に関して宗教的法規から直接に引き継がれた観念が放棄される．〔結婚の秘跡によって禁じられていた〕離婚によって結婚の定義が変化し，同性愛などが次第に処罰の対象とされなくなるのと同時に，肛門性交（ソドミー）に対する犯罪規定が問い直されるようになる．新たな専門家集団 (医師，療法士等)，新たな学問分野 (心理学，性科学等)，新たな「自己規律」(瞑想，体操等) によって，現世と自己実現を志向する新たな性規範が作られる．生殖の管理，健康，物質的充足，さらにはリビドーの投資に対するオルガスム上の収益性といった例さえ，ここで挙げられよう．性をめぐる規範性は宗教制度からますます離れてゆくのである．

さらに，セクシュアリティが私事化され，風紀が自由化されるのにともない，新たな規範装置が生まれ，個人によって内面化されることになる．自由が無秩序状態に通じることはなかった．たとえば，フランスにおいて，初めて性関係を経験する平均年齢は，ここ40年余りのあいだでわずかに低下しただけであり，とりわけ17歳前後に集中してきた．また，当節において行動規範とされるのは，(特定の年齢層，社会環境，グループの中で)「実際に行われていること」である．内在的な正常性（ノーマル）が，宗教制度が前面に打ち出してきた超越的な規範性に取って代わったのである．

以上のような変化が揺り戻しを免れたわけではなかった．宗教的と称され，宗教的なものとして個人によって受容されているある種の規範を拠り所とすることは，とりわけ若者のあいだでいまだ認められるものであり，一般的傾向の逆を行くように思われる．だが，それは大いに否定的な反応を引き起こす．ムスリムの少女たちに対する処女性の要求についても状況は同様である．この処女性の要求は，一部の人びとにとって，同意に基づく男性支配の時代逆行的な一形態のように，また，（当該の要求は青年男性には関わらないため）男女の不平等の明らかな印のように映る．性別化されたアイデンティティの明白な印，恥じらいと慎み深さの観念に結びついた印としてのヴェールをめぐる「ヴェール問題」は，その種の告発に重ね合わされる．現在の状況――より大きな性的自由――が，それと気づかれないうちに規範的な照準となっており，その照準からすると，諸宗教の言説は人間疎外的なものに映るし，そもそも耳に届かないのである．

神の法と自然の法則――科学による宗教的規範性の再装備

一部の宗教機関は，まさに科学の武器を用いながら，以上のような規範の世俗化に反撃しようと腐心するようになった．たとえば，避妊をめぐるカトリックの言説において，生物学的「法則」ないしホルモンの「法則」の参照は「自然秩序」の神学的参照を受け継ぎ，それにさらに装備を加えた．その結果，ダニエル・エルヴュー＝レジェ〔D. Hervieu-Léger〕が記すように，「性行為は，自然の秩序に結びついた絶対性の証明という価値を次第に付与されるようになった」．それと同じ動きのなかで，家族の絆の絶対性は，その絆の原理だとされる（自然科学の意味における）「自然的次元」によって保証されるようになる．生殖についての本来は生物学的な論理に対して，まったく神聖な任務が与えられるに至る．類似の補完的な論理によれば，精神分析や構造人類学が探索した「象徴的秩序」は，絶対的なもの（したがって神）を参照する別の仕方として援用されうるのである．たとえば，フランスのカトリック司教たちはそれを拠り所にして，PACS[4]の創設に反対したり，同性両親〔homoparentalité〕を法制化するあらゆる可能性をあらかじめ糾弾したりしたのだった．しかし，ローマ・カトリックにおいてだけでなく，すべての世俗化された西洋社会において，性規範は，社会的・政治的秩序の支配に対する野心を挫かれた宗教機関にとって，公共圏に介入する際の主要な争点になった．宗教機関が，良心の統治と同時に身体の統治に関して自らの正統性をなおも主張しようとする最後の空間となったのである．

4　同性または異性の成人2名により共同生活のために締結される連帯市民協約．

文化宇宙相互の緊張関係

ところが，人口学的あるいは社会学的な調査による性的実践の把握を通じた性的実践の研究や，経時的観点からする性行動の変化の観測を，他の領域（教育，労働市場，家庭生活）で進行する社会変化との関連において行われた観測と結びつけてみると，セクシュアリティに関して現代の文化と宗教的評価が大きく隔たることが明らかになる．

その二つの世界のあいだで生じる葛藤のおもな要因は，今日では既成事実となった，セクシュアリティと生殖の分離である．その現在の状況は，科学技術革新（ラテックス製コンドーム，膣内あるいは子宮内器具，経口避妊薬）と文化上の革新（晩婚化，生殖に結びつかない〔性的〕実践等）が組み合わさった，数世紀にわたる過程の結果である．性的実践は，（建築の面では居住用部分の〔用途に応じた〕特殊化を，社会的には年齢による区別の強化をともないながら）徐々に構成された親密空間のなかに組み込まれる．性関係それ自体は，もはや成立したカップル〔couple〕の到達点ではなく，むしろ夫婦関係へと入る可能性を開く役割を演じている．つまり，性関係はしばしば持続的なパートナーの選択や同棲，結婚の以前に生じ，その一方で，結婚はしばしば第一子の誕生ののちに行われるのである．

社会に対する全面的な影響力を失ったカトリック教会は，以上のようなセクシュアリティの私事化を相手に闘争を繰り広げている．19世紀以降，カップルは，カトリック教会の規範的なメッセージにとって特権的な名宛て人となった．そのメッセージは，家族道徳と不可分とされた性規範の再建にますます正式かつ公的に訴えるようになる．かくして，教会は，妊娠の可能性を減らそうとするカップルの行動を「夫婦間のオナニズム」と称し，それに対して宣戦布告した．多くの信徒が反旗を翻した（クロード・ラングロワ〔Claude Langlois〕およびマルティーヌ・スヴグラン〔Martine Sevegrand〕）が，家族は，教会にとって，いよいよ自らの制度的存在の拠点となっている．なお，その取り組みは，結婚の霊性の称揚と相容れないものではまったくない．結婚の称揚においては，性的な表現をとる場合も含めて，配偶者間の愛が賛美される．しかし，ローマ・カトリックの見地からすると，そこで賭けられている「自己贈与」（ヨハネ＝パウロ2世〔Ioannes Paulus II〕）の完成に到達することが可能なのは，ひとえに，妊娠という要素が夫婦の行為に依然結びついている場合に限られるのである．

人間関係の表現様態としてセクシュアリティを私事化することに関する両義性は，他の教会の命題のうちにも同様に，ただし異なるかたちで認めることができる．たとえば，アメリカの福音主義教会は，配偶者間の性的な親睦を中心に，結婚生活についての助言を行う一方で，性教育や青少年の性的活動に猛然と公に反対する．ここでもまた，諸々の実践の私事化によって，公式見解の表明やそれに応じた討論がいっそうの公開性を獲得するという事態が引き起こされているのである．

同性愛の問い

そうした見解の表明や討論において同性愛の問いは特別な場所を占める．というのも，それは政治的な問いであり，性的アイデンティティの多様性の承認を要求する集団的動員によって公共圏に登場したからである．セクシュアリティの社会科学それ自体の変化――諸々の逸脱状況の分析から，いかにして性的カテゴリーや性生活の様態，特殊な主観性の数々が歴史のなかで作り上げられてきたかを理解する努力への移行――もここで無関係ではない．これに関して，ミシェル・フーコー〔Michel Foucault〕の仕事の重要性はよく知られている．彼は「男色家〔sodomite〕は異端者であったが，同性愛者〔l'homosexuel〕はいまや一つの種である」と認めたのであった．19 世紀末における「同性愛者」という語の発明は，宗教から医学へというディシプリン上のバトン・パスだけでなく，人間観の変化をも意味する．それはまた，記述の重心が，以降は，行為でなく，欲望の恒久性と安定したアイデンティティの公開性の上に置かれることを知らせている．同性愛者は，単に，ある種の行為を犯した人間なのではない．彼は，それと見分けのつく人格，所作，趣味を有する者と解されるのである．同性愛者は人間の一タイプであり，同性愛はもはや，単なる一連の行為ではない．

同性愛というこの性的カテゴリーおよびその他のカテゴリー――膠着したものであるか（小児愛者，フェティシスト等）否かにかかわらず――は，ときに常識のうちへ，さらには宗教的な言説のなかにさえ入ってきたのであった．宗教機関は一部の行動に対して闘いを試み，世俗的起源をもつ一部のカテゴリーを名指すが，そのことによって，まさに言説や思考様態の世俗化という危機に自らをさらすことになる．

1983 年以来，同性愛は，カトリック教会においては，結婚の無効事由の一つである．同性愛という語は，カテキズムの近年の版や，信仰の教義のための〔教皇庁〕教理省の宣言や書簡のなかに現れる．この観念は比較的最近に発明されたものだが，今日では，つねに変わらず存在してきた自然のカテゴリーであるかのように広範に用いられている．たとえば，新約聖書のいくつかの翻訳は，「同性愛者」は神の王国を相続することはできないだろうと聖パウロ〔saint Paul〕に言わせている（「コリントの信徒への手紙 1」第 6 章第 9 節）．その置き換えによって，宗教言語は，諸々の評価作業の再組織化や，糾弾の際に用いる伝統的表現の見直しを余儀なくされている．同性愛については，それが非選択的な条件だ——したがって，定義からして罪がない——ということを強いて前景化させる文化上のさまざまな変化に歩み寄るよう迫られるのである．そうした動きは，カトリシズムの内部において，同性愛の人びととの関係をめぐって，共感を示す扱いがますます広がることに貢献したのであった．

アメリカのプロテスタントのおもな教派は，以上とは異なる仕方で，また，〔マーケティング用語の意味での〕直接競合という状況のなかで，同性愛をめぐる討論を行っている．一部の教会は，宗教機関内部で同性愛カップルが集団で行う要求活動に対応して，同性カップルの結婚，すなわち〔法的な効力を持たない〕縁組を行っている．それらの教会は，大半の場合，同性愛が〔それらの〕人びとの「先天的な」特徴であるという前提を立てている．逆に他の教会は，同性愛から異性愛への「性的な回心」へといざない，心理療法や祈りといった道具を用いてそれを「支援する」．その種の宗教集団にとって，ゲイであることは一つの「選択」であり，人は「元ゲイ」になることができるのである．

結　論

ここまでさまざまな例をみてきたが，セクシュアリティが，宗教的なものの社会科学によって考慮されることがあまりにも少ない領域であることに変わりはない．諸宗教機関の見解やそれらが引き起こしてきた議論は研究されているが，信徒の実際の体験や，彼ら自身が自らに課された規範をどのように調整しているかについてあまり多くは知られていない．セクシュアリティは，西洋において世俗化の過程が全方位に展開しはじめたときに自律性を獲得した領域である．その限りにおいて，それは，宗教機関にとってのみならず，超現代社会〔ultramodernes〕における宗教的なものの今後にとって決定的に重要な争点となるのだ．

参考文献　BOZON M., *Sociologie de la sexualité*, Paris, Nathan « 128 », 2002. – BUISSON-FENET H., *Un Sexe problématique. L'Église et l'homosexualité masculine en France（1971–2001）*, Saint-Denis, Presses Universitaires de Vincennes, 2004. – FOUCAULT M., *Histoire de la sexualité*. Tome 1, « La Volonté de Savoir », Paris, Gallimard, 1976.（ミシェル・フーコー「知への意志」〈『性の歴史 1』所収〉渡辺守章訳，新潮社，1986 年）– HERVIEU-LÉGER D., *Catholicisme, la fin d'un monde*, Paris, Bayard. 2003. – LANGLOIS C., *Le Crime d'Onan, le discours catholique sur la limitation des naissances（1816–1930）*, Paris, Les Belles Lettres, 2005. – LAQUEUR T., *Solitary Sex: A Cultural History of Masturbation*, New York, Zone Books, 2003 ; traduction fr. P.-E. Dauzat, *Le Sexe en solitaire*, Paris, Gallimard, 2005. – LYONS A. P. et LYONS H. D., *Irregular Connections: a History of Anthropology and Sexuality*, Lincoln（Nebraska）, University of Nebraska Press, 2004. – MAÎTRE J. et MICHELAT G.（dir.）, *Religion et sexualité*, Paris. L'Harmattan « Religion et sciences humaines », 2002. – MOON D., *Sex, God and Politics: Homosexuality and Everyday Theologies*, Chicago, The University of Chicago Press, 2004. – SEVEGRAND M., *Les Enfants du Bon Dieu, Les Catholiques français et la procréation au XXe siècle*, Paris, Albin Michel. 1995.

バティスト・クルモン Baptiste Coulmont
〔佐藤朋子訳〕

→ ジェンダー，宗教的近代，世俗化

聖　　戦
GUERRE SAINTE

多くの宗教が戦争を神聖なものとみなし，ときには戦争を，特別な戦の神々の加護の下にあるものとさえしてきた．この項目では，三つの一神教，特にそのなかでもイスラームにおける戦争の神聖化に注目する．

古代イスラエルの神から紀元1000年のヨーロッパまで

ヤハウェ，すなわち万軍の神，復讐する神――ヘブライ語の聖書のなかでは，ヤハウェは戦いの帰趨を決定するのに繰り返し介入し，ユダヤの軍勢に勝利を与えたり，あるいは悪しき行いをしたユダヤの民を敗北させることで懲らしめたりしている．「申命記」では，この神はヘブライ人に，偶像崇拝者に対して戦争を起こし，彼らを皆殺しにし，彼らの偶像を破壊するように命じている．神は自分を信じる者に勝利をもたらすため，天地さえ揺り動かしている．すなわち神はヨシュアの敵に対して，人を殺すに足る雹を降らせたり，また王が彼らを追撃して殺戮する時間を持てるよう，太陽を止めたりしているのだ．

ときにヤハウェは，自らの民が自らの法に背いた際には，その怒りを彼らに向けることもある．たとえば，自らの民に，エジプト人や，バビロニア人，ギリシア人といった異教の異民族による恥辱的な支配を被らせしめているが，いつか神が約束の地をユダヤ人に返すという希望は残されている．「マカバイ記一」は，紀元前2世紀にセレウコス朝シリアの王の下にあったイスラエルを解放するために行われた戦争を描いているのだが，この異教徒を自らの軍の力によって粉砕するものこそは，まさに神であった．ローマの支配に対するさまざまな反乱も，同じ希望によって鼓舞された．すなわち神による約束の地の解放という希望であり，この神は戦争を司って，自らの軍勢を力づける能力を備えているのである．

初期キリスト教の平和主義——福音書は聖戦を認めていない．それどころか，イエスは弟子たちに模範的な平和主義を強く求めている．「もし，誰かがあなたの右の頬を打つなら，他の頬も向けてやりなさい」(「マタイによる福音書」第5章第39節）とあるように．確かに，こうした非暴力性は，「ヨハネの黙示録」では幾分弱められてはいる．「黙示録」は，神の敵に対する見せしめ的な天罰をともなう，破滅的な世界の終わりを約束しているからだ．しかし，この懲罰的な暴力は神の権能にのみ属する．一方でキリスト教徒には，無抵抗と忍従が課せられる．西暦の初めの数世紀の模範的なキリスト教徒とは，殉教者であった．彼らは，自分たちの死刑執行人たる異教徒の手による死を，無抵抗に受け入れていた．2世紀の中頃まで，キリスト教徒が兵士となることは考えられないことであった．しかし，キリスト教への改宗は，軍隊の只中も含めて，増えていく．キリスト教を公認したミラノ勅令(313)，そしてこれを国教としたテオドシウス〔Theodosius I〕の勅令（392）の結果，キリスト教徒が帝国を守るために軍隊において奉仕することも，徐々に受け入れられていくことになる．

教会への奉仕としての戦争，すなわちアウグスティヌスから紀元1000年まで——ヒッポ司教アウグスティヌス〔Aurelius Augustinus〕(354-430）は，ローマ帝国や教会の敵に対する武力の行使を神学的に正当化して，帝国の軍隊が北アフリカの異端ドナトゥス派に介入する結果をもたらすことになった．アウグスティヌスにとって，ドナトゥス派は法の外にいる存在であった．すなわち彼らは，神の法と人間（帝国）の法に同時に逆らう反逆者として，財産を持つなんらの正当な資格も有してはいないとされるのだ．もっとも，彼の考えのなかにあるのは，〈聖戦〉というよりも〈正戦〉である．アウグスティヌスは，旧約聖書で描かれるヘブライ人たちの事例にみられるように，神がこうした戦争を命じたと主張しているわけではない．

続く数世紀には，さまざまなキリスト教徒の君侯が，神とその教会への奉仕のために戦っていると主張するようになる．洗礼を受けてからそれほど間がないクローヴィス〔Clovis〕は，自らのアキテーヌ制圧（507）を，異端アリウス派の西ゴート人を駆逐するために神が望んだ戦争であるとした．ビザンツ皇帝ヘラクレイオス〔Herakleios〕(610-641）は，ペルシアとの戦いにおいて，聖母マリアの旗の下で戦っている．さらにその戦場の幕屋のなかでは，司祭たちが「詩篇」を歌い，祈っているのだ．シャルルマーニュ〔カール大帝〕にあっては，異教徒を教会へ向かわせるために，ザクセン人の制圧を行っている．教権と帝国の防衛を目的とする場合には，教皇とカロリング家のプロパガンダが暴力の神聖化に貢献していた．

ジハード，クルアーンの時代から11世紀まで

大征服の時代，すなわち7-8世紀におけるジハードという概念の形成——ジハード（jihād）は，アラビア語で「神の道における努力」という意味であり，すべてのムスリムはこれに勤しまねばならない．クルアーンによれば，聖戦（ジハード）は，そのなかの一つの側面にすぎない．この聖典においては，ジハードという単語とその派生語の35回の使用のうち，10回のみしか戦争について言及していない．

この「神の道における努力」は，平和的な手段によっても達成できる．すなわちクルアーンは，説教という手段によって不信心者に対抗する「大ジハード」を率先するようムスリムに求めているのだ．クルアーンは，戦争に関して両義性を見せる．いくつかの箇所では，平和的な手段によってのみ信仰を広めるようムスリムに強く求め，他の箇所では，ムスリムが攻撃された場合について防衛的な戦争を行うことを認め，さらに他の箇所では，異教徒である敵をムスリムの支配下に服せしめるための攻撃的な戦争を勧め，イスラームのための戦いの最中に倒れた者に天の報酬を約束している．いくつかの節は，ムハンマドの生前から，原初のイスラーム共同体のなかにあって，暴力の使用に関わる者たちのなかに不一致があったことを伝えている．すなわち，攻撃的な遠征に出かけるムスリムがいる一方で，別のムスリムたちはそれに参加することを拒否しているのだ．

しかし，ジハードについての観念は，預言者〔ムハンマド〕の死の後の世代において変化する．この世代は，大征服と同時に，とりわけハディース（ḥadīth）が書かれたことを通じて，イスラームの教義の形成を経験するのだ．ハディースの編纂者のなかには，ムスリムとその外の世界との関係について，特別に戦闘的な観念を付与している者もいた．ジハードはおもに武力によってイスラームの領域を——世界全体がその宗主権の下に置かれるまで——拡大することとなる．ここから，〈イスラームの家〉（ダール・アル＝イスラーム dār al-Islām），すなわちイスラームの支配下に収まった地域と，〈戦争の家〉（ダール・アル＝ハルブ dār al-ḥarb），すなわちまだイスラームに獲得されていないが，遅かれ早かれ必ずそうなる戦争の領域とを分ける考え方が生まれてくるのだ．こうした区別は，クルアーンには存在していないのだが，大征服の時代には幅を利かせることになる．

イスラームの勤めにおける，戦争についてのクルアーンの明らかな矛盾に関しては，編纂者たちは，個々の啓示はきわめて特別な状況のなかで受け取られていたのだとして，それらの啓示を文脈に位置づけて解釈することで解決した．すなわち，非暴力を勧める節は，メッカのイスラーム共同体が弱くて，力によって抵抗することができなかった時代に下されたのだと．より好戦的な節は，メディナに聖遷した後の時代のものであり，このとき，ムスリムは自分たちの力を確信していた．それらが，以前の啓示を無効にし，以後の共同体の定めとなるべき新しい規範を確言しているのだと．こうした解釈が，イスラームの電光石火のような拡張の時代に生み出され，戦闘的な観念が，クルアーンの文言のなかにその確固たる支えを求めるようになる．

内なる分裂と，外部の敵に対する防衛的ジハード，8-11 世紀――ジハードの理論および実践は，イスラーム共同体の必要と関心を反映しつつ，変化し続けた．680 年と 750 年のフィトナ (fitna)（内乱）の際に，〈イスラームの家〉を割くことになる分裂や，外敵（とりわけ，ビザンツ帝国）によって支援された反乱は，ジハードの概念を再び変化させることにつながっていく．すなわちジハードは，根本的に防衛的なものになる．ビザンツ帝国やトルコ人（まだイスラーム化していなかった），あるいはイスラーム内部の「異端」の思潮といった敵の攻勢に対して共同体を守ることが必要となっていったのである．

確かに，ビザンツの拡張によって最も脅かされていると感じる者たちは，異教徒に対抗するという，ジハードの責務の一つについての情熱を再燃させようとしていた．〈イスラームの家〉の境界領域では，しばしば，宗教的な動機に戦利品への誘惑が混ざり込んだ襲撃を正当化するために，ジハードが発動された．しかし「外部への」ジハード，すなわち〈戦争の家〉を服従させるための戦いは，稀にしか，ムスリムにとっての責務とはみなされなかった．その代わりに，それは称賛に値するものになり，ハディースの一つが確証するように，ジハードは，イスラームの「修道制度」となる．リバート (ribāṭ)〔修道所〕という言葉の複雑な発展がこれを証明している．この言葉は，もともと戦争の準備を意味していたが，のちに砦を――特に多くの場合〈戦争の家〉との境界に近い砦を――示すようになった．そこではムジャーヒド (mujāhid)（ジハードを実践する者）が，異教徒に対する防衛的あるいは攻撃的な戦いを担うことで，栄光と富を得ることができた．

9 世紀から 10 世紀にかけて，コルドバの後ウマイヤ朝のアミール[5]やカリフ[6]たちは，毎年のジハードを北部の異教徒に対して多少とも定期的に実践していた．すなわち彼らの目的は，土地の征服というよりも，戦利品と威信であったようだ．侍従アル＝マンスール・イブン・アビー・アーミル〔Al-Manṣūr ibn Abī ʻĀmir，西欧ではAlmanzor〕（1002没）は，キリスト教国家に対する数回の遠征を行うために，カリフの宗教的な権威の下で，ジハードのイデオロギーを発動させている．東方ではセルジューク朝が，ビザンツに対する征服や，シーア派（すなわち，「異端」）のファーティマ朝に対する征服を正当化するために，ジハードのレトリックを利用した．

聖地とヨーロッパにおける十字軍とジハード，11-15世紀

第一回十字軍――1099年にエルサレムを制圧するキリスト教徒の軍勢は，自分たちが「十字軍」に参加しているとは意識していない．というのも，この言葉は13世紀になるまで現れないからだ．同時代人は，彼らの遠征を巡礼に喩えている．すなわち，「旅」（iter），「道」（via），「巡礼」（peregrinatio）などと記している．兵士たちは，多くの場合，「巡礼者」（peregrini）であったが，時折，「十字の印をつけられた者」（cruce signati）とされた（ここから，のちに「十字軍」という言葉が生まれる）．教皇ウルバヌス2世〔Urbanus II〕が1095年にクレルモンでその呼びかけをしたとき，彼はこの遠征を武装した巡礼として表現した．すなわち，教皇は遠征への参加者に贖宥を約束したのだが，これはエルサレムへ行った巡礼者に認められたものであった．出征の誓いもまた，巡礼の誓いと同じものとされた．「巡礼者」の服には，その志願を示すものとして，十字の印が縫いつけられた．

しかし同時に，年代記作者たちは，この十字の印をつけられた者たちのことを，「キリストの戦士」（milites Christi）あるいは「神の軍勢」（exercitus Dei または militia Dei）と呼んでいる．キリスト教徒の軍勢は，いわば，旧約聖書に出てくる古代イスラエルの軍勢の後継者なのだ．古代イスラエルの軍勢と，エルサレムの征服に乗り出した「神の軍勢」とが密接に対比された．年代記は「マカバイ記」からの引用で溢れかえった．

法学者にとっての十字軍――年代記作者たちが，十字軍を異教徒によって不正に奪われた〈キリストの遺産〉の再征服として描く一方で，教会法が，教会の権威の下で教会の権利を確かなものとするために行われる戦争というものに法的な枠組を

5　イスラーム圏の君侯が名乗る称号の一つ．8-10世紀初の後ウマイヤ朝の君主たちはこの称号を名乗っていた．

6　「（預言者ムハンマドの）代行者」「後継者」を意味し，ウマイヤ朝やアッバース朝では世襲の君主の称号．後ウマイヤ朝の君主も10世紀からこの号を使用するようになる．

付与した．グラティアヌス〔Gratianus〕が編纂したとされる，12世紀半ばの『矛盾する教会法令の調和 *Concordia discordantium canonum*』（または『教令集』）によれば，第1回十字軍の法的な先例は，4世紀から5世紀にかけての，北アフリカの異端ドナトゥス派に対する戦いである．すなわち，この二つの事例ではともに，その権威に逆らおうとする者たちに対して，ローマの権威（それが皇帝のものであれ，教皇のものであれ）を打ち建てることが重要であり，なおかつ異端の徒によって迫害されているカトリックのキリスト教徒を救うことが重要なのだ．グラティアヌスはアウグスティヌスに倣っており，異端の財産を奪う権利をカトリックの信徒に認め（グラティアヌスにとっては，ムスリムは異端のカテゴリーに含まれる），こうして彼らに対する征服の正当化を案出している．

この正当化の論理は規範となり，12世紀から13世紀にかけての教会法学者たちのあいだでは，この問題について考える上での出発点となるだろう．第4回ラテラノ公会議（1215）は，高位聖職者に，異端者を狩り出すよう君侯に呼びかけて異端と戦う義務を課している．この公会議では，異端者の財産を奪う権利もカトリックの信徒に認めた．神学者たちもおおむね同じ考えであった．すなわち，フランシスコ会士アレクサンデル・ハレンシス〔Alexander Halensis〕（1245没）を例示することができるだろう．彼にとって，十字軍士による異端やサラセン人からの略奪は，称賛に値する行為なのだ．

それでも，サラセン人を異端者の列に並べることを躊躇していた法学者もいる．何人かの教会法学者は，サラセン人との戦いを，むしろ異教徒によって奪われたキリスト教徒の正当な権利の回復として説明した．ドミニコ会士の法学者ラモン・ダ・ペニャフォルト〔Ramon de Penyafort〕（13世紀）は，サラセン人の統治は正当であるが，彼らがキリスト教徒から奪った領域においてはそうではないとしている．ムスリムの土地に対するキリスト教徒の征服は，かつてキリスト教徒の土地であったものを再征服するのであれば，正当な行いとなるのだ．すなわち，聖地，イベリア半島，あるいは古代のローマ帝国の他の領域についてである．再征服の権利は，教皇インノケンティウス4世〔Innocentius IV〕によって確かなものとされた．トマス・アクィナス〔Thomas Aquinas〕は，さらに論を進めている．彼にとって，異教徒はキリスト教徒を支配することはできない．すなわち教会は，こうした支配を無効にする権利を有するとした．

ヨーロッパ内の敵に対する十字軍――十字軍は，東方のムスリムに対してだけ差し向けられたのではない．ヨーロッパの只中においても，さまざまな教会の敵に対して行使された．非キリスト教徒に対しては，12世紀の中頃から，バルト海沿岸地域への度重なる遠征が，東方への遠征と同じくらいに教皇による贖宥の恩恵に浴している．イベリア半島や北アフリカのイスラームの諸国家に対するさまざまな軍事行動についても同様である．インノケンティウス3世〔Innocentius III〕は，ラングドックのカタリ派に対してアルビジョワ十字軍を差し向けた（1208–1229）．13世紀からは，幾人もの教皇が，神聖ローマ皇帝フリードリヒ2世〔Friedrich II〕やマルクヴァルト・フォン・アンヴァイラー〔Markward von Annweiler〕といったヨーロッパ内の同じキリスト教徒の政敵に対して十字軍を行使することをためらわなくなっている．

イスラームの再征服，12–14世紀——東方であれ西方であれ，アラブ世界においては，ヨーロッパのキリスト教徒による征服が，ジハードのレトリックとイデオロギーを目覚めさせていくことになる．イベリア半島においては，とりわけベルベル人王朝——すなわち1086年にキリスト教諸国を破ったムラービト朝，その後1147年にムラービト朝を倒してその地位を引き継いだムワッヒド朝——の到来にともなって，ジハードが政治的なイデオロギーの中心的な要素となった．ムワッヒド朝の尚書局から出された手紙のなかにそれをみることができる．それらは，キリスト教徒である敵を，「異教徒」「正しい信仰を持たない者」「多神教徒」などと呼んでいる．しかし，彼らが最も執拗に攻撃した「異教徒」，すなわち彼らの筆によって最も罵られたのは，実は彼らと同じイスラームのライバルである，ムラービト朝であった．ムラービト朝は，異端，放蕩者，異教徒，多神教徒といった最悪の咎をもって糾弾されている．彼らに対してもまた，聖戦が説かれた．

東方にあっては，モースルのアターベク[7]，イマードゥッディーン・ザンギー〔ʻImād al-Dīn Zanki〕が，1144年にエデッサを制圧し，この征服を称賛し，正当化するためにジハードのイデオロギーを利用した．しかし，このイデオロギーをとりわけ発展させたのは，その息子ヌールッディーン〔Nūr al-Dīn Maḥmūd ibn Zankī〕である．彼は，「大ジハード」（自分自身の心のなかの悪と戦う内なる戦い）と，「小ジハード」（外部の敵に対する戦い）を組み合わせた．ヌールッディーンは，禁欲的な生活を送り，クルアーンの規定にない税を廃止し，敬虔な者を周りに置き，フランク人〔当時の，西欧人一般に対する外部からの呼称〕に対する戦いを——そして，彼の二重のジハードに賛同しないすべてのムスリムに対する戦いを，率先した（とりわけ，

7　イスラーム圏（とくにテュルク系）の君侯が名乗る称号の一つ．なお，モースルは現イラク北部の都市．

アレッポのシーア派のコミュニティに対して).

ヌールッディーンが1174年に死ぬと，その後継者であるサラーフッディーン〔Ṣalāḥ al-Dīn Yūsuf ibn Ayyūb, 西欧ではSaladin〕が，彼の業績を継承するとの主張を掲げ，シリアにおけるムスリムのライバルたちに対して自らの権力を受け入れさせるために，団結してジハードに参加せよ，との呼びかけを利用した．それでも，1174年から1186年にかけては，サラーフッディーンはシリア北部とイラクにおいて，基本的に他のムスリムと戦わねばならず，そうしてようやく，フランク人の支配下に置かれた土地〔エルサレム〕を再征服する前に，同宗者の統合を果たした．1187年，彼はヒッティーンにおいてフランク軍に圧勝する．続いて，同年中に，エルサレムを取り戻した．しかし，サラーフッディーンによって建てられたアイユーブ朝の二人のスルターンは，それぞれ1229年と1243年に，交渉によってエルサレムをキリスト教徒のフランク人に譲っている．

ルイ9世〔Louis IX〕によるエジプトへの十字軍の最中である1250年にアイユーブ朝を倒して成立したマムルーク朝には，その始まりからジハードのイデオロギーが浸透していた．彼らは聖地国家〔西アジアに十字軍が建てた諸国家〕のフランク人およびモンゴルと対峙することになる．モンゴルは，イスラーム世界のかなりの部分をすでに制圧し，1258年にはバグダードを略奪していた．マムルーク朝は，1260年9月に，シリアのアイン・ジャールートでモンゴル軍を打ち破り，さらに1263年から，シリアにおけるフランク人の砦と街々に対する，ゆっくりではあるが徹底的な制圧に着手する．1291年5月のアッカー制圧が，十字軍による聖地国家の終わりを告げた．

近現代のイデオロギーにおける聖戦

対トルコ十字軍，14-17世紀——1291年の，アッカーの聖ヨハネ騎士団の陥落は，聖地奪還のために新しい十字軍を求める洪水のような呼びかけを引き起こした．しかし，それらの企図はどれも成就しなかった．それどころかマムルーク朝は，ジェノヴァやヴェネツィア，ナポリといったヨーロッパの海運都市と平和的な関係を構築することができたし，フランシスコ会に聖地における影響力を認めもした．十字軍は徐々に，新たな敵へと向けられるようになっていく．すなわち，オスマン朝である．ニコポリスの戦い（1396）やヴァルナの戦い（1444）は，ヨーロッパの騎士制にとって惨敗となった．しかしそのことは，16世紀から17世紀を通じての，オスマン帝国に対する新たな十字軍の呼びかけを挫くものではなかった．オスマン帝国の側では，神聖ローマ皇帝の軍勢に対する勝利の一つ一つが，異教徒に対するイスラームの勝利として，すなわち真の信仰の全面的な勝利へと向かう必然的な歩みのなかでの，一つの階梯として表現された．実際には，イスタンブールの宮廷は，「異教徒」ともちろん共存することができ，戦略的・経済的な関心は重要性を持っていた．しかし，表象の領域では，それはつねに，異教徒に対するムジャーヒドゥーン（mujāhidūn），あるいはガーズィー（ghāzī）〔ともに「聖戦士」の意味〕の戦いであった．

聖戦としての宗教戦争――16世紀から17世紀にかけての戦闘的なカトリックの信者は，プロテスタントという「異端」に対する戦いを，新たなアルビジョワ十字軍と呼ぶことを躊躇しなかった．ジャン・ゲー〔Jean Gay〕が『アルビジョワ史』（13世紀に書かれた年代記）の翻訳を，1561年に刊行したのも，まさにこの明確な目的のためである．ルイ13世〔Louis XIII〕の〔対ユグノー〕宗教戦争（1621-1629）の際に，カトリックの風刺文作者たちは，この王を，万軍の神の右腕たる，新たな聖ルイとして描いている．数多くのプロテスタントとカトリックの信者たちが，彼らのあいだの戦争を，主の軍とアンチキリストの軍の戦いとして捉えていた．

レコンキスタから中南米の諸帝国の征服へ――15世紀に，イベリア半島の諸王国では，グラナダと北アフリカのムスリムに対する新たな征服が構想されていた．すでに9世紀から，アストゥリアスやレオン，カスティーリャの王たちに仕える年代記作者たちは，彼らの君主による征服を，ムスリムによって奪われた，西ゴート王国のカトリック王権の再確立であると描いている．アラゴン王は，カスティーリャやレオンの王以上に，十字軍のイデオロギーと法的な枠組を利用していた．1457年に，教皇カリストゥス3世〔Calixtus III〕がグラナダに対する新たな十字軍を説く．1482年から，カスティーリャ女王イサベル1世〔Isabel I de Castilla〕と，アラゴン王フェルナンド2世〔Fernando II de Aragón〕が，グラナダのアミール国の征服を始める．1492年1月6日，夫妻である両王は，勝利者として入城し，グラナダのアミール国をカスティーリャに併合した．

ポルトガル人たちも，それ以前からすでに，ジブラルタル海峡を越えて，セウタ〔ジブラルタル海峡に接するアフリカ側の都市．現在はスペイン領〕の「ムーア人」に対する戦争を行っており，1415年にはこの街を制圧して，その中心的なモスクをカテドラルに変えていた．ポルトガル王ジョアン1世〔João I〕は，こうして異教徒に対する聖戦に新たに加わる．ポルトガルの年代記作者たちは，アフリカの海岸地帯に対するポルトガル船の軍事的な行動，とりわけ奴隷狩りを，すべて「ムーア人」との戦争における勇敢な行為として描いた．1493年に，クリストファー・コロンブス

〔Cristoforo Colombo〕がカリブ諸島からスペインの両王に手紙を書いた際，彼は両王に，エルサレム奪還のための新たな十字軍の資金を供給できる富の存在をちらつかせている．

しかしこの先，聖戦のイデオロギーは，自らが撒き散らされる新たな地と，新たな目的を発見することになる．すなわち，アメリカ大陸の征服とキリスト教化である．新たな十字軍士は，エルナン・コルテス〔Hernán Cortés〕〔アステカ帝国の征服者〕とフランシスコ・ピサロ〔Francisco Pizarro〕〔インカ帝国の征服者〕であった．17世紀中頃のヌーヴェル・フランスでは，「アメリカの小トルコ人」――すなわち，イロクォイ族に対するフランスの戦争が，十字軍として表現された．

植民地主義と反植民地主義のイデオロギーにおける十字軍とジハード――18世紀の啓蒙思想家たちは十字軍と十字軍士に対して，ヴォルテール〔Voltaire〕に倣って，最悪の悪徳すなわちファナティシズムの権化として，軽蔑の念しか持っていなかった．しかし19世紀には，シャトーブリアン〔François-René de Chateaubriand〕を始めとして，ロマン主義者らが十字軍を復権させる傾向にあり，それは模範的な理想主義を（ただし，幾分乱暴だが）体現するものであったとされた．植民地主義の時代には，歴史家や，称賛の演説文を書く者たちが，自分たちの指導者の紋章を再び金ぴかにするために，この十字軍の人気を利用することをためらわなくなる．1830年にシャルル10世〔Charles X〕がアルジェを占領したときには，十字軍史家のジョゼフ＝フランソワ・ミショー〔Joseph-François Michaud〕が，この王を，その高名な先祖である聖ルイになぞらえた．1860年に，ナポレオン3世〔Napoléon III〕が，レバノンへ送られる部隊に向かって演説した際に，彼はそれらの部隊に対して，「かの国で栄光をもってキリストの旗を掲げた英雄たちの，堂々とした子ら」としてふるまうよう激励した．フランスやイギリスによる占領は，十字軍の栄光ある時代への回帰であった．1917年に，イギリス軍がオスマン帝国からエルサレムを奪い取った際，イギリスの雑誌『パンチ』は，聖地を凝視する〔第3回十字軍の〕リチャード獅子心王〔Richard the Lionheart〕を描いた戯画を載せた．聖地の上には，イギリス国旗がはためいていて，リチャード獅子心王はこう叫んでいた．「ついに，わしの夢が実現した！」

ヨーロッパによる委任統治からの解放を望む，19世紀から20世紀のアラブ・ナショナリストにとっては，この対比から引き出される教訓は明らかであった．すなわち，もし植民地主義列強が自らを新たな十字軍として自画自賛するなら，アラブ人は，自分たちの地からヨーロッパ人を追い払うため，サラーフッディーンやマムルーク朝の時代と同じように団結しなければならない．しかし中近東におけるこの戦いは，イスラームの旗（これは，ヨーロッパ人植民者に対するアラブの団結を疑わしいものにしてしまう）よりもむしろ，アラブ・ナショナリズムの旗（これは，キリスト教徒アラブ人とムスリムのアラブ人を団結させる）の下で行われることになる．稀になされるジハードの呼びかけは，たいていの場合，悪しきムスリムとみなされた者に対して向けられていた．すなわち，世紀転換期におけるワッハーブ派の事例であり，これは，シーア派やスーフィーの聖地を破壊しながら，アラビア半島の「浄化」を目指していた．

イスラーム世界の他の場所では，ヨーロッパの占領軍に対する抵抗を駆り立てるために（あるいは正当化するために）しばしばジハードの呼びかけが用いられた．イラン・ロシア戦争（1808–1813, 1826–1828）のときには，イランのアーヤトッラーたちが，ロシアに対するジハードを呼びかけた．しかしこの呼びかけは，あまり効果がなかった．インドにおけるイギリスの影響力に対する戦いでも，しばしばジハードの呼びかけが用いられたが，ナショナリストの大半はこれを避けた．というのもその実践は，ムスリムとヒンドゥ教徒とをただ分裂させるだけの結果になるかもしれないからだ．イスラームが優勢な宗教である地域では，この戦略は大きな効果を得ることができた．たとえば，ロシアに抵抗したチェチェンのガーズィー・ムハンマド〔Ghāzī Muḥammad〕の事例や，フランスに抵抗したアルジェリアのアブドゥルカーディル〔‘Abd al-Qādir al-Jazā’irī〕の事例である．第一次世界大戦の際には，オスマン帝国がムスリム，とりわけアラブ人に，フランスやイギリスに対してジハードを行うよう呼びかけたが，効果はほとんどなかった．そもそも，オスマン帝国自体がドイツやオーストリアと同盟していたのだ．むしろフランスとイギリスが，アラブ人たちをトルコに対する反乱へと駆り立てることで，大きな成功を収めた．

20 世紀末から 21 世紀初頭にかけての聖戦——聖戦のレトリックは，20–21 世紀にも継続している．ただし，その利用はしばしば比喩的なものだ．たとえばド・ゴール〔Charles de Gaulle〕とアイゼンハワー〔Dwight D. Eisenhower〕は二人とも，ナチスに対する戦いを「十字軍」と呼んでいる．現在でも，同じ語が，貧困に対する戦いや，地球温暖化に対する戦いを表現するために用いられている．

現在，ユダヤ教徒やキリスト教徒のなかでは，聖戦の呼びかけは周縁的なものになっている．しかし，イスラーム世界では，政治的な運動やテロ組織がジハードのイデオロギーやその実践を掲げて，しばしば重要な役割を演じている．現代の戦闘的なイスラームの潮流は，ムスリム同胞団やサイイド・クトゥブ〔Sayyid Quṭb〕によってエジプトで日の目を見た．クトゥブは，ナセル〔Jamāl ʻAbd al-Nāṣir〕の体制に反対し，エジプトの牢獄において過激化した．預言者とその教友の世代の純粋さを取り戻すことを求めて，彼はただクルアーンのみを基礎に置いたイスラームの刷新を説き，そこではジハードが中心に据えられた．

イランでは，ジハードの論理が1979年の革命とイスラーム体制の成立を正当化し，外敵――とりわけイラク――との戦いを栄光あるものとした．ソ連によるアフガニスタン侵攻は，ジハードを呼びかける好機となった．外国，とりわけアラブのジハード主義者のアフガニスタンへの流入は，戦略的な面においては無視できるほどであったが，ムジャーヒドゥーンの集団を国際化させ，この混淆は他の紛争にも介入していくようになる（ボスニアやチェチェンなど）．最近のジハード主義者が抗する「異教徒」とは，たいていの場合，イスラームについての見解を異にするムスリムになっている．

21世紀になると，（ユダヤ教とキリスト教の）原理主義的な層に近い多くの著述家が，（とりわけ中東における）多くの対立を聖戦として描き，終末願望の風潮を育んでいる．イスラームの過激なグループに関して言うなら，彼らは異教徒（そこには，「間違った」ムスリムも含まれる）に対する軍事的な戦いとしてのジハードの役割を強調し，そのジハードが，すべてのムスリムの中心的な義務の一つなのだとしている．こうした捉え方を，西洋において，イスラームを平和な近代世界と相容れない，西洋的な価値観の脅威として描きたい者たちが反復する．一方で，ムスリムであれ西洋人であれ，弁明しようという者たちは，むしろ，ジハードの本来の意義は，つねに精神的なものであり，軍事的な戦いはイスラーム共同体を外敵から守るためにしか認められず，攻撃的な戦争は許されないと断言している．どちらの側も，あえてクルアーンの文脈を曲解しているにもかかわらず，自分たちこそがクルアーンを援用する資格を持っていると主張している．

参考文献　BONNER M., *Le Jihad. Origines, interprétations, combats*, Paris, Téraèdre, 2004. – COOK D., *Understanding Jihad*, Berkeley, University of California Press, 2005. – FILIU J.-P., *Frontières du jihad*, Paris, Fayard, 2006. – FIRESTONE R., *Jihad: The Origin of Holy War in Islam*, Oxford, Oxford University Press, 1999. – FLORI J., *Guerre sainte, jihad, croisade : violence et religion dans le christianisme et l'islam*, Paris, Seuil, 2002. – HILLENBRAND C., *The Crusades: Islamic Perspectives*, Edinburgh, University of Edinburgh Press, 1999. – KEPEL G., *Jihad : Expansion et déclin de l'islamisme*, Paris, Gallimard, 2ᵉ éd., 2003（ジル・ケペル『ジハード――イスラム主義の発展と衰退』丸岡高弘訳，産業図書，2006年）; *Al-Qaida dans le texte*, Paris, PUF, 2005. – MORABIA A., *Le Gihâd dans l'Islam médiéval*, Paris, Albin Michel, 1993. – POUMARÈDE G., *Pour en finir avec la Croisade : Mythes et réalités de la lutte contre les Turcs aux XVIᵉ et XVIIᵉ siècles*, Paris, PUF, 2004. – RICHARD J., *Histoire des croisades*, Paris, Fayard, 1996. – SAUZET R., *Au Grand Siècle des âmes : Guerre sainte et paix chrétienne en France au XVIIᵉ siècle*, Paris, Perrin, 2007. – SIBERRY E., *The*

New Crusaders: Images of the Crusades in the Nineteenth and Twentieth Centuries, Aldershot, Ashgate, 2000. – TYERMAN C., *Fighting for Christendom: Holy War and the Crusades*, Oxford, Oxford University Press, 2004.

ジョン・トーランド John TOLAND
〔上山益己訳〕

→ イスラーム主義，戦争

聖像／イコン
IMAGES / ICÔNES

インド＝ヨーロッパ語系の言語における，「image」や「icône」，さらに「idole」に関連する言葉の多様さと，その多様さゆえに必要となる選択――文化的，歴史的，イデオロギー的な文脈に応じてどの言葉を使うか――は，ここで取り扱う広大な分野に制限を設けざるをえなくさせる．しかしそうした言葉の多様性や選択の必要性は，図像や聖像と宗教的な領域との関係について，つまり図像の世界における宗教的なものの役割と，逆に社会や個人の宗教的な実践や信仰の総体における図像の役割について，深く考察する上での示唆も与えてくれる．しばしばそうであるように，言語そのものの考察から始めることが有益であり，そうすることによって，ある文明が，その固有の語法に従って，ある対象物とその表現の仕方とのあいだに設けている差異の大きさを見定めることができる．

言葉が教えること

言語の系統（ギリシア系，ラテン系，ゲルマン系，スラヴ系，セム系など，そして当然，アフリカやアジア，オセアニアで民族学者が直面している言語の諸群を忘れてはならない）に応じた用語の多様性についてのしかるべき考察まで行わなくとも，今日，フランス語のような言語が，図像にまつわる多くの単語――それらのうち最も頻繁に表れるものについては，ラテン語の「イマーゴー」(imago)〔像〕やギリシア語の「エイドローン」(eidolon)〔姿〕，「エイコーン」(eikon)〔似姿〕という言葉をルーツとして派生している――を，首尾一貫して用いていることさえ確認すれば十分である．われわれは，こうしたいくつかの単語に焦点を定めることとし，「フィグーラ」(figura)〔形〕や「フォールマ」(forma)〔姿〕,「スペキエース」(species)〔外見〕といった，それぞれに固有の歴史的な経緯を持っている，図像に関連する他の諸々のラテン語のルーツについては考慮しない．

「eidolon」と「eikon」は，いったんラテン語化し，さらにキリスト教化された上で，フランス語のなかで，宗教的な領域，より厳密に言うなら教会の領域に強く組み込まれたいくつかの合成語の形成に役立つことになった．教父の時代から，キリスト教のテクストは「イードーラトリーア」(idolatria)〔図像崇拝〕という語によって，われわれが包括的に「異教」というものを呼んでいる．

図像に対する禁じられた信仰は――それらへの「崇拝」とキリスト教のテクストは呼んでいるが――いわば古代の多神教の要として考えられており，これをキリスト教徒たちは，かつてモーセが金の子牛像〔旧約聖書「出エジプト記」でモーセが破壊した偶像〕を破壊するために示したような気概をもって拒絶していた．図像を「崇拝する」ことは，キリスト教徒の神を認めることの否定を意味した．しかし，キリスト教自体が，宗教的な図像に徐々に融和的な地位を認めていくようになり，それは自らの内部に拒絶の反応を引き起こすことになる．「イコノクラスム」〔iconoclasme〕(図像破壊)――自発的な図像の破壊――と，それとは反対の，「イコノドゥリー」〔iconodoulie〕(図像崇敬)――図像，より正確に言うと「聖像」への禁じられた崇敬――という二つの単語は，とりわけ8世紀からキリスト教の教会史を揺り動かすことになる激しい論争を想起させる．この時期，教会の内部に宗教的な図像を受容することが非常に重大なこととなっており，聖職者（および俗人）たちのなかには，図像の作成という旧約聖書の禁止事項に対する明らかな違反と，さらに言うならば図像信仰の復活そのものに不安を感じる者がいるほどであった．

図像破壊派の反発は，8世紀に「聖像崇敬」が決定的な勝利を収めるまで，とりわけビザンツ帝国に影響を及ぼした．聖像崇敬は，最も巧みな神学のなかで図像について練り上げられたものに支えられて（ここではダマスクスの聖ヨハネ〔Ioannes Damascenus〕の名と著作を挙げておくだけで十分であろう),「聖像」というものに，ある定義と正当性を与えることを達成した．その正当性は，諸々の崇拝の対象のなかでも卓越した地位を聖像に与える．すなわち，創造された世界のなかで,「イコン」はそれ自体の物質性のうちにおいてさえ，神の根源の流出に与っているのである．それゆえ「イコン」は不可侵のものであり，しかし同時にその作画様式において固定されたものとなった．これは，ラテン世界のキリスト教における宗教的な図像の扱いとはまったく逆であった．ラテン世界のキリスト教は，同様の神学的な正当化の努力に恵まれることはなかったが，代わりに自由と，その形態について，絶えざる発展の可能性を得た．

しかし西欧においてこそ，図像破壊を推進しようとする圧力は，のちに激しいものとなっていく．というのも，そうした圧力は，図像というものを通じて，教会の権力と，その現世との妥協とを攻撃しようとしていたからである．こうして11世紀から，図像破壊は中世の異端に繰り返し見いだされる特徴の一つとなる．たとえばカタリ派や，よりのちにはイングランドのロラード派，そしてボヘミアのフス派にみられるように．とりわけ16世紀には，図像破壊は，カルヴァンやさらにはツヴィングリのような，ローマ教会に対して最も強く敵意を示した宗教改革派の行為となった．彼らはこの点でルターとは異なる．

ここでは，これらの宗教運動の個々を詳細に取り上げるべきではない．むしろ，「イコン」や「イコノクラスム」「イコノドゥリー」「イドラトリー」といった〔フランス語の〕諸語のルーツに，今日まで引き続き込められている宗教的な含意を強調すれば十分である．われわれが，ある種の挑発という意味で，比喩的に「イコノクラスム」的なふるまいについて言及する際にも，そうした宗教的な含意の残滓がある．その挑発が，図像の領域や宗教的な分野と関係のないところに向けられているとしても．あるいは逆に，芸能界のスターを「若者のアイドル」と呼ぶようなときにも，宗教的な含意の残滓がある．実際，われわれはそのスターの写真を奪い合い，そこにそのスターのサインをしてもらい，一種の信仰を捧げているのだ．

「icône」という言葉とその派生語は，別の発展もまた経験している．美術史家たち――とりわけ，エルヴィン・パノフスキー〔Erwin Panofsky〕以後の――は，前もって行われる，図像で描き出されたテーマやモティーフについての同定作業を，「イコノグラフィー」〔iconographie〕〔図像学〕という言葉で呼ぶ．一方，こうした図像と，それを部分的に説明する知的な文化的伝統――この知的な文化的伝統こそが，その図像を「読み」，その意味を理解することを可能にする――との関連づけを「イコノロジー」〔iconologie〕〔図像解釈学〕という言葉で呼んでいる．こうした分析手法の順序づけは，図像の機能についての社会的および儀礼的なコンテクストを考慮に入れないものであり（こうしたコンテクストについて，美術史家アビ・ヴァールブルク〔Aby Warburg〕は注意を喚起していた），今日広範に再検討されている．

イメージと想像物

ラテン語の「imago」から派生した「image」という語は，表面的には，ギリシア語（eikon）由来の「icône」ほど込み入った過去を持っていない．現代フランス語においてこの言葉は，ここまで引用してきたギリシア語由来の言葉のそれと比べて，より広い意味の領域を担っている．しかし，宗教的な領域との関連は，他の単語についてのものより薄いわけではない．それが古代についてであれ，あるいは現代において，政治的な理想や消費社会のスローガンに導入される形態についてであれ（たとえば，政治家や，商品――その売上向上を確保すべく苦労しているような――について，われわれが「悪いイメージ」と言及するような意味で）．「image」という単語は，他方で「imagination」という語のなかにも見いだされる．この語は，物質的な像と非物質的な像とのあいだのつながりを指し示し，双方の機能が，形象そのものを通し，かつそれを超えて，つねにある種の不在を指し示しながらそれを覆い隠すという事実を示している．たとえば，親しき者の図像であるが，その者が死んでしまったとしても，人はその写真を持つことができるし，思い入れのある遺品は記憶と夢を満たす．より大きく言うなら，不可視の神――すなわち，（キリストのように）現世から去っているものや，あるいは（ユダヤ教徒にとってのヤハウェやムスリムにとってのアッラーのような）五感による不確かな知覚や，あらゆる物質的な形象化の試みを受けつけないほどに絶対的な神――の図像である．

このように，イメージが想像と空想の世界に属するという事実から，こうしたイメージは深い矛盾を呈する．ある側面からは，それは知覚しうる外観を超越する真実を示すものであり，痕跡であるが，他方では，それは幻想であり，まやかしであり，嘘であるとの疑いを招く．西洋におけるプラトン流の伝統は，イメージと偽りのあいだにある，この強いつながりを顧慮したのだ．では，イメージの真実とはどのようなものなのか．

図像への信仰

イメージがその本質からして信仰に（すなわち，人がその語にどんな意味を込めたとしても，宗教に）根差しているということは，それぞれの聖典――たとえば聖書――がそれに認めた特別の立場によって確証される．聖書（ヘブライ語で書かれたトーラー，ギリシア語の七十人訳聖書，ラテン語のウルガータ）にあっては，人は神の「形，似姿に合わせて」創られており，神はこのように宣言している．「われわれの形に，われわれに象って人を造ろう」（「創世記」第1章第26節）．ウルガータ（4世紀末の聖ヒエロニムス〔Eusebius Sophronius Hieronymus〕によるラテン語訳聖書）は，神とその被造物のあいだにある「版木と版画のような」その本質的な関係を説明するために，「イマーゴー」(imago)〔像〕と「シミリトゥードー」(similitudo)〔相似性〕という語を選んでいる．一つ目の「imago」という語に，中世の聖書注解学者は人間のうちに宿る神性を見いだした．これはその魂に，たとえ異教徒や異端や罪人であったとしても，すべての人のうちに存するものである．反対に，二つ目の「similitudo」には，本質的に罪深き存在である人が原罪によって失ったものを認めねばならない．というのも罪深き人は，父なる神から遠いところ，「似ていない」領域に陥っているからで，洗礼と救済によらねば，彼はこれを克服できないであろう．

ここで問題となる「似姿」は，模倣的な意味でも，身体的な意味でもない．この「似姿」は，霊的な本質と，人が神性に与ることを保証するものなのだ．ここでもやはり宗教的な領域から離れられない．物質的な図像についても同様である．というのも，それらは宗教の公的な規定によって禁止される（ユダヤ教，イスラーム，カルヴァン派）一方で，ある種の条件においては許容され（ルター派とイングランド国教派のプロテスタント），とりわけカトリックと東方正教では，聖地や儀礼において非常に高く評価される．カトリックと東方正教は，この点において，古代の多神教や，アフリカの宗教，ヒンドゥ教などをなんらうらやむ必要はない．ヒンドゥ教にのみ少しばかり立ち止まっておくと，図像への信仰——これは多くの巡礼の地において変化しつつある——は，われわれの時代の最初の数世紀以来，今も確かに（ヴェーダの宗教やバラモン教とは異なる）ヒンドゥ教の主要な特徴の一つなのだ．

こうした図像は，その宗教的な利用——すなわち，それらの図像を飾り，祭壇に置き，行進の際に運び，それらに触れ，（東方正教のイコンのように）それらに口づけをすること——から分かちがたく，そのかけらを得るためにそれらを削ることもあり，このため，しばしば極端な敬神による「イコノクラスム」（図像破壊）と形容することさえできる．こうした図像が特に置かれる場所は，聖域であり，巡礼の教会であり（コンクの聖フォワの人形型聖遺物容器のように．われわれはこの聖遺物容器を，ある視点からは，インドにおけるシヴァやヴィシュヌ，クリシュナのそれと比較しうるだろう），あるいは田舎の素朴な聖堂であり，あるいはまったく別のコンテクストにおいては，磨崖なのだ（アフガニスタンのタリバーンによる図像破壊の最近の被害者である，バーミヤンの仏像が思い起こされる）．

しかし同様に，世俗の空間における，他の多くの場所も認められる（道の角の小さな像や，交差点の十字架，魔法の実践によって針で貫かれた布の人形）．それは家のなかの空間におけるのと同様であり，そこでは，図像は神聖な方角を印しづけ，特権的な注意と禁忌の対象を作り，飾られ，食事を供えられ，さまざまな物質によって塗られ，この場所に住む者の空間と記憶を形づくっている（ここでは，古代ローマの家庭における死者の図像（imagines mortuorum）〔デスマスク〕が思い起こされる．しかし同様に，他の多くの時代や文明における先祖の肖像をも）．聖母や聖クリストフォロスの小さなメダル，イスラームにおけるファーティマの手といったお守りについても，同様に忘れずにいよう．われわれは，超自然的な加護と幸運の担保として，それらを首の周りに巻くのだ．こうした場合や，さらには肌や肉体への刺青のような場合には，身体そのものが図像の土台，すなわちそれらの媒体となる．

図像と表現

こうしたすべての図像の非常にさまざまな形態と機能は，それがどんなものであったとしても，しばしば宗教的な性質を持った特定の物質的・文化的なコンテクストにおいてしか明確にすることはできない．そうであるから，美術館（「キリスト教美術」と同様，アフリカや太平洋地域の「原初の」と呼ばれる美術に関するところでも）の展示であれ，それらの美学的あるいは様式的な面にしか関心を向けない美術史家の単純化された分析であれ，こうした特定のコンテクストから切り離されるやいなや，その形態あるいは機能を説明することは難しくなる．少なくとも古代史家や中世史家は，ハンス・ベルティング〔Hans Belting〕の示唆に従って，「美術」についてではなく，ただ「美術の時代以前の図像」について語るべきだろう．すなわち，芸術家，人工遠近法，肖像画，静物画，そして写実技法は，すべて中世末頃にならないと現れないのだ．しかし私たちは，古代社会やあるいは単純にわれわれとは異なる社会について語ろうとするときに，知らず知らずにそれらの要素に基づいた見方や判断をしてしまうのだ．

こうした態度にはますます抗う必要がある．というのも，時代や文化を超えて，「宗教的」と呼ばれる図像についての共通性を基礎づけているものこそは，まさにそれらの絵画が，ルネサンス以後，西洋において特に自らに強いてきた表現の規範に縛られてはいないということなのだから．こうした絵画はまったく写実的ではない．確かにそれらは，何かについての，あるいは何者かについての図像であり，その同一性の確認は，そこに描かれた「似姿」をその名前で呼ぶことを可能にする．ここではゼウスの像や，クリシュナの像，あるいは聖母の像を思い浮かべよう．しかし私たちは，ある人格を持った人間に対するように，それらの図像がゼウスやクリシュナや聖母に似ていると言うことはできない．それらはただ，長い伝統によって受け継がれた形象の枠組のなかで，ある不可視で聖なる神格について支配的な表現のタイプに従っているだけだ．しかもそうした伝統は時の流れのなかでさらなる変化もしうる．

要するに，図像は他の図像にしかけっして似ていないのである．それは，永遠に再生産されるが，かといって価値が下がるわけでもない．というのも，そうした図像は，その図像がその理念上の原型に似ているということにその影響力を負っており，むしろその価値は上がるのだ．王の図像はすなわち王であり，描かれる個人はほとんど問題ではなく，その個々の肉体的な特徴も重要ではない（少なくとも，14世紀以前のヨーロッパの歴史について語る限りは）．聖母子像が数千もあるということは，聖母の聖性を損なうものではない．というのも，反復性，すなわち相互の図像が類似しているという関係性の繰り返しは，むしろその権威を生成し，その真正性を確かなものとし，逆説的にその単一性を崇高なものとする．

そうであるから，図像がその原型をありのままに描いていなかったとしても，それはその原型を再現したことになり，さらにあえて言うならば，それを現実化し，人間たちのなかで半ば肉体性と実体性を有した，能動的な実在性を与え，それらの人びとが壁画やイコン，あるいは彫像の前で祈ることを正当化する．彼らは，自分たちの捧げた祈りに対する図像の反応を——ある意図を示しているとみなしうるなんらかの動きを——待つ．すなわち，なんらかの声を連想させるような音や，祈りを聞いて叶えてくれたことを意味する涙や流血を．図像はけっして神でも聖人でもなく，拝まれているものはただの木や石のかけらであるという図像破壊派の非難も，論争するためにわざとそう確信したふりをしているにすぎない．むしろ図像は，その素材に至るまで聖性を帯びており，奇跡的な縁起譚や，その図像の面前で引き起こされた奇跡譚，そしてそうした奇跡の記憶を伝える奉納物が，その聖性を保証する．同様に，図像は通過儀礼の対象ともなるし，冒瀆行為があった際には和解の儀式の対象ともなる．図像と，その近くや周りに設えられたこうしたすべての儀礼的な装置は，可視なるものと不可視なるもの，儚いものと永続なるもの，死と永遠，偶然なるものと必然なるもの，此岸と彼岸のあいだを物質的につなぐものを構成する．

「人の手に拠らない」図像

こうした図像は，単純に不可視なるものを表現しうるだけではない．そのなかでも最も権威あるものは，人の手によって作られたものではないとさえみなされている．たとえば，東方および西方のすべてのキリスト教の文化のなかにある，キリストの「アケイロポイエートス」(acheiropoietos)〔人の手に拠らざる聖像〕の伝統が示すように．この「アケイロポイエートス」は，イエスの顔と体から直接的に印像を写し取ることによって作られたとされる．確認された最も古いものは，東方正教の「エデッサの聖像」——マンディリオン〔le Mandylion〕〔聖顔布〕である．これはキリストの顔の印像を写した布で，キリスト自身がエデッサ王アブガル5世〔Abgar V〕に送ったとされるものであり，1204年にコンスタンティノープルが十字軍によって略奪されるまで，ビザンツ皇帝が同市でこれを保持したとされている．ローマでは，教皇が今日でもラテラノ大聖堂に非常に古い「アケイロポイエートス」を保持しているが，12世紀にはサン・ピエトロ大聖堂に「ヴェロニカの聖顔布」〔聖汗布とも〕あるいは「ヴェラ・イコナ」(Vera icona)〔真の像〕があった．この「ヴェラ・イコナ」は，十字架を背負ったキリストの衣服に触れることで，奇跡的に病気が治癒した女性〔聖ヴェロニカ〕の名前の由来ともなっている．彼女は，血に濡れたイエスの顔を自分のヴェールで拭うことで，のちにラテン・カトリック世界で最も知られた図像の一つとなる印像を布の上に得たと言われている．この図像は無限に複製され，教会では祭壇上の絵画として，家々では粗末な紙に描かれた絵として飾られた．原本と思われるものは1527年の神聖ローマ皇帝軍によるローマ教皇領略奪〔ローマ劫掠〕の際に失われたが，だからといってレプリカの増加に終止符が打たれることはなかった．ルッカでは，聖職者たちと市当局が，少なくとも11世紀から今日まで，念を入れて「ヴォルト・サント」(Volto Santo)〔聖顔〕を保存している．これは大きな十字架で，その伝説によれば，イエスの受難を直接見た証人であるニコデモが彫ったとされている．われわれはまた，半ば図像であり，半ば聖遺物であるところの，トリノの聖骸布〔le Saint-Suaire de Turin〕を思い起こすことができる．これに関しては，中世以来，サヴォイア家と強い縁があった．

こうした聖像は，図像としての性質を持つと同時に，触れることによって聖遺物としての性質も持っており，宗教的な図像一般に関するなかでも，特に極限の点を明らかにしている．こうした図像のすべては，それぞれの起源についての伝説から正当性を得ている．それは特定の起源についての伝説でもある．すなわち，それらすべてはキリスト自身に由来し，その生きた体に，あるいはその遺体に触れるところに遡ると主張している．それらはイエスの受肉の証拠であり，その複製が増加していくことは，《キリストの体》――すなわち聖体パンの秘儀性の増大と似ていなくもない．

図像の「媒体性」

媒体という概念は，その文化人類学的な最も広い意味で用いられることにより，図像の刻印の仕方の多様性と，図像の「機能」，そして主体とその視線との関係性を説明することができる．媒体は，まず人間自身である．人はその精神をもって想像，記憶，夢などから生まれるすべてを内包して再構成し，そしてその声によって詩的言語のメタファーを発声する．人はその肉体をもって，とりわけある場合には，描かれた飾りと印，あるいは刺青に覆われ，化粧により飾られ，（新年やカーニヴァルのときのように）撃退すべき悪しき力を思い起こさせる仮面や，あるいは自然の再生を象徴する野生の獣を思い起こさせる仮面を被せられる．儀礼や典礼では，祭司や魔術師，巫女の肉体そのものが，他の図像と同様に飾りつけられるのだ．そして彼らはそれらの図像を手で扱い，祝福し，香を捧げ，しばしば自分たちが着ているものと同じ荘厳な衣服を着せるのである．

物質に刻みつけられた図像はより長持ちする．それが天然のもの（木，骨，石，金，粘土，蠟，彩色ガラスの光）でも，すでに加工されたもの（青銅，植物性・金属性・化学性の絵の具，ガラス）でも．後者の場合，事前の素材加工や，繊細な彫刻・描画には，相応に高度な技術の習得と専門性が必要となる．そうした専門的な職務は，それ自体が聖なるものに与りうる（古代のあらゆる文化における，金属細工職人のよく知られた例以外にも，われわれは，中世の長きにわたって，細密画の描き手が修道士であったことを指摘できる）．しかしだからといって，図像の作成が，アプリオリに職業的な「芸術家」に割り当てられていたわけではない．そうした職務を「芸術家」——そうしたものとして世間に認められ，その才能と仕事によって報酬を得ているような——が担うようになるには，ずいぶん時間がかかった．「聖なる芸術」の概念——これは，同時代の美学と宗教の運動を指し示して終わる——は，芸術の職業的で知的な専門化がまったく最近のものであることを明らかにしてくれる．

図像の場

図像はけっして単独ではない．最も古く描かれた痕跡に関するなら洞窟の壁であれ，より最近なら図像を演出する建造物であれ，図像はその置かれた場から切り離すことはできない．神殿や教会，その内陣，後陣，側壁，正面あるいは放射状祭室といったものはことごとく図像の場であり，絵画を用いた礼拝から教育に至るまで，さまざまな機能に合わせて階層化され，適応されている．われわれは，君侯の宮殿や市庁舎，あるいは他の公的または私的な建造物についても同じように述べることができる．そこに掲げられた図像は宗教的な聖域におけるものに劣らず豊かであり，そのうえ，たとえば政治的なプロパガンダやアイデンティティの表出など，他の機能を果たしている．

しかし，すべての図像が記念碑的なものではない．あるものはテクストや文章に結びつけられている．そのことは歴史上の何か固有のできごとというわけではないが，急速にキリスト教化された古代末期の文化による「挿絵入りの書物」の発明（5世紀）は，西洋の文化史全体に対して相応に重要な現象を形づくることになる．《みことば》の宗教であるキリスト教は，そこから相応の利益を引き出した．キリスト教は実際に，文章と図像のそれぞれに認められた価値のあいだに調和を見いだすことができた．文章は図像のなかに入り込むことができ，巻物の上に広がっていくことができる．そうすることでその巻物は，天使の姿や十字架上のキリストの姿を語らしめる．書き込みは，描かれたり彫り出されたりした人物が誰であるかを明示させうる．しかし逆に，図像もまた文章に挿し込まれ，これに注釈を加え，図解しているかのような印象を与える．しかしだからといって図像は単純な説明〔文章を理解するための単なる補助〕にはけっしてならない．

というのも，「形を与えられた思考」のロジックは，言語のロジックと本質的にまったく異なるからだ．教皇大グレゴリウス〔Gregorius Magnus〕（600年頃）をおおむね引用しながら，教会の絵や挿絵入りの本に関して，キリスト教の図像は「非識字者の聖書」として語られた．しかしそのように語ることは，たとえ挿絵が入っていたとしても，本が，字の読める者――すなわちラテン語の読み書きができる聖職者――というごくわずかの少数者に向けられたものであるということを無視している．また聖堂のなかでは，字の読めない俗人信者が集まる身廊よりも，字の読める修道士や聖職者に割り当てられた内陣こそしばしばより多くの図像に満たされていたということも．

図像は，その実践的な用途を大きく超えて象徴的な機能を果たす．図像とテクストを隔てるものについても強調せねばならない．図像が，同一の空間や共時性において開かれているのに対し，文章は，物語や論理の通時性のなかでしかその意味を開示できない．他の場合においては，文章に対する図像の関係は，中世の写本のなかで，その本や章の最初を際立たせる無数の飾り文字が示すように，具象的というよりも装飾的である．文字は，ページの縁に，文章の内容と直接的な意味上の関係もなく広がっている複雑な蔓文様のなかにも書かれている．しかし装飾的な機能は単純な飾りの意味だけでは理解できない．他の価値がそこには込められており，それはとりわけ書かれたもの，すなわち文字に置き換えられた《みことば》に，神の《創造》のみわざを結びつけるものである．だから，同じく神の計画に属し，その称賛にもつながる植物や動物，鳥，そして他の想像上の存在も豊富に描き込まれているのだ．アラブ・イスラームの文化にみられるように，図像に関する慎重さが具象を取り除いてしまうような別の文脈では，装飾的な次元が完全に具象のそれに取って代わり，さらにはあらゆる形態の書道[8]と一体化することになる．この場合，書かれたものは，もはや挿入されるための図像を必要とはせず，書かれた文字そのものが図像となるのだ．

宗教的な図像と近代性

図像の宗教的な機能を熟考することは，疑いなく，ヨーロッパであれそれ以外であれ，伝統的社会の検証に重きを置くことにつながり，それゆえに古典的な美術史家のそれよりも，文化人類学の思考法をより自発的に採用することに至る．確かに，聖俗の分離は西洋における近代性の特徴の一つであるが，これは先行する所見を相対化させ，図像の別の側面を強調することにつながるに違いない．

その一つ一つが固有のものとして創られているような絵画と彫刻は，それらが生まれた西洋の国々においてだけではなく，世界全体において，記録と複製の技法へとその地位を明け渡すことになった．それらの技法は，徐々に文化の基盤そのものを覆していった．それはまず，活版印刷とともに15世紀末から始まる，版画の時代である．そして19世紀には写真の時代が，続いて映画の時代となり，これは初めて動きを記録することを可能にした．そしてついには，ごく最近からだが，デジタルの時代が到来する．

こうした技術革新のすべては，現実との関係において少なからぬ変化をともなっていた．現実の模倣は，一つの可能性になっただけではなく，少なくともある時代においては理想となった．写真の技術は，初めて，像の厳密で限りない再現を可能とし，そのすべての次元が持つ意味はヴァルター・ベンヤミン〔Walter Benjamin〕によって細かく分析された．図像はつねに価値を持っており，それがスポンサーと芸術家のあいだで締結された契約，あるいは取り決められた「対価」によって厳密に評価された資材と仕事に対する価値でしかなくなっているとはいっても，今日では前例のない規模と効率性を備えた商業の網のなかに組み込まれている．そのことをとりわけよく示すのは，図像の生産と模造，そして拡散（特にテレビにおける）について徴収される料金である．

ここではこうした変化のすべてについて語るべきではない．ただ簡単に思い出しておこう．宗教的事象についての社会学や人類学の構築を見据えれば，最も「現代的」で，明らかに伝統的な宗教から最も切り離された図像が，諸々の情動と，さまざまなかたちのフェティシズムと，自己承認の欲望を駆り立てていることを．それらの情動などはとりわけ，スペクタクルや，政治的・商業的宣伝，映画や，テレビ

8　アラビア書道．イスラーム圏では神の言葉を記すに足るように書道が発展した．

のリアリティショーの世界において駆り立てられるのだが，それらが今日世俗化された社会によってもたらされているとしても，宗教的情感の世界と無縁ではないのだ．

考えを進めて，この今日のわれわれの世界においては，図像こそが，夢と同じように，われわれをとりなしてくれるものなのだとみなすこともできるだろう．すなわち目に見える姿形や日常の現実を超えたところにあるもの，つまらない現在のできごとから離れて，われわれを過去の記憶や未来への願望に投げ出してくれるもの，あるいは非物質的でヴァーチャルなもの（データ処理された図像がまさにそうであるように）など，宗教の特徴と定義できるものは何であれすべてに，図像はわれわれの一人ひとりを結びつけてくれるのだと．宗教は移ろう．しかし図像の宗教的な力は存続しているのだ．

参考文献　ALBERT-LLORCA M., *Les Vierges miraculeuses. Légendes et rituels*, Paris, Gallimard « Le Temps des images », 2002. – BASCHET J., *Lieu sacré, lieu d'images. Les fresques de Bominaco (Abruzzes, 1263). Thèmes, parcours, fonctions*. Paris-Rome, La Découverte-École Française de Rome,1991. – BASCHET J. et SCHMITT J.-Cl., *L'image : fonctions et usages des images dans l'Occident médiéval*, Paris, Le Léopard d'Or, 1996. – BAXANDALL M., *L'œil du Quattrocento : l'usage de la peinture dans l'Italie de la Renaissance.*, traduction fr. Paris, Gallimard, 1985.〔原著：Baxandall, M., *Painting and Experience in Fifteenth Century Italy : a Primer in the Social History of Pictorial Style*, Oxford, Clarendon Press, 1972〕（マイケル・バクサンドール『ルネサンス絵画の社会史』篠塚二三男他訳，平凡社，1989 年）– BELTING H., *Image et culte. Une histoire de l'image avant l'époque de l'art*, 1990, Paris, Cerf, 1998 : *Pour une anthropologie des images*, 2001, Paris, Gallimard, 2004. – BOESPFLUG F. et LOSSKY N., *Nicée II, 787–1987, Douze siècles d'images religieuses*, Paris, Cerf, 1987. – CAMILLE M., *Images dans les marges : Aux limites de l'art médiéval*（1992）, traduction fr. Paris, Gallimard, 1997.〔原著：CAMILLE M., *Image on the Edge : the Margins of Medieval Art*, London/Cambridge, Reaktion Books / Harvard University Press, 1992〕（マイケル・カミール『周縁のイメージ――中世美術の境界領域』永澤峻・田中久美子訳，ありな書房，1999 年）; *Gothic Idol: Ideology and Image-Making in Medieval Art*, Chicago, Chicago University Press, 1989. – CARRUTHERS M., *Le livre de la mémoire. Une étude de la mémoire dans la culture médiévale*（1990）, traduction fr. Paris, Macula, 2002.〔原著：CARRUTHERS M., *The Book of Memory : a Study of Memory in Medieval Culture*, Cambridge / New York, Cambridge University Press, 1990〕（メアリー・カラザース『記憶術と書物――中世ヨーロッパの情報文化』柴田裕之他訳，工作舎，1997 年）– CHRISTIN O., *Une révolution symbolique. L'iconoclasme huguenot et la reconstruction catholique*, Paris, Éditions de Minuit, 1991 ; *Les yeux pour le croire. Les dix commandements en image (XVe–XVIIe siècle)*, Seuil, 2003. – DAMISCH H., *L'origine de la perspective*, 2e éd., Paris, Flammarion «Champs», 1993. – DIDI-HUBERMAN G., *Devant l'image. Questions posées aux fins d'une histoire de l'art*, Paris, Éditions de Minuit, 1990.（ジョルジュ・ディディ＝ユベルマン『イメージの前で――美術史の目的への問い』江澤健一郎訳，法政大学出版局，2012 年）– FRANCASTEL P., *La Figure et le lieu. l'ordre visuel du Quattrocento*, Paris, Gallimard,1967. – FREEDBERG D., *Le Pouvoir des images*（1989）, traduction fr. Paris, G. Monfort, 1998. – HASKELL F., *L'historien et les Images*（1993）, traduction fr. Paris, Gallimard, 1995. – PANOFSKY E., *La perspective comme forme symbolique*, Paris, Minuit, 1975.〔原著：PANOFSKY E., 'Die Perspektive als "symbolische Form"' *in Vorträge der Bibliothek Warburg 1924/1925*, Leipzig/ Berlin 1927〕（エルウィン・パノフスキー『「象徴形式」としての遠近法』木田元・川戸れい子・上村清雄訳，哲学書房，1993 年）– RECHET R., *Le Croire et le voir. L'art des cathédrales (XIIe–XVe siècle)*, Paris, Gallimard, 1999. – SCHAPIRO M., *Les Mots et les images. Sémiotique du langage visuel*（1973）,

Préface d'H. Damisch, Paris, Macula, 2000. – SCHMITT J-C., *Le Corps des images. Essais sur la culture visuelle au Moyen Âge*, Paris, Gallimard, 2002（ジャン＝クロード・シュミット『中世の聖なるイメージと身体――キリスト教における信仰と実践』小池寿子訳，刀水書房，2015年）– VERNANT J.-P., *Figures, idoles, masques*, Paris, Julliard, 1990. – WIRTH J., *L'image médiévale. Naissance et développements (VIe–XVe siècles)*, Paris, Méridiens-Klincksieck, 1989.

ジャン＝クロード・シュミット Jean-Claude SCHMITT
〔上山益己訳〕

聖／俗
SACRÉ / PROFANE

「聖なる」〔sacré〕というフランス語の形容詞は，ラテン語 sacer を直接継承したものではない．sacré はフランス語の動詞 sacrer の過去分詞から派生しており，sacrer はラテン語の sacrare（「聖別する」）の末裔である．そしてその sacrare が sacer から派生している．よって，フランス語の「聖なる」〔sacré〕はラテン語の「聖別された」（sacratus）に対応しており，それゆえなんらかの聖別や「聖化」〔sacre〕の対象となるものを指している．宗教人類学に属する諸現象の一範疇を指す名詞（聖なるもの）の地位を獲得するまで，ほとんどの場合「聖なる」という語は単なる形容詞にとどまっており（フランス語でも英語でも同様），「聖性」〔sainteté〕であると定義された一つの全体に多かれ少なかれ直接的に属する性質を指していた．すなわち，神的範型との合致による完全無欠性と同時に，《契約》や《律法の石版》〔「出エジプト記」〕によって承認される，不純なものとの分離とを指していたということである．

聖なるものと呼ばれる範疇が近現代の諸研究のなかに誕生するためには，われわれが聖性でもって理解するものの内部で区別のプロセスが生じる必要があった．聖なるものは，神の唯一性と超越に準拠した完全無欠性の一形態というキリスト教的に考えられた聖性を逃れねばならず，こうした聖性から一歩退いた立場を，すなわち宗教以前の空間，《神殿》の入口手前の「広場」の場所を占めるに至らねばならなかった．ドイツ語の heilig〔聖なる〕ないし das Heilige〔聖なるもの〕は，聖なるものと聖性とが持つさまざまな潜在的可能性を今も一つの語に統合しているが，その語をフランス語に翻訳することには困難がともなう．それは，1890年から1910年にかけて，ドイツ語圏に達する以前にまずはイギリスとフランスのあいだで展開された，ついでドイツ語圏にも波及したあるプロセスの実態を例証するものである．

聖と俗の近代的対立の形成

ロバートソン・スミス〔William Robertson Smith〕の著書『セム族の宗教』(1889) がこのプロセスの始まりである．この聖書学者によって前景化された本質的要素の一つに，トーテム動物に関する禁止がある．彼によれば，かかる動物の消費〔consommation〕は聖書以前の宗教の最古の形態である．トーテム動物を消費することで，犠牲の儀式は有責性の共有をともなった集団的侵犯の行為となる．こうして，社会的紐帯は共有された犯罪に根拠づけられ，それが神聖性を生み出すとされる．

ロバートソン・スミスがこの考えの拠り所とするのは，彼が次のように定義する禁止の概念である．すなわち，あらゆる未開民族において，自然の事物を人間が使用する際の絶対的な即自的自由（彼が「恣意」と名づけるもの）は，実際には「聖性の諸規則」(rules of holiness) が命じるさまざまな制約の体系によって制限されている，ということである．これらの未開的諸規則の遵守を動機づけるのは，超自然的な罰への恐怖である．スミスはこの「未開的制度」に「タブー」(tabou) の名称を充てたが，それは「進んだ」諸宗教における聖性の観念ののちの発展形態とこの制度とを明確に区別するためである．彼によると，進化した聖性の概念とは反対に，未開人の「タブー」は，のちに穢れ（不純性）と聖性に区別されることになるものを，ただ一つの根源的実体として結合している．

タブーが持つこうした逆説的性格を認めることは，精神科医オイゲン・ブロイラー〔Eugen Bleuler〕によって練り上げられる精神医学的な両価性〔連合弛緩，感情障害，自閉とともに統合失調症の基本症状の一つとした〕の概念（1910）と，神学者ルドルフ・オットー〔Rudolph Otto〕によって宗教史に導入される反対物の一致の概念（1917）とを同時に予告している．ロバートソン・スミスによって定義されるタブーの逆説的性格は，われわれがこの段階においては，魔術に属するもの（未知の敵対的威力，すなわち，接触すると伝染性の穢れが生み出される超自然的力への恐怖によって特徴づけられる）と宗教（神々への敬意に起因するような聖性の諸規則によって特徴づけられる）との移行期にあるという事実によって説明される．

デュルケーム学派——エミール・デュルケーム〔Émile Durkheim〕は研究論文「近親相姦の禁止とその諸起源」(『社会学年報』第1巻，1898) のなかで，「タブー」を「すべての未開宗教の基礎や，ある意味ではすべての宗教の基礎にさえも」みられる制度の一形態として提示している．この種の禁止は，「魔術的汚染が持つ危険な諸効果を予防する」という意図のもとで二つの領域を分ける機能を有するとされる．推測できるように，第一の領域にはいかなる問題もない．ある意味でそれは何でもよいもの，誰でもよい人である．第二の領域はデュルケームによって「ある超自然的原理が宿るとみなされる事物ないし諸事物の範疇」として導入される．

翌年，デュルケームは『社会学年報』の第 2 回配本で「宗教現象の定義について」を発表する．聖なる諸事物からなる広大な範疇が，宗教的生活に関するあらゆる探究の第一の，基礎的な対象となったのである．これは神々への信仰よりも古く，より普及した，より重要な対象である．聖なるものと呼ばれるこの範疇は，伝統という集合的作業によって構成される点で俗なるものの範疇から区別される．個人によって作られたわけではないゆえに，宗教的次元に属する諸表象は格別の敬意の対象となる．これらの諸表象に人が感じるのは「それらを特別扱いさせるような峻厳な何かである．われわれは特別な仕方でそれらを認識することを学ぶために，それらは，われわれが経験的表象の通常の手続きによって認識するものからは分離される．あらゆる宗教組織の土台にあるこうした聖と俗への諸事物の区別はここから生じるのである」

デュルケームが与えたこの最初の定義の直後に来る「供犠の本性と機能についての試論」のなかで，アンリ・ユベール〔Henri Hubert〕とマルセル・モース〔Marcel Mauss〕は，「供犠が目指すのは，犠牲者すなわち祭祀の最中に破壊されるものを介して，聖なる世界と俗なる世界のあいだの交流を確立することにある」という結論に到達している．こうした交流のさまざまな儀礼的様態（とりわけ破壊による聖別）が二つの項の片方を生み出すように思われるが，この交流は，聖なるもの（儀式によって生み出される項）のうちにまさに自らの存在の源泉そのものを認める俗なるものが望んだものだとされる．

ここから出発して，直接われわれは「聖なるものの管理」としての宗教という考え方に到達するが，これは，オランダのシャントピー・ド・ラ・ソーセー〔Chantepie de la Saussaye〕による『宗教史教本 *Lehrbuch der Religionsgeschichte*』〔1887–1889〕の，1904 年に出版された仏訳〔*Manuel d'histoire des religions*〕への重要な序文でアンリ・ユベールが定式化しているとおりである．カイヨワ〔Roger Caillois〕よりはるか以前に，またエリアーデ〔Milcea Éliade〕よりはるか以前に，聖なるものと俗なるものとの（まったく新しい）対立が宗教現象へのあらゆるアプローチの明確な基礎として驚くほど容易に幅を利かせるに至ったことは，フランス社会学派の影響力と結びついたこの教本の権威によって説明される．

デュルケームが『宗教生活の基本形態』(1912) で提出している有名な定義は，以上の地平に位置づけられるべきである．「宗教とは，聖なる事物，すなわち分離され禁止された事物に関わるさまざまな信仰および実践，それに賛同するすべての者を《教会》と呼ばれる一つの同じ心的共同体のうちに結合するような信仰および実践が連結した体系である」．この定義は，社会的なものにまつわる世俗的実践を（基礎づけながら）認可するものとして聖なるものが到来するという「市民宗教」〔religion civile〕の計画を支えるものである．

ルドルフ・オットーにおける聖なるものの経験

〔デュルケームの〕フランス社会学派が練り上げた諸説が自然にたどるはずだった進化は，比較神秘神学研究を専攻するルター派神学者の筆になる一冊の宗教哲学の著作の大成功によって屈折させられることになる．すなわちドイツ語で1917年に出版され，*Le Sacré* という題名でフランス語に翻訳されたルドルフ・オットーの『聖なるもの *Das Heilige*』である．デュルケームには言及していない（ただしナータン・ゼーデルブロム〔Nathan Söderblom〕経由でフリードリヒ・シュライアマハー〔Friedrich Schleiermacher〕から着想を得ている）が，この本とともに聖なるものは，宗教研究の領野において，主観的経験をめぐる分析の特権的分野として幅を利かせることとなる．

オットーが提出するアプローチは，哲学的には新カント派的なものである．オットーによると，哲学と神学が「神」を表現しようと努める際に助けとするさまざまな述語は，当を得ない宿命にある．というのもこれらの述語が関連づけられるのは，それらの合理性から逃れるような実体だからである．それゆえ，これ以上ないほどに粗野で，未開的で，なまの直接的な経験に近い表現を検討するのが必要だとされる．そこに見いだされるのは，彼が「ヌミノーゼ」〔le numineux〕と呼ぶもの，すなわち古い伝統では qadosh〔旧約聖書のヘブライ語で「聖なる」〕や hagios〔ギリシア語〕や sanctus（もしくは sacer)〔ラテン語〕といった語で名指されていた感知の一範疇に属する特殊な要素である．神の通常の，ないし合理的な属詞（美，善性など）を無限に当てはめること以上の何か，すなわち「われわれがそれについて感情を有し，考察しなければならないような剰余」が，そこでは直接的に感知されるのである．

最も未開的な次元においてヌミノーゼは恐怖の感情を通して感知されるといわれるが，この感情は，主体の極度の有限性や虚無性を露わにする外的かつ神秘的で，しかし十分に現実的なある存在との遭遇に対する情緒的で情動的な反応である．このまったき他者に直面して自分が無であるという感情は，mysterium tremendum すなわち戦慄を引き起こす神秘という色調をこの経験に与える．戦慄すなわち tremendum から，そしてそれが含意する卑小さから，このまったき他者の絶対的な接近不可能性やその力，その威厳〔majesté〕へと至るのはまったく自然な成り行きである．そこから驚き，仰天，魅惑，賞賛，そして陶酔への道が開かれる．〈戦慄すべき神秘〉として認識された後に mysterium fascinans〔魅する神秘〕と化すことで，ヌミノーゼは自らの逆説的な性格を明らかにする．そこから専門家たち（神秘家たち，とりわけマイスター・エックハルト〔Meister Eckhart〕）は前代未聞のものの神学，すなわち「反対物の一致の論理から自然的論理に向けられた」真の「攻撃」を練り上げるに至っている．

精神それ自体が持つ本源的気質であり，神秘家たちが「魂の深奥」と呼ぶもののなかに位置づけられるべき聖なるものは，オットーにおいてはアプリオリな範疇として分析されている．聖なるものの発見，あるいはむしろその経験は，「未開人類の魂のうちで奇妙な新しさとして」，「宗教の歴史的展開のすべてがそこから発するような」新しさとして「出現した」とされる．この感情は，神的超越を指示する以上，歴史によって説明されることはないが，しかし，明らかにされることによって，宗教感情の歴史がいかに進展したかを規定するというわけである．

ロジェ・カイヨワ以降の聖なるものと俗なるもの

嫌悪と誘惑との同時的動因であり，一貫性を欠いてはいるが理性による言表よりも無限に豊かで深い現実を啓示するルドルフ・オットーの聖なるものは，ある人びとの関心をかきたてずにはいなかった．それは，デュルケームおよびモースの学派を出自としつつ，日常的平凡さからなるブルジョワ的世界に，恐るべき始祖的な力を持った魅惑的世界が対抗するという点を銘記した人たちである．デュルケームその人において，聖なるものは，集団的熱狂の産物として現れていた．しかし，それは市民的かつ平和的で，正当なブルジョワ的実践を保証するものであった．それに対して到来したのは，神秘的精神性の時節と対応した，「侵犯する聖なるもの」（ロジェ・カイヨワの表現を援用するなら）の時節である．聖なるものはもはや熱狂の産物ではなく，その原因，起源であって，その原動力でさえある．個人には，俗なるものの冷静で味気ない世界（社会的紐帯と消費社会を過大評価する世界）からの集団逃亡が約束されている．それは（オットーにおけるように）神に向かうものではなく，依然として究極的な現実ではあるが（ジョルジュ・バタイユ〔Georges Bataille〕における）濫費〔dépense〕と「消尽」〔consumation〕の祝祭として理解された供犠の現実に向かうものである．ブルジョワ的な非存在に，聖なるものの存在が対置されるのである.

（デュルケームにおいて）市民宗教と共和主義道徳の企図のうちで出現した聖なるものは，俗なるものに価値を与える役目を担った方策としてまずは構想され，次に俗なるものと相容れないようにみえるほどそこから遠ざけられたのち，最終的には，存在が非存在に，そして（ミルチャ・エリアーデにおいて）意味が非意味に対立するのと同じように，俗なるものと対立するに至るのである.

先住民族の範疇に立ち戻る

聖なるものを俗なるものとの関係で定義される範疇として構想すること（どちらの範疇も思想史に属する）は，実際には，比較研究に関わる深刻な問題を引き起こす．すなわち，この対立は他の場所に持ち込むことのできる，言い換えれば普遍的なものなのか．われわれは，さまざまな異なる宗教的伝統の特殊な文脈や語彙のなかに何を見いだすのか．この問題を提起するには，今日的な考察に今も養分を与え続けている古代の資料から選んだいくつかの例で十分であろう.

メソポタミア——古代メソポタミアでは，そもそも古代世界全体において（さらには現代世界の大部分において）と同様に，日常生活には宗教的なものが宿っている．楔形文字で書かれたテクストからは，「聖なるもの」の概念と対立するような「俗なるもの」の概念を定義することはできない．神的なものは日常生活では夢や卜占を通じて働いている．裁判は神性に従い，宣誓は神性の前で行われる．俗なる空間はないが，反対に他の空間「よりも宗教的な」空間が存在している．特に寺院は禁じられた空間を中心に建てられている．同様に他の時間よりも「聖なる」時間が存在する．すなわち祝祭や祈禱や儀礼である．したがって「聖なるもの」の概念に近い観念を認めることができるとしても，それは「宗教的性格の多い，少ない」を感知することによってであり，「俗なるもの」との対立においてではない.

シュメール語の語彙は，神的存在が引き起こすとされるものと類比的な特別な「賞賛」ないし「敬意」を引き起こすものとして，ある人間や空間を定義することを可能にしている．（古代メソポタミアのもう一つの言語である）アッカド語では，シュメール語で知られているものに意味が近い二つの用語が現れる．第一の用語は語根 qadãsum に基づいて，そして（より頻出する）第二の用語は ellu に基づいて作られる．qadãsum が指示するのは，清潔さ，純粋さ，儀礼的純化，聖別といった概念である．形容詞 ellu は「清潔な，純粋な」を意味する．この形容詞は，儀礼的文脈で使用される物品や動物に適用可能である．羊は犠牲に供されるとき，ellu すなわち「純粋な」といわれることになる．卜占の儀礼では，占者は肝臓占い用の動物を招じ入れる際に，それを他の羊たちと区別し ellu であると述べる．この羊は神性の感性に触れる特別な獣となったのである．この「純粋な」動物の肝臓には，神のお告げがいっそう刻まれやすくなる．第一義的には ellu は「光輝く」純粋さを指すことができ，祭祀的地位が強調される位格（神々，王，祭司）の光，面，顔，身体の形容として使用可能である．

エジプト――古代エジプトでも「聖なる」ものは，宗教的世界が世俗的世界と対立するようには「俗なる」ものと対立していない．しかしここでも（儀礼の次元での）分離を基準とすることが根底にはある．というのも，その用法の一つがしばしば「聖なる」と翻訳される用語 djeser は，語源的には「遠ざける」を意味すると考えられるからである．この隔たり，この分離はまず，聖域とその外部にとどまるものとの分離，純粋なものと不純なものとの分離である．この分離はさまざまな儀礼的禁止によって「聖別」される．これは比喩的にエジプト人と異国人との分離となることもある．

古代イスラエル――ヘブライ語の領域，特に紀元前 6 世紀の「エゼキエル書」（第 44 章第 23 節）には，聖別化／俗化のプロセスがあることが確認される．このプロセスが含意するのは，聖なるものと俗なるものという明確に区別され分離された二つの領域からなる観念である．聖なるものと俗なるものは，ここでも純粋なものと不純なものとの領域と複雑な仕方で交わっている．「彼ら［祭司たち］は私の民に聖なるものと俗なるものの区別を」，すなわち字義的には「聖なる［アッカド語 qadãsum と同語根の語 qadesh］（もの）と一般［khol］（のために割り当てられたもの）とを区別する」ことを「教えねばならない」，そして「彼らは純粋なものと不純なものとの［字義的には，清いものと穢れたものとの］区別を知らしめねばならない」（「レビ記」第 10 章第 1 節，第 10 節を参照）．

こうした聖なるものと俗なるものとの分離の遵守は，純化の儀礼を介してなされる．「ひとたび聖所に入ったならば，祭司たちは聖所から外庭に出てはならない．務めの際に身に着けた衣服はそこに置く．なぜなら，これらの衣服は聖なるもの（qadesh）だからである．彼らは別の衣服を着用せねばならない．そうすれば彼らは民のための場所に近づくことができる」（「エゼキエル書」第 42 章第 14 節以下）．神殿をそっくり囲む外壁は，聖なるものを俗なるものから分離（字義的には qodesh と khol を区別，「エゼキエル書」第 42 章第 20 節）していなければならない．

以上のテクストが主張しているのは，儀式に割り当てられたもの，すなわち儀式にふさわしいものと，聖域の境界線の外枠に位置する一般利用のためのもの，すなわち儀式にふさわしくないものとの分離を保つのが重要である，ということだ．

古代ギリシア——ギリシア語では，聖なるものに関する語彙はヘブライ語の語彙よりもはるかに複雑である．聖なるものと俗なるものの対立は，「エゼキエル書」のようには際立った対照をなしていない．ギリシア語には，文脈に応じて「聖なる」と翻訳されうる用語が少なくとも四つある．

hieros は，神的次元の力の担い手ないし運び手であるような諸々の事物，およびそうした存在や行為を指す．中性単数の（実詞化された）この語は，聖域の呼称となることがある．中性複数の hiera は，儀式それ自体ではないにせよ，儀式と結びついた諸々の物品となる．

hosios は，宗教規則に適ったものを形容する．hosios でない（anosios すなわち不敬虔な）ものは，神的力に保証された宇宙秩序と対立する．ときに hieros と hosios のあいだでみられる対立は，何冊かの辞書が主張しているのとは異なり「聖－俗」の両極を指示しているのではなく，危険なまでに強力なものと，宗教規則の遵守によって無害化されるものとのあいだの対立を指示している．

hagios は，「聖性」の概念をギリシア語に翻訳するために『七十人訳聖書』に，ついでキリスト教徒の著者たちに選ばれた．ヘブライ語の形容詞 khol（「俗なる」）を表すために『七十人訳聖書』は bebêlos を用いているが，これは比較的稀なギリシア語であり，多神教的文脈で（とりわけオルフェウス教で）非入信者，すなわち儀式から遠ざけておくべき者たちを指す．それゆえ hagios と bebêlos は，ヘブライ語での聖／俗の対を翻訳するために対立物の対のかたちで現れる．多神教的語義では比較的稀な hagios は第一にさまざまな聖所を，ときには儀式や祖先さえをも指し，それらは特別な宗教的敬意の対象となる．

hagnos は，神々と同様にある一定の人間たちを指す形容辞として，生殖と死の諸条件から解放された純粋さの一形態を意味している．

古代ローマ——ラテン語は，神々に属する領域と，人間が多少とも自由であるような領域との区別を行っている．形容詞 sacer で名指される聖なるものは，神々の固有性をなすものである．sacer は，寺院（fanum）から取り下げられたもの，人間の使用に返されたものを指す profanus と対立することがある．人民裁判によって有罪を課された人間は sacer となることがある．そのときこの人物は人間の諸法の影響の埒外に放擲されたとみなされる．人はこの人物を司法による訴追の危険を冒すことなく殺害することができる．クレール・ソティネル〔Claire Sotinel〕が指摘するように，「sacer は神的性質［を指すの］ではなく，人間が神的性質にあてがう性質を指している．それゆえ神々は聖なるものではないし，いかなる物品も神的なものとみなされることはできない．聖なるものとは，当該の物品が人間による決定を下されて有することになる司法的性質である」（*Revue de l'Histoire des Religions* 2005, Tome 222, p. 425, note 45）

形容詞「俗なる」〔profane〕は，異教的古代からすでに，精通した者に対して無知なる者を，入信者に対して非入信者を指す比喩的用法を持っている．そのとき俗なるものは，芸術工房，すなわち寺院ないし秘儀の部屋を模して作られた工房の外部にいる者となる（ホラティウス『頌歌』第 3 巻第 1 歌第 1 行参照．「私は不信の輩を黙殺し，遠ざけておく」）．この意味は，デュルケームとその学派が介入するまでは，依然として近代における用法を支配することになるが，とはいえ教会的用法にはラテン語の当初の宗教的語義の残存が確認できる．この語義では，俗化するという動詞は，聖域の空間から物品を取り下げ，それを神々の世界から人間の世界に受け渡す行為を名指している．

人類学的アプローチ

18 世紀以降，聖なるものというラテン語の語彙はいくつかの異郷的観念と直面した．こうしてポリネシアのマオリ語の用語である「タプ」（Tapu）〔英語の「タブー」の語源〕が，1784 年公刊のキャプテン・クック〔James Cook〕の 3 回目の旅行記に涵養されたヨーロッパの好奇心に手渡された．この用語は「未開的」な禁止の形態を指すものとして，即座に英語に入り込むこととなった．マオリ語の「タプ」は，いかなる禁止の対象にもならないものを名指す別のマオリ語の「ノア」（noa）の概念との関連で定義される．有標のものと無標のものとのこの明確な対照は，ラテン語の sacer と profanus との対立に非常に遠くから結びつくこととなる．この対照は 19 世紀に聖なるものの新しい考え方の成立に貢献した．

クロード・レヴィ＝ストロース〔Claude Lévi-Strauss〕は，民族学者の旅行によってもたらされたもう一つの語，すなわちマルセル・モースが分析した「マナ」（mana）〔『呪術論』〕について，そして同型の多様な範疇について，それらは「意味内容が未規定であるような価値を表す」ための概念であり，「それ自体は意味を欠いていて，それゆえいかなる意味をも受け取ることのできる」概念だと述べている．レヴィ＝ストロースはある注で次のように明言する（Lévi-Strauss, 1950 p. L）．「マナのような型の諸概念の機能は，それ自体ではいかなる個別の意味内容を含むことなしに，意味内容の不在に対抗することである」．この観点からすれば，聖なるものは俗なるものに意味を与えるものだということになるだろう．ジョナサン・Z・スミス〔Jonathan Z. Smith〕が指摘するように，聖なるものはいずれも，本性上聖なるものであるわけではなく，俗なるものについても同様である．聖なるものも俗なるものも，実体を有した範疇ではなく，むしろ関係を示す，もしくは相対的状況を備えた範疇なのである．それらを隔てる境界は固定されていない．いかなるものも自体的に聖なるものではなく，聖なる諸事物が存在するのはただ，聖なるものではない，あるいはそれほど聖なるものではない他のものとの関係においてのみなのである．

参考文献　BORGEAUD Ph., « Le couple sacré/profane : genèse et fortune d'un concept "opératoire" en histoire des religions », *Revue de l'histoire des religions*, 1994, 211, pp. 387-418. – BOUILLARD H., « La catégorie du sacré dans la science des religions », in E. Castelli（éd.）, *Le Sacré. Études et recherches*, Paris, Aubier-Montaigne, 1974. – CAILLOIS R., *L'homme et le sacré*, Paris, Gallimard, 1939（« folio / essais », 1988）.（ロジェ・カイヨワ『人間と聖なるもの』［改訳版］塚原史・吉本素子・小幡一雄・中村典子・守永直幹訳，せりか書房，1994年）– COSTECALDE Cl.-B., *Aux origines du sacré*, préf. M. H. Cazelles, Paris, Letouzey et Ané, cop. 1986（repris dans le *Supplément au Dictionnaire de la Bible* X, pp. 1342-1393）– DURKHEIM É., *Les Formes élémentaires de la vie religieuse. Le système totémique en Australie*, 2e éd., Paris, Librairie Félix Alcan, 1925（1re éd. 1912）.（エミール・デュルケーム『宗教生活の基本形態――オーストラリアにおけるトーテム体系』上・下，山崎亮訳，ちくま学芸文庫，2014年）– ÉLIADE M., *Le Sacré et le profane*, Paris, Gallimard, 1965.（ミルチャ・エリアーデ『聖と俗――宗教的なるものの本質について』［新装版］風間敏夫訳，法政大学出版局，2014年）– LÉVI-STRAUSS Cl., « Introduction à l'œuvre de Marcel Mauss », in M. Mauss, *Sociologie et anthropologie*, Paris, PUF, 1950, pp. IX-LII.（クロード・レヴィ＝ストロース「マルセル・モース論文集への序文」〈モース『社会学と人類学 I』所収〉有地亨・伊藤昌司・山口俊夫訳，弘文堂，1973年）– OTTO R., *Das Heilige. Über das Irrationale in der Idee des Göttlichen und sein Verhältnis zum Rationalen*, Gotha, 1917, traduction fr., *Le sacré*, Paris, « Petite bibliothèque Payot » n°128.（ルドルフ・オットー『聖なるもの』久松英二訳，岩波文庫，2010年）– RIES J.（éd.）, *L'expression du sacré dans les grandes religions*, dans la série *Homo religiosus*, Louvain-la Neuve, t. I, 1978, t. II, 1983, t. III, 1986. – SMITH J. Z., « The Topography of the Sacred », *in* J. Z., Smith, *Relating Religion. Essays in the Study of Religion*, Chicago University Press, 2004, pp. 101-116. – SMITH W. R., *Lectures on the Religion of the Semites. First series: The Fundamental Institutions*, Edimbourg, 1889（Burnett Lectures, 1888-1889）.（W・R・スミス『セム族の宗教』前・後篇，永橋卓介訳，岩波文庫，1941-1943年；岬書房，1969年）– SCHEID, J., *Quand faire, c'est croire. Les rites sacrificiels des Romains*, Paris, Aubier, 2005.

フィリップ・ボルジョー Philippe Borgeaud

〔藤岡俊博訳〕

→ **儀礼（儀式，儀式性），供犠，犠牲，国家，市民宗教，宗教性，内在／超越**

聖　地
LIEUX SAINTS

他の多くの実践や制度と同じように，宗教も空間に対する意味づけを行っている．宗教における場合，そのような空間的意味づけの契機は，表象（超自然的存在は場所や領域に結びつけられうる）および儀礼実践のうちに見いだされる．後者の遂行には，それに特化し価値づけられたなんらかの空間や建物がしばしば必要となる．したがって，広い意味では，なんらかの宗教的観点から価値づけられた空間全体を「聖地」（あるいは「神聖な場所」）と呼ぶことができる．それは，神話や聖なる物語がある場所を超自然的な人物や宗教の開祖たちと関係づけるという場合もあるし，あるいは単に礼拝の実践のための場所という場合もある．ここではこうした場所を特徴づけるために，「聖なる」〔sacré〕とともに「神聖な」〔saint〕という形容詞を用いるが，これは何か理論上の確固とした意図があるわけではない．いずれにおいても，崇敬のさまざまな印やタブーの遵守など，空間の価値づけに関わる観察可能な実践に関係するものを意味している．

宗教的なものの空間へのさまざまな関わりは，その場所をどの程度，どれくらい特別化するかということについての多様性を生む．そのさまざまな段階の一方の端に当たるのは「聖なる地」であろう．それは，この世界において特別で唯一の「場所」であり，とりわけその地を外部から思い浮かべる人びとのためのものである．ヒンドゥ教徒にとって，神々や信仰に身を捧げた人びとと不可分の土地であるインドについての一般的な見方とはこのようなものである．もう一方の端に当たるのは，前者とは反対に，ある場所の宗教的価値全体がきわめて小さな空間に極所化されるというものである．たとえば，信者が触れたり抱擁したりしなければならない岩である．空間の階層化というスタイルには，きわめてよく出会う．「至聖所」を中心にして神聖性の同心円が徐々に弱まっていくようなものである．また，何よりも場所のもつ性格自体によってその空間に高い価値が与えられることもある．たとえば，人間が手を入れた領域とは異なる山，森，「砂漠・荒野」などだ．このような自然環境は，つねに神聖性に浸された場所とされる（たとえば，超自然的存在との思わぬ出会いに絶好のものだとみなされる）が，その宗教的な性格が最も効果的なものとなるのは，その枠組となる儀礼実践の機会においてである．

それぞれの宗教が行う聖地についての神学的理由づけとは別に，聖地が持つ意味と機能は，第一に人類学の方法で分析される．なぜその空間が選ばれたのかに着目することで，最初の類型が引き出される．まず，ある場所がそれ固有の性格のゆえに聖地とされる場合，すなわち，なんらかの起源譚によって，特定の超自然的存在者やその意志に結びつけられて特別なものとなっているような場合である．いま一つは，単に実用的な理由によって礼拝の場がある場所に置かれる場合である．要するに，地域集団などの要求を満たすべく，ある空間を聖地のネットワークで階層化するためである．いずれの場合においても，聖地は，ある特定の領域と実践形態の多様性とに関連づけて理解されねばならない．つまり，近いか遠いか，抜群の知名度で日常的に大勢の人を集める場か特別な巡礼の地なのか，定期的に礼拝が行われるのか，それとも特別な儀式だけが行われるのかといったことである．

聖霊が息吹く場所？

最初のタイプの場所に関して，宗教史と人類学は，長いあいだ，その場所の影響力と聖地に選ばれた象徴的動機についての仮説を提示してきた．

創成の神話，神の示現，聖遺物あるいは聖なる実体の痕跡の存在，もしくは聖なるものや神，崇拝対象など，その場所を信じる人びとが滔々と語る理屈を超えて重要なのは，その場所に宗教的意義を与えるように促す，場所自体が持つ特性である．第一の潮流は，ミルチャ・エリアーデによって有名になった宗教現象学ないし元型の問題系である（Dupront, 1987）．この立場は，価値づけられた諸場所を聖なるものの体験についての普遍的なカテゴリーと結びつける．

確かに，経験に基づいた参照可能なデータを一瞥するだけでも，聖なる場所の地形の共通性は十分に明らかである．たとえば，山の頂上，地質的な独自性（源泉，洞窟，人間のような形をした岩），考古学的な独自性（遺跡，巨石記念物など），生態的な独自性（砂漠，原生林）などだ．つまり，こうした場所を聖なるものとしているのは感情に訴える力であり，その力とはいまや神秘的なものとなっている過去のあるできごとや自然がもたらした顕著で例外的な要素によるものなのである．先天的かつ不変なものとして「聖なるものの感覚」を備えた宗教的人間（Homo religiosus）は，ある一つの場所が持つ崇高さを宇宙的な陶酔へと変えるのだろう．その場所の持つ不気味な奇妙さを聖なるものの印画といったものへと変えるのである．

この仮説は，今日では十分な支持を獲得して常識の一部となっている．それは，記述的なレベルにおいて，きわめて多様な諸宗教の伝統に属する聖地を一つの血族として扱い，不可思議で雄大な自然の光景が持つ感情に訴えるエネルギーについても十分に説明をしてくれる．したがって，奇跡とされるような形態（たとえば生きものや人間のような形をした岩）や，あるいはジャン・バザンが強調したような特別な目立ち方をしている自然の事物（たとえば巨木や屹立した岩）は，宗教世界の形成において重要な役割を果たすとされる（Bazin, 1986）．不思議な場所（それは聖堂のなかに設えられたグロット（人工的洞窟）や岩のなかにみられる剣で突かれてできたような空隙など，人造と自然の区別を揺るがすような場所）は，反直観的な実体や幻想的なものの存在（たとえば，その不思議な風景を生んだ巨人のイメージ）あるいは神々のようなものを喚起させるであろう．

起源譚は，しばしば特異な自然物と奇跡的なできごとのあいだのつながりを詳しく説明する．このようなわけで何世紀ものあいだ，エルサレムへの巡礼者たちは，死海はソドムとゴモラが滅亡してできたというその土地の「ガイド」を学んできたのである．さらに一部の巡礼者は，死海の湖岸にある岩の塊のなかに塩柱にされたロトの妻の痕跡さえをも見いだしたのである．

以上のような「聖なるものの感覚」に還元するこれらの仮説の短所は，歴史性も聖地の社会的機能も説明できないことである．この点はフランソワーズ・デュナンが指摘している（Dunand, 1997）．同時に，彼女は（暗黙のものであれ，明示的なものであれ）異教は自然と結びついた聖地を有し，キリスト教は聖なる物語によって価値づけられた聖地を有するという仮説にも異議を唱えている．さらに付け加えるならば，このような仮説は，経験的に疑わしい場合であれ，どんな陳腐な風景のなかにでも「深い感情」を掻き立てるような痕跡を無理やり見つけ出そうとする．たとえば，柱，木，棒状のものなどは「世界軸」であり，洞窟や簡素な穴も，つねに「冥界」のものだというのである．

構造人類学に着想を得たアプローチは，社会実践が生む効果を考慮に入れた場所の意味論をより詳細に分析することで，この困難の一部を乗り越えている．これにより，野生／飼い慣らされたもの，自然／人工，中心／周縁という対立と，崇敬対象の性格と結びつけられた場所の意義とが考察できるようになるのである．たとえば，神聖な場がどこに配置されるかは生産（農業，遊牧）に関わる人工的な土地区分，人や物の交流（山地における峠の価値など），それぞれの共同体の領域や境界線の決定と対応しているのである．

いくつかのケースでは，空間を宗教的なものに適応させることが，自然あるいは超自然の脅威に対する防御となっている．たとえば伝承によれば（カタルーニャ州のモンセラートのような）マリアの出現地やマリア崇拝が非常に盛んな地は，悪魔が頻繁に訪れた空間と結びつけられてきたのである (Albert-Llorca, 2002).

神聖な場の設置は，その場所の社会的な意義を宗教的な文脈に移し替えることもある．たとえば，人間の (活動する) 空間と野生の空間との境界に位置する神聖な場はいくつもあるが，そのような場所は媒介というものの象徴体系に関わる性質を帯びており，そこで生じた奇跡的な仲介をもっともらしいものにしている．またこうした媒介は，このようなタイプの場所と結びついた存在，つまり隠者のような人びととして具体化されうるものである (Fabre, 1986).

したがって，このようなタイプの分析によって，単なる自然形態を論ずるだけでなく，場所についての人間の営み，つまりは人間の実践によって与えられる意味を空間のカテゴリーのなかに読み込むことができるようになる．たとえば，野生のものと飼い慣らされたものという考え方は，動物神や植物神あるいは場所に結びついた神話のなか，さまざまなかたちで見てとれるが，それらは超自然的なものとの媒介についての意味論を，経験というレベルに書き入れるための豊かな材料を提供してくれる．

しかしながら，場所の持つ表現の豊かさがこのように特定されてしまうと，ほとんど他の可能性が考慮されることなく，媒介という解釈に還元されてしまうおそれがある．ここでもまた，ある場所が聖地とされた無意識の原因を探求することで，明瞭な動機づけを考慮せず，聖地の形成に関する社会的および歴史的側面を過小評価してしまうことになるかもしれない．

つまるところ，きわめて実りある分析方法とは，記憶を参照しながら聖地について考えることである．M・アルヴァックスは集合的記憶の理論に基づいて「聖地における福音書の〔伝説的〕地誌」を解明してみせた．岩や道が生きたものになるには，それらの意味を与える集団，伝統，実践が必要である．巡礼はそれ自体伝統を作り出し，さらに巡礼の動機となる創始者のエピソードだけではなく，巡礼そのもののリアリティをも記念するのである．このような意味で，巡礼者の宗教的経験を作り出すのは，場所をめぐる実践，さらにはその場所に人が集まることそのものといえる．つまり，巡礼者は物語を通じた信仰の歴史的な奥深さだけでなく，舗石のすり減り，幾度も触られてきた彫像の摩耗など，過去の世代が残した諸印をも意識するのである．そしてそれによって，巡礼者はダニエル・エルヴュー＝レジェが「信仰者の系譜」と呼ぶものに組み込まれることを非常に具体的なものとして感じるのだ．それは空間的な根付きによって強化された宗教的帰属についての特別な経験である．しかしながら，このような観点に立つならば，聖地は必ずしも目立った印を持つ地である必要はないということがわかるだろう．(教区教会のような) 地域のグループの日常的な儀礼のために用いられている建物も，歴史的な奥深さを想起させるという点では，同じ役割を果たしうるのである．

結局のところ，聖地は三重のプロセスを経て，聖地という地位の正当性を獲得していくように思われる．理想的なかたちとしては，創始者の物語がその場所の聖性の明白な理由を語っていること，そしてその自然環境が超自然的なものとの出会いや仲介にふさわしいものとなっていること．さらに，今も昔も人びとがそこに集うことでその場所の力を保証していくことである．

これらの要素はそれぞれに，決定的な役割を果たしうる．まず，いくつかの聖地は何よりも物語の力によって活性化していると理解できる．特にそこが（現代において最も典型的なメジュゴリエ〔ボスニア＝ヘルツェゴビナ〕の場合のように）マリアの出現が続いていると考えられているような現在性のある開かれた場所である場合にはそうである．そこでは，伝統ではなく，新しさが価値をもたらしている．見神者たちのカリスマを持続させる預言的な性格を場所そのものが持っているのである．実際，カトリック世界において，聖地（教区や司教区で構成される地理とは別のものとして広まっている巡礼の目的地としての場所）では，超自然的なものとの直接的な関わりを持ったカリスマ的人物の記憶にみな結びついている．カリスマ的人物と日々の礼拝が行われる場所や建物との関係は，M・ウェーバーが預言者と祭司のあいだに認めた関係性と類比的である．このようなわけで，カリスマ的な人物が奇跡をほとんど独占していると理解することができるだろう．ここでいう奇跡とは，儀式における通常の執行者が持つ権限を超えて，神的なものとの直接の交流を引き起こすようなできごとである．

より日常的な聖性

「聖地」という概念は，主として，ここまで論じてきたようなかたちで宗教が土地へと根差すかたちを指す．しかしこの概念は，墓地，埋葬場所，教区教会，そして村や街中に作られた住民たちの日々の祈りの場（モスク，寺院，パゴダなど）といった普通の場所に関しても用いられる．神々の像や儀礼用具，あるいは聖職者やそれに類する人びとの存在が，おそらくはこうした場所と建物に永続する聖なるオーラを与えている．しかしそれでは，あらゆる祈りの場所は必然的に聖なる空間，つまり，特別な行動規範と禁忌に従わなければならない空間になるということだろうか．別の言い方をすれば，祈りには，儀礼が行われていない場合も含め，それ自体が高い価値を持った特別な空間が必要なのだろうか．この問いは，神の厳格な超越性を主張する神学的文脈のなかに位置づけられることで，いっそう深刻なものとなる．なぜキリスト教徒やムスリムの神のような存在が，われわれの惨めな現世空間に対して，あれこれ特別な関わりを持つのだろうか．

中世のキリスト教世界において，この問いは，一部の反主流派によって提起された．クリュニー修道院長のペトルス・ヴェネラビリス〔Petrus Venerabilis〕は「寺院を建てるのは無駄である．なぜなら，神の家は無数の石の寄せ集めではなく，信者の集まりからできているからである」（Iogna-Prat, 2000 から引用）というピエール・ド・ブリュイ〔Pierre de Bruis〕とその一派による異端的主張（1120 年頃）に言及している．異端の創始者とその弟子たちは，この原則を実行に移した．彼らは教会を穢し，祭壇を破壊したのである．

反儀礼主義・合理主義のなかに存するこのような論点は，教会の諸実践に対して反対するものであるということに注意するべきである．たとえば，幼児洗礼や十字架崇拝の拒否，聖体におけるキリストの「現存」説や死者のための典礼行為の拒否である．実際，中世の異端派のほとんどにおいてそうであったのだが，問題となるのは聖職者という媒介権力についてなのである．要するに秘跡であれ礼拝の場所の聖性に対してであれ，彼らが反対を示したのは，聖なるもののあらゆる客体化された（つまりは「呪術的な」）形態についてなのである．

場所の聖化は，したがって，制度の権力というものを反映している．つまり何かを聖別するという公認された権力，敷居を跨ぐことへの不安感をふるまいと身体で構成されるリアリティに組み込む権力である．聖職者と信徒，古参と新参，教会のメンバーと部外者のあいだに存在する不可侵のヒエラルキーに由来した尊敬の念といったものもまた，このリアリティに組み込まれる．

宗教的帰属に関わる問題点が特にはっきりしているのは，至聖所（メッカやエルサレムの岩のドームのような巡礼地）への立ち入りを信者だけに限るイスラームにおいてである．イスラームでは，礼拝のためにモスクに立ち入る前に，儀礼的な沐浴によって十分に清浄であることも求められる．そのため，場所と関係する規定は，礼拝に関わる人やもの——聖職者，聖像・聖画，信徒用の聖別された——に関するより幅広い規定と一致する．つまり特定の区画や建物は，聖なるものとの接触感染によって聖なるものとみなされることもあり，あるいはまた，カトリックの聖堂の場合のように，それぞれの建造物が聖別儀式の対象となることもある．後者の例においては，礼拝の場所の聖性は，それ自体として特別に価値づけられているとは思われない．むしろ信徒は，慎み深いふるまい，礼儀正しい服装，あまりにあからさまな世俗的行動をしないといった特別な敬意を当たり前に要求されることで，聖なるものを感じるのである．またキリスト教においては，小聖堂や小祈禱室，十字架像，十字架の道行像といったものを並べた大きな網目によって日々の礼拝の場所を二重化してきた傾向がある．それらははっきりした伝承上の根拠を欠きながらも，その土地土地の規模に応じて，制度的な場所と預言的な場所，日常の礼拝と特別な祝祭とのあいだにある緊張関係を表してきた．

こうしたことは，ウィリアム・クリスチャン〔William Christian〕が「ローカル・レリジョン」(1980) と呼んだものの基盤であり，たとえばそれぞれの教区に，大巡礼地と似たような聖性（と権力）の源泉を設置するようなものである．さらに，こうしたタイプの信仰は，なんらかのより有名な聖地を写しとしてみることもできる．たとえば，ルルドの洞窟を写したものは数多く存在する．「ローカル・レリジョン」という形態はカトリックのあらゆる場所に存在したが，それが今でも残っているかどうかはまちまちだ．クリスチャンが述べるように，スペインにおいて特にローカル・レリジョンが好まれるというのは偶然ではない．地域の共同体への帰属に関する感情がもたらす特別な力が根付いているからである．また，ローカル・レリジョンは，最近数十年間で，次第にその土地固有の色合いを持つようになり（Albert-Llorca, 2002)，その場所と関わる集団のさまざまなシンボル表現を巻き込む状況になっている．

聖地，記憶の場所，名所

複数の宗教が出会う状況において，あるいは単に観光目的の訪問の場合には，外部の人びとが表す聖地への尊重は，他者の信仰の尊重にすぎない．これは，特定の宗派とは関わらない死や死者を想起させる聖性を持った場所についても同様である．たとえば，墓地，石碑，霊廟などであり，これらの特質は市民的な信仰や世俗的な尊敬という文脈にある．国家と結びついた儀礼や象徴的な建造物といったものもまた，特徴的なモニュメント（戦没者追悼碑，公共空間に作られた彫像）や記念のための場所によって，新たに聖なる地理を作り出している．フランスを例にとれば，ドゥオモンの戦没者納骨堂や第一次大戦の記念碑などがそれに当たる．特定の記憶に関わる場所に存在する同様の碑としては，労働運動のための「連盟兵の壁」〔ペール・ラシューズ墓地〕，オック文化擁護運動者のためのモンセギュールの城などがある．こうした場所に価値を与える方法は，本質的には聖地の場合と同じである．つまり，季節ごとの儀礼の挙行，巡礼，信仰の系譜への帰属，集合的記憶の生成である．

同じような秩序のなかに，純粋に美的あるいは観光的な観点に立つ（自然や芸術の）「名所」という評価を位置づけることはためらわれるだろう．しかしながら，おそらくそこには，観光と巡礼のあいだに想定しうる比較関係についての根拠のないメタファー以上のものがある．かつての巡礼者の多くは，現代の旅行者が冒険に対して持つのと同じ好奇心と意欲を持っていたのである．一方で，現代の旅行者については，芸術家たちの最高傑作や名高い自然環境・名所と疑似宗教的な関係を結ぶ可能性がある．同じように，多くの作家の家，地域の名士の博物館なども，かつてさまざまな土地に聖人崇敬が広がっていったさまを思わせる．ここで問題となるのは，世界中いたるところでみられる伝統遺産化が持つある側面である．こうした遺産化はまた，アイデンティティの要求にも応えている．そのようなわけで，モン・サン・ミシェルのような大聖地は本質的に，国家的そして美的・観光的な名所になりうる．しかし，こうした一致は部分的なものであり，狭い意味での聖地に期待されている奇跡や癒しについては，聖地特有のものであり続けている．しかし同時に，両者に共通する意味論的な諸要素が名所を聖地に近づけていることも明らかである．人を驚嘆させ，超自然的な何かの印になりうるあらゆるものは，純粋に世俗的な観点からみても，人を魅惑する力を保ち，その力をつねに再発見させるものなのである．

参考文献　ALBERT-LLORCA M., *Les Vierges miraculeuses. Légendes et rituels*, Paris, Gallimard, 2002. – BAZIN J., « Retour aux choses-dieux », *Le Temps de la réflexion* n° VII, Paris, Gallimard, 1986, pp. 253–273. – BRUNET S., JULIA D. et LEMAITRE N.（eds）, *Montagnes sacrées d'Europe*, Paris, Publications de la Sorbonne, 2005. – CHRISTIAN W. Jr., *Local Religion in Sixteenth-Century Spain,* Princeton, Princeton University Press, 1980. – DUNAND F., « Lieu sacré païen et lieu sacré chrétien. Autour des pèlerinages », in *Le Comparatisme en histoire des religions*, Paris, Cerf, 1997. – DUPRONT A., *Du Sacré. Croisades et pèlerinages. Images et langages*, Paris, Gallimard, 1987. – ELIADE M. *Traité d'histoire des religions*, Paris, Payot（ミルチャ・エリアーデ『宗教学概論』1・2・3〈『エリアーデ著作集』1・2・3〉堀一郎監修・久米博訳，せりか書房，1974 年）– FABRE D. « Le sauvage en personne », *Terrain* 1986, n°6, pp. 6–18. – HALBWACHS M., *La Topographie légendaire des Évangiles en Terre sainte*, 2e éd., Paris, PUF, 1971. – IOGNA-PRAT D., *Ordonner et exclure. Cluny et la société chrétienne face à l'hérésie, au judaïsme et à l'islam, 1000–1150*, Paris, Aubier, 2000. – OTTO R., *Le Sacré. L'élément nonrationnel dans l'idée du divin et sa relation avec le rationnel*, traduction de A. Jundt, Paris, Payot, 1949.（ルドルフ・オットー『聖なるもの』華園聰麿訳，創元社，2005 年；久松英二訳，岩波書店，2010 年）

ジャン＝ピエール・アルベール Jean-Pierre Albert
〔岡本亮輔・熊谷友里訳〕

→ 記憶と伝達，礼拝の場

生命倫理
BIOÉTHIQUE

カトリック教会，医学界，国家の教導権のはざまで

人間の生殖と死亡をどう制御するか，言い換えれば生と性とをどう用いるかに関して，カトリック世界の一部では宗教的教導権が依然として力を持っている．けれども実際の対応は，公式には，脱宗教的なライシテ化された決定機関，すなわち医学界の諸機構が決定する規制に従うものとなっている．さらに，今日ではこれら諸問題の判定基準に，生命倫理の判断基準がともなうようになってきた．とすれば，生や死の制御管理はどの程度厳密な意味で世俗化しているといえるだろうか．

というのも，生命倫理の判定基準が繰り返し行っているのは，さまざまな分離の試み（人間の体と動物の体，生体と死体，物としての体と人格としての体の分離）であり，その議論には生命の神秘に関わる部分が組み込まれてもいる（そこでの価値判断は往々にして，人間としての「身体」や「人格」，またその「尊厳」の保護が，第一義的な，つまり「議論の余地のない」位置を占めている）．こうして生命倫理は，ある観点からするなら，一種の非宗教的な神聖化の作業を行っていることになる．ただし，宗教の教導権と対比してみるなら，生命倫理の教導権，ましてや生命医学の教導権を特徴づけているのは，ある本質的な重点の移行である．議論の重点が，「生命」の絶対的価値から，「健康」の価値へと移行しているのである．こうした転換が引き起こしている結果を広く検討することによってこそ，この今日的神聖化の営みが持つ特質に迫ることができるだろう．

非宗教的神聖化？

身体の，また生きている人の不可侵性が生命倫理の基本的関心だが，生命倫理では他の諸価値との序列関係も検討されている．ただしそれらの価値が尊重されるのは，「生命・いのち」の聖性が持つ絶対的性格を認めることを前提にした上でのことである．したがって，生命倫理の言説にあっては，「生命と健康の科学のための国家諮問委員会」がその第二報告において，「直接的および間接的」に治療に資する研究と，「研究上の意義」を持つが治療に資することのない研究とを区別して以

来，その出発点として，《科学》と《健康》のあいだに公式の序列を据えている．いわんや《経済》的価値は，これに比べて二重の意味で価値を欠くため，ずっと低く位置づけられる．生物学上の所与条件は，したがって，法の定める範囲内で一定の利用はありうるが，営利目的では使用できない．それらは以前よりは操作不可ではなくなっているが，それでも，「修復不能なかたちで損なうことなしには交換したり変更したりすることができない，それ自体の価値を」保持しており，「あらゆる存在論的価値体系を解体してしまう普遍（としての）市場」(Hottois, 1999, p. 59)でこれを扱うことはできない．

「健康」という価値は，ではどのような神聖化の営みの目的となっているのだろうか．カトリック信者にとっては，生きる手立てとしての人間の身体は，超越的な高次の原理の名のもとに，操作不可なものとされている．身体と生命は神から与えられたものなのだから，人間の手を加えることはあってはならないのである．この神の法を《自然》の法へと移すことは，すでに超越の段階を一段下げることである．《自然》の法の価値はもはや，その不可侵性を自らの外部の起源，つまり神から引き出すのではないからである．《自然》の法が有効なのはそれが神の意志の直接的反映だからだとする主張もあるが，それでも超越への依拠は明言されない方向にある．

この，絶対性要請の切り下げは，健康の問題に関してはいっそうはっきりしてくる．健康が大切にされるべきなのは，人が神に対して抱く愛なり畏れなりの名のもとにではなく，医師の名のもとにでさえなく，患者の利益の名の下においてなのである．加えて，「健康」を管理することで患者が手にしようとしているのは，この世での利益であって，もはや超越的な希望ではない．かくして患者は二重の意味で内在の領域へと引き戻されている．第一に，患者が配慮するのは長命であって来世における命ではない．第二に，健康・長命の責任は，いま・ここでの患者個々の態度にかかっている．神を失い，父を失った人間の二重の悲惨であり，信仰の二重のプロテスタント化の成り行きともいえよう（Memmi, 1996）．

さらに，生命倫理および医療の世界においては，「健康」には，カトリックの宗教的言説において「生命」に与えられているのよりも小さい存在論的意義しか与えられていない．その理由は，医者にとって「健康」とは，確かに枢要な価値であるが，同時に，きわめて貴重なものとして認められ続けている生命を保全するための，単に手段としても捉えられうるところにある．そして，手段に関わる者は，算段，合理性，中間手順に関わるのであって，これは純粋に倫理的な命法とははっきり一線を画している．

実践の行き過ぎを制御しようとする場合の，教会と医療の場でのやり方には，それでも類似したところがある．一例を挙げるが，それは結局，そのための具体的な装置が教会と医療の場双方で類似したかたちをとるからである．まず，対話がそのための中心的な要素となる．対面状況のなかで問題が切り分けられ，管理され，ケースバイケースで処置されていく．問題は一つの空間のなかで管理され，それはいわば公的と私的の中間にいる人びとによってなされる．病院の診察室は，教会の告解室のように，他人の目と耳を遮るようになっている（そこに入るには一定の条件が要る．ドアをノックする，職務を示す衣服を身につける，等）．さらに，医師は，自由に選べる職業だが，公共サービス内にいる者でもあり，聖職者同様，公的と私的の中間にいる人物といえる．

さらに，医療と宗教の両方において，主体とその欲求の満足のあいだには，〔満足に至るまでの〕時間と〔満足を得ることへの〕制度的認可を導入する第三者が介入する．ただし，医療機関の診察室では，この第三者が保有している知は，聖職者の場合と異なり，魂の導きを目的とする知につながるものではない．〔教会の告解室では，〕それ自体冒すべからざる諸価値を支えるために，道徳だけが専一にまた明示的に動員されるのに対して，〔医療現場の診察室では〕専用の機器や技術で体系的に整備された〔医学という〕科学が，付随的利益を――つまり「健康」（究極目標は「生命」ではある）を――与えるものとして明示的に動員されるのである．

絶対なるものの強度が低下したことを示すもう一つの指標がある．医療の世界の核心をなす価値――「健康」――に対して払われるべき尊敬が破られた場合にも，本来の意味で宗教的な「聖性」が冒瀆された場合に特徴的にみられる暴力は結果しない，という点である．あまりに頻繁に中絶のために訪れる女性や，自分の健康によくないにもかかわらず非医学的理由であまりに高齢での妊娠を求める女性に対して，破門や，異端宣告や，来世に待ち受ける永劫の責め苦が制裁として与えられることはない．これらの処置は，その実施理由と実際の措置が医療のコントロール下にあるならば，制度上可能かつ適法とされているのだから，罰を受けることは一切ありえない．患者が医師から被るのはせいぜいのところ，そうした措置を歓迎しない医師が示すしりごみ，ためらい，たしなめ，ひいては叱責くらいだろう．つまり「漠然とした制裁」（デュルケームが，たとえば法とその権能を単なる道徳と区別するために，「法律上の制裁」と対比させたものと同じ水準のもの）である．これは今日，生命倫理の問題領域で大変顕著になっている制度的対応の柔軟化の一つである．

生命という価値は健康という価値とも共存しなければならないのだから，生命倫理および生命医学の世界は，否応なく混淆的な様相を呈することになる．これは，二重の意味でいえる．生命と健康という二つの価値は互いと共存するのみならず，他の諸価値とのさらなる折衝を余儀なくされるからである．この点からすれば，生命倫理は，マックス・ウェーバーの言う「価値合理的行為」の範囲になお属している．そこでは関連する価値以外の諸価値ないし諸目的は考慮されないことが特徴である．しかるに，出産に関わる身体上のあらゆる措置（避妊，中絶，不妊手術），また死に関わるあらゆる措置（安楽死要請，自殺）を敬虔なカトリック信者に禁じている生命維持の原則とは反対に，生命倫理が拠って立つと称する諸価値は，異種混淆的であることを特徴としている．一方では，健康がすべてに優先するわけではない（たとえば「クローン療法」〔損傷した臓器の一部から健康な細胞を抽出，培養し，成長させてから身体に戻す技術〕は認められていない．また，妊娠の「治療的」中絶を合法とするためには，少なくとも「医学的」中絶と再命名することが必要だった）．

その一方で，健康の維持という――さらには生命の維持という――命法は，他の諸価値と協調することを受け入れている．とりわけ重視されるのは，個人の自由である．それは，いくつかの国では，安楽死する自由でもあり，医学的ではなく個人的理由で中絶する自由，あるいは生まれてくる子どもが持つことになる障害がその子の生存自体を耐えがたいものにすると想定されるがゆえに中絶する自由である．こうした場合には，生命・生活の質が生命の量に（身体の保持者のそれを含む），あるいは生存の快適さがその単なる継続に，その場の判断として正当に優先することになる．ジョルジョ・アガンベンが詳細に論じた古代世界での対比（Agamben, 1995）を用いていえば，生活としての生（「ビオス」，つまり「ある個人，または集団に固有な，生き方のかたちないしスタイル」）が，「むき出しの生」（「ゾーエー」，つまり「あらゆる生きものに共通の，単に生きているという事実」）の維持に優先するのである．

実際には，宗教界と生命医学界の方針の対立はおそらくさほど截然としたものとはなっていない．まず，「生命」の価値のかけがえのなさ，価値合理性の目的合理性への優越という点は，宗教界においてもそれほど絶対的なものではない．キリスト教会もときには，合理的根拠づけが必要ではあるが，天国と一定の妥協をするすべは心得ていた．教会は現に，輸血や，自然に反しない〔とカトリック教会が判断する〕避妊法を許容しているが，それは自然の不可侵性という原則と折り合いをつけながらである．つまり，「生命」の尊重ゆえに最初の逸脱は承認するけれども，このことは第二の逸脱の論拠とはまったくならない，というやり方である．だから，諸宗教の代表者たちが，生命倫理問題のまったく非宗教的な場に公式に招集されて意見を徴せられるということは，驚くべきことではない（Willaime, 1990）．これはカトリックの神学者からすれば，彼ら宗教者は，聖なるものを保護すると同時に，これと折り合いをつける権能も有しているとみなされていることの証左だと解しうるのである（Doucet, 1992, pp. 58–59）.

反対に，非宗教的人びとの問題関心のなかにも，絶対な何かが，少なくとも潜在的には，まったく欠けているわけではない.《自然》がそれである．その形跡は，生命倫理の言説中にいくつも見いだされる．遺伝子治療に対する見解として，遺伝しうるものに操作を加えてはならないという倫理的原則が明言されているのもそれである（第 21 項）．また，医療判断として父親あるいは母親になれる年齢を法的に定め，それにもとづいて，生殖補助〔人工生殖〕の拒否がなされる場合にも，その形跡は見てとれる（Memmi, 2003）.

さらに，医学の教導権が示す合理的外見の下に，なんらかの隠された道徳観が潜んでいることもありえよう．これは次のような事情による．すなわち，司祭たちは信徒の魂に介入することでその人の身体的行動を制御していたのに対して，医師たちは患者の身体に公的にかつ学問的知識に依拠して働きかけることで，その人の精神を回復するべく努めてもいるのである．ある種の措置（たとえば後期中絶）にたいする医師たちの反対はこのことを証している．医師たちが示す身振りや，しりごみするような態度，これは一種の神聖化を示唆する仕草でもある．これによって医師たちは，自分の経験や職業的見識を背景にしながら，措置を行う側，受ける側双方に，措置が正当かどうか言葉で説明することを省くことができるのである．技術的ないし科学的整形医療が道徳の支配力に優越する状況も，身体に関わる問題を扱う際に行きわたっている二つの面，つまり目に見える科学的論拠と目に見えない価値の側面の混交の上に成り立っている．妊娠している女性に，医師がディスプレイ画面を差しながら，「これが息子さんです．わかりますか？」とか，「これですよ」とかいう言葉が大変大きな説得力を持つのは，こうした言葉をいう側が，道徳とか，聖なるものとか，魂の態度とかとははっきり切り離された知の保有者だと想定された主体であり，そして現代の患者と医師とはいくつかの共通の信仰を分かち持っているからにほかならない．すなわち，ある知のありかた（この場合なら，医療機器の進歩に支えられた見ることの実証主義）への信仰と，いくつかの価値（まず第一に，「健康」という価値）への信仰である.

新たな状況，新たな不確実さ

なぜ，生命ある者のありかたにかんする聖－俗の領域確定の仕事が，このように今も続いているのだろうか．最近になってまた再提起されているのだろうか．第一の理由は最もわかりやすいものである．相対性と内在性のほうへあらゆる問題を引き込んでいこうとする傾向に対して――生命科学の進展，宗教的禁忌を次々に破っていく人体の使用法，人体の一部ないし全部のすでに進行しつつある商品化（少なくとも国際的レベルでは，臓器，代理母出産による子どもたち，さらには養子用の子どもたちが，現に流通している），などに対して――反撃の狼煙を上げようとする志向である．

第二に，医学の領域では，生殖から死亡に至るまで，あらゆることがこの30年ほどで大きく変化しているにもかかわらず，カトリック教会はそうした世俗の状況と妥協することを原理的に拒絶し続けてきた（Pelletier, 2002, p. 261）．避妊（いわゆる「自然な」方法によるもの以外），堕胎中絶（医療目的であっても，暴行による妊娠であっても），人工生殖〔生殖補助〕（既婚者間ないしそれと同等のカップル間の人工授精であっても），自死援助およびあらゆる形態の安楽死，これらは一括して禁止されてきた．この拒絶は，自然法という伝統的問題が本格的に生物学化する〔生物学の問題とされていく〕状況下でなされている．それによって，生物学の領域自体が逆に神聖化されるわけだが，同時に，生命の過程への人間のあらゆる介入を，人間に対する神の計らいへの直接的毀損行為に変えてもしまう．その結果，このような介入を生み出している人間の営みにカトリック教会は十全な意義を認めることができなくなっている（Hervieu-Léger, 2003, pp. 226-227）．

こうして今日では，人間の身体という所与が持つ相対化された神聖性に関わる規範を与えるのは，国家だということになる．この点では，フランス国家は，歴史的事情で，この責務に関してかなり強い権限を保持してきた．フランスでは，1世紀前に国家が教会の庇護下からラディカルな仕方で脱出したために（また同時に，個人の自由に矯正的に介入しようとするフランス国家の伝統という理由もあって），身体という所与および自然の神聖な価値は，世俗の人びとの自発的創意で維持されるほかはなかった．またそれが可能でもあった．その結果，ジルベール・オトワが適切に指摘していることだが，フランスは，人間の身体の地位に関する一連の法律を制定するために，国立の倫理委員会という制度を最初に発案した国となったのであり，またフランスは，欧州委員会の倫理問題に関する諸部門やＥＵの経済効果万能主義的動向に対する告発行動においてきわめてアクティブな態度をとってきている．

しかし，人間の生物学的所与に，すなわち人間の生命の存続が依拠しているものにたいして，どのような特殊性・特別性を認めうるだろうか．以下では，いくつかの主張を，仮説として提出してみたい．少なくとも常識的理解では，身体という所与が帯びる意味内容は，生との，あるいは死との近さに応じて著しく変動する．魅力的なもの，あるいは希望の源泉であるものから，ひどくおぞましいものへと変わりうる．たとえば，生まれ育つはずの胎児の身体から，生まれることのない（あるいは出産の意図がないために忌避された）胎児へと反転し，治るはずの病人の身体は死にゆく人の身体へと，命を救う臓器は廃棄物にまで格下げされた不要な臓物に反転する．若々しい身体もまた，老いゆく身体との関わりでみれば，予告された死へのタイムスケジュールとなる．生体の有機物質は，死の接近を示す兆候を早々と，感覚的に，視覚的に，嗅覚的にも露わにしてくるものなので，こうした魅惑と嫌悪はいっそう確かなものとなる．

この仮説が正しいとするなら，身体という所与への見方は，ましてやそれを操作することは，深いアンビバレンスを抱え込むことになるだろう．ここでは，サケル〔聖なるもの〕をプロ－ファーヌム〔聖域の外のもの＝俗なるもの〕から分離しようとする作業，すなわち，人間の生命・いのちの領分に属するもの——これからそうなるもの（胎児，卵子，細胞）や，たった今までそうだったもの（臨終直後の遺体）も含む——と，死の領分へと遺棄してよいものとをはっきり画定しようとする作業は，この聖と俗という二つの観念にともなう激しい情動に捉えられることになろう．

その最も原初的なかたちが愛好と嫌悪である．デュルケームは聖なるものを定義するに際して，それが愛好／嫌悪，愛着／恐怖といった二重の反応を喚起することを特に指摘している．こうして，生物学的物質性において人間的なるものを考えるとき，次の点が明らかとなる．生体としての人間の物質性があるときは愛着を，あるときは嫌悪感を引き起こすのは，それが同じ関心のもとで，とりわけ生死に関する同じ機能的観点で捉えられてはいないからなのである．

次に，病院死という死のゲットー化の進行，死刑の廃止，祖国のために死んでいったとされる人びとへの，その一人ひとりの命の喪失を前にしての感動，子どもと成人との中間の人生の一時期として「若者・青年期」が比較的近年になって想定されるようになったこと，老化および健康を害しうること一切への強迫観念的恐怖，老年期も若年期もさらにいくつかの年代に細分化されること，こうした多くの事象は，生／死の二律背反に結びついた感情が先進社会にあってもいささかも弱まってはいないことを示す指標といえる．というのも，健康という価値の称揚の背後にあるのは，神に与えられたものに取って代わって間もない，「生命・いのち」の不可侵性についての新たな捉え方なのである．すなわち，神の定め給うポスト・モルテム〔死後生・来世〕の放棄という，まさにこの理由によって，この世での一人ひとりの生が，その長さや質が，それだけいっそう貴いものとされることとなった．「生命」の不可侵性，これは今日では，人生〔人間的生涯〕と生存〔生命の存続〕，すなわち「ビオス」と「ゾーエー」という二重の意味で捉えられている．つまり非宗教的な，そしていっそう混成的な不可侵性なのだが，これは宗教的な不可侵性を引き継いだものとみることもできるだろう．

こう考えれば，生と死を区別する移行線上のどこに，生物学的に捉えられた人間の臨界を据えるべきか，これを定めることが重要な問題であり続けている理由も理解できる．科学の進歩は，しかし，この問題に関する共通理解の構築にはあまり役に立たない．死者の口もとに〔微細な呼吸の有無を確かめるため〕鏡を差し出すこと――「生ける死者」が埋葬される〔早すぎた埋葬の〕おそれを防ぐ，往時のささやかな手立て――をやめて以来，人は死の立証法を次第に厳密化し，医者の管理下に置き（死亡証明書），行政化（身分吏〔戸籍管理人〕による認定）してきた．しかし，生命維持装置のもとで意識のない人びと，生育可能だが出産目的ではない胚といった，科学が相当長いあいだ存続することを，あるいはそれ以上のことを可能にしている新たな「生ける死者」たちに，私たちは取り囲まれている．生きた人の生育の諸段階を評価する検査機能が精密化するにつれて（胎児の成長段階を確かめるためのエコー造影，脳の活動終了を検知するための脳造影），生命の連続性の可視化と，生／死の移行の瞬間の不可視化もまた進行している．

結局，この移行の瞬間にまつわる不確実さが引き起こす混乱は一向に収まらず，その一方で，死に対する拒絶感や，それにともなう死の瞬間への恐怖は増大しているようにみえる．ヨーロッパでは，キリスト教会はこれらの問題に関する真理の独占者ではもはやないし，従来の対処法をそのまま持ち出すことも避けている．おそらく，「〔生と死の〕分離」という営為の深刻さを，また，今日われわれが目の当たりにしている非宗教的「神聖化」の営みと称するのがよいと思われる事柄を説き示すのに，教会にとってもその必要はないのだろう（Maître, 1985, pp. 179–183）．ただし，この営為はまた，人間の生物学的条件を管理制御することへの国家の介入という意味で解された，いわゆる生政治（ビオポリティック）という，より包括的な領域に属するものとして理解するべき事柄でもある．

参考文献　AGAMBEN G., *Homo sacer*, Paris, Seuil, 1995.（『ホモ・サケル――主権権力と剥き出しの生』高桑和巳訳，2007 年）– BOURDIEU P., « Le corps et le sacré », introduction à : « Le commerce des corps », *Actes de la recherche en sciences sociales*, sept. 1994, n°104, p. 2. – DOUCET H., « La contribution du théologien en bioéthique », in M.H. Parizeau, *Les Fondements de la bioéthique*, Bruxelles, De Boeck, 1992, pp. 49–62 : 特に pp. 58–59. – DURKHEIM É., *Les Formes élémentaires de la vie religieuse*（1912）, Paris, PUF, 1985, p. 55.（エミール・デュルケーム『宗教生活の基本形態――オーストラリアにおけるトーテム体系』上・下，山崎亮訳，ちくま学芸文庫，2014 年）– HERVIEU-LÉGIER D., *Catholicisme, la fin d'un monde*, Paris, Fayard, 2003. – HOTTOIS G., *Essais de philosophie bioéthique et biopolitique*, Paris, Vrin, 1999, p. 59. – MAÎTRE, J., « Les clercs du monde médical », in G. Vincent *et al., Les Nouveaux clercs*, Genève, Labor et

Fides, 1985, pp. 179-187. – MEMMI D., « Des morales au vestiaires », chap. 6, in *Les gardiens du corps*, Paris, Éditions de L'EHESS, 1996 ; *Faire vivre et lesser mourir. Le gouvernement contemporain de la naissance et de la mort*, Paris, La Découverte, 2003 ; « Administration du vivant et sacralité », in J. LALOUETTE *et al.* (ed.), *L'hôpital entre religions et laïcité*, Pars, Letouzey et Ané, 2006. – PELLETIER D., *La Crise catholique. Religion, société, politique en France (1965-1978)*, Paris, Payot, 2002, p. 261. – WILLAIME J.-P., « État, éthique et religion », *Cahiers internatinaux de sociologie*, vol LXXXVIII, 1990, p. 203 sq.

ドミニク・メミ Dominique MEMMI
〔鶴岡賀雄訳〕

→ 死，聖／俗

世界化／グローバル化／トランスナショナル化
MONDIALISATION / GLOBALISATION / TRANSNATIONALISATION

用語の定義と意味の境界線

「世界化」〔mondialisation〕と「グローバル化」〔globalisation〕は，今日的な事態であると同時に，長い歴史のなかで定着してきたものであり，インターネットとともに始まったわけではない．「世界化」という言葉が公共空間で用いられる社会の数はますます増加し，そこには南北両世界，さらには自由主義・民主主義・資本主義・独裁体制・教権政治が含まれる．この語は，示唆的なかたちにとどまることが多いとはいえ社会科学の文献にも登場する．「世界化」という呼称が「フランス」的であると考える人にとっては，「グローバル化」という用語は英語圏の言い回しとして受け取られるだろう．ただし，国ごとの類型に分けるというやり方は，まったく唯名論的な思考であり，ときには非常に国粋主義的ですらあることを認めざるをえない．もし，この二つの用語に対してより正確な中身が与えられることが望まれるならば，両者の区別はできない．

世界化とは，さまざまな行為や価値観が国境を越えた空間に広まる論理を指している．それは，動的なプロセスであって，二つの社会的な現実がともに進むと同時に互いに補いあう関係にあることから生じる．一つは，19 世紀のフランスやプロイセンを最も達成されたモデルとするような国民国家の垂直性が弱まっていることであり，もう一つの現実は，国家ではない主役が目を見張るような台頭をしてきており，その正体や地位や機能を明確にしなければならないということである．

グローバル化は，こうした世界化の定義を補足する意味を与える．ある現象が「グローバル」になるのは，まさしくそれが多面性を示したときである．すなわち，社会・経済・政治が連関し，複数のナショナルな空間を突き抜けるような問題が起こることによる．歴史的にみれば，サルマン・ラシュディ〔Salman Rushdie〕に反対して起こった抗議デモは，グローバル化が展開する過程の最初の画期的事件の一つであった．アイデンティティがネイションの枠組を超える（トランスナショナル化）〔transnationalisation〕現象が生じ，宗教とアイデンティティの運動が組織化されることにより，この動きは大きくなった．情報とコミュニケーション技術の発展がそれを可能にした．そのことは，即興的で抑制しがたい性格をこの運動に与えた．とりわけ宗教的狂信の潜在的あるいは現実的な標的となった国々に出自を持つ人びとはそうした脅威を感じている．ここで問題になることもまた地球規模である．というのも，このようなアイデンティティの噴流にさらされる社会や国家においては，それは内政の問題となり，政治と宗教との分離が疑問視されているからである．同時に，このデモは，国際関係の興味深い次元を明らかにする．この場合の国際関係とは，「イスラーム世界共和国」（イスラーム世界の連帯）とイギリスに代表される自由主義国との関係である．この種の分析は，2006年春に起こった衝突や異議申し立てと照らし合わせてみても有効であることがわかる．このとき，デンマークの新聞にムハンマドの肖像が掲載され，その後，インターネットを通じて広まり，それへの反応が暴力へと傾いていった．トランスナショナル化という言葉が明確に意味するように，ネイションの境界を越えるということは，社会的・文化的・政治的にも些細なできごとではすまない．そのような行為がもたらす帰結には，以下の二つの問題がある．一つは，現在の流れを変えることであり，それは送り出し地域の反発を買いかねない．もう一つは，他所から入ってきたものをいかに受け容れるのかということである．というのも，受け入れ側社会は，その他所からのものを自らに対する攻撃と感じ取るかもしれないからである．

「世界化」「グローバル化」「トランスナショナル化」という三つの概念は，冷戦終結の申し子である．ネイションの枠組を超えるこうしたテーマ群は，1970年代の終わりに芽生え，その後，経済的な相互依存についての初期の研究と国際関係システムの分析を活用するなかで成長した．続く10年間に発展を遂げたこれらテーマ群は，国際経済，移民研究，あるいはアイデンティティや宗教に関連する現象についての研究において重要な位置を占めるに至った．「世界化」という概念は，フランスではベルリンの壁が崩壊した数年後に，遅れて登場した．他方，グローバル化（アメリカではglobalizationと呼ばれる）という言葉についてはどうかというと，アメリカとイギリスにおいて，両国の政治的・経済的自由主義の影響から，いたるところで人口に膾炙するようになった．

こうした概念の議論に宗教社会学は重要な貢献をなした．それは特に学者が，「市場」として宗教に関心を持ったことによる．すなわち，宗教が供給するものは複数あり，それに応じて，アイデンティティは多少とも変動するということである．トランスナショナルな宗教空間の最も重要な様相の一つがそこである．しかしながら，トランスナショナルな宗教運動の成功は，それぞれのナショナルな文脈に従って変化する．人びとの心を魅了するためには，ローカルな次元で，経済的にも政治的にも社会的にも個別の期待に応えなければならない．こうした宗教運動がどこで発生し，いかなる文化的な流れの上に成立しているのかは，それぞれの地域で運動がいかに受け容れられ，またいかに溶け込めるのかということと無関係ではない．

帝国主義を再考する

この点については，アメリカ合衆国の事例が注目に値する．アメリカ人は，経済においても政治においても，自由主義の伝統を持っていたため，ネイションの枠組を超えた手段を用いる傾向にある．マックス・ウェーバー〔Max Weber〕による国家の論理について，国家という言葉の定義を最も広く取るならば，アメリカは国家というよりも帝国と定義される．彼らの持つ救世主的な使命感は，国家機構に属する官僚と同時に市民社会の構成員をも駆り立てる．さらには，移民の流れを好む素地をもつ空間ということもあり，アメリカ出身者は空間的な流動性が顕著である．すなわち，アメリカでは，国境を跨ぐかなりの量の人生計画というものを輸出入しているといえる．

したがって，ネイションを超える人の流動性とグローバル化は，冷戦末期にアメリカの力を再強化した．その活力は，「ソフト・パワー」という言葉で形容されるアメリカの国力の必要不可欠な一部分を構成しており，その「ソフト・パワー」には，アメリカの多国籍企業の力，研究・教育の学術拠点の役割，大衆文化の産業のほか，宗教の自由というアメリカの理念による影響力も含まれ，それはアメリカが影響力を持ついたるところで，アメリカびいきの宗教集団を創設するよう促す．たとえば，冷戦の最中に韓国で文鮮明師によって作られた統一教会〔統一教会，世界基督教統一神霊協会〕がそれである．発足以来，この宗教共同体は，明確に親米的な政治的意見を発信し，反共プロパガンダを展開した．統一教会は，アメリカ合衆国の国際的なオーラを伝える外交使節として，アメリカが普遍的救済者としての使命を実現する能力をもつと示そうとした．アメリカが「選ばれた国」であるということは，国境の外側でも認知されていたのである．このような認知に貢献したことにより，統一教会は，韓国，アメリカ，さらには冷戦時に二極化が進んでいたラテン・アメリカ諸国において，勢力を拡大する保証を得た．これに対し，西ヨーロッパにおいて，統一教会がけっして韓国の教会としてではなく，アメリカの覇権的意思を伝達する好ましくない媒体として認知されたのは，まさしくこの教会が，アメリカ合衆国を賞賛していたからである．ベルリンの壁崩壊により，彼らは東欧世界へ進出できるようになった．統一教会は，ロシアのような再建途上で価値の基準を失った国において，有用な意味を提供する存在として活用された．なぜなら，共産主義が限界を迎えていたなかで，その呪縛から脱することは，サタンの爪から逃走し，それに打ち勝つこととして理解されえたからである．アメリカは国家としても社会としても，この教祖に何も要求しなかったにもかかわらず，探そうとしても文師以上に優れた外交使節を見いだすことはできなかった．新マルクス主義者とリベラル派との意見は，この点で一致している．アメリカの国力は，経済と文化の領域を同時に操ることで，「世界の中心」としての自らの立場，すなわち非国家的な各種のイニシアチブを発しまた受け入れるものとしての立場を強化した．しかし，ロシアはこれに抵抗した．1997年に宗教的自由を制限する法律を制定して，アメリカ的な自由主義（リベラリズム）の伝統が浸透した「アメリカ型の」一群の集団の発展に終止符が打たれた．これら集団は，歴代アメリカ政権の「トロイの木馬」であるかのように誤認されたのである．

アメリカの覇権がもたらす脅威に対する反発は，暴力的なかたちをとることもあった．9・11同時多発テロ事件以後に，ネイションの枠組を超える現象の別の側面が重要性を増した．アイデンティティ運動〔新右翼運動〕とテロリズム——これらは重なるときもあるが——の二つが，国際的ネットワークを猛烈な勢いで増大させ，アメリカの権力（あるいはより大きくみれば，西欧の諸制度）を攻撃した．アメリカのイメージが南側諸国や西欧のいくつかの社会で損われるにしたがって，最近の文献で「有害なるNGO」（Malign Non Governmental Organizations, MANGO）と形容されるいくつかの社会運動は，自分たちの異議申し立ての活動を活発化させ，ときには犯罪行為にも至る．この抗議はアメリカの国土のなかで観察されるだけではない．反米主義の表明は複数の形状をとって現れる．ここでも，トランスナショナルな宗教運動に参加することは，しばしばある集団の信仰を共有するということをはるかに超える意味を持つ．その意味は，個人を政治＝経済的な座標軸上に位置づけることになる．しかし，それとは相容れない，もしくは競合関係にある座標軸が同じ領域に入ってくるやいなや，対立の争点になってしまう．

再び韓国の事例が非常に示唆的となる．この地域でプロテスタンティズムが例外的な影響力を持ったのは，1945年以降のアメリカの強い存在感と結びつけられる．アメリカ人は，日本という植民地支配者を追放した解放者として，ついで北朝鮮という新たな敵からの保護者として受け入れられた．1997年，韓国にまともに被害が及んだアジア通貨危機は，これまでの力関係を変化させ，アメリカの資本主義を再考するよう駆り立てた．国内問題に対してアメリカが経済のみならず軍事面でも介入を行うことは妥当かどうかが，そのとき以来問われるようになった．反米デモは増加し，韓国の民衆が反対するイラク戦争へ韓国軍を派遣することで，その数は倍増した．

この状況は，キリスト教の成功を妨げることとなった．というのも，この宗教が，アメリカによる介入を象徴する非常に重たい過去からの遺産と思われたからである．このイデオロギー上の混乱と，「アジアの龍」とよばれた国で生まれつつある無力感に直面して，韓国の民衆はより伝統的な宗教的信仰に関心を抱くようになった．彼らは，古くからの文明の源泉でありながら，ひと頃軽蔑していた中国に惹かれているようである．気功という，呼吸にもとづく中国の霊的実践は，今日，キリスト教に失望した人びとに再び活力を与えている．キリスト教徒は，依然として数も多く，社会に深く根付いてはいるが，教勢を社会内部で拡大するための熱心な勧誘はいっさいやめている．

これら二つの競合する宗教的潮流は，互いに敵対的とみなされている文化潮流を代表するものであるが，そのあいだの亀裂は，脆弱な社会をより深刻に分裂させている．特にカリブ海域全域がこれに該当する．さまざまな宗教運動が歴史的に存在した分裂を復活させつつ現地の人びとの加入をめぐって互いに競っている，その分裂とは，黒人が自身の文化的起源を求める営みと，解放をもたらすものとみなされる西洋近代に身を投じることとのあいだである．そのような宗教運動を通じて，二つの陣営のあいだで接戦が再び繰り広げられている．その一方は，伝統の信奉者たちで，彼らは敵方からすれば，現代の価値にそぐわないと受け取られている．もう一方は，西洋文化に加わろうとする者たちで，彼らは敵方からすれば，支配システムが持つ画一的指向の覇権を支えるものでしかない．

この西洋文化の賛同者には，エホバの証人，セブンスデー・アドベンチスト教会，あるいは他の原理主義的もしくは福音主義的プロテスタント教派が該当し，信徒が悪魔的な世界から有効に守られることを望むならば，「伝統社会とのあらゆる共謀」

は放棄されねばならない．それゆえ，信徒にとっては，悪魔から自分を解放する能力を唯一持つと考える西洋的な生活様式に従う必要がある．ラエネック・ユルボン〔Laënnec Hurbon〕が説明するところによれば，「新改宗者はしたがって「救済された者たち」そして「選ばれた者たち」のサークルに参加する．それは閉じられた世界にあり，そこで彼は，伝統的なシステムとの永続的な戦いを始める」(Hurbon, 1989, p. 324)．これは，結局，自分と同じ社会に住む者を敵に変えるということになる．

反対に，このような地下に潜行する宗教世界を主張する宗教集団もある．そのなかに，西洋から輸入された運動が見いだされるが，それらの集団の持つ対抗文化〔カウンターカルチャー〕としての価値観は伝統的な魔術－宗教システムを再強化する．このような主張と自尊心を沃土として，その上に現地民独自の運動が同時に作られる．たとえば，ラスタファリ（ジャマイカ）あるいは，ミタと呼ばれるドミニカの予言運動（Iglesia Congregación Mita）がそれに当たり，これらは西洋のシステムと戦い，そのシステムの間近に迫った崩壊を予言する．それゆえ，カリブ海のあらゆる地域において，ネイションを超えた象徴的な境域が形成され，それが二つの世界観を対峙させる．宗教は社会を分割し，それぞれの各部分は他の部分を破壊しようと夢想する．そうすることで，自分たちの自己認識を軸に個々人を統合しようとするのである．

世界の画一化はいかに失敗したのか？

90年代半ば以降，国際関係研究は，トランスナショナルな現象の新たな特性を強調する――トランスナショナルな運動は連鎖反応しながら進められ，その運動家はネットワークを形成して，普遍的とされる規範と価値を広めようとする．かくして，トランスナショナルな現象は，人権および／もしくは自由民主主義の価値を広める上で一つの媒体になりうる．

1990年代半ば，特に1996年の，カント〔Emmanuel Kant〕による恒久平和計画200周年の際に，ハーバーマス〔Jürgen Habermas〕は，「トランスナショナルな市民公共圏」という概念を提示した．彼がこの概念を用いた意図は，人権に関する価値・思想・実践の総体について対話とやり取りを行う社会空間を示すことにあった．同時に，こうした考え方は，トランスナショナルな宗教運動への賛同者を増やす元となった．そうした宗教運動は，自分たちの生活が他者へどういう影響を及ぼし，そのことが彼ら自身にもたらす責任についても自覚する「世界市民」を創ることを使命としている．こうした野心をサイエントロジーや「超越瞑想」運動（Transcendental

Meditation)，あるいは創価学会の教義のなかに見いだすことができる．自然災害の発生した場所にはかならず姿を見せ，倫理・環境保護・医療・教育・家族の諸問題の解決に取り組むことで，世界全体が今日直面している問題への解答を提案しようとする．同時に，これらの運動は，トランスナショナルなあらゆる団体ネットワークを通じて，彼らの存在感を示し，積極的に国際社会での生活に参画する．彼らは，人類の生存を自らの責務と考える．そして自分のことにしか関心を示さない状態と決別させるために，身近にいる人びとを動かそうとする．彼らは「世界平和」の外交使節でありたいと願う．彼らは，それぞれの方法で，「人間革命」の概念を国際化する．そこに達するために，彼らはあらゆる集権化への誘惑を避け，その管理を各地域の改宗信徒に譲り，共通する文化の類型を見つけながら運営する．要するに，彼らはそれぞれの支部を，各国の文化的・法的・政治的枠組のなかに溶け込ませようとする．だからといって，各地での展開は容易に進むわけではない．脱集権化の試みはあるものの，実際には，その運動の始まった国に向けられるまなざしが減じられることはない．特に日本とアメリカの場合に，その傾向は顕著である．こうした運動は，各地域の実情の具体相に寄り添う能力を有するが，運動を告発する人びとにとって，そうした能力は有害な浸透方法でしかない．彼らはこうした運動をそれぞれの社会がアメリカ化や日本化する過程の一環とみなす．

いかなる組織体も最終的にはどこにも世界市民を作り出すことはできないということを確認しておく必要がある．アラン・ディコフ〔Alain Dieckhoff〕が言うように，「誰も世界の市民ではありえない」．こうした運動が出現した場所は，たいていの場合，すでにその宗教に加入を認められた者にとって象徴的な祖国となる．新たな改宗者たちは，土地に属さなくなるわけではなく，祖国を失うわけでもない．彼らは，運動が出現した場所である地上の一部分にまなざしを向けるが，彼らがそのように仲介することで，その部分は広がり，散らばり，形を変えてゆくかのようになる．それは，一見，時代錯誤の計画のようではあっても，残りの世界に意味と避難場所を与えるようになるまでなされる．同じ社会に生きる人びとからみると，彼らは自主的に植民地化された人びとのように映る．肉体的には生まれた祖国に結びついてはいるものの，ネイションの枠組の外側の価値観の代弁者となるからである．それゆえ，オリヴィエ・ロワ〔Olivier Roy〕が強調したのは，ネイションの枠組を超えたウンマへの加入は，グローバル化に属することを意味するということだった．

トランスナショナルな現象は，グローバル化を促す一方で，次のような問いに幾度も直面する．すなわち，トランスナショナル化は世界の画一化へ向かうベクトルを持つのではないのか，というものである．画一化していく方向と独自の軌跡を再発見する方向とのあいだで緊張が生じていることは，世界化についての精緻な研究にとって不可欠な論点になっている．ローカルな地域に観察の視点を定めている人類学者たちが示唆し，明らかにしていることだが，ローカルな行為主は，トランスナショナルな動きをみずから体現している．なぜなら，彼はこの動きの媒介者であると同時に，ターゲットでもありうるからだ．彼は，外から来たものを取り入れ，再解釈をするか，もしくは外から来たものを押し返す．

文化の領域で，これらの説を補強するために最も頻繁に引き合いに出される例は，インドの事例である．この国は，イギリスによる植民地支配以降，住民たちが外来文化を再解釈し，さらには流用し，それをこの地域の産物へ変換し，ときには，それを再輸出する．クリストフ・ジャフルロ〔Christophe Jaffrelot〕によって研究されたヒンドゥ・ナショナリズムは，このうえなく明確な例である．民族義勇団（Rashtriya Swayamsevak Sangh, RSS）は，伝統的なヒンドゥ教の象徴を再解釈（再評価）したが，それは，キリスト教の理念とは競合し，かつ植民者イギリスに対して攻撃的な方向のものであった．イギリスはイスラーム教徒に対して一貫して好意を示す一方，多神教文化に対し嫌悪感を抱き，これを差別したのである．RSSはインドの独立に貢献した．一方で，イギリスやアメリカにおけるインド人移民の存在感は，西洋における無数の新たなヒンドゥ教共同体の発展を促した．この共同体は，1960年代のカウンターカルチャーの運動を利用して，西洋人たちの心を捉えた．そのなかで最も著名な人びととして，バグワン・シュリ・ラジニーシ〔Bhagwan Shree Rajneesh〕の新サニヤス・ムーブメント（Néo Sannyas）やクリシュナムルティ〔Jiddu Krishna murti〕によるクリシュナ意識国際協会，サイ・ババ〔Sai Baba〕，サハジャ・ヨガ（Sahaja yoga），あるいは「超越瞑想」運動が含まれる．

失われた伝統を創り直す動きは，同じく，アフリカ系アメリカ人の運動のなかにもある．彼らはヨルバ人の遺産をアメリカ合衆国において，文化的に再占有するのである．人類学者ステファニア・カポーネ〔Stefania Capone〕が説明するように，ヨルバの共同体をアメリカ合衆国で創立することは，一度は忘れていた自分たちの起源である文化を再発見したいという意志に由来している．1970年にウォルター・ユージーン・キング（アデラブ・アデフンミI世）〔Walter Eugene King（Adelabu Adefunmi I)〕によってサウス・カロライナに作られ，アフリカの神々を祀る場所として使われたオヨトゥンジ村は，ナイジェリアの一地方であると宣言し，想像上の祖国との接触を再開した．文化遺産，母語の習得，元来持っていた伝統や宗教の発見などにより，アフリカ系アメリカ人たちは奴隷としての歴史によって奪われていた移民としての過去を作り直すことができる．オヨトゥンジ村は巡礼の聖地となり，そこで，世界中の黒人たちが集い，入信し，彼らの祖先や起源や伝統や神々と出会った．そこで自らのルーツを確認してから，彼らの住む地へ再出発したのである．ところで，カポーネが驚きつつ書き留めていたことであるが，ネイションの枠組を超えて，民族と文化とが統合した性格を持ち，布教には力を入れないこの宗教のなかでさえ，いまや白人が入信しているのである．

民族と文化の統合した独自の伝統を作り直すことは，他者の宗教を取り入れ，変換し，そして横領することを通じてもなされうる．その典型的な事例は，サハラ以南のかつて植民地化されていた多くの国々のなかに認められる．踏みにじられてきたその地のアイデンティティを取り戻すことは，特に，地元の神託を告げる預言者たちが登場したことで実現された．彼らは，キリスト教に土着の魂を吹き込み，それが大きな動員力を持ったのである．彼らが形成したアフリカ人の独自の教会は，ペンテコステ派の宗教運動を除けば，海外とのつながりを持たない存在であった．

その例が，アラドゥラ教会で，もともとはカトリック教会に属する教会だったが，1930 年代にナイジェリアに出現した．より最近設立されたアフリカ人教会には，ブラック・アフリカの人びとをまとめ，世界宣教へ出発することを使命だと思っているものもある．それらの教会はアラドゥラ教会ほどは西洋文化から切り離されていない一方で，おしなべて文化的伝統の土台を再利用している．そのよく知られた事例が，「天上のキリスト教会」である．1947 年にダホメで設立され，マルクス・レーニン主義の体制が成立したためにナイジェリアへと避難したのち，ガーナとコートジボワールで急速に発展した．1970 年代には，ガボンに続いてカメルーン，コンゴ，ザイール（現在のコンゴ民主共和国）で信徒を獲得した（Mary, 2000, p. 14）．この教会はアフリカ大陸の外部に最も進出したアフリカ人教会の一翼を担っている．多くの他の教会のように，この教会は 1960 年代初頭にイギリスに進出したのを皮切りに，ヨーロッパ大陸の他の地域へ拡大した．ネイションの枠を超えるかのようなこの教会の進出は，アフリカ人移民の波に続いて起こり，ヨーロッパにおける民族的・宗教的小世界の強化に貢献した．ヨーロッパの民衆の心を捉えようという彼らの夢は，今日では到達できないものに思われる．なぜなら，その宗教的メッセージと実践は固有の文化的特徴が強すぎるからである．

同じような占有と再伝播の事例は，ラテン・アメリカでもみられる．最も印象的な例は，1977 年にリオデジャネイロ郊外の貧困地帯で，国営富くじの販売員であったエディール・マセド〔Edir Macedo〕によって作られた「ユニバーサル・キリスト教会」（UCKD）であろう．この教会もまた真に国際的な成功を経験した．現在，80 の国に拠点を持つが，そこでは厳格な位階制度を維持することに成功し，その頂点でマセドは預言者の役割を演じている．「天上のキリスト教会」と同様に，この教会も西洋で発展を遂げ，そこでは，主として，さまざまな土地からの移民のあいだに浸透している．アメリカ合衆国では，白人系住民を改宗させるのに失敗し，ヒスパニック系の住民へ向けて集中して布教に取り組んでいる．ヨーロッパの多くの国々では，（言語を共有しているポルトガルを除いて）この教会は，ブラック・アフリカ系，もしくはカリブ系の住民との関係を構築する反面，ヨーロッパ系〔白人〕の人びととの関係は非常に薄い．より一般的には，この教会が語りかける相手としているのは，さまざまな民族から成る新興の都市住民である．彼らは貧しく，アイデンティティの危機のなかにあるものの，キリスト教文化は共有している．そして，ほとんど発展途上のままになっている自分たちの国が乱暴な都市化と近代化にさらされることで引き起こされる社会的亀裂に苦しんでいる．教会ができるまでは，彼らにはアルコール中毒・暴力・薬物，あるいは売春しかなかった．この教会が行った攻撃的とも呼べるような激しい入信への勧誘は，非常に有効に働き，そうした絶望した住民を放電のごとく揺さぶった．この入信への勧誘は住民に自らを問い直させ，自らの責任に目を向けさせた．そして胸を張り，誇りを持ち，前を見据えるような人間になれるのだと布教相手に一時的にせよ信じさせた．かくして，サハラ以南のアフリカは，国際的な布教活動の頂点に立っている．まず，UCKDはポルトガル語圏の国々で登場したが，それは言語と植民地化の歴史の一角が共有されていたからである．それ以降は英語圏と仏語圏で広がる．これらの諸国では，民主主義が確たるものにはなっておらず，近年も政治的・経済的再編が進んでいるため，脱植民地化以後にこの地域で形成された中間層の貧困化が生じている．UCKDは，この地域の軋轢に直接介入するという危険にあえて身を置かずに，地域対立を活用しながら組織を発展させようとしているのである．

カトリック教会は，ラテン・アメリカ，アジア，アフリカというかつて自分たちにとっては決定的に重要な宣教地であった地域で，トランスナショナルな宗教運動が勢力を増やしつつある状況に対して，いかにして対応したのだろうか？　カトリック教会は，もはやこれらの地域の信仰を独占しておらず，その状況は，事実上，教会の力を弱め，その結果，国家と交渉する力が目に見えて衰えた．反面，カトリック教会自身もトランスナショナルな活動をさまざまに実践しようと促している．そこでは，相対的な自立性を与えられながらも，教会組織の下で生活が営まれる．カトリック教会は1970-1980年代の南米において，「解放の神学」とのあいだで係争を起こしたにしても，さまざまな運動の力を活用することができ，その中心には，オプス・デイ，カリスマ運動，あるいはサン＝エジディオ共同体なども含まれる．

これらの集団は，保守派，熱情派，進歩派などさまざまであるが，ローマ・カトリック教会の制度的多様性を反映したものであり，教会が非常に多様な社会空間のなかに自身を投影する能力を持っていることを示している．そこには，権力に与る集団，政治的・知的エリート（特に医師），民衆層，人権擁護団体などのほか，紛争後の民族和解の推進者も含まれる．かくしてカトリック教会は，競合相手のトランスナショナルな性格，あるいは，イエズス会士や「解放の神学」の司祭たちのような教会の一部として内在するグループのもつトランスナショナルな性格から，被害を被ってきた．しかしカトリック教会は，自分たちの聖職者や信徒のなかから必要な人材を引き出してきたし，自身がおこなうトランスナショナルな活動をすみずみまで展開することで競合相手に対峙してきたのである．

時代遅れの普遍主義

いくつかの研究で指摘されていることだが，相違から活力が生み出されることについて，人類学的な立場から問題を提起することは，世界の画一化に収斂するのではなく，よりいっそう，普遍主義のもつ力の及ぶ範囲やその行き詰まりを考察することに収斂するはずである．こうした問いは，政治・社会・文化と同時に規範にも関わる．

フランスでは共和国の普遍主義は，公共の場におけるアイデンティティの表明に際限のない自由を与えることには否定的で，それはたとえば学校でのスカーフの着用についての議論で明らかとなっている．同時に，こうした際限なき自由への反対の姿勢は，民族と文化に基づく個々の社会集団のなかで実際に証明されている．そこでは，国家と文化とのあいだの結びつきが固められるために，文化は他のあらゆるものを排除して想像上の統一体（である国家）の最も重要な要素となる．

文化が市民共同体を確かなものとするとき，既成の伝統から公然と逸脱する宗教共同体は潜在的脅威とみなされる．古代ギリシアの都市国家では，ギリシアの民族的・宗教的アイデンティティを擁護するため，入信者をかなりの数で集める宗教運動が敵対視されるに至った．マケドニアやモルドヴァのように，国家が東方正教会と密接に結びついている国々では，多くの宗教共同体の公認を拒んだ．こうした国々は，ソヴィエト連邦という帝国が分裂した後の1990年代半ばに出現したのであるが，共産主義体制以前の伝統的な宗教的価値観に訴えかけることで固有の市民共同体を作り上げ，それを再発見された記憶によって堅固にしようとした．その一方で，これらの国々は宗教市場の開放には抵抗した．旧ソ連の瓦礫の上に再建され，正教会に対して国の救済を呼びかけたロシアは，その際立った例である．

多文化主義を選択した社会においては，アイデンティティの表明に対してはより少ない制限しか課されていない．本来の共同体に帰属するという名の下で，自己のアイデンティティを表明し，その規範に従ってふるまっても，個人は暗黙の厳しい非難の空気によって制裁されることもなければ，熱をくじかれることもない．さまざまなアイデンティティが普及していることとアイデンティティを表明したいという要求が著しく高まっていることとは，いかに解釈すべきなのか．普遍主義的なモデルが失敗に終わり，相対主義的な差異主義が勝利したということなのだろうか．あるいはまた，多文化主義が発達することを求める需要が見てとれるにすぎないのではないだろうか．そうした社会は，多文化主義モデルに慣れてはおらず，したがって，それらの社会を代表する人びとのなかには，多文化主義という政治的・文化的・法的革新によって脅威にさらされていると感じる人もいる．多文化主義は，あらゆる普遍主義の失敗を意味するのだろうか．理論的には，これほど不確かなことはない．しかし，実際にはそのように考えられている．

ここで問題になるのは，思想や実践や規範の普及と非国家的なアクターの顕著な台頭が，必然的に国家機構の権力を弱体化させるかどうかである．なかには，宗教・経済・社会に同時に関わる行為主体（エージェント）が自国内で活動するのを制御できない状態に陥るなど，明らかに劣勢に追い込まれている国家もある．フランスでは，共和国の擁護者たちはアイデンティティのグローバル化をしばしば危険視している．なぜなら，アイデンティティに基づく運動は，実際に，共和主義の原則のいくつかを危うくするからである（この動向に価値判断を下すのがここでの目的ではない）．国家を構造化する原則が強固になり，非公式の空間に対する統制力を行政に与えれば与えるほど，ネイションの枠を超えるイニシアチブは潜在的に国家にとって有害なものとなる．

参考文献　BADIE B. et SMOUTS M. -C., *Le Retournement du monde*, Paris, Dalloz, 1992. – BAYARD J. -F., *La Gouvernance du monde. Une critique politique de la globalisation*, Paris, Fayard, 2004. – CAPONE S.（éd.），« Religions transnationales », *Revue internationale d'anthropologie et de sciences humaines*, 2004, vol. LI, n° 1-2 ; *Les Yoruba du Nouveau Monde. Religion, ethnicité et nationalisme noir aux États-Unis*, Paris, Karthala, 2005. – COLONOMOS A., *Églises en réseaux. Trajectoires politiques entre Europe et Amérique*, Paris, Presses de Sciences Po, 2000. – CORTEN A., DOZON J.-P. et ORO A. P., *Les Nouveaux conquérants de la foi. L'Église universelle du royaume de Dieu（Brésil）*, Paris, Karthala, 2003. – FOURCHARD L., MARY A. et OTAYEK R.（eds.），*Entreprises religieuses transnationales en Afrique de l'Ouest*, Ibadan-Paris, Ifra et Karthala, 2005. – HURBON L., « Les mouvements religieux dans la Caraïbe » in *Le Phénomène religieux dans la Caraïbe: Guadeloupe, Guyane, Haïti, Martinique*, Montréal, CIDIHCA, 1989. – LECLERC G., *La Mondialisation culturelle. Les civilisations à l'épreuve*, Paris, PUF, 2000. – LUCA N., *Individus et pouvoirs face aux sectes*, Paris, Armand Colin « Societales », 2008. – MACHACEK D. et WILSON B.（eds.），*Global Citizens. The Soka Gakkai Buddhist Movement in the World*, New York, Oxford University Press, 2000. – MARY A., « Anges de Dieu et esprits territoriaux: une religion africaine à l'épreuve de la transnationalisation », *Autrepart*, (14), 2000, pp. 71–89.

アリエル・コロノモス Ariel Colonomos，ナタリ・リュカ Nathalie Luca
〔坂野正則訳〕

→ ディアスポラ，ナショナリズム

セクト
SECTES

フランスにおける「セクト」概念への評価は，いわゆる「セクト的」現象の社会的当事者と社会科学とのあいだで，その解釈をめぐる深い対立を生んできた．これはおそらく，この語が語源的に二重の系譜を持つことの名残である．もっとも，この系譜自体も混乱と論争をはらんだものではある．

一方で，セクトという語はラテン語の「セクタ」(secta) に遡る．ピエール・ダレ〔Pierre Daled〕は，このセクタという語を「生き方」「政治的行動方針」「哲学学派」と翻訳しており，「従う」を意味する「セクィ」(sequi) との関連も指摘している (Daled, 2002, pp. 18–20)．この語には，師から弟子へと数世代にわたって知が伝達されていくという観念が含まれている．こうした観念は，ヒンドゥ教，仏教，イスラームなど，さまざまな文化的宗教的伝統に見いだすことができる．

他方で，セクトという語はラテン語の「セカーレ」(secare)，すなわち「切断する」に由来する．この場合セクトという語は，「特殊な神学的見解を維持するために，多数派あるいは公認の教会や宗教から距離をとる集団」を意味する (Daled, 2002, p. 21)．この意味でのセクトは異端とみなされる．「一人の王に一つの宗教」の標語が国民文化を作り上げたヨーロッパの国々では今日もなお，異端としてのセクトはネガティブなニュアンスを帯びている．

この二重の語源的系譜とは異なり，最も代表的な社会学的定義はセクトを運動として捉えている．この定義は，キリスト教にみられる分裂現象を分析した二人のドイツ人社会学者に由来している．マックス・ウェーバー〔Max Weber〕(1864–1920) と，神学者でもあったエルンスト・トレルチ〔Ernst Troeltsch〕(1865–1923) である．

セクトの社会学的定義

ウェーバーとトレルチは，キリスト教に内在する緊張関係に関心を持った．現在と王国の時間とを切り離して考える，二つの時間感覚のあいだの緊張関係である．ごく少数派の信者たちが，終末は差し迫っており，いちはやく純化を進める必要があるという信念を抱いていたのに対して，多数派の信者たちは，最後の審判はまだ先のことだと考え続けていたのである．ここから両者の宗教的な期待のあいだに——分裂まで至りうる——溝が生まれていた．後者は制度的形態——チャーチ——をとって長期間存続していた．そこでは現世拒否的生活によって王国の到来を先取りする「達人」と，日常生活と両立可能な宗教的義務を守る一般信徒とが区別されていた．前者は純粋な者たちの小規模集団——セクト——になることがあった．この集団はあらゆる信者に平等に高度な要求を課す点でチャーチとは異なっていた．

これら二つの共同体形成モデルは，キリスト教の歴史上あらゆる時期に存在するが，とりわけ宗教改革のうちにみることができる．宗教改革では，キリスト教が抱える本来的な緊張関係をあらためて浮かび上がらせる二つの集団類型が生まれた．一つはルターとカルヴァンによる改革派教会であり，もう一つは終末論的性格の強い数多のラディカルな潮流である．〔ウェーバーとトレルチが〕セクトの社会学的定義を打ち立てたのは，このプロテスタンティズムにおける内部分裂の観察を通してのことだ．共同体形成の二つの典型は，片方なしにはもう片方もありえない．ウェーバーとトレルチはこの定義を打ち立てることによって，セクトとチャーチを弁証法的に規定する本来的な緊張関係に言葉を与えることができたのである．

セクトの第一の特徴的な要素は改宗である．チャーチへの所属は生まれながらのもので，求める必要もなければ，個人の行動や能力も問われない．チャーチの普遍志向は，このように幅広く受容しようという意思に基づいている．しかし，セクトはこれを不純で生半可だと考える．世界の終末が切迫していることが，セクトに毒麦からよき種を引き離すよう強いるのである．セクトを構成するのは，自発的に改宗の手続きを行い，その改宗の意義を認められた個人である．

また，純粋さを追求することは，現世の政治や文化から距離をとることにつながる．セクトは現世の法に従うことを拒否するのである．セクトに言わせれば，現世の法は神の意志に反するものであり，自らが立て直そうとしている基本原理を受けつけない者たちとの交渉など断固不可能なのだ．何よりも，セクトとは分断する力なのである．これとは反対に，チャーチは当該社会を肯定して再生産する上に，その権威は万人に及ぶ．原理上は万人がその成員になるはずだからである．チャーチとは社会的参照軸なのである.

二つの宗教共同体形成モデルの差異は，それぞれが権威と取り結ぶ独特な関係性の違いにも表れる．チャーチとセクトは，それぞれ特殊な権威の様態を発展させる．チャーチは「給与，経歴，職業上の義務，独特の生活様式によりその地位を規定された職業祭司の集団」に依拠する制度である（Weber, 1996, p. 251)．その祭司は「ある種の社会組織（……)，恒久的企業の官職である」(Weber, 1995, p. 173)．セクトはこうした祭司の官職化に反発する．「官職カリスマ」――つまり，初期キリスト教徒のあいだでは奇蹟や啓示に裏付けられた個々人の資質に依拠していたものが職業化すること――を拒絶するのである．セクトはこの官職集団と袂を分かち，万人祭司の原則を掲げて俗信徒による共同体となるが，ほとんどの場合は改革者やカリスマ預言者を中心として集まる．

改革者やカリスマ預言者がいなくなったり設立から長時間経過したりすると，権威体制に大きな変化が起こる．専門化，年功序列，権威行使の官職化への揺り戻しさえ起きてくるのが普通である．セクトが発展すると，実践の自発性，成員間の平等，そして急進性という当初の要求を保つことは難しくなる．大勢の信者たちの日常的なニーズを考慮しなければならなくなるからである．集団は少しずつ社会に居場所を見いだすようになる．「衣食住の必要を満たすための財政的な事柄や，税金のやりくりという経済的な条件に適応するようになる」のである（Weber, 1995, p. 332)．こうしてその集団はもはやセクトという類型には属さなくなる．とはいえ，これはその集団がチャーチになるということではない．その集団は慣習化し，制度化しようとするのである．

改宗，権威の様態，分断する力，慣習化．これらがキリスト教の構造的緊張関係の主要な要素であり，ウェーバーとトレルチが突き止め，セクトの輪郭を描くために用いた要素である．

社会学者がこの類型を示すために挙げるアクチュアルな例の一つにエホバの証人がある．これは19世紀末のアメリカでチャールズ・ラッセル〔Charles Russel〕により始められた前千年王国運動である．エホバの証人は紀元1世紀のキリスト教会衆の姿を取り戻そうとしている．たとえば中心組織の代表者は交代で務められるが，これは祭司の官職化を確実に避けるためである．エホバの証人は，1914年以降キリストが天を支配していると説いている．キリストは天からサタンと悪魔を追い出したが，それ以降サタンと悪魔は地上に解き放たれ，不幸と無秩序の種を撒き，政治的，社会的，宗教的なシステムを蝕んでいるという．エホバの証人はハルマゲドンの戦いを待ち望んでおり，そこではイエス，14万人の選ばれし者，天使が，悪魔を千年間制圧するとされる．これに備えるため，エホバの証人は彼らの「神の組織」を「悪魔の組織」から孤立させている．

エホバの証人への加入は，改宗と要求度の高い生活様式の遵守とを通してなされる．改宗者はこの生活様式を守るために，信仰の名のもとで投票や兵役などの市民的義務を拒否するようになる．しかし，成立から1世紀以上が経過してかなりの制度化が進んでいる．良心的兵役拒否の代替奉仕を受け入れていること，子どもを進学させることが多くなっていること，ほとんどの西洋諸国で宗教法人の地位を得ていることは，エホバの証人が慣習化している証拠である．

ウェーバー－トレルチ的な類型論は，20世紀を通して発展を重ねてきた．そして，いくらかの留保つきとはいえ，他の宗教モデルにも適用されてきた．しかし今日，最も標準的なセクト理解は，チャーチとの対称関係ではなく，セクトが社会と取り結ぶ特殊な関係性に焦点を当てている．こうした意味の変化は，世俗化という西洋社会の基本的趨勢と関係している．

世俗化社会とセクトの新たな関係性

世俗化とは，宗教が社会全体に対する中心性と権威を失い，もはや他の諸制度と同じかそれ以下の影響力しか持たない，一つの制度となるプロセスのことである．これはヨーロッパに始まり，国ごとに異なる結果を招いた．社会のあらゆる領域が宗教の監督から解放され，独自の価値にしたがって自律的に機能するようになった．これらの価値は図らずも新たな信仰を生み出し，やがてさまざまな新宗教運動に取り入れられるようになった．

新宗教運動の発展が加速したのは1960年代である．たとえば，ダーウィンの進化論をめぐる科学的な議論はニューエイジの開花に貢献した．ニューエイジは，ロシアのヘレナ・ペトロヴナ・ブラヴァツキー〔Helena Petrovna Blavatsky〕が1875年に結成した神智学協会を起源とする．ブラヴァツキーの手にかかれば，「進化はもはや社会生物学の理論ではなく，原子から天使までを網羅する説明となる．彼女はヴィクトリア朝期の科学が示す事実を宗教と対立させるのではなく，大きなジンテーゼのなかにこれらの事実を包摂しようとしている．それによると，宗教の叡智は科学知識の敵ではなく，科学知識の最終目標であるという」(Washington, 1999, p. 35)．同じように，遺伝学的知識の進歩は，人間を宇宙人の創造物とする思考回路を生み出した．外来生命体が最初に出会った霊長類に人工授精を施して，人間という種族を創造したというのだ．この人類創造の物語は，ラエリアン・ムーブメントともなると，人間を宇宙人のクローンとするまでに至っている．

新しい信仰を逆説的にも後押ししたのは科学の発展だけではない．政治の領域では，イデオロギーの競合が聖書の新たな二元論的解釈枠組をもたらし，新しいキリスト教系の運動に取り入れられた．冷戦期の韓国に誕生し，共産主義をサタンの旗印とする「文鮮明のセクト」〔統一教会〕はその好例である．経済制度にも触れておこう．その即効性や順応性といった概念は，職業生活と私生活における個人の成功を目指す新しいスピリチュアルな実践形態をもたらしている．最後に，医療制度は人間の身体的，精神的，霊的な全体性の回復を目指す新しいセラピーとの競争に苦しめられている．これらの制度の側はみな，自らの専門領域で増殖するこの異分子が，その制度の価値や知識を不当に利用しているとみなしている．

新宗教運動はこれらさまざまな活動領域から出発して栄えた．それぞれの運動にとってそれは，理想世界の実現へと続く糸をたぐり寄せながらのことだった．新宗教運動は世俗化を逆行したのである．新宗教運動のありかたは信者たちにとって，宗教的なものによる活動領域全般の掌握を取り戻してくれるものだった．このカウンタープロセスを成功させたために，新宗教運動は西洋社会との緊張関係に突入することになったのである．

こうして西洋社会の目には，新宗教運動は「セクト」と映るようになったわけだが，ほとんどの新宗教運動は世間から分離するつもりなどなかった．西洋社会の側からすると，近代社会と手を切ることで反発していた集団はどれも同じようにセクトにみえたのである．そうした集団が自給自足を目指したのは，新しい規範に即して共同体の活動領域全体を宗教の手中に取り戻そうとしたからである．そうした集団は信者の生活すべてを管理するために小規模な組織を形成した．

1980 年代以降のヨーロッパで新宗教運動があれほどの反発を引き起こしたのは，近代西洋の根底にあるもの，とりわけ旧大陸の根底にあるもの――政治的，社会的，文化的な側面における宗教の監督からの解放――に疑問を呈したからである．当時提出されたさまざまな公的報告書が槍玉に挙げたのは，ありとあらゆる領域――学校，医療，結婚，金銭管理，労働――で信者のニーズを満たそうとする集団である．そうした集団の持つ再全体化や脱世俗化という側面が，制度上の機能分化がもたらした自由や権利を信者たちが享受できていないのではないか，という懸念を引き起こしたのである．

しかし，少しずつではあるが，西ヨーロッパ諸国の大部分は新宗教運動をうまく管理できるようになっており，セクトへの抑圧も改められている．反対に，恐怖がより増している国々もある．これが意味するのは，セクトと当該社会との緊張関係の性質を明らかにするためには，まだほかに考慮すべき要素があるということだ．

ネイションの象徴的境界線に対峙するセクト

ベネディクト・アンダーソン〔Benedict Anderson〕は，ナショナルな帰属感情を想像上の境界線の存在に結びつけた．この境界線は独自の価値，儀礼，実践によって成り立っており，ネイションはこの境界線のおかげで他のネイションから自らを区別し，自らを描き出し，自らを言い表すことができる．このきわめて重要なアイデンティティは「市民宗教」という概念で表される．カーレル・ドベラーレ〔Karel Dobbelaere〕の定義によると，これは社会全体の基本的な価値に関する暗黙の了解であり，社会の団結に不可欠なものである．ところで，こうした価値をまったく共有しないばかりか，その正当性を根本から全面否定するにもかかわらず，宗教的信仰や霊的哲学的信仰を掲げてネイションの領域内で成立したり，そこに居座ろうとしたりする集団が存在する．こうしてそれらの集団は，ナショナルな帰属感情を内側から蝕むのである．その不遜な態度は，各成員に義務と権利を与える市民契約からの分断とみなされ，数々の拒絶反応を引き起こす．

ここでもまた，セクトは分断する力として現れてくる．すなわち，セクトは各社会の暗黙の了解を破るのである．聖なる言語をネイションの言語に優先させること，兵役を拒否すること，投票や労働を拒否すること，国旗への敬礼を拒否すること，その先人たちを否定すること，文化的に構築されたタブーを犯すこと，社会常識に疑問を呈すること．これらは緊張関係の元になる対立，ときには分裂の元になる対立を生み出す．

ここでも改宗はセクトを考える上で重要なものになる．新規加入者は改宗という行為によって，他の市民と自分はまったく別者だと考えるようになる．その加入者はもはや，他の市民たちと同じ「アイデンティティの言語」を共有していないのだ(Augé, 1994)．ナショナルな共同体に帰属するかどうかは自分の勝手だと主張したり，さらにはナショナルな共同体の有用性や保護者的な役割さえ否定しながら，その加入者はナショナルな共同体と決別するのである．

各ネイションは境界線を形成する独自の方法を持っており，各政治的共同体は他の共同体とある程度の原則を共有しながらも独自の価値に依拠しているのだから，一つのセクトの定義が普遍的に通用することはないし，一度定義すればそれですむわけでもない．セクトの定義はコンテクストに即していなければならない．セクトはどこでも同じものなのではない．すなわちセクトは，置かれた特定社会の基本原理の一部あるいは全体に疑問を呈しているとみなされる仕方に応じて定義される．より正確に言えば，社会的に定義されるのである．それゆえ，世俗化した民主社会の憲法の大多数に記されている宗教的自由に加え，文化的なグローバル化が宗教市場の画一化をある程度もたらしているにもかかわらず，セクトをめぐる状況認識は国ごとに異なる．もっと言えば，一つの同じ集団であっても，セクトというカテゴリーに入れられる理由は，その集団が置かれた国によってさまざまである．

エホバの証人の例に戻ろう．韓国でエホバの証人がセクトとみなされるのは，兵役と土曜労働に対する二重の拒否による．分裂した北朝鮮の軍事侵攻を長らく危惧してきたこの国では，兵役は長く辛いものであり，重要な市民的行為とされている．その兵役を拒否することは厳しく罰すべき卑劣な行為とみなされている．また，北朝鮮との苦い分裂のために，韓国には共産主義に対する資本主義の優位を示す必要がある．経済的な繁栄が苦しみを和らげ，分離状態を正当化しているのである．こうしたことから韓国では労働が第二の重要な市民的行為と考えられている．これら二つの要素に反発することは，市民共同体からの分裂や，韓国というネイションが依拠する象徴的境界線との衝突を引き起こすのである．

エホバの証人はフランスでもセクトだと考えられているが，問題視されていることはまったく異なる．兵役は〔すでに廃止されて〕市民の日〔市民研修を受ける日〕に置き替えられており，エホバの証人はこれを受け入れて参加している．土曜日に働くことはあくまで選択肢の一つであり，簡単に避けることができる．エホバの証人が非難されるのは，投票の拒否と，その棄権行為を政治的共同体の拒否によって正当化することによる．彼らは神の民にしか属さないからだ．かくして彼らは，「単一不可分」を自認するフランス共和国にとって重要な市民的行為に参加することを，構造上断固拒否しているのである．

より根本的なことを言えば，共同体に関する彼らの考え方は，ライシテをフランスに独特な仕方で規定しているポイントの一つと衝突する．ライシテは二つの理念型の連関の上に構築された．「良心の自由」と「思想の自由」である．前者は「多様な宗教的帰属およびさまざまな宗教の否定の形式的平等」を意味する．後者は「あらゆる包括的教義からの解放，理性と科学が培う手段のおかげでなされる解放としての自由」を意味する（Baubérot, 1999, p. 316）．これら二つの自由は必ずしも補完的ではなく対立することさえある．「良心の自由」はどんな信仰へのどんな帰属もなすがままにしようとする．「思想の自由」は批判精神を奪う信仰への個人の過度な隷属すべてに対抗しようとする．フランスの対セクト闘争におけるキーワードの一つが「マインドコントロール」なのは後者のためである．批判精神を促進することはフランス国家に課された義務であり，理性の健全な発展にとって有害と思われるものを摘発することは不可欠であるというわけだ．こうしてエホバの証人は

「思想の自由」にとって有害だとみなされたのである．

一部のエホバの証人による輸血拒否にも西ヨーロッパは目を光らせている．輸血拒否は救命義務という西ヨーロッパで広く共有された医療規範に抵触しているからである．とはいえ，同じエホバの証人は往々にして，宗教に与えられる法的権利を享受している．実際，イタリア，イギリス，スウェーデンをはじめ，エホバの証人はさまざまな国やネイションにおいて宗教として認可されている．しかし，これらの国々がフランスよりも寛容であると結論するのは早計だろう．むしろ，エホバの証人が象徴的境界線を侵していないのだとか，その度合いが小さすぎてあまり感知されていないのだと考えることもできる．文化的な不一致があるとしても，分裂をもたらすには至っていないわけだ．この集団は分断する力を失っているのである．こうした環境では，この集団はもはやセクトとみなされない．つまり，セクトがネイションの鋳型に溶け込んでいくことは，必ずしもセクトの側が変容したり慣習化したりするからというわけではなく，セクトが守りたい大切な点に対して，ネイションの鋳型の側が柔軟さや寛大さを示すからということもあるのだ．これは諍いを起こすことなく，セクトをネイションの鋳型に統合することを可能にしてくれる．

反対に，ネイションの鋳型がセクトの干渉に対して敏感になるほど，セクトに対する拒絶は激しさを増す．すでに揺らいでいる価値観にほんの少しでもセクトが抵触しようものなら，わずかな距離をとろうとすることさえ苦痛で耐えがたいものになり，セクトの分断する力は増すことになる．セクトは潜在的な危機的状態を露呈させる指標となるのであり，その危機的状態を引き起こす触媒の一つとなるのである．セクトに対する差別的な言説や実践，あるいはセクトを追放しようという試みが巻き起こるということは，それだけ象徴的境界線がぼやけているということなのである．このように，社会は敵を名指すことでまとまる．しかしそうすることで，社会は自らが「敵」に仕立てあげたものに一貫性を与えることになる．

こうした弁証法的理解において，類型としてのセクトは社会的構築物として現れてくる．つねに動き続ける象徴的境界線に合わせて，類型としてのセクトもたえず変容するのである．これはある種の相対主義のような印象を与える．しかし，当時誰の目からみてもセクトとされたいくつかの運動の明らかな逸脱を認めないわけにはいかない．

セクト的逸脱の要因

20世紀は死をともなう複数のセクト的逸脱の舞台となった．それらを分析すれば，セクト的逸脱の論理を明らかにする指標や，セクトの他の理念型を定式化しうる指標を取り出すことができる.

第一の要素は，絶対的な権力を持ったカリスマ的人物の存在である．信者たちはこの人物を信頼して服従する．カリスマ的人物は，自分は「精神世界」と特別で個人的な関係を結んでいると主張することで権力を手に入れる．さらに，自分はその「精神世界」を介して使命を果たしているのだと言い張る．信者の幸せを保証する，人類を変革するといった使命である．この使命の実現を妨げる障害はカリスマ的人物の偏執病的な態度を助長し，暴力に走らせることがある．外部からの歯止めが存在せず，非常に権威的で階級的で集権的なこの手の権力構造に，信者たちの指導者に対する無条件の愛が加わると，暴走が起こるのである.

とはいえ，逸脱が死をともなうには他の条件が必要となる．なかでも最も重要な条件は，集団が周囲とのコミュニケーションを遮断してしまうことである．共同体のコミュニケーション体系には三つのレベルがある．姻戚関係，経済活動，言語活動である．通常はこれらによって外部と接触をとることができる．クロード・レヴィ＝ストロース〔Claude Lévi-Strauss〕によれば，こうした外部との接触が集団の発展に不可欠であるのに対し，孤立は衰退の要因である．「人間集団を苦悩に陥れ，その本領を十分に発揮できなくする絶対的な致命傷，唯一無二の弊害，それは孤独であることだ」(Lévi-Strauss, 1973, p. 14)．コミュニケーション体系が開かれているほど集団は進歩する．コミュニケーション体系の閉鎖性は集団の崩壊を意味する．もしある共同体がこれら三つのレベルでいっせいに外部とのつながりを断てば，その共同体は社会から締め出されて閉じ込もることになる．死をともなう逸脱を引き起こした共同体には，この徹底的な孤立が共通している.

宗教制度のために，同じ宗派の信者同士が婚姻関係を結ぶことをより好んだり，最も熱心な信者に独身を貫くことを要求したりするのは，非常によくあることである．しかし，結婚や出産を熱心に管理したり，成員に禁欲を強制したりする結成間もない集団は，あまりにも早く年老いてしまうおそれがある．リレーのバトンを受け取る第二世代がいないからである．この場合，婚姻交流における閉鎖性は共同体を窒息させ，攻撃的なふるまいや自殺行為を助長することがある.

経済レベルでの閉鎖性は，独自のサバイバル方法を編み出して自給自足を営む集団にみることができる．こうした集団にとって，外部社会との交流はもはや必要ない．財産が流通することはなく，信者は生産者であると同時に消費者である．あらゆる交流が停止してしまえば，信者たちが主流社会に復帰することはほとんど不可能になる.

最後は三つ目の言語活動である．言語活動による交流が信者間でしか行われなくなると，集団を超えたところにまで信者の閉じ込もりが及ぶことになる．信徒は自分たちの理屈に囚われてしまい，それを覆す証拠が並べたてられたとしても，その理屈から出ようとしなくなるのだ．彼らは「閉ざされた確実性の宇宙」にバリケードを張って閉じ込もる．「現実に直面したところでこれがぐらつくことはない．それはひとえに，知の生産に現実がまったく介入できないからである．信念を揺るがしうる外部の基準がなくなると，人間は思想をコントロールする術を奪われてしまう．すると思想は，自分の理屈の欠陥を見つけられない傲慢な人びとの手に委ねられ，恐ろしい凶器となることがある」(Stoczkowski, 1999, pp. 413–414)．さらに，言葉の一般的な用法が排他的なメタファーに取って代えられ，誰でも知っている第一の意味と，身内だけが知っている第二の意味とのあいだに隔たりができるときも，言語活動はその使用者を閉じ込めてしまう．集団の象徴体系とそれにかたちを与えるメタファーは，逸脱可能性の無視できない要素の一つである．こうして言葉の意味が専有されると，死という概念はしばしば変容させられ，その決定的な性格を失って，単なる生の節目や旅といった観念に還元されてしまうまでに至る．

これら三つのレベルのうちいずれかが機能不全に陥ると，なんらか特殊な逸脱が――家族，性，健康，金銭，人間関係などの面で――起こる．しかし，集団のコミュニケーション体系すべてがブロックされたり，外部とのつながりすべてが絶たれたりすることはかなり珍しい．死をともなう逸脱へのリスクが現実味を帯びるのは，これらの条件が満たされたごく珍しい場合のことである．

死をともなう逸脱には二つのタイプがある．そしてそれらは，世界の終末に対する二つの姿勢に対応している．第一のタイプは「プレ・アポカリプス型」である．これは「戦略的時間のなかで「悪の勢力」との戦いを実行する殺人的」で戦闘的なセクトである（Hall, 2000, p. 9)．1995 年に東京の地下鉄でサリンによるテロを起こしたオウム真理教はその好例である．

第二のタイプは「ポスト・アポカリプス型」である．これは「もう一つの世界にいるセクトである．俗世に見切りをつけて，そこで起きているアポカリプスの向こう側に身を置くのである」(Ibid.)．このタイプの集団は，滅びゆく現世に自分たちはもはや属していないと考えるだけに，いっそう簡単に地上の命を捨ててしまう．この集団は地上の権威を正当なものとみなさないという点で，この世の奪回を目指す「プレ・アポカリプス型」とは異なっている．集団が孤立していること自体が，その集団が捨てた社会におけるある種の死である．こうした運動の「選ばれし者たち」はすでに楽園，つまり不死の世界に属しているとされる．その肉体は余分なものでしかなく，肉体があろうがなかろうが楽園で進化し続けられる．集団自殺によって地上の命を断ち切ることだけが,「過ちを犯しがちな地上の指導者を,腐敗することのない超越的な指導者にすげ替えること」を可能にする(Bloch, 1997, p. 182).太陽寺院の集団自殺はこうした理屈から生じたものだ.

ここまで完全に閉じこもってしまう共同体はそう多くない.こうした共同体の構造は,エホバの証人,モルモン教,創価学会,サイエントロジーなど,今日影響力のあるトランスナショナルな運動の構造とはまったくもって関係がない.したがって,セクト概念を潜在的な逸脱へと還元してしまうことは学術的に不毛である.こうした還元はセクト概念の関係的側面をまったく度外視してしまうからだ.ある集団の構造そのものが危険であったとしても,当該社会との緊張関係に入らない限り,そうした集団の大多数は「セクト」呼ばわりされない.そして,ある集団が当該社会との緊張関係にあるという状況は長続きしない.その集団の側がネイションの象徴的境界線を尊重することを受け入れたり,ネイションの側が変容してその集団の価値に脅かされていると感じなくなったりするからである.

参考文献 AUGÉ M., *Pour une anthropologie des mondes modernes*, Paris, Aubier, 1994.(マルク・オジェ『同時代世界の人類学』森山工訳,藤原書店,2002年)– BARKER E., *New Religious Movements: A Practical Introduction*, Londres, Herman Press, 1990. – BAUBÉROT J., «Laïcité, sectes, sociétés », in CHAMPION F. et COHEN M.(eds.), *Sectes et Démocratie*, Paris, Seuil, 1999, pp. 314–330. – BECKFORD J.(dir), *New Religious Movements and Rapid Social Change*, Paris-Californie, Sage-Unesco, 1986. – BLOCH M., *La Violence du religieux*, Paris, Odile Jacob, Paris, 1997. – DALED P., « La polysémie du terme « secte » et son usage dans l'histoire de la philosophie aux xv ne et XVéme siècles », in A. Dierkens et A. Morelli, *« Sectes » et « hérésies » de l'Antiquité à nos jours*, Bruxelles, Éditions de l'Université de Bruxelles(Problèmes d'histoire des religions, t. XII), 2002, pp. 15–28. – HALL J. R., SCHUYLER Ph. D. et TRINH S., *Apocalypse Observed. Religious Movements and Violence in North America, Europe, and Japan*. Londres/ New York, Routledge, 2000. – HERVIEU-LÉGER D., *La Religion en miettes ou la question des sectes*, Paris, Calmann-Lévy, 2001. – LÉVI-STRAUSS Cl., *Anthropologie structurale deux*, Paris, Plon, 1973. – LUCA N., *Les Sectes*, Paris, PUF « Que sais-je », 2004(ナタリ・リュカ『セクトの宗教社会学』伊達聖伸訳,白水社,2014年); « Le sacrifice de l'adepte : Quand les sectes offrent à sortir du monde », in F. Lenoir et J-Ph. de Tonnac(éds.), *La Mort et l'immortalité. Encyclopédie des savoirs et des croyances*, Paris, Bayard, 2004, pp. 1361–1371. – STOCZKOWSKI W, *Des hommes, des dieux et des extraterrestres. Ethnologie d'une croyance moderne*, Paris, Flammarion, 1999. – WASHINGTON P., *La Saga de théosophique. De Blavatsky à Krishnamurti*, Chambéry, Editions Exergue, 1999.(ピーター・ワシントン『神秘主義への扉——現代オカルティズムはどこから来たか』白幡節子・門田俊夫訳・中央公論新社,1999年)– WEBER M., *Economie et société*, vol. 2, Paris, Plon « Agora Pocket », 1995; *Sociologie des religions*, Textes réunis et traduits par J.P. Gallimard, Paris, Gallimard, 1996.(マックス・ウェーバー『宗教社会学』武藤一雄・薗田宗人・園田坦訳,創文社,1976年)

ナタリ・リュカ Nathalie Luca

〔田中浩喜訳〕

→ 世界化/グローバル化/トランスナショナル化,世俗化

世俗化
SÉCULARISATION

世俗化を定義し，その広がりを測定し，その経緯を説明しようと努めること．半世紀ほど前から，宗教事象の社会学は，この不確かな観念を明確化するためにその理論的努力の大部分を費やしてきた．世俗化という観念においては，近代社会における宗教の変遷への，多様で，ときには矛盾しあうアプローチが互いに結びついている．

フランス語の世俗化〔sécularisation〕という語は法律に由来するものである．もともとこの語は，教会の財産が世俗の〔civil〕所有者へと移ることを指すと同時に，宗教者（修道士や在俗〔教区付き〕聖職者）が還俗する過程をも意味する．つまり，宗教的な制度とその権威からの離脱に関係する術語である．この語はもともとそうした意味合いの言葉としてキリスト教の宗教言語のなかに入ってきたのであって，近代の制度分化の結果として生じた教会の社会に対する監督権の弱体化を指すこともあれば，あるいはもっとラディカルに，科学技術的理性に支配された社会における宗教的意味の喪失を指すこともある．

こうした曖昧さのゆえに，世俗化をめぐっては，キリスト教が「成人」して真の使信となるための条件とみるか，それとも近代の宗教にとって避けられない（破局的な）空洞化とみるかをめぐって，数々の神学論争が戦われてきた．神学から社会学へと領域を移した後も，この概念は多義性を持ったままであった．このように広く使用できるものであったからこそ，世俗化という概念は，宗教と近代性との関係をめぐる社会学的思考のさまざまな理論的契機に随伴できたのではないか．これは案外真面目に考えてもよい事柄である．そうした理論的契機のなかから，ここでは次の三つを取り上げることにしよう．

宗教的制度の抑圧と宗教的実践の退潮——近代世界の宗教的喪失としての世俗化

世俗化とは近代性による宗教の抑圧だというのは，そうした表現自体は出てこなくとも，社会学の創始者の誰もが，その社会理論の違いにかかわらず提示している考えである．ウェーバーの系統を継ぐアングロ＝サクソンの伝統は，世俗化という観念を，近代社会の特徴である合理化と個人化の過程の分析，およびそれによってもたらされる宗教の脱制度化という帰結に結びつけてきた．科学技術によって脱魔術化〔désenchanté〕された世界では，宗教による数々の偉大な意味構築が持っていた蓋然性は崩れ去ってしまう．宗教は私的なさまざまな選択の問題になる．教派間の境界は不分明になり，個々人は相性次第でさまざまな集団を移り行くようになったのである．

それに対して，デュルケーム〔Émile Durkheim〕を嚆矢とするフランスの伝統が際立たせたのは，さまざまな社会制度が宗教の保護下から解放され，固有のイデオロギーや価値，機能を獲得していくという脱宗教化〔laïcisation〕の過程であった．この過程は，宗教制度が社会や信者に対して持っていた影響力の喪失として現れる．信者たちは，社会の化石となって衰退していきたくなければ，内なる世俗化に対して自らある程度は同意し，近代性と折り合いをつけざるをえないのである（Isambert, 1976）．

これら二系統の分析には，それぞれを生み出した歴史的・文化的な文脈が刻印されている．アングロ＝サクソンの伝統では，宗教的近代は宗教改革によって創設されたとみなされる．宗教改革というできごとによって，ローマ教会による宗教権力の独占に終止符が打たれ，信仰の個人化と宗教の舞台の多極化という二重の動きが始まったというわけである．フランスの伝統では，近代の始まりを告げる宗教的解放の過程を創設したのは，フランス革命である．フランス革命は，本来的意味での政治革命――エンゲルス〔Friedrich Engels〕の言い方では「宗教的衣装をはぎ取られた」革命――としては初めてのものであった．こちらの系統の論理では，理論から規範へと領域を移して，宗教の喪失を，社会の政治的・文化的な近代化のために不可避かつ必然的な条件とみなすことができたのである．

一般化して言えば，現代の世俗化論（Tschannen, 1992）はどれも，科学技術の進歩，民主主義政治の到来，社会全体を包んでいた宗教の存在の後退という三者を，さまざまな仕方で結びつけるものである．認識や道徳生活，行為といったあらゆる領域で主体の自律が確立するにつれて，すべての宗教体系が標榜してきた上からの権威が侵食されていく．近代においては，さまざまなかたちで自律が獲得されていくにつれて宗教が力を失っていくが，このことは，一方では理性の解放や人間性の成就として積極的に捉えることができる．だが，反対に，脱魔術化が現代社会の運命なのだと悲観的に解釈することもできる．近代社会における宗教の喪失という問題系をより豊かに解釈しようとして，自律の経験と思考を歴史上に出現させる上でユダヤ教とキリスト教が果たした役割からすべてを説明する立場もある．とはいえ，一般にたどられる軌道が，「宗教からの脱出」（Gauchet, 1985）であることは間違いない．

以上の見方は，経験論的な研究によって強力に確証されてきた．すなわち，制度的な宗教実践をめぐる研究と，歴史的に近代の中核とみなされるヨーロッパの信仰の状況をめぐる研究である．各国の歴史によって地域的な違いはあるものの，そうした調査によって，教団の力の衰退と，信徒の行動や表象に対する宗教的権威の支配力の弱体化が確認された．こうした動向とヨーロッパの政治的な近代化とのあいだに特別な結びつきを認めることによって，客観的な次元（諸制度の脱宗教化）と主観的な次元（個々人がそれに影響を受けて宗教的規範から解放されること）の両方において，世俗化の過程を歴史的に見通すことが可能になった．

ただし，アメリカ合衆国の例はこれと矛盾するものであった．合衆国では，近代化が非常に進んでいるにもかかわらず，信仰や宗教的実践の度合いは依然として非常に高いのである．こうした「不適合」例は，アメリカの民主主義がもともと宗教的な根に価値を置いていたことから説明され，近代における宗教的なものを思考するための一般的な枠組が問い直されることはなかった．

信仰の分散化と集団帰属の弱体化――宗教的なものによる制度統整の緩和としての世俗化

近代性の定義は，もっぱら自律の肯定と合理的な脱魔術化の進展というプロセスに結びつけられてきた．この定義自体が問い直されるようになると，近代社会における宗教の喪失という枠組が揺らいでくる．そうして1970年代を転換点として，第二の理論的契機が始まることになる．それは，第二次大戦後から続いていた経済成長と繁栄の時期が途切れたのと同時に，西欧を含め世界のいたるところで宗教や霊性の復興や勃興が増殖した時期であった．

経済と宗教が連関づけられるのはけっして偶然のことではない．社会と経済の西洋モデルの近代化を地球全体に拡大していき，それが実現した地域でその成果を保持していけることが疑われてくるにつれて，このモデルを支配する道具的理性の基準に真っ向から対立するような信仰や実践が力を増してきた．決定的に「私事化」したといわれていた宗教が，公共空間において力を取り戻してきたのである．こうした現象が生じたのは，近代化が遅れた地域（ないしは社会階層）や，乱暴な政治により近代化を強制された文化圏であった．したがって，真に近代的な社会には世俗化は不可避だとする古典的な考え方を問い直さなくても，この現象を説明することは可能であった．こうして，イスラーム圏や旧ソ連圏の東欧で起こった強い反近代的な意味を持つ新たな宗教運動は，公的な表明を禁じられた政治的・文化的反抗の代償的表現として理解できたのである．

しかし，公共空間における宗教の復活という現象は，北アメリカやヨーロッパの最も近代化した社会でも現れてきた．それは，回心した信者の人生における超自然的なもの〔神や聖霊による癒しや奇跡〕の出現を核とする情動的な宗教性という姿をとる（これは，カトリックやプロテスタント内でのカリスマ派やネオペンテコステ派に由来するが，今日こうした潮流は世界中に広がっている）．また，宗教に鼓舞された政治運動の勃興を通しても，これと同じことが起こっている．こうして，〔科学技術の進歩による〕理性的な脱魔術化，政治・経済・社会における近代化の度合い，宗教の喪失の三者が等価であるという想定[9]は，実際のところ維持できなくなってしまった．

このように，歴史的な宗教制度が社会的・文化的に地位を失ってきた社会でも，（新宗教運動，民衆宗教の実践の再活性化，秘教的な信仰，世俗的な宗教性の広がりを通して）さまざまなかたちの信仰が増殖してきたことが発見された結果，宗教をめぐる社会科学の調査領域と概念形成は一新された．同時にまた，共同体の自己同一性が主張される際に，宗教の潜勢力が動員されることが多くなってきたこともわかるだろう．民族宗教は世界のいたるところで力を増しつつある（Schnapper, 1993）．さらに言えば，西ヨーロッパや北ヨーロッパの最も世俗化した民主主義国家でさえ，イスラームの顕在化にともない，公共圏における制度宗教の地位は，古典的な脱宗教化論が想定していたように滅亡寸前というわけではなくなっている．

したがって，世俗化の言明は矛盾した姿をとることになる．すなわち，近代という時代は，それが最大の成功を収めたようにみえる場所でも，実際には信仰の拡大や新たなかたちの宗教性の出現にきわめて好都合な条件を提供しているのである．世俗化自体の特徴は，信仰が干からびてしまったことではなく，宗教的信仰の制度的な規制が緩んだことである．この逆説は，少なくとも部分的には，近代というものの根本的に不確実なありかたから説明できる．近代の社会では，変化が目眩を引き起こすほどに加速したために，人間が自らの生きる世界を科学的に認識し，技術的に支配する能力には限界がないようにみえる．こうした社会では，たえず新たなことが可能になる．新たな可能性は，世界経験を意味づけうる意義体系を転覆・解体し，個々の人間や集団を深刻な不安をともなう象徴的な不安定性のなかに投げ込

9　宗教の喪失について言えば，喪失に向かう一方でなく新たな発展にも向かっており，そのような宗教が脱魔術化からの逆行を誘い，政治への影響を持つこともある．宗教が他の二者に侵入している．

む．新たなかたちの信仰のなかには，このつねに更新されていく世界の意味を描くことで，そうした不確実性に応えようとするものがある．そのような信仰は，変化の圧力が強まるほど増殖し，無限に多様化して散らばっていく．科学と技術，経済の支配に従属した近代社会というのは，あらゆる領域で脱魔術化した道具的理性が展開すると同時に，信仰現象が縮小していくだけの社会ではない．それは，非合理な信仰を限りなく増殖させる不確実な世界でもあるのだ．

以上のような世俗化の古典的な枠組の問い直しは，さまざまなタイプの理論的応答を引き起こした．

第一の応答は，古典的な世俗化観を一種の錯覚と，さらには科学主義的・唯物論的なイデオロギーが生み出した虚構とみなして，すべて捨ててしまうというものである．この「理論的見直し」は，公然とした哲学的・神学的考察によって動かされている場合もあるが，1980年代に登場すると，近代的な社会での「聖なるものの回帰」が盛んに論じられる元になった．だが，こうした研究には大きな弱点があった．それは，制度からは宗教色が消えていく一方で，さまざまな信仰が増殖・散乱してくるという矛盾した事態をまったく解明できないという弱点である．そのなかでも最も首尾一貫していたのが，世俗化の過程とは（西欧文化圏に限定された）局地的なものであることを強調する社会学的なアプローチであった．それによって，古典的な理論が世俗化の過程に対して与えようとした「歴史の法則」としての普遍性は，適切にも世俗化から取り去られることになった．こうして宗教の近代が持つ多元性への豊かなアプローチが開かれることになった．それを特に刺激したのは，S・アイゼンシュタット〔Shumel Noah Eisenstadt〕の言う「多元的近代」〔Eisenstadt, 2000〕という問題設定であった．

第二の観点（これは第一の応答を排除するものではないが）は，近代化の過程それ自体を評価し直そうとするものである．この見地から，つねに近代の合理化プロセスを損ない，世俗化の進展を抑止し阻害する要因となりうる数々の断絶や後退が分析し直される．近代化を直線的なものとみなす古典的な理論（マルクス主義や自由主義などさまざまなものがあるが）は，近代化の行程からそうした偶然が生じることを予見できなかったために，先進的な社会でさまざまなかたちの脱‐世俗化が起こることを説明できなかったのである．「宗教的なものの回帰」をめぐるこの第二の解釈は，次の二つのかたちをとることができる．

第一のかたちは，現代の先進的な社会で宗教的なものが再び力を得てきたことを，かなり持続的で深い危機の現象から生じた「脱近代化の趨勢」に結びつけるものである．このようにして，宗教の再肯定の現象を近代化の過程の袋小路や失敗へと全面的に結びつけるならば，近代的な社会における宗教の喪失という古典的な問題設定を繊細な仕方で救出することができる．つまり，近代が「正常な」進行を取り戻すならば，再び世俗化の過程が不可避になると考えうるのである．

第二のかたちは，明らかにもっと内容豊かなものであり，〔近代以降，今日に至る〕「ポストモダン」「超モダン」「ウルトラモダン」の状況を語るさまざまな理論に対応している．これらの理論はすべてが同質というわけではないが，現代における宗教性の展開を，個人の主観性や〈自己〉の涵養に重きをおく文化の到来に結びつける点では共通している．J・ボードリヤール〔Jean Baudrillard〕の言う「心理学的近代」の到来によって，合理的脱魔術化をめぐる古典的な問題設定を考え直し，個人の意味追求の拡大を問題にしなければならなくなったのだが，現代における宗教の復興は，まさしくこうした状況に連なるのである．こうした見方に立てば，宗教的制度の権威を失墜させたのは，さまざまな意味制度によってもたらされる「大きな物語」〔リオタール〕の全般的な危機だということになる．「小さな信仰物語」の増殖は，〈自己〉の物語的構築をめぐる種々の論理によって解釈されねばならない．そうした物語は，自己表出的な個人主義と真正性〔authenticité〕の文化の支配の一角を占めているのである．その場合，世俗化は宗教の制度的規制が緩み，宗教的権威が定める意味のコードが解体していく過程として定義されることになる．それによって，さまざまな伝統が提供する象徴的資源は，個人が自由に再利用できるものとなるのである．

こうした主題は，宗教的近代を扱う現代の社会学によってさまざまに変奏されてきたものである．これらの社会学は，E・トレルチ〔Ernst Troeltsch〕が作り上げた神秘的タイプ（Spiritualismus）〔霊性主義〕の妥当性を確証している．近代における「浮遊する信仰者たち」を統一する最小限の結びつきのかたちが性格づけられる．そうした信仰者たちは，宗教制度が保証する信仰の真理との合致よりも，自分自身の霊的探究の真正性により大きな関心を向けるのである．

とはいえ，現代において「個人主義的共同化」の諸形態がネットワークをなしているからといって，宗派や教会といった伝統的なかたちの宗教的共同化が姿を消したわけではない．一方では，真理を自由に交換できる柔軟な体制の下での信仰の相互認証の相似た諸形態が展開するのに対して，その反動として，純粋な信者たちや生まれ変わった〔回心した〕者たちによる真理の排他的共有を優先するような，信仰の強力な共同的認証が生じてきた．「〈自己〉であることの疲れ」〔Ehrenberg, *La fatique d' être Soi*, 1998〕に圧迫された個人が，全体化する信仰形態に参入し，宗教の師の権威に服することで，動きの激しい社会で失われてしまった確実性の探求へと方向づけられるということもありうるのである．だが他方で，象徴的財の市場において，歴史的な宗教制度はなお特別な地位を占めている．この市場は自由化したとはいえ，すべての担い手が純粋かつ完全な競争状態に置かれているわけではない．実際，外面的にはきわめて脱宗教化した社会であっても，心性や実践，制度には伝統的な宗教がなお深く染み込んでいる．この点を過小評価してはならない．

宗教的諸伝統による文明的作業の存続と解体——ヨーロッパ地域における宗教文化からの脱出としての世俗化

上で最後に述べた点から，第三の領域の世俗化の分析が始まる．そこでもまた，特に取り上げられる経験的な材料は（西）ヨーロッパの事例である．すでに述べたように，ヨーロッパは，合衆国も含めた他の地域とは違って，宗教の社会的・文化的後退という世俗化の理念型的図式が真に当てはまる（カナダと並んで）唯一の地理的・文化的地域だからである．実際，教団宗教がこれほど衰退してしまった地域はほかにはない．宗教が主観的なものとなっていく過程をつぶさに観察できるのもヨーロッパだけである．これは，宗教を私事的な領域へと徐々に押し込めていった長い歴史の極点となる事柄である．

だが，個人的宗教の主観性がこのように勝利を収めたからといって，長い歴史をかけて構築されてきたヨーロッパの宗教的多様性の痕跡が消え去ることはけっしてない．文化に浸透した宗教がどれほど存続しているかを見積もるためには，個人が明示的に保持している諸々の「大宗教」との関係を検討するだけにとどまってはならない．個々の信者の構築物の一覧を超えていく必要がある．事柄をさらに深く掘り下げ，問われている社会の共同的生の骨組となる政治的・文化的・倫理的構造にまで到達しなければならない．それらの社会の範型となるのは宗教的伝統であり，この伝統の特性は深層の文化的土壌にまで及んでいる．

宗教の社会に浸透する度合いには違いがあるが，この違いが可視化するのは，まずはカトリックのヨーロッパとプロテスタントのヨーロッパを区別し続ける境界線においてである．ドイツとフランスの例を比較すればわかるように，自律の思想は両者のあいだで異なる経路をたどった．自律をめぐるドイツの問題設定は，いかなる政治的な自律思想よりも前に，宗教改革の経験において生まれたものである．それは宗教的個人主義の主張を通して構築されたのであるが，この個人主義は，教会が持つ権威の基礎を徹底して論駁し，信者の神に対する関係を一切の制度的媒介から引き離すものであった．個人についての考え方と，そこから引き出される主権についての考え方は，それらを基本的に政治的な構築物とみなすフランスの場合とは根底から異なっている．フランスでは，それらは革命の経験が結晶化する不可分な二重の闘い，すなわち専制政治に対する闘いと宗教に対する闘いを通して得られたものなのである（Bouretz, 2000）．

宗教的なものが果たすこうした文明的作業を繊細に分析することによって，ヨーロッパの世俗化を等質的なものとみなす捉え方が打ち砕かれる．現在のヨーロッパの諸々の社会は，それぞれに固有の宗教的根の刻印を帯びている．フランスでは，歴史的な脱宗教化の作業が類例のない深さに達し，宗教の喪失は客観的にも主観的にも特に際立っているが，それでも名目上は宗教に「何の関係もない」さまざまな問題（食べものの質から倫理による科学の統御，企業での上下関係の扱いから田舎世界の行く末，社会の国家に対する期待から社会的要求の実行まで）が表現される仕方は，少なくとも間接的には，文化へのカトリックの浸透を踏まえて初めて理解できるのである．ヨーロッパのどこへ行っても，政治生活のスタイル，社会や倫理の問題に関する公共の議論の内容，国家の責任と個人の責任の規定，自然と環境についての見方はもちろん，市民たることの具体的規範や金銭への関わり，消費の様式といった事柄もまた，歴史的・宗教的な文脈において形成されてきたものであり，今も（少なくともある程度までは）そうした文脈からの方向づけを受け続けている．これは，ヨーロッパにおいて宗教的な諸制度がなお現実的な規範力を保持しているからではない．そうではなく，公式の信仰が衰退し教団の力が衰えた後もなお，宗教的な諸制度が形成してきた象徴的構造が際立った文化的浸透力を保持しているということである．

このように，制度の脱宗教化と意識の宗教からの解放という世俗化の二重の運動を超えて，なお宗教は文化のうちに現存しているのだが，まさにこのことから，宗教を保護し保存すべき「記憶の宝物」として扱おうとするヨーロッパ特有の傾向が理解できる．しかし，こうして遺産として再構築された宗教的記憶は，ポスト世俗化の時代に属するのかもしれないが，脆弱なものである．そうした再構築の成否は，該当する社会において，宗教の遺産が信仰共同体の外でも集団的アイデンティティの標識であり続けられるかどうかにかかっている．

世俗化をめぐる問いを通して今日投げかけられているのは，宗教的遺産がこうしたかたちで参照されること自体がなくなってきているのではないか，という問題である．宗教のフォークロア化，すなわち宗教的象徴がそれを作り出した意味世界から切り離されて，広告や遊び，観光のために利用されるといった現象は，共有された文化的記憶としての宗教が衰退してきている証拠である．これは世俗化の過程の新たな一歩であり，宗教の脱文化化〔exculturation〕として捉えられる段階である．

それはまた，余波として諸々の「政治的宗教」に，またそれらが示す歴史と世界の全体的意味の見方に関わってくるものでもある．

脱文化化という概念は，世俗の文化を織りなしていた宗教的な織糸をほどいていく今日の文化の動きを表すために作り出された．この概念が際立たせるのは，世俗の文化が宗教からの脱出という歴史的過程の後にもなおとどめていた宗教的な刻印が消え去り霞んでいく過程である．何世紀ものあいだ，宗教的帰属の安定性は家族や制度を介する諸々の伝達装置によって保証されてきた．宗教の脱文化化という動向は，そうした伝達装置の衰退と直接関係するものである．こうした伝達の衰退は，宗教的制度の支配力が失われ，宗教的実践が退潮してきたことに対応している．だが，さらにそれは，ウルトラモダンの主観性の文化に適合して，伝達への配慮が「各人に自らの宗教を選ばせる」べきだという考えへと場所を譲り，新たに方向づけ直されたことに呼応する．そこから帰結する再生産装置の解体は，イギリスの社会学者グレース・デイヴィ〔Grace Davie〕が明らかにしたように（「帰属なき信仰」），信仰と帰属を徐々に分離させるだけではない．同時にそれは，ヨーロッパにおいて（信仰の状態とは独立して）共有された文化の屋台骨となっていた宗教的――特にキリスト教的――な記憶の枠組を破砕するものである．この脱文化化の動向においては，次の四つの断絶を指摘することができる．

第一の断絶は，すでに述べたように，自己実現の文化とそれにともなう主観性の称揚に対応する．主観性の称揚の担い手となる個人は，自らの願望，決定，関心，個人的葛藤や感情の特異性において考慮されることを求める．これは，生活様式が同質化し，社会関係が抽象化するのにともなって進展する傾向である．生活様式や社会関係のそうした変化は，豊かで官僚化され，個々人が分離した西洋的な社会の特徴である．

第二の断絶は，時間と空間への関係の変容である．それは，あらゆる領域において瞬時に地球規模のコミュニケーションができるようになった社会の特徴である．この「現在至上主義」（Hartog, 2003）の支配は，時間が単線化し，リズムを変じ，抽象化されるという，近代化の展開全体にともなう過程の延長であるだけではない．またそれは，社会における個人の移動が加速し一般化したことによって，地域や共同体が根を完全に喪失したことに要約されるのでもない．時間の短縮と空間の拡大という二重の動向によって，生の全領域において個人の経験と人間関係が瞬間化されてきたのであるが，「現在至上主義」の支配は，この動向をその質を変じるほどに極限まで推し進めるのである．

第三の断絶は，科学技術の目覚ましい進歩によって，自然に対する関係が質的に変容したことである．近代の歴史全体を通して，人間が認識と技術，生産による自然資源の支配力を高め，また分業体制を複雑化してきたことで，人間の自然に対する関係は人工化してきたが，ここでいう変容とは，やはりそうした趨勢の延長ではない．自然に対する関係の現代における争点は，生命と非生命，動くものと動かないもの，人間的なものと非人間的なものとの境界の定義自体に関わるものである．こうした事柄について共有されてきた参照軸が安定を失った結果，もはや自然は，宗教が担う絶対的なものの全表象が最終的な支えとする秩序――それは「自然法則」の秩序となる以前は，そもそも創造の秩序であったのだが――ではないことが意識されるようになった．

こうして，自然の乗り越え不可能な秩序に担保されたすべての「絶対性」の基礎が根底から問い直されるのであるが，このことは，政治的領域だけでなく公私ともにすべての生の領域において，あらゆる社会的な絆を個人の同意のみに――他の参照軸はすべて排除して――基づかせようとする要求と交差しあっている．この第四の断絶は，すべての社会関係を契約へと変じようとするが（この傾向は法によって形式化される），これは，婚姻から教育，親子関係から企業内の関係に至るまで，あらゆる領域に当てはまる傾向である．そうした趨勢によって，民主主義の理想が人間の活動領域全体に一般化され，社会的な絆が個々人の意志の外でも合法性を持ちうるという考えは疑問視される．社会的な絆を作動させるのは，あくまで個々人の意志なのである．こうして，権威を「自明のもの」と捉える一切の見方が根底から変容される．近代においては，権威は人民の主権の下に置かれ，神から政治的権威の合法的な源泉としての地位が剝奪された．ウルトラモダンの社会は，個人が権威を権威として認め，自律した資格で権威を合法化する力をますます増大させる．それによって，権威の源泉から「自然の秩序」も含めた一切の超越性を剝奪するに至るのである．

ウルトラモダンの時代に典型的な以上の傾向は，宗教の制度的性格の最も深い基礎を襲うだけではない．それは根底的に新たな「文明過程」に属している．現世の外に個人の救済を見いだす考え方や，人類という集団全体を成就させる終末論的約束は，（世俗化の営みの後も）持続的に文化を支配してきたが，この新たなプロセスは，そうした文化を生み出す歴史的母胎をも侵食するものである．こうした変化の影響は，ヨーロッパのさまざまな社会の政治的文化の根底的な変容において，直接目に見えるかたちで現れている．これもまた，ヨーロッパ社会の文化的記憶の宗教的骨格が深さを失ったことを意味深いかたちで示しているのである．

参考文献　BERGER, P., *The Sacred Canopy. Elements of a Sociological Theory of Religion*, New York, Doubleday, 1967, traduction fr., *La Religion dans la conscience moderne*, Paris, Le Centurion, 1971.（ピーター・バーガー『聖なる天蓋』薗田稔訳，新曜社，1979年）– BOURETZ P., *La République et l'universel*, Paris, Gallimard «Folio », 2000. – EISENSTADT S., « Multiple Modernités », Daedalus, 2000, 129 (1), pp. 1-30. – GAUCHET M., *Le Désenchantement du monde. Une histoire politique de la religion*, Paris, Gallimard, 1985. – HARTOG F., *Régimes d'historicité*, Paris, Seuil, 2003.（フランソワ・アルトーグ『「歴史の体制」――現在主義と時間経験』伊藤綾訳，藤原書店，2008年）– HERVIEU-LÉGER D., *Vers un nouveau christianisme ? Introduction à la sociologie du christianisme occidental*, Paris, Cerf, 1986 ; *La Religion pour mémoire*, Paris, Cerf, 2003 ; *Le Pèlerin et le converti. La religion en mouvement*, Paris, Flammarion, 1999. – ISAMBERT F.-A., « La sécularisation interne du christianisme », *Revue Française de Sociologie*, XVII, 1976 n.4, pp. 576-589. – LUCKMAN Th., *The Invisible Religion.The Problem of Religion in Modern Society*, New York, MacMillian, 1967.（トーマス・ルックマン『見えない宗教――現代宗教社会学入門』赤池憲昭／ヤン・スィンゲドー訳，ヨルダン社，1976年）– MARTIN D., *A General Theory of Secularization*, Oxford, Blackwell, 1978. – SCHNAPPER D., « Le sens de l'éthnico-religieux », *Archives de sciences sociales des religions*, 1993, n. 81, pp. 149-163. – TSCHANNEN O., *Les Théories de la sécularisation*, Genève, Droz, 1992. – WILSON B., *Contemporary Transformations of Religion*, Oxford, Oxford University Press, 1976 ; *Religion in a Sociological Perspective*, New York, New York University Press, 1982.

ダニエル・エルヴュー＝レジェ Danièle HERVIEU-LÉGER
〔杉村靖彦訳〕

→ 宗教事象，宗教社会学，世俗宗教，法と宗教（間規範性），ライシテ／ライシテ化＝脱宗教化

世俗宗教
RELIGION SÉCULIÈRE

政治思想を神聖化することや，超越的な実在の存在を実験し証明する手段として科学を発展させることなどは，世俗的な活動とみなされるが，しかし同時に一定の宗教性も帯びている．なぜ，近年の宗教的なものをめぐる状況は，世俗宗教の探求へと駆り立てるのだろうか．

フランスの世俗化には，まず，社会や科学，政治，その他の諸制度の脱宗教化――教会制度からの自律――が起こり，次に，教会が他の意味体系にその地位を脅かされることで影響力を失い，そして最後に，宗教的実践が衰退していくという背景があるといわれる．しかし他方で，この一連のプロセスには，近代のユートピア

の構想と具体的な日常の現実とのあいだの溝を埋めるために，宗教的な表象が再組織されることも前提にある．このような再組織化は，教会の形式主義が新しい精神的な経験や表象に滑り込むことによっておきる．こうした宗教的なものの再構成に現れるのが，世俗宗教である．

共産主義を「世俗宗教」と定式化したのはレーモン・アロン〔Raymond Aron〕だが，この概念は，一定数の類似の表現（政治宗教，市民宗教，スポーツ宗教など）にも着想を与えた．これらの逆説を含んだ言い回しは，新しい現実が生じていることを示唆するが，曖昧な言葉でもあるために，その使用には慎重さが求められる．ともすると，あらゆるところに宗教的なものを見いだすことになってしまいかねないからである．

「世俗宗教」という概念が示唆するのは，私たちがスポーツや音楽，科学，政治などの活動のなかに，歴史的な宗教に認められる，いくつかの特徴を見いだすことができるということである．第一に，超自然的またはこの世を超えた超越的な実在の表象．これによって，死という本質的な問題に直面することが可能となる．第二に，人や観念，対象物の神聖化．これは，集団的な感情の経験を通してなされる．第三に，ある特殊な神話的＝儀礼的な体系．これにはさまざまな要素があるが，なかでも創世神話や終末論的な神話，そして（祈り，礼拝，行列などの）宗教的実践を含む．

したがって既存宗教は，これらの要素の全体を集めることができる（必ずしもすべてではないことは〔神を立てない〕仏教という古典的な事例があることからもわかる）のに対し，世俗宗教は，宗教的特徴の存在の強さに応じて，宗教的側面を持つこととなる．それは，既存宗教からの借用や模倣であることも，新しいかたちで構築されることもあるが，論理的に言えば，人間のさまざまな活動領域が分離し自律化する文脈のなかで生まれるのが世俗宗教である．実際，政治的なものと宗教的なものが混ざった社会，たとえば国王が神でもあるような社会において，世俗宗教が実体を持つことなど想像できるであろうか．西洋近代は，活動領域を分離することにより，諸領域間を循環する空間を作り，宗教的なものと世俗的なものを結ぶハイブリッドな形態の出現を可能としたのである．

世俗宗教としての共産主義

旧ソヴィエト連邦における共産主義の発展と構造化は，世俗宗教の一つの古典的な事例である．共産主義社会は，1917 年の十月革命の後もなお構築される必要があり，厳密な意味で一つの絶対を構成していたからである．差異の消滅，共産主義の普遍性，人間の潜在能力の十全な開花に漠然と結びついたこの社会は，動員力を持つ意味の世界として立ち現れ，一群の価値を元に構造化されており，それらの価値自体が特殊な組織と儀礼の体系に組み込まれていた．

共産主義思想の神聖化は，伝統的な宗教の指標から独立したかたちで，分離され触れることのできない理想の領域を創り出した．この神聖化のプロセスは，次の三つの観念力〔idées-forces〕を結びつけていた．第一に，さまざまなやり方で称揚された祖国とその英雄．第二に，全面的な救済の源泉としての革命．これはあらゆる行為を正当化する．第三に，プロレタリアートの代弁者にして，不可謬の知性の保有者としての党．この研究領域における古典的な分析によれば，党は，歴史の意味－方向を指し示す限りにおいて，究極の問いに答え，指導者を崇め，党員を一致させる論理を発展させ，全般的なプロパガンダのシステムを押しつけた．そして，宗教活動が生じるメカニズムにも似た神聖化のメカニズムを，ソヴィエト連邦あるいは他の国々の戦闘的な活動家のエリートのなかに作り出した．すなわち，〔彼らエリートと他の人びととのあいだの〕「絶対的な差異」の感情，そして同じく絶対的な確実性に結びついた政治内容の教条化である．それは，「すべてに対して例外的で君臨するもの」としての意味を生み出し，存在の最終理由として立ちはだかる．

新しい社会秩序と新しい意味の体系を強要しようとする政治体制において，儀礼は，文化を管理し運営する手段とみなされた（1789年のフランス革命もその傾向があった）．この儀礼の狙いは，市民を共産主義の規範や価値に結びつけ，彼らが実在を知覚するやり方を，既存の伝統的な宗教とは別のやり方で構造化することであった．通過儀礼および祝祭の社会主義的なシステム（クリスマスは，反宗教的で革命的な祝祭となった）の強要という1920年代の失敗を経て，儀礼は，1960年代初頭には，プロパガンダの効果の限界を補うと同時に，宗教の影響力を縮小させる理想的な手段として欠かせなくなった．政治的な祝祭（とりわけメーデーと十月革命記念日）に加え，通過儀礼（洗礼，結婚，葬儀などの人生儀礼，〔厳しい審査を経てようやく〕パスポートが交付されることや軍隊への入営などのイニシエーション）や仕事の儀礼，季節の祭が制度化された．

レーニン崇拝そのものが，ソヴィエト共産主義を世俗宗教とみなすことのできるもう一つの要素である．この崇拝は三つの様態からなる．すなわち，不死の比喩，超越性，死に対する勝利である．不死の比喩は，レーニンを英雄化する時期に対応する．内戦期〔1917-1922〕のアジテーション・キャンペーンから，彼の死が公表されてからの大衆動員まで，レーニンは，つねにソヴィエトのシステムを基礎づける規範と価値の体現者として提示され，道徳的な卓越性，全知全能，議論の余地なき権威，労働者との友愛，子どもの模範など，一連の品位に結びつけられた．この段階では，レーニンの死は，次のようなメッセージとともに伝えられる．「レーニンは死んだが，レーニン主義は生きている」．これは，英雄の偉業と記憶が将来の世代のために残り続けなければならないという不死の比喩をうまく言い表している．宗教的な表現形式の影響がこのような英雄化の過程を枠づけていることは，早い段階から見てとれる．「プロレタリアートの十戒」と題されたパンフレット．帝国主義との戦いを聖ゲオルギオスのドラゴン退治になぞらえた，ロシアの古いイコン画の形式を借用したポスター．行進の際に，宗教祭列のイコンのように掲げられるレーニンの肖像画．これはパロディなのだろうか，それとも深い敬愛の情なのだろうか，あるいは民衆の心をつかむための戦略なのだろうか．描かれ方は漠然としており，もちろん神学的に洗練されてもいないが，超越性は，もはや宗教的形式に訴えるだけではなく，内容そのものを呼び覚まそうとしており，そこに超越性が透写されているように思われる．

レーニンの精神的な特性は，1918 年の彼の負傷〔暗殺未遂事件〕以来，演説，詩歌，論説，評伝などにおいて，さまざまな強度において喚起されてきた．聖者や使徒または預言者としてのレーニンは，キリストに関わる用語で描かれ，尊敬と崇拝の基盤となる．プロレタリアートは，レーニンを死から救う奇跡の介在であるとみなされている．レーニンの二重の本質が価値化されている――すなわち，イリイチとしては死せる存在だが，レーニンとしては不死なのだと．レーニンの犠牲と殉教は，貧困者の救済のためだと主張され，彼は死ぬことはないと断言される．公式の評伝には，彼の精神的な次元が認められる．したがって，レーニン自身がある程度反対したにもかかわらず，レーニンの超越化は利用可能な最も強烈な言い回し，すなわち宗教的な言い回しにおいて遂行され，ボルシェヴィキの「叙事詩人」が動員する伝説によって補強される．

これらの要素から次第に明らかになってくるのは，宗教的な語彙の形式的な使用や宗教的人物との単なる比較だけが問題なのではなく，超自然的な次元がレーニンという人格において統合されることもまた重要だということであり，その次元において宗教的な問題と政治的な問題が相互浸透するということである．ロシアの農民は，レーニンを神が使わした預言者になぞらえたのではなかったのだろうか．このような構築過程の分析を進める際には，誠実さによるものなのかそれとも戦略なのかという問いが生じる．

レーニンの暗殺未遂が最初の「神話化」を後押ししたとすれば，彼の病気は，彼が不死であるとの観念を推し進め，抽象的で永続的なレーニン像の描写は，彼の存続が「現実の」ものだという錯覚を起こさせた．レーニンが死ぬとき，次のような深刻な問題が生じることになる．その問題とは，比喩的な不死性が不十分なものとして現れるのならば，もう一方の「現実の」不死性も限界に達し，マルクス主義理論と反目するということである．したがって，仲介的要素として現れることとなるのがレーニンの遺体であり，そこに英雄の「不死化」を構成する崇拝が集中していく．

聖者の遺体は腐敗しないというロシアの伝統があったのに加え，〔レーニンの死と〕ほぼ同時期にツタンカーメンのミイラが発掘されたことが，このような見方を強めた．実際，このようにしてレーニンの不死化への長い道のりが開かれていくのである．この点は，ニーナ・トゥマルキン〔Nina Tumarkin〕の著作が詳しく論じている．農民は，レーニンの身体が消滅するのを目の当たりにすることを拒んだ．だからスターリンは，防腐処置を提案した．それは，「レーニンがもう私たちのもとにいないことに，私たちの意識を少しずつ慣れさせるため」であった．暫定的な防腐処置を講ずることが決まり，やがて完全な防腐処置が施され，遺体を現状のまま無期限で保存することが目標となる．葬儀委員会は，「レーニンの記憶を不死化するための委員会」に改組された．レーニン崇拝を可視化する象徴として立体的な納骨堂が建築された．そして（保存状態の悪くなった）遺体は1930年に石造の霊廟に移葬された．

レーニンの不死化のプロセスは，最終的には失敗であったことが明らかだが，そこにみられた政治的・宗教的な取り組みは，互いに異なりつつも重なりあっていた．遺体の物理的な保存は，将来の世代の記憶に向けられた面もあれば（その目的はソヴィエトの権力を正統化し安定させること），人間の神格化や身体の復活に結びつけられた面もある．あるいはそれは，レーニンの精神的な不死性の象徴や聖遺物として機能した．その反応はさまざまであった．レーニンの評伝は，彼を預言者として描写する．彼が起こしたさまざまな奇跡を挙げて，彼の庇護が永遠であることを強調するのである．図像的な表象や民俗から借用した伝説が喚起するのは，山岳で生きるレーニンや霊廟で眠るレーニンである．追悼記念におけるレーニンのイメージは，人びとの厳かなまなざしによって捉えられている．そして人びとは，定期的に霊廟を訪れ，レーニンがもたらしたご加護を告白する．

しかし他方では，これらと逆方向の要素もあり，分析にはニュアンスをつけざるをえない．そこでは，どのような奇跡も告げられていない．いかなる正真正銘の民衆崇拝もレーニンの遺体の周りには生じていない．人びとが霊廟に列を作るのは，政治的理由のためか，あるいは単なる好奇心にすぎない．また，中傷する人びとが皮肉を言う一方で，レーニン崇拝は変質し，彼の記憶への敬意とともに彼の不死を賞賛しなければならないとする強迫観念に陥っていく．そして，スターリン崇拝が進むにつれてレーニン崇拝は，後景に追いやられた．レーニン崇拝は1960年代に再び登場し，彼の不死の精神やレーニン主義のアクチュアリティをあらためて強調したが，ほどなくしてそれが引き起こしたのは無関心と嘲笑であった．

新しい農村の人びとの黙示録的エコロジー

世俗宗教のもう一つの古典的な事例は，エコロジーというテーマをめぐって発展してきた．社会文化に特化したある論理にしたがえば，エコロジーは，意味の世界に結びついており，それを支える特定の価値観は，それに関わる人びとの活動や情動的な参加を構造化している．エコロジーが今日的な主題であることは間違いないが，社会生活を「主導する」活動とみなすことができるかどうかは，あまり自明ではない．

多くの場合，ある価値観に基づく集合的な課題に取り組む活動は，創設者の計画に依存して生じ，それを特定の推進者が推し進める傾向がある．エコロジーの場合，ユートピアを実践することが計画の核心である．この観点からいえば，新しい農村の共同体的な試みとは，別の生き方を実験し，対抗社会での生活を先取りすることである．創設者が構想するのは，戦闘的な活動家による革命的な終末論ではなく，革命的な日常の実践である．それは，自発的であって，序列的ではない自給自足の共同体生活を通じて行われる．そして都市生活から遠ざかり，自然に近づくことと意識の変容に価値を置く．社会の中心から相対的に離れた，人の少ない地域（たとえばセヴェンヌ山脈など）こそが，このように人生を変えることを「部分的に実現する」特権的な場所である．

エコロジーの構想もまた，世俗宗教として，卓越した人物の周囲に構築されることが珍しくない．たとえば，1970年代に登場した急進的な新しい農村共同体の創設者には，個人的なカリスマと結びつく権威があった．創設者の文化資本と技術能力，そして個性的な才能や動員力が信奉者集団に影響を及ぼし，信奉者の日常的な実践や個々人の生き方を導いた．彼らは，自分の人生が危機にあるという自覚を強め，別の生き方が必要であり，この新しい道こそが進むべき道であると確信し，同じ生き方を他の人びとに呼びかけた．指導者の証言と個人的な経験こそが，集合的な計画に保証を与えた．このようにして，共同体の創設者と信奉者全体とのあいだに一種の「契約」が結ばれる．

創設者は，多かれ少なかれ合理化されたオルタナティヴな生活を提案した．信奉者たちの多くは，社会的および心理的なアイデンティティを探求する若者であった．彼らは，創設者が提唱した意味に新しい行動規範を見いだしたり，（牧畜や農業などの）技能を習得したりした．信奉者たちが自分たちの周縁的な状況を模範的なユートピアの構築へと変容させていく一方で，指導者は，自分のメッセージが正しく，自分には先導者としての役割があると確信を持つことができた．新しい農村共同体においては，感情の動員が社会生活を規制していたので——それを掻き立て，再活性化し，維持することができたのは，指導者の信念の力である——共同体の成員を指導者のもとに結集させたのは，知的な同意というよりも感情的なつながりであった．指導者は，案内人，牧師，司祭などと呼ばれることもあった．支配的な文化のなかで「非凡な」者とみなされるのが医者だとすれば，新しい農村共同体の創設者は，既存の規範に対して完全に「規格外」の位置にあった．

とはいえ，このようなユートピア的な実践がとった形態はさまざまであった．多くの場合，反制度的で農村的なものだが，人類が冒す重大なリスクの回避を企てる，より急進的で黙示録的なかたちも存在した．エネルギーや原子力などのさまざまなリスクに対する悲観的なものの見方に加え，農村のユートピアを実現することの困難（脆弱な経済基盤，地元での疑いのまなざし，国家の存在）もまた，このような黙示録的な急進化と無縁ではなかった．こうしたユートピアの構想によると，自然に対する人間の征服は，全面的な破局へと至るが，それは，人間集団が犯した過ちに対する懲罰なのだという．だから人間集団が生き延びるためには，必要を減らし，エネルギーの消費を制限し，集団内の暴力を制御し，時間を管理しようとする生活様式を実際に行うことが必要なのだとされる．このような新しい農村の集団は，農耕や牧畜，医療などの，自然との直接交流あるいは伝統的な実践の再発見のうちに自分たちの世俗的な「救済」を位置づけた．こうした実践は，人と環境のあいだに調和をもたらすという意志によって正当化されたが，困難な条件のもとで生き延びるという課題に効果的に向き合うためのものでもあった．世界に迫る危機についての大げさな表現や，人類が滅亡するかもしれないという意識は，このような構想の信憑性を増大させ，その妥当性を強めたが，その一方で，物理的な困難を解決し，カリスマ的指導者が進める共通の目的（絶滅危惧植物により高い価値を与えたり，丈夫な馬の品種を復権したりするなど）の周囲に人びとを集めることこそが，ユートピアの構想を保っていた．

このように，最も急進的な新しい農村は，退廃が進む世界に対して救済の道を提唱することによって，新しい農村の人びとに固有な困難を乗り越え，自分たちが周辺的であるのはその使命によって純化されているからだと正当化することができた．

問題意識のない多数派を前にして，救済が可能なのは，自分の役割への確信を持ち，自然に頼ることで破局を生き延びる手段を確保し，新しい人類の先駆けとなることのできる者だけだというのである，（自然の均衡と調和する共同体的空間を見いだすという）世俗的な目的によって新しい農村の黙示的な集団は安定し，既存の宗教の形態を参照しながら次第に精神的な次元を自分たちのユートピアの構想に組み込んでいった．

確かに，ダニエル・エルヴュー＝レジェ〔Danièle Hervieu-Léger〕とベルトラン・エルヴュー〔Bertrand Hervieu〕が分析するように，エコロジーの黙示録と宗教的な黙示録には共通点がある（とりわけヨアキム主義者〔12世紀の神学者ヨアキムの千年至福説の影響を受けた政治的メシアニズムや初期社会主義を主張する者〕において）．しかし，このようなアナロジーを超えて，宗教的なものを参照することは，集団生活の（社会的，心理的，物質的な）具体的条件のなかにある．それは，ある集団が自分たちの共同体的な活動に意味を与え，新しい規範と価値の体系に従って活動をあらためて方向づけ，時間と空間に対する，ときに困難な関係を合理的に説明し，容認できるものにし，正統化する必要に応じているのである．このようなときに引き合いに出される宗教的伝統は多い．インドのコスモロジー，東洋の精神性，シトー会や道教の伝統，キリスト教的な秘教の各種ヴァリエーションなどである．これらは，汎神論の観念（宇宙の諸力に対する人間の関与），東洋的な類型（「宇宙的な意識」や，瞑想や静寂などによる自己ないし自己の身体との和解），そして「秩序」の次元（これは自然によって秩序づけられた宇宙を再び見いだし，創造を復元する王国の到来を確固たるものとするためである）をしばしば混ぜ合わせ，それらを価値あるものとしている．

このようなかたちでさまざまな宗教的伝統を参照することは，超越的な原理の存在（神，宇宙の万物，生の力など）を想定する場合もあるが（しかしそれは必然とは限らない），その存在が表明される輪郭はぼやけており，教義への厳密な信仰や信仰告白による忠誠は求められない．このような集団にとって，また他の世俗宗教の形態にとって，かかる宗教的な参照枠は，支配的な文化とは不安定な関係にある．D・エルヴュー＝レジェとB・エルヴューによれば，それは三重の機能を果たしている．第一に，区別の機能である．周縁化された文化的要素（占星術，秘術〔オカルティスム〕，秘教的伝統など）を価値あるものとすることは，宇宙における統合という観念を取り戻すことに対応し，自然に対する合理的，科学的，技術的なアプローチを問い直す．第二に，象徴化の機能である．象徴的な指標によって，周辺的な立場という不安定さを払拭し，この社会的周縁性を「〔神の〕選択」へと変容させ，

「使命」として引き受けることが可能となる（これは集団の指導者に新たな精神的な正統性を付与することをともなうもので，これによって指導者は，自分を預言者の系譜に位置づけ，昔の修道士の文明化使命に自己を同一化させることができる）．第三に，動員の機能である．宗教的な過去を参照することで，ユートピアを立て直すことができる．宗教的な過去は，集団の歴史を普遍的な意味に結びつけることによって，新しい世界を予見する助けとなり，集合的な意志に対して「外部」から土台を与え，さらには儀礼の実践（〔分裂後の〕共同体の和解，自然との交流，祈りなどの儀礼）によって，秩序（共同体）と無秩序（社会の残余部分）の対立を象徴的に示すことにも貢献する．

参考文献　CHARLTON D. G., *Secular Religions in France 1815-1870*, London, Oxford University Press, 1963. – DESROCHE H., *Socialismes et sociologie religieuse*, Paris, Cujas, 1965. – LANE C., *The Rites of Rulers in Industriel Society – The Soviet Case*, Cambridge, Cambridge University Press, 1981. – LÉGER D. et HERVIEU B., *Des communautés pour les temps difficiles. Néo-ruraux ou nouveaux moins*, Paris, Centurion, 1983. – LUCKMANN T. *The Invisible Religion*, New York, The Mac Millan Campany, 1967.（トーマス・ルックマン『見えない宗教――現代宗教社会学入門』（赤池憲昭／ヤン・スィンゲドー訳，ヨルダン社，1976年）– RIVIÈRE C. *Les Liturgies politiques*, Paris PUF, 1988. – SIRONNEAU J.-P., *Sécularisation et religions politiques*, Paris, Mouton, 1982. – TUMARKIN N. *Lenin Lives : The Lenin Cult in Soviet Russia*, Cambridge, Harvard University Press, 1983.

アルベール・ピエット Albert PIETTE

〔稲永祐介訳〕

→ 宗教性，宗教的近代，聖／俗，世俗化

戦　争
GUERRE

クリフォード・ギアツ〔Clifford Geertz〕は，公の場で行った最後の発言のなかで，社会科学の観点からの宗教理解について，次のように指摘している．近代，世俗化，宗教的なるものの回帰などは概念として陳腐化したので，それらとは一線を画しつつ，宗教のエートスの内側の分析，さらには宗教がもたらす「世界と自己の知覚の変化」の分析に専心せねばならない，と．

ギアツが「未来のテーマとしての宗教」と呼ぶところのものを考察する際に，戦争や暴力の領域が中心になることは間違いない．宗教が，戦争や力の行使全般や暴力とのあいだに結ぶ関係は，いつの時代でも一つの逆説を示してきたからである．およそ人間社会は，過去に戦争を行ってきた上に，今も行っているし，敵を中傷し，自分たちのために犠牲となった人びとを英雄視してもいる．その一方で，一人の人間を殺すことは，道徳的に認めがたい行為，ひいてはタブーとみなされてもいる．死は，それが個別になされるときには殺人とみなされ禁じられるものだが，戦争のように集団の行為において与えられ受け取られると，称揚される．

西洋社会では，戦争における宗教や戦争の宗教について，早くから思索が試みられてきた．「正戦」の神学は，戦争の合法性に概念的な枠組を与えてもきたが，一方で，戦争が殺人を意味することはけっして忘れられることがなかった．この点について，研究者たちは戦争の宗教人類学の分野で考察を繰り返してきたのである．

戦争をする権利——正戦

この項目ではユダヤ－キリスト教世界のみを扱うが，そこでは戦争と平和という根源的な二元性は旧約聖書にまで遡る．旧約聖書では，ダヴィデは戦争をし，ソロモンは平和を築く（「シャロム」はヘブライ語で平和を意味する）．戦争そのものにも二重性があり，いかなる宗教でも侵略の戦争は容認されないが，防衛の戦争はそれとは区別され，正しき大義のために遂行される場合は正当とみなされる．すべては，相手こそが侵略者だと証明できるかどうかにかかっている．

聖アウグスティヌス〔Aurelius Augustinus〕や，特にトマス・アクィナス〔Thomas Aquinas〕以来，思想家たちは正戦という精神的な伝統を築き上げてきた．力の行使について，それを否定されるべきものとみなす道徳的な前提が根強く存在するなかで，いかにして，どのような条件であれば，この前提を踏み越えられるのかが問われてきたのである．中世から練り上げられてきた「戦争のための法」（jus ad bellum）すなわち戦争を計画し開始できる条件を定める法は，暴力への恐怖はそのままに戦争を行う権利や武力紛争を引き起こす可能性を，成文化するものであった．それを継承する「戦争における法」（jus in bello）は，力の行使が正当化されるのはいかなる場合かを定めるものであった．「申命記」からジュネーヴ諸条約に至るまで，紛争の展開におけるよき行為の原則はすべてこの法に裏打ちされている．

平和について，さらには正戦の合法性についての教義は，聖アウグスティヌスが『神の国』第19巻第12章で論じている．「勝利とは何なのか．反逆者が服従すること，すなわち平和である．したがって，たとえ戦闘で武力を行使することに喜びを見いだす者が行う場合であっても，戦争はつねに平和を目的としてなされる．そうであるならば，戦争の真の目的は平和であり，戦争を行う人間は平和を求めているのであり，戦争を起こすために平和をなすような人間はいない，と結論づけるべきである」．この問題を神学の古典的テーマにしたのはトマス・アクィナスで，『神学大全』第2部でこう述べている．「第40問題，戦争について．1. 合法的な戦争は存在するのか．2. 聖職者が戦うことは許されるのか．3. 戦争において策略を用いることは許されるのか．4. 祝日に戦争を行うことは許されるのか」．神学者トマスは，戦争の正しき意図を次のように定める．君主が個人的な目的で行うのではなく，公共善のために行われるのであれば，戦争は善を奨励する，と．正しき大義のために，正しき意図をもって行われるのであれば，正戦は合法と宣せられるのである．

正戦についての古典的なキリスト教教義は，はじめに，他者に悪をなすのは禁じられているという原則を確認する．なんらかのかたちで失われた正義の均衡を再び回復するためにのみ，戦争は許されるのである．戦争とは罰する正義，復讐する正義であり，人間のよき秩序には必要なものであり，特定の限られた条件のもとでは合法とされる．その条件について，さまざまな神学者やモラリストは次のように述べてきた．正しき大義を目指し，現実に確たる危機に直面し，不当に脅かされている無辜の人びとを守るため，しかるべき権限と公共善の責任とを持つ機関が宣言をし，あらゆる交渉が失敗したのち最後の手段として行われ，また達成の見込みが十分にある，そのような場合にのみ合法であると．反対に，達成の見込みなしと理性的に判断される戦争は，「正しい」とはいえない．最後に，戦争に期待される善は，戦争に起因する害を上回らねばならない．つまりは比較の原則である．

これら「戦争のための法」の条件に，戦闘の遂行に関する要求が加わる．「戦争における法」では，攻撃への応酬はもとの攻撃の質を超えるようなものであってはならないとされる．

戦争が正しいものであるためには，戦争が目的と手段のいずれにおいても正しくなければならない（前者が戦争の大義（casus belli），戦争のための法（jus ad bellum）であり，後者が戦争における法（jus in bello）である）．正戦論は，戦争の道徳的な正当化と戦争が遂行される方法を論じるが（前者が戦争のための法，後者が戦争における法），それは個人もしくは集団としての行為を基礎づける道徳的原則を尊重するためである．

中世において，教皇と皇帝は高位で普遍的な精神的権威を有しており，正戦を保証する存在であった．

16世紀には，ドミニコ会士フランシスコ・デ・ビトリア〔Francisco de Vitoria〕

の思想が，戦争に関する共通の道徳的教義の基礎になった．それによれば，戦争は，たとえ君主が悪意をもって遂行したとしても正しいものになりうる，なぜなら行為決定の道徳的な価値は，行為そのものの価値とは区別されるからである．続いて，イエズス会士フランシスコ・スアレス〔Francisco Suarez〕と法学者フーゴー・グロティウス〔Hugo Grotius〕が，主権国家の新たな現実に，正戦の道徳的教義を適応させようと試みた．これら思想家たちは徐々に実定法を形成し，そこから，主権国家の相互承認と自発的合意に基づく近代国際法が生まれることになる．

彼らの理論には共通する前提がある．それは，防衛戦争は合法的で，したがって正しいものであること，それは侵略を受けたときだけでなく，人びとの権利が侵害されたとき，たとえば無辜の人びとが殺されたり，平穏な居住権・通商権が侵害されたときにも当てはめるということである．18世紀になると，エメール・ド・ヴァッテル〔Emer de Vattel〕が正戦の教義を次第に問題視するようになる．彼が強調したのは，二つの主権国家がともに善意に基づいている場合，どちらが真に正しい大義を守っているのかがほとんど判別できないという点であった．このように戦争には，不確実で線引きができず，容認せざるをえない余地があり，そこにこそ，戦争の法と慣習，すなわち「戦争における法」が発展するのである．しかしながら，理論家たちは，戦争における法の問題や，行使される暴力を統括する法的規制の問題に答えてはきたが，戦争を道徳的に正当化するという問題を完全に解決することはなかったため，それらの問題は今日に至るまで残っている．

20世紀の転回——戦争は非道徳的になるのか？

20世紀初頭まで，このような教義（ドクトリン）は徐々に歴史的状況に適合していき，ほとんど問題を生み出すことはなかった．このことは，1920年刊行の『カトリック神学事典 *Dictionnaire de théologie catholique*』の「戦争」の項目をみてもわかる．「しかしながら，戦争は本質的に悪しきもので，自然法に反するのだろうか．1　博愛主義者と称する者たちの宣言に与するべきなのだろうか．博愛主義者たちが今日，事あるごとに繰り返し述べているように，戦争とは，政府が大っぴらに教え人民に命じることができる（そして，忌避すれば甚大な刑罰を科される）殺人と窃盗にすぎないのだろうか．殺人や窃盗のうち，喝采を受け，称揚され，報酬，紋章，さらには賞が与えられるのは，いったいどのようなものなのか．殺人や窃盗のうち，凱旋門をくぐることで処刑台を免れられるのは，どのようなものなのか．(……) 確かに，戦争は恐るべき災厄で，ありとあらゆる惨禍をもたらすにしても，本質的に悪でもなければ，自然法に反するわけでもない．物質的には，戦争はいつでも大いなる悪である．しかし精神的には必ずしも悪ではない．戦争は正しいものでありうるし，ときには必要でさえありうるのである」

19 世紀から 20 世紀にかけては，二つの異なる方向への変化が同時に生じた．一方では，諸国家，諸集団が戦争や暴力をあまりにも推奨したため，クラウゼヴィッツ〔Carl von Clausewitz〕の格言〔『戦争論』第 1 篇第 1 章第 25 節〕を裏返して，政治とは別の手段による戦争の継続である（たいていの場合，その手段は戦争の総力戦化という表現に凝縮されている）と結論づけるものさえ出てきた．しかし他方では，戦争の暴力は長期的には緩和される傾向にもあった．その画期の一つが，19 世紀の赤十字設立であり，それは一つの到達点であると同時に，新たなジレンマの始まりでもあった．すなわち，戦争をめぐる法を国際的に成文化することは，戦争を永続化させることを目指しているのではないか，というジレンマである．それでも，戦闘行為の法的規制は厳密さを増し，国際人道法の枠組のなかで，1864 年のジュネーヴ条約から 1977 年の追加議定書に至るまで，いくつもの試みがなされてきた．たとえば，無差別攻撃，特に非戦闘員に対する攻撃の禁止，さらには，戦争の目的に照らして大きく度を越した苦痛をもたらす兵器の使用禁止などである．他方で，非戦闘員や，負傷，疾病，捕囚などにより戦闘できなくなった者を保護するための規則も作られた．これらの規則は，戦争の合法性を認める社会に明らかに適したものである．このような合法性を承認することは，君主主権，さらには国民主権の特権であった．

しかしながら，20 世紀になり，第一次世界大戦に続く数年のうちに，モラリストや神学者たちのなかから概念の完全な転換が考え出され，ついには，正しいと呼びうる戦争は一つでも存在するのかが問われるに至った．このような考察の急進性に比べれば，戦争の影響を緩和するための種々の努力，すなわち中世の「平和の挨拶」から人道的な国際仲裁（国際赤十字委員会），さらには政治的な国際仲裁（国際連盟，さらには 1928 年のケロッグ－ブリアン協定による「戦争の非合法化」など）は，遠く及ばない．曰く，平和のみが正しいのであって，交戦国は各自の主張においてのみ裁き手や当事者であるにすぎない（ヴァッテルはすでにこの点を論じていた），しかも戦争で究極的にものをいうのは武力であって，道徳でも理性でも正義でもないのだ．交戦国は相争う存在であり，審判でもなければ罪人でもない，と．戦争はいまや円環の枠内で，つまり（イエズス会士タパレリ・ダゼリオ〔Taparelli d'Azeglio〕がすでに 19 世紀に行っていたように）モラリストたちが夢見た諸民族の共同体という枠内で考えられる傾向にあるため，国家主権に結びついている正戦という古い概念は，現実との接点を失っている．戦争の法は，すべてのものの責任ということになるのである．

さらには，戦争そのものも変化して産業的になり，その結果，嫌悪を催させるものになった．戦争がもたらす惨禍はかつてよりもはるかに悲劇的で，勝利の際に期待できる利点では補いきれなくなった．なかでも，非戦闘員が戦争の行き過ぎの犠牲になることが，ますます頻発している．1962 年に記された『カトリシズム事典 *Catholicisme*』の「戦争」の項目は，次のような言葉で締めくくられている．「近代戦争は，その本質からして道徳の要請と矛盾し，何としても糾弾されるべきといえるのではないだろうか」

正戦についての留保から聖戦についての留保に至るまでには，わずかの距離しかなく，その距離を超えたトマス主義者ジャック・マリタン〔Jacques Maritain〕は，スペイン内戦をめぐる議論に，ためらうことなく勇気をもって加わった．「もし戦争が正しいと思うのなら，自分がしている戦争の正当性を唱えればよい．しかし，戦争の聖性を唱えることはできない．社会秩序の名のもとであろうと，国民の名のもとであろうと，殺すべきだと思えば殺せばよい．それだけで十分に恐ろしいことだ．しかし，王＝キリストの名のもとに殺してはならない．キリストは戦争の首長などではなく恩寵と慈悲の王であって，すべての人間のために死に，その王国は現世にはないのだ」．聖ベルナルドゥス以来の二つの剣の理論（世俗の剣と霊的な剣）を認め続けるトマス主義者に対し，マリタンはトマス主義者でありながら真っ向から対立しているのである．中世の十字軍の際に戦いを導いていたのが霊的権力だったことは，マリタンも十分に理解している．しかし，この政治参加（アンガジェ）をする知識人マリタンはまた，戦争をめぐるあらゆる道徳に対して政治が決定的に優越したことを見抜いていた．内戦に際して特にスペインの司教たちが正戦という概念を用いて「聖戦」を正当化し，さらには戦争を利用しようとさえしたからである．しかし，それはもはや異端との戦いでも，聖地を守る戦いでもなかった．

以後，ピウス 12 世からパウロ 6 世やヨハネ＝パウロ 2 世まですべての教皇は，正戦の原則の適用に対してますます強い留保を表明してきている．教皇たちは，「悪のあいだでのバランス」をとることが難しくなる一方であることを理解しているし，20 世紀の戦争が産業化され大量殺戮をもたらすという状況で，正当な大義のために戦争を企てることが道徳的に正当化されにくくなっていることも，理解している．すでに第二ヴァチカン公会議では，次のような宣言がなされた．「都市全体もしくは広い地域全体を住民もろとも無差別に破壊しようとする戦争行為は，すべて神に対する罪，人類そのものに対する罪であって，厳しくためらいなく非難されねばならない」（『現代世界憲章』79–80）．ヨハネ＝パウロ 2 世も在位期間を通じて，特に二度にわたる湾岸戦争の際に，この問題に立ち返った.「戦争，それは人類がとるに値しない道である」と（1991年1月27日の「お告げの祈り」）．彼にとっても，また世界の宗教指導者のほとんどにとっても，正戦は聖戦と同じように，もはや存在しない.「教皇庁は，どのような状況であっても優先されるべき倫理的要請を，以下のとおり確認するものである．あらゆる場合における人格の聖性．法の力．対話と交渉の重要性．国際協定の尊重．神が望むようなかたちで人間の名誉となる「武器」は，これらをおいてほかにはない」(〔ヴァチカン駐在〕外交官への言葉，1992年1月11日)．聖なる存在は人間のみであり，戦争ではない．ここでわれわれは，戦争の宗教人類学へと至るのである．

戦争の宗教人類学，現代の思想家たち

どのような角度から考察を試みるにせよ，つまるところ，勝利するとは殺すこと，虐殺することである．人間以下，さらには非人間とみなされ，本質的に虐殺者である蛮族を相手に戦うときであっても，それは変わらない．無辜の人間の虐殺は禁じられているが，そのような虐殺はつねに起こるし，ますます頻繁に起こってもいる．20世紀さらには21世紀へと進むにつれ，殺される非戦闘員の数は，制服を着た戦闘員のそれを大きく上回るようになった．道徳的な非難を超えて，正戦と聖戦を区分することで整合性を持たせたり，戦争の道徳や戦争における道徳を見つけ出そうとする試みが時代を通じて行われてきた．

ロジェ・カイヨワ〔Roger Caillois〕は戦争のなかに宗教的な殺人行為という要素を見いだし（Caillois, 1939），彼以後の研究者たちも，戦争によって，また戦争において生じるこのような逆転を理解しようとしてきた．殺人に対する宗教的禁忌を解除することは，反対に，戦争を救済の道具，ひいては純化の道具として称揚することになりかねないからである．アルフォンス・デュプロン〔Alphonse Dupront〕は著作のかなりの部分を割いて，このような現象に考察を加えている．その頂点は『十字軍の神話 *Le Mythe de croisade*』（Dupront, 1997）であり，そこでは「十字軍の真実は，継続的な理性喪失にある」．中世の十字軍から，宗教戦争の兵士たち，さらには三十年戦争の兵士たちに至るまでを扱ったこの著作は，第一次世界大戦やスペイン内戦にまで，そして犠牲の崇拝と殉教の選択のはざま，教会制度の内外にまで考察を広げている．

第一次世界大戦の事例

第一次世界大戦は，「継続的な理性喪失」の意味と説明をあらためて探求するこ

とになった事例でもある．ときに最終戦争（ハルマゲドン）とも呼ばれた第一次世界大戦の同時代人たちは，メシアニズム，希望，絶望，黙示，贖罪，苦しみ，犠牲，聖戦，懲罰などの語を叫び，書き，描き，祈り，そして泣いたのであった．バルカン半島で兵士として戦ったフランツ・ローゼンツヴァイク〔Franz Rosenzweig〕は，理性の哲学的伝統が息絶えてしまったことに気づき，思想の新たな構築は宗教の領域において行わねばならないと考えた．彼は，「容赦ない暴力」を終末論の観点から再考することで，『救済の星 *Der Stern der Erlösung*』を書くことができたのであった．これ以後，「戦争の宗教」は「戦争の文化」の主要素の一つであり，さらには（なんら逆説ではなく）二重の構成要素でもあると，研究者たちはみなすようになっている．すなわち，同意においては，神への同意と祖国への同意が混ざりあい，また拒絶においては，戦争をときに罪のしるしとみなして非難するような平和主義を拒絶するのである．

デュルケーム，ウェーバー，モース，アルヴァックスなど宗教社会学の創設者たちはみな大戦の同時代人で，行為者もしくは犠牲者であった．もし，彼らが理解していると信じていたとおりに，近代は宗教という思想そのものと矛盾するとすれば，そして，世俗化は近代の帰結なのだとすれば，近代の戦争は宗教という思想と根本から分離しなければならないはずである．戦争こそは，「世界の脱魔術化」の究極かつ絶対的な場だからである．だが，大戦は「宗教の追放」（デュルケームの表現）の機会にも，宗教の「吸収」（ウェーバーの表現）の機会にも，まったくもってならなかった．戦争において聖なるものの力を証明した同時代人は数多い．この「戦争の宗教」の基盤には，犠牲の意味と，いつ来るかしれない死の内在化とがある．今日の研究者は，そのような「戦争の宗教」は宗教性と呼ばれるものといかに異なるのかを明らかにしようとしている．さらにはまた，平和に到達するための戦争の希求，文明を回復するための文明の破壊，国際紛争の最中と後とにみられた千年王国的な熱狂とその不安など，繰り返しみられる逆説を強調してもいる．

大戦の中心的な逆説は，大戦の最初から感じられていたが，特に1916年以降，随所で失意が広がるなかで顕著になってゆく，次のような印象である――新たな輝かしい世界が生まれる，戦争という核心的な欠陥を取り除かれた，純化された世界が生まれる，そのためにこそ今，戦争をしているのだ，と．合衆国参戦に際してウィルソン大統領が述べた「あらゆる戦争を終わらせるための戦争」という言葉が有名になるはるかに前，そして終戦にともない帰郷した軍人たちが「最後の戦争」と述べるよりはるかに前にみられたこの印象こそ，まさしく平和の終末論であり，その平和は，ついに悪の力に打ち勝った人類を救済するものでなければならなかった．

人びとが大戦を戦えたのは，もはや戦争をすることはけっしてないと確信できたからであった．あらゆる交戦国は，さまざまなかたちで，戦争が持つこの不思議な力を信じた．戦争は，救世の約束を実現する機会になりえたのであった．このような宗教的かつ預言者のごとき調子は「戦争の文化」の兆候にほかならず，そのことには逆説は一切ない．原理的な平和主義者は，そのような文化を共有しているとは思わないだろうし，実際に共有しないであろうが，彼らはその意味と言辞を裏返して，自分たちの闘争を，戦争の十字軍に対抗する十字軍であるかのように感じるであろう．

結　論

20世紀初頭に関する以上のような考察を，現在まで敷衍できるだろうか．戦争はつねに神学にとって重要な主題だったが，逆もまた真であろうか．しかしながら，最も野蛮なものも含め，あらゆる陣営は，自分たちの行う戦争は正しいものであると宣言しようとしてきたし，今もそうである．一方では，いくばくかの純粋主義をもってであるが，国家が暴力を許可し統制するという考えはまったくのタブーになり，いかなる戦争も不可能とみなされている．他方で，宗教的なものという保証を与えられて再生しつつある暴力もあり，そこから，戦争には聖なる意味があって，それこそが社会における自分たちの生の一義的な基礎であると考える人びとも出てきている．このような人びとにとって，戦争は長い伝統のなかに位置づけられている．彼らの目には，戦争は正しいものと映るのである．

参考文献

論文：« Guerre », *Dictionnaire de théologie catholique, contenant l'exposé des doctrines de la théologie catholique, leurs preuves et leurs histoires*, Letouzey et Ané. Imprimateur 1914, t. VI, 1920 – "War", *Encyclopedia of Religion and Ethics*, ed. James Hastings, vol. XII, circa 1920, N.Y. – « Guerre », in G. Jacquemet (dir.), *Catholicisme, hier, aujourd'hui, demain*, Letouzey, 1962, t.V. – « War and Warriors : Indo-European Beliefs », in M. Eliade (dir.), *The Encyclopedia of Religion*, New York, McMillan, vol. 15, 1987.
研究書：BECKER A., « Histoire religieuse et sciences humaines : la guerre de 1914-1918 », in M. Vénard et M. Lagrée (dirs.), *Un siècle d'histoire du christianisme en France. Bilan historiographique, Revue d'histoire de l'Eglise de France*, 2000. – BOURTEZ P., « De la nuit du monde aux élcats de la Rédemption : l'étoile de Franz Rosenzweig », *Témoins du futur, Philosophie et messianisme*, Gallimard, 2003. – BUGNION F., « Guerre juste, guerre d'agression et droit international humanitaire », *Revue internationale de la Croix Rouge*, sept. 2002, pp. 523-546. – CAILLOIS A., *L'homme et le sacré*, Paris, Leroux, 1939. – CHENAUX Ph., « Guerre juste ou guerre sainte ? Maritain, Joubert et la guerre d'Espagne (1936-1939) », in *Etudes en hommage à Favez*, pp. 385-397. – DUPRONT A., *Du sacré*, Paris, Gallimard, 1987 ; *Le Mythe de croisade*, Paris, Gallimard, 1997. – GEERTZ C., « La religion, sujet d'avenir », colloque du CADIS, « Les sciences sociales en mutation », EHESS, mai 2005. – HASSNER P., « De guerre et paix à violence et intervention. Les contextes politiques et techniques passent, les dilemmes moraux demeurent », in J. MOORE (dir.), *Des choix difficiles, les dilemmes moraux de l'humani-*

taire, Paris, Gallimard, 1999, p. 23. – SCHREIBER J.-P., « Théologie de la guerre, Théologie dans la guerre », in J.-P. Schreiber（éd.）, *Théologie de la guerre*, Éditions de l'Université de Bruxelles, 2006. – WALZER M., *Guerres justes et injustes*, traduction fr., Paris, Belin, 1999（éd. originale angl., 1977 et 1992）.

アネット・ベッケル Annette BECKER
〔長井伸仁訳〕

→ 聖戦

葬式（の実践）
FUNÉRAIRES（PRATIQUES）

ラテン語「フューネラーリウス」(funerarius) は,「葬式に関わる」という意味であるが, 葬式に関わる実践は,〔墓地等の〕使用や〔死者と生者の〕交流に関する規則に由来する. その規則は, 葬式で交わされる言葉や身振り, 墓地の場所や用いる道具のなかに, おのずと見いだせるものである. 死者に捧げられた言説やふるまい, テリトリーやモニュメントは, 死者と生者のあいだに「つながり」を築くための行為や場である.「個人, および集合的な死がもたらす破壊的な力に対抗するため, 信仰と儀礼で組織された」(Thomas, 1978) これらの実践は, 一つの「表象と操作の体系」から生じている. この体系は, 時間と空間における死者と生者の「関係」の本質を定め, この関係は一つの「しきたり」を決める. また, このしきたりは, 集団生活が作り上げる表象に立脚しつつ (Hertz, 1907), 物理的, あるいは象徴的な操作のすべてを規定する.

死を断絶とみなすか, それとも継続とみなすかに関わりなく, このしきたりは, ある明瞭な「規範」(Morin, 1951, 1970) の産物である. その規範とは, 遺体が存在するという生物的な現実と, 後に続く自然的な (〔遺体の〕腐敗), 心理的な (死別)〔遺族の心のなかからも死者が消えてなくなってしまうこと〕, および社会的な (別離)〔死者が社会のなかでも居場所を失ってしまうこと〕結末を認証することである. この認証が出発点となり, 死という状態に意味と価値を与える空間と時間, すなわち物質的にして想像上の「異世界」に, 死者を招き入れるための慣例 (信仰) と手続き (儀礼) が形づくられるよう, あらゆるものが組み合わされ, その作業が繰り返される.

儀礼における極・回帰線・赤道――極端な実践と「分別のある祭礼」

遺体を撤去するか，それとも近くに集めるか――遺体の疎外，隔離，殲滅か，それとも近接化，統合，同化か――これらの集合的な実践を定める規則は，戦略的には対極に位置する事柄のあいだを右往左往する．ここでいう対極とは，一方の極では死者を排除するが，もう一方の極では生者の世界に融合させる，というものである．前者のケースでは，そのしきたりはすべての「コミュニケーション」の撤廃を狙う．シベリアのチュクチ族の例をとれば，そこでは死者が追放され，拒絶される．また魂を解き放ちはするが，同時に身体に戻ることのないよう，死者は遠くに捨てられ，喉を掻き切られる．後者のケースでは，そのしきたりはすべての「境目」をなくそうとする．マダガスカルのメリナ族の例をとれば，そこでは死者が生者の世界と融合し，混じりあう．また死者の遺体は定期的に掘り起こされ，村の中心に置かれる（Guiart, 1970)．このように，相反する伝統が存在することがわかる．ある者は，死者なしで生きることを選び，他の者は，死者とともに生きることを選ぶのだ．

これらの対極的な儀礼の選択肢を，さまざまな比率で混ぜ合わせた結果，排除と同化という対極のあいだに，多様な葬式の実践が出現することになった．それらは，多少なりともバランスのとれた「折衷的戦略」に基づいたものと考えてよい．「向性」という言葉があるが，これを葬式に当てはめると，ある者は死者を排除する方へと向かい，ある者は死者を自らの環境に包摂する方へと向かうようである．一方で，別の者は「中庸」とでも呼ぶべき方向を見いだすようである．いずれのケースでも，死者が完全に消えてしまうか，それとも生者の間近に存在するか，消失するか，それとも遍在するか，消滅するか，それとも社会のなかで永続するか，これらの対極のはざまにおいて，死者とともに生きる方法を決めることが問題となる．いわば，相対的あるいは間接的な，共生のためのアンビバレントな関係である．これによって，極端な選択肢は調和され，均衡もはかられることだろう．

ブラジルのボロロ族についてクロード・レヴィ＝ストロース〔Claude Lévi-Strauss〕が述べたように，「死者は自分たちに捧げられた，分別のある祭礼に報いるため，自らの遺体のもとにとどまるだろう．そして〔死者と生者の〕二つの集団の一時の出会いは，つねに生者の利益になるよう，〔死者によって〕配慮されるだろう」（Lévi-Strauss, 1955)．二面性を持った儀式上の関係によって，生者は死者を捨てたという罪と，死者の存在やその要求，さらには死者からの復讐に翻弄されるという恐怖から，自らを防衛するのである．死者と生者の交流関係が，定められた「境界」を侵すことのないように，ここでは「契約」が，コミュニケーションと境目を組みあわせて，一つの慣習の境界を設定する妥協点となっている．

たとえば葬式での供え物は，生者と死者をつなぎ合わせ，その関係を延長する儀礼（Thomas, 1982）であるが，同時に，死者にとっては異界への通過と，生者との別離の儀礼でもある（Van Gennep, 1909, 1981）．何かが不足したために，死者が現世に戻りたいと思った際，その欲求を予測して贈り物を与えることで，かつての関係を維持すると同時に，死者をなだめ，再び生者の世界との距離をとり，それを維持することが可能になる．死者に食べものを与え，服を着せ，仲間や快適さ，その他の便利さを提供するという，この両義的なふるまいは，古くから存在し，また今も長く続いている．

またエジプトでは，古代から現代に至るまで，葬儀において，死者に「日の当たる所に出て」，同時に「用が終われば戻ってくる」（Pfirsch, in Lenoir, Tonnac, 2004）ことを可能ならしめるパピルスの巻物（いわゆる『死者の書』）をミイラの傍らに置いたり，墓内に石製の「愛人」を置いたりする例がみられるが，こうしたことは，台湾でもみられる．そこでは，死後の家庭生活がうまくいくよう，テレビ，あるいは冷蔵庫の形をした紙の供え物が焼かれ，死者に渡される．マケドニア，スペイン，さらにはアンティル諸島でも，食べものを供えて死者とつながる儀礼は，つねに行われている（Urbain, 1998, 2005）．ヨーロッパにおいて，クリスマスに墓地でモミの木を飾りつけることも，同じ理屈に基づいている．

これらの実践のすべてが，二重の意味を持っている．それらは，生者を死者から切り離して生者を守るが，にもかかわらず，「等価値を持つ生」という象徴的領域のなかに，死者をとどめおく．その結果，以上の実践は，死者の世界を，生者の日常と慣習が投影された空間に変えるのである．このことから，供え物の遺物は，考古学者が古代，先史の（Leroi-Gourhan, 1964），あるいは有史の社会，具体的にはエジプト，メソポタミアの（Frankfort, Wilson et Jacobsen, 1972），あるいはエトルリア文化の構成と生活様式を再現するにあたって，きわめて重要な情報を提供してくれることがわかる．

ふるまいとその痕跡——行動またはその名残——が物語るように，生者と死者の契約は，排除と融合という，正反対の誘惑がせめぎ合うなかで結ばれたものであり，ほぼ普遍的な価値を持つ．つまりは，いたるところでみられる．もし両者のあいだで結ばれた協定，契約の条項が変わったとしても，その原理は変わらない．すなわち，拒絶と敬意といった，相反する二つの傾向を結びつけ，嫌悪と受容，死者そのものへの拒絶と，終焉としての死に対する拒絶のあいだに調和を作り出すという原理である．

これらの契約の条項を変化させるのは，地理的，歴史的，社会的，文化的なコンテクストである．個々の場所や時代に応じて，また，それらが安定しているか，それとも変容しているか，長く存続してきたのか，それとも短い時しか過ごしていないのかによって，そうしたコンテクストは，死から導き出す表象や「解釈」，集団が共有する意識，価値観を変えうるし，その結果として〔墓地等の〕使用と〔生者と死者の〕交流のありかたも変えるのだ．人生の終わりが周囲に認められるやいなや，契約を曲用するか，それとも儀礼的に遵守するか，あるいは否認するかを決めるのは，この表象である．そして解釈が〔コンテクストに応じて〕多様になれば，葬式の実践や，契約に盛り込まれた協定も多様になる．それらは，人間に与えられた時間の本質と現実をめぐる概念について，社会が発した「メッセージ」でもある．あらゆる文明を通して，「生者が死者をどのように使用しているか，ということは，社会における死者の地位と位置づけを，よりよく表現するための言語」であることが，理解できるだろう（Bastide, 1970）．

遺体とその使用――「身体」の実践と操作

この葬式にまつわる言語が指し示す対象のなかで，最も重要なものは，遺体の操作である．これは文化的な規範や，さまざまな実践の意味，死者の地位について教えてくれる一級の証拠である．たとえば「出棺」と呼ばれる儀式を行う段階になって，いまだに遺体〔cadavre〕を「からだ」〔corps〕と呼ぶことは，その解釈に関して，すでに多くのことを語っている．こうしたことは，現実を言語のレベルで操作しているにすぎないが，これに呼応するかたちで，実際に遺体を操作する行為もみられる．死者がそこにいて，**その遺体をどうするのか**？　もし「保存という実践に関して，おそらくは最も古い起源を持つ普遍的参照軸の一つが，遺体によって構築された」（Guillaume, 1980）ことが本当であるなら，この問いに対する答えは，いくつもあることだろう．

まずは，この遺体という「記録保管所」の運命を管理するにあたって，それが腐敗する光景を防止する実践には，「ジャンル」が存在することを確認しておこう．すなわち「破壊する」，「隠す」，または「保存する」である（Urbain, 1998, 2005）．手段，技術，さらにはしきたりに応じて，その実践は独自性を持った手法に変わり，組み合わせ次第では，独特の展開をもたらす．

破壊に関しては，火葬，遺灰の散布，あるいは身体の散布（解体），食死肉を挙げておきたい．それらは炭化，分散，もしくは摂取を通して，遺体の**物質的**な消失を引き起こす．一方で，遺体の視覚上の消失を引き起こす隠匿としては，隔離（遺体を密閉する，遠くの場所に放置する，もしくは野原にさらす），埋葬（墓で覆う，埋める，もしくは地下納骨所，建物，自然または人工の穴に安置する），あるいは水葬といった用例が挙げられる．次に物質的，および／もしくは視覚的な留置を意図した保存に関して（遺体を模したイメージによる象徴的な留置は除き），最も知られた方法は，自然的（乾燥による）もしくは人工的（遺体防腐処置による）なミイラ化，および低温保存（冷凍による）である．

しかしながら，このような実践の類型は，実際には混じりあうという事実を指摘しておこう．葬儀に際して，遺体の扱いが単一にして排他的な方法になることは，稀である．同じ「ジャンル」に属する個々の手法が，たった一つの儀礼のなかで組み合わされることは，往々にしてありうる．たとえば破壊，火葬，食死肉を組み合わせたものとしては，アマゾンのヤノマミ族による，死者の遺灰の体内摂取を挙げることができる．また火葬と散布の組み合わせは，現代のインド，ネパール，西洋でみられる．隠匿，隔離，埋葬を組み合わせたものとしては，遠隔の墓地の使用が挙げられる．

異なる「ジャンル」の実践が組み合わされることもありうる．保存と隠匿が組み合わされる例としては，ミイラ化した遺体を石棺に入れるという展開が挙げられる（古代エジプト）．これは今日において，遺体の外観を修復するタナトプラクシーを施した後，納棺することにも通じる複雑な方法である．また納棺には，その延長として，墓の規模の縮小を意図した火葬が続くこともあり，そこでは隠匿と破壊が組み合わされている．まったく同様に，保存と破壊を組み合わせたものとしては，バリ島における防腐処置後の火葬が挙げられる．同じように，遺体を安置もしくは埋葬し，腐敗後に残った骸骨を保存することもあるが（セレベス海域，中世ヨーロッパ，マダガスカル），これは隠匿と保存を組み合わせた「二重の葬式」（Thomas, 1980）の実践である．同じ実践としては，火葬後の遺骨を骨壺に回収することが挙げられるが，それは古代（ローマ人，〔メキシコの〕サポテコ族）と現代にみられる破壊と保存の組み合わせであり，そこに隠匿が続く（骨壺の納骨堂，もしくはまったく別の不可視の場所への埋葬もしくは安置）こともありうる．

個々の方法が持つ技術上の意味は，それが属するジャンルにおいてさえ，一義的でないことがありうる．埋葬は，ある種の隠匿でもあり，その使用上の価値は，遺体を地中に置くか（「有機的」埋葬），地下に置くか（棺，地下埋葬所，地下礼拝堂）によって，変わりうる．前者の場合は，腐敗が容易になることから，同時に破壊の実践にもなる．後者の場合は，遺体を土壌に接触させないことから，同時に保存の実践にもなる．

もし，これらの「身体の実践」が一つの言語であるならば，そこには「文法」（組み合わせ）がある．それは葬式，葬儀，儀礼または式典と名付けられた「フレーズ」（またはシークエンス）の構築を可能にする．しかし，意味論を持たない文法など存在しない．儀礼の規則によって，構文に則りつつ形成されたこれらのフレーズが，一つの「意味」を帯び，それらが組み合わせる記号（ふるまいと技術，手段，場所，そして道具）が「象徴的価値」を持って，葬式の担い手と同様，参列者の目にもはっきりと伝わらなければならない．

遺体とその価値——「身体」の実践とその表象

これらの多様な実践のもとでは，機能主義的な解読だけでは不十分である．なぜなら，それでは本来多様なはずの実践を，単一の目的，すなわち保健衛生上の危険（伝染，感染，疫病）から生者を守ることを意図した，死の生物的な現実の除去のみに還元してしまうからである．これは間違いではないが，あまりに単純化した議論だろう．以下のことが忘れられてはいないか．まずは，これらの実践が一つの「想像物」と戦っているという事実——「恐いのは，そこにあるのが単に腐った遺体ではなく，自分の仲間の腐った遺体であることだ．そして病気を伝染させるのは，この〔後者の〕遺体が持つ汚れなのだ」（Morin, 1951, 1970）．次に，身体が文化・宗教および時代ごとに同一の「価値」を与えられておらず，このことが実践の「選択」に影響を及ぼすという点．最後に，「喪失」や，死別がもたらす心理的，社会的問題をどう解決するか，という課題である（Gorer, 1965, 1995）．

葬式の実践が持つ意味は，単に衛生上必要な手段である，という視点のみに還元できるものではない．その意味をめぐる問題は，つねに技術的な効果以上のものを持っている．つまり実践の意味は，その象徴的な効果を決める表象の問題に帰される．遺体を燃やし，食べ，隠し，またはミイラ化することは，衛生面，もしくは〔腐敗等の〕現実の拒否といった事柄以上に，想像力が主導する行為である．想像力が行為を教示し，決定する．そこから単に死を否定し，病気を予防し，または「死んだ身体を管理する」（Hintermeyer, 1981）といった，単純な行為とはみなされえない，使用上の価値を引き出すのである．

遺体を完全に消し去ってしまうというドラスティックな葬式の儀礼（もし存在するなら），または遺体を徹底的に破壊する手続き（すでに存在）を除けば，生者と死者を分かつこの「別離」は，その見かけ上の特性にもかかわらず，断絶ではない．個々の宗派の違いを超えて，宗教全般に当てはまる行為——デュルケーム〔Émile

Durkheim〕によれば，それは生者たちが聖なる世界，すなわちこの場合は死後の世界に存在する者たちとともに，儀式的な共感によって社会的な絆を作り，維持するよう定められている――として，これらの実践は，衛生学的な利点とは別に，生者の集団が死に対して，共通の解釈を抱くよう誘導する役割を持った表象によって，支えられている．

そうした表象は，前段で述べた点とは異なる基準に基づき，ある二面性を持った運動に意味を与える．一つは「切断」であり，社会的・感情的な無関心であり，「分身」としての死者の消失を受容する運動である．たとえば，マリのバンバラ族は言う．「遺体は死んでいる．それはもはや話すことができない」．また，オート＝ヴォルタ地方のモシ族はこう言う．「死者は殺さなければならない」(Thomas, 1985).

もう一つは「再接続」の運動である．つまりは死者の存在を象徴的に復元し，先に死の世界へ旅立った「分身」，始祖，先祖，もしくは尊属として，生者の世界に再統合することである．この二面性を持った運動は，別離を正当化し，欠落が生み出した空隙を埋めて，死者という物理的な空白を，「新たな状態に移行したことを示す記号」へと変換する．このもう一つの状態を承認することは，生者に対して，死者の消失，および死者の持つ断固たる他者性（境界線）を認めるよう導くと同時に，死者を一つの交流関係（コミュニケーション）のなかに再統合させることを可能にする．

例を挙げるならば，火を用いた遺体の損壊は，キリスト教世界における実在の用例（拷問，火刑，火あぶり），または想像上の用例（煉獄，地獄）とは異なり，他の文化においては「状態の変化」という意味を持つ．そこに体刑，贖罪，および破壊という文脈は入ってこない．インド，ネパール，タイ，もしくはアマゾンでは，遺体を焼くことは何ものも破壊せず，むしろ遺体を変化／または移行させるのである．火葬は，入口または出口の儀礼である（Van Gennep, 1909, 1981)．言い換えれば，それは見えるものから，見えないものへの「通過」であり，死者が死後の世界に転生，移行するか，もしくは〔生者の〕集団ないし世界の社会秩序のなかに戻るよう，導くものである．

食死肉も，見かけ上の破壊であるにすぎない．カニバリズム的な葬式（死者を食べる）は，死者の社会生活への「統合の儀礼」である．〔死者と〕融合するという選択の頂点として，それらは死者を単に村落あるいは家庭（たとえばボルネオ島のダヤク族〔死んだ家族の頭蓋骨を篭に入れて室内に天井から吊す〕）にだけでなく，生者の身体にも組み込む．見かけとは対照的に，この実践の交流上の価値は，死者の精神と活力の保存である．

遺体を動物に与えるという，遺棄的な儀礼もまた，事前の解体（チベット）があろうとなかろうと，象徴的な次元において，同様の再解釈を受けるべきである．そこでは，間接的なカニバリズムが，追放と破壊という実践の「土台」になっているからだ．具体的には，死者を直接食するという儀礼をずらして，動物という自然の仲介者（インドまたはタイではコンドル，チベットもしくはシベリアでは犬，アフリカではハイエナ〔が，まずは遺棄した死者の肉を食べる〕）をあいだに挿むかたちで，〔今度はその動物の肉を人間が食べることで，結果として〕死者を食する，というものである．そこには，やはり「留置」の実践を見てとれるだろう．

同様に，「埋葬」という行為はまさに，物質的には，遺体の隠匿と破壊であるが，象徴的な次元に移れば，別の意味を帯びる．それは，死者が神的秩序（汎神論）や自然のサイクル（エコロジズム）に回帰するよう，導くものでもあるにせよ，また発芽の待機（地中で復活の時を待つ，腐りかけた種というキリスト教のイメージ）として認識されるにせよ，土のなかで身体が分解する以上，究極的には「返還」の実践である．

だが物質的および想像上の破壊，隠匿，そして保存といった選択肢のあいだを行き交いつつ，特定の空間での信仰と実践の多様性を作り出しているものが，死者の操作とその象徴的な価値の関係を定める意味論上の一致，ないし隔たりであるとするならば，変化はこれらの事柄のすべてに及ぶ．たとえば留置と返還〔という実践〕のあいだ，つまりは死者を生物的，社会的，もしくは歴史的な時間から逃れさせることと，あるいは反対に，死者をそれらに組み込むことのあいだでも，当初の計画が，まったく別の意味を帯びることがある．言い換えれば，さまざまな実践を組み合わせたり，混ぜたり，対立させたり，もしくは代替させたりした結果，表象，規範，さらには用例が混血したり，突然変異を起こしたりするのである．そのことは，時の流れのなかで，死者と生者の関係が変わることを証明している．

遺体とその空間——「身体」の実践とテリトリー

もし，死者が休んだり通過したりする場所，すなわち，「定住または出発のテリトリー」や，生者の世界に倣って，侵入と逃避（墓暴きと死者の亡霊化）に備える場所を持つことが，一般的には認められているとしても，死者を受け入れる空間は，その原理こそ承認されているが，事実においては，その重要性と役割——大きさ，場所，可視性，本質，機能，近づきやすさ——をめぐって，議論を呼ぶことがある．「生者の場所」（Baudry）を防衛し，それゆえに死者を「監視して，抑え込む」という地政学的テーマとともに，この空間の外観，場所，地位，聖性，制度，訪れやすさをめぐる論議は，テリトリーおよび葬式の実践の歴史を彩ってきた（Urbain, in Lenoir, Tonnac, 2004）．メンタリティ（心性）と感受性が進歩するにつれ（Ariès, 1977 ; Vovelle, 1983），この空間はたえず，ヨーロッパで議論と改革を生み出してきた（Ligou, 1975）．例を挙げるならば，ローマ的なものからキリスト教的なものへ，市外から市内へ，開かれたものから閉じたものへ，広場から聖域へ，世俗的なものから神聖なものへ，共同の地所から個別化された地所へ，一時的にいる所から終の住みかへ，教区のものから市町村のものへ，宗派別から全宗教的なものへ，「個別の聖地」から世俗の共同墓地へ，中央から周辺へ，記憶または忘却の場であるか，期待または祭礼，あるいは保存の場であるか，というように．

仮に，死者との強い親密性の下で生きる〔マダガスカル島の〕メリナ族による葬式の向性が，「広場愛好的」であるとするなら，マダガスカル島南部のマハファリー族は，それとは正反対の空間使用を行っている．前者が融合的な葬式を選択するのに対し，後者は明確な空間上の隔離を好むのだ（Guiart, 1970）．墓地は，村からできるだけ遠くに作られ，タブーの場所となる．そこでは家長のみが，宗教上の媒介者および儀礼の長として，死者の埋葬がすんだ後に戻ってきて，墓の上で，祖先となった死者に祈りを捧げる．ここでは，墓の孤立化と聖域化が見てとれ，その向性は「閉所愛好的」といえる．

このようにして，死者の留置と復活の防止（一方では，死者が遠くへ旅立つことを認めず，もう一方では，死者を遠くへ閉じ込める）という，共通の目的の下で行われたにもかかわらず，共存と交流のありかたをめぐって相反する二つの葬儀のテリトリー実践が，同じ地域のなかで同時に存在することがある．一方では死者との対話，死者の隣人化，死者の可視性，さらには死者と生者の関係の公開を褒めたたえる実践があるのに対し，他方では，死者の遠隔化，隔離，秘密化，および内密の接触を志向する実践がみられるのである．

これらのコントラストは，時間の流れにおいても，指摘することができる．あまり変化がないとされる「伝統的」社会と比較した場合，ヨーロッパにおける死者の遺体の取り扱いの歴史は，この点に関して，特徴的である．死者の留置，または死者を集めて社会のなかに組み込むことへの向性は，自明のものではないのだ．たとえば留置は，中世初期のキリスト教化されたヨーロッパでは，行われなかった．4世紀から12世紀まで，墓は，時間の終わりを待つ死者が，土に還るための場所であった．5世紀から11世紀までは，碑文も肖像もない匿名の墓で構築される「死者のキリスト教的共産主義」（Ariès, 1977）の舞台であったが，そこでの向性は，すべての人間に約束された復活という視点で規定された，「返還」へのそれである．死者を集めることへの向性に関しては，広場愛好的な向性を示す村落と都市において，生者の社会生活の中心に墓が現れ，「この〔生者と死者の〕共存は7世紀から12世紀にかけての景観に刻まれた」(Lauwers, 2005)

しかし，13世紀から，ある社会層（銀行家，商人）が経済的自立性を獲得し，封建的奴隷の立場から解放されて固有のアイデンティティを得るにつれ (Morin, 1951, 1970)，来世をめぐる言説と表象において，煉獄というテーマが大きな力を持つようになった (Le Goff, 1981)．その結果，死者の運命は，生者と同様に個人化され，彼らの墓も同じ展開をたどった．つまりは閉所愛好的な志向が滑り込んできたのである．人びとは死者を箱のなかに押し込み，他人の視線や土からも隔離しはじめた．待機の場所は徐々に，混じり合いや出会いの場，すなわち複数の死者の肉が一緒に腐植土へ溶け合う広場であることをやめていった．それは競争や不平等な差異化の場へと変わった．墓を特権的な場所（教会の内であろうと外であろうと）に次々と置きあったり，冥福を祈るプレートを設置しあったり，モニュメントを建立しあったりするなど，競って他の死者よりも特別な扱いを施すことが，志向されるようになったのである．解体してしまったのは，もはや死者ではなく，彼らの共同体であった．返還への向性も同様である．

16世紀には，明らかな変化が起こり，今度は墓自体が，閉じこもるようになった．遺体をひそやかに保存する場となって，生者の日常生活から離れたのである．18世紀末における墓の郊外への移動，19世紀初頭におけるその世俗化は，司祭から「儀礼の長」としての役割を奪い，場所の象徴的な変化を決定づけた (Etlin)．管理の主体が教区から市町村に移り，もはや通過ではなく，記憶の場となった墓は，中心地から離れ，世俗化されて「留置」の空間となった．このテリトリーは，墓の孤立，市街地外への移動，世俗的管理を視野に入れつつ，境界とコミュニケーションを再定義するもう一つの「分別のある祭礼」と，訪問の儀礼および「墓の祭礼」の導入をもたらした．後者の儀礼・祭礼は「無宗教者と全宗教の信者に共通した」記念の実践 (Ariès, 1975) であり，中世の時代にも近代にも属さない，家族の思い出と，死者の生前の社会的成功の祝福に特化した，世俗的葬式である．

墓にまつわる長い歴史を，以上のように要約してみたが，こうした例は，葬式の実践に関する文化人類学全般と照らし合わせたとき，理論モデルとなる価値を有している．なぜなら，それは表象がつねに変わりうること，そして表象や，儀礼が空間の整備に与える影響もまた，互いに変化し続けることを示しているからである．墓を多く作って，遺体をコミュニティの中心に集めるか，それとも遠くに隔離するか，これらの対極のあいだで繰り広げられる場所の再定義は，「身体」の実践が，墓地という領域を介在させつつ，行われていることの証拠であり続けている．言い換えれば，それは解釈や規範の移り変わりが，〔墓地の〕使用と〔生者と死者の〕交流に関する規則の更新を通じて見えてくることを，異なる角度から示す言語なのである．

遺体とその存続――「身体」の実践と時間性

これまで遺体と空間の操作について述べてきたが，同じことは時間にも当てはまる．葬式の実践は，この時間という次元に，二重に組み込まれている．まず葬式の展開は，そこでのふるまい，葬列，行事，儀礼のステップやサイクルを決め，それらは死と葬式の関係を決めるための時間を定める．具体的には儀式の期間，喪の時間，弔問のリズム，死者の召喚，および死者との交流を目的とした祝祭と出会いの日（死者のミサ，墓の祭礼，供え物，参列者に出す食事，遺体の定期的な掘り起こし，祝祭）の設定である．しかし，これらの実践は同時に，死者を新たな状態に導き，その〔現世からの〕消失に随伴したり，それを早めたり，遅らせたり，あるいは妨害したりする行為として，時間のなかにも組み込まれるのである．

この新たな状態での時間とは，いかなるものだろうか．捉えがたくたゆたっている，または止まっている時間を，いったいどのくらい死者は「生きる」というのか．彼には未来があるのか，それとも過去しかないのか．そもそも彼は時間のなかにいるのか，それとも外にいるのか．西洋において，視線，日常，土壌，教会の権威，そして都市から切り離された死者は，やはり時間からも切り離されたのか．では，その時間とは，どのようなものか．生物的な時間か，歴史的な時間か，社会的な時間か．それとも三つすべてを兼ね備えた時間なのか．また，現代の墓地はこの場合，いまだ思い出の場所なのか．それとも記憶が欠落した場所なのか．残るは神の時間なのか．

しかし，もはや待機のために存在するのではない墓に対して，非キリスト教化と世俗化が及んだ結果，神の時間のための場所は，そこに残されない．「神に召された」という文句は，もはや墓の上には記されない．また「ここに亡骸が眠る」は，「ここに身体が置かれている」という表現に取って代わられる（Urbain, 1998, 2005）．さらには，死者の社会的，職業的，家族的な特質を記した伝記的な墓碑は必要とされず，誕生と死亡の日付までもが，次第に省略され，やがては消えてしまうのである．

故人の伝記や死亡の日付の削除が，死者の社会的・歴史的な時間を廃止するのと同様に，眠りのメタファーが今日，墓碑から消失したという事実は，「ここに眠る」

（そのリアリズムは，後に復活するという視点で昇華されてきた）という表現が物語る生物的な時間を，象徴的に廃止するものである．時間のイメージに関していえば，墓碑をこのように省略していく実践は，死という概念を，永遠の現在のなかに位置づけることを目指していた．といっても，それはもはや時間の終わりという神的な意味での永遠性ではなく，終わりも未来も過去もなくなった時間という意味での永遠性であるが，そのようなものは，人間が生物として直面する現実にも，人間を取り巻く社会や歴史の渦にも，縁がないものである．

一方で，時間のなかにおいてはどうだろうか．西洋では，返還および特別な扱いへの向性が働いていた時代，死者は時間のなかにおいて待機する存在であった．そこでは神の時間が，他の時間——すなわち，通過という生物的，流動的な時間（遺体の分解が終わると，人びとは骸骨を掘り出し，遺体置き場に置いた）と，社会的な時間（冥福を祈るプレートが死者の信仰，美徳，および功績を称えた）——の上位に位置していた．これらの時間が遺体の用例を決めていたといえる．ところが17世紀から18世紀になると，復活の教義がすたれ，社会的・歴史的な時間が，神のそれに勝るようになる．生物的な時間については19世紀に，社会的・歴史的な時間は20世紀の後半に，その追放が明らかとなった．

この点は，世俗的な葬式，およびフランスの社会的・歴史的な時間における死者の位置づけにも関わることだが，戦没者に捧げる「モニュメントの記号学」の変遷が，多くを教えてくれるだろう（Prost, 1984）．1870年から71年〔普仏戦争〕，および1914年から18年を経て，今日の戦争に至るまで，これらの死者は，いかなる時間（複数の時間もありうる）のなかに刻まれたのか．これら3万8000のモニュメントの変則的な設置のありかたは，よい資料となる．それらが校庭か，市町村役所前広場か，果てには最も人通りの多い交差点か，それとも墓地のなかに置かれたかによって，文脈が変わりうるからである．いずれの場合を選んだとしても，その選択は，これらの集合的な死に対して，社会的可視性を与え，その将来も保証しようとする政治的要求について，雄弁に物語っている．社会はすべての戦没者の遺体をどう扱うのか．それらを称えるのか，それとも捨てるのか．厄介な問題はこの点にある．（Capdevilla, Voldman, 2002）．

一般人が「ベッドの上で」死ぬか，仕事中に死ぬか，それとも不審な状況で死ぬかに応じて，その遺体の扱い方が異なるように，戦没者の場合は，彼らが英雄なのか，それとも殉教者なのか．栄光の戦いが持つ永遠性，あるいは風化するか，検閲を受けた記憶のなかに宿る戦いが持つ歴史性に組み込まれた愛国者なのか．すべての戦争の犠牲者は，同じ記号の下に並べられているわけでもなければ，同じ時のなかにいるわけでもない．人びとは，彼らをいつも「パンテオンに移葬する」わけでもないし，遺体を扱う方法も同一ではない．称賛された無名戦士と，人びとが隠して「忘れようとする」疑惑の戦闘に従事した恥ずべき戦士のあいだには，言い換えれば，誇示と言い落としのあいだには，その死後の生にまつわる葬式の実践のありかたをめぐって，大きな幅があるし，表現の度合いも多様である．

では，西洋以外では，また戦没者と厄介払いしたい他の死者との対立以外では，どのような扱いがあるのか．〔西洋でもみられた〕復活を待つ中世的な待機，軍事的英雄の愛国的不滅化，あるいは無価値な死者の排除と並行して，バラモン教文化にみられる輪廻転生のサイクルや，死者を生物的，社会的，神的時間の入り混じった普遍的でダイナミックな時のなかに位置づける，全能の存在への幸福にして最終的な回帰を挙げることができる．また，アフリカや東南アジアでは，生物的な時間と絡み合った社会的な時間に死者を組み込む祖先崇拝がみられる．遺体の腐敗は葬式の期間を定め，実践の規則も決める．そのような人生の終わりという戸口が持つ相対性について，セレベス海域のトラヤダ族は，「死ぬためには，多くの時間」を要する（Thomas,1985）と語っている．

このトラヤダ族では，ひとたび遺体の腐敗が終わると，第二の葬式が行われる．前述の二重の運動である．第一の葬式である腐敗が，別離の儀礼であるとするなら，第二のそれは再会の儀礼である．具体的には，付随的な儀礼（屋内に閉じこもる．服装にも禁忌を設ける．他の文化的義務にも従う）によって，第二の葬式が開始されるまでの期間は排除されていた主題，すなわち悲しみにくれる人びとの日常生活への回帰と，死者の祖先としての統合が，細部を指示する儀礼である（Thomas, 1978, 1980）．同時に死者は，この第二の葬式により，祖先という肩書で，生者と交流するための社会的な時間，つまりは生者の時間のなかに召還され，とどまり続けることができるだろう．

痕跡と歴史――「身体」の実践と近代性

死者と生者のあいだの交流を本質的に制御する実践は，産業社会では放棄されたといってよいだろうか．都市化，産業化し，高度な医療が普及した文明の発展とともに，社会的なつながりは解体され，「商業的カニバリズム」とタナトクラート（Ziégler）によって，生から離脱した死という記号を拒否する恐怖症社会が生まれた．それでも，まだすべてが生者と死者の断絶を完遂させたかのようには，なっていないのか．あるいは断絶が優位に立ち，「不要な存在としての死」（Baudrillard）が，長きにわたって人間社会の土台をなしてきた「分別のある祭礼」を，完全に圧倒するようになってしまったのか．われわれが，希望の社会から，疑い，そして後悔と苦悩の社会，それでいて，寿命を延ばすためのテクノロジーや薬品については妄信的に受け入れる社会に移り変わったことは，確かである．しかし，だからといって，われわれは，死者を生者の世界に統合する計画を，何もかも放棄してしまったのだろうか．社会のなかに見いだせるいくつかの徴候，「タナトプラクシー」と「火葬」が，こうした問いに答えるのを助けてくれそうである．

死者から死の様相を隠そうとする化粧の実践であるタナトプラクシー（Thomas, 1980）は，単なる葬式の手続き以上の意味を持つ．それは遺体から始まり，時間や空間に至るまで，あらゆるレベルに及ぶ操作のモデルである．生のいたるところから，死の相貌を消し去るこの実践が，死者を「ほぼ生きている」（Ariès, 1975）ように化粧するならば，その原理は〔化粧のすんだ遺体が埋められた〕墓地を，等しく〔生者が親密な感情を抱く〕緑地帯，あるいは不動産のようなものに変えてくれる（Auzelle, 1965）．これまでみてきたように，墓地は「良い」葬式の定義を，〔生者の空間から遠く離れた場所で〕ひそやかに行うものへと変えた（Gorer, 1965, 1995）．ともかく，人目につかない葬式のありかたが，より「馴染み深く」なった．しかしながら，タナトプラクシーのなかに否定的な事柄のみを見いだす分析に対しては，こう反論できないだろうか．タナトプラクシーは異なる回路を用いて，死，死者，そしてコミュニケーションとしての葬式を，やさしく再統合しているのではないか，と．

また火葬はかつて，人びとが漠然とした判断の下で，急進的な処置をとろうとした結果，当初，死とその現場を非物質化〔遺体を破壊し尽くす〕しようとする発想に結びついていた．結局それは，西洋において最終的に存続することになるが，そのためには，思想や宗教の境界を乗り越え，混じり合いを通して「共通の物質的文化」，すなわち「痕跡」を残そうとする文化（Urbain, 1998, 2005）に根差した伝統的用例（埋葬，地下納骨所への安置，家族の墓への統合）と再び結びあうしかなかった．この点については，次のことを指摘しておきたい．たとえ火葬が死者に対する祭礼（Déchaux, 1997）を非社会化し，ひいては非儀礼化しうる，家族的にして排他的な傾向を助長するにしても，〔火による破壊を通して〕死者を納骨用に小さくすることは，やはり「身体」にまつわるさまざまな実践形態の一つでしかない．つまりは，死者の存在を今後も明示するという終始一貫した原理に基づいた用例に含まれる，一操作にすぎないのだ．生者は，死者とのコンタクトを失うことを望んでもいないし，そのようなことは，不可能である．そこには，多少なりとも「分別のある」祭礼に共通した，普遍的な動機が存在する．それらの祭礼がすべて，死者と再びつながる手段をつねに見いだそうとする動機が．

参考文献　ARIÈS P., *L'homme devant la mort*, Paris, Le Seuil, 1977.（フィリップ・アリエス『死を前にした人間』成瀬駒男訳，みすず書房，1990 年）; *Essais sur l'histoire de la mort en Occident du Moyen Âge à nos jours*, Paris, Seuil, 1975.（フィリップ・アリエス『死と歴史――西欧中世から現代へ』［新装版］伊藤晃・成瀬駒男訳，みすず書房，2006 年）– AUZELLE R., *Dernières demeures. Conception, composition, réalisation du cimetière contemporain*, Paris, Mazarine, 1965. – BASTIDE R., « À travers les civilisations », *revue Échanges*, n° 98 ; *Le Sens de la mort*, Paris, 1970. –DÉCHAUX J.-H., *Le Souvenir des morts. Essai sur le lien de filiation*, Paris, PUF, 1997. – FRANKFORT H. et H. A. WILSON J.-A. et JACOBSEN T., *Before Philosophy. The Intellectual Adventure of Ancient Man*, Baltimore, Penguin Books, 1972. – GUIART J.（dir.）, *Rites de la mort*, Paris, Musée de l'Homme, 1970. – GORER G., *Ni pleurs, ni couronnes*,（1965）, Paris, EPEL, 1995. – GUILLAUME M, *La Politique du patrimoine*, Paris, Galilée, 1980. – HERTZ R., « Contribution à une étude sur la représentation collective de la mort »,（1907）, in *Sociologie et folklore*, Paris, PUF, 1970. – HINTERMEYER P., *Politiques de la mort tirées du Concours de l'Institut. Germinal an VIII - Vendémiaire an IX*, Paris, Payot, 1981. – LAUWERS M., *Naissance du cimetière. Lieux sacrés et terre des morts dans l'Occident médiéval*, Paris, Aubier, 2005. – LE GOFF J., *La Naissance du Purgatoire*, Paris, Gallimard, 1981.（ジャック・ル・ゴッフ『煉獄の誕生』渡辺香根夫・内田洋訳，法政大学出版局，1988 年）– LENOIR F., TONNAC J.-P. DE（dirs.）, *La Mort et l'immortalité, Encyclopédie des savoirs et des croyances*, Paris, Bayard, 2004. – LEROI-GOURHAN A., *Les Religions de la préhistoire*, Paris, PUF, 1964.（アンドレ・ルロワ＝グーラン『先史時代の宗教と芸術』蔵持不三也訳，日本エディタースクール出版部，1985 年）– LÉVI-STRAUSS Cl., *Tristes tropiques*, Paris, Plon, 1955.（クロード・レヴィ＝ストロース『悲しき熱帯』1・2，川田順造訳，中央公論新社，1997 年；中公クラシックス，2001 年）– LIGOU D., « L'évolution des cimetières » in « Évolution de l'image de la Mort dans la Société contemporaine et le Discours religieux des Églises », *Archives de sciences sociales des religions*, n° 39, Paris, Éditions du CNRS, 1975, pp. 61–77. – MORIN E., *L'Homme et la mort*,（1951）, Paris, Le Seuil, 1970.（エドガール・モラン『人間と死』古田幸男訳，法政大学出版局，1973 年）– PROST A., « Les monuments aux morts. Culte républicain ? Culte civique ? Culte Patriotique ? » in P. Nora（dir.）, *Les Lieux de mémoire*, I, *La République*, Paris, Gallimard, 1984. – THOMAS L.-V., *Mort et pouvoir*, Paris, Payot, 1978 ; *Le Cadavre. De la biologie à l'anthropologie*, Bruxelles, Éd. Complexe, 1980 ; *La mort africaine. Idéologie funéraire en Afrique Noire*. Paris, Payot, 1982 ; *Rites de mort*, Paris, Fayard, 1985. – URBAIN J.-D., *L'archipel des morts. Cimetières et mémoire en Occident*,（1998）, Paris, Payot, 2005. – VAN GENNEP A., *Les Rites de passage*,（1909）, Paris, Éd. A. et J. Picard, 1981.（アルノルト・ファン・ヘネップ『通過儀礼』綾部恒雄・綾部裕子訳，岩波文庫，2012 年）– VOVELLE M., *La Mort et l'Occident de 1300 à nos jours,* Paris, Gallimard, 1983.

ジャン＝ディディエ・ユルバン Jean-Didier URBAIN

〔山中聡訳〕

→ 儀礼（儀式, 儀式性）, 死

多元主義
PLURALISME

「多元性」〔pluralité〕という語が事実上の多様性を確認するだけであるのに対し，「多元主義」〔pluralisme〕とは一つの企図を告げる言葉である．それは，多様な要素が固有の特徴を失わずに共存できるような組織の様態を目指すものである．宗教的多元主義はつねに政治的なものと結びついている．

社会学者ジェームズ・ベックフォード〔James A. Beckford〕は，宗教的多元性を肯定的な見方に立って統制する様態に限って，多元主義という語を用いるよう提案する．しかし，多元主義はさまざまな共存や共働の形態を創設するが，多元主義自体が平等的であるわけではない．多元主義を平等的なものとみなすのは西洋的な近代性であり，そのような平等への願望のゆえに，複雑な歴史的行程を踏破しなければならなくなる．そうした計画が効果的に実現できるものか，さらには普遍性を持つかどうかも検討しなければならない．

また，宗教的多様性といっても，それが哲学的・神学的な領野に由来するか，それとも政治的行為の領野に由来するかによって，その受容の仕方は異なってくる．多元主義とは，宗教思想の体系や知的なモデル（社会科学を生み出すような）を指すこともあれば，社会的・政治的な実践を指すものでもある．これらは異なる領域ではあるが，互いに独立した絶対的なものとみなすこともできない．むしろ，それらはつねに作用しあっているため，流動的な相貌を呈するのである．

宗教間の差異の政治的な管理

多元主義のなかには，不平等なタイプの社会的・宗教的な組織に根差したものもある．たとえばインドは，大いなる宗教的多様性と，遠い過去から受け継がれた有機体的な社会の概念によって特徴づけられるが，不平等なタイプの多元主義をよく表す例である．植民地時代以前のインド国家は，ヒンドゥ教とイスラームによる政治体制の枠内ではあるが，さまざまな共同体に対して，それぞれに固有の法と慣習とによる統治を認めていた．そこで優位を占めていたのは，信教の自由という概念とは無縁の，階層的な（つまり平等的ではない）多元主義のモデルであった．政治的な代表制についてのイギリス的な考え方は，集団への帰属に重要な地位を認める点で，こうした伝統的なタイプの組織と親和性を持っていた．そのため，イギリス人の植民地統治者たちは，諸派の利益関心を代表する団体が中間的役割を担うことを容認した．今でもインドは，その社会的・宗教的な成り立ちからしても，また諸制度の組織運営からみてもなお多元的である．インドの憲法（1950）は，個人をその条文の中心に据える一方で，一般的な法と並行して私的な法体系を認めている．この私的な法体系は，家族の権利と宗教的制度の権利の領域において，さまざまな宗教共同体，特にヒンドゥ教とイスラームの共同体を，共同体に固有の法的権限のもとで保持している．その点において，この法体系は多元主義的である．それによって，ライックな政治体制（あらゆる市民がその宗教にかかわらず平等で同じ公民権を持ち，あらゆる個人が宗教的自由の権利を持つ体制）が，宗教に根差した法的な多元主義に結びつけられている．これは，近代西洋社会における多元主義が，諸人格の政治的権利と法的地位の平等を前提としているのとは対照的である．

宗教的多様性がインドの法律に組み込まれたのがイギリス人からの遺産だとしても，それはまた，イギリス人がやって来る前から，とりわけムガル王朝の支配下で少しずつ進展していたことでもある．この点を思い起こすことにより，庇護民（ズィンミー dhimmī）の扱いという重要問題を取り上げることができる．これはイスラームの政治的思想によって一定の非イスラーム教徒に認められている特別な地位を表すものであり，それゆえそもそもインドだけにみられる事例ではない．イスラームは，複数の宗教が共存する世界で生まれ，発展してきたにもかかわらず，その宗教的思想においては他の諸宗教をほとんど配慮していない．イスラームの神学者たちが特に力を入れるのは，他の諸伝統への論駁である．クルアーンでは，イスラームだけが「真理の宗教」（ディーン・アル＝ハック dīn al-ḥaqq）の名にふさわしいとされ，他の「諸宗教」（ディーン dīn）の信者たちは「偶像崇拝者」と「啓典の民」に分類される．だが，啓典の民，つまりユダヤ教徒とキリスト教徒には，人頭税（ジズヤ jizya）を納めるのと引き換えに，権利の平等は認めないが，イスラーム社会で自由な人間として生きる権利を与えている．これが庇護民ないしは従属民という地位である．さまざまな諸宗教が根付いているアジアでイスラームが広まるにつれて，庇護民の地位はより大きな意味を持つようになっていった．そうしてインドでは，イスラームの政治体制が非イスラーム教徒が大半である国民を支配するようになった12世紀以来，ヒンドゥ教徒たちに庇護民の権利が認められるようになった．ムガル帝国のいくつかの時代，特に16世紀後半のアクバル大帝〔Jalāl al-Dīn Muḥammad Akbar〕の統治下（宗教的開放政策によって知られる）やその他の時代には，根本的な法（シャリーア sharī‘a）のきわめて自由な解釈や，人頭税の徴収の中断がみられる．そこでは，時の権力と宗教的な次元との関係を大胆に理論化することにより，インド社会のさまざまな構成要素のバランスを保ち，非イスラーム教徒への差別に一切反対するような宗教的多様性の管理法が認められたのである．

西洋の地が示す多元主義の例はこれとは大きく異なっている．そこでは多元主義は，まずは追放され，ついで再び案出され，その後に選択されるという長い行程をたどる．キリスト教は，第一の啓示〔ユダヤ教〕から排他的な一神教を引き継ぎつつも，普遍的な使命，諸国民への宣教の任務を付け加える．すべてのキリスト教徒は，自ら自身の救済と引き換えにしてでも，諸国民に対して責任を持たねばならないのである．

4世紀から8世紀にかけて，古代ローマ帝国およびその周辺の領域は，ニカイア信条派キリスト教が支配権を主張する舞台となった．それは，宗教的であると同時に政治的な運動であった．最初は代々の皇帝が主導権を握っていたが，西ローマ帝国の没落後は，都市の実質的な指導者となった司教たちに，そして最後は新たな蛮族の王たちへと支配権が移っていった．ニカイア信条派への改宗は，改宗を迫る相手に応じて微細に定められた多種多様な道に従って，奨励によることも強制によることもありえた．改宗はごく表面的であってもよく，多くの住民は，周縁的で非合法的な仕方ではあるが，教会が禁じる宗教的行為を行い続けていた．それに対して，特に支配層の人びとにとっては，国教となった宗教に属さないというのは，事実上は社会的な死，すなわち《陶片追放》〔Ostracisme〕にも等しいことであった．陶片追放の対象は，「異教徒」と「異端者」であった．前者はきわめて多様な信仰と実践を総称する語であって，福音を受け取らなかった者たちを指すのに対し，後者はニカイア信条を採用しなかったキリスト教徒，さらにはユダヤ教徒をも指す言葉である．

だが，改宗を頑なに拒むユダヤ教徒たちに対しては，アウグスティヌスが推奨する「証人の民」というきわめて特殊な役割が与えられた．それは，自らの堕落によって，神の招待を拒む者を見舞う運命を何よりもはっきりと示すという役割である．それゆえ，彼らの存在はキリスト教の計画へと緊密に組み入れられるのである．

こうして，広大だが限定された空間（1054年に東方キリスト教世界との分離が現実化する）において，西方のキリスト教世界は，自らを例外的な一体性──「縫い目なき聖衣」──を持つものとしてイメージでき，普遍性への使命を培い続けたのであった．

宗教改革によって，実践面でも教義面でも，事実上の多元性が再び導入されことになった．だが，数十年もの武力紛争の果てに得られた合意は，まさに多元主義を回避するかたちのものであった．というのも，1555年にアウクスブルクの和議によって義務づけられた「領主の宗教がその領地の宗教」（Cujus regio, ejus religio）という原理は，政治的かつ宗派的な諸要素を継ぎ合わせる並列の原理だからである．共存が不可避であることは絶え間ない政治的混乱から明らかであったにせよ，オランダ連合州のようなわずかの限られた場所以外では，共存が真に望まれ，整備されることはなかった．

これとは正反対に，アメリカの政治システムは，その創建の企図からして，多元主義の排除とは別の道とみなしうるものである．

先住民にとってはそうでなくとも，多くの新たな到来者にとって，宗教的自由と寛容が最初からアメリカ入植と一体であったことは明らかであった．まず何よりも，迫害によって出身国から追い出された者の多い最初の移民たちにとってはそうであった．移民たちのなかには，自分たちも同じ排他主義を打ち立てようとした者もいたが，寛容の要求を自らの信仰の構成要素とした者もいた．バプティスト派のロジャー・ウィリアムズ〔Roger Williams〕は，1644年にロードアイランドに設立した彼の入植地で，寛容の要求の理論的正当化と実践的組織化を保証した．移民を植民地経営上最も有益だと考えたイングランド王国は，積極的に移民を奨励していたが，多様な移民たちが相ついで押し寄せるなかで，宗教的自由は至上命令としてますます強調されていった．「アメリカ農民」を筆名としたクレーヴクール〔Michel-Guillaume-Jean de Crèvecœur〕は，1782年に「アメリカ人とは何か」と問うたが，彼はこの万華鏡のような状況を新たなアメリカの最も美しい特徴の一つとみなし，それを称賛した．同じ時期に，ジェイムス・マディソン〔James Madison〕は，ヴォルテールを参照して，宗教的多様性を社会的平和の最良の保証とみなした．

この宗教的多元主義は，アメリカ合衆国の建国の父たちの最初の業績の一つであり，今日までつねに参照軸となってきたものである．合衆国政府が自らに認める活動範囲は厳密に暫定的であり，市民が政治生活に参加することは，権利というだけでなく義務とされた．この義務は単なる個人的な達成ではなく，共通善の集団的な探求を目指さねばならない．建国の父たちが依拠したのはロック〔John Locke〕であった．彼らはロックの解釈を通して，社会契約全体の基礎を，神の意志により一人ひとりに授けられた能力，神が一人ひとりと直接対話する場としての理性に置いたのである．社会制度は，まず第一に，このような対話の条件を保持することを至上命令としなければならない．それゆえ，政治的生活への参加は個人を基礎としており，良心の自由とその表現の自由は，信仰というかたちをとるか否かにかかわらず，そのための不可侵の手段となる．これは，あらゆる特定の教義や制度からの独立を前提とする自由であり，1791年に権利章典，より正確にはアメリカ合衆国憲法修正第一条によって保証されたものである．国家と教会のこうした分離は，まったく新しく急進的なものであったが，それはまた，各教会や教派を国家のあらゆる影響から保護するために考え出されたものでもあった．ゆえにこの分離は，ライシテ〔laïcité〕――これに最も近いアメリカの用語は世俗主義（secularism）であろう――ではない．政治的生活は，宗教的な次元から鼓舞され続け，宗教的な次元の地平を保持しているのであって，ただこの宗教的なものが本質的に多元主義的なのである．

しかし，かえってこうした条件の下でこそ，すべての宗教の信者が最小限共有できる精神的なものを見いだすことが可能になった．それは，社会学者のロバート・ベラー〔Robert N. Bellah〕が「市民宗教」と命名したものである．このように，宗教を多元主義的に扱うことで，宗教間の差異を超え，政治的共同体に最も有効な絆をもたらすことができるのである．

実際上は，連邦レベルと州レベルには区別があり，州はきわめて多様な基準によって法規を定めることができた．ニューヨーク州では，ユダヤ人はカトリック教徒よりずっと前に，官職につくことを認められていた．公職に就くにあたっての宗教的忠誠の誓約（テスト）については，それを最後まで行っていたのがマサチューセッツ州であり，1833年にようやく廃止された．

建国の父たちの遺産は強い存在感を持ち続けており，今日でもしばしば議論の対象となる．彼らの多元主義観は，非宗教的な多様性をも含めた多様性へと真に開かれていたのだろうか．それとも，キリスト教とユダヤ教に限定されていたのだろうか．トーマス・ジェファーソン〔Thomas Jefferson〕はロックよりもはるか先に進もうとしていると主張していた．建国の父たちは，実際に彼ら自身の社会がそうありえた以上に多元主義的な社会を構想しようとしていたようである．彼らに影響を与えたおもな一人であるロジャー・ウィリアムズは，「さらに多くの異教徒，ユダヤ人，トルコ人，反キリスト教徒」に及ぶ神の意志について語っていた．建国の父たちのこの遺産は，《聖なる土台》（Sacred ground）と名づけられて，今日再び持ち出されている．宗教的でありながら多元主義的でもあるという特徴を強調して，攻撃的な宗教思潮のアメリカ社会への影響が増している状況に抵抗しようというのである．

このような社会統合の原理はモザイクの原理であって，それぞれの集団は特殊性を保持していたから，宗教がアイデンティティの境界となることもありえた．だからこそ，カトリック系のアイルランド人やイタリア人がそうであったように，新たな移民の波が到来するたびに，統合の過程で困難が生じたのであった．とはいえ，宗教の自由とは寛容ではなく，あくまで連邦レベルでの市民的・政治的な平等のことであって，少なくとも自由な人間にとっては，さまざまな制約を次々と無効化してくれるものであった．他方，合衆国でなされた最大の差別のなかでも，黒人が犠牲者となった差別は，宗教的な境界づけによるものではなかったのである．

フランスはこれとは別の道を進んだ．1598年のナントの王令は，宗教改革のヨーロッパが望んだ併存にはほど遠いものの，カトリックのキリスト教と改革派のキリスト教を同じ政治体のなかで共存させることを選んだ．両者の関係は平等ではなかったが，十分に多元主義的であった．また，王が争いを沈静化する役割を果たしたために，これはフランス王制の絶対性を正当化する最初の事件の一つとなった．だが，王はこの正当化を裏切った．ルイ14世は，1685年にナントの王令を撤廃しただけではなく，フランスのカトリックのなかの特殊な潮流をすべて放逐しようとして，教皇位に訴えかけた．こうして1713年に，回勅「ウニゲニトゥス」によって，ポール＝ロワイヤルから発したジャンセニスト派が断罪されることになった．

フランスの宗教的多元主義を確立したのはフランス革命である．市民権という道を経由して，プロテスタントとユダヤ教徒にもすべての政治的権利が与えられ，あらゆる職業が許可されることになった．それは，これまでのヨーロッパにはなかった体制であるが，革命軍によりまもなくヨーロッパに広められた．これは国家に課された多元主義であり，革命を拒否することは，多くの場合この多元主義の拒否に等しかった．

しかし，フランスで多元主義が効果的に定着したのは，個人の権利についての革命的な見方だけによってではなかった．フランス革命の暴力的な紛争には政治と宗教が混在していたが，最終的にはあらゆる既成宗教の追放（非キリスト教化と呼ばれる）に至る．だが，この革命のすぐ後に，ナポレオンの国家は宗教的平和への回帰を市民的平和の第一条件とみなしたのである．そのために，カトリック，改革派，ルター派，ユダヤ教徒という四つの教派と連携することを選び，キリスト教の三教派の「聖職者」には報酬を支払った．要するに，国家が組織し，財政的に支えるとともに，国家に厳格に従属させられ，監視された姿での多元主義である．フランス革命への忠実を宣言していたにもかかわらず，諸宗派の自由と平等は不完全なままであった．公認の教派として指定された上の四教派にのみこうした地位が与えられたことで，19世紀の後半に増えつつあったバプティスト派をはじめ，他の諸教派はきわめて不安定な状況に置かれることになった．さらに，これらの「公認の」教派のあいだでも平等は徐々にしか獲得されず，ラビたちが国家から給料を受け取るようになるのは1831年以降のことであった．とはいえ，このような多元主義的経験，とりわけ非キリスト教の教派にこうした地位が与えられることが，当時のヨーロッパで例外的なことであったのは明らかである．

しかも，このような経験は，政治体制が次々と変わってもきわめて長いあいだ続いていった．それを廃止することが，1905年の法律（アルザス＝モーゼル地域では適用されず）の目的であった．この法律は，一切の法的制限のない多元主義を創設することによって，フランスの政教分離体制を仕上げに至らせたのである．

かくして多元主義は，当初はそれを排除していた枠組のなかで確定されるに至るのであり，そのときにこそ，平等化の使命を獲得し，民主主義を構成する価値としての地位を得るのである．この宗教的多元主義は，合衆国ではほぼ確実にそうであったように，多元主義一般の原型となり，民主主義の行程の決定的な段階となったのだろうか．信仰を帯びた道，特にロジャー・ウィリアムズとロックの道では，「寛容」の観念が多元主義の意味で理解され，個人の平等が聖書の使信に潜在的に含意されていることにきわめて敏感であった．だが，この潜在性が決定的に展開されたのは，宗教からの解放，宗教が社会と人びとの精神に及ぼす統制からの解放が活発化してからのことであった．

そこでは，宗教的多元主義の定着は，民主主義の他の成果や企図と軌を一にしている．すなわち，あらゆる宗教を同様に敬い同じ実行条件を認める，宗教的な帰属による市民的・社会的な差別は一切認めない（平等主義），個人に宗教選択の自由を与える（個人主義），といったことである．しかし，他の民主主義的な理想と同じく，平等の原理についても，計画の実現，宣言された目標への適合はもとより，その実現形式と要求水準も多様である．たとえば，ヴォルテールはイギリスの寛容を称賛するが，そのイギリスは，教派別に段階を設けた差別を行っていた．すなわち，イングランド国教会の信者だけが被選挙権を与えられ，1829年まで，イギリス（とアイルランドの）のカトリック教徒は，法的に何の力も持たない未成年者と同様に扱われていたのである．

宗教間の差異を考える——多元主義の宗教的形象と学問的形象

それぞれの宗教は，他の諸宗教と対立しているか否かにかかわらず，他の諸宗教をどうみるかを表明するものだが，肯定的な見方をすることは稀である．宗教の真理を立てるための教育的な論法は，必然的に過ちとの対決という姿勢をとる．宗教の歴史は〔諸宗教間に〕教義の上での歩みよりが存在することを証言しているが，そこから宗教間の差異を考察し，他宗教の教説を自宗教の教説と対比することができる．場合によっては，そうした妥協は，調和，調停，再統一，さらには従属を際立たせるものとなる．あらゆる神学的な反省はそれが形成される社会的条件に依存しているので，それ自身一定の社会観を携えているのである．

ある広まった考えによると，宗教的多元主義がインド社会において支配的な意味を持つのは，ヒンドゥ教が他の伝統や宗教的信条に対して寛容なためである．これは，19 世紀から 20 世紀にかけて，インドの国家主義者たちが大いに利用した考えである．それによって彼らが主張しようとしたのは，インドはヒンドゥ教の遺産のおかげで多様な宗教的共同体の共存を保証できていたのだから，植民国がいなくても統一を保持できるはずだ，ということであった．インド連邦の独立以来，多様な共同体の共存という面では，大英帝国から独立した隣の国々よりもおおむね希望が持てることは事実だが，1947 年のできごと（血を流しての分割）と，その後の数十年に起きたこと（宗教間の紛争）からみれば，この見解は全面的に確かだとはいえない．ヒンドゥ教による宗教的多様性の扱いは，はたして「寛容」といえるものだろうか．ヒンドゥ教の規範によれば，人は自分が生まれた場所の宗教的伝統に従わなければならない．それは，自分の宗教を変えないのと同時に，他の人を改宗させようとしないことを含意している．さらに，すべての人間が同じ宗教的真理を共有できるというのは，ヒンドゥ教とは無縁の考え方である．真理は複数の顔を持っている．真理の全体を知っていると主張できる者は一人もいない．そこから帰結するのは，いかなる教派についても全面的に誤っているとは考えられず，救済の道はすべて正当性を持っているということである．パウル・ハッカー〔Paul Hacker〕によれば，ヒンドゥ教は自らの世界観に他の宗教的伝統の諸要素をためらいなく組み入れるのであり，それゆえ包括主義的ではあっても寛容ではないのである．ヒンドゥ教の世界観は包括的な構造として現れるのであり，それゆえ他なるものは，他なるものとしては否定されるのである．

キリスト教圏の西洋では，中世以来，諸宗教の調和への願望はさまざまなかたちで表現されてきたが，接近や和解の計画，対話の構想は稀であり，競合する宗教的信条の存在に対して，それらを包括する意義を提示する試みも少ない．宗教はいずれも真理に通じるものだから等価値であるというのは，近代的な発想のようである．これは，バンジャマン・コンスタン〔Benjamin Constant〕のような人物，ウィリアム・ブレイク〔William Blake〕（「あらゆる宗教は一つである」）やアルフレッド・テニスン〔Alfred Tennyson〕（「アクバルの夢」）といった詩人たち，さらにはドイツ・ロマン派やアメリカの超絶主義者〔世界はその現に見える姿を無限に超える奥行を持つという思想〕たちにもみられる考えである．こうした考えは，東洋の宗教への関心が強まるにつれて広まっていった．またそれは，さまざまな宗教間の関係についての議論や，宗教現象の学問的研究の出現にともなう相対主義についての議論とも切り離せないものである．キリスト教の神学的反省の領域では，「諸宗教の《神学》」という表現が広まったのは1960年代になってからである．これは宗教的多様性についての考察を指し，福音書に基づく信条を多様な宗教的文脈のうちに位置づけようとするものであった．カトリックでは，第二ヴァチカン公会議（1962–1965）によって，ローマ・カトリック教会の他のキリスト教諸宗派への関係，および他の諸宗教への関係を考え直すための扉が開かれた．

現代神学はキリスト教徒でない他者の諸表象に基づいて作られたものだが，このような姿勢は教父たちにまで遡る．だが，現代神学はそうした他者の表象を多少ともラディカルに解釈しており，他の諸宗教を救済の真の道として受け入れるものさえある．それが狙いとするのは，伝統が真理の保持者だという主張を問いに付さずに，伝統のなかから宗教的多様性を正当化することである．そこでつねに探求されているのは，真理の複数性とキリストのみが救済するという言明とを接合できるような概念装置である．現代神学の大半は「不平等な」多元主義のモデルを採用している．すなわち，他の諸宗教の真理は堕落しており，キリスト教徒のみが占有する唯一の真理の準備にすぎない，というわけである．宗教的多元主義をとる主たる現代神学者のなかから名を挙げれば，フリッチョフ・シュオン〔Frithjof Schuon〕（「諸宗教の超越論的一性」），ウィリアム・アーネスト・ホッキング〔William Ernest Hocking〕（「世界的な信仰」の可能性），ジョン・ヒック〔John Hick〕（神と究極的現実の「複数の名」について）などがいる．キリスト教を絶対化することをやめ，他の宗教体系より上位の宗教体系として位置づけようとする場合もある．あるいは，キリストの普遍性をキリスト教の普遍性や教会制度から区別することによって，キリスト教を一つの歴史的宗教として認めようとする場合もある（たとえば非キリスト教圏でのインカルチュレーション〔inculturation〕）．いずれにせよ，目指しているのは真理の新しい考え方である．

他の人びとは他の仕方で信仰しているというのは，受け入れがたい現実である．神学において，多元主義とは，この現実を当惑しつつ確認することから，肯定的に受け止めることへと切り替えさせるものである．多元性の経験，および多元性に向かい合わねばならないという経験は，伝統的な指標の消失や世俗化という近代性の経験と内的に結びついている．

神学者にとっては，宗教とは実証科学の支配を免れるものであるのに対して，社会科学は，宗教的現象を「社会的事実」として文化的対象となし，それによって宗教的現象を相対化する．社会科学は，一切の宗教的信念から離れて宗教的現象を観察し，それが真理であるかどうかは述べずに，その有効性と正当性を認定する．宗教的事実の包括的な理解を目指して，一切の護教的観点から離れた手続きをとり，一切の規範的アプローチの外に立つがゆえに，社会科学は，宗教的な信仰，実践，経験が持つ多元性を考慮に入れる．比較研究とは多様性の承認を前提とする分析方法だが，社会科学は比較研究を導入し，あらゆる宗教を同じ目でみるのであり，いずれかの宗教に価値の優位を認めることはない．社会科学はまた，多分野的なアプローチ（歴史的，社会学的，人間学的，文学的，心理学的な取り組み）を推進する．それゆえ，方法論的に多元的なものを旗印とし，多元性の受容を促進するのである．

宗教学は距離を置いて宗教現象をみる．この見方は歴史的には古い根を持っているが，元来宗教学とは，脱宗教的な動きのなかで展開したものであった．その後，宗教学自体が，他の宗教的領野とは一線を画する特殊な宗教的領野を作り出すという役割を果たした．宗教学の言説は，世俗化を前提とすると同時に，宗教的な考察に染まっていない領野の登場にも寄与した．宗教的制度とは独立したかたちで宗教についての知を練り上げるという可能性は，西洋で19世紀の後半になって初めて現れたものである．これは近代性と内的に結びついた可能性であった．初期の社会学者たちは，西洋社会が経験してきた数々の深い変容に問いを向けることによって，近代社会における宗教の変遷を問い，社会的役割という面から宗教の重要性に光を当て，近代性が諸宗教への批判的関係のなかで構築されてきたことを示したのである．宗教的差異の発見は，宗教への批判的な検討を出現させる好機となった．それなしには社会科学はなかったし，諸宗教についての非宗教的な教育もなかっただろう．

多元主義とは宗教的なものの近代的な姿か

世俗化を促進する多元主義は，真理体系と考えられていた宗教からあらゆる妥当性を取り去ってしまうのではないか．こうした危惧に対して，アメリカの例は鮮やかな反証となっている．それどころか，近年世界のいたるところでみられる展開によって，近代は不可避で全面的な世俗化をもたらすという仮説（社会科学があれほど深く同意していた仮説）が失効した一方で，現代の宗教回帰はまさしく多元主義の相のもとで起こっているのである．

しかし，目下そうした宗教回帰が高揚していることは疑いないが，こうした動きは，しばしば真理よりも心を鎮めることを約束するようなかたちの宗教へと向かっている．真に多元主義的な多元性，開かれた多元性によって可能になるのは，ますます個人化していく道程，すなわち，ある宗教空間から他の宗教空間へと移動し，さまざまな伝統を自由に採り入れて自分なりの総合を行うような道程なのである．だが，そうなると，個人の自己実現のための規律と宗教との境界線がきわめて捉えがたいものとなる．宗教性がこのように前例のない形式をとるのは，それがグローバル化という文脈を背景に描かれることによるところが大きい．このような宗教性の新たな形式は，改宗の自由に基づくものでもある．改宗の自由というのは，一つの社会における多元主義の達成度の重要な指標となるのである．

宗教的多元主義は，普遍的な価値としての地位を占めるようになった．宗教的多元主義の実行条件を保証すべしというのは，世界人権宣言によって表明された綱領でも明言されていたことである．しかし，最も遠く離れた宗教的・文化的領野の解釈を通して，多元的なものの内容自体も根底的に革新され，拡張された．これは国際的な交流や移動がますます増えてきたためだが，それがとりわけ顕著なのが移民諸国である．そこで起きている展開は，同一の宗教でも地域の文脈によって大きく異なる条件に関わるものである．信者たちは，自分たちの実践と要請をこうした多様性に適応させなければならない．多様化する共存の状況へと乱暴に投げ込まれるという場合もありうる．こうした投入は，それが出身国では疑いなく多数派に属するような伝統的な地位の喪失を表す場合には，なおさら過酷なものでありうるだろう．ただし，こうした文脈からみれば，文化的多元主義と宗教的多元主義との境界はごく微細なものだということがわかる．宗教的な実践や表徴は，マイノリティのアイデンティティの表明にも役立つからである．

諸宗派がその多様性を保ちつつ参加できるような多元的形態をとることを条件として，宗教的なものの介入が民主主義国家の公権力によって要請されることもしばしばある．科学の進歩と慣習の変化によって起こる倫理をめぐる討議に加わる場合や，大きな社会的動揺や大災害や喪の悲しみの際に起こることである．民主主義を志向する多元的社会が必ずしも同じ仕方で多元的ではないのは，多元主義的システムが作られていく際の歴史的条件が異なるからだが，それはまた，形式的な平等にこだわるか実際的な平等にこだわるかによって，知的なアプローチが相当異なってくるからである．まぎれもない多元主義が，既成の諸宗教，さらには国教の存在を甘受していることもありうる．特にイギリスの場合がそれに当たる．

本質的な問題は，民主主義はどちらかといえば個人の権利に基づいて構築されるのに対して，宗教的自由は集団的に行使される必要があることである．そもそも，自らが属する集団が平等な権利を持っていなければ，個人はどこまで平等な権利を享受できるというのだろうか．とはいえ，個人と集団という二つのレベルの要求をいずれも正当と認める場合，個人の権利と集団の権利とのあいだに生じうる競合をどうやって解決すればよいのか．あらゆる民主主義は，この二つの領域を考慮に入れ，その両者に応えようと模索するが，どちらかにより多くの注意や配慮が向けられるだけで，さまざまな著しい差異が生まれてしまう．

フランスの場合においては，1905年の法律によって諸教派のあいだに全面的で決定的な平等が創設された．この法律は，第二条でそれを行った際に，あらゆる宗派を国家から分離したため，あらゆる宗教に根底的に敵対する法律ではないかという嫌疑を引き起こした．しかし，この法律の立法者がそうした選択をしたわけではない．というのも，この法律の立法者は，同じ法律の第一条によって，国家に諸宗派の自由に対する責任を持たせ，国家にこの点で非常に大きな責務を課しているからである．しかもこの責務は，集団としての宗派に関わるものであった．とはいえ，フランスのライシテは何よりもまず市民を考慮しており，対立が起こった場合は，市民の個人的権利を教派や共同体の権利より優先する．これに対して，イギリスでは，多元主義は宗教的集団に対する寛容の態度に基づいている．合衆国は，フランスとイギリスの中間的な立場だといえるだろう．そこでは，場合によって，個人の領域を優先したり，集団の領域を優先したりする．二つの領域の折り合いをつけることを第一とするのである．

競合しあう二種類の権利の調停は，宗教によって求めるものが異なり，また宗教的自由には主観的な側面もあるために，ますます複雑になる．主観的な側面とは，共存する他の諸宗教と平等に扱われているという感情として体験されるものである．

そもそも，同じ宗教に属していると称する信者でも，みなが同じものを必要とするわけではなく，それを求めているわけでさえない．これは多元主義の本質的な側面，すなわち，大きな宗教的諸伝統の内部での多様性に関わる面である．おそらくこれは，優先的に扱うのが最も難しい側面の一つであり，また，最も激烈な紛争につながりかねない側面である．この側面は，多元主義に対する態度に特に決定的な仕方で関わってくる．というのも，ほとんどの宗教は，共存への傾向か覇権への傾向かに切り裂かれ，それらによって二分されているからである．ここから必要になるのは，さまざまな宗教的世界を同質的で不可侵の諸本質とみなすだけでなく，もっと根本的な仕方で理解するということである．こうして，多元主義の企図に応答すると主張するならば，大きな宗教集団のなかで多様に分岐し，場合によっては少数派であるような数々の声の発信を保証しなければならない．これは正当な要請であり，公権力もそれに権利を与えねばならないが，そこから公権力の課題の複雑さと難しさが際立つばかりである．いずれの国家もグローバル化された舞台の役者であって，多元主義を選択するか拒絶するかは決定的な分かれ目になる．それによって，政治的・文化的統一体のあいだに仮借なき真の境界が引かれるのである．

とはいえ，宗教的多元主義だけでは多元主義にはなりえないだろう．実際，多元主義が真に多元主義的であるためには，宗教的なものだけにとどまるわけにはいかない．信者たちは，互いを受け入れあうだけでなく，いかなる超越にも依拠しない数々の視点をも受け入れなければならない．他方で，信者たち自身も，信仰者というのとは別の資格で討論に参加することがまったく自由にできるのでなければならない．

多元主義の概念にかけられている希望が大きいだけに，多元主義的な企図に対して与えようとする射程，意味，内容をいっそう明確にしなければならない．さらに，こうした射程，意味，内容のために何をなすべきかについても，明確にしなければならない．それは，現在では国家のレベルにとどまらず，国家を超えて国際的なレベルでなされるべき議論である．ここでほぼ直接的に求められるのは，議論の諸前提の普遍性と，その帰結の国際的な実効性なのである．

参考文献　*Archives de sciences sociales des religions*, « La République ne reconnaît aucun culte », n° 129, janvier-mars 2005. – BECKFORD J., *Social Theory and Religion*, Cambridge, Cambridge University Press, 2003. – DIERKENS A.（éd）, *Pluralismes religieux et laïcités dans l'Union européenne*, Bruxelles, éditions de l'Université de Bruxelles « Problèmes d'histoire des religions », 1994, tome V. – DUMEZIL B., *Les Racines chrétiennes de l'Europe. Conversion et liberté dans le royaumes barbares（Ve-VIIIe siècles）*, Fayard, Paris, 2005. – FREGOSI F. et WILLAIME J.-P.（éds）, *Le Religieux dans la commune. Les régulations locales du pluralisme religieux en France*, Genève, Labor et Fides, 2001. – HALBFASS W., *India and Europe. An Essay in Understanding*, State University of New York Press, 1988. – LACORNE D., *De la religion aux États-Unis*, Paris, Gallimard, 2007. – LUIZARD P.-J., *Laïcités autoritaires en terre d'islam*, Paris, Fayard, 2007. – MACGRAW A. et FORMICOLA J. R., *Taking religious Pluralism Seriously, Spiritual Politics on America's Sacred Ground*, Waco（Texas）, Baylor University Press, 2005.

カトリーヌ・クレマンタン＝オジャ Catherine CLÉMENTIN-OJHA,
リタ・エルモン＝ブロ Rita HERMON-BELOT
〔長坂真澄訳〕

→ インカルチュレーション〔文化内開花, 文化内受肉〕, 回心・改宗, 市民宗教, 宗教的マイノリティ, ディアスポラ, 非キリスト教化, 不寛容／寛容, 法と宗教（間規範性）, 民族的・宗教的憎悪

多神教と一神教
POLYTHÉISME ET MONOTHÉISME

多神教は確かに実在した．あるいはむしろ——単に，その頽落態とか前提といったかたちで——一神教との関係においてだけ実在したのではない．多神教に直面した神学者たちは，自分たちが何を信じないかを示すために一つの対抗宗教を提示せねばならず，多神教が持つ危険や苦悩を示すことを通じて，範例的な救済史を語らなければならなかったのだが，そうした神学者たちによって多神教は発明されたわけではない．それは古典主義時代の哲学者たちに発明されたのでも，勃興しつつあった社会科学によって発明されたのでもない．多神教について語る際の両義性は，一方の，宗教事象の定義やこの定義から引き起こされる現在の議論と，他方の，この語を活用することよって都合よく作り上げられてきた概念史や表象の歴史とのあいだで区別を設けなければならないという点に起因している．

したがって問題なのは，『ケルソス駁論 Κατά Κέλσου』〔248〕において多神教を姦通，つまり配偶者を取り違えるという犯罪だとしたオリゲネス〔Origenes Adamantius〕から，『ローマの多神教について *Du polythéisme romain*』〔1833〕において，その寛容精神を称揚したバンジャマン・コンスタン〔Benjamin Constant〕に至るまで，われわれの多神教についての表象が，長い思考の道程によって縫い合わされていることを念頭に置きつつ，事象と，それを語る語句とを区別することである．事象の理解の作業は，とりわけ，それを語る語句が持っていた重みを測定することによってなされるだろう．だが，唯名論的な誘惑を別にすれば，そうした語句に対し，神学，古典主義哲学，社会科学によって割り当てられてきた意味を認めるためには，事象のほうを疑っておくべきなのではなかろうか．

多神教は異教ではない．「異教」〔paganisme〕とは，キリスト教の用語であり，自分が生きながらえることや見知らぬものへの恐れのことばかり考え，周りに何千もの聖具を置いて身を守ろうとするような，未開で，土着の粗野な農民といった形象に関わる．人類学者にとって，異教は神々の問題というより自然の神聖性の問題であり，異教徒が，自らが参与するこの宇宙に意味を与えてくれるものや自らの明日の生活を快適なものにしうるものを自由に扱うことができるというその柔軟性の問題である.「多神教」においては，複数形の「神々」が問題なのであって，まさしくこうした神々，その自然およびその真理に対してこそ，神学者たちの，さらに歴史家や人類学者たちの全関心が注がれてきたのであった. ここで問題となるのは複数の神々であり，それゆえに神〔Dieu〕が問題とされるのである.

神　々

多神教とは，一般に，複数の神々を持つ，制度化された，あるいは少なくとも規制ないし差異化された文化的実践の一形態とみなされている. だが，政治哲学や宗教史が（S・アイゼンシュタット〔Shmuel Noah Eisenstad〕，M・ドゥティエンヌ〔Marcel Detienne〕，M・ゴーシェ〔Marcel Gauchet〕，J・アスマン〔Jan Assmann〕らの仕事を通して）われわれに教えてくれるのは，こうした実践について実感できるさまざまな意味の混同を避けるためには，また同様に，その反対物である一神教と現実的にはどの点で区別されるかを見誤らないためには，定義の補完を必要とするということだ. 多神教の実践が前提としているのは，あらかじめ複数の神々のあいだに差異があること，言い換えれば，神格化された実体が複数認められていることである（〔エジプト神話では〕オシリスはセトではなく，〔ギリシア神話では〕ゼウスはテュポンではない等々). それはまた，二つの世界，すなわち神々の世界と人間の世界とが区別されているという考えを前提としているし，さらにはこれら二つの世界のあいだには交流が可能であることを前提としている. この交流とは，相似とか外在的根拠という関係において成り立つものである.

各々の神は互いに異なっており，各々の神の名は，いわば自律し還元不可能な実体，区別された存在を指示する. 多神教の神々は，漠然とした外的な力以上の，始祖以上の存在である. 神なき宗教とは異なり，多神教とは，超人間的世界には固有の意志や感情を備えた行為主である活動的な存在が住まっていることを前提とした，超人間的な世界への非常に特殊な関係様態のことである. こうした存在は人間とは別様に生き，人間の寿命には縛られず，生まれるにしても際限なく生き続け，死ぬにしても蘇る. 人間とは別の時間のうちにあるのである. 彼らは嫉妬深く，復讐心に燃え，ときには気まぐれなこともあるが，同時に思いやりがある，注意深い保護者で，自分のことを崇める者には誠実であることもある. 彼らに対してなされる崇拝〔culte〕は，こうして，人間が自分たちの運命について好ましいと考えていることと，神々がこの運命をうまく実現させるために，人間のふるまいによってうんざりしたり気分を害したりせずにどう行動してくれるかを照応させることを目的としているのである.

しかし，多神教は何よりもまず儀礼的な〔rituel〕実践であって，神学ではない．すなわち，儀礼によって現実化するような教義体系ではない．言い換えれば，多神教において本質的なのは，（神々が発するような言説ないしメッセージを）信じることよりも，（神々に帰される儀礼を）行うことなのである．

多神教の神々は秩序を好む．メソポタミア，エジプト，ギリシア，アフリカの神統記〔théogonie〕では，神々は始原のカオスから生じ，（液体と個体，夜と昼，熱さと冷たさ等々の）さまざまな要素を区別し分離する仕組みとなったといわれている．彼らはこうして対立と均衡からなる規制された世界を構成したが，とりわけ彼らは激しく，ときには何世代にも及ぶほどに戦うことで，この世界が実際に秩序立てられるに至る．

ヒンドゥの宇宙開闢説〔cosmogonie〕はこれとは異なっている．世界は一度きり樹立されたのではなく，原初の原理に対応した，大神と呼ばれる者たち（創造に関わるブラフマー，維持に関わるヴィシュヌ，破壊に関わるシヴァ）が参与する力学に従い，複数の創造および破壊の輪廻を経ることになっている．無限を表し，無意識の海に漂う蛇のアナンタの上でヴィシュヌが横になって寝ているときに，その臍から蓮の花が出てきて，そこからブラフマーが生まれた．ヴィシュヌは，先立つ輪廻で見知っていた世界のことを夢にみていたが，この記憶からブラフマーが世界を創造するのである．ついでこれをヴィシュヌが維持し，シヴァが破壊するまでに至る――こうして世界は新たな実在へと導かれる．秩序はヒンドゥの三神によって被害を受けると同時に創造される．無限の線に沿った時間の輪廻や創造の原理，ということはつまり破壊の原理もまた，彼らの手の及ばないところにあるが，彼らこそその実現になくてはならない行為主（アクター）なのである．

神々は，秩序を創造したり，それに随行したりするため，秩序の存在であるわけだが，それゆえに主権的な存在でもある．神統記や宇宙開闢説は，神々自身のあいだの主権（主権者たる神，ゼウス……）や，世界に対する神の主権の奪取や設立の物語なのである．神々はそれぞれの役割および関係性によって組織化されている．彼らは，自然の諸要素（月，太陽，地，海，風等々）を人格化することで，平和（ヴィシュヌ）や戦争（シヴァ），狩りや漁，豊饒さと学知，雷と嵐，雨と洪水等々に対する力といったきわめて根本的な役割を担い，それらを恐れる人間たちの現世における経済生活や余生に関わっていく．恐ろしい存在であるけれども，親しみやすく，人間の見知った動物の形態（象，蛇，隼，雄牛，白鳥，猿，トカゲ等々）をとったり，人間の外見をとったりすることもある．ちなみに，神々の「人間性」は彼らが人間とどのような関係を結んでいるかに関係している．いくつかの（エジプトやギリシアの）神々においては，彼らは，家族ないし氏族の状態で多かれ少なかれゆったりと生活をしている．結婚をし（兄弟姉妹とのあいだですら），子を生み，あらゆる家族と同様，互いを愛し，喧嘩をし，仲良くし，裏切りあったりする．要するに，彼らが神であることを知らなかったら人間だととりちがえかねないのだが，それというのも，神々の系譜は人間たちの，人間社会についての物語でもあるからなのである．

類型学的な仮説としては，多神教がとりうる形態の要約となるのは――要約が必要だとすれば――エジプトの神々，イスラーム以前のアラビアの神々，ヒンドゥ教の神々ということになるだろう．そこではまず，神々はそれぞれの地方におり，聖石，動物，人間の形態をとった彫像によって表現される．神々は階層化されており，大きな神も小さな神もいるが，各々の神が世界に対して持っている主権の力の物語を語る神統記もあれば，この神が他の神々に対しどういう卓越した力を持つかを語るものもある．神々が九柱一組や万神殿でまとまり，集団をなすときには（エジプト），彼らは相補的な役割を担う．この場合には神としての役割が優勢となる．ここには，あの世であれ現世であれ，宇宙を動かすものについての包括的で合理化された表象が含まれている．神々が集団をなさず，単に共棲していたり，あるいは状況次第での同盟しかしていないときには（アラビア），神の同一性が支配的となり，神はその信奉者の集団との独特で多機能的なつながりに与することになる．

これら二つの形態はけっして純粋ではなく，広く共存することがあるのは明白である．しかし，前者，すなわち家族ないし会衆をなす神々という形態は，国家構築（エジプト）――つまり，古代国家の構築――に対応している．その構築が進むほど，この世とあの世とのあいだ，事物の分類と宇宙の諸要素とのあいだの類縁性は，度合いが高くなるのである．ヒンドゥ教はそれ以前の形態の乗り越えのようなものを示している．ヒンドゥの万神殿は，古い布置の外部にあった神々を強く吸収する力を持っており，強く概念化されたヒエラルキーを構成する力を持っているため，階層化されており，ピラミッド状をなしている．イランから来た神々が，インドの地元の神々と出会い，人びとはその神々を受け入れ，選好し，同化させたり凝縮したりした．主要な神々は多くの地元の神々が融合したものとして現れる．逆に「セクト的〔sectaires〕な信仰」といわれるものは，ヒンドゥ教の歴史では非常に重要なものであるが，これは，ヴィシュヌやシヴァといった大神のさまざまな顕現とみなされた神々に対するものであった．

重要なことは，以上のような多神教の多様な形態から，神的なものに関する一つの同じ原理が浮かび上がってくることである．神々が循環しあい連結しあうという非常に人間的な歴史によって，神的な存在としての神々は，形象化を逃れる（あるいは最終的に逃れるに至る）という点である．神は，自らのさまざまな像のうちにある――とりわけこうした像が神人同型的なものである場合にはそうである――と同時に，そうした像の相違から解放されている．いくつかの神統記（エジプト）においては，神は，あまりにも巨大であり，あまりにも眩しいがゆえに，単に記述されたり，さらには名づけられることすらなく，神の表れとその本質とが合致しないと明白に語られるほどである．あるいはまた，馴染み深い神々とは別に，「神」という名しか持たない大いなる神がいるということが共通の伝統として知られていることもある．興味深いことに，ヒンドゥ教は，一であると同時に多であり，究極の存在を拡張させた，優位にある神的実在のことを考えてもいる．その呼び名は，副次的な調子で――あたかもこれが神の呼称の手前にあるものであるかのように――《至高の人》なのである．

一神教

大いなる神，唯一の神……多神教から一神教への移行についての問いは古くからある．これは悩みの種であり，かつては神学者や哲学者たちを，今では歴史学者や人類学者を動員している問題である．この移行は，センセーショナルなものだったのか，それとも気づかれることなくなされたのか．まずは，中間形態とみなすことができる宗教形態を挙げることにし，そこには後で立ち戻ることにしよう．単一神教〔hénothéisme〕は，場合によってはいっそう大きな力を持った土着の神々がほかにも存在することを拒絶せずに，一つの土着の神を崇拝することである．これについてはさまざまな理論が対立している．単一神教は原始の宗教であり，あれこれの共通の動物や遠い天体，突飛な石などに対する限られた集団による信仰とされることがある．そうすると，これまで隣接していた集団が統合するような場合には，多神教とは――対立が残存したりどちらかが消えたりするのでなければ――共棲しているはずの神々が互いに結合するという予期しうる帰結にほかならないだろう．このような再構成に対して，単一神教を多神教の終焉とするものもあった．古代ユダヤ教がその妥当なモデルとなる．それは他の神々を崇拝する他の民（ピープル）との分離を（族内婚によって）要請し，（割礼や飲食律によって）儀礼化した《妬む神》を持つ一神教だからである．

だが，この領域のもう一方の極では，多神教の終わりをなすのは，複名俗〔polyonymie〕（一つの同じ神が複数の名を持つこと）かもしれない．まずここで惹起されるのは後期古代の宗教史である．有名なのはイシスの事例である．アプレイウス〔Lucius Apuleius〕の『変容』〔『黄金の驢馬』〕では秘儀を探し求める若き主人公ルキウスは，神殿の女神を崇拝していた．この女神は，エレウシナのケレス，パポスのウェヌス，エフェソスのディアナといったさまざまな名を持っていたが（『変容』第9巻第5章），アプレイウスが指摘するところによると，その本名はイシスであったということだ…….総じてイシスが意味するのは，同一の神的な本質についてのさまざまな名，つまりさまざまな表象の等価性であったということである．ローマ帝国における複名俗の広範な動き——これは広く「シンクレティズム」〔syncrétisme〕という呼称によって覆い隠されている——を，キリスト教的な一神教の発生および拡大の原因の一つとすることもできただろう（新プラトン主義は《一者》の思想の点で，もう一つの原因となるだろう）．

議論の要点をまとめておこう．多神教は，一神崇拝の付加物だったのか．一神教に解消されうるものだったのか．また，唯一の神への崇拝は，その起源なのか，それとも運命なのか．だが，これらの問いに対するいくつもの回答の歴史を検討する前に，一神教を定義し，それを複数の神々に対する崇拝から区別しなければなるまい．

三つの一神教は，単に唯一の神に対する崇拝——神への信仰を特殊なかたちで肯定することが信徒に要求されるという意味での——であるばかりではなく，唯一の神への信仰でもある．万物の創造主にして，自らの創造物とはどこまでも異なり，人格的であり，人間に対して万物の意味を明かす，そういう唯一の神への信仰である．唯一性，創造，超越，王権，これらがユダヤ教，キリスト教，イスラームが体験してきた一神教の根本的な識別子である．

唯一性——神の唯一性の原理それ自体が一神教をなすわけではない．古代史において，一つの集団が唯一の神を持つという考えはすでにあり，一神崇拝を示す事柄は不在ではなかった．それは，多種多様に崇拝される複数の神々を司る一つの偉大な神ないし神的原理という表象にみられるとおりである（ヒンドゥ教の《至高の人》がそれだ）．一神教をなすのは排他性である．一神教とは排他的な一神崇拝であり，他の神々は偽のものであってそれらに対する崇拝は偽の宗教だという信仰を課すのである．こうして，一神教は，他の宗教に対してそれ自体が対置されるような一つの宗教としてではなく，他のすべての偽の宗教に対立する唯一の真の宗教として提起される．

創造——メソポタミア，エジプト，ギリシアの神統記においては，始原のカオスから出現する第一の神が宇宙を創造し，さまざまな元素を区別し，天体を位置づけ，時間を課すことになっている．それについて，エジプトの創造神話は，一面の水から泥の盛り土が浮かび上がって出現すると語っている．一人の創造神が，水のなかから自らの意志によって自分自身を創造し，この泥の盛り土を高くし，ついで世界の製作という営みを始めるということだ．この創造神は，ヘリオポリスの宇宙開闢論ではアトゥム，ヘルモポリスではトート，メンフィスではプタハとされている．メンフィスの宇宙開闢論で驚くべきは，プタハの万物創造は，それを構想した心臓によるもの，さらには万物について語り命名しそれらを現実的に存在するものにならしめた舌によるものとされていることである．ここではまさしく言葉こそが創造者なのである．創造的なロゴスという考えはそれ自体としては一神教が刷新したものではない．一神教の刷新は無からの（ex nihilo）創造であろう．つまり，すでにそこにあり，自らを創造することなく，あらゆる物質の外部にあり，自分自身も含めて自らの創造のあらゆる対象の外部にあるような，そうした神的な存在による創造である．

超越——これもまた新たな考えではない．複数の神々に対するいくつかの崇拝においても，神的なものの本質はその表象とは区別されるという考え方は不在ではなかった．複名俗は結局のところこの概念を徹底化させたものにほかならない．とはいえ，一神教は複名俗の逆転のようなものであって，（複名俗がまさしく多神教のありうる到達点であるのに対し）それを延長するものではまったくない．実のところ，首尾一貫した意味での複名俗は，儀礼的な実践や神々の特殊性に対して，崇拝者が距離をとることに帰着する．逆に，一神教が現実的なものとなる場合には，それは，唯一の神への崇拝の特殊性を極限まで求めることとなる．この神は唯一であると同時に，完全に人格的であるという点で本質的に特殊的なのである．

他方で，カール・ヤスパース〔Karl Jaspers〕による「枢軸時代」によって区分された世界史の観念を参照すると，さまざまな多神教同士も区別すべきであろう．まずは内在的な多神教がある．これは，人間界と超人間界には連続性ないし相応性があり，神々がこうした世界と共存しているとするものである．そこには古代エジプトおよびアラビアの多神教が位置づけられるだろう．さらに，ギリシア，そしてとりわけインドには超越的な多神教がある．ヤスパースはこの点ではこれらをパレスチナにおけるさまざまな一神教（捕囚以後のユダヤ教，キリスト教，さらに拡大させればイスラーム）から区別していない．こうした多神教——および一神教——においては，二つの世界は徹底的に分離され，両者のあいだには恒常的な緊張関係が置かれる．宗教の専門家やときには政治の専門家が，それらを包括する道徳的な秩序があると主張するときに知らせようとしていたのはまさしくこのことだった．とはいえ，一神教は根本的に「超越の多神教」から区別される．後者にとって，超越的なものは，非人称的な体系と考えられている．つまり，空虚ではなく，人間を司る宇宙的な秩序に満ちた体系として思考されている．前者にとっては，超越的なものとは，神がいる場所である．つまり，宇宙の外部にあり，人間たちの各々と人称的な関係を持ち世界の秩序の意味を明かしつつ，この宇宙を導くような神の場所である．

王権――全能の主，われらの主，全世界の《主》……神を「主」と呼ぶことは，三つの一神教においては多くみられる．この呼称は単なる言い回し以上のものであって，神が自らの創造物に対して持つ主権性という十全な意味で捉えるべきである．だが，ここでもまたさまざまな多神教のあいだで区別を行った上で一神教革命を位置づけなければならない．まずは二つの世界を接合させる多神教（エジプト）では，相同性が関係原理となっており，これによって神的な主権が王の存在のうちに移譲されることが可能となる．王は，神的なものに与っており，そのためその特権に与るのである．さらに，統治者が神から霊感を与えられ，立法権力を神から象徴的に受け取ったり（メソポタミア），あらゆる神々が保証人となっている秩序の規則および原理の名のもとに事（こと）を行ったりするような多神教（ギリシア）もある．ここでは，二つの世界のあいだには――儀礼的なものをのぞけば――関連はない．そこにあるのは，それらを包含する，つまりそれらを活性化させるような共通の秩序である．主権性の問題が示しているのは，超越の場合と同様，二つの世界の接合という内在的な多神教と，これらの世界の分離および自律の多神教という二つの多神教があるということだ．

一神教という事柄は，主権性の原理を根底的に変容するのである．一神教は，真なるもの（啓示され，忌避することなどできないもの）を認め，偽なるもの（偽の神々に対する偽の宗教）を地獄の懲罰に委ねることで，絶対的なものおよび排他的なものという二つの考えを広め，それにより一つの政治神学を確立することとなる．すなわち，《主》の主権性は，その共同体の主権性によって認められる，言い換えれば，神へと従属すること，神の主権性を現世において実現することに責任を負っている信徒たちの共同体の主権性によって認められているというのがそれである．その帰結は歴史的にみると甚大なものであった．これは，宗教的な領域に関わるものを徹底化させ――この領域はそののち布教活動と征服のプロセスを通じて拡大していく――この領域において，聖なる法でもって，政治的絶対主義を打ち立てることになるのである．

まとめると，まずはさまざまな多神教のなかで，超人間的な世界と人間的な世界とを対応させる内在的な多神教と，人間世界の外部にある基礎としての超人間的な世界の超越性を認める多神教とを区別すべきであろう．一神教革命は，唯一の，創造を行う，超越的で，あらゆる主権の起源となるような神を発明した，ということではない．それは，真なる宗教と偽の宗教との両立は不可能であり，神のさまざまな本質のあいだに等価性を認める思考も不可能であるとする排他的な体制を樹立することにある．それは，あらゆる主権性がそこに結びつくような規制的な思考の唯一性のことなのである．

サービア教徒

三つの一神教は「多神教」という用語は用いてはいないが，つねにそれについて語っている．「多神教徒」(polutheos) という語は，アレクサンドリアのフィロン〔Philo Alexandrinus〕に由来するが，それは提示されるやいなや忘却されたのであった．フィロンにとって，「多神教的」と特徴づけられる信仰は，天体や自然の要素に対する崇拝（自然崇拝）や，人間（偶像崇拝）や動物（動物崇拝）を象って制作されたものに対する崇拝など，さまざまな形態の偽の信仰を含んでいる．啓示された《書物》は，過去や現在においてこうしたさまざまな形態の多神教が存在するという問題にさまざまな仕方で触れていた．もちろん，『モーセ五書』，キリスト教の『聖書』，『クルアーン』は神のみが神であるという真理を明白に課していたが，しかし同時に，事実としての（真理に関わる）一神教と実践における（宗教に関わる）一神教とを区別してもいた．選ばれた民の歴史は，唯一の神への信仰から離反するという絶えざる誘惑の歴史であるからだ．《金の子牛》への崇敬についての聖書物語，アド，タームド，ミデヤン族についてのクルアーンの言及は，唯一なる神によって使者を――つまり預言者を――遣わされた民（ピープル）が，しばしばその使者の言うことを聞くのを拒み，偽の崇拝にふけり，ときには劫罰に処せられるということを示している．しかし，こうした偽の神々への崇拝の存在が確認されても問いは残る．すなわち，その起源はどのように説明するのか．とりわけ，それを真理に関わる一神教との関係でどのように位置づけるのか．信仰に関して偽物を製作することはどの点に存しているのか．

多神教の問題には神学的な契機があった．批判的に概観する際に，この契機を見落とすことは，この問題をめぐる判定根拠や成果の多くが古典主義時代の政治哲学によって論じられていたということを無視することになりかねない．さらに，より一般的に言っても，この政治哲学が，中世の——もちろんキリスト教的であるが，ユダヤ的でもイスラーム的でもあった——修辞学と保っている系譜関係を過少評価することになりかねない．

イランの法学者アブドゥルジャッバール・イブン・アフマド・アル＝アサダーバーディー〔ʻAbd al-Jabbār ibn Aḥmad al-Asadābādī〕（932頃-1025）のようなイスラームの神学者たちは，偽の神々の制作という問題に鋭い関心を寄せており，自分たちの一神教の厳格さを強固にするための説明を行った．アブド・アル＝ジャバールにとって，偶像崇拝は神の身体性への崇拝の帰結である．それゆえ，ある者は神の像をこしらえ，それを崇拝することをよしとしたのだし，またある者は神は王や英雄の身体に本質的に属しうると考え，そこに神の像を見てこれを崇拝することにしたのであった．たとえば，古代のサービア教徒は，神は，世界の統治を任ずるために天体を創造したのだと考えて，こうして天体を崇拝するようになったが（自然崇拝……），しかし天体は昼ないし夜には消えるために，その代理になる物体を制作し，それに対して欠かさずに崇拝を捧げることになったのだった（偶像崇拝……）．

実際，偶像崇拝が多様な形態をとる理由は神への信仰と独立したものではない．偶像の制作はつねに神との媒介が必要であると表明されてきたことと結びついている．このことが含意しているのは，信仰する人間は，人間に準えられる「存在」と崇拝する〔礼拝する〕関係にある，あるいは人間的な性質を持った存在の媒介を経るということである．だが，アブド・アル＝ジャバールも，他のイスラームの神学者も，どの形態の信仰が先行するかしないかというかたちで問いを立ててはいない．というのも，ここで確認されていた超越的な神に対する信仰と，いわばそれに由来する傍流とのあいだには相伴関係があるということだったからである．

アブド・アル＝ジャバールはサービア教徒を教訓的なかたちでうまく利用したのだが，これはモーゼス・マイモニデス〔Moses Maimonides〕（1134-1204）も同様であった．法学者（『ミシュネー・トーラー』および『戒律の書』の著者）としてのマイモニデスにとって，第一の戒律は《永遠者》のほかにいかなる神も信じてはならないというものである．その帰結として，供犠，平伏，祈りなどで，偶像を崇敬の対象とすることは禁止される．というのも，その形態は，「人びとが行っている」こととは逆に，超自然的な力をまったく持たないからである．とりわけ，《永遠者》を讃える意図があっても，石柱を立ててこれを讃えることは禁じられている．というのも，こうした石柱を立てそこに生け贄を捧げるような偶像崇拝者たちを模倣してはならないからである．たとえばこう言われている．「あなたの神，主が憎まれる石柱を立ててはならない」(「申命記」第16章第22節). マイモニデスが取り上げている法とは, 真の信徒たるものは, たとえ意図はそこから非常に遠くにあるとしてもなんらかの仕方で偶像崇拝に近づきうる一切の形態の崇拝――霊石崇拝でも供物崇拝でも――を避けなければならないというものである. というのも, 偶像崇拝的な崇拝に注意を向けたために, あるいは真の崇拝もそれと類似したものを持っているために, それに屈してしまう誘惑が生じるからなのである.

しかし, 哲学者としてのマイモニデスは, 偶像崇拝と真の一神教 (ユダヤ教) との歴史的な関係についてまったく別のかたちで語っている.『迷える者への手引き』では, サービア教徒に対する言及は数多くあるが, 彼らがどのような民であったか, 地理的にはどこに位置づけられるかについての問いはほとんどない. 彼らは古代の民であると同時に没歴史的な, 偶像崇拝的宗教の「総称的」な民なのだ. ノアのときのサービア教徒, アブラハムのときのカルデア人, モーセのときのエジプト人, マイモニデスのときのゾロアスター教徒がそれに当たる. この哲学者にとって, サービア教徒は, 次のような互いに絡み合った二つの議論の展開において特殊な位置を占めている. 一つは, モーセの戒律, とりわけ供犠に関するものであり, もう一つは宗教的信仰の歴史化に関するものである. サービア教徒は全地上を支配していたが, 今や (ゾロアスター教徒として) 世界の縁に閉じこもっている. これは偶像崇拝の歴史的な衰廃に当たる. しかし, 偶像崇拝は, たとえ「閉じこもっている」にせよ, 今日なお残り続けている. すなわち, 真なるものの勝利は全面的ではないということだ.

モーセの戒律がこうした供犠の実践を認可していることをどう説明するのか. 神の民は, エジプト人たちの習慣を模倣し, 動物を供物として捧げ, 偶像の前で香を炊き, 専門的な司祭に頼りはじめた. 神の知恵は, こうした実践を乱暴に拒絶するのではなく, それらを神自身のもとに向け直させることにあった. 司祭, 香, 供犠は, 最終的に偶像崇拝が消え去るまで,《神殿》に向けられた. 神的な知恵は, 順応〔accomodation〕の体制があることを伝えるものであったのだが, その理由は次のように知らされる.「神は個々の人間の本性を奇跡によって変えるのではない」(『迷える者への手引き』第3部第256章). というのも, 神の法は自然の法に類したものであるからだ. あるいはむしろ, 世界を統べるのは自然の法なのであって, (奇跡によって) 断絶をもたらすようなものとしての神の法ではないからだ. 世界は, 不変の状態においては, 奇跡のための場を有しておらず, 神もそれを用いることはない. それゆえ, (選ばれた民のもとでさまざまな形態の偶像崇拝を存続させた) 順応の体制, さらに偶像崇拝を行う民族の恒常性は, 不変性という哲学的枠組において理解され，次のような宗教理論のうちに取り込まれる．その理論によれば，自然の世界において，神の計画は，人間を直接的な欲望の状態から徐々に脱出させ，人を欺く見せかけのもとでこうした欲望をまさに満たすようにみえる偶像から遠ざけ，供犠を受け入れたり奇跡を受け入れたりするのではなく真理へと高めることにある．それこそが預言者の——だが同様に哲学者の——役割である．自然の世界においては，偶像崇拝は，実践における一神教に先立っており，過去および現在において，一神教がたゆまず身を離すべき基盤をなしているのである．

アブドゥルジャッバールとマイモニデスは，もちろん互いに対立している．一方は，真の宗教的信仰の対象，つまりその否定しえない超越の対象から身を遠ざけかねないものをつねに批判する．他方は，懐疑主義すれすれに，事物の運行を変えかねず，それを司る法を欺きかねない神的な介入の可能性を退ける．それでもやはり，彼ら教条主義者と哲学者は，それぞれの論証の極点において，サービア教徒の偶像崇拝を共通に理解している．両者とも，この偶像崇拝を，人間が，捉えがたい超越に実体を与えたり，あるいは，供犠の実践や奇跡の待望によってこの世界を司る法から解放されようとしたりすることで，人間に固有の乗り越えがたい境界を乗り越えようとする誘惑と理解しているのである．結局のところ，偽なるものの製作はまさしく信仰そのものに属しているということである．

多神教

法学者で哲学者のジャン・ボダン〔Jean Bodin〕(1529-1596) は，1580 年にフランス語に「多神教」という語を導入した．だが，人びとがとりわけそれについて書いたり，その歴史を報告したりしようとしたのは，17 世紀のイギリスにおいてであった．法学者のジョン・セルデン〔John Selden〕(1584-1654) は，多神教を，原始一神教の変質であり，一なるものから多なるものへの移行であるとした．人間たちは，神を表象するための象徴をさまざまに積み重ね，ついにはこれらの像がそれ自体実体的なものであるとみなすに至ったというわけだ．理神論者のチャーベリーのエドワード・ハーバート〔Edward Herbert〕(1583-1648) は，世界のあらゆる宗教は，かつても今日も，自然宗教から発生したものであり，その戒律はあらゆる人間に共通に生来備わっているけれども，発明された神々への迷信的な儀礼が偽物の司祭らの仕業によって広まって，信徒たちがその戒律から離れることになったと考えた．こうして，多神教は，神学者や理論家がそれについて作り上げたもの，言い換えれば，正道からの逸脱の歴史，真の崇拝から徐々に離れていくことであり，神の一なることとその顕現の多なることとが混合されることであるとされた．多神教は，一神教という真の信仰との関係においてしか考えられないとされたのである．

こうした見地が最初に転覆されたのは，マイモニデスが提示した順応原理の公準の再解釈においてであった．イギリスのヘブライ学者であるジョン・スペンサー〔John Spencer〕（1630–1693）は，エジプトの偶像崇拝とモーセの宗教の実践との関係に関する資料を再び取り上げたが，その際，偶像崇拝と一神教の同時代性を考えるのではなく，偶像崇拝を，最初の宗教時代を特徴づけるものとした．彼は神的な順応についての直観を捉え直し，（偶像崇拝から一神教に至る）宗教の進化の理論を展開した．その際に彼が依拠したのは，当時利用することができた古代史についてのさまざまな資料である．というのも，順応という神的な過程の各々の契機において，いかなる歴史的条件のもとでこの過程が現実のものとなったのかを把握することが必要だと考えたからである．スペンサーは，《モーセ五書》を，それが構想された時代や環境と付き合わせることで，歴史をキリスト教的な教義（偶像崇拝は悪魔の策略にすぎない等々）から解放させることに貢献した．このようにして，純粋な護教論から解放された宗教史が考えられはじめたのである．さらに，スペンサーはこの歴史の方向を逆転させはじめた．というのも，多神教を最初の宗教時代でのものとすることで，もはや正道からの逸脱としてではなく，正道へと向かう修業時代としての年代記を構築することになったからである．

セルデン，ハーバートおよびスペンサーが，他の幾人かの論者（イギリスのラルフ・カッドワース〔Ralph Cudworth〕やジョン・トーランド〔John Toland〕，フランスのド・ブロス議長〔Charles de Brosses〕や騎士ド・メエガン〔Guillaume-Alexandre de Mehegan〕ら）と共有しているのは，神の観念と，諸宗教がそうであるところのその制度的な現実化の観念とを区別することであり，啓示されたテクストから距離をとってそれを検討し，それをその他の考古学的な典拠や碑文の典拠と照らし合わせ，それについてのかつての注釈（フィロンやマイモニデスら）を取り上げ直そうとすることであり，さらに，《新世界》の民に関心を寄せ，彼らに対し，原初の民が有していた崇拝と同様の崇拝があるとみなし，現在の彼らの姿が人類の過去につながっているとしたことである．これ以降，偶像崇拝ではなく多神教が問題になっていくことは，見地の転覆にとって興味深いことである．聖書的な拘束から解放されることで，非一神教的な宗教形態を，神を拒否する民の不吉な所業としてではなく，むしろ人類の進化についての適切な見方という枠組のなかで考えることができるようになったのである．とはいえ，この人類の進化は，一なるものの多様化，ないし一なるものの緩慢な獲得というかたちで，一なるものとの関係において考えられてきたのであり，多なるもののほうは，変質や順応とされていた．それは，一なるものを，唯一ありうる参照対象，つまり真理，善，絶対とみなす人類史なのである．

ほどなくして，デイヴィッド・ヒューム〔David Hume〕（1711-1776）が原初の一神教についての理論の方法論的な土台の切り崩しに寄与することになる．『宗教の自然史』（1757）において，ヒュームは原初の民が野蛮（とされているもの）でありつつ同時に真の神を認識していたと考えることは，彼らが真の神を忘却しつつ同時に歴史が下るにつれて人間の精神の上昇（とされているもの）があったと考えるのと同様に不可能であることを示した．ヒュームが描く原初の宗教においては，人間は，危険の恐れや，生きながらえることへの期待で頭をいっぱいにし，迷信にまみれ，現世において保護を求めるありとあらゆる儀礼を作り出した．精神は，そこからゆっくりと，自然，創造，神の創造物といった観念へと高められるというのだ……．

だがヒュームは，寛容の問題を，人類の宗教史についての議論の核心に据えることでさらなる取り組みを見せる．多神教のほうが一神教に先行するのであれば，一神教は凄まじい不寛容を示しているのだから，寛容の本性は多神教の実践に認めなければならないというのだ．これらの二つの主張をつなぎ合わせたことはまさしく革命的なことだ．これ以降，聖書的な規定は，科学的な理由を持った議論に基づいて根底的に退けられることになる．これ以降，本質的な価値の体系というプリズムを通して観察された一神教に対して議論が向けられるようになるのである．それは，ヒュームが，精神の上昇段階という点で，キリスト教が原初の宗教に対し優位に立つという観念を捨てたということではない．そうではなく，彼が――寛容の価値に照らして――一神教の実践に対し，多神教は該当しない判定を下したということである．

ここでの断絶は認識論的な性質のものである．というのも，これにより，これまでは多神教をめぐっては変質や悪行といった主題が不可欠であったのに対し，そうした古くからの拘束から多神教をめぐる議論が解放されることになったからである．したがって，ヒュームにおいて革命的なのは，多神教がそもそも原初的だということ自体ではなく，この論点が――これはもちろん決定的なものとしてしかるべく提示されてはいるのだが――原始宗教のある種の積極性の肯定と結びつけられたということである．こうして，多神教はもはや正道からの逸脱でも信仰の幼年期でもなくなり，別様な信仰の場となる．それ以降，多神教は，一神教がそうであるものとは別のもので満ちていることが可能になるのである．ここまでにしておこう．確かにヒュームは，多神教と一神教の関係を考える際の地平をなしていたのである．

19世紀はオリエンタリズム的な知の時代であり，とりわけインドの多神教に出会った時代である．キリスト教的な西洋の起源の探求から生まれたオリエンタリズムは，（パレスチナからインドに至る……）不確かな東洋のうちに，自らの言語学的および宗教的な根を見いだした．セム族の側には，宗教的なものがいっそう完成した形態，すなわち一神教があった．インド＝ヨーロッパ語族の側には，文明化を進める拡張，世界支配があった．

ジュネーヴの雑文家のアドルフ・ピクテ〔Adolphe Pictet〕（1799–1875）は，原始のインド＝ヨーロッパの民として，知能を持ち征服的な司祭たちの民である「アーリア族」を想像した．ピクテによれば，このアーリア族（起源のアーリア人）は一神教徒であり，それ以降になってからそのインド＝ヨーロッパ語族の子孫たちが自然の諸現象を理解しようとする意図のもとで多神教徒になったにすぎない．古代インド＝ヨーロッパ諸族のもとにも同様に一神教があったということだ．ここで原初の一神教の減退としての多神教という理論がその時代に合うものとなったのには，明白な目的があった．宗教的なものも含め，ヨーロッパの民が引き継いだ資本の全体をインドの民の側に帰すことで，セム族の貢献をすべて退けるというものだ．デイヴィッド・ヒュームのような立場からは遠ざかってしまったように思える．

さらなる回帰

キリスト教の伝統を持つ国々は，ここ数十年のあいだに，宗教に関する強い規制緩和に見舞われ，その恩恵として，これまで多神教に結びつけられてきたいくつかの特徴が，ある種の中心性を帯びるに至った．こうした規制緩和の理由の一つは，真理の一義性の拘束からの，つまり「信じなければならないもの」をなすものからの解放がある．これは，一なるもの，絶対的なもののかくも長きにわたるヘゲモニー以降の，相対的なもの，多様なものへの開放である．

信仰する主体の自律へのこうした誘惑がさまざまに交錯するなかに，これまで受け継がれてきた寛容のイメージも位置づけられる．この継続は，ジョン・ロックやヴォルテールのような立場の人びとの長きにわたる歩みによってなされたものである．彼らは，キリスト教国家や支配的な教会を不寛容だとしたが，それはこれらが各人に救済の道を示すには力不足だという理由ゆえのことである．既成の制度や団体から隔たって，あるいはそれに逆らってさまざまな価値を開陳することには，ある種の宗教的なノマディズムも寄与した．対称的に，失望した信者のなかに，宗教的なものの観念の深い刷新に突き動かされて――とはいえそれ以降は，明白に，何かに対する信仰という問題が提起されることなく――文化的な実践や，儀礼的なふるまいへの過剰な関心へと回帰する者もいた．ニューエイジの運動，仏教やヒンドゥ教への帰依の運動などが証言しているのは，彼らが選り抜きの宗教性に惹きつけられていることであろう．それを実践する者たちは，こうした宗教性を通じて，そのふるまい方を取り入れ，その神々を選ぶことで，共通の意味を取り戻し，共同体的な枠内での学びを作り直すことができるというのである．

社会的な紐帯を取り戻しその実体を生み出すことのできるような，新たな，多義的な儀礼性——これは，多神教的な観念が今日生きている様態を示す明白な影響の一つの理由となりうるだろう．

それに付随したもう一つの理由は，絶対的な超越の宗教が，宗教からの脱出としての宗教になったということだ．「内面的宗教」という現代文化は，もしそれが根拠の他律性という不可侵の原理に縛りつけられたままだとしても，またもしそれが神との交感〔communication〕にもはやほとんど基づいていないとしても，「真の宗教は儀礼ではない」という新たな交唱の名のもとで，実効的な祈りの枯渇のために，内在性への回帰というノスタルジーを招きかねない．その回帰とは，さまざまな世界のつながりを立てなおし，とりわけ，われわれが手で扱いうる物質の厚みのなかで理解することのできる媒体を再び実体化することができるような，そうした態勢に対する幻惑的な回帰である．

参考文献　ASSMANN J., *Moïse l'Égyptien*, Paris, Editions Aubier. 2001 ; *Le Prix du monothéisme*, Paris, Éditions Aubier. 2007. – AUGÉ M., *Le Génie du paganisme*, Paris.Gallimard.1982. – BALIBAR É., « Note sur l'origine et les usages du terme "monothéisme" », *Critique*, 2006, 704-705. pp. 19-45.（エティエンヌ・バリバール「「一神教」という言葉の起源と用法に関するノート」〈『Site Zero』vol. 1 所収〉柿並良佑訳，メディア・デザイン研究所，2007 年）– DETIENNE M., « Du polythéisme en général », *Classical Philology*. 1986, 81, pp. 47-55. – EISENSTADT S. N., « The Axial Age: the Emergence of Transcendental Visions and the Rise of Clerics », *Archives européennes de sociologie*, 1982, 23, pp. 294-314. – ELUKIN J., « Maimonides and the Rise and Fall of the Sabians: Explaining Mosaic Laws and the Limits of Scholarship », *Journal of the History of Ideas*, 2002, 63, pp. 619-637. – GAUCHET M., *Le Désenchantement du monde. Une histoire politique de la religion*, Paris. Gallimard. 1985. – MAÏMONIDE M., « Moïse ben Maimoun dit Maïmonide », in MAÏMONIDE M., *Le Guide des égarés*, traduction S. Munk, n[elle] éd., Paris. 2003. – SCHMIDT F.（éd.），*L'impensable polythéisme. Études d'historiographie religieuse*, Paris, Editions des Archives contemporaines, 1988. – STROUMSA G. G., « John Spencer and the Roots of Idolatry », *History of Religions*, 2001, 41, pp. 1-23.

クリスチアン・デコベール Christian DÉCOBERT

〔渡名喜庸哲訳〕

→ オリエンタリズム，宗教史，哲学と神学

魂／身体
ÂME / CORPS

「人格〔personne〕は魂と身体から作られている」という言表はキリスト教の強い影響を受けた西洋の伝統へと帰すべきものであって，人類の歴史にみられる多様な表象体系を考慮せずに一般的にそれが妥当するとすべきではないだろう．それを受けて，自民族中心主義を避けるために西洋との差異を明らかにする努力がなされ，数多くの人類学的研究によって多様な差異が存在することが実証されている．それらの研究の一部は，非西洋社会に魂と身体をほとんど区別しない非二元論的な考え方，ひいては魂と身体がいわば存在しないとする考え方があることを認めている．では，魂と身体は西洋による発明なのだろうか．

しかし，たとえば二元論的な西洋と一元論的なヒンドゥ教の世界を対置するなど，あまりにもはっきりと差異のみを主張することに不満を覚える者がますます多くなっている（Bouillier-Tarabout, 2002）．したがって，ここでは次の二つの問いかけを通じて，この問いをあらためて検討してみたい．

第一に，西洋的な考え方を本当に二元論に引き戻してよいのか，われわれは，西洋の考え方をやや性急に二元論のなかに閉じ込めてしまっているのではないか，という問いかけである．西洋的な考え方の多様性や，歴史的に変動を繰り返すその特徴についてより適切な説明を行うために，われわれは二元性〔dualité〕と二元論〔dualisme〕を区別することを提案する．これによって，古代教父や中世の神学者の時期に，（人格（ペルソンヌ）が魂と身体からなるという意味で）二元的〔duel〕であっても，二元論的〔dualiste〕ではない人格（ペルソンヌ）という考え方が，かたちを与えられ，力強く主張されたという事実を明らかにできる（キリスト教は，マニ教やカタリ派のような真の意味での二元論とは立場を異にしてきた．後者の二元論において身体は悪に委ねられ，完全に純粋な，肉体的なものから切り離された霊的なものにしか救済はありえないとされていた）．西洋世界が創設されるこの時期を，反二元論的な力学〔dynamique anti-dualiste〕によって特徴づけることさえできる．その力学は，魂と身体の関係をいっそうポジティブな仕方で把握するよう，また人格（ペルソンヌ）が心身の統一であることを強調するよう促すものである．

では，以上のことを踏まえて，非西洋的な考え方との比較をどのように再考すればよいのだろうか（ただし，西洋と，西洋に対する「すべての他者」という対置は避けるべきであり，むしろ逆に，後者の多様性を十分に考慮すべきなのは言うまでもない）．西洋が，一般に信じられているほど二元論的でないとすれば，「他者たち」も語られているほど一元論的ではないのではないか．かくまで断固と区別された特徴づけは，自民族中心主義を逃れようとする欲望がうまく統御できなかった結果であり，それが「他者たち」の信仰を西洋的伝統の対極へと追いやるよう仕向けたのではないのか．ただし，その際の西洋的伝統はあくまでも想定されたものであり，実は見誤られ，いわば戯画化されたものであったのではないか，というわけである．そうであれば，自民族中心主義のバイアスや，そこから逃れようとする努力がもたらしてしまうバイアスを乗り越えて，次の事実が認められるようになるかもしれない．すなわち，人格（ペルソンヌ）に関する（西洋的な，そして非西洋的な）表象は，きわめて多様でありながらも，身体的な部分と，われわれが〈魂的な存在〉〔entités animiques〕と呼ぶものとのあいだに，ある種の二元性を作り出すという共通点を持っている，という事実である．刷新された比較研究の目的は，この二元性が考えられる際のきわめて多様な仕方を説明することとなるだろう．

ここでは，魂と身体（あるいは魂的な存在と身体的な存在）に関係するものを別々に論じるのではなく，もっぱら注目されるべきは，人格（ペルソンヌ）を構成する両者の**関係**であるという視点に立つことにする．しかし，人格（ペルソンヌ）に関する考え方は，それだけ切り離して分析することはできないだろう．なぜならそれは，さまざまな表象の体系において最も重要な特徴の一つとなっており，表象体系がその一部をなす社会全体の論理と密接に絡み合っているからである．この確信は，社会学の起源に，そしてとりわけエミール・デュルケーム〔Émile Durkheim〕の著作に遡るものである．彼は，魂とは「各個人において具現するトーテム的な原理」であり，集団の永続性を可能にするものであると分析するが，より一般的には，そこに，個人のうちに集団性の非人称的な力を具現する「われわれ自身の内部で組織される社会」を見ている．他方で身体は，「個体化の要因」の役割を演じているとも言っている（Durkheim, 1912）．このような理解には，おそらく調整が必要であり，より複雑化されることが求められる．とりわけ，社会構造と関連づけられるべきなのは，おそらく関係性として捉えられた魂と身体であるということを示唆するために，それは必要になるだろう．しかしながら，人格（ペルソンヌ）に関する考え方と，社会を構造化する非人称的な絆に関する考え方とのあいだに存在する強力な干渉関係を見失ってはならない．

キリスト教的伝統における魂と身体の動的な二元性

キリスト教の考え方は見かけよりも複雑であり，なかには人格（ペルソンヌ）に関する三元的な表象もあった．聖パウロによる，「霊，魂，身体」（「テサロニケの信徒への手紙I」第5章第23節）がそれである．この表象は，身体（バサル basar）のほかに，ネフェシュ（nefesh）（神の息吹）と，ルアハ（rua'h）（神から伝えられる原理で不死の証となるもの）が区別されるユダヤ教の伝統に根付いていたが，他方では，プシュケー（psyche）とプネウマ（pneuma）というギリシア的な二元性も用いている．こうして，魂（アニマ anima，プシュケー）は，動物も持っている，身体に生を与える原理であり，霊（スピリトゥス spiritus，プネウマ）は，人間をして神に触れることを可能にするものだとされる．「霊的な人間」が「心的〔プシュケー的〕な人間」よりも上位にくるのはこのためである（「コリントの信徒への手紙1」第15章40–50節）．

このような三元的な人間観は，アウグスティヌス〔Aurelius Augustinus〕に継承され，12世紀まで西洋の神学にみられる．だが，13世紀のスコラ学者はこれを認めず，トマス・アクィナス〔Thomas Aquinas〕は，霊と魂は同一のものであるとはっきり述べている（アニマとスピリトゥスのあいだにあった緊張関係は，こうして魂という概念のうちで一括りにされ，魂は次の三つの能力を与えられる．その能力とは，植物と動物もそれぞれ持つ植物的な力と感覚的な力，人間に固有のものである理性の能力である）．全体としてみれば，三元的な人間観は少しずつ後退していき，一般的には二元的な人間観のうちに組み込まれることになる．そもそも，（二つの人間観のいずれも用いる著者もいるように）前者は後者とけっして相反するものではなかった．全体としてみれば，中世の教父学の時期の全体を通じて，人格（ペルソンヌ）に関する二元的な表象が支配的であり，その三元的な形態——そこにおいて魂と身体の二元論がより弱かったということでは必ずしもない——は，魂の二つの側面を，身体に生を与える力と人間を神に近づける理性の原理という仕方で，別々に考えていたにすぎない．

魂と身体の二元性は，キリスト教が発明したものであるどころか，すでに新プラトン主義の伝統を特徴づけていた．この新プラトン主義が，キリスト教神学に大きな影を落としていたのである（もっともプラトン自身は，『ティマイオス』で魂に三つのタイプを区別している．すなわち理性的な魂，気概的な魂，欲望的な魂であり，最初のものを除いては，不滅ではないとされていた）．魂と身体の二元性は，キリスト教において，魂（および身体）に関して著された数多くの概論を通じて，よりはっきりとしたものになっていく．それらの概論において，人格（ペルソンヌ）は，物質的で滅びる身体と，非物質的で滅びることのない魂の結合によってなるという主張が，ほとんど変わることなく繰り返されていた．テルトゥリアヌス〔Quintus Septimius Florens Tertullianus〕（2世紀）は，魂にある種の物質性を与え，中世初期の著者が少数ながらこれに続いたが，この考えはやがて却下されることになる．それに代わって，魂を霊的な実在，すなわち完全に非物体的で，しかしながら物体の（心的なイメージや夢のなかで知覚される）外観を与えられた実在であるとする，アウグスティヌス以来の考え方が優勢となっていく．個人の魂の起源はさらに微妙な問題であり，アウグスティヌスはこれを「解けない謎」としている．この問題は解決が見いだされないまま何世紀もの時が過ぎ，そのあいだ，世界創造の6日間にすべての魂が作られたのではないかとする理論が維持されていた．最終的には，子どもを懐胎した時に神がより個別的な仕方で魂の創造を行い，その魂がしかるべき成長の段階に達した胎児のなかに吹き込まれるという考えが支配的になる．

ここで重要なのは，魂と身体のあいだにどのような関係が築かれているかを明らかにすることである．身体は徹底して軽視され，身体から分離されることでしか魂が救済されないとする強い二元論的な考え方があり，パウロ文書に，そして古代末期と中世初期に影を落としている．それらの時代とは，キリスト教がローマ国家と断絶しているという見方が支配的な時代であり，ひとたびキリスト教的な社会が成立してからは，俗世から逃れることこそ理想であるとする，修道院が体現する考えが支配的であった時代であった．当時，数多くの聖職者が新プラトン主義的な伝統を継承し，人間を魂と同一視して身体を一時的で不必要な衣装，さらには魂の自由な飛躍を妨げる牢獄とみなしていた．しかしアウグスティヌスは，この地上にキリスト教社会を築くことがもたらす数々の含意を考察するなかでこの二元論を乗り越えるプロセスに着手し，最終的に，身体を魂の牢獄とする考えを退けるに至った．

12世紀から13世紀にかけて，キリスト教世界が教会の指導のもとで最も統一されていた時期に，神学者たちは魂と身体のポジティブな結合〔union positive〕をとりわけ強調した．それは，音楽におけるハーモニー（サン＝ヴィクトルのフーゴー〔Hugo a Sancto-Victore〕）や，深い友愛（ペトルス・ロンバルドゥス〔Petrus Lombardus〕），あるいは婚姻関係（ボナヴェントゥラ〔Bonaventura〕）に等しいものとされた．こうして，人間を定義するのは，魂でも身体でもなく，両者の結合による人格だということになる．この反二元論的な傾向は，12世紀の初めからとても活発であったが，トマス・アクィナスによって究極まで進められることになる．彼は，人格（ペルソンヌ）概念に，アリストテレスから取り入れた形相（エイドス）と質料（ヒューレー）の対概念を適用する．人間は，もはや二つの別々の実体が結合したものとは考えられない．魂は，身体から独立した，身体に付け加えられる存在ではなく，「身体の実体的な形相」であり，魂と身体は，いずれも相手が完全な存在となるための条件となる．こうしてトマスは，身体から分離した状態の魂を「自然に反する」ものと考え，初めて，魂は身体と結合することによってのみ完全なものとなり，神の十全な似姿を与えられると主張したのである．

事実，キリスト教の歴史においてきわめて重要な〈身体の復活〉に関する教義では，魂と身体の死後の分離は一時的なものとされ，終末において再び一つのものになることが約束されている．最初の数世紀のあいだ，神学者たちは復活した人びとに，年齢も性別もない天使の身体に似た，天上の身体を与えていた．しかしアウグスティヌスは，復活した身体に関して十全に物質的な考え方を中世に伝えている．それによると，復活した身体は，地上の身体と同じ肉体を持っており，四肢も完全なかたちで作り直され，（霊的な考え方が身体から取り除こうとしていた）生殖器や消化器官も具わっていた．選ばれし者が持つ栄光の身体を，避けて通れぬパウロの言葉（「コリントの信徒への手紙 1」第 15 章）に従って「霊的な身体」と形容することには，きわめて大きな逆説がある．というのも，復活を遂げた身体は，霊に変化するどころか，純然たる肉体の物質性を保持しているからである．だが**同時に**，その身体は，一般に魂のものである種々の性質（なかでも腐敗しないことや苦しみを感じないこと，縛られずに自由に動きまわれることなど）を獲得して，霊的なものにもなっている．これらの考え方は，キリストの受肉や贖罪の業において身体が果たす役割と呼応しており，（少なくともアウグスティヌスから 17 世紀に至る〈長い中世〉のあいだ）いかにキリスト教が人間の身体を顕揚していったかを明らかにしている．身体とは，創造主たる神のポジティブな作品であり，神の永遠の秩序に与るべきものなのである．ただし次の点は強調しておかなければならない．すなわち，選ばれし者の栄光の身体は，確かにすぐれて魂と身体のポジティブな結合を示すモデルではあるが，ある「支配の秩序」（Bonaventura）によって特徴づけられており，それによって身体は完全に魂の意志に従属しているという点である．それゆえ逆説的にも，栄光の身体は魂による支配のモデルであって，その霊的な支配こそが，復活における肉体の強調を正当化するのである．

魂と身体という二つの相対する原理のあいだにみられる，ポジティブにして階層的かつ動的な結合というモデルは，霊的な性格によって規定された聖職者が支配的な地位を占める世界において，社会的表象の強力な道具であった．そして，身体に対する魂の支配が一般の人びとに対する聖職者の優位を表す像であった一方で，人格（ペルソンヌ）という，魂と身体のポジティブな統一——その究極の実現が選ばれし者の栄光の身体である——は，キリスト教社会の統一性の像となっていた．その統一性へは，（とりわけ秘跡によって）身体的なものを霊的なものとすることを可能にする聖職者組織が導くわけである．

人格（ペルソンヌ）について，すなわち身体と魂の統一について語ること，それはまさに社会秩序について語ることであり，だからこそ魂と身体の二元性の強調は二元論とは同一視されえないことになる．人格（ペルソンヌ）や社会に関する考え方においていっそう際立った二元性を主張することは，むしろ，中世においていっそう顕著になった反二元論的な力学に資すると同時に，自身が管理しようとする物質的な現実と自らを基礎づける霊的な諸価値を結合させる必要に迫られていた教会制度の力にも資することになる．逆に，真の意味での二元論が勝ち誇るのはデカルトの登場とともにである．その二元論は，人格（ペルソンヌ）を〈思考する魂〉〔âme pensante〕と同一視しているが，その二元論は全盛時の教会の力よりも，むしろ近代科学の発展に結びついたものと考えられる．

人格に関する非西洋的な表象の多様性

非西洋的な考え方をみるにあたっては，はじめに，二種類の魂的な存在を認めるものと，それをさらに多様化させるものとを分けてみるのがよいと思われる．最初の考え方は，ユダヤ教や，キリスト教の，とりわけ三元的な形態から，それほど遠くないようにみえる．というのも，二つの魂的な存在のうち，一方が身体に生を与える生命的な原理に対応し，もう一方が人格（ペルソンヌ）や精神的な生を可能とするとされることが多いからである．

だが，魂的な存在の二つの形状は非常に異なっていることもある．たとえば，〔メラネシアの〕ニューブリテン島のマエンゲ族は，二つのカヌ（kanu），すなわち，内部にある魂と，外部の衣である魂とを区別しており，これは身体の二元的な表象（内側にある髄質と家となってそれを包む皮膚）に対応している．死に際しては，内部のカヌが魂の衣を脱ぎ去って祖先たちの共同体へと赴く．二つのカヌが分離されないとソアレ（soare）が形成されるが，これは現世に戻って生者を脅かす亡霊のようなものである（Panoff, in Godelier-Panoff, 1998）．この魂的存在の二元性は，身体を表象するさまざまな仕方や肉付きのよさを評価することに関連しているが，それに加え，死者が普通たどる運命と，普通でない死者の運命（亡霊）をはっきりと（実体的に）区別することも可能にしている．事実，人格（ペルソンヌ）をめぐる考え方や，魂的な存在と身体的な存在の関係にとって重要なのは，それぞれの社会が考える限りでの死者と生者の関係を説明できることである．その関係は，死者を生者の共同体から適度の距離に置くプロセスであると同時に，ときに生じる分離の失敗のプロセスでもある．

数多くの社会が，より多くの魂的存在があることを認めている．たとえばドゴン族は，それぞれの人間に対して，さまざまな起源を持つ多くの生命力のかけらと，八つの魂（キキヌ kikinu）を付与している．この八つの魂のあるものはとりわけ精神的な能力に，他のものはとりわけ身体的な機能に結びついている．他の西アフリカの民族においてと同様，個人とは，雑多な要素からなる一時的な寄せ集めの存在であり，一生を通じて不安定であるとされる．社会的には，それが，人格に次々と起こる変化や揺れ動きを説明すると受け入れられている（Augé, 1982）．メソアメリカ世界において，ナワ族はかつて三つの魂的存在を区別しており，それぞれ頭（トナリ tonalli），心臓（テヨリア teyolía），肝臓（イイヨトル ihíyotl）に結びつけていた．現在のマヤのツェルタル族における考え方は，さらに複雑なようである．そこでは，アベ・デル・コラソン（ave del corazón）が生命の力を与える．非物質的なチュレル（ch'ulel）は，その機能からキリスト教の魂に近く思えるが，二重構造をなしており，一部は心臓に生き，一部は山のなかで生きるという点は別である．そして最後に，その数が（1 から 13 まで）変化するラブ（lab）によって，それぞれの人格が構成される．このラブは，たいていは動物であるが，稲妻のような自然現象であったり，人に似た姿を持ったりすることもあり，やはり二重化され，一部は人格の外で活動するとされる（Pitarch, 1966）．これは，ネイティヴ・アメリカンの世界に広くみられる，ナワリズムの一例である（ナワル（nagual）は人格の動物的な分身を指すが，たいてい人格の外で活動している）．この人格の外にある部分は，外部のさまざまな力に強くさらされている．それは，病気や（チュレル，ラブ，あるいはナワルなどがさらされる危険からそれらを解放する）治療の技術を表象する際の文化的基盤となっている．もっと一般的にみれば，魂的な存在に関するさまざまな考え方は，いずれも人格的な特徴や，とりわけ対人関係の複雑さを説明する方法を構成している（この点について，とりわけメソアメリカにおけるさまざまな表象は，人間が自然世界，そしてさらに社会的環境に強く依存していることを表している．ラブの増殖は，周囲から影響を受ける可能性や，潜在的には有害でもありうる種々の力による脅威を増大させ，それらから身を守る必要を生じさせるのである）．

身体の物質性と魂的な存在の非物質性という区別は，西洋特有のものなのだろうか．魂的な存在が，キリスト教神学によって魂に与えられた非物質性から明らかに遠ざかることもあることを，数多くの例が示している．マエンゲ族は，カヌの持つ湿り気や粘性について語っており，カヌは，つるのようなもので捕らわれることもあるという（これは，ヨーロッパのキリスト教社会でよくみられた言説の類型とそう違ったものではない．たとえば14世紀の初め，〔ピレネー山脈に近い〕モンタイユー村の住人は，さまよえる魂にぶつかって倒してしまうおそれがあるため，腕を広げて歩くのは避けるべきだと伝えていた）．だが，多くの非西洋社会は魂的存在の非物質的な性質を強調しており，その存在に物質性を与える場合でも，それをつねに限られたものとしている（たとえばカヌは普通見えず触れられもしない）．要するに，魂的な存在は，ある種の物体性を与えられたり，とりわけ物質的な世界にじかに干渉する強力な力を与えられたりしても，その物質性の程度はきわめて弱く，物体とは区別されるのである．

さらに重要なのは，魂的な存在の起源およびその死後の運命に関する問いである．生命の力に対応する存在（ネフェシュ，アベ・デル・コラソン，衣としてのカヌなど）は，身体が消えるのと同時か，あるいはその後まもなく消えてしまうのに対して，永続性を持った魂的存在が少なくともつねに一つあり続ける．その存在は，キリスト教に（さらに程度差はあれ，死後の世界を道徳的な報いの場とする他の宗教に）みられる人格（ペルソンヌ）的性質を必ずしも有してはいない．このことは，多数の魂的存在を認める体系においてとりわけはっきりしており，なかでもネイティヴ・アメリカンの世界がそうである．そこにおいて，身体と魂的な存在を分離させる死は，真の意味で人格（ペルソンヌ）を解体するものとなり，死者に死後の生を保証する魂的な要素は，最善の場合でも，人格（ペルソンヌ）をほぼ喪失した存在の形態をかろうじて維持するのみとなる．これは，ほとんどの場合，魂的な存在が周期的な再利用のサイクルに巻き込まれるからである（転生や輪廻といった言葉は，誕生から死に至る単線状の時間を部分的に含み，個人がその宿命を歩み続けることを示唆する．それに対して，ここでの人格（ペルソンヌ）は，その人格（ペルソンヌ）がそのつどまとうさまざまな構成要素と同一の人格（ペルソンヌ）となるようみなされるということを強調しなければならない）．

このように，弔いの儀式の役目は，死によって解放された魂的な存在を祖先たちの世界に還るまで送っていくことであり，魂的な存在は，その世界から別の新たな存在に宿るべくこの世界へ戻ってくるとされる．アマゾンのアシュアル族では，ワカン（wakan）が完全に人格（ペルソンヌ）を失ったとき，つまり個別の存在として持っていた記憶から完全に解放されたときに，初めて生者たちのなかに送り返される（A. -C. Taylor, dans Godelier-Panoff, 1998）．魂的な存在のうちで最も重要なものは，一般に死者の世界にその起源を持っている．しかし，母親の胎内に入り込み，胎児の形成に寄与する祖先の霊は，必ずしも人格（ペルソンヌ）を失っているとは限らない（たとえばナワ族のテヨリアが，地上で犯した罪の報いを受ける死後の世界ミクトラン（Mictlán）

の滞在を終えるときはそうである）．また別の社会では，祖先の霊は，ある特別な系族（場合によって母系であったり父系であったりする）だけに与えられた場所からやってきたり，ひいては身元がはっきり特定された死者の生を生き続けたりするとされる．この点に関する極端な例がイヌイットであり，彼らにおいては，新生児に宿るべく戻ってくるのは，普通は最も近い時期の死者の霊であって，それゆえ子どもに与えられる名前やジェンダーのアイデンティティはその死者のものとなり，しばしば子どもの生理学的な性別と矛盾をきたすこともあるという（Saladin d'Anglure, 2006）．

中間的な別の例が中国社会にみられる．そこにおいて魂は，祖先を祀る祭壇の位牌に宿り，その位牌は5世代を経た後に壊され，魂の転生を可能にするとされる．だが，これらの問題の完全な分析のためには，単に魂的存在の起源だけでなく，身体的な構成要素，特に血や肉，骨などの起源まで考慮する必要があるだろう．これらの要素は，それぞれの社会において，異なった割合で，父親や母親，あるいは超自然的な存在に関係づけられている．たとえば，母系制の〔西アフリカの〕アシャンティ族では，母方の系族から受け取るのは血であり，身体に生を与える霊は父親とその系族に由来するとされる．極端な例は，オーストラリアのトーテム崇拝である．そこにおいて，父親と母親はトーテム的な存在を現実にもたらすことを媒介するにすぎず，いずれの親も子どもに自分の身体的な要素や魂的な要素を伝えることはない．これらの体系のすべてにおいて，人格（ペルソンヌ）に関する考え方，とりわけその多様な身体的および魂的な構成要素の起源に関する考え方は，何よりも親族構造と，（さらには多かれ少なかれ粗野な男性支配のありかたと）密接な相関関係にある．他の表象では逆に，人格（ペルソンヌ）は親族関係の表現であるという点を弱め，魂的な存在や，少なくともその存在のいくつかに，神的な起源を与えている．それは，ユダヤ教やキリスト教だけのことではない．すでに古代エジプトでは，あらゆる存在が持つ生命の息吹カー（ka）は，神の息吹の一部，あるいはむしろ，人の世に生きる神であるファラオの息吹の一部と考えられていた．インドネシアのケイ族によれば，胎児にマト＝インヤ（mat-inya）（七つの魂的な構成要素を統一する高次の原理であり，死に際してこれらの要素は分離してしまう）を吹き込むのは，太陽と月の神である．しかし祖先に由来する起源と神に由来する起源は，イヌイットにおけるように組み合わさっている場合もある．彼らにとって，生命の息吹と霊の魂は，出生のときに世界の支配者であるシラ（Sila）によって吹き込まれるのである．

比較研究の素描

人格（ペルソンヌ）に関する表象のすべてに共通する基盤を明らかにした上で，その主要な違いをさらにはっきりさせることは可能だろうか．少なくともごく最近までほぼ普遍的とされてきた最初の特徴として，身体的な部分と魂的な全体のあいだに，なんらかの二元性が存在することが挙げられる．前者は屍になることを運命づけられているが，後者の少なくとも一部は，身体のような可死性の運命を免れ，きわめて多様なかたちで，人格（ペルソンヌ）やその変化形態，思考や意志，夢や想像の体験，病気やトランス状態，主観や感情といったものに結びついている．これは，フィリップ・デスコラ〔Philippe Descola〕が内面性と身体性の二元性として特徴づけたものであり，さまざまな形態をとりながら，いたるところでみられるとされる（Descola, 2005）.

この二元性は，多かれ少なかれ弱められることもある．特に心的および感情的な生の機能を身体に分散させ，魂的な存在を身体の働きに絡ませたり，（実体的には身体そのものとは異なる）「一種の物体」を付与したりする信仰体系においてはそうである．もっとも，二元性が完全に消えてしまうことはけっしてない．この意味で，キリスト教に固有の特徴とは，魂と身体の二元性が存在することではなく，両者が徹底的に切り離されていることである（キリスト教以外の一神教がどのような選択をしたかについては即断を避け，別途比較を行う必要がある）．種々の魂的な機能がたった一つの存在のうちに集められ統合されていることこそ決定的であり，なぜならそれによって人格（ペルソンヌ）の非身体的部分がすべて不死性を獲得するからである．そこではさらに，身体と，完全に非物質的とされる魂とが最大限に隔てられる一方で，人格（ペルソンヌ）モデルが倫理によって支配されることにより，魂と身体の強力な序列化がもたらされる．

とはいえ，キリスト教の二元論と非西洋的な諸体系におけるホリスティックな未分化を対置すべきなのではなく，むしろ，いずれの人間観にも二元性があることを認めなければならない．非西洋的な社会はしばしばその二元性を弱める傾向があり，キリスト教はそれを強めているが，キリスト教もその二元性に二元論の形態を与えることはないからである（もっとも，二元論はマニ教やキリスト教の異端にはみられる選択であり，そこにおいて身体は救いようもなく罪に結びついた存在とみなされ，霊的なものと身体的なものがポジティブに結合するという考えは拒否されている）.

ほぼ普遍的な第二の特徴は，身体（および身体を生み出す親）だけでは人間を作るのには十分ではない，という考えである．「人格（ペルソンヌ）を作るには」，つねに「身体に外部から加わる何か」が必要となる（Godelier-Panoff, 1998）．この何かは，**人格の**外因的な部分〔part exogène de la personne〕と呼びうるものである（外因的とは身体を作り出す行為に対して外部にあるということである）．この外部からの介入は（〔ニューギニアの〕バルヤ族において息吹と知性の宿る場である鼻や顔を作る最後の仕上げは太陽が行うように）身体に関わることもあるが，人格（ペルソンヌ）の魂的な部分に結びついていることのほうが多く，その結びつきは全面的であったり部分的であったりする（部分的なのは，生命力に結びついた魂的な存在が，一般に生殖プロセスそのものの結果として作り出されるからである）．この外因的な部分は，人格（ペルソンヌ）を構成する絆の数々が最も明示的なかたちでみられる部分である．それらの絆の筆頭には親族関係があり，とりわけ魂の循環が想定され，祖先の霊が継続的に存在することになっている場合に当てはまる．しかし，これらの絆は，人格（ペルソンヌ）を自然的および社会的な環境への強い依存関係のもとに置くものでもある（とりわけナワリズムにおいてはそうである）．

これに対してキリスト教は，魂的な存在に神的起源を与える唯一の宗教ではないにせよ，その方向性を徹底し，人格（ペルソンヌ）の魂的な部分の全体を神の創造的行為に帰すばかりではなく，魂と神のあいだには似姿という関係があるとする．それゆえキリスト教の特徴は，人格（ペルソンヌ）の外因的な部分を宇宙と社会集団とに対する二重の相互関係が作用する場とするのではなく，それを神の超越性との絆，しかも排他的にして驚異的に強い絆の証とするところにある．キリスト教は，死後も人格（ペルソンヌ）の連続性が保たれるという点をおそらく諸宗教のなかで最も重視しているということも付け加えなければならない．キリスト教以前にも他の宗教が，魂の循環を放棄し，一部の魂的存在が最終的に滞在する場として死後の世界を考えていた．そのような死後の世界は，原始ユダヤ教のシェオールや古代ギリシアのハデスのように，当初は道徳的に中立で，人格（ペルソンヌ）の連続性もわずかしか認めていなかった．しかし，それは徐々に道徳的性格を強めていく．

だが，その傾向を極端に推し進めたのがキリスト教であった．先に述べた脆弱な人間観とは反対に，魂的ないくつもの機能が唯一にして不死の魂において結びつけられたことは，魂が強く人格（ペルソンヌ）化された性質を獲得するのに貢献する．そしてその性質は，罰や報奨に値する行為を現世で働いた存在が，死後に報いを受けるためにも必要となるのである．しかし何よりも，キリスト教は身体の復活を考える唯一の信仰体系であった．その信仰によって，人格（ペルソンヌ）全体を，すなわち魂も身体も，道徳的な彼岸を目指すという展望のもとに置いたのである．事実，キリスト教的な人格（ペルソンヌ）の観念は，あの世がこの世に作用する仕方や，個人の救済が究極的な価値という地位を獲得したことと密接に結びついている．それは，個々の生を，さらにはキリスト教社会の秩序を規制するとされていた．おそらくこれこそ，西洋個人主義の前史に関与する要素の一つであり，キリスト教社会が，他の伝統社会にのしかかる親族関係といった要因から，身を引き離すことを可能にした原動力の一つなのかもしれない．

最後に，手短に次のことを述べておきたい．現代社会に特有の合理主義的な考え方において姿を消したのは，内面性と身体性の二元性であるよりも，もしかすると人格（ペルソンヌ）の外因的な部分という観念かもしれないという点である――これは，当の二元性の意味を根本から変えてしまう消失である．もっとも，生命倫理に関する法律にみられる，人格（ペルソンヌ）を単に身体に還元する傾向は，やはり厳しい批判を受けるべきである．なぜなら，たとえ人格（ペルソンヌ）の外因的な部分がもはや共通に認知されていないにせよ，人格（ペルソンヌ）の関係的な部分について考えなければならないという点は残るからである．それこそが，人間を社会的な存在とし，物質的な身体のみに基づくのではない存在としている，というのがその理由である．

参考文献　AUGÉ M., *Génie du paganisme*, Paris, Gallimard, 1982. – BASCHET J., « Âme et corps dans l'Occident médiéval : une dualité dynamique, entre pluralité et dualisme », *Archives de sciences sociales des religions*, 2000, 112, pp. 5–30. – *La Civilisation féodale. De l'an mil à la colonisation de l'Amérique*, 3e éd., Paris, Champs-Flammarion, 2006. – BOUILLIER V. et TARABOUT G.,（éds.）, *Images du corps dans le monde hindou*, Paris, CNRS, 2002. – BROWN P., *Le Renoncement à la chair. Virginité, célibat et continence dans le christianisme primitif*（1988）, traduction fr., Paris, Gallimard, 1995. – BYNUM C. W., *The Resurrection of the Body in Western Christianity, 200–1336*, New York, Columbia Univ. Press, 1995. – DESCOLA Ph., *Par-delà nature et culture*, Paris, Gallimard, 2005. – DURKHEIM É., *Les Formes élémentaires de la vie religieuse*, Paris, Alcan, 1912.（エミール・デュルケーム『宗教生活の基本形態――オーストラリアにおけるトーテム体系』上・下，山崎亮訳，ちくま学芸文庫，2014年）– GODELIER M., *Métamorphoses de la parenté*, Paris, Fayard, 2004. – GODELIER M. et PANOFF M.（éds.）, *La production du corps. Approches anthropologiques et historiques*, Paris, Archives contemporaines, 1998. – LEENHARDT M., *Do kamo. La personne et le mythe dans le monde mélanésien*, Paris, Gallimard, 1947.（モーリス・レーナルト『ド・カモ――メラネシア世界の人格と神話』坂井信三訳，せりか書房，1990年）– LÓPEZ A. A., *Cuerpo humano e ideología. Las concepciones de los antiguos nahuas*, 3e éd., México, UNAM, 1989. – PITARCH R. P., *Ch'ulel : una etnografía de las almas tzeltales*, Mexico, FCE, 1996. – SALADIN D'ANGLURE B., *Être et renaître Inuit. Homme, femme ou chamane*, Paris, Gallimard, 2006.

ジェローム・バシェ Jérôme BASCHET

〔八幡恵一訳〕

→ 死，葬式（の実践）

ディアスポラ
DIASPORA

ディアスポラ〔diaspora〕という語はギリシア語に由来するが（「撒き散らす」を意味するギリシア語の動詞「スピーロー」(spiro) が語源だが，この語自体はアレクサンドリアのユダヤ教から借用されたものである)，その原型はあくまでユダヤ人の離散である．というのも，このモデルは，ディアスポラの理念型と現実の姿の合致を究極まで推し進めたものだからである．

「ディアスポラ」という語は，単数形では一つの概念，分析道具を表す．複数形では，集団であると同時に，分散と交流の多極的な空間ネットワークであるような諸々の具体的存在（アルメニア人のディアスポラや中国人のディアスポラといった）を意味する．

ディアスポラの構成要素として社会学者たちはさまざまなものを提示しているが，そのなかでも不変の要素として，優先的に以下の諸点を書き留めておこう．(1)「他所から来た」とか「自分を他所者と考える」というような，ここにはない「他所」という形象．(2) 参照軸となる「他所」への関係の恒久性．この関係が意味を保持し，さまざまな表象，実践，制度（組合，儀礼，巡礼，旅行，交流，ロビー活動など）に刻み込まれることで，潜在的にこの土地の外に属しているという感情が保持され（Ma Mung, 2000)，普遍と特殊を結合する象徴的な「他所」を呼び出すことが正当化される（Saint-Blancat, 2002, p. 140)．(3) 移住先の国で集合体を形成するが（集団，共同体)，個々人は（回心や異族婚，同化によって）この強制的な枠組から出て，ディアスポラのネットワークをなすさまざまな極や網目を行き来することができる．それによって，共同体の輪郭線がかき乱され，ずらされることになる．(4) 移住先の国におけるマイノリティ（民族的，宗教的，国民的）としての地位．(5) 集合的記憶の動員．それによって，(記憶への同一化，参与，忠実を通して）現在における自らの姿を思い描き，さまざまな集団的企図（参照軸となる国への帰還，その国への援助，軍事上の後方基地化，アイデンティティや帰属の項の再構成）をめぐり未来へと自らを投射できる．ディアスポラ的存在は，それぞれが自らの亡命と離散の起源についてある程度再創出され聖化された記憶を持ち（エルサレムの神殿破壊，ギリシア人や中国人の交易のための移住，アルメニア人の虐殺），それによって自らを正当化するのである．実際，ディアスポラが現出するためには，その前提として，関与する者たちが，民族的・国家的な起源の多数性（イスラームのウンマ，ユダヤ民族，中国人のディアスポラ）を超え，現地に溶け込むための戦略の多様性を超える集団的アイデンティティを手に入れていなければならない．そうした超越は，ひとえに記憶を動員することによってなし遂げられるのである．

ディアスポラという状況は，安定し完成した状態というよりも，むしろ動的過程として規定されるものである．そこでは伝統的な時間や空間の枠組が打ち砕かれ，それによって，ディアスポラに関与する者たちには，時間や空間に対する自らの関係を構築する機会が与えられる．それゆえ，本質主義的で凝固した，無時間的なすべての見方を避け，ディアスポラのさまざまな形象，その絶えざる再構成，時代や世代からの影響をよりよく考慮するためには，以上の不変要素に次のような可変要素を結びつけねばならない．(1) ディアスポラの成立のもともとの動機――カタストロフ，生き残りへの賭け，よりよい生活の追求，植民地化や脱植民地化の影響，職業上の判断（経済上の好機）．(2) 古さの度合い――古代のディアスポラ（ギリシア人，ユダヤ人），歴史的なディアスポラ（中国人，アメリカ人，アイルランド人，イタリア人），近年のディアスポラ（トルコ人，クルド人，セネガル人，パレスチナ人，ヴェトナム人，イラン人等）．(3)「帰還」という観念が当てはまるか当てはまらないかということ．この観念は神話やフィクションとして保持され，状況が許せば現実化することもありうる．つまり，亡命や帰還というテーマは，政治的，イデオロギー的，宗教的な目的のための道具となることがあり，帰還の具体的な可能性は肯定的にも否定的にも展開しうるのである．ディアスポラは（もはや）運命とはなりえず，一つの選択となりうることを無視してはならない．その担い手たちは，個々人として自己決定の自由を保持しているのである．

社会科学がディアスポラの概念を取り込みその適用範囲を拡大したのは，かなり最近のことである．それゆえ，今日この概念に見いだされる多義性は，「常識」による伝統的な用法とははっきり断絶している．実際，この概念を認識の対象として捉えるにせよ，操作概念として用いるにせよ，1970 年代以降に発表された諸研究は，多様な接近法と定義を提供することによって，ディアスポラという事象の複合的で多次元的な性格を確証している．とはいえ，それらの研究のほぼすべてが，ディアスポラの経済的な面（金融の流れ，民族における交易），政治的な面（国家的・地政学的文脈），社会文化的な面（家族の絆，言語や服装，食事に関わる実践，内婚／外婚）に加えて，宗教的なものの役割を強調している．

だが，宗教的なものの範囲は時代や文化によって大きく異なっており，それを確定することは難しい．正統派ユダヤ教徒の全生活を包括する宗教から改革派ユダヤ教徒の内面の信仰を重視する宗教まで，また，中国人の食堂の供え物を置いた祭壇からアラブ人イスラーム教徒のイスラーム主義者たちによるアイデンティティ要求まで，宗教的なものにはさまざまなものがあるのである．

ディアスポラでの社会的絆の構築における宗教的なもの

長期にわたってディアスポラの状況にある人びとは，国家を超えたネットワークの只中で調整を行い，自らの文化的アイデンティティをさまざまな国家の文脈に適合させる術を学んできた．彼らがそこまでたどり着いたのは，一方で自らのアイデンティティや社会形成，共同体の再生の共通の核となるものを保つことによってであった．その共通の核は，教区や寺院，シナゴーグやグルドワラ（シク教寺院）をしばしば起点としていた．それらは礼拝の場であると同時に，ディアスポラにおける連帯のための共同空間であり，共同生活の基底核をなすものであった．

宗教的なものは多様な役割を担っている．宗教的なものによって，同じディアスポラの成員たちは，移住先の社会のそれとは異なる系統関係のなかに刻み込まれる．個々人が自らの象徴体系へとどんな仕方で参与するにせよ（信者か非信者か，文化的に参照するか規範的に参照するか），彼らの過去に意味を与え，現在と未来を実存的に活用する仕方を提示するのは，伝統的な実践や儀礼において共有される経験である．こうして，ディアスポラの個々のケースにおける世俗化の度合いがどのようなものであれ，ギリシア人はギリシア正教の教会で，ヒンドゥ教徒はヒンドゥの寺院で人生の節目（誕生，成人，結婚，死）の儀式を執り行う．また，イスラームにおいて，死者の体を父祖の土地に送還したり，最近ではヨーロッパの墓地のムスリムの墓での葬儀を采配したりするのはモスクの役割である．特に食事に関わる実践は，遵守すべき規則からアイデンティティの根拠への移行が経験される実験室のようなものとなる．こうして，ラマダンの終了や過越祭の際の食事は，今では必ずしも日常におけるハラール〔イスラームの規律に従った食事〕やカシェル〔ユダヤ教の規律に従った食事〕の遵守とは一致しなくなっているのである．

同一のディアスポラ的実体のなかで，宗教的なものは，連続してなされる移民の諸層を結びつけ，地理的，民族的，言語的，社会的に多様な起源を持つ成員たちを結びつける．そうして，マイノリティの経験（ユダヤ人やアルメニア人）や，排除や差別の経験（ディアスポラ状態のイスラーム，ディアスポラの黒人たち）に関係するアイデンティティの取り戻しは，宗教的なものから「生き残るためのノウハウ」(Cliford, 1994) を得るのである.

宗教的なものは，ディアスポラにおいても結ばれ存続する共同性の絆の中心に位置するだけではない．しばしばそれは，都市の公共空間においても，可視性と差異化の要素となる．アメリカやヨーロッパの大都市では，ミナレット〔イスラーム寺院の塔〕が福音派の教会と隣りあい，シク教のグルドワラが仏教の寺院と共存しているのである.

ディアスポラの宗教の領野には固有の地図があり，それは数々の聖地と神話的な場所（エルサレム，パンジャブ〔のアムリトサル〕の黄金寺院，アルメニアの聖なる都エチミアジン）を含む起源の土地に関わる．だが，宗教の領野は，土地と時間を超えて内なる霊性を照らす参照軸にもなり，さまざまな象徴や行動（シク教徒のターバン，イスラーム教徒のヴェール，集団での断食の実践）を通して公共空間のなかではっきりと表現される．加えて，ある人びとにとっては，宗教的なものの経験とは何よりもまずトーラーやクルアーンといったテクストへの関わりであり，そういったテクストは，真の意味で「携帯できる祖国」という役割を果たしている．宗教は他性を象徴するが，この領土なき「他所」は，記憶を結晶させる場であると同時に未来の地平でもあり，宗教的であれ世俗的であれ，とにかくユートピアの触媒となる．それは霊性のヴァーチャル空間としてみなが共有するものである．この空間は，イスラーム教徒にとっては行動の倫理であり，ユダヤ教徒にとってはメシア的な期待であり，ディアスポラの黒人たちのペンテコステ派にとっては異議申し立てとユートピアの場である.

どんなディアスポラでも自律と批判的な距離化を特性としているが，個々のディアスポラがそれだけで全体的な社会的アクターであろうとし，宗教的なものに対してそれぞれ異なる独自な関わりを持つことに驚くべきではあるまい．状況のこうした多様性は，(1) 離散の歴史と古さ，(2) アイデンティティの構造化の歴史，(3) 時間（宗教暦）と空間への関係の多様な扱い，という三つの変数から説明できる.

たとえばギリシア人のディアスポラのように，地理的に極度に散らばり（10もの国家に500万人のギリシア人が移住)，また離散先に下位集団（アメリカ系ギリシア人，オーストラリア系ギリシア人，ポーランド系ギリシア人）が出てきたために，〔宗教的〕中央集中モデルをとった場合もある．ギリシア正教会は大主教区によって構造化されており，大主教区は一般に（コンスタンティノープル）総主教に帰属している．このヒエラルキーが，典礼や言葉，学校を通してアイデンティティの統一を保たせる．だが，ギリシア正教会は，離散先の成員の現地でのアカルチュレーション〔文化触変〕〔acculturation〕を考慮に入れ，彼らの独立戦略へも適応する術を知っていた．アメリカとオーストラリアという二つの大主教区に階層構造を認めて，ニューヨークの大主教が「ディアスポラにあるギリシア民族の真の地方長官としてアメリカとギリシアの両政府に対峙」することを許し，自前の神学校を作ることを認めている．また（より最近では），ヨーロッパの離散ギリシア人の自律した諸々の主教区が中央集権構造から外れることも許しているのである（Bruneau, 2000, pp. 44–46）．

アルメニア教会もまた，さまざまな儀礼を通して記憶のエートスと運命をともにする集団であるという意識を永続させる一方で，地理的な散らばりを主教区の構造を通して統合することによって，ギリシア正教会と同様に連邦的な役割を果たしてきた．アッシリア教会の典礼は，今日でもなお，世界中に散らばった東方キリスト教徒たちを結びつけている．

アメリカのディアスポラの黒人たちの場合は，宗教的な帰属の多様性とシンクレティズムにおいて〔ギリシア人やアルメニア人とは〕まったく異なっている．このディアスポラは，共同体の不変の伝統や集団のアイデンティティ保持を象徴する確立された礼拝場所もなく，中心を持たないので，宗教的領野の流動性が際立つ．奴隷制の拘束への応答として，宗教は抵抗と異議申し立てと霊性の探求の両方にとって特権的な場として現れる．そして，社会的な絆を押しつけずに人を動かす，恐るべき凝集力の源として現れる．アンティル諸島の同系統の宗教のなかには，宗教的なものがさまざまなかたちをとって関わってくるような黒人教会もある．そこでは，再生派の礼拝が，反体制プロテンタンティズムの聖霊や千年王国到来の約束と問題なく共存している．だからこそ，黒人のディアスポラのなかではペンテコステ派が大成功を収めているのである（ジャマイカの人口の 22% を占める）．黒人のディアスポラは，個人主義への尊敬と集合的絆への要求を結びつけ，宗教的なものの制度化を拒み，それをたえず再構成し直すようにしているのである（Chivallon, 2004, pp. 194–197）．

三つ目の例がありうるとすれば，元来の宗教的混淆を統制することが必要になるようなディアスポラの形態であろう．インド亜大陸出身のシク教徒，イスラーム教徒，ジャイナ教徒，キリスト教徒を除いて，今日ではおよそ 5000 万人のヒンドゥ教徒がインドの外で暮らしている．ヒンドゥ教の特徴はその異種混淆性にある．出身地域（グジャラート，スリランカ），民族や言語の別，カースト階層，帰依する霊的教師や宗派活動も多種多様である．

こうした異種混淆性に面して，合理化によってすべてのヒンドゥ教徒がそこに自らを認めうるような信仰と実践の総体を作り上げていこうという傾向があった．この点で典型的な例となるのは，トリニダード島のディアスポラである．そこでは，島のすべての〔ヒンドゥ教〕寺院（マンディア）を統合できるような「正統」ヒンドゥ教が構築されている．こうしたプロセスは，宗教と文化の分離，民衆的な宗教性，家の儀式，「公の」儀式のあいだの分離をもたらし，一種の「エキュメニカルなヒンドゥ教」の出現を促した．すなわち，他のさまざまなかたちの忠誠を超えてバクティ〔信愛〕の教理を核に構成され，個々人が神へと通じあらゆるかたちで神を崇敬するようなヒンドゥ教である（Vertovec, 2000, p. 27).

こうした事態の進展によって，二つの逆説的な結果が引き起こされた．すなわち，宗教的なものが民族的なアイデンティティと同一化させられたが，それと同時に共同体の世俗化が加速したのである．共同体は，現に行う実践を通してよりも，むしろ「選ばれた民族」として自らを認知するようになった（Baumann, 1995).

よく知られているように，ディアスポラは「数々の緊張と絶えざる再調整の場」（Saint-Bancat, 1997, p. 13）である．葛藤は宗教的次元に関わらないわけにはいかず，そこで生じる再調整の作業が映し出すのは，ディアスポラの宗教的次元とは元の宗教的伝統に対する問いかけの場であると同時にアイデンティティをめぐる交渉の場でもあり，そこで聖なるものは社会的文脈に応じて領有し直されるという事実である．それゆえ，同じ共同体のなかでも，正統主義を極限まで推し進める堅物の信者たちと，その宗教実践や生活様式を通して〔伝統への〕批判的隔たりを明示する集団とが同居することになる．こうして，一方では漸進的な世俗化，他方では新たな解釈学的反省という二つの傾向が観察されるのである．

ディアスポラにおける宗教的なものの再構成

ここでは，ディアスポラにおける宗教的なものの再構成について，三つの面を書き留めておきたい．すなわち，伝承の過程での世代間・ジェンダー間の緊張，宗教と政治の結びつきの多様さと複雑さ，そして宗教的なものが国を超えるのにともない現れる新たなかたちの合法的権威の三つである．

ディアスポラの地で少数派の状態にあると，移住先の社会との接触によって，意味や行為の諸規則の競合状況にさらされる．それにもかかわらず，あるいはそうであるがゆえに，こうした状態は，長らく家族においても共同体においても，有効な宗教的社会化を保持することを可能にしてきたし，またそれを正当化してきた．イスラーム教徒やヒンドゥ教徒，ユダヤ教徒やシク教徒の若者はみな，儀式に参加するのが当然だとされてきた．儀式によって個人は集団に結びつけられ，大人数の集まりで象徴的なメッセージの重要さを繰り返し確認できたのである．このように宗教の土台となるものが受け継がれることによって，宗教を受け取り直す力も保証されるのだが，個々のディアスポラの内部で世俗化が進む度合いに従って，今日ではそうした伝承は弱体化している．

ディアスポラの状態で生まれた世代の者たちは，寺院や教会，モスクに寄りつかないようになってきた．そうした場所では，宗教がもたらすものはもはや彼らの期待とは一致しなくなっている．イスラーム教徒やヒンドゥ教徒の場合は，こうした動きが進んできたのは比較的最近だが，ユダヤ教徒のあいだではずっと以前から始まっていたことである．共同体の伝統と宗教の命法との関係が曖昧で，さらに移住先の社会の規範との隔たりも大きくなってきたこと，若い世代が宗教への情熱を失ってきた理由は大体そこから説明できる．異議申し立てを受けるのは，集団の境界を守ってきた性的禁止や「時代の風」と明らかに矛盾するような内輪の道徳，つまりは族長的な権威モデル，異族婚の禁止（ディアスポラの状況では混合婚が当たり前になる），強制された結婚，処女性等である．

神学的・規範的な文書は，長いあいだ基本的には男性の管理下にあり，女性はそれに触れる機会を奪われていたのだが，少数の活動的な女性たちが，この分野でも有能であることを証明しはじめている．彼女らは宗教的な責任を引き受け，公の場に姿を見せ出している．彼女らが目立とうとするのは，宗教の内部に対して正当であるだけではない．彼女らが積極的に姿を現すことによって，伝達される内容にも，社会や家族における女性の役割の変容という点でもさまざまな影響があるだろう．彼女らもそうしたことを意識している．こうした（再）自己化のプロセスは，二重の文化資本を活用できる女性たちだけに可能なことである（Sakaranaho, 2003, p. 72）すなわち，本格的な神学の知識に加えて，法学や哲学，心理学や教育学といった分野で大学教育を受け，そうした分野の思考方法を活用できる女性ということである．

ディアスポラの状況で生まれた世代は，対照的な宗教的布置を好む者に分かれる．ある者たちは，さまざまな妥協を受け入れて，自分たちの宗教的伝統と移住国の社会的・政治的生とを融和させようとする．アメリカ人やヨーロッパ人として生きる若者たちは，宗教－移民－マイノリティ－外国出身という連関から解放されたいと願う．そのため，親から引き継いだ宗教的記憶の人種的次元を避け，この記憶の普遍的な内実の方に与しようとする．彼らは他の市民たちとともに，社会的・政治的な闘争，アルテルモンディアリスム〔altermondialisme〕〔反グローバリズム：グローバル世界とは別の世界を求める運動〕，差別や環境危機との闘いへと身を投じる．彼らは共有できる社会的プロジェクトを探究し，宗教・人種・民族のレッテルに閉じ込められることを拒む．中国のプロテスタント教会でも，ヨーロッパのモスクでも，アメリカのヒンドゥ寺院でも，人種や民族を超えることを使命とする礼拝場所を特に重視する若者たちが多い．そういった場所では，使用する言語は生活の場によって自由に選べるのである．

反対に，別の傾向の宗教的闘争主義は，教派や民族に閉じこもるかたちをとる．これには，宗教的な保守主義による場合もあれば，実在または虚構の「他所」を起源や参照軸とし，この大義に同一化するという場合もある（イスラームの若者にとってのパレスチナ，ユダヤ人にとってのイスラエル，ヒンドゥ教徒にとってのヒンドゥ国家）．最後に，ラディカルなマイノリティは，まったく領地を持たないユートピア的な宗教共同体と同一化するに至る．この例に当たるのが，イスラームのネオ・ファンダメンタリズム〔伝統的な宗教教育に依らず，それゆえ現実の宗教共同体を越えて展開する原理主義的なイスラーム運動〕における想像上のウンマ〔イスラーム共同体〕である．

こうした相矛盾する態度は，ディアスポラの状況での宗教的権威の形成と位置づけがどれほど重要かを示している．ラビのユダヤ教はディアスポラで生まれたものであり，ディアスポラは解釈学的創造性と新たな宗教的リーダーを生み出す坩堝であったことは事実だが，すべてのディアスポラにおいてそうであったわけではない．実際，ディアスポラによっては，もといた土地，あるいは参照軸とした土地の神学的学派の支配から抜け出すこと，もといた国家の統制，なかでも宗教的なものを介した制度による統制から抜け出すことが若干難しいような場合もある（アルジェリア人，モロッコ人，セネガル人のヨーロッパへのディアスポラ）．反対に，モロッコやモーリタニアで育った権威的人物のなかにも，ハムザ・ユスフ〔Hamza Yusuf〕のように革新的な神学的反省に着手し，宗教教育を刷新したような者もいる．

霊的な問いかけと宗教的規範の問い直しに直面したとき，宗教指導者のなかには，正統的な実践を中軸とした「宗教的共同体」の結集を目標に定める者も出てくる．つまり，公的空間に目に見えるかたちで現れ，私事化，世俗化した文化としての宗教への誘惑から遠く離れた共同体である．また，解釈学的な反省と宗教的探求を優先するほうを好む指導者もいる．彼らが確保しようとする伝承は，法的で聖書的な知よりも神認識を中心にして連関づけられたものである．こうした雰囲気は，福音派，ヒンドゥ教，スーフィズムの数多くの共同体で共通している．

宗教が与えるものの多様さが魅力的な要素であるのは明らかだし，事実，多様性は革新を促すものである．だが，それによって問題が複雑になるし，そこには危険がともなわないわけではない．というのも，徹底化は逸脱の可能性をはらむが，数々の行き過ぎを抑えうる統制の審級は存在しないからである．ドグマを神聖化したり，聖典の字義性へ逃げ込んで正統主義の激化と社会からの分離とが共振するようになったりすると（イスラーム，ユダヤ教），こうしたネオ・ファンダメンタリズムは政治と区別がつかなくなってしまうことが多い．

ディアスポラの新たな宗教組織者たちは，地元で教育を受け，巡回し活動を行うこともあれば，国を越えて活動することもある．彼らは真の意味でグローバリズムの担い手である．無名であれカリスマ的であれ，彼らの多くは宗教的な知とマネージメントの力を兼ね備えている．彼らのなかには，ディアスポラの共同体の唯一の代表者を自称する者もいるが，共同体のほうは彼らが正統性を独占することに同意するのを嫌がり，別の権威者へと赴くことも辞さない．

この点に関しては，新たなコミュニケーション技術によって，宗教的なものの国を越えた行き来にますます拍車がかかっている．金曜日のフトバ〔イスラームでの金曜の説教〕の衛星放送が成功し，基本聖典，法学論争，現代の主たる宗教指導者たちの教義論争を録音したカセットや CD-ROM が出回っていることは，その明白な例である．インターネットは，霊性や規範が国を超えて対峙しあう宗教フォーラムと化している．ディアスポラの状況で生まれた独学の知識人やテレビ説教師たちは，伝統的な宗教的権威が独占権を失ったことを認め，信仰の個人化とディアスポラの国境を越えた可動性により適したかたちで，宗教がもたらすものを多様化しようとしている．そうして登場するのは，さまざまなかたちの折衷主義（マレーシアの中国人が伝統的な卜占をするとき，献げ物の豚がないので，現地の儀礼の一部を取り入れるような場合を指す）だけではない．ディアスポラの中国人の若い世代には，祖先崇拝が徐々に福音主義教会への熱狂的な加入に取って代わられたり，それによって補完されたりする場合もあるのである．

ディアスポラにおいては，宗教的なものへの関わりはなおアイデンティティをめぐる交渉の場であり，象徴的な境界線が再構築される霊的かつ社会的・政治的な領域である．宗教的なものに適合し直すために，教義が再解釈されることもあれば，儀礼の実践，家族的なふるまい，宗教のさまざまな伝達様式が投入されることもある．しかし，ヒンドゥ教徒であれ，シク教徒であれ，ユダヤ教徒あるいはイスラーム教徒であれ，ディアスポラの状態にある者たちは，個々人が移住先の社会に入り込むためにどんな戦略をとるにせよ，宗教的なものとどんな関係を結ぶにせよ，外部から宗教的かつ／または共同体的な刻印を押されずにすむことは稀である．実際には彼らが同質的な文化的・宗教的共同体を形成していることはほとんどないのだが，それでもこの点に変わりはない．移住先の社会との相互作用が変化するにつれて，ディアスポラは，外部からの過剰な境界づけと共同体主義の拒絶とを交互に繰り返すようになる．まさしくそのような仕方で，ディアスポラにおける宗教的なものは，同一化の論理と内包のメカニズムを問題化しつつ，現在進行する宗教的多元性の再構成の実験場として社会学者たちの目の前に現れるのである．

参考文献　ANTEBY-YEMINI L., BERTHOMIÈRE W. et SHEFFER G., (éd.), *Les Diasporas. 2000 ans d'Histoire, Rennes*, Presses Universitaires de Rennes, 2005. – AZRIA R., « France-Etats-Unis, "terres promises" des Juifs? Essai comparatif », *Archives de sciences sociales des religions*, 1993, 84, pp. 201-222 ; « Identités juives et diaspora. La paradigme diasporatique à l'épreuve de la modernité », in C. Miething (éd.), *Politik und Religion in Judentum*, Tubingen, Max Niemeyer, 1999, pp. 161-172. – BAUMANN M., « Conceptualizing diaspora : the preservation of religious identity in foreign parts, exemplifeid by Hindu communities outside India », *Temenos*, 31, 1995, pp. 19-35 ; « Diaspora : Genealogies of semantics and transcultural comparison », *NUMEN*, vol. 47, 2000, pp. 313-337. – BRUNEAU M. « Hellénisme et Diaspora Grecque. De la Méditerranée orientale à la dimension mondiale », *CEMOTI*, 30, 2000, pp. 33-56. – CHIVALLION C., *La Diaspora noire des Amériques*, Paris, CNRS Editions, 2004. – CLIFFORD J. « Diasporas », *Cultural Anthrolopology* 9 (3), 1994, pp. 302-338. – DUFOIX S., *Les Diasporas*, Paris, PUF « Que sais-je ? », 2003. – MA MUNG E., *La Diaspora chinoise. Généalogie d'une migration*, Paris, Géophrys, 2000. – SAINT-BLANCAT C., *L' Islam de la diaspora*, Paris, Bayard, 1997 ; « Islam in Diaspora : Between Reterritorialization and Extraterritoriality », *International Journal of Urban and Regional Research*, 26, 1, 2002, pp. 138-151. – SAKARANAHO T., « Les rhétoriques de la continuité : les femmes, l'islam et l'héritage catholique en Irlande », *Social Compass*, 50, 2003, pp. 71-84. – VERTOVEC S., *The Hindu Diaspora. Comparative Patterns*, London, Routledge, 2000.

レジーヌ・アズリア Régine Azuria,
シャンタル・サン＝ブランカ Chantal Saint-Blancat
〔杉村靖彦訳〕

→ 記憶と伝達，共同体主義，宗教的マイノリティ，宗教の民族化・人種化，世界化／グローバル化／トランスナショナル化，世俗化，若者の宗教的な社会化

哲学と神学
PHILOSPHIE ET THÉOLOGIE

古代と中世

古代と中世における「哲学」と「神学」の意味を理解するためには，まず，哲学とは理性のことであり，神学とは信仰のことだとみなすような先入観を退けねばならない．また，神学のうちに宗教事象への特権的な関係を見いだそうとすることさ

えもやめるべきである．哲学は長らく全体的な知であることを自認してきた．そして，日常の経験を超えた諸実在への通路を開き，魂の不死や人間の自由といった宗教的信心の対象ともなる事柄を思索することを自らの営みとしてきた．神学に関しては，キリスト教の使徒信条やイスラームのシャハーダ（shahāda）のような短い信仰告白からユダヤ教における613個のミツヴァー（mitzwāh）の長いリストに至るまで，信心を確立し正当化する営みにはさまざまなものがあるが，神学をそうした営みだけに限定するならば誤解を招くだろう．実際には，哲学と神学を古典的な意味で解するならば，両者のあいだには一つの共通点がある．すなわち，「経験的に解決できないような問いを立てることこそが神学と哲学の特権である」（カール・レーヴィット〔Karl Löwith〕）ということである．

知恵としての宗教

哲学とはギリシアの術語であるが，哲学が指し示す理想はそうではない．つまり，〔哲学という術語の原義である〕知恵（sophia）への愛と言うときの知恵は，もう一つのしぶとい西洋的先入観に反して，ギリシア的理性の専有物ではないのである．ユダヤ教のトーラーは，「諸国民の目にするわれわれの知恵」（ホフマー ḥokhmah）（「申命記」第4章第6節）と形容される．また，ラビの元祖に当たる権威者たちは，ギリシアの詩人や哲学者と同様に，しばしば「知者」（ハハミーム ḥakhamim）と呼ばれている．しかしながら，それぞれに対して要求される徳は異なるようにみえる．ギリシア人が驚嘆を培うのに対して，トーラーはその代わりに主への畏れを提示するからである．テルトゥリアヌス〔Tertullianus〕からレオ・シュトラウス〔Leo Strauss〕に至るまで，数多の人びとが，両者のこうした差異のうちに，アテナイとエルサレムのあいだの解決不能な衝突を織りなす横糸を見てとってきた．哲学が知的な投企と解釈されるのに対して，宗教は倫理的で政治的な次元の投企と解釈される．その結果として，宗教の「ギリシア化」はすべて裏切りとみなされ，中世から19世紀の聖書的学識（フランツ・オーヴァーベック〔Franz Overbeck〕，A・フォン・ハルナック〔Adolf von Harnack〕），そして現代の原理主義に至るまで，執拗な批判の系列ができたのである．

だが，こうした見方はごく不完全にしか現実に対応しておらず，三つの一神教（ユダヤ教・キリスト教・イスラーム）における宗教的思考が正当にも哲学実践を魅惑できたことを説明できないだろう．とりわけヘレニズム時代には，哲学は教育機関と考えられていた．哲学はアカデメイアやストアのような学校で教えられ，またテクストに基づいて教えるので伝達することができた．教育（paideia）のこうしたギリシア的理想は，啓示宗教の初期の組織化にあたって強力かつ有効なモデルとなった．啓示宗教はそうした教育機関として自らを理解したのである．ヘレニズム期のユダヤ教はモーセを哲学者とみなした（アレクサンドリアのフィロン）〔Philo Alexandrinus〕．またキリスト教は，教会になるはるか以前に，教理（doctrina）（語の原義は「教育」）として形成された．殉教者ユスティノス〔Justinus〕からアウグスティヌス〔Aurelius Augustinus〕に至るまで，キリスト教は「哲学」の称号を自任し，「神学」の称号を異教的実践に任せた（アウグスティヌス『神の国』第4巻）．最後にクルアーンには，学知（イルム 'ilm）への言及が山のようにあり，ハディース（ḥadīth）（預言者〔ムハンマド〕の伝承）のどの集成も「知識の書」（kitāb al-'ilm）から始まっていた．それはウスール・アッ＝ディーン（uṣūl al-dīn）（「宗教の原理」という意味で，「神学」と訳しうる数多くのアラビア語表現のうちの一つ）のための後世の予備教育のモデルとなった．

このように宗教を教育機関とみなすことからは，重大な社会的帰結が生じてくる．つまり，その場合には，学知において完全な者だけが完全な「信者」だということになるのである．古代人の哲学的理想が新しい諸宗教のうちに現存することから，知者の信仰と素朴で敬虔な人の信仰という，一種の「二重信仰理論」（Wolfson, 1961）が生まれてきた．宗教的「神学」を段階的に形成していく際の根本課題の一つは，有害で異端的と判断されるこうした格差を撤廃することであった．

古代を通して，哲学は徐々に認識の理想から認識の道具へと変容していった．哲学は，人知が及びうる諸対象を因果的で必然的な仕方で説明するための特別な方法，すなわち学知（episteme）の方法となったのである．この探究において，神の問いはさまざまなかたちで現れ，「神学」の原初的な意味をいくつも生み出したが，そこには必ずしも特別に宗教的な事象が含まれているわけではなかった．そうして神学は，神々についての比喩的な言説（プラトン〔Platon〕『国家』379a）を意味することがありうる．この意味での神学は神話学に近づき，哲学＝宗教的儀式，「神働術（テウルギア）」の一部ともなりうる．

だが，神学はより抽象的な探究を指し示すこともありうるのであり，古代におけるその二つの形式が，中世に対して決定的なものとなる．第一にはストア主義の形式である．ストア派の自然学は，自然の第一原因を発見し，そこからわれわれの道徳的行為の規範（「自然法」）を演繹しようとした．それゆえ，自然学は一種の「自然神学」となり，神は自然の別名にすぎなくなる（Deus sive natura）〔神即自然〕．「ローマの信徒への手紙」第1章第20節は，見えるものを起点として見えないものを認識するというプログラムをキリスト教徒に対して定式化したが，このプログラムは以上の枠組へ完全に取り込めるので，教父たちに広く採用され，またルネサンス期に受け入れられた．

第二の長続きした形式は，アリストテレス〔Aristoteles〕とその学派のもので，特に中世に影響力を持った．思弁的な諸学問をその対象に応じて分類するという枠組のなかで（『形而上学』E巻第1章，ただしこのテクストの真筆性には異論もある），アリストテレスは，非物質性と不動性を特徴とする最高の対象を「神的なもの」（to theion）にほかならないと主張し，それを扱う学知を「神学的」（theologike）と形容する．だがこの神的なものは，人がその前で踊り祈る《神》ではない（マルティン・ハイデガー〔Martin Heidegger〕）．したがってそれは「宗教的」事象ではなく，特定の実在領域を指し示す哲学的な別名でしかない．新プラトン主義は，この企てに対して，より完成され，動的な姿を与えた．それは，非物質的な第一原理から物体〔corps〕への降下にまでわたる世界を描いたプロクロス〔Proklos〕の神学のように（『プラトン神学』），さまざまな偉大な第一「神学」を組み合わせることによってである．

イスラームの世界において，アリストテレスと新プラトン主義の両方を参照することによって生まれてきた哲学的神学の最初の形態が，「唯一性の学問」（イルム・アッ＝タウヒード ‘ilm al-tawḥīd——神の唯一性の学問）や「神的な事柄についての学問」（アル＝イラーヒーヤート al-Ilāhīyāt——アリストテレスの神学（theologike）の訳）と呼ばれるものである．アヴィセンナ〔イブン・スィーナー〕〔Abū ‘Alī al-Ḥusayn ibn ‘Abd Allāh ibn Sīnā〕は，『治癒の書 *Kitāb al-Shifā’*』という百科事典のなかで，この学問の最も完成された形式を作り上げた．そこでは，神は第一のものとして説明され，《預言》はこの第一から流出した知性という厳密に自然的な用語で説明されている．しかし，このような記述によって，なおイブン・スィーナーの神学はイスラーム固有の神学となってはいない．彼自身，この自然神学を実践する「神的な知者」は，クルアーンで約束されている身体の復活よりも思弁によって得られる魂の至福のほうを優先する，とためらいなく明言しているのである（『治癒の書』「形而上学」第9篇第7章）．

哲学的神学から宗教的神学へ

そういうわけで，神学が宗教に特有のものになるためには，神学は第一原理に関わったり，《律法》や《預言》に自然的説明を与えたりするものであってはならない．そうではなく，ユダヤ教的，キリスト教的あるいはイスラーム的な，特定の《創造主》，特定の預言，特定の《律法》に関わるべきである．そうした記述こそが「神学」という名称の本領だという主張は，きわめてゆっくりと，困難を経つつなされてきたものでしかない．ユダヤ教とイスラームの文化では，礼拝の実践，禁止や義務といった厳密に宗教的な事象は，「神学」の対象にはならず，ユダヤ法（ハラハー halākhāh）や法学（フィクフ fiqh）の対象であった．すなわち，実践的な生の規則に関する聖書＝タルムード的伝統とクルアーン的伝統をそれぞれ受け継ぐ法学科の対象であった．それらの実践規則は，学問の分野で熟達した者だけではなく，信者全員に適用されるものである．ある種の法学博士たちは，哲学を無益なものとして，逸脱（ビドア bidʻa）すなわち非難すべき革新の範疇に入れ，禁止すべきものとした．この立場はハンバル学派という法学派の信奉者たちによって擁護され（イブン・タイミーヤ〔Taqī al-Dīn Aḥmad ibn Taymīya〕），それによって哲学研究は徐々に周縁に追いやられていった．これと同じく，アシュケナーズのユダヤ教では，ラビの権威の重圧の下で，ギリシア起源の哲学に順応することは許されなかった．哲学への順応が起こったのは，カバラの実践の場合のように，隠れて行われる場合に限られていた．

とはいえ，そこからイスラーム神学は存在しないと結論する（レミ・ブラーグ〔Rémi Brague〕）のはまったくの誤りであろう．それは素朴に言葉へと固執しているだけである．神学というこのギリシア起源の語が本当の意味でイスラームやユダヤ教に順応することはけっしてなかったが，神，創造，預言，終末についての思弁的な考察は数多くの言説に入り込むことができた．そうした言説を，アル＝ガザーリー〔Abū Ḥāmid Muḥammad ibn Muḥammad al-Ṭūsī al-Ghazālī〕は『誤謬よりの救済 *al-Munqidh min al-ḍalāl*』でみごとに検討している．まずはほかならぬ哲学（ファルサファ falsafa）である．それを実践する者には「神学者」（イラーヒーユーン ilāhīyūn）がいたが，ガザーリーは彼らを異端とみなしている．次に秘教的教育（タアリーム taʻlīm），神秘の道（タサウウフ taṣawwuf：スーフィー教徒のスーフィズム）ときて，最後に最も普通の道として，論者たち（ムタカッリムーン mutakallimūn）の「言葉〔parole〕の学問」（イルム・アル＝カラーム ʻilm al-kalām）——しばしば「神学」と訳されるものの別名——がくる．カラーム（kalām）〔神学〕は，イスラーム共同体（ミッラ milla）を他から区別させる根本信条（アカーイド ʻaqa'id'）〔六信〕を確立し擁護するために，古典哲学，とりわけ弁証法の道具を活用することを勧める．だが，カラームの実践は単に防御的なものではない．それは，ムウタズィラ学派やアル＝アシュアリー〔Abū al-Ḥasan ʻAlī ibn Ismaʻīl al-Ashʻarī〕の偉大な体系が示しているとおりである．彼らにとって重要であったのは，たとえば杖を蛇に変えることのできる（『クルアーン』第27章第10節）神の全能を誉めたたえる『クルアーン』の記述と両立するのはいかなる論理学，自然学，宇宙論なのかを想像してみることであった．カラームもまた，特有の仕方で驚嘆の徳を自らのものとして主張する．つまり，驚嘆を引き起こすのはもはや自然ではなく，自然を超えた現象を描写する聖典を読むという営みでなければならないというのである．それによって人間の想像力は倍加し，新しい哲学的仮説を導出することができた．真空が存在すること，自然を構成するのは神の働きによってともに保持された諸原子であること，直観に反する自然法則があること，そういった仮説である．こうした思考法は，アル＝ファーラービー〔Abū Naṣr Muḥammad ibn Muḥammad al-Fārābī〕，イブン・ルシュド〔Abū al-Walīd Muḥammad ibn Aḥmad ibn Rushd〕，マイモニデス〔Mose ben Maimon Abū〕といった伝統的なアリストテレス自然学の信奉者たちを恐れさせた．彼らは役割分担を厳密にすべきだと主張した．哲学は地上世界の自然現象を研究することだけが正当であり，経験の領域を超えることについては，すべて預言をもって満足しなければならないというのである．

西方キリスト教徒たちは，「神学」という異教の術語の使用に踏み切るまでに長い時間を要した．最初はこの術語を用いるのはギリシア教父だけであった．彼らにとって，この語が意味するのは知の集成ではなく，ある状態である．それは「テオ－ローグ」〔théo-logue〕（「神学者」〔théologien〕ではなく）の状態，すなわち魂の純化ないしは神秘的上昇の終極において「神のごとく語る」者の状態である（エウアグリオス・ポンティコス〔Euagrios Pontikos〕，擬ディオニュシオス・アレオパギテース〔Pseudo-Dionysios Areopatites〕）．西方キリスト教は神学の構築に先立って教会を発展させた．教会は独自の支配制度であり，公会議の決定に合わせて徐々に「信じるべきこと」の領域を組織し，キリスト教徒とみなされるために信じるべき信仰箇条へとそれを変容させていった．修道院や大聖堂，そして誕生間もない大学では，教育の制度化は，古代の遺産はキリスト教信仰の理解（intellectus fidei）の促進に役立ちそうなもののみ保存するという規則にしたがって進められた．オリゲネス〔Origenēs〕からラバヌス・マウルス〔Rabanus Maurus〕を経てボナヴェントゥラ〔Bonaventura〕に至るまで，何度も繰り返し用いられたイメージがある．それは，異教の哲学に対しては，「申命記」（第 21 章第 10–13 節）で捕虜の女に割り当てられている待遇を施さねばならない，というものである．つまり，髪と爪を切り，新しい信仰を損ないかねないものはすべて取り除いた上で，奴隷にして結婚するのである．こうして，すでに教会教父の頃から，「神学の婢（はしため）としての哲学」という強力な決まり文句が生まれることになった．近代の批判者たちは，これを「教皇の奴隷としての哲学」として非難することになる（Ch・A・ホイマン〔Christoph August

Heumann〕, 1719).

「神学」という術語は，12 世紀頃になって初めて，啓示された事柄を合理的に呈示し記述するものとして認められるようになった（それまでは，サクラ・ドクトリーナ（sacra doctrina），「聖なる教え」と呼ばれていた）．教会の支持によって，神学はただちに制度的な実在，すなわち神学部という実在へと変容する．神学部（オックスフォードやパリ，その他各地の）は，何をどのように信仰すべきかを指示する教導権を増大させていき，「自らの婢（はしため）に隷属させられている」ようにみえないかと不安になるたびに表に出てくるようになる．そこから教理に関わる大きな断罪が幾度か起こったが，なかでも有名な 1277 年のパリでの断罪では，超自然的実在の説明や救済史において哲学的な論証が及ぶ範囲を制限しようとした．大学の学科となった神学は，こうしてその対象と手法に応じて徐々に力を波及させていった．最初に対立したのは，いわゆる「神秘主義的」神学と「スコラ主義的」神学の全体であった．前者が情動と神的なものの無媒介的な知覚に基づくのに対して（このような神学は社会や大学の支配をまったく受けないため，危険なものとみなされた），後者は推論によって進められるものである．スコラ神学の核心には，まず第一に「哲学者たちの神学」がある．これは，第一原因を認める必要性や可感的なものと可知的なものの区別といった一定の合理的前提を認めさえすれば，誰でも行うことのできる神学である．第二段階に来るのが「啓示神学」，すなわち三位一体や受肉のような，合理性を超え，キリスト教の信仰告白に固有の中心的な真理を対象とする神学である．そうした真理は，もっぱら聖書のなかに与えられているしるしの解釈を通して獲得できるものである．哲学者たちの神学から啓示神学には飛躍によってしか移行できないのであり，このことは中世の宗教間対話全体に内在する限界をも示している．

それゆえ，神について語っていても，中世の思想家たちの言語は厳密な意味で「宗教的」だとは限らない．トマス・アクィナス〔Thomas Aquinas〕自身，「誰もが神と呼ぶもの」たる第一原理と，キリスト教徒に固有の「われわれの神」とを区別している．ラテン世界の中世人たちはしばしば神学の「学問的」性格を主張するが，この点も誤解してはならない．人びとがトマス・アクィナスに倣って神学を「思弁的な学問」とみなすのは，彼らの論述に前提をもたらす神の啓示を真とみなすからそうしているだけである．だが，神の啓示は人間の一切の学知と論証から逃れるのである．別の人びとにとって，すなわちフランシスコ会の唯名論の学派においては，信仰の諸前提（身体の復活のように明証的ではない）は哲学の諸前提（運動の存在のように明証的である）に還元できないとされ，そのため神学はせいぜい実践的な学問でしかなくなる．すなわち，さまざまな行為を要求し，信者に知性の明晰さの不足を意志で補わせる学問である．信じることは自らが何を知っているかとは無関係であり，信じることを欲し，正しく行為する者だけが信じているのだということ，これは，古代から受け継いだ哲学的エリート主義に終止符を打つもう一つのやり方，典型的にフランシスコ会的なやり方であった．こうして「哲学者たちの神学」の地位は低下し，それ以降は，偉大なるカラーム時代のような「神学者たちの哲学」が知識人たちの関心を引くようになる．神学は，宗教事象を起点とした概念実験の場となった．信仰箇条や幻視，推定上の奇跡を起点として，神学者たちはそれらの論理的・自然学的・法学的・道徳的帰結を構想したのである．古代から受け継いだ世界像は徐々に相対化されていった．それゆえ，中世スコラ学最後の証人の一人であるペトルス・タルタレトゥス〔Petrus Tartaretus〕は，「神学者たちの哲学は哲学者たちの哲学の下位に属するのではない」と結論する（In Sent., 1506, 第4巻, p. 112a).こうして人文主義と宗教改革の時代が到来し，両者とも人間理性のこうした新たな野望に恐れを抱くのである．

参考文献　AERTSEN J. A. et SPEER, A.（éds), *Was ist Philosophie im Mittelalter ?*, Berlin-New York, de Gruyter, 1998. – ALEXANDRE J.（éd.), *Philosophie et théologie dans la période antique*, Paris, Cerf, 2009. – BOULNOIS O.（éd.), *Philosophie et théologie au Moyen Âge*, Paris, Cerf, 2009. – CHENU M. -D., *La Théologie comme science au XIIIe siècle*, Paris, Vrin, 3e éd., 1969. – GILSON E., « Theologism and Philosophy », in E. Girson, *The Unity of Philosophical Experience*, New York, Charles Scribner's Sons, 1937, pp. 31–60（エチエンヌ・ジルソン『理性の思想史——哲学的経験の一体性』三嶋唯義訳，行路社，1983年）– HADOT P., *Qu'est-ce que la philosophie antique ?*, Paris, Gallimard, 1995. – HEIN C., *Definition und Einteilung der Philosophie, von der spätantiken Einleitungsliteratur zur arabischen Enzyklopädie*, Francfort/M. -Berne, P. Lang, 1985. – ROSENTHAL Fr., *Knowledge Triumphant. The Concept of Knowledge in Medieval Islam*（1970). Leyde, Brill, 2007. – SOLÈRE J. -L. et KALUZA Z.（éds), *La Servante et la consolatrice. La philosophie dans ses rapports avec la théologie au Moyen Âge*, Paris, Vrin, 2002. – STRAUSS L., « Théologie et philosophie : leur influence réciproque »（1954), traduction C. Heim, *Le Temps de la réflexion*, 1981, n° 2, pp. 197–216. – VAN ESS J., *Theologie und Gesellschaft im 2. und 3. Jahrhundert Hidschra. Eine Geschichte des religiösen Denkens im frühen Islam*, Berlin, de Gruyter, 1991–1992, 6 vols. – WOLFSON H. A., *Religious Philosophy. A Group of Essays*, Cambridge（Mass.), Harvard University Press, 1961.

ジャコブ・シュミュッツ Jacob Schmutz

〔梅野宏樹訳〕

→ **神秘主義，魂／身体**

近代と現代

神学と哲学はそれぞれ独自の厳密さと問いを持っており，両者の交流において，近代は二つの誘惑のあいだを行き来していた．すなわち，分離の誘惑と混同の誘惑である．前者の場合は，互いに否認しあうことへと近づき，後者の場合は，もはや何と何を混ぜ合わせているのかすらわからなくなる．だが，神学と哲学のそれぞれの記憶は，削除できないかたちで絡み合っており，たえずわれわれは，哲学が神学的に読み直され，神学が哲学的に読み直されるのを目にする．哲学も神学も，さまざまな形態と概念を持つ「産物」であり，これまで一度も真剣に試みられたことのない可能性を「探求」するものである．両者の絡み合いには，確かに恣意的でさえあるような秩序を導入しなければならないだろう．そこではいくつもの断絶と再構成が相つぎ，その影響は今日にまで及んでいる．以下でみていくように，ある神学的－哲学的伝統との断絶が起こるたびに，神学にも哲学にも新たな道が開かれてくる．なるほど，こうした断絶を過大視してはならないだろう．たとえば宗教改革者たちは，依然としてアリストテレスや聖ベルナルドゥスの偉大な読み手であり，プラトン，アウグスティヌスやギリシア教父たちをもよく読んでいたのである．しかし，聖書の神は，もはや中世の偉大な総合体である合理的な神ではない．それは歴史に到来する神，自らを啓示したり隠れたりする神，近づいたり遠ざかったりする神，知性でありかつ意志でもあるような神である．神の合理性は覆された．というのも，神のロゴス〔言葉〕はもはや至高の独語ではなく，終わりなき対話だからである．

新たな始まりとなる断絶

ルネサンスを準備したのは，〔ビザンツ帝国の〕コンスタンティノープルからフィレンツェへのプラトンの思想の移入であると同時に，長期にわたる唯名論的還元の作業であった．ルネサンスが始まると，哲学は，マキャヴェリやコペルニクスにおいてそうであったように，イデアの天空から降りてきて，地上のものごとや権勢に関わるようになる．そうして正当性の主張をめぐって教会と競合するようになり，そこからガリレオやジョルダーノ・ブルーノの事件も生じたのだった．だが，それだけではなく，神学もまた，自らの守備範囲ではないとみなす領域から手を引き，より自由で批判的な地位を求めるようになる．「宗教改革」と呼ばれるできごとは，哲学と神学が互いを解放しあうこの途方もない動きと同時代に起こったものである．

宗教改革の前兆となるこの全面的な危機のうちには，さまざまな著者や著作の時期によって，本質的な揺れ動きを指摘することができる．一方では，宗教改革は，福音のルネサンス〔古典復興〕と解することができる．それは，過去へと「退歩」して聖書〔福音の書〕へと立ち戻り，これを原語で読み，翻訳し，印刷した書物として流布させたのである．他方では，宗教改革は反ルネサンスという姿をとる．すなわち，人文主義が人間を絶対視した時代の後に，唯一の無限者に対する人間の尺度と有限性へと回帰したのである．このように描くことができるのは，ルターやメランヒトン〔Philipp Melanchton〕だけではない．モンテーニュやイグナチオ・デ・ロヨラ〔Ignacio de Loyola〕についても，それぞれの仕方でそういえるのである．特にセネカを研究したカルヴァンは，セネカが称揚しているのは木偶の坊同然に無感覚で，普通の人間の持つ喜びや悲しみ，情熱や限界を持たない空想的な人間であることに気づき，ストア派から離れていった．

ここでは，聖書を鏡とすることで，自己に対する新たな関係が現れてくる．その出発点は，自己について思い煩わないことである．神の恩寵に身を委ねるには，自己への気づかいからまったく脱してただ感謝することが前提となる．感謝の分だけ解放が，すなわち主体の自立と幼年状態からの脱出が得られる．感謝をなしえない主体はあまりに幼稚であり，自分自身にしか借りがないと信じている．そうではなく，主体とは「神の前」に立つものであり，そこから誠実という道徳的理想が出てくるのである．この主体は同時に自律した主体であり，自分の道を自分で見つけなければならない．その途中で，道徳と信仰はそれぞれ自律性を得る．ルターからデカルトとルソーを経てカントに至るまでの近代的主体の道はこのようなものであり，それは必ずしも個人主義の道ではないのである．

今いる場所を離れることができるようになることにより，国家共同体と教会に対する関係も新たなものとなる．カルヴァンは，亡命の可能性を制度化することによって，反乱を起こすか殉教を受け入れるかという二者択一からの出口をみごとに考案した．神はわれわれの法律や人間的な儀式に閉じ込められているのではなく，他の場所にも，いかなる場所にもいるのである．こうして個々人は束縛を解かれるのだが，それは新たな契約，自由な契約を結ぶためである．このように，カルヴァンはあらゆるかたちの社会契約の哲学の準備となった．イギリス革命の際には，ホッブズとミルトンのあいだで，社会契約に関する大きな解釈上の対立が起こった．ホッブズは絶対主義の教説の側に立ち，契約は一気に一度でなされたと考えるのに対して，ミルトンは絶対主義に反対する側に立ち，契約はたえず反復されねばならないと考えた．ここで教会と国家は自らのもやい綱を解くのである．神が世界を超越しており，自然からすべての目的性を排除しなければならない場合，最後に現れるのが世界との新たな関係である．なるほど神の命令の特異性は科学の進展の定常的な段階性を乱すが，それでもすべては測定可能になり，世界は有限なみごとな創造物でしかなくなる．魔術的なものはまったくなく，ただ世界を解読することを学べばよい．神学と宇宙論との断絶は，脱魔術化されたデカルト的世界観を準備すると同時に，スピノザやマルブランシュ〔Nicolas de Malebranche〕，そして特にライプニッツにおける，神義論の大危機とその奪還への準備にもなった．神義論の奪還というのは，世界に発展するものと化す力動的過程の理解を取り戻させるということである．

理性の時代と批判的伝統

すべての論争の中核に現れてくるのは聖書のテクスト自身への関係であるが，そこでは二重のプログラムが展開される．まずは原典のテクストへの批判的回帰に由来する路線であり，そこでは教育が特に重視される．なにごとかを主張するより前に，よりよく理解することが重要だというわけである．もう一つは，読むことの実存的次元とそれが生じさせる転換，話者の実際的な信頼性といったことを強調する路線である．二つの路線のそれぞれを追ってみることにしよう．そしてその際，合理的批判と実存的批判との交錯によって，宗教的な哲学が二つの縁からたえず脱構築されてきた様子を示してみよう．

偶像と迷信の批判，さらには特にカルヴァンが例証する虚偽と盲信の批判という伝統においては，デカルトが橋渡しとなる場所を占めているといえる．デカルトは，一切の思弁を排除した空虚な限界として，神学の場所を空白のままにしておいた．だからこそ，デカルトの形而上学は改革派の学校でただちに好意的に受け入れられたのである．だが，論争の基本線は聖書の地位に関わるものであった．印刷された聖書が正統性の基準となり，それゆえ公的次元にとっての争点となった．ホッブズ，スピノザ，ピエール・ベール〔Pierre Bayle〕といった多様な著者が，この厄介な問いに多種多様な解決策を提案した．ホッブズは正当な解釈を至高者の手に委ね，スピノザは，われわれの倫理的な知性からのみ得られる神認識によって聖書の神を批判する．そしてベールは，聖書の読解を良心の主観的複数性と結びつけるのである．もう一つの論争の系譜は，おもにベールが持ち込んだもので，悪と神義論の問いをめぐるものである．ライプニッツは並々ならぬ知性でもってこれに答えようとしたのだが，この問いはさらに引き継がれ，ヴォルテールからカントへと至る啓蒙の世紀全体を通して続けられた．

宗教批判がなされたのはつねに純粋宗教の核心へと立ち戻るためであり，ここでもまた福音の解釈が主題となる．だがその途上で，ヒュームやディドロになると，宗教は次第に内的で個人的な問題となり，極限においては，精神が作り出したものになってしまった．これはシュペーナー〔Philipp Jacob Spener〕の敬虔主義の端緒であると同様，懐疑主義の端緒でもあり，ルソーにみられるような宗教へのきわめて特殊な関係の端緒でもあった．こうしたすべての議論の最後に出てくるのがカントであるが，聖書における神と理性的な神との交差を，弱く仮説的な知のなかにではなく，われわれの心情の内なる純粋な道徳法則のなかに求めた点が，カント思想の持つ力であった．それゆえ実践理性とは，信仰の道徳主義的還元というよりも，むしろ福音的なアガペーの定言的で無条件的な肯定であり，『単なる理性の限界内の宗教』と自由主義的なプロテスタンティズムの伝統の道を開くものであった．

重要であるのは，一切の応報を超えて福音を実践することである．諸領域を区別するカントの批判的な実践は，オーギュスト・サバティエ〔August Sabatier〕，アドルフ・フォン・ハルナック〔Adolf von Harnack〕，エルンスト・トレルチ〔Ernst Troeltsch〕，ウィルフレッド・モノド〔Wilfred Monod〕，ヘルマン・コーヘン〔Hermann Cohen〕，パウル・ティリッヒ〔Paul Tillich〕といった著述家はもとより，モーリス・ブロンデル〔Maurice Blondel〕，ジョゼフ・マレシャル〔Joseph Maréchal〕，さらにはカール・ラーナー〔Karl Rahner〕にさえも影響を残している．これらの人びとはみな，宗教的なものの歴史的形態の多数性と真なるものの超越論的ないしは対話的な統一性とをどう連結させるか，という典型的なポスト・カント的問題に取り組んだ．この問題は近代の危機の核心であり，グローバル化と世俗化を発端とする今日のさまざまな論争にも引き継がれている．アドルノやハーバーマスのような著述家は，このような完結しえない批判的理想としての解放が重要であることを思い起こさせたのである．

救済史，懐疑と実存

もう一つの路線を追跡するために，ルターにまで遡ることは無駄ではない．この路線は，テクストに対するより主観的な関係によって担われ，信頼と疑惑のあいだを揺れ動くものである．これにはコメニウス〔Comenius〕，パスカル〔Blaise Pascal〕，フェヌロン〔François Fénelon〕，ベールやルソーなどさまざまな事例がある．たとえばシュライアマハー〔Friedrich Schleiermacher〕にとって，宗教とは知識や道徳の問題ではなく，感情の問題であった．われわれは広大無辺な知性の手に抱かれており，ただそれへと自らを開けばよいというのは，エマソン〔Ralph. W. Emerson〕の思想の核心でもあった．再びドイツに戻れば，カント主義へのロマン主義的反動（1790年にチュービンゲンの神学校で一緒だった，ヘーゲル，シェリング，ヘルダーリンやその他の学生たち）は，カント主義が確立した諸領域の完全な批判的分離を拒絶した．無限は有限となり，主体は客体となり，理性は，《受肉》という図式の下で歴史に入り込むからである．自己を見いだすためには自己を失わねばならないのであり，歴史というのは，無化するケノーシスとしての疎外と捉え直しとしての止揚との弁証法である．この点でもまた，ヘーゲルの神学的な読み直しは今日まで数多くなされている（ガストン・フェサール〔Gaston Fessard〕，ヴォルフハルト・パネンベルク〔Wolfhart Pannenberg〕）．

最初の対位法は，フォイエルバッハ〔Ludwig Feuerbach〕による宗教的疎外の分析（人間は自らに属するものを聖なるものへと付与する）と，こうした神学の人間学化をそれへの異議申し立てとなる次元にまで進めたマルクスによって際立たせられる．ニーチェはショーペンハウアーとダーウィンの読解に基づき，一神教と禁欲的理想に対して意志の病（ニヒリズム）ではないかとの疑惑を投げかけるとともに，神の死をさまざまなシナリオで語り，宗教の価値剝奪を徹底して推し進めた．宗教とは，フロイトにとっては，父殺しの抑圧の幻想的な結果でしかないということになる．だが，この点もまた，ルネ・ジラール〔René Girard〕やその他の著者は，逆にすべてを神学的な解明として読み直すことができるのである．

以上のような宗教批判の王道は，現代神学におけるさまざまな再構成の王道でもあったことを注記しておこう．後者が基づいていたのは，信仰を解き放つためには宗教を批判しなければならないという考えである．福音への実存的回心の名において，教会と歴史的宗教（およびヘーゲル流の歴史宗教）を徹底的に罵倒しはじめたのがキルケゴールであった．この実存的回心は，実存哲学の基礎となり，第一次大戦後に合理性が一大危機を迎えるなかで勝利を収めた．ここで神学側の主要人物となったのはカール・バルト〔Karl Barth〕である．バルトは神的なものを内的感情に還元することに反対して神の絶対的な超越性を呼び戻し，マルティン・ブーバー〔Martin Buber〕らとともに，神と人の対話をめぐる非対称的な神学の再構築に努めた．バルトは，アンリ・コルバン〔Henry Corbin〕，エーベルハルト・ユンゲル〔Eberhard Jüngel〕，ジャック・エリュール〔Jacques Ellul〕，エマニュエル・レヴィナス〔Emmanuel Lévinas〕といった多様な著者に大きな影響を与えた．哲学の側では，カール・ヤスパース〔Karl Jaspers〕が提示した実存主義がある．これは，そのキリスト教を源泉によってニーチェと正面からぶつかるようなものであった．これと同じ時代に，フランスではキリスト教的哲学を語りうるかどうかが議論された（エティエンヌ・ジルソン〔Étienne Gilson〕とジャック・マリタン〔Jacques Maritain〕は語りうると，レオン・ブランシュヴィック〔Leon Brunschvicg〕やエミール・ブレイエ〔Émile Bréhier〕は語りえないとした).

20 世紀のさまざまな再構成

したがって，20 世紀は危機の時代であるとともに，再構成の時代でもあった．フッサール現象学は，信仰や受肉した生を記述する道を開いた．それは，マックス・シェーラー〔Max Scheler〕や，ガブリエル・マルセル〔Gabriel Marcel〕，もう少し後にはミシェル・アンリ〔Michel Henry〕が開いた道である．だが同時に，現象学はハンス・ウルス・フォン・バルタザール〔Hans Urs von Barthasar〕がなしたような偉大な総合にも道を開いた．バルタザールは真理への愛の現象学と形而上学を提示し，ジャン・リュック・マリオン〔Jean-Luc Marion〕のような著者へと影響を与えた．特に現象学が従うパラダイムの転換は，もはやデカルト以来支配的であった主体‐客体関係ではなく，主体‐世界関係が問題になるというものである．そこでは，〔主体が世界に〕帰属していること自体が問いのすべてとなるのである．ここで重要なのはハイデガーである．もはや対象を「捕捉」して「お話」を作るのではなく，われわれの掌握を解いて《存在》〔Être〕を在らしめることが重要なのである．ここで解釈というのは，ディルタイ〔Wilhelm Dilthey〕の場合のように認識の様式ではなく存在する仕方のことである．実存するとは，実存していることを解釈することなのである．

ルドルフ・ブルトマン〔Rudolf Bultmann〕は，非神話化（ケリュグマ〔宣教の使信〕自体に覆いをかける二次的な神学的合理化の引きはがし）を実行し，「イエス」の実存論的分析を提示したのだが，ブルトマンと近しかったハイデガーが導入した解釈学的転回は，重大な帰結を引き起こした．ハンス・ゲオルグ・ガダマー〔Hans-Georg Gadamer〕は了解の言語的で発話的な次元を際立たせ，伝統を復権させた．というのも，われわれは先行了解なしに了解することはなく，少なくとも問いの方向を理解していなければならないからである．さらにポール・リクール〔Paul Ricœur〕は，テクストにより持ち込まれる帰属〔appartenance〕と疎隔〔distinciation〕の活動を際立たせ，対立する解釈の葛藤に対して権利を認める．リクールが特に示したのは，意味はテクストの背後に隠れているのではなく，テクストによってテクストの前に開かれる隠喩的世界を指示するのだということであった．

他方でまた，ハイデガーは西洋形而上学の解体というニーチェの仕事を徹底化する．それは，問いただされるべき《人間》概念と連動する存在神論の解体であるだけでなく，唯名論の解体であり，プラトンとキリスト教に由来し近代思想を支配してきた現前と視覚の解体であった（ジャック・デリダ〔Jacques Derrida〕）．だが，われわれをそもそもの起源へと移し置くことによって，ハイデガーは，ヴィトゲンシュタインによる「生の形式」の探究への道をも準備した．そこでは，若干の懐疑的隔たりに最小限の「方法的独断論」が付加されねばならない．人はつねになお，世界への言語的な視点を持っているからである．

ここで哲学はもう一度聖書的読解との接点を見いだすのであり，この再開は驚くべきものである．ローゼンツヴァイクは聖書の翻訳（あるいはユダヤ的伝統と哲学的伝統との出会い）に，レヴィナスはタルムード注解に力を注ぎ，リクールは神学自体よりむしろ聖書テクストにおける文学ジャンルの複数性に関心を寄せたが，彼らはこの領域を苦労して開拓した．特に聖パウロについては，哲学者たちによる読解が盛んになったが（ヤーコプ・タウベス〔Jacob Taubes〕，ジャン＝フランソワ・リオタール〔Jean-François Lyotard〕，アラン・バディウ〔Alain Badiou〕，ジョルジョ・アガンベン〔Giorgio Agamben〕など），それらはメシアニズムと政治的なものとの関係へと目を向けるものであった．哲学のこうした非哲学的源泉は，これからも実り豊かなものであり続けるだろう．

現代のいくつかの形態

結論として，ルネサンスと宗教改革から今日に至るまで，哲学と神学の相互認識には，宗派や国，文化，世代によって，多くの違いが見てとられるといえる．世俗化（今日では世界化〔mondialisation〕）のもとでは，そうした伝統を伝えていく媒体となる制度の骨組もまた，それが大学であるか否かを問わず，無傷のままではいられない．ときには哲学が，ときには神学が，自らとは異なるものに対して開いたり閉じたりする．ときには一方が伝統，批判，確信を代表し，ときには他方がそれらを代表する．20 世紀の最も暗いページにおいては，われわれの文化から聖書的源泉が排斥されたこともあれば，逆にヘレニズム的源泉が排斥されたこともあった．源泉の多様性を保ち，たえず混ぜ合わせることは不可欠だが，哲学と神学の緊張もまた，両者の接近に劣らず重要な役割を果たしてきたのである．

未来への道筋は何本も開かれているだろう．一方には，ハンナ・アーレント〔Hannah Arendt〕やハンス・ヨナス〔Hans Jonas〕，E・レヴィナス，P・リクールのように，第一次的な倫理へと回帰する道がある．悪の経験はこの道を通るのだが，おそらくそこには，全面的な解放の嵐の後に来る相対主義の危機があり，善や責任，忠実について考察し直さねばならなくなるだろう．そうして探究されるのは，世界，複数性，他者への関係のうちでの新たなかたちの主体性である．次にわれわれは，神学・政治的な問いの回帰に立ち会うだろう．カール・バルトとカール・シュミット〔Carl Schmitt〕は,《神の主権性》をなすものをめぐって対立し，全体主義に対しては逆の関わり方をしたが，そういったことだけでなく，普遍主義的な諸宗教の衝撃のうちで神学・政治的な問いが回帰するということである．こうした問いが政治的なものの再構成について回るのである．最後に，生物をめぐる新たな形而上学を語ることができる．おそらくそれは，アンリ・ベルクソン〔Henri Bergson〕やピエール・テイヤール・ド・シャルダン〔Pierre Teilhard de Chardin〕，アルフレッド・ノース・ホワイトヘッド〔Alfred North Whitehead〕に由来するものだろう．こうした形而上学は，反進化論の諸理論に呼応するのではなく，むしろ生態系の危機に対する応答であり，自然とわれわれとの関係を再考する仕方となるものである．

もし，終末に関わる神学を保持するべきだとすれば，もちろんそれは希望の神学となるだろう．その姿は，エルンスト・ブロッホ〔Ernst Bloch〕やヴァルター・ベンヤミン〔Walter Benjamin〕らの多様な著者によってみごとに描かれていた．リクールは，カントにおいて，ユルゲン・モルトマン〔Jürgen Moltmann〕の希望の神学と呼応しうるような哲学を呈示しようとした．実際，希望とはリクールにとって，境界の形象であり，此岸への回心であり，脱全体化である．歴史の全体はわれわれには属していないのであり，時間の諸形象の多数性を能動的に保持することが，希望の病理学を解体する最良の手段となるのである．

参考文献　BAYLE P., *Traité de tolérance*, Paris, Agora, Pocket 1992.（ピエール・ベール『寛容論集』〈『ピエール・ヴェール著作集 2』所収〉野沢協訳，法政大学出版局，1979 年）– BERGSON H., *Les Deux source de la morale et de la religion*, 10e éd., Paris, PUF, 2008.（アンリ・ベルクソン『道徳と宗教の二つの源泉』合田正人・小野浩太郎訳，ちくま学芸文庫，2015 年）– CAPELLE Ph., *Finitude et mystère*, Paris, Cerf, 2005. – CAPELLE-DUMONT Ph.（dir.），*Philosophie et théologie*, vol. III–IV, Paris, Cerf, 2010. – « Dieu », n° spécial de la revue *Critique*, n° 704–705, janvier-février 2006. – DERRIDA J., *Foi et savoir, suivi de Le Siècle et le pardon*, Paris, Seuil, 2001.（ジャック・デリダ『信と知――たんなる理性の限界における「宗教」の二源泉』湯浅博雄・大西雅一郎訳，未來社，2016 年）– EBELING G., »Théologie und Philosophie: Problèmstrukturen, Historisch, Dogmatisch«, in *Religion in Geschichte und Gegenwart*（RGG），3e éd., Tübingen, Mohr-Siebeck 1962, vol. VI, col, 782–830. – FREUD S., *L'avenir d'une illusion*, traduction A. Balseinte, J-G. Delarbre et D. Hartemann Paris, Flammarion, 2009.（ジークムント・フロイト「ある錯覚の未来；文化のなかの居心地悪さ；1929–32 年」〈『フロイト全集 20』所収〉高田珠樹・嶺秀樹訳，岩波書店，2011 年）– GREISCH J., *L'âge herméneutique de la raison*, Paris, Cerf, 1985. – GRONDIN J., *La Philosophie de la religion*, Paris, PUF, 2009. – HEGEL G. W. F., *Leçons sur la philosophie de la religion*, Paris, PUF, 1996.（G・W・F・ヘーゲル『宗教哲学講義』山崎純訳，創文社，2001 年）– JÜNGEL E., *Dieu mystère du monde, Fondement de la théologie du Crucifié dans le débat entre théisme et athéisme*, Paris, Cerf, 1983. – KANT E., *La Religion dans les limites de la simple raison*, traduction J. Gibelin, Paris, Vrin, 2004.（イマヌエル・カント『たんなる理性の限界内の宗教』〈『カント全集 10』所収〉北岡武司訳，岩波書店，2000 年）– RICŒUR P., *Le Conflit des interprétations*, Paris, Seuil, 1969 ; *Du texte à l'action*, Paris, Seuil, 1986 ; *Penser la Bible*, Paris, Seuil, 2000. – ROUSSEAU J-L., *La Profession de la foi du vicaire savoyard*, Paris, Flammarion, 1996.（ジャン・ジャック・ルソー「サヴォア叙任司祭の信仰告白」〈『ルソー全集 7』所収『エミール』〉樋口謹一訳，白水社，1982 年）– SCHLEIERMACHER Fr., *De la religion. Discours aux personnes* *cultivées d'entre ses mépriseurs*, traduction B. Reymond, Paris, Van Dieren, 2004.（フリードリヒ・シュライエルマッハー『宗教論——宗教を軽んずる教養人への講話』高橋英夫訳，筑摩書房，1991 年）– SPINOZA B., *Tractus theologico-politicus*, traduction, J. Lagée et P. -Fr. Moreau, in Œuvres, vol. III, Paris, PUF, 1999.（スピノザ『神学・政治論』上・下，吉田量彦訳，光文社，2014 年）

オリヴィエ・アベル Olivier Abel
〔山田智正訳〕

→ 宗教哲学

伝統，伝統主義，新・伝統主義
TRADITION, TRADITIONALISME ET NÉO-TRADITIONALISME

近代性のユートピアへの幻滅は，イデオロギー的あるいは学問的になされる伝統復権のさまざまな企てを後押しするとともに，宗教への帰依と伝統の墨守とのあいだに存在するとされる本質的な親和関係について問うてみることを促す．基準となる座標軸が不確かな時代にあって，諸宗教の世界は記憶の場所，また人類の諸伝統の保存庫となっているように思われる．伝統主義的な解釈は，古い諸伝統の再発見にはとどまらず，自分たちを基礎づけるものとしての伝統への信仰を修復しようとし，あるいは強化しようとする．この伝統は，象徴秩序としての伝統であり，意味の中心としての伝統であり，さらには正当性の究極的源泉としての伝統であって，祖先から受け継がれた叡智の聖なる保証であるところの宗教こそ，そうした伝統の特権的な表出物とされるだろう．

もっとも，ウェーバーによれば，よく知られた「世界の脱魔術化」〔désenchantement du monde〕，すなわち伝統社会の呪術＝宗教的秩序の揺らぎが生じたのは，古代ユダヤ教の預言者たちからプロテスタントのカルヴァン派まで，実に，あるタイプの宗教ないし宗教性の影響下においてなのだ．合理化と個人化という二重のプロセスの出現を後押しした宗教的動機を説明するウェーバー・テーゼは，「宗教的近代」〔modernité religieuse〕という概念の確立に大いに貢献した．しかし，このプロセスが，つまるところはキリスト教を近代的ヒューマニズムのいう自律という価値の母体とみなすことになるとしても，ゴーシェ〔Marcel Gauchet〕による表現と問題提起に倣って言えば，「脱宗教の宗教」の出現は，いわゆる「宗教」の運命が，あいかわらず伝統という他律的秩序にその第一の根を持っていることを示している（Gauchet, 1985).

宗教を対象とする社会科学の領域で使用されている他の多くの概念と同様，「伝統」という概念も，諸々の信念や実践を伝達し正当化する諸様式からなる宗教的集成体を想定して鍛造されたものである．伝統とは，さまざまな担い手（祖先たち，証人たち）の仲介によって世代から世代へと伝達されるもの（言葉，文書，身振り，もののやり方）である．これら担い手たちは，伝統を伝えるための権威を有しており，伝えられる伝統の信頼性を担保する．聖なる寄託物によって権威づけられたこの伝達の様態は，それぞれに異なる宗教的諸「伝統」において，「近代主義的」または「伝統主義的」な再解釈の，絶え間ない作業の対象となっている．そうした再解釈の作業は，当の伝統の源泉や権威に関しては，結果として伝統というものが持つ確たる原理を揺るがしてしまう．しかしながら，人為的に創造されたとはいわないまでも，祖先より受け継がれ，取り入れられた慣習が日常のなかでどのように踏襲されているかといえば，それは，伝統の墨守や完全保存への配慮を，現実に即したやり方で，変わりゆく状況に合わせてつねに調整してきている，というのが実際のところだ．

宗教と伝統

伝統の神学的構成体は，《啓典》の宗教によって作り上げられたが，社会科学で用いられる概念や問題設定にもその影響の跡をとどめている（Boutry, 1995）．このことは，宗教それ自体について練り上げられてきたといえる実体的定義ないし方法論的定義の中心に，伝統への依拠が据えられるという事実と無関係ではない．宗教的なものを定義しようとするあらゆる試みは，聖なるものや超自然的なものとの関係にもまして，宗教を伝統に，あるいはある一つの伝統に結びつけると思われる構成的紐帯を持ち出さずにはいられないのである．バンヴェニスト〔Émile Benveniste〕が重視する語源論は，宗教を「再び結ぶこと」(re-ligare) よりも「再び取ること，後ろに戻ること」(relegere) に関連づけるものだが，宗教が人間と神々との関係であるのみならず，さまざまな記号や，神託や，文書や，儀式を繰り返す運動であるという解釈に説得力を与える．

宗教的権威の典拠（神の言葉）に認められる超越性を不可避の参照元とするこの原則は，歴史的諸宗教における伝統をめぐる神学の名残である．「超近代性」〔sur-modernité〕のレジーム下における宗教の方法論的定義を提起するなかでダニエル・

エルヴュー＝レジェ〔Danièle Hervieu-Léger〕が選んだのは，斬新かつ逆説的な道である．というのも彼女は，まさに近代の宗教的産物の一つとして伝統一般との関係が再構築されたことを考えるよう促しているのだが，その際に彼女が言う宗教〔le religieux〕とは，特定の伝統の公認の権威に必ず依拠するはずのものと定義されているからだ（Hervieu-Léger, 1993）．もっとも彼女の企ては，近代性（宗教的な，あるいは他の）の袋小路を告発することによって伝統の復興を目指す企てとは何の関係もない．というのも，人類学者のなかには眉を顰める者もいるかもしれないが，われわれの社会の歴史には，根源的で不可逆的な断絶が確かに起こったのだから．それは，ある超越性が持つ権威，ひとことで言えば他律的秩序を根拠とするような象徴体系の伝統的レジームとの断絶である．この意味装置の信憑性の喪失は一つの歴史的社会的事実であり，伝統の使用法の現代的様態を対象とするあらゆる分析に組み込まなければならない．

「信じるという行為の根拠として，（明白なかたちで，半ば明白なかたちで，あるいはまったく暗黙のうちに）伝統の権威が持ち出されてくることのない宗教は存在しない」（Hervieu-Léger 1993, p. 110）という，本質主義的にもみえる定義には，より実際的な作業仮説を容れる余地がある．「『宗教』とは，イデオロギー的，実践的，象徴的な装置であり，それによって，ある特定の信仰系統に所属しているという（個人または集団の）意識が構成され，維持され，展開され，統制される」（id., p. 119）．始原の啓示の権威を持ち出すことによって信じることを正当化するというやり方が現にあるということと，ある特定の信仰系統に所属しているという意識を叩き込む社会的装置が存在するということのあいだには，微妙だが重要な違いがある．それぞれにおける伝統の定義も，それぞれにこの微妙な違いを反映する．伝統の定義をめぐっては，「伝統（実際のところそれは現在の利益に適うものとしてあるのだが）を本質的に定義するのは，伝統は過去に超越的な権威を賦与するものだということである」（id., p. 126）という見解から出て，より相対的な結論へと至る．「伝統というものは，この見方によれば，表象，イメージ，理論的実践的知，ふるまい，態度などの総体であり，ある集団または社会は，過去と現在のあいだにある必然的な連続性を顧慮してそれを受け容れている」（id., p. 127）．

「必然的な連続性」という系譜学的図式は，伝統の権威に認められる件の超越性を必要としない．D・エルヴュー＝レジェは次のことを強調している．すなわち，経年性や過去との連続性といった伝統的諸基準は，ある「系統」という（現実の，あるいは虚構の）参照系に再統合され，具現化されて，なお形式上必須な原理であり続けている．それは，言葉のカント的な意味で超越論的な価値を帯びている．宗教的なものの定義に，そしてそれと相関して伝統の定義に，伝統の権威の超越的基礎づけの原理を含めないということには，重要な意味がある．特定の信仰系統に連なることとして解釈される特定の伝統への加入は，その特殊的個別性において認知される．それは，ある集団に対して拒絶不可能なやり方で信仰規範を課す象徴秩序として定義される，伝統一般への服従とは異なる．慣習的ないし歴史的諸宗教に適用される，宗教的，伝統的，あるいは近代的概念に閉塞しない，宗教と伝統の連結した定義の獲得は，社会科学にとって真の認識論的な挑戦なのだ．

慣習から伝統の創造へ

伝統に根差した宗教のありかたはしばしば，「伝統的」と言われる諸宗教，すなわち慣習化した宗教や先祖伝来の宗教の世界との関連で考察される．原始社会の祖先たちの世界は，「再魔術化」〔réenchantement〕作用を持つあらゆるタイプの著作を通じて，《太古の伝統》という原型の役割を果たすべきものとされ，《起源の神話》に埋め込まれ，純粋に《他律的秩序・この世界の外の規範》に従うものとなる（Gauchet, 1985）．

しかしながら，次のことを思い起こす必要があるかもしれない．それは，かつての実践も現在の実践も，慣習という枠組において生きられる実践は，その保護のために細心の注意が払われるような始原の過去への崇拝に，必ずしも関与してはいないということだ．慣習の宗教（Ortigues, 1981）は，この意味では，「記憶の宗教」ではないし，始祖たちの系図も，《父祖たち》によって定められた法の墨守も，数多くの調整や適応を拒むものではないのである．いずれにせよ，祖先は「死者」ではない．祖先は，生者と同じ時間性に関与しているのであり，良きにつけ悪しきにつけ，子孫たちのもとに定期的に現れるのである．ものごとの秩序の始まりの神話を儀式によって想起すること，また，繰り返し儀式を行うことは，原初の過去への忠実さよりも，「現前する過去」に結びついている．

慣習とは，あえて言挙げするようなものではない．なぜならそれは，人がそれについて与えうるあらゆる理由づけを超越した秩序に属しているからである．経年性と連続性とに訴えかける一般的な正当化，その原理的かつ循環的な特徴が固有のやり方で証明しているのは，慣習はそれ自体で意味を持つものであるということ，そして，意識的，反省的になされる一切の伝統論とは異質なものであり続けるということだ．オルティグが指摘するように，「慣習とはすなわち理由である．なぜなら，宗教的と形容できる唯一の理由とは，そこにいる理由，どこかに住んでいる理由だからであって，祭壇をもたない死者や，理由〔理性〕を失ってあてどなく放浪する狂人たちのような，さまよう魂である理由ではないからである」(Ortigues, 1981: III)．人間の名前と同等の遺産として伝達される伝統宗教は，たとえば一族の祖先崇拝がそうであるように，一族以外に伝えられることも，他者の改宗を求めることもない．かくしてそうした伝統宗教はしばしば，誤解をともなうこともあるが，「民族宗教」〔religions ethniques〕と形容される．成人式〔initiation〕の際に伝え教えられる一族の祖先たちの系譜物語は，信条（クレド）ではない．また，精霊たちや神々によってもたらされ，物質に刻まれたり，人間の身体に表されたりする徴しを占うという営みは，救済の教義の啓示とは確かに別物である．

西洋と植民地の邂逅，そして植民地への近代性の侵入は，ものごとの秩序を明らかに変化させた．一方には，近代世界の絶えざる変容と刷新，他方には，社会生活を構成する儀礼的形態――変化もしなければその起源を遡ることができないほど古いものとして措定される――の少なくとも一定数をアポステリオリに保存しようとする試み．両者のあいだにあるコントラストは，アングロ＝サクソン系の歴史家たちの関心を「伝統の創造」(inventing traditions) (Hobsbawm et Ranger, 1983) へと向けさせることになった．「伝統の創造」というこの逆説的な表現は次のことを教える．すなわち，先祖伝来のもの，太古からの伝承と考えられてきた共同体の伝統も，実のところは最近の創造物であり，いつ頃からのものなのか日付のわかっているものであり，そう遠くない昔の政治的問題や，ある社会的集団の戦略や，国家の政治のありかたに結びついているということである．

伝統の創造というパラダイムは，単に真正な伝統という概念の対極にあるだけでなく，本源に立ち返ることで刷新され続ける，生命力と動態性を備えた伝統という「伝統主義」イデオロギーの対極にある．創造される伝統の特徴は，逆説的にも，形式主義と不変性である．そうした伝統が参照する過去は，史実であれフィクションであれ，規範的なやり方で形式化され，反復に適するような，永続的な実践を前提とする．それはむしろ，失われてしまった過去を埋め合わせするフォークロアに近い．ところが，口承性に基づく伝統社会では，「慣習」は生命や刷新の同義語である．待望されるどんな変化も，先行者の承認，社会的連続性の感覚，あるいは一種の自然法といったフィクションをともなっているのであれば，慣習とはいえ，ある程度までは革新を受け容れるのだ．このように再評価される慣習の柔軟性が映し出すのは，文字化されることで法となるような記憶の制約も，書記の支配も知らない口承伝統である．次の有名な表現においてホブズボームが強調しているように，「慣習の生命は創造を必要としない」(Hobsbawm et Ranger, 1983) のだ．

それゆえ，創造された伝統は近代性の「純粋な」生産物であって，西洋と非西洋において新たに登場した諸国民の文化的政治に関わっている．それはまた，キリスト教の歴史においては，敬虔なイメージや聖なる場所，そして 19 世紀末より隆盛を極めたカトリックの巡礼をめぐる，政治的駆け引きのうちに表出している．

ここには逆説がある．伝統をめぐるこれらの政治的駆け引きから現れてくる創造性は，慣習が持っていた適合力の枯渇を埋め合わせるようになるという逆説が．慣習に基づく諸宗教が示す連続性への配慮にはつきものの即興や適合（変化すれば変化するほど連続性への同一性は保たれる）に対して，いまや伝統の本源への回帰に認められる創造性が優位に立つのである．ホブズボームは「創造された」伝統と「展開した」伝統（evolved traditions）とを区別することを重視していた．後者は，近代性の脅威に直面した伝統社会において，とりわけ植民地化された非西欧社会の内側で発生する新しい伝統主義において観察される伝統のかたちである．ここでは，「新しい伝統」と土着の文化的基体との連続性は維持されているようにみえる（「土着の」運動は確かにそう信じようとしている）．近代性からさまざまなものを借用し，模倣を通じて自己所有化することや，伝統を美化してみせることなどは，表面上のことにすぎないのだろう．その一方，創造された伝統においては，過去との連続的関係はまったく架空のもの，想像上のものであって，近代性がもたらす断絶や決裂を覆い隠すように働くのである．

植民地に特有の，「始原の」国民たちのものであった先祖伝来の伝統の創造というテーゼは，19 世紀西欧の政治的‐文化的ナショナリズムが，国民という宗教的観念に潜む神秘や，祖国や伝統のなかに存在する神々の連合と保っていた近代的関係性とも無縁ではない．しかしながら反面ではこのテーゼは，植民地の人びとが，古きものであれ新しきものであれ，西欧の伝統を自己所有化してゆく，この見逃されがちな運動に注意を向ける．アノミーに陥っている現地の人びとに対して，拠って立つべき土台や基準を再び与えてやることに腐心する植民地行政官や宣教師，あるいは民族学者たち，彼らの手によってエキゾチックな伝統が創造されるのに呼応して，植民地化された国々の教理問答教師や預言者，教養人たちが「伝統によって」創造される．この創造が示しているのは，主導権の奪取であり，現地の人びとの能動的主体性（agency）である．伝統の創造（inventing traditions）という当初のパラダイムの再解釈は，植民地における伝統の創造にみられる，この複数的で相互作用的な次元を強調するだろう．それはまた，あらゆる伝統の創造には，植民地の能動的主体による再創造や自己所有化がつきものであるという事実を強調するだろう．そうした再創造や自己所有化は，しばしば想像の領域においてなされるが，しかし対話的かつ反省的になされるのである．想像力および集団的想像という概念（アンダーソンの言う想像の共同体（imagined communities）という意味での）が，創造という，あまりにも人工的で操作的なニュアンスの濃い概念に取って代わる．レンジャーの言葉によれば，「白人によって想像された伝統が黒人によって想像し直された」というのである．

西洋との邂逅によって引き起こされるという，根源的にして新たな端緒となる断絶，あるいは「存在論的」な断絶という観念を，おそらくは相対化しなければならない．問題は，歴史性をめぐる（そしてそれゆえ伝統性をめぐる）レジームの新しさであり，変化である．先に述べたような，植民地状況そしてポスト植民地状況における伝統の再定義および再創造は，このレジームのなかに組み込まれている．とりわけ問題となるのは，書記（エクリチュール）の獲得にともなう歴史意識の変容，つまり，聖書の物語をモデルとして形成される一つの国民の物語へのさまざまな伝統の転記（トランスクリプシオン）であり，それが記憶の形態や，伝統の「真理」および正統性への配慮のありかたにもたらす変化であり，伝統の新たな護持者たち（それはもはや口承伝統の伝達者であった祖先たちではなく，教養人，知的エリートたちである）の役割にもたらす変化である．

伝統主義の生ける《伝統》

生活のなかに浸透した慣習と新しく創造された伝統とのズレ，そしてとりわけ，生ける伝統と硬直化し時代に逆行するような近代性との反転する関係は，創造性に富む伝統と活性を失った近代性との対立という，よくある論法に対応している．こうした伝統と近代性との月並みな対立は，近代性のレジームに支配された伝統主義的言説や伝統主義的イデオロギーに固有の特性ともいうべきものである．哲学者のヴェイユ〔Éric Weil〕は，「伝統的」文明には，伝統という概念を容れる余地はまったくないというパラドクスを強調した最初の一人だった．伝統とは，それについて人が語ることがなければないほど，また，人がそれについて何かを語ること自体，とりわけ議論すること自体が考えにくいことであればあるほど，強いものなのだ．「私たちの祖先は（……）『伝統』という言葉を口にしたことはなかった．彼らは単に「そういうふうになっている」とだけ言ったのだった．私たちが祖先の伝統に忠実であろうと決意するということ自体，私たちが祖先に不忠実であることを意味する．というのもその場合私たちは，祖先が特に考えることなく行っていたことを，信念と自覚をもって行ってしまうことになるからだ．彼らは，私たちのように伝統がなんらかの価値あるものと考えてはいなかったのである」（Weil, 1971, pp. 12–14）．

伝統主義は，伝統というものがかつてあったようなものではもはやないと考え，また，伝統の喪失によって伝統を再発見する運動が始まりうると考えている．だが，その代償として伝統は，相互に入れ替え可能な諸伝統のうちの相対的な選択肢の一つとして提示され，極端な場合は，あらゆる可能性に開かれた空虚な基体として提示されることになる．今日，歴史学や人類学によってもたらされた知見に照らしてみれば，《書記＝聖書》の闖入や歴史意識の登場以前には伝統に対する伝統の再帰性の観念は皆無であったと主張するのは，おそらく困難だろう．しかしながら，伝統を自覚的論証的に正当化すること，および諸伝統を歴史的に構築することに基づく伝統主義の高揚は，まさしく「伝統的」社会の変容と同時代のできごとなのだ(Lenclud, 1994).

ある《啓示》を後ろ盾にする《伝統》論の創造は，それ自体，歴史に通じた始原のできごとに結びついているが，実に「歴史的」と呼ばれる諸宗教の産物である．それらの宗教はまた，「《信仰》の宗教」あるいは「《啓典》の宗教」とも言われる．なぜなら，それらの宗教において《書記＝聖書》は《啓示》の保管場所であるからだ．《伝統》は，宗教的権威による統制を受けた《信仰の教義》を伝えるものとみなされている．慣習というものが，いわば，そのものとして自覚されない伝統であるとすれば，宗教における伝統主義，すなわち，広義には《伝統》の権威についての，入念に練り上げられ，思考され，論証された言説として理解される伝統主義は，啓示を軸とする特殊な歴史性のレジームのうちに宗教が組み込まれることと表裏をなす．啓示宗教と呼ばれる諸宗教（ユダヤ教，キリスト教，イスラーム）はそれぞれ，啓示に基づく体系と聖職者によって統制される信仰の伝達の諸形態とに結びついた固有の伝統概念を発達させた．かくしてキリスト教的伝統の全歴史は，聖書の各文書の正当性および《啓示》の真正な源泉としての諸伝承〔聖伝〕の正当性をめぐる論争の影響を受けている．宗教改革によって生じた危機——そしてある意味では宗教的近代〔modernité religieuse〕への門出——は，伝統の権威の源泉および場所の只中に，二重の亀裂を招き入れた．すなわち，一方では，《書記＝聖書》と，現在に生きている言葉による証言とのあいだの亀裂．他方では，使徒的〔不変の〕《伝統》と，いずれ消えゆく儚い諸伝統とのあいだの亀裂である．

「使徒的」あるいは「預言者的」な伝統の概念が生成したのはカトリック神学の枠内においてである．この伝統は，教会共同体に権威づけられた生ける証言の伝承である．聖書の各文書の他面ないし裏面であるこの伝承の概念は，従属的，補足的なものとして位置づけられ，年代性，普遍性，そしてキリスト教徒としてのアイデンティティを担保する一体性を基準とする(Boutry, 1995)．トレント公会議は，《聖書》に対する伝統〔聖伝〕の「解釈的」ないし「補足的」役割を明らかにするのみならず，次の二つの伝統を区別する機会ともなる．すなわち，「使徒的」諸伝統，つまりは「仲介なしで直接に」伝承されたものであり，《信仰》について真正の教えを保証するものとみなされる諸伝統と，「教会的」と呼ばれる諸伝統，つまり，パンとぶどう酒の両形態による聖体拝領や東の方角を向いての祈りなど，尊重すべきであるが変化してよい，個別的な「慣習」との区別である（Ortigues, 1981）.

世代から世代へと伝達される諸伝統のうちにあって，何が本質的で普遍的で生きたものなのかを裁定してくれる権威の場所，正当性の源泉としての《伝統》に依拠すること，これが，宗教における伝統主義の原理である．「生ける伝統」というテーマは，近代における伝統の再構成が残した遺産の一つである．古代派と近代派が交える象徴的な戦いにおいては，対立する言葉の意味や価値を逆転させる闘争が正々堂々と行われた．近代派が，自分たちが変化の効用を独占することを主張し，伝統というものを単なる保存への配慮に帰してしまうゆえ，〔古代派にとっては〕伝統は革新の源泉であり創造的な力能でもあると主張することがきわめて重要になるのだ．

伝達という行為そのものに含まれる反復の運動は，伝統が保守や保守主義と同義であることをけっして意味しない．《伝統》についての解釈的言説においては，《伝統》が変化を余儀なくされるものであるのは，《伝統》が（近代の，あるいは他の時代の）現実世界や，（歴史的あるいは文化的な）コンテクストの多様性に適応しなければならないからというのみならず，そもそもの構造的理由にもよるのだ．すなわち，《伝統》が変化を余儀なくされるのは，伝統の起源のメッセージの有り余るほどの意味と，そのあらゆる象徴的表現の有限性とのあいだに横たわる，それ自体はどこまでも解消されない隔たりに原因がある．ルターに典型的にみられるのは，《聖書》とパウロ的伝統の読み返しによってもたらされる決定的な個人的体験が，キリストの霊的メッセージに含まれるとされる豊かな可能性の実現につながりうる，そのやり方である．かくして宗教改革というできごとは，伝統と断絶した近代的宗教体制を創始したどころか，エキュメニックなキリスト教徒の意識にある聖霊主義的な視点からみれば，伝統の土台を再建しようとする企て――また，聖書に具現化され《神の言葉》を通じて伝達されてきた同一の啓示を表出し，聖霊の生命をもたらす企て――の一つとして読める．それというのも《聖書》そのものが一つの伝統だからである．

伝統以後の宗教的なるもの

ミシェル・ド・セルトー〔Michel de Certeau〕は，イエズス会士として，イグナティウス的霊性を墨守するということが今日いかなる意味を持つかを問うている．その問い方は，現代宗教文化が伝統と取り持ちうる錯綜した関係についてなされる，数ある証言の一つである（de Certeau, 1987）．二重の断絶がこの関係を特徴づけている．一方では，こうした「証人」のふるまいを，起源にある隠された秘密の探求と混同することはもはやできない．始原の時に見いだせるのは意味の充満ではない．それは，空虚ではないにせよ，少なくとも証言の細分化であり，解釈の多元性である．そうした証言や解釈は，創始者が抱えていたためらいや不確かさ，彼が犯した危険に呼応している．「われわれの祖先は人間である．ただの人間にすぎない．祖先たちもわれわれと同じ人間なのだ」（id., p. 59）．

他方では，後世の子孫たちによって代々営まれてきた解釈が示している逸脱や歪曲は，それぞれの時代に生きる人びとのあいだにみられる不一致を映し出したものである．よく言われる過去の超越性は，現在の他者性や，他の人びとの介在性から理解されるのだ．そうであれば，いまやわれわれが持っている意識を考えると，祖先たちが信じたように現在の自分たちも信じることができると考えるのは難しい．「祖先たちが，同じものを反復していると信じながらも実は創造していたところに，われわれは伝統の存在を立証する．が，われわれの立証の仕方は，そもそも従来はそれとして認められなかったものである．双方において，連続性と非連続性はいずれも等しく確かにあるのだが，しかしそれぞれの意識のされ方には差がある．祖先たちの場合，連続性と非連続性の区別は同じ一つの伝統の内部にあった．われわれの場合は，両者を区別することによって自分たちの歴史の意味を見いださなければならないのだ」（id., p. 70）．

連続性という想像の産物の中心に認められる，隔たりと孤独についてのこの新しい意識，過去との関係における連続性と非連続性との均衡のこうした破れは，ミシェル・ド・セルトーのみるところ，特別に宗教的なものはない伝統を墨守する，異端的なやり方なのだ．それは，いまや現代の文化がさまざまな過去の保証物を喪失し断念している，そのやり方を示すばかりである．

超近代社会〔surmodernité〕が生み出した宗教的状況のなかで活動している新・伝統主義の新たな形態は，ポスト伝統時代の宗教的なるものについて語ることを許すだろう．この混沌とした現状においては以下のような諸関係が絡まりあっている．すなわち，カリスマによって導かれる共同体が幾人かの聖人の形象（たとえばアルスの司祭[10]）と取り持つ自己陶酔的・感情的関係であり，民族的・宗教的運動によって用いられる国民的シンボルとの道具的・象徴的関係であり，イスラームやユダヤ教，あるいはキリスト教福音主義における原理主義の特徴たる，《聖典》との「非妥協的」・字義的関係，などである．ポスト伝統時代に認められる，こうしたさまざまな側面の共存あるいは結合は，宗教的諸伝統との関係の個人化というものを，もう一段階進めるものである．これら宗教的諸伝統は，宗教的なものの再評価の動き，「宗教的なものの回帰」の運動に巻き込まれているのだろう．しかし，それらの宗教的伝統が再び取り上げられるのは，次のような場合に限られている．すなわち，当の宗教的伝統が，それを取り上げる主体にとって「意味ある」場合であり，それが個人の「体験に語りかける」場合であり，「現在の関心」に応える場合である．かくしてそれら宗教的伝統は，ばらばらの素材，あちこちに散らばった製品，個人に使用可能な象徴的資源へと還元されてしまう．M・ド・セルトーによって導入された「フォークロア化」〔folklorisation〕の概念（Certeau et Domenach, 1974, pp. 9-10）は，共同体の基盤から切り離され，また，権威ある記憶の枠組の外に出された伝統的言語や象徴が備える，新たなステータスを指し示すのに用いられうる．このように，すべて同じ次元に置かれた歴史的諸伝統の集合体であるところの象徴的素材が，いまや個人によって自由に使用できるということは，シニフィアンの千変万化，あらゆるブリコラージュを可能にするのだ．

かつての宗教的信念や実践のメタファー的使用は，こうしたポスト伝統時代のもう一つの面である．ウェーバーの解釈に基づいて，ジャン・セギ〔Jean Séguy〕によって素描された「メタファー的宗教」の概念は，集団の活動のさまざまな形態，さまざまな信念や態度を捉えることを狙いとしていた．これらの形態や信念，態度は，宗教的活動の歴史的形態（たとえば，学者や政治家の「預言者的」使命感にともなう絶対性や根源性）と類似的関係を持っているものの，しかし本来的に宗教的な信念の内容（超自然的な力その他）には与らない（Séguy, 1988）．セギによって問題化されたプロセスは，歴史的といわれる諸宗教の変化そのものにも同じくよく当てはまるだろう．メタファー化は，脱神話化，霊性の主知主義，倫理の合理化のプロセスの裏面である．このプロセスによって，キリスト教的世界観の参照系全体（天，地獄，復活など）は単なる象徴体系に還元されてしまう．あるいは，M・ド・セルトーの表現を借りれば，《信仰》のメッセージとは別のものを意味するべく自由に用いられるようなフォークロアに還元されてしまうのである．

宗教的伝統の概念についてD・エルヴュー＝レジェが拡充した用法（それはM・ド・セルトーが展開したフォークロア化の概念を継承している）は，以下の事柄に

10　ジャン＝バティスト＝マリ・ヴィアンネ（1786-1859）．革命期フランスに育ち，リヨン郊外の小村アルスの教区司祭として司牧活動に尽力した．1925年列聖．教区司祭の守護聖人として崇敬を集める．

関わっている．すなわち，信じることや伝統的な宗教的所作との関係の新たな様態であり，それを信じることを前提としない「伝統の創造」であり，二重の意味，二重の理解を生み出す「系統の効果」である．そこでは，伝統のシミュラークルは，正反対の意味を持ちうるメタファーの作用に支えられ（Hervieu-Léger, 1993, p. 109），一つに定まらず流動する諸々の意味作用からなる世界へと至る．そこにはもはや確たる意味の台座はないのである．信念とのあいだに働くこうした作用，大きな伝統的祝祭（クリスマスなど）との関係にうかがえる，虚構と信奉とのこの不安定な混合について，イザンベール〔François-André Isambert〕がすでに次のように提起していた．「（ある種の宗教を，あるいは宗教一切を）自分自身は信じずに，信じていると思しき他人に共感することはたぶん，自己の知的立場を保持しながら，あるノスタルジーを満足させることなのだろう」．宗教の絶対的優越を理由に，（ユダヤ，イスラーム，あるいはペンテコステ派の）原理主義的知性が掲げる全面的・非妥協的態度や過度の熱狂も，実存的な次元においては，世界との関係がはらむこの二重性を免れてはいない．この二重性をD・エルヴュー＝レジェは分裂病的分離と呼んでいる（1993, p. 248）．

かくして伝統主義は，「象徴的」ないし象徴主義的な再解釈という非常に広範囲の現象に通じている．こうした再解釈の現象が示しているのは，「伝統的なもの」に内在する正当性は，実のところ，アイデンティティ獲得のためのさまざまな戦術ないし戦略のなかでたえず手段化されているということである．また，伝統的といわれる社会の只中にあっても同様のことがいえる．宗教と伝統の本質をめぐる論争を超えたところ，社会科学が直面しているのは，宗教に関して伝統主義あるいは新・伝統主義といわれるような言葉や態度の根本にある逆説である．伝統主義の諸様態にみられるこうした自己反省性――それは伝統の効果の二重性と結びついている――が，思考と方法にとっての真の挑戦であることは疑いえない．

参考文献　BOUTRY Ph., « Tradition et écriture, une construction théologique », *Enquête*, 1995, n° 2, pp. 39-57. – CERTEAU M. DE, « Lire une tradition », in *La Faiblesse de croire*, Paris, Esprit / Seuil, 1987. – CERTEAU M. DE et DOMENACH J.-M., *Le Christianisme éclaté*, Paris, Seuil, 1974. – GAUCHET M., *Le Désenchantement du monde*, Paris, Gallimard, 1985. – HERVIEU-LÉGER D., *La Religion pour mémoire*, Paris, Cerf, 1993. – HOBSBAWM E. et RANGER T., *The Invention of Tradition*, Cambridge, Cambridge University Press, 1983.（エリック・ホブズボーム／テレンス・レンジャー『創られた伝統』前川啓治・梶原景昭訳，紀伊國屋書店，1993年）– LENCLUD G., « Qu'est-ce que la tradition ? », in M. Detienne（dir.）, *Transcire les mythologies*, Paris, Albin Michel, 1994, pp. 25-44. – ORTIGUES E., *Religions du Livre, Religions de la Coutume*, Paris, Le Sycomore, 1981（chap. VIII）. – SÉGUY J., « L'approche wéberienne des phénomènes religieux », in R. Cippiani et M. I. Macioti（eds）, *Omaggio a Franco Ferrarotti*, Rome, SIARES, 1988, pp. 163-181. – WEIL É., « Tradition et traditionalisme », in *Essais et conférences*, Tome II, Paris, Vrin, 1971（1re éd. l'article en 1953）.

アンドレ・マリ André Mary
〔渡辺優訳〕

→ 記憶と伝達，文化（としての宗教）

内在／超越
IMMANENCE / TRANSCENDANCE

「崇高な」および「優越した」という意味での「超越的」が，知的とはいえ通常の語彙に属するのに対し，その対立物とみなされる「内在的」のほうはそれほど明瞭に理解されているわけではない．実際，「内在的」は多様な，さらには対立したさまざまな意味を担っている．「内在的」は「浸った」あるいは社会的全体に「依存した」を指しうるし，反対に「自律的な」をも指しうる．「超越的」のほうが，その反対である「内在的」に対して概念としては第一のものである．

哲　学

超越的〔transcendant〕（語源的には ascendere――昇る）の概念は，プラトンにおいては，唯一・永遠・純粋・完全・普遍的・絶対的なイデア界に結びついたものとして現れる．超越の概念は，哲学のなかで進化しつつも，次の意味からなる三つの統一体を包括し続けている．すなわち，外在性，優越性，そして連続性の断絶である．カントは断絶を感性的経験に関連づけることでその意味を明確にした．断絶が認識の論理との関連でなされるとき，われわれは「アプリオリな」あるいは超越論的な〔transcendental〕原理という言葉を用いる．

ある存在に内在的〔immanent〕（語源的には immanere：……のうちに宿る）であるのは，外的行為に起因しないものである．アリストテレスにおいて，ある事物の運動は内在的もしくは外在的な原因を持ちうる．この区別において「内在的」は同様に「偶然的」〔accidentel〕にも対立する．「内在的」の概念はスコラ哲学ではかなりの重要性を得ることになる．すなわち，内在的行為は全面的に主体のなかにあり続け（「宿り」），対象を変容させず（例えば，ある対象の視覚においては，見る者は形を変えるが見られる対象のほうは形を変えない），他動的行為（そこでは対象の変形がある）の概念と対立する．経験論の飛躍的発展（バークリーおよびヒューム）とともに，ある逆転が訪れる．というのも，内在的行為は外に向かうものにではなく，外から来るもの（場合によっては超越者に属するであろうもの）に対立するからである．ある種の語義では，内在は物質主義と結びついている．

近代と諸概念の進化

内在／超越の問いは近代とともに新たな性格を帯びた．スピノザ，ニーチェ，ドゥルーズがこの進化をしるしづける人物である．われわれは超越の優位から内在の優位へと移行したのである．スピノザの無神論をめぐる意見は分かれているものの，人間的なものと同じく神的なものについてのスピノザの考えはすべて内在によって特徴づけられる．レオ・シュトラウス〔Leo Strauss〕が明らかにすると同時に批判するように，近代の政治思想では究極目的（telos）の超越は問いに付されている．ニーチェにおいて，超越との関係は「神は死んだ」によって支配されているように思われる．現象学にとって，ある対象の認識は体験の内在による以外にはけっして「与えられ」ない．サルトル〔Jean-Paul Sartre〕，マフェゾリ〔Michel Maffesoli〕，ランシエール〔Jacques Rancière〕あるいはゴーシェ〔Marcel Gauchet〕とともに，そして種々に異なる形態のもとで，われわれは内在的超越もしくは「地上的絶対」が問題となるようなさまざまな考えが現れるのを目にしている．

宗　教

一神教では，神は人間存在に対して完全に外的で優越したものとして現れる．定義上ほぼすでに，神は超越的なのである．しかし，とりわけキリスト教とともに，神は，一方では神的なものの主体化を，他方では受肉の教説を理由として，人格の内部に現前するものとしても考えられている．それでもキリスト教の神は，彼岸と此岸との根本的分離を司る限りで，超越に所属し続けている．

宗教的次元では，内在はさまざまな霊媒的概念と結びつけられることがあるようだ．神的な実体であれ，死者や祖先の世界に属するものであれ，われわれは諸々の精霊と触知的な接触を持つことがある．こうした接触は憑依の形態や，さらには霊感の形態で行われうる．精霊の世界と，あるいは霊的経験と結ばれた情動的関係はまた，主体それ自身のなかで生じる変化という「内在的」の意味をもたらす．情動にまつわる諸宗教――特にカリスマ運動やペンテコステ派（後者は超越的神に従うが）――は徐々に内在のほうへと向かっている．

超越および内在という用語はまた――しばしばだまし絵のように――聖と俗の概念と交わっている．確かに，一般的に聖なるものは俗なるものに対する分離という基準によって定義される．そのために聖なるものはいささか性急に超越と同じものとされる．聖なるものが俗なるものとのある種の切断を含意するとしても，この切断は，主体が見ることのできるものであり，この観点からすれば（スコラ哲学的な意味においてと同様に）内在に属しうるのである．しばしば宗教的なものと結びつくとはいえ，聖なるものは俗なるものに対する外在性であり象徴的次元に属するために容易に非宗教的な諸空間にも認められることに注意を促しておきたい．

近代化にともなって，聖なるものを認めることと同じく宗教への加入や信仰も弱まる傾向にある．こうした弱体化は，こんにち問われている世俗化〔sécularisation〕のテーゼのうちで言い表されている．さまざまな社会で再び宗教的なものが現れているというしばしば誤った観察（それは1979年のイラン・イスラーム革命とともに始まった）を超えて，ゴーシェの著書『世界の脱魔術化 *Le Désenchantement du monde*』（1985）は，この問題について深い考察を備えた素材を提供した．ゴーシェは「宗教からの脱出としての宗教」という，彼のキリスト教についての考えを通じて，超越の再解釈を提起している．中世的伝統を継続するなかで「超越的」が社会外的な秩序の支配を意味していたのに対し，ゴーシェにおいて「超越的」は反省性〔réflexivité〕の原理となる．これは単に信仰の領域と理性の領域との分割に起因するのではない．宗教から脱出するように導くのは宗教なのである．超越の論理そのものが主体と客体との分化を導くのである．

宗教からの脱出とは，人間存在を集合的なものに完全に包摂し社会的紐帯を始祖的過去への依存のうちに刻み込むような第一の内在から，ゴーシェによれば集合的権力の一切の視野を欠いて市場に溶解し，もはや自らを未来に投企することさえないような第二の内在へと，超越を経由して移行することである．宗教からの脱出というテーゼは，宗教的なものの進化をめぐる分析を政治的なものへと向けさせるものである．

政治的なもの

超越と内在は政治思想を象徴する二概念でもある．主権者〔souverain〕と主権性〔souveraineté〕の概念はこれらから直接生じる．主権者が神権の用語で考えられるとき，超越のイメージは明白であるが，このイメージは同時に，宗教的なものと政治的なものとの漸次的な分裂をしるしづけている．人民の主権性という形象もまた超越の刻印を刻まれているが，この形象は内在の原理を表明しようとしてもいる．内在の原理は現代の個人主義において実現しているように思われる．その際に外在的な何かへのあらゆる依存から解き放たれた内在ないし自律は，解放の要因として提示されることもあれば，反対に，自己把握の不可能な，さまざまな多様性と差異の表象のうちへの散乱として提示されることもある．

主権者の概念と結びつくのは権威の概念である．実のところ，政治哲学は超越的な型の権威（プラトン的諸伝統——正義のイデア——およびスコラ学——創造主としての神の権威の優位——）と内在的な型の権威（アリストテレス——知恵と知識に基づく権威——およびヘーゲル——主人と奴隷の関係——）とを伝えている．それゆえわれわれは，超越／内在の対は単に，（ゴーシェによって再検討された）世俗化の歴史的継起のうちだけでなく，超時間的と仮定される哲学的諸概念に関しても解釈されねばならないことを強調しておく．

とはいえ現代の政治哲学が全体として，レオ・シュトラウスのように（Strauss, 1986），自然権に訴えることで歴史主義的相対主義に異議を申し立て，超越的な政治的諸原理を回復しようと主張する人たちと，政治科学の名において（内在的な）社会的力を「悪」とみなし，さまざまな善のヒエラルキーに関する一切の原理を転覆する人たちとのあいだの緊張関係によって特徴づけられていることに変わりはない．

ルフォール〔Claude Lefort〕が考えたような「空虚な場」としての政治的なものは，内在についての極限的な考えに由来するが，この考えは，政治的なものを純粋に制度化することによって，政治的なものを神聖化〔sacralisation〕の用語で考えることへと行き着く．しかしルフォールはそこまでは至っていない．聖なるものを超越者の用語で考えたくなるのは当然だが，われわれはデュルケーム〔Émile Durkheim〕とともに，聖なるものは社会に外在する何かではなく，反対に，聖なるものとは社会を社会自身によって集合的実体として把握することである，という点を強調しておく．デュルケームがこの把握を名指すために時折「超越」という用語を用いるのは，政治的なものの純粋な制度化が神聖性の表現として考えられうるのと同じ意味においてである．

超越／内在の対を通じて，宗教的なものと政治的なものにまつわるさまざまな問題系がしばしば混ざりあっている．実のところヨーロッパの政治史は，マキャヴェリによって創始された，神学－政治的問題を解決する方法として提示されることがある．ホッブズとスピノザは，近代に固有な政治的なものへの宗教的なものの従属をそれぞれのやり方で理論化した．彼らは超越を政治的なものへと移動させたのである．政治神学はこうした従属と移動によって汲み尽くされるわけではない．カール・シュミット〔Carl Schmitt〕にとって「近代国家理論の重要な概念は，すべて世俗化された神学概念である」(1988, p. 46)．彼は神学的－政治的プロセスはけっして終わっていないことを主張することで，革命の神学ないし解放の神学の運動に理論的根拠を与えた．逆説的なことに，政治的なものと宗教的なものとの接合の合理化を導入するこれらの運動は，純粋な情動に基づく宗教の優位を強調する反対方向の運動と同様に，ある欠如の感覚と聖なるものの訴え（しばしば超越への訴えと一緒にされる）を生み出すのに貢献した．

参考文献　CAILLÉ A., *Qu'est-ce que le religieux ?*, Paris, La Découverte / Revue du MAUSS, 2e sem. 2003. – GAUCHET M., *Le Désenchantement du monde. Une histoire politique de la religion*, Paris, Gallimard, 1985. – LALANDE A., *Vocabulaire technique et critique de la philosophie*, Paris, PUF, 1968. – LEFORT C., « Permanence du théologico-politique ? », *Essais sur le politique（XIXe–XXe siècles）*, Paris, Seuil, 1986, pp. 251–300. – SCHMITT C., *Théologie politique*, Paris, Gallimard, 1988.（カール・シュミット『政治神学』田中浩・原田武雄訳，未來社，1971 年）– STRAUSS L., *Droit naturel et histoire*, Paris, Flammarion, 1986.（レオ・シュトラウス『自然権と歴史』塚崎智・石崎嘉彦訳，昭和堂，1988 年；ちくま学芸文庫，2013 年）

アンドレ・コルテン André CORTEN
〔藤岡俊博訳〕

→ 聖／俗，世俗化

ナショナリズム
NATIONALISME

あまりに多くの場合，単線的な歴史解釈は，ナショナリズムや 19 世紀におけるその拡大を，産業社会の出現によって宗教を決定的な衰退に追いやる完全な近代の現象として紹介しようとする．こうした近代（政治的）と伝統（宗教的）を厳格に分ける視角は，ナショナルな事象と宗教事象とのきわめて複雑な関係を見過ごしている．なぜならばその結びつきは，時代と場においてとても多様だからである．あるときには緊張と対立に，そしてまた別のときには，調和や補完に基づく．そして同じように，あるところでは，対立の兆候であったが，また別のところでは，同盟の兆候でさえあった．このように錯綜するナショナリズムの状況を明らかにするには，歴史的カテゴリーとしてのネイションの出現と，ネイションを動員するイデオロギーとしてのナショナリズムの浸透をあらかじめ区別することから始めるべきであろう．この二つの現象は，本来的には，西ヨーロッパで発展したが，時代においては前者が後者に先立っていた．

宗教と国民的紐帯

どのように国民意識，つまり，個別的な集団に帰属する感情（フランス的，イギリス的，スペイン的など）は，現れたのだろうか．いかにネイションは，ベネディクト・アンダーソン〔Benedict Anderson〕が有名な定型表現で名づける「想像の共同体」になったのだろうか．それを理解するには，次の二重のダイナミズムから特徴づけられる，14世紀から15世紀の初めての近代国家の構築（フランス，イギリス，スペイン）から考察を始めるべきだろう．

一つには，国王が教会に対してなしたように，領主に対しても自らの権力を根気よく強化し，軍事，法制や財政の領域で王権を強く主張し，漸進的に官僚制を設立したことが想起される．こうした政治基盤の確立は，二つのベクトル，つまり宗教と言語の文化統合に発端がある．ネイションは，不可分でかつ騒然とした，この一つのまとまりを持たずしては政治的近代性の主要な根拠とはならないだろう．スペインでは，この文化統合の展開は，1492年の個別的な勢力とともに現れた．なぜならこの年は，王国がグラナダを獲得したことによる最終的な領土の統一，レコンキスタという決定的なできごと，ユダヤ人の追放（その後，イスラーム教徒の追放に至る）やアントニオ・デ・ネブリーハ〔Antonio de Nebrija〕によるカスティーリャ語文法の出版において際立っていたからである．政治的統一と文化的統一は，カトリックの両王〔レコンキスタを完成させたフェルナンド2世とイサベラ1世〕にとって同じコインの両面である．

フランスやイングランドも，政治的なものと文化的なものの紛糾を免れなかったが，その展開はスペインとやや異なっている．フランスでは，王の権威の漸進的な確立は，フランソワ1世〔François I〕の治世においてフランス語を国家制度での唯一のコミュニケーションの媒体にしたが，宗教が分裂の要因であることを証明した．宗教改革の急速な広まりは，国を長期の内戦に巻き込みながら，カトリックの激しい抵抗を引き起こした．アンリ4世〔Henri IV〕は，ヨーロッパ独自の寛容の精神において，国家の統一が宗教的多元性と折り合いをつけることができるとみなしたが，ルイ14世〔Louis XIV〕は，1685年のナントの王令の突然の廃止とともに，信仰の統一への権威的な回帰を義務づけた．寛容のおよそ1世紀ののち，この後退は，カトリシズムを君主と臣民を近づける要因となるよう貢献するどころか，むしろ，フランス人の国民的紐帯の成立を妨げる分裂の要因として現れた．

けれどもドーバー海峡の向こうでは逆のことが起きた．イングランドの国王は，貴族たちやブルジョワと妥協しなければならず，国家統一が困難であった．だが，14 世紀の初頭から，チョーサー〔Geoffrey Chaucer〕の『カンタベリー物語』が相当な輝きを与える英語は，ブリテン諸島の地理的特徴をいっそう強める文化的特性の誘因とみなされた．英語の普及は，14 世紀末から土地所有貴族，下位の聖職者や中間層の一般信徒／俗人のあいだに広がる聖書の英訳によって加速する．こうした固有言語の革新が，聖書への直接のアクセスを推進し，ラテン語，そしてローマ教会からの離脱に貢献した．ヘンリー 8 世〔Henry VIII〕の治世における宗教分裂と国家宗教としてのイングランド国教会の設立がこの離脱の運動を際立たせた．すなわち，プロテスタントの宗教は，密接に人民の言語と結びつくことによって，イングランドの国民意識のおもな基盤となった．より一般的にいえば，ヨーロッパにおいて，プロテスタンティズムは，すべての信仰者を平等にし，さまざまな俗語による神聖なテクストへのアクセス――印刷術の発展がそれを可能にさせる――を彼らに認めながら，はっきりしたナショナル・アイデンティティを結晶させる強力な要因になった．オランダやスコットランドのカルヴァン主義とスカンジナヴィア諸国のルター主義は，国家に密接に結びつくナショナルな教会において具現されるだけに，個別的でナショナルな感情の出現にとって否定しえない役割を果たした．

しかし，19 世紀以前における集団への共通の帰属意識は，政治的地位を担うエリート，つまり，貴族や聖職者の専有物にすぎなかった．その当時は，少数の者だけが「ネイション」を形成していた．ある人間集団全体を指し示す〔ネイションという〕意味の普及は，アメリカとフランスの革命に続いて民主主義の理念が発展した結果である．

ネイションという近代的な概念は，主権を保持する市民の共同体として「水平的」な基礎に立脚する．すなわちネイションへの帰属は，出自や社会的地位，あるいは財産による特権という私人のカテゴリーに限定されえないだろうし，それは，境界が定められた国家の領域に結集する，すべての市民の政治的結合に基づく．定義上，民主的なネイションの概念は，包摂的であり，市民の社会的，文化的あるいは宗教的相違を乗り越えて，市民を結集するのに適している．連合王国（1801 年のグレートブリテンとアイルランドの連合により成立）における政治生活の漸進的な民主化は，中間階級や労働者階級がネイションに編入されるのと同じように，カトリック教徒やユダヤ教徒が国民生活に全面的に参加できるよう，彼らに強制された法的制約を廃止しようとした．民主的な市民権は，宗教的亀裂の克服，したがって，不可避的に分裂の要因として作用する宗教的な指示対象から自由な中立国家を要求する（信仰上の構想について同質的な人民を持つわずかな国家を除いて）．

最上位の市民の忠誠心〔の対象〕としてのネイションという近代的理念は，世俗化の産物である．ナショナリズムは宗教の代替物，つまり近代の宗教であると主張されるまでに至った．ナショナリズムは，典礼（愛国的な儀式），シンボル（国旗，国歌），寺院（公共建造物，戦没者追悼碑，パンテオンなど），司祭（政治家）を持つ．またそれは，ネイションの個別的な運命，揺らぐことなき統一，そしてその不滅という信条のまとまりさえも育成する．したがってナショナリズムは，ネイションが神と同じように崇拝される世俗宗教として現れる．このナショナリズムと世俗宗教の類推をあまり推し進めるべきではないが，この類推から，ネイションへの忠義が，宗教的な忠義に取って代わるほどではないとしても，宗教を凌駕しうると強調することは有益である．こうした国民的紐帯の優位は，国家を奪われた人間集団のナショナルな権利要求の典型的な担い手である，知識人層〔intelligentsia〕によって19世紀頃から頑強に主張された．

ナショナリズムの動員と宗教：複雑な関係――18世紀以来，ヨーロッパにおける科学的な国家の成長は，官僚的合理性に基づき，宗教的権威が最大限に正統化する伝統的秩序を漸進的に問い直し，宗教的な啓示の土台を侵食する．この変化が，新しい社会的カテゴリーである知識人（知的・自由業者，ジャーナリスト，学生）を出現させた．彼らは，ナショナリズムを展開する上で決定的な役割を担い，覚醒という作用を，媒介者という自らの特性と任じる．彼らのこの特性は，開放的な教育システムから生み出され，社会的発展の展開のなかで農村的／封建的社会から産業的／ナショナルな社会への移行期に現れた．それは，グローバルな社会の発展と帰属集団の伝統的エリート，とりわけ聖職者からの疎外という二重の状態のうちにある．知識人は，民衆文化（世俗）には，それが持たない体系的な表現を与え，上位文化（神聖）には，民衆文化の名において，〔ネイションへの〕アクセスを独占するカーストの序列に対抗する．その戦略は，これまで原初的な特徴を理由にして軽視されてきた伝統文化を評価し，正当な仕方で心を引きつけられた一部の人びとの支持を得た．こうした権力の競争と獲得の論理は，宗教的序列が一般に世俗的な目標を持つナショナリズムに対する構造的対立を明らかにする．なぜならナショナリズムは，何よりもまず，ある人間集団に主権国家を与えようとしたからである．

この対立は先見的には逆説的にみえる．なぜなら19世紀においてネイションの独立のために戦う者は，もっぱらあるいは優先的に，宗教によって定義されるからである．離散した集団（ユダヤ人），国家の境界によって分割された集団（ポーランド人，アルメニア人），帝国の辺境領に位置づけられた集団（セルビア人，クロアチア人），あるいは，別の信仰を表明する人びとに支配された集団（アイルランド人）にとって宗教は，民族的な血縁関係や社会的紐帯，共同体の精神を支え，保存し，不滅にする役割を歴史的に果たしてきた．この意味で宗教は，ある集団を原初的に統一し，彼らが逆境のなかで生き延びることができるようにしてきた．ナショナリストの指導者は宗教に基づく民族的まとまりの保存を尊重するが，しかし宗教的伝統の支持者はそれに騙されることはない．彼らは，ナショナリストの指導者が，宗教を，機能的な役割やより広い国民文化（民俗，遺産，文学，歴史，とりわけ言語）の特徴へと還元することによって，集団的アイデンティティをまったく新しい言い方（政治と文化に関わる）で表現することを完全に見抜いているからである．ナショナリズムは，上位の神聖な原理との関係ではなく，集団それ自体をおもな根拠にすることによって，断固として現世的なものであろうとする．この点においてナショナリズムは，伝統の支持者への無理解と敵対を喚起させることで，宗教的な世界観（Weltanschauung）との切断を巧みに確立する．

それゆえに正統派のユダヤ教徒は，冒瀆的な異端と非難されるシオニズムと断固として闘った．この宗教的伝統との隔絶は，近代のユダヤ・ナショナリズムの指導者にはっきりと受け止められていた．ヨセフ・ハイーム・ブレンネル〔Yosef Haïm Brenner〕やミハ・ベルディチェフスキー〔Mikha Berdichevski〕のような「シオニストのニーチェ主義者」は，ユダヤ人を非人間的な束縛のなかに閉じ込めた，硬直的な宗教からの転換を彼らに勧める．彼らはそれが価値の真の倒壊を招くことを恐れなかった．徹底した断絶の意志が最もラディカルな思想傾向の特性であったとしても，シオニスト諸派におしなべてみられる「ネイションへの準拠」の希求は，宗教的なものの遍在によって特徴づけられるユダヤの独自性を，まさに問題視するものであった．ベン・グリオン〔David Ben Gourion〕は，シオニズムが，ユダヤ人を聖なる歴史の対象から世俗的な歴史の主体へと移行させようとする，「唯一の民の比類なき宿命」に対して向けられた革命であったことを見誤らなかった．ユダヤ主義が，何よりもまず，神中心主義であるならば，シオニズムは人間中心主義であろうとする．すなわち，神が民に設けた遊牧部族と永遠の契約を，みことばによって結んだのは，もはや神ではなく，すぐさま自己を在らしめ，自らの歴史に意味を与える民自身である．

ナショナリズムに対する同様の深い不信感はギリシア世界にもある．コンスタンティノープルの東方正教会の総大主教の権威は，オスマン帝国におけるキリスト者のミッレト（millet）（宗教的共同体）全体——アルメニア人を除く——に及ぶ．彼は，ギリシア・ナショナリズムの出現に好意的ではなかった．一つには，彼は，ギリシア・ナショナリズムの復古的特徴に強い不信感を抱いていた．なぜならギリシア・ナショナリズムは，多神教的な古代ギリシアを称賛することで，ビザンティン教会の出現に結びつく特異な神話よりも前の起源にまつわる神話を設立したからである．他方，上位聖職者は，バルカン半島末端のギリシア人を再領域化することが，徐々に東方正教会の世界への自分たちの影響力とギリシア人への教導権を失わせることをごく当然に気づいていた．確かにその言葉どおりになった．ギリシアの独立ののち，総大主教は，ルーマニア人のような非ギリシアの東方正教徒に残っていた権威を失い，ギリシアの教会は，総大主教からの自律を宣言したからである．

オーストリア＝ハンガリーにおけるカトリック教会の指導者もギリシアの場合とほとんど違いがなかった．19世紀のあいだ中，一般に司祭は，ハプスブルグ家への忠節とカトリックの信奉者のあいだにネイションを区別する境界線を設けることへのおそれから，知識人がもたらす国民運動にきわめて慎重であった．なぜなら，司祭にとって知識人は，近代の運搬者であること——しばしば両方を備えるのだが——と，プロテスタント出身であること（スロヴァキアやハンガリーのように）という二重の傾向を示すからである．おもにドイツ人やハンガリー人からなる上位聖職者は，ごく自然にオーストリア＝ハンガリーの君主制の保持を支持していたゆえに，遠心的なナショナリズムに敵対した．彼らは，農村部のカトリック聖職者とは異なる方向に向かった．農村部のカトリック聖職者は，自らの教区の信者と同じ運命を共有していたことから，ナショナリストの言葉遣いに無関心ではなかった．ある場合では，村の司祭は，農民たちにとって，ほとんど存在しない知識人に代わる役割を果たし，教区は，国民運動を取りまとめる場であった（スロヴェニアとスロヴァキア）．しかし，このような司祭の参与は，司祭としてそうしたのではなく，その中心が民衆的カトリシズムであった民衆文化の代表として参与したのである．

共通の宗教，あるいは広範に共有された宗教の存在がナショナルな動員の展開を容易にする要因であると証明されたとしても，この欠如はけっしてナショナリストの論理の実行を禁じるものではない．アルバニアの事例はそれを鮮明に例証する．このわずかな人口の小国（現在，350万人）は，多くの宗教集団に分割されている．この国では，20％の東方正教徒と10％のカトリック教徒が70％のイスラーム教徒と共生している．アルバニアでは，イスラーム教徒の多数派が，スンナ派であっても，イスラーム教徒のおよそ20％は，スーフィー教団からシーア派と混合するセクトとなったベクタシー教団（Bektaşîlik）の秩序に属している．こうした宗教的な細分化は，言語的一体性によって補正されない．なぜならアルバニア語は，発音と語彙がきわめて異なる，トスク（Toskë）（北部）とゲグ（gegë）（南部）の二つの系統（言語は1970年代になってようやく標準化される）を持つからである．この極度の多様性は，「アルバニア人はアルバニア主義という宗教しか持たない」と主張した，共産主義の独裁者，エンヴェル・ホッジャ〔Enver Hoxha〕に，統一的なナショナリズムを出現させる根拠を与え，その展開をまったく妨げることがなかった．同じ枠組でも，ブラック・アフリカでは，部族に応じて多数の宗教――さらに言語の多様性――が，「アイデンティティの標識」を頼りにすることによって，民族解放運動の障害となった．したがって，アフリカの脱植民地化のナショナリズムは，すぐれて政治的であった．なぜなら，その基盤が植民地の抑圧に対する闘争であり，植民地化から引き継いだ境界における国民国家の構築だったからである．

最後に，共有された宗教，あるいは，支配的な宗教は，ナショナルな企図が，果敢に近代化の推進を望むゆえに，露骨に非難されることがある．ここでは，二つの事例を紹介しよう．第一の事例はトルコである．強い国民国家を建設しようとする意志から，ケマル・アタテュルク〔Kemal Atatürk〕は，イスラームの特徴を除去するほかなかった．なぜなら，イスラームは，トランス・ナショナルな宗教システムを構築していたからである．この宗教システムは，イスラームの正統であることを根拠にして自身の地位の正統性の大部分を確保する，オスマン帝国と完全に適合するが，アナトリアに集中し，トルコ人だけに領域を限定したナショナリズムには明らかに不適応であった．イスラームのウンマ（umma）と制度的，象徴的な断絶は不可避であり，二つの戦争のあいだに定まった方策の継承（カリフの廃止，イスラーム暦の放棄，アラビア文字の廃止，シャリーア（sharīʻa）〔イスラーム法〕に代わるヨーロッパ法規の採用など）は，どれもトルコの特異性を肯定し，より広いイスラームの環境に対するトルコという境界を画定するようになった．

第二の事例はインドである．ここでも，1885年からのインド国民会議党によるインド・ナショナリズム運動は，ヒンドゥ教――インド人の80％は自らをヒンドゥ教徒と認める――を，この運動が作り上げようとするネイションの定義の構成要素にすることを拒んだ．伝統主義的なヒンドゥ教徒の少数派が存在するにもかかわらず，ネルー〔Jawaharlal Nehru〕が導く国民会議党は，共有されるナショナルな企図にキリスト教徒，とりわけイスラーム教徒をネイションに包摂しうる唯一の道として，宗教的帰属を超越する「普遍主義的ナショナリズム」を守った．

したがって，ナショナリストの動員段階では，ある人間集団のために独立を獲得する場合，宗教は，しばしば対処が困難である．宗教は，たとえ強い集団的な特性を保持するために有用であっても，知識人が推進するナショナルな企図の中心にはない．なぜならこれまで聖職者が行使してきた優位を彼らから剝奪しようとする知識人は，上位の神聖な原理ではなく，共同体それ自体から自らの正統性を引き出す，自足的な共同体の構築を目指すからである．このように宗教から距離を保つことは，民主的なナショナリズムの典型であり，ある人間集団の政治的自由の保障を熱望する，友愛の地平におけるフランス革命の継承とみなされる．1848 年の革命はそれを最も明白に表明した．ところが，ヨーロッパ諸国の闘争において左派から生まれた，この解放を目指すナショナリズムは，19 世紀末から徐々に，あらゆる関係を宗教に結びつける，攻撃的で，閉鎖的で，排他的なナショナリズムに次第に取って代わられる．

宗教的なものの民族化——「ナショナリストのナショナリズム」（ラウル・ジラルデ〔Raoul Girardet〕）は，他のあらゆる政治的カテゴリーに絶対的に優位するネイション（より明白にいえば，自身のネイション）を要求する教義である．ここで言及されるネイションとは，もはや市民権に基づく包摂的な共同体ではなく，民族性に基づいて構築される排他的な共同体である．宗教は，一貫した共同体であるために，精巧でかつ強固な源泉を証明する．

だからポーランドでは，両大戦間期，国民的紐帯は，国民民主党（エンデツィア Endecja）の活動において増大するカトリック化の対象である．その創設者である，ロマン・ドモフスキ〔Roman Dmowski〕が第二共和政（1918–1939）のあいだ，いかなる公式の役割を果たしていなかったとしても，ポーランドらしさとカトリシズムを完全に融合させた，彼のネイションの有機的な概念は，すべての「似非ポーランド人」，すなわち，非カトリック教徒（ドイツ人，ウクライナ人，ベラルーシ人，そしてとりわけユダヤ人）に向けた差別行為を正当化し，公的生活において相当の影響力を持った．ルーマニアにおいては，宗教のラディカルな民族化が，ルーマニアらしさと東方正教会を完全に結びつける，ナショナリスト右派のイデオロギーのうちにある．ここでは，この同一視は，少数派（ハンガリー人，ドイツ人，ユダヤ人）の排除，とりわけ，鉄衛団によるユダヤ住民へのきわめて残忍な虐殺にまで達する排除をますます正当化した．宗教の民族化は，西ヨーロッパ，なかでもフランスにも及んでいた．フランスでは，シャルル・モーラス〔Charles Maurras〕の完全なるナショナリズムは，フランス性とカトリシズムを等価な結合であると主張し，彼が四つの連合国家（プロテスタント，フリーメイソン，ユダヤ人，「よそ者」）と呼ぶ集団をネイションの枠組の外へと排斥した.

こうした民族性による宗教の占有には二重の特徴がある. 一つは, 実際のアイデンティティの不安から生じる. ポーランドやルーマニアにおいて, ネイションにおける少数派のおよそ三分の一は, 不明確で, 定まらない領域にある若い国家の困難な問題とみなされる. しかし, ラディカルなナショナリズムの信奉者は,「包括的」な統合を目指す市民権の擁護とは逆のことを推奨する. すなわち, 同質的で強固なアイデンティティ, いわば少数集団の排除をともなってしか前進しえないことを強制するのである. フランスも同様に, 深遠なアイデンティティがフランスから失われるという理由から共和国を廃棄することで, フランスのための伝統的秩序の再定着とその回帰の美徳を奨励した.

他方で, こうした国民的紐帯の民族化は, 宗教を経由したゆえに, 聖職者のあいだでも反響があった. それはおもに司祭からであったが, ときには宗教ヒエラルキーの頂点からもあった. 1937 年, ルーマニアの正教会の司祭の五人に一人は, きわめて暴力的なファシズム運動である鉄衛団への同調者であった. ポーランド議会では, ネイションにおける少数派の代表, とりわけ, キリスト教者の感情を侮辱し, 無神論を広めると非難されるユダヤ人の代表を政党に採用するという理由から, 聖職者は, 際立った盲目的愛国者の態度をとった. しかしながら, 民族性による宗教的なものの回復は, とりわけ教会の上位指導者のあいだでは逡巡とともに進行する. どのように, 民族的, 政治的, 文化的相違の克服を義務づけるキリスト教の教えの普遍性は, 極端なナショナリストが擁護する偏狭な個別主義と両立するのだろうか. 後者は, 宗教をもはや信条の事柄ではなく, 特定の民族的なナショナル・アイデンティティの優れた徴候にする. 緊張は最終的には避けられない. ピウス 11 世によるアクション・フランセーズの糾弾は, ネイションへの絶対的な献身と真正なキリスト教的参与が両立しえないことを立証した.

宗教的ナショナリズム——近代化を進める構想において, 第三世界の多くのナショナリストは, ネイションの独立闘争をもたらした. 彼らは, しばしば社会主義的な着想を持ち, 政治的自由, 社会的正義や経済発展を約束する国家を中心に置いた. 実際上, その目的は, イスラーム世界のように, 宗教的なものの動員に支えられる反体制勢力の乱入が容易であることから, とても頻繁に権威主義体制や寡頭制によって裏切られた. このような現象は, ネイションの構築計画がより有益であった, インドやイスラエルのような国々にもある. 20 世紀後半に力強く現れた, 脱宗教的なナショナリズムに対する反対運動は, 生活領域全般を抱え込むべきすべての現実を，宗教において理解する原理主義運動とみなされる．だが，この宗教的な原理主義は，二つの異なる形態を持つ――たとえ両者のあいだに行き来する経路があるにしても．第一は，敬虔な信徒によるものであり，必要であれば，世俗との接触を絶ち，何よりもまず宗教的実践の厳格な戒律を遵守しようとする．第二は，積極行動者であり，前者と同様に厳しい正統を説き勧めるのだが，政治への介入を擁護する．

「第一の手法」の原理主義者（ユダヤ教におけるハシディズムのグループ，イスラーム教徒のタブリーグ（Tablīgh）〔イスラーム復興運動団体〕のメンバーなど）は，まず，厳格な戒律の宗教の普及に関心を持ち，政治的仲介者として国家の役割に関与せず，国家のナショナルな企図を軽蔑しさえする．それとは異なり，「第二の手法」の原理主義者は，断固として，宗教の政治化を進め，そして，国家を宗教的秩序に奉仕する道具とするために，国家の獲得に関心を向ける．こうした傾向は，世界の多様な宗教で増大する支持者を得るが（インドのパンジャブのような，独立的な国家建設を目指す，根源的なシーク主義），最も目覚ましい発展はイスラーム世界においてであった．それは，イスラーム主義運動の増大であり（しばしば，ムスリム同胞団の東方アラブに由来する），イスラエルでは，はるかに限定された規模ではあるが，宗教的シオニズムの飛躍である．

この異なる集団には本質的な共通点がある．一つには，指導的機能が宗教的知識人に掌握されていることである．それは，二重の浸透（宗教的社会化と世俗教育）によって際立っており，宗教的指導者（ラビやシャイフ）から精神的正統性をまさに獲得することで，一般的に運動の政治的方針を保障する．けれども，高位の聖職者の一派に対するイスラーム主義運動の影響力がどれほど現実的であっても，こうした宗教の政治化は，国家に統合された公式の宗教機関――エジプトのアル＝アズハル（Jāmi‘a al-Azhar）のウラマー（‘ulamā’）に類似する機関――と対立することがある．注目すべき例外は，シーア派の聖職者がイスラーム革命の成功で主要な役割を担ったイランの事例である．他方で，「積極行動主義的な」原理主義者の最初の目的は，宗教規範（シャリーアやハラハー（hălākhāh）〔ユダヤ法〕）の応用に留意した，イスラーム国家あるいはユダヤ国家の建設のために政治権力を獲得することである．実際，党派（モロッコの公正発展党〔Parti de la justice et du développement〕，トルコの公正発展党 AK（Adalet va Kalklnma Partisi），ヨルダンのイスラーム行動戦線〔Front de l’action islamique〕（Jabha al-‘Amal al-Islāmī））は，政治闘争に参与しながらも，彼らが推進する（疑似）民主的な枠組を採用するほどにまで自らの立場を緩和した．

このような原理主義者とナショナルな現象が結びつくのは，どのような関係においてであろうか．彼らは，自立的な政治カテゴリーという，ネイションの近代的な含意において，完全な正統性とネイションとを一致させえないだろう．なぜなら，このネイションの概念は，宗教的なものから切り離されており，法においてはそれぞれのアイデンティティの相違を乗り越える平等な市民の理念に結びつくからである．したがって，たとえ穏健なイスラームの傾向が民主主義の論理（少数派や女性の権利など）を導入することに同意したとしても，それでもなお，イスラームと国家の密接な統一の企図は，宗教的少数派にとって脅威であり続ける．なぜなら宗教的少数派は，よい場合では従属的立場として存在が黙認され，最悪の場合では執拗に追跡されるからである（エジプトのキリスト教徒〔コプト〕）．

しかし，付加的な差異が宗教形態に応じて強制される．それが民族集団（ユダヤ主義のように）と完全に同一視されるならば，真の宗教的ナショナリズムがたやすく現れるだろう．だから，「ネイション」のカテゴリーは，その本来の意味，すなわち，出自に基づき，かつ，宗教的なアイデンティティによって完全に定義される帰属集団の前近代的な意味を取り戻すのである．1970 年代にイスラエルに現れた異なる集団（信仰運動〔Bloc de la Foi〕，メイル・カハネ〔Meir Kahane〕のカハ党〔parti Kakh〕など）は，こうした宗教的ナショナリズムに従属する．この集団は，非妥協的なメシアニズムを擁護し，パレスチナ人との領土的妥協をまったく受け入れない．

問題となる宗教が，イスラームのように，公然とした普遍的な神の召命を持つとき，事例は大きく異なる．どのようにナショナルなものを超越した理想は，異なる諸国家間のイスラーム共同体の分離と両立するのだろうか．イスラーム主義の主導者，たとえば，ムスリム同胞団の創設者である，ハサン・アル＝バンナー〔Ḥasan al-Bannā〕やインドのイスラーム教徒のアブー・アル＝アアラー・マウドゥーディー〔Abū al-A‘lā Maudūdī〕にとって，ナショナリズムは不信仰（クフル kufr）である．なぜならそれは，ウンマの統一を断片化するからである．イスラームは兄弟殺しの超克を目指すのだが，ナショナリズムは，イスラームにとって，違った兄弟殺しを招く西洋のイデオロギーである．イスラームにとって，まぎれもない正統で唯一の「ネイション」とは，イスラーム教徒から形成され，ついにはイスラーム国家に集う「ネイション」を意味する．ナショナリズムが主義として非難されるのならば，具体的なナショナリズムを判断することが重要なとき，その判断はますますニュアンスを帯びるであろう．

アラブ・ナショナリズムと地域的なパトリオティズム（エジプト人，アルジェリア人，パレスチナ人など）はとても明白に区別される．前者は，まったくの虚像である「アラブ・ネイション」を尊ぶことを目指す，人為的な思想として拒絶される．ナセリズムやバアシスムの栄光の時を知る，この汎アラブ主義のおもな誤謬は，ネイションを超越する容認可能な同一化が汎イスラーム的なものでしかありえないにもかかわらず，国家を超越する同一化を，ウンマから取り残されるアラブ人を孤立させる文化的，民族的基盤の上に確立しようとしたことにある．もう一つの特性は故郷への愛着である．おそらくそれは完全には成立しえないだろうが，故郷への愛着がイスラームの擁護に結びつくならば，それは何も不当ではない．だから実際においてイスラーム主義の国際的な野心は，個別的な責務（パレスチナのハマース（イスラーム抵抗運動）（Ḥaraka al-Muqāwama al-Islāmīya, Ḥamās)，アルジェリアのイスラーム救済戦線 FIS〔Front islamique du Salut〕，レバノンのヒズブ・アッラー〔Ḥizb Allāh〕など）に応じて決定される宗教的ナショナリズムにそのふさわしい地位を譲る．

参考文献　DIECKHOFF A., *L'invention d'une nation Islaël et la modernité politique*, Paris, Gallimard, 1993 ; *La Nation dans tous ses États. Les identités nationales en mouvement*, Paris, Flammarion « Champs », 2002. – JUERGENSMEYER M, *The New Cold War ? Religious Nationalism Condronts the Secular State*, Berkeley, University of Calfornia Press, 1993.（M・K・ユルゲンスマイヤー『ナショナリズムの世俗性と宗教性』阿部美哉訳，玉川大学出版部，1995 年）– KEPEL G, *Jihad. Expansion et déclin de l'islamisme*, Paris, Gallimard, 2000.（ジル・ケペル『ジハード――イスラム主義の発展と衰退』丸岡高弘訳，産業図書，2006 年）– MICHEL B., *Nations et nationalismes en Europe central, 19-20ᵉ siècle*, Paris, Aubier, 1995. – ROY O., *L'islam mondialisé*, Paris, Seuil, 2004. – SCHULZE H., *État et nation dans l'histoire de l'Europe*, Paris, Seuil, 1996. – ZAWADZKI P., « Nationalisme, démocratie et religion », in A. Dierkhoff et C. Jaffrelot（dir.），*Repenser le nationalisme. Théories et pratiques*, Paris, Presses de Sciences Po, 2006, pp. 263-309.

アラン・ディコフ Alain Dieckhoff
〔稲永祐介訳〕

→ 共同体主義，国家，宗教的マイノリティ，宗教の民族化・人種化，ディアスポラ，ライシテ／ライシテ化＝脱宗教化

非キリスト教化
DÉCHRISTIANISATION

「非キリスト教化」〔déchristianisation〕という語の創造は，それ自体のなかに，一つの歴史学的問題を提起する．語源は動詞「非キリスト教化する」〔déchristianiser〕

で，言葉の生成の順序がつねにそうであるように，はじめにこの動詞が生まれた．ただ，否定接頭辞〔dé〕と「キリスト教化する」〔christianiser〕という動詞からなるこの語は，非常に古い語彙からの借用である．その動詞「キリスト教化する」は，16世紀からその存在が確認され，「キリスト教徒になる」，続いて「キリスト教徒を作る」という意味で用いられた．また「キリスト教化」〔christianisation〕という語は，より遅れて現れたが（1843），その出現は，19世紀における宣教の発展と軌を一にしている．同じ意味を持つ動詞として，「福音を説く」〔évangéliser〕が挙げられるが，その派生形である名詞「福音化」〔évangélisation〕もまた，同様の展開をたどって現れた（1845）．信仰として，礼拝として，教義として，キリスト教を広めること，それが「キリスト教化する」であり，「非キリスト教化する」とは，語源的には，これとは逆の作業を進めることである．つまりキリスト教を減少させ，制限し，あるいは排除することであり，キリストと，彼の宗教，その教会を奪い去ることである．

概念の系譜

動詞「非キリスト教化する」は，大革命の時代に初めて現れたのだろうか．この語の意味するところが，重要な論点になるのだろうが，多くの者が大革命起源説を証言しているにもかかわらず，実際のところ，証拠は積み上がっていない．確かに「非キリスト教化する」は，その成り立ちに関しては，大革命期に作られて流布した他の動詞，特に「革命的非キリスト教化」をめぐる二つのキーワード，すなわち「脱狂信化する」〔défanatiser〕と「非司祭化する」〔déprêtriser〕と類似した特徴を持っている．しかしながら，これらの語に関しては，最初に以下の事実に注目しなければならない．動詞「非狂信化する」と「非司祭化する」は，派遣議員や監視委員会，人民協会が共和暦2年に用いた語彙のなかに，その存在が強く裏付けられていた．だが二つの動詞は，もともとカトリックに対してネガティブな意味を与える語，つまり啓蒙哲学が総がかりで非難（「狂信と迷信」）した「狂信」という語と，大革命の最初の数年間で生じた反教権的風潮において，「国民の再生」の敵として忌み嫌われ，追い立てられ，追放された「司祭」という語から作られたのである．こうした事実とは反対に，「非キリスト教化する」という動詞は，キリストの名前そのものからの借用であり，その点は，この語がどちらかといえば，カトリック的な起源であることを証明している．

後代において，大革命起源説を唱えた二人の証人，すなわちジュール・ミシュレ〔Jules Michelet〕とルイ・ヴィヨ〔Louis Veuillot〕は，思想面では完全に敵対したにもかかわらず，「非キリスト教化する」という新語の発明に関しては，ともにこれをミラボー〔Honoré-Gabriel Mirabeau〕に帰している．たとえば，ミシュレは『フランス革命史 *Histoire de la Révolution française*』（1847-1853）の第5巻で，「ときに予言者を演じることのあったミラボーは語った．革命を非キリスト教化しなければ，諸君は何もなしえないだろうと」と断言している．また，ヴィヨは1853年1月発行の『ユニヴェール *L'Univers*』紙で，この「ミラボーは，偉大な演説者の典型であり続けた．われわれが先述した構想，すなわち非王政化するために，非キリスト教化する，そして非キリスト教化するために，非王政化するを定式化したのは，彼なのだ」と言明した．一方で，二人より早い世代の証人エメ・ギヨン・ド・モンレオン〔Aimé Guillon de Montléon〕師は『フランス革命期における信仰の殉教者たち *Martyrs de la foi pendant la Révolution française*』（1821）において，「憲法制定議会のリーダーたちが，ミラボーの言葉に従って，フランスを非カトリック化する計画を構想した」という異説を提示し，彼らの「全面的非カトリック化の計画」を告発するよう提唱した．しかしミラボー，あるいは動詞「非キリスト教化する」の使用を裏付ける大革命期のテクストを明確に引用することで，もっと厳密に，この語彙の来歴を描き出してみたくなる．たとえ，「非キリスト教化する」という考えが，信仰に幻滅した複数のカトリック教徒，さらには啓蒙の精神に心酔した数名の革命派の脳裏に，明白に示されていたとしても．

そこで，さしあたっては慎重に，1850年代に生じたきわめて論争的なコンテクストのなか，ヴィヨの著作でも，ミシュレの著作でも，動詞「非キリスト教化する」が出現した事実に留意しよう．何より，ミシュレ以上にこの語彙をうまく読者に浸透させたのが，19世紀の非妥協的カトリックの中心を担ったヴィヨであったことが，明らかとなろう．

1853年1月発行の『ユニヴェール』紙に掲載された，そのヴィヨによるフランス革命関連の記事のシリーズから，もう一つ記述を抜粋しよう．このカトリックの大ジャーナリストは，執拗に以下の文句を繰り返す．「教会と国家は同じ目的の下，同じ憎しみを込めて，同じ敵によって攻撃されてきた．われわれは知らない．いかなる百科全書派が，次のようにいったのかを．すなわち最後の王のはらわたをえぐり出すとともに，司祭は一人残らずしめ殺さなければならないと．しかし，公式に表明された革命の計画は，フランスを非王政化するために非キリスト教化する，そして非キリスト教化するために非王政化するという，綱領的な表現に落ち着いた」．したがって，この新しい語が19世紀の終わりに定着することになるのは，もっぱらカトリックの影響を受けた歴史文学，または護教文学においてである（事実の展開が，そのことを裏付けるだろう）．

言葉の遺伝学では通例になっているが，名詞「非キリスト教化」は，動詞「非キリスト教化する」が現れてから数年，ないし数十年遅れて現れた．リトレ〔Émile Littré〕が，この語が最初にミシュレによって使われた（「ラテン民族の非キリスト教化」）ことを示唆しても，彼はその出典を思い出すには至らなかった．結局リトレは，たいそう古典的な『フランス語辞典 *Dictionnaire de la langue française*』（1863-1872）ではなく，1877年出版の〔その『辞典』の〕『補遺 *Supplément*』のなかで，シンプルにして厳密な定義を込めて「非キリスト教化：非キリスト教化する行為」と紹介した．彼はこの語を，オルレアン司教デュパンルー〔Félix Dupanloup〕猊下の時宜に適った小冊子『我々はどこへ向かうのか *Où allons-nous?*』（Paris, Douniol, 1876, p. 33）から引用した，直近の文例で例証している．引用されたのは以下の一節である．「教権主義の名のもとに，彼らが攻撃するのはキリスト教である．彼らが攻撃を望むのは，教会に対してである．彼らが侮辱するのは，宗教である．彼らが追求するのは，フランスの非キリスト教化である」．そして彼は「非キリスト教化」の項の冒頭で，同じ小冊子（p. 34）からもう一つの抜粋を引用して，付け加えた．「フリーメイソン，実証主義，そして急進主義が現在，フランスを非キリスト教化するための最後の努力をしていることは，否定できないだろう」．さらに詳しい事情がわかるまでは，とりあえず，以上の事柄のなかに，宗教的事象の分析用語としての「非キリスト教化」の出生証明書を見いだせるのではないだろうか．

この分野に関する歴史研究において画期をなした1963年の論文で，ルネ・レモン〔René Rémond〕はきわめて適切に，「非キリスト教化」という語の最初にして，注目すべき使用について解説した．彼はそこで，論争的，能動的，未来予見的という三重の意味づけを施したのである．第一に来るのは，間違いなく論争的な意味である．この語の出現は，明らかに1870年代の政教関係をめぐる状況，および道徳秩序の風潮，そしてパトリス・ド・マクマオン〔Patrice de Mac-Mahon〕とレオン・ガンベッタ〔Léon Gambetta〕の時代における共和主義的な反教権主義の台頭と関係がある．もっとも，共和派の議員にして実証主義者，さらにはフリーメイソンでもあったリトレが，〔『フランス語辞典・補遺』で〕仇敵のデュパンルーの著書を引用したことには，〔時代の流れが彼に与えた影響とは別に〕多少の気取りと，おそらくはいくらかのアイロニーが入り込んでいたことだろうが．デュパンルーは，リトレが初めてアカデミー・フランセーズの会員に選出されようとした際，自身の辞任をちらつかせてそれを妨害し，ついにリトレが選出された1871年12月30日，実際に辞任した人物なのだから．

しかしながら，リトレの『フランス語辞典・補遺』が定義する新概念「非キリスト教化：非キリスト教化する行為」を理解するには，第二の能動的な意味が，いっそう不可欠となる．1870年代の宗教紛争の文脈において，「非キリスト教化」という語は，キリスト教に対する敵対的な意図と意志を言外に含んでいた．そして，この語は自身に関して，次のような説明を行っている．ルネ・レモンが適切に指摘している．「この語の使用は，キリスト教の後退が通常，ある意図をもって方向づけられた，断固たる行動の結果であるという公準を，暗黙裡に認めている」．最後に，これまで述べてきた二つの意味に，第三の意味を加える必要がある．その意味は，本質において未来予見的なものである．デュパンルーはこう断言する．「彼らが追求するのは，フランスの非キリスト教化である」．この最終的な意味において，「非キリスト教化」という語は，その行為だけでなく，フランスのキリスト教の将来に関わる一つの計画，一つの決然とした方針，そして一つの脅威を暗示するようになったのである．この語は，その出現以来，〔フランスにおけるキリスト教の〕過去，現在，そして未来に対して，おそろしく攻撃的な姿勢を示す文脈のなかに，確かに位置づけられている．

革命的非キリスト教化または能動的非キリスト教化

かくして，リトレは1877年に「非キリスト教化：非キリスト教化する行為」と書いたのである．この項では，以下のことを指摘すべきである．「革命的非キリスト教化」という名で，今日に至るまで歴史学において広く知られ，分析されている現象，つまり革命によって1793年の秋から1795年の春にかけて指導された宗教政策を形容する際，革命史研究者からすぐ承認されたのは，この第一の，能動的な意味であった．大学でのフランス革命研究の最初の指導者，すなわちソルボンヌにおける初のフランス革命史講座（1885）の担当教授となったアルフォンス・オラール〔Alphonse Aulard〕は，自由思想家にして急進派，そして政教分離法の熱烈な支持者であったが，彼はこの語をうまく逆手にとって，カトリックの論敵を攻撃した．1903年10月25日の『アクシオン *L'Action*』誌に掲載，および『論争と歴史 *Polémique et histoire*』（1904）に再録された「非キリスト教化」という論文で，彼は以下のように主張している．「非キリスト教化運動の模範をたいそう自発的に示したのは，地方だった．（……）それは最も自発的な民衆運動であった．（……）衒学者には申し訳ないが，非キリスト教化運動の冒頭を飾る自発的な性格は，同時にその展開も特徴づけた．そして他のコミューンが同様に非キリスト教化を展開したのも，哲学的にして友愛的な陽気さのなかで，そして暴力をともなわず，すべてが調和した雰囲気においてであった．これらの平均的な非キリスト教化の例には，枚挙に暇がない．（……）非キリスト教化は多くの場所で，民衆的で陽気な運動を通して行われたのだ．古くからの教会の横暴に対する復讐といえば，その田舎風の純朴さが，フランス人の気質にたいそう適合したからかいのジョークを，人びとが投げかけるぐらいのことであった．もし，非キリスト教化の運動に対してなすべき非難があるとしたら，それが表面的であったこと，哲学的であるというよりは，愛国的であったこと，それを引き起こした国防にまつわる状況が終われば，自身も消えてしまったこと，そして結局は失敗に終わったことである」

確かに，1793年の秋に始まる非キリスト教化のキャンペーンが有していた自発的にして平和的な性格は，いまだ歴史家のあいだで論争の的である．「非キリスト教化に関する」幾千の通信文が，地方から国民公会に押し寄せたとしても，また教会や聖堂の閉鎖が，一般に地方当局によって布告されたとしても，「非司祭化」については，中央の革命政府がたいそう活発に奨励し，指導したからである．そしてフランスの聖職者，修道士，修道女のあいだで，3000人が犠牲となり，2万から2万5000人が亡命を余儀なくされた．しかしながら，語彙の観点からみれば，オラールの論敵が，恐怖政治期の宗教政策を批判するために浴びせかけた語彙を，ほかならぬオラールが使用した点に留意することが重要である．彼の後継者たちは，師の方針に従い続け，「非キリスト教化」という概念の自発的性格を採用した．彼の弟子にして後にライバルとなったアルベール・マチエ〔Albert Mathiez〕は，『革命年報 *Annales révolutionnaires*』において「ロベスピエールと非キリスト教化」（1909）という名の大論文を発表した際，やはりこの語を能動的な意味で使っている．また，エドモン・カンパニャック〔Edmond Campagnac〕が〔同誌掲載の2論文〕「シェール県における非キリスト教化の始まり」（1911–1912）で示した一連の研究も，同じ用法を採用した．そして第一次大戦後には，革命派の教員にして自由思想家であるモーリス・ドマンジェ〔Maurice Dommanget〕も，1918年から1922年にかけて，同様の用法に基づき，最初の体系的な〔2冊の〕大研究『ボーヴェとオワーズ県における非キリスト教化（1790–1801）*La déchristianisation à Beauvais et dans l'Oise（1790–1801）*』を出版している．「非キリスト教化」という語は，デュパンルー猊下が1876年に示した能動的な意味のもと，革命史研究に組み込まれたのである．

また，1976年に先駆的な研究『宗教と革命，南東フランスにおける共和暦2年の非キリスト教化 *Religion et Révolution. La déchristianisation de l'an II dans le Sud-Est*』を出版したミシェル・ヴォヴェル〔Michel Vovelle〕による仕事の結果，非キリスト教化の古典的な形態が二つ明らかになった．一つはネガティブで，カトリシズムを破壊するものである．もう一つはポジティブで，革命的宗教の新形態を，打倒された宗教に代えようとするものである．なお，「ネガティブな非キリスト教化」という表現には，礼拝場所の閉鎖や，礼拝堂および聖所の売却，聖遺物，聖像，および典礼用や聖職者用の動産の破壊もしくは溶解，司祭職の叙任状の没収，もしくは聖職の自発的または強制的放棄，年配の平司祭に対する，ときに暴力的な結婚の教唆，1792年夏から総裁政府期の終焉にかけて行われた司祭，修道士，修道女の追放，逮捕，投獄，流刑もしくは最終的な死刑などが含まれる．反対に「ポジティブな非キリスト教化」という表現には，完全に世俗化され，10日単位で構築された新しい暦の導入（「安息日」という日曜の休日と，キリスト教的祝祭のサイクルのすべてを排除する），共和主義的国家によって奨励され，助成された新宗教の設立（共和暦2年における〔パリ市当局主導の〕理性の崇拝，および〔公安委員ロベスピエールによる〕最高存在の崇拝，総裁政府期の〔政府が新暦の普及を進めるべく主導した〕旬日礼拝と〔政府の保護を受けた民間の宗教である〕敬神博愛教），そして世俗的な聖性の倫理と諸形態の到来（共和主義のカテキスム，市民典礼，革命祭典，革命の殉教者であるルペルティエ・ド・サン＝ファルジョー〔Le Pelletier de Saint-Fargeau〕，ジャン＝ポール・マラー〔Jean-Paul Marat〕，ジョゼフ・シャリエ〔Joseph Chalier〕，革命の幼き殉教者であるバラ〔Bara〕，ヴィアラ〔Viala〕，もしくは西部地方に現れた「革命派の聖人」への崇拝）が含まれる．

フランスにおけるカトリシズムの衰弱，もしくは受動的な非キリスト教化

しかしながら，「非キリスト教化」という概念の歴史は，その語彙をめぐる冒険を，この第一段階の意味にとどめるものではない．19世紀の初めから，実際には，この語はほとんど気づかれないままに，第一の意味から逸脱して，第二の意味に移行していた．それはいわば，その複雑な知的歴史の第二シーズン，あるいは第二ステージを形成するものである．ルネ・レモンが再度指摘するように，もはや能動的ではなくて受動的な，そして攻撃的ではなくて純粋に叙述的な，第二の意味である．

『20世紀ラルース辞典 *Larousse du XXe siècle*』（1927–1933）は次のように記している．「非キリスト教化：非キリスト教化する，非キリスト教化される〔se déchristianiser〕行為」．ルネ・レモンが多分に繊細さをもって指摘するように，「seという再帰代名詞の登場」は，「第一の意味が，より大きな意味に移り変わったこと，およびカトリックの敵対者による行為を通した説明が廃止されたことを認めるものである」．動詞が再帰代名詞を付した形態へと変わったことで，動詞の役割もまた，キリスト教の敵対者の行いを非難することから，新たに加わったカトリック教会信者の一部を，恒常的に秘跡に与ることや，戒律を遵守することから遠ざける宗教離れ

の広がりを，確認することに移り変わった．このようにして，能動的な意味から受動的な意味への移行，換言すれば，〔人為的な〕計画という概念から，現象という概念への移行が生じたのである．つまり単なる事実，および観察や計量が可能な現実としての「非キリスト教化」が誕生したのである．

このように，教会の影響力が減退したことに関しては，急進派の新聞『ル・ブリアール *Le Briard*』が反教権的な着想の下，1903年からセーヌ＝エ＝マルヌ県で統計調査を行っている．一方でカトリック陣営では，それはただちに，信仰の衰退を食い止められなかった信者，司祭，そして教会への非難として鳴り響いた．「われわれは，無力と怠惰と傲慢の涙を込めて，たえず繰り返し言おう．世界は非キリスト教化されていると」．ジョルジュ・ベルナノス〔Georges Bernanos〕は，ドイツからフランスが解放された後，憤慨してこう言った．「しかし世界は，キリストを受け入れなかった．世界のためにキリストを受け入れたのはわれわれである．だが神が離れたのも，そのわれわれの心からである．非キリスト教化されているのはわれわれなのだ！　不幸な者たちよ！」

ランス（1896）とブールジュ（1900）の聖職者会議で教区司祭が行った，手短にして辛辣な発言を皮切りに，戦間期のパリ近郊の宗教状況に関するイエズス会士ピエール・ランド〔Pierre Lhande〕の憂慮に満ちた，不安を煽るルポルタージュ（『郊外におけるキリスト *Le Christ dans la banlieue*』1927，『行動を起こす神 *Le Dieu qui bouge*』1930，『市壁の上の十字架 *La Croix sur les fortifs*』1931）に至るまで，聖職者の手になる多くの文学はすべて，19世紀から20世紀にかけて，宗教権力と信者の注意を，大衆の非キリスト教化がもたらした影響の深刻さと重大さに向けようと努力した．その非キリスト教化は，当初は都市の労働者に浸透したが，同時に農村部にも及んだのである．

シャルル・ペギー〔Charles Péguy〕は，その死〔1914〕から数十年の長き時を経て刊行〔1957〕されることになるエッセイ『ヴェロニク *Véronique*』を1909年に執筆するなか，草稿において「近代世界」のなかに「非キリスト教化され，絶対的に，文字通り，全面的にキリスト教を否定するような，反キリスト教的世界」を見いだしている．彼は『我らの青春 *Notre jeunesse*』（1910）において，宗教的価値観の消失と，ドレフュス事件や政教分離法後の共和主義的原理の危機のあいだに，つながりさえ見いだしているのだ．ペギーは次のように語る．「フランスを非共和主義化する運動は，フランスの非キリスト教化運動と，本質的に同じ運動である．それはその総体において，同一にして唯一の非神秘化の運動である．フランス国民がもはや共和国を信じず，神も信じなくなったのは，この深淵にして唯一の運動の結果なのである．同一の不毛が，政治的国家とキリスト教的国家を干からびさせる．それはまさに近代的な不毛である」

アンリ・ゴダン〔Henri Godin〕師とイヴァン・ダニエル〔Yvan Daniel〕師が 1943 年に出版し，カトリック青年労働者連盟〔JOC〕本部付きの司祭ジョルジュ・ゲラン〔Georges Guérin〕師が序文を書いた，断固たる文体の書籍『フランス，宣教の地？ *La France, pays de Mission?*』は，都市空間における宗教離れの諸現象への自覚が，頂点に達したことを示すものである．二人の著者は，本書のなかで次のように確証する．この「宣教の国では，さまざまな制度が異教的である．気候が異教的である．諸個人が異教的である．自然の法は，つまるところ，ひどくくだらないものから発しているようにみえるから，良心はそれに対して不規則，不完全にしか反応しない．キリスト教の伝統は，その痕跡を残していない．ブルターニュとオーヴェルニュには残っているのだが」．こうした状況を背景に，労働者によるアクティオ・カトリカ[11] 運動の経験に基づきつつ，「福音を知らない人間に対する福音の呼びかけ」として理解される宣教を模範とした戦略，すなわちフランス本土の精神的再征服〔再キリスト教化〕が提言された．「フランス・ミッション団」はシュアール枢機卿の後援のもと，1941 年に創始され，1954 年に教皇庁に地位を認定されるまで，労働者の世界に「労働司祭」が身を投じる活動の先駆的存在となった．1930 年代，および 40 年代のカトリックの用語一覧において，「非キリスト教化」という語を調べれば，そこには敗北の事実の受け入れと，カトリック刷新への要求が記されている．

非キリスト教化を測定する――宗教社会学の誕生

後に「宗教社会学」の名を持つことになる新しい学術分野が生まれ，その存在感を明確に示すのは，前述のアクティオ・カトリカ運動によって強く特徴づけられる，この文化的・宗教的な状況においてであった．その創設者たち，すなわち法律家にして教会法の歴史家であるガブリエル・ル・ブラーズ〔Gabriel Le Bras〕(1891-1970) と，司教座聖堂参事会会員にして，キリスト教農業青年団〔JAC〕付きの司祭であるフェルナン・ブラール〔Fernand Boulard〕(1898-1977) は，双方とも戦闘的カトリックの知的環境のなかに属していたが，彼らは現象の認識から測定へと軸足を移した．つまり「忌まわしき時代」をただ嘆くのではなく，その諸現象を数量的に叙述し，司牧神学的な考察に，社会学の知見を組み込もうとしたのである．1931 年に出版さ

11　社会の再キリスト教化のために，信徒が組織的に団結・行動すること．20 世紀以降，ローマ教皇に推奨された．

れた『フランス教会史評論 *Revue d'histoire de l'Église de France*』所収の先駆的な論文のなかで，ル・ブラーズは「フランスのカトリシズムの実践，および宗教的活力に関する調査」の実施を訴え，「非キリスト教化」の状態が計測できる指標の体系的な一覧表を作るという，壮大な計画を提唱した．まずは日曜日のミサへの出席，そして何より教会の戒律で定められた復活祭の聖体拝領への参加が，宗教的行為を知るための厳格かつ統計的なアプローチの二つの主要基準を構成した．後になって，それらに続くかたちで，他の指標，すなわち洗礼，〔宗教を排した〕市民婚と市民葬，聖職者の新規登用，洗礼の期限の尊重や，結婚をめぐるさまざまな禁忌の尊重，教会に非難された避妊行為の広がりなどが，加わることになる．

「宗教社会学」は，宣教的にして戦闘的な激しさを堅く帯びつつ，粘り強く出版を積み重ねることで，その地位を確立した．すなわち，ガブリエル・ル・ブラーズの『フランス宗教的実践史序説 *Introduction à l'histoire de la pratique religieuse en France*』(1942-1945)，『農村部フランスの布教問題 *Problèmes missionnaires de la France rurale*』(1945)，そしてフェルナン・ブラールの『フランスの聖職者の発展または衰退？ *Essor ou déclin du clergé français?*』(1950)，ル・ブラーズの『宗教社会学の諸研究 *Études de sociologie religieuse*』(1955-1956)，最後はブラールの『宗教社会学案内 *Premiers itinéraires en sociologie religieuse*』(1954) である．国ごとに差があるとはいえ，一連の出版が，ヨーロッパに与えた衝撃は否定できない．さまざまな程度があり，論壇や司牧の現場からの抵抗はあったにしても，それぞれの国の歴史学界は，おもにカトリックの文脈において，同じ年代にドイツの「非キリスト教化」(Entchristianisierung)，イギリスの「非キリスト教化」(dechristianization)，イタリアの「非キリスト教化」(scristianizzazione) を計測しようとした．その一方で，数少ない研究が思い切って，他の宗派の文脈において「非プロテスタント化」，「非ユダヤ化」，または「非イスラーム化」を計測しようとした．

このようにフランスでは，〔1940 年代から 50 年代にかけて〕何千人もの司祭が，宗教的行為を数量化する試みに対して，積極的に情報を提供したが，1960 年代から 70 年代になると，歴史家や社会学者がそうした動きを受け継ぐことになった．フランス全土に及んだ「非キリスト教化」を客観的に計測するに際して，以上のように人びとを集団的に動員したことの結果は，1982 年からフェルナン・ブラールの指導の下，フランソワ・フュレ〔François Furet〕の支持を受けて出版され，いまだ刊行の途上にある『19 世紀から 20 世紀にかけてのフランス国民の宗教史のための資料集 *Matériaux pour l'histoire religieuse du peuple français, XIXe–XXe siècles*』諸巻のなかで，提示されるだろう．それは，すべての利用可能な資料を用いつつ，二つの世紀を対象とした現象の移り変わりの地域的統計の総体であり，過去から現在に至るまで，フランスの宗教地図を，歴史学的，社会学的な調査と問題提起にとって，このうえなく有用な道具に変えてくれるものである．また司教座聖堂参事会会員であるブラールは，1947 年から『農村部フランスの宗教地図 *Carte religieuse de la France rurale*』の刊行を始めた．彼はその後も，客観性を増していくカテゴリーに従って，たえずその地図を厳密化させ，洗練させていった．それは，フランス農村部の宗教実践に関して，驚くべき濃淡が存在することを明らかにしている．この地図では「キリスト教的な地域」(少なくとも成人の 45%が熱心な信者)，すなわちブルターニュ，西部地方の内陸部，コタンタン，コー，フランドル，ブーローネ，ロレーヌ，アルザス，フランシュ＝コンテ，サヴォワ，フォレ，中央山塊の南東部高地，バスク，およびベアルンと，「教会暦の重要な節目のみに従順な態度を示すこと」によって強調される「キリスト教の伝統はあるものの，それに無関心な地域」，そして何より「宣教の地」(少なくとも子どもの 20%が洗礼を受けず)，すなわちリムーザン，バス＝ブルゴーニュ，シャンパーニュ南部，ブリ，ボーヴェなどの地方に属するいくつかの小郡が，明確に区別できるのである．このようにして，農村部フランスにおけるカトリシズムへの忠誠度は，以下のような対比によって特徴づけられることになった．すなわちパリ大盆地から，リムーザンとアキテーヌまで拡がる地域，さらには，やや軽度であるがプロヴァンスなど，程度の差はあれ非キリスト教化が進行した地域と，西部，北西部，東部，中央山塊の南東部，そして最南西部といった，周辺的に分布しつつ，深いキリスト教信仰を保った地域との対比である．

なぜ，「非キリスト教化」はフランスで起こったのか．それはいつからか，そして，このように地理的な濃淡が存在することを，どのように説明すればよいのか．この現象に関して，前述の「ブラールの宗教地図」は，利用可能な資料に応じて，その時系列を確定し，数量化し，そして地図を制作し，解釈の素描に努めるための調査を，過去に遡って進めるよう，何十年にもわたって，歴史家に誘いかけている．

実際，フランスのカトリシズムの活力が，周辺地域に分布していることは，19 世紀に関しては，司祭，修道士，修道女の新規叙階ないし誓願，「布教の御業」団体に対する寄付，教皇庁に対する罪の赦しの要求，教皇の護衛隊の募集と同様に，さまざまな徴候によって，次々と証明されてきた．最も衝撃的な地図上の対照は，アメリカの歴史家ティモシー・タケット〔Timothy Tackett〕によって，1985 年に示された．これは聖職者市民化基本法施行の際，1791 年に教区聖職者が課せられた基本法への宣誓の統計をもとにしたものである．細かい点を除き，宣誓派聖職者と非宣誓派聖職者〔宣誓を拒否〕の分布が，後に 19 世紀と 20 世紀において，非キリスト教的になる地域，および信仰の厚い地域になる空間と，一致していたのである．つまり，パリ大盆地，ブルゴーニュ，リムーザン，プロヴァンスが大挙して，憲法制定議会によって「再生された国民の」教会〔宣誓派〕に与したのに対し，ブルターニュおよび西部地方の内陸部，フランドル，フランシュ＝コンテ，中央山塊の高地，そしてバスクは，いっせいに非宣誓派に与したのである．これは，「非キリスト教化」に関する議論を，およそ2世紀前に遡らせるものである．つまり革命は，フランスのカトリシズムの歴史と地理における断絶の始まりであったのである．1791年に聖職者によってなされた選択は，その後，共和暦2年の非キリスト教化（一方では非宣誓派聖職者の亡命または迫害，もう一方では宣誓派聖職者の非司祭化）によって，確たるものとなるだろう．国家，その宗教政策とその理論は，宗教的な忠誠心，あるいは無関心を強く方向づけた．つまるところ，長期的にみて，「非キリスト教化」の程度が，最も弱かったように思われるのは，後になってフランスの領土に組み込まれた地域だったのである．

非キリスト教化から世俗化へ

しかしながら，前述の『19世紀から20世紀にかけてのフランス国民の宗教史のための資料集』が世に出ようとしていたとき，「非キリスト教化」という概念は，はじめに社会学者のあいだで使われなくなった．その使用は1970年代初頭から稀になり，より遅れて歴史家のあいだにも，同様の現象が起こった．アンリ・デロッシュ〔Henri Desroches〕，またはジャン・セギ〔Jean Séguy〕，後にはダニエル・エルヴュー＝レジェ〔Danièle Hervieu-Léger〕といった，宗教的なるものを研究する社会学者が，1956年発刊の『諸宗教の社会学の資料 *Archives de sociologie des religions*』で論文を発表しはじめて以降，エミール・プーラ〔Émile Poulat〕の主張に同調するようになったことを受け，ル・ブラーズやブラールの「宗教社会学」は，そのカトリック的な起源から離脱せねばならなかった．彼らのなかから「宗教社会学」に対して，分析の手続きでのさらなる厳密さを求める声が上がり，アプローチにおいても，より大きな科学性が求められるようになったからである．何より，この学問は，異なる理論化の方式にも，門戸を開かなければならなかった．ガブリエル・ル・ブラーズ自身，1963年10月にリヨンで開かれた宗教史研究の大会で，「非キリスト教化，この偽りの言葉」という報告を行い，以上の批判を部分的に認めた．翌年，彼は『社会のコンパス *Social Compass*』で，同報告を公刊することになる．

もし，19世紀の地域宗教史に関するフランスの重要な学位論文（クリスティアンヌ・マルシラシー〔Christianne Marcilhacy〕，ジェラール・ショルヴィ〔Gérard

Cholvy〕，イヴ＝マリ・イレール〔Yves-Marie Hilaire〕，クロード・ラングロワ〔Claude Langlois〕，ミシェル・ラグレー〔Michel Lagrée〕）が，1980年代まで「非キリスト教化」という語を用いたアプローチに執着し続けたとしても，ドイツ（マックス・ウェーバー），そして何よりアングロ＝サクソンの社会学の影響により，この語に代わって「世俗化」という，より幅広く，柔軟性のある語が使われはじめたのである．「非キリスト教化」という概念は，その分析方針としての価値や，科学的な妥当性の多くを失った．たとえ，それが18世紀から西洋社会で進行している宗教離れの過程を形容し，もし可能ならば数量化するために，歴史家の分析や省察のなかで存在し続けたとしても．そして，社会的行動のなかに映る宗教的な帰属の重みを周期的に計測しようとするアンケートや，世論調査のコメントのなかで，永続したとしても．それは今後，宗教的なものに関する社会科学の歴史の一コマをなすのみだろう．

参考文献　BOULARD F., *Premiers itinéraires en sociologie religieuse*, Paris, Éditions Ouvrières, 1956. – BOULARD F. et REMY J., *Pratiques religieuses urbaines et régions culturelles*, Paris, Éditions Ouvrières, 1968. – BOULARD F.（éd.）, *Matériaux pour l'histoire religieuse du peuple français, XIXe–XXe siècles*, Paris, Éditions de l'EHESS, Presses de la FNSP et Éditions du CNRS, 1982–1992, 3 volumes parus. *I -Région de Paris. Haute-Normandie. Pays de Loire. Centre*, 1982. *II- Bretagne. Basse-Normandie. Nord-Pas-de-Calais. Picardie. Champagne. Lorraine. Alsace*, 1987. *III- Aunis. Saintonge. Angoûmois. Limousin. Auvergne. Guyenne. Gascogne. Béarn. Fois. Roussillon. Languedoc*, 1992. – LANGLOIS C., « Des études d'histoire ecclésiastique locale à la sociologie religieuse historique. Réflexions sur un siècle de production historiographique », *Revue d'Histoire de l'Église de France*, 1976, LXII, pp. 329–347; « Trente ans d'histoire religieuse. Suggestions pour une future enquête », *Archives de sciences sociales des religions*, 1987, 63, pp. 85–114. – LE BRAS G., « Déchristianisation, mot fallacieux », *Colloque d'histoire religieuse（Lyon, octobre 1963）, Social Compass*, 1964, pp. 445–452. – POULAT É., *Naissance des prêtres ouvriers*, Tournai-Paris, Casterman, 1965. Repris dans *Les Prêtres-ouvriers, 1963, Cahiers d'histoire*, 1964, IX, pp. 89–106 ; repris sous le même titre et augmenté dans *Les prêtres ouvriers: Naissance et fin*, Paris, Cerf, 1999 ; « Une enquête anticléricale de pratique religieuse en Seine-et-Marne（1903）», dans *Archives de sociologie des religions*, n° 6, 1958/2, pp. 127–148. – RÉMOND R. « Recherche d'une méthode d'analyse historique de la déchristianisation depuis le milieu du XIXe siècle », *Colloque d'histoire religieuse（Lyon, octobre 1963）*, Grenoble, Allier, 1963, pp. 123–156. – TACKETT T., *Religion, Revolution, and Regional Culture in Eighteenth-Century France. The Ecclesiastical Oath of 1791*, Princeton, Princeton University Press, 1985（truduction fr., *La Révolution, l'Église, la France, Le serment de 1791*, Préface de M. Vovelle, postface de Cl. Langlois, Paris, Cerf, 1986）.

フィリップ・ブトリ Philippe Boutry

〔山中聡訳〕

→ 宗教社会学，世俗化，フランスの調査

ファンダメンタリズム
FONDAMENTALISME

ファンダメンタリズムを取り巻く語群は，社会にとって脅威とみなされるほどに急進化した宗教の諸形態を指し示すべく，大規模メディアによって動員されている．この語群が無作為に用いられることはない．「セクト」という語と同じく，烙印の働きを持つからである．しかしながら，現象を理解するには，語が帯びる情緒的・断罪的な負荷を超えたところにまで行かねばならない．今日，誰もが「ファンダメンタリスト」という語を用いるが，一人ひとりにその正確な意味を尋ねれば，思った以上に多様な意味で用いられていることがわかるはずだ．もつれ合った表象を解きほぐすには，歴史への迂回が助けになろう．

「ファンダメンタリズム」という語はアメリカの地で生まれたが，そこではプロテスタントのアイデンティティを有機的に構造化する一潮流を意味している．だが今では，語は生成時の枠組を大きく超えて使われてもいる．そのため，語がどこまで広がるのか，語の境界はどこにあるのかが問題になる．

ファンダメンタリズム，運動の起源と発展

「ファンダメンタリズム」という語は，20 世紀初頭，北米のプロテスタント地域において生まれた．ジャン＝ポール・ヴィレーム〔Jean-Paul Willaime〕の定義によれば，この潮流は「聖書の無謬性〔infaillibilité〕を主張する宗教急進主義」であり，「教義上および倫理上の再保証運動」である．語が広まりはじめたのは第一次世界大戦後であるが，運動そのものはそれ以前から存在していた．

運動は，神学における近代主義の隆盛に対する反動として，アメリカ合衆国で起こった．1910 年から 1915 年にかけて，『原理――真理への証言 *The Fundamentals: A Testimony to the Truth*』と題した全 12 分冊の論集が刊行され，その部数は 300 万部にも上った．ここには，当時最も注目されていた福音派プロテスタントたちの手になる，100 編もの神学論文が収められている．そこにみられる教派〔dénominations〕は多岐にわたる．たとえば，スコットランドの神学者ジェームズ・オール〔James Orr〕，プリンストン神学校の教授で長老派の B・B・ウォーフィールド〔B. B. Warfield〕，福音派R・A・トリー〔R. A. Torrey〕，南部バプティスト派の神学者E・Y・マリン〔E. Y. Mullin〕，イングランド国教会主教H・C・G・ムール〔H. C. G. Moule〕などである．

彼らは，キリスト教信仰の伝統的な内実が近代的な聖書釈義や自由主義の進展によって侵食されていると信じ，信仰の「原理的な」点を守ろうとした．なかでも重要なのは，《神の子》であり《神》自身でもあるイエスの受肉，《救い主》の処女降誕，人間を救済するための十字架上の贖罪死，肉体の復活，人を《神》から遠ざけ贖罪を必要とする罪，（人間の努力ではなく）《恩寵》による救済，「《神》による言葉」である聖書の権威，などである．論集の分冊のあいだには齟齬もみられないではない．実際，著者たちにも意見の相違は少なからずあったが，どれも副次的な点についてであった．必要なのは共通の綱領を設けることであり，それによって，伝統的なキリスト教の真実を破壊するプロセスとされるものに歯止めをかけるべきだという点については，彼らの意見は一致していたのである．したがって，彼らの立ち位置は基本的に神学であり，社会や政治についてはさしたる願望を抱いていなかった．

この論集と，その多数の著者たちの集まりとを準拠枠にしつつ，アメリカ合衆国のプロテスタント・ファンダメンタリズムは初めてかたちを持ち，そこからイギリス，ドイツ，さらにはフランスへと分岐していった．この「ファンダメンタリズム」は単数形とはいえ複雑である．マーティン・マーティー〔Martin Marty〕やスコット・アップルビ〔Scott Appleby〕は，むしろ複数形の「プロテスタント・ファンダメンタリズムズ」を問題にすべきだとしている．モクタル・ベン・バルカ〔Mokhtar Ben Barka〕がいみじくも強調するように，ファンダメンタリズムは「拡散的で，雑多で，宗派を横断し，教派の境界を超越する潮流」なのである．

かくも混沌とした状態であるファンダメンタリズムは，分離主義やカウンターカルチャーの路線をはじめから擁護していたわけではなかった．むしろ，既存の教派の内部で優勢になり，アメリカ合衆国のプロテスタンティズム全体を導くため，聖ゲオルギオスがドラゴンを退治したごとく，自由主義的な神学を葬り去ろうとしたのだった．この目的に沿って組織されたのが世界キリスト教ファンダメンタルズ協会（World's Christian Fundamentals Association）で，1919年のことであった．翌年，バプティスト派の雑誌『ウォッチマン・エグザミナー *Watchman Examiner*』の編集者カーティス・リー・ローズ〔Curtis Lee Laws〕が用いたこともあって，「ファンダメンタリズム」という語は次第に広まるようになる．当時この語で呼ばれたのは，自由主義に対抗するプロテスタントの運動で，キリスト教信仰の原理の名において宣言された正統性を標榜するものであった．しかし，この潮流は次第に急進的になり，プロテスタンティズム全体を刷新するという当初の計画を捨てて，周囲から隔絶し「世界」と敵対する路線への傾斜を強めていく．この傾向は 1920 年代半ばに始まるが，触媒になったのが有名な「モンキー裁判」〔いわゆるスコープス裁判〕である．ダーウィンによる種の進化論に敵対的なファンダメンタリストたちが，進化論者である一教員をテネシー州デイトンで裁判にかけ，彼を有罪とすることで自分たちの影響力を誇示しようとしたのである．ウッドロウ・ウィルソン政権の国務長官であった民主党のウィリアム・ジェニングズ・ブライアン〔William Jennings Bryan〕（1860-1925）の力添えもあって，ファンダメンタリストたちは裁判には勝ったものの，メディアでの戦いには敗れた．世論の雷にもまして深刻だったのは，彼らが愚かとみなされたことだった．ジャーナリズムによって烙印を押された彼らは，社会進化とは異なるもう一つの文化として認知されるどころか，科学の進歩に敵対する，蒙昧に凝り固まった信者とみなされたのである．

ファンダメンタリスト運動の急進化は 1930 年代に入っても続いたが，急進化そのものによって内部で断裂も生じた．リーダーの一部は，「モンキー裁判」の帰結から教訓を得て，「世界」と彼ら自身の「サブカルチャー」（そこにはほどなく，出版物と学校，さらにはラジオ，ついでテレビのネットワークが備えられた）とのあいだに障壁を作り上げようとした．文化全体を作り替えることはかなわなかったので，自分たちの文化だけは確固たるものにしようとしたのである．そのため彼らは，自分たちがすでに有するネットワークを密にし，既存の社会制度に代わる諸制度を発展させもした．後述するボブ・ジョーンズ大学はその例である．

だが，このような論理に対しては，批判一辺倒の引きこもりにすぎないとして異論を投げかける向きもあった．「福音派」〔évangélique〕型のプロテスタントの多くが特に否定したのが，ファンダメンタリストたちの展開する急進的な孤立主義であった．ここに組織上の分離が始まる．すなわち，福音主義，聖書主義，回心主義を旨としつつも，一方的なファンダメンタリズムには消極的なプロテスタンティズムが，姿を現すのである．こうして「福音派」がアメリカ合衆国さらには世界の宗教界で顕在化することになるが，その際，特筆に値する役割を果たした数多くの組織のなかで，二つを挙げておきたい．

一つは，世界福音同盟である．1846 年にイギリスで World Evangelical Alliance の名で設立され，1951 年には，ハロルド・J・オッケンガ〔Harold J. Ockenga〕（1905-1985）と J・エルヴィン・ライト〔J. Elwin Wright〕という二人の神学者によって，「世界福音連盟」（World Evangelical Fellowship）の名で再出発を遂げることになる．

もう一つは，1943 年設立の全国福音派協会（National Association of Evangelicals）であり，ゆるやかで分権的な構造を持ちつつ，合衆国の福音派プロテスタントのかなりの部分を包摂し，宗教や社会をめぐる議論に加わってきた．この潮流の主要な機関紙が，福音派ビリー・グラハム〔Billy Graham〕（1918 年生まれ）が音頭をとって 1956 年に創刊した月刊誌『クリスチャニティ・トゥデイ *Christianity Today*』である．

潮流は，主流教会（mainline churches）（神学においては多元主義的で，近代主義の影響を受けている）と，孤立主義をとるファンダメンタリストのあいだに位置している．この断絶を理解することは肝要である．ファンダメンタリストのプロテスタントはみな福音派でもあるが，福音派のプロテスタントがみなファンダメンタリストではないからである．ビリー・グラハムなどは，福音派のなかの主流派の代表人物であるが，ファンダメンタリストが最も憎む人物の一人でもある．グラハムがカトリックに協力したことを，ファンダメンタリストたちはけっして許そうとしないのである．福音派とファンダメンタリストのこのような断絶は，第二次世界大戦後，広がる傾向にある．

福音派プロテスタントはエキュメニズムの道をますます進み，1994 年春には合衆国のカトリックの代表とのあいだで初めて，神学上の文書（『福音派とカトリックはともに』）に署名した．しかしこの間，ファンダメンタリストたちは他のキリスト教徒からの「分離」傾向を強めた．その際，彼らは三つの要素を強硬に主張し，それを結集の印とした．

第一の要素は，天啓史観〔vision dispensationaliste de l'histoire〕の刻印を深く受けた，前千年王国的な終末論である．それは次のようなものである．ファンダメンタリストにとって歴史は悪化する一方であり，選ばれし者たちの期待を満たすには，キリストの再来により千年王国が実現されるほかない．そのため，世界観はおのずと悲観的になり，カウンターカルチャーを指向する反応が醸成される．このような前千年王国説的な概念に，天啓史観のインパクトが加わる．この教義によれば，歴史は七つの「時代」〔dispensation〕に分かたれ，そのそれぞれにおいて，神はことごとく特別なふるまいを見せるとされる．サイラス・スコフィールド〔Cyrus Scofield〕が注釈を付した聖書（1909）にも依拠するこの教義によれば，現在は最後の「時代」であり，その特徴は「イスラエルの再興」と，それを前奏曲としたキリストの栄光ある再来である．アメリカのファンダメンタリストたちがイスラエル国家を強く支持し，またそうすることが神の御旨に沿っていると考えるのも，そのためである．

ここ半世紀のファンダメンタリズムを特徴づける第二の要素は，聖書の無誤性〔inerrance〕である．聖書に「誤りはない」とするこの基準は，以前にも表明されたことはあったが，ここにきて強迫観念のごときになった．無誤性の原理は，現行の聖書に誤りがないとみなすものと思われているが，実際はそのような意味ではない．このことをはっきりと示しているのが，1978年10月28日にファンダメンタリストたちが行った，聖書の無誤性をめぐる「シカゴ声明」である．声明の第十条はこう規定する．「私たちは断言する．厳密な意味での霊感は，聖書自らが記すところの文章，すなわち，私たちに伝えられてきた手稿文書（神は自らの摂理において，これを見守ってきた）がきわめて正確に再現するところの文章からしか知りえないということを．そして，聖書の写本や翻訳は，原本に忠実に沿っている限りにおいて，神のみ言葉となることを」．また，聖書の解釈は「直解主義的」である．聖書の文章の注解（さらには，それらの選択と序列化）をすることにかけては，ファンダメンタリストたちは他の陣営に劣るところがなかったからである．

しかしながら，この無誤性の原理を極限まで高めると，聖書の文章を解釈する際に，どのようなかたちであれ人文諸科学に依拠することへの警戒心は強まる．そうなると，学術や倫理をめぐる論争（とりわけ進化論をめぐる論争）は，権威の議論の名のもとに，不毛になる．1945年以来のファンダメンタリストの進化を示す最後の，つまり第三の特徴は，孤立主義のイデオロギーが力を持ったことである．その根拠となったのは，聖書の「コリント人への第二の手紙」第6章第17節，「だから，あの者どものなかから出て行き，遠ざかるように，と主は仰せになる．そして，汚れたものに触れるのをやめよ．そうすれば，私はあなたがたを受け入れる，と」（共同訳）．このイデオロギーは，次のような原則を提起する．「自由主義者に協力するものには，けっして協力しない」．この点でファンダメンタリストたちは，福音派プロテスタントたちとは対照的であり，たとえば伝道師ビリー・グラハムについては，1950年代末からの布教キャンペーンにおいてカトリックの協力を得たとして，背教者との非難を浴びせた．エキュメニズムに向けたこのような開放は，ファンダメンタリストにとってみれば，重大な妥協で，裏切りでさえあった．事実，1945年以後のファンダメンタリストたちは，既存の教派を内部から転換するような試みは一切あきらめ，むしろ「別の集団」を形成し，メディアや学校など，固有の防衛ないし闘争の構造を展開するほうを選んだのである．

このような極端な路線の主要かつ辛辣な代弁者だったのが，長老派のカール・マッキンタイア〔Carl McIntyre〕（1906-2002）である．元は福音派の潮流に属していたが，早い段階で袂を分かち，強硬なファンダメンタリスト路線をとって，1932年には聖書長老教会（Bible Presbyterian Church）を設立した．彼が1942年に設立したアメリカ・キリスト教会協議会（American Council of Christian Churches）は，連邦教会協議会（Federal Council of Churches）（こちらははるかに多元主義的である）への対抗勢力として構想されたものだった．マッキンタイアにとって全国福音派協会はあまりにも「軟弱」だったので，彼は合衆国のみならず世界においてファンダメンタリストの潮流を自立させようと腐心した．その一貫として彼が1948年に設立したのが，国際キリスト教会協議会（International Council of Christian Churches, ICCC）であり，この評議会こそ，世界教会協議会〔Conseil œcuménique des églises〕さらには共産主義の，公然の敵であった．マッキンタイアは，舌鋒の鋭さと糾弾の技術を巧みに用いたものの，ファンダメンタリズムの最も滑稽な路線をメディア上で広めてしまう結果になった．同じ頃のファンダメンタリストのリーダーには，マッキンタイアほどこれみよがしでなく，より統制のとれたものもいて，聖書釈義をめぐる議論や社会に関する問題で名を揚げていた．なかでも彼らは，人工妊娠中絶，学校での祈りの廃止，同性愛の合法化などに反対する運動にはつねに参加していた．

1979年からは，ジェリー・ファルウェル〔Jerry Falwell〕（〔宗教組織〕モラル・マジョリティの創設者），パット・ロバートソン〔Pat Robertson〕（キリスト者連合（Christian Coalition）の創設者），レイフ・リード〔Ralph Reed〕らテレビ説教家たちが，政界への影響力を行使すべく力を尽くしたことで，メディアを賑わせた．彼らは，それまで支配的であった孤立主義を捨て，公共空間を再征服しようとした．その際，彼らが掲げたのが「モラル・マジョリティ（道徳的多数派）」なるスローガンだったが，有権者のあいだで彼らの支持者と呼べるのは200万人ほどにとどまった．この規模であれば，選挙においてそれなりの影響力を行使できるが，連邦の法律を変えるにはあまりにも弱い．

21世紀を迎えた今も，アメリカ合衆国のファンダメンタリズムは健在である．消滅を運命づけられた生き残り，「残滓」にみえるどころか，その活力は1930年代にも劣らない．もっとも，社会の自由化に歯止めをかける試みは，おおむね失敗に終わっているのだが．

プロテスタント・アイデンティティの構成要素としてのファンダメンタリズム

合衆国におけるファンダメンタリズムの生成と発展には，奇妙な位相が二つある．第一のものは，この宗教運動が一貫して，急進的，他律的（真実の規範は神をおいてほかにありえないとする）で，自らの「よき道理」への確信に依拠してきたことである．近代西洋の読者のなかには，宗教はより自由で多元主義的な精神性に向けて柔軟に変化していると考えるものがいるが，そのような見方にとってみれば，かかるファンダメンタリズムの位相は意外かもしれない．第二のものは，ファンダメンタリズムと自由主義，あるいはファンダメンタリズムとエキュメニズムが不可分のように結びついていることである．あたかも，ファンダメンタリズムは一つの「本質」でも，固定化された現実でもなく，対抗によってしか存在しえないかのようである．ファンダメンタリズムは通常，状況から生じた「偶然」か，さもなければ確たる「本質」のいずれかだとみなされるが，上記の二つの要素がファンダメンタリズムにみられることからすれば，いずれも誤った考えといわざるをえず，それらを乗り越える必要がある．

ファンダメンタリズム現象がプロテスタント・アイデンティティの極限のかたちであることを理解するには，ジャン＝ポール・ヴィレームが展開した分析が助けになる．『プロテスタントの不確実性 *La Précarité protestante*』で彼は，ファンダメンタリズムを絶対的なものでも，何かの残滓でもなく，プロテスタント・アイデンティティの一構成要素，より正確には一つの「根源的な緊張」とみなしている．プロテスタンティズムには自由主義の極とファンダメンタリストの極とがあり，両者の関係がプロテスタンティズムを構成している．一方の極がなければ，もう一方も存在しえないというわけである．

この緊張状態をより明確に位置づけるには，宗教改革者マルティン・ルターが1521年にヴォルムス帝国議会で行った有名な宣言に立ち戻るとよい．アウグスティノ会修道士であるルターが，判事の尋問にどのような宣言をしたのだったか．「教皇や公会議には過ちや矛盾がしばしばみられるのは確かなのだから，それらの無謬性を信じるわけにはいかない．したがって，聖書の証言と自明な理論によって確信を持たないならば，引用した聖書の文章のみが頼りである．神のみ言葉が私の良心を捕らえている限り，私は何も否定することはできないし，するつもりもない．自らの良心に反したふるまいをしても，何も確かにならないし，何の救いにもならない．神がわれを助けんことを！」

プロテスタンティズムの基礎を築いたこの主張には，まったく異なる二種の宗教が含まれている．一つは，聖書を規範として参照することを重視するものである．良心は神の啓示に「捕らわれて」いる．この方向に発展したのがファンダメンタリズムの極である．もう一つは，良心の役割を強調するものである．宗教改革者ルターは，「自らの良心に反したふるまいはできない」と述べた．ここには，自由主義的な神学の基礎で，後に「自由討究」と呼ばれるものの根源がある．歴史的にみればプロテスタント・アイデンティティは，聖書を規範とみなすこと（潜在的にはファンダメンタリストである）と，良心こそが決定的な役割を持っていると考えること（潜在的には自由主義である）とのはざまで構造化されてきた．このアイデンティティは，文脈や争点によっていずれかの極に振れてきたが，一方の極が他方を排除してしまうことはなかった．プロテスタンティズムは「ファンダメンタリズムであると同時に自由主義でもある」ことが明らかにされたのである．

このような「根源的な緊張」という観点からの分析をジャン＝ポール・ヴィレームは提唱するが，それに従えば，ファンダメンタリズムは「真正な」プロテスタンティズムなるものから排除されるのではなく，その内部に位置づけられることになる．宗教や教義は，正しく解釈されれば破滅的な急進性を免れるものだとする考えがあるが，ヴィレームの分析は，そのような「正しい宗教」を想定する潮流とはまったく対照的である．同じように，「真のイスラーム」は元来，平和的なのか．真正な仏教」が必ず賢明なのか．あるいは，「正しく理解されたキリスト教」はおのずと慈愛に満ち人間味のあるものになるのか．まったくの善意からこのような宗教観を持つ人びとは，メディア上も含めて数多くいる．

社会学者ヴィレームの研ぎ澄まされたまなざしは，このような幻想を抱き続けることを許さない．「ファンダメンタリストは悪いやつら」で，もともと緊張も曖昧さもないプロテスタント・アイデンティティを歪めてしまっていると指弾して，ファンダメンタリストたちのような急進的な立場を「自身の」プロテスタンティズムから性急に爪弾きにしようとする態度は，とるべきではないのである．「根源的な緊張」なる概念を用いれば，プロテスタントと定義されるもの（相対的に自由主義的なプロテスタントも含め）の内部でさえ，「ファンダメンタリストの緊張」が伏在していることがうかがえる．要するに，個々のプロテスタントの内部には，潜在化しているか顕在化しているかはともかく，ファンダメンタリスト的な性向があるのである．

ファンダメンタリズムが緊張状態にあるのは，プロテスタント・アイデンティティの内部だけでなく，外部でも同様であり，その緊張状態は，社会・経済・政治などの文脈によって変化する．ファンダメンタリズムはまことに柔軟であり，一つの均質な「陣営」にまとめられるものではない．置かれた文脈もとられる戦略もまちまちであり，そのことがファンダメンタリストの内実にも影響している．アメリカ合衆国のファンダメンタリストの現実を一瞥すれば，ファンダメンタリズムには少なくとも五つの型があることがわかる．実態に即してみれば，ファンダメンタリストのグループのなかには，複数の型を併せもつようなものもある．

類　型

第一の型は「政治的ファンダメンタリズム」である．メディアでは，ジェリー・

ファルウェル（1933年生まれ）とパット・ロバートソン（1930年生まれ）という二人のカリスマ的リーダーがこの型の代表格とされているように，テレビが好んで取り上げるのはこの型である．この二人の政治リーダーが体現するファンダメンタリズム文化では，公開の舞台上で，伝統的な道徳価値という御旗のもとで対決するという構図が好まれる．この型のファンダメンタリズムは日和見的であろうとするが，そのため，一つの厄介な緊張に直面する．すなわち，成功するにはすべてを動員せねばならないが，そのためには非ファンダメンタリストたちとの妥協が必要である．反対に，「純粋で強硬な」聖書主義に固執すれば，周縁化を余儀なくされるが，それはリーダーたちの望むところではない．

第二の型である「布教型」ファンダメンタリズムは，「大宣教命令」，すなわち「弟子たちを作る」というキリストの呼びかけを軸としている．そこでは，共同体のものであれ個人のものであれ，象徴的・社会的・物質的な資源を動員することが永遠の日標となる．コロンビア国際大学（サウス・カロライナ州）の特徴はこれに近い．同大学には，（増加傾向にある）イスラーム圏からも含め，120ヵ国からの学生が集まる．彼らは，パキスタンのムスリムのあいだにであれ，パリ郊外の低家賃住宅においてであれ，「キリストを知り，知らしめること」をスローガンとしている．

大都市から離れた村や町に息づく共同体文化によって支えられているのが，第三の型である「連帯主義のファンダメンタリズム」である．この型の特徴は，ビッグ・ビジネスに対する根っからの警戒心と，「原始キリスト教」の共同体を理想郷として強調することにある．これらファンダメンタリストたちは神学上の自由主義に対して敵意を露わにするが，それをまずもって説明する要素は，教義よりも社会学的な動機である．すなわち，学歴のある自由主義者たちは，不安定な境遇の人びとが必要とするものからは隔絶されてしまっている．これら不安定な境遇の人びとにとって意味があるのは，確信と奇跡の神，貧しさを慰める，有効にして確かな神性なのである．

第四の型である「禁欲・厳格主義型」ファンダメンタリズムは，言葉遣い，衣服の選択，髪型，異性との関係など，ふるまいに重要な位置を与える．「酒を飲まず」，「煙草を吸わず」，粗野な言葉を用いず，毎日曜に礼拝に行けば，人に付き合ってもらえる機会ができるが，さもなければ……というわけである．グリンヴィル（サウス・カロライナ州）にキャンパスを構えるファンダメンタリストの大規模大学，ボブ・ジョーンズ大学は，このような禁欲称揚の代表例である．ふるまいを厳しく規定することで知られる同大学は，毎年5000名もの学生を集めている．

最後に第五の型として「敬虔主義・正統主義型」ファンダメンタリズムがあるが，これは二つの特徴を持つ．一つには精神生活の強調であり，祈りや聖書を読むことなど敬虔さの実践が重視される．もう一つは，「神のみ言葉」への没入であり，その基礎となる聖書の読み方は「正統な」基準によって厳格に縛られている．この型は，明言されないものの，教導の機能を擁護している．この型のファンダメンタリストたちは，自分たちがさまよっているこの世の真理は，何よりも聖書のなかにおいて確かに見いだしうると考えている．このような特徴を持つ大規模組織の一つが，ファンダメンタリストであるルイス・スペリー・シェイファー〔Lewis Sperry Chafer〕(1871–1952) が1924年に設立したダラス神学校 (テキサス州) である．

このようにファンダメンタリストは多様な表れ方を有するが，だからこそ，一つの不動の本質を想定するのではなく，「緊張」という概念を用いることで，多くの知見が得られるのである．文脈によっては，「ファンダメンタリスト」は単なる「他者」ではなくなる．それは自身のなかに眠っているかもしれない．したがって最終的に問題になるのは，プロテスタンティズムの領域を超えて，このファンダメンタリズムなる概念を広げることができるか否かである．

概念の拡大と限界

プロテスタンティズム以外で「ファンダメンタリズム」を語ることはできるのだろうか．メディアの視点からみれば，問題はずいぶん前から解決されている．「イスラーム・ファンダメンタリズム」，「ヒンドゥ・ファンダメンタリズム」，果ては「ユダヤ・ファンダメンタリズム」や，(より稀だが)「カトリック・ファンダメンタリズム」などの表現が好んで用いられているからだ．ただし，宗教の急進主義はどこでも同じ装いをまとうわけではない．ジャン＝ポール・ヴィレームがあらためて指摘しているように，「どのような宗教伝統にも固有の過激主義はみられる．そのように多様な宗教的急進主義を同じ概念のもとにまとめることは容易ではない」．プロテスタンティズムにおいて，「ファンダメンタリズム」は聖書という一つのテクストに対して位置づけられる．カトリシズムにおいて，急進主義はそれとはやや異なった様相を見せる．すなわち，何にもまして「伝統」に言及し，その伝統を無傷のまま維持せねばならないとみなすのである．かくしてカトリシズムでは「伝統主義者」や「アンテグリスト」(保守十全主義者) なる語が用いられ，それぞれが急進主義の階梯における異なる二段階を表している．イスラームでは，宗教的過激主義〔extrémisme religieux〕は，プロテスタンティズム，カトリシズムのいずれとも異なる様相を示す．創始の文章であるクルアーンについては，この問題でははじめから合意があるので，特に強調されることはない．スンナ派（そのなかのハンバル学派，マーリク学派，シャーフィイー学派，ハナフィー学派のいずれであれ）も，シーア派（七イマーム派〔イスマーイール派〕，十二イマーム派）も，クルアーンが「《天》から降りてきた言葉」であり，その霊性や権威を疑問視すれば異端になるということについては，合意がある．また，伝統それ自体についても議論はない．ほとんどすべてのムスリムは，ハディース，すなわち《預言者》の「言」をクルアーン成立以来幾世紀もにわたり収集したものについても，それなりの権威を認めている．反対に，議論になるのは，どのような伝統を優先するかについてである．急進的なムスリムが，和解を指向するような伝統よりも，中世のイスラーム法学者イブン・タイミーヤ〔Ibn Taymīya〕など特定の系統を重視していることは，明らかである．彼らを指し示す際に，イスラーム主義者と呼ぶこともできよう．同じように，ユダヤ教の急進主義者をファンダメンタリストと非難するべきでなく，むしろ超正統派〔ultra-orthodoxe〕というよく用いられる呼称を採用すべきである．この呼称こそ，ユダヤ教の伝統の核心にある律法をひたすら厳格に適用する潮流を表すにふさわしい．

このような例は枚挙にいとまがない．宗教の急進主義に絶対的な同一性はありえないのであり，それは暴力との関係においても同様である．この領域でも，やはり複雑さを考慮せねばならない．宗教は，高度に洗練された文化的・象徴的体系なので，それぞれに互換性はないが，それと同じように，均質で一体性を持つ包括的な「ファンダメンタリズム」なるものもない．ファンダメンタリズム，アンテグリスム，イスラーム主義，超正統主義など，さまざまな言葉を使い分けることで，これらの差異を確認できるようにすべきである．

だからといって，全体的な見通しを得ることは一切断念せねばならないのだろうか．方法論上の慎重さがあれば，それはおそらく可能であろう．「ファンダメンタリスト」という語にはプロテスタントのものという含意があって，「聖書の原理」への回帰という幻想を想起させるが，そのような含意をそぎ落とすことができれば，語の定義の拡大を試み，モクタル・ベン・バルカのように「あらゆる宗教はなんらかのファンダメンタリズムを分泌するものである」とみなすこともできよう．その場合，ファンダメンタリズムという語は急進性や過激主義と同義になる．ここに至るとジャーナリズムの領域に合流したことにもなり，そこではファンダメンタリズムという語は長くこのような意味で用いられている．

意味の拡大は過度の単純化にもつながり，それにより犠牲になる部分もあるが，定義する語群を慎重に定めれば多くの発見が実際になしうることに変わりはない．

これこそ，イギリスの社会学者スティーヴ・ブルース〔Steve Bruce〕が，諸宗派のファンダメンタリズムを扱った明快な総論のなかで試みたことにほかならない．彼は，冒頭の章において「野獣の性質」を析出するなかで，ファンダメンタリズムを，革命的になる可能性を秘めた急進的な異議申し立て，と定義している．「宗教は，真剣に受け止めすぎると，ほとんどの人にとって豊穣にすぎる制度になってしまう」が，それでも惹きつけられる「熱心党員（ゼロテ）」はいて，彼らは妥協や中途半端なものを拒み，「宗教的な情熱」を徹底的に生きようとする．あらゆる宗派のファンダメンタリストは，「現代の熱心党員（ゼロテ）」ということになる．彼らの特徴の一つは非寛容である（真理は一つしかないが，過ちはいくつもありえるからである）．一方，暴力はファンダメンタリストに共通の特徴とは考えにくい．ブルースによれば，「いかなる暴力もファンダメンタリスト的ではないし，すべてのファンダメンタリストがみな暴力的なわけでもない」．他方，権威の概念を前面に出すことはあらゆるファンダメンタリストに共通している．それを担うのが伝統であれ，指導者であれ，あるいは文章であれ，規範となる権威はあらゆる急進的な宗教運動に共通してみられる特徴である．共通してみられるもう一つの特徴は，近代に対する異議申し立てであり，それは選択的な批判（アメリカ合衆国のファンダメンタリストたちがそうである）から始まり，近代的と想定されるものすべての拒否（イスラーム主義者の特定の潮流がそうである）に至りうる．自立した個人には神の規範など不要だという考えは，ファンダメンタリストにとっては受け入れがたい．近代批判の延長として，あらゆる宗教のファンダメンタリストたちが共通して抱く考えは，信仰が私的なものには解消しえないというものである．信仰は何よりも，日常生活のあらゆる局面を含めるかたちで，公共空間において表明されねばならないのである．

これらの定義の試みに続いて，スティーヴ・ブルースはある仮説を練り上げている．それは，ファンダメンタリズムが実際には社会の近代化の徴候に対応しているのではないか，というものである．多少とも一元論的な伝統社会（そこでは，宗教事象が国家〔cité〕に完全に組み込まれている）では，ファンダメンタリズムには真の存在意義がない．少なくとも，最も攻撃的なファンダメンタリズムについては，そういえる．宗教事象は，社会の「近代化」が進むにつれて私的領域に追いやられ，個々の存在と社会生活の総体を構造化する（あるいは，少なくとも彩る）権利に疑問を呈されるようになるが，そのときにこそファンダメンタリズムが立ち上がってくるのである．それは，キリスト教，イスラーム，仏教，ヒンドゥ教のいずれにおいても同じである．20世紀後半にヒンドゥ教やイスラームの急進主義が現れたのは，インドやアラブ・イスラーム圏の近代化と明らかに軌を一にしている．その近代化を特徴づけるのは，識字率の顕著な上昇，広域経済への統合の進展，人口転換の進展（家族規模の縮小）などである．

ファンダメンタリズム――社会全体に対して提起された問題

宗教的ファンダメンタリズムは，時代遅れと批判されることも多いが，そのさまざまな形態をみれば，つまるところ近代の病理の一つといえるのではないだろうか．いずれにせよ，宗教現象としての側面にばかり注目しないほうが得策であることは間違いない．ファンダメンタリズム的な反応は，およそあらゆる宗教的アイデンティティに顕在もしくは潜在している要素であるが，それが激化するのは，社会全体が急速で激しい変化にさらされたり，人びとともにある宗教や象徴が新たな問題を提起するときである．それはすなわち，ファンダメンタリズムが宗教的な逸脱には解消されえないことを意味する．まして，偽りの宗教性でもなければ，メディアによってあらゆる不満のスケープゴートにされたわけでもない．ファンダメンタリズムは宗教を構成する一方で，その激烈さや，時としてみられる暴力性は，政治，経済，文化すべての領域に及ぶ社会全体の緊張を示してもくれる．ファンダメンタリズムが示す急進性は，国家を覆すような他の型の急進性に呼応しているのである．

参考文献　AMMERMAN N.T., *Bible Believers : Fundamentalists in the Modern World*, New Brunswick, Rutgers University Press, 1987. – ALMOND G.-A., APPLEBY R.S. et SIVAN E., *Strong Religion : the Rise of Fundamentals Around the World*, Chicago, University of Chicago Press, 2003. – BEN BARKA M., *Les Nouveaux rédempteurs. Le fondamentalisme protestant aux États-Unis*, Paris, Genève, Labor et Fides et Éditions de l'Atelier, 1998. – BRUCE S., *Fundamentalism*, Cambridge, Polity Press « Key Concepts », 2000. – FATH S., *Militants de la Bible aux États-Unis. Évangéliques et fondamentalistes du Sud*, Paris, Autrement, 2004. – GUTWIRTH J., *L'Église électronique. La saga des télévangélistes*, Paris, Bayard, 1998. – MARTY M. et APPLEBY S.（ed.）, *Fundamentalism observed*, Chicago et Londres, University of Chicago Press, 1991（4 vol.）. – WILLAIME J.-P., *La Précarité protestante, sociologie du protestantisme contemporain*, Paris, Genève, Labor et Fides, 1992.

セバスチアン・ファト Sébastien Fath

〔長井伸仁訳〕

→ 不寛容／寛容

フェティシズム
FÉTICHISME

フェティシズムの問題群は，モノと人間の価値を象徴化し，抽象化し，識別する人間の諸能力に関する理論を背景とした18世紀の宗教進化論の形成をめぐる諸問題に対応している．この言葉の「創始者」シャルル・ド・ブロス〔Charles de Brosses〕は，フェティシズムを「動植物に対して象徴を介さずに直に捧げられる崇拝」(De Brosses, 1760, p. 182) とか「動物や地上の無機物を崇拝対象とする一切の宗教」(Ibid., p. 61) と定義している．フェティシズムは，「聖なるもの」〔sacré〕とされる品物や想像的なもの(イマジネール)にアフリカ人が抱く異様な光景に出くわしたキリスト教徒やヨーロッパの商人資本家の想像力の産物であったが，19世紀になると現実の新たな体制に直面した西洋社会を理解するための概念ツールとして利用されてゆく(Agamben, 1998)．20世紀にマルセル・モース〔Marcel Mauss〕によってその資格が剝奪されるまで，人類学はフェティシズムを「トーテミズム」と区別することに多くの力を注いできたし，もっと最近ではピエール・ブルデュー〔Pierre Bourdieu〕が，ウェーバーの「カリスマ」やデュルケームの「マナ」といった概念との類義性をフェティシズムに見いだし，この概念を復権させている (2001)．レイモン・アロン〔Raymond Aron〕もそれを聖なるものの同義語として扱っていた (Aron, 1967, p. 545)．

ヨーロッパの探検家やプロテスタントの商人たちのアフリカの報告から鋳造されたフェティシズムやその他の関連用語は，アフリカの世俗の想像力によって取り込まれていくことになるが，この想像力によってこれらの用語は，急激に変化する社会の象徴作用に服する魔術めいた想像的なものの部類の一つである合併の論理のなかに組み込まれるからである (Balandier, 1955；Dozon, 1995；Mary, 1999)．預言主義，メシアニズム，その他の「新教会」——これらは近代の新しい身分が生み出した差異・格差・不公平・諸悪を代弁するものだ——は，それ以来，貨幣・商品・書物 (聖書)・免状・テクノロジー・性・身体のフェティシズムが蔓延する腐植土の上で繁茂することになった．呪術的・宗教的・臨床医学的・政治的な諸力の空間で日常的なリアリティとなった現代のフェティシズムは「呪術」を内包しているが，それは「植民地との出会い」(Peel, 1990) 以来，商業，宗教，そしてアフリカの「白人支配」によって導入されたものなのである．

〈フェティソ〉の魔術

フランス語の辞典によれば，フェティシズムは「魔術」を意味する feitiço に由来する．だが実際には，このポルトガル語 feitiço とド・ブロスが創始したフェティシズムのあいだには，ギニアのアフリカ西海岸を経由した長い紆余曲折がある．まずギニアで〔ポルトガル語と現地語が混淆した〕ピジン語「フェティソ」(fetisso) が生まれたのち，それがヨーロッパに渡り，15 世紀以降にフランス語の fétiche となった．ヤコノによれば，フェティッシュとは「15-16 世紀にギニアと西アフリカの民族と文明が有していた崇拝対象と宗教礼拝に白人たちが与えた名称である」(Iacono, 1992, p. 5)．ヨーロッパの観察者たちは多種多様な無数のフェティソと，それらをアフリカ人が崇拝対象に定める際の奇妙な仕方に狼狽した．彼らがそこに見たものは，「彼らが神格化しようとする物体や動物に注ぎ込む激しい情熱と幼稚で粗暴な欲求」(Tarot, 1999, p. 503) の力を介した事物との直接的な関係以外にはなんの統制原理もない，子供じみた人間性と社会秩序の痕跡であった．彼らが狼狽したのは，フェティッシュとなるものはなんでもありだったからである．たとえば獅子の尾，鳥の羽，小石，布切れ，山脈，貴重な石，植物，湖，鰐，魚，豹，女性器の表象，人骨，人形，要するに「枚挙に嫌気がさすほど無数の奇妙で多様な対象」(De Brosses, 1760) である．〔野生人が最初に偶然遭遇したものを神格化するという〕「最初の遭遇論」(Pietz, 2005) こそ，これら「無数の奇妙な対象」をフェティッシュに定める社会・宗教原理である．フェティッシュとは，つまり実利性や恣意的選択，無益さ，そして思考・表象化・超越性の不在といったものと無理やりにでも同化した対象なのである．

しかし，フェティソやアフリカ・フェティシズムにヨーロッパ人が好奇心を抱いた理由は，時代も場所も異なる魔術を前にそれが西洋人の想像力を掻き立てたからだけではない．というのも彼らの興奮はそれを引き起こした西洋の観察者のイデオロギーとも無関係ではなく (Iacono, 1992, p. 74)，実際，フェティシズムとその対象やフェティソは西洋社会自身の持つ宗教的・経済的な隠れた動機を問いただすことにもなったからである．

フェティシズムと偶像崇拝

実際，唯一神を信じるこの観察者のイデオロギーは，それが偶像〔idole〕とアフリカ・フェティソのあいだに立てる規範的な比較のうちに見てとることができる．そこでは二つのテーゼが対置される．第一のものは，人間は原初から唯一神の啓示を受けていたが時代とともにこの啓示は偶像崇拝へと堕落したというものである．第二のテーゼは，人間は人類の幼年期に唯一神を直観することなどありえず，人類の原初時代に支配的だったのはむしろ偶像崇拝の性質を帯びた多神教であるというものである．

フェティシズムの創始者〔ド・ブロス〕は，多神教説を唱えたデイヴィッド・ヒュームを論拠に第二のテーゼに加わった．だがド・ブロスは「神々」と「フェティッシュ」の区別にこだわりを見せた．そのわけは，原始一神教を否定するのと同じ理由から，「神々」概念など想定不可能な時代〔古代エジプト〕に固有な神格はむしろ「フェティッシュ」であることを示すためであった．実際，ド・ブロスは宗教の多神教起源説を拒否している．多神教は意思を有し，非物質的で独立した不可視の神的な諸力と人間の関係をその特徴とするからである．ド・ブロスの考えでは，不可視の神々を表象するには象徴化の知的作業，つまり抽象と一般化の作業がまずは前提となるのに，原初の人間の精神的能力ではそのような作業は一切不可能なのである．最初の宗教はフェティシズム，つまり象徴という媒介なしに特殊な力が宿るとされる物的対象の「直接崇拝」以外にはありえない．なぜなら，フェティシズムは思考すらなき人びとの宗教だからである（Tarot, 1999）．

ド・ブロスによれば，ギニアや西アフリカの黒人のうちに観察される特徴はことごとくこれである．この点についてウィリアム・ピーツ〔William Pietz〕はこう述べている．「キリスト教が物的偶像と悪霊という区別される二つの実体を同一視するのに対して，フェティソの言説は，霊的というよりむしろ身体的・心理学的因果律にその真の効力を認める物的対象の擬人化に関係している．キリスト教のいう偶像が一つの像（イマージュ）と考えられているのに対し，フェティソの見方はまったく新しい．事物と目的を一瞬のうちに偶発事と関連づけて両者を結びつけるからである．〔キリスト教のいう〕偶像の社会原則が人間の魂と悪霊が取り決める口約束であるのに対して，フェティソの社会権力は身体的な行為や物体〔媚薬など〕の消費を通じて取り決められる誓約にある」（Pietz, 2005, p. 79）．この見方からするとアフリカ人のフェティソ信仰はシニフィエをシニフィアンに換喩的に還元する宗教である．というのも，この宗教はラカンの言葉でいえば「シニフィエがシニフィアンの下を滑る」のに，偶像〔崇拝〕のほうは「進化した」人類に固有の「象徴的機能」の存在を表しているからである．宗教の起源をめぐる西洋人たちの議論にフェティソの宗教が材料を提供してきたのはまさにこの点にある．

たとえばオーギュスト・コント〔Auguste Comte〕は，多神教と一神教に先行する神学的思考の最初の様式こそフェティシズムだと考えた．また同時にモノ＝フェティッシュというコントの考えから，それは「マナ」を帯びた一つの対象となった．なぜならポール＝ロラン・アスーン〔Paul-Laurent Assoun〕が言うように，コントによればモノ＝フェティッシュの際立った特徴はその「過剰なエネルギー」にあり，そのおかげでよりいっそう「威力ある」ふるまいが可能とされたからである（Assoun, 1994, p. 30）．

価値のフェティシズム

社会秩序はフェティソの掟に支配されているので気まぐれに基づいているという考えは，ヨーロッパ人とアフリカ人が交換する品物の価値をめぐる商業論理とは両立しないようにみえる．しかし「キリスト教の封建制，アフリカの氏族制（リネージ），商業資本家的社会体制という三つの大きなシステム」の「合流」（Pietz, 2005, p. 11）の産物であるフェティソの特性がどこにあるかといえば，それはまさにフェティソが「少なくとも譲渡の際に品物が明示され，その出自がフェティソ固有のものである限り，品物の社会的価値と切り離すことができない」（Pietz, p. 12）というこの文脈をおいてほかにない．つまりウィリアム・ピーツのテーゼによれば，フェティソの出自はこの三つのシステムの「合流」の場以外にはありえず，それをある特定の文明〔アフリカ社会〕の生成過程に還元することはできないのである．それゆえアフリカ人が粗悪品と引き換えに黄金を差し出すのを目撃したヨーロッパ人の驚きを理解するには，相互作用の状況に固有ないくつかの特性を勘案する必要があるだろう．なぜならアフリカ人が黄金と交換した品物の価値はヨーロッパ人からみれば無価値だが，商業的というだけでなく宗教的・性的・人間的でもある交換の場でさまざまな品物が織りなす諸関係の性質を通して，初めてその価値は思考可能となるからである．このテーゼによれば，まさしく同じようにこの観点から，アフリカ人が黄金と引き換えに西欧の粗悪品を受け取るだけでなく，さらにはそれをフェティソと同列に置いて宗教的ないし聖なる価値を与えるのを目にしたヨーロッパ人の驚きを理解することが重要となるのである．

フェティソの「神秘的な」威力が呼び起こすこの「驚き」は，道徳的にも経済的にも政治的にも，一様にその主たる結果として黒人を「自然のまま」の存在とみなすことになった．つまり，黒人たちは価値や美とは異質な要素からなる無軌道なメカニズムに服しているが，それは気まぐれ・誤謬・退廃・狂気の原理に呼応するものであり，この事実から黒人たちは彼らの知らない神的な力に従っているのではなく，彼らの生活する自然的・社会的なカオスの世界を唯一支配することのできる神官や国王の権力に服従しているのだと考えられたのである．こうした考えは決定的な特殊性の証拠，つまりアフリカと黒人は人類の外部にいる証拠だという印象を植えつけ，当時の奴隷制を正当化するイデオロギー的な支柱となっていくのである．

フェティシズム，マナ・聖なるもの・カリスマの別名

1744年にウィリアム・スミス〔William Smith〕はフェティッシュについてこう述べている．「この言葉は崇拝されたモノだけではなく，しばしば呪い，魔力，魔術をも意味している」(Pietz, 2005, p. 71)．それゆえここにみられる考えは，フェティシズムはフェティッシュの複数の意味を反映していたということである．たとえばフェティッシュの意味が「魔力」〔charme〕なら，すなわち「カリスマ」〔charisme〕の意味となる．

ところでカリスマはウェーバーの宗教史では，起源が未分化な世界，つまり動植物や事物と同じくそれが人間とも関係している一つの世界を統べる威力が存在するという点から重要な地位を与えられている (Aron, 1967, p. 545)．ウェーバーにおけるこのカリスマに満ちた原初世界は，デュルケームが「聖なるもの」や「マナ」から作り上げた世界とまさに瓜二つである (Aron, 1967, p. 545)．だが，ウェーバーにおいて最も重要なのは次の点にある．すなわち「ある人間に備わった非日常的な資質 (この資質が事実なのか推測なのか噂なのかはあまり重要でない)」(Weber, 2000, p. 173) として定義されるカリスマは，預言者の姿をとって世界の「合理化」と脱魔術化の画一的過程の推進力となるという点である．この推進力は最終的にウェーバーによって，ドイツ民族の世界的威信を実現すべき力としてみなされるまでになる．「ドイツの体制には伝統的要素たる皇帝と官僚的要素たる行政は備わっていたが，カリスマ的要素が欠けていた」(Aron, 1967, p. 563)．レイモン・アロンによれば，マックス・ウェーバーが著作活動をしていたこの時代にドイツ人に欠けていたもの，それは「人民投票で選ばれたカリスマ的なリーダー」であった．「自らの良心や歴史に対して責任を持ち，唯一英断を下せるこういう人物こそウェーバーがイメージするカリスマ的リーダーである」(Aron, 1967, p. 568)．このようにマックス・ウェーバーは，その動きから預言者によって成就される世界の脱魔術化と合理化のゆえに，カリスマが事物の世界からいまや政治権力の実現——この場合でいえばドイツ民族のそれ——に奉仕すべき人間の世界へと移動していく長期的なプロセスを示唆している．

以上の分析が妥当だとすれば，マルクスとウェーバー，そしてデュルケームを継承するブルデューが次のように定義する「政治的フェティシズム」を打ち出した理由もわかるだろう．「受託者や職務遂行者——礼拝を執行する宗教者であれ，国の

閣僚であれ――は，物神崇拝に関するマルクスの定式にしたがえば，独自の生命を授けられているかのごとき〈人間の頭脳の産物〉に属している」(Bourdieu, 2001, p. 260). 生産の領域に位置づけられるマルクスの物神崇拝（Garo, 2000, p. 30）を政治の領域に移すというブルデューが行った理論の移動は，カリスマを別の文脈へと移し替えたウェーバーのそれとほぼ同じ性質のものである．つまりウェーバーも，カリスマが人間と事物に共有されている状態から，世界の脱魔術化と合理化の画一的過程に組み込まれた人間固有の資質となって政治家に必要不可欠な権能の役割を果たすという新たな状態へとカリスマを移動させたからである．したがってブルデューが「政治的フェティッシュ」と呼ぶものはウェーバーの言う「カリスマ的リーダー」の別称となる．

しかしこの「政治的フェティッシュ」が「カリスマ的リーダー」と異なるのは，現実の剝奪と歪曲の機能，そしてマルクス主義の物神崇拝概念の中心に位置する「疎外」――マックス・ウェーバーの関心の埒外にある概念――の機能を召喚する点にある．実際，ピエール・ブルデューによれば，「価値の額の上にはそれが何であるのかは書かれていない」というマルクスの言葉のなかに，われわれは「カリスマ――この種の力は彼自身にとって自分固有の原理であるように映る――の定義そのもの」(Bourdieu, *Choses dites*, 1987, p. 187）を手にしているのだという．

ところでマルクスにとって「商品の物神崇拝」は「人間自身の特定の社会関係が(……）人間に対して物の関係の幻影的形態をまとわせる」という事実にある．さらにこうもいわれている．「生産者たちにとって彼らの私的労働の社会的諸関係は(……）人びとの物的な非人格的諸関係として，また非人格的な物の社会的な諸関係として現れる」(Marx, 1960, pp. 83-84). それゆえブルデューの政治的フェティシズムが政治的表象という一つの構造的現象だとすれば，それとマルクスの物神崇拝の関係をアナロジックに考えることができよう．というのもこの物神崇拝の特徴は，「表象が世界の模造品のようにみなされるのを止めて」，「現実の能動的な審級」の一つとなることにあるからだ (Garo, 2000, p. 30). その結果としてカリスマやマナや聖なるものを帯びたブルデューのフェティッシュは，マルクスでは経済市場を対象としていた商品の「神秘的」論理と同じ論理にしたがって，今度は「政治的市場」で機能するのである．

マルクスによれば，商品は仮にそれが「踊り」だすよりも「はるかに奇妙な気まぐれ」に従っているとされる〔『資本論』第 1 篇第 1 章第 4 節〕. この「奇妙な気まぐれ」という考えは，マルクスが「商品の物神崇拝」を描く際に「形而上学的巧妙さ」とか「神学的屁理屈」といった別の表現もしているように，18 世紀のヨーロッパ人の想像力がフェティソを特徴づけてきたやり方に加え，黒人の関係が物へと換喩的に還元されている人類学的な証拠としてフェティソを利用してきた議論も，同時に彷彿とさせるものであることがわかるだろう．

フェティシズムの暴力，あるいは想像的なものの暴力

マックス・ミュラー〔Max Müller〕に続きマルセル・モースは1907年にフェティシズムを「途方もない誤解」とみなし（Tarot, 1999, p. 508），その資格を剝奪した．問題は，この「途方もない誤解」が同時代のアフリカ社会でのさばる殺人的暴力――「フェティシズムの暴力」ないし「想像的なものの暴力」と形容するのが適当だろう――の中心に位置している点にある．実際，たとえばザンビアやブルンジでのアルビノの殺害といった「儀礼の殺人」や，ダイヤモンド，金，石油，コルタン鉱石やその他希少鉱物をめぐる争いに関しても，あるいはまたザイールの政治家モブツ〔Mobutu Sese Seko〕の神格化に関しても，われわれが関わっているのは身体・商品・権力のフェティシズムの暴力である．

身体，物体，権力体のフェティッシュ化はアフリカでは諸々の世俗的・科学的な想像力に共通した事柄である．とりわけ金とダイヤモンドは精霊の化身であり，採掘の前後には必ず儀式が執り行われる．同様に奢侈品は大洋を越えてそれを運び届けてくれる，国を超えた精霊と縁があり，大統領や閣僚，議員，司祭，占師といった権力体も衣装の下にフェティッシュを帯同しているとされる．さらには〔ベナンの政治家〕ケレク〔Mathieu Kérékou〕やモブツの例では杖に，あるいはボンゴ・オンディムバ〔Bongo Ondimba〕〔ガボン大統領〕の例では眼鏡にそれぞれ化けているという．ここでは科学理論は，それがフェティッシュやフェティシズムといった厄介な対象に手を出す場合，単なる叙述作業へと追いやられる．なぜなら開陳すべき「隠された」ものなど何もないからである．むしろアフリカのフェティシズムは，呪術師・導師・予言者・カリスマ的祭司・一般人を「真正の」理論家とする日常の理論であり，公然の理論なのである．

しかし同時にこうした理論家たちは，今その定義を問題にしているフェティシズムの暴力や想像的なものの暴力の媒介者でもある．実際，フェティシズムの暴力や想像的なものの暴力の特徴は，それが換喩を原理とする暴力だという点にある．ここで言う換喩とはシニフィエをシニフィアンに還元することを意味しているが，しかしこの還元はド・ブロスの描く〔物質自体への〕「直接崇拝」とは何の関係もない．シニフィアンが期待した効果を発揮するのはまさに次の二つの理由による．まずシニフィアンはその外見以上のもの，つまりそれ自体のほかに別のものを「表象す

る」という点．次にシニフィアンは「事物ではないものを事物のなかに見いだして考えるという人間の能力を前提としたわれわれの象徴機能」（Castoriadis, 1975, p. 142）に属しているという点にある．たとえばツル植物はツル植物以上のものであり，それは蛇でもペニスでもある．指輪は指輪以上のものであり，それは鉄砲と同じ資格で殺傷武器でもある．さらに杖は一本の棒や材木以上のものであり，それは弾をよけたり，雨を止めたりできる精霊である．悪霊の像（イマージュ）は悪霊そのものである．このように表象やシニフィアンをその制約から解き放ち，物体や精霊に影響を及ぼす現実の力にそれを変えるのが換喩の原理だとすれば，フェティシズムの暴力や想像的なものの暴力とは換喩を原理とした暴力なのである．この暴力はジル・ドゥルーズ〔Gilles Deleuze〕が提唱した想像的なものの定義と合致している．彼によれば「想像的なものとは非現実的なものというより現実と非現実が区別できないこと」（2003, p. 93）だからである．

想像的なものの暴力と魔術的フェティシズム

しかし，想像的なものの暴力がアフリカでフェティシズムの暴力となっているのは，まさしくこの暴力がまた魔術の想像的なものと関係しているからにほかならない．この点に関しては次のデリダ〔Jacques Derrida〕の見解を想起すれば十分だろう．彼によれば，フェティッシュとは鏡を眺める自分の姿を視界から消し去り，あらゆる面で自分よりも「威力ある」存在——それは有害なので病気や死，さまざまな不幸の媒介ないし約束である——の鏡像を出現させる鏡であり，こうしたフェティッシュの観念は通過儀礼——たとえばブウィティ〔ガボンの伝統儀礼〕（Mary, 1999）——という鏡を通して具現され，想像的なものの暴力は呪術師の暴力と混ざりあう．

なぜならフェティッシュ＝鏡のなかに現れる存在は，必然的に「エヴス」（evus），「ヌジャンベ」（ndjambe），「イザンガ」（izanga），「クンデュ」（kundu）ないし「イクンデュ」（ikundu）と呼ばれる魔術的カリスマ性を授けられた媒介者だからである．それは，たとえば二重人格となって他人の寝込みを襲い，強引に近親相姦やホモセクシャルな関係を結ぶこと——この風習の名を「夜の夫婦」と言う——が許される「非日常的な」性的身分である．また彼は同様の原理に則って肉体を「食べる」ことや他人の「エネルギー」，知性，美貌等を「吸い取る」こと，そして他人にさまざまな不幸，要するに死をもたらすことさえ許されている．それゆえこうした「非日常的」身分やマナ，カリスマ，身体にまつわるフェティシズムというのは，社会的・性的・政治的・経済的・文化的・学問的・宗教的・家族的な活動のありとあらゆる領域における健康，艶福，成功，名声，美貌に関するまさに逸脱原則なのである．薬剤とも呼ばれるフェティッシュ，つまり物体，言葉，誓約，代謝物（汗，唾，尿，膣内分泌物，精液等）の場合，それはこうした逸脱の基礎であると同時に逸脱への抵抗ともなる．だが明らかに吸血鬼の意味でも呼ばれている魔術的カリスマの場合，同じフェティッシュや同じ薬剤を使う場合でも二人いればそれぞれ用法に違いを見せるし，また同じ人間がフェティッシュを使う際にも二人の人物の作ったフェティッシュが二つある場合にはやはりそれぞれ異なっている．

要するにフェティシズムに関するアフリカの世俗的想像力——それが具現化され，表現されたものが予言者であり，そのカリスマ性である——は，われわれが想像的なものの暴力と呼ぶところの複雑に入り組んだ身体的・象徴的暴力の歴史的経験の産物なのである．この経験は資本家的・キリスト教的システムに固有な暴力と，この暴力に「遭遇」する以前の歴史性に固有な暴力の区別を無化させる．それゆえこの経験のうちには呪術の構造的暴力や，ポスト・コロニアル的暴力によって再生産された奴隷制と植民地化の暴力といったものが何層にも堆積している．とりわけそれは「白人の事情」によって人間性が剝奪されていくその長い歴史のなかで作動してきた中心的な機能を通じて積み上げられてきた．すなわち，まず先住民を悪魔や物質性の庇護を受けたネガティブなものに（構築するという積極的な意味で）仕立てあげ，ついで彼らを発展させる，つまり人間化と文明化を施してポジティブなもの——発展を遂げた目標としての（漠たる）白人像——に作り替えるべきだとされたのである．

アフリカでは雷，蛇，野獣，「聖なる樹木」，唾，言葉，手，脳，銃，鏡，船，飛行機，電話，電気，テレビ，車，聖書——つまり，フリーメイソンや薔薇十字団が，そしてキリスト教のメダイやその他ペンダント〔十字架やロザリオ〕が作り上げたイデオロギー的上部構造とともにアフリカに入ってきた資本主義の諸々の産物——にそれぞれ精霊がいる．前段で述べた経験の堆積はアフリカのフェティシズムが次々に精霊を受容する際になぜこうしたものも含めるのかを説明している．つまりこの経験は一方には非合理的，つまりフェティシスト的な産物の社会や世界があり，他方には合理的な産物の世界があるという二元論的な思考を禁じるのである．言い換えれば，物体や人間に関わるフェティシズムのアフリカ的想像力は無差別的な論理の性質を帯びている．それは魔術的思考に特有な合併の論理であり，資本家的・キリスト教的「合理性」に固有な蓄積の論理であり，ジョルジョ・アガンベン〔Giorgio Agamben〕によれば，フロイト流のフェティシズムに特徴的な蒐集の論理である（Agamben, 1998, pp. 65–71）．

こうした論理的無差別性は奇妙にもフェティシズムのルーツそのものにこだまし

ている．文明間の相互作用の境遇から生まれ，ポルトガル語 feitiço――セクシュアリティや価値と並んで呪術とも大いに関係があり，人工物だが同時に魔力を持つもの――の響きを持つピジン語 fetisso．このフェティソを土台に作られたフェティッシュという一語から着想を得て生まれたこのフェティシズムは，啓蒙哲学者にして碑文・文芸アカデミー会員の碩学，実業家，そして政治家（ブルゴーニュ高等法院の部長評定官）であったシャルル・ド・ブロスというまさに複数の肩書を持った一人の男の想像力の産物だったからである．

参考文献　AGAMBEN G., *Stanze*, Paris, Éditions Payot et Rivages, 1998（1er éd. italienne 1981）．（ジョルジョ・アガンベン『スタンツェ――西洋文化における言葉とイメージ』岡田温司訳，筑摩書房，2008年）– ARON R., *Les Étapes de la pensée sociologique*, Paris, Gallimard, 1967.（レイモン・アロン『社会学的思考の流れ』Ⅰ・Ⅱ，北川隆吉ほか訳，法政大学出版局，1974年，1984年）– ASSOUN P.-L., *Le Fétichisme*, Paris, PUF « Que sais-je ? », 1994.（ポール＝ロラン・アスン『フェティシズム』西尾彰泰・守谷てるみ訳，白水社，2008年）– BALANDIER G., *Sociologie actuelle de l'Afrique noire*, Paris, PUF, 1982（1re éd. 1955）．（ジョルジュ・バランディエ『黒アフリカ社会の研究――植民地状況とメシアニズム』井上兼行訳，紀伊國屋書店，1983年）– BOURDIEU P., *Langage et pouvoir symbolique*, Paris, Fayard, 2001.; *Choses dites*, Pario, Minuit, 1987.（ピエール・ブルデュー『構造と実践――ブルデュー自身によるブルデュー』石崎晴己訳，藤原書店，1991年）– BROSSES Ch. DE, *Du culte des dieux fétiches. Parallèle de l'ancienne religion de l'Égypte avec la religion actuelle de la Nigritie*, Paris, Fayard « Corpus des œuvres de philosophie en langue française, 1988 »（1re éd. 1760）．（シャルル・ド・ブロス『フェティシュ諸神の崇拝』杉本隆司訳，法政大学出版局，2008年）– CASTORIADIS C., *L'institution imaginaire de la société*, Paris, Seuil, 1975.（コルネリュウス・カストリアディス『想念が社会を創る――社会的想念と制度』江口幹訳，法政大学出版局，1994年）– DELEUZE G., *Pourparlers 1972-1990*, Paris, Minuit, 2003（1re éd. 1990）．（ジル・ドゥルーズ『記号と事件――1972-1990年の対話』宮林寛訳，河出書房新社，2007年）– DERRIDA J., *Spectres de Marx*, Paris, Galilée, 1993.（ジャック・デリダ『マルクスの亡霊たち――負債状況＝国家，喪の作業，新しいインターナショナル』増田一夫訳，藤原書店，2007年）– DOZON J.-P., *La Cause des prophètes*, Paris, Seuil, 1995. – EVANS-PRITCHARD E. E., *Witchcraft, Oracles and Magic Among the Azande*, Oxford, Clarendon Press, 1937.（エヴァンズ＝プリチャード『アザンデ人の世界――妖術・託宣・呪術』向井元子訳，みすず書房，2001年）– GARO I., « Le fétichisme de la marchandise chez Marx. Entre religion, philosophie et économie politique», *Actuel Marx Confrontation*, Paris, PUF, 2000, pp. 19-30. – HUME D., *L'histoire naturelle de la religion*, Paris, Vrin, 1989.（デイヴィッド・ヒューム『宗教の自然史』福鎌忠恕・斎藤繁雄訳，法政大学出版局，1972年）– IACONO A., *Le Fétichisme. Histoire d'un concept*, Paris, PUF, 1992. – MARX K., *Le Capital, Livre1*, Paris, Éditions Sociales, 1960.（カール・マルクス『資本論』向坂逸郎訳，岩波文庫，1969年）– MARY A., *Le Défi du syncrétisme. Le travail symbolique de la religion d'Eboga (Gabon)*, Paris, Éditions de l'Ecole des hautes études en sciences sociales, 1999. – PEEL J. D. Y. « The pastor and the Babalawo: the Interaction of Religions in Nineteenth-Century Yorubaland », *Africa*, 60（3）, 1990, pp. 338-369. – PIETZ W., *Le Fétiche. Généalogie d'un problème*, Paris, Kargot et l'Éclat, 2005.（ウィリアム・ピーツ『フェティッシュとは何か――その問いの系譜』杉本隆司訳，以文社，2018年）– TAROT C., *De Durkheim à Mauss. L'invention du symbolique*, Paris, La Découverte/MAUSS, 1999. – TONDA J., *Le Souverain moderne. Le corps du pouvoir en Afrique centrale (Congo, Gabon)*, Paris, Karthala, 2005. – WEBER M., *Sociologie des religions*, Textes réunis et traduits par J. -P. Grossein. Introd. J. -C. Passeron, Paris, Gallimard, 2000.（マックス・ウェーバー『宗教社会学』武藤一雄・薗田宗人・薗田坦訳，創文社，1976年）

ジョゼフ・トンダ Joseph Tonda
〔杉本隆司訳〕

不可知論と無神論
AGNOSTICISME ET ATHÉISME

曖昧で複雑な語

「不可知論」〔agnosticisme〕および「無神論」〔athéisme〕という語はいずれも欠性辞の a- で始まる．語源的には，不可知論は認識の欠如，あるいは，経験を凌駕するものを認識することの不可能性を指す．しかしアンドレ・コント＝スポンヴィル〔André Comte-Sponville〕によると，この語源は「当てにならない」．なぜなら「神が実在するか否かは，語の本来の正しい意味では誰も知ることがない」が，信仰者が「この実在を肯定し」て「無神論者がこの実在を否定する」のに対し，不可知論者のほうは「決断を下すことを拒む，もしくは，決断を下すことができないのを認める」からである．ピエール・コラン〔Pierre Colin〕はというと，不可知論の二つの形態を区別している．すなわち「空疎であると判断された思弁を迂回する（……）無関心の不可知論」と，「認識不可能」〔inconnaissable〕——この語はエミール・リトレ〔Émile Littré〕による——と判断するものについて自問し，「自問的信仰」と共鳴しうるような「自問的不可知論」である．

不可知論は古くから存在する．「不可知論が新しいわけではない，新しいのは不可知論的文明である」，とアンドレ・マルロー〔André Malraux〕は『沈黙の声』〔1951〕のなかで述べている．不可知論についての初期の証言は古代ギリシアに遡る．紀元前 5 世紀にソフィストのプロタゴラスはすでにこう主張していた．「神々について私は何も述べることができない，神々が存在するとも，神々が存在しないとも，神々がなんであるのかも」

不可知論という語がトマス・ハクスリー〔Thomas Huxley〕（1825–1895）によって作られた 19 世紀においては，この語が作られるよりも先に，実証主義〔positivisme〕が不可知論の最も構造化され最も輝かしい現れの一つであった．「われわれの実証的研究は本質的に，あらゆる部門において，存在するものの第一の起源や究極目的を発見することを放棄して，存在するものの体系的判定に切り詰められねばならない」とオーギュスト・コント〔Auguste Comte〕は1844年に『実証的精神論』(第2部第13節) で述べている．少し遅れて，ハーバート・スペンサー〔Herbert Spencer〕は不可知論的思考に強い影響を及ぼした．

しかしジルベール・オトワ〔Gilbert Hottois〕によれば，19世紀を最もよく特徴づけるのは無神論であって不可知論ではない．というのも当時の知の分野では，無神論的科学と宗教的形而上学が競いあっており，つまりは結びつけられていたからである．20世紀では事情が異なる，と著者は続ける．人びとはもはや真理や絶対的認識の問いを立てたりはしない．人びとはカントのように「われわれは何を知ることができるか」と問うのではなく，「われわれは何をなすことができるのか」と問うのである．科学に取って代わったのは，「起こっているものごとを，そして，なんらかの結果を生じるもので，人がそこに投影した操作的予測に従うようなものごとを真と」みなす科学技術である．かくして不可知論は「現代の技術環境」の指標であるとされる．

ある社会内の不可知論者の数を推算することは厄介な試みである．というのも不可知論者は，一部の無神論者がそうするように，活動目的でグループを形成することがないからである．18歳以上の1014人を国民代表とするサンプルに基づいて実施された調査会社CSAの調査によれば，1994年には2%のフランス人が不可知論者であり，10%が無関心であった．

無神論――本項目でわれわれがおもに関心を寄せるのはこちらである――は不可知論のはるか先に向かう．しかし「無神論者」および「無神論」という二つの語は「一見わかりやすくみえる」(シルヴァン・オルー〔Sylvain Auroux〕) 語であり，無神論を扱う論者の大部分が注意を促しているようなさまざまな問題を引き起こす．実際，欠性辞a-が多様な意味で解されるために，「無神論者」および「無神論」という語は，あるときは否定を――無神論者は神が実在しないことを主張する――表し，あるときは欠如を――無神論者とは，唯一の神性であれ，複数の神性であれ，神性というものを理解しない，もしくは適切な仕方で崇拝しないかどで咎められる者である――表す．異教時代のローマでは，キリスト教徒が無神論者と呼ばれたのである．中世末期およびルネサンスの異端者についても同様であった．さらにこの接頭辞は無神論者を「否定をこととする否定者という否定的範疇」に閉じ込めてしまうと記すロベール・ダリアン〔Robert Dalian〕は，信仰者を「非合理主義者」や「非論理家」と名指すことを提案していた (*La Voix des athées*, n° 2, été 1977). 『無神学論 *Traité d'athéologie*』の著者ミシェル・オンフレ〔Michel Onfray〕もまた，「無神論を形容するための肯定的な語がないこと」を強調していた（Onfray, p. 45）．最後に反神論〔antithéisme〕についても言及しておくべきである．これはプルードンが神と《人類》との反定立的本性に依拠しつつ理論化し正当化した，神（もしくは神の観念）に対する闘争である．

「無神論者」および「無神論」という用語は長いあいだ侮辱的な，もしくはある種の危惧を抱かせる語とみなされてきた．1903年にフェルディナン・ビュイッソン〔Ferdinand Buisson〕は，彼の同時代人の多くが，「理由は知らないままに，「無神論」という語を他の語のように［口に出す］」勇気を持っていなかった，と指摘していた．最後に，ある著者たちにはこの用語はあまりにも不明瞭にみえたようだ．ジャン・ロスタン〔Jean Rostand〕はこの用語を「「神」という用語と同じくらい漠然としていて定義できない」とみなしており，「「神」という語で理解するものについてのわれわれの無知」を理由に，無神論者と自称するのをしばしば躊躇していた．彼の指摘によればアインシュタインも同様のことを考えていたという（*la Tribune des athées*［*TA*］, n°13, octobre 1977）．

「無神論者」という語から生まれるさまざまな困難を免れるために，2003年にカリフォルニアの無神論者たちは，bright（輝く，光る）というまったく新しい用語に換えることを提案した．ケベックの無神論者たちがこの用語を翻訳せずに残すことを決めたので，brightはフランス語圏に浸透し，現在はインターネットによって広まりつつある．この用語は「ミーム」〔mème〕として，つまり，無神論者である生物学者リチャード・ドーキンス〔Richard Dawkins〕によれば「文化的伝達の単位あるいは模倣の単位」として構想された．ドーキンスにとって，ミームと脳との関係は遺伝子と身体との関係と同じである．彼によると，神の観念は人類の〔脳の〕「ミームプール」のなかで特別の位置を占めており，「生存のための高い価値」を与えられている．というのもこの観念は「巨大な心理学的魅力」を提供するからである（*Le gène égoïste,* 1976, éd. fr. de 2003, pp. 261–269）．この語彙上の寄与によって，フランスではまだほとんど知られていない学問分野であるミーム学が無神論研究に参入したことが示された．無神論はもはや哲学や神学，あるいは人文諸科学の領域に閉じ込められたままではない．認知科学や神経科学もまた，さまざまな宗教観念の形成を説明するために要請されているのである．

さまざまな無神論

最大の困難は，表現や根拠の面で多様に異なるさまざまな無神論が存在するという事実に起因する．無神論者たちは，無神論が三大一神教よりも古いということ，そして無神論が古代ギリシアでは原子論者たち――デモクリトスやエピクロス――とともに，またインド世界では順世派（チャールヴァーカ Chārvāka）（紀元前 6 世紀）とともに存在していたことを強調する傾向がある．確かにこうした源泉は忘れられてはならないが，近現代の無神論の根拠が論者たちによって据えられたのは，おもに 16–17 世紀からのことである．ただし本項目ではこの論者たちをすべて紹介することはできない．

信仰者，無関心ないし無信仰者のいずれを自称するにせよ，神が存在していないかのように暮らしているすべての人を示す事実である最も普及した「実践的無神論」と，科学的，哲学的，道徳的な思弁の産物である「理論的無神論」がしばしば対置される．理論的無神論は多様な論拠に立脚するが，これらの論拠はおもに自然――ここで無神論者は，長いあいだ彼らと混同されてきた汎神論者と意見をともにしつつ，自然は想像上の創造者の法則ではなく自分自身の法則にのみ従う，と言う――や，自分自身の活力を授けられた永久的なものとして提起される物質の概念に由来している．また，〔理論的無神論によれば〕悪は，善良で全能の神の実在という考えに逆らうものである．最後に，崇拝し奉仕すべきとされる神の観念は，人間の自由と尊厳を妨げるものである．

こうした人間主義的無神論は，フォイエルバッハ〔Ludwig Feuerbach〕の足跡に従って 19 世紀から花開いた．このヘーゲル主義哲学者にとって，神的なものと人間的なものとの対立は錯覚の帰結であって，神的なものは客体化され実体化された人間の本質にすぎない．当初はフォイエルバッハの賛美者であったマルクスは，のちにフォイエルバッハを，「人間的本質」は「個人に内在する抽象概念」ではなく「その実効的現実においては社会的諸関係の総体である」ことを理解しなかったとして批判した．マルクスは，神秘主義へと駆り立てるような要素はすべて「人間的実践のうちにその合理的解決を」見いだすべきだと付け加えていた．もはや「世界を別様に解釈する」のでは不十分であり，今後重要なのは「世界を変革すること」である（『フォイエルバッハに関するテーゼ』1845，テーゼ 4, 6, 8, 11）．人間が「心なき世界」に生きるあいだは，宗教は「抑圧された被造物のため息」であるだろうし，「民衆の阿片」であり続けるだろう（『ヘーゲル法哲学批判序説』1844）．ニーチェは有名な神の死というテーマとともに無神論に新たな急進性を与えたが，無神論はフロイトの仕事によってさらに別の次元を見いだした（『ある錯覚の未来』1927）．

国家的無神論

ここですべての共産主義国家の事例を紹介することはできないが，マルクス主義的無神論は，宗教に関する共産主義国家のふるまいに着想を与えた．厳密な意味では，アルバニアだけが全面的な国家的無神論を実践した．1967年，エンヴェル・ホッジャ〔Enver Hodja〕はアルバニアを「世界初の無神論国家」とすることを決定した．あらゆる宗教的実践が禁じられ，カトリック，正教，イスラームの礼拝を行う建造物はすべて閉鎖されるか破壊された．1973年にシュコダルに無神論博物館が創設された．1975年には宗教的な名前が廃止され，社会主義的で愛国的な名前のリストが作成された．1976年憲法の第37条は無神論を次のように制度化した．「本国はいかなる宗教も認めない，そして，生の科学的かつ唯物論的な世界観を全市民に教化するため，無神論の宣伝活動を展開することに尽力する」．また第55条はあらゆる宗教組織の存在を禁止していた．

ソヴィエト共和国，ついでソヴィエト連邦のさまざまな憲法は，ときに宗教的宣伝活動の自由を認めたり，また少なくとも礼拝を行う自由を認め，国家は正教会を服従させようとした．しかし早くも1920年代には，刑法のいくつかの条項や，人民委員会，法務省，教育省のさまざまな通達によって，宗教的自由の行使は困難な，もしくは危険なものとなり，正教およびカトリックの司祭，牧師，ラビ，ムッラー，シャーマンといった礼拝に関わるすべての僧侶の権利は制限された．いくつかの通達は「迷信」と穏便に闘うことを勧めていたが，こうした通達は，1925年にエメリヤン・ヤロスラフスキー〔Emel'ian IAroslavskiĭ〕（ミネイ・グベルマン〔Minei Gubelmann〕の偽名）によって創設された無神論者同盟のメンバーたち（Bezbojniki）からは黙殺された．学校では大規模な反宗教的宣伝活動が開始された．宗教的実践を行った子どもたちは両親から引き離され，孤児院に移された．何千もの教会，寺院，シナゴーグ，モスクが破壊されたり，閉鎖されたり，他の目的に転用され，また何千もの聖画像が焼かれ，いくつもの無神論の博物館が作られ，反宗教的なカーニヴァルが特にイースターやクリスマスに組織され，礼拝に関わるとくにカトリックの僧侶たちはシベリアやソロヴェツキー諸島に送られた．

迫害は何度か中断された．1934年から1937年にかけて，そして戦争中——無神論者同盟は独ソ戦が始まると解体された．ニキータ・シュトルーベ〔Nikita Struve〕によれば当時国家と正教会とのあいだである種の「暗黙の政教条約」さえもが存在した．さらにスターリンの死後．しかし，おそらくフルシチョフが，非スターリン化によって共産主義の勢いが損なわれないことを証明したかったがために，1958年に宗教根絶計画が開始された．この計画は，「政治的・科学的知識普及協会」の宣伝活動，文部大臣アファナセンコ〔Yevgeniy Afanasenko〕の通達により学校で進められた活動，少年たちの少年団(ピオネール)への加入および青年たちの青年団(コムソモール)への加入，無神論に基づく大学の創設，映画やラジオ・テレビ番組の放送に依拠したものであった．信仰者たちに押しつけられたこの状況を批判することは，反ソヴィエト的宣伝活動の一形態とみなされた．1977 年憲法が「良心の自由，すなわち，なんらかの宗教の信仰を表明する，またはいかなる宗教の信仰をも表明しない，そして宗教的祭祀を執り行う〔または無神論的宣伝を行う〕といった権利」（第 7 章第 52 条）を認めていた一方で，ブレジネフ時代もまた，強力な反宗教的雰囲気に特徴づけられていた．

1973 年，アンドレイ・サハロフ〔Andreï Sakharov〕に近い数学者イゴール・ロスティスラヴォヴィッチ・シャファレヴィッチ〔Igor Rostislavovitch Chafarevitch〕は，宗教に関してなされた「かくも多くの地方当局や連邦上層部による，ソヴィエト立法への数えきれず絶え間のない違反」を告発するためのサミズダート（samizdat）〔地下出版物〕を出版した（*Chrétiens de l'Est [CE]*, 2ᵉ trim. 1974）．1976 年には，ロシア正教会，リトアニアのカトリック教会，プロテスタント諸派（再臨派，バプティスト派，ペンテコステ派）の代表者 30 人が，1918 年以来のさまざまな憲法上の措置にもかかわらず信仰者たちの状況が悪化していることを告発するため，ソヴィエト連邦最高会議幹部会議長に書簡を送った（*CE*, 4ᵉ trim. 1976）．トムコ枢機卿〔Jozef Tomko〕によると，1980 年代には，すべてのマルクス主義国家において，血なまぐさい迫害はないものの，人格を破壊し教会（ここではカトリック教会）を窒息させることを目指す「合理的な仕方で計画された，体系的で計算された迫害」が支配していた（*40ᵉ anniversaire de la fondation de l'Aide à l'Église en détresse*, Maison de la Chimie, 21 novembre 1987）．

中華人民共和国では，憲法のレベルで存在している宗教的自由（1949 年憲法第 5 条，1975 年憲法第 28 条）には，認められた祭祀を 1951 年創設の国家宗教事務局の統制下に移し，外国からのあらゆる影響に対抗するという意向がともなっていた．これは特にカトリックの場合が顕著である．というのもローマ教皇庁と関係を持たないカトリックのみが容認されているからである．この原則上の自由は，マルクス主義以外のあらゆる祭祀や思想の学派に対する過酷な迫害を妨げなかった．そこには封建制の残滓とみなされた儒教への迫害も含まれていたが，こうした迫害は特に，宗教を「がらくた」の地位に据える文化大革命（1966–1976）のあいだに行われた．1977 年には，外交官や外国人のための日曜ミサが執り行われていた北京の南堂を除いて，いかなる礼拝の場も——教会も寺院もモスクもパゴダも——開いていなかった（*CE*, 2ᵉ trim. 1977）．公認されていないあらゆる祭祀の構成員たち，とりわけ，気の制御〔気功〕に基づき道教や仏教に移植された宗教流派である法輪功の信徒にとって，状況は今も困難なままである．2003 年 10 月，国家広播電影電視総局は，主として若者向けの，無神論を促進し「さまざまな常軌を逸した信仰」に敵対するプログラムの制作に関する指令を発表した．

生前のスターリンや毛沢東が真の崇拝の対象であったこと，そして特に東ドイツ，チェコスロヴァキア，ハンガリーといった人民民主主義国において宗教的儀式が世俗的儀式に取って代わられたことは，注目に値する．このことは，ある種の宗教性の形態が無神論的諸国で維持されていることへの問いに導くものである．より広くエティエンヌ・ボルヌ〔Étienne Borne〕に倣って，神性を別のかたちの超越や別の「偶像」で置き換えるような神の否定者が依然として無神論者なのか，と問うことができる．

1859 年に確立した教会と国家の分離が 1873 年に憲法上の有効性を獲得していたメキシコの事例をここに付け加えるべきである．1992 年まで効力があった 1917 年憲法は，とりわけカジェス将軍〔Plutarco Elías Calles〕の大統領任期（1924–1928）のあいだに，教会および祭祀の僧侶たちを厳格な差別的体制に服従させていた．無神論は武力で強制され，数多くの教会が破壊され，脱狂信者たち〔desfanatizadores〕が人民を「脱狂信化する」よう努めた．このことはクリステロ反乱（1926–1929）を引き起こしたが，この反乱は司教団には支持されなかった．

カトリック教会と無神論

1924 年以降，ピウス 11 世はさまざまな演説や回勅で共産主義を糾弾した．1937 年 3 月 19 日には，「ボルシェヴィキの無神論的な共産主義」を「神の啓示と同じく理性にも対立するような誤謬と詭弁で満ちた体系」として提示する回勅『ディヴィニ・レデンプトーリス』〔聖なる贖い主〕が発表された．ヨハネ 23 世もまた無神論を糾弾した．彼は無神論のうちに，「堅固で豊穣な地上の秩序を神の外側に——そうした秩序は唯一の根拠である神に基づいてしか存続しえないにもかかわらず——打ち立てようと望む愚かな試み」を見ていた（回勅『マーテル・エト・マジストラ』〔母にして師〕1961 年 5 月 15 日）．第二ヴァチカン公会議のあいだ，幾人もの公会議教父が無神論に対する明確な糾弾を求めたのに対し，他の司教たち，すなわちフラニョ・シェーペル司教〔Franjo Seper〕およびケーニッヒ司教〔Franz König〕は「「無神論者たち」自身が発言する」べきだと考えた．彼らの見地が支配的となった．パウロ 6 世は教会が「自らの生きる世界と対話を始めること」が必要だと考えたが，同時に，「神を否定する」さまざまな体系に依拠した諸体制と対話を始めることは

「不可能とはいわないにしても困難」であり，そうした場合に対話は「沈黙に場を譲る」ことになるとも覚悟していた．この教皇もまた「現代の無神論者」の思考や，「その混乱と否定の」諸動機を問うた．彼はそれらのうちに「正義と進歩への夢」や「高貴な諸感情」があるのを見抜き，それゆえキリスト教徒は「こうした価値と道徳の表現をその真の源泉，すなわちキリスト教的な源泉へと連れ戻す」ことができるはずだとした（回勅『エクレシアム・スアム』〔あの方の教会〕1964年8月6日）．『ガウディウム・エト・スペス』〔喜びと望み〕では，半分は実践的で半分は理論的な無神論を奉じる態度の勢力が増していることが強調された（「神ないし宗教を拒むこと，もはやそれらに心を配らないこと．（……）こうしたふるまいが，科学的進歩もしくはなんらかの新しい人間主義の要求として，積極的に提出されている」）．さらにパウロ6世は，こうした事態における信仰者たちの役割は「取るに足らないものではな」く，ある種の彼らの態度が「神と宗教の真正な顔」を啓示する代わりに覆い隠すことに貢献した可能性もある，と考えていた（『喜びと望み』1965年12月7日）．

そのあいだの1965年4月にはローマ教皇庁のなかに，無神論を研究し非信仰者との対話を樹立することを目的とした「非信仰者事務局」〔Secrétariat pour les non-croyants〕が創設された（使徒憲章『全教会の統治のために』1967年8月15日）．1989年3月1日にヨハネ・パウロ2世のもとでこの事務局は非信仰者との対話のための評議会〔Conseil pontifical pour le dialogue avec les non-croyants〕となり，この評議会が引き続き無神論を研究し，「真摯な協働に心を開く」無神論者および非信仰者と対話する任務を担うこととなった（使徒憲章『良き牧人』1988年6月28日）．1993年，ヨハネ＝パウロ2世は，「さまざまな文化環境のなかで多様なかたちで提出されている非信仰および宗教的無関心の問題」を研究し，「諸文化への福音伝道と福音書の文化内受肉（インカルチュレーション）のための教会の司牧活動にふさわしい援助を提供する目的で，［非信仰および宗教的無関心の］原因とキリスト教信仰に影響を及ぼす帰結を［探究する］」任務を文化評議会〔Conseil Pontifical de la Culture〕に与えた（使徒的書簡『教皇より』1993年3月25日）．以上の全期間を通じて，この機関はさまざまな名前のもと，総会を招集したり会議や会談を組織し，情報誌や，ついで3ヵ国語で出版された雑誌『無神論と対話 *Athéisme et Dialogue*』——1990年に『無神論と信仰 *Athéisme et Foi*』となった——を刊行した．各国の事務局も創設された．フランスでは無信仰・信仰局〔Service Incroyance et Foi〕が1974年から雑誌『無信仰と信仰 *Incroyance et Foi*』を公刊している．

無神論者たちとその運動

重大な難問は無神論者の数を算定することである．2005年にアメリカの宗教社会学者フィル・ズッカーマン〔Phil Zuckerman〕は，無神論者，不可知論者，無信仰者の三つの範疇が最も代表的である50ヵ国において，これらの人口の算定を示した．彼は，383,639,660人から672,452,551人までの幅を提示しているが，無神論者が個別に扱われているわけではないのでこの統計はあまり助けにならない．自由に選択された無神論と強制された無神論とを区別するフィル・ズッカーマンは，無神論者および不可知論者の数の多さと，国連が定義する発展の指標（健康，文化等）とのあいだの相関関係を明らかにしている．こうしてズッカーマンは，特にスウェーデンとオランダの例に依拠しながら，無神論と不可知論が，就学率の高さや，乳幼児死亡率の低さ，犯罪の少なさなどと軌を一にする一方で，信仰は人間開発を阻害する悪しき変数のすべてに付随すると主張している．

三段階（1981年，1990年，1999年）で実施されたヨーロッパレベルのみでのアンケートは，サンプルの人びとに次の質問をすることで「信念を持った」無神論者を特定しようとした．それは「宗教上のお勤めをするかどうかとは別に，あなたは自分が「宗教的な人，非宗教的な人，信念を持った無神論者」のいずれであると言いますか」という質問であった．1981年での割合は5%だったのに対し，1999年には，このアンケートが対象とした9ヵ国で平均7%が信念を持った無神論者であった．フランス（14%）は旧東ドイツ（18%）についで第2位であり，ベルギー（8%），ロシア（8%），スペイン（6%）を上回った．ポーランドとルーマニアは非常に低い1%という割合を示している（*Le Monde des religions*, n° 15, janvier-février 2006）．フランスに関するこの割合は，2001年に無神論者連合〔l'Union des athées, UA〕のメンバーであるレイモン・ロゼ＝デ＝ゾルドン〔Raymond Rozé des Ordons〕が提出した25%という割合よりも低いものである（*TA*, n° 108, septembre 2001）．こちらの割合は，先に言及した1994年のCSAの調査が示すものとかなり一致している．すなわちこの時期には，「無神論者」という用語はフランス人の13%に「非常によく」当てはまり，また9%に「かなりよく」当てはまっていた．

2006年8月に『十字架 *La Croix*』誌のために行われたIFOP〔Institut français d'opinion publique，フランス世論研究所〕のアンケートによると，1987年には21%であった「宗教を持たない」フランス人は人口の27%に相当しているが（*La Croix*, 14-15 août 2006），「宗教を持たない」という表現は必ずしも無神論と一致するわけではない．このことは，7%のフランス人が「神は実在しない」と述べ，10%が神の実在は「ほとんどありえない」と考えているとする，より最近の別のアンケートが示すところである（CSA と『宗教世界 *Le Monde des religions*』誌による調査，*Le Monde des religions*, n° 21, janvier-février 2007）．以上の異なる統計に従えば，確かに無神論は進行しているようである．しかしフィデス通信社〔l'agence Fides〕は，文化評議会が行った非信仰と宗教的無関心についてのアンケートに依拠しつつ，「無神論はもはや世界では進行していない」が，宗教的無関心のほうは増加している，と考えている．1998 年に刊行された浩瀚な学術的著作『無神論の歴史』の著者ジョルジュ・ミノワ〔Georges Minois〕はというと，この分野で引用される数字はすべて誤りであるが，かといってこうした数字の増殖がやむわけではない，と考えている（Minois, 1998, p. 567）．

信頼に足る数字を提示することのこうした難しさは，無神論者たちがみな，統計結果を提供しうるいくつかの運動として結集するどころか，しばしば不可知論者や「宗教を持たない」人たちと一緒に数えられている，という事実による．ただしフランスでは 1970 年に，オーギュスト・クロッス〔Auguste Closse〕とアルベール・ボゴン〔Albert Beaughon〕によって無神論者連合（UA）が創設された．その規約が主張するところによれば，この連合の目的は，「神々を神話とみなし，あらゆる信仰を人間精神の進歩への障害とみなすような女性たちおよび男性たちを集めることであり，唯物論的考えと宇宙への科学的アプローチを推進すること」である．さらに無神論者連合は，非信仰者の権利を擁護し，メディアでの地位を勝ち取り，公教育のプログラムに無神論的な唯物論的思想の研究が含まれるように注意を続けようとしている．この連合は 1984 年に 2000 人目の会員を記録した．現在，連合は 268 名の会員からなる小規模の団体であるようだが，この数には『無神論者新聞 *la Tribune des athées*』の定期購読者 62 名も加えねばならない（*TA*, n° 126, mars 2006）．パリ地域圏無神論者協会〔l'Association des athées de la région parisienne〕のように，いくつかの無神論者の運動は地域に根差したものである．1981 年にモーリス・ルクリュ〔Maurice Reclus〕はトゥールーズに無神論者哲学連合〔l'Union philosophique des athées〕を創設し，10 年間にわたって，数百部発行の月刊誌『マス・メディア *Mass Media*』を刊行した．

多くの国でさまざまな無神論者の団体が作られている．ヨーロッパ——合理主義的無神論者・不可知論者連合（Unione degli Atei e degli Agnostici Razionalisti），無神論者・自由思想者連合（Unión de Ateos y Librepensadores），カタルーニャの無神論者（Ateus de Catalunya），国民世俗協会（National Secular Society），反順応主義連合（Bund gegen Anpassung），アメリカ合衆国——アメリカ無神論者（American Atheists），無神論者同盟（Atheist Alliance）およびさまざまな州に根差した多くの団体），南米——

ブラジル懐疑論者・合理主義者協会（Sociedade Brasileira de Céticos e Racionalistas），大地球体協会（Sociedade da Terra redonda），オーストラリア――オーストラリア無神論者財団（Atheist Foundation of Australia）がそれである．インドでは1940年に，無神論者のセンターであるアルティク・サマンタ・マンダル（Arthik Samanta Mandal）がインド南部のヴィジャヤワーダに創設された．インドは無視できない数の合理主義的団体を数える国である．こうした団体の存在はイスラームの地では不可能である．

また無神論者たちはさまざまな国際組織のなかでもグループを形成している．1952年にアムステルダムに創設された国際人文倫理学連合（IHEU）は，2000年4月の国連人権高等弁務官事務局による「宗教および信仰に基づくあらゆる形態の不寛容および差別の撤廃に関する宣言」の作成に貢献したことを誇りとし，国連，ユニセフ，ユネスコ，欧州評議会に代表を派遣している．この連合は約100の組織を集めているが，そのすべてが無神論的であるわけではない．連合の本部はロンドンにあり，コスタリカとインドに事務所を有している．2005年7月，パリで行われた自由思想者・無神論者世界会議〔Congrès mondial des libres penseurs et des athées〕の際に，新たな国際組織の設立が議決された．無神論者・自由思想者連携世界委員会〔Comité international de liaison des athées et des libres penseurs, CILALP〕が，「人間の自由と尊厳を獲得する不可欠の手段としての世界規模での無神論的人道主義，および，良心の自由を獲得する不可欠の手段としてのすべての国における国家と教会との厳格な分離」を確立するために設立された．これらの巨大な組織とは独立に，国際規模での無神論者同士の交流がインターネットによって可能となっている．1998年11月には「無神論帝国クラブ」（The Atheist Empire Club）が創設された（http://www.atheistempire.com/AE.php）．ブライト運動が創設した国際ネットワークであるブライツ・ネット（Brights' net）にはフランス語のサイトもある．

インターネットのサイトを見ると，一切の超自然的世界の否定や，良心と表現の自由を擁護する必要性，ヨーロッパを含む多くの国での瀆神者を標的とする抑圧に対して闘う必要性，信仰者と同等の可視性を無神論者に保証する必要性，科学的知識を広める必要性，といった頻出するさまざまな利害関心が浮かび上がってくる．世界のカトリック教会の信者数を減らそうという意志が，背教への扇動とともにはっきりと現れている．表示される訪問者数によれば，こうしたサイトは非常に多く閲覧されているようだ．このような実践は，ダニエル・デネット〔Daniel Dennett〕がそう強く勧誘するように，無神論者たちが「アウティング」することを駆り立てるだろうか．宗教社会学者グレース・デイヴィ〔Grace Davie〕の表現によれば「帰属することなく信じること」(*La Croix*, 29 août 2006) によって特徴づけられる西洋世界において，今後インターネットやミーム学は無神論に新たな息吹を与えるのだろうか．

マルセル・ヌーシュ〔Marcel Neusch〕の分析が正しいとすれば，こうしたことは疑わしい．この無神論の専門家にとって，現代は無神論から無信仰への移行を経験した．無信仰は「多くの場合，無関心という様態で生きられるために，個人的信念であることを」やめている．「(……) 無信仰は平和体制下での無神論である．無信仰は何かに賛成するのでも反対するのでもない．胸躍るものであれ生彩を欠くものであれ，人は自分の生をさまざまな成功や挫折とともに作り上げる．それは生から最大限の意味を引き出しながらであったり，どうにかこうにか生を営みながらであったりするが，そこに神を巻き込むことはない．人間の領域はもはや神の領域と連動してはいないのである」．とはいえ，無神論者がすべて，いかなる精神性とも無縁な実践的無神論に閉じ込められているわけではない．アンドレ・コント＝スポンヴィルが注意を促すように，精神性とは宗教だけに属するわけではないのである．

参考文献　AUROUX S., sv « Athéisme », *Encyclopédie philosophique universelle*, sous la direction d'A. Jacob, t. II, *Les Notions philosophiques*, Paris, PUF, 1990, pp. 178‐181. – BORNE É., *Dieu n'est pas mort : essai sur l'athéisme contemporain*, Paris, Fayard, 1956. – COLIN P., « Agnosticisme et questionnement », *Le Religieux en Occident : pensée des déplacements*, Bruxelles, Publications de l'Université Saint-Louis, 1988, n° 43, pp. 41‐74. – COMTE-SPONVILLE A., *L'esprit de l'athéisme. Introduction à une spiritualité sans Dieu*, Paris, Albin Michel, 2006.（アンドレ・コント＝スポンヴィル『精神の自由ということ——神なき時代の哲学』小須田健・コリーヌ・カンタン訳，紀伊國屋書店，2009年）– *La Gloire des athées : 100 textes rationalistes et antireligieux de l'Antiquité à nos jours*, Paris, Les nuits rouges, 2006. – *Les Catholiques français, Le Monde des religions*, n° 21, janvier-février 2007. – *Les Français et leurs croyances, L'Actualité religieuse dans le monde*, n° 122, 15 mai 1994. – MINOIS G., *Histoire de l'athéisme. Les Incroyants dans le monde occidental des origines à nos jours*, Paris, Fayard, 1998.（ジョルジュ・ミノワ『無神論の歴史——始原から今日にいたるヨーロッパ世界の信仰を持たざる人々』石川光一訳，法政大学出版局，2014年）– NEUSCH M., *Aux sources de l'athéisme contemporain : cent ans de débats sur Dieu*, Paris, Le Centurion, 1977. – ONFRAY M., *Traité d'athéologie : physique de la métaphysique*, Paris, Grasset, 2005. – STRUVE N., *Les Chrétiens en URSS*, Paris, Le Seuil, 1963.

ジャクリーヌ・ラルエット Jacqueline Lalouette
〔藤岡俊博訳〕

→ フランスの調査

不寛容／寛容
INTOLÉRANCE / TOLÉRANCE

本項目の場合は，宗教・信仰・その他の実践に関することだが，もし，寛容という言葉が，他者の受容という広い意味で理解されるならば，宗教的伝統の大部分はこれに応えてきたことがわかる．また，それには置かれた時代や条件によって大変なばらつきがあったこともたしかである．

寛容という言葉そのものも，語義が逆転したという特異な歴史を持っている．すなわち，この語は，もともとは医学的な語彙に含まれ，「防ぐことのできないものに耐える」（耐性）という，限定的な意味であったのが，徳や普遍的な道徳を示すに至ったのである．この語の来歴において，医学的含意から初めて脱し，事物から人を指すものへと転化した際に，宗教的寛容は母胎の役割をはたした．しかし，この意味の転換は，西方キリスト教世界という独特の枠組と条件において起こった現象であった．そこでは，寛容の概念は，不寛容への反論として練り上げられたが，この不寛容もまた独特の形態をもっていた．したがって，ここでとる立場は，不寛容と寛容という対立の力学に焦点を絞ることである．そのために，キリスト教がもつ排外主義的な性格のなかで，不寛容がどのような条件において顕在化したかということから考えはじめたい．

とはいえ，寛容と不寛容の力学はそこで尽きるわけではない．寛容という概念は，宗教的次元のみならず政治的・法的次元においても，西欧思想の発展の主要な要素を構成したが，その後，別の主張によって乗り越えられた．すなわち，自由を求める主張であり，まったく別の諸前提に立脚したものであった．もっとも，寛容という概念が拡張されることは妨げられなかった，その結果，この寛容という概念は普遍的な射程を持つ価値ないし計画を意味し，さらには世界全体における基準として，規定されないまでも提起された．したがって，宗教と文化の両面において位置づけられるこの寛容という概念が，どれほど普遍的な有効性を持つに至ったのかが問われなければならない．

西方キリスト教世界の持つ排外主義

ここで，キリスト教の排外的性格を取り上げるのは，それが不寛容の特別な形態や原形だからではなく，キリスト教における不寛容の発展こそが寛容概念の出現を促したからである．不寛容という概念は，少なくとも四つの異なる次元にある要素をもとにしており，それらが出会うことによって生じた．すなわち，一神教，カトリシズムが信仰や教会組織として明確なかたちで構築される様子，ローマ帝国の遺産，そしてローマ帝国崩壊後の異民族〔ゲルマン系諸部族〕による諸王国形成の歴史的過程，の四つである．

ヘブライ人の一神教は，まず第一に，神からの啓示，すなわち何らかの真理と認識を根拠に成立している．ただし，神から人間への啓典の伝達については議論が分かれるところである．そして，この神からの啓示が最初に人間に教えたことの一つが，人間の普遍性を主張することであった．ヘブライ人の信仰は，また神との契約に基づくもので，それが「道」（トーラー）を規定している．その最も重要な指令は，「偶像崇拝」の禁止であり，それは他の民族からの孤立を指向する宗教実践によって維持され，エルサレムの神殿破壊〔A. D. 70 年〕の後に強まった．確かに，イスラエルの神の計画は世界全体に関わるが，しかしイスラエルの使命は，民族としてのイスラエルに与えられる．たとえ宗教的指示が書き留められた律法のなかに，異邦人を受け入れることが規定されているとしても，イスラエルの民は，他民族との闘いにおいては神の加護を受けているのである．それとは対照的に，キリスト教の福音は，最初から人類に普遍的な任務を帯びているものとして現れ，キリスト教徒各人に改宗の任務を割り振っている．そこでは，個人のみならず集団としての救済に重きが置かれるため，この普遍的な任務はますます大きな拘束力を持ったものとなる．

古代ローマで，宗教（religio）と迷信（superstitio）とが古くから区別されてきたことは，同じ信仰をめぐって異なった宗教行為が存在することを示している．もっとも，公権力が発布した禁令が対象としたのは，たえず変化し続けるようなこうした信仰ではなく，法や公共秩序と相容れないと判断されるいくつかの宗教行為であった．そのなかで最も重要な対象は，人身御供であった．

ユダヤ教のように，これまでの異教の礼拝とは根本的に異なる形態の宗教が登場したことにより，二つの宗教用語の区別が初めてなされた．その一方は，宗教（religio）と呼ばれ，最高神祇官（Pontifex maximus）としての機能を持つローマ皇帝により規定され，限定された国家宗教の意味を持つ言葉である．もう一方は「認可された」（licitae）宗教を表す言葉であり，それは法的存在が認められたが限定的な地位をともなったものであるという状態に置かれたものを指す.

古代末期を研究した歴史家アンリ＝イレネ・マル〔Henri-Irénée Marrou〕が強調していたのは，この時代を通じて影響を有したある思想が，教義を形成する方向に作用したことである．このような教義の変化にあてはめれば，宗教と迷信との旧来の区別は，真理の信奉か誤謬のそれかという区別へとずれていった．ラクタンティウス〔Lactantius〕は，「宗教は真の神の崇拝であり，迷信は虚偽の神の崇拝である」と断言した．こうした言葉の使用法の変化と類型化を，キリスト教も吸収し実践した．キリスト教は，ユダヤ教徒やユダヤ＝キリスト教徒〔ユダヤ教の律法を守ろうとする初期キリスト教徒〕との論争を重ねるなかで自己を明確化した．また，聖書や三位一体の神秘などをめぐりキリスト教徒内で対立が生じたことも，キリスト教の明確化につながった．そのなかで，ほかに勝る解釈が唯一の真の解釈となり，他のものは「異端」の列に貶められたのである.

紀元 392 年に，ローマ皇帝テオドシウス〔Theodosius I〕は，すべての「異教的」行為を激しく糾弾した．この勅令の実効性については歴史家のあいだで議論が分かれるところであるが，しかし政治的な立場から明言したことは決定的に重要であった．帝国内部で政治的な分裂が起こり，帝国辺境では異民族からの圧迫を受けるという二重の脅威の下で，末期のローマ帝国は宗教的統一を政治的統一の台座としたからである.

ニカイア公会議〔A. D. 325〕で採択されたカトリック〔普遍〕信仰ではないすべての信仰に対して不寛容な姿勢をとることが，避けがたい唯一の道となった．その道は，4 世紀にわたる複雑な経過をたどって達成されたが，これについては，ブリュノ・デュメジル〔Bruno Dumézil〕による「ゲルマン系諸王国のキリスト教への改宗」の研究が，認識の刷新をもたらした．一般的な図式は次のとおりである．かなりの時間的なズレがありながらも，たいていの場合，まずは君主が改宗して，異教もしくはアリウス派キリスト教を棄教し，ニカイア公会議の信仰を選ぶ．その後に，困難を乗り越え，またさまざまな手を尽くして，彼ら自身の統治する民の改宗を進めようと取り組む．この一連の経過のなかで，どの部分が宗教的欲求で，どの部分が政治的動機に由来するのかを腑分けするのは難しい.

キリスト教の歴史記述は，これらの論点を宗教的な語のみで表してきたのであるが，しかし，改宗の決断に大きく関与した要因は実のところ非常に多様である．制度としての教会が逆境を耐え抜いたことや，教会の司教たちがカリスマ性を持っていたことのほかにも，ローマのモデル，すなわち「宗教的統一が政治統合を強化できるとするローマ帝国末期の政治箴言」が重要な役割を果たした．ニカイア公会議で正統とされたキリスト教を選んだことは，まさに至高の政治モデルであり続けたローマ帝国の宗教を選ぶことを意味していた．そして，そのような政治的選択はすぐさま社会的影響力へとつながり，次第に広まっていった．キリスト教徒になった新エリート層にとって，彼らの支配下にある人びとがキリスト教に改宗するかどうかは，ただちに「権力の争点」となった．

しかしながら，ゲルマン系諸民族の伝統は，宗教の自由に深く根ざすものであった．それゆえ，この4世紀のあいだは，きわめて多様な状況が生じ，またさまざまな措置がとられた．そして改宗の正統な方法をめぐって議論（と予想だにしなかった大転換）が活発に生じ，さらに複数の宗教が共存するような機会も出現した．しかしながら，勝利を収めたニカイア的信仰の潮流は，妥協や共存へ傾く傾向が最も少ないキリスト教の解釈の一つであった．西ゴート人でアリウス派キリスト教徒の使者は次のようなみごとな呼びかけを発した．「あなたが自身で守るわけではない掟について，けなすのはやめなさい．あなたが信じているものをわれわれは信じていないが，われわれはそれをけなさない．なぜなら，ある信仰について，それを重罪とみなすことはできないからである」．これに対し，トゥール司教グレゴリウス〔Gregorius Turonensis〕は，この使者を「犬」や「豚」と形容した．

ニカイア公会議で「正統」が勝利を得た後，あらゆる宗教的逸脱の残滓は，地元のエリートと修道士とが協力して除去しようとしたと考えられる．最後の仕上げは，ニカイア信仰からの脱却を実行できなくすることであり，そのために，背教となりうる要素はすべて取り除かれた．そして，信仰を統制する手段を確立することで，洗礼を受けた信徒たちが教会法と聴罪提要によって徐々に練り上げられた規範のなかに固定された．一方で，「キリスト教社会における内的境界」を取り除くことも必要であった．これが基盤となり，9世紀以降にキリスト教世界〔Chrétienté〕（事実上は西方キリスト教世界）と呼ばれるようになる総体が築かれえたのである．そこで唯一の例外として残ったのがユダヤ教であった．この宗教は，とくに冷遇され，おとしめられ，さらには脆い状態に追い込まれたのである．

以上のような政治と宗教とのもつれは甚大な結果をいくつももたらしたが，その手始めとなったのが不寛容を理論化することであった．これに道を開いたのが聖アウグスティヌス〔Aurelius Augustinus〕であり，彼は寛容／認容（tolerantia）が真の愛徳に背を向けることになると糾弾した．不寛容は，本質的な規範にまで高められた．その一方で，社会を一つの有機体とみなす見方に従えば，信仰の統一は，世俗社会全体の救済の条件になった．このようにして作られた宗教的不寛容は，政治的・社会的な排外主義として制度化されたかのようになる．これを実現するため，ローマ・カトリック教会は，特殊な制度として異端審問所と禁書目録を備えると同時に，大いなる議論を経て，世俗の力に頼る教義を備えるに至った．

しかしながら，歴史家ロバート・ムーア〔Robert Moore〕が示したことは，迫害の諸形態やその発生は，国家の発展過程のなかでいかなる状況が生じるかに左右されるということである．13世紀には，ムーアが「迫害により成り立つ社会」とみなす状況が生まれるに至ったのである．

西欧における寛容

寛容の主張が最初になされたのは，西ヨーロッパのキリスト教徒が自分たち自身のあいだの関係性をめぐり，そうした主張を必要としたからであった．キリスト教世界が一致できるという夢が宗教改革によって壊されたことは，不寛容の状況を悪化させただけであった．エラスムス〔Erasmus〕の系譜を引き継ぐ人文学者は，調和の理念を勧めるために実力行使に出ることを拒絶した．しかし，それは悪弊を取り除いて一体性を持ったカトリック信仰へ回帰することを保証することにしかならなかった．このような期待さえ，ヨーロッパ中で組織された「神学討論会」の失敗により早くも崩れ去った．その一方で，正統教義が互いに競合し，宗派化の進行がそれを強化するかたちで，新たな宗教帰属が形成されていった．その中で，宗派への帰属は国民的熱望を結集する場所として役立った．

西方キリスト教世界内部で切り拓かれた多様性が，不可逆的であることは明らかであった．宗派が共存する状況は，注目すべき新たな方法を生み出すことになった．このことに該当するのは，東ヨーロッパでは，（カトリック対抗宗教改革によって再征服される前の）ポーランド，ベーメン〔ボヘミア〕，オスマン帝国との接触を持つハンガリー，さらに西では，歴史家エティエンヌ・フランソワ〔Etienne François〕が研究したアウクスブルクがそれに当たる．ところで，スイス盟約者団の諸州（カントン），フランス，神聖ローマ帝国を通じて「友好協約」が締結される現象が確認される．歴史家オリヴィエ・クリスタン〔Olivier Christin〕は，この協約の締結が，いかにして「政治的理性の自立」への道を開くことにつながったかを示した．

しかしながら，こうした経験は，いくつかの地域に限定されていたことに加え，人文主義的な思考をもつ貴族階層にほぼ特有のものであった．「宗教の平和」は，むしろ，宗教の複数性を避けようとする領域国家が確立することで実現される傾向にあった．

1598年のナントの王令によって頂点に達したフランスの事例は，先駆的であった．なぜなら，その事例は，（実際には，1562年の「一月王令」以降に〔宗教戦争を経て〕

獲得されてきた権利の追認ではあったが）宗教改革運動が出現して以来，初めて国家の内部で宗教的多元性を公的に確認することになったからである．そして，そこでは，宗派を選択できるという道はあらゆる社会集団に開かれ，貴族にのみ限定されなかった．最終的にとられた方向は，ミシェル・ド・ロピタル〔Michel de l'Hospital〕以来の〔公共の平和と国家の安定を優先する〕「ポリティク派」が見出した方向，すなわち，国家が配慮する第一の利益たるべき国民的利益を，宗教の真理の問題すなわち救済の問題から切り離そうとするものであった．そこでは，王令適用の措置と各当事者への保証を綿密に練り上げた司法官の役割が，神学者の役割に勝った．しかしながら，そこでは寛容の原則が表明されたのではなく，暫定的な解決策が見出されたにすぎなかった．宗派の選択は，カトリックと「いわゆる改革派」（カルヴァン派）とのあいだでしか認められなかったうえに，ナントの王令の発布により，両宗派が激しい司牧合戦を展開した．しかも，フランス王権は最終的にはこの歩みとは完全に決別することを選択することになるのも，周知の通りである．すなわち，ナント王令は前代未聞の過酷な表現をもって，1685年に廃止されるのである．

寛容を一つの計画にまで引き上げたのは，まずもって宗教の次元における誓約や願望であった．それは「分離派」と呼ばれる集団の人びとのあいだでであった．彼らは少数派であるだけでなく，ウェーバー的な意味での「宗派」（セクト）を形成し，聖霊によって啓示を与えられたと信じる個人の自由をあくまで重視し，制度，教会あるいは政治上のあらゆる枠組の外側で，彼らの信仰生活を送ろうと固く決意した人びとである．高度なキリスト教的寛容を考案し，実行に移した先駆者の一人は，1636年にアメリカでロードアイランド植民地を建設したロジャー・ウィリアムズ〔Roger Williams〕であろう．ニューイングランドという非常に激しい反カトリック的雰囲気の中で，礼拝の自由はローマ・カトリック信徒にまで認められたのである．

啓蒙思想によって，寛容は近代化の発達に結びつけられた．すなわち寛容は，近代の思想的な原則や手段としても，また最も実践的な側面においても位置づけられたのである．ジョン・ロック〔John Locke〕がきわめて大きな貢献をしたのは，この点である（『寛容論』1685）．彼が近代自由主義思想の形成において多大な役割を果たしたことは知られているし，ピエール・ベール〔Pierre Bayle〕（『歴史批評辞典 *Dictionnaire historique et critique*』1696の著者）とならんで，寛容という言葉に肯定的な意味を与えた開拓者の一人に数えられる．

聖書が思弁教義に関してほとんど語っていないと気がついたロックは，その認識論においてあらゆる生得観念を排除したため，神の本質についての同意の基礎を良心の中に求めようとしたデカルトの試みは，無に帰した．一方で，道徳的規範は，聖書のなかで明確に述べられるか，あるいは良心によって直接に啓示される．そのため，たとえ外部の権力に対抗することになっても，各人は自己の良心に従わなければならなくなる．この義務が絶対的であるのは，人間の良心のなかに理性が注ぎ入れられているのが，神に由来することだからである．そのため，客観的であろうとする真理の規範は，主観に基づく規範，すなわち誠実さに取って代わられる．この誠実さをもとに，良心についての不変の権利が築き上げられ，たとえその良心が誤っているとしても，あらゆる強制を不法なものとする．この問題を国家という観点から熟慮したロックが強調したのは，司法官が内面に関する良心の裁きに影響力を及ぼせるという主張が無益であるということである（なぜなら，そのような法的拘束は偽善を強いることにしかならないからである）．それのみならず，彼が強調したのは，そのような試みが，かりに「市民の利益」だけをみて国民の「魂の面倒」はみない国家においてなされる場合，途方もないものとなることである．したがって，世俗権力は強制の試みをいっさい支持しなくなる．

「亡命地」としてのオランダにおいて，出版事業が保護されたことで，思想の発展が可能となり，それはヨーロッパ中に普及し，一つの宗派共存のモデルを与えた．そこでは，あらゆる宗派の人びとが互いに出会い，交流することを学んだ．たとえば，ロッテルダムでは，アルミニウス派の知識人とユダヤ教への改宗者とが，イングランド出身のクウェーカー教徒が主宰する社交団体において議論していた．フランス人のバナジュ〔Jacques Basnage〕は，この都市で，『ユダヤ人の歴史 *Histoire des Juifs*』（1706-1707）を書いた．同書はユダヤ人ディアスポラについての最初の歴史書であると同時に，寛容のため，そして，あらゆる教条主義を批判するための最初の偉大なる弁護の著作の一つである．こうした寛容思想は，ヨーロッパの，さらには西洋の話題の中心をなした．イギリスは，真の寛容政策をみずから実践するはるか以前に，アメリカ植民地においてこの政策を積極的に後押しし，移民をアメリカへ惹きつけようとした．

周知の通り，18 世紀ヨーロッパの啓蒙運動において寛容は中心的位置を占めた．そこでの寛容の位置は当時生じつつあった根底からの変化とかかわっている．科学的な手法があらゆる形態の教条主義を無効にする一方で，自由主義的な政治哲学は，有用性と幸福を国家の本質的な目標に据えた．そして，国家の使命は，自然に根差した侵すことのできない個人の権利を保護することに定められた．このことは，宗教に関しては，さまざまな形態の反教権主義を正当化しえたと同時に，信仰と理性を両立させるための努力をも正当化しえた．個人が自発的な契約関係に基づいて構成する社会では，宗教が最も効果的な接合剤としての有用性を持つということが優勢な考え方になったのである．そのような考えは，神学上の大論争の影響をかなり弱め，宗派的不寛容を骨抜きにすることによって，宗教が存在できる場所を守ることにもなった．

寛容についての議論は，啓蒙思想に関心を寄せる人びとにとって一大テーマをなしていた．ヨーロッパ的規模でのジャンセニスム論争やフランスでのカラス事件のようなひどい司法事件のように，「世論」という範疇が姿を現すことにつながった多数の大きな醜聞や公共の場での討論は，宗教や宗教のものとみなされた主張に関係するものであった．その中で上がった大きな声はいずれもが〔近代的〕「知識人」の姿の先駆者であり，その代表例がヴォルテール〔Voltaire〕であった．彼の数多くの著作は，寛容を社会的に最も重要な徳へと高め，その考察はきわめて広い視野でなされた．当時，誕生したばかりの人類学の業績によって世界に対する認識は拡大し，中国の知識人がイギリスのクェーカー教徒と交流することもあった．

寛容はまた，社会における行為を通じても生まれた．ヨーロッパの大国が領域を拡大するなかでさまざまな宗派の住民が混在する状況が生まれた．たとえば，フランス王国のアルザス地方におけるユダヤ人とルター派信徒がそうである．こうした国々における近代化の過程は国内における種々の障壁を撤廃し，法的な地位を統一させる方向に動いた．啓蒙専制君主は，しばしば理神論者で，啓蒙思想家と親しかったが，彼らが宗教的自由を非常に貴重なものとして讃えたのは，政治的な自由の制限を覆い隠すためでもあった．他方では，ヨーロッパ各国の首都において，歴史家ヤコブ・カッツ〔Jacob Katz〕が「半中立」と定義したような社交形態が姿を現し，出会いの空間を設けた．そのなかには，フリーメイソン会所，各種の学術協会やサロンさえも含まれる．

寛容が発展するには，社会が変化するのみならず政治が変化する必要があった．すなわち，国家が自己の使命と考えるものが変化することが不可欠であった．社会と政治の両面におけるこの変化は，世俗化と結びついているが，世俗化は宗教の消滅をもたらすわけではない．そのことはアメリカにおける宗教の活力を見てみればわかる．

寛容の限界と超越

西欧型の寛容が，諸宗教の平和的共存の唯一の形態ではない．現実にある宗教的多元主義のなかには，西欧型寛容の力を借りようとしないものも多い．

寛容は，肯定的な意味を獲得したときでさえも，相対的かつ限定的な概念にとどまっていた．ロックが，カトリック信徒と無神論者が寛容の恩恵を受けることを拒絶したことは知られている．それは，カトリック信徒も無神論者も自由な国家を転覆させるおそれがあるものと映ったからであった．イングランドでは寛容とは，廃止されずに残っている抑圧的な法律の適用を控えるという形をとっていた．アムステルダムでさえも，ユダヤ人たちはキリスト教に敵対的な論戦書の出版を認められなかった．

寛容は，いかに拡大されようとも，それ自体の内部での区別を設ける可能性を保持している．たとえば，権利として要求される世俗的寛容と，「寛容主義」として告発される宗教的寛容とのあいだの区別がそれにあたる．その具体例としてしばしばみられたのが，少数派の宗教に対する礼拝の自由の付与であった．それには最も目立たない場所で礼拝を行うことが条件となっており，「公開性」すなわち礼拝儀式の可視化は「支配的」宗教にのみ許されるものであった．

他宗教に対するイスラームの伝統的な態度は，実質的かつ限定的な譲歩を示す点で，キリスト教の寛容と類似している．しかしながら，イスラームの対応にはひとつの特殊性がみられた．すなわち，啓示の完全性はイスラームにのみあるが，その啓示との関係に応じて諸宗教の地位に変化をつけたのである．「啓典の民」に認められてきた庇護民（ズィンミー）の地位は，キリスト教世界における非キリスト教徒の地位に比べ，明らかにより好意的なものであった．アンダルスや最盛期のオスマン帝国では，実り多い共存の体験が実現していた．しかし，それは宗教的自由が実現していたわけではない．この地位は一つの従属のかたちだったのであり，その適用のされ方は激変することもありえた．

そのような宗教的自由は，とりわけ19世紀のオスマン帝国が同意したような近代化への努力のなかで，実際に目指されもした．しかしながら，キリスト教の正統教義の概念がヨーロッパで引き起こしていた欲求に比べると，オスマン帝国での努力は，内在的な欲求に応えるものではまったくなかった．むしろ，その努力は「上から」課されたもの，しばしばヨーロッパ列強からの影響，さらには外圧そのものとして課されたものと受け取られた．ヨーロッパ列強は，何よりもまず自分たちの多数派を占める宗派に属する住民集団の成り行きに関心を持っているとみなされたのである．

寛容の持つ優柔不断な側面と明確に決別したのはフランス革命である．1789年8月の人権宣言をめぐる議論では，寛容という語への明確な拒否反応がみられた．ラボ・サン＝テティエンヌ〔Rabaut Saint-Etienne〕は，寛容「ではなく自由」を求めた．ミラボー〔Honoré-Gabriel Mirabeau〕が説明するところによれば，寛容という言葉は，必要とあらば「容認を望まないこともありうる」権力の存在を想定している．しかし，革命による社会秩序の再建が個人の普遍的人権という概念に基づいて進められているなかで，信仰や社会集団に特殊性を認め，それに基づき積極的に寛容を付与する政策が，人権という概念と相容れないことは明らかであった．

しかしながら，この矛盾はしばらく維持された．国民議会は人権宣言で示された権利の享受を既定のものと考えるのではなく，むしろ，それらの権利を各少数派集団に段階的に認めていこうと考えた．プロテスタントに対しては認可が非常に早くなされたが，ユダヤ人が問題となったときには議論が噴出した．ユダヤ人に対して完全な市民権を認めるという1791年9月27日の決定は，制定されたばかりの憲法との整合性を保つという配慮があってようやく実現したのである．そこでは寛容は個人の人権という主張によって一掃されていた．

フランスの場合，宗教的自由は人権概念という手段で人工的に進められた．しかしながら，寛容とそれをめぐって行われた議論が，民主的な個人主義の形成へ積極的に貢献したとしても，その個人主義の形成が引き金を引いた運動は，寛容それ自身を超越するものを含んでいたのである．

道徳的・文化的な寛容，もしくは宗教の自由

自由にはさまざまな形態があるが，宗教の自由がそうした自由の構成要素であることは普遍的な規範になっている．それは1948年の世界人権宣言（第18条）や国連内部での数多くの国際的取り組み，さらにはヨーロッパ共同体（EC）のような，国連より限定的な超国家的機関によって表明されている．しかし，このような方針にはいくつかの困難がともなっている．まず，宗教的自由の発祥国は，民主主義国家であると同時に，植民地大国でもあったという事実がある．また，この方針に同意しない国も複数あるうえに，国家による公約とその実施状況が合致するかどうかという問題もある．

今ではもはや寛容だけで満足することはできないが，だからといって宗教的不寛容がなくなったということは少しもない．世俗化が，それ自体として不寛容の消滅をもたらすことはなかった．世俗化の伝播や変容のあり方は，宗教的なものが弱体化し後退する時代にあっても不寛容が生き延びることを可能にした．19世紀のヨーロッパで，宗教的・文化的な反ユダヤ主義が〔人種ないし民族的な〕反セム主義へと転化したのも，その一例である．世俗化はまた，宗教に対して不寛容を掻き立てることもあった．すなわち，世俗宗教と形容されるイデオロギーが，歴史的な宗教を根こそぎにしようとした．あるいは，フランス革命における代替宗教，共産主義体制による抑圧，あるいはライシテの自由な精神とは対極に位置する「ライシテ主

義」なども，世俗化に起因する不寛容の例である．

国民国家の成立は，一般的には近代化への参加の歩みとして考えられているが，一宗派における多数派を軸にして宗教的な均質性を押しつけようとすることがままあった．異なる宗派の構成員のあいだで市民としての法的地位が平等でないこともあれば，礼拝の自由が保証されないこともある．この法的平等性や礼拝の自由の本質的な基準の一つは，改宗ができるかどうか，ある宗教集団から別の宗教集団へと自由に行き来できるかにあるが，必ずしもそういう事態とはなっていないのである．

世俗化に抗うことができないとする仮説自体が，今日否定されているように思われるにしても，その否定が時として非妥協的なかたちでなされることもある．宗教上の法が，宗教集団内部のみならず，社会全体を支配する法体系を統御すべきだとの主張がなされる．たとえばシャリーアといったイスラーム教徒の概念，あるいは，アメリカの福音派教会による反人工妊娠中絶闘争などがそれに該当する．そうした動きは，原点へ回帰することと罪深き逸脱を棄てるという口実のもとでなされているが，現実には伝統との明確な断絶をおこなっているのである．

宗教は他方で，アイデンティティの表明として受け取られることが頻繁になっている．宗教の規定は，さまざまな対立の中で道具のごとく利用されている．宗教的分裂が言語的・文化的あるいは社会経済的な集団の存在を覆い隠したり，それら集団の指標となることがあるだけに，対立は激しいものになる．インド亜大陸において繰り返される対立も，その一例である．政治的なものとの結びつきが特に顕著であるのは，ユダヤ人排斥運動の発展においてであり，それは中東を超えてアジアのイスラーム諸国に達した．不寛容の出現は，民主主義諸国でも指摘されている．それらの国は移民を受け入れてもいるが，その中で新たな宗教の到来に直面している．そうした宗教の中には，ヨーロッパの特定国におけるイスラームのように，かつての植民地から本国へと場所を変えてきたにすぎないものもある．それゆえ，宗教的不寛容に対する闘いは，さまざまな方面や領域でなされなければならないのである．

個人にとって，寛容は近代的な道徳における徳であり本質的な価値であり，人間関係の基礎を形づくっている．そのため，寛容はほとんど無限の領域を包含しており，そのなかでは，宗教は限られた場所しか占めていない．他方，移民の活動が前代未聞の規模で拡大していることで，宗教的差異がしばしば単に宗教の次元ではなく，広く文化の次元での差異をもたらすという結果を生んでいる．異宗教間の相互関係が作り出す共生は文化的な距離を乗り越えるものである．われわれはいまや大いに世俗化された思考様式をもつが，だからといって神学的な規定の重みを軽くみてはいけない．その規定を打破するには共に考えることが時に不可欠であるが，それを可能にするのは，異宗教間の相互関係である．ユダヤ教とキリスト教とのあいだの友情が，第二ヴァチカン公会議を通じて，神殺しの神学教説を封印するという，それまでのどのような努力でもなしえなかったことに道を開いた．それゆえ現代の寛容は，「真実」の意味するところのものとそれぞれの人びとがどのような関係を持つのかについてともに考察することから，多くを得る．

民主主義国家が自身で不寛容と戦うのは，犯罪行為あるいは差別として，その問題が表に現れ，法に違反するときである．しかし，まずもってこうした国家は，宗教的自由を行使することを他の自由の行使と同様に保障する．不寛容との戦いが新たな，そしてとりわけ困難な側面を持つに至っているのは，さまざまなコミュニケーションが広く一般化し，グローバル化していることによる．なぜなら，民主主義国家のそうした行為が要求する国際的な統制は，さまざまな国々で歴史的に獲得されてきた慣習，法規制，均衡を考慮しないからである．そして特に民主主義は，相異なり，競合することもある要求をたえず調停するという原則を本質的に有するからでもある．

寛容という言葉は，さらに最近では，国家のきわめて主意主義的な行動をも指すようになった．すなわち，形式上の権利が各宗教集団のあいだで現実的な平等を確保できないことが明らかとなっているときの国家の行動である．アングロ＝サクソンの文化圏では，カナダや英国において，また，より限られた水準ではあるがアメリカ合衆国において，個人ではなく集団を対象とする行為がより大きな有効性を持つようになっている．その場合，その行為に対する需要が間違いなく宗教的次元のものであると確かめることが重要である．宗教以外の帰属形態に基づく集団を宗教的な呼称で指し示す傾向は，ひとつの有効な解決策たりえた．とりわけ，人種差別的なレッテル貼りとなる危険性を含む呼称に関しては，そうであった．しかし，このような宗教的呼称による保護も，明らかに効果が少ないようにみえる．それは宗教が危険な要素として登場し，それを取り巻く国際情勢も宗教の名においてなされる特定の行為による暴力に印づけられているからである．他方で，個々人を宗教的帰属でのみ判断してしまう危険も現実に存在する．その宗教的帰属に個々人は必ずしも納得するわけではないし，むしろ，それをさまざまな程度拒絶して，宗教以外に自らが持つ帰属の方を選び取ろうとするかもしれない．そうなると，個々人が複数の帰属を自由に動き回ることが妨げられかねない．現代における寛容の概念を再検討した人の一人に数えられるマイケル・ウォルツァー〔Michael Walzer〕が，寛容の本質的条件としたのが，まさにこの自由であった．

参考文献　CHRISTIN O., *La paix de religion. L'autonomisation de la raison politique au XVIe siècle*, Paris, Seuil, 1997. – DUMÉZIL B., *Les Racines chrétiennes de l'Europe, Conversion et liberté dans les royaumes barbares. V^e^–VIIIe siècle*, Paris, Fayard, 2005. – IOGNA-PRAT D., *Ordonner et exclure: Cluny et la société chrétienne face à l'hérésie, au judaïsme et à l'islam, 1000–1150*, Paris, Aubier, 1998; 2e éd. corrigée Flammarion « Champs », 2000. – KATZ J.（1973）, *Hors du Ghetto*, traduction fr., Paris, Hachette, 1984. – LICKE J., *Lettre sur la tolérance et autres textes*, Paris, Flammarion, 1992. – MOORE R. I., *La Persécution, Sa formation en Europe, X^e^–XIIIe siècles*, Paris, Belles Lettres, 2004. – SAADA-GENDRON J., *La Tolérance*（textes choisis et présentés par）, Paris, G.F. Flammarion, 1999. – SAUPIN G., *Naissance de la tolérance en Europe aux temps modernes*, Rennes, PUR, 1998. – VALENSI L. et MARTINEZ-GROS G., *L'islam en dissidence*, Paris, Seuil, 2004. – WALZER M., *Traité sur la tolérance*, Paris, Gallimard, 1998〔原著：Walzer, M., *On Toleration*, New Haven, Yale University Press, 1997〕（マイケル・ウォルツァー『寛容について』大川正彦訳，みすず書房，2003 年）.

リタ・エルモン＝ブロ Rita HERMON-BELOT
〔坂野正則訳〕

→ 国家，世俗化，多元主義，民族的・宗教的憎悪

フランスの調査
ENQUÊTES FRANÇAISES

フランスにおける宗教社会学の調査の展開は大きく三つの段階を経て進展した．もちろんこれらの段階は重なりつつ移行してきた．第一段階では，宗教実践に関する統計調査とその分析がなされ（1932 年から 1965 年まで），第二段階では，おもに所属する宗派，宗教実践，信仰を問うためにオーソドックスな抽出調査が実施された（1944 年から，とりわけ 1960 年代から今日まで）．第三段階では，新しい問題意識に基づいてそれまでになかった抽出調査が行われた．

「宗教的活力」の研究と宗教実践の体系的統計調査

ガブリエル・ル・ブラーズ〔Gabriel Le Bras〕は 1931 年に，教区や司教区が持つ（カトリックの）「宗教的活力」を考察するために，25 ページに及ぶ質問表を『フランス教会史評論 *Revue d'histoire de l'Église de France*』に掲載した．彼は数量的基準を用いて，日曜日のミサへの出席，復活祭の義務の遵守，通過儀礼の実施（洗礼，盛式初聖体，宗教による婚姻と葬儀），修道召命・司祭召命の数，多様な宗教活動

への参加などを問い，また質的基準を用いて，心性，道徳，政治に関する事柄を調査した．最初はほとんど回答を得られなかったが，不完全なものとはいえ，特にミサへの出席や復活祭の義務についての情報は次第に蓄積されていった．ミサと復活祭がカトリック教会により義務とみなされていたために，この二つの項目に関する情報は大きな意味を持っていた．

その後ル・ブラーズは，フェルナン・ブラール〔Fernand Boulard〕司祭に出会う．ブラール司祭は，当時『農村部フランスの布教問題 *Problèmes missionnaires de la France rurale*』(1945) を準備している最中であり，社会科学を司牧神学のために役立たせたいと考えていた．つまり，人口，経済，社会，政治の変化を分析すれば，ある地方の宗教実践率がなぜ高く，反対にあるところではなぜ非キリスト教化が進行するのかという問題をよりよく理解し，適当な布教方法を提案できるはずだと考えていたのである．ブラールはル・ブラーズの収集した資料に強い関心を示し，他方で資料の精査をする時間がないル・ブラーズはそれらをブラールに託した．その結果，ブラールによる最初の「農村部フランスの宗教地図」が作成され，1947 年に『農村部聖職者研究誌 *Cahiers du clergé rural*』に掲載されることになる．

ブラールは，教区を「キリスト教の教区」「無関心だがキリスト教文化を持つ教区」「布教の地」に分類した．驚いたことにパズルのピースが埋まるにつれて相対的に同じ傾向を示す地帯がいくつも浮かびあがった．しかしいまだ多くの教区の情報を欠いていた．そこでブラールは，聖職者の協力を得て，フランスの全教区に関する体系的統計調査を行い，研究を補う決心をした．これはまさに「ベネディクト会修道士の〔根気のいる〕仕事」であり，1954 年に大部分の調査は終えたものの，最終的には 1965 年までかかった．この作業はブラールの粘り強さに加えて，多くの教区司祭，特に若い司祭たちの協力のおかげで，さらには各地に展開していたアクティオ・カトリカ〔596 頁注 11 を参照〕のおかげで達成された．

調査の方法は以下のようなものだった．農村部の教区では，聖職者が教区民全員を知っていたので，聖職者は世帯リストをみるだけで統計調査の質問項目，つまり日曜日の宗教実践，復活祭の宗教実践，洗礼，公教要理教育，宗教上の結婚，宗教上の埋葬などに関する項目に答えることができた．都市部では，日曜日にいっせいに，町のすべての教会で質問用紙が配られた（それは多くの場合，回答欄が山ほどある数枚の用紙であった）．ブラールは，「日曜のミサに行く人」を表す地図，「復活祭のミサに行く人」を表す地図，それから司祭の叙階数の推移に関するグラフなどで補いながら最初の調査結果を『宗教社会学案内 *Premiers itinéraires en sociologie religieuse*』(1954) のなかで公表した．そしてル・ブラーズと第一世代の宗教社会学者たちの協力を得て，ブラールは，この研究を他のヨーロッパ諸国を対象に広げていこうとする．そうして，西ヨーロッパのほぼすべて（カトリック地域）がカバーされることになり，最終的にジャン・レミ〔Jean Rémy〕との共著『都市の宗教実践と文化的地域 *Pratique religieuse urbaine et régions culturelles*』（1968）の出版に結実した．この書名は，ある都市の実践レベルは周辺地域のそれと関係があるという事実を示している．同書では，性や年齢，学歴，家庭の伝統，社会・職業分類の影響が分析された．歴史的変化も概略的に示された．

この研究は，まもなく二つの方向から補われることになる．一つは，『農村フランス図鑑 *Atlas de la France rurale*』（1968）である．これは，アンリ・マンドラス〔Henri Mendras〕が創設し主導した農村社会学研究所が小郡（カントン）レベルで検討できるあらゆる基準に注意を払い，宗教調査の結果を取り入れながら出版したものである．この結果，宗教地図，学校地図（カトリック系学校と公立校），叙階地図，政治地図などの関係がはっきりと浮かび上がった．強い宗教実践と右派への投票とのつながりは明白であり，それは教会と大多数のカトリック教徒が社会主義と共産主義を否定していたことからも説明できる．フランス西部の特殊性は際立っている．宗教実践地帯と非実践地帯を示した地図は，フランス革命下でのふくろう党（王党派）の地帯と共和派の地帯を示した地図に，また現在の学校地図（カトリック校と世俗校）に，そして選挙での投票行動の地図（右派と左派）に，おおむね対応している．もう一つは，ジャン＝ポール・テルノワール〔Jean-Paul Terrenoire〕とフランソワ＝アンドレ・イザンベール〔François-André Isambert〕によるものであり，彼らは〔ブラールの〕すべての資料を利用し，そこに通過儀礼や選挙での投票行動などに関する新たなデータを加えて，人口指標および社会－職業別指標の助けを借りて体系的統計分析を行った．この大がかりな研究は『カトリック宗教実践図鑑 *Atlas de la pratique religieuse des catholiques*』（1980）として実を結んだ．そしてこれらの調査は，別の社会学の諸研究を生み出すことになった（ジャック・メートル〔Jacques Maître〕やダニエル・ドゥリヴリ〔Daniel Derivry〕，マテイ・ドガン〔Mattéi Dogan〕などによる）．上記の諸調査は，宗教実践を測るその基準の妥当性により，約20年のあいだ，宗教データの基礎資料であり続けた．

これらの諸研究から導き出されたその他の重要な結論のうち，宗教実践のレベルと社会階層レベルの相関関係に注目しておこう．管理職と自由業は宗教実践率が最も高く，労働者は最も低かった．また，こうしたヒエラルキーは各社会－職業カテゴリー内部にも存在していた（大規模農業者は小規模農業者よりも宗教実践率が高い）．その理由は，社会階層の最も低い人びとは宗教心が弱かったというアンシアン・レジームの遺産に，さらにカトリシズムと保守諸勢力のつながりに求めることができる．女性の宗教実践率がつねにより高かったことにも留意しておきたい．女性は子どもの教育者という役割を持っていたために，19 世紀以来カトリック教会の特別な関心の対象であった．

その他の調査としては次のようなものが行われた．アクティオ・カトリカについては，とりわけキリスト教農業青年団〔JAC〕に関する調査（マリ＝ジョゼフ・デュリュ〔Marie-Joseph Durupt〕）と労働者のアクティオ・カトリカに関する調査が挙げられる．また，特定の教区や特定の都市――リヨン都市圏（ジャン・ラベンス〔Jean Labbens〕による調査），マルセイユ（エミール・パン〔Émile Pin〕）――，特定の司教区（アンジェ司教区），もしくは特定の地方――ロレーヌ地方（セルジュ・ボネ〔Serge Bonnet〕）――における宗教に関する状況とその変化についての調査がある．さらに学生についての調査や聖職者に関するフェルナン・ブラール，ジュリアン・ポテル〔Julien Potel〕，ジャック・メートルによる調査も挙げられる．祝祭については，たとえばセルジュ・ボネとオーギュスタン・コタン〔Augustin Cottin〕による盛式初聖体，フランソワ＝アンドレ・イザンベールによるクリスマスに関する調査がある．それから祈りに関する調査としてはセルジュ・ボネによるものがある．プロテスタントの数量社会学の研究も飛躍したし（エミール・レオナール〔Émile Léonard〕，ロジェ・メル〔Roger Mehl〕），ユダヤ教の社会学も同様である（ドリ・ベンシモン〔Doris Bensimon〕）．プロテスタントとユダヤ教の研究が数量的調査を遂行するには，地理的に拡散した人びとを調査するための方法論を見つけなければならなかった（会員一覧，郵便調査，人名研究の使用）．ジャック・メートルは占星術の普及を研究した．1954 年に宗教社会学研究チームが，アンリ・デロッシュ〔Henri Desroches〕，フランソワ＝アンドレ・イザンベール，ジャック・メートル，エミール・プーラ〔Émile Poulat〕によって創設されたことは画期をなす．これにより実証的な宗教社会学が公的研究（CNRS〔フランス国立科学研究センター〕による）へ参入したのである．この研究チームは 1956 年に雑誌『宗教社会学アーカイヴ』を創刊し，同雑誌はのちに大学における研究の基本的ツールとなっていく．

抽出代表調査の劇的な増加

1965 年以降，宗教実践の統計調査は次のような理由でめったに実施されなくなった．すなわち宗教実践率の低下が信者を計数化しようという司祭たちの気持ちを挫き，また宗教実践を信仰を測る尺度にすることがとりわけ第二ヴァチカン公会議以降，妥当ではなくなり（日曜日のミサに出る義務が弱くなったので，実践率を見ても信仰心が測れない），さらには抽出調査が増加したことによる．宗教に関する事項を問うた最初の抽出調査は 1944 年に，また最初の大規模な宗教抽出調査の実施は 1952 年にまで遡る．後者の調査「フランスはまだカトリックか？」（IFOP〔フランス世論研究所〕と『レアリテ *Réalités*』紙による調査）はアメリカの依頼で実施された．フランスは非宗教的だという噂を耳にして，アメリカは，マーシャル・プランによるフランスへの援助は間違ってはいなかったと確かめようとしていたのである．ありがたいことに（復興は神のおかげである！），80％のフランス人がカトリックと回答し，そのうちの 37％が毎日曜日にミサに行くと答えた．

ジャック・シュテール〔Jacques Sutter〕は 1984 年に抽出調査に関する博士論文を提出した．彼によれば，宗教に関する質問が最低一つは含まれる抽出調査は 288 件に上ったが，そのうち 53 件が 1944 年から 1959 年末まで，101 件が 1960 年から 1969 年末まで，134 件が 1970 年から 1976 年末までのあいだに実施されており，増加の傾向が読み取れる．この数値のなかで，宗教に関する大規模抽出調査，つまり少なくとも 20 項目程度が宗教に関係する調査は 12 件ほどにすぎなかったが，そこではテーマ別索引が示すように，占星術といった擬似的な宗教への信仰を含む，考えうるほぼすべてのテーマが取り上げられた．これらの調査の出資者は，新聞・雑誌もしくはラジオ局であり，次にテレビ局であった．こうした多種多様な抽出調査のおかげで，宗教的行動や心性の新たな相が浮かび上がってきた．すなわち告解の実践，クリスマスは子どもたちのお祭かキリスト生誕のお祝いかといった認識の仕方，教義に関する知識，カトリック教会の道徳上の掟（性的行動，夫婦生活）に対する態度，さらにはカトリック系の学校教育がどのくらい選ばれ，どう評価されているかが，明らかになったのである．

社会学者たちはこれらの調査結果を再検討し掘り下げて利用することがあった．また場合によっては彼ら自身が調査計画を練り，その綿密な遂行に協力した．最も入念になされた研究の一つとして，ギ・ミシュラ〔Guy Michelat〕とミシェル・シモン〔Michel Simon〕による研究（1977）を挙げることができる．これは，1966 年に 1780 名を対象に実施した大規模抽出調査と 77 件の非指示的面接を組み合わせて行われたものである．書名『階級，宗教，政治行動 *Classe, religion et comportement politique*』が示すとおり，そこでは所属する社会階級（客観的および主観的な所属階級），宗教的態度，政治行動という三者の関係が検討された．著者たちが示すところによれば，道徳的な信条も，宗教や政治上の信条も，きわめて一体性の強い世界の一部でしかない．それらは次のような二つの極に集約されている．一方に，自らのカトリック・アイデンティティを主張し，家庭に高い価値を置く断固としたカトリック信者がいて，他方には自らを労働者階級とする「非宗教的な，共産党のシンパ」がいる．著者たちはまた，労働者がその父も祖父も労働者であり，結婚相手も同じ社会階級に属するという意味で労働者的であればあるほど，共産主義的で非宗教的である傾向が強くなることを明らかにした．左派に投票し，かつ宗教実践を日常的に行う労働者は稀なこともわかった．イデオロギー上分類されるこの二つのまとまり（熱心なカトリックのまとまりと非宗教的な労働者階級のまとまり）はそれぞれ，人口の 4 分の 1 程度を占めていた．

さらに，宗教的少数派を研究するには，方法論と質問の両方をアレンジする必要がある．1980 年にプロテスタントを対象に抽出代表調査が実施された際，9871 名を調査して，ようやく「プロテスタンティズムに近い」と感じる人びと 414 名を見つけることができた．予想されたことであり，調査が証明することになったのは，聖書を読む頻度に関する質問は礼拝実践に関する質問と同じくらい重要であり，またこのプロテスタントに近いと感じる人びとはカトリックの人びとよりも道徳的により自由であり，政治的にはより左派に位置するということであった．

これらの抽出調査は扱われた主題の多様性ゆえに興味深いものであるが，同時に，比較を試みることは所属宗派や宗教実践といったいくつかの基本的質問を除けば，質問の立て方の違いのせいで難しい．こうした質問の違いは，出資者，調査機関，扱われるテーマ，心性の変化に由来する．たとえば来世への信仰に関しては，1970 年代に転生が回答欄に追加された．宗教実践についても，定期的に宗教実践を行う人が減ったために，「毎土曜，もしくは毎日曜」という選択肢に加えて，「少なくとも月に 1 回」が新たに登場した．質問の立て方が違っているせいで，私が時系列的変化を確認することに成功したのは，所属する宗教，礼拝実践，祈りの頻度，神への信仰，来世への信仰に関してだけである．

これらのデータのおかげで，さまざまな変化を次のように時期区分できるようになった．すなわち 1960 年代半ばから礼拝実践の頻度は徐々に低下し，1974–1975 年から自らをカトリックと答える人が減少し，1980 年代以降，神への信仰の後退と来世信仰の再増加がみられ，信仰から蓋然説への緩慢な移行が起こった．これらすべての変化は若者において顕著であり，ベビーブーム世代（1945–1954 年生まれ）の前後で断絶がみられる．

同時期に，聖職者に関する新しい研究も登場した．特に召命の危機に関するシャルル・シュオ〔Charles Suaud〕の研究（1978），聖職放棄と聖職者数の減少に関するジュリアン・ポテルの研究（1986）がある．通過儀礼の変化に関する調査によれば，宗教的儀式をともなう葬儀と成人洗礼を除けば，通過儀礼は全般的に衰退している

(Julien Potel, 1973, 1974). カトリック系雑誌(『キリスト教徒の証言 *Témoignage chrétien*』,『カトリック生活 *La Vie Catholique*』)の読者層も,活動家たちの新しいさまざまなグループ(たとえばヴィ・ヌヴェル Vie nouvelle)も調査の対象となった(Jules Gritti et André Rousseau, 1977). プロテスタントの聖職者に関してはジャン=ポール・ヴィレーム〔Jean-Paul Willaime〕が考察を加えた. フランソワーズ・シャンピオン〔Françoise Champion〕の表現によるところの「代替信仰」に対する関心は,これらの信仰(占星術,テレパシー,交霊術,魔術,透視力など)の普及とともに高まった. ギ・ミシュラとダニエル・ボワ〔Daniel Boy〕は超常現象や擬似科学〔para-sciences〕への信仰に関して抽出調査を実施した. ブルターニュのある一つの教区の変化に関して私たちが行ったもの(Lambert, 1985)を含め,新しいモノグラフも実を結んでいる.

ジャン=マリ・ドネガニ〔Jean-Marie Donégani〕とギ・レカンヌ〔Guy Lescanne〕は突っ込んだ面接調査を通じてカトリック内部の多様性を分析し,カトリックを次の7タイプに分類した(Donégani et Lescanne, 1986). すなわち,教会が与えるものを消費するだけの人,教会から追放された人,教会の活動に身を投じている人,教会に忠誠を尽くす人,教会に親愛の情を示す人,教会に無関心な人,教会の文化的側面にのみ関心を持つ人,である.

ジャン=マリ・ドネガニはこの類型論をさらに磨き上げ,人がカトリックだと自称するときの表現の仕方に応じてグループ分けをした(Donégani, 1993). それによれば,二種類の「周辺的」モデル(「みなと同じようにしているだけだ」「それにたいした重要性があるとは思えない」),三種類の「統合的」モデル(「それは世界の構築のために身を投ずることだ」「それは信仰を持ちキリスト教の教義に従うことだ」「それは日常生活の些細なことに福音を読み取ることだ」),そして二種類の「中間的」モデル(「それは私にとって大きな問題だ」「それは私たち人類を映し出すものの一つだ」)がある.

問題意識の刷新と調査の国際化

宗教的心性の変化そのものが——それはカトリックの場合には第二ヴァチカン公会議によって加速される——特に1990年代に問題意識や問題提起のあり方を一新させた. いくつかの試みがすでになされていた. とりわけアンドレ・ルソー〔André Rousseau〕の指示により1976年にソフレス社と『パノラマ *Panorama*』紙が行った抽出調査では,より個人的,より自由になった信仰を見極めるための質問が設定されていた. 1990年に私たちがフランソワーズ・シャンピオンと出版社バイヤールとともに，12歳から15歳を対象に調査を実施した際には，いくつかの新しい質問項目を加え．それは，さまざまな態度の個別化を考慮に入れるためであり，また賛成と反対を測り（たとえば，「どのような点でキリスト教はどちらかといえばよいといえるか」，「どのような点でキリスト教は問題を生じさせうるか」など．事前面接から引き出した質問リストがこれらに続く），人がより信心深くなったりより信仰心を弱めたりする理由を探るためである．さらに，神のイメージの多様化（「まずもって私を愛する誰かとして／まずもって一つの力，エネルギーとして／まずもって世界の起源として／まずもって各人の内面として」）に注意を払うためでもあった（Champion et Lambert, 1992）．この調査の結果，私たちは3%の若者が《ニューエイジ》の感覚を持っていること（エネルギーとしての神，転生，占星術といった項目へ肯定的回答をした）を発見した．また，コレスポンデンス分析を行ったことで，この調査および他のいくつかの抽出調査（欧州価値観調査）から，三つの主要な極が明らかになった．第一に信仰心があり実践者でもある信仰を表明するキリスト教徒，第二に通過儀礼は気にかけるが，ほとんどあるいはわずかしか信仰心を持たない文化的キリスト教徒，第三に無宗教の人，である．

ギ・ミシュラ，ジュリアン・ポテル，ジャック・ステールは1986年に大規模な世論調査を実施し，その結果彼らは『フランス人はまだカトリックか *Les Français sont-ils encore catholiques?*』（1991）と自問するようになった．とりわけシュテールは，もはやほとんど帰属の上でしか「カトリック」でないカトリック教徒を「遺言書のない相続人」として語った．そして彼は，〔フランスは〕キリスト教とは異なる岸へ向けて少しずつ漂流しており，キリスト教の根本的意義は大半のフランス人にとって崩壊の一途をたどっているのだろうと結論づけた．この分析は，1994年に同じ著者たちが実施したもう一つの抽出調査（調査会社CSAと『ル・モンド *Le Monde*』紙，『ラ・ヴィ *La Vie*』紙による）によって裏付けられた（2003）．この調査によってたとえば，特に若者のあいだで宗教的な罪〔péché〕の観念は曖昧になり，罪〔culpabilité〕の観念はそのキリスト教的意味から大きく離れたということが示された．

ほかにも調査に基づく多くの研究を紹介しなければならないだろう．教皇ヨハネ・パウロ2世の各地への訪問をきっかけにいくつかの共同調査が始まった．それらは参与観察，インタビュー，言説分析といった多様な方法を駆使してなされた（collectif, 1988 ; Willaime, 1991）．祈りに関しても，抽出調査と35回の半指示的面接からある新しい研究が生まれた（Bertrand, 1993）．また，ベビーブーム世代とそれに続く世代については，アンジェとグルノーブルにおいて23歳から42歳までの747

名に対してアンケート調査が行われ，さらに念入りに研究がなされた（Cousin et al., 1996）．アントワーヌ・ドレストル〔Antoine Delestre〕は，ナンシーの学生を対象に繰り返し調査を実施した（1997）．クリストフ・タラン〔Kristoff Talin〕は女子修道会に関する考察を深めた．フランスの第二の宗教となったイスラームについては，特に移民第二世代の若者がそれをどのように生きているのかについて研究が始められている（Babès, 1997）．イヴ・ランベール〔Yves Lambert〕は，欧州価値観調査のうちフランスに関する部分を利用した（Lambert, 1994, 2000）．

結論――新しいタイプの宗教抽出調査のために

抽出調査は次のことを可能にする．

・一般的な傾向について信頼に足る結論を提示し，裏付ける．
・面接や観察からも確かに予想は可能であるが，そこからでは現実の影響範囲が測りきれない相関関係を予測する．
・数多くの指標を同時に扱う必要があるような部分集合（サブカルチャーや態度の主要モデル）を発掘する．

しかし，こうした調査には質的方法論を組み合わせる必要があるだろう．それによってこの二つの方法論の利点が結びつけられるからである（また，質問に対する被調査者の解釈をよりうまくコントロールすることもできる）．さらに，質問内容は更新されなければならないだろう．それは心性の変化によりよく対応するためであり，また特に以下の諸項目をよりよく調べ上げるためである．

・宗教の経験的次元（周知のとおりこれが最も重要である）．
・キリスト教内部の変化，宗教実践の新たな型とリズム（途切れながらも続くこと，集中的に盛り上がるとき，巡礼）．
・場合によっては特定の生活様式がともなう，宗教以外のスピリチュアルなもの（オーガニック食品，代替医療，心理精神療法）．
・信じることの新たなパラダイム．
・宗教的なもの，スピリチュアルなもの，聖なるものの社会的諸定義．
・ライシテ，科学，医学に対する態度．

参考文献　BABÈS L., *L'islam positif*, Paris, Éditions de l'Atelier, 1997. – BERTRAND M. (dir.), *Pratiques de la prière dans la France contemporaine*, Paris, Cerf, 1993. – BONNET S., *Prières secrètes des Français d'aujourd'hui*, Paris, Cerf, 1976. – BOULARD F., *Premiers itinéraires en sociologie religieuse*, Paris, Éditions Économie et Humanisme et Éditions Ouvrières, 1954. – BOULARD F. et RÉMY J., *Pratique religieuse urbaine et régions culturelles*, Paris, Éditions Économie et Humanisme et Éditions Ouvrières, 1968. – CHAMPION F. et

LAMBERT Y., « De la religion chez les 12-15 ans », in LAMBERT Y., MICHELAT G., *Crépuscule des religions chez les jeunes ?*, Paris, L'Harmattan, 1992. – CHAMPION F., « La nébuleuse mystique-ésotérique », in CHAMPION F. et HERVIEU-LÉGER D. (dir), *De l'émotion en religion*, Paris, Centurion, 1993. – COLLECTIF, *Voyage de Jean-Paul II en France*, Paris, Cerf, 1988. – COUSION P., FOURAGE C., TALIN K., *La Mutation des croyances et des valeurs dans la modernité*, Paris, L'Harmattan, 1996. – DELESTRE A., *Les Religions des étudiants*, Paris, L'Harmattan, 1997. – DONÉGANI J.-M., LESCANNE G., *Catholicismes de France*, Paris, Desclée / Bayard-presse, 1986. – DONÉGANI J.-M., *La Liberté de choisir : pluralisme religieux et pluralisme politique dans le catholicisme français contemporain*, Paris, Presses de la FNSP, 1993. – GRITTI J., ROUSSEAU A., *Trois enquêtes sur les catholiques*, Paris, Éditions du Chalet, 1977. – ISAMBERT F.-A., TERRE-NOIRE J.-P., *Atlas de la pratique religieuse des catholiques*, Paris, Presses de la FNSP et Éditions du CNRS, 1980. – LAMBERT Y., *Dieu change en Bretagne*, Paris, Cerf, 1985. – « Un paysage religieux en profonde évolution », in H. Ruffault (dir.), *Les Valeurs des Français*, Paris, PUF, 1994 ; « Religion : développement du hors-piste et de la randonnée », in P. Bréchon (dir.), *L'évolution des valeurs des Français, 1980-2000*, Paris, A. Colin, 2000, chap. 7, pp. 126-150 (rééd. 2003). – MAÎTRE J., *Les Prêtres ruraux*, Paris, Le Centurion, 1967. – MICHELAT G. et SIMON M., *Classe, religion et comportement politique*, Paris, Presses de la FNSP et Éditions sociales, 1977. – MICHELAT G., POTEL J., SUTTER J. et MAÎTRE J., *Les Français sont-ils encore catholiques ?*, Paris, Cerf, 1991. – *L'héritage chrétien en disgrâce*, Paris, L'Harmattan, 2003. – POTEL J., *Le Clergé français*, Paris, Le Centurion, 1967 ; *Les Funérailles, une fête ?*, Paris, Cerf, 1973 ; *Moins de baptêmes en France, pourquoi ?*, Paris, Cerf, 1974 ; *Ils se sont mariés, et après ?*, Paris, L'Harmattan, 1986. – SUAUD C., *La Vocation*, Paris, Éditions de Minuit, 1978. – SUTTER J., *La Vie religieuse des Français à travers les sondages d'opinion*, Paris, Éditions du CNRS, 1984 (2 tomes). – WILLAIME J.-P., *Profession : pasteur. Sociologie de la condition du clerc à la fin du XIXe siècle*, Genève, Labor et Fides, 1986 ; (dir.), *Strasbourg, Jean-Paul II et l'Europe*, Paris, Cerf, 1991.

イヴ・ランベール Yves LAMBERT
〔前田更子訳〕

→ 国際調査

文化（としての宗教）
CULTURE (RELIGION COMME)

人類学の長い伝統は，宗教を文化形態の一つとして扱うことで，人間生活の宗教的側面を研究しようとしてきた．そこでの人間生活は未分化な一つの全体とされていた．これは，近代社会制度のような機能分化がなされていなかった社会を研究するなかで生まれたアプローチである．このアプローチは，近代社会にみられる脱制度的な宗教現象，すなわち宗教制度の弱体化にともない徐々に存在感を増してきた現象を研究する上でも有用であることがわかっている．とはいえ，大規模な制度宗教が押しつけてくる規範的定義を超えて研究領域を拡大してくれるという利点があるにせよ，こうしたアプローチでは，他の文化形態に対する宗教的なものの特殊性を見失ってしまう恐れがある．

文化としての宗教——人類学的定義

タイラー〔Edward Burnett Tylor〕は1871年の古典的な人類学的定義において，文化を「知識，信仰，芸術，道徳，法律，習慣，および社会の成員としての人間により獲得されたその他の能力や習慣すべてを含む複合的な全体」と定義している．要するに，文化には人間活動の成果すべてが含まれるのである．この定義が宗教的なものの研究にとって重要なのは，関連するものをなんでもひっくるめてしまうことを除けば，宗教的なものを社会の成員として獲得された能力や習慣から構成されるものとしていることである．これにより，信者好みの神話や超自然的な説明，哲学者や神学者が特権化する教義的アプローチとは異なった，宗教現象の社会的原因を探求する社会学的手続きの独立性が担保される．宗教を文化形態の一つのように扱うということは，他の人間活動と同じく社会科学の領域に属する人間的で社会的な活動として宗教を扱うということなのだ．宗教にこれだけ大きな意味を与えると，「信者」と「非信者」の区別から抜け出すことにもなり——そもそも一神教以外の宗教伝統の一部にはこの区別が当てはまらない——自分のことを必ずしも特定宗教の「信者」や信奉者とは思っていない人びとの象徴，儀礼，行動規範の体系も，宗教的なものに関連するものとして考えることができるようになる．

この方向性を突き詰めたのがデュルケーム〔Émile Durkheim〕である．彼は宗教の社会的起源を強調すると同時に，社会的紐帯の創出と維持における宗教の重要な役割を強調している．宗教は社会的紐帯の象徴的表象，さらには物質的具体化であり，社会生活を生み出し，社会に定期的に活力を与え直すとまで論じられている．デュルケームは文化概念をはっきりと理論化していないが，「象徴」や「集合表象」——これらは文化の人類学的定義の重要な要素である——は『宗教生活の基本形態』のなかで中心的な位置を占めている．社会生活は象徴解釈の体系があってこそ可能になるが，この象徴そのものが社会生活の産物であり，社会事象に感知可能なかたちを与えている．こうなると宗教は象徴体系の典型ということになる．そこには，さまざまな社会的カテゴリーの表象体系と，社会の成員に力を与えて社会生活を存続させる社会力とを，同時に見ることができるからである．記章（エンブレム）というかたちでの宗教的象徴はというと，それが社会に自意識を持たせるがゆえに，「この意識の連続性を確保するのに不可欠である」．要するに，宗教には社会を定期的に再創造する効果があるのだ．

デュルケームの功績は，宗教的象徴の社会的性質を強調することで，宗教の社会学的説明の価値と，心理学理論に対するその自立性を確立したところにある．しかし，宗教的象徴と社会関係とを「鏡像」関係に置いていたのでは――異なる前提から出発するマルクス主義的アプローチもそうなのだが――象徴体系に固有の論理を無視することになると反駁することができる．

アメリカの人類学者 C・ギアツ〔Clifford Geertz〕はこうした批判を発展させ，社会的なものや心理的なものから「文化的なもの」の独立性を確立しようとした．宗教を文化体系として定義するギアツの明快な試みに私たちは多くのものを負っており，その定義は多大な影響力を及ぼしてきた．ギアツによれば，宗教と文化はともに象徴体系である．なかでも「文化体系としての宗教」という論文で，彼は文化と宗教の古典的な定義を提示している．まず文化とは，「歴史を通して伝えられる象徴に具体化される意味作用の型であり，生活の知識と生活への態度を伝達し永続させ発展させるために人間が用い，象徴的に表現される，先祖代々の構想の体系である」と定義されている．要するに，文化とは象徴により具体化され表現され，先祖代々伝承され，われわれの生活を方向づける意味と構想であるということだ．数段落後で宗教はこう定義されている．「⑴ 象徴の体系であり，⑵ 人間のなかに強力で深遠で持続的な情緒（ムード）と動機（モチベーション）を引き起こすのだが，⑶ それは存在全般に関する秩序の構想を定めて，⑷ その構想に現実味を与えながらのことであり，⑸ それによって情緒と動機は現実に即しているようにみえる」．要するに，宗教とは意味（動機および情緒）を創出し構想を定める象徴の体系であるということだ．

ギアツによると，宗教の特異性は，行為を実践的・道徳的に方向づけるもの――すなわちエートス，「動機および情緒」――と，宇宙論ないし世界観とを結びつけて統合することにある．そして，この結合がなされるのは象徴を通してである．象徴は現実**についての**モデル，すなわち表象であると同時に，現実**のための**モデル，すなわち戒律でもある．（フランス語の「サンス」〔sens〕のように）印象や意味や方向という概念を内包するジャワ語の「ラサ」（rasa）という言葉についての議論のなかで，ギアツは生きられたもの〔le vécu〕と望まれたもの〔le voulu〕の融合を強調している．この融合によって，道徳的戒律や宇宙論的神話は現実味を与えられ，宗教の規定する習慣行動はあたかも人間の意志では変えることのできない所与の現実のように現れてくるのである．

その古典的著作『文化の解釈学』において，文化概念を描き出すためにまず宗教を例にとったのは，ギアツが宗教を象徴体系の典型と考えているからである．ただ宗教のみが，当該文化の特殊性——神話，信仰，儀礼，習慣——の理解を可能にしてくれるのであり，社会生活のあらゆる側面に関係しているのだという．文化はその本質からして象徴的意味作用の体系であり，それによって人間は世界に，そして行動に意味－方向〔sens〕を与えるのだとすれば，宗教は最も包括的な意味作用を提示する文化体系として，文化のパラダイムそのもの，当該文化を解釈する上での鍵となるのである．

デュルケームとギアツを隔てる距離にもかかわらず，このように両者は宗教を原初的な象徴体系と考えていた．デュルケームにとって宗教は社会の根源的な表現であり，ギアツにとって宗教は文化の根源的な表現であった．宗教を見ずして社会や文化は理解できないというわけである．こうした視点があてがわれるのは，民俗学者が研究するような部族社会や伝統社会である．そこでは聖なる象徴が社会生活のあらゆる側面に浸透している．

しかし，機能分化した近代社会はどのように研究すればよいのだろうか．そこで宗教はもはや支配的で不可避な象徴体系ではないとすれば，そこでは他の象徴が文化の根本的な部分を占めることもありうるとすれば，そこではさまざまな象徴体系が競合しているとすれば，そこで他の象徴体系に対する宗教的なもの独自の論理を見つけ出そうとすれば，さてどうすればよいのだろうか．この問題はただちにもう一つの問題を引き起こす．すなわち「宗教的な」象徴と「宗教的でない」象徴はどのように区別すればよいのかという問題である．これは不可能な試みである．ダニエル・エルヴュー＝レジェ〔Danièle Hervieu-Léger〕の表現を用いれば，この試みは最終的に，宗教現象を「「意味作用の体系」という捉えどころのない霧」のなかに沈めてしまうことになるからだ．

実のところ，この問題は宗教的多元性が現れたとたんに引き起こされる．その瞬間，社会集団・文化・宗教の完璧な符合が破綻してしまうからである．既存の社会集団とそりが合わない宗教運動や，支配的な象徴秩序に断絶をもたらして新しい文化を創造しようとする宗教運動を思い浮かべればいい——こうした宗教運動は，仏教，キリスト教，イスラームのように持続的で目覚ましい成功を収めることもある．

古典的な図式は，堅固で同質な社会にはうまく当てはまる．ギアツに言わせれば，そこではたとえばナヴァホ文化の世界にフランス合理主義を移植するとか，フランス世界にインドの道徳的決定論を移植するというのはありえない．生きられた世界と望まれた世界の融合から生じる，象徴の「現実味」が欠けてしまうからだ．

社会の混乱や急激な変化という状況のなか，この古典的な図式には限界が出てきている．宗教的世界観の現実味が疑われており，ギアツの言う移植のようなものが一般化してきている．古い社会秩序と結びついた宗教が周辺化される一方，他の宗教集団が秩序の破壊や創造の要因となっており，そのこと自体が文化秩序の再構成をもたらしている．さまざまな象徴体系の出現，構築，変容，混交，対立をいかに理解すればよいのだろうか．

文化に抗する宗教？

文化の価値そのものを否定する宗教運動については何がいえるだろうか．たとえば神秘主義運動では，無言の教え，突然の悟り，雑念の払拭などに重きが置かれる．老子の言葉を用いれば，神秘主義者の目指す状態は「未加工の白木」の状態である．これは文化の否定そのものと言えるかもしれない．また実践面では，神秘主義の伝統は独自の師弟関係の系譜，聖典，象徴，儀礼を持つ．神秘主義の伝統は各々の文化を持っているわけだが，それは主流文化との対立関係によって規定されている．

同じことは，禁欲主義，ピューリタニズム，原理主義，千年王国運動，終末論，ユートピア思想の潮流にも当てはまる．いずれの場合でも，宗教は多かれ少なかれ，社会の文化，習慣，信仰，風俗と対立関係にある．要するにカウンターカルチャーの象徴体系となっているのである．そしてこれは主流文化を批判したり，新たな文化を発展させたりする基盤となる．

こうしてみると，二つの対立するダイナミクスがあるといえるだろう．両方のダイナミクスは宗教というものに内在している．これは部分的にはウェーバー〔Max Weber〕によるチャーチ‐セクト類型と合致する．すなわち，主流文化を包括し安定させ神聖化するチャーチと，社会生活からの撤退なり戦闘的な教えなりによって，主流文化を拒否したり変革したりしようとするセクトという類型である．あるいはデロッシュ〔Henri Desroche〕に従って，体制擁護型宗教と体制批判型宗教ということもできるだろう．後者が歴史のダイナミクスにおいて，そしてまさしく近代の到来と展開において担った重要性は，いまだにほとんど認められていない．

今日，社会制度の世俗化の影響を受けた近代社会では，体制擁護型宗教が凋落した一方で，あらゆる宗教がある程度まで体制批判的になっている．それゆえ，宗教と文化の関係性の捉えどころは，当該宗教と主流文化の緊張関係の輪郭，主流文化を批判するさまざまな方法，その批判の枠内で創造あるいは再生産される代替文化のかたち――斬新で創造的なものかもしれないし時代錯誤なものかもしれない――主流文化におけるこの代替文化の普及などを探求することとなる．

さて，「ポストモダン」や「超近代」の段階では，近代の批判的再帰性が近代そのものに跳ね返ってくる．そこでは体制批判そのものが文化表現の主流になっており，そうした文化表現は脱魔術化を広めていく傾向にある．こうしたなかで宗教は何かしらの特殊性を守り抜くのだろうか．それともサブカルチャーやカウンターカルチャーに埋没していくのだろうか．

ここにこそ，近代社会における宗教の基本的特徴を見いだすことができる．近代主義的な文化運動やポストモダン主義的な文化運動の特徴は，伝統をどうしても**脱聖化**してしまうことにある．これらの文化運動は，伝統を破壊する自由，伝統の象徴を道具化し脱文脈化して単なる装飾や趣味や商業のために利用する自由，さらにはその必要性さえ主張している．それゆえ模倣（パスティーシュ）や模造品（シミュラークル）がもてはやされているわけだ．そうしたなかで宗教は，たとえ実際には時代の波やシンクレティズム〔諸派統合〕に巻き込まれているとしても，自らはまったく別の位相，神聖なる伝統の位相にいると自己主張し続けている．エルヴュー＝レジェの定義に倣えば，ある伝統に正当性を与えている権威を参照する，信じることの一つのありかたであると自己主張し続けているのである．

エルヴュー＝レジェによると，「信じること」〔le croire〕とは，「それを抱く人びとの主観的経験に意味と一貫性を与えることに存在理由がある」個人的信念や集合的信念の総体を指す．これには狭義の信仰だけでなく，その信仰を刻み込んだ実践，言語，身振り，無意識な行動，身体の状態も含まれている．この信じることの定義は，先述の文化の人類学的定義と同じく非常に包括的なものだが，エルヴュー＝レジェは宗教と信じることを等号で結んでいるわけではない．すなわち，近代社会には信じることのありかたが複数存在するのであり，宗教は「組織化や機能の仕方という面で独特な信じることのありかた」(Hervieu-Léger, 1993) なのである．この信じることのありかたは，なんらかの伝統の権威を援用するのであり，敬虔な信者はその伝統に帰属感情を抱くのだという．

要するに，「「宗教」とは，特定の信仰の系譜への（個人的・集合的）帰属感情を構成し，維持し，発展させ，管理する，イデオロギー的・実践的・象徴的な仕組み」なのである．ある社会で普及している文化・象徴・「信じること」を起点とする分析は，援用されたなんらかの伝統の権威のもと，個人的・集団的アイデンティティを維持する具体的な仕組みのなかで，これらの要素がどのようなさまざまなかたちをとるのか，というところに目を向けることになる．そうすれば，上記のように定義された「宗教」が，文化的エントロピーという文脈のなかで，どのように文化を再定義しその象徴を再構成しようとするのかを，そして，過去との連続性のなかで，個人が自らのアイデンティティを見いだし「生まれ直す」ことのできるような一貫性をどのように提示しようとするのかを，観察して比較することができるようになる．

このように，文化が伝統から引き離されて雑多な象徴の生産と消費の場になっている「超近代」社会において，宗教は伝統に由来する象徴体系こそ真正なものだと主張している．ある宗教が実はまったく現代の産物であり，救済財のマーケットで売られる淡い象徴のパッケージにすぎないとしても，なんらかの伝統に由来していると自己主張することには変わりない．より古い伝統，主流の文化や宗教には忘れられてしまった伝統に回帰しているのだと自己主張することさえある．「伝統」と人間とのつながり――「伝統」と宗教のつながりさえも――がますます不安定になっている世界，意味作用が粉々になっている世界では，事実であれ創作であれ，こうして伝統に言及することはことさら目を惹くものになっている．脱伝統化した文化が前方〔の未来〕へ逃れゆくのとは反対に，宗教は神聖なる記憶へのアクセス，真正な文化形態へのアクセスを提示しているのである．

参考文献　DESROCHE H., *Les Religions de contrebande*, Paris, Marne, 1974. – DURKHEIM É., *Les Formes élémentaires de la vie religieuse* (1912). Paris, PUF, 1960.（エミール・デュルケーム『宗教生活の基本形態――オーストラリアにおけるトーテム体系』上・下，山崎亮訳，ちくま学芸文庫，2014 年）– GEERTZ C., « La religion comme système culturel », in R. E. Bradbury el al., *Essais d'anthropologie religieuse*, Paris, Gallimard, 1972, pp. 19-66. – GEERTZ C., *The Interpretation of Cultures*, New York, Basic Books, 1973.（クリフォード・ギアツ「文化体系としての宗教」〈『文化の解釈学』所収〉吉田禎吾・柳川啓一・中牧弘允・板橋作美訳，岩波書店，1987 年）– HERVIEU-LÉGER D., *La Religion pour mémoire*. Paris, Cerf, 1993.

デイヴィッド・パーマー David PALMER
〔田中浩喜訳〕

→ 宗教の人類学

文化触変
ACCULTURATION

この文化触変という新語は，1880 年にアメリカ合衆国の人類学者が宗教研究とは異なる領域で考案したものである．ジョン・W・パウエル〔John W. Powell〕が最初に用いた用法にしたがえば，この言葉は，アメリカ社会と接触する移住者の生活様式や思考様式の変容過程を指した．この概念は，特にヨーロッパ出身の移住者が新しい文化に直面したときの変化を表し，移民に直面した文化の側が受ける影響には用いられなかった．

文化間の相互の影響が問題とされるには，1936年にロバート・レッドフィールド〔Robert Redfield〕とラルフ・リントン〔Ralph Linton〕，メルヴィル・ハースコヴィッツ〔Melville Herskovits〕が執筆した「文化触変研究の覚書」の発表を待たなければならない．彼らは，文化触変を次のように定義している．文化触変とは，「異なる文化集団のあいだで直接的かつ継続的になされる接触から生じる現象の総体であり，結果としてそれぞれの集団の文化形態に変化をもたらす」ものである．

フランス語の文化触変〔acculturation〕という用語の接頭辞および接尾辞〔ac-, -tion〕は，進行中の実現過程をはっきりと示し，文化接触〔contact culturel〕の結果だけを指すのではない．またそれは，文化的変化〔changement culturel〕と完全に同義語というわけでもない．なぜなら文化触変は，二つの文化の相互作用による変化を限定的に指すからである．したがって文化触変は，外的要因によって説明されるのであって，内的過程から説明される変容は除外される．文化触変の研究は，1930年代からアメリカ合衆国で盛んになり，数多くの経験的資料や調査記録が集められ，専門研究が積み重ねられた．1950年代までは，この領域の研究は，おもに人類学者によるものであった．その研究関心は，とりわけアメリカ先住民に向けられており，アメリカの公的権力において先住民に与えられた地位への疑問や疑念が生じてきたことに関わっている．このような文脈から人類学者は，白人とアメリカ先住民の接触に興味を抱くようになった（たとえば，ハースコヴィッツの研究（1958）やリントンの研究（1940）．しかし，ハースコヴィッツをはじめ，彼らのうちの何人かは，やがてネイティヴ・アメリカン研究を離れ，アフリカ系奴隷の末裔の黒人文化に関心を向けていく．アフロ－アメリカニズムという新しい研究領域を切り開き，アメリカ人となった人びとの文化的借用や伝達に焦点を当てる．

その頃から南米もまた，人類学者が特別視するフィールドとなった．彼らの関心は，植民地化された人びとの同化や抵抗，そして当時「土人」と呼ばれた者たちのキリスト教化であった．こうして文化触変の概念は，宗教事象の研究領域に導入されていく．この領域において文化触変は，より特殊な意味合いを持ち，ある文化から別の文化に宗教が移行する過程を指すようになる．この概念には，ある文化が他の文化においてすでに構築された宗教と接触することも含まれる．

のちにこの文化触変という用語は，人類学から社会学，社会心理学――ここでは子どもが自分の属する環境の文化を受容し学ぶ過程を指す――そして歴史学へと伝わり，学問分野ごとにさまざまな意味を持つようになる．それぞれの論者，そして言語によっても意味は多様である．イギリス人は，「文化的変化」(cultural change) という表現をよく用いるが，スペイン人は，「越境文化化」(transculturación) という言葉を好む．ドイツの論者も「transkulturation」という言葉を用いるが，これは外的要因，すなわち他の文化との接触による変化を表そうとする言葉であり，それと区別される「文化触変」(acculturation) という言葉もある．ドイツの用法では，文化触変という言葉は，社会の内在的要因による変化を示すが，フランス語の文化触変の用法にその傾向はない．

文化触変の概念は「大西洋をうまく横断できなかった」．1950年代まで，文化伝達の問題は，フランスの研究でほとんどみられない．フランスの社会学者・人類学者であるロジェ・バスティード〔Roger Bastide〕〔1898-1974〕をはじめ何人かの論者は，この遅れの原因を，当時支配的だったデュルケームの理論的立場に求める．すなわち，ある社会の社会的・文化的変化は，原理的には内的な発展過程から生じるが，著しく異なる社会的・文化的なシステムは互いに浸透することはないという立場である．

ヨーロッパでは，文化触変という問題設定は，まず脱植民地化の文脈のなかで発展した．さまざまな研究が行われ，文化触変の過程の記述と分析が試みられる．一方の極には，ある集団の完全な同化があり，自分たちのアイデンティティを放棄して，支配的な文化を自分のものとして取り込もうとする．他方の極にあるのは，あるアイデンティティを周辺化ないし放棄しても，代わりに支配的な文化を自分のものとして取り入れることはない．その中間的な状態として，脱文化化，統合，組み入れ，共存，反＝文化触変などがある．しかし，文化触変という概念は，あまりに一般的で漠然としているので，状況に応じてさまざまな様相を示す実に多様な過程をこの概念で識別するには困難がある．また，宗教研究がこの概念を専売特許のようにしてきたやり方は，神々や礼拝が伝達される際の文化と宗教の関係や，同一性と他者性との関係についての多くの問いを提起する．だが，これらに関心を向ける前に，文化触変全般についての研究成果，そしてこの概念が直面する限界についての議論に触れることが有用だろう．

曖昧な概念

文化触変の概念が曖昧であることは，多くの研究者が指摘してきた (Bastide 1960, 1968 ; Balandier 1960 ; Grenon 1992 ; Baré 1992)．その理由は二つあり，一つはその概念が社会科学に現れた文脈に問題があり，もう一つは方法論に問題がある．

第一の問題に関して，文化触変という概念は早くから生み出されていたが，特に20世紀前半のアメリカで発展した．それは，アメリカという共和国における先住民の地位が激しい議論を引き起こしていた時期に相当する．論点は，当時「土着民問題」と呼ばれていた事象をどのように解決するかであり，この問題は，いわゆる「文明化」の失敗とみなされていた．したがって，文化触変という概念は，それが作られたときから支配者と被支配者との争いに結びついており，自民族中心主義の痕跡がある．というのも，文化触変は，古めかしい社会が文明化した社会から借用する現象として思い描かれるからである．このような自民族中心主義は，ヨーロッパで行われている多くの植民地研究にもみられる．文化触変の研究は，20世紀初頭のアメリカの社会科学，とりわけ文化人類学領域において生じ，自民族中心主義は，支配的な文化主義と結びついた．ここで生じる問題は，文化触変の研究に付随し，それはロジェ・バスティードが研究を刷新するまで続く．

したがって文化触変の過程は，真正の文化が堕落していく過程とみなされることがあった．その背後には，あらゆる文化と文化の接触は，その起源の純粋さを変質させ，やがて容赦なき解体をもたらすという考えがある．あたかも文化触変〔acculturation〕という語の接頭辞ad-――「～への移動」を意味する――が欠性辞a-「～がない」の意味を持つかのように意味がずらされ，文化の不安定化と同義となり，本来の文化が脱文化化するとみなされるのである．しかし，いかなる文化も，外からどのような影響も受けずにそれ自体で存在することはない．文化はみな，構築と脱構築と再構築の複雑な結果であり，とりわけその過程に関与するのが他の文化との接触である．したがって，文化触変の過程は普遍的な現象である．そしてまた，多くの研究は長いあいだ，変化のなかでも持続する文化の連続性を明らかにしようとし，文化の残存物を強調してきた．文化の「自然化」という結論を導き出すこともあった．文化は，いわば第二の自然であって，個人はそこから逃れることができず，同じ文化に属する成員に共通する典型的な特徴に支えられているというのである．また，文化は，諸要素が互いに結びつき，社会において相互作用する諸個人がそれらの要素を支えるシステムとして考慮されることなく，いくつかの「文化的特徴」が個々別々に取り上げられて分析されることが多い．このようにさまざまな論争の大部分は，文化の概念が文化主義的な遺産の重い刻印を受けていることに起因する問題であることがわかるだろう．

第二に，方法論的な問題が文化触変の概念の曖昧さにいっそう拍車をかけているが，それは，この概念があまりに一般的であることに関係している．それは，いかなる様相が働いているのかをはっきりさせることも，それぞれの状況の特殊性を考慮することもない．それにほとんどの研究は，「源泉」となる文化であろうと，「目標・対象」となる文化であろうと，当該諸集団の一つにしか関心を向けず，相手との文化交流のありかたの分析は脇に置いてきた．しかしながら，文化触変の過程は，そのような複数の文化に依存しながら，文化交流をもたらしているのである．ハースコヴィッツ自身もそのことを認識しており，「越境文化化」〔transculturation〕や「新文化化」〔néo-culturation〕について分析を進めようとした（Herskovits, 1958）．さらに言えば，文化触変の概念は，ある文化と他の文化を峻別できることを前提にしているが，それはしばしば困難をともなわざるをえない．

「文化の相互浸透」――バスティードによる刷新

文化触変の研究から文化主義の因習を取り除いて研究を刷新したのは，ロジェ・バスティードである．彼は，文化事象と社会事象を関係づけることを主張する．文化的なものは，それが組み込まれる社会関係と社会構造のさまざまな枠組から切り離すことはできないからである．彼は，この研究領域の理論化を目指して類型を構築する．多様な接触の状況を定義するのは，次の三つの基準である．第一の基準は政治的なもので，社会・文化的な現実に対する操作の有無が問われる．第二の基準は文化的なもので，対峙している文化が相対的に同質的であるか異質的であるかが問われる．第三の基準は社会的なもので，接触する社会がそれぞれ相対的に開放的か閉鎖的であるかが問われる．

彼は，文化触変を説明するさまざまな要因を調査し，分析し（Bastide, 1960, p. 326），二つのレベルの文化触変を区別する．一つは，具体的な文化触変であり，知覚できる事象に位置づけられ，精神が意識する内容だけに関わる．もう一つは，形態的な文化触変であり，心的現象のかたちさえも変えるレベルである（Bastide, 1970）．

バスティードは，事例と分析の主要な部分を南アメリカの調査地，とりわけブラジルに求めている．それは，彼がブラック・アメリカないし《新世界》のアフリカ文明と呼ぶ地域である．バスティードは，アフリカ系ブラジル人の宗教的な世界を発見し，どのようにしていくつもの信仰が矛盾も分裂もなく共存しうるのかを論じる．この点を説明する議論が「切断の原理」である．これは，個人が現実をどのように「隙間のない仕切り」で切り分けることができるかを示すもので，個人がさまざまなやり方でそれぞれの仕切りに参与しているとされる．たとえば彼は，ブラジルのアフリカ的な礼拝は，もともとは《新世界》に上陸した奴隷が文化的に生き延びるための戦略だったのではないかと考察する．カンドンブレ（candomblé）〔アフリカの土着宗教がカトリックと融合したブラジルの民間信仰〕は，カトリックの聖人崇敬の装いを凝らして，アフリカの神々を崇めることを可能にするだろう．もっとも，アフリカ系ブラジル人の礼拝を行う者が，やがては真摯なカトリックの実践的な信者となり，もはや周縁化されなくなることもありえる．この切断という概念は，文化主義者が継続のなかに素朴な変化を見いだそうとしたことと違うように，文化変容を考察できる利点がある．バスティードは，「形態的な文化触変」の概念とともに研究を進める．彼が示したのは，たとえば儀礼によって，相互浸透が単なる具体的な変容にとどまらず，象徴の形態や思考の型までも修正しうることであった．

文化触変の過程に関する研究，とりわけバスティードの業績は，最終的には文化という議論の多い概念に対して再検討を促し，より動態的な定義を導き出すことになる．文化の概念は，過去の定義を脱して「共時的な構築」と特徴づけられ，たえず磨き上げられている．

文化と宗教を区別することの困難

文化触変の現象は，宗教の領域において，一方では，その宗教の起源が文化に「埋め込まれている」という事実に由来する．その宗教が生まれた社会・文化的な現実が変化することはありえるが，現実的には，宗教は，その宗教に付随する一定の文化的特徴を担う．他方で，宗教は，確かにある文化から生じるが，必ずしもその文化に結びついたままとは限らない．伝達のありようは多様である．神々や礼拝が別の地に広まることもあれば，人びとが移動して楽園と遭遇したり，自分たちの信念を作り上げた文化とは異なる文化と出会ったりすることもある．このような伝達は，宣教の場合のように意図的な場合もあれば，そうでない場合もある．移民が移動するときの強制力が強い場合もあれば，弱い場合もある．いずれにしても，このような伝達から，実践や信仰，宗教制度，そして異なる文化に属する人間集団のあいだでの相互作用が引き起こされるのである．

社会科学，より限定的に言えば宗教的なものの社会科学は，宗教がある文化から別の文化に移動するときに生じる問題，そしてその相互作用から帰結するあらゆる結果に関心を向ける．おもな問いは次のようなものである．宗教が別の文化に輸出されるとき，何が生じるのであろうか．移民がその長期にわたる旅において他の宗教と遭遇したり，自分たちの信仰とは違う信仰に直面したりするとき，何が起きるのだろうか．

文化人類学，宗教社会学，歴史学，そして神学は，このような相互作用の結果として生じる現象を指し示す用語を画定してきた．それは，適応，妥協，インカルチュレーション，再解釈，総合，儀礼の借用などの用語である．これらは，文化触変の個別的な事例を示すものであって，どの用語も文化触変と完全に同じ意味にはならない．たとえば，インカルチュレーションは，ある宗教を他の文化に移転することから生じるが，より個別的には，キリスト教の宣教の方法を指し，文化的な位置づけと歴史的な日付を持つ．

これまで多くの研究が，宣教師の宗教と宣教先の土着の祖先崇拝の相互作用，なかでも植民地化における相互作用に関心を向けてきた．かつて民族学者は，この「混合」を真正な文化に対する背信であるとしばしば考えていたが，やがてそこにむしろ土着文化の再解釈とそれを救い出そうとする擬態を通した文化的抵抗の型を見いだすようになった．宣教団についての歴史叙述は，おもにアフリカと南米においてキリスト教化された人びとが，礼拝を自分のものにしていくなかで，キリスト教をどのように適応させ，変容させたのかという方法に関心を向ける傾向があった．この研究は，どのように輸入された信仰や実践の調整がなされ，改宗した土着民がいかにその信仰や実践を自分たちのものにしたのかを明らかにする．それは，聖書のメッセージのインカルチュレーション（宣教の方法の一つ）によることもあれば，外在的な文化の内容が改宗者の再解釈によって現地の文化の思考の型に適合していく場合もある．それは，キリスト教の「土着化」にまで行き着くこともあるが，その場合，宣教師の宗教は，歴史的・文化的・社会的過程と連動しつつ，改宗者たちの宗教となる．それは，礼拝や信仰に表れるが，制度化の過程においても表れる．

インド亜大陸についても研究が進められてきた．キリスト教は，どのようにインドと接触し東洋化したのだろうか．そしてまた，キリスト教への改宗者は，いかにして西洋化されたのだろうか（Assayag, 1997）．彼らはしばしば，インド人のアイデンティティ――少なくともヒンドゥ教徒の観点から見た――を問い直す．1970 年代以来，多くのインド系キリスト教徒は，「キリスト教という事象を西洋から切り離す」ことを試み，自分たちの文化的アイデンティティの再定義に積極的に関与してきた（Clémentin-Ojha, 1998, p. 10）．この試みは，宣教と植民地化が結びついた 4 世紀を越える歴史を踏まえた途方もないものである．アジアやアフリカにおけるイスラームの伝播もまた，それが現地で引き起こした数々の再解釈と受容の過程について社会科学の関心を掻き立てている．

しかし，文化触変という概念を宗教研究に用いる限り，いくつかの問題が生じる．この概念は，宗教事象の分析カテゴリーとしてどのような妥当性を持つのだろうか．この概念の使用は，宗教的なものを文化的なもの――あるいは研究対象となる時代の語彙によっては慣習――から区別できることを前提にしているが，それは自明ではない．この区別は，宗教によって異なるし，歴史的な文脈によっても異なる．キリスト教は，自分自身を普遍的なものとみなす自負を持ち，文化的なものに属する事柄と宗教的なものに属する事柄を区別する．しかしキリスト教は，その対極の要請，つまり特定の地域に定着するという要請によっても突き動かされている．キリスト教の教会も典礼も地域や時代によって多様であることが，そのことを証明している．

このような文化と宗教の区別は，キリスト教の内部でも大きな議論の的になってきた．それは，聖と俗の区別のように境界を設けることが難しく，また正統とされる実践によっても変化する．この論争の一例として，インドのマラバル地方の儀礼と中国人の儀礼の論争がある．これは16世紀末にアジアのいくつかの宣教団において実施された宣教方法（適応）をめぐる論争である．インドにおいて宣教師たちは，現地の儀礼を迷信や異教としか認識しなかったが，イエズス会士のノビリ〔Robert Nobili〕(1577-1656) は，バラモンの聖紐〔ヤジノパヴィタ．白い糸を幾重にも巻いたタスキ状のもの〕を肩からかける実践を社会的あるいは世俗的な行為とみなし，宗教的な意味合いを剝奪した (Županov, 1999)．だがこれは，改宗者が宗教的なものと社会・文化的な現実とを区別することが妥当でない環境に暮らしていた事実を無視することであり，この宣教方法は，ローマの最上位の権威にも理解されず，18世紀初頭に非難された．

新しい研究領域に向けて？

新しい用語が乱立している．それらは比喩的なものであったり，学術的な再定式化を目指すものであったりする．いずれにしても，新語の乱立が示すのは，文化触変という用語が背負っている重みやその曖昧さをどれだけ避けようとしても，文化的・宗教的な相互作用の状況からさまざまな現象が生じることは変わらず，社会科学は，この現象につねに関心を向けるということである．今日では，文化触変よりも，ハイブリッド化，クレオール化，ブリコラージュ，混血などが意識的に用いられている．しかし，こうした用語は，文化的な他者性と出会う状況のなかの変化，別様に言えば，あらゆる社会の構成的な変化を特徴づけるにはあまりに曖昧である．だが，宗教の領域を規制していたものが弛緩し，懸隔が縮まる現在の状況は，もはや従来とまったく同じではない．

今問われているのは次のようなことである．世俗化やグローバリゼーションが進行し，宗教的なものの社会的な自明性が喪失したことで，宗教と文化の関係の何が変化したのだろうか．宗教は，それが生まれた文化との領域的な結びつきから，はたして自律できるのであろうか．文化触変の過程は，消滅することなく，新しい形態をとっていくだろう．それは，宗教的なものの社会科学にとって，地域的に根付いたある宗教が単に他の文化に伝えられることを超えた，新しい研究テーマを切り開いていくことだろう．

参考文献　ASSAYAG J. et TARABOUT G.（dir.）, *Altérité et identité, Islam et christianisme en Inde*, Paris, Editions de l'EHESS, « Purushartha », 1997. – BALANDIER G., « Dynamiques des relations extérieures des sociétés archaïques », in G. Gurvitch（dir.）, *Traité de sociologie*, Paris, 1960. – BARE J.-F., « Acculturation », in P. Bonte et M. Izard（dir.）, *Dictionnaire de l'éthnologie et de l'anthropologie*, Paris, PUF, 1992. – BASTIDE R., « Acculturation », *Encyclopedia Universalis*, Paris, vol. 1, 1968, pp. 102-107 ; *Les Religions africaines au Brésil*, Paris, PUF［1960］1995. – CLEMENTIN-OJHA C., « L'Indigénisation du christianisme en Inde pendant la période coloniale », *Archives de sciences sociales des religions*, 1998, vol. 103, n°1, pp. 5-20. – GRENON M. « La notion d'acculturation entre l'anthropologie et l'historiographie », *Lekton*, 1992, vol. 2, n°2, pp. 13-42. – HERSKOVITS M.-J., *Acculturation. The study of Culture Contact*, Gloucester（Mass.）, P. Smith, 1958. – LINTON R., *Acculturation in Seven American Indian Tribes*, New York, D. Appleton-Century Company, 1940. – REDFIELD R., LINTON R. et HERSKOVITS M. J., « Mémorandum pour l'étude de l'acculturation », *American Anthropology*, 1936, n°38. – Županov I. G., *Disputed Mission. Jesuit Experiments and Brahmanical Knowledge in Seventeenth-century India*, Delhi, Oxford University Press, 1999.

ブランディーヌ・リペール Blandine Ripert
〔稲永祐介訳〕

→ インカルチュレーション〔文化内開花, 文化内受肉〕，文化（としての宗教）

法と宗教（間規範性）
DROIT ET RELIGION（INTERNORMATIVITÉ）

法の定義，法との関係は，無限に多様である．西洋哲学においては，その多様性を，とりわけ以下の緊張が貫いている．すなわち，法規範とは権威（多くの場合は国家だが，宗教的権威，さらにはおよそ社会的権力の形態も含む）が，実効的に社会関係を規律するために人間が作り上げたものであるとする実証主義の考え方と，超越論的基礎を持ったいくつかの実体的な価値に適合する規範のみを有効な法であるとする自然法論の考え方のあいだで，緊張が存在するのである．

法，道徳，宗教は，規範の領域に属し，近代においてそれらは各々自律的であろうとしてきた．しかしながら，それらは多様な関係を保ち続けており，その関係を分析することはそれぞれの領域にとって教訓に富んでいる．このように関係が多様であることを描くために，法的多元主義や間規範性〔internormativité〕などのさまざまな概念が提案されてきた．ここではおそらく，そのうちの一般的な説明のみを取り上げるのが適切であろう．それほどまでに，規範とは何か，法とは何か，規範的システム間の関係が何かを定義することは，どうしようもなく困難なのである．

宗教と法との諸関係を間規範性として検討することは，さまざまな認識論的な地平を含意する．たとえば，「関係」を論じることは，ただちに，二つの異なる実在が観察あるいは想像されうることを前提とする．これらの関係は，多様な社会的系譜同士の影響によっても考察されうるし，正式の相互作用によっても考察されうる．（文化的，法的，道徳的，神学的といった）規範形式の多様性は，（哲学，社会学，人類学上の）記述的アプローチの見地から評価されるべきであるが，そのときにも，その規範形式の命令的な次元（政治的な次元，法律という次元，慣習という次元）を考慮することになろう．世俗法の系譜学により，市民的規範の宗教的構造の諸層を明るみに出すことができる．しかし，これらの層が政治や裁判の過程で論じられるのは，また別の次元でのことなのである．

同様に，体系的な規範的アプローチをとれば，それぞれの宗教的伝統は，自らの規範性が「法的」と形容されることを受け入れることも拒むこともできるのに対して，当該国家がこうした〔宗教の側の〕自己形容を正式に受け入れることも拒むこともまた可能である．さらにまた，それぞれの国家は，暗黙のうちにであれ，宗教的政策を行いうるのであり，そのとき，「宗教事象」についての国家の定義が当該集団〔その国家の宗教的伝統〕によって受け入れられるかどうかは（理論的には）重要でない．社会的・宗教的コンテクストが変化すれば，当然ながら，国家的規範と宗教的規範とのあいだの多様な関係もたえずそれに順応する．ゆえに，立法が一定していても，「法」あるいは「宗教」とみなされるものへの適用のありかたは，とりわけ国家の側でそれが指しているものと宗教の側で指しているものとのあいだで文化的位相が違うと考えるのか同じ位相に置くのかに応じて，変化しうる．多様なアクターが規範的，間規範的なプロセス全体に関わり，それぞれのアクター〔行為主〕が「規範」と「事象」〔faits〕をいかに評価し解釈するかについて，一定の評価の余地を有しているのである．

現代においては世界的な規模で，実定法的規範性と宗教的規範性との諸関係は，多様な次元で問題を提起している．たとえば，宗教的な源，権威から生じる規範に法の資格を与えること．宗教の影響を受けていない諸法の正統性を承認すること．宗教的規範を実定法によって（再）定式化すること．すべての法的な仕組みの原則には宗教的基礎がなければならないと要求すること．厳格に実定的な体系との関係で宗教（およびそれぞれの法的規範性）を平等に扱うように要請すること．特定の宗教に国教の地位を与えるシステムの内部に他の宗教（およびそれぞれの宗教の法的規範性）を位置づけること．信者たちや非信者たちの共同体が自らの実定法や宗教的な諸法（こちらについては承認する場合もしない場合もあろう）について持っている視点．これらの問題に対するさしあたりの解答を描くためには（もっとも，これらのうち最後の問題を論じるのはあまりに大きすぎる主題だが），「西洋の」諸法と多数派としては「イスラーム的な」国の諸法という二つの明確なコンテクストが検討されることになろう．この二つの法的コンテクストを検討すれば，法と宗教とを結びつける諸関係の事例全体をカバーすることはできないにせよ，視界は広範でコントラストのついた地平に広がることになる．

西洋法の視点から

(a) 系譜学的な視点から言えば，西洋の諸法の根本的な構造は，ヨーロッパの宗教の歴史によって培われてきた．中世の法生活におけるキリスト教と教会法の役割，教会法とローマ法継受との相互関係は，現在の実定法においてもなお有効な，多くの法的形式の起源となっている．これらの宗教的な諸層は立法や裁判の過程を通して徐々に「発見」され討議されてきたのであるが，そうした過程は，社会の世俗化と国家のライシテ化の政策の複雑な働きによるものである．

市民的規範の適用において，裁判官にとって重要なのは，法律の解釈に影響を与えかねない文化的な基層を明らかにすることである．たとえば，法は一定しているなかで，イギリスの裁判官は長らく，一夫多妻の結合は「婚姻」の名にすら値しないと考えてきたが，1946年に判決が下された事件以降，婚姻の一つの形態であるもののイギリスの公序に反していると評価するようになっている．市民的規範を制定する場合に，立法者が，宗教的起源を持つという理由である規範の廃止を正当化することがある．ただし，この脱宗教化の過程は文化的選別の対象となる．たとえば，異性婚を民事婚と定義することの宗教的な起源は，〔婚姻の〕概念を同性婚にまで法律上拡張することによってさまざまな国で脱宗教化された．それでも，たとえば，異性婚であれ同性婚であれ，そのように承認された婚姻の諸形態を基礎づけ続けているのが一夫一婦制であるという別の宗教的な起源については問い直されていないのである．

(b) さて，西洋の諸法と宗教的規範とのあいだの正式でかつ明らかな相互作用について考えると，大まかに言えば，20 世紀には方法的な四つのモメントを見てとることができる．しかも，このモデルのいずれも，完全に消滅してそれ以降のモデルに代わるということがない．ただ，主要な指標ではなくなるだけである．すなわち，それぞれのモデルは，パラダイム的な地位を失っても，小さな区分で，あるいは，重要度を変えつつ補完的に残存しうる．しかも，社会的・歴史的な制約は多様であり，政治的にも変化しうるので，過度に形式的に一貫させようとしても失敗するであろう．

法における宗教的な問題を示す第一の揺さぶりは，宗教法に対する西洋的な考察すべてをもともと支配してきたパラダイムを襲った．そのパラダイムというのは，「教会・国家関係」という主権論的なパラダイム（モメント 1）である．従来，ヨーロッパにおいては，厳格なライシテから，中間的な協働の多様な仕組みを経て，国教制へと至る制度的な仕組みの数々をそのパラダイムが区別してきた．法学の文献においては，これら〔教会・国家関係〕の区別が徐々に廃止されたのは，個人的権利の平等の原則が，公的なものにおける分離の原則と，それと互いに結びついた中立性の原則に対して，影響力を増してきたこととしばしば関連づけられてきた．この運動により，まず，教会・国家関係の諸理論が人権という教義をプリズムにして総合的に再読される（モメント 2）．もう一つの運動は，中立性の原則と平等の原則との緊張関係に関わる．この運動は，多様な学説を，とりわけ，宗教の問題を法的多元主義の問題に近づけ，多元主義をより直接的に集団的あるいは共同体的な説へと定式化し直したが，同時に法的リベラリズムから古典的批判を受けている．こうして，世俗化の影響や宗教的運動の多様化を目の当たりにしてきた論者のなかには，「教会・国家」関係のモデルに代えて実体的な新しいパラダイム，つまり，少数派の状況というパラダイムを用いることで，宗教の規制を分析してきた者もいる（モメント 3）．この新しい運動は，少数派の保護というモデルをアナロジーとして用いることで，宗教的なものの集団的な見方を再発見する傾向にあり，世俗化によって少数派になったという帰結を，パラドクシカルなことに，宗教的なものに有利に逆用している．

このように，考察の対象は法の前の形式的な平等から，法の前の実質的な平等へと移っていったことがわかる．宗教集団の平等という視点やそれらの集団の法的状況の視点からであれ，多様な「中間的」社会組織における宗教的なものの地位についてであれ，規範や宗教的権威の地位が新たに問い直されている．

なるほど，「集団的権利」を過度に形式主義的にみれば，「ネオ・コーポラティズム」としばしば論難されている矛盾に陥るであろう．しかし，正確には，こうもいえる．この「少数派の権利」という見方は，「教会・国家関係」の古典的モデルから「人権」のモデルへと変化する中間形態であり，「少数派の権利」という見方の限界は，より重大な，言い換えれば意義深い流れが生じることで，乗り越えられるのだ，と．この流れそのものが行おうとしているのは，「自由と原則の衝突」の避けがたさを人権論の読解の鍵であると理論化し，それによって，少数派の問題の内容をより複合的に考慮する道を準備することである．「人権」という教義の構築それ自体が，結局のところ，たとえば〔規制に対して目的と手段の均衡を要求する〕比例原則の有力化によって，同一の規範的システムの内部における異なる原則の調整を時間をかけて学ぶことに尽きるのだから，伝統的に「教会・国家関係」の旗の下で集められてきた諸原則の総体とこの人権論との関係そのものが徐々に変わっているのである．そうすることで，宗教的規範性の問題は，宗教的権威の問題と同様に，変化せざるをえない．

実際には，宗教的規範性の問題は，「主権」同士の衝突という制度的パラダイムを放棄し，さらには，「境界」の観念そのもの，あるいは，「少数派」と「多数派」との二項対立と結びついた確実性のパラダイムをも放棄するようになってきた．そこでは，国家的規範性と宗教的規範性との関連づけこそが，社会的統合の諸条件と基本的諸自由の主体的かつ賢明な再構築にあたり，〔比例原則にいう〕重要性と比例性という重要な実践的問題となる（モメント 4）．こうした変化の主要な争点の一つは，現代における宗教的なものの急速な「再構成」に直面して，それを実行できるようにする手段に関わるものとなろう．

(c) 具体的な適用と難しい事例について．ここまで描き出したような変化は，訴訟や新たな危機を引き起こしている．これらの困難は，個人的自由，集団的自律，国家の法律のあいだの関係に順に関わっている．

ヨーロッパ人権裁判所の判例が，個人の宗教的自由の保護と，教会や信仰共同体の自律の保障とのあいだに密接な結びつきが存在することを認め確認してきたとしても，今日，この二つの柱のあいだで均衡は修正されている．

われわれが「主権論的」と形容したモデルにおいて，宗教的規範の適用は，一般に，国家の目からみれば，宗教的権威の排他的な権限が及ぶところである．そのようなモデルにおいても，宗教的権威の決定は，免除を受けるだけにせよ，さらに執行を請け負ってもらうにせよ，〔国家の〕仕組みを活用するのである．前者の〔免除を受けるだけの〕場合，一般法における性格づけ（たとえば，労働契約，民事責任など）が与えられていない場合，聖職者が自らの宗教的な罷免を国家の裁判所で争うことはできない．後者の〔執行を請け負ってもらう〕場合，宗教的な決定は，たとえば，礼拝施設を不法に占拠している反対派の聖職者を退去させるために，世俗の腕〔bras séculier〕を借りることもできる．

この二つの方法は，今日，人権の高まりによって問い直されている．とりわけ，国家は，第三者に人権を尊重させる実定的な〔いわゆる基本権保護〕義務を，徐々に負うようになっているからである．同様に，国家が，宗教的権威の決定をその権威自体の宗教的規範に適合させるようにコントロールするという新しい傾向——まだ強いものでもなく異論もみられるが——も生じている．世俗化の仕組みの下で宗教的なものが平凡化したことで，別の観点からもこうした変化型を増大させた．今日，特別な性格を評価しなければならない諸制度をいかに見分けるのか．

こうして，私立学校，政党，新聞社のようないわば「傾向的な」宗教的事業の法的状況という問題が生じる．国家法は，宗教的規範の適用や考慮，とりわけ人事（たとえば，採用を同宗者に限る，道徳的なトラブルを理由に解雇する，など）をいかに扱うのか．国家法は，いかなる人に対して，宗教的規範に服してもよいと認めるのか．また，それはどの程度までか．イデオロギー的に傾向づけられた診療所，レストラン，共同所有は，その目的が信仰を伝えることではなく治療し，食べさせ，住まわせることであるにもかかわらず，傾向的事業として受け入れられうるのか．ヨーロッパ法の判例は，これまで宗教事象であるという理由で免除されてきた制度をコントロールする方向へゆっくりと進みつつあるようにみえる．

もう一つの難しい事例は，国家ないし他の私人に対する義務に対抗して私人が宗教的規範を援用する条件に関わる．個人の良心に基づく免除は，国際条約によって明示的に保障されているのではなく，（ポルトガル憲法のように）いくつかの国内憲法や，とりわけいくつかの国内法律において定められているものである（兵役の拒否に加えて，一般に生命倫理に関して中絶や安楽死の実施の拒否，新しい生活形態に関して同性婚を祝することや一定の物品の取引に関わることの拒否）．一般に，問題は解かれないままである．たとえば配置転換や契約に定められた業務の修正があった場合，契約を従前のように履行せよという要求に対して契約者は良心に基づく免除を対抗させることができるか．店員が肉を売ることを拒否できるか．賃借人が常識の範囲で礼拝を実践するのを妨げるような一定の債務を免れることができるか．航空会社が用意できる代替便が週のある曜日になる場合，旅行者はその便を拒否できるか．判例の解答は実にさまざまで，さらには，対立している．たとえば，カナダの最高裁判所は，良心に基づく免除が契約を合理的に変更することができると認めているのに対して，フランスの破毀院が同様の変更を認めるのは，明確に限定されたこうした免除に契約が明示的に言及している場合に限られる．ヨーロッパ人権裁判所についていえば，宗教的自由についての判例で，拒否権を，当該信仰の「中心的かつ不可欠の一部」である宗教的実践に限定している．

しかしながら，良心に基づく免除を受けるには，ある宗教的規範を援用するだけでは十分ではないとしても，そもそも免除の原則が認められているところであるのに，こうした規範が個人の内心よりも「外に」存在するといえることまで，必要なのであろうか．この点については，徐々に，不要であると考えられるようになりつつある．こうした宗教的規範が存在するという証拠がなお受け入れられうるものであればこそ，その証拠は不要になっていく．いかなる信仰も，これこれの集団的な信念にとってそれが正統なものであるかどうかとは無関係に，その言い分を聞いてもらえるべきである．負担を課したり（たとえば，2倍の期間の市民的役務を課する），〔およそ負担すらなしで〕ただ申告すれば足りるとしたり（たとえば，中絶の実施に反対意見がある多くの国でみられる）するように，表明された信念が本物でなければならないという要請を迂回する方法は多数考えられてきた．個人的良心を外形的に測る指標をこのように徐々になくしていくと，しかし今度は，こうした免除を管理することが難しくなる．実際，それまで絶対的な教義に属してきたものと，将来においてはもはや「個人的な好み」でしかありえないようなものは，いかにしてなお区別するのであろうか．

まとめると，こうした判例の変化からは，少なくとも傾向的には，ある種の逆転が見えてくる．すなわち，(1) 個人的免除のメカニズムが外形的な指標を徐々に要請しなくなるのに対して，(2) 宗教的集団の自律的な活動は，古典的には宗教的権威の自己決定に合わせていたにもかかわらず，内的な一貫性につき徐々に明確にコントロールを受けるようになっているのである．

この二つの運動は，法システムの根本的概念に関わるところで，個人主義が増大している点で結びついているようにみえる．個人として〔信仰を理由に国家等の義務に〕反対する者は，自らの信仰が外形的に確立していることを証明する負担からますます免れるようになるのに対して，「集団として反対する者」のほうは，信者たちの意思によって受け入れられた宗教的規範を正しく適用せよ（適用それ自体が有効なものである限り）という契約主義的な要請に徐々に服するようになっているようである．この信者の同意は，宗教集団の自律性にとっても，その固有の主張の外にある基礎となろう．

(d) 最後に，宗教的準則が国家と適合する状態がまったく別の形式で生じることがありうる．すなわち，他国と接触のある状況（たとえば，異なる国籍の人同士の婚姻）に適用される法律が何かを各国において決めることを任務とする国際私法の形式である．このメカニズムの下では，ある法秩序が，ライシテ化されていない国家システムを参照することでしばしば宗教的準則との接点ができる．しかし，国際私法の観点から実現される接触が，宗教的準則への直接的な参照によって行われることはけっしてない．実際には，抵触法〔＝国際私法〕の準則に含まれるのは，国家の法秩序と連結させられる要素（国籍，居住地，損害発生地など）にすぎないからである．ゆえに，ある宗教的規範に対して外国が実効性を承認するからこそ，その宗教的規範に対して法廷地の法秩序において適用や承認の資格が与えられるのである．宗教的規範が訴訟を担当する裁判官の前に現れるのは，外国の規範へといわば変形された上でのことである．

しかしながら〔このような場合にも〕，宗教的規範がその当初の特徴をすべて失っていると考えてしまうのも誤りであろう．確かに，抵触法の準則は，法的諸問題のカテゴリーを国家的・ライシテ的なものとして取り扱おうとするものであるため，それが参照する外国法が論争的な性格を帯びる場合には，今日ではあらかじめ，ライシテ的な特徴のほうに有利な解決がもたらされるのが実情である．しかし，だからといって，すぐれて宗教的な問題点がすべて除去されるわけではない．当該国家の公序が〔宗教的な行為を〕保護しているという場合（たとえば，棄教の承認についての論争）にしばしば問題がみられる．たとえば，適用される可能性のある外国法が宗教的要素を採用しており，その宗教的要素が宗教的規範そのものの適用領域に属するものであるといった，その外国法の構造にも由来して，問題が生じることもある．こうした指標は，世俗化した国家において，宗教的規範の適用の障害とならないのだろうか．

解答を与えるためには，確かに，正確には，いかなる仕方でこうした規範が外国のシステムによって適用可能になるのかを検討しなければならない．外国法が統一されたものではなく，複数の市民的・宗教的準則のまとまりを持ち，法的な諸問題が訴訟当事者の宗教的帰属に従ってそのまとまりのいずれかに配分される場合には，適用可能な規範を活用することは，この規律を参照することによってのみ可能であり，したがって，訴訟を担当する裁判官は，宗教的帰属に市民的効果を与えなければならなくなるであろう．裁判所がこうした検討を拒否することはほとんどなかった．このように宗教的帰属を調査しても，非難されるべき差別とみなされることもなかった．この意味では，一般に，違いが生じるとすれば，複数の帰属共同体を区別する宗教的に多元化されたシステムと，一元的でありながら，いくつかの宗教的信仰の保有者について宗教的な差別を内包しているシステムとのあいだにおいてであろう．

人口の多数派がムスリムである国々の法の視点から

人口の多数派がイスラームを信じている国家に固有の諸変化は，はっきりと異なる軌道を進んでいる．たとえそれが視点や観察の時期のズレに基づく効果によるものだとしても，そうだといえる．エジプトは，しばしばモデルとされてきたので，これらの変化の代表例としてここでは扱いたい．

(a) 何よりもまず，宗教的なものの法的な影響力が歴史的に低下していったことを観察するのが適切である．19 世紀の特徴は，これらのうちの大半の国々の法構造が激変したことにある．エジプトはアラビア語圏の先駆的な国であり，また，あえて言えば，法圏としてのムスリム世界全体の先駆的な国ともいえる．そのエジプトでは，当初は，イスラーム法の裁判官（カーディー qāḍī）が裁判権を持ち，「執行」権によって活用される法のシステムがそれを補完していた．数十年後には，フランス的なモデルに影響されて上級裁判所と第一審裁判所を区別するシステムの形態をしばしばとりつつ，言葉の完全な意味での裁判権がより複雑な裁判を行うような型へと移行した．1870 年代以降，専用の法律を持った〔領事裁判権ではない〕国内裁判権としての混合裁判権が設置されたため，宗教的な影響を受けた法の領域は人の身分〔statut personnel〕の問題（婚姻，離婚，親子，相続）に限られるようになった．1956 年には，最後の宗教裁判権がエジプト国内の裁判システムに吸収された．

サウディアラビアを例外として（宗教裁判所と裁判権を持つ行政組織を混合する特異なシステムである），また，ペルシア湾岸諸国については重要なニュアンスを付しつつも（家族と刑罰についての宗教裁判所が残存しているところが特徴である），アラビア語圏の国々は，フランスのシステムと近い裁判システムを採用してきた．その理由は，一部は植民地的な影響によるのであるが，それだけでなく，すべての法分野において，イギリスの影響あるいはオスマンの遺産とエジプトの影響に抵抗しようと考えて法的に協働してきた伝統による．たとえば，フランスと同じく，第一審裁判所，控訴院，破毀院と裁判所が区別されている．こうした裁判権の管轄は，民事，刑事，商事に及び，ときに，人の身分に関する事項についても担わされてきた．シャリーア〔sharī‘a：イスラームの法．つまり，人間の行動に対するアッラーの命令のこと〕の裁判所は，残存している場合でも，わずかな名残としての管轄権を有しているにすぎない．

非アラビア語圏のムスリムの国々のなかには，いずれも比較的最近，自らの裁判制度を「イスラーム化」したところがある．それでも，その裁判制度の組織化の仕方が，大陸法的なシステム（イラン）またはコモン・ロー（パキスタン）に影響されたモデルに従っている点では変わっていない．

(b) 19 世紀は，法典化のプロセスが強いられたことによっても特徴づけられる．法典化はイスラーム法の伝統には見られない技術なのだが，人の身分という「残された領域」においてさえ，そうした法典化がなされた法律が採用され，その法律の適用が法学部で学んだ裁判官からなる世俗の裁判所の専門部に委ねられていることを指摘できる．オスマン帝国においては，イスラーム法とナポレオン法典とを調和させようとするメジェッレ（Mecelle）の名で知られる民法典が 1869 年から 1882 年のあいだに公布された．エジプトでは，アブドゥッラッザーク・アッ＝サンフーリー〔‘Abd al-Razzāq al-Sanhūrī〕によって起草され 1948 年に公布された民法典が，法典という体系的形式において，しかし，イスラーム法の原則に基礎を置きつつ，民法を組み立てようとする意志を示している．サウディアラビアを例外（例外といっても程度の差があるだけだが）として，この傾向を免れているムスリムの国は存在しない．法を法典のかたちにまとめることが，法の基本構造，法のメカニズム，法の活用方法をいかに変更させたかを過小評価することはできない．同様に，立法化された法が崇められ，立法者に与えられた権威が高まり，法実証主義的な学説の影響力が増し，大陸法的伝統の諸法すべてに共通する法的基準が使われるようになった．

しかしながら，これと並行して，あまりに世俗的とみなされた法をイスラーム化する傾向も観察することができる．このことは革命期のイランに顕著である．そこでは，イスラームに適合させよとの要請に立法全体を形式的に服せしめたからである．他の国では，そのこと〔法のイスラーム化〕は，シャリーアを明示的に参照した立法のテクストが採用され，シャリーアが立法の主要な源泉に格上げされたことを通してみられる．イスラームはしばしば国教の地位を占め，配分の仕方はさまざまであるにせよ，国家元首，宗教問題担当大臣と宗教的ヒエラルキーを包括するように制度的に組み立てることで，イスラームが安定的に管理される．

エジプトでは，事件との直接的な利害関係を必要とせず，すべてのムスリムがイスラームを保護する訴えを提起することができるのかどうかが争われてきた．行使しうる場合を限定しつつも，こうした訴訟手続きが存在すると認めた法律がある．同様に，民法の領域でも，イスラームが明示的に参照されることがある．最も重要なものは，1948 年の民法典の第 1 条である．同条は，法律が規律するあらゆる事項について法律が排他的に管轄するとしつつ，「適用可能な法律の規定がない場合には」「慣習，それがない場合には，イスラームのシャリーアの原則に従って」判決する裁判官の権限をも定めたのである．こうして，イスラームは，法律を補完する二次的法源の地位を与えられている．さらに，民法典のさまざまな箇所で，とりわけ相続，遺言に関しては，イスラームのシャリーアやその諸原則に明示的な地位が認められている．人の身分が問題になるときは，もっぱら個人の宗教が参照される．エジプトでは公認された宗教には，それぞれ特別の法律のテクストが備わっており，裁判の審級ごとに担当部が置かれている．ムスリムの場合，一連のテクストがハナフィ派の法的伝統を法典化してきた．家族について定めるのは，おもに 1920 年代，1985 年，2000 年の法律である．

引き続きエジプトでのことであるが，イスラームをおもに参照するのは，もちろん憲法である．それはおもに，その第 2 条による．同条は，「イスラームは国教であり，アラビア語は国の公用語であって，シャリーアの諸原則は立法の主要な源泉である」と定める．この条文は 1980 年には改正の対象になった．シャリーアの諸原則の地位を，立法の「一つの」〔une〕源泉から「唯一の」〔la〕源泉へと変えたのである．こうした改正後の規定は，エジプト最高憲法裁判所に提起された数多くの憲法違反の訴えを基礎づけてきた．

イスラームを参照する諸問題において，イスラームが多数派である国家の裁判官がいかなる態度をとるかについては，次のように大まかに類型化することができる．

第一のカテゴリー，すなわち，イスラームの規範の「対象化」のカテゴリーに含まれる状況においては，イスラームは礼拝として参照され，要求されるのはその自由な実践である．たとえば，学校でのスカーフ着用の問題がこれに該当する．こうした場合，イスラームの規範をいかに定義するかが，裁判所での争いの対象そのものであり，その争いにおいては，実定法における宗教，信教の自由，礼拝の行使に関わる諸規定が援用される．エジプト最高憲法裁判所の判決が，立法が参照する対象としてのシャリーアの性質について論じる場合も，このカテゴリーに属している．

第二のカテゴリーは，イスラームの規範の「道具化」のカテゴリーである．このカテゴリーは，公序の概念に関し，イスラームに訴えることで判決を基礎づける状況に関わる．こうした場合に，裁判官や当事者はイスラームの侵犯を口実としつつも別の狙いを果たそうとしており，イスラームの侵犯は道具化されている．ここでは複数の根拠が援用されうる．ある場合には，国教と諸制度の基礎としてのイスラームの侵犯が論じられることもある．たとえば，モロッコ共産党が禁止されたのはそのためである．別の場合には，多数派の宗教としてのイスラームに疑義を付すことが公序に対する侵犯とみなされることもある．モロッコやエジプトでバハーイー（al-Bahā'īya）という宗教的セクトが異端とみなされた判決は，この種の判決に分類される．

第三のカテゴリーをあえて付け加えるならば，それは，「過剰利用」のカテゴリーである．このカテゴリーは，訴えに必要な範囲を超えてイスラームを参照することを含んでいる．ここでは，裁判官は，〔法の〕一般原則――たとえば，イスラームを国教としている国家においてその一般原則から導かれるような宗教の原則や法の原則――に依拠している．こうした原則に訴えることは，実定法律を強化する作用を果たす．ゆえに，この原則の活用は，ほとんど常套手段とみなすことができるもので，何かがそれに対抗できるわけではない．

第四のカテゴリー，つまり，「無効化」の判決が見られうるのは，例外的な場合に限られる．その場合，判決は，シャリーアの名において実定法を無効化することになる．グラーブ〔Maḥmūd ʻAbd al-Ḥamīd Ghurāb〕というエジプトの裁判官が下したいくつかの判決についてこれが当てはまる．それらにおいて彼は，有効な実定法に反して，自らがイスラーム的と形容する判決を下し，同時に実定法のほうには正統性がないと述べている．

(c) この 2 世紀のあいだ，シャリーアが根本的に変形したことは強調されてよい．法システムと政治的・道徳的正統化のシステムとの対立が高まってきた矛盾・緊張の領域において，道徳と法の次元を含むイスラームの規範性が前面に出された．こうして，シャリーアは，「崩壊」現象の対象となった．この現象を通して，シャリーアのとりわけ法的な次元は，正統化の任務の背後に徐々に消え去ったようにみえる．これはかつて「規範の集積」と呼ぶことができたものである．

シャリーアのこうした曖昧な地位は，とりわけ法学説を読むことから見えてくる．法学説において，法と道徳の区別は肯定されている．たとえば，ハサン・ジャミーイー〔Hassan Gemei〕のような論者は，19 世紀のイギリスの実証主義者ジョン・オースティン〔John Austin〕の命令説に与している．法的準則，礼節の準則，慣習，伝統，そして宗教的準則など，多様な類型の準則の目的は，およそある社会の構成員間の諸関係を規律し安定化させることにある．法は，「人びとが従うべき，社会における諸個人の行動を統治する準則の総体であって，従わなければ，権限ある権威によって課される制裁を受けてしまうもの」(Gemei, 1997, p. 6) と定義される．道徳的準則は，「社会の構成員の多数派が，高次の理念を実現しようとする強制的な行動準則とみなしている原則や教訓の数々」(p. 15) である．道徳的準則は，法的準則といくつかの特徴を共有している（時や場所に応じて変わる，社会を組織化しようとする，制裁をともなった強制的な性質を有する）．しかし，法的準則とは四つの面（適用領域，課される制裁の類型，目的，それが現れる形式）で異なる．宗教的準則は，法的準則と似ているが，より広い活用領域によって，そして，その違反への制裁が《彼岸》において課されるという事実によって，法的準則とは異なりもする（p. 18）．ただし，宗教的準則が道徳的準則に吸収されるようにみえるにもかかわらず，逆説的なことに，ジャミーイーは，宗教的準則が法的準則とは不可分であることを主張している．この〔宗教と法の〕区別は，イスラームが法を包摂する全体的な信仰であるという意味において，「イスラームのシャリーアの観点からは認められえない」（ibid.）．逆接的だというのは，ジャミーイーが，法をシャリーアから区別することをこのように拒否しているにもかかわらず，両方を定義するときには，あらかじめ道徳的準則と宗教的準則とを区別した上でそれらを結びつけているからである．すなわち，法は，適用領域，制裁の性質，目的によって宗教的準則と区別されるにしても，こうした上位の，理念的な原則から生じなければならない（であろう）というのである．ジャミーイーは，シャリーアに特別な地位を要求するにもかかわらず，二重の命題を示している．すなわち，イスラームの準則は今日では道徳の準則にきわめて近い．そして，法は，特殊な技術的手段を使って，一般的には道徳や宗教の諸原則に反してはいない諸目的に仕えるというのである．

(d)〔われわれの〕宗教法に対する関係の変化は，宗教法の消滅をもたらしたのではなく，宗教的な参照対象に対する法の関連づけの深い刷新をもたらした．言い換えれば，シャリーアが法システムに対して「外在化される」システム，シャリーアを参照するかどうかを権威が決められるシステムに移行したのである．

イスラーム的規範性を参照する憲法規定に関わる訴訟は，こうした新しい関連づけの一つを反映する．アラブやムスリムの国々の憲法の大半はイスラームを参照する．一般的には，それは四つの点で表現される．すなわち，前文，国教の定義，立法が宗教の諸原則に適合していなければならないとする原則，国家元首が満たすべき諸条件．第三の，立法がシャリーアに必ず適合していなければならないとする原則は，最近立てられたものではない（エジプト，パキスタン，イランや湾岸諸国の憲法）．また，いくつかの国は法律がイスラームに適合しているかを審査することを制度化した．

エジプトでは，イスラームのシャリーアの諸原則を唯一の〔la〕主要な法源としているエジプト・アラブ共和国憲法第2条が，最高憲法裁判所に対する多数の訴えの基礎となっている．同裁判所は，1985年には，第2条に与えられるべき解釈について初めて宣言せざるをえなくなった．そのとき，同裁判所は，1980年以前の法律の《イスラーム》適合性を審査することができないとする原則（不遡及の原則）を示した．続いて，同裁判所は，イスラームのシャリーアの絶対的な原則と相対的な原則を区別した．すなわち，前者は侵犯不可能である（つまり，同裁判所はそれに反しかねない法律をすべて憲法違反とみなさざるをえない）のに対し，後者は立法者に自由な評価の余地を残している．

現在までのところにおいて，第2条に違反するとされた法文はない．ゆえに，システム理論的にみれば，イスラーム法は，法律よりも上位にある諸規範の総体を打ち立てることで世俗的法秩序に直接的な影響力を行使していないし，実定法律に外的制約も課していないと認められる．これに対して，世俗的法秩序は，イスラーム法の世俗的読解を構築することで，自律性を維持している．大半のムスリムの国々では，人の身分に関する法は，イスラーム法の最後の砦，つまり，準則がイスラームに由来すると明確に証明される唯一の場所となっているといわれる．しかしながら，この〔人の身分に関する〕法の日常的な実践を検討すると，イスラーム法の権威への参照が大量で決定的であると思われるところにおいても，その参照は体系的というにはほど遠いことが明らかになる．再びエジプトを例とするならば，確かに，宗教の権威に対する正式の言及が一般にしかるべきところで行われる（判決はしばしば「神の名において」出される）ものの，この問題は，イスラームを参照する学問的伝統の重みに由来するものとして行われているのでも，その表現にふさわしい例外措置として行われているのでもない．言い換えれば，イスラームの権威を明示的に参照するのは便宜的なことなのである．

さらに，この参照はつねに，法律と判例という現在の一次的法源に訴えることで媒介されている．ゆえに，この参照は――われわれの例でいえばエジプトの，しかし，他のムスリムの国でも容易に出会えるであろう――裁判官の活動の実践的遂行に関する平凡なこと，おきまりのこと，つまり，何よりもまず，裁判官に委ねられた諸事実を法的に性格づける作業に組み入れられている．そうすることによって，この裁判官は，どちらかといえば，自らの職務の基準に従って，職務の行使に適用される正式の拘束，その職務が依拠する法源，そして，その職務が前提とする解釈作業の諸規範を正しく判断する能力を表明しようとするのであって，自らが活用している法がすぐれてイスラーム的であり続けるようにしようとするのではない．もしその裁判官に質問したならば，その裁判官の活動や適用している法がイスラームの宗教的規範に適合していることを強調するであろう．それにもかかわらず，この立場は，事後的な回顧的次元での正当化に属するものにすぎない．裁判官の作業の流れにおいては，この同じ裁判官が，たとえ準則のイスラーム的な系譜が最も明らかな法領域においてさえ，およそものごとがイスラーム的かどうかを評価する必要に強く駆られているとは思われない．

ムスリムの国々の現代的な法実践において，イスラーム法の参照は，全面的であるというにはほど遠い．人の身分においてそうであるように，法がイスラームから影響を受けていることは明らかである場合でも，法典のかたちにまとめられた法へ，シャリーアやその運用の実定化した形態へと大きく変化しようとしていることがわかる．イスラーム的な系譜が存在しないかわずかである他の法分野では，法を「イスラーム化」しようとする傾向が次第に明確にみられるようになっている．しかしながら，そのことは，イスラーム法の遺産が力を取り戻しているものとしてではなく，イスラームにかこつけてなんらかの道徳的・宗教的権威の優位を押しつけようとしているものとして理解されるべきである．

参考文献　BASDEVANT-GAUDEMET B. et MESSNER F.（dirs.）, *Les Origines historiques du statut des confessions religieuses dans les pays de l'Union Européenne*, Paris, PUF, 1999. – CAPARROS E. et CHRISTIANS L.-L.（eds）, *La Religion en droit comparé à l'aube du XXIe siècle, Académie internationale de droit comparé*, Bruxelles, Bruylant, 2001. – EUROPEAN CONSORTIUM FOR CHURCH-STATE RESEARCH, *Citizens and Believers in the Countries of the European Union. A Double Membership to the Test of Secularization and Globalization*, Milan, Giuffre, 1999. – DUPRET B., *Au nom de quel droit. Répertoires juridiques el référence religieuse dans la société égyptienne musulmane contemporaine*, Paris, Maison des sciences de l'homme, 2000 ; *Le Jugement en action. Ethmométhodologie du droit, de la morale el de la justice en Égypte*, Genève, Droz, 2006. – BOTIVEAU B., *Loi islamique et droit dans les sociétés arabes. Mutations des systemes juridiques du Moyen-Orient*, Paris, Karthala, 1993. – BERNARD-MAUGIRON N., *Le Politique à l'épreuve du juridique. La justice constitutionnelle en Égypte*, Bruxelles, Bruylant, 2003. – BROWN N., *The Rule of Law in the Arab World, Cambridge*, New York, Cambridge University Press, 1997. – MESSNER F, PRELOT P.H. et WOEHRLING J. M.（dirs.）, *Traité de droit français des religions*, Paris, Litec, 2003. – ROBBERS G.（ed.）, *État et Églises dans l'Union européenne*（1re éd., 1997）, *State and Church in the European Union*（2e éd. 2005）, Baden-Baden, Nomos Verlag – ROSENBLUM N.（dir.）, *Obligations of Citizenship and Demand of Faith. Religious Accomodation in Pluralist Democracies*, Princeton, Princeton University press, 2000. – GEMEI H., *Introduction to Law: Theory of Law, Theory of Right*, Cairo, Cairo University, 1997.

ルイ＝レオン・クリスティアン Louis-Léon Christians,
ボードゥアン・デュプレ Baudouin Dupret
〔小島慎司訳〕

→ 宗教的マイノリティ，世俗化，多元主義，ライシテ／ライシテ化＝脱宗教化

民族的・宗教的憎悪
HAINES ETHNIQUES ET RELIGIEUSES

「民族的・宗教的憎悪」〔haines ethniques et religieuses〕という総称的な表現のもとに同一の観点でまとめて考察されているのは，ある人びとないし集団に対し，その宗教および想定された出自という二重の要因から表明される暴力的で深い嫌悪感情である．この宗教および出自の二つは互いに分かちがたく結びついたものとみなされている．こうした民族的なものと宗教的なものとの結びつきが示しているのは，宗教的なアイデンティティが，特定の集団への帰属とあえて混同されるという事態である．この集団自体もまた，生物学的な系統，創設的な物語への信仰，集合的記憶〔mémoire collective〕の伝承，企図ないし場合によっては言語や領土の共有など，さまざまな指標によって規定されている．こうした結びつきは外部から押しつけられることもあるし，当事者自身によって要請されることもありうる．「ユダヤの民（ピープル）」という観念は，要請されたものであれ押しつけられたものであれ，民族的なものと宗教的なものとのこうした融合の好例である．

諸々の集団ないし人民（ピープル）を互いに反目させる要因は，経済的ないし人口統計学的な不均衡，領土をめぐる係争，政治的ないし法的な抗争など，事欠くことがない．これらの要素は，事実，数字，地図，文書，憲法，条約等に立脚しているがゆえに客観的なものだとみなされうるものもあれば，他方で，表象，信仰，神話に立脚したものもある．後者は，言い換えれば，絶対的な，つまり交渉の余地のない真理，古くからあるがゆえに正当性を獲得した真理に立脚したものである．民族的・宗教的憎悪のほとんどはこのケースに当てはまるが，それらは現代社会に特有のものではない．なお，今日の憎悪の多くが，歴史に，つまり一つの民（ピープル）ないし一つの系譜の歴史にその源泉を有しているというのは興味深い．憎悪を正当化するために，忠実さ，義務，道徳，法，信仰，宗教が持ち出されるのである．現在の憎悪のいくつかが，用いられるレトリックや議論の点で，過去の憎悪と見まちがえてしまうほどよく似ているとしても――それゆえ**再発**が語られうる――後者との違いは，前者が置かれている近代という文脈や，用いられる理論的な道具立てにある．とりわけ，社会科学の専門家たちが分析する際に用いている――民主主義，国民国家，ライシテ

〔laïcité〕／脱宗教化〔laïcisation〕，グローバル化〔mondialisation〕等々といった――近代の政治的・法学的なカテゴリーがそうである．

守られなかった近代の約束

サミュエル・ハンティントン〔Samuel Huntington〕の文明の衝突という主張と，社会的・経済的な要因を強調する主張とのあいだで，アイデンティティを申し立てることを特徴とする嫌悪が台頭してきたが，これは，多くの場合，近代性を標榜する普遍的な理念の挫折に帰されている．多くの専門家は，1970年代以降，民族的なものや宗教的なものが再び活力を得るようになっているのは，懐古趣味的な反動というよりは，福祉国家および平等と尊厳とを保証する市民権という二重のかたちをとった，政治の約束が守られなかったことに対する深い遺恨がしばしば急進的なかたちで現れ出てきたためだ，と考える点で意見を同じくしている．

事実，ユートピア性を多分に含んだ理性への信仰は，寛容と進歩の理念に導かれた世代の人びとを励ましてきた．そこにあったのは，民主主義と知識の進展，人権の尊重，富の平等な再分配こそが，人類の全体を和解させるに至るだろうし，新たな抗争を予防するための最も確実な方法となるだろうし，さらには，さまざまな人びと，人民（ピープル），ネイションが，ときには記憶しえないくらい昔から互いの身を捧げあってきた嫌悪にけりをつけるための最も確実な方法となるだろうという希望であった．こうした希望が裏切られたということだ．共産主義の崩壊と第二次世界大戦によって遺された二極的な世界の終焉は，新たな連帯が出現するのに好都合な余地を残すことになった．この連帯の当事者たちが，抑圧的であったとはいえ庇護的であった権力（共産主義）の喪失によって相続者のいない状態が生まれていると感じ，自分たちの価値観や存在様態がグローバル化および経済的規制緩和によって脅かされていると考え，それらを擁護するために立ち上がろうと決心したということである．

地球規模の二極的なシステムの終焉は，単に西洋世界を不安定化させただけではない．それは同時に，イスラーム世界にも影響を及ぼし，深刻な危機を招いた．たとえば，ポスト・ソヴィエト権力は，かつての保護国に対し抑圧的な態度で臨むこととなった．とりわけチェチェンがそうである．ポスト・ソヴィエト権力は，彼らの独立を拒否しただけでなく，同時にまた，とりわけイスラームを急進的で脅威をなすものとして描き出し，そうした勢力を阻止する意思が自らにあることを荒々しく示したのである．

中東諸国は，東側の「兄」の庇護はもはやあてにできないと意識することになり，もはや自国の内的な分割——種族間，宗教間，ネイション間——や，相矛盾した自らの利害関係を隠すこともできなくなった．そうした国々の人びとは，権威主義的体制を通じた進歩に対する淡い期待に縛られており，自分たちが互いに承認しあい，一つにまとまるためには，西洋に対するルサンチマン，アメリカに支持された強国イスラエルに対する克服できない「トラウマ」，パレスチナの人びととの連帯という呪文のような言説くらいしか残されていなかったのである．

民主主義およびそれが具現化する諸価値は，いくつかの顕著な進展があったとはいえ，もはや確固たるもののようにはみえない．これらは，西洋では停滞するか後退するかしているし，他の地域では定着させるために苦労している．ポスト・コロニアル的かつ／あるいはポスト共産主義的な民主主義への移行は，待望されていたようには生じなかった．それどころかまったく逆である．コミュニケーション技術および経済のグローバル化によって世界が新たな次元へと進み，交換が増大し，財や金融フローの循環が加速化したからといって，富裕な国々における不平等も，富裕な国と貧しい国との格差も縮まることにはならなかった．フラストレーションの大きさは，期待が裏切られた程度に対応している．普遍的であることを自称するイデオロギー的で経済的なシステム（共産主義，ナショナリズム，汎アラブ主義，第三世界主義，リベラリズム）は，ルサンチマンの源泉を堰き止められるほどの処方箋をもたらすことに失敗したのだが，この失敗によって，公民精神や市民権ではなく，人種，血，言語，宗教に基づいたグループ分けが新たなかたちで広まり，さらには再発の余地が残されることとなった．このような種族的かつ／または共同体的な連帯は，理念化もしくは幻想化された過去を継承しつつ，自閉主義への後退，《他者》の拒否，不寛容，さらには憎悪や暴力を生み出し，敵対的なものとみなされたさまざまな環境のなかでの究極の避難場所として現れるのである．

多様な要因による憎悪

ヘゲモニー的な主張から自集団中心主義の擁護まで，セクト主義からファンダメンタリスム〔fondamentalisme〕まで，地域主義〔localisme〕からトランスナショナリズム〔transnationalisme〕まで，これらの憎悪の要因が多様であることはさまざまな研究が示すとおりである．ネイションの境界と，文化的・民族的かつ／あるいは宗教的な同質性との合致に基づいたヨーロッパの国民国家においては，人種差別主義〔racisme〕の推進力となるのは，多様性や混交を自分たちの集団的（ネイション的，ヨーロッパ的，キリスト教的，西洋的）アイデンティティにとっての脅威とみなすことである．危険はきまって外部からくるのであって，その恐怖や不安は，侵略という幻想を増殖させつつ強固なものとなっていく．たとえば，19世紀と20世紀の転換期以降，そして二つの世界大戦の戦間期には，フランスを襲う「野蛮な部族」は東欧からやってきていた．ユダヤ人移民である．今日では，新たな災禍は南および東方からやってくる．マグレブ人とアラブ人であり，彼らを通じてヨーロッパのイスラーム化という幻想が作られるのである．

ヨーロッパ以外の，強い中央集権国家を選択した新興独立国においては，脱宗教化は多くの場合権威主義と関連している．そこでは，民族的・宗教的な性格を持つ地域的なアイデンティティは，民主主義という次元はないものの近代性という名のもとで抑圧されてきた．イラン，イラク，シリアないしパキスタンといった事例においては，近代化の試みが突き当たった挫折や困難によって，民族的なものおよび宗教的なものの回帰に堅固に道が開かれることとなった．そこでは，宗教的なものは，世俗化した権威主義国家による権力の中央集権に対する拒否と同時に，それが具現化している文化的な参照項に対する拒否を示す特権的な表現形態となっていった．

さらに，こうして独立したいくつかの専横国家が民族間の抗争をあおり立てていることは珍しいことではない．いくつかの民族は，現地の権力によるあらゆる種類の道具化の対象となる．シリアでは，バアス党に関係した少数派のアラウィー派が，さまざまな民族的・宗教的な共同体のあいだに堅固な障壁を設け，共同体間の対話の一切の可能性を少なくとも問題含みのものにすることによって，民族・宗教地図を自らに利するかたちで改編した．イラクでは，サッダーム・フサインの独裁政権は，専制国家を構築するために，民族・宗教的な区分（スンナ派対シーア派，アラブ人対クルド人）を過小評価した．伝統的な連帯を破壊し，相互不信の壁を建立することで，ここでもまた，自らの庇護のもとにおいてあらゆる対話を不可能にしようとしたのだ．しかし，アメリカによるイラク介入およびアメリカ軍の駐留による国家転覆によって，イラク社会は深刻な危機に陥ることになった．非イスラーム教徒による占領が，共同体間の憎悪を掻き立て，シーア派に対するスンナ派の不信を育むことになったためだ．この種の介入主義は，国や領土の併合の場合と同様，さらに異なる種類の抗争を生じさせてきた．たとえば，ソ連のアフガニスタンへの介入によって，各民族の名を引き合いに出す「軍閥」の都合に合わせて民族・宗教地図が作成し直されることになった．

とはいえ，旧ユーゴスラヴィアやイラク，インドのように多様なネイションないし複数の民族からなる国家においては，民族的・宗教的憎悪は輸入品ではない．それらは，内的な力関係，さまざまな民族的・宗教的な共同体間の相異なる願望や利害関心などの歴史による場合もあるし，さらには中央の権力が，こうした部門のいくつかに対して及ぼす支配ないし抑圧による場合もある．それゆえ，敵対しあう者同士が，自分たちの特殊な要望（分離主義的なもの，ナショナリズム的なもの，自治主義的なものなど）を打ち出すために，宗教的な感性を研ぎ澄まし，互いに対立しあうことも珍しくはない．バルカン半島における正教徒とイスラーム教徒の対立，イラクにおけるシーア派とスンナ派との対立，レバノンにおけるキリスト教徒，シーア派とスンナ派の対立，カシミール地方でのイスラーム教徒の分離主義者などが過去の，あるいは現在もみられるケースである．

他の典型的なケースとして以下のものがある．西洋の都市や郊外において，社会的に劣位の集団（庶民階層，移民）や，社会的な競争に加わるには不十分ないし不適合な社会資本（言語習得や学習程度）しか備わっていない集団が直面しているさまざまな困難は，民族・宗教的な憎悪の高揚の口実となる．そうした集団に属する者の失敗は，当事者からすると，自分たちよりも成功した層の力や影響に帰されるべきものとなるからだ．過去においてもそうだが，現在においても，ユダヤ人はこうした訴えの的となってきた．ユダヤ人にまつわるこうした幻想は，金銭や陰謀といった考えと結びついて，かつてキリスト教の反ユダヤ教主義がユダヤ人のものとしてきたさまざまな悪行（神殺し，聖体の冒瀆，病気の伝播，儀式犯罪，高利貸）の一覧に付け加えられることになる．そしてこの一覧は，今日もなお，インターネットを介して，とりわけアラブのイスラーム教徒らのもとで通俗的なイメージを生み出している．

それと並行して，失業率の上昇に保護主義的な対応がなされる場合には，外国人，なかでも非西洋文化圏からの移民がうってつけの標的にされる．すなわち，習俗（一夫多妻制など），受け入れ側の社会の伝統的な実践にはそぐわないとみなされる伝統的な実践（陰核切除，ヴェールなど），さらに彼らが集合的にテロの危険を具現化しているといった理由から汚名を着せられることになる．ここでもまた，イスラームに関する現代の幻想は，2001年9月11日のテロリズム攻撃の衝撃波によって増幅され，旧植民地出身者に対する偏見の一覧がさらに書き加えられることとなった．フランスでは，「ムスリム」〔musulmans〕が「アラブ人」や移民労働者に取って代わり，イギリスでは「パキスタン人」に取って代わるなど，自らそう主張するにせよ他者から烙印を押されるにせよ，イスラームが，新たな形態での民族性の標識となるに至るほどである．こうして，状況によって，社会的なものと民族的なものが相互に置換可能なものとなる．危機に直面した社会においては，スケープゴート探しや，あるいは端的に外国人の存在が，反射的な外国人嫌悪の表れや，社会危機の民族化（エスニック）（我ら「フランス人」ないし「オーストリア人」が，彼ら，ユダヤ人，ムスリム，トルコ人あるいはアラブ人に対面している）に適した条件を作り出すことになるのだ．

最後に，それ以外にも，ディアスポラの環境にある人びとが，自分たちの出身国やあるいは同一化したり連帯を感じたりする国における抗争を定住先の国に持ち込もうとし，互いに争うという型の民族・宗教的憎悪もある（インド人ディアスポラ対パキスタン人ディアスポラあるいは，イスラエル支持と目されるユダヤ人ディアスポラ対パレスチナ支持と目されるムスリムのディアスポラがそれだ）．

こうした現代的な憎悪は，自然発生的なものというより，長期間にわたる社会文化的なプロセスを通じて高められるものであって，その過程で憎悪の対象のステレオタイプ化された表象が徐々に実在の事物や集団に置き換えられるようになる．こうした偏見は，ある大義を持った欲求のために様式化されていたり，不動の真実に基づいて構築されていたり，正当化の論拠として仕立て上げられたりしており，何世代にもわたって伝えられてきた大きな物語によって引かれた回路を通って供給され，伝播される．それらは，歴史や宗教的な文化の窪地に書き込まれているため，状況が利さえすれば，再発したり熱情をともなって暴発することもある．そこからは，起源の神話，宗教的なメッセージ，ネイションの伝説などが溢れ出てくるようになる．《他者》の価値を下げること，《他者》を嫌悪の対象にすることが自己の肯定に必要な操作だと思われるためだ．こうして，ユダヤ人はキリスト教徒に嫌悪され，カトリックはプロテスタントに嫌悪され，ユダヤ人とキリスト教徒はイスラーム教徒に嫌悪され等々ということになったり，その逆になることもある．

民族的・宗教的な憎悪がはっきりとしたかたちをとるのは，現在の大義のために過去の遺産を活用しようとする現在の当事者たちによってこうした遺産が掘り起こされるときである．こうして，国家，政党，諸団体などは，古くから蓄えられ，多かれ少なかれ眠っている偏見を再活性化しようとする．とりわけ宗教的な起源を持った偏見がそうである．こうした偏見は，人びとの記憶のなかには埋もれているが，つねに再燃する備えができており，各々の共同体が互いに対立するように仕向けられ，境界や主権をめぐる争いが宗教戦争へと，内戦が民族・宗教的な対立へと，社会的摩擦が，犠牲の記憶をめぐる競争の破壊的な激化へと変容させられることになる．北アイルランドのプロテスタントとカトリック，インド亜大陸におけるイスラーム教徒とヒンドゥ教徒，中東におけるトルコ人とクルド人，イランとイラクの国境の両側におけるシーア派とスンナ派の対立，イスラエルとパレスチナにおけるユダヤ人とアラブ人の対立，ショアーの記憶と，フランスに現在も生活するマイノリティにおける植民地主義や奴隷制の記憶の対立などがそうである．これらは，社会学者や歴史家にとっては終わりなき頭痛の種である．彼らがなしうるのは，これらの再発を確認すること，あるいはいっそう正確に言えば，現在における過去の再活用を確認することだけであり，さらには，こうした憎悪が歴史に照らし，しかし同時に現在に照らしてどういう問題を提起する性格を持つものなのか，すなわちこうした現象が前代未聞のものか再び出現したものか，断絶なのか連続性なのかを問うことだけだからである．

参考文献 *Africa. The Journal of the International African Institute*, 2006, vol. 76, n° 2（民族的暴力特集号）– CHAUMONT J.-M., *La Concurrence des victimes. Génocide, identité, reconnaissance*, Paris, La Découverte, 1997. – IGANSKI P. et KOSMIN B.（eds）, *A New Antisemitism? Debating judeophobia in 21st Century Britain*, Londres, Profile Books/Institute for Jewish Policy Research, 2003. – KHOSROKHAVAR F., *L'islam dans les prisons*, Paris, Balland, 2004. – POUTTIGNAT Ph. et STREIFF-FENART J., *Théories de l'ethnicité*, Paris, PUF, 1999. – SÉMELIN J., *Purifier et détruire*, Paris, Seuil, 2005. – TAGUIEFF P.-A., *La Nouvelle judéophobie*, Paris, Mille et une nuits, 2002. – TAYLOR Ch. C., *Sacrifice as Terror*, Oxford - New York, Berg, 1999. – WIEVIORKA M.（dir.）, *Racisme et modernité*, Paris, La Découverte, 1993.

レジーヌ・アズリア Régine AZRIA,
ファラッド・コスロカヴァール Farhad KHOSROKHAVAR
〔渡名喜庸哲訳〕

→ **イスラーム主義，共同体主義，宗教の民族化・人種化，世界化／グローバル化／トランスナショナル化，不寛容／寛容**

ライシテ／ライシテ化＝脱宗教化
LAÏCITÉ / LAÏCISATION

ライシテ化＝脱宗教化，世俗主義，世俗化

「ライシテ」〔laïcité〕という言葉にはさまざまな起源がある．イギリスの歴史家たちによれば，ライシテ化（laicization）とは，俗人〔laïc〕（国王および国王の枢密官）の権力がイングランド国教会に対して増大することを意味する．フランスでは，19世紀と20世紀の転換期に，フェルディナン・ビュイッソン〔Ferdinand Buisson〕と

エミール・デュルケーム〔Émile Durkheim〕が，より徹底的に歴史的（かつ進化論的）なプロセスからライシテを検討した．出発点は（明らかにはされていないが）「神権的な」社会と想定されている．何世紀にもわたるライシテ化〔laïcisation〕が，世俗国家〔État laïque〕，学校のライシテ，ライックな道徳の創出に行き着いた．これらは政治的なものが創造したものだ．社会的・歴史的なライシテ化の結果がライシテであるという考え方を心に留めておこう．さらに，進化論的な見方をすることなく，ライシテを研究することも可能であることを付け加えておこう．

ライシテ化＝脱宗教化と世俗化——「ライシテ化＝脱宗教化」〔laïcisation〕という概念を用いることで，世俗化の理論に貢献することができるだろうか．50年前から幾度となく，世俗化という概念があまりに多義的であるという批判がなされてきた．カーレル・ドベラーレ〔Karel Dobbelaere〕は世俗化概念の改善を試み，「潜在的な世俗化」と「顕在的な世俗化」を区別し，後者をライシテ化＝脱宗教化と捉えた．たとえば，14世紀における時計の発明は「時間を宗教の重みから解き放ち，それによって時間を世俗化する可能性をもたらした」が，これは意図していなかった結果である．これとは反対に，脱宗教化は「意識的で意図的」なものである．それは「宗教というサブシステムと，教育・医療・司法といった他の社会生活に関わるサブシステムの機能分化を意識的に強化しようとするもので，法的な構造を導入することで各サブシステムの自律性を確固たるものにしようとする」(Dobbelaere , 2009).

しかしなぜ，〔ドベラーレは〕脱宗教化の概念をわざわざ世俗化の概念のなかに組み入れようとするのだろうか．世俗化の概念はあまりに大きすぎると批判されているではないか．それに，脱宗教化を世俗化の一側面として理解するときには，この機能分化の枠組を前提としたうえで宗教という制度のみを取り出して経験的に研究することになる．これに対し，脱宗教化の過程を概念的に自律したものにするならば，さまざまな制度の相互関係を吟味し，この機能分化において政治的なものと法的なものが果たしている役割を根本から考慮することが可能になる．このように政治的なものを強調する点が，しばしば社会政治的なものを軽視しがちな世俗化論との違いである．

ライシテ化＝脱宗教化と世俗化を区別するならば，世俗化は何よりもまず社会のダイナミズムに関係している．世俗化は，さまざまな領域における社会活動の影響を受けて実現される．経済の領域，文化の領域，そして宗教の領域もある．19世紀に英国で起きた変化を研究すると，宗教の担い手自身の行動の結果としてもたらされた「宗教的世俗化」と，他の領域の担い手たちの行動に起因する「自律的世俗化」

とを区別することができる（Baubérot et Mathieu, 2002）．宗教的世俗化は，神学的にリベラルな者たちによるものとは限らず，（ウェーバー的な意味での）練達者たち〔virtuoses〕から起こることもある．オリヴィエ・ロワ〔Olivier Roy〕の仕事は，今日のイスラームにおいて同じような事態が起こっていることを示唆している．これに対して「内的世俗化」，すなわち社会の変化にともなう宗教の領域の部分的な文化触変は，一般に近代主義的な要因から生じている．

世俗化の過程が含意しているのは，共通文化（それは諸制度に必然的に影響を与える）に対する宗教的世界の社会的・文化的妥当性が，相対的に失われることである（その結果はしばしば個人にまで及ぶ）．宗教的世界は，さまざまな分野において，社会行為を導く規範的枠組としての力を大きく失う（またはもはや規範的枠組ではなくなる）．J・クリストファー・ソメルヴィーユ〔J. Christopher Somerville〕に倣って言うなら，世俗化とは，多かれ少なかれ社会的に包括的であった「宗教的文化」から「宗教的信仰」への「移行」であると定義することができるだろう．宗教は，個人の私的で実存的な選択に委ねられる，文化的なサブシステムへと変容したのである．

ライシテ化＝脱宗教化の過程が関係するのは，何よりもまず，制度的な場における宗教の位置と社会的な役割であり，この制度的な場は国家や政治的なものとの関わりにおいて多様化し，変動する（そして二次的には市民社会とも関わるようになる）．ライシテ化は，（権力の審級としての）政治的領域と（権威の審級としての）宗教的領域の結びつきを断つことを含意している．それによって，政治的なものの自律がとりわけ法的な側面においてなし遂げられ，多元社会の規範的な管理運営に当たることになる．ミシュリーヌ・ミロ〔Micheline Milot〕によれば，ライシテ化は「とりわけ多元主義的な文脈における社会全体の規制にかんして，宗教に対して制度的な距離をとることを政治的なもののなかに導入する．この規制の具体的な翻訳は，法的な世界においてなされる」（Milot, 2000）．

世俗化とライシテ化＝脱宗教化は，多かれ少なかれ，時代（つねに直線的に進化するものではなく，ある程度の可逆性もある）や〔社会のなかのさまざまな〕領域や国々に応じた特徴を備えうる．世俗化の過程が脱宗教化の過程よりも優勢だった国家と，逆に脱宗教化がそれに対応する世俗化をともなうことなく遂行された国家とは，区別することができる．同様に，社会的な行動を起こして脱ライシテ化を試み，世俗化の過程に抗おうとすることもある（ユセフ・クルバージュ〔Youssef Courbage〕とエマニュエル・トッド〔Emmanuel Todd〕によれば，これが現在，根本主義的なイスラーム主義運動において起こっていることである．このことは，教皇ベネディクト16世〔Benedictus XVI〕が政治権威に要求を突きつけていることにも通じるところがある）.

ライシテ化の概念を用いると，宗教社会学の領域に閉じこもってはいられなくなる．ライシテ化＝脱宗教化の過程の研究が関心を示すのは，さまざまな制度の変化であり，そのような制度が国家や市民社会の変動との関係においてどのような相互作用をしているのかである．社会学，歴史学，哲学はもちろん，政治科学や法学のアプローチも動員される．ライシテ化の概念は学問分野を隔てる壁にぶつかるかもしれないが，それでもこの概念は政治機関や法的機関に対する関心の刷新を示している．

ライシテと世俗主義――実をいえば，世俗化理論の誤りは，世俗化という言葉の二つの語源を混同してしまったことにある．中世よりこの語は，宗教者が修道院生活を離れて「同時代」のなかで生きるようになる過程を意味してきた．16世紀になると，そこに法的‐政治的なもう一つの意味が加わり，それまで教会の管轄であった財産や機能を国家や世俗権力が専有することを指すようになる（Casanova, 1994）．このような新しい意味が成立し，ウェストファリア条約（1648）へとつながっていく．これは「宗教の和平」（Christin, 1997）への決定的な段階であり，自律的な空間が誕生する．そこでは政治的なものと法的なものが構築する場において一般的利益が構成される．宗教はもはや一般的利益を体現できなくなった．この文脈において，ホッブズ的な国家観，すなわち宗教対立から生まれる暴力を収束させることができるリヴァイアサンという考え方ができてくる．

このように王権に絶対的な権限を与える考え方は，ロック〔John Locke〕には見当たらない．ロックは，「市民政府に関わるものと宗教に属するもの」を区別し，「双方の権利を分離する正当な境界を設ける」ことの「絶対的必要性」を主張した．ロックによれば，国家とは「設立された人間社会であって，その唯一の目的は，市民としての利益を確立し，保持することにある」．一方，教会は「全体が意志によって結びついている人間社会であって，その目的は公然と神に仕えることである」．教会は破門し除名する権利を持つが，それは排除された人間が「人間および市民としてのあらゆる権利」を保持することを条件とする．教会はアソシエーションというウェーバー的なカテゴリーに該当しており，大きく脱制度化されている（Bauberot, 2009）．

フランスの政教分離法（1905）はこの論理のなかに位置づけられる（Baubérot, 2004）．もっとも，ロックの系譜の典型はアメリカ合衆国に見いだされる．「世俗国家」(Secular State) (Bhargava, 1998) について，アメリカの理論家たちは三つの指標によってこれを定義している．第一に，宗教の自由（良心の自由および礼拝の自由，国家の介入は衛生・道徳・公的秩序の目的のみに限定)．第二に，ライシテ化された市民権（権利と義務は宗教的所属とは無関係)．第三に，分離（国家の正統性は「世俗的な源泉」(secular source) に由来，人びとの合意としての国家はいかなる宗教も助成せず)．この観点からみると，ある国家というものは，そもそも多かれ少なかれ世俗的 (secular) なのだといえよう．

このような世俗主義 (secularism) は，国際関係のアプローチでも (Hurd, 2008)，多文化主義との関係においても (Levey et Mood, 2009)，その機能の仕方を研究することができ，世俗化の理論とは異なる観点に立脚している．この世俗主義は，ビュイッソンが世俗国家〔État laïque〕について与えた定義に近い．それは「すべての宗派に中立的で，すべての聖職者から独立している」国家のことで，そこには「すべての宗派の礼拝の自由」があり，「あらゆる宗教的信念の外部にある市民権の行使が保証されている」．明確な分離はこの定義には含まれておらず，ロベルト・ブランカルテ〔Roberto Blancarte〕は，ライシテ化の過程からライシテが析出してくる最低限の基準を，「政治制度がもはや宗教的な要素によってではなく，人民の主権によって正統化される共存の体制」(Blancarte, 2000, pp. 117sq.) として定義することを提案している．この定義は，ライシテの語源がギリシア語の「ラオス」(laos)，つまり「聖職者から区別される人びと」から来ていることを思い起こさせる．この定義は二つの基本的な観念と結びついているが，それは主権が人間の地平にあるという原則と，個人が権利を備えているという考え方である．要するに，この定義は，国家そのものとの緊張関係において，ライシテが存在しうることを示唆している．「権力が自分自身を神聖化する形式は，厳密な意味では宗教的とはいえない図式の下でも残存する」が，そのことが「ライシテの過程をさらに進めるための」闘いを導く可能性がある．ジャン＝ポール・ヴィレーム〔Jean-Paul Willaime〕の仕事が示しているのは，これと近い意味における「ヨーロッパのライシテ」の研究である．

この種の定義はあまりに大きすぎると考える哲学者もいる．カトリーヌ・キンツレ〔Catherine Kintzler〕の「共和主義」的な見方によれば，「ライシテ概念は三つの構成要素の組み合わせからできている」．第一の構成要素は市民社会に関わるもので，そこでは「共通の法がさまざまな自由の共存を規定している」．二つ目は公権力に関わるもので，それは「市民社会が寛容を享受することができるように設けられている」．第三に，学校のライシテは「自由な検討を妨げる可能性があるすべてのものを退けることにその本質があり」，まずは教師が生徒を「解放してやる」必要がある．生徒は「しかるのちに，望むのであれば，従属によってではなく最終的な決断として，自らの信仰と再び関わること」ができるとされる（Kintzler, 1996）．しかしながら，学校についてのこのような考え方には，ある種の神聖化の転移がみられるのではないだろうか（Baubérot, 2004）．

ライシテ化＝脱宗教化という概念がもたらすもの――30ヵ国，250名の大学研究者たちの署名を集めた21世紀世界ライシテ宣言（2005）によれば，「ライシテ化のプロセスは，さまざまな文明ないし文化のなかで，必ずしもライシテと名づけられることなく起こったもの，ないし起こりうるものである」．ライシテは次のように定義される．「さまざまな社会的・歴史的・地政学的な状況に応じて，次の三つの原理を調和させること．すなわち，良心の自由およびその個人的ならびに集団的な実践を尊重すること．政治的なものと市民社会が個別的な宗教や哲学の規範から自律していること．直接間接を問わず人間に対する差別を撤廃すること」

このように理解されたライシテ化＝脱宗教化概念は，世俗化概念の境界を画定するだけではなく，世俗化概念を補完的な視点から豊かにすることができる．社会事象のなかには，常識的にはライシテとは規定されていなくても，ライシテ化の過程の恩恵を受けている場合がある．その例として挙げられるのが学校のライシテ化で，これは19世紀後半にさまざまな国において起こったものである．いくつかの国（合衆国，英国，オランダなど）のライシテ化は，宗派的なものを下敷きにしつつ，中立的な公立校を打ち立てている．オーストラリアやフランスにおけるライシテ化は，よりライシテを強調するかたちで，公立学校を宗教的に中立なものにしている．

ライシテ化＝脱宗教化を自律した概念枠組とみなすことから得られるものはほかにもある．脱宗教化概念を用いることで，デイヴィッド・マーティン〔David Martin〕の古典的分析にみられる2本の主軸（カトリック文化かプロテスタント文化か，宗教の一元性か多元主義か）を別の基準で補完することができる．一つの基準は，国家とネイション，宗教とナショナル・アイデンティティの歴史的関係である．国家は，宗教の強力すぎる（とみなされる）支配からネイションを「解放」しようと意志することができた．フランス，トルコ，メキシコの場合がそれであり，それは往々にして葛藤に満ちたライシテ化や，国家の反教権主義を意味した．ネイションが国家に先立って存在することもあり（ドイツ），その場合は国家の誕生と発展の際に宗教がどのような役割を果たしているかに注目する必要がある．宗教はまた，外国の支配のもとで国家が不在のときにネイションを表現していたこともある（アイルランド，ポーランド，バルカン半島）．実のところそれは，国家が存在するようになっても持続しうる，ナショナル・アイデンティティの重要な側面である．

アメリカは，国民国家が宗教的に樹立された典型的な事例であり，これは植民地権力の政治的・宗教的体系と手を切ろうとする意志に起因する特別な特徴を備えている．国教を立てないことは，この断絶と信仰の多様性に関係がある．このような固有の状況が，市民宗教が繰り返し立ち現れる条件になっているが，市民宗教は別の場所で別の形態においても存在しうる（Bellah & Hammond, 1980）．

もう一つの基準は，支配的宗教と人権や近代的価値観との歴史的な関係である．この側面は宗教文化の差異と重なりうるが，必然的にそうなるとは限らない．ベルギーのカトリック党は1831年の自由主義的な憲法を共同で起草した．この憲法はカトリック教会に正統性を与えており，これがベルギーのライシテの特徴を部分的に説明している．ラテン・アメリカ諸国のライシテ化は多かれ少なかれ強力なものだったが，それを研究するうえでもこの基準は有効かもしれない．

理論的なコンセンサスは存在しないが，ミロの指摘を引用して，ひとまずの結論としよう．「世俗化過程というただ一つの観点からの分析では，とりわけ法的な構造の再編をあまり明らかにすることができない．構造再編は，国家の決定や，それに参画する社会集団の力関係によって決まってくるものである」（Milot, 2002）

参考文献 BAUBÉROT J., *Laïcité 1905-2005, entre passion et raison*, Paris, Seuil, 2004 ; *Les Laïcités dans le monde*, Paris, PUF, 2e édit, 2009.（ジャン・ボベロ『世界のなかのライシテ――宗教と政治の関係史』私市正年・中村遥訳，白水社文庫クセジュ，2014年）– BAUBÉROT J. et MATHIIEU S., *Religion, modernité et culture au Royaume uni et en France*, Paris, Seuil, 2002. – BAUBÉROT J. et MLLOT M., *Laïcités sans frontières*, Paris, Seuil, 2011. – BELLAH R. & HAMMOND Ph., *Varieties of Civil Religion*, New York, Harper and Row, 1980. – BHARGAVA R（ed.）, *Secularism and its Critics*, Oxford, Oxford University Press, 1998. – BLANCARTE R., *Laicidad y valores en un Estado democratico*, Mexico, El Colegio, 2000. – CASANOVA J., *Public Religion in the Modern World*, Chicago, The University of Chicago Press, 1994.（ホセ・カサノヴァ『近代世界の公共宗教』津城寛文訳，玉川大学出版会，1997年）– CHAMPION F., *Les Laïcités européennes au miroir du cas britatnnique*, Rennes, PUR, 2006. – CHRISTIN O., *La paix de religion: l'autonomisation de la raison politique au XVIe siècle*, Paris, Seuil, 1997. COURBAGE Y. et TODD E., *Le Rendez-vous des civilisations*, Paris, Seuil, 2007.（ユセフ・クルバージュ／エマニュエル・トッド『文明の接近――「イスラーム vs 西洋」の虚構』石崎晴巳訳，藤原書店，2008年）– DOBBELAERE K. , « Laïcisation, forme manireste de la sécularisation », in Fr. Foret（éd.）, *Politique et religion en France et en Belgique*, Bruxelles, édition de l'Université de Bruxelles, 2009, pp. 31-46. – KINTZLER C., *La République en question*, Paris, Minerve, 1996. – LEVEY G.-B. et MOOD T.（eds）, *Secularism, Religion and Multicultural citizenship*, Cambridge, Cambridge University press, 2009. – MLLOT M., *Laïcité dans le nouveau monde. Le cas du Québec*, Turnhout, Brepols, 2002. ; *La Laïcité*, Montréal, Novalis, 2008. – HURD, E. S., *The Politics of Secularism in International Relations*, Princeton, Princeton University Press, 2008.

ジャン・ボベロ Jean BAUBÉROT

〔伊達聖伸訳〕

イスラーム地域におけるライシテ

ムスリムは，政治的空間を神聖ではないものとして管理する能力を，歴史のなかでつねに示してきた．この点について，オスマン帝国の政治システムは19世紀に至るまで相対的に安定した均衡に依拠していた．支配者が本来的な意味での宗教的正統性について幻想を抱いていないことが，オスマンとスンナ派の権力概念の特徴であるとさえ思われる．実のところ，スルターンの宗教的正統性は，既存の枠組における権力を引き受け，公共善（マスラハ maslaha）と合意（イジュマー Ijmā‘）を保護する能力に由来していたのであって，暴力的かつ／または少数派の行動（フィトナ fitna）に対してはスンナ派らしい嫌悪を示してきた．

宗教的なものに対する政治的なものの相対的自律性が明確になってきたのは非常に早く，世俗法の実践が続いてきたことがその証拠である．シャリーア（sharī‘a）に覆われていない領域における世俗法の実践は，16世紀以降，非常に重要になってくる．確かに，オスマン帝国の建国以来イスラームはさまざまな制度の核心部分に刻み込まれてきた．16世紀にシリアとエジプトを征服し，カリフの座をイスタンブールに移した後，オスマン帝国のスルターンが世界の「ムスリムの庇護者」となったのもそのためである．しかし，時代とともに，オスマンの支配者たちはカリフの称号を唱えること，つまり固有の意味での精神的な権威を要求すること自体を考えなくなっていった．逆説的にも，カリフの機能を再び活性化することになったのは，ヨーロッパの国と接触したことによる．1774年，キュチュク・カイナルジ〔現在のブルガリア北東部〕でトルコとロシアの条約が新しく締結されると，イスタンブールのスルターンはロシアが帝国から奪った土地（クリミア）のムスリムの宗教的権威ということになった．こうしてイスタンブールのスルターンの宗教的役割がいわば国際的に承認された．このような承認はオスマン帝国の法の枠組にはなかったものである．

しかしながら，ヨーロッパ列強の脅威に直面し，帝国とりわけその軍隊を再編する必要が出てきて，それまで保たれていた政治的領域と宗教的領域の均衡が失われていく．改革（タンズィマート Tanzimāt）時代（1839–1876）には帝国を近代化する意志がみられた．政治権力が強化されると，スルターンや宰相（大ヴィジール）がウラマーたちに対して優位に立ち，ウラマーたちは政治権力に従属した．

近代化にともなう新しい思想に促されて，権力はさまざまな制度を世俗化した．1839年のギュルハネ勅令は，ムスリムか非ムスリムかを問わず，国家に相対するすべての帝国臣民の平等を初めて提唱したもので，ムスリム国家では作られてこなかった立憲的な文書の最古のものとみなされている．宗教の管轄領域と国家の管轄領域の分離は，商業・司法・教育に関連する新しい法体系とともに，次第にはっきりとしてきた．最初のオスマン帝国憲法（1876）は，すべての宗派が議席を持つ議会を形成するなど，オスマンの市民権の輪郭を描き出している．ただし，この市民権はイスラームによって正統なものとされている不平等な多元主義に依拠したままのものであって，ミッレト（millet）（クルアーンおよび預言者の伝統によって承認されている宗教共同体で，基本的にキリスト教共同体とユダヤ教共同体を指す）の再編を通じて19世紀に制度化された．諸制度の近代化は，さまざまな「宗教的ネイション」の制度化にも表れているが，それはカリフ制の強化と同時進行であった．汎イスラーム主義とは，カリフ制と同じく，実際にはヨーロッパの脅威に対抗する一つの動員手段として現れてきたものである．

ヨーロッパに比べると，ムスリム世界においてライシテが思想として誕生したのは遅いといわざるをえない．それは西洋の支配下または影響下に入った国々において，19世紀にかたちをとりはじめた．その際，イタリアおよびフランスのフリーメイソンのロッジが，ライシテの理念を伝播するのに重要な役割を果たし，とりわけオスマン帝国の軍事アカデミーにおいて将校階級を中心に広まった．しかし，青年トルコ人たちのなかに胚胎したライシテが，ムスタファ・ケマル・アタテュルク〔Mustafa Kemal Atatürk〕の急激な改革とともに姿を現すのは，第一次世界大戦後のことである．ケマリストのトルコが先駆けをなすと，パフラヴィー朝のイランやアマーヌッラー統治時代のアフガニスタンがすぐにこれに倣い，四半世紀後には権威主義的なアラブ共和国（ブールキーバ〔al-Ḥabīb Būrqība〕のチュニジア，ナセル〔Jamāl ʻAbd al-Nāṣir〕のエジプト，シリアおよびイラクのバアス党政権）がこれに続いた．ケマリストのライシテは激しい議論と執拗な反対を引き起こしたが，それでもムスリム世界全体にとっての一つのモデルであった．

その影響は，20世紀にイスラーム諸国のいたるところでなされたさまざまな改革にみられる．その呼称や導入の度合いはまちまちである．改革は一般に世俗化の動向をともない，西洋型教育の発展が期されたり，女性の境遇の改善が試みられたりした．ワクフ（waqf）（永代財産）の世俗化（国有化）ないし再編を進め，婚姻や相続，司法や経済の再組織化に着手するところもあった．国家が宗教を支配すべきであるという思想が次第に広まっていくのも，ケマリズムというモデルがあってこそのことである．こうしてナショナリズムのイデオロギーが花開き，人種，言語，国民の意志に統一の原理が求められていく．

しかしながら，ライシテを公式に要求し，憲法に書き込んでいる国に限定するとなると，ほとんどトルコ（それから中央アジアにある旧ソヴィエトのムスリム共和国）と旧フランス植民地領のアフリカ諸国くらいしか見当たらない．他の政治体制は公式にはライシテに依拠していると宣言することはなかったが，「ライシテ推進」といえる諸改革に取り組んだことならある．ムスリム世界においてムスタファ・ケマルと肩を並べようとした者としては，イランのレザー・シャー〔Reẕā Shāh〕（在位 1925-1941），アフガニスタン国王アマーヌッラー〔Amān Allāh〕（在位 1919-1929），そしてアラブ世界，インドネシア，パキスタンにおける軍事改革の支持者たちがいる．さらにいくつかの政治体制においては，単独政党が表向きはライシテを掲げることなくライシテを要求したことがある．チュニジアのネオ・ドゥストール党，シリアおよびイランのバアス党（Ḥizb al-Ba‘th）がそれに当たる．

権力の座についていなかった政党がライシテを要求したこともあった．たとえば，エジプトの愛国主義政党であるワフド党（Ḥizb al-Wafd）は，1920 年代に「宗教は神のために，国家は万人のために」というスローガンを採用している．しかし，ライシテの担い手として特筆すべきは共産党であり，同党はイラク，シリア，スーダン，レバノン，インドネシアなど，影響力のあった地域でライシテを推進した．共産党は，先述のナショナリスト政党――そのうちムスリム戦闘派の一部は 1980 年代からはイスラーム主義運動に合流することになる――や軍事指導者とともに，ライシテに感化されたエリートたちを生み出すに至る．中東でライシテを唱えたのは宗教的少数派（ユダヤ教徒，キリスト教徒，アラウィー派）で，彼らはライシテに少数派の地位を脱する手段を見ていた．

トルコ語の「ラーイクリキ」（laiklik），ペルシア語の「ラーイースィーテ」（lâ’isite）という言葉は，フランス語をそのまま用いたものである．アラビア語のみが，知識や科学に関係する「イルマニーヤ」（’Ilmaniyya）という新語を作り出した．いずれにせよ，着想の源泉となっているのはフランス語である．

ヨーロッパの植民地化の衝撃が，1 世紀にも満たない期間のうちに，大西洋から太平洋に及ぶムスリム世界全体に行きわたった．このことが，政治的領域と宗教的領域の関係の変化を説明するであろう．ムスリム世界の衰退傾向が一般化し，ムスリムの諸制度の終焉に直面するなか，1924 年にムスタファ・ケマルがカリフ制を廃止するのにともない，イスラームの過去を清算し，勝者の価値観を自分のものにしなければならないという考えが，とりわけ軍事エリートのあいだで生まれた．確かに，植民地化はキリスト教の名において行われた以上に，ライシテの名においてなされたというわけではない．しかし，植民地主義的なヨーロッパ列強に共通する

《文明》の言説があって，それによれば権力を握る鍵は近代性であり，ムスリム世界におけるライシテの信奉者たちはこの鍵を奪取しようとしたのである．完全に壊滅的な文脈のなかで，当時ヨーロッパで支配的だったいくつかの価値観が採用された．これらの価値観を採用することで，ムスリム世界全体を脅かしているように思われたヨーロッパの支配，領土の分割，そして滅亡を免れようとした．このように，近代化のためにはネイションと国民国家の道は必ず通らなければならないという観念があった．

こうして，当時ナショナリズムが隆盛を極めていたヨーロッパのモデルに倣って，複数のエスニシティを土台にしてトルコ・ネイションなるものが発明された．トルコのナショナリズムが生まれると，イランのナショナリズム，アラブのナショナリズムがその後に続いた．トルコの社会学の創始者ズィヤ・ギョカルプ〔Ziya Gökalp〕(1876-1924) は，ケマリスト・ナショナリズムの主要なイデオローグであった．彼は，デュルケーム主義を自家薬籠中のものとし，ネイションの思想を広めることで，近代知識人としてふるまった．近代トルコがオスマントルコに取って代わるなか，ライシテはケマリストのトルコにおいて一種の市民宗教として採用され，いわば鉗子で取り出されて生まれた新しいネイションと国民国家を正統化した．

ムスタファ・ケマルが行った急激な改革は10年続き，トルコのアイデンティティを深く揺るがせた．トルコ人は目眩がするほど膨大な量の革新を甘んじて受け入れるよりほかなかった．それまでの東洋風の服装——バブーシュ（履物），ターバン，フェズ（トルコ帽），太身のズボン，モスリンのヴェール——それから一夫多妻制，アラビア語での読み書き，太陰暦，ムスリム修道僧の儀礼，度量衡を放棄し，生活様式，思考様式，感受性を改めなければならなかった．

トルコがライシテへの歩みを強要されたことは重要なできごとである．1920年4月23日，トルコ大国民議会が成立し，翌1921年1月に人民主権の原理に基づく憲法を採択する．1922年11月1日にはスルターン制が廃止される．トルコ大国民議会は1923年10月29日に共和国を宣言し，1924年3月3日にはカリフ制を廃止する．クルアーン学校はいったん閉鎖されたのちに国家の管理下に置かれ，スーフィー教団は禁止，霊廟は閉鎖された．女性のヴェールは禁止され，男性には西洋風の服装が義務づけられた．アラビア文字はラテン語アルファベットに改められ，グレゴリオ暦が太陰暦に取って代わった．礼拝の呼びかけはアラビア語からトルコ語に代わり，日曜日が休日になった．講じられた措置のリストは途方もなく長大であることで有名である．おそらく20世紀の革命のなかで最もラディカルな革命であった．1934年には，トルコの女性はすべての選挙での投票権を獲得した．

しかしながら，イスラームは公共領域から排斥されることはなかった．これは，イスラーム地域におけるライシテ体制ないしライシテ推進体制のもう一つの特徴で，分離の体制を敷くライシテ体制は一つもない．イスラームは国民化・国有化され，ウラマー（‘ulamā’）は権力が望む宗教的倫理を伝達する公務員になった．公式の宗教的権威の言説は，イスラームを断固たる態度で近代化する志向性を有していて，奇妙にも改革運動の言説に近いが，やがて後者は支配権力に対する本質的な反対の姿勢を打ち出していく．15年間の近代化の締めくくりとしてライシテがトルコ憲法のなかに現れるのは，1937年のことである．

その後のライシテ化のなかで，トルコ以上にラディカルだったものはない．レザー・シャーのライシテ推進改革は，ケマリストの改革をイランに適用しようとするものだったが，その成果はずっと小さかった．アラブのライシテ（シリア，イラク，それからエジプトもある程度は該当する）はさらに遠慮がちなものとなるが，例外をなすのはアル＝ハビーブ・ブールキーバのチュニジアである．独立後の大改革といえば，1956年8月13日に採択された属人身分の法規であることは間違いない．同じ年にはこれに先立って，ハブス（ḥabs：永代財産）協会の廃止（5月2日），婦人参政権の付与（6月16日），宗教法廷の廃止（8月3日），一夫多妻の禁止（8月10日）など，他の一連のライシテ推進の措置が講じられていた．

属人身分法典は，ブルギバのチュニジアにおいて，夫婦関係・社会関係を揺るがした．三つの点が大きく変わった．一夫多妻制の廃止が確認され，結婚には配偶者同士の合意が必要とされ，法廷のみが言い渡すことができるかたちで離婚が制度化された．こうして離婚は配偶者二人の権利となり，もはやシャリーア（sharī‘a）が唯一の可能性として認めていた〔男性から女性への一方的な〕離縁はなくなった．しかしながら，イランのように，アラブ諸国はムスリムの属人身分の多かれ少なかれ重要な部分を保持していくことになるだろう．

ライシテの理念を前にして，ムスリムの思想家たちはイスラームにおける主権の基礎づけについて考えるようになっていた．たとえば，アル・アズハルのシャイフ（長老）アリー・アブドゥッラーズィク〔‘Alī ‘Abd al-Rāziq〕は，1925年に書いたみごとな論考のなかで，イスラームはなんらかの特定の政体を強制するものではないと主張している．しかしながら，ライシテ派の攻勢が急進化した結果，ムスリム改革派は硬直化する．葛藤はカリフ制が廃止されるときにいっそう激しくなった．たとえば，ラシード・リダー〔Muḥammad Rashīd Riḍā〕は一連の論文を書いて，カリフ制を擁護した．ライシテの近代に直面して，もう一つのムスリムの近代が生まれた．これはのちに原理主義的（フォンダマンタリスト）でイスラーム主義的な運動に行き着くことになるであろう.

トルコでは，ライシテ化は権威主義的な体制の抗しがたい力によってなされた．それは暴力的な反応を引き起こし，この地に特有の反乱が繰り返されてきた．そのなかにはスーフィー教団の影響を受けたものがあり，その筆頭に挙げられるのがナクシュバンディー教団（Nakşibendilik）である．これらの運動は流血のなかで鎮圧された．1938年にムスタファ・ケマルが世を去ると，トルコ軍はライシテの守護者の役割を簒奪し，やがてそれを憲法に書き込ませるに至る．軍人がつきものだということが，イスラーム地域におけるライシテ体制ないしライシテ推進体制のもう一つの共通点である．トルコのムスタファ・ケマル，イランのレザー・シャー，エジプトのナセル，サーダート〔Muḥammad Anwar al-Sādāt〕，ムバーラク〔Muḥammad Ḥusnī Mubārak〕，シリアのハーフィズ・アル＝アサド〔Ḥāfiẓ al-Asad〕，アルジェリアのブーメディエン〔Hawwārī Būmidyan〕，チュニジアのベン・アリーは，軍人か元軍人であった．ブルギバは弁護士出身だが，チュニジア軍に対して「最高司令官」の地位にあった．サッダーム・フサインはもともと軍人ではなかったが，軍人に見られようとした．軍事強化という着想の源泉にはプロイセン・モデルがあるが，それによれば軍隊は，必要とあらば力にものをいわせて，ネイションの統一を作り出してそれを維持し，ネイションの独立を達成し，国を近代化するための主要な道具である．

というのも，ムスリム世界はこれまで，ライシテによって権力を正統化する際には，ほとんど権威主義的なライシテしか経験してこなかったといわざるをえないからである．とはいえ，自由主義的なライシテがなかったわけではない．その実例となるムスリムの思想家や知識人は存在するし，エジプトのワフド党のような政党もある．しかし，一般的な傾向としては権威主義に傾きがちであった．

近代化を強いられる文脈のなかで，このような権威主義的なライシテは，市民社会の芽生えをことごとく摘んできたようにみえる．社会の世俗化はたえず進んでいるが，それがかつてのヨーロッパがそうだったように，国家によるライシテ化と交わることはない．市民社会が自分自身を表現するのはイスラームを通じてであることが顕著になりつつある一方で，原理主義的（フォンダマンタリスト）なイスラームが（それ自身において世俗化を遂げている）イデオロギーと化して幅を利かせようとしている．ブルギバからイランのレザー・シャーを経てサッダーム・フサインに至るまで，ライシテの思想ないしライシテ推進の思想は，独裁政権の帰結かつ／または西洋支配の存続と受け止められてきた（あるイスラーム主義のスローガンによれば「ライシテは新しい十字軍である」）．

ライシテが受け入れられ，文化に組み込まれている唯一の国は，トルコである．ナショナリストが断固たる抵抗を示したおかげで，他のムスリム諸国が甘受せざるをえなかった領土の分割やヨーロッパの支配を，この国は免れることができた．勝者の価値観（民族主義的な国民国家とライシテ）を採用することで，ケマリストのトルコは過去を清算しようとした．ムスリム世界は，ほとんど主権を喪失しているようにみえた．そこにライシテがやって来て，トルコという民族的なアイデンティティを強化した．この二つの理由のために，ライシテは最終的に受け入れられた．自分自身を定義するのに依然として大幅に宗教を基準にしていた社会にとって，ライシテが意味するところは暴力であったにもかかわらず，トルコはライシテを受け入れたのである．ただしこの方向性は，ムスタファ・ケマルが築いたシステムの砦の役割を，軍隊が簒奪することを容認するものであった．近代的な市民社会にとって，このような束縛は耐えがたいものである．

参考文献　*Laïcité (s) en France et en Turquie*, Cahiers d'Études sur la Méditerranée orientale et le monde turco-iranien (CEMOTI), 1995 n° 19. – ABDERRAZIQ A., *L'islam et les fondements du pouvoir*, traduction et annotation de Abdou Filali-Ansary, Paris, La Découverte, 1994. – ARKOUN M., *Religion et laïcité: une approche laïque de l'islam*, Paris, L'Arbresle, Centre Thomas More, 1989. – BEN JÉMIA M., *Non discrimilnation religieuse et Code du statut personnel tunisien*, in H. Bleuchot et F.-P. Blanc (dirs.), *Revue franco-maghrébine de droit*, Presses universitaires de Perpignan, Presses de l'Universilé des sciences sociales de Toulouse, n° 15, 2007, pp. 199-216. – BOZARSLAN H., *Histoire de la Turquie contemporame*, Paris, La Découverte, 2007. – DIGARD J.-P., HOURCADE B. et RICHARD Y., *L'irain au XXe siècle, Entre nationalisme et mondialisation*, Paris, Fayard, 2007. – DUMONT P., *Mustafa Kemal invente la Turquie moderne*, Bruxelles, Éditions Complexe, dernière édition 2006. – LUIZARD P.-J. (dir.), *Le Choc colonial et l'islam, La politique religieuse des puissances coloniales en terres d'islam*, Paris, La Découverte, 2006. – *Laïcités autoritaires en terres d'islam*, Paris, Fayard, 2008. – PÉROUSE J.-F., *La Turquie en marche, Les grandes mutations depuis 1980*, Paris, La Martinière, 2004. – RICHARD Y., *L'lmll, Naissance d'une république islamique*, Paris, La Martinière. 2006. – RIDA M. R., *Le Califat dans la doctrine de Rachid Rida*, traduction annotée par H. Laoust *d'Al-Khilâfa aw al-imâla al-'uzma (Le califat ou l'imamat suprême)*, Paris., Librairie d'Amérique et d'Orient Adrien Maisonneuve, 1938 (rééd. 1986). – ROY O., *La Laïcité face à l'islam*. Paris, Hachette Littératures / Pluriel, 2006. – VANER S. (dir.), *Modernisation autoritaire en Turquie en Iran*, Paris, L'Harmattan, 1991 ; (dir.), *La Turquie*, Paris, Fayard, 2005. – VARTAN G., *The Emergence of Modern Afghanistan*, California, Stanford University Press, 1969. – ZAKARIYA F., *Laïcité ou islamisme*, Paris, La Découverte, 1991. ZARCONE T., *La Turquie moderne et l'islam*, Paris, Flammarion, 2004.

ピエール＝ジャン・リュイザール Pierre-Jean LUIZARD

〔伊達聖伸訳〕

→ イスラーム主義，共同体主義，植民地化，世俗化，ナショナリズム

倫理／エートス
ÉTHIQUE / ETHOS

倫理とは，正しく行為しよき生を送るための規則や指針の集合体であって，宗教的な諸現象と密接に結びついている．どんな宗教にも倫理的な次元が備わっており，この次元は教えだけでなく，さまざまな社会的習慣によっても表現される．そうした習慣を総称するのがエートス（ethos）という術語である．

エートスとは，古代ギリシア語で「習俗」や「慣習」を意味する．フランス語の「倫理」〔éthique〕はそこから由来している．これと対比すべき語として「道徳」〔morale〕があるが，こちらはエートスのラテン語訳であるモーレス（mores）に由来している．したがって，この二つの語は，価値と規範に関わる行動様式を指し示す点で共通している．両者を区別する場合には，道徳が社会規範や「良俗」から発する命法に結びつけられるのに対して，倫理のほうは，個々人がよき生や諸価値を参照する仕方や，どちらかといえばより規範的でないような人間行為の捉え方を指すことがある．社会学では，エートスという語をそのまま取り入れて，一定の社会的文脈のなかでの習慣的な行動様式としての習俗を指すようになった．こうした用語上の伝統のもとでは，価値や規則が持つ社会的・慣習的な次元が前面に出てくる．さて，そうした社会的次元は，諸々の宗教的現象と内的に結びついている．人類の習俗は大体において宗教的現象によって形成されてきたのである．

倫理や道徳の次元は，他者と自己自身への尊敬に関わる規則や価値に特に関係するものであって，神や神々に対する人間の関係を支配する規則には直接関わらない．倫理は神の意志や高次の秩序から発出するものとして提示されることが多いが，それでもこのことに変わりはない．たとえば，イスラームの柱となるものの一つとして喜捨の義務があるが，すべての命法が神への義務を表すのだとはいえ，この義務は祈りや巡礼の義務よりも直接的な倫理的次元を有している．

道徳的な責務と儀礼的な責務の区別は，必ずしも宗教の内部で定められるものではない．特に西洋では，近代になって倫理が宗教的なものからの自律を得たのであるが，このような分離がかなり最近のことであるのを忘れてはならない．デュルケーム〔Émile Durkheim〕が『道徳教育論』で記しているように，過去の社会では，道徳は本質的に宗教的なものであった．まずは儀礼を尊重し，神々に捧げるべきものを捧げることが重要だったのである．デュルケームの記すところによれば，古代ギリシアでも，殺人より〔神々への〕不敬のほうが重罪であった．キリスト教の影響のもとで初めて，人間が人間に対して負う義務が発展し，自律性を獲得していくのである．デュルケームの説明を補うとすれば，ユダヤ教では人間同士の関係が重要な地位を占めていたことを強調すべきだろう．いずれにせよ，社会生活の伝統的な基盤においては，道徳と宗教が密接に結びついて共生しているといえよう．

マックス・ウェーバーの考える宗教的エートス

伝統的に社会には宗教的な諸価値が浸透しているのだが，社会学のエートス概念はこの現象から妥当性を得ている．宗教事象とその社会的・経済的文脈への刻印の研究においてエートス／倫理が持つ重要性は，マックス・ウェーバー〔Max Weber〕の仕事によって決定的なものとなった．

『プロテスタンティズムの倫理と資本主義の精神』(1905) で，ウェーバーはプロテスタンティズムの禁欲主義が資本主義精神の形成において果たした決定的な役割を強調している．ウェーバーはプロテスタントの文化のうちに，高貴な人間には自らの資本を増やすべき義務があるという考えを見てとる．ウェーバーによると，近代の資本主義を育てる独自の養土となったのは，プロテスタンティズムが展開させた世俗内禁欲であった．この禁欲は人間の活動全体に浸透し，職業生活を決定的な仕方で規定する．ルターの召命やカルヴァンの救霊予定といった考えによって，仕事や成功，富に対してある特別な態度を発展させることが可能になった．信仰者には，物質的な享楽に向かう快楽主義的な人生を送るのではなく，たゆみなく働き，自らの事業の成果を出すことが重要になる．それこそが神に選ばれ祝福を受けていることのしるしなのである．ウェーバーは東洋の諸宗教をも研究し，このプロテスタント的なエートスの特別な重要性を確証しようとした．確かに，金銭欲が社会的に根付き認められているような場合もあり，ウェーバーによればアジアの諸文化のなかにそうした例がみられる．だが，富の追求が一つの倫理，合理的な行為システムとしての次元を得たのは世俗内禁欲の場合だけであった．

このテーゼにはさまざまな難点がつきまとわざるをえない．社会経済的な生成変化において宗教的エートスが決定的な地位を占めていると考えるのは行き過ぎではないのか．ウェーバーは単純なかたちで直接的な因果関係を立ててしまわないように留意してはいる．近代資本主義は単純にプロテスタントの思想から発出してきたわけではないのだ．適切な因果的連関を立てるならば，そこには〔ルター，カルヴァン，ツヴィングリなど〕改革派の倫理，ピューリタンに由来するエートス，合理的な資本主義が含まれるだろう．ピューリタンのエートスが資本主義の精神の発達の場になったとしても，合理的な資本主義においては宗教的な性格自体は現れないのである．こう分析してみれば，この連鎖は狭義のエートスを宗教的なものと経済的なものの交点に置いていることがわかる．

このことから，また別の可能な難点が浮き上がってくる．本当のところ，エートスと倫理のあいだにはどのような関係があるのか．資本主義の精神を結晶させるこのエートスは，本当にプロテスタントの倫理の忠実な翻訳なのだろうか．実際には，改革派の倫理は富や資本の蓄積に価値を置いてはいない．したがって，宗教的な信条に結びついた倫理に固有の言説と，宗教的な信条の社会的な効果でありそれ自体を宗教固有の意味に還元できないようなエートスとのあいだには，ズレが存在している．

実際，ウェーバーもこうしたズレを意識している．ウェーバーは，教会の客観的な制度やその道徳的な言説よりも，禁欲的な宗教を主観的に採用したことによる個々人の行為への影響のほうにより大きな関心を寄せている．それゆえ，ウェーバーの研究では，厳密な意味でのプロテスタント道徳よりもむしろ，理論的に再構成されたある種のピューリタン的なエートスが問題になっているのである．おそらくウェーバーからみれば，倫理とエートスのあいだにズレがあるのは，キリスト教の倫理があまりにも厳格すぎてそのまま日常生活に入れることはできないからだということになろう．ゆえに，資本主義的な市民の社会的現実のなかに見いだされるのは，本当の意味でのキリスト教の倫理なのではない．宗教的な倫理が世界に適合しないがゆえに，この倫理が価値を認める大半のものに無関心な世界が到来しえたのであって，このことは逆説的にも宗教的な源泉を持つエートスを介して実現したのであった．

宗教的な倫理と習俗

実際のところ，こうした考察は，宗教的な倫理と習俗との関係に注意を向けるように促すものである．ここでは二つのタイプの問いが出てくるだろう．すなわち，宗教的な倫理は習俗へと還元されうるか，それとも社会的な実践とのズレを含んでいるか，という問い．そして，世俗化には近代のさまざまなエートスにおける宗教的なものの地位の進展が含まれているとした場合，世俗化の争点になるのはいかなる事柄なのか，という問いである．

第一の仮説〔宗教的な倫理は習俗に還元される〕に立てば，宗教的な倫理はもともとある種の習俗から生み出されたものだということになろう．そうなると宗教的な倫理は，倫理とエートスに共通の本性へと還元され，まず問題となるのは社会的な道徳だということになる．こうして，ニーチェの見地からは，総じて道徳性というのは習俗への服従にほかならず，習俗とは伝統的な行為ならびに判断の仕方だとされる．最初の形態における道徳は「習俗の道徳性」だというわけである．その場合，宗教的な道徳は，社会的条件づけや調教，習俗の形成による特定の価値の肯定・否定といった現象から理解できるものとなる．義務や過ちといった概念も，経済的なエートスへと，暴力や残酷さを払拭していない負債関係へと還元されてしまう（『道徳の系譜』）．それらの概念は慣習に起源を持っているが，慣習とは道徳的・宗教的な「純粋さ」の領域ではなく，計算や強制，力関係の領域に属するのである．

だが，キリスト教と習俗の関係をめぐるニーチェの解釈は複雑である．ニーチェによれば，キリスト教は，習俗の道徳性の持つ傾向を再生産し（個々人を調教し痛めつけるという傾向），あるいはそれを延長し（集団の罪責性の内面化・個人化），部分的にはそれに対立する（集団だけでなく個人を前面に出す）．この観点からすれば，キリスト教とは，習俗を独自の仕方で禁欲化して展開したものということになろう．それによって，ニヒリズムへの傾向を持つ近代の新たなエートスが促進されたというのである．ニーチェにとっては，エートスと宗教的な倫理は分離されず，むしろ複雑な仕方で実質をともにしている．宗教的な倫理は，あるエートスから生まれて別のエートスへと展開していくのである．逆説的なことに，宗教的な道徳には成功と失敗の両方がある．宗教的な倫理は，その独自な印を刻むことによって，非宗教的な近代のエートスのうちに自身の没落の条件を作り出す．それがキリスト教の数奇な運命だ，というわけである．

第二の仮説〔宗教的な倫理は社会的な実践とのズレを含む〕に立てば，宗教的な倫理と習俗とはより明確に区別されるだろう．宗教のきわめて峻厳な要求と社会的な現実とのあいだのズレは，おそらくは宗教自身に内属する弁証法や緊張の一部なのである．

宗教的価値と集団の習俗との原理的な区別を強調するというのは，宗教的なものに一つの次元を，社会的関係という枠だけには収まらない人間的意味を付与するということである．こうしてキルケゴールは，その実存哲学において，「倫理的段階」（エートスへの帰属）と「宗教的段階」を区別したのである．倫理的段階は，社会や道徳に模範的な仕方で統合されたありかたに対応しており，結婚し，時代の習俗に調和的に適合した市民を典型とする．宗教的段階は個人をさらに自己自身へと，神との人格的な関係へと向かわせる．そこで想定されているのは，内面性，絶対的なものといった，けっして社会的枠組には還元できない次元へと向けられた危険な生である．それゆえ，宗教的なもののうちには，習俗の道徳である社会的な道徳とは隔たり，もっと体制転覆的な倫理に与するものがあるといえよう．キリストとは，このようにつねに更新される転覆のイメージである．神的な超越は社会的なものとは根本的に異なる次元へと向かわせる．それは必ずしも，教会生活や世間に組み込まれた通常の宗教的道徳の信用を失わせるものではない．だが，キルケゴールにとっては，習俗を超えた倫理が存するのであり，とりわけ福音書から出てくる愛の倫理がそうである．それは内面的な生に根差した贈与と犠牲の倫理であり，宗教的な諸制度には不信の目を向ける．ここでもまた，個人が集団的な習俗の外へと出現するというのは，キリスト教に固有の運命であるように思われる．

このように，宗教現象には主観的で個人的な次元があり，この次元は社会的な道徳と緊張関係に立つことがありうる．習慣や良識の道徳だけを参照軸として倫理や宗教生活を描くのが難しいのはそのためである．宗教生活にはさまざまな形態があり，そのなかには妥協的な側面もあることは疑いない．だが，霊性が持つダイナミズムと諸々の価値には体制転覆的な面があることも無視できない．道徳と宗教の二つの形態をめぐるベルクソンの区別に思いを致すこともできる．それによれば，一方にはどちらかといえば機械的，社会的で習慣から発する諸規則によって織りなされた形態があり（閉じた道徳，静的宗教），他方には，より開かれ，生き生きとしており，人びとを引きつけその模範となるカリスマ的な人格に基づいた形態がある（開かれた道徳，動的宗教）．この区別の構造を宗教的な倫理へと適用すれば，社会的な圧力によって従わされる体制順応的な宗教的道徳と，改革者や預言者，神秘家や導師，聖者といった人びとの具体的な模範となる力によって個々人を引き込む倫理とが区別される．後者の倫理は，内面的な生，個人的な参与，完徳の探求を掻き立てるものである．それは自己贈与，完全なる廉潔，人格的な変容の倫理である．菩薩（ある種の仏教的伝統において人類の解脱のために勤しむ存在），ツァディク（tzaddīq）（ユダヤ教における義人），聖者とみなされる人びとは，そういった倫理への導きとなりうる生きた模範である．

以上の見地に立てば，エートスと化して世間の習慣に順応・妥協した道徳と，宗教をその最高とみなされる価値，最も絶対的な実存的次元へと引き戻す倫理的な躍動とのあいだには二元性があることになろう．それゆえ，宗教的な倫理は厳格すぎて個々人の日常生活には適用できないというだけでは話はすまないのであって，諸宗教はしばしばさまざまな次元の道徳的要求を組み込んできたことを指摘しなければならない．

おそらくその最も明確な例となるのは，カトリックの思想において立てられた，義務的なもの（神が命令し，救いに必要なもの）と義務以上のもの（神が勧めはするが課しはせず，完徳の目標に組み込まれたもの）という区別であろう．この区別は，おおむね平信徒の生活と修道士の義務との実存的・霊的な区別に対応する．義務と義務以上のものを区別するというのは，提示された完徳の目標へと身を投じる強度が信者によって異なることを踏まえた上で，信者への要求に変化をつけるということである．それはまた，倫理の限界上に立つ倫理の領域を規定することでもある．そこでは，道徳的な規則や原理を遵守することよりも，ある存在形態へと参入することが重要になる．そして，これはキリスト教の文脈でしか妥当しないようなことではなく，たとえばヒンドゥ教におけるバクティ（bhakti）〔信愛〕とダルマ（dhárma）〔法〕の違いにも当てはまることである．バクティは諸々の規則を超えた神への純粋な愛の関係を指すのに対して，ダルマとは社会や宇宙を組織する法を指し，それに従わねばならないものである．宗教においては，一般には規範的次元が大変目立つものの，すべてが掟の問題となるわけではないのである．

多元主義の文脈での宗教的倫理

少なくとも西洋の諸社会では，世俗化によって，通常の習俗と宗教的道徳とのあいだに溝ができてしまった．このような文明的文脈は，公共空間に刻み込まれた倫理的な多元主義を特徴とする．デュルケームは，20 世紀初めのフランスにおいて，哲学的思索が特に啓蒙思想とともに作り上げてきた脱宗教的な道徳が発展していくのを祝福していた．この脱宗教的な観点から，さまざまな宗教的道徳がかなり厳しく批判された．真の価値を規定すると言い張るその主張は非難され，（暴力の禁止と戦争への怪しい関係との共存のような）道徳的な首尾一貫性のなさが暴きたてられ，（性生活のような）個人の生活を規制しすぎることが批判された．それに対して，脱宗教的な道徳のほうには，絶対的な価値と基礎を欠き，自らの宗教的起源を十分に認めないことによって文化的・歴史的に盲目であり続けているのではないかという疑いがかけられる．

だが，脱宗教的な倫理と宗教的な倫理を単純すぎる仕方で対立させてはなるまい．フランスのようにきわめてライシテ化した状況にあっても，公式の倫理委員会には主流派の諸宗教の代表が入っている．また，当然ながら，各宗教の教派の内部にも倫理的な多元性が存している．たとえば，同性愛者同士の結婚に対してどういう立場をとるかについては，キリスト教の諸教会のあいだで一定の多様性がある．

現代の倫理的な多元主義のもとでは，価値や規範の複雑さと同時に，たとえば宗教間対話の場合のように，異なる倫理同士が出会う際のさまざまな見地をも考慮するように促される．世界において進行している探求の一つが，普遍的な使命を持つ価値と規範――特に人権――の総体を構築するということである．それはさまざまな宗教的倫理と結びつきを持ちつつも，それらの外に構築されるものである．そこでは，宗教はときには脱宗教化して参照されるとしても，自らの場所を持っている．そうして，一定の宗教的人物たちが，宗派的な範囲を超えて，倫理的な参照軸としての地位を得ることになる（ガンディー，マーティン・ルーサー・キング，マザー・テレサ）．だが，それによって，彼らの姿は折衷的になった道徳的風景のなかに書き込まれ，その社会活動における宗教固有の次元が必ずしも前面に出なくなってしまう．宗教的倫理が引用されるのは，彼らの主義主張の最も普遍化しやすいものの目印や（「自分にしてほしいことを人にもしなければならない」という「黄金律」に対応するものは多くの宗教にある），このうえなく大胆な平和の主張（仏教の慈悲やキリスト教の隣人愛）としてである．

〔カトリックの神学者〕ハンス・キュンク〔Hans Küng〕によれば，異なる文化や宗教に共通の価値を見定めることによって，寛容と相互認識の原理に基づく「世界のエートス」が作り出される（『世界倫理プロジェクト』）．このようなエートスはいかなる範囲まで，いかなる道を通って構築されるのかということが，なお明確にされるべき事柄である．

さまざまな宗教の倫理世界は大きな多様性を保持している．偉大な諸々の一神教では，ある一定の価値と命令の絶対的な性格が神的な超越に結びつけられるが，だからといって，仏教の場合がそうでありうるように，倫理的な慫慂が内在的な宇宙的秩序との合致とみなされるわけではない．このように，宇宙や自然への関係，たとえば動物に対する人間のふるまいの倫理が依拠する文化と概念の総体は，宗教によって大きく異なるのである．

〔キュンクの〕世界のエートスという理念は，新たなかたちの霊性を含む広大な文化変動のなかに刻み込まれている．それは，西洋では容易に宗教的枠組の外へと展開していった．すなわち，価値や経験の合致や個人の形成を利するために，神学的・教義的な境界線を相対化していったのである．そうした文脈では，道徳よりも倫理の語彙に優位が認められ，人格的な次元の価値関係に再び重心が置かれることになる．義務や責務の道徳への参照は人格的発展の倫理に場所を譲り，後者が徐々に道徳の禁欲的で犠牲的な主題にとって代わるのである（この点については，たとえばジル・リポヴェツキーが指摘している．Lipovetsky, 1992）．レジス・ドゥブレ〔Régis Debray〕が強調するように，宗教的なものが集団を共通の諸価値によって統合する力を持つことは否定できない．ドゥブレによれば，諸宗教の持つ人間的な集摂力は，世俗化した世界の只中でもなお有益である．だが，倫理に優位が置かれることは，受け継がれてきた集団の規範や制度に対して個人がより距離を置いて関われるようになり，そうした規範や制度の権威がだんだんと問い直されてきたことを示しているのである．

参考文献　Bergson, H., *Les Deux sources de la morale et de la religion*, Paris, PUF, 1932.（アンリ・ベルクソン『道徳と宗教の二つの源泉』森口美都男訳，中央公論新社，2003 年；合田正人・小野浩太郎訳，ちくま学芸文庫，2015 年）– Durkheim E., *L'éducation morale*, Paris, PUF, 1903.（エミール・デュルケム『道徳教育論』麻生誠・山村健訳，講談社学術文庫，2010 年）– KÜNG H., *Projet d'éthique planétaire. La paix mondiale par la paix entre les religions*, Seuil, 1991. – LIPOVETSKY G. *Le Crépuscule du devoir. L'éthique indolore des nouveaux temps démocratiques*, Paris, Grasset, 1992. – NIETZSCHE F., *La Généalogie de la morale*（1887）, traduction I. Hildenbrand et J. Gratien, Paris, Gallimard, 1971.（フリードリッヒ・ニーチェ『道徳の系譜』）– WEBER M., *L'éthique protestante et l'esprit du capitalisme*（1905）, traduction J. Chavy, Paris, Plon, 1964.（マックス・ウェーバー『プロテスタンティズムの倫理と資本主義の精神』）.

ジョエル・ジャニオー Joël Janiaud
〔杉村靖彦訳〕

→ **資本主義**

礼拝の場
LIEU DE CULTE

この事典では「礼拝の場」と「聖地」という二つの項目を相補的に提示する．この区分はマックス・ウェーバー〔Max Weber〕の二つの「中心」の論理に則っている．前者は（世襲的および官僚的な）「支配の場」をともなう祭司職の中心，後者は「聖霊の息吹く場所」つまり預言者の中心である．本項目では，「礼拝」という用語によって，「教会」〔チャーチ〕型の制度によって生み出され管理される儀礼実践だけを指すこととするが，しかしだからといって，それは神的な場に伝統的に付与されてきた「聖なる」「神聖な」さらには「宗教的な」といった諸形容を排除するものではない．

さらに，この「礼拝の場」についての記述は，この事典の少なくとも他の三つの項目の内容とも関わる.「建築」「空間と領域（テリトリー)」「媒介」である. (1)「建築」の項目においては，建築様式と機能とが扱われる．ある定められた礼拝の場所に対応するような建築上の理想的なモデルがあるわけではないが，しかし多様な礼拝の場は，人びとを集めることと分離することという同一の機能を共有している.「神殿」〔temple〕が語源的に「切り離すもの」(テムプルム templum〔ラテン語〕, テメノス temenos〔ギリシア語〕) であるのに対し,「シナゴーグ」や「教会」は「集会，結合，集まり，寄り合い」を意味する. (2)「礼拝の場」と「空間と領域」のあいだにある相関関係を考えることは，さらに複雑である．確かに，礼拝の場も聖地も同心円状に広がるという「中心」の論理で考えられる．たとえばメッカでは，カーバ神殿がそこと接する領域を聖化しているが，一部の人にとっては，その聖化はサウディアラビア全体にまで及ぶものなのである．とはいえ，礼拝の場をめぐる歴史と領域概念の形成過程のあいだには，どのような関係があるのだろうか．ラテン系の西洋においては，教会，墓地，教区が入れ子的に結びついた長いプロセスが領域を固定化し，人びとを定住させ囲い込むことを可能にしてきた．のちには，共同体の領域としてそれを国家行政が引き継いでいく. (3) 形態は異なるが,「聖地」と同様，礼拝の場は「媒介について考えるのにふさわしい意味の複合体」である (Albert, 2000). つまり，記念碑，図像，物，礼拝の実践といった媒介によって神との結びつきを可能にするということが，この場所を牽引的なものにしている力なのである．したがって，媒介者，儀礼の司式者，儀礼のための場所，つまりウェーバーが「聖職者支配」と総称した祭司職の役割が鍵となる.

記号の場所

礼拝の場と聖地は，神がどのように表現されるか，つまり宗教的なものの記号学的側面についての問いを広く投げかける．普遍宗教以前，民族宗教に多くみられた神託は,「託宣者が占める特別な場所との関連で秩序づけられる空間を儀礼的に調整」する.「この空間に刻まれたすべてのものは印，つまり意味を持ったできごと」となるのである．したがって,「宗教空間」とは「そこから意味が，謎めいた形象を通して発出されてくる,（神としての）原初的な空間ないし物象」と定義できる (Ortigues, 1981). 宗教は，このような考え方に従って，啓示の場所，意味が表現される場所を社会化するのだといえる．いわば，彼岸とつながる場所，共同体において共有されている人間についての謎が，個人やその所属グループに対して語られるような場所を社会化するのである.

それでは，このように神的なものが刻まれる場所という一般的原則を立てた場合,これをどのように検討していくのがよいだろうか.「場所なき御方の場所」(イブン・アラビー〔Muḥī al-Dīn ibn 'Arabī〕) こそが問題であるとして，神の顕現の空間，矛盾の結節点〔世界を完全に超越している神と，世界のなかの特定の場所という両立不能なものを一つに結びつけている場所〕としての礼拝の場に限定し，三つの啓典宗教〔ユダヤ教，キリスト教，イスラーム〕やその他の一神教に考察を限る必要があるだろうか.それとも，ルドルフ・オットー〔Rudolph Otto〕やロジェ・カイヨワ〔Roger Caillois〕，アルフォンス・デュプロン〔Alphonse Dupront〕などの流儀で，聖なる空間の一般論にまで視野を広げてみるべきなのだろうか．その場合，場所をめぐる記述は，漠然として発見的価値のない，宗教現象学的なものにとどまってしまうかもしれないが.

後者の場合,「礼拝の諸場所」を複数形で語るのは無意味となる.「自然のであれ人工的に作られたものであれ，宗教的崇敬のなされる場所」を単数形の「礼拝の場というもの」と総称すると，そこには人類史を通じて次のような特徴がみられる.(a) 儀礼が行われる場所である.(b)(神々や霊のような) 高次の力とコミュニケーションをとるために特権化された場所である.(c) 起源神話，創生の伝説に由来する例外的なステータスを持つ場所である.(d) 共同体が形成され，固定化される場所である．そこでは共同体の名の下に，社会の存続と再生産を儀礼によって保証することを職務とする集団が存在する.(e) 此岸と彼岸が結びつく地点，宇宙の中心ないし宇宙軸，一種の世界の「臍(へそ)」である (Elsas, 1998).

これはしかし，系族の起源やアイデンティティを語るための慣習的な信仰によくみられる「特別な場所」(Liberski-Bagnoud, 2002) から，エジプトやギリシア=ローマの神殿をも含めた普遍的な宗教において人が集まる場所まで，きわめて多様な文化と宗教を無頓着にもひとまとめにしてしまっている．社会科学の事典項目として，このような一般論に満足できるだろうか．とはいえ，もし複数形の場所というアプローチを優先させようとすれば，それは手をつけることがいっそう難しい問題となる．つまり，特定の文脈と社会－歴史的な論理のなかで「場所」を記号的な問題として扱い，それぞれの宗教の構成にとってその場所が占める位置を明らかにするという作業であるが,「人間と聖なるもの」についての大雑把な概観を除いて，多様な事例を方向づけるための先行研究はほとんどないからである．実際，モーリス・アルヴァックス〔Maurice Halbwachs〕の『聖地における福音書の伝説的地誌——集合的記憶の研究 *La Topographie légendaire des évangiles en terre sainte: étude de mémoire collective*』(1941) という有名な例外を除けば，宗教社会学は空間的に書き込まれた宗教的なものという問題にはほとんど興味を持ってこなかった．こうした関心の低さは，カトリック教会の歴史が礼拝の場所について抱えてきた問題や,《神殿》の問題をめぐる宗教改革期の論争が遠因となっているのだろうか．

より一般的にいえば，宗教のシステムと社会的文脈から導かれた「類型」がまったく異なるようなときには，それを説明するにあたって，実際的なあらゆる比較宗教的な検証が難しくなってしまうのは明らかなのではないだろうか．しかしながら，現代の社会科学分野において進展した2点を援用することができるかもしれない．まず (1) 社会人類学である．特に，物と場所とに大きく価値を置く無文字文化の文化実践についての考察に注目することができる．次に (2) 西洋キリスト教由来の諸社会について扱った歴史学である．これに関しては，ここ半世紀，人間の空間に対する関係性を解明するのに適した考古学的資料がまさに爆発的に増えている．そして，過去の社会における宗教的なものの権力構造に鋭く注目する社会史という枠組においては，神的なものが記され啓示される場所としての教会制度，死後世界の空間化，天上から地上に降(くだ)る多様な形態 (Le Goff, 2004)，祖国や国家領土という近代的概念の起源にある，領域（テリトリー）というものの神聖性 (Kantorowicz, 1984)，こうした事柄に対して強い関心がもたれているのである．

分離の必要性

宗教史におけるヨーロッパ中心のやり方は，あくまで一つの個別事例であるカトリック教会を過大評価し，通常よそでは別々に存在している諸要素を結びつけてしまう危険がある．

まず第一に，宗教生活におけるすべての本質的な行為は，ある一つの礼拝の場において展開する，とわれわれ〔カトリックのヨーロッパ人〕は想像している．しかしこれは，家庭的な環境においてライフサイクルとして儀礼を行うイスラームにはすでに当てはまらない．多神教にはいくつもの礼拝の場があり，家庭から最も大きな政治的な集まりまで，分節化された神聖な場所が段階的に存在する．

第二に，こうした中心となる儀礼の場所を，その宗教的共同体全体を象徴的に表現する集会が持たれる空間だとわれわれは考えている．説教を聞いたり，礼拝の司式者の指示に従って神の前で儀礼を行うための集会である．しかし，すべての宗教が信徒みなの集結を求めているわけではない．仏教僧院においては僧だけが集まり，一般信徒はいない．礼拝の場は，単に諸仏がおられる場所であって，そこで聖職者は，宗教的共同体にとって多かれ少なかれ重要な一部の信徒のために儀礼を行うけれども，信徒たちの列席は求められない．こうした事実に関する最も顕著な例は，鐘の使用についてである．教会において鐘は信徒を集めるために使われるが，ヒンドゥの寺院においてそれぞれの訪問者が鐘を鳴らすのは，神の注意を引くためなのである．

第三に，一神教では礼拝は（〔ユダヤ教の〕安息日，〔キリスト教の〕主日，〔イスラームの〕金曜日のような）一週間を基礎とする一定の周期に従って行われるという考えがある．だが，これは地中海地域での発明であり，他の宗教は一般的に太陰暦や太陽暦など異なる周期に従って動いている．最後に，多くの宗教において，家庭的な単位以外で儀礼が行われることはめったにない．家庭は礼拝の基本となる場所であるように思われる．

礼拝の場について普遍的に受け入れられる唯一の定義は，それが有する隔たりに由来している．礼拝の場は日常的な諸活動とは区別された場所であるが，しかし，それは必ずしも固定的なありかたというわけではない．アンリ・ユベール〔Henri Hubert〕とマルセル・モース〔Marcel Mauss〕がすでに強調した顕著な特徴であるが，礼拝の場は儀礼のために聖別されていれば十分なのである．「ヒンドゥ教徒にとっては，寺院は存在していなかった．各人は供儀を行いたい場所を選ぶことができたが，その場所はあらかじめ聖別されていなければならなかった」(Hubert et Mauss, 1968)．建物は必要なく，象徴的なものであれ，その場所を俗なる空間から分ける境界で十分なのである．そこには何かが置かれなければならないが，それは神を表現する簡素な石かもしれないし，供儀と奉納のための祭壇かもしれない．まして，人が集まるための場所ではないのだから，消極的な理由で作られたものを除けば，特別な建築は存在しない．建築物が積極的な理由で作られるとすれば，たいていの場合，神殿は神の家であるという原則によってのことである．そこで最も重要な要素は，神像や神を表現するその他すべての物が置かれる神像安置室（cella）である．それに付随して，信者を迎え入れ聖職者が住まうための空間が作られる．たいていの場合，礼拝のための建物にはさまざまな象徴的意味が付与されている．たとえば，後期ヒンドゥ教の寺院は小宇宙として理解されている．礼拝の場は神の家ではなく基本的信仰を凝縮した象徴的構築物であるとするこうした典型的態度は，後述する仏教の仏舎利塔（ストゥーパ stūpa）の事例にもみることができる．

多神教の礼拝の場の類型

礼拝の場はなんらかの不変的なありかたや建築様式といったものによっては特徴づけられず，また別の基準が必要になる．ここで，義務として行うべき儀礼のための場所と自発的に行う儀礼のための場所を，この両者が合わさった僧院のケースも含めて区別して考えてみよう．前者のカテゴリーには社会政治的なものと関わる三つの下位区分，後者には場所の遠近に応じた二つの下位区分を置く．

義務的な儀礼 (1)：家の中心性——古代ギリシア＝ローマにおいて宗教の領域は，今日のインドと中国のように，宗教の領域は家での礼拝とさまざまなレベルの集団での礼拝のあいだの緊張関係によって規定されていた．たとえばインドでは，もともと寺院は存在せず，ライフサイクルとしての日常的な礼拝のうち最大のものは家で祝われる．家は東からの陽の輝きを司る神々で満たされた宇宙の模写であり，そこには家族と系族の神々のための祭壇が置かれている．牛小屋は雌牛の神が住む聖なる場所である．とりわけ火は神聖なものであり，料理と食事は神々と先祖への供物をともなう儀礼である．さらに，儀礼専用の場所がライフサイクルに関わる儀礼と先祖の礼拝のために整えられている．特に結婚式には，庭に贅沢に飾った祭壇を作る必要がある．そこには供儀の火があり，その周りで夫婦は誓いを立てるのである．他方，中国の重要な儀礼は，家のなかにある祭壇に祀られた先祖の礼拝である．

義務的な儀礼 (2)：共同体全体を礼拝する場所——一方で，家族は年に何度か，自らが組み込まれている全体性に関わる礼拝に参加せねばならない．そのような全体性のなかで家族は生き，政治的な位置づけを得ているのである．宗教は国家によってかたちを与えられている．つまり，超自然的な存在とは何よりも権力の神々なのであり，その頂点には主権を持った政治的存在（都市国家，王国，帝国）がある．古代ギリシアの都市国家においては，家の祭壇とは対極をなす中心として公共広場（アゴラ）があった．そこは最高位の高官が監督するさまざまな神殿があらゆる市民に共有される聖域で，中国，日本，ローマ帝国などでは，これが最大限に拡大したものがみられた．そこでは固有の聖域があって，王朝のための儀礼が行われていた．

ヒンドゥ教諸国は中間の規模の例を示している．とりわけよく研究されているのは，ネパールの事例である．宮殿の近辺や内部といった中心地に，王権を強化する儀礼を毎年行う座として聖域が存在する（Toffin, 1993）．今日，最も盛大なのは，モンスーンの後の9月から10月，新たな戦いの年の初めに行われる女神への礼拝である．これがダサイン祭である（インドではダシェラと呼ばれる）．この祭は「権力を祝う」〔Krauskopff et Lecomte-Tilouine, 1996〕というよりも，それを刷新するものだ．王権は本質的に契約的な性格を有しており，毎年，（血をともなう凄まじい供儀を捧げられた）神々と（王権への忠誠を再確認した）人間によって更新されなくてはならない．この重要な祝祭は，郡部と村々というレベルに至るまで，王国のすべての下位区分において反復される．他方で貢物として，忠誠という贈り物がすべての段階を通って王の宮殿まで上がってくる．というのも，ヒンドゥ教徒でない者も含め，すべての国民は王への臣従を再確認しなければならないからである．したがって，至上の政治的存在とは入れ子状に包摂されていく諸共同体が形づくるヒエラルキーの頂点であり，各共同体は，それぞれの神殿と共同体の人びととを拘束する礼拝を持つのである．

こうした特徴はインドだけのものではない．中国には，イスラーム教徒であろうとキリスト教徒であろうと，すべての住人が原則として金銭を負担しなければならない毎年の祭を行う霊廟が存在した．皇帝に対する礼拝のほかに，このように儀礼によって区切られた地域共同体があるのである．

義務的な儀礼 (3)：共同体の一部による礼拝の場——こうした共同体の儀礼については，それを経済的に支える集団の性格に応じて，二つのタイプに区分される．第一は垂直的なもので，それぞれの系族を区切るものである．それぞれの系族には，守護神と場合によっては神格化された先祖に捧げられ，他の人びとには禁止されている固有の御堂がある．この現象はインドでは一般的であり，中国では高位身分の系族においてみられる．もう一つは水平的なもので，社会のさまざまな階層の人びとに固有の礼拝をもたらす．インドでは，これらの階層がカーストを形成してきたが，近代になると，それぞれ特定の職域と礼拝の場を持つ団体が成立し，その儀礼的結びつきが強化された．また中国では，20 世紀まで，それぞれの職業神を祀る聖域を中心に組織された同業団体が存在した．

義務的な礼拝のこれら三つのレベルは，聖域のヒエラルキーの下に行われる供儀をともないつつ，キリスト教とイスラームが異教や偶像崇拝として否定するものを構成してきた．インド人，中国人，日本人は，このような名を持たない宗教を作り出し，それがまさに宗教として，彼らの家的・社会的・政治的な生活を形づくっているのである．

複合的な制度：僧院——有史以来，インドは修道者を生み出してきた．彼らは，家庭や国家の義務的な礼拝を放棄し，苦行者として生きる．彼らの大部分は，われわれが僧院と呼ぶ修道院のような制度を持った集団を形成した．これらを礼拝の場として考えることは間違いではない．サンスクリット語で仏教僧院はビハーラ（vihāra）と呼ばれるが，これはヴェーダ期の文献では供犠のために聖別された領域のことだった（Hubert et Mauss, 1968, p. 223）．だが，僧院は誰のためのものだろうか．もともとは，修行者が自分たちの固有の儀礼を行うための場所である．しかし，これらの場所の使用は，さまざまなレベルで一般信徒にも開かれたものとなっている．

ヒンドゥの文脈において厳密に宗教的な観点からすれば，僧院は一般信徒に対しては二義的な意味でしか開かれていない（Bouillier, 1997）．とりわけダサイン祭のときなどの，集合的儀礼において権力を再認識させるという重要な役割を除けばそうである．一般の信徒が僧院に赴くとすれば，自ら進んでのことでしかない．祀られた神々に崇敬を捧げるために祈願寺に詣ったり（下記参照），僧院の霊性に浸りにいくなどである．

仏教においては，僧院の宗教的役割は，僧院が信徒に対して宗教的サービスを提供するおもな場所であるか否かで異なってくる．東アジアにおいては，厳格な意味での出家は求められておらず，それは名を持たない宗教の一形態でしかないとも考えられる．名を持たない宗教は，その礼拝の場に関しても，たとえば中国では道教や儒教（Goossaert, 2000），日本では神道と競合関係にある．ここでは仏教僧院は，信徒に意味と宗教的熱情を補足的に与えるだけなのである．

逆に，スリランカと東南アジア，中国のなかでもチベット族がいるチベット，ヒマラヤのラダック地方，カトマンドゥの低地のネワール族などでは（Gellner, 1992），ほとんどの人が仏教徒である．仏教僧は，信徒を救済の道へと導くための主要な儀礼を行うことのできる唯一の存在だ．そのため，仏教僧院と僧たちが祭務を行う寺院は特別な礼拝の場なのである．僧院は，僧たちが自分たちで儀式を行うための礼拝の場であると同時に，信徒にとっては宗教生活を枠づけるためのものであり，したがって，複合的な制度だと考えることができるのである．

自発的な実践（1）：参詣寺院――人びとが参詣する場所としての寺院について，ここでは，都市の風景のなかでも特権的な場を占め，南インドではしばしばまさに本物の街を形成するインドの大寺院を例に説明してみよう．参詣寺院は，教会やモスクと同じように，宗教生活の中心にあると考えられるかもしれないが，それは間違いである．特に高いカーストにおいては，実際には参詣寺院に足を運ばないヒンドゥ教徒もいる．参詣寺院は比較的最近の組織であり，敬虔な信仰心を果たす環境として役立っているが（Claveyrolas, 2003），それはあくまで義務的な実践には数えられない．参詣寺院の神々は，一般的には，人間のように扱われる像によって表現される．そうした像は，朝起こされ，服を着せられ，食事を与えられ，楽しみを与えられる．そこで重要な儀礼は供儀ではなく，神を讃えて供物を供えるプージャ（puja）なのである．信者は，こうした神のヴィジョン（ダルシャナ darshana）を得て，そして束の間，神的な存在の平穏に触れたという気持ちとともに，晴れ晴れと寺から出てくるのである．

自発的な実践 (2)：巡礼地——どのような聖域であっても，その周囲も含め，巡礼の目的地になりうる．しかし，巡礼という言葉は一般的には遠い場所への旅に対して用いられる．そうした場所は，三つの一神教の信者にとってのエルサレムやムスリムにとってのメッカのように，政治的境界を越えて信者のあいだに絆を作り出す．ギリシアでは，それぞれの都市国家を超えて，デルフォイのような重要な聖域を通じ，同じ信仰を共有していた．インドでは，とりわけガンジス川の源泉であるヒマラヤへの大巡礼によって，伝統的に政治的な分割を乗り越えてきた．仏教徒はインド国内のブッダが親しんだ場所への長旅をすることでよく知られている．7 世紀の中国の巡礼者の物語に記録されたこうした古くからの巡礼の道は，19–20 世紀の西洋の考古学者にとって，特にブッダが生まれた場所が現在のネパールのルンビニであることを特定するのに不可欠なものであった．

どのようなタイプの礼拝の場が巡礼の対象になるのかをアプリオリにいうことはできない．大切なのは，その場所が遠くにあり，ぜひともそこへ赴くべきであり，その長い儀礼の過程を経て人が変化して戻ってくることである．山，森，川，さらには川の合流点のような自然の場所かもしれない．あるいは，その宗教の創始者が頻繁に訪れた場所やその遺骸が納められた墓や記念碑，寺院かもしれないのである．典型的な巡礼地とはおそらく仏教の仏舎利塔（stūpa）だろう（フランスのチベット仏教センターのような例外はつきものであるが）．宇宙の山として作られたジャワ島のボロブドゥールの建造物にあるように，そもそも仏舎利塔は全宇宙の凝縮版として造られたドームである．チベット仏教においては物理的な世界を象徴的に表現したものであり，魂の発展を導くものでもある五つのエレメント（地，水，火，風，空）を一貫した秩序として表している．それゆえに，仏舎利塔のなかを歩き回ることは，解脱へ至るために時空を動くことと同じことなのである．人間による神探求を象徴するこうした儀礼もまた，一つの巡礼と考えることができる．

三つの啓典宗教における礼拝の場の問題

ユダヤ教とキリスト教とイスラームは，礼拝の場所に関して，啓典に由来する解消不可能な両義性がもたらす二つの極のあいだで，同じような緊張状態に引き裂かれている．一方では，ヤコブは確信を持って次のように主張する．「まことに主がこの場所におられるのに，私は知らなかった．(……) ここは，なんと畏れ多い場所だろう．これはまさしく神の家である．そうだ，ここは天の門だ」（「創世記」第 28 章第 10–17 節）．他方で，神殿の建設者であるソロモンは疑問を呈する．「神ははたして地上にお住まいになるでしょうか．天も，天の天もあなたをお納めすることができません．私が建てたこの神殿など，なおふさわしくありません」（「列王記上」第 8 章第 27 節）．共通するこのような緊張関係と，それぞれの共同体が持つ固有の場所への排他的な愛着を基礎として，礼拝の場との二つの関わり方に応じて，ありかたを区別できるはずだ．一つはユダヤ教およびイスラームであり，もう一つはラテン系カトリックのキリスト教である．

ユダヤ教における神殿，シナゴーグ，記憶の場所——ユダヤ教をまずもって特徴づけるのはエルサレム神殿という中心的でほかにはない礼拝の場所への愛着である．神の民が赦しと清めを求めるために供儀を行うのは，まさにこの場所だ．過越祭，五旬祭，仮庵の祭という年に 3 回の大祭の折，世界中から巡礼者と離散したユダヤ人を引き寄せる場所である．しかし，神殿の破壊（西暦 70 年）とディアスポラの進展以降，こうした唯一性と中心性への関わりは，イスラエルという土地への関わり方がそうであるように，二つに引き裂かれている．一つは現実のエルサレムと神殿を重視する現実主義と聖典の直解主義であり，もう一つは，〔北のエルサレムと呼ばれたリトアニアの〕ヴィリニュスのように，さらには神秘主義の伝統における多様な内なるエルサレムのように，新たなエルサレム建設を可能にするあらゆる代替的形態である．

ユダヤ教の伝統において二番目に重要なシナゴーグは唯一のもの（エルサレムの神殿）の拡散を示しており，いつの日かユダヤ人が再び集まるとされる約束の地の一部である．当初には人びとが出会い聖典を勉強するための単なる空間だったシナゴーグは，エルサレム神殿の破壊後，ラビによるユダヤ教の復興の中心となり，共同体による供儀から個人の改悛へ，という移行にともなってユダヤ教のなかでの役割を根本的に変えることになった．預言者ホセア（「ホセア書」第 6 章第 6 節）の「私が喜ぶのは，愛（ヘセド hesed）であって生け贄ではなく，神を知ることであって，焼き尽くす献げ物ではない」という言葉で宣言された変化である．アレクサンドリアのフィロンが 1 世紀にすでに記しているように，シナゴーグにおいて神聖なのは聖典だ．神は，聖櫃や壁龕のなかに保管されるトーラーのある所に現存する．

このような拡散した〔神の〕現存は，まさに旧約聖書のなかのいくつかの重要な節の解釈の結果である．たとえば，エゼキエルによって伝えられた神の声である（「確かに，私は彼らを遠くの国々に追いやり，諸国に散らした．しかし私は，彼らが行った国々において，彼らのためにささやかな聖所となった」（「エゼキエル書」第 11 章第 16 節）．あるいは，かもしかや鹿のように山を越え，丘を跳び越えてくる雅歌

(「雅歌」第2章第8-9節) の恋人のイメージである．第一のケースでは，シナゴーグは「諸国における聖所」という場を占めている．第二のケースでは，恋しい人の跳躍によって，神がシナゴーグからシナゴーグへと移動することが正当化される．唯一のもの (エルサレムの神殿) の複数のもの (シナゴーグ) への転移は後者と前者の同一視と，中心〔エルサレムの神殿〕と代替〔シナゴーグ〕のあいだで生じる巧みな模倣によって可能になっている．したがって，エルサレムの神殿と同じように，シナゴーグの扉は東に向かって開かれているのである．理想のシナゴーグとは，エルサレムの神殿のように，よく見えるところに築かれたものである．燭台 (メノラー menorah) はエルサレムの神殿を思い出させる．そしてトーラーを保管する聖櫃は契約の箱と同一視される．

しかし，シナゴーグは祈りの学びの場ではあるが，神殿ではない．そこは，ディアスポラの文脈においては，二つのモデルのあいだで逡巡する場である．一つには，はるかな終末の時に思い浮かべられる神殿というオリジナルのモデルである．もう一つは，対抗者でもあるキリスト教の教会というモデルである．しかし，シナゴーグと教会を比較することはできない．なぜなら，この二つの場所の文化的な用いられ方は根本的に異なっており，社会における両者の見え方は共通の物差しで測ることはできないからである．さらに，ユダヤ教の特性が，博物館やその他の記念施設 (ワシントンのホロコースト記念博物館，ニューヨークのバッテリーパークのユダヤ伝統文化博物館，ベルリン・ユダヤ博物館，パリのユダヤ芸術歴史博物館) といった象徴的な場で公然と示されるには，非宗教的な近代を待たなければならない．そうした場所では，自分たちのアイデンティティを肯定するという切実な問題に関して，「異端審問で燃やされたタルムードの巻物やナチスの迫害下で灰燼に帰したポーランドのシナゴーグの建物よりも，迫害の炎により強く抵抗することのできた聖なる歴史のなかでのユダヤ人の経験の痕跡を残すこと」(Azria, 2005)，そのことのわれわれ誰しもにとっての必要性を，見てとるべきなのだろうか．

イスラームにおける聖域，モスク，信仰の場——イスラームには三つのタイプの場所がある．信者の共同体 (ウンマ umma) の基盤となる預言者の伝統が，何よりもまず，イスラーム世界に共通の三つの聖域に価値を与えている．つまり，「聖なる神殿」(メッカ)，「最上の神殿」(エルサレム)，そして「預言者のモスク」(メディナ) である．

「モスク」という言葉はアラビア語の「マスジド」(masjid)，つまり，各ムスリムが1日5回求められる礼拝の重要な要素である「ひれ伏す」(サジャダ sajada) から来ている．アラム語の「msgd'」，つまり「礼拝の場」と同語源である．それゆえ，霊廟か教会かを問わず，「モスク」は一般的にイスラーム以前から礼拝の場を指すのに用いられてきたといえる．しかし，シナゴーグが機能的に教会と混同されていなかったのとまさに同じように，モスクはキリスト教の礼拝の場とははっきりと異なる．

基本的に，モスクは儀礼的な祈りを行うために用意された場所だが，単なる礼拝室以上のものである．モスクは，毎週金曜日の正式な礼拝と，イマームが教壇（ミンバル mimbar）から行う説教のために共同体の人びとが集まる場所である．預言者の時代にはまだなかったものの，古くから用いられているミナレットは，礼拝を呼びかける塔である．キリスト教圏の鐘のように，ミナレットは，イスラームの音の風景と視覚的風景を特徴づけている．クルアーン（第2章第115節）では「汝らがどこを向こうとアッラーの御前にある」として，その全方位性が述べられているにもかかわらず，モスクで最も重要なミフラーブ（mihrab）という壁の窪みは，キブラ（qibla）すなわちメッカの方角，より正確にはカーバ神殿の方角を示している．ミフラーブのある壁はしばしば豪華に装飾されて，人びとが集まる場所を，共同体の伝統が誕生した場所，つまりイスラーム世界共通の三つの聖地の一つであり，イスラームの五行の一つに数えられる共同での公式な巡礼であるハッジ（ḥajj）の目指す場所へと，集中させていく．

これとは別の非公式的な巡礼（ズィヤーラ ziyāra）が，マシャーヒド（mashāhid）と呼ばれる信仰の場で行われている．一般的には，墓を備えた霊廟であり，モスクも含めいくつかの建物をともなうこともある．祈りの場であるからには礼拝の場でもあり，とりわけ「聖者の」場所である．聖者の仲介によって神が顕れた場所であり，デリーのニザームッディーン廟（ダルガー dargāh）のように，聖者の遺骸を保存していることもある．

神の現前の絶対性としてのキリスト教の教会——シナゴーグやモスクと同じように，キリスト教の教会は何よりも人びとが集まるための場所である．ユダヤ教のエルサレム神殿とも，各地に広まっていたギリシア＝ローマの異教の場所における聖性とも，きっぱりと絶縁することを意図していた初期キリスト教徒たちは，来世における聖別を待ち望む「生ける石」つまり信徒を建てる〔育てる〕ことを強調し，物理的な石造りの建物にはわずかな重要性しか認めなかった．彼らは個人の家（ドムス・エクレシアエ domus ecclesiae）に集まり，その家の構造が徐々に儀式（洗礼と聖餐式）の必要性に順応していったのである．

教会が公的な場所，つまり「教会堂（バシリカ）」という名前と形態をとるようになるのは，313年のコンスタンティヌス大帝によるキリスト教の承認，そして4世紀末のローマ帝国によるキリスト教の公認宗教としての宣言を待たなくてはならない．帝国の法体系に従って「至聖所」であった古い神殿に与えられた特権を享受していたため，教会は特別な場所であった．聖人という「きわめて特別な死者たち」の記憶と聖遺物がのこされていることから，そこはとりわけ特別な場所なのであり（Brown, 1984），そのような意味では，教会を「聖なるもの」にするのは聖なる人間なのである．そして，6世紀から徐々に行われるようになった典礼儀式によって――それは東方と西方では異なったリズムと様式に従っていた――教会は聖なるものから「聖別されたもの」になる．建物とその周囲（10世紀以降の西洋では墓地）は，教会制度によって目的に合わせて儀礼的に聖別されているために「聖なるもの」なのである．その目的とは，神の現存を讃え，信者の変容のための秘跡を遂行することである．

教会の建物を表す言葉は，最初期には，ギリシア語においてもラテン語においても，きわめて多様であった．東ローマ帝国はキリスト教徒の集まり（Ecclesia）と本来の意味での建物（naos）を区別し続けたが，ラテン系の西洋は，9世紀から11世紀のあいだに，教会共同体と教会の建物を同一視するという選択をした．そのとき以来，聖別の典礼儀式についての解釈を基礎にして，権威的な教義に関わる仕事が神学者たちによって展開された．彼らは，教会の建物を教会と呼ぶ換喩，つまり容れ物と中身を同一視する理由を説明し，教会建築が享受する「特別な」場所という地位を正当化した．そうした教会は，制度が具体化した場所として真の「教会財産」となり，社会を変容させていく能力を持つ場所として，社会的風景のなかにあって，「社会の聖餐」（プルースト〔Marcel Proust〕）〔『失われた時を求めて』〕のための卓越した場所となっていく．こうして1130年にはすでに，スコラ神学者たちは，教会を聖別する儀礼は建物にとっては洗礼と等しいものであると説明している．つまりそれは，他の秘跡を行うためにも不可欠であり，それによって信徒の共同体がキリストの体に変えられる第一の秘跡であると説明されているのである．こうして人間のように洗礼を受けた教会は，教会共同体に入るには不可欠な扉なのである．そして，信者は，教会共同体／教会建築の理想を圧縮したものを内的に構築するべく，まさにこうした「〔教会の〕人格性」に自身を同一化していくのである．

しかし，教会共同体についてのこうしたきわめて物質的な考え方は，「生ける石」に与えられた教父たちの霊性には反するものであり，不可侵の教義として課されることはなかった（Iogna-Prat, 2006）．こうした観点からみると，改革派の教会堂は，キリスト教の起源に回帰して，教会建築によって物質化された聖職者のあらゆる仲介形態を再検討するものといえる．そこは「生ける石」たちの集いの時を祝うことを目的としたフラットな場所である．だが西洋世界の「親しまれる教会」（プルースト）はこの危機を乗り越えた．ロマン主義者たちは，中世の大聖堂のいささか神話的なイメージを通じて，各人が小さき石として，教会として形づくられた集合体のなかに場を占めるという有機的な社会を復活させようと夢見た．『美学講義』（第3巻第1章第3節）においてヘーゲルは，ゴシック建築は「ロマン主義芸術の中心であり典型」であり，その理想形の一つである中世の大聖堂は「確固として不変の，それ自身のためにそこにある建物」としてその美点を称賛している．

今日，風景のあちこちに教会がみられるということは，建物を通じた過去の想起以上のものでしかないのだろうか．現代のカトリックは，制度とは大きく断絶し，いわば「巡礼者の宗教」（Hervieu-Léger, 1999）となって，教会共同体の実践が行われる場所とは緩み切ったつながり以上のものを持とうとしていない．キリスト教を伝統とする国へのアフリカとアジアからの新たな人口の流入，そして宗教に関する選択肢の増加という状況のなかで，教会，シナゴーグ，モスク，寺院あるいは多様な諸聖堂のような各共同体がそれぞれのアイデンティティを示す場所にあらためて価値が認められるようになっている．複数形で「礼拝の場所」を捉えることが，グローバル化の時代には必要になっているのである．

参考文献　ALBERT J.-P., « Des lieux où souffle l'Esprit », *Archives de sciences sociales des Religions* 2000, 111, pp. 111-123. – AZRIA R., « "Lieux juifs" : solitude du Mont, rumeurs du monde », *Revue de l'histoire des religions, Lieux de culte, lieux saints*, 2005, 4, pp. 557-572. – BOUILLIER V., *Ascètes et rois. Un monastère de Kanphata Yogis au Népal*, Paris, CNRS Éditions, 1997. – BROWN P, *The Cult of the Saints. Its Rise and Function in Latin Christianity*, Chicago, Chicago University Press, 1981 ; traduction fr. A. Rousselle, *Le Culte des saints. Son essor et sa fonction dans la chrétienté latine*, Paris, Cerf, 1984. – CLAVEYROLAS M., *Quand le temple prend vie. Atmosphère et dévotion à Bénarès*, Paris, CNRS Editions, 2003. – ELSAS C., « Kultort », *Handbuch religionswissenschaftlicher Grundbegriffe*, IV, 1998, pp. 32-43. – GABORIEAU M., « Un sanctuaire soufi en Inde : le dargâh de Nizamuddin à Dehli », *Revue de l'histoire des religions, Lieux de culte, lieux saints*, 2005, 4, pp. 529-555. - GELLNER D., *Monk, Householder, and Tantric Priest. Newar Buddhism and its Hierarchy of Ritual*, Cambridge, Cambridge University Press, 1992. – GOOSSAERT V., *Dans les temples de la Chine : rites populaires et religion savante*, Paris, Albin Michel, 2000. – HALBWACHS M., *La Topographie légendaire des Évangiles en Terre sainte*, Paris, PUF, 1941 – HERVIEU-LÉGER D., *Le Pèlerin et le converti : La Religion en mouvement*, Paris, Flammarion « Champs », 1999 – HUBERT H. et MAUSS M., *Essai sur la nature et la fonction du sacrifice*（1899）, cité d'après MAUSS M., *Œuvres*, Paris, Editions de Minuit, I, 1968, pp. 193-307. – IOGNA-PRAT D., *La Maison Dieu. Une histoire monumentale de l'Église au Moyen Âge*, Paris, Le Seuil, 2006 – KANTOROWICZ E.,« *Pro Patria Mori* in medieval political thought », *American Historical Review*, 1951, 56, pp. 472-492; traduction fr. L. Mayali, « Mourir pour la patrie（*Pro Patria Mori*）dans la pensée politique médiévale », in *Mourir pour la patrie et autres textes*, Paris, PUF, 1984, pp. 105-141. エルンスト・H・カントロヴィッチ「中世政治思想における「祖国のために死ぬこと」」〈『祖国のために死ぬこと』所収〉甚野尚志訳，みすず書房，1993年，2006年）– KRAUSKOPFF G. et LECOMTE-TILOUINE M.（dir.）, *Célébrer le pouvoir*. Dasai, *une fête royale au Népal*, Paris, CNRS Éditions, 1996. – LE GOFF J., « Du

Ciel sur la Terre : la mutation des valeurs du XIIe au XIIIe siècle dans l'Occident chrétien » in LE GOFF J., *Héros du Moyen Âge, le Saint et le Roi*, Paris, Gallimard « Quarto », 2004, pp. 1263-1287 – LEVINE L. I., *The Ancient Synagogue. The First Thousand Years*, Yale, Yale University Press, 2000. – LIBERSKI-BAGNOUD D., *Les Dieux du territoire. Penser autrement la généalogie*, Paris, CNRS Éditions « Chemins de l'ethnologie », 2002. – « Lieux de culte, lieux saints dans le judaïsme, le christianisme et l'islam », *Revue de l'histoire des religions* 2005/4,222. – ORTIGUES E., « Le destin et les oracles », in E. Ortigues, *Religions du livre, religions de la coutume*, Paris, Le Sycomore, 1981, pp. 39-57. – TOFFIN G., *Le Palais et le temple. La fonction royale dans la vallée du Népal*, Paris, CNRS Éditions 1993.

マルク・ガボリオ Marc Gaborieau,
ドミニク・イオニャ＝プラ Dominique Iogna-Prat
〔岡本亮輔・熊谷友里訳〕

→ 聖地

若者の宗教的な社会化
SOCIALISATION RELIGIEUSE DES JEUNES

若者の社会化とは，子どもが，思考の方法，価値，規範，素行，自分の環境に対する実践的な知識などを身につけるプロセスのことである．子どもを社会に統合するこの広範なプロセスの一部には，なんらかの宗教と同一視された参照システムに由来する，さまざまな認識的および規範的な内容が，多かれ少なかれ含まれることがある．この〈宗教的な社会化〉は，伝統的に次の三つの柱によって成り立っている．すなわち，家族，共同体，宗教組織〔institution religieuse〕である．このプロセスで決定的な影響を及ぼすのは，一般には家族であり，なぜなら子どもは，自分の両親が帰属する宗教に自然と同一化していくからである．宗派によっては，出生の際に授けられる宗教的なアイデンティティに，若者になってあらためて同意することを強調すべく，異なった儀式が用意されていることもあるが，その場合でも家族の重要性は変わらない．家族の役割は共同体に引き継がれ，共同体は共有された宗教的アイデンティティを強化する．宗教組織はといえば，歴史的に伝えられた象徴的システムの真理を請け負う役割を担うことになる．宗教組織のなかには，教育機関を運営するものもあり，その形態や目的は宗派によって異なる．さらに，国家やネイションの伝統は，宗教的な社会化のプロセスにきわめて大きな比重を占めており，なかでもそれは，学校制度を組織するさまざまな形態や，学校制度をめぐる法律的な枠組を通じて行われる．宗教の伝達に関しては，さらに別の影響力を持った要因があり，たとえば若者のネットワークや，メディアなどが挙げられる．

宗教的な社会化は，一般的な社会化と同様に，本来は「保守的」なもの，つまりは歴史的に伝えられてきた内容と，子どもが身につけるさまざまな態度を一致させようとするものである．だが，ある世代から次の世代へと宗教的な信仰や行動をそのまま再生産しようとする，単純な操作として考えることはできない．この社会化は，社会，文化，政治に関わる既存の環境との多様な相互作用のシステムに関係しており，社会的および宗教的な種々の力学の推移にも対応している．

今の社会では，こういった力学は，国家や宗派の境界をますますはっきりと越えていく傾向にあり，あらゆる宗教的な伝統に，それゆえ社会化の目的にも，影響を及ぼしている．たとえば，世俗化プロセスの進行，多元主義的な傾向の増大，信仰の個人化，共生をめぐる国民的な関心の高まりなどは，宗教的な社会化の諸条件を変化させる要因となっている．だが，この変化の主たる要因は，さまざまな組織の全般的な規律緩和にある．既存のあらゆる象徴的な装置が，個人の生を指導することに永続的な影響を与えることに苦労している．なんらかの「権威ある」意味，集団によって共有された意味を産出することが，いたるところで脆弱なものとなりつつある．現代の社会は，宗教的権威の行う規範的な指導の崩壊，人びとの宗教に対する関わりの著しい後退，さらに宗教的な体験を共有できる場所を提供する共同体の風化などを全体的な特徴としている．このような状況において，宗教的な社会化にははたして何が残されているのだろうか．

実は，社会や宗教に関するこのような変化は，宗教的な社会化の論理や意義を消失させてしまうよりは，むしろそれらに修正を迫るものであることが明らかとなっている．この変化は，宗教的な伝達のプロセスにおける数々の「新たな一貫性」を生んでいる．過去の状況に比べて従来の宗教的な社会化がどれほど衰退したかを調べるよりも，評価すべきは今みられる以上のような力学なのである．

この観点からみれば，若者の宗教的な社会化では，次に挙げる三つの形態が注目に値する．最初の形態は，宗教的あるいは精神的な世界に対する適応的な論理〔logique adaptative〕を特徴とするものである．二つ目の形態は，共同体のアイデンティティの表現的な論理〔logique expressive〕に従って，世俗化がもたらすさまざまな効果に対して，どのような選択を行うかに対応するものである．この最初の二種類の形態に，（とりわけ学校教育での）社会化プロセスにおいて宗教的なものを考慮する，別の新たな形態を加える必要がある．この形態は，宗教的な多元性に対する理解と認識を養う公民教育〔éducation civique〕として記述することができる．

このような「宗教に対する」社会化は，注目すべき重要なものであって，なぜならそれは，上で述べた近代のさまざまな特徴に構造的に結びついており，さらに国家に対して，宗教を伝達する種々の装置の調整というその役割を考え直すよう強いるものだからである．

信仰の適応的な論理

高度に近代化された社会においては世界との関係が個別化され，宗教が体験に意味を与えることをやめてしまっており，そのため社会のアクターには，自分自身でその体験の意味を産出する能力が求められる．信仰の一貫性に関する「規範的」という外的な装置は，多様化した象徴的な世界と規範的な価値基準において，個人的な探求の基盤となる内的な装置に取って代わられている．こうして，宗教的な伝達のプロセスの際に働く主観的な力学は，信仰の著しく〈適応的な論理〉に従うものとなる．以前の世代が，各時代の信仰のリソースを自分たちの経験に適応させなかったというわけではない．しかしその適応は，帰属集団との共有があるという想定から，そして伝統の公式的な保管所である宗教組織と，ときにはきわめて因習的な仕方で絆を有するということから，その正当性を引き出していた．

さまざまな宗派に属し，さまざまな国の文脈からやってきた若者にみられる，宗教的なアイデンティティや信仰，あるいは宗教的な態度に関しては，すでに数多くの研究がなされており（Hervieu-Léger et Davie, 1996 ; Lambert et Michelat, 1992 ; Khosrokhavar, 1997），彼らの宗教的帰属は，たいてい，それぞれの家族の元の文化がその規範を刻印していることを明らかにしている．このような帰属関係の表明は，特定の共同体への関わりとはきわめて弱い相関関係しか有していない．特殊な宗教的内容を内面的に身につける程度は，相対的に低くなっており，その内容も記憶のなかで急速に薄れつつある．家族によって最初に与えられるこの宗教的な文化は，大部分の人びとにとって，明らかに信仰の坩堝のようなものとなっている．この坩堝が，信仰に向かう一定の傾向を生み出すが，そこには，順応主義的な態度や教条主義的な内容を硬直化させかねない悪影響に対抗するさまざまな防衛手段も含まれている．

いずれにせよ，さまざまな宗派において，相対的に低い信仰や宗教的実践の度合いを示す親でも，自分の子どもに対して一族の宗教的な文化の「基盤」を伝達するという義務感は持っていること，これは確かである．この場合の伝達とは，子どもに宗教的な影響を与えたり，共同体に同化させたりすることを目的としたものではない．その目的はむしろ，個人が生涯においてたどる道のりに，普段の生活の「支え」となるものを与えることである（Milot, 1991）もっとも，その潜在的な効果が表に現れることはほとんどない．歴史によって伝えられた宗教的な記憶から，いくつかの要素を内面的に取り入れておけば，困難な実存的状況に陥った際に助けとなってくれることがある．さらにそれは，アリアドネの糸のようなものとなって，この糸を頼りに，個人は自分の周囲にある迷宮のような種々の象徴的手段のなかに分け入っていくことができる．

この種の社会化では，家族の影響は，宗教の伝達に関して体系的になされる努力よりも，宗教に対する彼らの行動によってさらに強く与えられる．大部分の人びとに関係する宗教的な実践は，家族的な体験にきわめて密接に結びついており，この事実がさまざまな伝統において確認されたとしても，驚くべきことではない．祭事（キリスト教徒のクリスマス，イスラーム教徒のラマダーンの断食とイード・アル＝フィトル（ʻĪd al-Fiṭr）の祝宴，ユダヤ教徒の過越の祭など）や通過儀礼（出産，結婚，葬儀）は，宗教的な実践や自分の宗派の教義を信じる程度の違いはあれ，いまだ多くの人びとによって行われている．こういったいくつかの宗教的な祭事や儀礼は，少なくとも部分的には，若者における信仰の「本当らしさ」をはっきりと強める．ところが，他方で家族は，こうした昔ながらの祭事や儀礼の意味を自分たちで安易に解釈し直してしまい，今度はそのことが，若い世代の人びとに信仰の可塑性を示す結果となる．このような状況で宗教組織はというと，人びとが生活において儀礼を行う際の一時的な要求（それも必要な場合にやむをえず）に応じて，間接的な価値基準や象徴的な手段を提供することで，その正当性を維持する．宗教組織は，多くの場合で家族にのみ限定して与えられるアイデンティティを容認はするが，この新たに定義されたアイデンティティに関して，自ら規範的な管理を行うことはない．

この種の宗教的な社会化では，学校組織が果たす役割は決定的なものとはならない．たとえば，信仰や規範を内面に取り入れる程度や，若者の宗教に対する関わりは，国家が公立の学校に宗派による宗教教育の授業を許可している社会と，そういったカリキュラムが教育の枠組に存在しない社会を比べた場合，後者より前者のほうが高かったり大きかったりするわけではないことがわかる．例を挙げると，カトリックとプロテスタントの教育が公立学校で行われているケベック〔セパレート・スクール〕とドイツ〔州ごとの規定による宗派別の「宗教」の科目が初等・中等学校の正規科目〕の若者は，宗教教育が公立学校から排除されているフランスの若者と比べて，宗教に対する関わりや，宗教的な文化に関してさえ，より高い水準を示してはいない．

実は，学校が信仰に関する内容の伝達を行っている場合でも，その伝達は裏ではすでに信用を失っている．なぜなら現在の学習環境が，ほとんど排他的に，技術的な合理性や効率，知識を自然科学的に正当化することの重要性を重視するようになっているからである．さらに学校における宗教教育は，家庭環境における日常的な体験とも矛盾しはじめており，後者は，もはや観念的ないし規範的な信仰の内容に呼応するものとなっていない．加えて，学校における宗教教育の有効性は，学問的な知識に信仰による支えや信仰体験を共有する場を提供できる共同体がなくなっていることからも，明らかに低くなってきている．

このような社会化は，宗教を排して世俗的となった社会に典型的で，多数派の集団においてより広くみられるが，それでも，宗教的な信仰へ向かう態度を発展させるものであって，その点で，宗教に関する地位を維持している．この社会化は，個人が自分の規範的な行動を自分で変えたり，あるいは新たな事態に直面するか，生活のなんらかの場面で特別な要求があった場合に，新しい象徴的な手段を利用したりする能力や，さらにはその際の容易さを特徴とする．人はそれぞれ，個別の象徴的な手段のリストから複数の要素を選択することで，家族という範囲を超えて異なった下位の集団や文化のなかに入っていく．多数の要素が混在するこのリストは，さまざまな意味を持つ道筋に応じて修正が可能であり，そしてこの道筋は，（やはり流動的な）個人的な体験の特殊性に従う一貫性を備えている．そのため，ここで価値基準は確かに流動的であるが，人びとのたどるその道筋が一貫していないことにはならない．

共同体のアイデンティティに関する表現的な論理

宗教に関わる変化と高度な近代性が持つ特徴は，宗教的な社会化に一様な効果を及ぼすわけではない．この社会化は，集団への帰属に関する強い〈表現的な論理〉によって行われることもある．この種の社会化は，子どもの社会化に対する家族や共同体の積極的な関わりを特徴とする．それはさらに，とりわけ友人や，若者の社会的ネットワークを通じて，思春期における二次的な社会化がもたらす結果ともなる．ここでは，宗教的な伝達の目的は，伝統的に継承された規範を可能な限り厳密に再生産することから，社会政治的な行動主義に適した活動家を養成することまで，多様に変化する．この現象は，統計学的な観点からは副次的なものにみえるが，マイノリティの集団（たとえば歴史的に形成されたマイノリティや移民出身のマイノリティ，さらにキリスト教ファンダメンタリストなど）では，わりあいに多くみられる．

この現象は，近代における支配的な価値とはアプリオリに対立するように思える．

つまり，そこでなされる行動は，初めは伝統に従ったものとみえても，それがもたらす社会化は，宗教的な順応主義という社会の枠組（世代間の連続性が支配的となる）のなかで行われることがなく，そのことを隠そうともしない．この〈表現的な〉種類の宗教的な社会化は，まさに（それがしばしば反対すると主張する）近代的な価値によって，アイデンティティの再構成が行われた結果である．とりわけそれは，両親によるものかあるいは個人的な「選択」（特に思春期における）に由来するものであり，この選択が，単なる伝統の再生産にみられるものとは異なった論理を社会化に与える．

この種の社会化は，しかしながら最初の種類の社会化とは次の点で区別される．すなわちそれは，「他者とともに信仰すること」に重要な価値を与えるのである．このように共同体的な側面に重要性が与えられることは，個人の集合体である社会においては，ときに不信の目を向けられる．この社会化の形態は，歴史的に形成された宗教的なマイノリティ（最近では移民）が問題となるか，あるいは，程度の差はあれ社会から身を退いたマイノリティが問題となるかによって変化する．

宗教的なマイノリティでは，宗教的な社会化の目的は，おもに宗教の遺産を厳密な仕方で伝達することや，新たな世代のうちでアイデンティティを再生産することであった．そういった集団が――特に彼らがマジョリティの宗派と同様の権利や表現手段を与えられていなかった場合に――自衛のためあまり目立たないようにしていたため，若い世代のアイデンティティの主張を脆弱なものとしかねなかった．それゆえ，彼らの目的意識はいっそう強かったのである．マジョリティの組織の弱体化，民族および宗教のきわめて複雑な多様化，基本的な権利に対する関心の高まり（とりわけ人権に関する国際的な対策を受けて）などが，この状況を変えることになった．歴史的に〔宗教的な〕マイノリティであった共同体は，近年の移民に由来する共同体と同様，次第に可視化しはじめており，ときには公共機関に対して法的，制度的な承認を求めるまでになっている．さらにそういった共同体は，集団的な一貫性や同胞に対するアイデンティティ形成の力に関して，しばしば大半の文化的なマイノリティよりも際立った特徴を示している．

このような独自性は，周囲の社会的な生活における規範的な価値基準から，その共同体が距離をとろうとする意志を見せる場合に，さらに強くなる．このとき宗教的な社会化は，多かれ少なかれ意識的に，その宗派のアイデンティティをまさに〈表現する〉ことにおける，より強硬な態度を培うものとなる．このため，それは多くの場合で，マジョリティの集団や国家から，市民権に関する唯一かつ普遍的な概念や，宗教的なものの存在に対する公権力の中立性の表象に反するものとして認識される．私立の学校に対する財政援助や，信者が（職場や学校で）自分たちの宗教の決まりごとを守る権利，公共の機関における宗教的な徴の着用など，こういったことに関する要望が，社会化そのものにおける変数となっていく．そこでみられる断固たる態度は，あるときは密かにあるときは公然と，子どもたちにさまざまな価値を伝えることになる．その価値とはたとえば，自らのアイデンティティの承認や独自性，公共の場でそれを表現することなどに対する権利である．共同体のアイデンティティに関する〈表現的な論理〉が，この種の宗教的な社会化を特徴づけるものであり，そしてその論理の根本には，以上のように近代に固有のさまざまな価値が浸透している．

ところで，このように公共の空間において宗教的なアイデンティティを強く表現したとしても，それによって，われわれの社会が徹底して進めている世俗化という状況が崩れてしまうというようなことにはならない．なぜなら，マイノリティの集団は，公共の社会生活の規範的な空間を新たに定義することはできないからである．多く見積もっても，そして世俗化された社会において宗教的なアイデンティティは近く消滅すると告げた古い仮説とは反対に，宗教が強力なアイデンティティの標識，社会的政治的な行動を起こすための原動力であり続け，あるいは再びそうなってきていることが確認されるにすぎない．だが，このような傾向があったとしても，それは公共空間の「再宗教化」〔reconfessionnalisation〕を意味するわけではない（この点について，一部の集団がどのようなユートピアを思い描こうともそうなのである）．

最後に，以下の事実も指摘される．すなわち，宗教的なものに関するアイデンティティをあらためて主張するというこのような動きは（マジョリティの集団でもマイノリティの集団でも），若者をして，世代間の伝達に関する従来の論理を反転させるよう導くということである．この特徴は，とりわけ移民に由来する共同体において，あるいは家族的文脈の影響が，別の関心（たとえば社会的および経済的な統合など）のために弱まっていく場合に，著しいものとなる．子どもたちは，ときには親よりも熱心となって，親のほうを改宗や再改宗させせようとする．移民の占める割合が相対的に高い社会（カナダ，フランス，イギリス，オランダなど）では，経済，社会，文化における排除に苦しみ，あるいは生まれの文化が原因で，周囲から非難の目で見られていると感じる若者が，宗教的な標識に頼るといったことも指摘される．ある宗派の伝統と一体化した共同体の一員になる（ほとんどの場合，友人のネットワークを介して）ことは，この「新たな信者」に，自分の置かれた社会の周縁的な状況から抜け出させ，公に認められた一つのアイデンティティに至る道を開く．このアイデンティティが，より完全かつ／あるいは主観的にみてもより満足のいく，社会的な同化へ向かう最初の段階となる（Khosrokhavar, 1997）．だがここでも，宗教がもたらす意味の価値基準には，やはり新たな解釈がなされており，正統な教義とは明確に異なったものとなっている．信仰の伝統が，いわば発明し直された状態になっているのである．

閉鎖的あるいはセクト主義的な集団では，社会化のプロセスのまさに全体が，宗教的な規範や信仰によって定義される．ここで共同体は，一般的な社会から身を退き，近代の価値を放棄して，子どもを社会化する唯一の代行者となる．このような周縁的な社会化の目的は，その共同体が自ら担い手であると任ずる真理に，子どもを完全に与させることであり，そうして集団の永続性を保とうとする．

このような周縁的な社会化は，必然的に，とりわけ心理学で言うところの〈記憶保持〉〔rétention〕のメカニズムをともなう．まずは，その集団が近代世界の有害とされる価値から身を守る唯一の避難場所であるという，いわば善悪二元論的な思想が伝達される．それから，恐怖（罪人となること，罰されること，組織や神の期待に応えられないことなどに対する恐怖）を内面に取り込むことも，この種の社会化のうちに深く浸透している（Palmer et Hardman, 1999）．最後に，使用する言語に鍵をかけて，それを難解でときに隠喩的なものにするということも広く行われている（Luca, 2004）．この三つの要因が，批判的な思考や思考することの自律性と自由（これらは集団の規範的な世界を相対化する危険性を表す）へ向かう傾向を制限するような社会化の形成を可能にする．そのため，このような環境で社会化された若者は，世界観が完全にその周縁的な宗教の規範によって決定され，集団から抜け出したり，周囲の社会に同化したりしようとするときに，アノミー的な状況に陥ってしまうおそれがある．

多元主義に直面する公民的な論理

以上で述べた二種類の若者の社会化は，おもに家族や宗教の共同体に関わるものであった（たとえそういった共同体の働きが国家による規制の枠組のなかにあるとしても）．これに対して，新たな考察と議論の領域が，さまざまな国で現れてきており，そこでは，宗教的な多元主義に若者が順応していくことや，それが共生の問題にもたらす影響に関して，国民的な規模で関心が高まっている．社会が世俗化することで，確かに宗教は個人的な選択の一つにすぎないものとなった．ところが民主主義は，多元主義のなかにあって道徳的および宗教的な相違が政治の場で表面化するという事態を避けることができていない．ここでまず必要とされるのは，何より国家の役割である．

民主主義的な国家は，教育に関して子どもの得る利益を最も重要なものとして保証するとされる．こういった利益のなかには，もちろん，一般的な知識を伝達することや，子どもの人格を十分に開花させることなども含まれる．極度の多元主義を特徴とする民主主義の社会にあって，やがて経験するであろう市民生活に，適切に備えられる権利を子どもに与えることは，その重要な意義の一つである．ところで，民主主義における生では，以上のような状況で市民としての資格〔citoyenneté〕を十全に行使するにあたって，その手段となるさまざまな適性や能力を発達させることも要求される．たとえば，個人の自律性，寛容さ，複数の市民をその違いを超えて結びつける信頼感，民主主義的な生や，宗教的および道徳的な種々の考え方に関して熟議する能力などである．こういった能力は，多様性に触れるだけでは自然には身につかない．それは，市民としての資格に対する社会化や教育が行われることを前提としており，その主要かつ不可欠な手段の一つとなるのが，学校である．

社会化に関する以上のような関心は，さまざまな考察や教育の試み，さらには政府による決議の対象となっている（特にケベックとドイツで）が，欧州評議会のような国際機関の注意も引いている．多元主義的な社会における生について，学校で教育を行うことで目指される目的は，公共の理性に関する包括的な考え方のなかに組み込まれているが，それはこの公共の理性こそ，すべての市民に対して，尊重と寛容，市民としての意識を持って，政治的な生に参加する手段を与えてくれるものだからである．

政府の積極的な介入をともなうこのような社会化は，種々の宗教的な信条に関しては公と私は分離されるべきとする主張からは距離をとる．この社会化は，次のような経験的な事実は認める．すなわち，個人というのは，自分たちの価値や信条（哲学的なものであれ宗教的なものであれ）に応じて，行動したり社会的なアイデンティティを形成したり，あるいは政治的な立場を決める，という事実である．他方でこの社会化は，さまざまな力関係に社会的な相互作用を「自然に」規制させておいたり，あるいは，自分の信条を共有しない者と公共の生にともに平和的に参与するその方法を，個人は自発的に学ぶと考えたりしている限りは，社会的なまとまりが生まれる可能性はほとんどないとする前提に立っている．だからこそ国家は，公立の学校を用いて，若者たちを準備させることに利得をみいだすわけである．その若者たち（の大部分）が，彼らの道徳的相違とともに，あるいはその相違にもかかわらず，一つの政治空間で共に生きなければならないのである．

確かに，子どもの教育に最初に責任を負うのは親であり，子どもに共生のための能力を伝えるべく配慮するのも親であることが望ましいが，述べてきたような教育の目的を達成するために，この家族という社会制度の意志だけを頼みにすることはできない．何よりも重要となるのが本当に家族の役割なのかも疑ってみることができる．つまり，家族が（それが必要に応じて関わる宗教的な集団と同様に），自らもそこに同一化するさまざまな価値や信条を再生産するために若者に圧力をかけるというのは，それほどまでに普通のことだと思われているわけである．

近代における学校では，これとは反対に，そこに通う子どもたちのアイデンティティに関する種々の特色〔particularismes〕を再生産することは目的とはされない（もっとも学校がそういった特色を受け入れることはある）．ミッション系の学校（国から財政援助を受けているかそうでないかは関係なく）では，状況はより複雑であるが，その正統性は国際法によって認められている．こういった学校の存在そのものが，公の体制の「代わりになる」ような社会化になんらかの権利が与えられることを根拠としているため，それら私立の教育機関が応えねばならない市民教育の要請がどのようなものかをめぐってつねに議論がなされており，またしばしば軋轢を生んでいる．

たとえばイギリスとケベックでは，学校のカリキュラムに，宗教的な多様性を適切に理解させ，さまざまな世界観に対して「エピステーメー的」な寛容さを育むための教育を導入しようという政府の意向には，多くの抵抗があった．このような教育の方針は，キリスト教の団体からの強い圧力に立ち向かう必要があったのだが，それは，彼らが，公立の学校は国民の「共通の文化」の価値を伝えねばならず，そしてその文化とはキリスト教的なものだと考えるからである．

それゆえ，子どもの道徳的および宗教的な信条という領域で，公立の学校が追求すべき「普遍的」な目的に関しては，哲学，教育，政治のいずれにおいてもコンセンサスは得られていない．しかしながら，多元主義的で熟慮を要する今後の市民としてのありかたに対して社会化を行うことは，宗教に関して学校教育でなされる社会化の目的として，21 世紀における共生の試練に対抗するため，法治国家の重要な倫理的要請の一つになると考えられる．

参考文献　CONSEIL DE L'EUROPE, *La Diversité religieuse dans l'éducation interculturelle. Un guide pour les écoles*, Strasbourg, Éditions du Conseil de L'Europe, 2007. – HERVIEU-LÉGER D. et DAVIE G.（dir.）, *Identités Religieuses en Europe*, Paris, La Découverte, 1996. – HERVIEU-LÉGER D., « La transmission religieuse en modernité : éléments pour la construction d'un objet de recherche », *Social Compass*, 1997, vol. 44, n° 1, pp. 131–143. – HYDE K. E., *Religion in Childhood and Adolescence. A Comprehensive Review of the Research*, Birmingham（Alabama）, Religious Education Press, 1990. – KHOSROKHAVAR F., *L'islam des jeunes*, Paris, Flammarion « Essais », 1997. – LAMBERT Y. et MICHELAT G.（dir.）, *Crépuscule des religions chez les jeunes ? Jeunes et religions en France*, Paris, L'Harmattan « Logiques sociales », 1992. – LUCA N., Les Sectes, Paris, PUF « Que sais-je ? », 2004.（ナタリ・リュカ『セクトの宗教社会学』伊達聖伸訳，白水社，2014 年）

– MILOT M., *Une religion à transmettre ? Le choix des parents*, Québec, Presses de l'Université Laval, 1991. – PALMER S. et HARDMAN C.（éd.）, *Children in New Religions*. New Brunswick, New Jersey et Londres, Rutgers University Press, 1999. – SCHREINER P., *Religious Education in Europe: a Collection of Basic Information about Religious Education in European Countries*, Münster, Comenius Institut, 2000. – WEITHMAN P. J., *Religion and the Obligations of Citizenship*, Cambridge, Cambridge University Press, 2002.

ミシュリーヌ・ミロ Micheline MILOT
〔八幡恵一訳〕

→ 記憶と伝達，国家，宗教的マイノリティ，世俗化

人名索引

・訳者による本文中の補い，欄外注の人名は，基本的に含めない．

・アラビアの人名は，西洋式の読みで通っている人物を除き，当地で一般的な読みで記す．

ア

カ

サ

タ

ヤ

ラ

事項索引

・訳者による本文中の補い，欄外注，および書名・論文名の中の語は，基本的に含めない．

ア

カ

サ

ナ

ハ

マ

ヤ

ラ

編 者 略 歴

(Régine Azria, 1948-2016)

フランス国立科学研究センター研究員，社会科学高等研究院に開設された「宗教事象学際研究センター（CEIFR）」でゼミとワークショップを運営し，パリ・カトリック学院社会経済学部とローザンヌ大学で教鞭を執った．著書に *Le judaïsme*, La Découverte, 2010, *Les lieux du judaïsme*, Paris, Le Cavalier Bleu, 2013 などがある．

(Danièle Hervieu-Léger)

1947年生まれ．パリ政治学院卒業．社会科学高等研究院にて博士号を取得した後，1974年から1993年までフランス国立科学研究センター（CNRS）研究員．2004年から09年まで社会科学高等研究院院長を務める．著書に *La religion en miettes ou La question des sectes*, Paris, Calmann-Lévy, 2001, *Catholicisme, la fin d'un monde*, Paris, Bayard, 2003 などがある．

編訳者略歴

増田一夫〈ますだ・かずお〉1954年生まれ．東京大学大学院総合文化研究科教授．著書『共にあることの哲学』（共著，書肆心水，2016年）『共にあることの哲学と現実』（共著，書肆心水，2017）他．訳書　ジャック・デリダ『マルクスの亡霊たち』（藤原書店，2007年）他．

伊達聖伸〈だて・きよのぶ〉1975年生まれ．東京大学大学院総合文化研究科准教授．著書『ライシテ，道徳，宗教学』（勁草書房，2010年）『ライシテから読む現代フランス』（岩波新書，2018年）他．訳書　ナタリ・リュカ『セクトの宗教社会学』（白水社，2014年）他．

鶴岡賀雄〈つるおか・よしお〉1952年生まれ．東京大学名誉教授．著書『十字架のヨハネ研究』（創文社，2000年）：岩波講座 宗教』（共編，岩波書店，2003-2004年）『宗教学事典』（共編，丸善，1991年，2010年）他．訳書　ミルチア・エリアーデ『世界宗教史 第三巻』（筑摩書房，1991-2000年）他．

杉村靖彦〈すぎむら・やすひこ〉1965年生まれ．京都大学大学院文学研究科教授，著書『ポール・リクールの思想』（創文社，1998年）他．訳書　ジャン・ナベール『悪についての試論』（法政大学出版局，2014年）ジャン・グロンダン『ポール・リクール』（白水社，2014年）他．

長井伸仁〈ながい・のぶひと〉1967年生まれ．東京大学大学院人文社会系研究科准教授．著書『歴史がつくった偉人たち』（山川出版社，2007年）『近代ヨーロッパとキリスト教』（共著，勁草書房，2016年）他．訳書　ピエール・ノラ編『記憶の場』全3巻（共訳，岩波書店，2002-2003年）他．

レジーヌ・アズリア／ダニエル・エルヴュー＝レジェ編

宗教事象事典

増田一夫・伊達聖伸
鶴岡賀雄・杉村靖彦・長井伸仁
編訳

2019年5月24日　第1刷発行

発行所 株式会社 みすず書房
〒113-0033 東京都文京区本郷2丁目20-7
電話 03-3814-0131(営業) 03-3815-9181(編集)
www.msz.co.jp

本文組版 プログレス
本文印刷所 平文社
扉・カバー印刷所 リヒトプランニング
製本所 誠製本

ISBN 978-4-622-08798-4
[しゅうきょうじしょうじてん]
落丁・乱丁本はお取替えいたします